WERNER VON DER SCHULENBURG   DER KÖNIG VON KORFU

WERNER VON DER SCHULENBURG

DER KÖNIG VON KORFU

ROMAN

nymphenburger

Erstausgabe 1950 Georg Westermann Verlag
© 1991 nymphenburger in der F. A. Herbig
Verlagsbuchhandlung GmbH, München
Alle Rechte, auch der photomechanischen Vervielfältigung
und des auszugsweisen Abdrucks, vorbehalten
Umschlaggestaltung: Felix Weinold, Schwabmünchen
Gesamtherstellung: Ebner Ulm
Printed in Germany
ISBN 3-485-00659-9

Diesen Roman des Größten unserer Familie
widme ich dem Andenken der verstorbenen Vettern

GRAF FRIEDRICH WERNER VON DER SCHULENBURG-HEHLEN

GRAF FRITZ DIETLOF VON DER SCHULENBURG

GRAF WERNER VON DER SCHULENBURG-HEHLEN

und dem noch lebenden Vetter
FREIHERRN ROBERT VON DER SCHULENBURG-ANGERN, KÖLN

Werner von der Schulenburg

I
DER AUFSTIEG

Semper honos nomenque
tuum laudesque manebunt

(„Ehre und Namen und Ruhm, sie werden auf ewig Dir bleiben." Inschrift einer der Medaillen, welche zur Ehre des Helden dieses Buches 1716 geschlagen wurden.)

ERSTES KAPITEL

1

Der Diener, in schwere Kniehosen, einen braunen Rock und Wollstrümpfe gekleidet, trat vorsichtig an den General heran, der an seinem breiten, vergoldeten Barockschreibtisch Bogen über Bogen mit großen Buchstaben bedeckte. Er hatte befohlen, man solle ihn nicht stören, denn er schrieb seine Erinnerungen an den Dresdner Hof und an seine Feldzüge. Aber das Charakterbild des Prinzen Eugen von Savoyen, dessen Infanterie der General vor sechs Jahren bei Malplaquet zum Siege geführt hatte, machte ihm Schwierigkeiten.

Nach einer Weile hob der Schreiber das schöne Haupt. Gewiß, das war nicht mehr der jugendliche Mars, wie ihn der Franzose Hyacinthe Rigaud vor vielen Jahren in Paris gemalt hatte, damals, als der General die Prinzessin Angoulême liebte und Ludwig XIV. ihn zum Fürsten von Lille erheben wollte, damit er die Angoulême heiraten konnte. Aber am Ende war es auch so gegangen. Fürst von Lille war nichts für einen Niedersachsen aus der Gegend von Magdeburg, und die Süßigkeiten von Versailles ersetzten auf die Dauer nicht das Schwarzbrot, wie es draußen Christian Foot in dem breiten, behäbigen Dorfofen zu backen verstand.

Seine schönen, festen Hände sanken leicht auf die gläserne Tischplatte. Nur die Fingerspitzen berührten den Tisch, gleich denen eines Violoncellospielers, fein und tastend, als ob sie Töne suchten, sehr zarte Töne, welche das Wesen des Prinzen Eugen in seiner Tiefe zu erfassen vermochten. Es war nicht leicht, leidenschaftslos über Eugen zu berichten. Zumal für ihn, den General, nicht. Schon während seiner verzweifelten Kämpfe, die er als Feldherr Augusts des Starken gegen Karl XII. von Schweden führen mußte, hatten die Intrigen gegen ihn nie ein Ende gefunden. Und dahinter steckte Eugen. Aus Neid. Aus Eifersucht. Denn dieser große Feldherr hatte eine Seele wie ein Weib. Ein Weib ... Nein, das konnte man nicht schreiben. Prinz Eugen war Prinz Eugen, wenn er auch ...

„Exzellenz..."

Ärgerlich griffen die Hände fest nach den Seitenlehnen des Sessels. Die verdämmernden Augen, die von Frauen geliebt und von Männern gefürchtet wurden, hefteten sich auf den Diener.

„Es kommt Besuch, Exzellenz."

„So? Wer denn?"

„Ein Bote ist gekommen und hat den Besuch angemeldet."

„Wen denn?" Das klang mißmutig. Er steckte tief in seiner Arbeit, und nun meldete sich irgendein Nachbar an, ein Vetter Alvensleben oder Bismarck, um mit ihm Burgunder zu trinken und ihm mit Jagdgeschichten die Zeit zu stehlen. „Na, sag schon!"

Die Fäuste des Dieners bewegten sich, bis der General endlich wie nebensächlich hinwarf: „Karl, saufst du auch nicht wieder zu viel?"

Erschrocken sah Karl den Sprecher an. „Ich glaube nicht, Exzellenz."

„Aber ich glaube es."

Karl senkte den Kopf. „Wenn Exzellenz das glauben, wird es wohl stimmen."

„Es stimmt. Denn sonst würdest du mich nicht dreimal fragen lassen, wer mich schon wieder mit seinem Besuch beehren will."

„Ich dachte grade an Malplaquet, Exzellenz, an den Seitenangriff ..."

„In drei Teufelsnamen, jetzt will ich endlich wissen, wer kommt! Wenn du den Säuferwahnsinn hast, sperre ich dich in das Spinnhaus!"
Der Diener erschrak. Jetzt wurde es ernst. D e n Ton kannte er. Daher riß er sich zusammen und richtete sich auf. „Heute abend wird Herr von Leibniz hier eintreffen."
„Was?" Der General reckte sich empor.
Karls Schrecken wuchs. Und daher begann er zu stottern. „Ja... der Bote ist von Hannover gekommen. Er kriegt in der Küche grade was zu essen ... soll ich ihn holen?"
„Hat er noch etwas zu bestellen?"
„Nein."
„Dann laß ihn essen." Der General starrte auf die gegenüberliegende Wand. Dort hingen viele Porträts von Fürsten, Damen und Offizieren, in breiten, üppigen Rahmen. Sie schienen zu berichten von kriegerischen Taten, von heimlichen Schäferstunden an der Seine, an der Elbe und an dem Bergbach im Aostatal, wo der General seine Truppen gegen aufständische Bergvölker führen mußte und die langen Wochen der Kampfpausen im Schlößchen der Gräfin Mocenigo della Torre zugebracht hatte ... mit dem kleinen Bologneser zusammen und der hinkenden Dienerin ... und der Gräfin, die so wunderschön über die Bergwiesen geschritten war, daß jede ihrer Bewegungen sein leichtentflammbares Herz in noch heißeren Brand versetzt hatte.
Weshalb kamen ihm diese Erinnerungen, wo ihn heute das Wunder der Welt, der große Leibniz, besuchen würde, dessen gewaltiges Wissen und dessen geheimnisvolles Eindringen in die Tiefen des Geschehens ihn immer von neuem ergriffen? Weshalb klang das Schreiten der blonden Venezianerin hinein in das Warten auf den großen Freund? Wie kam die höfische Welt von Turin, wo Angiolina Palastdame der Königin war, hinein in seine Bauernwelt von Emden? Was für seltsame Fernbindungen liefen plötzlich zwischen Turin, Hannover und Emden hin und her?
Draußen glitten die Schneeflocken langsam und gleichmäßig vorüber, kleine weiße Segelschiffe, wie sie drüben auf der Elbe

trieben. Ein paar Flocken rutschten auf den gebuckelten Scheiben der breiten Fenster hinab; sie wehrten sich gegen das Vergehen, aber der mächtige grüne Kachelofen des Zimmers, der vom Flur aus mit Eichenkloben geheizt wurde, strahlte seine Wärme auch gegen die Scheiben aus, und die Flocken wandelten sich zu Nichts. Die, die sich draußen an die kahle Linde des Gutshofes klammerten, hatten es besser. Sie bildeten Polster auf den Zweigen, manchmal sogar dicke Kissen, wenn sie einen Ast erwischten. Freilich, auch sie würden vergehen wie die Linde, auf die sie sich gerettet hatten, wie sein Erbgut Emden vergehen würde, wie die Türme von Magdeburg in der Ferne, wie er selbst, sogar wie die Gräfin Angiolina Mocenigo della Torre, die einst sein Blut in zitternde Wallung gebracht hatte.

„Was wartest du noch, Karl?" Der General sah den Diener fragend an.

„Ich hab' erst heute morgen alle die goldenen Bilderrahmen abgestaubt, Exzellenz. Aber in den kleinen Blättern von dem Rahmen der Frau Gräfin fängt sich so leicht der Staub vom Ofen."

„Ich habe nicht gesagt, daß die Rahmen nicht abgestaubt seien."

„Exzellenz haben so prüfend auf das Bild gesehen."

„Wie lange ist es jetzt her, daß wir im Aostatal waren?"

Karl wiegte den Kopf. „Vierzehn Jahre, Exzellenz. Es war genau im Jahre 1700." Der Hausherr, die Linke auf die Seitenlehne des Goldsessels gestützt, wandte sich wieder dem Fenster zu.

„Hoffentlich erkältet sich Herr von Leibniz nicht auf der Fahrt. Er leidet sehr unter der Kälte."

Karl lachte. „Der Hannoveraner erzählt, Herr von Leibniz hätte sich einen richtigen Ofen in seinen Reisewagen eingebaut, und der würde bei jeder Fahrt geheizt. Und in jedem Dorf würde nachgelegt. Das ist doch gelogen!"

Der General sah den Diener an. „Gar kein schlechter Einfall!" Er sprach vor sich hin. „Wirklich kein schlechter Einfall. Daß vorher noch kein Mensch auf diesen Gedanken gekommen ist! Aber der Leibniz ist so weise, daß er über all seiner Weisheit

nicht den Sinn für das Einfache verloren hat." Dann befahl er kurz: „Das Zimmer des Herrn von Leibniz gut heizen — die Feuerwache vom Hof soll jede Nacht zweimal nachlegen — heißen Tee bereit halten — wir essen eine Stunde nach Ankunft des Herrn von Leibniz — Burgunder warm stellen!"
„Sehr wohl, Exzellenz."
„Das ist alles. Danke, Karl."
Der Diener schlich mit vorgeneigtem Kopf und krummen Beinen aus dem Zimmer. Seine dicken Schuhe mit den breiten Silberschnallen knarrten. Aber auch der Fußboden knarrte; er war von Eichenholz; die Bretter mochten seit langem nicht gerichtet sein. Der General wollte keine Unruhe im Haus, und lieber fand er sich mit den kleinen Unzulänglichkeiten seines Junggesellenhaushalts ab, als daß er lärmende Handwerker um sich herum geduldet hätte.
Angiolina Mocenigo ... vierzehn Jahre war das schon her? Sie wäre jetzt also etwa fünfunddreißig Jahre alt. Was mochte sie seitdem alles erlebt haben? Geschrieben hatte er ihr nie mehr und sie ihm auch nicht. Ungezählte andere Menschen, Männer und Frauen hatten ihm geschrieben, als er den Teufel aus dem Norden, den Schwedenkönig Karl, an der Oder aufgehalten hatte — als eine der ersten hatte die Gräfin Aurora von Königsmarck, die Freundin seines damaligen Dienstherrn, des Königs August des Starken, ihn in einem Brief gebeten, ihren und des Königs Sohn, den Grafen Moritz von Sachsen, zum Feldherrn zu erziehen. Das hatte er auch getan, und die Gräfin Königsmarck ließ ihm ihren Dank durch die junge, bezaubernde Gräfin Lelia von Bokum übermitteln ... Groß war sie, hell und sanft ... Da oben, die zweite von rechts. Aber Angiolina hatte ihm nie geschrieben.
Der General barg das Manuskript in der Schublade des goldenen Schreibtisches. Im allgemeinen langweilte es ihn, mißtrauisch sein zu müssen. Seine Schwester Melusine jedoch, die Freundin des neuen Königs Georg I. von England, hatte ihn aus London gewarnt, er möge ein wenig achtgeben auf seine Dokumente. Man

halte ihn in London für einen kommenden Mann, weil ein sehr herzliches Schreiben an ihn von der Kaiserin aus Wien in London bekanntgeworden war. Der General zog Melusinens Brief aus dem breiten Ärmelaufschlag und las ihn von neuem. „Lieber Johann Matthias", so schrieb sie, „wenn man Briefe schreiben muß — und es gibt viele Menschen, die das müssen —, so sollte man wenigstens darauf achten, daß nichts darinsteht. Unsere gute Kaiserin Elisabeth, in ihrer Braunschweiger Jugendeinfalt, hat das vergessen. Zumal, was sie über Dich und den Prinzen Eugen schreibt, hat das hiesige Kabinett sehr beschäftigt. Es hält Dich für den kommenden Mann in Wien. Aber auch Deine eigenen Briefe sind allzu inhaltsreich. Der gute König übergab mir gestern ein Bündel von Abschriften Deiner Briefe an die gute preußische Königin. Du sprichst zwar dort nur von Philosophie, aber das Londoner Dechiffrier-Kabinett glaubt, in dieser Philosophie Staatsgeheimnissen auf die Spur gekommen zu sein, die beachtlich sein dürften." Der Brief schloß mit ein paar gefühlvollen Betrachtungen und war unterschrieben: „Deine treue Schwester Ehrengard Melusine Kendal."

Der großgewachsene Mann mit den von der Zeit fest geformten Gesichtszügen lachte stoßweise vor sich hin. Melusine Kendal — Herzogin von Kendal. Das magere, kleine Hoffräulein der Kurfürstin von Hannover, welche die allmächtige Platen ausgestochen hatte und in diesem Jahr mit ihrem königlichen Freund nach London gegangen war — die gute kleine Melusine hatte gern auf ihren Namen verzichtet, um sich zur Herzogin machen zu lassen. Er, Matthias, hatte auf den Fürsten von Lille gepfiffen. Das ist vielleicht der Unterschied zwischen Mann und Frau, dachte er; keine noch so große Liebe kann den wahren Mann dazu bringen, seiner Heimat untreu zu werden.

Der General schlug leicht mit dem Brief auf den Ärmelaufschlag. Wieder lachte er für sich. Was das Londoner Dechiffrier-Kabinett alles entdeckt haben mochte! Aber am Ende wollen die Dechiffreure ja auch leben, und leben tun sie vom Entdecken.

Da drüben an der Wand, die Dame in Hermelin, das war Melusine. Das Bild hatte sie vor einem Jahr geschickt. Ein bißchen dicker schien sie geworden zu sein. Schadet nichts. Vielleicht war auch König Georg in das Alter gekommen, in welchem ein Mann mehr das Saftige schätzt. Auch Angiolina wird voller geworden sein.

Matthias trat vor den großen Spiegel. Immerhin. Er hatte sich gehalten. Kerzengerade — selbstverständlich. Die Züge hatten sich zwar vertieft, seitdem Rigaud ihn damals gemalt hatte. Aber vielleicht machte ihn das interessanter. Die Frauen nahmen auch an diesen Falten und Fältchen keinen Anstoß. In der Liebe ersetzt der Ruhm die Jugend. Wenigstens beim Manne. Das ist das Schöne am Ruhm; sonst bringt er nicht viel Erfreuliches mit sich.

Sein linkes Auge stand noch immer schief. Darüber konnte sich Angiolina nie beruhigen. Sie fand das apart und interessant. Und selbst in den Augenblicken höchster Leidenschaft nannte sie ihn „occhiostorto", Schiefauge. Freilich, solche Augen, so klar, so edel gezeichnet wie die Angiolinas, gab es nicht viele auf der Welt. Diese Augen hatten ihn verzaubert, und im Banne ihrer Augen hatte er sie „Aimée" genannt.

Da oben hing ihr Bild, das mittlere in der zweiten Reihe. Eine damals ganz junge Malerin hatte es geschaffen, Rosalba Carriera aus Venedig. Es war ihr gelungen, das Federnde und doch Hauchzarte der Freundin einzufangen, daß man glaubte, noch den Duft der Wiesen zu atmen, über welche sie geschritten war . . .

Jetzt aber wollte er sich um die Fütterung der Kühe bekümmern. Auch Kühe wollen zu ihrem Recht kommen. Von Bergwiesen, von denen ihr Herr träumt, werden sie nicht satt.

Dann aber drängte sich ein anderer Gedanke vor. Der General riß das Fenster zum Hofe auf und rief durch den Schneewirbel: „Fritz, der Amtmann Hübner soll zu mir kommen. Er soll die Rechnungsbücher für das Futter mitbringen."

Bald darauf tapste Hübner über den Hof; die großen Bücher, welche er unter dem grünen Umhang trug, unterbrachen mit ihren Ecken herb den Faltenwurf seines Mantels. Als er das Zimmer betrat, ging ihm Matthias entgegen und reichte ihm die Hand. Dann setzten sich die beiden an den großen Schreibtisch, und der Gutsherr ließ sich berichten.

Am Ende seines Vortrags suchte Hübner nach einer diplomatischen Wendung, weil er wissen wollte, ob Matthias jetzt für immer in Emden bleiben oder noch einmal Kriegsdienste nehmen würde. Er fand aber keinen klügeren Weg als den offenen, und so fragte er denn bescheiden: „Werden Exzellenz die Frühjahrsarbeiten auch im nächsten Jahr selbst leiten?"

Die graublauen Augen richteten sich fragend auf den Amtmann: „Warum denn nicht?"

Hübner zog den breiten, schweren Mund zusammen. Es wurde ihm nicht leicht, frei heraus zu antworten, aber in Advokatenkniffen war er noch weniger bewandert. Zudem wurmte ihn das, was er sagen wollte, seit langem. Als der General ihm die goldene Dose hinschob, stieß der Amtmann einen Seufzer aus und erklärte: „Ich dachte, weil Exzellenz doch den Palast in Venedig vom Herrn Herzog von Braunschweig übernommen haben. Wir zahlen dafür seit sieben Jahren die Miete an den Herrn Antonio Loredan in Venedig — ein schönes Geld — 550 Dukaten venezianisch — und wenn Exzellenz vielleicht in diesem Jahr ..."

Nachdenklich glitten die Blicke des Gutsherrn über das Bild der Angiolina Mocenigo, als wollte er fragen: „Ja, weshalb habe ich eigentlich den Palast gemietet?" Bis jetzt hatte er es nicht gewußt; durch die Frage seines Amtmanns aber wurde es ihm klar. Er wollte heimlich mit ihr in Verbindung bleiben, und wenn diese Verbindung auch noch so flüchtig war. Er wollte in ihrer Heimat einen Fuß auf der Erde haben, wollte wissen, daß dort ein Heim für ihn bereit stände — wenn er wiederum auch wußte, daß er dieses Heim nie betreten würde.

So strich er sich mit der flachen Hand über die Stirn und nickte. „Sie haben recht, Hübner. Ich werde die Miete zum nächsten Termin kündigen. 550 Dukaten im Jahr können wir besser verwenden als für einen unbewohnten Palast in Venedig."

Am Nachmittag ging der General in hohen Stiefeln und im Biberpelz durch die Ställe. Er ließ sich vom Großknecht über jedes Tier berichten und prüfte die Milchlisten. Als die Dämmerung einsetzte, überkam ihn eine leichte Unruhe. Eigentlich müßte Leibniz schon hier sein. Hoffentlich haben sie keinen Unfall gehabt. Der halbfeuchte Schnee klumpt unter den Hufen der Pferde. Aber Leibniz ist vorsichtig. Er setzt die Pferde nicht auf das Spiel, um ein paar Stunden früher einzutreffen.

Als Matthias in sein Arbeitszimmer zurückkehrte, hatte Karl die schweren Silberleuchter entzündet und auf den goldenen Schreibtisch gestellt. Der General warf sich in den Damastsessel und entnahm der Schublade das Manuskript. Nach wenigen Minuten lebte er bereits wieder in der Welt seines erlauchten Gegners Eugen, und wieder gingen seine Gedanken wie die Spürhunde um die Seele dieses geheimnisvollen Menschen. Beide waren sie bettelarm gewesen, als sie — noch Kinder — den Krieg zu ihrem Gewerbe erwählten. Ihm hatte die Mutter, als er auszog, drei Dinge mitgegeben: einen Dukaten, einen Degen und ihren Segen. Was dem Prinzen Eugen die Mutter mitgegeben hatte, wußte der General nicht. Er wußte nur, daß sie aus Rom stammte, Olympia Mancini hieß, die Nichte des französischen Staatsministers, des Italieners Kardinal Mazarin, war und daß eigentlich der König von Frankreich sie hatte heiraten wollen. Aber eines wußte er genau, daß der Prinz fest am Glauben seiner Mutter hing, wie er an dem der seinen, die allzufrüh verstorben war.

Er sann vor sich hin. Mit einem Dukaten war er in die Welt gezogen. Aber man wählte damals nicht das Kriegshandwerk, um arm zu bleiben. Der Palast in Venedig, für den er siebenmal 550 Dukaten hinausgeworfen hatte, ohne ihn je zu erblicken, sprach das deutlich aus. Matthias war so reich geworden, daß er es sich leisten konnte, seine Träume zu verwirklichen, selbst wenn er ihre Verwirklichung niemals mit eigenen Augen sehen würde.

Vorsichtig entnahm er der Schublade ein Miniaturbild, welches ein französischer Meister von Eugen angefertigt und das dieser ihm nach der Schlacht von Malplaquet übersandt hatte. Ein Brief des Prinzen, in den höflichsten Formen der Bewunderung gehalten, war dem Bild beigelegt gewesen. Das Bild war gut, sehr gut sogar. Ein langes, zusammengeschlossenes, fast häßliches Antlitz, ein Hauch von Fanatismus bei einem ausgesprochenen Sinn für das Schöne — aber das war alles noch nicht Eugen. Wer war Eugen? Nun, zunächst der, der im spanischen Erbfolgekrieg Ludwig XIV. gedemütigt hatte. Mit dieser Demütigung war die Befriedigung einer persönlichen Rache verbunden gewesen, denn Ludwig hatte den Prinzen, welcher zuerst in die Dienste dieses Königs treten wollte, mit ein paar höhnischen Worten zurückgewiesen. Eugen war ihm rein körperlich zu klein gewesen. So etwas sitzt fest. Er, Johann Matthias, war sehr viel größer gewachsen als der Prinz. Vielleicht wurmte das den Savoyer. Nein, das konnte es doch nicht sein. Was war schon sein eigener Erfolg bei Malplaquet gegen die gewaltigen Erfolge Eugens? Was sein geschickter Rückzug bei Punitz gegen das siegreiche Vordringen des Savoyers auf allen Kriegsschauplätzen Europas? Eugen hatte durch seine Siege und seine staatsmännische Einsicht die Welt umgekehrt — er hatte Habsburg und den Spanier satt, England und Preußen groß, Frankreich aber klein gemacht.

Er, Johann Matthias, prüfte dagegen Milchtabellen und kündigte den Mietvertrag seines Palastes in Venedig, während der andere sich in Wien ein Schloß von königlichen Ausmaßen erbaute. Wo steckte also der tiefste Beweggrund dieser Gegnerschaft? Er entfaltete den Brief der Schwester aufs neue und legte ihn flach vor sich auf den Tisch. „Man hält Dich für den kommenden Mann in Wien." Ihn, den Protestanten? In Wien? Der General lachte.

Nun, mochten sie glauben, was sie wollten. Er war wieder Bauer geworden, wie seine Väter es gewesen waren; er wollte keinen Palast in Venedig und kein Königsschloß in Wien. Was er wollte, war die Arbeit in diesem kleinen Kreise. Und für die 550 Dukaten sollte im nächsten Jahr der Viehbestand vergrößert werden. Ein paar Wiesen wollte er dazu kaufen, mit Blüten so schön wie die, durch welche damals Aimée geschritten war.

In diese Erwägung hinein stürzte plötzlich Karl, der bereits, bevor er noch angeklopft hatte, vor der Zimmertür rief: „Exzellenz, der Wagen kommt!"

„Meinen Pelz! Die Windlichter!"

Karl betrat das Zimmer, den Pelz auf dem Arm. „Die beiden Hofjungen mit den Lichtern stehen schon unten."

„Du bist wohl wieder nüchtern geworden, Karl?"

„Exzellenz ..."

„Fix, fix ... ich muß Herrn von Leibniz am Portal empfangen."

Das Schellengeläut der Pferde drang jetzt heller durch den dicken Schneevorhang. Rasch überschritt Matthias den Flur und stieg die breite Holztreppe zum Hauseingang hinunter, an welchem die Hofjungen mit den Windlichtern standen. Blaß fiel das Licht der Kerzen auf den Schnee, auf welchem in einer weichen Kurve der breite Reisewagen vorfuhr, bis der Kutscher die vier Pferde mit durchgreifender Hand parierte. Sie zitterten und dampften; inzwischen war der Diener vom Bock geglitten und öffnete den Schlag des verhängten Wagens.

Der Hausherr trat durch den Schnee an den Schlag heran. Wirklich, eine wohltuende Wärme schlug ihm entgegen; und fröhlich rauchte ein kleiner Schornstein auf dem Dach des Gefährtes. Matthias lächelte, wie man über Ungewohntes lächelt, aber er fühlte, wie sein Herz gleichzeitig vor Freude höher schlug. Leibniz war angekommen.

Der General streckte die Hände in die Dunkelheit des Wagens. „Lieber Freund", rief er, „ein größeres Geschenk könnte mir

das Christkind nicht machen als Ihren unerwarteten Besuch. Kommen Sie, geben Sie mir die Hand. Ich helfe Ihnen heraus!"
Aber der Insasse des Wagens bewegte sich nicht. „Kommen Sie, lieber Freund, geben Sie mir die Hand. Ich helfe Ihnen, kommen Sie!" Nun wurde das gewaltige, mit einem seidenen Tuch umwundene Haupt des Gelehrten sichtbar. „Ich wage nicht auszusteigen, lieber Freund."
„Weshalb denn nicht?"
„Weil ich erst Ihre Vergebung erbitten muß. Ich bin kühn genug, einen Gast mitzubringen ..."
Der General lachte. „Und wenn Sie ein Dutzend Gäste mitbringen — ich freue mich schon deshalb darüber, weil S i e sie mitgebracht haben. Kommen Sie! Kommen Sie, lieber Gast!"
Aber Leibniz verharrte in seinem Widerstand. „Sie wissen noch nicht, wer es ist. Dieser Gast kam von Venedig über Wien nach Hannover und fährt von dort nach England weiter ..."
Das freundschaftliche Drängen des Generals ging in einen starren Schrecken über. „Von Venedig ..."
„Ja. Von Venedig. Es ist übrigens kein Gast, sondern eine Gästin."
„Eine Dame ... von Venedig ..."
„Eine Dame von Venedig."
„Herr von Leibniz — das ist doch nicht möglich! Ist es ..."
Nun flatterte eine weiche Stimme aus dem Wagen. „Ja, Schiefauge — es ist Aimée."
Matthias schwankte. Er fühlte, wie sein Herz zu toben begann, und er biß die Zähne zusammen, als ob er es festhalten wollte, damit es ihm nicht aus dem Munde spränge.
Dann aber rief er: „Kommt, kommt!" Der Diener des Herrn von Leibniz nahm die Decken aus dem Wagen. Nun reichte der General dem Freund die Hand. Aber die Hand zitterte, so daß Leibniz sie fest drückte. „Verzeihen Sie", lächelte der Gelehrte, „wenn ich gleich ins Haus gehe; ich möchte mich nicht noch am Ende der Fahrt erkälten." Er ging mit reisemüden Schritten voran, während Matthias der Venezianerin die Hand bot.

„Ich freue mich sehr, Aimée", murmelte er halblaut. „Ich freue mich wirklich."

„Ich auch, Matthias." Dann setzte die Frau befangen hinzu: „Trotzdem hätte ich dich nicht in deiner Ruhe gestört, wenn ich dir nicht Dinge zu berichten hätte, die weit über unser beider Schicksal hinausgehen. Später werden wir darüber reden." Sie schritt rasch über die Schneefläche und stieg neben Leibniz das schwere, holzverkleidete Treppenhaus hinauf. Matthias gab dem Diener Befehle und ließ den Freund in den ersten Stock geleiten. Dann bat er die Gräfin in sein Arbeitszimmer, bis ein anderes Gästezimmer bereitgestellt sei.

Aimée betrat den Arbeitsraum. Das Licht der Kerzen legte einen zarten Glanz über ihre reifen, schönen Züge. Die Wärme des großen Ofens tat ihr wohl. Prüfend ließ sie die Blicke über die Bilder an den Wänden gleiten. Einen Augenblick lang musterte sie ihr eigenes Bild, welches die Rosalba gemalt hatte. Dann griff sie nach der Teetasse, die Matthias ihr reichte, und trank sie rasch aus.

Der General saß mit gefalteten Händen an der Seite des Mitteltisches und sah schweigend auf die Freundin.

„Es ist lange her, Matthias ..." Aimée sprach wieder halblaut und stockend.

„Ja, sehr lange."

„Du hast viel an mich gedacht, Matthias?"

„Ja."

„Ich auch an dich."

Dann schwiegen sie gemeinsam. Nach einiger Zeit begann die Frau wieder: „Du bist berühmt geworden, Lieber."

„Ich weiß nicht, ob ich berühmt bin. Ich habe mich nicht mehr darum gekümmert."

„Ich war sehr glücklich darüber. Ich war auch sehr stolz auf dich."

„Dann allerdings hat der zeitliche Ruhm seinen Zweck erfüllt, Aimée."

Das letzte Wort gab diesem Satz Wärme, und als ob nicht einmal eine Stunde zwischen ihrer Trennung und ihrem Wiedersehen gelegen hätte, lachte sie dem Freunde zu und fragte: „Weißt du noch, als ich damals deinen Schimmel ritt?"
„Ich weiß. Ich war tieftraurig, als sie ihn mir an der Sarte bei Malplaquet unter dem Leibe wegschossen."
Aimée erschrak. „Wie kann man als Oberstkommandierender auf einem Schimmel in die Schlacht reiten!"
„Ich ritt ihn, weil du ihn geritten hattest!"
„Nur deshalb?"
„Ja."
„Und er mußte für deine Liebe zu mir sterben?"
„Ja. Er mußte dran glauben. Aber am gleichen Tage erstand mir das, was du meinen Ruhm nennst."
In ihr Schweigen hinein meldete der Diener, das Zimmer für die Frau Gräfin sei gerichtet.
Aimée warf einen prüfenden Blick auf Karl: „Wir kennen uns doch?" Sie zog die Augenbrauen zusammen und lächelte, daß ihre sehr weißen Zähne sichtbar wurden. Dieses Lächeln verschenkt sie noch immer, dachte der General, und ein feiner Schatten fiel auf seine Seele. Dieses Lächeln hatte ihn damals schon gequält, weil sie allzuoft so lächelte. Und zwar nicht nur für ihn, sondern auch für andere. Es war ihr zur Gewohnheit geworden, weil sie damit ihres Erfolges in der großen Welt sicher war.
Karl dagegen strahlte. „Jawohl, Frau Gräfin. Schon vierzehn Jahre. Aber wenn man die Frau Gräfin sieht, sollte man es nicht glauben. Vor der Frau Gräfin steht die Zeit still."
„Ich habe eine Tochter, die jetzt fast ebenso alt ist, wie ich es damals war. — Kommen Sie und zeigen Sie mir das Zimmer. Nein, nein, Exzellenz, Sie müssen hier bleiben und Herrn von Leibniz erwarten. Ich bin bald zurück." Sie sprang rasch auf, ging mit ihrem federnden Gang aus dem Zimmer, und Karl folgte ihr eifrig.

2

Das also war Aimée. Matthias warf die Blicke prüfend auf das Bild an der Wand. Sie hatte sich erstaunlich wenig verändert; vielleicht zu wenig. Aber war das ein Nachteil? Seltsam nur, daß seine Träume, die sich um das Bild dort spannen, eine ganz andere Frau aus ihr gemacht hatten. Vielleicht die Frau, wie er sie ersehnte, vielleicht etwas, das es überhaupt nicht gibt. Diese Erwägungen gingen freilich nur flüchtig durch sein Gehirn. Seine Sinne spürten die Wärme, welche Aimée ausstrahlte, eine helle, glitzernde Wärme, die ihn beglückte und sich als große Wirklichkeit über alle grüblerischen Erwägungen legte.

Nach einiger Zeit erschien Herr von Leibniz in einem Rock von feinem Tuch und ging langsam seinem altgewohnten Sessel zu. Die hohe, langhaarige Hofperücke umrahmte feierlich sein gelbblasses Antlitz, in welchem die dunklen Augen noch in ungebrochenem Feuer flammten. Über der Nasenwurzel stiegen zwei Falten senkrecht in die Höhe, als ob sie ins Haar der Perücke greifen wollten, Falten, welche sich im Lauf der letzten Jahre vertieft hatten.

Der leidenschaftliche Mann leerte das Glas, welches der General ihm anbot, in großen Schlucken. Dann schob er sich in den Sessel zurück und sah den Freund prüfend an. „Sie verzeihen mir diesen Überfall?"

„Er bedeutet mir eine wirkliche Freude."

„Und auch die Zugabe, die ich mitgebracht habe?"

„Auch die."

Leibniz nickte. Langsam begann er zu sprechen. Halblaut, zunächst abgerissen, bis sich seine Sätze zu festen Gebilden formten. Matthias kannte diese Gewohnheit seines großen Freundes. Leibniz sprach sich zurecht, um aus ersten, abgerissenen Brocken bereits seine Weisheiten zu gewinnen, mochten sie philosophischer, historischer, mathematischer oder diplomatischer Natur sein.

So erstaunte es ihn nicht, als Leibniz sehr bald darauf fragte: „Ihre Familie, lieber Freund, sitzt seit Jahrhunderten hier an der Elbe. Welches war wohl ihre Aufgabe, als man sie hier seßhaft gemacht hatte?"

„Nun, der Kampf gegen den Osten."

Der Gelehrte nickte. „Der Kampf gegen den Osten. Der ist bei Euch so etwas wie Blut geworden."

„Wenn es nötig ist, haben wir ihn zu führen gewußt und werden ihn weiter führen." Matthias sagte das wie etwas Selbstverständliches und griff nach der goldenen Dose.

Eine Zeitlang schwiegen die beiden, bis Leibniz wieder begann: „Reizend ist die Gräfin Angiolina Mocenigo della Torre. Sie hat mir die Fahrt hierher durch ihre kluge Unterhaltung verkürzt. Ich habe viel gelernt."

„Über die Verfassung der Republik Venedig?"

„Auch das. Vor allem aber über die Frauen."

Der Hausherr sah den Gast fragend an. Der aber fuhr ruhig fort: „Sie denken, es wird Zeit. Mit bald Siebenzig ist es etwas spät. Die Gräfin hat mich noch einmal klar erkennen lassen, daß Frauen nur eines wollen: die Macht. Die Mittel dazu sind ihnen gleichgültig. Das Gebot der Keuschheit, welches die Männer ihnen aufzwingen, soll die Verwendung ihrer naturgegebenen Machtmittel einschränken, damit sie nicht gleich das Letzte hergeben — nur, um ihre Macht ausüben zu können. Und um dadurch die Welt rascher, als das unbedingt notwendig ist, in den Abgrund zu wirbeln."

„Und weshalb wollen Frauen Macht?"

„Weil sie im Grunde ihrer Seele schlecht sind."

Der General wiegte den Kopf. Dann lächelte er. „Nicht alle. Die Gräfin beispielsweise ist sicher nicht schlecht."

„Ich sagte im Grunde, lieber Freund. Diese Schlechtigkeit wird durch die dazugehörige Schlauheit verändert, verbrämt und abgewandelt. Aber im tiefsten Grund bleibt die Schlechtigkeit bestehen; sie ist nur unter ihren vielen Masken schwer erkennbar. Man erkennt sie deutlich erst im Alter, erst wenn man von ferne sieht. Die Kraft der Jugend legt dem Mann einen bunten Nebel vor die Augen, durch welchen er nicht hindurchzusehen vermag. Liebend ist er halbirr und handelt wie ein Halbirrer. Denn so will es die Natur. Die Menschen sollen stammen von einem Halbirren und einer Schlechten."

„Weshalb?"

„Damit die Art erhalten bleibt. Menschen mit klarer Erkenntnis über das Wesen des Geschehens würden keine Kinder in die Welt setzen. Damit ist aber der Natur oder der Vorsehung nicht gedient. Denn wenn die Menschheit aussterben würde, wäre die Vorsehung arbeitslos."

Die Brauen des Generals zogen sich zusammen. „Vor allem macht die Frau den Mann unfrei. Deshalb bin ich allein geblieben."

„Bleiben Sie das!" Leibniz sprach diese wenigen Worte mit einer starken, inneren Wärme, daß der General ihn aufmerksam ansah. Aber der Gelehrte schwieg vor sich hin.

Karl ließ Aimée eintreten.

Sie stand im Türrahmen, lächelnd, in einem weitausladenden, pfirsichfarbenen Kleide mit kurzen Ärmeln und einem eckigen Halsausschnitt. Um den noch makellosen Hals trug sie die großen morosinischen Perlen. Das Haar, leicht gepudert, hob sich zu einem gefälligen Aufbau, in welchem der helle Saphir prangte, den der General ihr einmal geschenkt hatte. Sie wandte die schönen Augen, in denen das Licht ihrer Heimat aufzuleuchten schien, den beiden Männern zu und fragte artig: „Ich hoffe, daß ich nicht allzusehr störe?"

Schmeichelnd und beruhigend wie der Klang dieser Stimme schlugen die Wasser der Kanäle Venedigs an die Gondelstufen der Paläste. Diese Wellen begehrten kaum auf; sie glitten lächelnd über alle Tiefen hin und vergingen, sich selbst zum Sterben wiegend, in einem letzten feinen Fragen.

Der General küßte Aimée die Hand und bat seine Gäste in das Eßzimmer. Das lag in einem Seitenbau des Hauses, ein großer, holzgetäfelter Raum, dessen Decke von abgekanteten Querbalken

getragen wurde. Aimée freute sich über die Kraft, mit welcher man hierzulande das harte Holz zu bändigen wußte.
Die Schaffnerin hatte den Tisch dicht am großen Kachelofen richten lassen. Das feste, weiße Linnen, die gemalten Dresdener Wappenteller, das schwere Silber und das funkelnde Kristall kündeten vom Wohlstand und von der Tradition des Besitzers. Bald fanden sich die drei über dem Mahl in der Unterhaltung, und Leibniz, welcher die Seele seiner Nachbarin während der Wagenfahrt erforscht hatte, beobachtete nicht ohne Wohlgefallen, wie die Frau den Weg zum Ziel vorbereitete, welches sie erreichen sollte.
„Sie haben in Wien die Kaiserin gesprochen", wandte der General sich an die Gräfin, während er gewärmten Burgunder einschenkte. „Welchen Eindruck hatten Sie von ihr?"
„Von Sorgen zerquält, wenn sie es auch keinen Menschen merken läßt."
Matthias strich sich über die Stirn. „Ich kann es mir denken. Ich war Kammerjunker am Hof ihres Oheims in Wolfenbüttel. Das ist lange her. Da war die Kaiserin noch nicht geboren. Aber eine Haltung, wie sie sie zeigt, ist ererbt. Immer wieder, wenn ich später die Kaiserin sah, mußte ich mich ihres Oheims erinnern, der die gleiche Haltung auch in den schwersten Augenblicken seines Lebens bewahrte." Matthias sah der Nachbarin in die Augen. „Und weshalb ist sie von Sorgen zerquält?"
„Weil die Türken nach Wien streben. Wie damals 1683."
Die Stimme des Hausherrn bekam einen trockenen Ton, als er erwiderte: „Dafür haben sie in Wien doch den Prinzen Eugen."
„Prinz Eugen kann nicht alles allein schaffen." Aimée sprach kurz, aber ihr Zeigefinger krallte sich erregt in die Perlenkette. Ein großer Diamant blitzte an ihrem Ringfinger auf.
„Bis jetzt hat er es doch gekonnt."
„Er hat mir selbst gesagt, daß er es dieses Mal nicht könne." Die Hand löste sich aus der Perlenkette und führte ein geschliffenes Weinglas zum Mund.

Matthias lehnte sich in seinen Stuhl zurück. „Sie haben auch mit Eugen gesprochen? Interessant." Er zerbröckelte ein Stück Brot, während seine Stirn sich umwölkte.
Aimée schob unauffällig ihre Rechte zu ihrem Nachbarn hinüber und erwiderte weich: „Sogar sehr interessant."
Matthias beachtete die Hand nicht. Er behielt den Kopf gesenkt, musterte aber die Sprecherin von unten.
Rasch stiegen die Augenbrauen der jungen Frau in die Höhe.
„Der Prinz kann zwar die ungarische Front halten, ja, zum Sieg führen, aber nur dann, wenn während seines Aufmarsches seine rechte Flanke gedeckt wird. Bleibt aber der rechte Flügel des europäischen Aufmarsches ungedeckt, so wird der Todesstoß der Türken gegen Eugens Aufmarsch über Italien erfolgen."
„Italien — ich weiß. Die Türken werden sich zuerst auf Venedig stürzen."
„Dazu müßten sie freilich vorher Korfu erobern."
„Ja, Korfu."
Leibniz verbarg mit Mühe seine innere Spannung. Das entscheidende Wort war gefallen. Korfu. Aber der Gelehrte griff nicht in das Gespräch ein. Er beobachtete, wie der General sorgfältig einige Brocken auf dem Tisch aufbaute. Matthias machte aus Brot einen Plan der adriatischen Küstenländer. „Hier liegt Venedig, hier Triest. Das ist Dalmatien. Das ist der Peloponnes, das sind die Levantegebiete — und die alle hat Venedig verloren." Er schob die Brotbrocken bis auf einen beiseite. „Ihr Großvater, Francesco Morosini, war ein Held", fuhr er fort, „er ist nach ruhmvollen Waffentaten als Doge im Kriege gegen die Türken gefallen. Nur ihm verdankt es Venedig, daß es zwar nicht mehr seine Felder, wohl aber noch den Schlüssel zu seinem Hause besitzt."
„Dieser Schlüssel ist Korfu."
„Jawohl, Korfu." Der gebogene Zeigefinger des Generals wies auf den letzten Brotbrocken.
Die Gedanken, die unter der Stirn der Frau hin und her gingen, wurden für Leibniz fast sichtbar in den Bewegungen des roten

Mundes und im Aufblitzen der Augen. Sie neigte sich erregt dem General zu: „Korfu ist nicht nur der Schlüssel zu Venedig; es ist auch der Schlüssel zu Italien, zu Deutschland. Korfu ist die Einbruchstelle in die westliche Welt. Das weiß Prinz Eugen ebenso gut, wie Sie es wissen. Korfu muß gehalten werden."
„Er hat ja genug Leute, die es halten können."
Die Antwort der Gräfin klang scharf. „Die hat er nicht."
„Woher wissen Sie das?"
„Er hat es mir selbst gesagt."
„So..."
Der General schob die Brotreste zusammen. „Bei den Sachsen gibt es zwei Dutzend Generale, die sofort nach Korfu gehen würden."
„Wen von diesen Generalen können Sie empfehlen?"
„Keinen."
„Sie sind also der gleichen Ansicht wie Prinz Eugen. Er hat mir vor drei Wochen erklärt, es gäbe nur einen Mann, der dieser Aufgabe gewachsen sei."
„Also, er hat doch einen! Und wer ist das?" Der General blickte die Gräfin erwartungsvoll an.
„Sie."
„Ich?"
„Ja. Sie."
Matthias lachte verächtlich. „Niemals."
Die drei schwiegen. Draußen auf dem Flur schob Karl neue Eichenklötze in den Kachelofen, und das Feuer wellte auf. Der General hatte sich in den Stuhl zurückgelegt und starrte auf die Balkendecke. Ohne sich zu bewegen, begann er leise vor sich hinzusprechen. „Ich habe bereits den Krieg gegen den Schweden mit elenden Soldaten führen müssen. Wenn ich aber in venezianische Dienste treten würde, dann würde ich die allerelendesten Leute zu führen haben, die je ein Feldherr geführt hat. Venedig ist ein Karnevalsplatz, und sein berühmtes Korfu ist keine Festung, sondern ein Steinhaufen, auf dem die Ziegen

weiden. Ich würde also mit einer Horde einen Steinhaufen zu verteidigen haben — während der in Wien die besten Truppen der Welt führen kann. Länger als acht Tage kann kein Gott Korfu halten. Ich würde meinen Namen der Lächerlichkeit preisgeben; man würde über mich hinweggehen wie über die Leiche eines toten Komödianten, dem man nicht einmal ein ehrliches Grab gönnt. Nein!"
„Sie müssen, lieber Freund." Leibniz griff in die Unterhaltung ein.
Der General zuckte die Achseln und wandte sich zu Aimée: „Wenn ich Truppen hätte, wie Ihr Großvater Morosini sie gegen die Türken geführt hat, Niedersachsen, Hannoveraner, Braunschweiger — dann vielleicht. Auch dann nicht. Ich habe die Gemeinheiten der Menschen satt! Soll Eugen seine Siege ohne mich erringen! Bei Malplaquet habe ich, nur ich... Ach, lassen wir das." Matthias wischte mit der Rechten durch die Luft.
„Sie müssen, lieber Freund." Ruhig und fest wiederholte Leibniz seine Worte. Aber ebenso ruhig und fest antwortete der General: „Nein."
Noch einmal erhob die Gräfin Mocenigo ihre reifen, schönen Hände. Fast beschwörend sprach sie auf Matthias ein. „Unter meinem Großvater Morosini haben der Braunschweiger Löwe und der Markuslöwe gemeinsam den gemeinsamen Feind davongejagt. Halten Sie diese Tradition aufrecht!"
Fast heiter erwiderte Matthias: „Ich sagte es Ihnen ja bereits: ich will nicht. Prinz Eugen ist so bedeutend, daß er auch noch einen bedeutenderen Feldherrn als mich herausfinden wird." Er schenkte die Gläser wieder voll und leitete das Gespräch auf Turin und dessen Hof über.
Die Unterhaltung kam jedoch nicht in Fluß, weil Aimée von einer plötzlichen Schwermut überfallen wurde, welche lastend auf dem Zusammensein ruhte. Sie selbst empfand das, und so bat sie nach einiger Zeit, auf ihr Zimmer gehen zu dürfen, da die Fahrt sie ermüdet habe. Rasch erhob sich der General, ergriff einen Leuchter und schritt ihr voran. Seltsam vereinten sich

die Schatten der beiden Menschen auf der bleichen Wand. Vor der Tür reichte Matthias ihr den Leuchter: „Gute Nacht, Aimée."
„Gute Nacht, Schiefauge. Heute warst du wieder einmal so hart wie damals, als..."
„Ich war nicht hart, Aimée. Aber ich kann keinen Auftrag annehmen, den ich nicht auch vor meinem Innern vertreten kann."
Die Frau legte die Linke auf den Arm des Mannes. Sie sah ihn mit verzweifelten Blicken an. „Es geht um Venedig!"
„Ich weiß viel zu genau um seinen Verfall, als daß ich Menschen, lebende Menschen für dieses Venedig in den Tod führen könnte. Krieg ist kein Karneval."
„Es geht nicht nur um Venedig. Es geht um die ganze gesittete Welt. Gute Nacht, mein Lieber. Trotzdem bin ich glücklich, dich wiederzusehen. Das möchte ich dir noch einmal sagen. Gute Nacht. Ich leuchte dir."
„Danke. Ich kenne den Weg auch im Dunkeln. Schlaf gut." —
Als der General wieder das Eßzimmer betrat, hatte sich Leibniz, wie er das liebte, gegen den Ofen gelehnt. Matthias warf sich mißmutig in seinen Sessel. „Es tut mir leid; ich war recht kurz angebunden. Aber ich mußte hart werden."
Leibniz, welcher die rechte Schulter in die gewärmte Rundung einer Kachel gepreßt hatte, antwortete leichthin: „Sie mußten hart werden, weil Sie fürchteten, sonst weich zu werden."
„Sie irren, lieber Freund."
„Ich irre nicht. Sie wissen selbst, daß Sie sich durch eine Welt von Bildern gegen die Wirklichkeit verschanzen."
Der General schwieg, aber Leibniz fuhr nach einer Weile fort: „Man verweichlicht leicht in der Einsamkeit. In meinem Alter mag es angehen. Sie aber sind dazu noch zu lebensstark, zu jung."
„Die Kriege, die ich geführt habe, sind nicht spurlos an mir vorübergegangen. Dazu bin ich längst über fünfzig."
„Nur die Kirchenbücher zählen das Alter der Menschen nach ihren Jahren. Das Kirchenbuch vermerkt nicht: ‚Heute ist der

und der alt geboren'. Es hat auch nicht vermerkt: ‚Der Knabe Johann Matthias wird noch ein Fünfunddreißiger sein, wenn er der Zahl nach bereits die Fünfundfünfzig erreicht haben wird'. Nein, lieber Freund — das alles sind keine Gründe für Ihr ‚Nein'. Die wahren Gründe liegen ganz woanders."

„Wo denn?" Matthias verharrte in seiner Unbeweglichkeit, aber erbarmungslos fuhr der Philosoph fort: „In Ihrer Gegnerschaft zum Prinzen Eugen."

„Ich gebe zu, daß die Persönlichkeit des Prinzen mir das ‚Nein' nicht erschwert." Matthias starrte auf den großen, geschnittenen Karneol seines Wappenringes.

„Sie führen drei Adlerklauen im Stammwappen", sagte Leibniz, der den Blicken des Generals gefolgt war, „das verpflichtet."

Der General nickte. „Aber im großen Wappen auch einen geschmückten Ochsen", lächelte er, „und das warnt." Nach einer Zeit fuhr er, wieder bitter werdend, fort: „Ich habe es satt, Eugens geschmückter Ochse zu sein."

Bevor Leibniz antworten konnte, stand Karl plötzlich vor dem General. Er war sichtlich erregt und zitterte am ganzen Körper. Der General hob den Blick. „Was willst du?"

„Exzellenz... es spukt... etwas Furchtbares."

„Was?"

„Er ist in den Hof geritten. Leise. Sie haben die Lappen um die Hufe der Pferde gebunden. Plötzlich stand er da..."

„Bist du wieder betrunken, Karl? Wer ist in den Hof geritten?"

Der Diener wand sich hin und her. „Ich kenne ihn. Ich war doch damals dabei."

„Zum Donnerwetter, wer?"

„Der Karl... der Karl..."

Ruhig sah Matthias den Diener an. „Jetzt siehst du dich schon selbst in den Hof reiten? Morgen kommst du ins Spinnhaus. Mach, daß du hinauskommst."

„Darf ich Seine Majestät heraufkommen lassen?"

„Hinaus!"

Karl lief rasch davon. Der General schüttelte den Kopf. — „Schade, er säuft zu viel. Jetzt hat es ihn erwischt." Er atmete tief und schüttete ein Glas Burgunder hinunter.
Plötzlich wurde die Tür des Zimmers wieder geöffnet. Mit lauter Stimme meldete der Diener: „Seine Majestät der König Karl XII. von Schweden und Graf Ankarström." In dieser Stimme lag etwas wie Hohn; als ob Karl sagen wollte: „Nun, komme ich morgen in das Spinnhaus?"
Matthias war aufgesprungen. Er stand hoch aufgerichtet neben seinem Sessel, während Leibniz aus ruhigen, dunklen Augen das Bild beobachtete, das sich vor ihm auftat. In der Tür stand ein großer, hagerer Mann mit hängenden, natürlichen Haaren, blaß und unheimlich. Er trug einen langen Waffenrock mit einer ledernen Feldbinde und hohe, weiche Stiefel. Die Augen dieses Mannes gingen mechanisch hin und her wie die Augen einer Puppe. Hinter ihm wartete ein etwas kleinerer, weichlicher Offizier in dunkelblauer Felduniform mit vom Schnee zerlösten Goldschnüren.
Den General überlief ein Schauer. Ja, er kannte den Großen dort. Das war wirklich Karl XII., sein Gegner, welchem er damals bei Punitz den sicheren Lorbeer aus den Händen gerungen hatte. Das war der König, der nach seiner letzten Niederlage bei Pultawa von den Russen in die Türkei geflohen war und jetzt nach Schweden zurückirrte.
Der König blieb, den Dreispitz in der Hand, unbeweglich an der Tür stehen. Rasch trat der General auf ihn zu. „Ich freue mich, Euer Majestät, daß Sie nicht bei mir vorübergeritten sind. Es ist mir eine Ehre, den Monarchen als Gast bei mir zu sehen, dem ich meinen militärischen Ruhm verdanke. Das hier ist mein Freund, der Geheime Rat von Leibniz."
Der König nickte und verharrte in seiner Erstarrung. Ankarström schob sich vor und verneigte sich verbindlich vor dem Hausherrn. „Graf Ankarström, Adjutant Seiner Majestät. Wir kommen von Odessa und wollen nach Schweden zurück. Seine Majestät

haben den Wunsch geäußert, Ihnen, Exzellenz, seine Aufwartung zu machen."

Matthias verbeugte sich. „Darf ich den Herren zunächst ein paar trockene Kleider geben lassen? Das Essen wird sofort bereit sein."

Der König schüttelte den Kopf. Er zuckte die Achseln, als Ankarström leise bat, seinen Waffenrock am Feuer trocknen zu dürfen. Dann flüsterte der Adjutant dem General zu: „Der König ißt nichts. Er lebt von ein paar getrockneten Früchten, die wir immer mit uns führen."

„Aber Sie essen etwas, Graf?"

„Ich nehme Ihre Gastlichkeit gern in Anspruch. Zumal wir bald weiterreiten werden und ich seit vierundzwanzig Stunden nichts gegessen habe."

Inzwischen war der König dicht vor Leibniz getreten und sah ihm starr in die Augen. Der Philosoph hielt den Blick aus. Karl schritt langsam um den Stuhl herum, in welchem Leibniz saß, und musterte den Gelehrten von allen Seiten. Nachdem er diese Prüfung beendet hatte, hockte er sich auf den Boden vor dem Ofen und hielt wechselweise seine Beine mit den hohen Stiefeln dicht an die warmen Kacheln. Endlich wandte er Leibniz wieder den Kopf zu und sagte hart, aber verhalten: „Mir scheint, daß wir Bundesgenossen sind, Herr von Leibniz."

„Ich zum mindesten empfinde keine Gegnerschaft gegen Eure Majestät."

„Weshalb eigentlich nicht? Es ist Mode, mein Gegner zu sein."

„Euer Majestät haben einmal erklärt, das Wollen Europas zu vertreten. In meinen Schriften habe ich das gleiche getan."

„Der wahre Feind Europas steht im Osten", murmelte der König zusammenhanglos und wechselte die Stellung der Beine.

„Auch in dieser Ansicht gehe ich mit Euer Majestät überein."

Leibniz warf einen kurzen Blick zum General hinüber.

Inzwischen hatte Ankarström an einem Nebentisch zu speisen begonnen. Er aß langsam mit schönen, ein wenig gezierten Bewegungen. Der General stellte ein Glas mit Burgunder neben den König. Der aber rührte das Glas nicht an.

Wohl aber richtete er seine starren Blicke auf den Hausherrn. Dann erhob er sich, trat an Matthias heran und, immer Auge in Auge, drängte er ihn zurück. Der General mußte rückwärts schreiten und sah sich endlich in eine Ecke des großen Saales hineinmanövriert. Dort stand er still im Winkel der Mauern. Nun sah der König ihn von oben aus kalten Augen an und murmelte: „So habe ich es bei Punitz gewollt. Aber es gab dort keine Mauern, welche Ihren Rückzug aufhielten. Damals entgingen Sie mir, Herr General von der Schulenburg."
Mit ein paar großen Sätzen sprang der König zum Ofen zurück und streckte seine Beine wieder gegen das Feuer. Von dort wandte er sich an Leibniz und fragte halblaut: „Was sagen Sie zu alledem, Herr von Leibniz?"
„Ich bin Ihrer Ansicht, Euer Majestät."
„Welcher Ansicht?"
„Der gleichen wie Sie, Euer Majestät."
„Also?"
„Unser Freund muß den rechten Flügel der europäischen Front gegen die Türken führen."
Der König sah den General aus glasigen Augen an und zog dabei seine Stiefel empor. Dann lachte er kurz und trocken. Ankarström, der inzwischen seine Mahlzeit beendet hatte, hockte sich hinter den König auf den Boden und kreuzte wie dieser die Beine. Die beiden saßen vor dem Feuer, fremd, unwirklich, wie ein paar geschnitzte Steinfiguren aus dem fernen Osten.
Matthias lehnte sich in seinen Sessel zurück und zuckte die Achseln. „Ich bin der ehrfurchtsvolle Gegner Euer Majestät gewesen. Aber meine Entscheidung mußte ich damals allein treffen. Wollen Euer Majestät mir das allergnädigst auch dieses Mal gestatten."
Der König zog immer noch an seinen Stiefeln. Er wurde klein dabei, denn immer mehr bog sein Körper sich zusammen. „Nein, Schulenburg, das gestatte ich Ihnen nicht, weil Sie befangen sind. Sehen Sie mich nicht so erstaunt an. Sie sind neidisch auf den Ruhm des Prinzen Eugen. Ja, Sie hassen ihn — in der Tiefe Ihres Herzens hassen Sie ihn."

Matthias spielte wieder mit seinem Siegelring.
Plötzlich rutschte der König sitzend mit gekreuzten Beinen in raschen Bewegungen vor den General. Er hockte dort als winzige Pagode, als kleiner, magerer Tod, mit langen Haaren und ausgetrockneten, schmutzigen Händen. „Das Schicksal will es", knarrte das Wurzelmännchen, „hören Sie, Schulenburg, das Schicksal. Sie bocken gegen das Schicksal an, weil Sie den Prinzen hassen. Aber das nützt ja alles nichts. Das Schicksal ist noch stärker als Ihr Haß."
„Ich hasse den Prinzen nicht", murmelte der General gebannt, „er ist groß. Aber ich bin nicht klein genug, um sein Werkzeug sein zu können."
„Sie müssen so klein werden, wie ich es jetzt bin. Dann haben Sie Ihre größte Größe erreicht."
Der König blinzelte den General von unten an und stieß fast meckernd hervor: „In Ihrer Einsamkeit haben Sie sich zurechtgelegt: ‚Ich bin ja mehr, aber er gilt mehr, weil er Prinz von Geblüt ist.' General, der Prinz g i l t nicht nur mehr, er i s t auch mehr als Sie. Sie sind groß, aber er ist größer."
Matthias war in sich zusammengesunken. Schwer atmend keuchte er: „Ja, er ist groß."
Die kleine Pagode zu seinen Füßen nickte wortlos. Eine lange Stille lag über dem Raum. Die Kerzen auf den Tischen flackerten und warfen Zerrlichter auf die Züge der vier Männer, hoben das Wesentliche dieser Seelen hervor und formten die vier zu einem Gesamtbild des Zeitringens: Leibniz, der menschgewordene europäische Geist, das lebendige europäisch-christliche Gewissen; der König, der übermännliche Luzifer dieser gequälten Welt, die sich immer wieder bis an den Abgrund zu übersteigern drohte; Ankarström, das Weibische im Waffenrock, der Zerfall in Eitelkeit; und Schulenburg, der Mann, der Soldat, welcher den europäischen Willen, wie ihn der große Leibniz dargelegt hatte, vollstrecken sollte.
Langsam sah sich der König im Kreise um, bis seine Blicke wieder an dem General hängen blieben. Jetzt sprach er fast

befehlend: „Ihre Familie hat immer gegen den Osten gekämpft. Ihr Blut weiß, General, daß der Feind Europas im Osten steht."
Plötzlich sprang Karl auf und begann mit langen Sprüngen um den Tisch zu laufen. Dabei schrie er: „Katinka, du Schwein, du hast den Kogia bestochen! Ins Gefängnis haben sie mich gesetzt, und den dicken Engel, den Ankarström, dazu." An einer Tischecke blieb er stehen, kreuzte die Arme, verneigte sich tief und murmelte: „Salem Aleikum." Dann schlug er einen kurzen Galopp an und rief: „Die kleinen Kriege, welche wir gegeneinander geführt haben, Schulenburg, waren nichts, nichts. Da ging es nicht um die Substanz. Jetzt aber hat der Hurenknecht von Versailles" — er verbeugte sich wieder vor einer Tischecke: „Dieu protège le Roi Soleil! — die Türken gegen den Habsburger gehetzt. Denn Ludwig, der Allerchristlichste, möchte Deutschland anstecken und den Habsburger von den Türken erdrosseln lassen. Krks — so!" Er verneigte sich tief vor einer weiteren Tischecke: „Majestät von Habsburg! Krks!" Rasch griff er eine Kerze vom Tisch, hielt sie fest in der Faust und galoppierte durch den Saal. „Ich bin ein türkischer Feuerreiter!" Mit großen Sätzen sprang er plötzlich auf ein Fenster zu und hielt die Kerze an einen dünnen Ziervorhang. Die Flamme schlug hell auf. Aber der General war dem König scharf mit den Blicken gefolgt. Er ging ruhig zum Fenster und riß den brennenden Vorhang herab, welcher inmitten der Halle aufleuchtete und zu Asche verging. Matthias sah den König funkelnd an. „Ich bitte, mein Haus zu achten, Majestät." Karl lachte. „Ja, ja, Schulenburg. Ich weiß, löschen können Sie. Nutzen Sie diese Gottesgabe. Die Fackelreiter sind schon unterwegs. Nur Sie können die Flammen bändigen, Sie Meister der Verteidigung und Obermeister des Rückzuges, der sogar für den Sieger noch zur Niederlage wird." Jetzt funkelte der König den General an und kicherte bösartig.
Leibniz hatte sich erhoben und verneigte sich tief vor dem König, der wieder auf der Erde hockte. Dann lehnte sich der

Gelehrte in seinen Stuhl zurück, hielt aber seinen Blick fest auf den General gerichtet.

Der verharrte weiter in seiner Unbeweglichkeit; der Qualm im Zimmer schien ihn nicht zu berühren. Aber auch der König hielt seine Blicke auf Matthias gerichtet, der sich endlich, tief atmend, zu ihm neigte: „Wenn ich den Oberbefehl über die venezianischen Truppen übernehme, zerstöre ich das Höchste, was ein Mann sich erringen kann, den Nachruhm." Verärgert riß er das Fenster auf. Schwer und feucht wehte die Schneeluft in die Halle. „Dieser Nachruhm aber", setzte er wieder höflich hinzu, „ist gegen Karl XII. erworben worden. Man opfert ihn nicht auf für Venedig."

Der König sprach vor sich hin. Schrill, ein Troll, abgerissen, nicht Mensch, nicht Tier. „Venedig ... hihi ... China. Marco Polo ist der ewige Kaiser von Venedig. Brücken wie Augenbrauen, von Weibchen mit einem Tuschpinsel gezogen ... zwei Brücken gibt es ... meine zwei Brücken, ich bin Pfalz-Zweibrücken, Herr, kein Wasa oder sonst etwas ... bin Wittelsbach ... an den zwei Brücken wohnt der Sohn eines Dogen, federnd, schlank, ein Bambusrohr, wie es die Maler in China hinhauchen ... Gondelkästen stehen am Ufer, Lackkästen ... mit den Süßigkeiten des Ostens darin ... Gondeln hüpfen über grüne Kanäle, wie die Stöckelschuhe chinesischer Weibchen über kurzen Rasen ... Feuergarben steigen des Nachts auf, bunte Zöpfe, die sich gegenseitig umschlingen. Für diese knatternden Feuerzöpfe wird das Pulver von Venedig verbraucht ... verkröpfte Kirchen mit Buddhas aus weißem Speckstein darauf, zehnmal die Bäuche in sich gedreht ... der ewige Doge, Marco Polo, geht darunter spazieren; zwei tragen einen Stuhl vor ihm und einer einen goldenen Schirm hinter ihm her. Und alle seine Mandarinen ziehen mit ... alte, schlaue Mandarinen mit scharfen Gesichtern, die sich überlegen, wie sie das Volk amüsieren könnten, nur, damit es nicht denkt ... China, China."

Dann plötzlich schoß König Karl in die Höhe. Er schnellte sich durch die Muskelkraft der gekreuzten Beine empor und schwebte

für einen winzigen Augenblick in der Luft. Von dort her richtete er seinen brennenden Blick auf den General und ließ ihn auch nicht aus den Augen, als er wieder auf dem Boden stand.
Als Matthias sich ebenfalls erheben wollte, drückte der König ihn scharf in den Sessel zurück.
„Das Zarenweib, die Katharina, und der Kogia, will sagen der Minister Dianum, haben Karl von Schweden erledigt. Aber Karl hat erkannt, wer dieser Dianum-Kogia ist. Das ist der Satan in Person. Deshalb hat Karl Ihnen hier ein kleines Feuer gemacht — hihi — damit Sie Ihre Pflicht noch riechen, wenn dieser Karl weitergeritten ist. Riechen Sie, Schulenburg! So wird Europa riechen, wenn Sie Ihre Eitelkeit und Ihre Gier nach dem Nachruhm nicht erdrosseln können. — So!" Der magere, grausig magere Kopf wies gegen den Aschenhaufen und ballte die Faust, als ob sie den Stolz des Generals zerquetschen wollte.
Dann kreuzte der König die Hände auf dem Rücken und trat an den Ofen heran. Er sprach gegen die Kacheln. Er sprach hart, befehlend, rücksichtslos. Ankarström, eingehüllt in den großen Mantel des Generals, hockte seinem Herrn demütig zu Füßen.
„Schulenburg, Ihr Feind, Karl von Schweden, fordert von Ihnen: ,Dienen Sie Europa.' " Karl schwieg und pfiff durch seine schlechten, vorstehenden Vorderzähne. Dann fuhr er, sich verbindlich zu den beiden Männern wendend, mit sehr weicher Stimme fort: „Wir reiten weiter, Herr von Leibniz, es war mir eine große Ehre. Ich danke Ihnen, Schulenburg, für die Gastfreundschaft. Nein, begleiten Sie mich nicht. Wir finden uns zurecht. Leben Sie wohl, meine Herren. Schulenburg! Der Sinn Ihres Lebens heißt Korfu."
Rasch ging der König aus der Tür; Ankarström verabschiedete sich artig und folgte hastig seinem Herrn.
Leibniz und Matthias horchten hinaus in die Schneenacht, bis das dumpfe Aufschlagen von Hufen meldete, daß der König und sein Begleiter davonritten — nach Norden, ihre Heimat zu suchen.

ZWEITES KAPITEL

1

Leibniz sah starr vor sich auf das bunte Tischtuch und studierte das Webmuster. Der General schwieg, auf die Seitenlehne des Sessels gestützt, während seine Linke mit dem großen Siegelring von der Stuhllehne zur Erde herabhing. Endlich richtete er sich auf, zog die Schultern empor und schüttelte sich. „Grausig", murmelte er. Dann ergriff er eine neue Burgunderflasche und schenkte dem Freunde ein. „Grausig", fuhr er fort, „der König ist geisteskrank. Aber es gibt gutartige und bösartige Geisteskranke. Dieser ist bösartig."
Leibniz sah über das Glas hinweg in eine unsichtbare Ferne. „Er ist besessen. Aber Besessene sind oft hellsichtig. In die Düsternis ihrer Seele fällt zuweilen Licht aus einer Zukunft, welche für uns noch in Dunkelheiten schwimmt."
„Das sagt man", entgegnete der General gedrückt, während sich seine Lippen zusammenpreßten. „Ich glaube es nicht. Die Besessenen, von denen die Bibel berichtet, wissen nichts von der Zukunft."
„Sie dürfen sich nicht an den Wortlaut Luthers halten, lieber Freund. Wenn in der Bibel von Besessenen die Rede ist, so sind damit gemeint ..."
Die Worte des Gelehrten wurden durch ein leises Klopfen an der Tür unterbrochen. Als der Hausherr sich erstaunt umwandte, trat Aimée in das Zimmer. Sie brachte in den dunklen Raum einen unerwarteten Glanz, welcher von ihrem weitärmeligen

chinesischen Seidengewand ausging, das mit bunten Vögeln und feinen Bambusstäben bestickt war. Einen ähnlichen Schimmer jedoch verbreitete ihre fast mädchenhafte Verlegenheit, mit welcher sie zu sprechen begann. „Sie wollen mir verzeihen, meine Herren, wenn ich noch einmal wiederkomme — ziehen Sie bitte kein mißmutiges Gesicht, Herr von Leibniz, doch, Sie ziehen die Brauen zusammen — ich gehe sofort wieder. Ich sah von meinem Fenster aus, wie zwei Reiter, deren Pferden man Lappen um die Hufe gewickelt hatte, den Hof verließen. Halbes Licht von Fackeln belebte das Totenantlitz des ersten Reiters. Nie sah ich Eindrucksvolleres, nie aber auch Grausigeres. Ich kann nicht schlafen. Ich muß es wissen: wer war dieser Dämon?"

„König Karl von Schweden."

Aimée sprang zwei Schritte vor und griff taumelnd nach einer Stuhllehne. Sie funkelte Matthias an.

„Er will Sie als Feldherrn für die Türken gewinnen. Sie wollen mit den Türken und den Schweden zusammen gegen Venedig kämpfen!"

Matthias wiegte den Kopf. „Auch ich glaubte, der König wolle mich in solche seltsamen Pläne einfügen. Er hat es nicht getan. Er hat mich im Gegenteil beschworen, in den Dienst Venedigs zu treten und den Kampf gegen die Türken zu führen."

„Er?" Aimée zog erregt das Kleid zusammen. „Karl XII. wird nicht von Ihnen verlangt haben, daß Sie gegen seinen eigenen Bundesgenossen kämpfen!"

„Er hat es verlangt."

„Und was haben Sie ihm geantwortet?"

Matthias erhob sich. „Ich habe ihm gesagt, daß man einen Ruhm, den man gegen Karl XII. erworben hat, nicht für Venedig auf das Spiel setzt. Ich kann den Venezianern nicht dienen, denn sie sind Krämer. Bald, nachdem die Bronzeplatte über der Gruft des großen Morosini geschlossen war, begann Venedig mit mir zu markten. Aber das, was Freund Ruzzini mir im Auftrag des venezianischen Senats bot, war unwürdig. Deshalb brach ich die

Verhandlungen ab. Ich bin nicht gewohnt zu feilschen, am wenigsten um meinen eigenen Wert. Mir ist die Lust am Dienst für die Serenissima vergangen."
Silberne Lichter rannen das Seidengewand hinunter. „Heute wird man Ihnen geben, was Sie verlangen", flüsterte die Frau, „lassen Sie das meine Sorge sein."
„Nein, Gräfin. Das ist meine Sorge."
Aimée neigte sich vor. Matthias sah, wie die glatten Finger sich in das Holz des Stuhles zu pressen suchten. Der große Diamant funkelte hart an ihrer Rechten. „Lieber Freund, ist Ihnen klar, daß Ihr Eintritt in den venezianischen Dienst das Schicksal Europas entscheiden wird?"
„Diesen Gedanken hat der König mir nähergebracht."
„Der Irre?"
„Ja."
„Und i c h konnte es nicht?"
„Nein, Aimée."
Leibniz griff vorsichtig in die Unterhaltung ein. „Es gibt bei der Vorsehung doch etwas wie Wunder, Gräfin. Ein geisteskranker König war imstande, unserem Freund seine eigentliche Aufgabe deutlich zu machen."
Aimée wandte sich brüsk um und setzte sich an den Tisch. Dort zog sie mit dem Zeigefinger ein paar Tropfen verschütteten Rotweins über die Tischplatte, mit denen sie zwei in sich verschlungene Buchstaben malte, ein A und ein M. Das war das Symbol für das Wunder, wie sie es ansah, das ebensogut Ave Maria wie Aimée und Matthias bedeuten mochte.
... Das chinesische Kleid zitterte in hundert Lichttönen. Canalgrande. Und die Brücken schwangen sich darüber wie Augenbrauen ... wie die Augenbrauen Aimées ... In dieser Stadt war alles fein und zart ... dort gab es keinen Tierpark, dort gab es nur freie Tauben ... die Festungswälle der Stadt waren Paläste aus Spitzenwerk von Stein ... Der Doge, der kleine Marco Polo, schwebte dahin unter dem goldenen Schirm, und ruderbewegte Lacksänften strichen über opalisierende Wiesen

von flüssiger Jade ... Matthias fühlte den irren Blick des Königs auf sich gerichtet und hörte sein Kichern ... Venedig ... Die Herren vom Hohen Rat glitten leise an ihm vorüber, fremd in ihrer rotseidenen Würde, aber hinter ihren ruhigen Gesichtern nistete die Schlauheit, die nur dann nicht bösartig wird, wenn ein sicherer Reichtum sie beruhigend streichelt. Sie trugen keine Zöpfe, aber mächtige große Perücken, die dreifach verzopft waren, und ihre Zeremonien rollten ab wie ihre Gebete in der großen fünfgekuppelten, dämmerigen Pagode des heiligen Markus, feierlich gemessen und bis ins letzte überlegt. Eine solche Lackwelt wurde zusammengehalten durch Glanz auf der Oberfläche, sowie durch Trägheit und Brutalität in der Tiefe ... Gewiß hatte er, Matthias, schon in der kleinen Lackwelt von Dresden manches gelernt und vieles hinter sich gebracht ... Nun aber sollte er wieder einsteigen in ein Schiff, das ihn von neuem ins Lackland führte ... noch einmal, noch einmal China?
Da glänzten durch den bunten Nebel seiner Halbträume zwei klare Augen. Aimées Blicke ergriffen ihn. Aus ihnen sprach, der Flehenden selbst unbewußt, nicht nur das Bitten Venedigs; das Flehen aller Frauen dieses gequälten Erdteils Europa sprang ihn an. Er hörte das Grauen über die Felder stampfen, das tierische Gebrüll blutberauschter Türken; er litt das Martyrium der Mütter um ihre Kinder, die Angst der Kinder um ihr kleines Leben; er roch Brand und Blut ... Immer wieder stieg vor ihm das Bild einer alten Frau auf, welcher einer seiner Dragoner den Säbel durch die Brust gebohrt hatte. Dieser Tagtraum in seiner Fürchterlichkeit würgte ihn.
„Nicht der König hat mir den Gedanken nahegebracht, die Übernahme des rechten Flügels der Front in Erwägung zu ziehen", murmelte er.
Starr hob sich Aimée in die Höhe; starr richteten sich ihre Blicke auf den Sprecher.
„Also Sie gehen?"
„Ich bin bereit, mit Eugen in Wien zu sprechen."

„Gott sei gedankt!" Plötzlich sank Aimée in sich zusammen und schluchzte leise; das Haupt hatte sie in die Hände gestützt. Matthias trat still an sie heran und legte ihr die Rechte auf die Schulter. Da hob sie den Blick und sah ihm glühend und hingebend in die Augen.

‚Im Grunde brennt in ihm die Liebe zu seiner früh verstorbenen Mutter', dachte Leibniz. ‚Aber er kleidet aus Herzensgüte dieses Gefühl in eine Form, die dem schönen Geschöpf dort wohltut.'

Sorgsam beobachtete der Philosoph das Zucken auf dem Antlitz der Venezianerin.

‚Nun ja', dachte er weiter, ‚die Liebe der beiden wird neu aufflammen. Und das dient der Sache. Später ... später werden sie beide enttäuscht sein; vielleicht werden sie sich sogar hassen. Dann aber hat Matthias das Große, Weltentscheidende geleistet, und die beiden mögen sich aus dem Schutt ihrer Einzelschicksale herauswinden, so gut sie es eben können.'

Sorgsam nahm er die große Brille, die ihm Baruch d'Espinoza in Amsterdam vor vielen Jahren geschliffen hatte, aus der Tasche, putzte sie mit einem Lederlappen und sah durch die runden Gläser prüfend auf die beiden schönen Menschen.

Während er an den Augengläsern rückte, wandte er sich an Aimée und sagte: „Ich bin glücklich, Gräfin, daß der tiefere Sinn Ihrer Reise seine vollkommene Erfüllung findet. Sie können dem großen Gedanken dienen, indem Sie von jetzt ab betreuend an der Seite unseres Freundes bleiben. In England wird man Sie auch später noch gern empfangen." Er wartete die Antwort der jungen Frau nicht ab, sondern erhob sich. „Sie müssen mir beide verzeihen; ich werde müde. In meinem Alter bedeutet es eine Gottesgabe, wenn man noch schlafen kann. Mit dieser Gabe soll man nicht leichtsinnig umgehen, sondern den Lockungen des Schlafes Folge leisten. Nein, lieber Freund, ich finde mein Zimmer allein. Schlafen Sie beide wohl. Ich bin sehr glücklich, daß wir so weit sind."

Langsam zog er die große Brille ab, steckte sie in die Brusttasche, verneigte sich und verließ gemessen das Zimmer.

Nun saßen die zwei Menschen sich wieder so gegenüber, so wie sie sich vor vierzehn Jahren am Feuer im Schlößchen des Aosta-Tales gegenübergesessen hatten. Nur brannte damals ein offenes Kaminfeuer, hier jedoch wärmte den Raum ein Kachelofen. Matthias erlebte das Erwachen eines Glücks, welches er vierzehn Jahre lang in seinem Herzen verschlossen gehalten hatte, und Aimée sah ihre Sehnsucht sich der Reife zuneigen. Wer dem andern zuerst die Hände entgegenstreckte — wer konnte das sagen? Wer konnte sagen, ob Aimée auf die Knie des Geliebten glitt oder ob er sie zu sich zog?
„Warum hast du mir nie geschrieben, Matthias?"
„Warum hast du mir nie geschrieben, Aimée?"
„Weil wir beide im Innersten schüchtern sind, wie alle Menschen, die zu viel vom Leben wissen."
Draußen fiel der Schnee, und das Holz des breiten Niedersachsenhauses knackte leise. Aber es knackte immer wieder, als ob es an seine Wichtigkeit erinnern wollte, an seine bindende Kraft in dieser Welt der Backsteine — an seine geheime Wärme. Es erzählte von den Wäldern, aus denen es stammte, schweren, einsamen Eichenwäldern, in denen die Hirsche röhren. Es sprach in seiner klaren, harten Sprache von denen, die es einst geschlagen und umgeformt hatten, über deren Ehebetten, Wiegen, Hochzeitstafeln und Särgen es gleichmäßig düster seinen Baldachin gehalten hatte und die alle längst in der Gruft der Dorfkirche lagen, unter großen, von weit hergeschleppten Steinen mit tief eingehauenen Wappen.
„Schön ist dein Heim — ganz anders schön als bei uns", flüsterte die junge Frau. „Wenn du zu uns kommst — wirst du dich nicht hierher zurücksehnen, Matthias?"
Er atmete tief und nickte. „Ich würde krank werden vor Qualen, aber was zählen noch meine Qualen? Sie sind mir allzu vertraut geworden."
„Ich werde deine Qualen von dir wegleiten, daß du sie vergessen wirst."

Er drückte sie fest an sich. „Das hast du schon einmal getan, Aimée."
„Ich habe es wenigstens tun wollen. Damals, als du im Aosta-Tal gegen deine waldensischen Glaubensgenossen kämpfen mußtest."
Eine Wolke ging über die Stirn des Generals.
„Ich hatte dem König von Sardinien meinen Diensteid geschworen und mußte nach seinem Befehl handeln. Bald aber widerstrebte es mir in der Seele, arme Bauern, die fest an unserem Glauben hingen und gegen den Zwang eurer Kirche rebellierten, zu Paaren zu treiben. So ließ ich mich durch den König von meinem Eid lösen und ging davon."
„Und damit auch von mir."
Ja, er war von ihr gegangen. Auch sie hatte ihn nicht über seine Gewissensqualen hinwegführen können. Lebensstark und gesund, wie er war, vermochte er für Stunden in ihren Armen zu vergessen. Aber seine Seele blieb angekränkelt, in ihr lebte das Bild jener alten Frau, der einer seiner Dragoner den Säbel durch die Brust gerannt hatte und die noch im Sterben flüsterte: „Gott wird dir verzeihen. Du tatest, was dein Herr dir befohlen hat."
Er faßte die Geliebte bei den Schultern, hielt sie von sich weg und sah ihr in die Augen. Seine Stimme wurde warm. „Jetzt hast du mich wieder zu mir geführt, Aimée. Und das danke ich dir. Ich drohte, in meinen Gedanken zu versinken und alt zu werden."
Sie löste sich vom Bann seiner festen Arme und glitt ihm um den Hals. Er spürte, wie sie unter dem seidenen Mantel schwer atmete und wie die lebendige Wärme ihres reifen Körpers breit in ihn überströmte. Eine der fein gestickten Tauben auf dem Mantel geriet unter diesem Zittern in ein zartes Schweben und flatterte ihm entgegen. Er löschte die Kerzen bis auf eine, welche er Aimée in die Hand gab. Dann nahm er die Venezianerin in die Arme und trug sie durch lange Flure, entlang unter dem Sparrenwerk von Eichenholz, bis in ihr Zimmer, das wieder einmal seinen Baldachin halten konnte über einem Abglanz der

Planeten und ihrem Gang, in dem einsamen nordischen Herrenhaus. —

Als der General am folgenden Morgen am Frühstückstisch saß, erschien ihm die Welt heiter und aufgelockert. Die drückenden Gedanken, welche ihn sonst bereits beim Aufstehen überfielen, blieben aus, und so lachte er, als Karl ihn mit ernstem Gesicht fragte: „Soll der Karl ins Spinnhaus?"
„Wenn er weiter frech ist und sauft, kommt er hinein."
„Welcher Karl, Exzellenz?"
„Der, der hier so dumm fragt."
„Aber der andere Karl spinnt noch viel mehr. Der hat mir befohlen, ich solle sofort die Waffen und die Karten Euer Exzellenz und was sonst noch dazu gehört, bereit halten. Denn jetzt gehe es gegen die Türken."
Matthias hob den Kopf vom Brot. Der Bäcker Christian Foot hatte es in dem kleinen, runden Ofen gebacken, der aussah wie ein Hünengrab. „Ob der andere Karl spinnt, werden wir erst später sehen. Wir reisen in acht Tagen nach Wien. Vielleicht reisen wir von dort weiter."
Eine Mischung von Freude und Schreck überkam den Diener. „Exzellenz ..."
„Vielleicht geht es gegen die Türken."
„Gegen ... die Türken ..."
Der General strich sich die Butter auf das Brot und legte eine große Scheibe Schinken darüber, den er liebevoll musterte. Mit seiner Schweinezucht konnte er zufrieden sein, insbesondere, seitdem er die Rasse durch einen mächtigen Yorkshire-Eber veredelt hatte, ein Geschenk seiner Schwester Melusine Kendal.
Karl sah vor sich hin. Dann begann er zu stammeln: „Soll ... soll ich mit?"
Aber Matthias schüttelte den Kopf. „Ich höre schon aus deinem Stammeln, daß dein Geist fett geworden ist und du den Krieg satt hast. Hast wohl auch ein paar bequeme Weiber hier? Dann bleib schon bei ihnen — sowas kann ich nicht brauchen."

Karl bekam einen roten Kopf. „Nicht so, Exzellenz. Aber wir haben zu lange stillgesessen. Ich muß mich erst an den Gedanken gewöhnen. Auch Euer Exzellenz haben sich erst daran gewöhnen müssen."
Der General überhörte diese Bemerkung, die zwar ungezogen, aber nicht unbegründet war, und aß ruhig weiter. Nach einiger Zeit antwortete er: „Dann gewöhne auch du dich nur rasch dran, sonst nehm ich einen anderen mit."
Das verärgerte Karl, und er beschloß, seinem Herrn diesen Ärger heimzuzahlen. Langsam griff er in seine Tasche und holte eine Silbermünze heraus, eine Medaille, die man in Schweden auf Schulenburg und dessen geringe Erfolge in der Schlacht von Punitz geschlagen hatte; diese Medaille reichte er dem General mit harmlosem Gesicht.
„Was ist das für Geld, Exzellenz? Der König hat es mir gestern gegeben und gesagt: ‚Sorg dafür, daß das bald seinen Kurs verliert.' "
Matthias prüfte das Prägstück genau. „Was darauf steht, ist nicht gerecht. Das weiß der König am besten; er hat es mich gestern sehr deutlich wissen lassen. Trotzdem steckt aber ein Kern von Wahrheit darin. Punitz hatte noch seine Schönheitsfehler. Vielleicht können wir die das nächste Mal ausputzen." Er gab dem Diener die Medaille zurück und fügte hinzu: „Bewahre sie gut auf und sieh sie dir von Zeit zu Zeit an. Nicht nur unsere Vorzüge sollte man in Prägestücken aus Erz verewigen, sondern mehr noch unsere Schwächen und Fehler. Anderen und uns selbst zur Warnung."
Und nach einer Pause sah er dem Diener scharf in die Augen, da er dessen heimliche Frechheiten durchschaute: „Auf dich, Karl, werde ich bald eine Säufermedaille schlagen und beim Heiligen Abendmahl in der Kirche verteilen lassen." Dem Diener wurde es ängstlich zumute. Er kannte seinen Herrn und wußte, daß der zu solchen Dingen fähig war. So prüfte er dann besorgt den Gesichtsausdruck des Generals. Aber Matthias blieb für Karl undurchdringlich.

Die Gäste nahmen das Frühstück auf ihren Zimmern. Aimée benutzte die Vormittagsstunden, um mit Hilfe von Karls Freundin Dora ihre Garderobe zu richten. Die Unterhaltung zwischen der Venezianerin und der Niedersächsin stieß zwar zunächst auf Schwierigkeiten. Da aber Dora über eine gute Fassungsgabe verfügte, blieben diese Schwierigkeiten nicht unüberwindlich. Zudem — was gab es da alles zu sehen! Die mächtigen Lederkoffer spieen aus ihren breitgeöffneten Mäulern immer neue Wunder aus; und allmählich gewann Aimée Freude an der Behendigkeit des schlanken, jungen Geschöpfes.

Indessen beugte sich Herr von Leibniz an seinem breiten Tisch über große, weiße Bogen, die von oben bis unten nur mit Zahlen beschrieben waren. Hie und da hing ein seltsames Zeichen zwischen den Zahlen; der Gelehrte schob gelegentlich diese Zeichen hin und her. Dann glitt über sein zusammengezogenes Antlitz ein kurzer Ausdruck der Entspannung. Bald aber zogen sich die Falten auf der massigen Stirn wieder zusammen, und Leibniz empfand nicht einmal den Sonnenstrahl, der über das Papier huschte, nachdem draußen der Schneevorhang gesunken war und einen blauen Himmel freigegeben hatte.

Wohl aber wollten Matthias und Aimée dieses bescheidene Geschenk des nordischen Himmels genießen. Der General, im Biberpelz, stand wartend vor der Tür und klopfte sich mit einem Reitstock den Schnee von den hohen Stiefeln. Dann erschien Aimée, im grünen Jagdkleid und in hohen, grünen Saffianstiefeln, wie damals, als sie im Aosta-Tal zusammen auf die Steinbockjagd gegangen waren. Sie lächelte wieder wie damals; die kleinen Falten, die sich seit jener Zeit an den äußeren Winkeln ihrer Augen eingenistet hatten, gaben diesen Augen einen aparten Reiz. Sie schritten über den leichtgefrorenen Schnee zwischen Zäunen und Wiesen hindurch, die alle weiß waren und flimmerten. Die Perücken der Baumgruppen verdämmerten in fahlem Blau, während die Türme von Magdeburg in der Ferne metallisch aufblitzten.

Sie näherten sich dem Dorfe, und Matthias, nach allen Seiten Grüße erwidernd, schritt auf das Pfarrhaus zu. Das Haus mochte gut zweihundert Jahre alt sein, aber in den letzten Jahren war viel daran verbessert worden. Über eine neu gelegte Ziegeldiele betraten Matthias und Aimée das Arbeitszimmer des Pastors, der seine Gäste mit Herzlichkeit empfing. Der Geistliche war trotz seiner fünfundsiebzig Jahre nicht lebensfeindlich. Zuerst mußten seine Gäste seinen Stachelbeerwein probieren und loben, und da er den General in der gemeinsamen Jugendzeit als Präzeptor auf die protestantische Universität von Saumur begleitet hatte, wußte er mit Aimée eine freundliche französische Unterhaltung in Gang zu bringen.
Nach einiger Zeit bemerkte Matthias: „Am nächsten Sonntag will ich mit meinem Gesinde das Heilige Abendmahl nehmen. Vorher wollen wir beichten."
Der Pastor nickte, sah aber den Gutsherrn aus prüfenden, etwas starren Augen fragend an. Matthias fühlte, wie der feste Mund des Geistlichen die Frage nach dem „Weshalb" nur mühsam unterdrückte, und so sagte er: „Prinz Eugen wünscht, daß ich den rechten Flügel des großen europäischen Aufmarsches als venezianischer Oberkommandierender führe."
Langsam strich sich der Pastor mit der gespreizten Rechten über das Antlitz. Matthias kannte diese Bewegung von Jugend auf; er wußte, was sie ausdrückte: Widerstand und Einverständnis zugleich. So sprach er weiter: „Ich weiß, was Sie sagen wollen: ‚Müssen wieder unsere Jungens bluten? Laufen aus den peleponnesischen Kriegen der Republik Venedig nicht noch genug Krüppel bei uns im Lande herum? Was gehen uns Venedigs Kämpfe an?'"
„Ja, das wollte ich sagen." Der Pastor sprach ernst, und Aimée musterte diesen Priester, der ohne jede Salbung redete, mit einer Mischung von Neugier und Erstaunen.
Der General stieß mit dem Reitstock ein Stück geklumpten Schnees von der Sohle seines Stiefels. „Darauf kann ich Ihnen nur das eine sagen: Venedig geht uns viel an. Denn der Türke

ist unser aller Feind, aller derer, die wir in Europa leben. Gegen ihn müssen wir uns gemeinsam wehren. Vor allem aber wir Deutschen, weil auf uns der erste riesige Ansturm zielt. Der Krieg, den wir führen werden, wird vor allem ein deutscher Krieg sein, auch wenn er auf ungarischen und venezianischen Gebieten ausgetragen wird."
Mit breiten Bauernhänden schob der Pastor die Bücher auf dem Arbeitstisch zurecht und ließ dann die Faust auf einem der Bände ruhen. „Leibniz sagt das auch, und sicher haben Sie beide recht. Das nimmt aber das Weh nicht weg, das mir im Herzen sitzt."
„Mir auch nicht", nickte der General ernst. „Aber wenn keiner von uns Deutschen hinunterzieht und die Führung dort übernimmt, dann wird Venedig überrannt. Die haben verlernt, Kriege zu führen; sie können nur noch Feste feiern. Wenn der Brillenmacher meines Freundes Leibniz ihm auch einmal schrieb, daß Freude Vollkommenheit sei."
„Wenn sie aus dem Herzen kommt, nicht aber, wenn sie zum Gewerbe wird." Der Pastor sagte das so scharf, daß Aimée erschrak. Dann aber wehrte sich ihr Venezianertum gegen solche Ausdeutung der Freude ihrer Heimatstadt, und so bemerkte sie: „Die Freude der Venezianer kommt aus dem Herzen; wir lassen die Welt an unserem Überfluß teilnehmen."
„Dann würde also der Brillenmacher Venedig als das Bild der Vollkommenheit ansehen müssen", schloß der General mit leichter Ironie die Unterhaltung; „es wäre ein großes Glück für Sie, für mich und für Europa, wenn Sie recht behielten, Gräfin."
Im Weggehen erkundigte sich Matthias nach dem ältesten Sohn des Pastors, der in Helmstedt Theologie studierte. Der Vater berichtete erfreut über den Fortschritt seines Sohnes, der nicht nur die alten Sprachen beherrsche, sondern sich auch mit den neuen beschäftige. „Wenn er ein tüchtiger Geistlicher wird und kein Kanzelzänker, dann werde ich ihn später als meinen Hausgeistlichen zu mir nehmen", nickte der General und schüttelte dem Pastor die Hand.

2

Langsam schritten Matthias und die Gräfin durch den Schnee zurück. Auf dem Gutshof mußte Aimée noch die Ställe besichtigen. Vor allem beschäftigten sie die Reitpferde des Generals, vier starke Hannoveraner, die vorerst mit nach Wien sollten. Für Aimée freilich war die Weiterreise des Freundes nach Venedig bereits eine sichere Tatsache geworden. So sprach sie denn auch in diesem Sinne, und Matthias gab es langsam auf, sie auf das Bedingte solcher Pläne hinzuweisen. „Du mußt die Pferde aber in der Nähe von Venedig, auf dem Festland lassen. Denn seitdem die Brücken der Stadt Treppen haben, gibt es in Venedig keine Pferde mehr."
„Hat es denn dort einmal Pferde gegeben?"
„Ja. Früher mußten unsere Patrizier sogar in die Ratsversammlung reiten. Das war Gesetz." —
Im Gutshaus fanden sie Leibniz über große Landkarten gebeugt, die er sich im Arbeitszimmer des Generals zusammengesucht hatte. „Ich bitte um Vergebung, lieber Freund", sagte er, „daß ich mich ohne weiteres Ihrer Landkarten bediene. Aber sie sind mir unentbehrlich, um ein Bild der Gesamtlage zu gewinnen, die mich um so mehr beschäftigt, als sie ja auch die Basis Ihres ganzen neuen Lebens sein wird."
Sogar Leibniz sprach, als ob es selbstverständlich sei, daß Matthias den rechten Flügel der europäischen Front gegen die Türken führen werde. Matthias bemerkte den sanften Zwang, aber er entgegnete nur, die Gesamtlage sei sehr einfach. Der spanische Erbfolgekrieg sei beendet; der Ansturm der Türken beginne in einem Augenblick, welchen ein klarer, politischer Kopf sich niemals ausgesucht haben würde. Vermutlich sei es aber der leidenschaftliche Großadmiral, der Kapudan-Pascha Dianum-Kogia, der nie abwarten könne und der auch jetzt auf Bestreben Frankreichs den Sultan zum Angriff gegen den Westen überredet hätte.

„Dianum?" fragte Aimée erschrocken. Ihr Gesicht wurde plötzlich starr; der Mund stand halb offen.

„Kennen Sie ihn?" Leibniz legte das kreisrunde Vergrößerungsglas, das er zum Kartenlesen benutzt hatte, auf den Plan des Mittelmeeres, so daß das Wort ‚Korfu' groß und verbogen aus der Linse heraussah.

Aimée schloß die Augen. „Ja", entgegnete sie nach einiger Zeit, „ich kenne ihn. Ich besuchte meinen Oheim Grimani in Konstantinopel, der dort venezianischer Gesandter oder, wie es bei uns heißt, der Bailo war."

„Der gleiche, der jetzt venezianischer Botschafter in Wien ist?" warf Matthias ein. Aimée nickte.

„Und was für einen Eindruck hatten Sie von dem Dianum-Kogia?" Leibniz fragte wie ein Arzt, der eine Krankengeschichte erforschen will.

Aimée senkte das Haupt. „Er stammt aus Morea, wurde im Kriege gefangen und blieb acht Jahre venezianischer Galeerensträfling. Er war angeschmiedet und hatte beim Rudern Zeit genug, den tiefsten Haß gegen Venedig zu sammeln. Er haßt nicht nur die Stadt, er haßt jeden Venezianer einzeln und die Tauben auf dem Markusplatz dazu. Mich sah er das erstemal an der Treppe des Botschafterpalastes, während er die große Halle durchschritt, um meinen Oheim Grimani in dessen Arbeitszimmer aufzusuchen. Er blieb stehen und musterte mich. Ich war von dem hellen Feuer seiner Augen wie gelähmt, und als er mir auf französisch sagte, ich solle nähertreten, ging ich willenlos auf ihn zu. Er musterte mich weiter, wie ein Stück Vieh, das er kaufen wollte, und packte mich am Arm. ‚Du bist Venezianerin', fragte er. Ich bejahte, aber mich würgte eine Todesangst, daß meine Stimme ohne Klang blieb. Der Kogia lachte vor sich hin. ‚Eine stumme Venezianerin und ein schönes Stück Fleisch dazu! Ich könnte dich wegfangen lassen und in meinen Harem sperren, und kein Mensch in Venedig würde wagen, einen Finger für dich zu rühren. Aber ich hebe dich für etwas Besseres auf.' Er

nahm aus seinem Ohr einen Ohrring mit einem großen Diamanten und gab mir den. ‚Das hier hebe gut auf. Wenn ich dir einen Befehl schicken werde, schicke ich den anderen Ring mit.' Er wies auf den Diamanten in seinem anderen Ohr. ‚Wenn du meinen Befehl erfüllst, bekommst du noch hundert solcher Dinger. Wenn du ihn aber nicht erfüllst' — und nun sah mich der Teufel selbst an —, ‚dann werden die beiden Diamanten dir keine Freude mehr machen — denn' — das grinste der Teufel — ‚deine Venezianer könnten nur noch deine Leiche damit putzen.' Er muß dann rasch mit einem ganz feinen Messer über meinen Unterarm gefahren sein. Erst später sah ich, daß mir das Blut über die Hand lief. Im Augenblick empfand ich keinen Schmerz. Damals sah ich nur, wie er, von einigen Männern gefolgt, den großen Saal meines Oheims betrat, und hörte sogleich durch die geschlossene Tür seine scharf befehlende Stimme. In der nächsten Woche reiste ich nach Venedig zurück, aber die Angst vor dem zweiten Diamanten reiste mit mir und hat mich nicht mehr verlassen."
Matthias war den Worten Aimées mit Aufmerksamkeit gefolgt. Leibniz spielte mit dem Vergrößerungsglas, gegen dessen Metallfassung er rhythmisch mit der flachen Rechten schlug.
„Da haben Sie ein Meisterporträt Ihres wahren Gegners, lieber Freund. Die Rosalba könnte es nicht besser gemacht haben." Der Gelehrte zog seinen Arbeitspelz über den Schultern zusammen, obgleich der Ofen eine behagliche Wärme verbreitete. „Mit dem werden Sie sich auseinandersetzen müssen."
Aimée sah auf ihre Hände und murmelte: „Keine Gnade!"
Schweigend hatte der General seine Blicke auf die Karte gerichtet; Leibniz wandte sich indessen Aimée zu. „Ist das der Diamant, den Sie dort im Ring tragen, Gräfin?"
„Es ist der ganze Ring, so wie ich ihn erhielt." Sie nahm den Ring, der durch ein kleines Federwerk zu öffnen war, vom Finger und reichte dem Gelehrten das Schmuckstück. Der prüfte den Stein und murmelte: „Ein herrliches Feuer. Mit hundert

53

Stück davon könnten Sie sich ein Fürstentum kaufen." Plötzlich wurden seine Blicke starr; er griff hastig nach dem Vergrößerungsglas. „Hier ist etwas eingraviert ... warten Sie ... aha ... türkisch ... ‚Mein Herz schlägt in Korfu' ... Mein Herz schlägt in Korfu."
Er legte das Vergrößerungsglas wieder auf die Karte und reichte Aimée den Ring schweigend zurück. Matthias, die Arme noch auf die Karte gestemmt, hatte das Haupt erhoben. Dann sah er den Freund und die Freundin an und sagte fast heiter: „Nun wissen wir wenigstens, wo wir ihn ins Herz treffen können."

So entschloß sich der General Johann Matthias von der Schulenburg, Erbherr auf Emden, dessen Ruhm durch Europa geflogen war, in seinem sechsundfünfzigsten Lebensjahr zu einer Reise nach Wien, um dort über eine neue Kriegsfahrt mit dem Prinzen Eugen zu verhandeln. Dieser Entschluß war dem General sehr schwer geworden, weil er kaum noch Ruhm zu gewinnen, sondern nur noch zu verlieren hatte. Den Ruhm gewinnen würde immer nur der da in Wien in seinem Königsschloß, der Italiener; ihn selbst würde man im allerbesten Fall mit Ehrungen und Auszeichnungen und einem Beutel voll Geld wieder nach Hause schicken. In stillen Augenblicken überkamen ihn erneute Bedenken; zuweilen bezeichnete er sein Vorhaben sogar als leichtsinnig, denn alle Welt wußte, in welch verkommenem Zustand die venezianischen Truppen und Befestigungen sich befanden. Der kluge Eugen würde es sich gut überlegt haben, weshalb er grade i h n holen ließ; wenn einer diese verzweifelte Stellung im Süden halten konnte, so war er es. Unter seinem Schutz konnte der Savoyer vorwärtsstürmen und sich den schönsten Kriegslorbeer erringen — während er das blieb, was er immer gewesen war: ein Held im Schatten.
Vor allem aber quälte ihn die mögliche Gefährdung seines Nachruhms. Der Gedanke an dessen Gestaltung bewegte ihn seit seiner Jugendzeit. Aus seinem geliebten Plutarch hatte er gelernt, daß der Nachruhm das Höchste ist, was ein Mann erringen

kann. So, wie die Dinge aber jetzt lagen, würde aller Nachruhm auf den anderen fallen, denn er war ja der Prinz von Geblüt; der Name Matthias Schulenburg aber würde sehr bald vergessen sein. Das war ihm unerträglich. Kein noch so einleuchtender Grund, die Bedrohung der Christenheit oder der Heimat, konnten einen Verzicht auf den Nachruhm vor seinem Stolz rechtfertigen.

Am nächsten Sonntag saß er, die Füße in einem mächtigen Pelzsack verborgen, im Kirchengestühl, über dem sein Wappen in schwerer, holzgeschnitzter Arbeit prangte. Die Gemeinde zu seinen Füßen sang aus großgedruckten Büchern. Das Gerücht ging um, es gehe wieder gegen die Türken, und sechs aus dem Dorf wollten mit dem General zusammen ausziehen. So sangen sie „Ein feste Burg ist unser Gott", das alte protestantische Trutzlied, das den ganzen Kampf dieses Lebens und zugleich aber seine Sinngebung in sich birgt. Als die ersten zwei Verse von der Gemeinde gesungen waren, bestieg der Pastor die große bemalte Kanzel mit den einfachen Bildern auf den Holzflächen. Er stand dort oben, fest, etwas bäuerisch, und seine Züge spiegelten den Ernst der Stunde wieder. Als Thema der Predigt hatte er den Spruch gewählt: „Ich lasse dich nicht, du segnest mich denn." Er begann mit den Sünden der Menschen, von denen er aber nicht in allgemeinen Worten redete, sondern er griff fest in die großen Sünden der Zeit hinein. „Das Heilige Abendmahl wollt ihr nehmen", rief er, „Vergebung eurer Sünden erlangen, ohne euch der Sünde zu erinnern, die ihr getan habt? Geht in euch! Ihr habt damals unsere Glaubensgenossen im Aosta-Tal niedergeknüppelt; ihr habt das Blut der Waldenser fließen lassen — weshalb? Weil ihr euch feige verkrocht hinter einem Eid, den ihr dem König von Sardinien geschworen hattet. Warum ist keiner von euch aufgestanden und hat gesagt: ‚Nein! Man soll Gott mehr gehorchen, als den Menschen'? Warum hat keiner gesagt: ‚Es gibt keinen Eid gegen Gott!' Ihr belogt euch selbst — ihr logt so, wie es euch grade bequem war. Denn nie steht ein Mensch zwischen Gott und Gott. Gott ist immer nur

auf einer Seite, und Gott gab euch die Vernunft, zu erkennen, auf welcher Seite er steht."
Matthias war blaß geworden. Er hatte den Kopf zurückgeworfen und atmete laut und stark durch die große Nase, wie er es immer tat, wenn er in Erregung geriet. Unerbittlich aber fuhr sein alter Lehrer auf der Kanzel fort: „Was ihr getan habt in jenem Kampf gegen die Waldenser, war Sünde — war ein Hohn auf Gottes Willen." Der Pfarrer hob die Hände und ballte die Rechte zur Faust. „Ich aber sage euch eines: Der Kampf, in den Gott euch jetzt schickt, ist ein Sühnekampf. Nicht Lohn könnt ihr verlangen; ihr könnt nur eure Sünden wiedergutmachen. Gott gibt euch noch einmal die Gelegenheit, d a s durch die Tat zu bereuen, was ihr im Aosta-Tal gegen ihn gesündigt habt."
Ein ängstliches Schweigen hing über der Gemeinde, und die, welche ausziehen wollten und meist schon die Kämpfe gegen die Waldenser miterlebt hatten, duckten sich wie vor einem Sturm. Mit ihnen duckte sich Matthias in seinem Kirchenstuhl; er hatte das Haupt gesenkt und war eines geworden im Leiden mit den Männern da vorn auf der ersten Bank, welche zusammen mit ihm den Leib des Herrn genießen wollten. Dem General saß die Erinnerung wie eine Schlange im Nacken; sie wand sich langsam um seinen Hals, um sich zusammenzuziehen und ihn zu erwürgen. Er sah vor sich in heller Deutlichkeit das Bild der zu Tode gehetzten alten Frau, die sterbend noch sagte: „Wenn dein Herr es dir befohlen hat, töte mich."
„Hier mußtest du ‚Halt!' sagen, Matthias", peitschte ihn sein Gewissen. „Auch du warst feige, als du dich hinter deinen Eid und den Befehl flüchtetest. Es gibt Befehle, welche ein Mann nur von seinem Gewissen entgegennimmt." Er griff mit den Händen nach der Brüstung des Kirchenstuhles, während sein Wappen überglitzert wurde vom halben Licht der Altarkerzen.
Sah sein alter Lehrer von der Kanzel her ihn an? Der sprach hart und klar weiter, und jedes Wort traf den General ins Herz. „Vor den Toren Europas lauert der Feind der Christenheit. Gegen ihn sollt ihr kämpfen, denn der Krieg gegen den Feind

der Christenheit ist ein heiliger Krieg. Als Soldaten Christi könnt ihr euch entsühnen, indem ihr kämpft für sein Reich."
Matthias hatte den Kopf in die Hände gestützt. Jetzt schloß sich der Ring der Erkenntnis. Er, Matthias, war dem Glauben, welchen er als richtig erkannt hatte, untreu geworden. Gott aber war gnädig und bot ihm noch einmal Gelegenheit, diesen Makel durch eine Tat wegzuwaschen. Auf den Knien danken mußte er Gott, weil dieser ihm die Entsühnung durch die Tat möglich machte und ihn nicht in kraftloser Reue verkommen ließ. Der Nachruhm jedoch blieb dem Prinzen Eugen; er selbst aber blieb der Held im Schatten.
So trat er denn erhobenen Hauptes vor die, welche mit ihm hinausziehen wollten, und führte sie an den Tisch des Herrn. Als er kniend die Oblate empfing und sie auf der Zunge spürte, durchschoß ihn plötzlich der alte Kreuzfahrerruf, mit dem seine Vorfahren ins Heilige Land gezogen waren: „Gott will es!" Als ihm der Geistliche später den Kelch reichte, überkam ihn eine heilige Ruhe wie aus anderen Welten, und nachdem er den Wein getrunken hatte, murmelte er: „Gott will es!"
Sein alter Lehrer, der den Kelch weiterreichen wollte, blieb einen Augenblick vor ihm stehen, blickte ihm fest in die Augen und wiederholte: „Gott will es!" Matthias senkte das Haupt und sah ernst vor sich hin. Die große Lockenperücke, welche die gespannten Züge umrahmte, gab ihrem Träger etwas von einem Löwen.
Mit dem Ausgangslied schritt er vor seinen Leuten aufrecht aus der Kirche. Er schüttelte draußen im Schnee jedem von ihnen die Hand und ging mit großen Schritten in das Gutshaus zurück. Dort fand er Leibniz und Aimée beim Schachspiel, dem er, hinter einem Sessel stehend, eine Zeitlang aufmerksam zusah. Dem Gelehrten entging die Ruhe und die innere Heiterkeit des Freundes nicht. Aber er behielt diese Beobachtung für sich und sprach nur lächelnd über „die kluge, abwegige und etwas hinterhältige Art", mit der Aimée ihre Holztruppen führte. „Immer glaubt der Gegner, sie hätte ihre letzten Möglichkeiten bereits

verscherzt, aber immer hält sie neue Möglichkeiten bereit, deren Vorhandensein sie bis dahin klug zu verbergen wußte."
„Venedig", nickte Matthias ruhig, und Aimée sah ihn kurz von unten an. „Ja, Venedig", entgegnete sie klar. „Wir haben es gelernt, nicht nur unsere Schwäche, sondern auch unsere Stärke zu verschanzen, weil allzu offene Stärke leicht zur Schwäche entartet und auseinanderzulaufen droht." Leibniz zog einen Bauern vor, ohne daß sich sein Antlitz bewegte. Aimée aber glaubte doch, ein leichtes Zucken in seinen Brauen zu spüren.
Nachdem Matthias gebeten hatte, kein neues Brett mehr aufzustellen, weil der Ehrgeiz der Köchin den Rehrücken pünktlich auf dem Tisch zu sehen hoffe, ging er hinüber in sein Arbeitszimmer. Seine Gedanken beschäftigten sich mit der letzten Erkenntnis, die ihm heute morgen geworden war. Diese Erkenntnis ging weit über die männliche Gier auf Nachruhm hinaus. Die Erkenntnis der ausgleichenden Gerechtigkeit hatte ihn durchstrahlt.
Seltsam, daß jetzt sogar die Worte der Menschen einen anderen Klang, ja, einen anderen Wert bekamen! Was hatte Aimée noch gesagt? Man solle nicht nur seine Schwäche, sondern auch seine Stärke verschanzen, damit sie nicht entarte und auseinanderlaufe. Sie hatte recht. Er würde auch seine Stärke verschanzen und darauf achten, daß sie nicht plündern ginge.
Viel mehr aber dachte er, kurz vor der Ausreise, an seine Schwächen. Für einen Mann mit einer solchen Aufgabe war es vor allem notwendig, daß alle Welt von seiner „eisernen Gesundheit" sprach. Nur Aimée wußte, daß seine Gesundheit nicht eisern war. Er litt unter Schmerzen, wenn das Wetter umschlug, und sein Herz ging schwer vor großen Entscheidungen. Er war so reizbar, daß schon die Ausstrahlungen vieler Menschen in geschlossenen Räumen ihn quälten. Auch Prinz Eugen war von Natur zart; er war sogar etwas verwachsen. Der Prinz hatte einmal ganz offen bei einem Empfang des Königs von Sachsen erklärt — es war in jener Zeit, als der Kaiser von Rußland den Prinzen zum König von Polen machen wollte, der deutsche Kaiser aber dagegen war —, daß

alle schöpferischen Menschen im landläufigen Sinne keine gesunden Menschen seien. „Solche Menschen sind immer leidend", fügte Eugen hinzu, „alles menschlich Schöpferische muß auf Kosten des Körpers gehen. Der schöpferische Mensch muß immer wieder sterben, damit er in einer neuen Schöpfung auferstehen kann." Die meisten hatten das damals für einen feinen Spott auf den riesigen Sachsenkönig, diese Genußmaschine, oder für eine Koketterie des Prinzen gehalten. Sicherlich wollte Eugen auch nur für die tiefer Verstehenden sprechen; Matthias hatte ihn verstanden. Er hatte auch gefühlt, daß Eugen damals das gleiche sagen wollte, was Aimée jetzt sagte: „Man muß nicht nur seine Schwächen, sondern auch seine Stärken verschanzen."
Gut, er würde seine Stärken und seine Schwächen verschanzen, der großen Aufgabe wegen. „Gott will es."
Er stand auf, straffte sich, ging zu den Schachspielern zurück und sah, wie Aimée die Partie überlegen zu Ende führte. Leibniz zog die große Brille ab und verneigte sich hochachtend, als sie das „Matt" erklärte. Matthias hatte ihrem letzten Zug nicht ohne Bewunderung zugesehen.

Während der nächsten Tage blieb das Gutshaus in heller Bewegung. Uniformen, Staatskleider, Perücken, Stiefel, Waffen, Sattelzeug, Bücher, Landkarten sowie zahllose Kleinigkeiten wanderten unter Karls Aufsicht in mächtigen Koffern auf die Reisewagen. Der General prüfte vor allem die Pferde, sowohl die acht Wagenpferde als auch die Reitpferde, die mitkommen sollten. Aber auch die Pferde für die sechs Gepäckwagen und die des reitenden Gefolges ließ er sich vorführen. Leibniz begleitete ihn durch die Ställe; Matthias erstaunte, wieviel dieser Mann sogar von der Landwirtschaft und von der Pferdezucht verstand. „Nehmen Sie vor allem den Braunen dort mit", riet er dem Freunde, „der wird Ihnen wertvoll sein. Sein Temperament und das Ihre ergänzen sich trefflich."
Nach dem Besuch der Ställe begaben sich die Freunde in das Arbeitszimmer, in welchem bereits die Kerzen brannten. Leibniz

lehnte sich wieder in seinen Lieblingsstuhl zurück und sprach sich nach seiner Gewohnheit mit einleitenden Worten zurecht, denen Matthias, wie immer, mit Aufmerksamkeit folgte.
„Ihnen ist Ihre besondere Lage klar geworden, lieber Freund", begann er, „Sie kämpfen mit einer europäischen Union, die sich als christliche, aber überkonfessionelle Union vereinigt hat. Sie kämpfen für die christlich-europäische Idee — gegen den asiatischen Islam. Sie haben das Glück, Führer in denjenigen Kämpfen sein zu dürfen, welche das ‚Ja' der Tat zu meinen vielen Bücherweisheiten bedeuten." Der Gelehrte sah auf seine blassen Hände: „Da Sie sich in diesen Tagen mit der Überlegenheit Eugens nicht grollend, sondern ruhig abgefunden haben ..."
Matthias reckte sich. „Woher wissen Sie das?" fragte er erstaunt.
„Ich wäre nicht Ihr Freund, wenn ich Sie noch nicht kennengelernt hätte. Aber ich kenne auch etwas von Ihnen, was mich immer ergriffen hat, nämlich Ihre Vertrauensseligkeit. Haben Sie einen Beweis dafür, daß Eugen Sie wirklich zu sich ruft?"
Der General starrte den Freund, der ihn halblächelnd anblickte, in die Augen. „Aber Sie und die Gräfin haben es mir doch versichert."
„Ein Gelehrter und eine Frau! Und wenn die beiden aus Liebe zu Ihnen nun zu viel aus den Reden des Prinzen herausgehört hätten?"
Fast unwillig wandte sich der General ab und sah mißmutig auf das Bild der reizenden Gräfin Bokum, das durch ein zufälliges Kerzenlicht aus den anderen Frauenbildern herausgehoben wurde.
„Es wird sich zeigen", entgegnete er. „Meine Pflicht ist es, anzunehmen, daß meine Freunde sich nicht getäuscht haben."
Der Philosoph wiegte den Kopf, reckte sich in seinem Sessel auf und sagte: „Seien Sie wegen dieses Scherzes nicht böse. Ich wollte mir nur gestatten, Ihre nordische Glaubensfreudigkeit daran zu erinnern, daß sie jetzt Ländern mit einem anderen seelischen Klima zustrebt, in denen sie auf der Hut sein muß. An der Sache

ändert sich nichts. Sie brauchen sich nicht einmal anzubieten. Mir scheint, daß Eugen Ihnen dieses kleine Opfer ersparen will." Er griff in den breiten Aufschlag seines dunklen Rockes und holte ein dickes, rotgesiegeltes Schreiben hervor, das er dem General hinreichte.

„Was ist das?"

„Ein Brief des Prinzen Eugen."

„An mich?" Erstaunt hob Matthias den Kopf. Die Schwäche verschanzen, durchschoß es ihn, aber seine Hand zitterte leicht, als er den Brief entgegennahm. Leibniz erhob sich. „Lesen Sie das Schreiben für sich. Später sprechen wir uns dann noch." Er verneigte sich gemessen und ging langsam aus dem Zimmer.

Der Brief lag vor Matthias auf dem Tisch. Fast magisch zog dieses gesiegelte Blatt ihn an; aber wieder überkam ihn eine heimliche Furcht, das Siegel zu erbrechen. Dann aber drückte er mit dem Zeigefinger den roten Lack aus dem Papier, und nun strahlten ihm die bekannten großen Schriftzüge des Savoyers entgegen. Ein gefaltetes Dokument lag dem Brief bei. Matthias zog eine Kerze näher und las die Zeilen des Prinzen.

„Exzellenz, Ihr alter Kriegskamerad von Malplaquet bittet Sie herzlich, Ihre Erfahrung, Ihre Umsicht und Ihr Können in den Dienst der großen Sache zu stellen. Es ist nicht die Zeit für Schmeicheleien; es bedarf derer auch nicht. Meine Hochachtung aber glaube ich Ihnen nicht deutlicher ausdrücken zu können, als wenn ich Sie bitte: ‚Kommen Sie rasch. Sie sind hier notwendig.' Ein Reisepaß für Sie liegt diesen Zeilen bei. In alter Verehrung Ihr Eugenio von Savoy."

Als nach einer halben Stunde Leibniz wieder das Arbeitszimmer des Freundes betrat, fand er diesen über eine große Karte des Adriatischen Meeres geneigt. Ein Zirkel und ein Maßstab lagen auf der Karte; auf einem Blatt waren Zahlen und Entfernungen eingetragen; der Brief des Prinzen Eugen und der große Staats-Reisepaß waren auf den Boden gefallen. Leibniz hob beides stillschweigend auf und legte es auf den Schreibtisch.

Nach einigen Tagen bewegte sich der Wagenzug des Generals durch die Ebene der Stadt Dresden zu, wo Matthias die Straße über Nürnberg nach Wien erreichen wollte, während Leibniz beabsichtigte, von Dresden aus die böhmischen Bäder aufzusuchen. Sie reisten zu dreien im Reisewagen des Philosophen, diesem breiten, erwärmten Glaskabinett. Sie sprachen über helle und heitere Dinge, über Dresden, Paris und Venedig. Matthias genoß Aimées Gegenwart, die ihn zurücktrug in eine Zeit der Jugend, von der aus er wieder aufsteigen konnte zu neuen Zielen. Leise drückte er die Hand der Geliebten.

Im Reisewagen des Generals folgten dessen Sekretäre und Diener. Die Gepäckwagen und die Pferde schlossen sich an. Der Zug ging durch feinbeschneite Ebenen, deren Schneedecke immer dünner wurde, bis allmählich die Erde wieder ans Tageslicht kam. Karl, der mit dem Kutscher des Herrn von Leibniz zusammen in einem abgesonderten Glasgehäuse geborgen war, begann den Abschiedsschmerz von seiner Freundin Dora zu verwinden und wies von Zeit zu Zeit mit dem Finger in die Ferne, wobei er den Namen eines neu auftauchenden Ortes durch eine kleine Glasscheibe hinein in den Wagen rief.

Nach zwei weiteren Tagen rollte der Zug auf glatter Straße Dresden entgegen. Die Stadt hob sich in ihrer schöngefügten Steinpracht aus der werdenden Dämmerung und strahlte noch den Glanz des Winterlichtes aus. Nach einer Stunde hielt der Zug am Nordtor der Stadt. Ein magerer Offizier mit müden Augen trat etwas geneigt an den Wagen heran, hob artig den Hut, wünschte einen guten Abend und bat um die Reisepässe.

Langsam entfaltete Matthias das große Schriftstück, das neben ihm in einer Wandtasche bereit hing. Der Offizier rief einen Lampenträger herbei, erschrak aber sichtlich, als er das Dokument mit dem großen kaiserlichen Siegel vor sich sah. Jedoch genoß er auch seine eigene Wichtigkeit, durch die ihm ein solches Staatsdokument in die Hände kam. So murmelte er, im Lampenlicht das Schriftstück entziffernd, jedes Wort durchschmeckend, leise vor sich hin: „Wir, Karl, von Gottes Gnaden, erwählter römischer

Kaiser, zu allen Zeiten Mehrer des Reiches, in Germanien, zu Spanien, Ungarn ... entbieten unseren Land- und Heiligen römischen Reichskurfürsten ... und so weiter ... und so weiter ... daß Unser und des Reiches lieber und getreuer Johann Matthias von der Schulenburg, zuvor Seiner Königlichen Majestät von Polen wie auch unser Kaiserlicher General samt seinen bei sich habenden Leuten, Wagen, Pferden und übrigen Sachen ... und so weiter ... und so weiter ... ungehindert und unaufgehalten ... pass- und repassieren ... Assistenz erzeigen ... gegeben zu Wien am dritten Oktober im siebenzehnhundertundvierzehnten Jahr ... Unterschrift Carl ... mit einem Gitterwerk von Schnörkeln darunter ... und weiter klar und groß: Eugenio von Savoy."
Der Offizier faltete das Papier zusammen. Seine Augen glühten. Er reichte den Paß dem General unter Heben des Dreispitzes zurück. „Exzellenz", stotterte er, „damals bei Malplaquet ... ich war dabei ... schwere Reiter ... das war doch eine große Sache!"
Die müden Augen blitzten auf.
Matthias nickte. „Leicht war es nicht, Hauptmann..."
„Hauptmann Reber, von den schweren Reitern."
„Ich freue mich, daß mich in Dresden zuerst einer meiner alten Kämpfer von Malplaquet begrüßt."
Rasch wandte sich der Hauptmann um und murmelte: „Assistenz erzeigen? Ehre werden wir ihm erzeigen! ‚Wache ins Gewehr!' " schrie er gegen den Torbau. Die Wache stürmte aus dem Wachtlokal. „Trommel rühren! Präsentieren! Tore auf! Exzellenz von der Schulenburg! Der Held von Malplaquet fährt in Dresden ein!"
Während sich die Torflügel breit und freundlich öffneten und die Kommandos der Wachthabenden durch den klaren Winterabend flogen, rückte der Zug wieder an. Hauptmann Reber stand an der Seite mit vorgestrecktem Sponton und erhobenem Dreispitz, während Matthias den Hut lüftete. Der Kutscher bändigte nur mit Mühe die Pferde, denen das Trommeln noch ungewohnt war. Aimée griff ängstlich nach der Hand des Geliebten, während Leibniz einen Augenblick lang für sein geheiztes Reisekabinett

fürchtete, das zerschellen mußte, wenn die Pferde durchgehen sollten. Der General wies aber beruhigend nach vorn, wo der Kutscher die Pferde bereits wieder in die Hand bekam, und sagte: „Daran werden sie sich bald gewöhnt haben."
Im leichten Trab fuhr der Zug am Gasthaus „Zum weißen Adler" vor; der Wirt eilte selbst an den Glaswagen und empfing den ihm aus früheren Zeiten bekannten General mit Freude und Bewunderung. Als dann auch der berühmte Herr von Leibniz dem Wagen entstieg und endlich noch eine schöne Gräfin aus Turin, erkundigte sich der Kammerherr, Graf Vitztum, der vom Speisesaal aus die Gäste eintreten sah, neugierig nach deren Namen. Bereits am folgenden Tag ließ der König den General zu einer freundschaftlichen Rücksprache ins Schloß bitten. Es sei Seiner Majestät eine besondere Freude, ihren alten Freund Schulenburg in der Haupt- und Residenzstadt empfangen zu können. Gleichzeitig ließ der Monarch Herrn von Leibniz und die Gräfin Angiolina Mocenigo della Torre auffordern, zusammen mit ihm und dem General bei der Gräfin Stella Schönberg zwanglos den Tee zu nehmen. Es würde dem König ein Vergnügen sein, dort auch die Freunde seines Freundes Schulenburg kennenzulernen.

DRITTES KAPITEL

1

Die Gräfin Stella Schönberg, die vor drei Jahren noch Lotte Ziemke geheißen hatte, war vor zwei Jahren als Stella Belmonte in das Ballett der Königlichen Oper eingetreten und bald darauf ihrer besonderen Verdienste wegen von König August in den Stand einer Gräfin erhoben worden. Sie befand sich jetzt in der Hochblüte ihrer unkomplizierten, aber gesunden Schönheit. Sie gab sich „fein", so, daß sie durch ihre Naivität entwaffnete, und mit dieser Naivität empfing sie die Gräfin Mocenigo und den Geheimrat von Leibniz in ihrem chinesischen Teezimmer, welches ihr der König vor kurzem hatte einrichten lassen. Die Wände des kleinen Raumes waren bis zur halben Höhe mit gelber Seide bespannt; auf goldenen Konsolen standen Porzellanfigürchen aus China und aus Meißen. Stella, in tiefschwarzem Kleid mit kostbaren gelben Saphiren, bewegte sich wie eine junge Gastwirtin in einem Puppenspiel vor dem hellen Hintergrund. Zuweilen tippte sie einem riesigen Porzellanchinesen, der in der Ecke des Teezimmers hockte, auf den Wackelkopf, daß er eine Zeitlang zu allem „Ja" nickte und dabei die Zunge herausstreckte. Während Stella sich schwatzend um den Tee bemühte, flüsterte Leibniz, mit dem Kopf auf den Chinesen weisend, Aimée leise zu: „Ein vollendeter sächsischer Hofmann!"
Stella reichte den Gästen die Teetassen; ein gewitzter kleiner Neger, phantastisch aufgeputzt, bot Süßigkeiten an und rollte

dann Stellas Papagei auf einem silbernen Wagen aus dem Nebenzimmer an den Teetisch. Der Papagei stammte aus dem Besitz der Gräfin Aurora von Königsmarck, der früheren Freundin des Königs, welcher dem Tier eine seltsame Anhänglichkeit bewahrte. Freilich ließen die Wendungen, die der Vogel gelegentlich vorbrachte, auf eine recht tiefe gesellschaftliche Schicht schließen, aus welcher Bello sich emporgehoben hatte. „Aber", so pflegte Stella verlegen lachend zu sagen, „was der Zarin recht ist, ist Bello billig."
Sie wandte sich rasch von ihren Gästen ab und lief ans Fenster, als unten laut ein Wagen vorfuhr und sechs Pferde auf dem Pflaster stampften. „Der Geenich!" schrie der Papagei, und seine Halsfedern sträubten sich. „Ja, Bello, der König kommt", versuchte Stella, die selbst vor Unruhe zitterte, das erregte Tier zu beruhigen, „sei lieb und artig, wenn der König mit dir spricht."
Bald darauf betraten August der Starke und Matthias das Teezimmer. Stella und Aimée verneigten sich tief; auch Leibniz verneigte sich, allerdings nicht, ohne den König kurz dabei zu mustern. Friedrich August hatte zunächst den General eintreten lassen; er pflegte sich die Höflichkeit Ludwigs XIV. als Vorbild zu nehmen, über welche er immer neue Einzelheiten zu erfahren suchte. ‚Allerdings gehörte dazu auch die federnde, selbst im Alter noch eindrucksvolle Erscheinung des Königs von Frankreich', dachte Leibniz, ‚ein breiter Riese, der sich die Höflichkeiten eines kaum mittelgroßen, sechsundsiebzigjährigen Mannes zum Vorbild nimmt, müßte darauf achten, daß er nicht komisch wirkt.'
Nach einiger Zeit mußte sich Leibniz aber gestehen, daß August der Starke durchaus nicht komisch wirkte. In diesem in fliederfarbene Seide gehüllten riesigen Stück Mensch steckte eine natürliche Schläue, welche sich mit der angelernten Höflichkeit gut zu vertragen wußte. Friedrich August begrüßte Stella mit wohltemperierter Herzlichkeit, Aimée mit ritterlicher Hochachtung und Leibniz mit Würde. Während er dem Chinesen in der Ecke auf den Kopf tippte, wandte er sich heiter zu dem General: „Ich halte den Chinesen für Sie in Bewegung, Exzellenz Schulenburg.

Sie sollen in Dresden bereits beginnen, sich an Venedig zu gewöhnen."
Stella versuchte ihren königlichen Freund in einen großen Sessel zu lenken. Der aber hatte sich dem Papagei zugewandt und ihn mitsamt der goldenen Kette auf den Zeigefinger genommen. „Nun sag, wer die Schönste ist", fragte er und kraulte den Papagei, „nun sag schon."
„Aurora", schnarrte Bello, und Friedrich August lachte leise.
„Aber, Bello, die sitzt doch schon seit vierzehn Jahren als Pröbstin in Quedlinburg." Das stimmte zwar nicht ganz genau, denn die Gräfin Königsmarck, welche den König wirklich geliebt hatte und noch liebte, wurde von der Königin und dem König oft an den Hof nach Dresden gebeten.
Stella war dunkelrot geworden; das Blut in ihren Halsadern klopfte deutlich. Sie hätte dem Papagei den Kragen umdrehen mögen, denn sie hatte ihm stundenlang „Stella" vorgesprochen. So wiegte sie den schön frisierten Kopf. „Wie alt solche Tiere doch werden! Er spricht von der Gräfin Aurora von Königsmarck, Majestät! Ach, damals war ich noch ein Kind."
„Sie müssen etwa gleichaltrig mit meinem Sohn Moritz von Sachsen sein," bemerkte der König undurchsichtig und fütterte Bello mit Konfekt. Aber er machte sich das Vergnügen und fragte nach einiger Zeit wieder, wer die Schönste sei. Und wieder antwortete Bello „Aurora!"
Stella nickte hastig. „Sie kennen doch den Grafen Sachsen", wandte sie sich an Matthias. „Gewiß", entgegnete der General. „Ich durfte den Grafen bei Malplaquet zum Soldaten erziehen. Auf Wunsch seiner Mutter, die mir deshalb immer ihr Wohlwollen bewahrt hat."
Über diese Wendung erschrak Aimée; der König freute sich jedoch darüber. Er hing im Innern immer noch an Aurora; und seine vielen wechselnden Liebschaften bestätigten nur die Größe des Verlustes, den er sich durch seine Flatterhaftigkeit selbst zugefügt hatte. „Das ist unser alter Freund Schulenburg", nickte

er, „der uns immer seine Meinung ins Gesicht sagt und die Abwesenden verteidigt. Nicht wahr, Herr von Leibniz?"
Langsam neigte der Angesprochene das Haupt. „Ich schätze diese Eigenschaft an meinem Freunde besonders hoch. Selbst, wenn sie nicht aus dem Herzen käme, wie das bei Seiner Exzellenz der Fall ist, würde sie immer noch ein Zeichen von Klugheit bedeuten. Denn die Abwesenden erfahren ein solches Urteil doch durch gute Freunde sehr bald. Man gewinnt sich die Menschen am sichersten, wenn man hinter ihrem Rücken Gutes von ihnen spricht."
„Das könnte eine Weisheit aus dem Jesus Sirach sein", lachte Friedrich August und zerbrach ein Stück Torte für Bello.
Der General neigte sich vor. „Den Jesus Sirach liebe ich sehr. Seine Aphorismen sind zum Teil so durchsichtig und klar, daß La Rochefoucauld sich ihrer nicht zu schämen brauchte." Mit Zufriedenheit beobachtete Stella, daß der Riese begann, rasch zu essen. Er aß viel von den Marzipantörtchen, deren Rezept aus Stellas Vergangenheit stammte und dessen Zusammensetzung sie ängstlich für sich bewahrte. Selbst der Gräfin Vitztum hatte sie auf lange Bitten hin nur eine Verfälschung überlassen. Der König warf manchmal kauend ein Wort in die Unterhaltung, beschäftigte sich mit Bello, leitete aber dann mit großer Geschicklichkeit das Gespräch auf den Hof von Versailles und den Gesundheitszustand des Königs Ludwig XIV. über. Allerdings entging diese Wendung des Gesprächs weder Leibniz noch dem General, und so waren sie auch nicht weiter erstaunt, daß der König, dabei immer wieder Bello ansehend, bemerkte: „Es ist für mich nicht leicht, durch das Spiel der großen Höfe hindurchzusehen. Wenn Sie, liebe Exzellenz, mich durch ein paar aufklärende Worte gelegentlich von Wien aus auf dem laufenden halten würden, wäre das für mich ein besonderes Glück." Ein leichter Schatten ging über die Züge des Generals. Aimée kannte diesen Schatten genau; sie wußte, daß ein solcher Auftrag ihrem Freund im Grunde seiner Seele mißfiel. Ach, wie wird er sein Lebensschiff durch die Klippen und Fährnisse Venedigs hindurchführen? Ihre Hand mit

dem blitzenden Diamantring griff leise nach dem Herzen. Aber gleichzeitig überkam sie ein Gefühl der Freude; sie sah, wie wichtig, ja, wie unentbehrlich sie für ihn werden konnte. Inzwischen erwiderte Matthias dem König: „Solange ich keinen anderen Dienst angenommen habe, wird es mir eine Ehre sein, Euer Majestät meine Eindrücke von Wien aus mitzuteilen."
Diese Antwort erfreute den König sichtlich. „Sehr schön, sehr schön! Mein persönlicher Agent wird sich bei Ihnen melden. Wenn Sie nur die Güte haben, ihm Ihre Nachrichten in Wien zuzuleiten. Dann kommen sie sicher in meinen Besitz."
Nach einiger Zeit fuhr August fort: „Vielleicht bietet sich sogar eine Gelegenheit, daß Sie wieder in meinen Dienst treten, lieber Freund? Lassen Sie, lassen Sie — ich möchte es nur erwähnt haben. Hier wird man Sie immer mit offenen Armen empfangen. Als Feldmarschall natürlich."
Matthias schwieg und verneigte sich. Das Angebot tat ihm wohl; endlich schien der König begriffen zu haben, was er an ihm verloren hatte. Die sächsischen Truppen kannte er; das sächsische Heer war von ihm reorganisiert worden, und schon der Empfang am Stadttor hatte ihm gezeigt, daß sein Name als Führer noch lebte. So ließ er sich denn von Friedrich August, der keuchend aus der riesigen Tiefe seines Brustkastens sprach und zwischendurch weiter Marzipantörtchen kaute, dessen Wünsche darlegen, welche Matthias stillschweigend anhörte.
Inzwischen rollten zwei kleine Chinesen, von dem Negerknaben geleitet, einen goldgeflochtenen niedrigen Wagen in das Teezimmer. In einem Beet von Veilchen lagen schön bemalte Lackschächtelchen, jedes mit Goldbändern zugebunden. Stella ließ den Wagen an ihren Stuhl bringen und stand auf. Sie stemmte die Arme in die Hüften und war wieder ganz wie einstmals das junge Schankmädel, welches den rotröckigen Reitern, die von der Fuchsjagd zurückkehrten, lachend die Gose in den Sattel reichte.
„Meine Herrschaften", begann sie, sich nach allen Seiten drehend, „heute hat Bello seinen Ehrentag. Hörst du, Bello? Wer ist bei uns zu Gast? Sag schön, wer?"

‚Aurora', murmelte Leibniz, und Aimée verbiß sich das Lachen. Mit schlecht gespielter Güte neigte sich Stella zu dem Papagei: „Sag schon, Bello."
„Der Geenich!"
Es ging ein stilles Aufatmen durch die Gäste. Jeder fühlte sich befreit, weil das Kunststück geglückt war; sogar August selbst atmete heimlich auf. Dann nahm Stella das Tier von der Stange und sagte: „Dann such dem König auch ein schönes Geschenk aus." Sie stupste den Schnabel Bellos zu einem der Pakete, bis Bello es ergriff und Stella ihn auf dem Finger zum König bringen konnte. August war glücklich; in der Seele dieses riesigen Menschen, der alle Schätze der Erde verschenkte, steckte ein großer Rest von Kindlichkeit. Feierliche Staatsgeschenke, Schlösser und goldene Tafelgeschirre, ließen ihn kalt. Derartiges nahm er als Ausdruck der ihm gebührenden Ehrfurcht kopfnickend entgegen. Aber es beglückte ihn, wenn ihm jemand unerwartet eine Kleinigkeit überreichte, von Hand zu Hand, und er machte sich keine Gedanken darüber, daß das Geld, mit welchem diese Geschenke bezahlt wurden, sein eigenes war.
Gespannt öffnete der König das kleine bemalte Kästchen; mit strahlenden Augen entnahm er ihm eine große Hutagraffe, einen geschliffenen viereckigen Smaragd mit Brillanten. „Das ist eine liebe Aufmerksamkeit, Gräfin", rief er, „seien Sie innig bedankt."
„Ich dachte für die Jagd", flüsterte Stella breit, verlegen und glücklich, während Leibniz die Geheimnisse des höfischen Lebens hier auf ihre einfachste, primitivste Formel zurückgeführt sah. Indessen weilte Matthias mit seinen Gedanken auf Korfu. Vor allem würde man dort Ingenieure brauchen, Festungsingenieure, denn Korfu war ein Steinhaufen. Es mußte alles im letzten Augenblick instand gesetzt werden — mindestens vierzig Ingenieure, besser achtzig, mit einem erfahrenen Chefingenieur.
Während er die Zahl überschlug, küßte er Stella die Hand. In der Schachtel, die Bello ihm gereicht hatte, entdeckte er ein paar goldene Sporen. „Sie sind viel zu kostbar für den Krieg, Gräfin",

sagte er halb verlegen, „ich werde sie tragen, wenn ... wenn ich noch einmal nach einem Krieg irgendwo einziehen sollte."
„Wenn sich der Sieg daran geheftet hat", rief der König übermütig. Leibniz, der ein goldenes Tintenfaß aus seinem Kästchen emporhob, beobachtete dabei, wie Aimée, während sie dem ihren einen schönen Perlenanhänger entnahm, erblaßte. Mit großer Geschicklichkeit ließ sie einen grün gesiegelten Brief, der dem Geschenk beigelegt war, in die Karpfentasche ihres Duchesse-Kleides gleiten und wandte sich wieder bewundernd dem Schmuck zu. Aber ihr Dank an Stella klang trocken und beinahe abwesend. ‚Ein Brief vom König an sie ...?' überlegte Leibniz. ‚Aber weshalb erschrickt sie darüber?' Nur mit Mühe konnte die lebenskluge Frau sich wieder in die allgemeine Unterhaltung finden. Indessen befestigte, gleichfalls mit gespitzten Händen, Friedrich August die Agraffe an seinem Seidengewande und bedankte sich bei Bello mit einer tiefen Verbeugung. Dann näherte er sich Aimée und ergriff den Perlenanhänger. „Sie müssen mir erlauben, daß ich selbst Ihnen diese kleine Kostbarkeit umlege." Geschickt schlang er die Goldkette um Aimées Hals und sah sie zärtlich an. „Ein Schmuckstück lebt länger als wir, aber nie wird dieses Schmuckstück wieder einen so schönen Hals zieren." Aimée lächelte jenes Lächeln, das Matthias von neuem einen Stich ins Herz gab, weil es nicht in die Welt ihrer Liebe, sondern in die der Gräfin Stella Schönberg gehörte, die so lächeln durfte, ob sie nun Edelsteine oder Gose verteilte. Freilich konnte Matthias nicht wissen, daß dieser Gräfin Stella im Augenblick nicht nach Lächeln zumute war. Ihr Herz schlug hart, und die Angst stieg ihr in die Schläfen, denn sie erinnerte sich jenes Abends vor drei Jahren, an welchem der König auch ihr einen Schmuck angelegt und dazu die gleichen Worte gesagt hatte, wie jetzt zu der Gräfin Mocenigo ... nach einer Vorführung des Opernballettes, dessen jüngstes Mitglied Stella damals war ... im Palais der Gräfin Cosel ... Der König erhob sich. Er streichelte Bello, tippte dem Porzellanchinesen auf den Kopf und küßte Stella die Hand. „Es war wieder reizend bei Ihnen, liebe Freundin." Er hielt die Hand des

Gelehrten zum Abschied in der seinen. „Herr von Leibniz — diese Hand hat die Theodicee geschrieben, die mir als Fürst den Weg zum Ideal weist. Gott und seine Heiligen mögen uns diese Hand noch lange auf Erden erhalten; Ihrem Geist brauche ich das nicht erst zu wünschen, denn er ist unsterblich." Aimée verneigte sich tief, als der Riese auch ihr die Hand bot. „Ich hoffe, Sie nicht zum letztenmal in Dresden gesehen zu haben. Ihren eigentlichen Glanz entfaltet unsere Stadt im Sommer und im Herbst. Vergessen Sie das nicht. Und Sie, Schulenburg — ach ja, begleiten Sie mich ins Schloß. Ich möchte gern noch einiges mit Ihnen besprechen. Außerdem wünscht Sie dort jemand zu begrüßen." Friedrich August verließ mit tiefer Verbeugung, wie Ludwig XIV. sie zu machen pflegte, das gelbe Zimmer; Matthias, der sich nur noch rasch verabschieden konnte, folgte dem König. Die beiden Flügeladjutanten, welche im Vorzimmer gewartet hatten, stiegen hinter dem König und dem General gemessen die breite Treppe hinab.

Gleich nachdem der Wagen des Königs davongerollt war, kehrten auch Leibniz und Aimée in den Gasthof zurück. Während der Fahrt durch die aufgeweichten Gassen, deren Häuser sich in der Nacht dicke, feuchte Schneehauben aufgesetzt hatten, prüfte der Gelehrte mit einem raschen Blick die Züge seiner Nachbarin. Er erschrak vor den fahlen Schatten, welche das Antlitz Aimées durchzogen, ergriff ihre Hand und fragte besorgt: „Gräfin, ist Ihnen nicht wohl?"
Aimée schüttelte den Kopf. Sie zog den Pelzmantel fester um sich, aber ein plötzliches Zittern glitt durch ihren Körper. „Bitte, sprechen wir nicht davon."
Die Lippen des Gelehrten strafften sich. „Liebe Gräfin, jetzt antworten Sie mir. Was fehlt Ihnen?"
„Nichts, Herr von Leibniz, wirklich nichts."
Der Gelehrte richtete sich empor. „Das ist nicht wahr. Sie sind bis ins tiefste erschüttert, seitdem Sie dem Kästchen, welches Ihr

Geschenk enthielt, einen Brief entnahmen, einen Brief mit einem großen grünen Siegel."
„Sie sind ein guter Beobachter, Herr von Leibniz."
„Wenn ich das nicht wäre, wäre ich vielleicht König von Polen, aber nicht Leibniz. Bitte antworten Sie auf meine Frage."
Ein leises Stöhnen war die Antwort. Aber Leibniz schob das Haupt vor und blieb hart. „Von wem ist der Brief? Vom König?"
„Ach ..." Aimée lachte bitter.
„Von wem sonst? Ich will es wissen." Die Augen des Gelehrten funkelten böse.
Mit einer raschen Bewegung riß die junge Frau den Pelz auseinander, griff in die Tasche ihres Kleides und reichte dem Philosophen den geschlossenen Brief. „Öffnen Sie den Brief, Herr von Leibniz."
„Ich?"
„Ja, Sie. Und zwar sofort."
Leibniz erbrach das Schreiben. Er entnahm ihm einen kleinen in Seide gewickelten Gegenstand und ein paar Zeilen. „Lesen Sie laut!" befahl Aimée fast stimmlos. Daraufhin zog der Gelehrte sorgfältig eine große Brille aus der Brusttasche, prüfte zunächst die fliegenden Schriftzüge und las dann beim Licht der Wagenkerze den französischen Text vor. „In Wien wird sich eine alte Spitzenhändlerin bei Ihnen melden lassen. Sie haben sie zu empfangen und von ihr meine weiteren Befehle entgegenzunehmen."
Der Gelehrte schüttelte den Kopf. „Ohne Unterschrift? Das verstehe ich nicht."
„Sie werden es verstehen, wenn Sie das Bündelchen dort öffnen."
Vorsichtig löste Leibniz die Schnur und legte die Seide der Umhüllung auseinander. Ihm entgegen funkelte ein großer, reiner Diamant auf einem goldenen Ringe. Prüfend sah der Gelehrte der fahlen Frau in die Augen. „Was ist das?"
Aimée streckte Leibniz ihre Hand hin und zeigte auf ihren Ring. Dann wies sie auf den anderen und murmelte: „Der zweite Ohrring des Kogia."

Leibniz zog die Augenbrauen in die Höhe. „So ... Dann allerdings wird es ernst."

Aimée nickt wortlos, während sie Brief und Schmuck wieder an sich nahm. Kurz bevor der Wagen das Gasthaus erreicht hatte, fragte der Gelehrte halblaut: „Haben Sie eine Vorstellung von dem, was der Kogia von Ihnen verlangen wird?"

„Noch nicht."

„Aber ich. Nein, lassen Sie. Noch möchte ich mich nicht äußern. Eines jedoch steht fest: ich fahre nicht in die böhmischen Bäder, sondern ich fahre mit Ihnen beiden nach Wien."

Fast erschrocken wandte Aimée dem alten Mann das Antlitz zu. „Herr von Leibniz ... es wäre ja sehr schön ... Aber Sie müssen vor allem an Ihre Gesundheit denken."

Leibniz zuckte die Achseln. „Vor allem muß ich an die denken, welche Europa noch zu retten vermögen. Sprechen wir nicht weiter über mich, Gräfin. Jetzt gehöre ich nach Wien."

2

Inzwischen hatte die Karosse des Königs das alte Schloß erreicht. Die Wache in ihren weißen Röcken trat unter lauten Kommandos ins Gewehr. Trommeln wirbelten, Degen senkten sich, und der König schritt zusammen mit Matthias die grüne Marmortreppe hinauf. Auf den Treppenabsätzen verneigten sich Pagen und Kammerherren; die Palastgarden grüßten mit den Spontons. Vor dem Muschelsaal, zwischen dessen Marmorpfeilern die Girandolen und Lüster brannten, wandte sich August, während die Diener den Herren die Pelze abnahmen, mit einer Jupitergeste seinem Begleiter zu.

„Gräfin Mocenigo könnte einen Mann bezaubern", bemerkte er mit leiser Erregung in der Stimme. Dabei suchten seine Augen

die des Generals. Dessen Antlitz veränderte sich nicht; er verharrte in der gleichen, verbindlichen und gleichzeitig undurchdringlichen Starrheit, auch, als der König ihn in den Saal geführt hatte und ihn prüfend ansah.
„Ich möchte nicht in Ihren Jagdgebieten wilddieben", fuhr August mit jenem leichten Zynismus fort, in den er sich zu retten pflegte, wenn er verlegen war. „Sie müssen mich daher wissen lassen, wo die Grenzen für mich beginnen."
„Die bestimmt die Gräfin Mocenigo, Majestät."
„Und was hat sie bestimmt?"
„Sie hat ihre Grenzen vor Eurer Majestät geschlossen."
Der König sah einen Augenblick auf ein Bild von Rubens — drei Grazien —, welches zwischen zwei Marmorpfeilern in die Wand eingelassen war. Er hielt den Hut mit den wiegenden Straußenfedern neben sein Antlitz, damit ihn das Licht der Kerzen nicht beim Betrachten störe. Langsam ging über sein mächtiges Gesicht, das der Würde nicht entbehrte, ein merkwürdiger Zug von Skepsis. Endlich sagte er, sich in Erinnerung an Bello selbst ironisierend und dabei den General fest ansehend: „Ja, ja ... der Geenich!"
Die große Kunst des Generals bestand im Schweigenkönnen. Dazu hatte sich Matthias erzogen. Er hielt also den Blick, ohne ein Wort zu erwidern, fest auf das Bild gerichtet, bis der König ihn am Arm ergriff: „Nun kommen Sie, Lieber. Gemalte Frauen verdienen keine so lange Würdigung. Sie erwartet etwas Lebendiges. Ich selbst werde Sie hingeleiten."
Vier rot gekleidete Pagen standen aufgereiht im Vorzimmer des Saales, in den Händen goldene Armleuchter, um auf einen Wink des Oberhofmeisters dem König voranzuschreiten. Die feingliedrigen Jünglinge glitten rasch und leise über die glatten Marmorböden, die Puderhäupter mit den schwarzen Haarschleifen ein wenig vorgeneigt, während die flackernden Kerzen sich in einem feurigen Schwertertanz hin und her bewegten. Den Pagen folgte der übermagere, große Graf Flemming, der immer wieder mit

dem hohen Zeremonienstab auf den Fußboden stieß und dabei mit der stolzen Ausdruckslosigkeit des erfahrenen Hofmannes verkündete: „Seine Majestät der König."
Matthias wußte, daß der König ihn zu einem Staatsbesuch führte, vermutlich zur Königin Eberhardine, die sich in ihren schönen lachs- und malvenfarbenen Zimmern die Augen ausweinte. Der Zug jedoch bog vor dem Flügel der Königin zur Seite ab. Zwischen mächtigen, freistehenden Marmorsäulen hindurch, auf deren funkelnder Glätte das Kerzenlicht vergeblich nach einem Halt zu suchen schien, führten ein paar mit roten Läufern belegte Marmorstufen hinauf in einen Halbstock, dessen Flur im Licht weniger, fein duftender Kerzen verdämmerte. Vor einer großen Doppeltür nahmen die Pagen mit den Leuchtern Aufstellung; Graf Flemming klopfte dreimal an die Tür und sagte laut: „Seine Majestät der König."
Die Tür öffnete sich leise nach innen; strahlendes Licht drang den Gästen entgegen, und vor ihnen verneigte sich im schwarzen Seidengewand der Stiftsdamen von Quedlinburg die Gräfin Aurora von Königsmarck.
Matthias fühlte, wie eine warme Freude ihn durchglitt. Sein Herz schlug lebendig gegen den großen sächsischen Ordensstern mit dem weißen Falken, welchen er dem König zu Ehren angelegt hatte. August trat höflich zur Seite; der riesige Mann freute sich wie ein Kind der gelungenen Überraschung und rieb sich die Hände.
„Nun, Gräfin", fragte er augenzwinkernd, „habe ich Ihnen zuviel versprochen?"
Aurora schüttelte den Kopf. Sie war noch immer schön, aber ihre Schönheit sprang nicht sofort an wie die der Cosel oder der Schönberg. Durchwärmt wurde dieses schöne Antlitz vom Leid, denn Aurora von Königsmarck liebte August von Sachsen mit der ganzen Größe ihrer vornehmen Seele.
Matthias trat auf Aurora zu und küßte ihr die Hand. „Ich bin glücklich, Sie zu sehen, Gräfin." Zum König gewandt, sagte er

kurz: „Euer Majestät sind sehr gütig." Flemming, der abwartend im Hintergrund gestanden hatte, wollte sich leise zurückziehen, aber August winkte ihm, zu warten. „Ich lasse Sie beide allein. Sie werden sich viel zu erzählen haben. Und dabei bin ich überflüssig. — Aller Segen Gottes und seiner Heiligen für Ihr Werk, lieber Freund! Leben Sie wohl!" Er winkte Aurora mit fast knabenhafter Befangenheit zu, und unter Vortritt Flemmings und den kerzentragenden Epheben wanderte der riesengroße Mann durch den nächtlichen Glanz seines Palastes in seine Privatzimmer zurück, wo ihn Fräulein Armida von Dönhoff erwartete.

Mit einer leichten Handbewegung befahl Aurora den General neben sich. Sie musterte sein Aussehen und fragte nach seiner Gesundheit.

„Ich darf nicht klagen", entgegnete Matthias, aber der Gräfin entging die feine, unruhige Müdigkeit nicht, welche die Züge ihres Freundes überschattete.

„Ich weiß, daß Sie nie klagen. Ich weiß, daß Sie das, was Sie leisten müssen, auch leisten werden. Nur achten Sie immer auf Ihre Gesundheit. Achten Sie vor allem während des Krieges darauf, denn Sie haben auch nachher noch große Aufgaben zu erfüllen, für welche Sie Ihre Gesundheit weiter brauchen werden."

Matthias schüttelte den Kopf. „Was soll ich nachher noch zu tun haben? Ich kehre auf mein Gut zurück und züchte Pferde. Dafür wird es noch einige Jahre reichen."

„So leicht wird das Weltwollen es Ihnen nicht machen. Aber kommen Sie, nehmen Sie einen Schluck Kaffee — das tut Ihnen gut."

Die Unterhaltung zog sich in die Länge. Matthias berichtete über Aimées Besuch in Emden, zusammen mit dem von Leibniz, und über den Brief des Prinzen Eugen. Dann ging das Gespräch über auf Auroras Sohn, den Grafen Moritz von Sachsen, der in Paris weilte, und endete bei Karl XII. „Es ist seltsam, daß der König

von Schweden Sie aufgesucht hat — vielleicht ist es aber auch nicht seltsam. In uns Schweden steckt viel vom religiösen Abenteurertum; auch mein Bruder ist davon besessen. Und ich? Es ist kein Zufall, daß ich Pröbstin von Quedlinburg geworden bin. Ich hätte auf einem Schloß einen kleinen Hof halten können, aber das Herz trieb mich in die Klosterwelt von Quedlinburg. Mein alter Freund und Beichtvater, der Oberhofprediger Johann Ernst Schulenburg, verspottete mich zuweilen deswegen, und sicher hat er mit seinem Spott nicht ganz unrecht."
„Der Vetter Johann Ernst, den ich aus Wolfenbüttel kenne, ist ein kluger Mann. Es ist beachtlich, daß auch er von Ihrem religiösen Abenteurertum überzeugt ist."
Aurora spreizte die Hände auf der Tischplatte, als ob sie ein paar Akkorde auf einem Klavizimbel greifen wollte. „Vielleicht deshalb, lieber Freund, gehen meine Gedanken oft in den Orient. Wir nennen es Türkei, aber ich glaube, es ist etwas ganz anderes. Es ist etwas, das gar nicht einmal geographisch an den Osten gebunden ist, etwas, das unsere Phantasie anzieht und zugleich unseren Instinkt abstößt. Es ist das Grauen vor der Macht, der Kampf gegen das Satanische. Das ist mir deutlich geworden, als mich König August vor dem unglücklichen Frieden von Altranstedt zu dem Sieger, dem König Karl von Schweden, schickte, um von ihm erträgliche Friedensbedingungen zu erlangen. Der Schwede sah in unserem König, der ja katholisch geworden war, einen Verräter an der großen religiösen Idee des Nordens — das wußten wir —, und so begab ich mich widerstrebend auf den Weg. Karl empfing mich in einem Zelt aus grobem Leinen. Er trug ein Lederkoller, war bleich, schmutzig und fieberte stark. Ich mußte im Stehen sprechen, da er selbst stehenblieb und mir keinen Stuhl anbot. Mit tiefer innerer Erregung überreichte ich ihm den Brief meines Herrn und begann auf ihn einzureden. Er warf den Brief ungeöffnet beiseite und schwieg grausam. Nach einiger Zeit strich er mit der flachen Hand auf der Karte langsam über Rußland und hielt mir dann die

flache Hand hin. Darauf ergriff er auf der Karte mit zwei Fingern den Rest von Europa und hielt mir die zwei Finger hin. Endlich nahm er den ungeöffneten Brief des Königs und zerriß ihn. Die Fetzen warf er auf das Königreich Polen und wies, während er mich anfunkelte, mit gekrümmten Zeigefingern auf die Fetzen. Darauf verließ er, ohne ein Wort zu sagen, das Zelt."

Aurora sah nachdenklich vor sich hin und griff wieder ein paar Töne auf dem unwirklichen Klavizimbel. Während sie noch spielte, murmelte sie: „In Quedlinburg liegt der deutsche Kaiser Heinrich I. begraben. Er hat den Kampf begonnen, den Sie weiterführen werden."

Ihre Hände griffen übereinander. Plötzlich lächelte sie, als sie sich ihres stillen Spiels bewußt wurde. „Verzeihen Sie, lieber Freund, wir Frauen können diesem anstürmenden Entsetzen nur wenig entgegenstellen. Daß mein religiöses Gefühl jetzt schon schwer unter diesem bevorstehenden Grausen leidet, ist mein Schicksal. Aber wenn mir das Furchtbare, Riesige wieder einmal klar bewußt wird, wenn ich diese Mauer von Gift und Blut anrollen spüre, dann spiele ich im Geiste Johann Sebastian Bach."

„Wer ist das?" fragte Matthias und schob mit fein gespreizten Fingern das Spitzenjabot zurecht. Aurora sah vor sich hin: „Das Große, das Klare, das Durchsichtige. Was der Orient nicht ist, das ist Bach."

Der General hatte die langen Beine übereinandergeschlagen. Während er den Kopf vorschob, bauschte sich der goldgestickte seidene Hofrock mit den breiten Aufschlägen widerspenstig auf. „Sie haben recht", sagte er, „es gibt Menschen, in denen sich der Dämon des Ostens inkarniert hat. Es können Katholiken, Protestanten, Mohammedaner sein — auch Gottesleugner, wie sie jetzt in Frankreich unter dem Herzog von Orléans zu Worte kommen. Diese Menschen leben überall, auf Thronen und in Hütten, aber ihre Auswirkung bleibt satanisch. Wo sie wirksam werden, verödet die Welt; sie schreien sich einen Schein des Rechtes an, und

die anderen glauben ihnen, weil sie sonst nichts zu glauben haben, und laufen ihnen nach. Sie jubeln noch, wenn sie von den Besessenen in den kalten Tod getrieben werden. Denn dem Besessenen ist nichts heilig, nicht einmal seine eigene Person, die sich mit Lust von ihrem Dämon zerstören läßt, nachdem sie vorher Hekatomben von anderen zerstört hat."
Aurora musterte den General, der vor sich hinstarrte, besorgt. „Sie denken an den Großadmiral Dianum-Kogia?"
Mit einem Ruck erhob er sich aus seinem Schweigen. „Woher wissen Sie vom Kogia?"
„Ich weiß, daß er es war, der den König Karl XII. abgewürgt hat. Wer aber Karl von Schweden abzuwürgen vermag, muß solch ein Besessener sein, wie Sie ihn soeben gezeichnet haben. Einer, der von einem noch mächtigeren Dämon geführt wird, als der Dämon Karls es ist."
„Sprach ich vom Kogia?" murmelte der General vor sich hin, fuhr aber nach einer Weile fort: „Ja. Ich sprach von ihm. Ich weiß von ihm, wie man vorher von einem weiß, mit dem man nach aller Voraussicht einmal zusammenstoßen wird. Als die Frage an mich herantrat, ob ich den Kampf gegen die Türken führen wolle, und als ich hörte, daß dann der Dianum-Kogia mein wirklicher Gegner sein würde, da wußte ich Bescheid. Da war er also, mein großer Feind. Leibniz, vor allem die Gräfin Mocenigo haben dann später des Kogias Bild in mir erschreckend lebendig gemacht."
Nach einiger Zeit erhob sie sich leise, ging an ihren Schreibtisch und warf ein paar Zeilen auf ein Blatt. Der General betrachtete sie, während sie schrieb. Ihre Bewegungen waren noch immer weich und gestrafft, und ihr Körper zitterte noch immer in jenem geheimen Zauber, der einen König für sein Leben hatte fesseln können, wenn es nicht grade dieser König gewesen wäre.
Dann wandte sich die Frau in ihrem Sessel um und fing den Blick des Freundes auf. „Jetzt wollen Sie mich erstaunt fragen,

ob ich an den Kogia geschrieben habe. Nein, Lieber, ich schrieb an einen Mann, den kaum jemand kennt. Dieser Mann war zwölf Jahre in des Kogias Gefangenschaft, bis er vor drei Jahren entfliehen konnte. Da er für das Entsetzliche, was er in der Gefangenschaft hatte leiden müssen, sich im Augenblick seiner Flucht noch an den Edelsteinen des Kapudan-Paschas schadlos zu halten wußte ..."
„Im Augenblick der Flucht?"
„Ja. Erstaunlich, nicht wahr? ... so konnte er sich in seiner Wahlheimat bei Bamberg ein Landgut erwerben, wo er jetzt lebt. Es ist der Major Moser von Filseck. Er war vor seiner Gefangennahme Festungsingenieur in venezianischen Diensten."
„Ich erinnere mich. Er hat als Chefingenieur des Peloponnesiacus an den Befestigungen von Morea mitgearbeitet."
„Das weiß ich nicht; aber auf alle Fälle sollten Sie ihn aufsuchen. Er ist ein Sonderling. Da am Ende auch er die Türken mitbesiegt hat, so gilt für ihn der Satz, daß der Besiegte dem Sieger die Gesetze diktiert."
„Wieso?"
Aurora lächelte. „Nun, seine gesamte Lebensführung ist etwas türkisch. Aber in dieser Hinsicht sind die Männer ja alle Türkensieger." Ihre Blicke gingen rasch über das lebensgroße Bild Augusts des Starken, welches die Rosalba vor kurzem auf ihrer Rückreise von Düsseldorf gemalt hatte. Aurora wischte sich über die feine, zartgewölbte Stirn. „Moser ist mein Freund. Ich kenne ihn, seitdem er wieder im Lande ist. Sie können sich auf ihn verlassen — zudem können Sie mit ihm und über ihn lachen, wie Ihnen grade der Sinn danach steht."
Matthias nickte versonnen. „Das kann viel wert sein." — „Sehr viel", fügte sie hinzu, überreichte dem Freunde den Brief und sah ihm fest in die Augen. „Einen Rat: schweigen Sie über alles, was den Kogia anbelangt. Ich bewundere die Gräfin Mocenigo, die es gewagt hat, über des Kogias Befehle überhaupt mit Ihnen zu sprechen. Denn sie steht unter dem Schwert. Verlassen Sie

sich nur auf das, was Major von Moser Ihnen sagen wird. Sein Kampf gegen den Kogia zeichnet sich in seinem ganzen Leben so deutlich ab, daß er längst alle Bedenken und Rücksichten beiseite geworfen haben dürfte. Noch eines. Sie werden in Wien die Gräfin Bokum wieder treffen. Grüßen Sie sie von mir." Aurora sah auf das Bild des Königs; dann blickte sie Matthias wieder in die Augen. „Leben Sie wohl, lieber Freund. Ob Sie siegen oder fallen: ich beneide Sie. Meine Gedanken werden immer bei Ihnen sein."

3

Als Aimée dem General bei seiner Rückkehr in den Gasthof um den Hals fiel und weinte, spürte Matthias, daß sich etwas Besonderes ereignet haben mußte. Aber Leibniz wußte den Argwohn des Freundes durch die Nachricht zu zerstreuen, er habe sich entschlossen, mit nach Wien zu reisen. Denn Matthias, der sich unter Menschen so überlegen zu geben wußte, litt dem Prinzen Eugen gegenüber an einer Schüchternheit, deren Grund ihm selbst nicht klar werden konnte. Leibniz und Eugen waren aber seit vielen Jahren befreundet, und so versprach sich Matthias von der vermittelnden Wirksamkeit des Gelehrten eine glatte und freundliche Abwicklung aller Geschäfte mit dem Einsamen in Wien.

Am nächsten Morgen rollte der Wagenzug des Generals wieder durch das winterliche Dresden; wieder trat die Wache am Stadttor ins Gewehr, und der Leibpage des Königs, der verbindliche, gewandte Graf Brühl, überreichte der Gräfin Mocenigo einen großen Blumenstrauß, welcher durch eine Kette von Saphiren und Diamanten zusammengehalten wurde. Drei Kisten mit sächsischem Porzellan wanderten indessen auf einen Begleitwagen. Brühl erklärte lächelnd, Seine Majestät hoffe, der General werde sich während des Feldzuges dieses Services bedienen und dabei des Königs freundschaftlich gedenken. Matthias, gehalten und seiner selbst sicher, fand ein paar höfliche Dankesworte, die Brühl sofort zu übermitteln versprach.

So fuhr der Wagenzug, mit dem geheizten Arbeitskabinett des Herrn von Leibniz an der Spitze, weiter durch beschneites, graues Land. Matthias spürte, wie eine feine Müdigkeit ihn überkam. In einem solchen Zustand seines Körpers pflegten sich seine Gedanken zu klären; Wesentliches rückte ihm bildhaft nahe. Heute stand das Bild der großen Dulderin Aurora von Königsmarck lebendig vor ihm. Er sah sie kämpfen mit ihrer Vergangenheit, welche sie belastete, und die doch geheiligt war durch ihre wahre Liebe zu dem König. Fein und beglückend ging das holde Bild der schlanken, weißhäutigen Gräfin Bokum an seinem inneren Gesichte vorüber, jener jungen Freundin der Gräfin Königsmarck, welche ihm damals die Glückwünsche Auroras überbracht hatte ... Noch glaubte er den Duft ihres braunen Haares zu spüren ... Er stieß das Bild dieser Erinnerung hart zurück. Er dachte an seine Schwester, an Melusine Kendal. Ob die ihren dicken Genießer ebenso liebte wie Aurora ihren Riesen? Nein, Melusine konnte er sich nicht liebend vorstellen. Sicherlich war sie stolz darauf, daß Georg von Hannover jetzt auch König von England geworden war, und sie hatte das ja durch die Erhebung zur englischen Herzogin und Marquise und Baronin, und wer weiß was sonst noch, vor der Welt bedeutsam unterstrichen. Nur fehlte ihrer Seele der tiefe Klang, der die Seelen der Königsmarck und der Bokum in die Welt des menschlich Schönen und Großartigen erhob.

„In Gedanken, mein Freund?" Aimée, die eine leise Unterhaltung mit Leibniz beendet hatte, wandte sich Matthias zu.

Matthias verneigte sich: „Kann man Bildfetzen, die unser Gehirn zuweilen durchjagen, noch Gedanken nennen? Es ist wohl mehr ein Chaos, das bereit ist, sich zu Gedanken ordnen zu lassen."

„Soweit ich Sie kenne, haben Sie das bereits getan."

„Vielleicht könnte ich es. Aber es ist mir lieber, mit Ihnen über die schönen Dinge des Lebens zu sprechen, als mich der Ordnung von Träumen hinzugeben."

Als nach einigen Stunden der Zug in einem Dorf anhielt, weil Karl nach dem Ofen des Wagens sehen mußte, teilte Matthias den Freunden seine Absicht mit, am folgenden Tage den Major von Moser auf dessen Gut bei Bamberg aufzusuchen. Aimée, welche von Mosers Beziehungen zum Kogia mit innerer Erregung Kenntnis nahm, freute sich über den geplanten Besuch, und auch Leibniz, der besondere Menschen immer geliebt hatte, schloß sich Aimées Freude an. „Wir werden ohne Zweifel unseren Gesichtskreis erweitern, wenn wir Herrn von Moser kennenlernen. Die Empfehlung der Gräfin Königsmarck bürgt dafür, daß dieser Besuch nicht wertlos sein kann."

Am späten Nachmittag näherte sich der Zug der sächsischen Grenze. Hier standen die Häuser nur noch ohne Haut, wie Leprakranke an den Wegen; sie drohten vor Schwäche in sich zusammenzufallen. Müde Frauen und bös aussehende Kinder blickten dem Wagenzug in einer Mischung von Haß und Stumpfsinn nach. Ihnen fehlte bereits die Kraft, den Kampf mit dem Elend noch aufzunehmen. Sie legten einfach die Hände in den Schoß, um alles zu ertragen und nur noch zu hassen. ‚Was für andere Menschen sind das hier als wir Niedersachsen', dachte Matthias, ‚unsere Leute hätten schon längst ihre Häuser mit ein paar Stämmen abgestützt — wie fremd ist mir dieses Volk mit seiner Lust am Ertragen!'

Im Grenzdorf erledigten sich die Formalitäten rasch; ein höflicher Beamter, welchem der geheizte Wagen großen Eindruck machte, wollte Karl beim Nachheizen des Ofens behilflich sein. Aber das Holz war ausgegangen.

„Habt ihr kein Holz auf eurem Gepäckwagen?" fragte der Zöllner.

„Wozu sollen wir denn Holz mitschleppen? Das kaufen wir unterwegs."

Der Beamte schüttelte den Kopf. „Holz? Kaufen? Wo?"

„Na, überall."

„Hier aber nicht." Der jugendliche Zöllner sah plötzlich stumpf vor sich hin. „Wir haben kein Holz."

„Womit kocht ihr denn?" Karl wurde es unheimlich zumute; er starrte den Sprecher verständnislos an.

Der Zöllner zog die Lippen nach innen. „Nu, mit trockenem Mist — und so ein bissel Holz, was man so findet..."

„Und wenn ihr bauen wollt?" Karl wollte sich Gewißheit verschaffen. „Ich meine, Häuser und Ställe..."

„Da müssen wir erst in Dresden anfragen. Aber die Erlaubnis zum Bauen kostet viel Geld."

Hart stemmte Karl die Hände in die Hüften. „Menschenskind, da drüben stehen doch lauter Wälder — und da friert euch — und eure Häuser fallen zusammen..."

„Nu ja, so ist es. In Dresden brauchen sie alles Holz aus dem Land für die Häuser und die Fahnenstangen und die Tribünen, wenn Paraden sind — und Turniere und Tierhetzen — und im Winter verheizen sie es, denn sie wollen ja warm haben..."

Die Blicke Karl Grotjohanns ruhten nachdenklich auf dem kleinen, dunkelhaarigen Zöllner, der ihm Dinge erzählte, welche dem Niedersachsen unbegreiflich blieben. Inzwischen hatten sich viele Kinder und Frauen um den Wagen gesammelt, pinselblonde Geschöpfe mit dünnen Gliedern, spitzen Backenknochen, harten Kieferlinien und fiebrigen Augen in bläulichen Höhlen. Alle streckten sie die gekrümmten Hände dem Diener entgegen. Um die sechs übrigen Wagen des Zuges hatten sich ebenfalls Frauen und Kinder gesammelt, als ob die Erde sie ausgespieen hätte — Menschen, wie ihre elenden Hütten im Zustande eines ungehemmten Verfalls.

Während Karl mit einem großen Taschenmesser von den Broten, die noch Christian Foot gebacken hatte, dicke Scheiben abschnitt und sie unter gutmütigen Drohreden an die Eindringenden verteilte, trafen ihn plötzlich die sehnsüchtigen Blicke des Zöllners, welcher nicht um eine Scheibe Brot zu bitten wagte, sie aber doch

so gern gehabt hätte. Stillschweigend reichte Karl ihm die Hälfte eines Roggenbrotes und sagte, um dem anderen das Nehmen zu erleichtern: „Ihr müßt auch einmal von unserem Brot probieren." Der Zöllner antwortete nicht; aber mit gierigen Fingern riß er die Rinde vom Laib des Brotes ab und begann heißhungrig zu essen. Karl sah ihm fast ängstlich von der Seite zu. Als bald darauf der grün-weiße Schlagbaum in die Höhe ging und der Zug langsam anfuhr, fragte Karl, bevor er wieder zum Kutscher auf den Bock sprang: „Nun sagt mir nur: wer nimmt euch denn das Korn und das Holz ... alles, was ihr habt?"
Der Zöllner guckte den Fragenden erstaunt an. Dann kaute er weiter; endlich brachte er, wie etwas Selbstverständliches, nur die zwei Worte hervor: „Der Geenich."

VIERTES KAPITEL

1

Nachdem sich der Grenzschlagbaum hinter dem Zug gesenkt hatte, schwiegen die drei für eine Zeit vor sich hin. Indessen schaukelten sich die Wagen weiter durch den Tag, dessen milde strahlende Wintersonne die Unterhaltung bald wieder belebte. Auf gut gehaltenen Straßen, welche sich durch sanft bewegte Berglandschaften dahinzogen, gelangten die Freunde gegen Abend in ein anderes Dorf, in dem sie übernachteten. Am nächsten Tag schaukelten sie sich weiter nach Franken hinein, um am Spätnachmittag in die Nähe des Gutes zu gelangen, welches der Major von Moser sich von seinen türkischen Beutegeldern erworben hatte.
Zunächst hob sich gegen den grauen Winterhimmel nur ein Wäldchen ab. Ein alter Bauer, der nachdenklich auf dem vereisten Geländer einer Brücke hockte, versicherte jedoch, das sei ‚Dianenlust‘ und gehöre dem Major von Moser. Vergeblich aber suchten die drei ein Dorf oder eine Siedlung, und selbst Karl konnte vom Kutschbock aus nichts entdecken. Kurz vor dem Wäldchen sprang plötzlich ein rotgekleideter Soldat aus dem Gebüsch, streckte die Muskete vor und rief „Halt!"
Matthias hob erstaunt den Kopf aus dem Wagen. „Herkommen!" befahl er kurz. „Was tust du hier?"
„Ich stehe auf Posten."
„Was für ein Posten?" fragte der General.
„Posten Nr. 4 um ‚Dianenlust‘. Wohin wollen Sie?"

Eine Mischung von Mißmut und Heiterkeit ging über die Züge des Generals. „Ach so, der Major hält sich seine eigene Armee. Karl, bring dem Manne mal unseren Paß."
Sorgfältig studierte der Posten das Papier, welches Karl ihm hinhielt. „Hier", schrie Karl und zeigte auf die kaiserliche Unterschrift, „ein Paß des Kaisers für den General von der Schulenburg."
„Das kann jeder sagen!"
Ärgerlich riß Karl dem Soldaten das Dokument aus der Hand. „Soll ich dir die Brille vom Herrn Geheimrat von Leibniz ausborgen? Kannst du nicht lesen?"
„Nein, lesen kann ich nicht."
Aimée, welche den Sinn der Auseinandersetzung begriffen hatte, neigte sich neben Matthias aus dem Wagenfenster. Als der Posten die junge Frau erblickte, fragte er Karl: „Was habt ihr denn da?"
„Das ist eine italienische Gräfin."
„Hübsch ist die. Sowas mag der Alte gern. Da fahrt nur weiter und meldet euch bei der Wache. Die liegt da vorn hinter den Bäumen am Tor."
Er gab Karl den Paß zurück, und nun rollte der Zug durch ein Wäldchen an eine kleine Festung heran, die, wie Matthias erstaunt feststellte, nach allen Gesetzen des großen Festungsbaumeisters Vauban erbaut war. Die Wälle dieser Miniaturfestung fielen ab in einen Graben; der Weg führte über eine Brücke und weiter in einer Schleife zu dem gedeckten Wallgang, vor welchem sich das Wachtlokal befand. Ein Posten hielt den Zug mit breitem Gewehr auf; dann trat ein Unteroffizier in roter Uniform grüßend an den Wagen heran.
„Sie wünschen? Ihre Papiere bitte."
Matthias begann Freude an diesem Spiel zu haben, und seine große Nase zuckte auf und ab. „Karl, der Paß." Karl überreichte dem Unteroffizier den Paß, den dieser mit zusammengezogenen Brauen entgegennahm.

„Kaiserlicher Paß?" fragte er erstaunt und las das Dokument. Seine Augen wurden groß, und die Brauen stiegen in die Höhe. Plötzlich rief er „Raus!" Acht Rotröcke stürzten aus dem Wachtlokal. Der Unteroffizier ließ sie präsentieren. Der Trommler schlug einen Wirbel.
Mit Mühe gab Matthias sich Haltung, dankte dann aber mit Würde. Als die Wache wieder in das Wachtlokal zurückgetreten war, bat Matthias den Unteroffizier, dem Herrn Major einen Empfehlungsbrief der Gräfin Aurora von Königsmarck übermitteln und fragen zu lassen, ob der General dem Major seine Aufwartung machen dürfe. Während Matthias noch aus dem Wagen heraus mit dem Unteroffizier verhandelte, stand plötzlich im Dämmern des Wallgangs ein leicht gebeugter, sehr hagerer Mann in einem langen, grünen Waffenrock mit roten Aufschlägen; die krummen Beine steckten in nicht mehr ganz weißen Beinkleidern. Dieser Mann stützte sich auf einen Krückstock mit schwerem, goldenem Griff. In seiner silbernen Feldbinde hing eine Art von Geißel. Aus dem roten Kragen schob sich ein kahler, magerer Hals hervor. Auf diesem Hals saß ein winziger Vogelkopf mit niedriger Stirn, schmaler, scharfer Nase und durchdringenden Augen. An den Füßen trug der still beobachtende Sonderling große, weite Filzpantoffel.
Als der Unteroffizier ihn erblickte, rief er wieder die Wache heraus, ließ von neuem präsentieren, ging auf ihn zu und meldete: „Seine Exzellenz der Herr General von der Schulenburg sind soeben mit Gefolge vorgefahren, um dem Herrn Major Moser von Filseck seine Aufwartung zu machen. Seine Exzellenz lassen einen Brief von der Frau Gräfin von Königsmarck überreichen."
Der Grüne sprach noch immer kein Wort. Er holte ein handbreites Vergrößerungsglas aus der Tasche, öffnete den Brief und las ihn sorgfältig. Plötzlich knarrte er halbweinend vor sich hin: „Aurora!" Dann nickte er, faltete den Brief zusammen, steckte ihn in den breiten, roten Aufschlag seiner grünen Uniform und trat an den Wagen heran.

„Exzellenz, es ist mir eine Ehre." Zu dem Unteroffizier gewandt, krähte der Major: „Ehrenposten vor das Schloß!" Die Stimme wechselte zwischen Diskant und Baß. „Die Herrschaften ins Schloß in den ersten Stock. Gefolge in den Kasematten unterbringen. Ich bitte, am Portal vorzufahren, Exzellenz." Der seltsame Soldat winkte und schritt rasch durch den Wallgang voraus; die krummen Beine schoben sich geschickt aneinander vorüber. Der Glaswagen folgte ihm und gelangte durch einen kleinen, schön gehaltenen Barockgarten vor das reizvolle alte Jagdschlößchen ‚Dianenlust' der Bischöfe von Bamberg. An der Steintreppe mit den gedrehten Figuren empfing der Major die Gräfin und den General, die auf der linken Seite aus dem Wagen gestiegen waren, während Leibniz sich zunächst in aller Ruhe seine Staatsperücke aufsetzte.

„Aha, der Hauslehrer der jungen Dame?" krähte Moser und preßte mit einem Ruck den Vogelkopf vor.

„Ich wollte, ich wäre noch Hauslehrer", nickte Leibniz, und Matthias machte die beiden Männer bekannt. Freilich schien dem Major der Name Leibniz kein Begriff zu sein, aber er fand sich nicht ohne Würde mit dem berühmten Mann ab, während er die Gräfin sofort mit natürlicher Galanterie empfing. Aimée hatte inzwischen in den Fenstern des Oberstockes drei bis vier Frauen entdeckt, halb verschleiert, mit großen, in bläulichem Weiß schwimmenden Mandelaugen und türkischen Gewändern. Ihr kam der Gedanke, Moser habe vor seiner Flucht aus der Türkei nicht nur die Schatzkammer des Kogia, sondern auch dessen Harem geplündert. Ein Grauen überschlich sie bei dem Gedanken, daß es in des Kogias Macht gelegen hätte, sie mit diesen Frauen zusammen einzusperren und später, wenn er ihrer überdrüssig gewesen wäre, in einen Ledersack genäht in den Bosporus zu werfen. Diese Vorstellung überschattete sie für eine kurze Zeit, und so stieg sie befangen und abwesend in das ihr zugewiesene Zimmer hinauf, in welchem eine der türkischen Frauen sie bereits erwartete. Die junge Person kam ihr in einer kurzen Jacke und seidenen prallen Hosen entgegen, küßte ihr

die Hand und sagte, sie heiße Gazireh. Dann half sie ihr geschickt bei der Toilette und zeigte ihr unauffällig die Geheimfeder einer Tapetentür, während sie mit dem Kopf auf den Nebenraum wies, in welchem Matthias einquartiert war. Zudem sprach diese Zofe ein erträgliches Italienisch, so daß Aimée, als sie wieder in die erwärmte Halle hinunterstieg, bereits über das Wichtigste des Haushalts unterrichtet war.
Auf einem Treppenabsatz, der durch ein Rundfenster das halbe Abendlicht empfing, verweilte sie vor einem großen Barockbild, einer Diana. Diese Diana stand mit den Füßen in einem flachen Waldsee, der keine andere Aufgabe zu haben schien, als ihren Akt zu spiegeln. Aimée sah jedoch weder die Diana noch die Spiegelung; sie horchte auf die Stimme des Generals und des Majors, welche aus der Halle zu ihr hinaufklangen. Beide schienen sich über Karten gebeugt zu haben. Sie hörte den Major hell-heiser befehlen: „Hier, hier, Exzellenz, diese Linie. Die muß ausgebaut werden, auf die rechnet der Kogia nicht! Wenn er überhaupt auf eine Linie rechnet, so rechnet er auf diese hier. Und da kann man ihn hier vom Fort San Abraham aus kräftig unter Feuer nehmen."
„Sie waren mit dem Kogia selbst dort, Major?"
Moser lachte kichernd. „Vor vier Jahren. Er und ich als Schwammhändler. Wegen der Reinlichkeit unseres Gewerbes — verstehen Sie? Er hat sich die Festung genau angesehen und hat sie sogar gezeichnet. O ja, der Kogia ist gründlich."
„Es dürfte nicht viel zu zeichnen gewesen sein."
„Nein. Der Kogia sagte selbst, es sei zwar sehr stimmungsvoll dort, aber Korfu sei gottlob keine Festung. Das gleiche sagte auch der Franzose, den wir dort trafen."
„Was für ein Franzose?"
Nun überschlug sich die krächzende Flüsterstimme des Majors. „Eines Tages setzte eine Felucke einen großen, breiten, etwa dreißigjährigen Mann mit einem Fernrohr unter dem rechten und einem Buch unter dem linken Arm an Land, einen Franzosen, der alles mit scharfen Blicken prüfte, dessen eigentliches

Wesen mir aber undurchsichtig blieb. Er war brutal, konnte jedoch zuweilen süßtun wie ein Weib und zitierte gern klassische Verse. Auf diesen Mann muß der Kogia sehr gewartet haben. Der Franzose, der zunächst in einem ärmlichen Aufzug erschienen war, stattete sich in den nächsten Tagen in den Geschäften von Korfu fürstlich aus. Dann wanderten er und der Kogia auf der Insel umher. Zur Nacht aßen sie in einem einsamen Gasthaus am Meer. Ich mußte die beiden bedienen. Sie sprachen französisch zusammen. Und da fiel einmal Ihr Name, Exzellenz."
„Meiner? Wieso?"
Aimée fühlte das Erstaunen, das aus dieser Gegenfrage klang.
„Ja. Der Franzose erklärte, er sei mit Ihnen befreundet."
Matthias hustete. „Wissen Sie, wie er hieß?"
„Graf Bonneval."
Wieder entstand ein Augenblick der Stille. Dann antwortete Matthias: „Das ist richtig. Mit Claudius Alexander Bonneval war ich einmal befreundet. Es ist nicht leicht, ihn zu kennen; je näher ich ihn kennen gelernt habe, desto dünner ist diese Freundschaft geworden. Bonneval ist schon ein seltsamer Apostel; er kennt wenige Dinge von Grund auf; das aber, was er wirklich weiß, versteht er imposant vorzubringen. Er ist sehr belesen, besitzt ein riesiges Gedächtnis, ist kriegserfahren und tapfer. Mit diesen Gaben kann er leider nur wenig anfangen, weil er ohne religiöse Grundsätze dahinlebt und es weit von sich weist, sich zum Sklaven der Wahrheit zu machen."
Moser lachte. „Eine treffende Charakteristik. Nur kann ich mir nicht denken, daß Sie, Exzellenz, bei Ihrer Menschenkenntnis den Mann nicht sehr bald erkannt haben."
Aimée seufzte vor sich hin. ‚Ach, seine Menschenkenntnis ist sehr theoretisch. Er weiß zwar genau um die Menschen Bescheid, aber er geht trotzdem mit ihnen um, als ob sie alle seinesgleichen wären. Es langweilt ihn, immer klug sein zu müssen. Und dann wundert er sich noch, wenn er enttäuscht wird.'

Matthias schwieg, und Moser fuhr fort: „Nachdem Bonneval aus der französischen Armee wegen eines Ehrenhandels desertiert war, wurde er vom Prinzen Eugen mit offenen Armen aufgenommen. Der Prinz glaubte, in Bonneval den geeigneten Leiter jenes ungeheuren, weltumspannenden Nachrichtendienstes gefunden zu haben, welchen der Prinz auf eigene Kosten unterhält."
„Kann sich der Prinz auf ihn verlassen?" fragte Matthias.
„Nein. Genaue Auskünfte über ihn werden mir in den nächsten Tagen zugehen. Mein Nachrichtendienst ist zwar nicht so groß wie der des Prinzen, aber gelegentlich zeitigt auch er ganz hübsche Resultate. Gazireh vor allem macht das erstaunlich gut." Dann fuhr der Major halblaut fort: „Die Gräfin Mocenigo, die mit Ihnen reist, soll eine Verwandte des früheren venezianischen Bailos sein."
„Ja. Weshalb?"
„Ich hoffe, daß die Dame das gleiche politische Fingerspitzengefühl besitzt wie ihr Oheim Grimani. Leider ist sein Nachfolger von den Türken sanft eingeschläfert worden. Man muß die Welt dort aber wach erleben. Wer sie nicht wach erlebt hat, dem bleibt sie ein Rätsel; wer sie wach erlebt hat, für den ist sie zwar die Hölle, aber der weiß für immer Bescheid über sie."
Aimée, die sich allmählich schämte, daß sie die Horcherin spielte, wandte sich dem gegenüberhängenden Barockbild zu, auf welchem Diana den Aktäon, weil er ihr beim Baden zugesehen hat, in einen Hirsch verwandelt. Der Maler hatte sich schwer getan, auf dem Haupte eines Menschen ein Hirschgeweih anzubringen. ‚Diese Diana ist reichlich dumm', überlegte Aimée, während die Stimmen der Männer in der Halle nur noch an ihren Ohren vorüberglitten; ‚ich würde Matthias nie in einen Hirsch verwandeln, wenn er mir beim Baden zusähe. Nein, wenn Schiefauge das täte, würde ich tun, als ob ich es nicht merkte, und meine nackte Haut würde erglühen unter seinen Blicken.' Sie schämte sich beinahe der Einfachheit ihrer Liebe. Von allen Feinheiten und

Übersteigerungen, wie sie in Venedig und Turin an der Tagesordnung waren, oder von den Gefühlsverbogenheiten nordischer Frauen enthielt diese Liebe nichts. Was waren diese Nordländerinnen für merkwürdige Geschöpfe! Die Schönberg mit der Teilungsbereitschaft eines Schankmädchens oder die Königsmarck mit ihrer stolzen Halbentsagung! Diese Frauen mochten besser oder sogar edler sein, als sie es war. Dafür war sie klarer. Sie wollte weder zittern noch entsagen: sie wollte den Mann, den sie liebte, auch ganz besitzen.
Langsam schritt sie die Treppe hinunter und huschte an den beiden über die Landkarte geneigten Männern vorüber in eine große Bibliothek, in welcher ein helles Kaminfeuer brannte. Sie warf sich auf eine Ottomane und ließ ihre Gedanken über den Flammen tanzen. Weiß er denn, was ihm winkt? Venedig — das blaue Griechenmeer — und die orangeduftenden Hänge von Korfu — und im Mai die Millionen von Walderdbeeren unter den Oliven. Und diese Luft, in deren Hitze der Atem Griechenlands zittert. Und fern über dem Meer mit seinen sich überschlagenden grünen Gischtwogen, die anstürmen gegen eine stolze Wirrnis von Felsklötzen, Albaniens fliederfarbene Berge. Weiß er, was Korfu für ein gottgefügtes Kunstwerk ist, welches das menschengefügte Paradies Venedig gegen des Kogias Horden absichern soll? ... Ach ihr Felsbuchten von Korfu — mit eurem heiter gefangenen Sonnenglanz, die ihr die Blicke des Freundes einfangen werdet, gebt mir acht auf sein Spiegelbild, daß kein Wirbel es trübe ...
Als Matthias und der Major nach einiger Zeit die Bibliothek betraten, blieb sie, das Haupt in den gespreizten Fingern der aufgestützten Rechten geborgen, unbeweglich liegen. Gazireh, die junge Türkin, brachte Kaffee, viel weißes Gebäck und für Aimée zwei große Silberschalen mit Haremskonfekt. Matthias hatte den Hausherrn inzwischen unterrichtet von der Weltgeltung des Herrn von Leibniz. So empfing Moser den Gelehrten feierlich und führte die Gäste an den Kaffeetisch, der sich durch immer neue Platten mit Schinken, kaltem Geflügel und

Eiern, welche Gazireh heranschleppte, zu einem mächtigen Büfett auswuchs.
Aimée hörte halb auf das, was der Major krähend über den Sultan, über den Kogia und Konstantinopel erzählte. Er schilderte bildhaft die wilde Gier der türkischen Horden, die von keinerlei anderen Beweggründen getrieben wurden als von dem Reiz, den ihre brutale Machtfülle auf sie selbst ausübte.
„Eine Selbstvergiftung durch Macht", murmelte Leibniz, „das bedeutet für Europa eine Hoffnung."
„Wieso?" fragte Moser erstaunt, während sein Vogelkopf auf dem langen Halse schwankte wie eine Tulpe.
„Weil herrschende Gefüge, die sich durch Macht selbst vergiftet haben, vor dem Untergang stehen, es sei denn, daß sie sich gleichzeitig immer wieder zu entgiften wissen. Das gelingt aber den wenigsten, denn Macht ist süß, aber das Gegengift bitter. Es hat bis jetzt eigentlich nur einen einzigen großen Führer gegeben, der den Seinen das Gift und das Gegengift der Macht wie eine Mangofrucht zubereitet hat, so daß seine Gemeinschaft sich gesund erhielt und noch lange gesund bleiben wird."
„Wer war das?" fragte Matthias gespannt.
„Ignaz von Loyola."
Die drei schwiegen. Eine langbeinige Armenierin in Brokatjäckchen und Seidenhosen brachte dem Major eine Wasserpfeife, welche dieser mit aller Ruhe und Sorgfalt entzündete. Er rügte, daß die Kohlen zum Entzünden der Pfeife nicht genug glühten. Als das schlanke Geschöpf die breite Unterlippe vorschob und ein paar türkische Worte entgegnete, riß der Major die Geißel aus der Feldbinde und ließ geschickt einen kleinen Riemen gegen den Oberschenkel des Mädchens schnellen. Die Armenierin schrie auf und lief davon; zufrieden schob der Major die Geißel wieder in die Feldbinde. „Nur so kann man die Völker zusammenhalten", schrillte seine Stimme durch den Raum. Und nach einiger Zeit, als er die ersten Züge aus der Wasserpfeife tat, setzte er hinzu: „Wer sich im Leben eine Stellung erworben

hat, ist zur Einsamkeit verdammt. Wer etwas geleistet hat, ist
verflucht. Wehe dem, der dann noch Menschen in seine Seele
hineinläßt! Die Menschen werden frech, fühlen sich dem, der sie
hineinließ, überlegen und suchen dessen Seele restlos auszuplündern. Da gibt es nur noch die Peitsche. Wer die Menschen
peitscht, den halten sie für groß. Am Ende lieben sie ihn sogar
noch dafür."
Leibniz hob die Blicke. „Das könnte der Kogia auch sagen."
„Nein", lachte der Major grell, „der hat niemals jemanden in
seine Seele eindringen lassen! Einfach deshalb nicht, weil er
keine hat. Der Kogia ist eine gräßliche Maschine, ein Sichelwagen, der alles Lebendige in den Tod mäht und nur froh
wird, wenn er die blutige Ernte dahinsinken sieht."
Inzwischen war der Wachthabende zum Abendrapport in die
Bibliothek getreten. Breitbeinig stampfte er sich in die Grußhaltung und berichtete kurz über die Vorgänge des Tages, den
Besuch des Generals, den Ehrenposten vor dem Schloß, sowie
über das Unterbringen des Gefolges, der Pferde und der
Wagen.
Der Major, die krummen Beine mit den Filzschuhen auf dem
Stuhl gekreuzt, stieß dem Unteroffizier schwere Rauchwolken
entgegen. „Was gibt es für das Gefolge zu essen?" Der Unteroffizier rapportierte den Küchenzettel. „Schön. Nachher Tanz
und freien Wein in der Kasematte VI. Unsere Mägde dazu.
Sollen sich waschen und hübsch machen. Wenn es nicht genug
sind, aus dem Dorf noch welche dazuholen. Pro Mann ein
Vogel. Abtreten!"
Während Aimée wieder in das Feuer sah und zwischendurch
Haremskonfekt naschte, vertiefte Leibniz sich in einige türkische
Handschriften, vor allem in Berichte über Handelsexpeditionen
der Venezianer. Auf die Fragen des Philosophen gab der Major
kurze, klare Antworten, und nur Matthias bemerkte, daß der
Freund mit Moser eine Art von Examen anstellte, ohne daß
dieser sich dessen bewußt wurde.

Im Kopfe des Generals begann sich der schöpferische Prozeß zu wölken, welcher dem Werk des großen Soldaten wie dem eines jeden Gestaltenden vorausgehen muß. Matthias spürte, wie sein Herz stärker ging, wie seine Schläfen sich nach innen drängten und seine Brust sich spannte. Das riesige Willenswerk der Schlacht, mit dem weltumfassenden Material von Stein, Eisen, Menschen, Blut, Sprengstoffen, Tieren, Lebensmitteln, Schiffen und Begeisterung stieg im Innern des Generals bildhaft auf.
Dieses Netz von Erwägungen und Vorstellungen blieb aber ein Zittern nach dem Gestaltetwerden, ein Drängen nach Form, das einen Halt im Wirklichen suchte, welchen Matthias zunächst nur in den Landkarten finden konnte. So stand er nachdenklich auf und begab sich ohne ein Wort der Entschuldigung wieder in die Halle, wo er sich in die großen Karten von Korfu versenkte, welche auf dem breiten Tisch ausgelegt waren. Moser, immer weiter rauchend, folgte ihm mit den Blicken und war zufrieden, als Matthias, tief in seine Betrachtungen versunken, von Zeit zu Zeit mit einem Zirkel Entfernungen auf der Landkarte abgriff. Das erste Mal, daß er sich mit der Feste Korfu näher vertraut machte ... Vor seinem geistigen Auge stieg die Stadt auf, die auf zwei Seiten vom Meer bespült und dem Lande zu durch eine Befestigungslinie gesichert wird. Vor dieser Landlinie, die von Meer zu Meer reicht, decken zwei befestigte Berge die Stadt ... an der Spitze dieses Stadtdreiecks hängt noch ein befestigter Felsen, welcher schmal und steil aus dem Meere emporragt ... Das Ganze eine ideale Festung ... wenn es wirklich eine Festung wäre und nicht ein romantischer Steinhaufen.

2

Leibniz hatte inzwischen das Examen mit dem Major beendet und sich wieder in die türkischen Handschriften vertieft. Er saß am Fenster, durch welches das Licht bereits grau und gebrochen ins Zimmer fiel, und die nach vorn hängenden Locken seiner Staatsperücke schienen nach dem Buch zu greifen wie im Nebenzimmer die Hände des Generals nach den Landkarten. Aimée starrte weiter in das Feuer; die Flamme des Kamins ließ den großen Diamanten an ihrer Hand von Zeit zu Zeit unruhig aufblitzen. Moser zog mächtige Rauchwolken aus der Wasserpfeife; er bildete zwischen seinen Gästen, die alle drei für sich beschäftigt waren, eine stille, aber bereite Verbindungsstation.

Der Nikotingenuß versetzte ihn jedoch allmählich in eine Unruhe, die sich mit dem Warten nicht mehr abfinden wollte. Als ihn das Blitzen aus dem Ring Aimées traf, krähte er, ohne seine Haltung zu verändern: „Haben Sie schon den zweiten?"

Die Frau rührte sich nicht; sie lebte weiter in ihren Gedanken. Daher schrak sie zusammen, als Moser sie direkt ansprach: „Gräfin Mocenigo, ich fragte, ob Sie bereits den zweiten Ring vom Kogia erhalten haben."

Mit einer scharfen Bewegung wandte sich Aimée um und starrte Moser an. Der rauchte vor sich hin und verharrte in seiner Stellung, auch als die Frau sich erhob und vor ihn trat. „Wie meinen Sie das, Herr von Moser?"

Der Vogelkopf hob sich Aimée entgegen. „Nun", kicherte der Major, „Sie tragen doch an Ihrer Hand einen Ohrring des Kogia. Was diese Ohrringe bedeuten, weiß ich besser als Sie. Ich weiß, daß Sie nach einem gewissen Zeitraum einen zweiten Ring erhalten, mit einem Befehl, den Sie auszuführen haben."

Aimée griff nach einem Kissen, welches sie aber gleich wieder fallen ließ. Sie starrte den Major an, ohne eines Wortes mächtig zu sein. Jedoch ihr Haupt sank schwer nach vorn.

Auch Leibniz hatte diesen Vorgang verfolgt. So klappte er die türkische Handschrift zusammen und erklärte sachlich: „Die Gräfin hat vor einigen Tagen in Dresden den zweiten Ring erhalten."

„In Dresden! Sieh, sieh!" Moser pustete die mageren Wangen auf. „Die politischen Bindungen zwischen Wien und Dresden

sind gut. Ausgezeichnet sogar. Daher hat der Kogia auch in Dresden sichere Leute sitzen. Wie erhielten Sie den Ring?"
Aimée rang nach Luft, so daß wiederum Leibniz die Antwort übernahm. „In einem Briefe, der einem Geschenk beigelegt war, welches die Gräfin Mocenigo von der Gräfin Schönberg bekam."
Moser zog stärker an seiner Wasserpfeife. „Hihi — Gräfin Stella Schönberg, geborene Lotte Ziemke ... Sie selbst ist zu dumm, aber unter ihren Negern und Chinesen wird der Kogia intelligente Leute sitzen haben. Zeigen Sie mir doch einmal den Brief, Gräfin."
Zitternd entnahm Aimée ihrer Tasche das Schreiben, welches Moser kopfwiegend prüfte. „Seine liebe Handschrift", grinste er, „hm, hm ... die Spitzenhändlerin." Er reichte den Brief zurück. Dann sprach er schrill und kurz. „In Wien werden Sie die Gräfin Bokum, eine Baltin, antreffen, die früher Ehrendame der Gräfin Königsmarck gewesen ist. Wenn Sie die Spitzenhändlerin ausfindig machen wollen, forschen Sie in der Umgebung der Gräfin Bokum nach. Da werden Sie sie sehr bald entdecken."
Leibniz, der aufmerksam zugehört hatte, fragte ruhig: „Was hat die Spitzenhändlerin dort für eine Aufgabe?"
„Der Vertreter des Kogia in Wien, über den ich bis jetzt nur Vermutungen hege, dürfte die Bokum für wichtig halten und deshalb die Spitzenhändlerin in die Dienerschaft der Gräfin hineingeschoben haben." Moser sprach scharf und betont.
„Ist sie wirklich wichtig?" Leibniz fragte wie ein Untersuchungsrichter.
Der Vogelkopf wandte sich langsam dem Gelehrten zu. „August der Starke, der sich von Rußland nicht genug unterstützt sieht, sucht stärkere Fühlung zu Wien. Wie gewöhnlich durch Privatpersonen; vor allem durch schöne Frauen. Die stärkste Verbindung zwischen Wien und Dresden geht heute über die Freundin der Gräfin Königsmarck, über die Gräfin Bokum, die in Wien ein großes Haus führt — sicher nicht von den Einnahmen ihrer mageren baltischen Güter."
Aimée schob die Unterlippe leicht vor.

Moser zog weitere Wolken aus der Pfeife und warf auf diese Unterlippe einen ironischen Blick. „Sie wollen wissen, was der Kogia an dieser Bindung Wien-Dresden für ein Interesse haben könnte. Zunächst will er darüber im klaren sein, ob der starke August dem Kaiser Hilfstruppen gegen die Türken stellen wird. Weiter aber über deren Führung. Da ist es immer wieder nur der eine General, der ihm als Oberstkommandierender, sei es der Sachsen, sei es der Venezianer, gefährlich werden kann ... Hm ..." Der Kopf des Majors wies auf die Halle, in der Matthias bei hellem Kerzenlicht über den Plänen arbeitete. „Und über ihn bekommt er vorerst immer noch die beste Auskunft über Dresden." Moser machte die Bewegung des Geldzählens. „Der Kogia möchte seinen großen Gegner rechtzeitig beiseiteschaffen."

Auf diese Bemerkung antwortete der Gelehrte nicht; Aimée aber fühlte, daß ihre äußere Haltung sich zu verlieren drohte. „Beiseiteschaffen ... beiseiteschaffen. — Wollen Sie damit sagen, daß ... der ... daß der General ... umgebracht werden soll?"

„Das allerdings will ich sagen." Moser sah die Gräfin ruhig an. Dann fuhr er fort: „Ich will Ihnen auch das Geheimnis verraten, wie das erfolgt. Geben Sie mir den Ring des Kogia; ich werde Ihnen etwas zeigen, was Sie noch nicht entdeckt haben dürften. Aber es ist immer besser, Sie erfahren es schon jetzt von mir als erst später von der Spitzenhändlerin." Er nahm den Ring in die Hand und wies auf die beiden goldenen Dreiecke, zwischen denen der Diamant funkelte. „Sehen Sie her. Wenn Sie auf das zweite Schriftzeichen innen im Ring drücken, können Sie die obere Fläche des linken goldenen Dreiecks beiseiteschieben. In diesem dreieckigen Kästchen finden Sie ein weißes Pulver. Bitte hier. Das ist das stärkste Gift, das der türkischen Arzneikunde überhaupt bekannt ist. Wir kennen es nicht. Es lähmt das Herz nach zwei bis drei Stunden. — Das wissen wir aus vielen Erfahrungen. Aber es läßt sich in der Leiche nicht mehr nachweisen. Sehen Sie hier diese Schriftzeichen? Sie wissen, was sie bedeuten?" — „Herr von Leibniz hat sie uns bereits übersetzt. ‚Mein Herz schlägt in Korfu!' " — „Schön, jetzt aber passen Sie genau auf. Wenn Sie das andere, rechte Dreieck öffnen — hier — das ist das Gegengift. Der Kogia gibt wie Ignaz von Loyola Gift und Gegengift zusammen. Freilich verteilt er diese Gaben des Glücks nicht so gleichmäßig wie der Stifter des Jesuitenordens. Wenn", fuhr der Major fort, „jemand heimlich umgebracht werden soll, so muß man ihm das Gift in einer Speise geben, damit es wirksam werden kann. Der Beauftragte des Kogia darf ohne Gefahr für sein Leben die vergiftete Speise mitessen, wenn er nur bald darauf das Gegengift zu sich nimmt."

„Und ... und ... wer soll den Opfern das Gift beibringen?" Das entsetzte Antlitz Aimées verzerrte sich zu einer grausigen Maske.

„Nun, diejenige Person, die den Ring vom Kogia erhalten hat."

Aimée taumelte. „Das ist doch nicht möglich!" schrie sie leise auf. „Ich muß ihn warnen!" Und nach einiger Zeit keuchte sie: „Warnen ... vor mir."

Moser schüttelte kurz den Kopf: „Wenn Sie ihn warnen, belasten Sie ihn nur und ziehen aufs neue einen Teil seiner Kräfte vom Dienst an der großen Sache ab, zu welcher er sich schwer genug entschließt. Belasten Sie ihn nicht! Wir werden für ihn wachen. Das ist besser so."

„Asien", murmelte Leibniz und sah Aimée mitleidig an.

Die drei schwiegen vor sich hin. Der Major läutete und ließ die Wasserpfeife davontragen. „Mit Asien paktiert man nicht", bemerkte er gleichgültig, während er sich aus seiner Hockerstellung auf den Boden gleiten ließ. „Da gibt es für jeden von uns nur eines: kämpfen bis zum Tod." Nach einiger Zeit fuhr er fort: „Ich habe hier in Dianenlust nicht untätig gehockt — das können Sie mir glauben. Der Kogia weiß das am besten. Diese kleine Festung, die ich aufgebaut habe, ist weder aus Spielerei noch aus Verfolgungswahn entstanden." Er lachte. „Aus des Dianum-Kogias Edelsteinen habe ich hier ein Fort gegen ihn

errichtet, an dem er sich die Zähne ausbeißen wird. Nicht nur ein militärisches, sondern auch ein geistiges Fort. Natürlich hat er das sehr bald erfahren. Er hat seine sicheren Leute. Im vorigen Winter erschien plötzlich eine Zigeunerhorde, die harmlos tat und wie üblich Hühner stahl. Eines Tages aber erkannte ich, als ich an ihrem Lager vorbeiritt, bei dem Gesindel die Spitzenhändlerin. Aha! Nun wurde ich wach. Meine Leute stellten fest, daß diese Zigeuner keine Zigeuner, wohl aber Janitscharen waren, welche ‚Dianenlust' erobern sollten. In einer Schneenacht kam es denn auch zum Gefecht. Ich verlor einen Mann, die Janitscharen siebzehn. Die Kerle kämpften wie die Teufel. Aber gegen meine Festung konnten sie nicht an. Dann sind sie ausgerissen."
Leibniz hob das Haupt. „Sie werden vermutlich den Kampf gegen den Kogia auch in Korfu weiterführen, Herr von Moser?"
Der Vogelkopf schoß vor. „Wenn der General mich braucht: Ich bin immer bereit."
„Er wird Sie brauchen", keuchte Aimée, „kommen Sie, kommen Sie! Wir können nicht genug sein, um ihn zu schützen."
„Sie wählen sich in meinem Freund einen Vorgesetzten, wie er würdiger nicht sein kann." Leibniz sprach die Worte mit einer eigentümlichen Rührung, die man sonst an ihm nicht gewohnt war, so daß Moser und Aimée gleichzeitig aufhorchten. Aber der Gelehrte redete weiter, fast für sich, ohne dieses Aufhorchen zu beachten, denn er wollte durch eine allgemeine Betrachtung der übererregten Gräfin Gelegenheit verschaffen, sich wieder zu sammeln. „Den General", so sagte er, „zeichnet vor allem eines aus: die geniale Nüchternheit der großen Niederdeutschen. Diese Nüchternheit wird befeuert durch seine Vorstellungskraft, welche aufsteigt aus dem Meer der Wirklichkeit. Auf ihm schwimmt das Lebensschiff unseres Freundes, aber die Stürme der Sensualität gewinnen nie Macht darüber, weil er auch auf diesem Meer zu segeln versteht. Auf solchem glücklichen Schiff strebt dann der

strahlende schöpferische Wille zu seinem vorgefaßten Ziel, wobei er sogar alle widrigen Winde, ja, alle Stürme zu benutzen weiß, um dieses Ziel zu erreichen."
Aimée, die sich wieder in der Gewalt hatte, nickte leise. „So ist er. Ich bin erstaunt, wie Sie ihn erkannt haben, Herr von Leibniz." Sie sah auf ihren Diamantring, und ihre Schultern zuckten.
„Sind Sie überzeugt, daß er im Kampf gegen den Dianum-Kogia keine Mittel scheuen wird?" fragte Moser, der sich damit beschäftigte, kleine türkische Spielhölzchen zu Figuren zu legen.
Der Gelehrte zog die Augenbrauen empor. „Mittel, die den Adel seiner Seele beschmutzen könnten, wird er ablehnen. Hoffentlich wird er noch lernen, seine Leichtgläubigkeit, die ihm schon oft geschadet hat, abzutun."
Mit ein paar Griffen schob Moser sein Figurenspiel zurecht. „Dann hätte er das Zeug nicht nur zu einem großen Soldaten, sondern auch zu einem großen Staatsmann."
Leibniz hatte sich erhoben und ging, die Hände auf dem Rücken, im Zimmer auf und ab. Endlich blieb er vor einem Bild stehen und musterte es kritisch. Dabei bemerkte er leichthin: „Gewiß hat er das. Genau wie Eugen. Dessen Stellung ist nur viel leichter, denn es ist einfacher, den Fürsten einer Monarchie zu beherrschen, als alle Patrizier einer aristokratischen Republik. Das, was man kann, ist, sie gewinnen. Das aber wird Matthias ohne jeden Zweifel besser können, als Eugen es könnte. Dem Prinzen fehlt bei aller Liebe zum Schönen doch die Sinnenglut, die unseren Freund so unwiderstehlich macht." Leibniz lächelte Aimée zu, zog dann die Brille ab und steckte sie sorgfältig in die Brusttasche. „Eugen", so schloß er seine Betrachtungen, „ist vielleicht größer; aber als Mensch steht Matthias uns näher."
‚Ach ja', durchzuckte es Aimée, ‚geliebter Mensch, du bist mir nahe, so nahe, und immer näher wirst du mir kommen, je weiter dich dein Werk von mir entfernen wird. Alle werden dich mir

wegreißen wollen, der Türke, die Venezianer und die Venezianerinnen. Die, welche Feinde untereinander sind, werden sich einen in der Gier, dich mir zu nehmen. Aber allen wirst du entfliehen, ihnen und mir. Durch die Stürme von Lust und Tod wirst du dein Lebensschiff führen, fest die Hand am Steuer, hin zu deinem Ziel, den besonnten Ländern deines Ruhmes.'

Sie wandte den Blick der Halle zu, weil sie das Nahen des Freundes fühlte. Matthias trat belebt in das Arbeitszimmer.

„Ihre Karten und Notizen sind mir wertvoll, Major." Er schlug auf ein Blatt, auf dem er sich Bemerkungen gemacht hatte. „Aber etwas würde noch wertvoller sein."

Moser schob den Vogelkopf vor. „Was?" krähte er heiser.

„Ihre Gegenwart in Korfu."

„Wenn Sie mich brauchen, Herr General: ich bin immer bereit."

„Ich danke Ihnen."

Leibniz nickte Aimée freundlich zu. Sie gab das Nicken zurück und spürte endlich, nach so viel Leid, wieder ein Gefühl des Glücks, das sie wie eine beginnende Genesung erwärmte.

Am Abend nahmen die Vier am Fest in der Kasematte teil. Die Türkinnen durften durch kleine Löcher in den Wänden zugucken und waren glücklich darüber. Aimée, in einer resedafarbenen Créqui-Robe mit weit ausladenden Reifröcken, warf zuweilen einen gequälten Blick auf die dunklen, in bläulichem Weiß zitternden Augen, die ins Helle gierten. Matthias tanzte mit hübschen Bauernmädchen, die vor Glück strahlten, während er im Vorbeitanzen Aimée liebevolle Blicke zuwarf. ‚Sein persönlicher Zauber ist bedingt durch seine heitere Sinnlichkeit', dachte Aimée, ‚wie recht hat doch Leibniz!' Sie ließ die Blicke zu dem Philosophen hinübergleiten, der leichten Frankenwein trank und sich durch das Gequieke der Dorfmusik hindurch mit einem jungen Knecht über die Geheimnisse des richtigen Düngens unterhielt. „Der Herr sind wohl selbst Bauer?" fragte der Knecht, betroffen von so viel Kenntnissen. Leibniz nickte. „Wenn es sein muß, bin ich auch Bauer."

Als am folgenden Morgen das Dämmern breit über den Schnee kroch, stand der Wagenzug des Generals vor dem Schlößchen zur Abfahrt bereit. Der Major beaufsichtigte die Verproviantierung der Gäste, welche das bayrische Land wegen der Spannungen zwischen dem Münchner und Wiener Hof zu vermeiden und den direkten Weg nach Wien einzuschlagen gedachten.
Aus den Fenstern lugten die verschleierten Türkinnen, und ihre Augen blitzten im Licht der Fackeln, welche von jungen Knechten gehalten wurden. Neben dem Schlößchen hatte der Major seine Armee Aufstellung nehmen lassen. Als der Wagenzug anrückte, sprang Moser, der den Gästen noch die Hände geschüttelt hatte, vor die Ehrenkompanie und kommandierte: „Achtung! Präsentiert das Gewehr!" Er hob den seltsamen Federhut, und während das geheizte Arbeitskabinett des Philosophen langsam an ihm vorüberrollte, rief er laut in den Trommelwirbel hinein: „Tod dem Kogia-Schwein! Der Sieg liegt in Korfu!"

FÜNFTES KAPITEL

1

Der Dezemberabend mit seinem leichten Schneetreiben und den Lichtstreifen, welche aussahen, als ob sie unter Wasser leuchteten, verwandelte Wien in eine Märchenstadt. Aber die vier Hannoveraner des Generals waren in diese Märchenstadt ohne Hemmungen hineingerast, und nun hielt der hohe Wagen vor dem Stadtpalast des Prinzen Eugen. Karl, in eine rotweiße Livree gekleidet, sprang vom Bock und riß den Schlag auf. Die Torflügel des Palastes öffneten sich, als Matthias in großer sächsischer Generalsuniform den Wagen verließ. In der Eingangshalle präsentierten die Posten. Der Flügeladjutant des Prinzen, ein junger, bedeutend aussehender Major, meldete sich artig beim General, um den Gast die steile Treppe, welche von steinernen Giganten getragen wurde, hinauf in den ersten Stock zu führen. Auf den Treppenabsätzen verneigten sich Pagen und Diener. Aber das sah Matthias nicht. Er sah nur die Schönheit dieses Palastes, Fischer von Erlachs Meisterwerk, das sich der Savoyer hatte errichten lassen. Vor der Stadt erbaute man jetzt für ihn das Belvedere, ein Gegenversailles.
Bereits im Treppenhaus streiften die Blicke des Generals prachtvolle Gemälde. Sie waren in die Wand eingelassen und wurden von dem blaugrauen Schmelz der Säulen und Pilaster überzittert. Vom großen Fenster des roten Vorzimmers aus sah er hinaus in den behaglich sinkenden Schnee. Er empfand diese stille Bewegung als Musik. Wie dem Prinzen Eugen war auch für ihn

die Kunst mehr als Luxus; sie war ihm Lebensnotwendigkeit. Freilich hatte ihm diese Verehrung oft genug seine militärische Stellung erschwert. Seine Stirn zog sich zusammen, als er jenes barbarischen Befehls gedachte, welchen ihm der sächsische Oberbefehlshaber, der jämmerliche Feldmarschall Graf Steinau, einst gegeben hatte: Matthias sollte das Lustschlößchen Rensau des polnischen Gegenkönigs Stanislaus Leszynski niederbrennen. Der General hatte die Ausführung des ebenso boshaften wie sinnlosen Befehls verweigert und beim König August auch die Zurücknahme erwirkt. Freilich hatte er sich damit die Feindschaft des Steinau-Kreises zugezogen, und das Ende seines Dienstes in Sachsen hatte mit dieser Episode ihren Anfang genommen. Allerdings hatte sich auch Steinau nicht mehr in Dresden halten können, sondern mußte, wie er selbst erklärte, als Generalissimus der Republik Venedig das Altenteil beziehen.

Matthias wandte sich vom Fenster ab. Ein kurzes Husten kam aus dem Nebenzimmer. Hinter der herrlichen, mit alter Goldbronze beschlagenen Nußbaumtür hockte der Savoyer an seinem großen Pariser Schreibtisch, über den der Wiener Vertrauensmann des Generals, Herr von Pilgram, einen langen Bericht nach Emden gesandt hatte. Der Prinz saß dort unter Bildern von Rubens und Raffael, welche sein Sammlergeist sorgfältig wägend und urteilend zusammengebracht haben· mochte. Ein Frösteln überkam den General. Hinter dieser schönen Tür, an dem großen Schreibtisch, zwischen den Bildern von Raffael und Rubens, sollte sich der Sinn seines Lebens entscheiden.

Den Degen unter den Arm geklemmt, machte er ein paar Schritte im Zimmer auf und ab. Er beruhigte sein Herz, das aufbegehren wollte im Überwarten, indem er eine Winterlandschaft von Breughel musterte, die ihm die letzten Tage mit Aimée in Emden wieder lebendig machte. Die heiligen drei Könige brachten dem Christkind Geschenke; ein traumhafter Zug von fremdländischen Tieren, goldgeputzten Kamelen und turmhochbeladenen Elefanten wartete vor der niederdeutschen Strohhütte, in welcher sich das Wunder vollzogen hatte. Diese Hütte glich einer der vielen Krähenkaten zu Hause im Schnee, und in der Ferne blitzten die Türme von Magdeburg auf, „unseres Herrgotts Kanzlei"...

„Seine Königliche Hoheit lassen bitten."
Der Adjutant trat aus der großen Tür, verneigte sich und hielt den einen Türflügel mit gespreizter Hand geöffnet. Leise schloß er die Tür hinter dem General. Matthias stand im Arbeitszimmer des Prinzen. Das dort war also der riesige bronzebeschlagene Schreibtisch, von dem Pilgram so viel berichtet hatte ... Vor diesem Schreibtisch stand der Kleine, der heute Europa war. Prinz Eugen trug einen Interimsrock und hohe Stiefel aus schwarzem Sammet. Die Samtstiefel trug er immer, wenn sein Hüftweh ihn plagte. Das Leiden zog ihn ein wenig krumm; der schmale Körper hing nach vorn rechts herüber.

„Erschrick nicht, Schiefauge", hatte Aimée dem Freunde vor der Abfahrt zum Prinzen gesagt, „wenn du Eugen gegenüberstehst. Er hockt in aller Schönheit, die er um sich aufgebaut hat, wie ein kranker Adler."

Der Prinz stand verbogen und schief, die schmalen, sehr blassen Hände vor dem Leib gefaltet. ‚Dabei ist er zwei Jahre jünger als du!' dachte Matthias.

Plötzlich aber kam in diesen Verfall ein unerwartetes Leben. Aus dem Häufchen Asche schlug die Lohe eines mächtigen Blickes. Die Augen des Prinzen, unter feinen hochgezogenen Brauen lagernd, flammten auf. Sie leuchteten in die Augen des Gastes hinein; der zerfallene Mund erblühte zu einer bezaubernden Frische und reifte zu einem gütigen Lächeln. Dann glitt Eugen dem sich verneigenden General ein paar Schritte entgegen, faßte dessen beide Hände und begann mit sehr weicher Stimme: „Ick Sie danke, lieber Freund, daß Sie sein gekommen. Aber ick 'aben gewußt: Schulenburg mick nicht verläßt!"

Matthias war von diesem Empfang gerührt. Er antwortete französisch, weil er die Höflichkeit des Prinzen, der ihn deutsch ansprach, zu schätzen wußte, wenngleich ihm ebenso bekannt war, daß dieser große Eingedeutschte die deutsche Sprache nie richtig erlernt hatte. Während der General noch antwortete, führte Eugen ihn um den Schreibtisch herum zu einem hohen Sessel, in welchem Matthias Platz nehmen mußte. Der Großfeldherr des deutschen Kaisers, ja, heute, nachdem Frankreich gebändigt war, der eigentliche Herr Deutschlands, hatte die Beine auf den Sitz des Sessels gezogen und hielt mit der gelbmageren Rechten das schmerzende linke Bein fest umklammert.

„Verzeihen Sie, wenn ich Sie hier ein paar Tage warten lassen mußte. Ich bin gestern erst von einer Reise zurückgekehrt. Aber ich wußte, daß Sie meinem Ruf Folge leisten würden, Exzellenz." Und nachsinnend setzte er hinzu: „Das habe ich auch dem Kaiser gesagt."

„Und was hat der Kaiser erwidert?"

Eugen zuckte die Achseln. Seine Stimme bekam einen feinen, kaum wahrnehmbaren Unterton von Mißachtung. „Was die Kaiserliche Majestät so zu erwidern pflegt. Die Majestät spricht freundlicherweise so viel, daß ich mir nachher aussuchen kann, was mir paßt."

In den Winkeln der großen dunklen Augen erwachte der Spott. „Und es paßte mir am meisten, daß Kaiser Karl VI. auch gesagt hat: ‚Ja, ja, der Schulenburg... meine Frau kennt ihn von früher... das ist ein zuverlässiger Protestant.' "

Matthias verneigte sich lächelnd. „Die Kaiserin hat mir bereits ihr Wohlwollen bewiesen, als sie noch Prinzessin von Braunschweig war."

„Sie wird es weiter tun. Obwohl sie auf Zureden von Leibniz ihren Glauben gewechselt hat, so schätzt sie es doch, wenn ihre alten Glaubensgenossen fest bei dem ihren verharren."

Der General fühlte, daß der Leidende dort in dem prachtvollen Stuhle seine Worte vorsichtig aufbaute, wie er seine Laufgräben

und Verschanzungen bei einer Belagerung aufzubauen verstand. Daher beschloß Matthias, diese Anlage sofort zu zerstören und fragte kurz: „Begannen Sie unsere Besprechung absichtlich mit Gegensätzen des Glaubens, Monseigneur?"
Über die Züge Eugens glitt ein feines Lächeln, das aber rasch wieder zu einem schmerzhaften Zug gerann. „Gegensätze? Ich fühle diese Begriffe ‚Katholisch' und ‚Protestantisch' so, wie unser Freund Leibniz sie uns zu fühlen gelehrt hat. Es sind für mich keine Gegensätze des Glaubens, sondern Gegensätze des weiblichen und männlichen Prinzips, die notwendig sind für die große Ehe der süddeutschen und der norddeutschen Stämme. Jeder Teil, der weibliche wie der männliche, muß der Vollkommenheit seiner Art zustreben, wobei der weibliche Teil nicht zum Weibchen, der männliche nicht zum Männchen werden darf." Die Stimme des Prinzen wurde plötzlich hart. „Das ist das große Geheimnis. Das in sich reif gewordene Weib und der in sich reif gewordene Mann sollten sich zur Ehe vereinigen. Aber das wollen sie alle nicht begreifen. Die hier in Wien schon gar nicht. Wenn es nach mir ginge, würde ich einen preußischen Prinzen mit einer Kaiserstochter verheiraten — als Symbol der überpersönlichen Ehe, welche die Stämme des deutschen Volkes eingehen müssen, damit das Ganze nicht eines Tages aus den Fugen geht."
Er stöhnte leicht auf und neigte dann das magere Haupt dem Gast zu. „Ich sagte soeben", begann er stockend, „daß jeder Teil, der katholische wie der protestantische, der ihm vorgezeichneten Vollkommenheit zustreben soll. Voraussetzung wäre dabei natürlich, daß ein solcher Wettkampf sich unter den gleichen Bedingungen vollzieht. Wenn also zwei Exponenten der beiden Prinzipien... beispielsweise ein katholischer und ein protestantischer Heerführer..."
Er sah vor sich hin. Dann fuhr er hastig fort: „Ich weiß, daß in der Verteilung der äußeren Möglichkeiten, welche das Schicksal Ihnen wie mir geboten hat, eine Ungerechtigkeit waltet, die weit

über das hinausgeht, was sich das Schicksal sonst an Ungerechtigkeiten zu gestatten pflegt. Es ist mir sehr genau bekannt, unter welchen furchtbaren äußeren Bedingungen Sie Ihren ruhmreichen Namen geschaffen haben." Matthias spielte nachdenklich mit seinem Halstuch, während der Prinz fortfuhr: „Ich gestehe Ihnen offen: zuweilen habe ich mich geschämt — ja, ja — geschämt! Widersprechen Sie nicht! Ich mußte zusehen, wie ein gottbegnadeter Feldherr mit Horden, die nur der König von Sachsen-Polen Soldaten nennen konnte, in einen Krieg gegen den Satan Karl XII. von Schweden ziehen mußte; wie gleichzeitig der Hof von Dresden alle Gelder, welche für die Armee bestimmt waren, verjubelte; wie dieses willenlos gewordene Gesindel nicht einmal imstande war, sich des gefährlichen Abenteurers Patkul rasch zu entledigen, wie Sie, lieber Freund, noch gegen den Lumpen, den Feldmarschall Steinau kämpfen mußten, nur um die schlimmsten Verräter im eigenen Lager unschädlich machen zu können. Und dazu dieser jämmerliche König..."
Matthias hob den Blick von seinem Siegelring. Er sah dem Prinzen in die Augen. „August der Starke ist nicht jämmerlich. Er ist nur zu höflich und kann niemandem wehe tun."
„Das muß er aber tun können! Ein König, der nicht weh tun kann, ist kein König!"
„Mir haben so viele Könige wehe getan, daß ich dem König August seine königliche Würde nicht absprechen werde, weil er sich immer gütig gegen mich gezeigt hat." Matthias sprach diese Worte, die Hände auf den Degen gestützt, halblaut vor sich hin. Eugen kicherte. Etwas gebrochen zwar, wie ein kranker, kleiner Waldgeist zwischen all den Nymphen lachen würde, deren Bilder hier an den Wänden hingen. „Nein, nein, Schulenburg! Hier!" rief er, und schlug mit der Linken auf ein Bündel Manuskripte. „Seien Sie nicht zu großmütig. Ich kenne jede Ihrer Schlachten. Ich weiß, daß Sie sie allein geschlagen haben mit einer Handvoll von Tapferen und einem Rudel von Feiglingen! Clissow, Pultusk,

Passau, Höchstädt, Dillingen, Posen, Kalisch, Punitz und Fraustadt!"
„Bei Fraustadt war aller Vorteil auf unserer Seite. Nur der göttliche Beistand war uns versagt."
Der Prinz faltete die mageren Hände. „Machen Sie Gott nicht für die Schwäche, die Bosheit und die Feigheit des sächsischen Hofes verantwortlich — nicht für alles das, was man dort gegen Sie gefrevelt hat! Und wenn Sie mir nicht Recht geben wollen, nun, hier liegt ein Zeugnis, gegen das selbst Sie schwer ankommen dürften."
Eugen griff mit der Linken auf den Schreibtisch und entnahm einem Bündel von Manuskripten ein zerknittertes Blatt. Er reichte es dem General mit einer langen, großartigen Bewegung, welche ihm sichtlich Schmerzen bereitete, wenn er dabei auch gewinnend lächelte.
Matthias warf einen Blick auf die Schriftzüge und erschrak. „Von..."
Der Prinz nickte. „Von Karl XII. von Schweden. An mich. Die Gräfin Bokum hat mir gestern diesen Brief gebracht. Lesen Sie."
„Die Gräfin Bokum..."
„Ja, lesen Sie."
Der Brief war kurz. „Mein Vetter von Savoyen", schrieb der König, „gewonnen habe ich die Kriege gegen den König von Sachsen-Polen nur, weil dieser König im Verlauf des Krieges mein bester Bundesgenosse wurde, als er nämlich seinen besten Feldherrn, den General Schulenburg, schmählich im Stich ließ. Suchen Sie Schulenburg für den bevorstehenden Krieg um das Bestehen der christlichen Welt zu gewinnen; Sie werden keine bessere Wahl treffen können. Im übrigen bitte ich Gott, daß er Sie in seinen hohen und würdigen Schutz nehme. Carolus."
Schweigend reichte Matthias den Brief zurück. Vom Besuch des Königs in Emden sprach er nicht.
„Zwar bedurfte es dieses Briefes nicht erst, lieber Freund", fuhr Eugen ruhig fort, „denn ich habe Ihre Leistungen im spanischen

Erbfolgekrieg nicht vergessen. Im Jahre 1708 die Belagerung von Ryssel, weiter die von Dornik, von Bethune und Oudenarde haben mich mit eigenen Augen sehen lassen, was Sie können. Die von Ihnen reformierten sächsischen Truppen haben bei Malplaquet unter Ihrer Führung Wunder der Tapferkeit vollbracht. Ihre eigenen Leistungen als Heerführer wage ich nicht zu kritisieren. Das steht mir nicht mehr zu."

Wenn der Prinz seinen Worten jetzt noch hinzugefügt hätte: ‚Denn ohne Sie wäre ich nicht der Sieger von Malplaquet' — wenn er so wunderbar ehrlich gesprochen hätte, wie der Schwede dort in dem zerknitterten Brief, dann würde Schulenburg sein Mißtrauen gegen den Prinzen vergessen und Eugen würde ihn zum Freunde gewonnen haben. Der Schwede, der alles verloren hatte, ließ ihm Gerechtigkeit angedeihen; der Italiener zuckte vor solchem letzten Bekenntnis zurück. Vielleicht hatte er es auch gar nicht über die Schwelle seines Bewußtseins treten lassen — aus geheimer Furcht vor der Bedrohung seines eigenen schwer erkämpften Ruhmes.

Aber Matthias kannte Welt und Menschen zu genau, als daß er über das Ausbleiben dieses letzten Zeichens von Größe hätte traurig sein können.

Und das geliebte Antlitz Aimées, das Antlitz der leidenschaftlichen, großen Frau, erschien tröstend vor seinem geistigen Auge. Ob der Prinz, feinnervig und schmerzempfindlich, das Geheimnis dieser kurzen Stille verstand? Er schob sich plötzlich mit rascher Bewegung vom Sessel auf den Boden, trat an die Seite des Generals, der sich gleichzeitig erheben wollte und drückte ihn in den Sessel zurück. Seine Stimme zitterte jetzt in einer geheimen Süßigkeit, fast wie die flehende Stimme eines Liebenden. „Bei der Muttergottes, ich wollte, ich könnte Sie bitten, in Kaiserliche Kriegsdienste zu treten. Ich wollte, ich könnte Ihnen einmal diejenigen Werkzeuge verschaffen, auf die Ihr Genie zur Gestaltung seiner Pläne Anspruch erheben darf. Aber ich kann es nicht! Ich kann es nicht!"

‚Es ist dein Glück, daß du es nicht kannst', dachte Matthias, und ein feines Zucken ging um seine Mundwinkel. ‚Denn dann würde zwischen dir und mir ein Kampf entbrennen, in welchem es sich endlich zeigen müßte, wer von uns der Größere ist. Leibniz sagt, du seist es, Eugenio von Savoy. Mein Kopf wehrt sich von neuem dagegen; aber mein Herz will nicht mehr grollen, es hat sich ergeben. Nur eines verlangt meine Ehre: einmal will ich dir, mein Prinz, doch die Dinge sagen wie sie wirklich sind.'

Mit vorsichtigen Schritten ging Eugen im Saal auf und ab. Seine Bewegungen bekamen sehr bald etwas Schleppendes, und nach einiger Zeit griff er nach einem Krückstock, auf welchen er sich beim Gehen stützte. Dann aber schien der Schmerz ihn wieder unerträglich zu plagen. Er kletterte von neuem in einen Sessel, welcher unter dem Bilde einer übergesunden Nymphe stand, und zog das erkrankte Bein mit der Rechten fest an sich.

Matthias musterte ihn kurz und antwortete mit halber Stimme: „Vor einem Jahr werden Sie kaum in den Krieg eintreten können, Monseigneur. Der Flankenangriff der Türken gegen Ihren ungarischen Aufmarsch hat aber bereits begonnen. Er zielt zunächst auf Venedig, dann weiter auf Deutschland. Beschützt werden diese Länder durch Korfu. Korfu, die Festung Venedigs und Deutschlands, ist in Wahrheit ein Steinhaufen, auf dem die Ziegen weiden. Daher wird jetzt ein Führer gesucht, der imstande ist, eine Festung zu improvisieren, und der bereit ist, seinen Namen, seine Ehre, seine ganze Persönlichkeit in Korfu auf das Spiel zu setzen. Dieses Spiel ist fast mit Sicherheit verloren, weil der Angriff auf Korfu geführt werden soll von dem geheimnisvollen Dianum-Kogia, einem Dämon, der keine Gnade kennt. Aber Korfu darf nicht vor Mitte des Jahres 1716 fallen. Nur dann können Sie Ihren Aufmarsch in Ruhe vollziehen und können den Hauptangriff der Türken auf Ungarn abwarten. Wer aber ist imstande, dieses Unmögliche zu leisten? Wer ist gewohnt, sich zu opfern? Schulenburg. Ja, ich bin gewohnt, Horden in den Kampf zu führen und für die Unfähigkeit aller Steinaus zu büßen; ich bin gewohnt, mit einem Hofklüngel zu verhandeln, dessen Gier nur auf Vergnügungen hinausgeht. Weil ich aber an alles das gewohnt bin, deshalb haben Eure Königliche Hoheit mir das Oberkommando der venezianischen Landtruppen und die Verteidigung von Korfu zugedacht und damit auch die Ehre, Ihnen die Flanke für Ihre Siege freizuhalten." Fast gelassen hatte Matthias diese Worte gesprochen; sie klangen wie ein Todesurteil gegen sich selbst.

Starr sah der Savoyer dem Sprecher in die Augen. Dessen Antlitz verharrte in völliger Ruhe. Eugen war viel zu fein empfindend, als daß ihn nicht das Zusammenfallen der Notwendigkeit mit seinen eigenen Interessen beschämt hätte. Er vermied daher große Worte; er schob nur das magere Haupt mit der grauen Perücke vor und sagte kurz: „Ja."

„.... Schön ist der Rubens dort drüben. Dieses leuchtende Inkarnat, diese zuckenden Bewegungen des fliehenden Körpers! Aimée ... nein, ganz anders als Aimée ... Lelia von Bokum ... Aimée ist Venezianerin. Das hier ist eine Frau vom Nordmeer, welches den Frauen die weiße weiche Haut schenkt ...

‚Ja!' sagt der Savoyer. Was soll er auch anders sagen! Im übrigen hat er recht. Wenn der elende Steinau die Verteidigung von Korfu übernehmen würde, nach drei Tagen zöge er die weiße Flagge hoch.

Ein Genie war dieser Jesuitenmaler ... Ich habe diese Blutschuld vom Aosta-Tal zu tilgen ... Ich werde Korfu verteidigen und, wenn du, Gott, willst, es sogar halten. Später werde ich ohne Nachruhm verscharrt werden. Ja, so soll es sein, damit das Recht nicht aus der Welt verschwinde ... Ich beuge mich vor deinem Richterspruch, Gott ... Aber bis es soweit ist, sei gnädig und gib mir noch ein wenig Schönheit auf den Weg, nach der mein Herz giert, das Herz, das du geschaffen hast. Keinen Nachruhm, nur ein wenig Schönheit! ...' Die festen Lippen des Generals zogen sich zu einem schmalen Strich zusammen. Er erhob sich, verneigte sich leicht und sagte kurz: „Gut, Monseigneur, ich übernehme die Führung der venezianischen Landtruppen als Feldmarschall der Republik Venedig."

Eugen richtete sich in seinem Sessel auf. Dann schob er sich rasch auf den Fußboden und ging auf Matthias zu. „Ich danke Ihnen, lieber Freund." Die herrlichen Augen des Prinzen strahlten in hellem Licht. Tief bewegt reichte er Matthias beide Hände. Die Flanke des europäischen Aufmarsches war gesichert.

Die beiden Männer schwiegen, und während ihre Gedanken und Gefühle die bevorstehende gigantische Konzentration der Kräfte Europas gegen die Türken auswogen und im Geist die Gewichte verteilten, hingen ihre Blicke an dem Bilde der nordischen Nymphe, die sich angstvoll durch Schilf und Rohr arbeitete, weil der Kopf eines Fauns im nahen Geäst gierig-drohend aufgetaucht war.

2

Der Hofmeister meldete, die Abendmahlzeit sei bereit. Der Prinz nickte und ergriff den linken Arm des Generals, während der Hofmeister dessen Hut und Degen entgegennahm. Eugen führte den Gast durch eine mit Hunderten von Kerzen erleuchtete Gemäldegalerie in den Speisesaal.

In dem runden Raum, der im milden Licht vieler Wachskerzen zitterte, warteten die Gäste. Als der Hofmeister meldete: „Monseigneur!", wandten sie sich der Tür zu und verneigten sich tief. Zu seiner Freude erblickte Matthias unter ihnen seinen Freund Leibniz, der sich vor der malvenfarbenen Wand mit einer großen schlanken Dame unterhalten hatte. Diese Dame verbeugte sich mit federnder Anmut; ihr hellbraunes Seidenkleid mit den breiten venezianischen Spitzen wogte zart nach den Seiten, und ihr hochfrisiertes Haupt erblühte auf einem schönen Nacken. Aber

im Neigen streiften ein paar große graublaue Augen erwartungsvoll die Blicke des Generals. Eine grade, feste Nase, klare deutliche Kinnlinien, ein Mund, reif und voll, kleine musikalische Ohren — Matthias zuckte leicht zusammen.
Das war die Gräfin Lelia von Bokum, die vor Jahren dem General Dank und Grüße von Aurora von Königsmarck überbracht hatte, und über die jetzt seltsame Gerüchte umgingen.
Der Prinz spürte die leise Bewegung im Arm seines Begleiters. Diesem späten Fünfziger an seiner Seite hatte das Schicksal eine unverbrauchte Liebeskraft gelassen, allen Lebenskämpfen zum Trotz, welche der General hatte führen müssen. Eugen glaubte heimlich an die Wirkung der Gestirne. Mag dieser Löwe, so dachte er, in die Stadt der Venus gehen, damit sich das ihm Vorgezeichnete ohne Rest erfülle.
Neben der Bokum verneigte sich Pietro Grimani, der venezianische Botschafter beim Kaiser, ein kleiner beweglicher Herr mit feinen durchgeistigten Zügen und einem riesigen Kinn, das ihn an einen Nußknacker erinnern ließ. Grimani war noch nicht vierzig Jahre alt; er legte aber Wert darauf, älter zu wirken als er war, weil er sich davon mehr Autorität versprach. Aus halbverhängten hintergründigen Augen flatterte die Frage: „Hat Schulenburg angenommen, oder nicht?" Der Prinz stützte sich rechts auf den Marschall ... Grimanis Mund verharrte in einem feinen Lächeln. Und langsam, fast kokett-langsam, wandte er sich gegen seine Nachbarin, die Gräfin Charlotte Fuchs, die Erzieherin der kaiserlichen Kinder, deren rosig-gütiges Gesichtchen mitleidig den von Schmerzen gequälten Prinzen musterte. „Monseigneur ist heute in der Gebelaune", flüsterte Grimani seiner Nachbarin zu, bevor er auf den Prinzen zutrat und das Bedauern seiner Nichte Angiolina Mocenigo della Torre aussprach, die leider der Einladung des Prinzen nicht habe Folge leisten können, weil sie von der Kaiserin zur Audienz befohlen sei. Während Grimani diese Worte verbindlich hervorbrachte und sein leicht bewegliches Antlitz in würdige Falten zu legen wußte,

beobachtete er gleichzeitig den General, der seine hellgrauen, klaren Augen auf Lelia von Bokum gerichtet hielt. Grimani bemerkte auch, daß der Blick dieser Augen, deren eines so seltsam schief stand, mit einer rührenden Innigkeit auf dem großen, schönen Geschöpf ruhte, und daß die Bokum fast erschrocken die schmalen Schultern emporzog.

Der Botschafter, der wieder zurückgetreten war, wandte sich, den mächtigen Unterkiefer noch weiter vorschiebend, an die Fuchs: „Kennen sich die Bokum und Schulenburg schon von früher?" Die rundliche Gräfin wiegte vorsichtig das hochfrisierte Haupt. „Die Bokum kennt viele Menschen."

„Das tun wir alle", warf Grimani leicht hin, „es kommt nur darauf an, wie nahe."

Die Erzieherin der kaiserlichen Kinder zuckte die Achseln. „Oberflächlich", entgegnete sie, und beide lachten nach innen.

Die Zwillingsschwestern Laura und Elena Pisani trafen verspätet ein. Es waren die Töchter des venezianischen Großadmirals Andrea Pisani, die Nichten des großen Alvise Pisani, aus dem berühmten, reichen Zweig des Hauses, dem auch die prachtvolle Villa in Strà gehörte. Die jungen Mädchen verneigten sich tief. „Verzeihen Sie gütigst unsere Verspätung, Monseigneur", flüsterte die zartgliedrige Laura, die ein wenig langsam sprach, „aber wir stießen unterwegs auf den Wagen des Kaisers. Er ließ halten und sprach uns an."

„Bei diesem Wetter!" lachte Eugen, „ja, der Kaiser denkt nicht an die schönen Kleider junger Damen. Was hat er denn gesagt?"

„Oh, er war sehr gütig. Wir mußten in unserem Wagen bleiben. Er hat gesagt, wir sollten uns Exzellenz Schulenburg genau ansehen, weil wir von jetzt ab viel mit ihm zusammen sein würden."

„Dann sehen Sie sich ihn nur genau an", lächelte Eugen. Und sein Herz sagte: „Er wird für mich den rechten Flügel halten."

Elena, die ihr tizianrotes Haar nur aufgesteckt und leicht gepudert trug und deshalb als Revolutionärin galt, warf ihrer Schwester aus tiefblauen Augen einen aufmunternden Blick zu. Die beiden Mädchen erröteten und knixten ehrfurchtsvoll vor Matthias, der heiter dankte. Über die sanften Züge der Gräfin Bokum ging ein leises Flackern. Auch dieses Flackern entging Grimani nicht. Es entging ihm nicht einmal, daß Herr von Leibniz genau so beobachtete wie er. Auch Leibniz machte sich Gedanken über die Zusammensetzung der Gesellschaft, vor allem aber über die Frauen, die Eugen hier vereint hatte, und er versuchte den tieferen Sinn dieser Zusammenstellung zu erfassen.

‚... An seine Rechte hat der Prinz die Gräfin Charlotte Fuchs gesetzt, die geborene Gräfin Mollart, die Erzieherin der kaiserlichen Kinder, von denen „Mammi" genannt. Aber auch ganz Wien nennt sie „Mammi". Mammi wird wie ein Mitglied des Kaiserhauses behandelt; es heißt sogar, daß ihr als Grabstätte bereits ein Platz in der Kapuzinergruft bestimmt sei.' Vorerst jedoch sitzt sie noch zwischen Eugen und ihm, Leibniz; sie sitzt dort rund, rosig, redlich, von jener freundlichen, fleischlichen Güte, welche ihr Geburtsname Mollart bereits jetzt mit jenem Typ der Wienerin verbindet, den sie selbst so wohltuend vertritt. ‚Zu Eugens Linken', so überlegt Leibniz weiter, ‚breitet die Bokum jetzt das Mundtuch aus. Eine lange, glatte Weide. Weshalb hat der Prinz grade diese Dame, von der man nicht recht weiß, wie sie ihren großen Aufwand bestreitet, zwischen sich und Schulenburg gesetzt?'

Ein Diener bot Leibniz ein Glas Sherry an. Der Philosoph zögerte einen Augenblick, aber Eugen nickte ihm zu. „Nehmen Sie, Leibniz! Der Wein ist gut. Marlborough hat ihn mir einmal geschickt." Der Philosoph nippte am Glas und nickte ... ‚Der Wein hat sich gehalten', dachte er, ‚während sein Stifter seit einem Jahr gestürzt ist. Seit einem Jahr regiert in England nicht mehr Marlboroughs ehrgeizige Gattin, sondern die Geliebte

König Georgs I., die Herzogin von Kendal, die Schwester unseres Freundes Schulenburg ..."
Vorsichtig hob Grimani die Tasse mit der heißen Schildkrötensuppe über das mächtige Kinn, während er rasche Blicke auf die Pisani-Töchter rechts und links neben sich warf. Ihr Oheim, der große Alvise, war vorerst noch als Botschafter Venedigs bei Ludwig XIV. akkreditiert. Kein großer Geist, aber geschickt und reich. Sein Palast in Venedig glich einem Königsschloß. Er selbst war viel eher ein König als ein venezianischer Patrizier. Manche ziehen ihn jedoch des Geizes und nannten ihn den „Bandwurm". Aber reiche Leute, die nicht geizig sind, werden sehr bald arme Leute sein.

„König Ludwig XIV. hat vor einigen Wochen erklärt, mit Ihrem Oheim reise die Majestät des venezianischen Senates", wandte sich Eugen freundlich an Elena Pisani. Das junge Mädchen neigte das revolutionäre Köpfchen. „Zwischen Fürsten wirkt er sehr fürstlich", antwortete sie sachlich, und Grimani vom goldenen Zweig setzte rasch hinzu: „Früher oder später wird er Doge werden." — „Lassen Sie ihm den Vortritt?" fragte Elena. Um das grade Näschen ging ein Zucken. Matthias folgte der Unterhaltung nicht ohne inneres Vergnügen. Grimani jedoch schüttelte das Haupt. „Ich bin nicht zum Dogen geeignet."

„Sie nicht? Weshalb denn nicht?" Eugen warf die Frage kurz in die Unterhaltung.

„Aus einem sehr einfachen physischen Grunde nicht, Monseigneur. Ich leide sehr unter der Hitze. Ich könnte die Last der Repräsentation unter den schweren Gewändern nicht ertragen."

Natürlich ist diese Bemerkung Grimanis bestimmt, dem großen Alvise hinterbracht zu werden. Das wird der kleine rothaarige Teufel mit dem Pisanischen Familienehrgeiz auch sehr rasch besorgen. Der dreizehn Jahre jüngere Grimani läßt dem König Alvise wirklich im Dogat den Vortritt, und der kann erst einmal die Republik in Grund und Boden ruinieren ...

Bis dahin hatte Matthias mit Lelia Bokum kaum ein Wort gesprochen. Sie hatten nebeneinander geschwiegen, wie es Menschen zu tun pflegen, die ein gemeinsames großes Geheimnis zu hüten haben. Nun aber wandte sich der General an seine Nachbarin. Er fürchtete sich nicht vor der Glut der Sonne wie Grimani, aber er fürchtete sich vor der Glut seines jugendlichen Herzens. „Sie sind jünger geworden, Gräfin", begann er ungeschickt. Diese Ungeschicklichkeit rührte die Bokum. Sie wußte, daß Matthias oft bei Frauen das Spiel durch seine Ungeschicklichkeit gewann, denn es reizte sie alle, den großen Feldherrn als Simson in Rosenketten vor sich zu sehen.

„Ich bin nicht jünger geworden, lieber Freund", erwiderte die Gräfin. „Sehen Sie sich die beiden Pisanis an. Die sind jung."

„Zu jung."

„Sie werden Ihnen zuwachsen."

Fast erschrocken starrte Matthias die Nachbarin an. „Nein."

„Doch, Lieber, sie werden Ihnen zuwachsen. Aber noch sind wir nicht so weit. Erzählen Sie mir, was Sie gedacht haben, nachdem Sie den sächsischen Dienst verließen. Was Sie getan haben, weiß ich. Sie haben Friedensverträge aufgesetzt; Sie haben Georg I. die englische Krone verschafft und den Kaiser in Frankfurt krönen helfen ... Marlborough, Leibniz, Prinz Eugen ... ich weiß, ich weiß ..."

Erstaunt wandte der General seine Blicke ihr zu, die vorsichtig ein Stück Geflügel mit einem feingespitzten Messer zerteilte. „Woher wissen Sie das alles?"

Lelia sah auf. „Meine Tätigkeit bringt das so mit sich."

Diese offene Darlegung ihrer vielumstrittenen Stellung, deren eigentliches Wesen in der Geheimhaltung beruhen sollte, ließ den General aufschrecken. Er fühlte, wie diese große, schöne Frau sich ihm auslieferte; wie sie durch rechtzeitige kluge Offenheit zu verhindern wußte, daß nagendes Geschwätz ihr Bild in seiner Seele vernichtete. Sie sagte ihm frei heraus: „Ich bin eine politische Agentin König Augusts des Starken von

Sachsen-Polen. Denke von mir, was du willst, und tue mit mir, was ich möchte."
Wie hatte doch damals die Prinzessin Angoulême von ihm gesagt?
„Die Frau, die einmal von Schulenburg geliebt wurde, ist ihm für ewige Zeiten verfallen. Sie will für immer mit ihm verbunden sein — und sei es auch nur durch ihren Haß."

Eugen schlug an sein Glas und erhob sich. Er wandte sich an die Gäste und bat, einmal nur auf die Männer sprechen zu dürfen. „Wir haben hier drei Männer an unserer Freundestafel", fuhr er fort, „die das Europa von heute verkörpern. Freund Leibniz, das europäische Gewissen, dessen mächtige Gedankenwelt von uns Praktikern wenigstens in den Anfangsgründen verwirklicht werden soll; Exzellenz Grimani, der Vertreter nobelsten Mittelmeergeistes, Dichter und Astronom, dessen geistige Kraft dieses Europa bis in die feinsten Verästelungen erfüllt und sogar den Gegner des Herrn von Leibniz, Herrn Isaac Newton, zur Bewunderung hingerissen hat. Neben diesen beiden aber beglückt uns durch seine Gegenwart der Feldherr Johann Matthias von der Schulenburg, das Schwert dieses Europas. Für uns andere ist es herrlich und schön, zu wissen, daß die Geisteswelten dieser drei Männer nicht starr und geschlossen in sich verharren, sondern daß sie sich wechselweis durchdringen. Leibniz ist nicht nur Philosoph; er ist auch Künstler und Staatsmann; Grimani ist nicht nur Diplomat, er ist auch Philosoph und Künstler; Schulenburg ist nicht nur Soldat, er ist auch Staatsmann, Künstler und Philosoph. Dieses Ineinanderspielen aller geistigen Bezirke bedeutet das große Glück, welches unser Jahrhundert Europa zu geben hat. Denn die Biegsamkeit, Feinfühligkeit und Wendigkeit der heutigen europäischen Seele wird es ihr möglich machen, allen brutalen Gewalten des Ostens, welche ihr Leben bedrohen, bis zum Ende siegreich zu widerstehen."

Der Prinz sah einen Augenblick lang vor sich hin. Er suchte einen Schluß, mit welchem er doch den Gesetzen der Höflichkeit Folge leisten und seinen Trinkspruch mit einem Wohl auf die Damen beenden konnte. ‚Ich würde diesen Schluß rascher finden‘, dachte Matthias, ‚aber darin gleicht Eugen dem König Karl XII.; mit Frauen wissen sie beide nicht viel anzufangen.‘ Inzwischen aber hob Eugen wieder das Haupt. „Dieses verfeinerte, reife und zarte Europäertum drückt sich aber nicht nur aus in kriegerischem Widerstand gegen alle Feinde oder in geistigen Angriffen auf die Rätsel des Daseins, sondern auch in der Verehrung des Weiblichen. Es ist daher recht, wenn ich jetzt das Wort einem der großen drei überlasse und ihn bitte, die Huldigungen dieses Europäertums Ihnen, meine Freundinnen, zu Füßen zu legen. Nicht wahr, Freund Schulenburg, Sie erfüllen mir diese Bitte?"
Diese Wendung kam dem General unerwartet, so unerwartet, daß auch er einen Augenblick lang vor sich hinsah, bis er die passende Schlußwendung gefunden hatte. „Wir drei, soeben von Monseigneur in die höchsten Rangstellen der abendländischen Welt erhoben", sagte er, „unterbreiten den europäischen Frauen eine Bitte: treten Sie zu uns und erheben Sie mit uns die Gläser auf das Wohl dessen, der durch Geist und Schwert unser Deutschland emporgeführt hat. Trinken wir auf das Wohl des Prinzen Eugen von Savoyen, des Italieners, dem Deutschland seine heutige Größe verdankt."
Ein warmer Blick traf den General, als sein Glas das der Bokum berührte. ‚Wenn Matthias will, ist er sehr klug‘, dachte sie; ‚dann weiß er sogar die geheimen Eitelkeiten der Menschen zu pflegen. Aber er wird klug sein wollen und seinen Weg machen. Wunderbar gemischt sind Kindlichkeit und Schlauheit in diesem außerordentlichen Mann.‘ Sie warf das Haupt rasch zurück; ihre Lippen standen für einen Augenblick offen.
Während die Gäste im Goldkabinett den Kaffee nahmen, tauschte Matthias einige Worte mit der Gräfin Fuchs. Die

„Mammi" hatte sich aus einer ruhigen Jugend in ruhige mittlere Jahre gerettet; ihre weiche ausgleichende Art, welche ihr von Kind an eigen war, ging jetzt mit ein wenig Weisheit Arm in Arm. Sie lachte gern; Hinweise, die sie gab, waren klug, aber nie verletzend. Sie packte Matthias beim Arm, daß dessen goldgeränderte Kaffeetasse leicht kippte und sagte halblaut: „Mit dem Nußknacker müssens sich gut stellen, Exzellenz."
Matthias nickte. „Ich glaub, das tu ich auch."
„Noch, noch, aber da könnt's bald so was wie ein Gewitter geben." Gräfin Fuchs versuchte die rosige Stirn in drohende Falten zu legen.
„Aber weshalb denn?" Erstaunt setzte Matthias die Tasse auf einen Marmorkamin und sah die Gräfin erwartend an. Die wiegte den Kopf: „Pietro Grimani hat eine Nichte. Die Angiolina, wissen's." Und während die Gräfin die hübschen, rosigen Hände übereinanderlegte, fuhr sie fort: „Die Angiolina ist auch die Nichte von dem verflossenen Dogen Mocenigo. Ich hab ihn gut gekannt, den Mocenigo. Er war korrekt und gerecht, aber er war kalt; seine Feste in Venedig hat er am liebsten auf der gefrorenen Lagune gegeben. Seine Frau war hübsch, aber er hat sie nie berührt. Gleich nach der Abreise des Königs von Dänemark aus Venedig ist der Mocenigo krank geworden, weil diese Staatsfeste sein Gewissen beschwert haben. Daran ist er auch gestorben, und sie haben ihn im Kapuzinerg'wand begraben. Das war 1709. Er war ein Fanatiker, der Mocenigo."
Die Sprecherin schwieg, warf einen kurzen Blick auf den Botschafter Grimani, der mit dem Prinzen Eugen sprach, gleichzeitig aber Matthias und die Fuchs beobachtete. „So ein Fanatismus kann zu einer Familieneigentümlichkeit werden. Und mir scheint, daß die Mocenigos alle fanatisch sind. — Sie dürfen mir das nicht übelnehmen, daß ich so frei daher red. Schaun's, ich bin ja die Erzieherin von die Kaiserkinder, und da g'wöhnt man sich daran, viel heraus zu plauschen. Sie!" — die Gräfin hob den Zeigefinger — „das tät dem Grimani gar net in seine Gerste

passen, wenn Sie von einer fanatischen Venezianerin in die Hände von einer leidenschaftlich-kühlen Norddeutschen überwechseln täten! Sein's vorsichtig! Lassen's wenigstens niemand was merken! Gott b'hüt Ihnen!"
Rasch glitt die kleine Dame über den Marmorfußboden und empfahl sich mit einer tiefen Verbeugung bei dem Prinzen, weil sie zum Dienst müsse. Matthias dachte nach und blieb in sich versunken, bis sich ein hoher Schatten zwischen ihn und das Licht legte, welches durch ein Fenster fiel. Er wandte das Haupt ein wenig nach der Seite. Lelia stand neben ihm.
„Die Gräfin Fuchs hat Sie gewarnt. Sie tat recht daran. Wien ist ein gefährliches Pflaster." — „Ich möchte Sie allein sprechen." Matthias sagte das kurz. Die Antwort war ebenso kurz. „Heute abend um Zehn in meiner Wohnung, lieber Freund. Und jetzt bemühen Sie sich um Elena Pisani. Sie ist kultiviert und überreif. Und sie ist Venezianerin. Damit werden Sie Grimani beruhigen." —
So hatte das Schicksal an diesem Wintertag das Lebensschachbrett des Johann Matthias von der Schulenburg mit vielen schönen Figuren neu aufgestellt, und nun mußte er das Spiel beginnen. Er war ein großer Figurenspieler und spielte überlegt, wenn ihm nicht plötzlich die Leidenschaft dazwischenfuhr. Sein Spiel mit den Pisani-Töchtern war ein Meisterwerk. Elena und Laura erröteten, als er sich freundlich an sie wandte und sich erkundigte, ob man von seinem Palazzo Loredan am großen Kanal auch den Palazzo Pisani sehen könne.
„O ja", nickte Elena und strahlte den General an, „er ist so groß, daß Sie ihn nicht übersehen können."
„Er ist zu groß", fügte die feingliedrige Laura nachdenklich hinzu und sah vor sich hin.
„Zu groß?"
„Ja. Der Oheim wollte einen Louvre an den großen Kanal setzen. Aber das tut weh." Die Augen des Generals musterten neugierig den Mund des jungen Mädchens, der sich fast

schmerzlich verzog: „Sagt Ihnen denn mein Palazzo Loredan mehr zu?" — „Viel mehr! Er ist wirklich Venedig!"
Elena legte die volle, von weichen Schatten durchsetzte Hand auf den Arm der Schwester. „Laura möchte ein Venedig der Träume", sagte sie.
„Und Sie?"
„Ein lebendiges Venedig — großartig und schön, schöner als alle Träume. Ein ewiges Feuer." Freundlich faßte der General die beiden Mädchen bei den Armen. „Dann muß ich in meinem Palast ein Venedig hervorzaubern, das Traum und Feuer in sich birgt — damit Sie beide zufrieden sind, wenn Sie mich dort aufsuchen." Die Mädchen verneigten sich. „Wir kommen gern", sagte Laura halblaut. „Ich werde darauf achten, daß viel feuriges Leben Ihren Palast durchglänzt, Exzellenz", rief Elena, ihre rotbraunen Locken schüttelnd, während ihre Blicke den General fast herausfordernd streiften. Laura sah die Schwester erschrocken an. Dann reckte sie sich. Und mutig stieß sie hervor: „Und ich ... viel Traum."

3

Es ging damals überhaupt viel Traum durch die Köpfe der Frauen. Die große Wirklichkeit der Kriege hatte in ihnen Sehnsüchte nach ganz etwas anderem lebendig gemacht; sie träumten wieder einmal von Glück, einem stillen Glück an der Seite jener Männer, welche sie hatten ausziehen sehen, hoch zu Roß, in stählernen Harnischen. Lachend waren diese Männer davongeritten, aber wenn sie wirklich zurückkehrten, waren sie ernst geworden, oft zu ernst für die Frauen, welche auf die Heimkehrer gewartet hatten. Diese Männer hatten zu viel Tod gesehen. Und so, zwischen Traum und Tod, verging das Leben der jungen Frauen, vor allem der Frauen von Deutschland. Es war die Zeit, welche das Werden der deutschen Künste vorbereitete; Mozarts Musik klang bereits von ferne, die Baukunst gestaltete das Land um, und das Ahnen eines großen Tages der Dichtung rötete den Morgenhimmel des Jahrhunderts. Auch durch das feine, holde Köpfchen der Gräfin Bokum gingen solche Träume. Es war acht Uhr abends; die Lichter auf dem polierten Schildpattisch ließen die braungefleckten Panzer einstiger Meertiere hell aufleuchten, aber über dem Raum schwebte ein graues Dämmern, das von Zeit zu Zeit nur durch ein kurzes heiteres Aufblitzen der Kaminflamme davongescheucht wurde. In diesem Wechsel von Helligkeit und Düsternis fielen wüste Schreie von der Straße her, auf welcher angetrunkene Kavaliere ihre Säbel wetzten und den Türken und Franzosen den baldigen Untergang versprachen.

Nach einiger Zeit wuchs sich aus dem wachsenden Dämmern der Straße das von Fackellichtern entzündete Gold einer Sänfte, die von zwei Heiducken rasch durch die johlenden Kavaliere getragen wurde. Einige bewaffnete Begleiter der Sänfte grüßten die Schreier zwar höflich, wiesen aber mit scharfer Bewegung ihrer Waffen alle Versuche der Trunkenen, in den Lackkasten hineinzusehen, zurück. Lelia beobachtete vom Fenster aus, wie die Heiducken ihre Last mit besonderer Sorgfalt trugen, als ob sie etwas Kostbares, ja Unersetzliches zu bringen hätten. Aber sie erschrak, als die Sänfte den Weg über die Straße nahm, auf den Palast Bokum zusteuerte, und der Läufer, welcher eine große Pechfackel trug, mit lauter Stimme zu ihr hinaufrief: „Die Sänfte Seiner Exzellenz, des venezianischen Botschafters!"

Oh, es war Pietro Grimani. Ja, Grimani gehört sicherlich zu den Kostbarkeiten der Republik Venedig. Denn Venedig führte seine ganz große Politik kaum noch mit Waffen, sondern nur durch seine Diplomaten. Pietro Grimani aber, aus dem goldenen Zweig, war eines der besten Pferde im Diplomatenstall der Republik. Die Mutter, eine Morosini, von den kahlköpfigen Morosinis; er selbst ein Geist von nicht gewöhnlichem Wert, Redner, Dichter, Gelehrter — kurz ein Mann mit Weltblick. Aber weshalb kam dieser kluge Grimani bei Nacht und Nebel zu ihr, auffällig, mit Heiducken, Läufern, Bewaffneten, so daß jedermann verstehen mußte: „Der Botschafter Venedigs sucht Verbindung mit der Agentin Augusts des Starken von Sachsen-Polen?" Die zarte Lelia fürchtete sich vor übertriebenen Ehrungen; sie führte ihre Aufgabe scheu und hintergründig durch, denn sie litt unter ständiger Lebensfurcht. Rasch schob sie ihr leichtes braunes Haar zurecht und zupfte an ihrem geblümten Seidenkleid. Dieses Kleid hatte sie damals getragen, in jenem einsamen Schloß, als sie dem General die Glückwünsche ihrer Herrin, der Königsmarck, übermittelte. Sie hatte es bewahrt, zuweilen sogar gestreichelt, aber nie wieder angelegt. Nie hatte sie gehofft, den Freund noch einmal wiederzusehen, und trotzdem bewahrte sie das Kleid für diesen einen Abend. Und jetzt kam der Grimani mit dem Papageiengesicht und zerriß ihre Träume. Die Träume um einen Soldaten, der sich einst aus ihren Armen in den Sattel schwang und grüßend davonritt. Sie hatte die Stunden bis zur Ankunft des Freundes weiterträumen wollen, hatte treiben wollen in jenen zitternden Halbgedanken der Erwartung, die dahingleiten, langsam und kreisend, wie fallender Schnee. Träumen wie Laura Pisani, die dereinst dem Freunde zuwachsen würde, und mit der Kraft solcher Träume und Sehnsüchte den Geliebten leise hineinziehen in jene Welt von allzu flüchtiger Schönheit.

Nun sah sie sich in eine dumme Wirklichkeit gerissen, und als der alte Diener fragend den Kopf in das Zimmer steckte, nickte sie halb müde und murmelte: „Ja, ich lasse bitten."

Sie ließ sich in einen großen Sessel nieder und erhob sich erst, als der Diener die Tür weit aufriß und ein stechendes Licht sie traf. Lelia starrte in dieses Licht. In einem seegrünen Abendkleid, das mit Schwanenpelz besetzt war, und im Schmuck der berühmten Morosini-Perlen, stand dort Aimée Mocenigo della Torre.

Die beiden Frauen sahen sich einen Augenblick lang schweigend an. Dann trat Aimée vor, streckte der Bokum die Hände

entgegen und sagte leise: „Verzeihen Sie mir, Gräfin ..."
‚Schön ist sie', durchschoß es Lelia, ‚und stark, lebensstark wie ein edles Tier des Waldes. Sie bezwingt durch ihr Da-Sein.' Sie fühlte deutlich, daß diese Frau auch sie bezwingen wollte, mit ihrer leisen Stimme, ihrem halbgeronnenen Lächeln und dem unwirklichen Glanz ihrer Augen, in denen das Licht der Griechenmeere schimmerte.
„Es liegt mir viel daran, liebe Gräfin Bokum", begann Aimée, „Ihnen meine Aufwartung zu machen, nachdem ich Sie heute nicht bei dem Prinzen Eugen begrüßen durfte."
„Sie sind sehr gütig, Donna Angiolina."
„Dieser Wunsch wurde in mir erweckt durch meinen Oheim Grimani. Er hat mir viel von jenem schönen Freundeskreis erzählt, dessen erfreulichste Erscheinung er in Ihnen gesehen zu haben scheint."
Lelia neigte freundlich das Haupt und bot Aimée einen großen Sessel an. Aber sie fühlte, wie ihr das Herz hart ging, und sie zergrübelte sich das Hirn mit der Frage: „Was will sie, was will sie?"
Um nicht wehrlos zu schweigen, fragte sie höflich: „Sie waren heute bei der Kaiserin zur Audienz?"
Aimée nickte. „Die Kaiserin war sehr gütig. Sie sprach ihre besondere Befriedigung darüber aus, daß ihr Landsmann Schulenburg die Verteidigung von Korfu übernehmen würde."
Erstaunt hob die Bokum den Blick. „Woher wußte die Kaiserin das? Die entscheidende Unterredung zwischen dem General und dem Prinzen Eugen hat doch erst heute mittag stattgefunden."
Mit hochgezogenen Brauen und leicht verzogenen Lippen prüfte Aimée das Erstaunen Lelias. Dann erwiderte sie: „Sie wird über Schulenburgs innere Bereitschaft bereits von anderer Seite unterrichtet gewesen sein."
Das war sehr deutlich. Aimée wollte sie klar wissen lassen: ‚Dieser Mann gehört mir.' Dem aber vermochte Lelia nichts

entgegenzusetzen als ihre silberglänzenden Träume. So wartete sie und bemerkte vorerst nur: „Es ist ein großes Glück für Venedig, wenn Schulenburg bereit ist, Korfu zu verteidigen."
Aimée nickte langsam. „Ja, es ist ein großes Glück für meine Heimat, aber mit seiner Bereitschaft ist noch nicht alles getan. Denn ein General ohne Soldaten ist ein Schwert ohne Klinge. Man muß Schulenburg bald die nötigen Mittel verschaffen, damit er die Verteidigung von Korfu durchzuführen vermag. Wir brauchen Hilfstruppen, deutsche Hilfstruppen, Bayern, Württemberger, Sachsen, Preußen. Nun erwähnte mein Oheim Grimani, daß Sie, Gräfin, über die besten Beziehungen zum sächsischen Hof verfügen, und daß es Ihnen möglich sein dürfte, sehr bald ein starkes Kontingent sächsischer Truppen nach Venedig in Bewegung zu setzen."
Die Sprecherin schwieg. Ihre volle Rechte mit dem funkelnden Brillantring spielte lässig mit den großen Morosini-Perlen, welche dicht gereiht von ihrem festen Hals auf das meergrüne Kleid hinabfielen. Sie wurden zu Sinnbildern der vielen schweren Tränen, welche auf dem Meer der Adria geweint waren. Zuweilen ging Aimées ruhiger Blick hinüber zu der hellhäutigen schlanken Frau mit den erstaunten Augen und dem vollen braunen Haar. In diesem Augenblick hatte Lelia etwas von einem schönen, großen Kind im geblümten Kleidchen, das seine Hände im Schoß faltete.
Endlich richtete sie sich auf, und nicht ohne Anstrengung erwiderte sie: „Mit dieser Bitte wenden Sie sich nicht an die richtige Stelle, Donna Angiolina. Meine Verbindungen zum Dresdner Hof sind nur schwach."
Ein kurzer Blick streifte die Sprecherin. Dann musterte Aimée sorgfältig die kostbare Einrichtung des Empfangsraumes. Sie strich mit dem Rücken der Hand über das Schildpattischchen, wobei sie die Hand langsam hob, so daß am Ende nur ihre schön gebogenen und polierten Fingernägel über die Politur

glitten. Dabei bemerkte sie hintergründig: „Ein kostbares Stück! Ist das nicht Dresdner Arbeit?"
„Nein, Paris."
„Wie interessant! Ich hätte darauf geschworen, daß es aus Dresden stammt." Die Venezianerin ließ ihre Fingerspitzen noch einmal über das Tischchen gleiten und fuhr dann fort: „Vielleicht können Sie Ihre Verbindung nach Dresden doch noch beleben. Am Ende ist das ja nur eine Frage von Mitteln. Die dazu notwendigen Mittel stellt Ihnen Venedig natürlich gern zur Verfügung. Mit besonderer Freude würde ich selbst mich Ihnen gegenüber dankbar erweisen, wenn Sie meiner Heimat diesen großen Dienst leisten sollten."
Aimée sprach die Worte leicht betont, aber Lelia fühlte ein Zittern hindurch, die nagende Angst einer liebenden Frau, welche dem Geliebten den Weg zum Ruhm vorbereiten möchte, sich aber plötzlich Schwierigkeiten gegenüber sieht. Dafür hätte Lelia Verständnis gehabt; aber die Mißachtung, welche durch das Angebot der Venezianerin hindurchklang, empörte die Baltin.
„Liebe Donna Angiolina", begann sie, ein wenig nach Atem ringend und jedes Wort kurz ansetzend, „es bedürfte bei mir keiner besonderen Belohnung, wenn ich die Möglichkeit hätte, der Serenissima einen Gefallen zu erweisen. Es bedürfte aber auch keiner besondern Belohnung von Ihnen, denn ich begreife Ihre Gründe, aus denen Sie dem General den Sieg vorzubereiten wünschen. Für eine Hilfe, welche die Gebiete des Gefühls streift, würde ich mich nie bezahlen lassen."
Das Antlitz der Venezianerin verharrte in Erstarrung. Dann aber entgegnete sie, ohne sich des Beleidigenden ihrer Anwort selbst recht bewußt zu werden: „Das wußte ich nicht."
Lelia erschrak und wich in sich selbst zurück. Scharfe Worte erregten ihre feinen Nerven unter der glatten, hellen Haut fast bis zum Schmerz. Ihre Seele freilich begann sich zu wehren. Das Bild dieses Mannes, dessen Geliebte sie zwei Nächte lang gewesen war, stand seit Jahren lebendig vor ihrem geistigen Auge;

und heute, als sie den Geliebten wieder erblickt hatte, war es ihr, als ob er vor einer Stunde in ein Nachbardorf geritten und wieder zurückgekehrt sei. Was bedeutete schon diese Venezianerin, diese Angiolina Mocenigo Gräfin della Torre? Irgendeine seiner vielen kleinen Lieben, wie er sie am Wegrand zu pflücken pflegte ... Sie aber, Lelia von Bokum, war die Frau, welche Matthias in Wahrheit geliebt hatte und immer noch liebte ...
Hätte Aimée die Gedanken ihrer Gegnerin lesen können, sie würde ihr ins Gesicht gelacht haben. Sie blieb jedoch viel zu sehr von ihrer eigenen tatengierigen Leidenschaft beherrscht, als daß ihr ein Eindringen in die Gefühlswelt anderer möglich gewesen wäre. So entging ihr auch, daß Lelia allzu freundlich erklärte: „Selbstverständlich werde ich alles tun, was in meiner Macht liegt, um dem General die sächsischen Hilfstruppen zu verschaffen." Da leuchtete das Auge Aimées auf. Großartig, wie sie sich ihrer Natur nach zu geben pflegte, reichte sie der Bokum freundschaftlich die Hand. Ganz kurz schoß bei dieser Bewegung ein Feuer aus dem Ringe des Kogias.
Dann erhob sie sich: „Ich danke Ihnen von Herzen für die Hilfe, welche Sie der guten Sache Venedigs zu leisten gedenken. Sollte ich Ihnen in irgendeiner Form dienlich sein können, so stehe ich immer zu Ihrer Verfügung." Sie sagte das mit der überlegenen Ehrlichkeit großer Seelen, die sich als Sieger fühlen. Aber die Bokum schüttelte das Haupt. Ihre Antwort war seltsam kurz. „Ich hoffe, daß ich nie in die Notwendigkeit kommen werde, Ihre Hilfe zu erbitten."
Lelias alter Diener leuchtete Aimée, als sie die gewundene Treppe des Palais Bokum hinunterschritt. Plötzlich jedoch wurde sie in ihren Bewegungen gehemmt. Am ersten Treppenabsatz schob sich eine kleine Frau aus der Dunkelheit vor. Das Licht der Laterne, welche der Diener vorantrug, ließ unter tiefschwarzem Haar ein paar tierisch-helle Augen aufglänzen. Eine ungeformte, gleitende Stimme sucht sich einzuschmeicheln, unangenehm und vulgär wie ein schlechtes Parfum. Diese Frau schob

den Diener mit der Laterne hart weiter und murmelte dann: „Ich bin die Spitzenhändlerin, Donna Angiolina." Die Mocenigo fühlte, daß ihre Knie zu zittern begannen, während ihr Kopf seltsam klar und ruhig blieb. Sie wußte, daß mit dieser kleinen Levantinerin der Tod dicht an sie herangetreten war. Die Person sprach mit der gleichen gequetschten und fettigen Stimme auf sie ein, mit der die Kupplerinnen Venedigs unter den Bogen des Markusplatzes ihre Ware anpreisen. „Donna Angiolina", begann sie, „es ist erwünscht, daß Ihr General Venedig nicht lebend erreicht. Verstehen Sie?"
„Ja."
„Auf keinen Fall darf er aber Korfu lebend erreichen. Verstehen Sie?"
„Ja."
„Wissen Sie über das Geheimnis des Ringes Bescheid?"
„Ja."
„Wenn Sie Ihre Sache so gut machen, daß der General bereits in Wien stirbt, schickt mein Herr Ihnen noch hundert solcher Ringe. Sollte der General erst in Venedig sterben, erhalten Sie fünfzig Ringe zur Belohnung. Sollten Sie aber Ihre Sache so schlecht machen, daß der General Korfu lebend erreicht, dann werden die beiden Ringe, welche Sie bereits erhalten haben, als Schmuck Ihrer Leiche dienen." Und laut setzte sie hinzu: „Morgen um Zehn werde ich der Frau Gräfin meine Mustersammlung bringen. Ganz Ihre Dienerin, Frau Gräfin."

4

Während die Sänfte Grimanis zum venezianischen Botschaftspalast zurückstrebte und Aimées Gedanken sich zitternd mit dem Flackerlicht der absterbenden Fackeln vermischten, wurde Lelia wieder von ihren Träumen gefangengenommen. Vor ihr, auf dem Schildpattischchen, stand eine reizende Porzellangruppe, ein Amor, welcher den entschlummernden Mars in Rosenketten legte. Von Zeit zu Zeit ließ sie ihre Blicke über die Gruppe gleiten; dann aber ging über ihre runde, stark modellierte Stirn ein Zucken. Lelia von Bokum kannte das Leben. Zudem war sie von Natur aus klug; von der Klugheit nicht ganz gesunder Menschen, welche das Schwere, das ihnen begegnet, fast unmerklich beiseite zu schieben wissen. Solche Künste trieb sie mit einem Hauch von Melancholie, der ihr Wesen weiter verschönte, es in ein Geheimnis zu hüllen schien und sie selbst noch begehrenswerter machte, als sie es von Natur schon war.

Als die Standuhr draußen im Vorraum die zehnte Stunde schlug, meldete der alte Diener den General von der Schulenburg. Ein wenig überwartet und dennoch halb in der Traumwelt befangen, erhob sich Lelia und warf rasch einen Blick in den Spiegel, um ihr geblümtes Kleid noch einmal zu mustern. Dann stand Matthias vor ihr und neigte sich über ihre Hand.

„Ich bin sehr glücklich, Sie wiederzusehen, Gräfin", begann er, „ich habe immer in Dankbarkeit an Sie gedacht."

Das zarte Antlitz der Frau leuchtete auf. „Ich weiß, lieber Freund. Es ist schön, daß Sie ruhig und in Dankbarkeit an mich denken konnten. Ich wollte, auch bei mir hätten Reichstage, Kaiserkrönungen, Friedenskonferenzen und neue Leidenschaften das Erleben jener zwei Tage dämpfen und beinahe wegwischen können. Ich wollte, diese zwei Tage wären auch für mich nichts weiter als eine ruhige und dankbare Erinnerung geblieben." Die letzten Worte wurden fast düster gesprochen. Bald aber hellte ein beglückendes Lächeln diese Düsternis wieder auf. „Ich habe eine Kleinigkeit für Sie bereitstellen lassen. Wie ich Sie kenne, haben Sie noch nicht zu Nacht gegessen. Kommen Sie."

Im Nebenzimmer, einem quadratischen Eckraum mit hohen Spiegeln, welche durch lichte Rahmen zusammengehalten wurden, stand vor einem offenen Kaminfeuer ein kleiner Tisch; dort machte Lelia mit anmutigen Bewegungen die Wirtin. ‚Sie ist immer noch schön wie der Tag', dachte Matthias, ‚groß, braun und sanft. Noch immer ist ihr Lächeln beglückend wie damals, ein Lächeln, das kaum die Zähne entblößt. Und wie anmutig sie die Speisen vorlegt, wie sorgsam sie den Burgunder in die hohen Gläser mit den feingedrehten Stielen zu gießen weiß! Es bedeutet ein Glück, sie nur anschauen zu dürfen.'

Nach der Mahlzeit stopfte sie dem Freund eine Meerschaumpfeife mit süßem, holländischem Tabak und entzündete die Pfeife selbst mit einem Fidibus am Kamin, wie er es die Freundin gelehrt hatte. Als er die ersten Züge aus der Pfeife tat, sagte er lächelnd heiter zu der Frau, die noch am Kamin kauerte und zu ihm emporsah: „Wie oft habe ich daran gedacht!"

Daraufhin wagte Lelia die Frage, wie er ihr Kleid fände. „Wunderschön. Ist es hier in Wien gemacht? Man trägt in diesem Jahr wohl solche geblümten Stoffe?"

Lelia wußte zwar, daß Männer nur sehr selten Kleider wiedererkennen, ja, daß sie kaum wissen, was die Geliebte an dem Tag erfüllter Sehnsucht für ein Kleid getragen hat; trotzdem aber berührte eine feine Traurigkeit ihr Herz. Bald empfand sie jedoch, daß der Freund sich wohlfühlte, und damit überkam auch sie wieder ein Glücksempfinden. Sie erzählte von ihrem Leben, und alles, was sie davon berichtete, brachte sie in Verbindung mit jenen Ereignissen, welche von seinem Leben in die Öffentlichkeit gedrungen waren.

Sie hat wie eine Ehefrau dahingelebt, dachte der General gerührt, wie eine treue Ehefrau, welche auf die Wiederkehr ihres Gatten wartet, der in den Krieg gezogen ist. Wie hieß das Lied doch, das einen durch ganz Europa verfolgte: „Marlborough s'en va-t-en guerre, qui sait quand il reviendra? Qui sait, quand il reviendra? Il reviendra à Pâques, mireton, mireton, miretaine, il reviendra à Pâques, où à la Trinité ..." Ganz leise hatte Matthias die Melodie vor sich hingesummt. „Man kann nie wissen, wann ein Soldat wiederkehrt", murmelte er.

„Ach, nein, darauf hatte ich ja gar nicht gerechnet, weder zu Ostern noch zu Pfingsten. Nie habe ich geglaubt, daß ich Sie je wiedersehen würde. Ich war ja schon zufrieden, wenn ich in

Dresden erfuhr, wo Sie weilten, etwa in Hannover, oder wenn man mir in Warschau erzählte, Sie seien in Utrecht."

Lelia sagte das ganz ruhig, ohne innere Bewegung, während ihre großen, weißen Hände einen Pfirsich zerlegten und den geflochtenen Porzellanteller mit der überreifen Frucht dem General unmerklich zuschoben.

Matthias hatte inzwischen die holländische Pfeife gegen das Goldgitter des Kamins gestellt und der Spiegelchronik seines eigenen Lebens gelauscht. Es war so gewesen — nach Dresden weilte er in Hannover — damals war der Kurfürst noch nicht König von England, das war er erst seit dem vergangenen Jahr — aber Schwester Melusine war schon die Treppe ihres seltsamen Ruhmes emporgeklettert und bereit, sich im Glanz der im Westen aufgehenden Königssonne zu wärmen. Jetzt war sie Herzogin von Kendal. Matthias sah still vor sich hin. Lelia von Bokum war nicht Herzogin geworden, wenn auch ihre Schwestern Fürstenkronen trugen. Aber Lelia schien nichts an äußeren Ehren zu liegen. Das verstand Matthias; auch er betrachtete Ehrungen nur als notwendige Frucht am Baume der Tat, nicht jedoch als Ziel. Was aber hatte die gute Melusine eigentlich so Weltbewegendes getan, daß sie zur Herzogin ernannt wurde?

„Ihr Leben verläuft auch hier sehr ruhig?" fragte er.

Lelia preßte die Fingerspitzen gegeneinander. „König August der Starke hat mich als seine persönliche Agentin hierher gesandt."

„Dann werden Sie auch über mich zu berichten haben", lächelte Matthias.

Die schönen Hände Lelias falteten sich, und ihr Haupt wiegte sich fast ängstlich hin und her. „Den König interessiert alles, was Sie betrifft."

„Wenn man Ihnen Unglaubwürdiges über mich erzählt, so fragen Sie mich doch zunächst, ob die Erzählungen auch den Tatsachen entsprechen!" Matthias sah nachdenklich vor sich hin. „Ich schätze den König zu hoch, als daß es mir gleichgültig wäre,

wenn er ein falsches Bild von mir erhielte." Lelias Augen leuchteten unmerklich auf, um bald wieder in einem weiten, graublauen Glanz zu verschwimmen. Ganz vorsichtig, fast tastend hakte sie bei diesen Worten ein, und vielleicht hatte sie selbst keine Vorstellung von der Stärke des Schlages, zu welchem sie ansetzte. „Wenn Sie mir das wirklich gestatten", erwiderte sie, „so mache ich mit Freuden von dieser Erlaubnis Gebrauch."
„Gewiß, gern."
„Nun", begann sie nach einiger Zeit stockend, „es heißt, Sie hätten Ihre Freundin, die Gräfin Mocenigo della Torre, beauftragt, so bald als möglich sächsische Hilfstruppen für Sie anwerben zu lassen. Diese Truppen sollen später Korfu mit verteidigen. Ist das richtig?"
Die festen Hände des Generals griffen nach den Seitenlehnen des Sessels, während die Augenbrauen sich zusammenzogen. „Wer sagt das?" Die Bokum, schräg in ihren Stuhl gekauert, schob die weiche Schulter vor. Das Licht in ihren Augen leuchtete in einem kämpferischen Feuer. Sie aber bändigte ihre Stimme und erwiderte: „Schon Ihre Frage ‚Wer?' beweist mir, daß diese Behauptung nicht den Tatsachen entspricht."
„Sicherlich entspricht sie nicht den Tatsachen. Denn ich habe ja mit der Republik Venedig noch gar keinen Dienstvertrag abgeschlossen. Mit welchem Recht könnte ich da im Namen Venedigs Truppen anwerben?"
Lelia füllte die Gläser. „Vielleicht verspricht sich jemand etwas davon, wenn die sächsischen Truppen, die Sie ja noch selbst bei Malplaquet zum Siege geführt haben, plötzlich hier auftauchen."
Die Hände des Generals lagen flach auf dem Tisch. „Sie denken an den Botschafter Grimani?"
Lelia zog die rechte Schulter hoch und murmelte: „Vielleicht."
Betont schüttelte Matthias das Haupt, während er mit beiden Händen an die Kanten des Tisches griff. „Um mich vor eine vollendete Tatsache zu stellen? Weil er glaubt, ich würde mich sozusagen von meinen alten Kriegskameraden mitreißen lassen?

Nun, da würde er sich irren. Ich halte es aber für nicht wahrscheinlich, daß Grimani so voreilig gehandelt hat."
Lelia hatte sich inzwischen um die Kerzen bemüht, welche zu qualmen begannen, und die sie mit einem kleinen silbernen Delphin schneuzte. Mit dieser Arbeit beeilte sie sich nicht. Einmal hielt sie sogar in ihrer Tätigkeit inne und richtete die Blicke von unten auf Matthias. Während sie den Silberdelphin mit spitzen Fingern von den Schnuppen befreite, sagte sie wie nebenbei: „Aber es wäre doch seltsam, wenn Donna Angiolina Mocenigo aus eigenem Antrieb solche Wünsche äußern würde."
Matthias zuckte zusammen. „Wem gegenüber hat die Gräfin Mocenigo della Torre solche Wünsche geäußert?"
Bei Lelia schien diese Frage zunächst Erstaunen, ja Schrecken zu erregen. So flüsterte sie nur leise: „Mir gegenüber", setzte aber sofort ausgleichend hinzu: „Sie dürfen nicht zu streng mit ihr umgehen. Eine liebende Frau möchte dem geliebten Manne alle Hindernisse aus dem Weg räumen, damit er sich den Ruhm möglichst leicht zu erringen vermag."
Das Antlitz des Generals verharrte in einem Ausdruck von Starrheit. Dann setzten seine Lippen die Antwort scharf hin: „Es taugt nicht, wenn ein Mann sich von der Frau den Ruhm vorbereiten läßt. Frauen mögen die vollbrachte Tat bewundern und belohnen; dafür gab ihnen Gott ja ausgezeichnete Möglichkeiten. Sie sollen sich aber nicht um Dinge kümmern, von denen sie ihrer Natur nach nichts verstehen können."
Mit klopfendem Herzen fühlte Lelia ein Gefühl des Triumphes aufsteigen. Sie mußte sich zurücklehnen, nur um das Klopfen ihres Herzens ertragen zu können. Bald jedoch neigte sie sich wieder nach vorn und legte die Rechte leicht auf den Arm des Freundes. Sie verbarg die Beschämung, welche sie überkam, weil ihr der Sieg, den sie soeben errungen hatte, nicht als ganz vollwertig erschien. „Seien Sie milde", sagte sie ausgleichend, „sie wollte ja nur Ihren Sieg."

„Ich bin gewohnt, meine Siege allein zu erringen und nicht hineingegängelt zu werden. Aber sprechen wir nicht mehr davon."
Er sah Lelia hell in die Augen, beugte sich über ihre Hand, die noch auf seinem Unterarm ruhte und küßte sie andächtig. Dann erhob er sich, dankte für die Gastfreundschaft und kehrte gegen Mitternacht in seine Wohnung in der Burg zurück, welche die Kaiserin ihm hatte anweisen lassen.
Karl empfing seinen Herrn bereits auf dem Korridor. „Nun, Karl, was gibt es? Du siehst ja so zufrieden aus?" Karl grinste. „Ein schönes Bild ist angekommen, Exzellenz. Ich habe es gleich in den grünen Salon gehängt und alle Lichter angesteckt."
„So? Na, dann wollen wir mal sehen."
Matthias betrachtete den hell erleuchteten Salon. In den Girandolen brannten die Wachslichter. An der Wand hing das Bild der verfolgten Nymphe des Rubens, unter welchem der Prinz Eugen an diesem Morgen mit Matthias über dessen Eintritt in venezianische Dienste verhandelt hatte. Ein Brief des Prinzen mit ein paar herzlichen Danksworten begleitete das Geschenk. „Möge die türkische Nymphe fliehn vor dem nordischen Faun!" stand ein wenig ironisch in dem Brief. Matthias lächelte überlegen. „Das ist keine türkische Nymphe", murmelte er. Lange noch saß er vor dem Werk des flämischen Genies und ließ seine Augen ruhen auf dem leuchtenden Inkarnat und den zuckenden Bewegungen der großen, schönen Frau, deren Haut weiß war wie die Haut der Frauen von den Meeren des Nordens.
Später glaubte er, sich eines ähnlichen Bildes zu erinnern; auf diesem Bilde jedoch trug die Nymphe ein mit Blumen besätes Kleid. Er konnte sich aber nicht mehr entsinnen, wo er diese Nymphe im blumenbesäten Mantel erblickt hatte; es mußte in irgendeinem polnischen Schloß gewesen sein. Aber am Ende war das ja auch unwichtig. Dieses Bild vor ihm war schön und beglückte ihn.

SECHSTES KAPITEL

1

Das Schneetreiben der Nacht hatte Dächer und Plätze Wiens in große, weiße Flächen verwandelt. Matthias, welcher seinen großen Braunen in der Reitbahn der Burg bewegt hatte, stand sinnend am Fenster seines Wohnzimmers und dachte an das Bild von Breughel im Vorsaal des Prinzen Eugen und an die Krähenkaten in Emden. Nach einiger Zeit wandte er sich um und ließ die Blicke liebevoll über das Bild der fliehenden Nymphe gleiten.
Karl brachte das Frühstück, Haferbrei, viel Butter und Schinken, sowie vorweihnachtliches Gebäck, welches die Kaiserin gesandt hatte. Während Matthias frühstückte, fragte er Karl, der wartend vor der hohen, weißlackierten Tür stand, was es noch gäbe. Bedächtig trat Karl einen Schritt vor. Diese Bedächtigkeit hatte er den kaiserlichen Dienern abgesehen. „Der venezianische Botschafter hat ausrichten lassen, daß er sich freuen würde, Euer Exzellenz heute vormittag empfangen zu können. Der Herr Botschafter schickt dem Herrn General um zehn Uhr einen Schlitten."
Matthias nickte. „Den braunen Rock."
Rasch warf Karl noch einen Blick auf seinen Herrn. Der General war heute anders als sonst. Ein seltsamer Zug nistete sich in diesem Antlitz ein. Während Karl im Schlafzimmer die Kleider zurechtlegte, suchte er nach einem Wort für diesen Gesichtsausdruck. Trauer? Nein, Trauer war es nicht. Auch Schmerz war es nicht; es war noch etwas anderes. Schwermut. Ja, Schwermut,

das war das richtige Wort dafür. Weshalb aber sollte der General schwermütig sein, wo ihm doch alles nach Wunsch ging und der Prinz Eugen ihm sogar das schöne Bild gesandt hatte? Auch Joseph, der kaiserliche Diener, hatte gesagt, der Prinz Eugen müsse es sehr gut mit dem General meinen; gewiß sei der Prinz im allgemeinen als nobel bekannt, aber man wisse ebenso gut, daß er nie eines seiner alten Bilder verschenke. Die behalte er alle selbst. Wenn er aber wirklich mal ein Bild verschenke, dann wolle er auch was.
„Na, und ob der was will", hatte Karl gegrinst und von Malplaquet erzählt. „Malplaquet, mein Lieber, das sind eigentlich w i r ! Der Prinz weiß das am allerbesten."
Inzwischen hatte Matthias das Frühstück beendet, hielt aber die Blicke immer noch auf das Bild der Nymphe gerichtet. Diese Fluchtbewegung — wie sie glutvoll aufstieg von den Füßen, die Schenkel empor, in noch gespannter Lust, während bereits der Oberkörper nur gespannte Furcht war ... Aber die Schwermut wich nicht aus den Zügen des betrachtenden Mannes. Keine gemalte Nymphe konnte ihn über die Schwermut hinwegbringen. Daß Aimée hinter seinem Rücken in sein Werk einzugreifen suchte, daß sie hinter seinem Rücken — er wiederholte das ‚hinter meinem Rücken' mehrmals — für ihn die Erfolge vorbereiten wollte, erschütterte ihn. Sie wußte, wie sehr er durch leichtsinniges Hineinpfuschen anderer in sein Werk gelitten hatte, ihr Handeln war ein Handeln ohne Ehrfurcht.
Kurz stand er auf. „Ruhe", befahl er sich, „keine Übereilung. Was Aimée auch getan haben mag: Du wirst sie noch sehr brauchen." Dann aber erschrak er über das Wort „brauchen" — wie eine Sache, die man nach dem Gebrauch weglegt oder gar wegwirft. ‚Das ist furchtbar.'
Er ahnte selbst kaum, daß diesem drohenden Zerfall die Wege bereitet wurden durch eine große, schlanke, nordische Nymphe, schön wie der Tag, mit braunen Locken, weißer Haut und sanfter Seele ...

Noch während er sich umkleidete, meldete Karl die Gräfin Aimée Mocenigo della Torre, die im Schlitten vorgefahren sei, um ihn abzuholen. Matthias fühlte einen inneren Widerstand; dennoch drängte es ihn zu Aimée. Rasch beendete er die letzten Kleinkünste seiner Toilette, eilte die breiten Treppen hinunter und begrüßte die Geliebte, welche ihn unter grünen pelzgefütterten Decken im Goldschlitten erwartete. Als sie ihm lachend zuwinkte, war er wieder erfüllt von der gestrafften Schönheit der jungen Frau im grünen Tuchkleid, unter deren hoher Pelzmütze die großen Mocenigoaugen strahlend hervorleuchteten.

„Steig ein, Schiefauge! Mein Herr Oheim erwartet dich sehnsüchtig. Der Provveditore Antonio Nani ist aus Venedig eingetroffen und hat Depeschen vom Dogen mitgebracht. Du weißt ja, unser hoher Doge Giovanni Corner ist fromm und unschlüssig. Wenn wirklich einmal Depeschen von ihm kommen, muß man sie sofort beantworten und die laufenden Sachen weitertreiben."

„Welche laufenden Sachen weitertreiben?"

Die junge Frau starrte den Freund absichtlich lange an, als ob sie sagen wollte: „Stell dich doch nicht dumm!" Dann rief sie: „Schiefauge! Welche Sachen? Nun, dein Vertrag mit der Republik Venedig! — Deine Kapitulation!" Sie warf die Pelzdecke halb zurück und ließ den General in den Schlitten steigen. Während Matthias die Decke um sich legte, entgegnete er verächtlich: „Wenn sie nicht wollen, sollen sie ihr Korfu selbst verteidigen."

Die Pferde zogen an; der kleine Kutscher leitete sie vom Sattelbrett hinter den Sitzen aus. Aimée sah eine zeitlang still in den Wirbel der Flocken. Dann zog sie mit der Rechten den linken Pelzhandschuh halb ab, drehte den Diamantring an ihrem Ringfinger zurecht und zog dann den Handschuh wieder über. Dabei murmelte sie leise: „Sei doch nicht so widerspenstig! Die Venezianer sind alt und vorsichtig geworden. Ihr Wollen ist noch immer gut; nur muß man es etwas befeuern."

Diese echte Begeisterung rührte den General: „Sei mir nicht böse; nein, nicht die Augenbrauen zusammendrängen! So — ja, so ist's gut! Mir geht soviel Wirres durch den Kopf. Mich widert es an, wo die Welt an allen Ecken brennt, um meinen Sold markten zu müssen. Du kennst mich zu gut, um nicht zu wissen, daß es mir auf die paar Dukaten nicht mehr ankommt. Aber grade Kaufleuten gegenüber muß man auf seinem Preis bestehen. Wenn man das nicht tut, verliert man nicht nur Geld, sondern auch Autorität. Und die werde ich vor allem brauchen."
Leise griff Aimée nach der Rechten des Freundes, unauffällig, unter der Pelzdecke, so daß der Kutscher es nicht bemerkte. „Ich bin dir nicht bös, Geliebter. Wie kann man einem Menschen böse sein, den man liebt?"
Schmalbrüstige Häuser mit getreppten oder gerollten Giebeln und lustigen Schneekappen strichen ebenso rasch wie neue ausladende Paläste, mit beschneiten Torportalen und hohen Fenstersimsen, vorüber. Vor der rosenroten venezianischen Botschaft stapfte ein wartender Diener im Schnee auf und ab; über ihm lugte die rotgoldene Löwenflagge des heiligen Markus aus dem sinkenden Flockenschaum. Als die dampfenden Pferde vor dem Haupteingang mit den liegenden Steinfiguren hielten, nahm der Diener die Decken aus dem Schlitten und führte Aimée und Matthias durch das mächtige Treppenhaus in das erwärmte Arbeitszimmer Grimanis.
„Man glaubt, man wäre bei einem Gelehrten — etwa bei Herrn von Leibniz", bemerkte Matthias, als der Diener ihm den großen Umhang abgenommen hatte und er vor den Bücherregalen auf und ab schritt. Zuweilen blieb er an den hohen Doppelfenstern stehen und musterte die Hyazinthengläser, deren bunte Papiertüten sich sacht unter dem Druck der treibenden Zwiebeln zu heben begannen, während Aimée mit spitzen Fingern kleine, sich zerlösende Flocken von ihrem Tuchkleid knipste.
Dann beendete sie den Kampf mit den Flocken durch ein kurzes Schütteln ihres schlanken Körpers, entnahm einem Regal einen

schmalen, in Saffian gebundenen Band und reichte ihn Matthias.
„Das sind Sonette des Arkadiers Almiro Elettreo. Lies irgendeines und sage, wie du es findest."
Matthias schlug den schön gedruckten Band auf und las, an ein Tulpenfenster gelehnt, das Sonett, welches er vor Augen hatte. Es hieß „Nachruhm" und lautete:

> Wir müssen alle welken. Ewige Qual,
> Die schon im Werden sich geheim vollzieht.
> Was nützt es, wenn ein Kämpfer leuchten sieht
> Nur Werdendes? Der Zwang ist hart wie Stahl.
>
> Kein Sterblicher hat lebend noch die Wahl;
> Das, was er schafft, wird das, was ihm entflieht.
> Es streicht des Sterbens Wind durch Moor und Ried;
> Im Winde welkt's wie in des Mondes Strahl.
>
> Es welken Länder, Fürsten, edle Frauen,
> Es welken Buhlerinnen, wild umworben.
> Der Tod sitzt allen auf den Augenbrauen.
>
> Und wenn des Kämpfens Kraft zu nichts verdorben,
> Dann wagen wir, dem Nachruhm zu vertrauen,
> Der fahlen Sonne derer, die gestorben.

Die Stirn des Generals zog sich zusammen. „. . . der fahlen Sonne derer, die gestorben", murmelte er. Aimée, welche ihn beim Lesen beobachtet hatte, stand neben ihm, warf einen Blick in das Buch und nahm es ihm aus den Händen. „Ach ja", sagte sie, „das Sonett auf den Nachruhm. Ich finde es sehr schön. Die Gedichte sind von Pietro Grimani."
„Ja, sehr schön, aber sehr traurig. Dafür ist Grimani zu jung."
Aimée zuckte mit den Achseln. „Wir Venezianer werden alt geboren, und nur wenigen gelingt es, langsam jung zu werden."
Als sie die Gedichte in das Regal zurückstellte, öffnete sich die

Tür zum Nachbarzimmer, und rasch betrat Pietro Grimani die Bibliothek. Das Antlitz des Botschafters war belebt; er streckte Matthias beide Hände entgegen. „Sie haben es mir hoffentlich nicht verargt, Exzellenz, daß ich Sie nicht persönlich abholen konnte ..."
„Sie haben mir eine Vertretung gesandt, welche mir ein Bedauern über Ihre Abwesenheit schwer werden läßt."
Grimani lachte. „Desto besser. Meine Nichte weiß diese Huldigung zu schätzen."
Inzwischen musterte Aimée den Freund unauffällig, wobei ihr Herz bis zum Halse hinaufschlug. ‚Ein sehr schönes, großgeschnittenes Antlitz, wie man selten eines sieht. Wille und Güte sind in ihm würdig ausgeglichen. Die Stirn ist edel; der Mund kündet die Bereitschaft zur Tat. Erhaben wirkt bei der geistigen Größe dieses Mannes sein Abstand zu den Eitelkeiten der Welt; mit einem Scherz oder einem Achselzucken setzt er sich darüber hinweg. Eine ständige feine Trauer kündet von seinem schwer erkämpften Verzicht auf den Nachruhm; er weiß, daß alles Sein nichtig ist. So vermag er seine Leidenschaften zu meistern; Herrschaft über ihn kann nur die Liebe gewinnen, die in allen Formen sein Leben durchsetzt.'
‚Und das soll ich umbringen?' dachte sie weiter, ‚dieses Seltene, Außerordentliche soll ich vernichten, auslöschen aus dem Gang der Geschehnisse, in welchen es die Vorsehung sinnvoll hineingestellt hat? Ich soll es boshaft und heimtückisch herausreißen? Ach, umbringen könnte ich ihn nur in der Leidenschaft, wenn auf dem Gipfel der Lust Verzückung und Vernichtung sich zu Einem verschmelzen, wenn Eros-Thanatos die Fackeln des Lebens und des Todes tänzerisch durcheinanderwirbelt. Umbringen könnte ich ihn, ja, wenn er mich verrät. Denn ich habe ein Recht auf ihn ... Aber vielleicht könnte ich auch das nicht ... vielleicht, wenn er mich verläßt? ... Nein, auch dann nicht, denn er soll leben, und ich werde ihn beschützen vor allen vergifteten Künsten Venedigs.'

Sie verneigte sich anmutig vor Matthias und Grimani. „Ich bitte mich zu entschuldigen", lächelte sie, „die Pisanitöchter warten auf mich. Ich soll ihnen raten, was sie zum Ball der Spanier anziehen. Eine solche Frage ist für junge Mädchen immer noch wichtiger als der Inhalt aller Staatsdepeschen der Serenissima." Sie ließ ihre Blicke noch einmal über die klaren, fein beschatteten Schläfen des Freundes gleiten, verteilte ihr Lächeln mit hochgezogenen Lippen und verließ grüßend den Raum.

Inzwischen hatte Grimani aus der Seitentasche seines Tuchrockes ein Paket mit Schriftstücken gezogen und es auf die Ecke eines goldweißen Tisches niedergelegt. „Ich denke", nickte er Matthias zu, „wir lassen alles Höflichkeitsgeschwätz, alle Fragen nach dem wertvollen Ergehen und wenden uns sofort der Sache zu."

„Ich bitte darum."

Der Botschafter zog sich mit einer Hand einen hohen Sessel an die Tischecke und hielt mit der anderen dem General eine goldene Tabatière hin. „Wenn ich jetzt versuche, Ihnen einen kurzen Überblick über die politische Lage Venedigs zu geben, verehrter Freund, dann werden Sie vorweg erklären, das sei zwar sehr gütig von mir, könne Sie jedoch, mangels jedes Dienstvertrages mit der Serenissima, nur als Zuschauer interessieren."

„Durchaus richtig", entgegnete Matthias, und seine Augen leuchteten auf. Dieser jugendliche Diplomat gefiel ihm.

Grimani spielte mit den Depeschen, welche auf der Tischecke lagen. „Darauf habe ich nur zu erwidern: der Vertrag kommt." Er trat an das Fenster und fuhr fort: „Die Türken haben uns vor kurzem den Krieg erklärt; mein Freund, der Provveditore Nani, welcher die Depeschen mitgebracht hat, teilt mir im Vertrauen mit, daß dieses Geschacher mit Ihnen uns zunächst einmal Morea kosten werde — bitte, widersprechen Sie nicht. S i e hätten Morea halten können. Ja, Sie wären der einzige gewesen, der es halten konnte. Jedes weitere Geschacher würde

die Venezianer auch noch Venedig kosten. Was Sie fordern, ist gerechtfertigt und wird Ihnen zugebilligt werden."
„Aber wann?" Matthias sah auf seine Fußspitzen und hob dann den Blick. Auf dem zusammengezogenen Antlitz des Botschafters spielte ein Zittern. „Es wird Sommer werden oder gar Herbst, bis der Vertrag unterzeichnet werden kann", erwiderte er klar. Entsetzt schob der General das Löwenhaupt vor und starrte Grimani an. „Und was geschieht während dieser Zeit? Wer sorgt dafür, daß Truppen geworben und geschult werden? Wer sorgt für Nachschub, Munition und Verpflegung? Wer, vor allem, setzt Korfu in Verteidigungszustand?"
„Niemand."
Grimani stand im Schneelicht, das durch die Hyazinthfenster bleich in den Raum fiel, blaß und unwirklich wie der Tod von Venedig.
Matthias ließ die Hände sinken. „Aber, Exzellenz ..."
Die Fäuste auf dem Rücken, das Hakenkinn vorgeschoben, panterte Grimani im Zimmer auf und ab. Nach einer Weile blieb er vor Matthias stehen; sein Gesicht war noch immer tuchfahl. „Ich weiß, ich weiß", lachte er knarrend, „die Patrizier Venedigs sind schuld daran. Sie feiern Feste über Feste, während die Türken uns bereits die Fenster einwerfen. Die Franzosen schämen sich nicht, die Türken zu unterstützen, weil sie hoffen, dadurch ihren Erbfeind, den deutschen Kaiser, und das ihm zwangsläufig verbündete Venedig zu vernichten."
Grimani hatte sich wieder gefaßt. „Bis hierher haben Sie verstanden?"
„Durchaus. Bitte, weiter."
„Nun ist aber", fuhr Grimani fort, „plötzlich ein weiterer Feind Venedigs aufgetaucht, ein Satan, ein politischer Abenteurer, dabei ein Mann von großem, geistigem Format. Das ist der spanische Minister Kardinal Alberoni, ein dort zugewanderter Italiener, ein unheimlicher Geselle. Mit erstaunlicher Willenskraft reformiert er das spanische Heer und die spanische Flotte, weil er die Absicht hat, während des türkischen Angriffs auf Venedig

die kaiserlichen Besitzungen an der Westküste Italiens zu erobern und gleichzeitig Venedig zu überrennen. An den geplanten Raubzügen Alberonis ist lebhaft interessiert ein italienischer Fürst, König Victor Amadeus von Sardinien-Savoyen, dessen Briefe und Vorschläge an Alberoni wir kennen. Venedig hat also damit zu rechnen, daß es während seines bevorstehenden Verzweiflungskampfes gegen die Türken auch noch im Rücken von den Spaniern Alberonis und von dessen Spießgesellen, Victor Amadeus von Savoyen, angegriffen wird."
Matthias nickte ruhig. „Bitte, weiter."
„Nun aber hat Venedig noch einen dritten Feind, einen Erbfeind, genau so furchtbar wie den Türken. Es ist — das muß gesagt werden — Venedigs derzeitiger Bundesgenosse, der deutsche Kaiser, Karl VI., der begriffen hat, was Seegeltung bedeutet. Der Kaiser will Triest und Fiume als Freihäfen erklären und das um diese Städte liegende Land sich aneignen. Das aber ist venezianisch."
Grimani war wieder vor Matthias stehengeblieben und fragte kurz: „Sie haben verstanden?"
„Durchaus. Bitte, weiter."
„Das Unglück will es, daß diese Politik der kaiserlichen Regierung gegen Venedig vom Prinzen Eugen unterstützt wird. Man spricht in seinen Kreisen bereits ganz offen von der venezianischen Erbschaft."
Eugen. Der Name war gefallen.
Lange sah der General den Botschafter an, der nachdenklich vor sich hinsprach. „Wien ist für Venedig zurzeit weniger gefährlich, Eugen selbst sitzt nicht fest im Sattel; die spanischen Emigranten um den Kaiser, vor allem aber die Jesuiten, machen ihm viel zu schaffen. Wir werden sie nicht daran hindern; im Gegenteil. Riesig ist aber die Gefahr, welche uns durch den skrupellosen, ehrgeizigen Alberoni droht. Dieser Gefahr können wir nicht allein Herr werden; wir müssen uns nach Bundesgenossen gegen Spanien umsehen. Da kommt vor allem ein Staat in Betracht: England. Bei England geht es um die Welt. Auf der Seite des

englischen Königs steht ein Mann, der fähig ist, die ganze Größe der Gefahr zu erkennen, welche auch den Engländern vom Spanien Alberonis droht, und der bereit ist, zu handeln. Dieser Mann ist der Graf von Oxford, Sir Robert Walpole."
Grimani schwieg, aber seine Blicke griffen plötzlich nach denen des Generals. „Ich brauche Ihnen nicht erst die kleinen Gefahrenzonen vor Augen zu führen, von welchen aus Venedig sonst noch bedroht werden könnte. Sie kennen sie besser als ich. Doch, doch — Sie kennen sie besser. Aber das große Spiel der Kräfte, das sich jetzt zu entfesseln beginnt, wollte ich vor Ihrem geistigen Auge doch einmal klar heraufbeschwören."
Matthias hatte das Haupt gesenkt und sah auf seinen Siegelring. In der Tat hatten ihm die Ausführungen des Botschafters das ganze Bild lebendig gemacht. Aber nicht nur, soweit es für die Welt, sondern auch soweit es für ihn persönlich entscheidend sein mußte. Ein scharfes Wort drängte sich auf seine Lippen, das Wort: „Ich bin Soldat. Ich werde mich bemühen, für Euch zu siegen. Aber laßt mich mit eurer Politik zufrieden. In drei Jahren kehre ich nach Deutschland zurück und trete in die Dienste des Kaisers. Und wenn der mich nicht will, gehe ich nach Emden und züchte Pferde."
Gleichzeitig aber stieg vor seinem geistigen Auge das Bild Aimées auf. Die sah ihn tief an und legte den Zeigefinger auf den Mund. „Schweige, Schiefaugel" Matthias zog die Lippen nach innen. Er gab sie erst wieder frei, als sie sich zu einem überlegenen Lächeln formen konnten.
„Sprechen wir offen, Herr Botschafter", erwiderte er. „Gewiß, ich soll für Venedig die Türken besiegen. Weiter aber soll ich durch die Kaiserin den Kaiser für die Republik wohlwollend stimmen, vor allem aber mit Hilfe meiner Schwester, der Herzogin von Kendal, den großen Robert Walpole und seine Whigs zum Kampf gegen Spanien antreiben. Man hat mir in Venedig nicht nur einen soldatischen Posten zugedacht, sondern man bietet mir — mutatis mutandis — eine Stellung an, wie sie Prinz Eugen sich in Wien errungen hat."

Zunächst antwortete Grimani nicht, sondern überließ den anderen den Phantasiebildern, die sich jetzt auf ihn stürzten. Matthias kniff die Augen zusammen. Zeigte ihm dieser liebenswerte Teufel dort alle Reiche der Welt, ja sogar den Zauber des Nachruhms? Aber wieder stieg das Aostatal warnend vor ihm auf. So fuhr er nach einer Weile einschränkend fort: „Ich verstehe Sie, Exzellenz. Unter kleineren Umständen, viel mehr versteckt als Prinz Eugen, überwuchert vom ewigen Karneval ... sagen wir — ein Held im Schatten ..."
Die Gelehrtenhände des Botschafters spielten mit den Bänden in einem nahen Bücherregal. „Ob die Umstände groß oder klein sein werden, ob der Held im Schatten oder in der Sonne stehen wird, wissen wir nicht. Wir dürfen aber, wenn die Republik aus diesem Kriege noch lebendig hervorgeht, annehmen, daß sie ihren Großmarschall nicht mehr davongehen läßt. Sie wird ihn für immer in Venedig festhalten. Dogen sind alte Leute; Dogen kommen und gehen. Der Großmarschall nimmt die Stellung unmittelbar nach dem Dogen ein. Wenn er so gesund ist wie Sie, kann er vier bis fünf Dogen überleben. Damit wäre er dann das eigentlich stabile Moment in der venezianischen Politik — ein solcher Großmarschall wäre in Wahrheit der König von Venedig."
Grimani, der kluge, erkannte, daß er den Lebensnerv dieses großen Sensiblen getroffen hatte. Aber als Meister in seiner Kunst ließ er den General nicht zu einer Antwort kommen, weil dieses ungeheure Bild einer fürstlichen Zukunft auch den stärksten Geist verwirren und vielleicht erschrecken mußte. So griff er rasch nach den Depeschen, welche auf der Ecke des Schreibtisches lagen und fuhr fort: „Ich entnehme der heutigen Kurierpost, daß auch unser allergnädigster Fürst, der Doge, die politischen Gefahrenzonen für Venedig genau so sieht, wie ich sie sehe."
Matthias reckte sich und sah den Sprecher fest an. „Um so verbrecherischer erscheint mir die Lässigkeit, mit welcher man in Venedig die Vorbereitungen zum Kriege betreibt."

„Man überläßt vorerst alles der Flotte."
„Die Entscheidung jedes Krieges liegt bei der Infanterie. Leider gibt es keine venezianische Infanterie."
„Die werden Sie schaffen."
„Ihr Vertrauen klingt fast wie Hohn." Ein Blitz schoß durch das zitternde Gehirn Schulenburgs. Vielleicht war es Grimani gewesen, der durch Aimée bei der Bokum wegen der sächsischen Hilfstruppen hatte vorfühlen lassen. Es war eine vage Hoffnung, der hintergründige Wunsch, die Geliebte könne auf Betreiben des Botschafters, nicht aber aus eigenem Antrieb diesen Schritt getan haben. Und tastend fuhr Matthias fort: „Es wird behauptet, Exzellenz Grimani, Sie hätten sich bereits um die Werbung von Truppen für mich bemüht."
„Weder direkt noch indirekt."
Matthias beugte sich vor. „Auf Ihr Ehrenwort nicht?"
Der Blick des Botschafters wurde kühler. „Auf mein Ehrenwort nicht, Exzellenz."
Langsam lehnte der General sich in seinen Sessel zurück. Es war also doch eine vergebliche Hoffnung gewesen. Ach, wenn Grimani doch bereits für ihn geworben hätte! Der aber setzte seinen Worten ruhig hinzu: „Ich würde mir nie gestatten, in die Tätigkeit eines zukünftigen Oberbefehlshabers einzugreifen, weil ich ja nie wissen kann, welches seine besonderen Absichten sind."
Verbindlich neigte Matthias das große Haupt. Um etwas Freundliches zu sagen, erkundigte er sich, ob es unter den jetzigen Venezianern nicht Männer gäbe, welche vorbereitend die Ausbildung der Landtruppen in die Hand nehmen könnten.
„Energische Männer gibt es bei uns viele", nickte Grimani freundlich. „Wenn Sie gestatten, möchte ich Sie gleich mit einem solchen energischen Venezianer bekannt machen. Es ist der Provveditore Antonio Nani, etwas jünger als Sie. Er hat unter dem großen Morosini und unter Königsmarck, dem Oheim Ihrer Freundin Aurora, auf dem Peloponnes gekämpft. Jetzt ist er Präsident des Gesundheitswesens von Friaul — ist also bereits von den Parasiten auf einen Seitenweg abgeschoben worden. Aber in einigen

Monaten wird er savio alla scrittura, das heißt Kriegsminister, werden. Man muß sich jetzt nolens volens auch in Venedig seiner besten Leute erinnern. Es ist der Mann, mit dem der Großmarschall ständig zu tun haben wird und der einem bedeutenden Großmarschall durch sein Temperament und seine Verbindungen überaus nützlich sein kann."
Rasch begab sich Grimani in den Nachbarraum und kehrte mit einem etwa Fünfzigjährigen zurück, dessen hohe Gestalt und dessen ernstes Antlitz mit den scharf gezogenen, edlen Gesichtszügen den General sogleich fesselten. Nani verneigte sich gemessen und verharrte dann in zurückhaltender Verbindlichkeit, bis Schulenburg ihn neben sich bat. Inzwischen hatte der Botschafter roten Wein von Valpolicella bringen lassen, der die Herzen zu wärmen und die Geister zu lockern vermag.
„Die Schilderung, die Freund Grimani Ihnen gegeben haben dürfte, Exzellenz, ist durchaus nicht zu düster", entgegnete Nani auf Schulenburgs einleitende Worte hin, „die seelische Grundhaltung der herrschenden Venezianer ist verächtlich."
Da straffte sich Schulenburg und erwiderte scharf: „Wenn es sich dabei allein um Venedig handelte, könnte es tun, was es nicht lassen kann. Es könnte auch untergehen. Aber jetzt hat es kein Recht unterzugehen, weil es mit seinem Untergang ganz Europa mit in den Abgrund reißen würde. Im übrigen, meine Herren: Nichts ist dem Untergang geweiht, was sich nicht selbst aufgibt. Freilich darf man nicht mit gekreuzten Armen auf ein Wunder warten, sondern man muß handeln."
Ein Leuchten glitt über Nanis Züge. Dann streckte er dem General die Rechte hin. „Sie können in Venedig auf viele Sympathien rechnen, Exzellenz. Die Familien Loredan, Grimani, Pisani, Nani, welche um 1500 zur Rettung des Vaterlandes den Kanal von Suez bauen wollten, sind auch heute zu jedem Opfer bereit. Gewiß ist es selbst mit bestem Willen nicht leicht, ein solches Opfer zu bringen, weil es genau wie damals von den anderen Patriziern der Stadt nicht angenommen würde. Die hätten Angst, daß die Macht an die opferbereiten Familien überginge und würden sich

hinter der venezianischen Verfassung verstecken. Diese Verfassung ist aber so undeutlich, so schwerfällig und verfilzt, daß man mit ihr alles anstellen kann, was man will. Wirklich Luft schaffen vermöchte in Venedig nur..." — Nani stockte, fuhr dann aber sogleich wieder fort — „...Prinz Eugen."
Ein ernster Zug ging um die Lippen des Generals; der Botschafter am Hyazinthenfenster lächelte vorsichtig. Wenn er stärker lächelte oder gar lachte, dann drängten sich seine Nasen- und Kinnspitze so zusammen, daß seine Profillinie sich zu einem Halbkreis zusammenschloß. Das aber pflegte er zu vermeiden. So murmelte er gehalten in das Schneetreiben hinaus: „Wir wollen zufrieden sein, wenn die Gesellschaft Jesu unseren Prinzen weiter so beschäftigt, daß ihm keine Zeit bleibt, sich mehr als nötig mit uns zu beschäftigen."

2

Während die drei Herren die Weltlage in ihren Gedanken hin und her bewegten, um sich aus der düsteren Gegenwart in die Welt des Hoffens zu retten, bemühte sich Aimée mit den Pisani-Zwillingen um die Auswahl der Kleider für das spanische Fest. Ihr Herz war gerührt von der verhaltenen, aber unterschiedlichen Begeisterung der jungen Geschöpfe, der neugierigen Leidenschaftlichkeit der Feuer-Pisani und der unbegrenzten Sehnsucht der Traum-Pisani. Elena, die Feuer-Pisani, mit den braunroten Haaren und dem süßen Bubengesicht, riß Stoff um Stoff an sich und stand am Ende wehrlos vor der Fülle; Laura, die Traum-Pisani, schaute gebannt auf eine Seide, aus welcher die Wasser der Lagunen herauszulächeln schienen. So standen sie beide starr vor dem Überfluß, und erst Aimée wußte sie aus dem Bann zu lösen. Sie wurde mit Dank überschüttet, den sie lachend entgegennahm, wenn auch ihr Herz so erregt war, daß Laura dessen Zittern zu spüren vermeinte. „Sie sollten sich schonen, Gräfin", riet sie artig, „kommen Sie, wir fahren noch ein wenig spazieren." Aimée

dankte und bat, sie bei Herrn von Leibniz abzusetzen, der eine Zimmerflucht im Belvedere Eugens bewohnte. Leibniz arbeitete dort auf Bitten des Prinzen die Pläne für die neue deutsche Akademie aus, welche von den Jesuiten bereits heftig bekämpft wurde.
Herr von Leibniz empfing Aimée mit der ihm eigenen schönen Feierlichkeit. Nachdem er zwei Bände Newton von einem Sessel genommen hatte, bot er Aimée den Platz an. „Ihr Antlitz zeigt Spuren von Erregung", sagte er und musterte die zusammengepreßten Lippen der jungen Frau. „Gibt es etwas Besonderes?"
„Herr von Leibniz... ich habe... ich habe den Auftrag erhalten..."
Die Stirn des großen Forschers umwölkte sich. Nach einiger Zeit schüttelte er das Haupt.
„Welchen Termin hat man Ihnen gesetzt für die Ausführung des Mordes?"
„Er darf Korfu nicht erreichen."
Leibniz spielte nachdenklich mit einem Federmesser. „Korfu? Er wäre also noch nicht gefährdet während seiner Vorbereitungen in Venedig? Damit wäre schon viel gewonnen."
„Und ich?" wollte Aimée fragen. Aber diesem überzeitlichen Geist gegenüber erschien ihr eine solche Frage zwecklos. Mochte er weiter in Jahrhunderten denken. Sie mußte ihr Schicksal selbst in die Hand nehmen.
Da aber schoß aus den verhängten Augen des alten Mannes ein Blitz. „Halten Sie sich an Antonio Nani", sagte er kurz, „Nani kann helfen. Er wohnt ja jetzt in der venezianischen Botschaft. Ich weiß es, weil er mir Zeitungen und einen Brief von dem vielgepriesenen Literaten Apostolo Zeno aus Venedig mitgebracht hat. In dem Brief stand übrigens nichts von Bedeutung."
Durch die Seele der Frau ging ein Hoffen. Antonio Nani. Ja. Gestern, gleich nach seiner Ankunft, hatte sie ihn kennengelernt und seinen lebendigen Erzählungen von Venedig aufmerksam gelauscht, einer von den zu gut erzogenen Männern, die es für

eine Unhöflichkeit halten, „nein" zu sagen, wenn man ihnen zulächelt. Sie dankte Leibniz, welcher sich zum Abschied mit Mühe aus seinem Sessel erhob und sich bereits wieder in sein Manuskript vertiefte, bevor sie noch das Zimmer verlassen hatte. Nachdenklich begab sie sich durch das Schneetreiben auf den Heimweg.
Als sie in die Kärntnergasse einbog, stieß sie plötzlich auf einen großen, breiten Mann in der goldstrotzenden Uniform eines kaiserlichen Generalleutnants. Der massive Vierziger musterte aus zusammengezogenen Augen, die von borstigen Brauen schwer überbuscht waren, die Vorübergehenden. Er prüfte jeden einzelnen wie ein Jäger seine Strecke prüft; als ob er die Menschen bereits erlegt und hübsch nebeneinander aufgereiht hätte. Die Menschen hingegen musterten den hohen Offizier in seiner überbetonten Männlichkeit fast scheu; vielleicht, weil es sie befremdete, daß ein kaiserlicher Generalleutnant bei einem solchen Wetter zu Fuß ging. Ein kurzer, scharfer Blick traf auch Aimée; der Mann blieb stehen, sein mächtiger Mund zog sich breit und deutete ein Lachen an: „Sieh da, die Gräfin della Torre!" — um dann gemessen die Verse aus Ariost hinzuzufügen: „Nie grüßt den Wanderer ein schönres Glück als Frauenlächeln, das ihn plötzlich streift."
Aimée starrte den Fremden erschrocken an. Der aber lachte weiter und fuhr fort: „Nein, Sie können mich nicht kennen. Ich aber, ich erkenne Sie wieder nach dem Bild, das die Rosalba Carriera von Ihnen gemalt hat. Ich bin Graf Bonneval."
„Graf Bonneval!" Fast erschrocken stieß die Frau den Namen hervor. Dann aber packte sie beim Anblick dieses breiten, großen Soldaten die Angst. „Ihr berühmtes Gedächtnis verläßt Sie auch einer kleinen Unbekannten gegenüber nicht?" entgegnete sie vorsichtig.
„Kleine Unbekannte?" lachte Bonneval und neigte sich ihr mit überbetonter Grazie zu, „diesen Vorzug haben Sie sich seit langem verscherzt. Mein gnädiger Herr, der Prinz Eugen, hat mir

bereits vor einigen Wochen von Ihrer Anwesenheit in Wien erzählt. Sie machen wieder Weltgeschichte, wie ich höre?"
Die Frau erinnerte sich plötzlich jener Unterhaltung zwischen Matthias und dem seltsamen Major von Moser, welche sie auf dem Treppenabsatz von Dianenlust belauscht hatte. Sie erinnerte sich, daß Moser den Generalleutnant von Bonneval als Leiter des prinzlichen Geheimdienstes bezeichnet hatte, und so beantwortete sie Angriff mit Angriff. „Weltgeschichte? O nein — die Weltgeschichte läßt sich von anderen Leuten machen. Aber Sie fischen wohl wieder einmal Menschen?"
Bonneval stand noch immer fest inmitten des Straßengewühls. Er stand unbeweglich in der lichtblassen Schneeluft, die Hände mit den großen Stulphandschuhen auf den Hüften. „Was soll ich wohl mit diesen Weißfischen anfangen?"
Mit großer Bewegung warf Aimée einen Zipfel ihres Pelzes über die Schultern. „Sie sind ein Haifisch. Sie fressen Tausende davon im Jahr."
„Trauen Sie mir keinen besseren Geschmack zu?"
Aimée schüttelte den Schnee aus ihrem Antlitz. „Den schlechten Geschmack haben die Haifische vom Spionagedienst so an sich."
Langsam glitten die grauen Stulphandschuhe von den Hüften. Bonneval lachte nicht mehr. Sein Mund zog sich nach innen. „Es wird kalt. Mein Wagen folgt mir dort drüben. Steigen Sie ein. Ich setze Sie an der venezianischen Botschaft ab."
Er winkte die hohe Glaskutsche heran. „Soll ich in Ihren Fischkasten steigen?" Sein Blick verdüsterte sich. „Steigen Sie ein", befahl er kurz, und Aimée gehorchte.
Als die beiden im Wagen saßen, änderte sich nicht nur der Gesichtsausdruck des Grafen, sondern auch seine Seele schien sich zu ändern. In einem fast zarten, frühlingshaften Glänzen schimmerten seine Augen; die Stimme wurde leise und geschmeidig, und die hart eingekerbten Züge, welche von den Nasenflügeln zu den Mundwinkeln liefen, glätteten sich zusehends. Aimée verstand plötzlich, daß diesem Menschen ein persönlicher Zauber nachgesagt wurde; so folgte sie bald ohne inneren Widerstand

den Worten des Mannes, dessen fast süße Stimme sie in einen Zustand halben Träumens hüllte.

„Ich freue mich", fuhr der Franzose nach ein paar einleitenden Worten fort, „daß Sie Weltgeschichte machen. Ihre stolze Persönlichkeit ist von der Vorsehung vor allen anderen dazu bestimmt, jenen Helden schützend zu geleiten, welchem Prinz Eugen jetzt die Verteidigung Ihrer schönen Heimat anvertraut hat."

Aimée horchte auf. „Wie kann ich ihn schützen?" fragte sie aus dem Urgefühl der Angst heraus.

Ein zartes Lächeln glitt über den Mund des Grafen. „Ich verstehe, daß Sie sich mit dieser Frage herumquälen und sich doch keine Antwort zu geben vermögen. Aber glauben Sie mir, Donna Angiolina, Ihr Ringen hat meine tiefste Sympathie. Wenn ich Ihnen behilflich sein kann, so sagen Sie es. Ich stehe immer zu Ihrer Verfügung."

Eine Glutwoge durchzitterte die Frau. ‚Sollte das Schicksal ihr helfen wollen? Bonneval... wenn er mir beistehen würde... Er ist doch Eugens Vertrauter...' Ihre Lippen bewegten sich; sie wollte sprechen, wollte aufschreien: „Helfen Sie! Ich soll ihn vergiften — der Dianum-Kogia will es — aber ich soll sterben, wenn er Korfu erreicht!" Sie wandte das Haupt dem Manne an ihrer Seite zu und sprach bereits ein paar Worte. Da plötzlich entdeckte sie einen grausigen Zug um seine Lippen. Die Worte stockten; sie griff nach ihrem Riechfläschchen und sprach Gleichgültiges weiter. Als sie dann wieder, gequält und vorsichtig, ihre Blicke dem Grafen zuwandte, saß an ihrer Seite ein schöner, ernster Mann mit einem schmerzlichen Ausdruck in seinen Zügen. Aimée zitterte. Sah sie Gespenster?

„Ich will Ihnen meine Hilfe nicht aufdrängen, Donna Angiolina", sagte der Mann, während er starr gradeaus sah. Und fast flehend setzte er hinzu: „Verurteilen Sie mich nicht. Ich habe ein schweres Schicksal zu ertragen. Ich weiß zu viel. Ich muß zu viel wissen."

Aimée, deren Urteilskraft verwirrt war durch die Unsicherheit ihrer Gefühle, glaubte innerlich verbrennen zu sollen. Endlich quälte sie hervor: „Was wissen Sie?"
Der Kutscher zügelte die Pferde. Der hohe Glaswagen mußte für einen Augenblick anhalten, weil auf der Straße die Karosse eines spanischen Granden zusammengebrochen war, über welchen die Menschen, die herumstanden, höhnische Bemerkungen machten. „Wieder ein Spanier", murmelte auch Bonneval, während er mit der goldenen Fangschnur seiner Uniform spielte, „sie können nicht einmal ihre Karossen kutschieren, und dabei wollen sie das Schicksal Deutschlands lenken."
Aimée glaubte, einen falschen Ton in der Stimme Bonnevals zu hören. Aber sie war bereit, ihrer eigenen Beobachtung zu mißtrauen. Zudem wartete sie auf die Antwort ihres Begleiters, der immer noch schweigend vor sich hinsah. Endlich, nach einer quälenden Stille, flüsterte er nur: „Hüten Sie sich!"
„Vor wem?"
Leise kam die Antwort. „Vor der Gräfin Bokum."
Aimée schrie leicht auf. „Vor..."
„... der Gräfin Bokum."
„Weshalb?"
Nun hob Bonneval das Haupt und sah die Nachbarin unter dem Gebüsch der Augenbrauen gütig an. „Sie waren gestern abend bei der Bokum."
„Ja..."
„Nachher hat Schulenburg sie besucht."
„Das ist nicht wahr!"
„Er ist die Nacht über bei ihr geblieben." Leise ergriff der Mann die Linke der Frau. „Arme Gräfin..."
Nun verzerrte sich Aimées Antlitz. „Aber das ist doch nicht möglich", stöhnte sie. Ein schönes Mitleid durchzitterte die Worte Bonnevals.
„Fragen Sie ihn selbst."
Dann aber sprach er kurz und gemessen. „Sie werden mir glauben, daß mich die Liebesabenteuer eines Weltmannes nicht

interessieren. Freilich", fuhr er nach einer Weile fort, nachdem er die Tiefenwirkung seiner Worte erfühlt hatte, „hier geht es doch um andere Dinge. Wissen Sie eigentlich, wer die Gräfin Bokum ist?"
Aimée murmelte unbeweglich vor sich hin: „Eine frühere Ehrendame der Königsmarck und jetzt eine Agentin Augusts des Starken." Bonneval nickte. „Ihre zwei Schwestern hatten zwei Fürsten Lubomirski geheiratet. Die eine hat sich für einige Zeit dem König August gewidmet... Nun ja. Unsere Gräfin Bokum, Therese, Lelia genannt, die dritte Schwester, war die Gattin eines sächsischen Obersten von Glasenap. Lelia hat sich für einige Zeit Schulenburg gewidmet..." Der graue Handschuh Bonnevals wischte durch die Luft.
„... Schulenburg gewidmet... bitte, weiter!"
Die Achseln des Generals hoben sich und senkten sich wieder. „Das wissen Sie ja. Sie hat sich von Glasenap scheiden lassen, um sofort für eine Ehe mit Schulenburg bereit zu sein. — Der Bruder der drei Damen ist für seine vorbildliche Toleranz Bischof von Krakau geworden..."
Hart unterbrach sie ihn: „Was bedeutet die Gegenwart der Dame Lelia in Wien? Ich glaube nicht, daß August der Starke sie hierhergesandt hat, nur um ihm Hofklatsch zu berichten."
Bonneval richtete sich auf. „Lelia von Bokum ist vor einem Jahr hierhergeschickt, mit dem alleinigen Auftrag, den General Schulenburg abzufangen."
„Abzufangen?"
„Gewiß. Aus grenzenloser Schwäche hatte König August seinen besten General, eben Schulenburg, seinem Günstling Flemming geopfert. Jetzt aber, wo es um die Krone von Polen geht, muß Schulenburg zurückgeholt werden, denn er ist der einzige, der mit Karl XII. fertig werden kann. Nach seiner Art versucht August durch ein Weib zum Ziel zu kommen. Gar nicht mal so dumm, denn Schulenburg ist für weibliche Reize nicht unempfänglich."

Wieder zuckte Aimée zusammen. Ihre Augen wurden starr; ihr Mund verzog sich zur Grimasse. Dann murmelte sie: „Ich bin auch noch da. Er gehört nach Venedig!"
Begütigend legte Bonneval die Rechte auf ihren zitternden Arm. „Sie sind die echte Vertreterin Venedigs, Donna Angiolina." Und nach einer Weile setzte er halblaut hinzu: „Des alten großen Venedigs, das noch weiß, was es will."
Inzwischen hatten die Müßiggänger auf der Straße sich verlaufen, und die Glaskarosse des Generals setzte sich wieder in Bewegung. Aimée griff von Zeit zu Zeit nach ihrer linken Hand. Das weiche Wildleder des Handschuhs wurde durch einen Ring an ihrem Ringfinger ein wenig gebuckelt.
Der Wagen bog von der Kärntnergasse ab und hielt bald darauf vor dem venezianischen Botschaftspalais. Aimée hatte sich wieder gefaßt, stieg aus und dankte dem im Sitzen sich tief verneigenden Generalleutnant für seine Hinweise. ‚Alle dicken Leute bekommen eine chinesische Höflichkeit', dachte sie und zeigte beim Lächeln das nackte Zahnfleisch. Der Diener schloß vorsichtig die breite Glastür des Wagens, der gleich darauf wieder anrückte, während der General, eingerahmt vom Gold der Wagenfenster, nochmals den Federhut zog.
Dann fiel von der anderen Straßenseite ein Schuß.
Klirrend durchschlug die Kugel die Glasscheiben des Wagens. Bonneval warf sich zurück, und der Kutscher hieb auf die Pferde ein, so daß die Karosse im Galopp davonjagte.
Die Kugel war an der Mauer des Botschaftsgebäudes angeprallt und rollte Aimée durch das Schneetreiben hindurch in kleinen Sprüngen vor die Füße.
Ein paar Vorübergehende, welche zunächst erschrocken stehengeblieben waren, liefen rasch davon. Niemand wollte mit solchen Sachen zu tun haben.
Die Straße war leer.
Ohne innere Erregung, nur erstaunt, nahm Aimée die kleine breitgeschlagene Kugel auf. Dann hob sie den Blick. Sie sah

noch, daß im gegenüberliegenden Haus ein magerer Mann verschwand, der ein buntes Kostüm trug, ein venezianisches Faschingskostüm, wie Arlecchino oder Brighella. Viel Grün und Rot hatte durch den Schnee geflimmert, und etwas wie eine Peitsche mußte der Mann im Gürtel getragen haben.
Drüben fiel eine Tür ins Schloß.
Aimée war ganz ruhig, fast heiter. Sie brauchte sich nicht einmal auf ihre Willenskraft zu stützen, um der vielen und in sich widersprechenden Eindrücke Herr zu werden, mit welchen Wien sie umfing. Als sie die breite Holztreppe mit dem flachen Paragraphengeländer zu ihren Zimmern hinaufstieg, fühlte sie sich erfrischt und beschwingt.
Auf dem breiten Flur des oberen Stockwerkes eilte ihre Zofe Giulia ihr schluchzend entgegen und kniete nieder. „Gott und seine Heiligen seien gelobt", wimmerte das reizende Geschöpf, während es die überschlanken Arme emporstreckte, „wir haben einen Schuß fallen hören! Ein Wagen raste davon, und dann verlor sich ein buntes Gespenst im Schneesturm. Oh, es war furchtbar!"
Aimées Achseln bewegten sich zuckend, ein sicheres Zeichen, daß etwas sie langweilte. Sie betrat ihr Wohnzimmer und freute sich des weißen, schön gebauchten Kachelofens, als eines guten Haustieres, das die Berechtigung seines Daseins durch die milde Wärme bewies, welche es verbreitete. Die glatten, crèmefarbenen und silbergefaßten Wände des Zimmers warfen die Wärme zurück, so daß Aimée sich geborgen fühlte. — Bonneval, seltsam — wer mochte auf ihn geschossen haben? Ein Harlekin war es gewesen. Aber woher wußte dieser Harlekin, daß Bonneval sie zu der venezianischen Botschaft bringen würde? Dieser Schuß, aus Schnee durch Glas in den Schnee, reizte ihre Neugier mehr, als daß er sie nachträglich beunruhigte. Sie legte die breitgeschlagene Kugel auf die Spiegelkonsole und warf einen Blick in den Spiegel. Bei dieser Gelegenheit entdeckte sie in einer narzissenweißen Porzellanvase einen großen Strauß kostbarer roter Rosen. Mit leicht gebogenen Fingern streichelte

sie die in sich vollendeten Blüten und ließ ihre Sinne für einen Augenblick in diesem Meer von duftendem Blut ruhen.
Dann wandte sie sich gegen die Zofe. „Wer hat die Rosen gesandt, Giulia?"
Giulia knickste, und ihre Augen leuchteten. „Der Diener des Herrn Provveditore Antonio Nani."
Ganz langsam kleidete sie sich um. Sie wählte ein kurzes Tulpenkleid, welches ihre schönen Beine freigab und jede Schwingung ihres Körpers betonte. Nachdenklich legte sie eine Reihe der Morosini-Perlen um, die aus der Mitgift ihrer Mutter Cornelia Morosini stammten. Die gute Mama, die eigentlich den schwerreichen Oheim heiraten wollte, mußte sich jedoch mit dem armen Papa begnügen, der nur über 14 000 Dukaten Rente verfügte. Während Aimée ihre Haare aufschüttelte, lachte sie vor sich hin. „Arme Mama! Ein Wunder, daß du mit den elenden 14 000 Dukaten Rente noch nicht verhungert bist. Stifte deinem Heiligen irgendeine Aufmerksamkeit dafür."
„So wird meine Lukrezia wohl die reichste Mocenigo-Erbin sein", überlegte sie weiter, während sie sich eine Rosenknospe ins Haar steckte. „Sie erbt ja auch noch alles von ihrem Vater, der zwar Staatsminister in Turin, aber sonst so dumm ist, daß er nicht einmal die Hälfte seiner riesigen Renten mit Grazie auszugeben vermag. Er spart aus reiner Dummheit. Wenn ich also im nächsten Jahr sterben muß, ist Lukrezia geborgen... Zudem ist sie schön. Daß ihr eines Auge etwas schief steht, wirkt reizvoll."
Aimée musterte, während sie mit Rot- und Schwarzstiften hantierte, ihr Spiegelbild; immerhin, auch mit sich konnte sie noch zufrieden sein.
Nachdem sie diese Feststellung gemacht hatte, ließ sie den Provveditore Nani bitten, mit ihr eine Tasse Schokolade zu nehmen. Bis Nani in ihr Zimmer trat, malte sie weiter an ihrem Antlitz herum oder zupfte an einem der weitauswehenden Blätter des Tulpenkleides.

3

Der Provveditore erschien in kastanienbraunem Rock mit crèmefarbenen Aufschlägen. Als Aimée ihm die Schokolade eingoß, hielt sie den Augenblick für gekommen, um klar und rückhaltlos mit ihm über den Dianum-Kogia, über Matthias und die Bokum zu sprechen. Nani war ein vollendeter „homme honnête", ein Vertreter jenes in Frankreich gewachsenen Mannesideals, welches die verschiedensten ästhetischen und moralischen Momente in sich barg und allen führenden Geistern Europas als Ziel der Selbsterziehung vorschwebte. Er deckte sich etwa mit dem Begriff des „Weltmannes". Mit einem solchen Mann konnte eine Frau wie Aimée frei reden, weil sie — wenn auch die roten Rosen dort vor dem Spiegel eine deutliche Sprache sprachen — immer sicher sein konnte, daß er niemals die Spielregeln verletzen würde, welche gute Sitte und Tradition aufgestellt hatten.

Zunächst drückte Nani seine Freude aus, daß die Gräfin bei dem seltsamen Attentat gegen Bonneval verschont geblieben sei. Dabei musterte er unauffällig die langen Beine der Venezianerin, welche sich suchend durch die Seidenblätter des Tulpenkleides hindurchzudrängen schienen. Ihre rechte Fußspitze spielte indessen mit dem Goldpantoffel, während ihre linke Hand die Schokoladentasse in der Schwebe hielt.

Bevor Aimée jedoch ihrem Gast die Sorgen vortragen konnte, welche sie quälten, streckte Giulia das Köpfchen ins Zimmer und trat knicksend ein.

„Was gibt es?" fragte Aimée ungehalten. „Ich möchte nicht gestört werden." Aber die Zofe, welche sich hinter Nanis Stuhl hielt, preßte die Hand gegen den Mund und biß sich auf die Lippen, bis sie am Ende widerstandslos in einem lauten Gelächter explodierte.

Scharf funkelte Aimée das Mädchen an. Guilia faltete die Hände und neigte den Kopf. „Verzeihen Sie... Exzellenz Nani... Donna Angiolina... Aber.." Und wieder wurde der schlanke

kleine Körper von einem furchtbaren Lachen erschüttert. Als Aimée ihre Blicke weiter fest auf das Mädchen gerichtet hielt, stiegen ihm die Tränen in die Augen, und es begann zu schluchzen. „Exzellenz, seien Sie nicht böse, aber es ist ein Mann da... ein Mann..."
Und dann weinte Giulia hemmungslos.
„Was für ein Mann?"
„Ich sagte... daß Exzellenz Nani hier sei... darauf sagte er, ‚desto besser!'... er müsse auch mit Exzellenz Nani sprechen..."
„Wer ist der Mann?"
Giulia sah den Provveditore von der Seite an. „Er sagte so etwas... er käme wegen... ja wegen des Herrn von Kogia... Exzellenz wüßten schon Bescheid."
Das Antlitz Aimées wurde bleich wie die Porzellantasse. Ihr Haupt neigte sich Nani zu. „Wollen wir den Mann empfangen? Denn just dieser Sache wegen wollte ich mit Ihnen sprechen."
Nani, im Sitzen die Beine über den Knöcheln gekreuzt, die Ellenbogen auf die Seitenlehnen des Stuhles gestützt und über den geöffneten Knien die Tasse haltend, verneigte sich zustimmend.
Mit tränenden Augen erwartete Giulia den Befehl ihrer Herrin. Als diese gesagt hatte: „Ich lasse den hohen Herrn bitten!" lief das Mädchen aus Furcht vor einem neuen Lachreiz in brennender Hast davon, um bald darauf die Türe von außen wieder zu öffnen und gemessen zu melden: „Der hohe Herr."
Die Frau fühlte, wie ihr Herz in der Hand des Schicksals ruhte. Dann hob sie den Blick, der zunächst auf etwas Grün-Rotes stieß. Aus diesem Grün-Roten krähte eine hell-scharfe Stimme. Giulia hielt sich neben dem Eintretenden, den sie mit einer Mischung von Grauen und Heiterkeit anstarrte.
Er trug einen grünen Waffenrock mit breiten roten Aufschlägen. Seine Beine staken in hohen, weichen Lederstiefeln. In seiner silbernen Feldbinde steckte eine Art von Geißel. Über der Farbenpracht dieser Uniform hing lässig ein roter Umhang. In der

Linken hielt der Eintretende den Degen und den Dreispitz, welcher mit einem Wasserfall von Straußenfedern geschmückt war. Der lange Hals wühlte sich aus dem Uniformkragen heraus und schob den Vogelkopf nach vorn, wie die Rechte sich aus dem roten Aufschlag herauswühlte und einen gewaltigen Strauß von roten Rosen nach vorn schob. Dann verzog sich der feingeschnittene Mund des Besuchers zu einem grotesken Lachen, das bald in ein Krähen überging. „Verzeihen Sie, Gräfin, daß ich Sie vorhin so erschrecken mußte. Eigentlich wollte ich Ihnen auflauern, nur, um rasch meine Durchreise nach Venedig zu melden. Da aber lief mir der Lump und Liebling Eugens in die Finger. Nach allem, was ich inzwischen über seine Tätigkeit erfahren habe, schien es mir angemessen, ihm eine Einladung ins Jenseits zu schicken. Leider bockten die Pferde zufällig; das hatte ich nicht mit in die Berechnung der Flugbahn einbezogen. So ging die Einladung fehl..."
„... und rollte am Ende vor meine Füße, lieber Major von Moser. Dort liegt sie, unter dem Spiegel; ich habe sie mir aufgehoben. So, jetzt kommen Sie und trinken Sie eine Schokolade mit uns." Moser bewegte sich mit Eilschritten auf Aimée zu, hielt ihr die Rosen hin und schnarrte: „Die sind für Sie."
Die Hände der Frau streckten sich vor, um die herrlichen Blüten entgegenzunehmen. Nani, der sich erhoben hatte, um den Major zu begrüßen, beobachtete, wie die von ihm geliebte Frau die Blumen entgegennahm. Manche Frauen nehmen Blumen entgegen wie eine brennende Kerze, andere wie eine Waffe, die dritten wie ein Kind. Aimée nahm die Rosen entgegen wie eine Fahne. „Legen Sie Ihren kostbaren roten Umhang ab, Major", sagte sie, während sie die Rosen in eine Vase stellte, „und nun erzählen Sie uns, was Sie so rasch nach Wien getrieben hat. Eigentlich", so wandte sich Aimée an Nani, „wollte Major von Moser Schulenburgs Kapitulation mit der Republik abwarten, um dann als Chefingenieur nach Korfu nachzukommen."
„Major von Moser ist aber aufgefordert worden, früher zu kommen", krähte der Major.

„Sie sind aufgefordert? Wie ist denn das nur möglich? Eine Nachricht Schulenburgs aus Wien kann Sie doch in ‚Dianenlust' noch kaum erreicht haben."
Moser zog langsam den Kopf wieder ein. „Bald nach Ihrer Abreise brachte mir ein Bauer einen Brief, den ihm ein Reiter zur Übermittlung an mich gegeben hatte. In diesem Brief steht nur: ‚Reisen Sie sofort nach Wien ab und von dort weiter nach Venedig. Ihre Reise ist dringlich.'"
Er reichte Aimée einen Zettel, welchen sie kopfschüttelnd musterte. „Von wem stammt der Brief?" fragte sie, während sie eine Locke aus der Stirn schüttelte.
„Ich weiß es nicht."
„Eine seltsame Handschrift. Aber der Schreiber ist gut unterrichtet. Ihre Anwesenheit hier ist bereits sehr dringlich."
Klar und bildhaft erzählte sie Nani von ihrem Erleben mit dem Kogia, von des Kogias Ring und von der Gefahr, in welcher sie selbst schwebte. „Und jetzt habe ich den Auftrag erhalten, den General möglichst nicht nach Venedig, auf keinen Fall aber nach Korfu gelangen zu lassen."
Nani war blaß geworden. Er stand auf und ging ein paar Schritte auf und ab. „Und wenn er Korfu erreicht?" fragte er mit trockener Stimme.
Aimée zuckte mit den Achseln.
Während die Venezianer schwiegen, schüttelte Moser seinen Hut, daß die Straußenfedern durcheinanderschäumten wie die Wasser eines Sturzbaches. „Wunderbar!" rief er, „die Spitzenhändlerin hat sich also gemeldet?"
„Ja." Nicht ohne Erstaunen blickte Aimée auf die fast freudig bewegten Züge Mosers. Er war so erregt, daß der goldene Löffel auf dem Untersatz seiner Schokoladentasse klirrte. „Ein echter Dianum-Kogia-Plan", knarrte er, „den er dem Großvezir schmackhaft gemacht hat. Aber wissen Sie, wer solche Pläne des Kogia hier in Wien leitet und verwirklicht? Wer sozusagen die vorgesetzte Behörde der Spitzenhändlerin ist?"

Aimées Blicke irrten umher; sie hingen ängstlich an den Augen Nanis, der die Achseln zuckte. Woher sollte Nani das auch wissen? Endlich zogen sich ihre Züge zusammen; dann stieß sie das Wort hervor, das die Spannung in ihrer Seele verkündete wie eine schwarze Flagge das Pulverschiff: „Die Bokum." Das knarrende Lachen Mosers lähmte ihre ausbrechende Leidenschaft. „Die Bokum? Oh, nein! Dieses Osterlamm zerbricht bereits unter der Last seiner kümmerlichen Agententätigkeit für den starken August. So etwas wie die Bokum kann vielleicht kompliziert lieben, niemals aber fest handeln." Auch im Schweigen Mosers klang noch ein Hohn nach.
Mit fest verkrallten Händen und flatterndem Atem trat Aimée vor Moser. „Wer denn sonst! Sagen Sie es. Ich will es wissen!"
„Bonneval."
Die Gräfin ließ die Hände sinken, richtete sich auf und lachte hart. „Phantast Sie! Grade Bonneval hat mich gewarnt vor der Bokum, die den Auftrag hat, Schulenburg nach Dresden zurückzubringen! Bonneval will das gleiche, was Eugen will: Schulenburg soll nach Venedig und später nach Korfu!"
Eine wunderliche Vogelscheuche hing in dem Brokatsessel. Diese Vogelscheuche sprach hölzern, ohne Ausdruck, fast gelangweilt und doch eindringlich. „Bonneval betrügt seinen Herrn, den Prinzen. Er ist ein Spion der Türken. Da er ihnen mit seinem Kopf dafür haftet, daß Schulenburg bald umgebracht wird, möchte er das unauffällig in Wien oder Venedig besorgen lassen. In Dresden käme man ihm nur schwer bei, weil die Bewachung dort sehr sorgfältig durchgeführt wird."
„Weshalb warnt Bonneval mich dann vor der Bokum?" Aimée war hinter ihren Sessel getreten, und ihre Augen sahen über Nani, der diese farbige, graziöse Erscheinung mit glühenden Blicken musterte, hinweg auf die Wand.
„Die Bokum wird nie auf Bonnevals Spiel eingehen, weil sie in sklavischer Ergebenheit an Schulenburg hängt", entgegnete Moser lässig. „Das hat Bonneval längst erkannt, und das paßt

ihm nicht. Aus diesem Grunde untergräbt er die Stellung der Bokum."
Langsam wandte Aimée dem Major das schöne, leidenschaftlich erregte Haupt zu. „Hat die Gräfin Bokum denn keinen eigenen Willen? Was will sie eigentlich?"
Moser lachte. „Schulenburg möglichst lange in ihrer Nähe halten — sonst nichts."
Mit großen Schritten ging Aimée im Zimmer auf und ab. Ihre Füße berührten den Boden nur flüchtig; es war, als ob sie dahingewirbelt würde vom Sturm ihrer eigenen Seele. Aber dieser Sturm war hell und kämpferisch; er peitschte ihre Sinne auf und erhitzte das Blut. Plötzlich blieb sie stehen. Die todbereite Lust einer Mänade überkam sie; in ihren Augen nistete die Freude am Vernichten. Moser beobachtete diese übersteigerte Leidenschaft fast wissenschaftlich. Nani jedoch fühlte aus seiner wachsenden Liebe zu Aimée ein starkes, männliches Verantwortungsgefühl. So erhob er sich langsam und trat an die Erregte heran. Er hob die Hand und gebot der wieder Hin- und Hereilenden ein kurzes „Halt". Sie sah den Venezianer starr an und erschrak vor der Würde seines Gesichtsausdruckes. Sie blieb stehen und hörte ihm zu, die Hände auf dem Rücken. „Hüten Sie sich, Gräfin! Werden Sie durch Ihre Eifersucht nicht Bundesgenosse Bonnevals. Ihr Ziel darf nicht die Vernichtung der Bokum sein, sondern allein die Rettung Venedigs."
Erschöpft lehnte sie sich an die Marmorplatte des Tisches und starrte Nani aus halbirren Augen an. „Er soll mir versprechen", keuchte sie, „daß er sich von ihr trennt."
Stolz, gehalten, seine eigene Liebe zu Boden zwingend, schüttelte Nani das Haupt. „Er wird es Ihnen versprechen, und es doch nicht tun."
„Also liebt er die Bokum mehr als mich?"
„Nein. Aber er ist ein echter Mann. Und ein echter Mann kann nicht mit einer Frau brechen. Aus tausend Gründen nicht — vor allem nicht aus einer weichen Galanterie. Ein echter Mann ist

an alle seine Lieben mit längeren oder kürzeren Fäden für sein ganzes Leben gebunden."
Aimées Lippen rollten sich höhnisch. „Eine traurige Verfilzung der Gefühle! Pfui! Das ist nichts für mich!"
Die Hände fest zusammengefaltet, antwortete Antonio Nani: „Täuschen Sie sich nicht. Es ist sogar der Sinn Ihres Lebens. Denn, wenn es nichts für Sie wäre, würden Sie nicht so leiden." Nach einer Weile setzte er fast stimmlos hinzu: „Für wen sollte ein echter Mann denn etwas sein, wenn nicht für Sie?"
Da sank Aimée in einen Stuhl. Der Mann im grünen Rock mit den roten Aufschlägen stand indessen, einer riesigen Porzellan-Groteske ähnlich, am Fenster und beobachtete, wie Nani sich in seiner ritterlichen Zucht langsam erschöpfte. Es wurde Zeit, daß ein anderer einsprang. So trat Moser an die in sich zusammengekauerte Aimée heran und legte ihr die Hand auf die Schulter. „Besinnen Sie sich, Gräfin, um was es geht!"
Halb schluchzend kamen die Worte über die Lippen der Leidenden: „Was soll ich denn tun?"
„Gar nichts. Sie sollen groß sein und ihm das Spielzeug lassen. Das hält ihn in Wien fest. Sonst wäre er längst aus Ärger über die venezianische Krämerpolitik nach Dresden abgereist. Bevor der Vertrag mit Venedig nicht unter Dach ist, darf er auch nicht von Wien weg. Beißen Sie die Zähne zusammen. Die Zeit ist schwer für Sie, denn das Warten kann lange dauern. Aber stellen Sie sich vor, was würde, wenn er — mißgestimmt durch Ihre Eifersucht — wirklich nach Dresden abreiste und die Bokum mitnähme? Was hätten Sie gewonnen? Er muß hierbleiben. Sie halten das Schicksal Venedigs in der Hand, Gräfin."
Inzwischen hatte sich Nani einem Bilde zugewandt, das in die Lackwand eingelassen war. Er musterte es lange, ohne zu begreifen, was es darstellte. Es waren Blumen — nur soviel wußte er. Aber sein Herz trieb ihm das Blut in die Augen, und er sah bunte spitze Flächen und farbige Kreise. Gleichzeitig fühlte er eine brennende Spannung unter der Haut, auf dem Handrücken und den Wangen. Das Atmen wurde ihm schwer. Wie durch

das Sehnen der Besten ging auch durch sein Sehnen noch einmal der Geist der Troubadours, der gleiche Geist, der einst als Morgenröte den großen Aufstieg Venedigs überstrahlt hatte. Aber Nani wußte um die Gefahr, welche dem müde gewordenen Venedig durch dieses Abendfeuer drohte — es konnte die ganze Stadt in Brand stecken. „San Marco, Simson, dem die Dalila vernichtend seine heiligen Locken schert", hatte Almiro Elettreo über die Verwirrung der Herzen in Venedig geklagt und hatte auf das Gift der Liebe hingewiesen, welches den überfeinerten Männern und Frauen der Stadt die Lebenskraft zu rauben drohte.
Neidvoll dachte Nani an die Kraft des nordischen Landes, dessen Helden durch die Liebe nicht vor der Tat zermürbt, sondern zur Tat befeuert wurden.
Er wandte sich um. Moser, im Farbwirbel seiner bunten Tracht, sprach noch leise auf Aimée ein, die still vor sich hinsah. Und nun rang Nani seinem blassen Antlitz ein Lächeln ab. „Jetzt, Freunde", begann er, „heißt es handeln. Unsere Aufgabe steht klar vor uns; wir müssen vor allem den General erhalten."
„Ja", setzte Moser hinzu, und Aimée nickte.
„Solange Bonneval noch damit rechnet, daß Sie, Gräfin, dem General das Gift beibringen werden, wird er niemand anders damit beauftragen. Dadurch ist der General also bis zu seiner Abreise nach Korfu gesichert. Was dann zu erfolgen hat, müssen wir sehen. Sie, Herr Major von Moser, werden Pässe erhalten und mit mir nach Venedig vorausreisen. Dort werden wir mit allen Kräften versuchen, Venedig für den Krieg aufzurüsten."
Moser zog den Mund breit.
„Sind Sie allein?" fragte Nani, „oder reisen Sie in Begleitung?"
„Ich werde meine Armee von achtzig Mann mitbringen und meine fünf Damen, die nicht so überflüssig sind, als es zunächst scheinen möchte. Es sind Türkinnen und Armenierinnen. Die erfahren leichter etwas als wir. Wenn der General nachkommt, übergebe ich ihm natürlich das Oberkommando meiner Armee."
Dann neigte sich Moser zu Aimée. „Zunächst müssen Sie hier

bleiben, Donna Angiolina. Sobald Sie später die Grenze überschritten haben, stehen Sie unter meinem Schutz. Jetzt lasse ich Ihnen eine meiner Sklavinnen hier, Gazireh, die Sie ja kennen. Die wird ihnen mehr wert sein als ein Regiment Soldaten. Meinem Feldwebel übergebe ich hier das Kommando meiner Armee; er wird alles weitere veranlassen. Auf ihn können Sie sich verlassen, und von meinen achtzig Soldaten hat jeder drei Teufel im Leibe."
Aimée dankte. Ihre Blicke strebten einer aufdämmernden Zukunft entgegen. Während ihre Hände sich fest ineinander verhakten, zog über ihr Antlitz der Glanz eines durchkämpften Leides. Sie würde hier so leben, wie Moser und Nani es ihr angeraten hatten — sie würde die Bokum freundlich behandeln; sie würde Matthias die aufgeschlossene Freundin bleiben, während sie selbst das Wirrsal der Gefühle erdulden wollte, die übergroße Spannung zwischen der Liebe zu ihm und zu Venedig.
Nachdem die beiden Männer davongegangen waren, beide mit beinahe feierlichen Abschiedsworten, steckte Giulia das Köpfchen in die Türe und sagte artig: „Exzellenz, es sind schon wieder Rosen abgegeben worden."
„Von wem?"
„Von Exzellenz Schulenburg."
Ein Zucken ging durch ihr Herz. „Stell die anderen Rosen unter den Spiegel und die von Exzellenz Schulenburg hier auf den Tisch."
So verharrte sie lange, in sich versunken, unter den Rosen des Freundes, die süß dufteten, von lusttiefen Nächten erzählten und das Zimmer mit der Schwermut der Reife erfüllten.

SIEBENTES KAPITEL

1

Am Neujahrsmorgen des Jahres 1715 jagten von Wien aus Kuriere in alle Windrichtungen: einer vom General Schulenburg an seine Schwester Melusine Kendal in London; einer vom Botschafter Grimani an den Dogen von Venedig; einer vom General Bonneval an eine unbestimmte Adresse im Osten, einer von der Gräfin Bokum an den König August nach Dresden. Wenn auch die Nachrichten, welche diese Kuriere davontrugen, strahlenartig verteilt wurden, so blieben sie doch untereinander direkt oder indirekt durch geistige Querfäden verbunden, so daß die Nachrichten um Schulenburg wieder einmal wie ein Spinnennetz über Europa lagen.
Dieser Mann, der so viele Pferdebeine und Menschenköpfe in Bewegung setzte, schritt am gleichen Morgen in großer sächsischer Uniform die Gigantentreppe des prinzlichen Stadtpalais hinauf, das heute von Besuchern jeder Gesellschaftsklasse wimmelte. Alle wollten sie dem Großfeldherrn des Deutschen Kaisers, dem Prinzen Eugen von Savoyen, Glück zum Jahreswechsel wünschen; vor allem jedoch wollten sie sich selbst zeigen, ihn an sich erinnern und die anderen wissen lassen, daß er sich an sie erinnerte. Wie immer bei solchen Empfängen stieß Schulenburg auch hier auf Bekannte aus der ganzen Welt. Als er, gefolgt von seinem Privatsekretär, dem Nürnberger Johann Friedrich Werner, und einem Adjutanten des Prinzen, die halbe Treppe emporgestiegen war, hüpfte ihm von dem oberen Stockwerk etwas Rotes, Rundes entgegen, das einen Schrei ausstieß,

als es den General erblickte. Dieses Rote, Runde war der venezianische Sondergesandte und Prokurator von San Marco, Carlo Ruzzini, welcher sich in einer heiklen, diplomatischen Mission auf der Durchreise nach Dresden befand — er sollte im letzten Augenblick noch versuchen, August den Starken als Bundesgenossen der Republik gegen die Türken zu gewinnen. Ruzzini hatte die Gelegenheit benutzt um dem Prinzen seine Aufwartung zu machen. Seit ein paar Jahrzehnten kannte und liebte Matthias den kleinen, hinkenden, dicken Mann mit der kastanienbraunen Haut, mit der riesigen Nase, welche beinahe so groß war wie die Grimanis, mit den porzellanweißen Mausezähnen und den heiteren, hellen Augen. Bereits als Ruzzini, bald nach Jahrhundertbeginn, am Dresdener Hof akkreditiert war, hatte er mit der Schwerhörigkeit gekämpft; jetzt, in seinem zweiundsechzigsten Lebensjahr, war er fast taub. Das nahm ihm aber nicht den Zauber einer umfassenden und scharfen Intelligenz und ebensowenig die Fähigkeit, ein echter Freund sein zu können.

Ruzzini lief, nachdem er Matthias erblickt hatte, die letzten Stufen mit übersteigerter Geschwindigkeit hinunter, so daß seine rote Robe seltsam über dem gelähmten Bein nachhüpfte. „Lieber Freund!" rief er, indem er den General umarmte, „daß ich Sie hier treffe! Dieses Glück!" Und laut flüsterte er Schulenburg zu: „Bleiben Sie fest bei Ihren Forderungen! Unsere Leute müssen und werden alles annehmen! Leben Sie wohl! Ich muß in die Stephanskirche, um vor dem Bild der heiligen Jungfrau von Kaloz für unseren Sieg zu beten. Für Sie, den alten Ketzer, werde ich eine Bitte mit einflechten. Auf alle Fälle wird sie Ihnen nichts schaden."

Dann blinzelte Ruzzini den General an und setzte, wie er glaubte, leise, in Wahrheit jedoch, da er die Stärke seiner Stimme nicht beurteilen konnte, schallend hinzu: „Donna Angiolina spricht mit der blonden Baltin im Goldkabinett." Auf diese Bemerkung empfahl er sich mit zwinkerndem Lachen, um vor seiner Weiterreise noch rasch der Madonna von Kaloz seine Aufwartung zu machen.

Matthias sah dem absinkenden Rot eine Zeitlang betroffen nach. Er grüßte in seiner Benommenheit sogar den Grafen Prass-Martiniani, einen zuverlässigen Abenteurer, dessen er sich gelegentlich zur Erledigung delikater Aufträge bedient hatte, mehr als verbindlich. Hatte dieser Prass nicht sogar wohlwollend gelächelt? ‚Wie kann ein Prass es wagen, über mich wohlwollend zu lächeln?' dachte er verärgert. Dann aber verfing er sich von neuem in seinen Gedanken. Woher mochte Ruzzini von seiner Verbindung mit Lelia und Aimée erfahren haben? Er schüttelte den Kopf. Jeder von ihnen, der in der Welt etwas gelten wollte, hielt sich seinen eigenen geheimen Nachrichtendienst, denn solch ein Nachrichtendienst stellte eine ungeheure Macht dar. So kam er zu der Überzeugung: „Auch du mußt dir einen eigenen Nachrichtendienst aufbauen; wenn der gute Pilgram über den neuen Schreibtisch des Prinzen Eugen zwei Seiten länger berichtet als über den Frieden von Rastatt, so reichen solche Nachrichten für dich nicht aus."

Er wandte sich an seinen Sekretär Werner, einen blonden, jungen Mann mit beweglichen, braunen Augen, dessen Bruder ein bekannter Medaillenschneider in Nürnberg war, und befahl ihm kurz: „Sobald der Hauptmann von Pilgram wieder nach Wien kommt, will ich ihn sprechen." Er nahm seinen Degen fest unter den Arm und schritt ruhig und aufrecht die Treppe hinauf. Aus den Sälen drang Gesumm wie fernes Meeresrauschen.

Nur mit Mühe, ständig grüßend, lächelnd und Hände schüttelnd, gelangte der General durch die Gemäldegalerie bis an die Tür des Thronsaals, der mit Menschen überfüllt war. Sie tuschelten und lachten, weil soeben eine türkische Sondergesandtschaft, von einem schmuck- und waffenüberladenen Pascha mit drei Roßschweifen geführt, die friedlichen Absichten der Türkei in beweglichen Worten dargelegt hatte. Die Türken überreichten dem Prinzen einen dreimal in Brokat gewickelten, mit Seiden-

fäden verschnürten Brief des Sultans, in welchem, auf Pergament mit Gold und Rot gemalt, das gleiche noch einmal zu lesen war. Dabei wußte jedes Kind in Wien, daß in Konstantinopel seit Monaten die Ulemans in den Moscheen und die Derwische auf den Gassen feierlich beteten: „Segne, Herr, unseren Krieg; lasse uns Morea erobern, auf daß der Glaube des Propheten auch in Wien und Rom herrschen möge!"
„Auf diese Weise bekomme ich ein paar schöne Stücke Brokat", flüsterte Eugen, als er den Brief, welchen die Türken ihm überreicht hatten, mit leichtem Neigen des Hauptes an Bonneval weitergab. Und für sich dachte er: „Hoffentlich sind sie nicht vergiftet."
Dann geleitete Bonneval die Gesandtschaft bis zum Treppenabsatz vor dem Thronsaal; die in barbarischer Pracht funkelnde Menschenwoge aus dem Osten verebbte langsam zwischen hauchzarten Boisserien.
Indessen empfing der junge, schöne Flügeladjutant des Prinzen den General an der Tür, welche dem Thron gegenüberlag. Mit Handbewegungen und halblauten Worten machte der Adjutant den Weg für Matthias frei; der doppelte Ring von Dragonern, der den Thron umgab und die Menge zurückhielt, öffnete sich. Matthias trat vor und verneigte sich vor dem Prinzen Eugen.
Um bei den Türken die Würde seiner Stellung zu betonen, hatte der Prinz die Entfaltung einer Pracht geboten, welche der orientalischen nichts nachgab. Jetzt aber verlor sich die flimmernde Buntheit des prinzlichen Hofstaates langsam aus dem Ring der Dragoner, so daß Eugen allein auf dem Thron verblieb. In rotem, goldüberladenem Rock, die Kette des savoyischen Hausordens mit dem Kleinod auf der Brust, einen mächtigen, schwarzen, mit Hermelin gefütterten Brokatmantel leicht über die Schultern gelegt, den Federhut auf dem Haupt, saß er unter einem purpurnen Baldachin, der als immer wiederkehrendes Ornament das Kreuz von Savoyen zeigte. Vor dem

Thron, ein paar Stufen tiefer, lagen auf Taburets die Herzogskrone, der Marschallstab, das Reichsschwert, der Dragonerhut, der Degen und die Handschuhe des Prinzen.
Eugen selbst sah mit einem abwesenden Lächeln auf das bunte Gewühl hinab. Von unten aus gesehen wirkte er fast schön; die Nase mit der an beiden Seiten abgeflachten Spitze und das überdunkelte Bogengewölbe der Augenhöhlen gaben dem durch Gold und Purpur in die Ferne gerückten Antlitz, welches in der mächtigen grauen Perücke wie in einer Wolke schwebte, einen halb mystischen Ausdruck.
Als Eugen den General erblickte, kam in diese bildhafte Starrheit Leben; das Licht im verdämmerten Bogengewölbe der Augen leuchtete auf. Er streckte Matthias beide Hände entgegen. Zwei Diener trugen vor den Thron einen Lehnsessel, von welchem aus Schulenburg dem Prinzen zunächst seine Glückwünsche ausdrückte. Der Lehnsessel allein bewirkte ein Raunen unter den Gästen und Mißbehagen unter den anwesenden Fürstlichkeiten, welche das Recht des Sessels ausschließlich für sich beanspruchten. Auf Grund dieser Ehrung waren die Gäste überzeugt, daß zwischen den beiden Männern dort weltentscheidende Fragen berührt wurden, und sie versuchten zu erraten, worüber Eugen, sich leicht nach vorn neigend, mit Schulenburg sprechen könnte. Der Botschafter Grimani, der zwar seinen Glückwunsch bereits ausgesprochen hatte, aber die Gelegenheit gern benutzte, um sich im Saal noch ein wenig umzuhören, fragte seine Nichte, die Gräfin Mocenigo della Torre, welche sich in einer Fensternische mit der Gräfin Fuchs unterhielt, ob sie sich eine Vorstellung von dem Inhalt dieser Unterhaltung machen könnte. Ja, er fragte später sogar die Gräfin Lelia von Bokum, die ihren großen, glatten Körper in kostbares Pelzwerk gehüllt hatte, weil es sie trotz der hellen Feuer in den Marmorkaminen, die groß waren wie kleine Häuser, jämmerlich fror. Aber weder die Mocenigo noch die Bokum konnten auf die etwas dringlichen Fragen des Botschafters eine

Antwort geben. Sie konnten beide nur lächeln, Aimée, indem sie das Zahnfleisch zeigte, Lelia, indem sie dabei errötete, weil sie beständig fürchtete, als Agentin Augusts des Starken mit Mißtrauen beobachtet zu werden. Zudem war Bonneval, welcher die Türken am oberen Treppenabsatz dem Zeremonienmeister übergeben hatte, wieder in den Saal zurückgekehrt und hatte im Vorbeigehen Lelia kurz gemustert. Das war ihr nicht entgangen. Sie sah noch, wie dieser Riese durch Menschen und Menschen hindurchglitt, um in die Nähe des Thrones zu gelangen, zu dessen oberster Stufe Matthias auf einen Wink des Prinzen emporgestiegen war. Das linke Bein neben dem Thronsessel, das rechte eine Stufe tiefer, hatte sich Matthias über den in leuchtende Farben gehüllten Prinzen geneigt und gab auf dessen Fragen flüsternd Bescheid. Die beiden Heerführer sprachen so leise, daß auch Bonneval nichts erlauschen konnte und sich, um nicht Verdacht zu erregen, bald wieder unter die Gäste im Saale mischte.

Inzwischen hatte Eugen trockenen Wein und Gebäck anbieten lassen; sein Hausorchester auf dem silbernen Balkon des Thronsaales spielte leichte venezianische und französische Melodien, welche das Publikum mitsummte. Trotzdem empfanden die Anwesenden es als quälend, daß sie die beiden Heerführer wohl sprechen sahen, nicht aber sprechen hörten. „Jetzt wissen wir alle, wie es unserem guten neugierigen Ruzzini mit seiner Taubheit zumute ist", bemerkte Grimani zu Lelia mit einem Blick auf die beiden unter dem Baldachin. Jeder im Saal glaubte, ein Satz von dem, was die beiden dort sprachen, sei wichtiger als die ganze Unterhaltung, welche der venezianische Botschafter mit der Agentin Augusts des Starken führte, oder die Mocenigo della Torre mit der Mammi.

Bonneval, üppig, pompös, überreich geschmückt, hatte sich inzwischen auf Menschenfang begeben. Er ging mit dem Grafen Prass-Martiniani Arm in Arm durch die Menge. Es hieß, daß Prass als berufsmäßiger Makler den Eintritt Schulenburgs in venezianische Dienste betreibe und jetzt, nach der Katastrophe von Morea, vorgeschlagen habe, die Serenissima solle Schulenburg rasch verpflichten und über Triest direkt nach Korfu senden. Genaueres darüber hatte Bonneval nie erfahren können, und deshalb suchte er, der reiche Abenteurer, durch eine herzliche Unterhaltung hinter die Geheimnisse des armen Abenteurers zu gelangen. Prass jedoch wußte genau, daß er mit seinem Kopf spielte und war deshalb bereit, alles richtig zu finden, was sein augenblicklicher Beschützer als richtig anerkannt haben wollte.

„Aller Wahrscheinlichkeit nach unterhalten sich die beiden dort oben über die Intrigen Alberonis gegen das Haus Habsburg", bemerkte Bonneval, „Sie, lieber Graf, wissen bei Ihren glänzenden Beziehungen zu den hiesigen spanischen Kreisen darüber doch sicher etwas Näheres." Bonneval ließ den linken Arm seines Begleiters nicht los, drängte aber die linke Schulter etwas vor und heftete seine starren, fast runden Augen auf die geschlitzten, mit großen Tränensäcken unterlegten Äuglein des Grafen Prass, welcher, um eine innere Überlegenheit und ein geheimes Wissen vorzutäuschen, mit der Rechten nachdenklich seinen Spitzbart zwirbelte.

„Minister Alberoni von Spanien?" fragte er mit zusammengezogenen Augenbrauen, um dann Bonneval kurz von der Seite anzublicken. „Ihre Kombination entbehrt nicht der Genialität. Es heißt, daß Eugen die anmaßenden Spanier den Engländern zur Züchtigung überlassen will. Deshalb hat wohl auch Schulenburg heute einen Kurier an seine Schwester nach London abgefertigt."

„Einen Kurier? Nach England — an die Frau oder das Fräulein Schwester? Ich weiß nicht, wie man in solchen Fällen sagt." Bonneval knipste laut mit den Fingern der Linken.

Das Antlitz seines Nachbarn trug über dem eigentlichen und echten Ausdruck noch zwei Masken. Dieser eigentliche und echte

Ausdruck war nichts anderes als die ständige Angst des Abenteurers um seinen Kopf. Die über diese Angst gestülpte Maske eines jovialen Zynismus sollte durch die oberste Maske der Ehrfurcht neckisch hindurchschimmern. Diese Maske der Ehrfurcht erklärte gemessen: „Die Dame ist über Kleinigkeiten wie den Unterschied zwischen Frau und Fräulein hoch erhaben. Sie ist die Herzensfreundin Seiner Majestät des Königs Georg I. von England, Ehrengard Melusine von der Schulenburg, Freiin und Reichsgräfin, Herzogin von Kendal und Mounster, Marquise und Gräfin von Dungamor, Gräfin von Feversham, Baronesse von Glastenburg und Dundalk. Derartiges ist doch beinahe schon von Gottes Gnaden!" Der Spitzbart stand zitternd in der Luft.

„Wie lange haben Sie gebraucht, um das alles auswendig zu lernen?"

„Drei Tage." Prass suchte ängstlich vorzufühlen, ob sein Zynismus Anklang fände. Aber Bonneval war viel zu klug, um nicht durch die beiden Masken hindurchzusehen, hinunter bis zum Urbild der Angst. Er fragte jedoch freundlich weiter: „Der General liebt diese Schwester sehr? Das spräche für die Tiefe seines Gemüts. Ihm gilt wohl überhaupt die Familie alles?"

„Ja, er liebt auch seine andere Schwester und deren Kinder. Er liebt auch alle möglichen anderen Neffen und Nichten. Wie ein echter und gutgläubiger Kardinal. Die Engländer tun unserem Kardinal freilich nicht den Gefallen, die Schwester ‚Duchesse', wie der General die Herzogin von Kendal nennt, mitzulieben. Ihrer Magerkeit und ihres vielen Flitters wegen nannten sie sie früher ‚der Maibaum'; jetzt heißt sie ihrer Geldgier wegen ‚die Harpyie'."

Plötzlich hielt Bonneval im Gehen inne. Er stellte sich breitbeinig vor Prass, legte die Hände auf den Rücken und wippte auf den Zehenspitzen hin und her. „Würde diese gottgesegnete Schwester ihren Bruder prinzipiell lieber in Dresden oder in Venedig sehen?"

Prass fühlte, daß jetzt die peinliche Frage kam. „Die Schwester dürfte den durchaus vernünftigen Wunsch hegen, ihren Bruder im Dienste Venedigs zu sehen. Es scheint aber, daß grade in diesen Tagen, weil die Verhandlungen nicht recht weiterkommen, der General den Werbungen Augusts des Starken nicht mehr ganz abweisend gegenübersteht."
„So..."
„Ja" — Prass sprach erregt —, „die Gräfin Bokum hat deswegen heute von der kursächsischen Gesandtschaft einen Sonderkurier mit Briefen an den König nach Dresden abfertigen lassen."
Die Pupillen Bonnevals verengten sich. „Über Brünn—Prag?" fragte er halblaut. Prass nickte eifrig.
„Gut; mögen sie verhandeln. Sie, Graf Prass, sind, wie ich zu meiner Freude gehört habe, der Ansicht des Prinzen, daß der General durchaus nicht nach Dresden, sondern möglichst bald nach Venedig und dann später nach Korfu gehört, um dort Ordnung zu schaffen." Das gütige Lächeln Bonnevals war plötzlich einem grausigen Zug gewichen. Prass fühlte seine Knie wanken. „Dresden ... Dresden ... Was ist schon Dresden! ... Selbstredend gehört der General zunächst einmal nach Venedig... und dann nach Korfu... selbstredend."
Die harten Blicke des Generalleutnants ließen den Nachbarn nicht frei. „Ich freue mich, das von Ihnen selbst bestätigt zu hören; es erspart mir das die Notwendigkeit, Sie belehren zu müssen, mein Lieber", bemerkte er brutal. Ohne Förmlichkeit wandte er sich um und ließ den Grafen Prass-Martiniani stehen. Der tastete sich, zitternd nach einem Halt suchend, der Wand unter dem Musikbalkon zu, von welchem ein paar Opernfragmente Claudio Monteverdis wie ein Frühlingsregen in den Saal tröpfelten. Aimée hatte die Auseinandersetzung der beiden Männer seit einiger Zeit beobachtet; sie stellte sich daher so auf, daß der verwirrte Prass auf sie stoßen mußte. Prass war ihr bekannt, und so fragte sie ihn, als er die Wand erreicht hatte, nicht ohne Wohlwollen in der Stimme: „Sie sehen wirklich angegriffen aus, lieber Graf. Hat Bonneval Ihnen so zugesetzt?"

„Allerdings." Der zutiefst Erschreckte suchte nach einem Halt. Aimée nützte die Verwirrung des Mannes aus und erfuhr von ihm, wie seine Unterhaltung mit Bonneval ausgelaufen war. ‚Hm', dachte sie, ‚Schiefauge soll jetzt bald nach Venedig, um mir die Gelegenheit zu geben, ihn dort unauffällig umzubringen. In Wien würde das vermutlich zuviel Skandal heraufbeschwören; in Venedig fällt das weniger auf. Es wäre eine Faschingsleiche mehr; darauf käme es dann auch nicht an.'

Und nach einiger Zeit dachte sie weiter: ‚Moser hat recht: Bonneval ist ein Verräter; er ist der Oberspion des Dianum-Kogias.'

Dann beruhigte sie den zitternden Prass und erklärte ihm, daß für ihn keine Gefahr bestände, denn Bonneval könne doch nicht verlangen, daß Prass den General mit Gewalt nach Venedig schleppe. Auf diese Weise gewann sie die Anhänglichkeit des gutartigen Abenteurers.

Über den Inhalt der weltgeschichtlichen Unterhaltung, welche die beiden Staatsmänner und Heerführer, wie ein großes Zeremoniell, der Öffentlichkeit Wiens und damit der Weltöffentlichkeit vor Augen geführt hatten, waren inzwischen Dutzende von Vermutungen im Umlauf. Die Namen Alberoni, Robert Walpole, Dubois, Dschin-Ali, Kendal und Karl II. flatterten in allen möglichen und unmöglichen Zusammenstellungen zwischen den Perücken hindurch. Niemand aber erriet, worüber diese beiden Männer so lebhaft sprachen.

Ihr Gespräch ging um die Frauen.

Der Prinz hatte das kranke Bein, das im weißen Seidenstrumpf steckte, unter den Schutz des schweren Brokatmantels auf den Thronsessel gezogen und es mit der Rechten umspannt. Er fühlte sich für eine Zeitlang schmerzfrei. Er fragte Schulenburg nach dessen gesellschaftlichen Erlebnissen. Mit ein paar Worten charakterisierte der Prinz mehrere Damen der Gesellschaft, meisterhaft, aber ohne Güte. In seiner Aburteilung steckte eine heimliche Bosheit; auch Lelia und Aimée waren von ihm mit wenigen

Strichen gekennzeichnet worden. Den General berührte dieser Angriff auf die beiden Frauen, welche ihm nahestanden, schmerzlich; freilich konnte er sich über den eigentlichen Grund dieser Schärfe nicht klarwerden. Er wußte nicht, daß hier quälende Jugenderinnerungen das Urteil des Prinzen trübten. Das bedenkliche Leben, welches seine Mutter geführt hatte, ließ den Prinzen alles, was solche Gebiete auch nur von ferne berührte, mißachten; er mochte zu sehr unter den Abenteuern seiner Mutter gelitten haben. Was Melusine Kendal Georg I. von England war, das war seine Mutter dem König von Frankreich gewesen ...

„Frauen", lächelte Eugen, während er mit der Linken an der Goldschnur des Brokatmantels spielte und das zerfurchte Kinderantlitz den wartenden Gästen zuwandte, „werden in Europa viel zu ernst genommen. Da sollten wir von den Türken lernen. Wenn man die Frauen richtig verwerten will, muß man sie einsperren."

Matthias neigte sich ein wenig vor. „Bei manchen von ihnen sollte man doch eine Ausnahme von der Regel machen. Es wäre schade um diese Frauen, wenn man sie einsperren würde. Sie, Monseigneur, haben uns als Heerführer gezeigt, daß die Regel oft das Unrichtige, die Ausnahme aber das Große bedeuten kann. Was nun dem Soldaten recht ist, sollte eigentlich auch der Frau billig sein."

Ein Hauch von Lächeln lief über den feinen Mund Eugens.

„Lieber Freund, solche Fälle sind weit seltener als der Mann glaubt. Jeder Mann glaubt, seine Liebe gehöre zu diesen Ausnahmen. Er kann sich einfach nicht vorstellen, wie unedel die Frau im Grunde ihrer Seele ist. Er ist zu phantasielos dazu, zu bequem, zu dumm."

„Ich gebe zu, daß eine Frau aus Liebe zu jeder Gemeinheit fähig sein kann."

Eugen hob das Haupt und sah seinen Nachbarn plötzlich scharf an. „Schulenburg, wenn man diesen Geschöpfen noch den

Gefallen tut, das, was sie treiben, Liebe zu nennen, dann meinetwegen ‚aus Liebe'. Richtig gesehen ist die ganz viel gerühmte und viel besungene Frauenliebe nichts anderes als hemmungslose Eitelkeit." Nach einiger Zeit fuhr er fort: „Frauen haben keinen Sinn für Ehre. Sie kennen keine Gesetze, die man stillschweigend hält, auch dann, wenn man sich feind ist. Wenn sie die Liebe eines Mannes verscherzt haben, begehen sie die gleichen Gemeinheiten, welche sie bis dahin für ihn begangen haben, g e g e n ihn. Unterstützt werden sie in solchem Bestreben durch das alberne Ideal von Ritterlichkeit, mit welchem die Männer ihre Brunst verkleiden und ihr Gefühl für die Ehre verdünnen, um dann den Frauen jede Laune durchgehen zu lassen. So wird eine Frauen-Frechheit gezüchtet, welche sehr bald in Zügellosigkeit ausarten und zu immer neuer Zügellosigkeit führen muß, bis am Ende der Verfall einer ganzen Kultur unvermeidlich ist. Europa wird zugrunde gehen an den Frauen."
Eugen schwieg, setzte aber nach einer Weile noch kurz hinzu: „In Venedig wird dieser Vorgang zum Entsetzen deutlich."
Während der Prinz, immer wieder leicht nach vorn geneigt, so zu Matthias sprach, überlegte sich dieser: „Was will er? Worauf zielt er ab?" Endlich antwortete er sehr kurz und gemessen: „Mir machen diese Fragen vorerst noch wenig Sorgen, Monseigneur. Ich beabsichtige nicht, wenn ich in die Dienste Venedigs treten sollte, mir meine Stellung dort durch Frauenintrigen zu erringen. Meine Welt ist die soldatische Welt. Ich will siegen, nichts weiter. Ich weiß allerdings, daß ich eine echte soldatische Welt in Venedig niemals finden werde. Deshalb liegt mir, wie Sie, mein Prinz, längst wissen, auch viel mehr daran, dem Kaiser zu dienen als der Serenissima. Ich wäre glücklich, unter Ihrem Oberbefehl kämpfen zu dürfen. Aber ich begreife, daß ich jetzt nach Venedig gehöre. Freilich würde ich sehr viel lieber dorthin abreisen, wenn ich die Gewißheit mitnehmen könnte, nach Beendigung meines venezianischen Dienstes in den kaiserlichen Dienst übernommen zu werden."

Eugen, der noch eben leidenschaftlich seine Urteile geformt hatte, hielt jetzt mit der Antwort zurück. Endlich erklärte er ausweichend: „Lassen Sie nur erst einmal den Krieg gegen die Türken vorüber sein; dann werden wir weiter sehen."
Wieder einmal war Eugenio von Savoy dem General entglitten.

Noch immer sahen die Gäste ehrfurchtsvoll zu dem Thron hinauf, wo sich für ihre Vorstellung die Neuordnung der Welt vollzog.
Eugen blickte schweigend vor sich hin, und es kam ihm nicht ungelegen, daß der schöne Adjutant den Ring der Dragoner durchschritt und halblaut meldete, Herr von Leibniz, der am nächsten Morgen in die böhmischen Bäder abzureisen gedächte, möchte sich offiziell empfehlen.
„Herr von Leibniz hält es für angemessen, sich noch einmal in aller Öffentlichkeit von uns beiden zu verabschieden", wandte sich Eugen verbindlich an Schulenburg, indem er diesen ohne weiteres in Leibniz' Wunsch mit einbezog. ‚Ach, klug bist du, Eugenio von Savoy', dachte Matthias, während er sich dankend verneigte, ‚aber solche Süßigkeiten nehmen doch die große Bitterkeit nicht weg, die du mir täglich antust und ewig antun wirst.'
Der Adjutant geleitete Herrn von Leibniz durch den Ring der Dragoner, und dann verneigte sich der Gelehrte vor dem Prinzen. Der wies höflich auf den großen Lehnsessel. Leibniz jedoch trat dicht an die untere Stufe des Thrones heran. „Monseigneur", sagte er, während er die Hände aufeinanderlegte, „wir haben gestern abend alles besprochen, was wir zu besprechen hatten. Es war ein ernster Jahresschluß. Ich flehe Sie nur um eines an: Beschützen Sie die kommende deutsche Akademie vor den Angriffen, welche bereits jetzt gegen das werdende Institut angesetzt sind. Wenn S i e es nicht beschützen — von den deutschen Fürsten tut es keiner."
Nachdem er diese bitteren Worte gesprochen hatte, verneigte er sich ebenfalls vor Matthias. „Ihnen, lieber Freund, alles Gute —

und in diesem Jahre den Sieg! Es geht um Europa, um die christliche Welt! Ich denke in zwei Monaten wieder hier zu sein. Vielleicht werden wir uns dann noch sehen."
Nach neuer höfischer Verbeugung ging Herr von Leibniz wieder aufrecht durch den Sperrkreis der Dragoner hindurch. Seine mächtige graue Perücke stand eine Zeitlang über den anderen Perücken. Dann verlor sich das Genie in der Menge.
Nachdem der hübsche Adjutant zögernd den Prinzen darauf hingewiesen hatte, daß noch weitere hervorragende Persönlichkeiten ihre Glückwünsche auszusprechen wünschten, empfahl sich auch Matthias und ging in den Kreis der aufmerksamen Gäste. Nachdenklich, versonnen, ja, fast düster schritt er durch die Neugierigen; das großgeschnittene Antlitz, das sonst in seltener Klarheit zu leuchten pflegte, war von lastenden Gedanken überschattet. Was hat der Prinz mit seiner merkwürdigen Unterhaltung über Frauen beabsichtigt? Man wußte doch, daß er selbst jeden Nachmittag in seinem Isabellengespann bei der Gräfin Lori Batthyány im Schlegelhof an der Freiung vorfuhr und dort ein paar Stunden Pikett spielte. Zwei prächtige Söhne der Gräfin wurden als Eugens größter Gewinn dieser Pikettstunden bezeichnet. Freilich hatte Grimani vor kurzem erst mit mephistophelischem Grinsen bemerkt, diese Zuweisung sei nur ein Alibi, welches Bonneval seinem Herrn zu beschaffen gewußt hätte.

2

Matthias fühlte sich in dieser Welt nicht glücklich. Sie ging ihm gegen die Natur; er mißachtete das Schleichen, Gaukeln, Lügen und Betrügen, die Kunst, den anderen mit innigem Augenaufschlag Klötze zwischen die Beine zu werfen, wofür der andere dann dem einen mit dem Ausdruck tiefer Trauer die Ehre abschnitt. Glücklich fühlte er sich unter Bauern und Soldaten. Freilich, eine halbe Stunde hinter der Front fing auch bereits das Elend an, der Geist der Etappe, mit allen Unsauberkeiten

und Korruptionen, welche die Etappen nun einmal an sich haben
— sowohl die beweglichen hinter der Front, wie die stabilen,
Dresden, Utrecht, Versailles oder Wien.
Nachdem er seinen Sekretär beurlaubt hatte, reichte er dem
Botschafter Grimani die Hand und begrüßte Nani wie auch
Bonneval, welcher ihm ein paar besonders freundliche Worte zu
sagen wußte. „Mein lieber, alter Freund", lachte der Franzose,
„wer hätte uns jungen Offizieren damals in Ungarn prophezeit,
daß wir uns als Generale beim Neujahrsempfang des Prinzen
Eugen wiedertreffen würden! Aber ich will mich um Gottes-
willen mit Ihnen nicht vergleichen! Ich bin ein goldbehängtes
Nichts geblieben, während Ihnen" — er machte eine große
Bewegung gegen die beiden Venezianer — „Venedig offensteht
und mit Venedig die Welt!" Schulenburg antwortete gemessen,
aber er beobachtete während seiner Antwort, daß Grimani
erhaben schwieg, während dem Provveditore vor verhaltenem
Ärger das Blut in den Kopf stieg. Bonneval war zu klug, um
nicht die Mißstimmung zu bemerken, welche seine Worte verursacht hatten. Als dann noch die Gräfin Fuchs zusammen mit
Aimée an die Herren herantrat, empfahl er sich rasch. „Gut, daß
er fort ist, der Schlawiner", murmelte die Mammi und zog ihr
rundes Kinn scharf an den Hals heran. „Er ist doch so liebenswürdig", versuchte Matthias auszugleichen und beobachtete, daß
die Mammi zwei Doppelkinne bekam. Über dieser Kinngruppe
schüttelte sie energisch den rosigen Kopf. „I mag ihn net, er is
a Schlawiner." Dann aber nickte sie Schulenburg zu: „Ihm
mag i. Die Kaiserin mag ihm a. Sie möcht ihm heut nachmittag
sehn — gelt, kommens so um vier zu uns zur Jausn?" Freundlich
nickend ging die Fuchs weiter, weil noch viele Hände warteten,
welche die ihre zu schütteln wünschten.
Inzwischen empfand Matthias Aimée gegenüber ein Gefühl der
Beklemmung, über dessen Ursprung er sich freilich keine Rechen-
schaft abzulegen vermochte. Er hatte sich nichts vorzuwerfen —
im Gegenteil, Aimée hatte von sich aus in sein Leben einzugreifen

versucht — weshalb also dieses Schuldgefühl? Aimée mochte seine innere Unruhe erfühlen; sie sprach daher ein freundliches Bedauern aus, daß Matthias sich seinen Freunden nicht so widmen könne, wie diese Freunde es wünschten. Aber sicherlich wäre er allzusehr beschäftigt.

„Beschäftigt wie ein Kronprinz", entgegnete er, „meine Tätigkeit beruht vor allem im Warten. Da aber Monseigneur die staatsmännischen Geschäfte nur ungern erledigt, sondern sich lieber mit rein militärischen Dingen befaßt, hat er mir die Aufarbeit der staatsmännischen Angelegenheiten übergeben. Ich brauche Ihnen nicht erst zu sagen, daß diese Dinge Zeit kosten." Aimée nickte. „Trotzdem wäre ich glücklich, wenn ich Sie einmal von dieser Arbeit loslösen könnte. Wollen Sie morgen mit mir und ein paar Freunden im Forsthaus vor Baden frühstücken? Wir könnten zusammen hinausreiten."

„Lieber wäre mir übermorgen..." Morgen war ihm zu nah.

„Gern, dann übermorgen", nickte Aimée. „Um Neun am großen Stern."

Ein Lakai meldete dem Botschafter, daß die Schlitten vorgefahren seien. „Kommen Sie doch einmal wieder zu uns in die Botschaft", bat Grimani den General beim Abschied. „Es sind ein paar schöne Bilder von der Rosalba angelangt. Die werden Sie interessieren."

Aimée sah den Freund kurz an. „Behalt mich lieb, Schiefauge", murmelte sie, „und verrate mich nicht mehr, als es durchaus notwendig ist."

Die Venezianer gingen davon; Matthias schritt mißmutig durch die Silbergalerie. Langsam glitt dieser Mißmut in Nachdenklichkeit über. Da bereits viele Gäste die Galerie verlassen hatten, konnte der General in Ruhe die Werke des Rubens mit dem Bild der fliehenden Nymphe vergleichen, welches Eugen ihm geschenkt hatte.

Als er den Kopf zur Seite wandte, um auszuruhen von so viel zwingender Schönheit, erschrak er vor einem Zittern von Licht

und Lust, das lächelnd aus einer Fensternische zu ihm herübersah. Aus einem blauen Pelzmantel streckte sich ihm eine volle Hand entgegen, und eine weiche, befangene Stimme fragte: „Ich darf Ihnen doch auch Glück wünschen für das kommende Jahr, Exzellenz?"
Matthias trat ein paar Schritte vor und blickte in das große, klare Antlitz Lelias, dieses zwingende Antlitz, das in reiner Nacktheit alle Leidenschaften widerspiegelte.
„Ich freue mich, Sie noch zu treffen, Gräfin. Auch das verdanke ich, wie so viele andere schöne Augenblicke, den Bildern von Rubens, vor denen ich länger stehengeblieben bin, als ich es eigentlich wollte."
Die glatte Rechte zog den Pelzmantel fest um die schmalen Schultern. Die großen, graublauen Augen sahen Matthias still und beinahe ergeben an; nur um den reifen, übererblühten Mund zuckte das Wetterleuchten verhaltener Glut.
„Der Abend bei Ihnen neulich war sehr schön, Gräfin." Wieder brachte Matthias etwas Kindlich-Verlegenes vor, und wieder wurde Lelia durch seine knabenhafte Ungeschicklichkeit gerührt.
„Sehr schön — das fand ich auch", erwiderte sie befangen, um dann sofort heiter hinzusetzen: „Das wollen wir sehr bald wiederholen. Schicken Sie mir nur vorher einige Zeilen; für Sie bin ich immer zu Hause."
Als in der Ferne Stimmen laut wurden, hob sie den Kopf und sah, wie die Gräfin Fuchs mit zwei Herren, lebhaft sprechend und inzwischen wieder stehenbleibend, die Galerie hinunterkam. Sie blickte den General an. „Nicht wahr, Sie verstehen... ich möchte keinem Menschen mehr begegnen ... es war so schön, daß ich Sie noch getroffen habe." Ihre Lippen zogen sich zu einer weichen Woge zusammen, und die verlegene Bewegung ihrer Schultern bekam etwas Furchtsames und Sehnendes zugleich. Dann ging sie, den Oberkörper ein wenig vorgeneigt, rasch davon.

‚Ihre Schönheit erinnert an verschüttetes Rosenöl', dachte Matthias, als er langsam durch die Duftwolke schritt, welche der blaue Pelzmantel ausgestrahlt hatte, und die noch zart in der mild erwärmten Luft schwebte.

3

Der übernächste Morgen ließ die Welt in heller Winterschönheit aufleuchten. Frischer Pulverschnee blitzte auf dem Boden; die Erde war so sauber und weiß geworden, wie sie es seit langer Zeit nicht mehr gewesen war. Über dem Schnee hing der Himmel als riesige Schale von Saphir, in welcher das herrschende Gestirn entlangglitt und alle düsteren Schatten auf der Erde in Blau verwandelte. Die Verkäufer und Verkäuferinnen in den kleinen dampfenden Bretterhütten am großen Stern trugen grüne und rote Wolljacken und Kappen; sie trabten durch den Schnee, um den Reitern, die ihre Pferde bewegt hatten, dampfenden Grog und Schmalzgebackenes anzubieten.

Kurz nach Neun erschien Aimée, begleitet von einem Lakaien der Botschaft. Sie ritt eine zierliche Stute, ein Halbblut mit etwas unruhigen Gängen. Bereits von fern winkte sie Matthias zu und reichte ihm dann die Hand. Da weder Karl noch der italienische Diener französisch verstanden, sprachen sie nicht wie sonst deutsch oder italienisch, sondern französisch.

„Gut siehst du aus, Schiefauge! Frisch und gesund! Wie war es bei der Kaiserin? Hat sie dich sehr verwöhnt?"

„Schrecklich", nickte Matthias, „ich habe viel zuviel gegessen."

„Du?" erwiderte Aimée erstaunt, weil sie wußte, wie mäßig Matthias lebte.

Der General nahm den Braunen kürzer, und die vier trabten an. „Ja, ich schäme mich auch sehr. Aber stell dir vor: zur Jause hatte die Kaiserin Braunschweiger Lebkuchen backen lassen, und zum Abend gab es — wie früher zu Hause —

Karpfen blau und Rehrücken in Sahnesoße. Da war es aus mit mir."

Das Halbblut erschrak vor ein paar jäh aufsteigenden Krähen und machte einige Sätze. Aimée beruhigte es. Dann nahm sie die Unterhaltung wieder auf. „Es ist sehr aufmerksam von der Kaiserin, daß sie dich zu einem heimatlichen Essen gebeten hat."

„Ich finde es sogar rührend. Es war das immer unser Neujahrsessen, Karpfen und Rehrücken, wenigstens solange meine Mutter noch lebte. Sie starb in meinem vierzehnten Lebensjahr, kurz nachdem ich als Freiwilliger in den ungarischen Krieg gegangen war. Als ich nach zwei Jahren wiederkam, war die andere da. Die brachte ihre eigenen Sitten mit. Sie mag eine gute Frau gewesen sein, aber Karpfen und Rehrücken waren es nicht mehr."

Sie ritten durch die gläserne Kathedralenpracht der vereisten Wälder. Rosig und grün rieselte das Licht durch die Schneisen und hing feine Decken von Crèmegelb und Purpur zwischen den Stämmen auf. Die Luft ging scharf und schneidend; die Vorderzähne schmerzten, wenn die Lungen den vereisten Luftstrom einsogen; die Haut des Antlitzes brannte, als ob sie zu kurz geworden sei und zerreißen wollte. Um Menschen und Tiere schwebten weiße Dampfwölkchen. Durch diese Welt des Farbenzitternden und Gehauchten zogen die grünen Gewänder der beiden Reiter und ihre braunen Pferde als das Wirkliche, während die feingepuderten Köpfe zu vergehen schienen in der Helligkeit winterlicher Lichtwunder. Rotgekleidet trabten die Diener hinter den beiden her, tanzende Fackeln über besonntem Schnee.

„Der Aufmarsch deines neuen Lebenskampfes ist noch immer nicht beendet, Lieber", begann Aimée nach einiger Zeit und warf dem Freund einen Seitenblick zu. Sie beobachtete, wie Matthias die Zügel teilte und vor sich hin nickte.

Dann murmelte er: „Meine Freunde und Feinde beginnen erst
langsam, sich zu gruppieren." Und hintergründig dachte er:
‚Wozu gehörst du, Aimée, zu meinen Freunden oder zu meinen
Feinden?'
Die Frau sah zwischen den Ohren des Pferdes hindurch und
ließ die Stute Schritt gehen. Es war, als ob sie die unausgesprochene Frage des Nachbarn gehört hätte. Sie antwortete
lässig: „Eine scharfe Trennung der Menschen in Freund und
Feind ist zu bequem, als daß sie vor der Wirklichkeit standhalten könnte. Das mag für den einzelnen so etwas wie eine
Arbeitshypothese darstellen; durch sie vermag er sich besser zu
schützen, aber die Wahrheit hält er damit nicht in Händen.
Sieh doch die Leute um dich herum an. Ist der Prinz dein
Freund? Ja. Aber er ist dein Feind, wenn du nicht nach Venedig gehst. Wenn du hier bliebest, würde er dir die Hölle auf
den Hals hetzen. Tut das ein Freund?"
„Was tut ein Freund?" entfuhr es dem Manne. Das Blut war
ihm plötzlich in den Kopf gestiegen. Er drängte sein Pferd an
das ihre heran. „Und du?" fragte er eindringlich, „bist du mein
Freund?"
„Ich liebe dich, wie du bist."
Seine Blicke hingen zweifelnd an ihren Lippen. „Was würdest
du tun, wenn ich nicht nach Venedig ginge?"
Ein Todesschreck überkam die Frau. Aber sie sah den Geliebten
fest an und antwortete: „Ich ließe dich tun, was du willst."
‚Du lügst', dachte er, ‚auch du. Aber du mußt lügen, weil du
nur so deinen Willen durchsetzen kannst. Was du liebst, willst
du nach deinem Bilde formen. Aber — mein Wille wehrt sich
gegen eine solche Liebe.'
Ein Phantasiebild stieg vor ihm auf, welches sich um einen einfallenden Lichtstrahl, der vom blauschattigen Unterholz aufgesogen wurde, zu gestalten begann.
Eine Nymphe lief weinend durch den Schnee auf ihn zu und
flehte ihn an: „Nimm mich in deinen Mantel und bring mich

weg, auf eine einsame Insel, wo niemand unser Feind ist, niemand unser Freund, niemand Freund und Feind zugleich — einen heiligen Ort in der Sonne, wo ich dir gut sein darf. Nimm mich! Mich friert."
Scharf richtete Matthias sich im Sattel auf und vertrieb solche anstürmenden Wachträume aus seinem Hirn. Er trabte wieder an, und Aimée blieb an seiner Seite. Sie sprachen von den besonderen Menschen, die sich in ihrer beider Umwelt abzeichneten, von der schönen Kaiserin Elisabeth, von der spanischen Emigrantenclique, die immer kecker gegen den Prinzen Eugen auftrat, von den zwei Nichten des Kaisers, deren eine den Kurfürsten von Bayern, die andere den König August von Sachsen-Polen geheiratet hatte und von dem Landesherrn des Generals, dem jungen Soldatenkönig Friedrich Wilhelm in Preußen, dessen ältester Sohn, der Kronprinz Friedrich, jetzt drei Jahre alt war. Sie führten richtige Sattelgespräche, kurz, heiter, zugespitzt, bis sie nach zweistündigem Ritt das Forsthaus erreichten, in welchem Aimée die Mahlzeit hatte richten lassen.
Eine rundliche, junge Wirtin, „Milch und Buchenwald", wie Matthias sagte, mit einem Dreijährigen am Schürzenband empfing die Gäste vor der Tür. „Kommans rein, Frau Gräfin, kommans, Herr General. An halbaten Buchenwald ham ma in Ofen g'steckt. Das Essen is a fertig. Wann die andern Herrschaften komman, könna ma anfangen."
Während Aimée in das geheizte Zimmer voranging, wo Giulia sich bereits um die Tafel bemühte, sorgte Matthias für die Pferde. Da aber die Försterei auf Reiter und Pferde gut eingerichtet und zudem Karl zuverlässig war, konnte der General bald wieder über den Hof stapfen, von wo er das Geläut von Schlittenglocken vernahm. Auch Aimée hatte es gehört und trat in die Tür, um ihre Gäste zu empfangen. „Du mußt dich heut auf ein venezianisches Fest im Schnee gefaßt machen, Lieber. Aber ich wollte dich einmal ganz unter uns sehen."

Indessen bog vom Hauptweg ein hoher, von zwei starken Schimmeln gezogener Schwanenschlitten auf den Platz vor der Försterei ein. Den Schlitten kutschierte von einer goldenen Muschel aus der winzige Kutscher der venezianischen Botschaft, den ganz Wien als den „Pierino" kannte und gern hatte. Zwischen den großen, weißen Schwanenflügeln des Schlittens saß, unter weißen Pelzdecken, strahlend, heiter und angeregt, Antonio Nani; zu seiner Rechten Elena, die blitzende Feuer-Pisani, zu seiner Linken Laura, die lächelnd sinnende Traum-Pisani. Während Laura im pelzbesetzten Mantel mit einer Biberkappe auf dem hochfrisierten Köpfchen sich langsam von Nani aus den Schwanenflügeln heben ließ, hatte Elena bereits mit einem Satz den beschneiten Boden erreicht. Diese rasche Bewegung war ihr möglich durch ihr Kostüm, welches zwar den gesellschaftlichen Gepflogenheiten der Zeit nicht entsprach. Elena war als Bube gekleidet; ihr tizianrotes Haar guckte unter dem Rand einer grünen Baskenmütze, wie sie die spanischen Knaben in Wien zu tragen pflegten, keck hervor; über der Stirn hing es als abstehende braunrote Locke. Ein grüner Schoßrock mit einem Spitzenjabot, Reithosen und hohe grüne Saffianstiefel mochten von einem Knaben der Bekanntschaft entliehen sein; sie vollendeten den Eindruck eines sehr jugendlichen Pagen. Diesen Eindruck versuchte Elena noch zu verstärken, indem sie gelegentlich in ihrer Stimme, welche sie mit einem eigenen Reiz zu brauchen verstand, den Stimmenwechsel der Fünfzehnjährigen vorzugaukeln wußte.

„Eine Tischordnung läßt sich nicht machen", erklärte Aimée, als sie ihre Gäste an den runden Holztisch neben dem riesigen Ofen geleitet hatte, „entweder kommen zwei Männer oder zwei Frauen zusammen. Die beiden Herren gehören neben mich, Schulenburg, Sie rechts; Nani, Sie links. Neben Schulenburg Elena, neben Nani Laura. So, Frau Förster, jetzt fangen wir an. Nani, was gibt es Neues?" wandte sie sich an ihren Nachbarn. Der aber beobachtete erst, ob Schulenburg sich mit seiner

Kraftbrühe beschäftigte und sich mit Elena unterhielt. Dann flüsterte er kurz auf Venezianisch: „Der Kurier, den gestern die Gräfin Bokum durch die kursächsische Gesandschaft an den König August abgeschickt hat, ist unterwegs aus dem Sattel geschossen und seiner Depeschen beraubt worden."
Aimée hob kurz den Kopf. „Von wem?"
Die Augenbrauen Nanis gingen in die Höhe; die Hände spreizten sich vom Körper ab. Das hieß: ‚Ich weiß es nicht.'
Nun reichte Giulia blaue Karpfen, so daß Matthias erfreut aufsah. „Sie bekommen heute genau das gleiche Essen, wie Sie es gestern bei der Kaiserin bekommen haben..."
„Sie sind sehr aufmerksam, Gräfin", murmelte Matthias, „sicher hatte ich Ihnen schon früher einmal von den Neujahrsmahlzeiten in meinem Elternhause erzählt..."
Nur die großen Mocenigoaugen bewegten sich, als Aimée antwortete. „Vor Jahren, im Tal Aosta, sprachen Sie davon. Da war ich zwei Jahre älter, als Elena es jetzt ist. Meine Lukrezia war noch nicht geboren. Die ist im gleichen Jahr geboren wie Elena — nicht wahr, Elena, du bist doch auch Jahrgang 1701?" Aimée gab die Unterhaltung der Feuer-Pisani zum Weiterführen, welche sich auch sofort wieder an ihren Nachbarn wandte und ihm zunächst einmal erklärte: „Ich bin ja so glücklich, Exzellenz, daß ich heute neben Ihnen sitzen darf." Der starke, feste Mund, die schöne grade Nase und die halb gesenkten Augenlider brannten zusammen auf in einem Ausdruck naiver Freude. „Alle sprechen sie schon von Ihnen, als ob Sie Venezianer seien, und alle warten ängstlich darauf, daß der Vertrag aus Venedig hier zur Unterschrift eintrifft."
Freundlich neigte sich Matthias zum ‚Feuer im Grünen', wie er Elena soeben genannt hatte. „Die Venezianer sollten nicht zu fest auf mich hoffen. Ich habe getan, was in meinen Kräften steht. Aber ich bin nicht mehr jung genug, um noch Jahre verwarten zu können."

Elena schüttelte das Köpfchen mit der Baskenmütze. Die rote Locke tanzte auf ihrer Stirn. „Sie sind jünger als unsere jungen Herrn — viel!"
Während dieser Unterhaltung hielt Laura, die Traum-Pisani, ihre schönen großen Augen auf Matthias gerichtet. Als er ihr den Blick zuwandte, nickte sie ganz leise: „Viel!"

4

Gegen Ende des Mahles ging draußen durch die beschneite Waldwelt eine seltsame Bewegung. Ein bunter Zug, bestehend aus einem Planwagen, welcher von einem zähen, kleinen Steppenpferd gezogen wurde, aus einem mageren Maultier und endlich aus ein paar fremdländischen Männern und Frauen, strebte auf das Gasthaus zu. Aus dem Wagen guckten mit starren Augen schmutzige, braune Kinder. Die Frauen, welche neben dem Wagen herliefen, waren zerzaust und wiegten sich beim Gehen schiebend in den Hüften. Ein Mann in Lederhosen und einer bunten Jacke leitete das Pferd. Elena, die an das Fenster gelaufen war, wandte sich um. „Zigeuner!" rief sie, sprang an den Tisch zurück und legte, sich zu Matthias neigend, ihre lange Hand mit den polierten und gebogenen Nägeln auf den Unterarm des Generals. „Kommen Sie mit, Exzellenz, wir wollen die Weiber heraufholen! Sie sollen uns die Zukunft sagen!" Ein abwehrendes Lächeln ging über das Antlitz des Generals, aber Elena hatte ihn bereits am Arm gefaßt und hinausgezerrt an den Wagen. Aimée folgte den beiden. Während Elena mit einer alten Frau sprach, die sich zunächst weigerte, mitzukommen, wenn nicht eine andere sie begleiten dürfe, entdeckte Matthias rückwärts im Wagen ein neues Gewehr. Er nahm es in die Hand und prüfte es. „Woher habt ihr dies Gewehr?" fragte er den alten Zigeuner.
Der verneigte sich tief. „Gekauft, gnädiger Herr."

Mißmutig schüttelte Matthias den Kopf: „Gekauft? Von wem gekauft? Das ist ein neuer sächsischer Karabiner!"
„Soldat hat verkauft", beharrte der Zigeuner aus seiner tiefen Verbeugung heraus.
‚Jetzt verkaufen sie schon ihre Gewehre an die Zigeuner', dachte Matthias traurig. ‚Ist das das Resultat meiner großen Reform der sächsischen Armee?' Er stellte die Waffe wieder in den Wagen. Dann führte Elena die beiden Frauen erregt in das erwärmte Zimmer; Aimée und Matthias folgten.
Die alte Zigeunerin mochte siebenzig oder noch mehr Jahre zählen; sie steckte in einem scheckig geflickten Kleid, welches sie mit gelblichen Fingern verlegen raffte. Ihre Augen leuchteten sehr hell, und der Mund mit den wohlerhaltenen Zähnen stand halb offen. Sie wartete gleichgültig auf die Befehle der Tischgesellschaft, bis Giulia ihr und ihrer Begleiterin Burgunder reichte, wofür sie mit tiefem Knicksen dankte.
Die Augen der levantinischen Begleiterin irrten ängstlich und frech zugleich über die Gäste hinweg. In gutem Italienisch pries sie die geheimen Gaben der Alten, für welche sie die Übersetzerin zu machen, vor allem aber die Gelder zu kassieren hatte. Da die Zigeunerin jedoch selbst Italienisch und ein wenig Deutsch sprach, hielt sich die Levantinerin heute im Hintergrund.
Während die Alte sich über die Hand Elenas neigte und halbe Sätze flüsterte, die Elena mit angstvoll-starrem Lächeln anhörte, wandte sich Aimée, wieder venezianisch sprechend, zu Nani und bat, er möge dem Lakei der Botschaft den scharfen Auftrag geben, den Zigeunern unbemerkt zu folgen und festzustellen, wo sie nächtigten. Nani verließ das Zimmer und kehrte, Aimée zunickend, zurück. Inzwischen hatte sich die Alte über Aimées Hand gebeugt und raunte der Gräfin etwas zu. Das gleiche tat sie später mit Nani und ebenso mit der Traum-Pisani. Alle waren sie durch die Worte der Alten, welche fließend und seltsam rhythmisch sprach, nachdenklich geworden.

Elena zog ein kleines Notizbuch aus der Tasche und schrieb das, was die Frau ihr gesagt hatte, sorgfältig auf.
Endlich näherte sich die Zigeunerin dem General. Sie musterte ihn von oben bis unten, wiegte mit halb geöffnetem Mund den Kopf und sang halb vor sich hin. Matthias sah sich das eine Weile lang an; endlich fragte er: „Was weißt du von meinem Schicksal, Alte?"
„Viel, viel, edler Herr. Es steht alles rings um Euch herum geschrieben."
„Nun", entgegnete Matthias, „dann kannst du es ja laut sagen, damit auch ich es weiß. Die anderen haben es ja dann doch schon gelesen."
Die Alte wiegte wieder den Kopf. „Die anderen haben das dritte Auge nicht; man kann es nur mit dem dritten Auge lesen", erwiderte sie und zeigte auf die Mitte ihrer Stirn. Sie sah sich prüfend im Kreis um, ließ die Augen zur Feuer-Pisani gleiten und flüsterte, das Mädchen scharf musternd: „Das wird Ihr Sohn."
Matthias lachte: „Wer? Was? Die da? Dummes Geschwätz! Das ist doch ein Mädchen!"
Die Zigeunerin schüttelte den Kopf: „Das wird Ihr Sohn."
„Ich versteh dich nicht."
„Noch nicht. Aber eines Tages werden Sie mich verstehen." Die Alte sah den General fest an und setzte hinzu: „Bald, bald."
„Schön", nickte Matthias, „und was hast du mir sonst noch Unverständliches zu sagen?"
Die Zigeunerin schob den Kopf vor: „Wenn ich ihr Schicksal sehen soll, müssen Sie mir die rechte Hand reichen und die linke auf das Herz einer Frau legen."
Eine kurze Erregung überkam Matthias. Sein Blick ging um den Tisch. Für einen Augenblick verfingen sich seine Blicke in denen Aimées. Sie baten — aber sie baten zu befehlend. ‚Mein Wille wehrt sich gegen solche Liebe', dachte Matthias, und dennoch

wollte er Aimée nicht allzu weh tun. So neigte er sich nicht zur Feuer-Pisani, sondern zur Traum-Pisani und bat sie freundlich: „Wollen Sie mir für ein paar Minuten Ihr Herz schenken?" Die Traum-Pisani sah ihn verloren an: dann trat sie zögernd neben ihn, und Matthias fühlte, wie ihr Herz unter dem seidenen Kleide schlug. Nachdenklich starrte die Alte in die Hand des Generals. Endlich murmelte sie: „Der Lorbeer schützt vor dem Blitz dich."

Matthias zuckte die Achseln. Zu Elena gewandt, lachte er: „Schreiben Sie doch auch das auf, lieber Sohn. Sie werden mein Sohn, und der Lorbeer beschützt mich vor dem Blitz. Daß Lorbeer vor dem Blitz schützen soll, ist zwar nicht neu. Das glaubten schon die alten Römer. Noch etwas Geheimnisvolles, Alte?" Dicht trat die Zigeunerin an Matthias heran. „Spotten Sie nicht", stieß sie hervor, „was ich Ihnen sage, ist zu ernst. Es ist Ihr Leben."

Fast erschrocken hob Matthias das Haupt. Seine großen, gütigen Augen sahen die Frau ruhig an. „Ich spotte nicht. Du darfst nicht böse werden, aber ich kann mir nichts bei deinen Worten denken." Die Alte streckte beruhigend die Hand aus: „Warte, Söhnchen, warte." Sie schien zu wachsen. Ihr Antlitz verdüsterte sich; die Blicke irrten wie suchend umher; das Weiß der Augen wurde für eine Zeit voll sichtbar. Endlich gerannen die Blicke zu grausiger Starrheit. Nun schnurrte die verzückte Frau in sich zusammen wie eine Uhrfeder, sank neben Matthias in die Knie und sagte ganz langsam auf deutsch:

> „Sechzehn, siebenzehn scheint zerbrochen.
> Blutzerfetzt des Sommers Pracht.
> Sonnenheiße Feuerwochen
> Höhnen tote Frühlingsnacht.
> Über Leichen tanzt der Glaube,
> Mondbedroht und dunstverhüllt.
> Zwischen Meeren reift die Traube,
> Die des Alters Keller füllt."

Dann richtete sie sich wieder auf, trat zurück, wiederholte den Singsang aber noch einige Male, so daß Elena ihn mitschreiben konnte, während Matthias langsam die Hand vom Herzen der Traum-Pisani sinken ließ. Er bedankte sich sehr bei ihr, zuckte über die Weissagung jedoch die Achseln. Ohne sich um die Anwesenden zu kümmern, ging die Alte singend davon. Die Levantinerin schob sich an den Tisch, nahm begierig das Geld der Männer entgegen und lief mit Dankesgemurmel hinter der Alten her, während sie die Silberstücke fest in den Händen hielt. Nach der Mahlzeit trieb Matthias zum Aufbruch. Er müsse vorausreiten, weil er noch zu arbeiten hätte.

„Ich begleite Sie!" Elena strahlte den General an. „Ja, ich begleite Sie, nicht wahr, Donna Angiolina, ich darf Ihr Pferd nach Haus reiten? Sagen Sie ‚ja'. Ich freue mich ja so, wenn die Wiener mich mit Exzellenz Schulenburg zusammen reiten sehen! Nicht wahr, Exzellenz, ich darf Sie begleiten?"

Aimée sah Elena etwas spöttisch an. „Ich habe mir schon so etwas gedacht, als ich dich in diesem Kostüm aus dem Schlitten springen sah. Was bleibt mir nun übrig, als ‚ja' zu sagen? Laß umsatteln." Sie hatte sich gewünscht, selbst mit dem Freunde zurückreiten zu dürfen; aber sie fühlte sich noch als Gastgeberin und damit für das Wohl ihrer Gäste verantwortlich. Als zudem Nani sie herzlich bat, mit ihm und Laura im Schlitten heimzufahren, stieg sie ein. Der Schwanenschlitten der Botschaft mit dem winzigen Pierino auf der goldenen Muschel barg Nani, Aimée und Laura im Schutze der mächtigen Schwanenflügel und glitt auf Traumkufen in die weiße Welt des Nordens hinein. Diese Flügel schlugen ein schützendes Dach über drei Menschen aus Sonnenländern, alle drei mit heimlich bewegten und brennenden Herzen. Das waren die Gräfin Angiolina Mocenigo della Torre, genannt Aimée, der Edle Antonio Nani, Venedigs kommender Kriegsminister, und Laura Pisani, Tochter des kommenden Generalkapitäns der Meere, Andrea Pisani, Nichte des großen Alvise, genannt die Traum-Pisani.

Indessen trabten Matthias und Elena durch den Zitterglanz des Schneelichtes. Sie durchquerten verschneite Wiesen und Wäldchen, grüßten Wanderer und Schaulustige und gelangten dann wieder in Einsamkeiten, beschneite Forsten mit „deutschen Kathedralfenstern" wie Elena die lichtfarbigen Durchblicke nannte, und weite, schneesaubere Wiesen. Karl, der wieder einmal dem Burgunder seine besondere Zuneigung erwiesen hatte, folgte in angemessener Entfernung; er war viel zu sehr mit dem Kampf um sein Gleichgewicht beschäftigt, als daß er auf die Unterhaltung der beiden geachtet hätte.

Um die jugendliche Reiterin etwas von rückwärts beobachten zu können, hielt Matthias seinen Braunen zurück. Sie saß wundervoll im Sattel, zwar nicht so, wie es die Schule der Zeit vorschrieb, wohl aber echter und natürlicher, und die Bewegungen ihres Pferdes gingen wie von selbst in diese Natürlichkeit über. Der Oberkörper des knabenhaften Geschöpfes wiegte sich leicht gebogen im Trab; die Hände hielten Zügel und Peitsche unbeweglich; das Köpfchen mit der roten Stirnlocke, welche unter der Baskenmütze hervorquoll, sah starr gradeaus. Die Augen blieben gesenkt; über dem Antlitz mit den festen, halbgeöffneten Lippen lag der erhaben-schöne Ausdruck der Jugend, jener Ausdruck, in welchem sich die Ahnung kommender Lust und kommenden Leides zu einem großen tragischen Sehnen vermischt.

Mit entzückten Augen beobachtete Matthias die gleichmäßig federnden Bewegungen dieses Ephebenkörpers. Er spürte die einsgewordene Spannkraft von Mensch und Tier als etwas Vollendetes. In seine Bewunderung hinein schlich sich eine feine Trauer, die Begleiterin aller Vollendung. Er selbst hatte zwar seit seiner Jugend abgelehnt zu heiraten; schon vor einem Vierteljahrhundert hatte er geschrieben, daß er „sein Brot in Frieden essen wolle, welches aber schwerlich in so großer und konfuser Kommunion (wie der einer Ehe) geschehen könne". Jetzt aber überkam ihn in diesem glasigen Märchenwalde der

Schmerz; er sah sich in der Eiskathedrale des Ruhmes allein, wie ein hoher Prälat, ein Kirchenfürst sich allein sieht, und angesichts dieses federnden kraftzarten Pagen dort vor ihm würgte ihn der Gedanke: ‚Ach, wenn du doch so einen Sohn hättest!' Als sie dann später nebeneinander im Schritt ritten und sich unterhielten, blieb dieser Wunsch lebendig. Wie frei und klug wußte dieses Geschöpfchen zu fragen! Nach den Vaubanschen Befestigungen, nach Karl XII., nach der Königsmarck und Herrn von Leibniz. Sie erzählte dafür lebendig von ihrer Kinderzeit in der Levante, wo ihr Vater General-Provveditore gewesen war. Durch ihre hellen und knappen Gegenfragen, durch ihre leisen Zweifel brachte sie auch ihn zum Sprechen. So berichtete er von seinem großen Beschützer John Churchill, Herzog von Marlborough, und dessen Sturz in England, welchen allein die Taktlosigkeit der Herzogin verschuldet hatte — er erzählte gern, weil er sah, wie er durch seine Erzählungen begeisterte und entflammte.

Es tat ihm leid, als sie vor der venezianischen Botschaft angelangt waren, Elena sich aus dem Sattel schwang, das Pferd streichelte, ihm Zucker reichte und es dem Diener übergab. Entzückend waren ihre heimlichen Blicke, welche beobachteten, ob auch die Leute alle sähen, daß sie mit Schulenburg zusammen geritten sei. Endlich empfahl sie sich mit geschlossenen Hacken von Matthias. Ihre Augen leuchteten, und als erste brauchte sie jene Anrede, welche sonst nur für den Prinzen Eugen gebraucht wurde, die Matthias aber später zuwuchs, wie sein Lorbeer: „Haben Sie Dank — Monseigneur!"

Er sah ihr nach, als sie mit raschen Schritten im Tor der Botschaft verschwand und ritt dann langsam durch die Stadt zur Burg, gefolgt von Karl, der sich inzwischen wieder gefaßt hatte und sich in der vorgeschriebenen Distanz hielt. Matthias dankte freundlich nach allen Seiten für die Hochachtung, die man ihm erwies, während seine Lippen von Zeit zu Zeit lautlos murmelten: „Solch einen Sohn! Solch einen Sohn!"

Die Feuer-Pisani fand im Hof der Botschaft bereits den Schwanenschlitten vor. Außerdem traf Elena dort noch ein ganzes Feldlager an, welches vor kurzem eingetroffen war. Dieses Feldlager stellte die gesamte Armee des Majors von Moser dar, einen Feldwebel, zwei Unteroffiziere, sechs Spielleute und siebenzig Mann. Ausgerüstet waren sie mit acht Fahrzeugen und modernem Kriegsgerät, vor allem aber mit Ingenieurwerkzeugen als dem eigentlichen Arbeitsmaterial des Majors. Die Soldaten in ihren feuerroten Uniformen, mit den grasgrünen Kragen und Aufschlägen hatten die Gewehre zusammengesetzt; sie hockten auf Kantsteinen und Treppenstufen. Hier hörte Elena zum ersten Male das Flohlied singen, das während der nächsten Jahre alle kriegerischen Handlungen in Italien begleiten sollte.

„In der stillen Maiennacht
Gingen zwei Weiber auf die Flohenjagd.
Oh, oho, du armer Floh,
Hast sechs Beine und du hüpfst doch so!"

Während der sprachkundige Feldwebel dem Provveditore Nani bei dem Unterbringen von Leuten und Pferden behilflich war, musterte Aimée einen seltsamen Wagen, welcher zu Mosers Armee gehörte. Dieser Wagen war hoch, wohnlich, gefedert und hatte zwei große vergitterte Fenster, aus denen die Türkinnen und Armenierinnen Mosers teils neugierig lachend, teils verschämt hinausguckten. Nur Gazireh war von dem Feldwebel aus dem vergitterten Wagen herausgeholt und Aimée übergeben worden. Die schöne Türkin hatte ihrer neuen Herrin ehrfurchtsvoll die Hand geküßt und wartete jetzt neben ihr auf Befehle. Aimée war ein wenig besorgt, wie sie Giulia, ohne sie in helle Eifersucht zu versetzen, diesen plötzlichen Zuwachs des Haushaltes beibringen sollte. Aber das würde sich später finden; vorerst winkte sie Gazireh, ihr zu folgen.

Noch bevor beide das obere Stockwerk erreicht hatten, stürmte Nani hinter ihnen die Treppe hinauf. „Was gibt es?" fragte Aimée.

„Der Lakai ist den Zigeunern gefolgt", stieß Nani hervor. „Sie haben im Hof eines Palastes Unterkunft gefunden."
Aimée hob den Kopf. „Eines Palastes? Sieh da! Welches denn?"
„Bokum."
Hart griff Aimée nach dem Treppengeländer. „Bokum?"
„Ja."
Aimée faßte sich rasch und reichte Nani die Hand. „Suchen Sie mich gegen Abend auf; vielleicht kann ich Ihnen dann einiges sagen."
Nachdem Nani davongegangen war, legte die Gräfin ihre Linke auf die Schulter Gazirehs. „Herr von Moser hat mir gesagt, daß ich mich auf dich verlassen kann."
Die großen, hellen Augen Gazirehs wandten sich Aimée zu. „Das kann die Herrin. Was soll Gazireh für die Herrin tun?"
Während Aimée das Mädchen in das Wohnzimmer führte, sagte sie: „Etwas sehr Schweres."
Das Antlitz Gazirehs blieb unbeweglich. „Gazireh wird es tun."
„Noch weißt du ja gar nicht, worum es sich handelt."
„Doch." Gazireh nickte. „Gazireh hat gehört, was Herr gesagt hat, und Gazireh weiß, was Herrin will."
Erstaunt sah Aimée auf das kleine bewegliche Geschöpf. „Dann verstehst du auch das Venezianische?"
„Soviel verstehen wir alle. Die Herrin will, das Gazireh zu den Zigeunern geht und sieht, was sie tun."
Die Gräfin setzte sich auf die Seitenlehne eines großen Polsterstuhls und musterte die Türkin erschrocken. „Ja...", murmelte sie nach einiger Zeit, „vielleicht waren es diese Zigeuner, die den Kurier erschossen haben." Nach einiger Zeit fuhr sie fort: „Sie hatten einen sächsischen Karabiner bei sich; sie behaupteten, ein sächsischer Reiter hätte ihnen das Gewehr verkauft. Aber das war gelogen. Ich glaube, sie haben es dem Toten abgenommen."
„Gazireh hat nichts mehr zu fragen, Herrin", nickte die Türkin.
„In diesem Kleid kann Gazireh gehen. In Wien tragen viele Frauen bunte Kleider. — Wo ist der Palast?"

„Er liegt neben der kursächsischen Gesandtschaft. Es ist der Palast Bokum." Gazireh, die spürte, daß ihre Herrin den Namen mit einem Unterton von Verachtung aussprach, verneigte sich. „Gazireh kehrt zurück bei Anbruch der Nacht." Sie huschte aus der Tür, mit schiebenden Hüften, federnd und beweglich. Fast erschrocken sah Aimée ihr nach.

5

Inzwischen war Matthias in die Burg zurückgekehrt. Er fühlte sich erschöpft und legte sich nieder. Aber diese Erschöpfung hing nicht an ihm wie die gewöhnliche Nervenmüdigkeit, welche in den Schlaf überzuleiten pflegt, sondern sie quälte ihn durch immer neue Stiche in ein hochgesteigertes Bewußtsein. Erinnerungsbilder rasten an seinen geschlossenen Augen vorüber; die Prinzessin Angoulême stand schlank, dunkel, straff neben seinem Lager; sie wollte ihn in ihrem Phaëton zur Entenjagd abholen, als er aufsprang und sie zur Seite stieß, weil er die Truppen bei Fraustadt fliehen sah. Mit hintergründigen Augen schob Aimée seinen Ruhm zurecht; sie hatte alle Figuren in den Händen und verfälschte das Schachbrett seines Lebens zu seinen Gunsten, während er das Knarren des Lederzeuges hörte, in welchem sich der grüne Page wiegte — bis endlich das reife nackte Antlitz der Bokum diese Bilder sonnengleich überstrahlte. Die Bilder liefen an den Rand eines großen, hellen Kreises, die Frauen, die Soldaten und die Schachfiguren; in der Mitte leuchtete, sie alle bezwingend, Lelia. Das Bild wurde so stark, daß Matthias die Augen öffnete und nun in die Sonne hineinsah, die langsam wie eine feurige Katze die hohen, steilen Giebeldächer der Altstadt entlang schlich. Er erhob sich von seinem Lager, kleidete sich sorgfältig an und sandte durch Karl an die Gräfin Bokum ein paar Zeilen, in denen er bat, um die neunte Stunde seine Aufwartung machen zu dürfen.

Während er auf Antwort wartete, sah er hinaus in die aufblühende Nacht. Aimées Schönheit glich dem Himmel mit dem lautlosen Wechsel funkelnder Gestirne; Lelias Schönheit aber war wie die der Erde, groß, reif, mütterlich und fruchtbar...
Er hatte Gott seinen Ehrgeiz geopfert, seine Sehnsucht nach Nachruhm; nur um ein wenig Schönheit hatte er gebeten.
Schien es nicht, als ob ihm Gott diese Bitte aus vollen Gebehänden gewähren wolle? Er konnte sich satt trinken an Schönheit, und wenn sein Durst immer größer wurde, dann sanken neue Trauben zu ihm herab, welche er nur zu keltern brauchte als des Lebens und der Liebe erfahrener Winzer.

Während Matthias so träumte, schlich sich Gazireh durch einen großen Torbogen des Palais Bokum. Dieser Hof stand mit dem ersten und zweiten Stockwerk des Palastes, welche die Gräfin bewohnte, in keiner eigentlichen Verbindung. Wohl gehörten Ställe und Remisen des Erdgeschosses zum Bokumschen Haushalt; viele Nebenräume jedoch, Kellerwohnungen und Hintergebäude, waren vom Hausmeister stillschweigend an allerlei Volk vermietet worden, von welchem niemand recht wußte, wovon es eigentlich lebte. Im Grunde genommen aber ging es mit diesen Leuten nicht viel anders als mit der Hausherrin selbst; das ganze Palais Bokum trug um und in sich den Hauch des Unsicheren und Ungewissen.
In ein solches Haus sich einzuschleichen, ist nicht schwer. Gazireh verfügte zudem noch über eine große körperliche Gewandtheit. Ihre Arme und Beine schwangen nicht nur weich in den Gelenken; sie wußten auch, wenn es nötig wurde, ebenso stark zu federn. Mit zwei Sätzen konnte sie jeden Schrank erklimmen und dort, zusammengekauert zwischen eingemachten Früchten und Marmeladen, stundenlang ausharren oder aber ebensolange unter einer Treppe hängen, wo man sonst kaum noch Fledermäuse vermutet hätte. Als sie sich in den Hof geschlichen hatte, bemerkte sie in einem Seitengebäude Licht. Vorsichtig glitt sie

durch den Schnee, warf einen Blick durch die Ritzen der Holztür, um sich dann in einen dunklen Nachbarraum hineinzuzwängen, welcher, wie auch der erleuchtete Raum, früher als Wagenremise gedient haben mochte. Die beiden Remisen waren durch eine einfache Bretterwand voneinander getrennt, und da die Bewohner des Nachbarraumes den kleinen Brenner einer Messinglampe entzündet hatten, welcher in einer Ölschale schwamm, konnte Gazireh über die Bretterwand hinweg alles überschauen.

Die Menschen, die dort lagerten, waren Zigeuner — bis auf eine Levantinerin, welche das große Wort führte. Sie hatten ihren Wagen mitsamt dem Steppenpferd und dem Maultier, besorgt um ihr Eigen, wie es Diebe nun einmal sind, mit in die Remise genommen. Neben einer Kiste, welche als Tisch hergerichtet war, und auf der auch die Lampe brannte, lagen zwei Männer, ein älterer mit zerfetzten und verkniffenen Gesichtszügen und ein jüngerer von einer gemeinen Schönheit. Eine Alte bereitete auf offenem Feuer, dessen Rauch durch die Lücken der Eingangstür abziehen sollte, eine Suppe. Neben dem Kessel lag das Stachelfell eines Igels, welchen die Alte unter ständigem Rühren in der Suppe kochte. Zwei jüngere Frauen betteten ihre kleinen Kinder auf Stroh; ein Mädchen von etwa vierzehn Jahren, braun, lässig, schlank, putzte ein Gewehr. Sie sprachen wenig, dann aber in einer Sprache, die Gazireh nicht verstand. Als die Suppe fertig war, trug die Alte den Kessel neben die Kiste, und nun aßen sie alle schweigend aus dem Kessel; eine der Frauen hielt beim Essen ein Kind an der Brust. Die Levantinerin trank Maraschino aus einer kleinen strohumflochtenen Flasche.

Der Osten kennt die große Kunst des Wartens. Gazireh, den Fuß auf eine Querlatte der trennenden Bretterwand gestützt, die Hände in den oberen Rand der Wand gekrallt, beobachtete über ihre Hände hinweg, halb hängend, diesen vom Licht der Lampe und des Feuers wechselweise beleuchteten Menschenklumpen. Sie hing und ließ die Stunden vergehen. Sie hatte gelernt, die Stunden des Wartens zu töten; sie waren nicht lang, sie waren nicht kurz; sie waren überhaupt nicht.

Sie ließ ihr Hirn aus dem Zustand des Erstorbenseins erst wieder in den Zustand des Beobachtens übergleiten, als jemand dreimal an die Tür der Nachbarremise klopfte. Vorsichtig öffnete der junge Zigeuner die Lattentür. Er lachte, als sich eine kleine, schwarzhaarige Frau mit gleitenden Bewegungen in den Raum schob, die Hände ausstreckte und mit fettiger Stimme auf italienisch gurrte: „Nun, ihr lieben Kinder, was habt ihr Schönes mitgebracht?"

Gazireh lauschte. Diese Frau war ihr bekannt. Ja, damals, als die Janitscharen Dianenlust angriffen, war sie mit dabei gewesen. Sie erkannte die Bewegungen der Frau wieder, vor allem aber ihre sumpfige Stimme. Das war die Spitzenhändlerin. Jetzt schob sie sich an den Alten heran und fragte gurrend: „Nun, wie war es? Häh?"

Der Alte lag auf dem rechten Ellenbogen, hatte sich eine Pfeife entzündet und antwortete kurz: „Herzschuß. Der da hat sein Meisterstück gemacht." Der junge, gemein aussehende Zigeuner erhob sich stolz und schlug sich an die Brust.

Die Spitzenhändlerin nickte: „Brav, mein Sohn! Hat dich auch niemand spitz gekriegt?"

„Der Bursche liegt gut dort im Wald. Bis sie ihn finden, ist es Frühling."

„Und sein Pferd? Das habt ihr doch nicht etwa mitgenommen?"

Grinsend wiegte der Alte den Kopf. „Wir konnten doch das schöne Tier nicht im Wald verhungern lassen! Aber wir haben es an einen Rittmeister verkauft. Der wird es gut versorgen."

„An den Schinder werdet ihr es verkauft haben", knurrte die Spitzenhändlerin. Dann aber trat sie an den immer noch liegenden Alten heran. Sie stieß ihn mit dem Knie an die Schulter und fragte: „Häh?"

Der Zigeuner nickte. „Wir haben alles."

„Wo?" stieß sie hervor.

Der Alte nahm aus dem Wagen eine braune, eckige Ledertasche, die mit dem goldgepreßten kursächsischen Wappen verziert war. Diese Mappe hielt er der Spitzenhändlerin entgegen. So starrten sich die beiden an, bewegten sich aber nicht vom Fleck. Die Levantinerin trat an die Spitzenhändlerin heran. „Los", keifte sie, „gib deinen Dietrich her." Hastig öffnete sie die Kuriertasche, zeigte die Kurierpost vor, band den Schlüssel am Handgriff fest und legte Tasche und Post unter die Öllampe. „Erst das Geld", befahl sie, nahm der Spitzenhändlerin die Geldbeutel ab und zählte den Inhalt. Dann lachte sie: „Richtig, Patron." Jetzt wurde der alte Zigeuner sogar höflich und fragte, ob einer von der Bande der Spitzenhändlerin die Kuriertasche nachbringen solle. Die aber griff nach der Post, steckte sie wieder in die Ledertasche und erklärte höhnisch: „Was ich habe, habe ich. Außerdem wartet der große Chef draußen in seinem Wagen auf mich. Der will euch Gesindel nicht sehen. Öffnet die Tür leise und verhaltet euch fein still."
Nun löste sich Gazireh geschickt aus ihrer Verklammerung, machte ein paar rasche Körperbewegungen und schlich sich durch Kisten und Gerümpel zur Ausgangstür ihres Verschlages. Sie wartete, bis die Spitzenhändlerin sich verabschiedet und die Mitte des schneedämmerigen Hofes erreicht hatte. Dann sprang sie ihr mit wenigen Sätzen nach, und in einem weiten Sprung stieß sie, durch die Schneeluft fliegend, ihre ausgestreckten Hände der Spitzenhändlerin in den Nacken. Ohne einen Laut von sich zu geben, sank das Weib bewußtlos in sich zusammen; Gazireh fiel auf sie. Die Kuriermappe war der Alten unter dem Arm weggerutscht. Gazireh kümmerte sich nicht um die Ohnmächtige, riß die Mappe an sich und schlüpfte durch eine Hoftür in den Palast. Sie gelangte in das große, von mächtigen Kandelabern erleuchtete marmorne Treppenhaus, wo sie, hinter einer Säule stehend, den Diener des Generals Schulenburg beobachtete, welcher einen Brief hinauf in das erste Stockwerk brachte. Dann wand sie sich aus dem Hause und bemerkte auf

der anderen Seite der Straße einen dunklen Wagen, vor welchem ein breiter Mann in einem schwarzen Umhang unruhig auf und ab ging. Zuweilen blieb er stehen, stemmte seine Hände, die mit großen Stulpenhandschuhen bekleidet waren, in die Hüften und richtete seine Blicke auf die Toreinfahrt des Palais. Gazireh lief, die Kuriermappe fest in den Händen, an ihm vorüber, durch dämmerige Straßen bis zur venezianischen Botschaft, wo sie die Mappe schweigend ihrer Herrin überreichte.

Sie enthielt einen Brief an den König, einen an den Minister Grafen Flemming und einen an die Gräfin Aurora von Königsmarck. Ersichtlich handelte es sich bei dieser Kurierpost nicht um die des Gesandten Grafen Wackerbarth, sondern um eine Sondersendung der Gräfin Bokum.

Zunächst vertiefte Aimée sich in Lelias Brief an die Königsmarck. Die beiden Frauen schienen sehr vertraut zu sein. Denn Lelia breitete vor Aurora ihr Herz aus. Der Geliebte, so schrieb sie, sei zurückgekehrt, nachdem er mancherlei Blumen am Wege gepflückt hätte; sie, Lelia, denke aber an nichts anderes als an das Glück seiner Gegenwart. „Ich flehe Sie an, über alles geliebte Freundin, bewegen Sie den König, daß er auf Schulenburgs Eintritt in den kursächsischen Dienst verzichtet. Denken Sie an das Leid meines Herzens, wenn er nach Dresden ginge, oder wenn die eifersüchtige Gräfin Mocenigo della Torre ihn nach Venedig verschleppen würde. Es wäre mein Tod. Er soll in den Dienst des Kaisers treten, soll in Wien bleiben, weil ich hier bleiben muß. Ich kann nicht ohne ihn leben. Er gehört mir, und kein Gott darf ihn mir wieder entreißen."

Eine scharfe Falte stand zwischen den Augenbrauen Aimées. „... nach Venedig verschleppen... O nein, meine Liebe! Er wird nicht von mir nach Venedig verschleppt. Er gehört dorthin als Vollstrecker des Weltgeschehens." Die Leserin schüttelte den Kopf. „Was will sie eigentlich, was will sie? Kein Mensch auf der Welt kann mir erzählen, daß hinter diesem Geseufze an die gute Königsmarck nicht ein ganz bewußter fester Wille steht. Aber was für einer?"

Aimée war nicht imstande, diesen Brief so zu werten, wie er in Wahrheit gewertet werden mußte: sehr einfach, ein wenig rührend, aber ohne jeden politischen Hintergrund.

6

Von all dem, was sich am Nachmittag in ihrem Palais ereignet hatte, wußte die Gräfin Bokum nichts. Die Welt dort unten im Hof war ihr gleichgültig. Sie hielt in ihren Händen einen Brief, in welchem der Geliebte mit groß geschriebenen Buchstaben sein Kommen für den heutigen Abend ankündigte. Ach, es war wirklich so, als ob Matthias vor einer Stunde in ein Nachbardorf geritten sei und nun wiederkäme, um in ihre Arme zu sinken. War auch er bereit? Er mußte doch bereit sein, nach allem, was er am Neujahrsempfang beim Prinzen Eugen zu ihr gesagt hatte. Ihr Herz ging hart; sie hatte ein reiches Brokatkleid angelegt, nach der neuen Mode, mit weit ausladenden Hüften und einem tiefen Halsausschnitt. Sie prüfte sich in einem der hohen Spiegel. Ja, noch war sie schön. Sie reckte ihre Arme, als ob sie den Himmel auf die Erde reißen wollte: „Ach, ich möchte mich ihm opfern!" In der Erregung des Wartens überschlich sie sogar der Wunsch, für ihn leiden zu dürfen, und dieser Wunsch steigerte sich langsam ins Maßlose.
„Wüßte ich ein Leid, das seiner würdig wäre — ich würde es auf mich nehmen mit Lust!" Der Schmerz, so glaubte sie, würde ihn fest an sie binden — stärker und fester noch als die Freude. Als sie um neun Uhr den Wagen des Generals vor dem Hause halten hörte, zuckte sie zusammen. In ihrem Empfangszimmer hatte sie sechs Kerzen entzünden lassen, als die Lichter von sechs Planeten. Nun horchte sie, während das Blut ihr im Ohre rauschte, ob der siebente Planet, der Herrscher ihres Horoskops,

sich näherte, bis der alte Diener die Tür öffnete und flüsternd meldete: „Exzellenz von der Schulenburg."
Matthias stand in der Tür, aufrecht, gütig, lächelnd — Jupiter. Lelia zitterte, ging ein paar Schritte auf ihn zu und reichte ihm die Hand. Er trug an diesem Abend einen blauen Atlasrock, reich mit Gold verziert, weiße, seidene Kniehosen, weiße Seidenstrümpfe und schwarze Schuhe mit Goldschnallen. Das Haar war nur leicht gepudert. Das ganze Wesen dieses Mannes war Sicherheit, Kraft und Wärme.
„Sie haben mich nicht enttäuscht, mein Freund. Es ist lieb, daß Sie gekommen sind", nickte Lelia befangen und erregt, „aber kommen Sie, wir wollen gleich zu Tisch gehen."
Der Diener öffnete die Tür zum hell erleuchteten Speisezimmer. Matthias bot Lelia den Arm und führte sie feierlich zu Tisch.
Der Diener reichte all die zarten, kleinen Gerichte, in deren Zusammenstellung Lelia Meisterin war. Er schenkte schweren Rotwein und leichten Frankenwein aus geschliffenen Karaffen. Als die Unterhaltung den leichten Zauber eines geistigen Federballspiels angenommen hatte, verließ der Alte leise das Zimmer. Lelia senkte das Haupt über eine große, blaue Traube. „Nun", fragte sie weich, während sie dem Freunde ein paar Beeren auf den Teller legte, „sind Sie zufrieden?"
Matthias lehnte sich in seinen hohen Stuhl zurück. „Ich bin glücklich." Nach einiger Zeit fuhr er fort: „Unsere Begegnung hier in Wien bedeutet für mich mehr als eine Freude. Sie ist fast schicksalhaft. Die Welt hier könnte mich zermürben. In Emden, da ist mein Amtmann Hübner, da ist der Pastor Linck, da ist der Bäcker Christian Foot — da ist jeder ein fertiges Stück Mensch. Das sind lauter ganze Leute. Hier ist keiner ganz. Hier sind sie zusammengesetzt aus zwei Hälften oder drei Dritteln oder vier Vierteln, die aber nicht zusammengehören." Er trank einen Schluck Burgunder und fuhr fort: „Manchmal kommt es mir vor, als ob Gott sich hier selbst ein Spiel geschaffen hätte, als ob er in seinen Feierstunden über-

lege, wie die Menschen in Wien aussehen müßten, wenn sie aus einem Stück wären. Um aber wenigstens einen fertigen Menschen als Modell hier zu haben, hat er einen hergebracht, der aus einem Stück ist — Sie!"
Lelia, glücklich lächelnd, hielt die Augen eine Weile gesenkt. Dann sagte sie, sich zu ihm neigend: „Lieber Freund, vielleicht sehen Sie in Ihrer Güte mich zu gut und in Ihren hohen Forderungen die anderen zu schlecht. Man will Ihnen in Wien wohl."
„Ach, man will mir bedingt wohl. Man will mir wohl, soweit man sich selbst damit wohl will. Eugen will mir wohl, wenn ich ihm die Flanke für seine Siege freihalte; Grimani, Nani und Angiolina Mocenigo wollen mir wohl, wenn ich Venedig gegen die Türken verteidige ..., wenn, wenn ... alle, wenn!"
„Aber die kleinen Pisanis wollen Ihnen wohl um Ihrer selbst willen!" Das sagte Lelia sehr ruhig, und Matthias nickte. „Gewiß, sie sind reizend — das Feuer und der Traum. Das Feuer ist mein besonderer Liebling." Er erzählte, wie sie heute neben ihm hergeritten sei, und wie sein Herz geschrieen habe: „Solch einen Sohn, solch einen Sohn!"
Ein Blitz fuhr durch die Brust Lelias. Sie preßte die Hände zusammen: „Es ist ein Jammer, daß Sie keinen Sohn haben." In erregtem Spiel wand sie ein goldleuchtendes Stückchen Mandarinenschale um ihren Ringfinger.
Der General antwortete nicht. Nach einiger Zeit lehnte er sich zurück und sah auf die Deckenmalerei, den Reigen von Eroten, welche mächtige Rosenketten auf ihn und Lelia zu senken schienen.
Er schüttelte das Haupt. „Ich bin ledig geblieben", murmelte er nachdenklich.
„Weshalb?"
„Mönche und Soldaten sind dem Himmel oder der Hölle viel zu nahe, als daß sie es wagen dürften, sich fest an die Erde zu binden."

Leise löste die Gräfin die Mandarinenschale wieder von ihrem Finger, während sie sacht in jene Gedankenwelt zurückglitt, in welcher sie im Warten auf den Gast geweilt hatte. Die Maßlosigkeit ihrer Opferbereitschaft hatte sich im Laufe des Abends durch die Gegenwart des geliebten Mannes zur Verzückung gesteigert. Jetzt erkannte sie, daß es ein Leid gäbe, seiner würdig, um es für ihn zu leiden.
Das feine Parfum, der Atem edler Weine und der frische Hauch der Früchte mischten sich mit dem Wachsduft der Kerzen, deren Glanz die braunrote Fläche des Burgunders in den hohen Kristallgläsern widerspiegelte, zu einem überirdischen Duft. Die Eroten von der Decke schienen den Zauber eines wärmeren Himmels auf die beiden Menschen herabgesenkt zu haben; den Zauber einer reifen Süße, wie er auf der Insel der Phäaken das Herz ergreift, wenn gegen den weiten, enzianblauen Himmel ein zartes, blühendes Mandelbäumchen lehnt. Die Eroten schwebten segnend über dieser geheimnisvollen Märchenwelt und machten den zärtlichen Vorschlag, doch langsam schlafen zu gehen.
Als der Diener um zwölf Uhr meldete, daß der Wagen Seiner Exzellenz vorgefahren sei, murmelte Matthias etwas von „lieber zu Fuß gehen" und schickte den Wagen nach Hause.
Dann entfesselten die ersten Stunden des jungen Tages ihre funkelnde Pracht; es zog ein Schiff durch Rosen.
Und vier kleine geschnitzte Goldengel bliesen von den Ecksäulen eines riesigen Himmelbettes auf goldenen Trompeten eine stille Fanfare in die Welt, zu Ehren Jupiters, der seine geliebte Nymphe, schön wie der Tag, braun, weiß, sanft, stürmisch umarmte.

ACHTES KAPITEL

1

Für einen tätigen Mann kann das Schicksal nichts Böseres bereit halten, als das Warten auf eine große Aufgabe. Dann werden die Stunden zu Tagen, die Tage zu Wochen und die Wochen zu Jahren.
Matthias kannte die Gefahren des Wartens. Nie aber hatte das Warten so an seinem Herzen gezehrt wie jetzt. Was dachten sich eigentlich die Venezianer? Andere rissen sich um ihn, und sein Bruder Daniel Bodo, welcher als Generalleutnant im Dienst Augusts des Starken stand, hatte ihm noch einmal drängend geschrieben, der König werde ihn jederzeit mit offenen Armen als Feldmarschall in den sächsischen Dienst zurücknehmen. Aber Matthias blieb in Wien. Nicht zum wenigsten waren es der Freund Leibniz und dessen Ideen von der europäischen Aufgabe, welche Matthias an der Seite Eugens hielten. Es reizte ihn nur wenig, diese europäischen Ideen in Venedig zu vertreten. Denn den Venezianern war im verflossenen Jahrhundert der politische Sinn abhanden gekommen und ihr Kaufmannsgeist war zum Händlergeist entartet, Levantinerblut hatte über Lombardenblut gesiegt.
Wohl waren dem General Abschriften der alarmierenden Depeschen bekannt geworden, in welchem der Provveditore von Morea, Antonio Loredan, den Senat Venedigs bereits im April des Vorjahres von den türkischen Flottenbewegungen gegen Malta und den Truppenbewegungen gegen Montenegro unterrichtet hatte. Diesem Loredan konnten die Türken keinen Sand

in die Augen streuen; er sollte recht behalten in einer Lage, in welcher ein Mann glücklich ist, wenn er unrecht behält.
Da der kurze Briefwechsel über die Miete des venezianischen Palastes, Loredans Eigentum, Matthias von dessen Urteilskraft und Umsicht überzeugt hatte, so las er jetzt dessen Rapporte mit besonderem Interesse.
Am 9. September 1714 hatten die Türken den Venezianern unter fadenscheinigen Gründen den Krieg erklärt. Was die Venezianer daraufhin taten — oder nicht taten, grenzte an Selbstmord. Sie flehten die Fürsten Europas um Hilfe an. Aber entweder lachten diese Fürsten, oder aber sie waren so stark mit sich selbst beschäftigt, daß sie nicht noch anderen Hilfe leisten konnten. So war auch Ruzzinis diplomatische Mission in Dresden von vornherein zum Scheitern verurteilt gewesen. Vielleicht konnte der Kaiser im nächsten Jahr helfen; vorerst war aber auch er durch die Kämpfe im Norden an einem sofortigen Eingreifen zugunsten Venedigs gehindert ... Der Papst und die Malteser Ritter versprachen ein paar Galeeren; das war alles, was Europa für den Krieg gegen den gemeinsamen Feind beisteuern wollte.
Gleichzeitig bemühten sich in Morea der venezianische Oberstkommandierende, Generalkapitän Girolamo Dolfin und der Generalprovveditore Alessandro Bon, die Halbinsel in einen leidlichen Verteidigungszustand zu bringen. Inzwischen zog der neue türkische Großvezier Dschin-Ali-Pascha, ein Mann von Fähigkeiten und Seelengröße, das türkische Heer bei Konstantinopel zusammen, so, daß den Prinzen Eugen das kalte Entsetzen packte im Gedanken, die Türken seien von ihrem Plan, zunächst Venedig zu erobern, abgekommen und wollten ihren Angriff direkt gegen Ungarn richten. Noch wäre Eugen nicht imstande gewesen, Ungarn auch nur drei Tage zu halten. In der Tat lag dieser Vormarsch in Ali-Paschas Absicht.
Einer aber war anderer Meinung. Das war der Großadmiral, der Kapudan Pascha, der Dianum-Kogia. Des Kogias Rache strebte nach Venedig, und sein Herz schlug in Korfu. Er übersah

die Lage im Mittelmeer; er kannte die Schwäche der venezianischen Staatsmaschine aus der Zeit seiner Galeerensklaverei; er wußte um den Verfall des Staatsgebildes, dessen Herz Korfu war. In Korfu war das morsche Venedig zu besiegen, und mit einem siegreichen Heer konnte man nach Italien übersetzen und nicht nur Rom, sondern auch Venedig und Wien erobern. Vor des Kogias innerem Auge stand das Reich der Zukunft, für das jeder Mullah und jeder Derwisch betete, das Reich, in welchem der Großherr selbst den Fuß auf den Markusplatz von Venedig setzen und zum Dienst Allahs in die Moschee von San Marco schreiten würde. „Morea!" beschwor er den Großvezier immer wieder, bis Ali-Pascha nachgab und sein Heer nicht auf Wien marschieren ließ, sondern auf die handförmige Halbinsel Griechenlands warf, das Vorwerk Venedigs, während der Kogia mit der Flotte nach Westen aussegelte, um zunächst das venezianische Kreta zu überrennen und dann weiter den Kampf um Korfu aufzunehmen.

Der Graf Prass-Martiniani, welchen der General zusammen mit dem Hauptmann von Pilgram und Herrn von Mörlin zu Chefs seines Nachrichtendienstes gemacht hatte, berichtete aus Venedig von einem Gerücht, das die Bevölkerung errege. Der große Doge Francesco Morosini, welcher vor dreißig Jahren die Halbinsel Morea oder, wie man in gelehrten Kreisen sagte, „den Peloponnes", siegreich gegen die Türken verteidigt hatte, habe in der Nacht die mächtige Bronzeplatte seines Grabes in der Kirche San Stefano gehoben, sei in seiner Rüstung durch die Stadt zum Dogenpalast gewandert, die Gigantentreppe hinaufgeschritten, habe mit der geschienten Faust dreimal an die Gemächer des Dogen geschlagen und gerufen: „Nehmt den Deutschen!" Dann sei Morosini wieder in seine Gruft zurückgekehrt. Wenn Matthias an der nächtlichen Wanderung des Dogen auch einige Zweifel hegte, so blieb doch bestehen, daß das Volk über den Leichtsinn seiner Senatoren in Unruhe geraten war, weil sie angesichts der drohenden Türkengefahr mit Schulenburg um dessen Gehalt feilschten, gleichzeitig aber den

diesjährigen Karneval mit einem nie gesehenen Glanz ausstatteten. „Die Gondeln der Patrizier strahlen bei den Regatten in unbeschreiblicher Pracht", berichtete Graf Prass, „die Phantasie der Künstler erschöpft sich in der Erfindung neuer Gondelmotive. Triumphe der Venus oder Indianerdörfer fahren in höchster Vollendung über den Canalgrande; das Geld fliegt für Prunk und Flitter aus den Fenstern. Denn niemand weiß ja, ob dieses Jahr nicht das letzte Lebensjahr des christlichen Venedigs sein wird; viele glauben, daß im nächsten Jahr der Großtürke seine Zelte auf dem Markusplatz aufschlagen werde."
Durch diese beiden Berichte wurde die geniale Nüchternheit des Norddeutschen wieder lebendig; er durfte die Zeit des Wartens nicht sinnlos verstreichen lassen. Wenn sie in Venedig unverantwortlich mit jener Kostbarkeit umzugehen pflegten, die man Zeit heißt, so war er nicht geneigt, sie in gleicher Weise zu verschwenden.
„Eugen ist kein großer Arbeiter", hatte ihm Aimée eines Tages gesagt, „er ist es nur, wenn die Dinge ihn interessieren, wie die Aufstellung neuer Regimenter, Befestigungen oder Artillerieparks. Wichtiger wäre es, wenn er sich einen Überblick über die Intrigen der europäischen Höfe verschaffen könnte. Aber da ist er allein auf Bonneval angewiesen." Matthias hatte den Wink verstanden und vorsichtig, ohne zu verletzen, die Bearbeitung des diplomatischen Materials übernommen, welches sich bei dem Prinzen angehäuft hatte.
Mit Hilfe seiner Erfahrungen und seines eigenen Nachrichtendienstes konnte er dem Prinzen sehr bald eine Übersicht über die Geschehnisse verschaffen. „Es ist schmerzlich, aber wahr", sagte er eines Tages zu Aimée, „der Kaiser kann jetzt noch nicht in den Kampf gegen die Türken eintreten. Er muß auf der Hut sein, damit er nicht in den Kampf gegen Karl XII. hineingerissen wird."
„Und Alberoni?" fragte Aimée, während sie das schöne Haupt langsam emporhob. Ihr Blick blieb kurz an dem Bilde der Nymphe hängen.

Nachdenklich ließ Matthias die Hände über die Karten gleiten, welche auf einem großen Tisch ausgebreitet waren. Die Hände bewegten sich wieder fein tastend, als ob sie das Wesen Alberonis in der Tiefe zu erfassen suchten.
„Begreift man in Venedig die Gefahr nicht, die der Republik von diesem ehrgeizigen Italiener droht?" murmelte er.
Aimée sah dem Freund in die Augen. „Leider nicht. Man hält ihn für einen kleinen Priester aus Norditalien, der krank ist an seinen Gefühlen der Minderwertigkeit und an seinem verletzten Ehrgeiz. In Wien und Venedig spottet man über ihn, er mache niedrige Späßchen und verstehe vortrefflich zu kochen."
„Letzteres ist ohne Zweifel ein Verdienst", erwiderte Matthias trocken, „erschöpft aber die Bedeutung dieses Mannes wohl kaum."
Während Aimée in einem Buch blätterte, sprach sie weiter. „Ich fürchte, daß Bonneval den Prinzen nicht über die Gefahr unterrichtet hat, die von Alberoni droht."
„Auf alle Fälle ist meine Schwester Melusine in London davon unterrichtet. Sie hat gut gearbeitet. Auf England kann Alberoni nicht mehr rechnen."
„Ich weiß es", nickte Aimée und blätterte weiter in ihrem Buch.
Wieder fühlte sich Matthias von ihr geleitet, ja, gegängelt. Wer Alberoni war, wußte er besser als alle anderen; darüber brauchte er keine Belehrung. So lenkte er, um nicht mißmutig zu werden, die Unterhaltung auf ein ungefährlicheres Gebiet. Er erkundigte sich, wie Aimée den Nachmittag zubringen werde.
Der große Diamant leuchtete im müden Feuer der Wintersonne, deren Strahlen in den breiten Empfangsraum fielen. Ein Lächeln ging über die Lippen der Gräfin. „Lelia und ich werden heute zum Schneider gehen, um uns Faschingskostüme machen zu lassen. Wir brauchen allerlei, vor allem aber Kostüme für das Maskenfest der Kaiserin."

Ein wenig erstaunt sah der General die Freundin an. „Ich freue mich, daß du der Gräfin Bokum nähergekommen bist."
„Wir sind befreundet."
Rasch wandte er sich ihr zu. „Befreundet, sagst du?" fragte er mit einem leichten Zweifel in der Stimme.
„Ja."
„Das freut mich sehr."

Als Matthias etwas später zum Prinzen Eugen fahren mußte, nahm er Aimée bis zum Schneider mit. Vor dem eleganten Geschäft des Signor Terruzzi bewegte bereits Lelias Kutscher den kleinen rosa Schlitten mit dem Isabellengespann. Als der Wagen des Generals hielt, trat Lelia aus dem Geschäft heraus. Sie trug ein verschnürtes ungarisches Kostüm mit Kolpack, kurzem Rock und hohen Pelzstiefeln. Vorsichtig, fast gleitend, ging sie den Freunden entgegen. Aimée, die in ihrem großen Bisampelz langsam dem Wagen entstieg, konnte sich nicht verhehlen, daß Lelia von Bokum wunderschön sei. Rasch trat sie auf Lelia zu, umarmte sie und rief: „Wirklich, Sie sind schön wie ein Bild! Wir müssen sehr sorgfältig suchen, daß wir Sie zum Fasching in aller Vollendung präsentieren können."
Matthias war von der Erscheinung Lelias beglückt. Ihre leuchtenden Blicke ließen die Erinnerung an alle Abendstunden in ihm lebendig werden, die er in der letzten Zeit bei ihr verbracht hatte. Aimée schob ihren Arm unter den Arm Lelias; vor der Tür des Geschäftes winkten die Frauen dem Abfahrenden noch einmal zu, um sich dann in die mächtigen Seiden-, Sammet- und Federvorräte des Signor Terruzzi zu vertiefen, der es sich nicht nehmen ließ, die beiden Damen selbst zu bedienen und ihnen mit Farbstiften Kostüme für das Fest bei der Kaiserin zu entwerfen.

2

Das Faschingsfest, das zwei Wochen später in den Räumen der Kaiserin stattfand, übertraf an Glanz alles, was bisher an solchen Festen in der Burg gefeiert worden war. Als Leitgedanke war „ein Fest bei Semiramis" ausgegeben worden; die Leitung lag bei dem Hofarchitekten Johann Lucas von Hildebrand, dem Erbauer von Schönbrunn und Miterbauer des Belvedere. Seit Wochen arbeiteten Maler und Architekten in den weiten Sälen des Kaiserinnen-Flügels. Ein seltsam schönes Barock-Babylon entstand, mit Tempeln und geschwungenen, breiten Gartenterrassen, mit Palmen und tropischen Pflanzen. Inmitten dieser hängenden Gärten wurde der Thron für Semiramis erbaut, von welchem aus sie die Karawanen aus allen Ländern der Erde begrüßen sollte. Speisezelte, Tanzplätze, Lauben, Theaterchen und Kaffeehäuschen wurden in diesem Park verstreut; italienische Bravourmaler, die sonst die Paläste der Wiener Notabeln dekorierten, warfen farbige und witzige Bilder auf die von Hildebrand geschaffenen Zwischendecken und auf die Wände neben dem Thron der Semiramis. Schreiner, Schneider, Sattler, Juweliere arbeiteten Tag und Nacht; und immer wieder übersteigerte sich die Phantasie eines Künstlers, der für seinen Kreis, für seine Karawane mit neuen Einfällen kam, welche die Handwerker ausführen sollten. Hildebrand, dem alle neuen Ideen vorgelegt werden mußten, wies nichts Gutes zurück; je bunter die Einfälle waren, desto glücklicher machten sie ihn. Nur einen lebenden Elefanten strich er vom Festprogramm, „weder auf die Bühne noch in Festsäle gehören lebendige Tiere", diktierte er, ein Grundsatz, der damals auf viel Kopfschütteln stieß. Aber Hildebrand ging nicht davon ab, und so blieb der Elefant, der aus der Menagerie des Prinzen entlehnt werden sollte, unbehelligt in seinem Stall im unteren Belvedere.

Matthias hatte sich der Festgruppe des Prinzen Eugen angeschlossen. Der Prinz liebte Masken. Er mochte das Bedürfnis fühlen, sich von Zeit zu Zeit seines Dragonerrockes zu entledigen und in eine andere Haut zu schlüpfen. Bonneval setzte einen prunkvollen Türkenzug zusammen, und manche der in diesem Zug auftretenden Persönlichkeiten erinnerten an die Mitglieder jener Sondergesandtschaft, welche dem Prinzen am Neujahrstag den Brief des Sultans überbracht hatte. Lori Batthyány sollte als die Validé, die allmächtige Haremsfrau, auf goldenem Tragstuhl von acht Negern vor Semiramis gebracht werden, während das türkische Gefolge unter Führung Bonnevals, als Pascha mit drei Roßschweifen, vor der Kaiserin Semiramis zu knieen hatte. Es fehlte nur der Sultan selbst. Eugen, dem eigentlich diese Rolle zugedacht war, wies sie heftig ab; dagegen sprach er den Wunsch aus, Schulenburg möge als Sultan in der Karawane mitziehen.

Matthias warf den Kopf scharf zurück und atmete hart durch die Nase, als Bonneval ihm mit großer Herzlichkeit diesen Vorschlag überbrachte.
Jedoch Bonneval ließ sich nicht abweisen. Sein breites Antlitz bekam einen fast rührenden Ausdruck, und seine Stimme wurde weich und zärtlich, als er sagte: „Exzellenz, verderben Sie dem Prinzen die Freude nicht. Er liebt es, sich zu maskieren, dabei aber unbekannt zu bleiben. Es ist so etwas wie eine Kindererinnerung. Er trägt schwer unter der Last seines Ruhmes, wie er schwer unter der Last seiner Jugend getragen hat. Und dann rettet er sich, wie in seiner Jugend, gern in das unbekannte Sein."
Gegen diese Gründe konnte Matthias nicht an. Wieder überkam ihn ein seltsames Mitleid mit dem Prinzen. So übernahm er die Rolle des Sultans. Unter Hildebrands persönlicher Leitung wurde für ihn ein strahlendes grünes Seidenkostüm entworfen, mit einem perlengeschmückten Turban, der von einem Smaragd mit einem hohen Reiherstutz zusammengehalten wurde. Sein Gewand und sogar die hohen, weichen Stiefel glitzerten unter Hunderten von Edelsteinen aus dem kaiserlichen Schatz.

Am Festabend erstrahlte der Flügel der Kaiserin im Licht von Tausenden von Wachskerzen, welche ständig von Negern geschnuppt wurden, damit kein Ruß, wie bei den Festen des Königs in Preußen, die Gäste belästigte. Um die neunte Stunde begann der Einzug des Hofes. Assyrer, Perser, Chinesen und Äthiopier, übersät mit Juwelen und Gold, neigten sich tief, als unter Fanfaren der Hof der Semiramis den Saal betrat. Elisabeth befand sich auf der Höhe ihrer Schönheit. Sie schritt, umwogt von hohen Straußenfächern, in einem weißen Seidenkleid mit goldgefaßtem Rubinengürtel, roten Handschuhen und roten Schuhen, heiter zu ihrem Thron hinauf; der Thron an ihrer Seite blieb frei für den Kaiser, der erst später zu kommen gedachte. Vom Thron aus neigte sie nach allen Seiten das Haupt mit der großen Perlen- und Rubinenkrone Assyriens und gab dann mit einem purpurnen Stab das Zeichen zum Beginn des Festes.

Die Gäste hatten sich inzwischen auf die hängenden Gärten verteilt, welche mit südlichen Gewächsen bestellt waren. Der Saal, groß wie eine Kathedrale, zitterte im Glanz von Edelsteinen und im Duft von Blumen fremder Länder. Durch diese weiten, hängenden Gärten schob sich jetzt der erste Maskenzug, der Zug der Spanier, welche, als von Peru kommend, das Gold der Inkas zum Geschenk überbrachten. Ein Raunen ging über die Terrassen; was dort Semiramis zu Füßen gelegt wurde, bedeutete ein fürstliches Vermögen. Der kaiserliche Hofmarschall, der sich in seinem Assyrergewand mit nackten Beinen und einem seltsamen Krummstab ein wenig verloren vorkam, flüsterte der Gräfin Fuchs, die durch keinerlei Maskenputz zu etwas anderem hatte werden können, als zu einer assyrischen Mammi, verhalten zu: „Das riecht ja direkt nach Bestechung."

Die Mammi zog ihre Lippen breit. „Zu etwas müssen die Spanier ja gut sein" — und beide lachten lautlos.

Die Kaiserin winkte den Führer der Spanier, den hüstelnden Herzog von Valladolid, der schwer an seinen Goldgewändern

trug und dessen langes Antlitz zwischen Schlauheit und Müdigkeit wechselte, auf ein Taburett zu Füßen des Thrones. Auf die Spanier folgten die Franzosen, welche die Gobelinweberei darstellten, mit bunten Fädchen, Weberschiffchen und Stäbchen. Sie entrollten zwei mächtige Gobelins vor der Kaiserin. Wieder ließ Semiramis den Führer der Karawane auf einem Taburett Platz nehmen, und nun folgte Gruppe auf Gruppe, eine Wirrnis von Pracht und Reichtum. Zwei Orchester, versteckt hinter Lorbeerhecken, schütteten die Melodien Monteverdis, Pierfrancos und Marcantonio Cestis über die traumhaft schimmernde Pracht des Festes aus, bis plötzlich die Musik schwieg und ein a capella-Chor leise ein Barcarole begann: „O, dolce notte di Venezia."
Der Triumphzug Catarina Cornaros näherte sich dem Thron der Semiramis.
Auch diejenigen Augen, die bereits von all dem Glanz müde geworden waren, wurden wieder wach, als die Venezianer in den Saal einzogen. Auf langen Gondeln, durch einen unsichtbaren Mechanismus getrieben, erschien zunächst der hohe Rat Venedigs, welchem nach einem bunten Gewirr von Notabeln und Patriziern, Pfeifern und Trompetenbläsern, der Botschafter Grimani als Doge folgte. Er entstieg der Gondel und ging zu Fuß. Vor ihm her trug ein Edelknabe den goldenen Faltstuhl, andere trugen das Zepter, das Schwert und das Kissen. Über seinem Haupte hielten zwei weitere Edelknaben den großen goldenen Schirm. Aus Ehrfurcht vor dem höchsten Würdenzeichen des Staates hatte Grimani die goldene Dogenkappe nicht auf sein Haupt gesetzt, sondern ließ sie auf einem Kissen vor sich hertragen, während die enganschließende feine Leinenkappe der Dogen sein herrlich modelliertes Haupt bedeckte. Der Botschafter litt sichtlich unter der Pracht der schweren Gewänder, der Wucht der Dalmatica mit den breiten Aufschlägen von Gold und Silber und dem Brokatmantel. Immer wieder tupfte er die gewölbte Stirn, die riesige Nase und das vorgebogene Kinn mit einem großen seidenen Tuch. Dann stellten sich der Doge und der hohe Rat an den Seiten des Thrones auf,

und das Schiff der Catarina Cornaro rollte in den Saal. In diesem Augenblick setzte ein Orchester an Bord des Schiffes ein; und zusammen mit dem Chor rauschte die Barcarole „O, dolce notte di Venezia" der Kaiserin entgegen.

Vorn auf dem Schiff, ergreifend durch ihre makellose Schönheit, geschmückt mit der ganzen Pracht aller Perlen der Morosini, stand Aimée.

Ihre Augen ruhten, während das Schiff sich langsam dem Thron näherte, in den Augen der Kaiserin Elisabeth, die sich, ohne den Blick von diesem Bild des Großartigen abzuwenden, leise zur Mammi neigte und flüsterte: „Vollendet schön!"

Für einen Augenblick lang, von den wenigsten beobachtet, blieb der Blick Aimées an einem großen Mann hängen, der eingehüllt in einen weiten, grünen Mantel an einer Säule lehnte, ein Mann mit einer scharfen Nase, einer hervorstehenden Unterlippe und hellen, gütigen Augen, deren eines schief stand.

Wie die Kaiserin erblickte der Mann in der Erscheinung dort oben die reine Vollendung. Starr wie ein Marmorbild stand Catarina Cornaro auf dem Schiff, die Königin von Zypern, die ihr geliebtes Reich dem Senat von Venedig überlassen mußte. Das Antlitz dieser Königin blieb unbeweglich, als ob ein furchtbares Schicksal auf sie niedergestürzt sei. Sie stand, die großen Augen auf Semiramis gerichtet, bittend, ohne zu sprechen, flehend, ohne ein Wort zu sagen. Sie neigte nur ein Knie, als das Schiff vor dem Thron wendete und eine Falltreppe vor der Kaiserin niedersank.

Die Musik ging in ein Jubeln über. Und nun erschien aus der Tiefe des Schiffes eine Nymphe, schön wie der Tag, braun, weich, sanft. Sie war gekleidet in die Farben des Griechenmeeres, jenes Meeres, dessen Wellen das einstige Königreich der Catarina ewig umspülen. Diese Nymphe, mit Perlen im Haar, in ihren Bewegungen eine lange milde Woge, legte die Arme um zwei kleine Meernixen, die eine, knabenhaft, mit feurigem, tizianrotem Haar, die andere blond, mit Augen, in denen die Träume nisteten. Mit diesen Wassergeistern, welche großе Muscheln, gefüllt mit Perlenschmuck, mit blauen und grünen Edelsteinen trugen, schritt die Nymphe langsam die Treppe des Schiffes hinunter. Geführt vom Dogen Grimani knieten die drei vor dem Thron der Semiramis. Dort reichten die kleinen Nixen ihre Muscheln der Nymphe, welche sie mit weichen, sanften Händen der Kaiserin darbot. Elisabeth neigte sich ergriffen und nahm mit ein paar guten Worten die Geschenke Venedigs entgegen. Als die Nymphe mit den beiden Nixen wieder die Treppe zum Schiff hinaufschritt, traf ihr Blick den des Mannes an der Säule. Sie errötete, stutzte, und ihre Lippen standen für einen Augenblick fast wehrlos offen. Catarina Cornaro, welche sie vom Schiff aus beobachtete, lächelte, daß ein wenig von ihrem Zahnfleisch sichtbar wurde.

Das Orchester jubelte; die Pauken und Trompeten jauchzten die Freundschaft Venedigs in die Welt hinaus, und die Gäste, welche dem großen Spiel atemlos gefolgt waren, dankten durch brausenden Beifall.

Ein breiter Türke trat zu dem Mann an der Säule und flüsterte ihm zu: „Es wird Zeit, Exzellenz. Unser Zug wird sich gleich in Bewegung setzen." Rasch wand sich der Mann durch die Menge; unter seinem grünen Reitermantel leuchteten hohe, edelsteinbesetzte Stiefel.

Der Doge Grimani nahm auf einen Wink der Kaiserin Semiramis auf dem letzten freien Taburett vor dem Thron Platz. Dann aber blähte sich wieder das große Segel des Schiffes; der goldene Markuslöwe auf rotem Grund stand leuchtend über dem Menschengewirr, und die Schiffskanonen, die nach dem Einziehen der Schiffstreppe gelöst wurden, schossen Hunderte von Veilchensträußchen in den Saal. Am Heck des Schiffes stand im altvenezianischen Gewand Antonio Nani und ließ die Flagge des heiligen Markus zum Gruß vor der Kaiserin sinken. Die süße Melodie der Barcarole setzte wieder ein; langsam umzog das

Schiff der Catarina Cornaro den Thron der Kaiserin und verschwand dann in der Glasgalerie.
Es war schwierig, nach diesem Wunder von Feuer und Traum mit einer anderen Darbietung noch zu bestehen. Vor allem mußten sich jetzt die Zuschauer ein wenig erholen. Das wußte auch Bonneval, und deshalb war er sehr einverstanden, als der Oberhofmarschall mit seinem Krummstab und seinen nackten Beinen an ihn herantrat und ihn bat, mit dem Einzug der Karawane noch zu warten, da der Kaiser gleich erscheinen würde. Schon klangen aus der Glasgalerie die Silbertrompeten, und unter Vortritt der Assyrergarden betrat Kaiser Karl VI. als König Nino das Reich seiner Gemahlin. Der Kaiser trug über einer Tunika eine römische Rüstung mit einem kurzen Schwert; seine mageren, nackten Beine staken in gebundenen Goldsandalen; sein Haupt krönte ein ungeheurer Federaufbau. Die Züge des Kaisers glichen einem Netz; sie schienen vor das eigentliche Antlitz des Monarchen ein Gitterwerk zu legen, durch welches vielleicht nur Herr von Bonneval durchzusehen vermochte. Er nahm den Beifall und die Zurufe mit Herzlichkeit entgegen; sein langes, überlanges Antlitz mit dem alten Lächeln wirkte fast rührend. Er stieg die Stufen zu seiner strahlend schönen Frau empor, neigte das Knie vor der „schönen Liesl" und ließ sich auf den Thronsessel neben ihr nieder. Dann zog er unter der Rüstung ein Lederetui hervor und entnahm ihm eine große schwarzgefaßte Brille, welche er sorgsam mit einem Seidentuch putzte, um sie dann umständlich aufzusetzen.
Nun konnte der Zug des Prinzen Eugen, der letzte Zug, den Saal betreten. Bonnevals Sorge, daß nach dem venezianischen Zug kaum noch etwas bestehen könnte, erwies sich als überflüssig. Der Einzug der Janitscharenmusik, der türkischen Soldaten, der Veziere und des Harems, welcher in großen Vogelbauern hoch in der Luft getragen wurde, begeisterte das Publikum. Als dann die Validé, halb verschleiert, auf dem hohen Tragsessel, von Federfächern umrauscht, in den Saal schwebte

und die Gäste in ihr die Gräfin Batthyány erkannten, steigerte sich der Jubel. Man wartete auf den Prinzen Eugen als den Sultan. Eine neue Musikkapelle spielte eine noch wildere Musik als die erste es getan hatte; türkische Hofleute und Soldaten in leuchtenden Farben schoben sich durch die breite Eingangstür in den Saal, bis allen Anordnungen des Herrn von Hildebrand zum Trotz auf einem zierlichen weißen Pferd der Sultan in den Saal ritt.

Die Erscheinung des Großherrn im Festsaal der Burg griff den Gästen ans Herz. Ein Augenblick beklemmender Stille lag über dem Fest. Bald jedoch erkannte man den General Schulenburg, der bis zum Thron des Kaiserpaares ritt, dort aus dem Sattel sprang und von vier Türken mächtige Ballen von herrlicher Seide, Federn und Pelzwerk zu Füßen der Kaiserin ausbreiten ließ. Wollte Eugen durch diesen Aufzug auch inmitten des rauschenden Festes an die Gefahr erinnern, in welcher sich das Reich befand? Wollte er den Mann in der Maske des Sultans vorführen, der als erster den Kampf gegen den Sultan beginnen sollte?

Der Kaiser war aufgestanden und vom Thron hinabgestiegen, um die Stoffe und das Pelzwerk genau zu mustern. Er beugte sich tief über jedes einzelne Stück und trat dann an die Validé heran, zu deren erhöhtem Tragsessel er hinaufstieg. Nun gab die Kaiserin dem Sultan einen Wink. Da kein Taburett mehr frei war, wies sie ihm den Platz neben sich auf dem Thron an und sagte lachend: „Wenn der Kaiser sich zu Ihrer Validé setzt, sollen Sie neben seiner Validé sitzen." Die Gäste wandten die Blicke nicht von dem hohen Assyrerthron ab, auf welchem zwei niederdeutsche Menschen sich lächelnd unterhielten, Menschen, von denen man fühlte, daß sie vom Schicksal zu etwas Außergewöhnlichem bestimmt waren, wenn zwar noch niemand zu sagen wußte, wie sich dieses Außergewöhnliche einst offenbaren würde.

Gleichzeitig ging aber auch viel Flüstern durch den Saal: „Wo steckt denn Prinz Eugen?" Niemand jedoch wußte es zu sagen. Als der Zug des Prinzen den Saal verlassen hatte, und der Kaiser wieder auf den Thron zurückgekehrt war, gab die Kaiserin das Zeichen zum Beginn der Polonaise, die sie mit Schulenburg als dem Sultan eröffnete. Ihr folgte der Kaiser mit Aimée, der Catarina Cornaro, eine Wahl, die von vielen Seiten mit großer Aufmerksamkeit beachtet und besprochen wurde, wenn auch dem Kaiser in Wahrheit jeder politische Gedanke ferngelegen hatte.

Unter Vorantritt des Oberhofmeisters und der assyrischen Kammerherren formte sich der Zug. Er ging zuerst durch den großen Saal, dann weiter die breiten Treppen hinauf in die hängenden Gärten, vorbei an den Lauben, Tanzplätzen, Theaterchen, Glückszelten, durch Grotten hindurch und an Weinschenken vorüber. In den hängenden Gärten hatte sich Assyrien bereits völlig in Wien aufgelöst, und fremdartig wirkte hier am Kaiser Karl nur sein Römergewand, nicht aber seine große hausväterliche Brille, durch welche er die „Wirtschaft" seiner schönen Liesl zufrieden musterte. Während die Gäste sich auf den Terrassen und in den geschmückten Sälen verteilten, nahm der Hof vor dem bunten Zelt der Kaiserin Semiramis Platz, das auf einer Seitenterrasse des langen Festsaales aufgeschlagen war. Von hier konnte das Kaiserpaar dem Tanz zusehen; es konnte, wenn es ihm behagte, selbst zum Tanz in den Saal hinunterschreiten, vor allem aber sich in immer neuen Masken, die im Zelt bereitgehalten wurden, unter die Gäste mischen.

Matthias und Aimée zogen sich langsam unter einen großen, blühenden Lorbeerstrauch zurück. Ein Diener zeigte ihnen eine versteckte Schenke, in welcher sie zur Nacht speisen konnten. Sie aber blieben unter dem blühenden Lorbeer.

Aimée neigte sich über die Balustrade und winkte. „Elena Pisani grüßt herauf; sie tanzt mit Nani."

„Reizend sieht sie aus." Matthias bot Aimée aus einem Körbchen Gebäck an.

Aimée zerbrach einen Zuckerstern und nickte. „Reizend."
Einen Augenblick lang ließ Matthias die Blicke prüfend auf Aimée ruhen. „Du bist heute benommen, Aimée. Dabei siehst du wunderschön aus. Ist dir etwas Besonderes zugestoßen? Kann ich dir helfen?"
„Sieht nicht auch Lelia bezaubernd aus, Schiefauge?"
„Wunderschön. — Aber sag, Aimée..."
„Sie ist so jung geworden in der letzten Zeit." Sie betrachtete ihre linke Hand, welche sie hin und her wandte.
Der Provveditore Nani trat an den Tisch heran, setzte sich zu den beiden und spielte mit der Fasanenfeder seiner Kappe. Dabei hingen seine Augen fast anbetend an der schönen Königin von Zypern. Endlich sprang er auf, verneigte sich vor Aimée und sagte: „Darf ich Sie um die Gavotte bitten?"
Wie selbstverständlich warf Aimée zunächst einen fragenden Blick zu dem Sultan an ihrer Seite, welcher ihr im Anfang erstaunt, dann aber lächelnd zunickte. So führte Nani die Königin von Zypern hinunter auf den Tanzplatz, zu welchem sich viele Gäste drängten. Ab und zu flog ein Scherzwort der Vorübergehenden zu dem einsamen Sultan hinüber, der immer wieder freundlich nickte, aber mit der Hand abwehrend durch die Luft wischte, wenn eine Maske ihn zur Gavotte führen wollte. Aus dem Gewühl drängte sich ein kleiner Araber an ihn heran, mit einem Spitzbart und großen Tränensäcken unter den Augen. Er kreuzte die Arme und verneigte sich. „Eine wichtige Nachricht, Exzellenz. Ich bin Graf Prass."
Scharf wandte Matthias das Haupt dem Grafen zu, daß der Reiherstutz auf seinem Turban zitterte. „So, ja, Graf, was gibt es?"
„Mein Vertrauensmann aus der venezianischen Botschaft teilt mir soeben mit, daß ein Geheimkurier vom Senat aus Venedig eingetroffen sei."
„Und?" Matthias fragte drängend; seine Augen zogen sich zusammen. Prass zuckte mit den Achseln. „Ja — es ist unbegreiflich."

„Weshalb?"

„Der Senat ist immer noch der Ansicht, daß die Forderungen Eurer Exzellenz zu hoch seien. Grimani soll versuchen, sie herabzudrücken."

Matthias schob sich in seinem Sessel ein wenig vor, legte die Unterarme auf seine Knie und faltete die Hände. „Gut, lieber Graf, dann mögen sie sich in Venedig wieder einen Steinau suchen. Meine Forderungen sind nicht zu hoch — weil ich mehr zu bieten habe als die Steinaus — nämlich mich."

Er sah einen Augenblick lang vor sich hin. Dann nickte er freundlich und sagte kurz: „Suchen Sie die Gräfin Bokum und sagen Sie ihr, ich möchte sie noch heute nacht etwa gegen zwei Uhr in ihrer Wohnung aufsuchen. Ich hätte Wichtiges mit ihr zu bereden."

Ein Erschrecken lief über das Antlitz des Grafen Prass. Er verstand. Jetzt war das Spiel zu Ende. Schulenburg kehrte den Venezianern den Rücken, um als sächsischer Feldmarschall die Führung des Kampfes gegen Karl XII. von Schweden zu übernehmen. Dem Grafen Prass wurde angst. Bevor er die Gräfin Bokum aufsuchte, ging er rasch zu Bonneval, welcher mit zwei Spanierinnen in einer Weinlaube gespitzte Worte wechselte. „Darf ich Sie für einen Augenblick bitten, Graf", murmelte er dem Großvezier ins Ohr, „es ist dringlich."

Ärgerlich wandte Bonneval den turbangeschmückten Kopf. „Was ist schon dringlich? Das Leben ist langweilig, und der Tod kommt immer noch früh genug. Weshalb stören Sie mich in einem der wenigen glücklichen Augenblicke dieses Lebens?"

Prass neigte sich vor und flüsterte Bonneval zu: „Schulenburg bricht die Verhandlungen mit Venedig ab. Er bereitet alles für seinen Eintritt in den sächsischen Dienst vor."

„Was?" Bonnevals Gesicht verzog sich zur Fratze.

Prass berichtete kurz.

„Diese Frösche da drüben sind wohl ganz närrisch geworden!" schrie Bonneval und sprang auf. Er warf mit einer mächtigen

Bewegung den Stuhl um und stürmte, ohne den Damen ein Wort der Entschuldigung zuzuwerfen, über die Terrasse in den Saal. Er suchte einen Türkenknaben mit grünem Turban, weiten, gelben Seidenhosen und der abschreckenden venezianischen Gesichtsmaske, jener ewigen Erinnerung an das Grauen der Pest. Endlich fand er ihn, auf einem niedrigen Hocker vor dem Theaterchen sitzend, das linke Bein auf den Hocker gezogen, während die rechte Hand es umspannte. Der Türkenknabe lauschte dem kleinen Orchester und den Arien einer kurzen Spieloper, welche alle Stunde wiederholt wurde.

Auf Zehenspitzen trat der große Mann von rückwärts an den Türkenknaben heran und neigte sich vorsichtig an dessen Ohr. „Eine wichtige Nachricht. Venedig zieht die Verhandlungen mit Schulenburg weiter in die Länge. Die Venezianer halten seine Forderungen für zu hoch. Schulenburg ist empört und knüpft Verbindungen mit Sachsen an."

Der Kleine schien einen Augenblick zu überlegen. Dann befahl er kurz: „Suchen Sie Grimani!"

Der Botschafter Grimani saß mit einigen Gästen in der Laube, welche für die venezianische Botschaft freigehalten wurde. Er hatte den rechten Arm auf die Brüstung der Loge gelehnt und warf gelegentlich ein Wort in die Unterhaltung. Plötzlich zuckte er zusammen, als sich eine Hand auf die seine legte, eine Hand, welche von unten zu ihm heraufgriff. Ein maskierter Türkenknabe im grünen Turban kletterte von der tieferen Terrasse am Stützwerk empor, zog sich mit kräftigen Armen auf die Brüstung neben dem Dogen und blieb dort zunächst einmal sitzen.

„Du schlägst ja seltsame Wege ein, Kleiner. Was willst du denn?" fragte Grimani erstaunt.

„Dir etwas sagen, Pietro. Etwas Wichtiges."

„So, dann sage." Der Botschafter wandte sich dem Jungen zu. Der streckte die Hände aus, welche in grauen Handschuhen staken und nahm mit einer langen Bewegung die Dogenkappe

vom Tisch. Er hielt sie vor sich hin, streichelte den edelsteingeschmückten Rand und das Horn der Kappe. „Sie würde dir gut stehen, Pietro."
„Vielleicht."
„Bestimmt." Der Junge hielt die Kappe für einen Augenblick über dem Haupt des Botschafters, als ob er ihn zum Dogen krönen wollte. „Aber", fuhr er leise fort, „wenn du sie wirklich einmal tragen willst, so sorge dafür, daß euer Senat den General Schulenburg in seinen Dienst nimmt. Und zwar bald. Sonst könnt ihr euch allein gegen die Türken wehren. Mit Schulenburg steht und fällt das Bündnis des Kaisers mit Venedig. Schick einen Sonderkurier. Es wird Zeit, Herr Pietro."
Der Kleine ließ sich langsam hinabsinken; der Kopf mit der furchtbaren Schnabelmaske stand noch für einen Augenblick zwischen den grauen Handschuhen, und aus den Augenlöchern der Maske blitzten ein paar große Augen. Dann verschwanden auch Kopf und Hände des Türkenknaben.
Den Botschafter überlief ein Schaudern.

Als das Fest auf seinem Höhepunkt angelangt war, wollte Aimée, die Königin von Zypern, noch einmal mit ihrem Sultan das Menuett der Königin tanzen. Aber sie suchte ihn vergebens. Ihr brannte das Herz; sie wollte und mußte ihm bei dem Menuett zuflüstern, daß der Senat die Verhandlungen wieder hinauszöge. Sie wollte ihm sagen, daß Grimani, Nani und sie bei dieser Nachricht aufgeschrien hätten, weil es nicht sein dürfe, weil Venedig verloren sei ohne ihn. Aber sie fand den Freund nicht, und niemand wußte, wo er geblieben war.
Sie wandte sich an die Feuer-Pisani und fragte, ob sie Lelia gesehen hätte. Das Feuer jedoch suchte sie auch. Aber Lelia blieb verschwunden. Jetzt wußte Aimée, wo sie den Freund finden könnte.
Sehr aufrecht, unnahbar und großartig, schritt sie dem Ausgang des Saales zu. Die Johlenden und Schreienden traten erschrocken

zurück vor der Majestät ihrer Persönlichkeit. Sogar Bonneval war beeindruckt und flüsterte der Mammi zu: „Diese Frau hat wahrhaftig Zypern verloren." Die einsame Königin schritt ruhig die Treppe hinunter; Nani, der ihr mit den Blicken gefolgt war, ging ihr nach und geleitete sie zum Wagen. Sie quälte ihren Lippen ein schmerzliches Lächeln ab, als sie beim Abschied zu ihm sagte: „Lieber Freund, das Schicksal Venedigs hängt noch an einem Seidenfaden."

Indessen wandelte Matthias in Lelias Empfangszimmer auf und ab. Die Hausfrau lag, in sich zusammengekauert, in einem hohen Brokatsessel. Matthias blieb vor ihr stehen. „Schön bist du."
Lelia nickte und sah ihn voll an. „Es hat seinen Grund, daß ich gut aussehe."
„Wie kann Schönheit einen Grund haben?"
Ruhig wandte sie ihm das Antlitz zu. Dann sagte sie ganz einfach: „Ich bin schwanger."
Ein großes Erschrecken, wie es zuweilen aus einer tiefen Freude zu erwachsen vermag, schüttelte den General. Er griff nach der Lehne des Goldsessels. „Lelia, Liebste ...?"
Sie nickte: „Ich bin vielleicht der einzige Mensch, der sagen kann, er habe den Helden von Malplaquet zittern gesehen."
Dann nahm sie sein Haupt in ihre Hände und küßte ihn.
Lange noch sprachen sie von ihrem Sohn. Denn das erste Kind eines Feldherrn mußte ja ein Sohn werden. „Es ist seltsam, fast wie ein Fingerzeig des Schicksals", sagte er, „grade heute habe ich die Nachricht erhalten, daß die Venezianer immer noch nicht auf meine Forderungen eingehen wollen. Da das Verhalten des Senats unwürdig ist, werde ich die Verhandlungen abbrechen."
Lelia glaubte, ihr Herz solle stillstehen.
„Bitte", fuhr er fort, „frage vorsichtig beim König von Sachsen-Polen an, ob ich unter den gleichen Bedingungen, wie ich sie von Venedig gefordert habe, in seinen Dienst treten könne."

Sie fühlte ihr eigenes Blut im Ohr rauschen und atmete tief.
„Willst du mich — uns — denn hier allein lassen?"
„Nein, ihr kommt mit mir nach Dresden."
Lelia erblaßte. Nach einer Weile begann sie zitternd von neuem: „Und ich bekomme dort unseren Sohn? Und wohne mit ihm in einem kleinen Schlößchen? Ja? Und wenn du in das Nachbardorf geritten bist, dann kommst du abends zurück? Und später erziehst du ihn zum Soldaten, wie du den Sohn der Aurora erzogen hast — sag ja!" Sie streckte ihm die herrlichen, glänzenden Arme entgegen und zog das Haupt des Geliebten an ihre Schulter. „Jetzt bin ich müde", flüsterte sie.
Er trug sie ins Bett, und die vier goldenen Engel bliesen wieder einmal die lautlose Jupiterfanfare in alle Richtungen der Windrose.

Aimée fühlte sich krank. Sie irrte im Palast der venezianischen Botschaft umher und blieb nur zuweilen vor dem Bilde eines längst verstorbenen Dogen stehen. Als Nani, welcher nach Venedig abreiste, um dort von der Warnung des Prinzen Eugen Bericht zu erstatten, sich erregt und ergriffen von ihr empfahl, trat sie vor ihn, legte ihm beide Hände auf die Schultern und sagte fiebernd: „Versuchen Sie, Venedig zu retten — wenn Sie es nicht Venedig zuliebe tun, so tun Sie es ... mir zuliebe."
Nani wurde aschfahl und versprach murmelnd, alles zu tun, was in seinen Kräften stünde. „Alles", sagte er leise, verbeugte sich und ging rasch davon.
Auch Matthias hatte in den folgenden Tagen mit seiner Gesundheit zu kämpfen. Es war nicht nur das Aprilwetter, das seine Nerven zerquälte. Seitdem Grimani ihm in höflichsten Worten den Entscheid des Senats mitgeteilt hatte, litt er an Müdigkeiten und Nervenschmerzen. Über die Karten gebeugt, verfolgte er den Vormarsch der Türken auf den Peloponnes oder, wie man für gewöhnlich sagte, auf Morea. In rasendem Ansturm eroberte der Großvezier Dschin-Ali-Pascha Korinth und eine Reihe von

anderen Städten, während der Großadmiral Dianum-Kogia, immer den Blick auf Korfu gerichtet, mit sechzig Kriegsschiffen und einer leichten Flotte die Insel Tinos sowie die Venusinsel Cerigo, das alte Cythera, unterwarf und den Venezianern ihre beiden letzten Plätze auf Kreta, die Städte Suda und Spinalunga, entriß. Aber nicht nur die Landverteidigung Venedigs, auch seine Seeverteidigung versagte. Der Oberstkommandierende, Girolamo Dolfin, ein dicker, freundlicher Herr, welcher die nach ihm benannte Dolfin-Perücke erfunden und auch sonst auf dem Gebiet der Mode bedeutsame Neuerungen durchgeführt hatte, hielt es für strategisch falsch, den siegreichen Türken eine offene Seeschlacht anzubieten.

Damit lag Venedig vor den Türken offen. Der einzige Widerstand, der überhaupt noch geleistet werden konnte, war nur möglich durch die Feste Korfu. Korfu, den Trümmerhaufen, auf welchem die Ziegen weideten und schwarzlockige Hirtenknaben die Panflöte spielten, genau wie damals, als der göttliche Dulder Odysseus an die Phäakeninsel getrieben wurde und Nausikaa den Schiffbrüchigen barg ... O nein, mit dieser Welt wollte er nichts mehr zu tun haben. Mochten sie ihr Venedig selbst verteidigen. Er wollte in sächsische Dienste, hinein in den Kampf gegen seinen alten Gegner Karl XII., hinein in den Kampf gegen den Heros des Nordens, weg aus den Armen der weichen Nymphe Kalypso und der schützenden Nausikaa.

Am folgenden Tage trat er in großer sächsischer Generalsuniform vor den Prinzen Eugen.

„Monseigneur", meldete er kurz, „die Beleidigung, welche der venezianische Senat mir zugefügt hat, wird auch Ihnen bekannt geworden sein. Sein Verhalten ist unwürdig und dumm. Mit einem solchen Senat kann ich keinen Vertrag abschließen. Aus diesem Grunde habe ich den Botschafter Grimani wissen lassen, daß ich die Verhandlungen mit Venedig als gescheitert betrachte."

Das langgezogene Antlitz des Prinzen, in jenseitige Glut übersteigert wie die Helden und Heiligen des Malers Greco, blieb starr. Dann sagte er leise: „Schulenburg!"
Matthias verneigte sich. „Nur durch einen Angriff auf meine Ehre konnte meine Anhänglichkeit an Sie, Monseigneur, ins Wanken gebracht werden."
„Aber die Venezianer sind doch Krämer!" antwortete der Prinz heftig. „Sie wollen markten. Lassen Sie ihnen die Freude."
Matthias krampfte die Rechte, welche den Federhut hielt. „Sie sind nicht nur Geizkragen, sondern auch noch Faschingsnarren. Glauben sie wirklich, daß die Türken mit ihrem Vormarsch warten, bis Venedig zum Kriege bereit ist? In Wahrheit ist die verlorene Zeit nie wieder einzubringen. Und niemand kann es mir zumuten, meinen schwer erkämpften Namen der Unfähigkeit geiziger Narren zu opfern."
Eugen ging, die Hände auf dem Rücken, mit schleppenden Schritten unter seinen herrlichen Bildern auf und ab. Plötzlich wandte er sich um, trat dicht an den General heran, sah ihn scharf von unten an und fragte: „Und was haben Sie jetzt vor?"
„Sachsen", antwortete der General trocken.
„Grimani hat heute den Provveditore Nani als Sonderbeauftragten nach Venedig abgesandt", antwortete der Prinz ohne sich zu rühren, „warten Sie noch die Anwort ab und binden Sie sich nicht vorher an den König August von Sachsen-Polen. Sie haben diese Dresdner Welt ja zur Genüge kennengelernt."
Wieder war Schulenburg von dieser kleinen, geheimnisvollen Persönlichkeit gebannt.
Ob er wollte oder nicht, der Dämon des Prinzen lockte ihn aus der starren Abwehr heraus.
„Dresden oder Venedig — ich nehme an, was zuerst kommt. Das ist das einzige, was ich Ihnen, als Ausdruck meiner Ehrfurcht, noch versprechen will, Monseigneur." Dann grüßte er militärisch, breitbeinig, mit ausgestrecktem Hut, und verließ das Arbeitszimmer des Prinzen.

4

Lange hatte Aimée gegrübelt, wie sie noch schärfer in die Geschehnisse eingreifen könnte. Möglich war das nur durch die Bokum. Aus dem Kurierbrief Lelias an die Gräfin Aurora von Königsmarck hatte sie sich ein Bild über Lelias Seele machen und ihre Linien richtig deuten können. Sie vermochte jedoch nicht, sich vorzustellen, daß es Frauen gibt, deren Glück allein darin liegt, die Gegenwart des Geliebten zu genießen. Sie glaubte bei Lelia an Hintergründigkeiten und Heimlichkeiten, welche der Bokum, ihrer Natur nach, fernlagen. Lelia war nicht einmal mißtrauisch. Die helle und heitere Art, mit welcher Aimée ihr von jetzt ab entgegenkam, tat der Frau, die sich in ihrer äußeren Lebensstellung unsicher fühlte, einfach wohl. Oft fuhr Lelia, als der Frühling die Wiener Vorberge mit Blüten überstreut hatte, in ihrem kleinen, niedrigen Korbwagen, bespannt mit den beiden Isabellen, bei der venezianischen Botschaft vor, um Aimée zu einer Fahrt durch den Wiener Wald abzuholen.

Es war Ende Mai, als Lelia den Wagen hinauflenkte zum „Einsiedel", einem Kaffeehaus, das tief im Walde lag und sonntags das Ziel vieler Ausflügler bildete. Von dort umfaßte der Blick die Stadt und das Donautal, das heute bereits vom Silberhauch des Vorsommers durchzittert war, während durch den Wald noch ein milder Frühlingswind strich.

Kurz vor dem „Einsiedel" schlug Lelia vor, auszusteigen und bis an den Rand einer Bergwiese zu gehen. „Dort liegt ein großer Felsbrocken; von ihm aus können wir weit ins Land sehen."

Sie übergab dem Diener das Gespann; die beiden Frauen schritten durch blühende Wiesen dem Berghang zu. Lelia hing sich ihren großen geflochtenen Strohhut in den Arm und summte ein Liedchen vor sich hin. Aimée folgte ihr; wenn sie sich unbeobachtet wußte, zog sich in letzter Zeit ihre Stirn zusammen, und ihr Mund wurde scharf. Die beiden Frauen erkletterten den Felsen und ließen sich auf dem sonnenwarmen Gestein nieder.

Ihre Blicke glitten über das Tal, über die lebendige Stadt mit ihren spitzen Türmen und breiten, schwarzroten Dächern.

„Schön ist es hier", nickte Aimée und streckte die Arme nach den Seiten aus, „gibt es in Deutschland noch andere Städte, in denen sich Naturschönheit und Architektur zu solcher Vollendung verbinden wie in Wien?"

„Oh, doch", nickte Lelia, und ihre Augen wurden weit, „Sie sollten Dresden kennenlernen."

„Haben Sie Sehnsucht nach Dresden?"

Lelia hielt den Stengel einer Blume zwischen den Zähnen. „Sehr", antwortete sie, „ich bin dort mehr zu Hause als hier; meine echten Freunde sind alle in Dresden."

Aimée tastete weiter. „Wenn Schulenburg in den sächsischen Dienst eintritt, dann hätten Sie ja einen guten Freund mehr dort."

„Er würde mich sogar mit dorthin nehmen."

Lelia sah lächelnd in die Ferne. Ihre Nachbarin kniff die Lippen zusammen. Aus Lelias Worten klang beinahe etwas wie eine Herausforderung. Ihr Antlitz erschien klar und verjüngt; die ruhig blickenden hellen Augen, der offene Mund mit den feinen, ein wenig aufsteigenden Winkeln sprachen von einem gesicherten Glück.

In diesem Augenblick erinnerte sich die Venezianerin der vielen Mocenigos, welche zu kämpfen gewußt hatten, wenn Vaterland und Liebe in Lebensgefahr schwebten. Jetzt mußte sie handeln. Mit Verträgen, mit Abmachungen, mit Versprechungen und gut Zureden war hier nichts mehr zu gewinnen. Sie sah auf ihre Hände. Ein Sonnenstrahl entzündete das Feuer im Diamanten ihres Ringes.

Ganz langsam hob sie das Haupt. Kein Zug in ihrem Antlitz hatte sich verändert. Nicht nur Lelia war schön, schön war auch sie, aber von einer anderen, großartigen, starken Schönheit, welche vom Reiz einer uralten Kultur überglänzt wurde. „Ich freue mich sehr", lächelte sie, und ihre Lippen wellten sich, „daß Sie glücklich sind. Lassen Sie uns dieses Glück feiern. Ich schlage Ihnen etwas vor", sie faßte Lelia am Arm, „ich bereite uns im ‚Einsiedel' einen italienischen Risotto, und dann erzählen Sie mir, wie Sie Ihr Leben und das seine in Dresden einzurichten gedenken."

... auf das zweite Schriftzeichen innen im Ring drücken und dann die obere Fläche des linken goldenen Dreiecks beiseite schieben ... das ist das Gift ..., dann rechts auf das vierte und fünfte Schriftzeichen drücken, unter dem anderen Dreieck ... das ist das Gegengift ...

In diese klare sprunghafte Erwägung Aimées sprach Lelia weich und fast mitleidig hinein: „Sind Sie nicht traurig, liebe Freundin? Auch Sie haben ihn einst sehr geliebt..."

„Sie haben vielleicht doch größere Rechte an ihn." Aimée antwortete ruhig und stolz; niemand hätte das wilde Wogen ihres Herzens ahnen können.

Da neigte Lelia sich langsam vor. Ein helles Rot stieg ihren schönen Hals hinauf. „Haben Sie es vielleicht schon gesehen?"

„Was?"

„Ich erwarte ein Kind von ihm."

Die Sonne fiel nicht vom Himmel und verbrannte die Erde nicht. ‚Weshalb eigentlich nicht?' Weshalb schob das Schicksal wieder einen Riegel vor den Käfig, aus dem die Bestie der befreienden Tat grade herausspringen wollte? Plötzlich lachte Aimée laut.

Fast erschrocken griff Lelia nach der Hand der Nachbarin. Die aber hatte sich bereits wieder in der Gewalt. Sie leitete dieses Gelächter unversehens in ein heiteres, frohes Lachen über; sie nahm die große, schöne Nymphe in den Arm und küßte sie.

„Sein Sohn", rief sie, „sein Sohn! Welches Glück für Sie und ihn! Wir werden alles vorbereiten, damit das Kind gut zur Welt kommt! Lassen Sie uns sorgfältig überlegen, wie das am besten eingerichtet werden kann! Ist er nicht ganz närrisch vor Glück?"

Wie eine Blüte im Winde nickte Lelia fein und zärtlich. „Er ist sehr glücklich, sehr."

„Ich weiß es, wie sehr er sich einen Sohn wünscht."
Die beiden Frauen schwiegen; jede sah vor sich hin. ‚Ach, Schiefauge', dachte Aimée, ‚weshalb die da — weshalb nicht ich? Weshalb darf nicht ich dir den Sohn in die Arme legen? Lukrezia ist deine Tochter. Aber sie trägt den Namen meines Gatten und gilt als dessen Kind. Du selbst, Schiefauge, weißt nicht einmal, daß Lukrezia dein Blut in den Adern hat. Aber ich bin ja gebunden, solange der gute Della Torre lebt, und er wird noch lange leben — dieses glatte blonde Geschöpf dagegen konnte sich nach dem klügeren Recht eures Landes von ihrem Manne scheiden lassen, und nun kann sie dir ein Kind in die Arme legen, auf das kein Mensch Anspruch erheben darf — nur ihr beiden! Verflucht', murmelte sie, während die Lichter des Tales vor ihren Augen zu tanzen begannen, ‚verflucht! Und dazu muß dieses Geschöpf da drüben für mich auch noch unantastbar sein, weil es dein Kind trägt. Dein Kind!' Die fernen Türme Wiens wankten vor ihren Augen... ‚Und nun schleppt sie dich auch noch nach Dresden, und du pflückst deine Lorbeeren nicht am Griechenmeer, sondern am Eismeer, weil meine Vettern im Senat zu geizig und zu dumm sind... könnte man diesen ganzen Senat nur auf einmal vergiften!... Ringe, Kogia, ich brauche Ringe!'

Von nun an hüllte Aimée die Gräfin Bokum in eine rührende Fürsorge. Lelia durfte keinen Schritt unbegleitet ausgehen; Aimée zitterte bei dem Gedanken, Lelia könnte stürzen oder nur durch die Fahrt auf hartem Pflaster das Leben des Kindes in Gefahr bringen. Sie zog die besten Ärzte, sogar den berühmten Doktor Rotario zu und ließ ständig eine Pflegerin um Lelia sein. „Sie sind rührend, Aimée", sagte Lelia eines Tages, als Aimée sie durch den Garten der Botschaft führte, „und dabei fürchte ich, ich habe Ihnen doch viel mehr weh getan, als Sie es ahnen lassen."
Aimée strich der Gefährtin mit feiner Hand über den marmorweißen Unterarm. „Nein, Liebste, Sie haben mir gar nicht weh

getan. Aber sehen Sie, dort kommt Schulenburg aus dem Arbeitszimmer Grimanis. An Schulenburg werden Sie eine noch bessere Stütze haben als an mir."
Der General trat in den schön gezirkelten Garten, aus dem ihm die Blumenpracht des Hochsommers entgegenflammte. Aimée zog sich ein wenig zurück; während Matthias Lelia begrüßte, musterte Aimée eine kauernde Marmorvenus. ‚Das fehlte auch noch, daß ich jetzt noch weine', dachte sie. ‚Oh, nein!' Sie kniff die Augen prüfend zusammen, als ob der Glanz des Marmors sie belästige. Dann trat er an sie heran und sagte: „Ich bin glücklich, zu sehen, wie du für Lelia sorgst."
„Sie trägt doch dein Kind."
Matthias neigte sich zu ihr. „Bleib ein wenig. Ich muß nur noch einen Bericht unterschreiben; ich komme sofort zurück." Während er wieder das Haus betrat, wandte Aimée sich zu Lelia: „Heute nachmittag werde ich zu Ihnen kommen. Jetzt gehen Sie mit Schulenburg durch den Garten und sprechen Sie mit ihm über die gemeinsame Zukunft."
Halb erschrocken und unsicher entgegnete Lelia: „Gemeinsame Zukunft ... wie ... wie meinen Sie das?" Eine hochstämmige Rose, am Wegrand angepflockt, ließ ihre schwere dunkle Blüte in feinem Bogen über den Weg hängen. Während Aimée antwortete, spielten ihre Hände mit der Blüte. „Schulenburg wird nach einigem Hin und Her doch nach Venedig gehen. Wie die Dinge jetzt liegen, ist es wohl selbstverständlich, daß Sie ihn nach Venedig begleiten werden. Hatten Sie sich das anders gedacht?"
Es schien, als ob die Bokum plötzlich den Halt verlöre; sie wankte ein wenig und hielt sich an dem Piedestal der kauernden Venus fest. Zunächst murmelte sie ein paar unverständliche Worte, bis sie endlich hervorbrachte: „Glauben Sie, glauben Sie wirklich, daß ... daß ... er mich auch nach Venedig mitnimmt?"
Die Antwort wurde leicht hingeworfen. „Ich bin sogar überzeugt, daß er Sie heiraten wird — nicht hier, weil derartiges in Wien

zuviel Aufsehen machen würde. In Venedig denkt man in solchen Dingen freier."
Eine Amsel sang keck und zufrieden in einer Baumgruppe am Hause.
Lelia schwieg und sah auf ihre Knie, die sich hell unter der blauen Seide ihres Kleides abzeichneten. Endlich stieß sie hervor: „Aber er selbst will doch jetzt nach Dresden!"
Die Antwort war ein Kopfschütteln. „Der Kaiser und der König in Preußen als Schulenburgs Landesherr werden ihm verbieten, in den sächsischen Dienst zu treten, weil Schulenburg für das Wohl des Reiches nach Venedig gehört." Die Mocenigo legte die Hand über die Augen und sah hinüber zum Haus, aus dem der General wieder in den Garten heraustrat. Bevor sie davonging, flüsterte sie Lelia noch rasch zu: „Setzen Sie nicht auf das falsche Pferd. Das falsche Pferd ist Dresden. Das richtige Pferd ist Venedig ... Lelia von der Schulenburg ..."

Die Arbeiten für Eugen nahmen Matthias vollauf in Anspruch. Allmählich wartete er nicht einmal mehr auf die Antwort König Augusts; als er dann noch einen wohlwollenden Brief seines Landesherrn, des Königs in Preußen, erhielt, der ihm untersagte, in sächsische Dienste zu treten, „damit Sie, lieber General von der Schulenburg, nicht in Gewissenskonflikte kommen, weil niemand weiß, wie sich in nächster Zeit die Fürsten dieser Welt verbinden oder zerstreiten werden", so ließ er der Vorsehung ihren Lauf. Er freute sich seines stillen Glücks, das überglänzt war vom Zauber einer jungen Ehe, und als dann gar, bei einem Gartenfest in Schönbrunn, etwas Rotes, Rundes von einer Terrasse auf ihn zurollte und einen Schrei ausstieß, da wußte er, daß der venezianische Sondergesandte Carlo Ruzzini eingetroffen war. Der runde, kleine rote Ball hing sich an seinen Arm und schrie: „Ich habe Ihnen etwas ganz Geheimes mitzuteilen!" Matthias schob ihn mit einer raschen Bewegung durch eine Soldatenabsperrung hindurch, welche den General und seinen Begleiter unter Ehrenbezeugungen passieren ließ.

Ruzzini, der den lahmen Fuß geschickt hinter sich her schleppte, schob dem Freund die riesige Nase entgegen, während seine hellen Augen unternehmungslustig funkelten. „Ich habe es denen in Venedig gesagt", schrie er, „und der Nani hat auch nicht hinter dem Berge gehalten. ‚Lumpen seid ihr', hab' ich ihnen gesagt, daß sie ganz klein geworden sind. Wenn jetzt nur der Kaiser noch ein gewichtiges Wort sprechen würde, dann wäre alles in Ordnung." Er legte die magere, kleine Rechte auf das Hinterteil einer Venus und schrie: „Bei diesem heiligen Fleisch, geliebter Ketzer, dann haben wir im Oktober den Vertrag!"
Der General sah den Erregten von oben an. „Im Oktober? Jetzt haben wir August. Jeder Tag, der nicht ausgenutzt wird, bedeutet einen unersetzlichen Verlust. Wer aber ersetzt mir die Reihe von Tagen, die bis zum Oktober noch verlorengehen?"
Mit hochgezogenen Augenbrauen musterte Ruzzini immer weiter das von ihm beschworene heilige Fleisch. „Lieber Freund", murmelte er, „es gibt eben so etwas wie höhere Gewalt."
„Im Augenblick, in welchem der venezianische Peloponnes und das Inselreich von den Türken überrannt sind, in welchem Korfu nur durch Zufall von ihnen noch nicht genommen ist — was für eine höhere Gewalt kann es da geben, die den Senat dieser so furchtbar bedrohten Stadt nicht zu e i n e m Willen zusammenschweißt?"
Wieder klopfte Ruzzini auf das heilige Fleisch. Dann schüttelte er die mächtige Lockenperücke. „Der Sommer, lieber Freund, der Sommer! Venedig glüht vor Hitze. Und da fliehen die Herren des Senats auf ihre Landgüter in der Terraferma, dem Festland. Vor dreihundert Jahren — ja — da wären sie auch im Sommer in Venedig geblieben und hätten die Sitzungen des Senats in Permanenz erklärt. Aber heute? Korfu ist weit, und die Lust des Sommers zu genießen, ist die erste Pflicht der Senatoren."
„Pfui Deibel!" murmelte der General auf deutsch, und Ruzzini war klug genug, nicht zu fragen, was diese Worte bedeuteten. Die beiden gingen schweigend weiter, als sie unerwartet in

einem Taxusrondell auf eine Gruppe von Herren und Damen stießen, die sich halblaut unterhielten. Ein Hofzwerg drückte sich zwischen den Paaren hindurch und sagte ihnen Frechheiten. Sehr bald erkannte Matthias im Mittelpunkt der Gruppe das kaiserliche Paar. Der General wollte mit seinem roten Anhang rasch in einen Seitengang abbiegen, aber der Zwerg hatte die Kaiserin bereits auf die beiden aufmerksam gemacht. Elisabeth war sichtlich erfreut. „Kommen Sie zu uns, Schulenburg", rief sie, „und bringen Sie das rote Wunderknäul mit. Ich hoffe doch, daß es Ihnen Glück bringen wird."
Ein mageres Männchen in schwarzem spanischen Gewand, mit einem langen, überlangen Antlitz, das sich in seinen Grundformen zu zerlösen drohte, mit Augen, welche unsicher blickten, als ob sie durch ein Gitterwerk sähen, schob sich leicht gebückt aus der Gruppe vor. Der Kaiser. Er wirkte hier, in dem wohlgeschnittenen Taxusgarten, zwischen den Marmorgruppen und unter dem stahlblauen Himmel, noch fremder als damals auf dem Assyrerfest der Kaiserin. Er stand da wie jemand, welcher alle Wege in die Welt verloren hat. An die Stelle seines früheren Eigensinns war die trübsinnige Habsburger Bosheit getreten, und nur die Gegenwart der von ihm innig geliebten Kaiserin konnte die Wolkenschatten von seiner Seele scheuchen. So rief er dann auch gleich: „Kommens halt her, lieber ..." er schluckte ... „fast hätt i Graf gsagt, und nachher wären's a Graf gwesn. Weil man a Kaiserwort net drehn noch deuteln soll." Seine Blicke ruhten lauernd auf Matthias. Der verneigte sich. „Euer Majestät sind sehr gütig, aber ich freue mich, daß ich kein Graf bin, weil hier alles Graf ist."
„Na, das ist dann nachher auch ganz schön", entgegnete der Kaiser und wandte sich augenzwinkernd an Ruzzini. „Haben Sie den Vertrag mit Schulenburg mitgebracht, Exzellenz?" fragte er ihn auf italienisch.
Der Sondergesandte verneigte sich tief. „Wunderschönes Wetter, Euer Majestät." Die Kaiserin lachte. „Laß ihn. Er hört zwar

schwer, aber daraus macht er ein Recht, und wenn er was nicht verstehen will, so antwortet er mit irgendeinem Unsinn."
Die Lippen des Kaisers zogen sich zusammen. Die kleine Habsburger Bosheit überkam ihn wieder; er zog die Unterlippe ein, wie eine Schiffstreppe vor der Abfahrt. Dann trat er an Ruzzini heran und schrie ihm ins Ohr: „Ein Bündnis mit Euch schließe ich nur, wenn der Schulenburg bei Euch kommandiert!"
Das Runde, Rote rollte sich zu einer Verbeugung zusammen.
„Niemals ist die erlauchte Republik einiger mit Eurer Majestät gewesen als grade in dieser Frage."
Das Perückengewölk des Kaisers nickte; langsam fiel die Unterlippe wieder vor. Er reichte der Kaiserin die Hand und führte sie stelzend davon; im Abgehen streckte sie die Rechte dem General zum Kuß hin und nickte ihm herzlich zu. Die mächtigen roten Hacken der kaiserlichen Schuhe und das Schleifen der Gartenkleider der Kaiserin zogen gemessen über den Kies davon; Ruzzini musterte Hacken und Kleid blinzelnd aus der Tiefe seiner Abschiedsverbeugung. Als er den Kopf ein wenig hob, verdeckte bereits der Zwerg, der vor Ruzzini eine tiefe Verbeugung machte und seinen Kittel breitzog, die Aussicht auf das Kaiserpaar. Ruzzinis Lippen wellten sich zu einem vergnügten Lachen; die kleinen Zähne blitzten auf, und er sagte befriedigt zu Matthias: „Ich bedauere lebhaft, daß die Herren vom Senat sich jetzt doch zu einer Sondersitzung in die heiße Stadt bemühen müssen. Aber dieses Kaiserwort ist auch nicht zu drehen noch zu deuten. Es verlangt Stellungnahme. Anfang Oktober werde ich zu Ihnen sagen: ‚Herr Feldmarschall'."

Die hohe Schönheit Lelias wich langsam der Entstellung, wenn auch das Antlitz seinen vollen Reiz behielt. Es verging kein Tag, an welchem Aimée nicht zu ihr gekommen wäre und sich um sie bemüht hätte. Im September saß sie mit Lelia zusammen auf der großen Terrasse über der Blumeninsel des Gartens, als Matthias unerwartet erschien. Aimée ging ihm entgegen und

fragte ihn halblaut, ob er alles für die Aufnahme der Mutter und des Kindes in Venedig vorbereitet habe.
„Ich kann die beiden jetzt noch nicht mitnehmen", erwiderte Matthias freundlich, „sie sind im Winter in Wien besser aufgehoben als in dem nebelfeuchten Venedig. Im nächsten Frühling sollen sie nachkommen." Er trat an Lelia heran, die ihm beide Hände entgegenstreckte, während Aimée sich leise zurückzog, um die Oberin des Ordens der Salesianerinnen aufzusuchen, welchem die Witwe des verstorbenen Kaisers ihr besonderes Wohlwollen bewies. Aimée entfaltete zunächst ihre ganze Liebenswürdigkeit, um sich dann zu erkundigen, ob eine Dame der Aristokratie im Krankenhaus der Schwestern heimlich ein Kind zur Welt bringen könne.
Die Oberin, selbst aus dem Adel Österreichs stammend, lächelte verbindlich und erfahren. „Wir sind für solche Fälle auf das beste eingerichtet."

5

Am 3. Oktober 1715 überbrachte ein Eilkurier des venezianischen Senats dem Botschafter Grimani ein Schreiben, in welchem dieser dringend angehalten wurde, sofort einen dreijährigen Dienstvertrag mit dem General von der Schulenburg abzuschließen. Schulenburg solle als Feldmarschall und Oberstkommandierender der venezianischen Landarmee alle Ehren dieser Stellung genießen, insbesondere auch diejenigen, welche vor ihm der Feldmarschall Steinau genossen habe, jährlich 10 000 Zechinen in Gold erhalten und einmal 2000 Zechinen in Gold als Ersatz für seine Reisekosten.
Am 5. Oktober empfingen Grimani und Ruzzini den General im großen Saal der venezianischen Botschaft in Wien. Sie streckten ihm die Hände entgegen; ihre Augen leuchteten in ehrlicher Freude. Dann bat Grimani den General an einen Tisch, auf welchem die Verträge zur Unterschrift bereitlagen. Ruzzini las

den Vertrag vor; als erster unterschrieb Grimani, dann Matthias. „Herr Feldmarschall", lächelte Ruzzini, als er die Schriftstücke entgegennahm und Matthias um seinen Siegelring bat, damit er das Siegel neben die Unterschrift des neuen Marschalls auf die Verträge drücken könnte.

Gleich darauf erschien die Gräfin Mocenigo della Torre. Sie hatte ein schwarzes Samtgewand mit den großen Morosiniperlen angelegt und verneigte sich tief vor dem Oberstkommandierenden der venezianischen Armee, welcher in Venedig den Rang gleich nach dem Dogen einnahm.

Dann trat sie an Matthias heran, sah ihm fest in die Augen und gab ihm die Hand. Er fühlte, daß diese Hand wie im Fieber glühte. Während des kleinen Mittagessens, das die vier vereinigte, hatte draußen ein Herbststurm eingesetzt, und als Ruzzini das Glas auf das Wohl des Feldmarschalls hob, schrak Aimée zusammen, weil draußen der Wind aufheulte.

Am 14. Oktober 1715 erhob der Kaiser, hochbeglückt über den Abschluß des Vertrages, den Feldmarschall in den Grafenstand des heiligen römischen Reiches. Durch das gleiche Diplom wurden zu Reichsgrafen erhoben seine Brüder Daniel Bodo, der als Generalleutnant im Dienst August des Starken stand und Friedrich Wilhelm, den die gute Melusine als Kämmerer des Königs Georg mit nach England genommen hatte. Aber auch die Schwestern des Marschalls, Margarete Gertrud und die bereits mit Titeln reich gesegnete Ehrengard Melusine wurden zu Reichsgräfinnen erhoben. Ausdrücklich sprach das Diplom dem Marschall das Recht zu, falls er keine ehelichen Erben haben sollte, einen Vetter oder „Verwandten" als Sohn anzunehmen, auf welchen Adoptivsohn der Rang eines Grafen ohne weiteres übergehen sollte.

Am Abend brachte Matthias das schöngemalte Diplom der Gräfin Bokum. Sie hielt es auf den geöffneten Knien und sah nachdenklich auf jene Stelle, in welcher es hieß, daß Matthias einen Verwandten an Sohnes Statt annehmen dürfe. Ihre Augen

zitterten in einem fahlen Glanz. Matthias neigte sich zu ihr und wies mit dem kleinen Finger auf diesen besonderen kaiserlichen Gnadenbeweis hin.
Langsam wandte sie das Haupt ihm zu. „Hast du es selbst veranlaßt, daß dir diese besondere Gnade erwiesen wurde?"
„Ja."
Sie griff nach seiner Hand und führte sie an die Lippen.

Ein paar Tage später setzten bei Lelia die ersten Wehen ein. Aimée, durch Lelias Zofe über den Zustand unterrichtet, eilte in das Palais Bokum und ließ Lelia mit aller Vorsicht zu den Salesianerinnen bringen. Dort wich sie nicht von Lelias Seite, bis diese in der Nacht zum 20. Oktober einen Sohn gebar, welchen Aimée von der Geburtshelferin entgegennahm. Es war ein schöner Knabe, mit großen ruhigen Zügen, graublauen Augen und sehr blonden Haaren. Das eine Auge stand etwas schief.
Noch in der gleichen Nacht fuhr Aimée zur Burg und ließ sich in einer dringenden Angelegenheit bei Matthias melden. Der Feldmarschall arbeitete beim Licht zweier Kerzen unter dem Bild der Nymphe. Er hatte grade dem König in Preußen, seinem Landesherrn, geschrieben, „daß ihm zur Annahme des Postens eines venezianischen Höchstkommandierenden der kaiserliche Hof zugeredet habe, vor allem aber der Prinz Eugen". Als Karl die Tür öffnete und meldete: „Die Frau Gräfin Mocenigo della Torre", sprang Matthias auf.
„Aimée? Was gibt es?" Seine Frage klang erschrocken.
Die Frau trat an ihn heran. Sie sah ihm fest in die Augen. „Ich wünsche dir Glück, Matthias. Ein gesunder Sohn."
Der Marschall faßte nach der Stuhllehne. „Aiméel" Sein Antlitz leuchtete auf. „Und ... Lelia?"
„Gut. Die Geburt war nicht leicht. Aber sie hat sich tapfer betragen. Jetzt schläft sie."
„Ist sie froh? Wie sieht der Junge aus? Wieviel wiegt er? Ist er blond? Wann kann ich ihn sehen? Kann ich jetzt mit dir zusammen hinfahren? Oder besser erst morgen früh?" Die Fragen

überstürzten sich; aber sie verebbten an der ruhigen Haltung der Frau.

Matthias entnahm der Lade seines Schreibtisches ein flaches ledernes Etui und steckte es in die Tasche. Dann begann er von neuem mit Fragen. Aber Aimée sah vor sich hin und schwieg weiter. Endlich hob sie das Haupt und antwortete tonlos: „Er hat deine Augen."

Am nächsten Morgen stand Matthias vor der Wiege seines Sohnes. Es war eine schöne, reichgeschnitzte, goldene Wiege, wie sie bei den Wiener großen Familien üblich war. Zwei Putten hielten über dem Neugeborenen ein Wappenschild. Die Klosterfrauen machten sich die Freude, in dieses holzgeschnittene Schild das Wappen des jeweiligen Vaters zu kleben; da sie aber das neue Grafenwappen des Marschalls noch nicht kannten, hatten sie nur sein Stammwappen, die drei Raubvogel- oder Greifenklauen hineingesetzt. Matthias warf einen kurzen Blick darauf, neigte sich zu seinem Sohn, streichelte ihm die Stirn und sagte: „Du sollst Carl Heinrich von Greifenklau heißen."

Dann ging er vorsichtig in das Zimmer Lelias hinüber. Sie lag blaß, schön und erschöpft in ihrem Bett; eine Klosterfrau war um sie bemüht. Er nahm Lelias Kopf in seine Hände und küßte sie. „Ich danke dir."

„Bist du zufrieden?"

„Ich bin glücklich." Er sah sie schweigend an und legte ihr einen Schmuck von Smaragden und Diamanten auf das Bett, den sie erschrocken musterte. Matthias war verlegen geworden, weil er ihr eine Kostbarkeit schenkte. In diesem Augenblick begriff sie, daß sie mehr noch als seine männliche Kraft die Zartheit seiner Seele liebte.

Sie sprachen von seiner bevorstehenden Abreise nach Venedig. „Wenn ich im nächsten Herbst aus dem Krieg zurückkomme, dann hat Aimée den Palazzo Loredan so eingerichtet, daß ihr ein Stockwerk für euch haben werdet. Bis dahin bleibt ihr besser in Wien; Venedig ist im Winter feucht und kalt."

6

Der Abschiedsbesuch Schulenburgs beim Prinzen Eugen war von diesem auf das glänzendste vorbereitet worden. Eine Schwadron Dragoner holte den neuen Marschall in der Botschaft ab. Am Palais des Prinzen präsentierte dessen Haustruppe; Eugen kam dem Marschall auf der Gigantentreppe entgegen. Er trug die Uniform des kaiserlichen Generalissimus, streckte Matthias die Arme entgegen und sagte mit feiner, leicht heiserer Stimme: „Lieber Graf, ich bin so glücklich!"
Dann führte er den neuen Feldmarschall in das große Arbeitszimmer und wies auf dessen letzten Bericht hin: „Sie haben um eine Erklärung gebeten, lieber Freund, ob der Kaiser in den Türkenkrieg eintreten oder mindestens die Venezianer unterstützen werde. Sie schreiben weiter: ‚Andernfalls würden alle Anstrengungen, welche Venedig unternimmt, zwecklos sein, und ich würde ebenso zwecklos meinen Namen und meine Ehre opfern.' Daraufhin habe ich Ihnen zu erklären: Nachdem die Venezianer Sie endlich zum Oberbefehlshaber der venezianischen Truppen ernannt haben, wird der Kaiser im Frühjahr des nächsten Jahres den Türken den Krieg erklären, wobei allerdings Voraussetzung ist, daß Korfu von den Venezianern bis dahin gehalten wird. Das wird Ihnen der Kaiser auch noch persönlich bestätigen."
Eugen schwieg und sah den Marschall aus großen, glänzenden Augen an. Im Blick des Prinzen lag wieder etwas Bannendes, als ob er den anderen gewinnen, einhüllen, zwingen, aber jede weitere Frage abschneiden möchte.
Schulenburg verharrte jedoch in abwartender Haltung. „Der zweite Teil meines Berichts verlangt noch Ihre Antwort, Monseigneur. Ich habe Eure Königliche Hoheit um ein paar Zeilen gebeten, die zwischen Ihnen und mir geheim bleiben könnten. Aus diesen Zeilen soll hervorgehen, daß ich unter Ihnen weiter dienen darf, wenn der Krieg beendet ist. Ich erbitte diese Gnade,

weil es für mich das höchste Glück bedeuten würde, dem Kaiser zu dienen und unter Ihren Befehlen stehen zu dürfen."
Eugen erhob sich. „Lieber Freund, ich gebe Ihnen die Versicherung, daß ich Ihren Wunsch fest im Auge behalten werde. Aber erst einmal muß dieser Krieg gewonnen sein." Er ergriff den Arm des Marschalls, auf welchen er sich wieder stützte und ging mit ihm in den kleinen Waffensaal, in welchem bereits Grimani, Ruzzini und Aimée warteten.

Die großen Nasen der Venezianer schoben sich bei den Verbeugungen dem Prinzen entgegen; Aimée verneigte sich. „Welches Glück", rief Eugen ihr zu, „daß wir jetzt soweit sind. Ich übergebe Ihnen hier Ihren neuen Feldmarschall."
Nachdem Matthias erklärt hatte, er werde sich nur noch beim Kaiser und der Kaiserin verabschieden, und dann sofort abreisen, nickte Eugen beifällig und fragte, ob die Gräfin Mocenigo den Marschall auf der Reise begleiten werde. „Der Feldmarschall drängt zu seiner Arbeit", erwiderte Aimée gemessen. „Er reist sofort voraus. Ich werde den Abtransport seiner Effekten überwachen. Später werde ich Seine Exzellenz in Verona oder Venedig treffen."
„Sie sind eine prachtvolle Freundin", nickte der Prinz freundlich und zog das linke Bein auf den Stuhl. Ein leichtes Zucken ging über sein Gesicht, er sprach aber verbindlich weiter. „Wird der Cavaliere Ruzzini Sie begleiten, lieber Freund?"
Das Mißbehagen, welches Aimées Erklärung wieder in Matthias aufgepeitscht hatte, wollte nur langsam von ihm weichen. Eugen bemerkte es und leitete daher die Unterhaltung auf ferner liegende Dinge über. Er machte eine heitere Bemerkung, daß die Adoptionsmöglichkeiten, welche das Grafendiplom dem Marschall gewährten, sich hoffentlich nicht nur auf Kinder anderer Leute erstrecken würden, so daß Ruzzini mit zusammengekniffenen Blitzaugen bemerkte: „Der Senat der hohen Republik ist überzeugt, daß der Feldmarschall auch in dieser Richtung alles getan hat, was in seinen Kräften steht."

Nachdem der Kaiser und die Kaiserin dem Feldmarschall am Tag vor seiner Abreise ihre Wünsche und Hoffnungen ausgesprochen hatten, ging Matthias noch einmal zu den Salesianerinnen. Er nahm seinen Sohn aus der Wiege und brachte ihn der Mutter. Lange sah er die beiden an.
„Aimée wird für dich sorgen", sagte er zum Abschied, „leb wohl, Geliebte. Gott schütze dich." Er küßte Mutter und Kind noch einmal und ging dann rasch davon.
In der venezianischen Botschaft verabschiedete sich die Gräfin Mocenigo della Torre von Matthias. Sie sah ihm in die Augen und nickte: „Jetzt hast du deinen Sohn!" Sie machte eine Bewegung, als ob sie die Arme um seinen Hals legen wollte; dann aber griff sie nach seiner Rechten: „Ich werde für alles sorgen und dir bald nachkommen."
„Grüß mir die beiden", erwiderte Matthias, legte die Arme um sie und küßte sie auf die Lippen. Aimée bog das Haupt leicht zurück. Matthias spürte ihren Widerstand und gab sie frei.

Am nächsten Morgen rollte der Wagenzug des Oberstkommandierenden der venezianischen Landarmee, des Feldmarschalls und Reichsgrafen Johann Matthias von der Schulenburg, unter dem Beifallsjubel der venezianischen Botschaft und der Wiener Bevölkerung davon. Der Zug ging zum Stadttor hinaus und strebte den blauen, südlichen Bergen zu. Zur Linken des Marschalls saß rot, rund und strahlend der Cavaliere Ruzzini, der zuweilen die Hand des Freundes fest drückte.
„Jetzt fahren wir den blauen Bergen zu", murmelte der Marschall.
Ruzzini lächelte versonnen. „Lieber Freund, die Ferne ist nur in der Ferne blau."
An der Seite des Wagens gab Elena Pisani, gefolgt von ein paar Herren der Botschaft, im Pagenkostüm dem Zug das Ehrengeleit bis vor Wien. In jenem Wäldchen, das sie im Winter zusammen mit dem Marschall durchritten hatte, hielt sie ihr Pferd an,

grüßte, während ihre Augen aufleuchteten, zum Abschied mit der Reitgerte und galoppierte mit ihren Begleitern nach Wien zurück.

7

Aimée hatte Gazireh in die Burg bestellt, wo die Handwerker bereits den Hausrat, der sich im letzten Jahre angesammelt hatte, sowie die Bilder und die Bücher des Marschalls in große Kisten verpackten. Sie prüfte alles sorgfältig und zeigte Gazireh, wie die Gemälde verpackt werden müßten, da der Marschall seine Gemälde besonders liebe.
Von der Burg begab sich Aimée zu den Salesianerinnen. Der Herbsttag hing wie ein goldener Schleier über Wien; die fernen Hügel ließen einen Hauch von Kälte ahnen. Das erste fallende Laub, noch trocken und knisternd, lag als freundlicher Teppich zu ihren Füßen. Von einem Soldaten mit einem Stelzfuß, welcher auf der Straße einen kleinen Blumenstand errichtet hatte, kaufte sie einen Strauß dunkelroter Rosen und ging damit in das Krankenhaus der Klosterfrauen. Die Pförtnerin begrüßte die ihr bekannte Dame artig. Aimée schritt langsam die breiten Treppen empor und betrat nach kurzem Klopfen das Zimmer Lelias.
Die junge Mutter lag im Bett, von Sonnenstrahlen in einen fast jenseitigen Glanz gehüllt und madonnenschön. Das Kind lag an ihrer Brust. Ein unwirkliches Lächeln glitt über Lelias Züge, als die Venezianerin ihr die Blumen gab und hinzufügte: „Ein letzter Gruß von Matthias."
Einen Augenblick lang schwieg Lelia; dann nickte sie und sagte: „Wie gut von ihm! Ich nehme die Blumen in den anderen Arm als Bruder für Carl Heinrich." Sie ließ sich von der Abreise berichten, und wenn ein Schmerz sie überkommen wollte, sah sie den Kleinen fest an.
Ohne das Zucken zu bemerken, welches um Aimées Mund ging, ließ sie sich das Kind von der Schwester abnehmen. „Er muß

noch gewickelt werden, und ich soll schon wieder essen. Man bringt mich hier noch um mit diesen ewigen Fleischbrühen", murmelte sie und richtete sich auf. Dann griff sie mit beiden Händen nach der Stirn. „Mein Gott! Er ist davon!" Ihre Augen standen in Tränen.

Aimée streichelte die schönen Hände. „Lassen Sie es gut sein, Sie werden ihn bald wiedersehen. Jetzt werde ich Ihnen die Fleischbrühe holen, und Sie trinken sie dann gehorsam aus. Passen Sie auf — es wird schon gehen!"

Sie ließ sich von der Schwester den Weg in die Küche zeigen, nahm dort die Brühe in Empfang und trug sie wieder hinauf. In der tiefen Nische eines Flurfensters stellte sie die Tasse auf die Fensterbank und zog den Diamanten des Kogias vom Finger.

Sie preßte die Lippen scharf zusammen, zählte langsam die Buchstaben auf der Innenseite des Ringes, öffnete das kleine Dreieck und ließ das kristallhelle Pulver in die Fleischbrühe gleiten. Dann trug sie die große Tasse zu Lelia und ließ sie die Brühe Schluck für Schluck zu sich nehmen. Dabei streichelte sie die blonden Haare der halb Aufgerichteten und erzählte ihr von der schönen Zukunft, die ihr und dem Kleinen im Palazzo Loredan am Canalgrande winke. „Jetzt aber sollten Sie etwas ruhen, Liebe", lächelte sie, „heute nachmittag sehe ich wieder nach Ihnen; die Rosen stelle ich Ihnen hierher, und nun schlafen Sie!"

Sie küßte Lelia auf die Stirn, sah ihr prüfend in die Augen und ging zurück in die Botschaft.

Nach drei Stunden brachte ihr ein Bote des Krankenhauses ein paar Zeilen der Oberin, welche bat, die Gräfin Mocenigo möchte möglichst bald ins Krankenhaus kommen; der Zustand der Gräfin Bokum hätte sich plötzlich verschlechtert.

Ruhig ging Aimée zu den Salesianerinnen. Mit sichtlicher Erregung wies die Pförtnerin sie in das Sprechzimmer der Oberin, welche dann auch sehr bald erschien. Aus deren Zügen erkannte Aimée sogleich, wie die Dinge standen. „Derartiges ist uns Menschen unbegreiflich", sagte die Oberin, nachdem sie Aimée mit berufsmäßiger Zartheit den Tod Lelias mitgeteilt hatte, „aber

solche unerwarteten Todesfälle kommen vor. Das Herz hat plötzlich versagt... ein Blutgerinnsel ist in das Herz getreten... Doktor Rotario, der grade eine andere Patientin besuchte, hat nur noch den Tod der armen Gräfin Bokum feststellen können."
Aimée sah vor sich hin und nickte kurz. „Ich gehe für einen Augenblick in die Kapelle", erwiderte sie, „nachher darf ich Sie wohl noch sprechen."
„Gewiß, gern, aber gehen Sie erst und beten Sie", nickte die Oberin, deren müde Augen in dem fahlen Gesicht ein wenig aufleuchteten, „beten Sie für die Seele der armen Abgeschiedenen."
In der Kapelle, die angefüllt war mit dem schweren Duft frischer Altarlilien und des kalten Weihrauches, kniete Aimée und betete für die Seele der Gräfin Lelia Bokum. Sie betete ernst und ruhig; sie bat Gott inbrünstig, er möge dieser armen Seele gnädig sein und sie aufnehmen in sein ewiges Reich.
Später führte die Oberin sie hinauf zu der Toten. Lelia hatte sich noch nicht verändert; sie lag auf ihrem Lager in ihrer weichen, vollen Schönheit, wie eine schlafende Nymphe auf einem Bilde von Rubens.
Mit Umsicht und Gewissenhaftigkeit leitete Aimée die Aufbahrung der Toten; sie sorgte für ein prachtvolles Grab in der Kirche der Salesianerinnen und betete bei den Exequien in der ersten Reihe. Es waren viele Menschen anwesend; Bekannte Lelias von der sächsischen und venezianischen Botschaft, aber auch viele, von denen niemand wußte, wer sie waren und in welcher Beziehung sie zu der Verstorbenen gestanden hatten. Neben Aimée knieten zwei junge Mädchen, Elena und Laura Pisani, wie zwei Boten des fernen Feldmarschalls der Republik Venedig. Sie weinten um ihre schöne Nymphe, mit der zusammen sie der Kaiserin Semiramis die Schätze Venedigs knieend überreicht hatten.
Für Carl Heinrich von Greifenklau sorgte die Gräfin Mocenigo mit einer Umsicht, welche alle Klosterfrauen tief rührte. Zunächst nahmen die Salesianerinnen das Kind in Pflege; später

wollte die „Mammi" für den Kleinen sorgen. „Wenn der Schulenburg hier wär, bei den Ohrwascheln tät ich ihn nehmen, wegen seiner Unzucht", erklärte sie, nachdem sie Pate bei dem Kleinen gestanden hatte. „Aber herzig ist das Kind, das muß man schon sagen, und niemand tut's ihm anschau'n, daß es nur a Bankert ist." Die weiteren Paten Carl Heinrichs waren Aimée und als Vertreter des Prinzen Eugen der General von Bonneval, welcher bei der Taufe tief bewegt mit den Tränen kämpfte.

Später fragte er Aimée kurz: „Und wann reisen Sie nach Venedig ab, Gräfin?"

„Übermorgen."

Bonneval verneigte sich. „Ich freue mich, daß Sie bald in ihre schöne Vaterstadt zurückkehren werden." Dabei traf ihre Augen ein Blick, der sie fast körperlich schmerzte.

Nach wenigen Tagen ging der Zug mit allen Kisten und Kasten, welche das Eigentum des Marschalls bargen, begleitet von einem Dragonerpikett des Prinzen Eugen, von Wien nach Venedig ab. Zusammen mit den Dragonern ritt die tief verschleierte Gazireh, die von Zeit zu Zeit um den Zug herumgaloppierte, um festzustellen, daß von den Kisten nichts verloren oder gestohlen sei. Im ersten Wagen, dem der Gräfin Mocenigo della Torre, saß außer ihr noch ein venezianischer Major, der ruhige und weltgewandte Pietro Sala; auf der Schmalbank vor den beiden kauerten die Pisanitöchter, noch ein wenig traurig über den Tod ihrer schönen Nymphe und bereits ein wenig froh in der Aussicht auf das Wunder der bevorstehenden Reise. Salas Blicke streichelten das tizianrote Haar, das keck und ungebändigt unter dem Reisedreispitz hervorquoll. Der Major träumte von einem venezianischen Karneval zusammen mit Elena Pisani.

Als Wien langsam im herbstlichen Dunst des Tales versank, wandte sich die Traum-Pisani leise um, griff Aimées Hand und sagte: „Arme Gräfin, — Sie haben es schwer gehabt. Möchte Sie Venedig etwas froher machen."

Aimée drückte die kleine, gütige Hand. ‚Froher', dachte sie, ‚froher'? Wie ein würgendes unsichtbares Gespenst griff der Föhn sie an, der von den Alpen wehte. Sie faßte nach dem Ring an ihrer Hand. Unter einem schweren seelischen Zwang hatte sie noch vor der Reise die Ringe ausgetauscht, und wieder trug sie das entsetzliche Gift des Kogias am Finger.
Die Berge waren beschneit. Die Welt war in Weiß gehüllt, als der Offizier, welcher die Dragoner führte, sich an der Grenze artig bei Aimée abmeldete und ihr einen Brief überreichte. „Ein paar Abschiedszeilen von Exzellenz Bonneval", sagte er höflich. „Ich habe den Befehl erhalten, sie Ihnen erst an der Grenze zu überreichen." Aimée dankte mit ein paar freundlichen Worten, und die Dragoner kehrten nach Wien zurück.

Der venezianische Schlagbaum hob sich; der Wagenzug rollte hinüber auf das Gebiet der Republik. Dort meldete sich ein slawonischer Offizier bei Aimée, welcher den Zug mit seinen Reitern von der Grenze bis nach Verona begleiten sollte. Er brachte herrliche Rosen im Auftrage des Majors von Moser.
Der Brief Bonnevals war kurz; er enthielt nur die Worte: „Vorwärts! Sie haben keine Zeit mehr zu verlieren!"
Während sich der Schlagbaum wieder senkte, und der Zug anrollte, geriet Aimée in einen Zustand der Ekstase, in welchem sie glaubte, das Schicksal Venedigs läge allein in ihren Händen. Wirklich: es war keine Zeit mehr zu verlieren — also: „Vorwärts!"

II

KORFU

Auspiciis Venetum
virtus Germana tuetur

(„Unter Venedigs Befehl bewährt sich der Mut eines Deutschen"). Inschrift einer der Medaillen, welche zur Erinnerung an die Belagerung von Korfu 1716 geschlagen wurden

ERSTES KAPITEL

Der Feldmarschall und Oberstkommandierende der venezianischen Landtruppen schreibt an den venezianischen Kriegsminister Antonio Nani, Palazzo Nani, Fondamenta Nani in Venedig.

Ich bin überzeugt, daß der Bericht, welchen ich diesen Zeilen beifüge, Euer Exzellenz nicht nur durch seine Länge, sondern auch durch seine Kühnheit überraschen wird, da er sich kritisch über Dinge äußert, von denen ich praktisch noch keine Kenntnis haben kann. Wenn Sie, Exzellenz, finden, daß ich in meiner Kritik zu weit gegangen bin oder zu sehr darauf losschlage, bitte ich Sie herzlich, den Bericht nicht, wie eigentlich von mir vorgesehen, dem Senat zu überreichen. Zum mindesten werden Sie so gütig sein, in dieser Sache meinen Beschützer und Anwalt vor dem Senat zu spielen, den zu kennen ich nicht das Glück habe. Ich weiß auch nicht, mit welchen Empfindungen man dort mein Vorgehen aufnehmen wird. Jetzt bin ich fast fünf Wochen in den Staaten der erlauchten Republik, aber immer nur mit gekreuzten Armen, und heute bringe ich es nicht mehr fertig, den langsamen Vorbereitungen für den bevorstehenden Feldzug stillschweigend zuzusehen, für den noch nicht einmal das Allernötigste beschafft ist. Früher haben bestimmte Persönlichkeiten mich fälschlich als unruhigen Geist hinstellen wollen; heute kann man mich mit Recht so bezeichnen. Denn wenn man den Zustand betrachtet, in welchem sich die Dinge befinden; wenn man ohne Selbsttäuschung erwägt, in was für einer Lage der Staat beim Beginn des nächstjährigen Feldzuges sein wird; wenn man die Wirrnisse, das Unglück und die geringe allgemeine Achtung in Rechnung stellt, auf Grund derer der Staat sich auch ein zweites Mal nicht gegen die feindlichen Angriffe wehren und sich behaupten kann — dann ist es allerdings wenig wahrscheinlich, daß ein Mann, der noch einen Funken von Ehre im Leibe hat, alledem mit Gleichmut zuzusehen vermag.

Während der letzten Zeit meines Wiener Aufenthaltes haben mir einige dortige einflußreiche Minister erklärt, man sei überzeugt, daß der Flotte lebenswichtige Dinge fehlen müßten; andernfalls sei es nicht möglich, daß die Angelegenheiten nicht besser gingen, und daß die Piraten sich so weit in den Golf vorwagten. Ich persönlich hoffe allerdings, daß man für die weiteren kriegerischen Handlungen die Flotte in einen Zustand bringen wird, in welchem sie den Kampf mit den Türken allein aufnehmen kann, selbst, wenn diese ihr zahlenmäßig überlegen sein sollte.

Ebensowenig zweifle ich, daß man ernsthaft daran denkt, für die nötigen Truppen, wie für die Führerpersönlichkeiten zu sorgen, die dringend nötig sind; weiter, daß man sich um die Festungen wie um alles übrige bemühen wird, damit man, wenn auch ein Widerstand an allen Punkten nicht möglich sein sollte, doch auf einen leidlichen Feldzug im nächsten Jahr rechnen kann.

Seine Königliche Hoheit der Prinz Eugen haben mich mehr als einmal gebeten, ihm regelmäßig zu schreiben und ihn über den Stand der hiesigen militärischen Angelegenheiten sowie über alles, was sich sonst hier tut, zu informieren. Bis jetzt habe ich ihm noch kein Wort berichtet, und ich werde es auch nicht eher tun, bevor Euer Exzellenz mich nicht haben wissen lassen, daß Berichte von mir an den Prinzen hier als erwünscht betrachtet werden. Man kann wirklich nach Gutdünken über mich verfügen, und man wird sich bei allem, was man mir anvertraut, absolut auf mich verlassen können. Ich bin außerstande, anders zu handeln als nach den Gesetzen der Ehre und Rechtlichkeit, in welchen mein Denken fest verankert ist. Daher wage ich, Euer Exzellenz zu bitten und zu beschwören, was ich um so freimütiger tue, als ich Sie schon längst als pflichtbewußten Patrioten kennengelernt habe: tun Sie alles, daß nicht auf morgen verschoben wird, was heute getan werden kann. Die Jahreszeit ist schon weit vorgerückt, und die Feinde erwarten uns bereits in unserem eigenen Gebiet. Sie sind nicht mehr vor unserer Haustür; sie sind bereits tief im Hause darin — im Namen Gottes, man soll doch weder den Feinden noch den Neidern die Genugtuung geben, daß man sich zum zweiten Mal überrennen läßt, ohne wenigstens das eigene Territorium verteidigen zu können! Das zum mindesten hat die hohe Republik doch immer vermocht, in Lagen, die genau so bitter und so gefährlich waren wie die jetzige — allem Haß und allen Quertreibereien der Feinde und Neider zum Trotz. Wie hat man sich während der Liga von Cambrai für alle Zeiten ruhmreich aus der abgleitenden Linie herausgeschwungen! Ist das heute nicht das gleiche Blut? Ich erlaube mir, zu wiederholen, daß es noch Zeit ist, Abhilfe zu schaffen, vorausgesetzt, daß man überhaupt zu handeln gedenkt. Dann aber muß man es tun ohne Zaudern und muß die letzten Entschlüsse fassen, ohne dabei an kleinliche Geldersparnisse zu denken. In dieser Stunde geht es um zu viel. Das kommende Jahr ist ein entscheidendes Jahr. Weil keine sicheren Mittel zur Verfügung stehen, um sich auf eine andere Weise aus dieser gefährlichen Situation herauszuwinden, wird nichts übrigbleiben, als sich der Zeit und den bösen Konjunkturen anzupassen. Wie das zu geschehen hat, muß allerdings jenen erlauchten Persönlichkeiten der Republik überlassen werden, die von den schärfsten Richtern stets als führende Köpfe bezeichnet wurden, weil sie es verstanden haben, das Staatsschiff auch durch die größten Stürme mit Weitsicht, Vorsicht und Umsicht zu steuern.

Mir bleibt nur noch übrig zu sagen, daß ich selbst bereit bin, jeden Posten auszufüllen, den man von mir ausgefüllt haben will. Ich werde nicht nur General sein, sondern auch Ingenieur und sogar einfacher Soldat. Ich werde überall dort hingehen, wohin man mich haben will und werde durch keinerlei Tätigkeit dieser Art in meinem bißchen Stellung und Ehre getroffen sein. Getroffen werden kann ich durch mein eigenes Gewissen, das mir zu allen Zeiten ein gerechter Richter gewesen ist und bleiben wird, gerechter als es die Urteile meiner Freunde oder Feinde jemals sein könnten.

Ich bin mit vollkommener Hochachtung und unlösbarer Anhänglichkeit Euer Exzellenz ganz ergebener Diener

        Graf von der Schulenburg

Venedig, den 3. Dezember 1715.

ZWEITES KAPITEL

1

Dieser Brief liegt noch auf dem großen Schreibtisch des Marschalls, im Palazzo Loredan-Schulenburg, im zweiten Stockwerk, dem „piano nobile". Von dort aus kann Matthias durch die Spitzbogenloggia hinuntersehen auf den Canalgrande. Von der Loggia selbst, die von zwei lombardischen Steinfiguren flankiert wird, fällt der Blick auf die reizvolle Windung des Kanals, welcher sich an dieser Stelle zu einem kleinen Binnensee ausweitet. Nur selten atmet der Canalgrande so frei wie am Palazzo Loredan. Die Paläste am anderen Ufer haben sich zurückgezogen; sie vereinen sich mit den hinter ihnen liegenden Bürgerhäusern zu einer Einheit von Dächern und Loggien, über welchen der hochgespitzte Campanile als „misericordia", als eckiger Dolch gegen den Himmel zielt.
Auf der breiten Wasserstraße zu Füßen des Marschalls gleiten geschmückte Gondeln vorüber. Ein Gewirr von maskierter Buntheit quecksilbert um die Filzkästen der Gondeln und überstreut die Insassen mit Blüten und Konfetti. Durch die Wirrnis der Hunderte von kleinen Fahrzeugen, welche sich an dieser Stelle des Kanals eingefunden haben, weil sich hier die großen Blumenschlachten zu entwickeln pflegen, strebt eine Prachtgondel dem riesigen Palazzo Pisani zu. Es ist eine Gondel, welche durch ihre Gold- und Purpurbemalung die scharfen Vorschriften der Luxusbehörden, die sonst nur schwarze Gondeln dulden, zu verhöhnen

scheint. Vermutlich ist es die Gondel eines Gesandten mit ausländischen Damen an Bord, Freundinnen des Feuers und des Traumes, welche die heimgekehrten Pisani-Zwillinge begrüßen und sie nach dem frisch angekommenen Marschall ausfragen möchten. Die Gäste werden sich über den schattenkalten Hof des Palastes in das Gebäude zappeln müssen, denn der Palazzo Pisani besitzt keine Wasserfront. Deswegen verspotten die Patrizier Venedigs den großen Alvise. Der aber trägt den Spott angesichts seines Königspalastes mit Gleichmut und geht täglich ein paar Schritte bis zum Canalgrande, wenn seine Gondel ihn, den Procurator von San Marco, in den Dogenpalast führen soll oder aber in sein Bankhaus am Rialto, von wo aus er die berühmten Pisani-Wechsel in die Welt zu werfen pflegt.
Matthias hat sich vom Schreibtisch erhoben und ist hinaus auf die besonnte Loggia getreten. Rechts dort, der große zurückliegende Häuserblock auf dem anderen Ufer, — das ist der Palazzo Pisani, wuchtig und klotzig. Durch seine riesigen Ausmaße wirkt er beinahe verletzend. Links am anderen Ufer lehnen sich die drei zusammengezogenen Paläste Mocenigo mit ihren fünfundneunzig Prunkzimmern in breiter Front an den großen Kanal. Dort ist gestern Aimée eingetroffen. Sie hat ihm Gazireh mit der Nachricht ihrer Ankunft gesandt und ihn bitten lassen, ihr zu ihm genehmer Zeit seinen Besuch zu machen. Gazireh stand plötzlich im Zimmer des Marschalls; sie schien hineingeweht zu sein wie ein Rauch. Vielleicht war sie am gotischen Maßwerk der Fassade hinaufgeklettert, hatte bei einer der lombardischen Steinfiguren, in deren Sockel die Tauben nisten, gerastet und sich dann an dem steinernen Schild und dem geneigten Haupt des Heiligen vorübergearbeitet zur Loggia, um von dort sein Arbeitszimmer zu betreten.
Eine feine Unruhe hat sich des Marschalls bemächtigt. Er wittert durch den bunten Faschingsglanz hindurch das Unheimliche Venedigs, wie er durch dunkelste Nacht hindurch die Bewegungen feindlicher Truppen zu wittern vermag. Hier fühlt er jene untrennbare Mischung von Feuer, Traum und Tod, welche dieses

Steinparadies durchbebt, nicht nur, als ob sie später in die Kapitäle der blühenden gotischen Säulen hineingeflogen, sondern bereits mit in die Häuser hineingebaut wäre, ja, schon in den Steinen und Eichen gelauert hätte, die man vor Jahrhunderten vom Karst und vom Quarnero über das Meer schleppte, um mit ihnen die Paläste Venedigs zu errichten. Feuer, Traum und Tod... das klingt aus jeder Melodie, jedem Lachen, jedem Bild, jedem Seufzer, jeder Heldentat. Selbst das einstige venezianische Großreich im Osten des Mittelmeeres, dessen kümmerliche Reste er, Matthias, verteidigen soll... wie steht das Bild dieses einstigen Reiches vor ihm? Feuer, Traum und Tod.
Langsam tritt der Marschall an den Schreibtisch. Dieser Schreibtisch, von Brustolon gefertigt, ist schön und groß; gewiß nicht so schön wie der des Prinzen Eugen, und Pilgram könnte keine langen Berichte darüber schreiben. Aber Schulenburg ist ja auch nicht Eugen... ‚Nur keine unnützen Betrachtungen!' Matthias durchschneidet mit hartem Willen den Kreislauf seiner Gedanken. Er richtet sich empor. Das Winterlicht, das vom maskenbunten Kanal in das Arbeitszimmer zurückgeworfen wird und dort kecke Blumentänze aufführt, läßt den Feldherrn jünger erscheinen, als er es in Wahrheit ist. Aber es läßt auch die Linien deutlich werden, welche die Sorge um das große Antlitz eingekerbt hat, die nagende Sorge um Venedig, die nach Pflicht- und Ehrgefühl seine eigene wurde im Augenblick, als er sein „le baron de Schoulenburg" unter den Kapitulationsvertrag mit der Serenissima gesetzt hat. Der Brief dort auf dem Schreibtisch kündet dem Freunde Nani die Gründe dieser Sorge; der Brief hebt geballte Fäuste empor und schreit auf: „Ist das heute nicht mehr das gleiche Blut, wie das, welches vor dreihundert Jahren die Welt in die Knie zwang?" — Der neben dem Brief liegende Bericht an den Senat, von des Marschalls Sekretär Werner sauber abgeschrieben, malt in brennenden Farben den drohenden Untergang dieses von Wollust umpeitschten Steingeriesels den hohen Herren vor die halbmüden Augen ... „Wenn sie Zeit finden, meine Beschwörungen zu lesen, wenn nicht der Karneval und

ihre Liebsten sie mit freundlicheren Dingen beschäftigen", murmelte Matthias, während er mit dem Handrücken über den Bericht fährt. „Der Senat, den zu kennen ich nicht das Glück habe", hat er mit grimmer Ironie in seinem Begleitbrief an Nani geschrieben — „den nicht zu kennen ich das Glück habe", würde er noch lieber geschrieben haben, wenn nicht diese Senatoren zu entscheiden hätten über alles das, was er für den Krieg braucht, notwendiger braucht als das liebe Brot, ganz einfach um Venedig, Italien, ja die Christenheit, wie man das zivilisierte Europa auch in diesem Zeitalter des werdenden Rationalismus nennt, vor dem sicheren Untergang zu bewahren.

Er blättert in den schön beschriebenen Bogen, dem vierten Bericht im Verlauf einer Woche. Seit fünf Wochen weilt er auf venezianischem Boden. In Verona sollte er zunächst einmal die Quarantäne abwarten, denn vor einem Jahr wütete in Wien die Pest, und jeder, der von Wien kommt, muß immer noch vierzig Tage abgesperrt zubringen. Matthias hat in Verona im Palazzo punti diamanti, in welchem man ihn mit höchsten Ehren eingesperrt hielt, getobt. Er hat Depeschen über Depeschen nach Venedig gesandt; er hat geschrieben, daß es angesichts der drohenden Türkengefahr ein unverantwortlicher Leichtsinn sei, denjenigen, welcher allein diese Gefahr beheben solle und könne, vierzig Tage lahmzulegen, nur weil er aus einer Stadt käme, in der die Seuche bereits vor einem Jahr erloschen sei. Das hat er acht Tage lang auch dem Hauptmann seiner Wache, dem Griechen Straticò, wiederholt, der aus Erfahrung weiß, was es heißt, den türkischen Horden ausgeliefert zu sein. Der kluge, gewandte Grieche war aber auch Grieche genug, um zu erkennen, wo sein Vorteil lag. Am zehnten Tag verhalf er dem Marschall und dessen engerem Gefolge zur Flucht aus dem Veroneser Palast. Matthias begab sich für einige Tage ins Lazarett in Venedig und bezog dann seinen Palast am großen Kanal. Aber der Senat bleibt starr. Man will ihn nicht vor Ablauf der Quarantänefrist empfangen, weil die Angst vor der allzu bekannten Pest immer noch größer ist als die Angst vor dem anstürmenden Großtürken.

Nur ein Soldat hat an der Spitze seiner Armee den Feldmarschall in Venedig empfangen: der Major Moser von Filseck. Mosers Armee stellte die Ehrenposten vor dem Lazarett und stellt sie heute noch vor dem Palazzo Loredan. Gleichzeitig aber durchqueren Mosers alte, erfahrene Männer in bürgerlichen Kleidern die Stadt, die benachbarten Inseln, den Venedig vorgelagerten Lido und die Uferbezirke des Festlandes. Sie trinken, fragen, lachen, beobachten, lieben und schnüffeln, so daß der Marschall täglich über die wichtigsten Vorgänge unterrichtet werden kann. Er selbst geht als bildungsdurstiger Holländer im hechtgrauen Rock mit einem goldbeschlagenen spanischen Rohr durch die Gassen, dem Volk noch unbekannt, mit einem Ausweis des Kriegsministers Nani in der Tasche, der auf den Namen eines „Jonkhers van der Schuilenborgh" lautet. Mit Hilfe dieses Ausweises dringt der neugierige Fremde im grauen Rock ein in das Arsenal, in die Uferbefestigungen am Lido, in die Kasernen und Magazine Venedigs. Nichts entgeht seinem geschulten Blick; für alle Fehler und Mißstände hält er neue Vorschläge bereit; das Genie der Nüchternheit beginnt auszustrahlen. Keine Aimée, kein Feuer und kein Traum tanzen als Blütenflocken durch die strenge Gedankenwelt dieses bildungsbedürftigen Wanderers. Der ist nur Sorge für den Krieg, für die Soldaten und für die Verteidigung Venedigs. Abend für Abend sitzt er an seinem großen Schreibtisch und notiert, was fehlt, und wo es fehlt, und wie abgeholfen werden kann. Er notiert es, um Berichte aus den Notizen zu formen für den hohen Senat, den er zu kennen noch nicht das Glück hat, und dessen Mitglieder den Vorkarneval so laut und hemmungslos feiern, daß ihr Geschrei von den bunten Gondeln hinaufdringt bis zu ihm, dem einsamen Arbeiter im piano nobile des Palazzo Loredan.
Matthias greift nach der silbernen Glocke und läutet. Werner, der Sekretär, erscheint; gebeugt von allzulanger Schreibarbeit; blaß vor Mangel an frischer Luft und an Bewegung. Der Marschall sieht seinen Mitarbeiter prüfend an. „Sie sind erschöpft, Werner. Das tut mir leid. Aber ich kann Sie nicht entlasten."

Der Sekretär verneigt sich. „Ich weiß es, Exzellenz."
„Bitte, bringen Sie diesen Bericht mit dem Begleitbrief sofort persönlich zu Exzellenz Nani hinüber. Ich möchte Nani morgen meine Aufwartung machen. Fragen Sie ihn, welche Zeit ihm genehm ist. Sonst noch etwas?"
„Major von Moser wartet draußen."
„Ich lasse bitten." Der Sekretär empfiehlt sich und läßt Moser eintreten. Matthias streckt dem Grün-Uniformierten die Hand entgegen und mustert rasch die blauen Schatten, welche das Vogelgesicht des Majors durchziehen. „Was gibt es Neues, lieber Major? Auch Sie sehen ein wenig fahl aus."
Moser hat die Hand des Marschalls genommen, steht jetzt aber wieder breitbeinig da, den Federhut zum Gruße ausgestreckt. Das Winterlicht vom Canalgrande irrt unsicher zwischen dem grünen Uniformtuch, dem Rot des Kragens und dem der Ärmelaufschläge hin und her. „Alles in Ordnung, Exzellenz", erwidert der Major. Matthias läßt von Karl eine Karaffe mit Lagunenwein von Torcello sowie Faschingsgebäck bringen. Er selbst schenkt die spitzen Muranogläser voll, tritt dann aber an die Loggiatür zurück und lehnt die Hand gegen eine Säule. „Die Rapporte Ihrer Leute sind ausgezeichnet. Ich habe jeden Rapport genau nachkontrolliert und, soweit es notwendig war, ergänzt. Mein letzter Bericht für den Senat ist soeben an Seine Exzellenz den savio alla scrittura abgegangen." Matthias, der beim Sprechen auf den Kanal hinausgesehen hat, wendet jetzt Moser den Blick zu. „Bitte, lieber Moser, setzen wir uns doch". Nachdem beide stillschweigend getrunken haben, bewegt Moser den Vogelkopf und fragt knarrend: „Darf ich Euer Exzellenz noch ein paar kleine Hinweise geben?"
„Gern, Major, Sie wissen, daß mir jeder Hinweis von Ihnen willkommen ist."
Wieder nimmt Moser einen Schluck von dem Torcello-Wein und starrt dann den Marschall an. „Ihre Gutachten sind immer gerichtet an den Senat, Exzellenz. Gewiß ist der Senat diejenige

Behörde, welche nach der venezianischen Verfassung ausschließlich mit Ihnen zu verhandeln hat. In Wahrheit bedeutet dieser Senat aber nur noch einen Klub von einigen hundert Nichtstuern, welcher die tatsächliche Macht längst an die Fachminister, die savii, abgetreten hat. Die wieder stützen sich auf die Geheime Staats-Inquisition, wobei natürlich die allerletzte Macht im Lauf der Zeit zwangsläufig auf die Inquisition, will sagen die Staatspolizei, übergegangen ist. Alles Kulisse, Pappe, bemalte Leinwand. Minister und Geheime Staatspolizei: das ist die eigentliche Dominante, die Regierung der Republik Venedig."

Matthias sieht vor sich auf die Lapislazuli-Tischplatte. „Die Inquisition wird mich in Frieden lassen", bemerkt er nach einer Weile. „Sie wollen mir also raten, mich mehr um die Minister zu bemühen?"

„Ja. Um die Minister. Vor allen Dingen."

„Nanis bin ich sicher. Der ist ein Ehrenmann."

Moser nickt kurz. „Richtig. Kein Ehrenmann ist aber der Marineminister, der savio all'amar. Er soll den Bau der Schiffe, ihre Ausrüstung und ihre Besetzung überwachen; er soll weiter die Kolonien mit Nachschub versorgen — jetzt vor allem die zurückweichenden Truppen in Morea und in der Levante. Wie mir mein Unteroffizier Böckmann meldet, äußerte sich der savio all'amar gestern in seinem Landhaus an der Brenta sehr abfällig über die jetzige Tätigkeit Euer Exzellenz."

„Was hat dieser Herr an meiner Tätigkeit auszusetzen?"

Moser zuckt die Achseln. „Er fürchtet, zu kurz zu kommen. Daher erklärt er, der Feldmarschall sei von den Firmen, welche Kriegsmaterial und Proviant zu liefern haben, bestochen worden. Er erhalte von allen Lieferungen Prozente, und sei deshalb an einem starken Verbrauch von Waren jeder Art lebhaft interessiert."

Matthias ist aschfahl geworden und starrt Moser über dessen leeres Glas hinweg an. Der Major jedoch wiegt den Vogelkopf: „Erregen Sie sich nicht, Exzellenz. Sie tun damit viel zuviel Leuten einen Gefallen. Der Marineminister hat bis jetzt die

ganze Versorgung der Flotte und der Kolonien in Händen gehalten, aber niemand hat ihm in die Karten geschaut. Sein hübsches Konto auf der Bank von San Marco sowie seinen Sommerpalast an der Brenta möchte er gern noch vergrößern, sieht aber diese Wünsche durch Sie bedroht. Also schreit er erst einmal: ‚Haltet den Dieb!'"
Matthias springt auf. „Ich werde den Lumpen vor die Klinge fordern!" keucht er. Aber Moser schüttelt grinsend den Kopf. „Der Senat erführe durch den Herrn Minister selbst sofort von dem beabsichtigten Zweikampf und würde, besorgt um Ihr kostbares Leben, ein solches Duell auf das schärfste verbieten. An Ihnen jedoch bliebe das Odium des Krakehlers hängen und würde Ihnen viele wichtige Türen verschließen. Denn hier wollen sie alle verdienen und sich ungestört amüsieren. Wer die Leute daran hindert, ist ihr Feind."
Scharf wendet Matthias dem Sprecher den Blick zu. „Was würden Sie an meiner Stelle tun, Major?"
„Möglichst bald mit einer Staatsgondel zum Festland hinüberfahren, so, daß viele Leute es sehen, dem edlen Lumpen in seinem Palast an der Brenta einen feierlichen Besuch machen, ihm aus einer großen, goldenen Tabatière, die untergründig mit Dukaten gefüllt ist, eine Prise anbieten und ihm die Tabatière zur dauernden Benutzung überlassen. Der Savio wird von der Übereinstimmung Ihrer Weltanschauung mit der seinen hingerissen sein, und von diesem Augenblick an werden Sie einen neuen Freund unter den savii haben."
Moser beobachtet den schweren inneren Kampf, welchen Matthias durchkämpft. Dieser Kampf rührt den Major, und deshalb setzt er seinen Worten noch vermittelnd hinzu: „Hier ist doch alles schon Orient. Nehmen Sie solche Praktiken ein wenig türkisch, Exzellenz."
„Ich wäre beruhigt, wenn Sie mich überzeugen könnten, daß es heute in der Türkei genau so türkisch zugeht. Nur fürchte ich, lieber Major, daß man dort sehr viel preußischer zu denken gelernt hat." Matthias stützt das Haupt in beide Hände. „Aber",

so fährt er fort, „Preußen ist vielleicht doch eine Ausnahme. Seine mechanisierte Genialität läßt sich kaum nachmachen. Und ebensowenig seine Zentralisierung. In anderen Ländern hängt der Erfolg der größten Kämpfe, das Schicksal von Königreichen, ja, Europas selbst, von Subalternen ab. Damit aber wird Kriegführen eine eigene Sache. Wer glaubt, daß man in diesem Geschäft mit Klugheit und Vorsicht zu einem Erfolg gelangt, daß man keinen Schritt ohne tiefgründige Erwägung tun darf, der täuscht sich sehr. Die meisten Erfolge sind dem Zufall zu danken, oder, wenn Ihnen das besser klingt, der göttlichen Vorsehung."

„Und die Großen, an deren Fersen das Kriegsglück zu haften scheint, was ist mit ihnen?" fragt Moser interessiert. „Sind sie nichts weiter als Vollstreckungsbeamte eines göttlichen Willens?" Der Marschall lächelt. Er lächelt sehr schön und überlegen. Der Gedanke an Wert oder Unwert des Nachruhmes, der ihn neuerdings oft beschäftigt hat, geht wieder einmal durch sein Hirn. „Sie müssen die Aufführung dieser Art von Theaterstücken ein bißchen von nahem betrachten können — Sie müßten Caesar, Alexander und unsere anderen Helden hinter den Kulissen in Aktion sehen — lieber Freund, ich wäre gespannt, hinterher Ihre Meinung zu hören." Das große Haupt mit der Stutzperücke neigt sich über die gefalteten Hände: „Wirklich — es lohnt nicht — es ist alles eitel."
Dann aber hebt er von neuem den Blick, und seine großen graublauen Augen leuchten auf. „Zu wissen, daß alles eitel ist, jedoch zu handeln, als ob es das nicht wäre, das ist die Pflicht des reifen Mannes." Er schweigt für einen Augenblick, und spricht dann ruhig weiter. „Kommen wir auf den Marineminister zurück. Sie haben recht. Ich werde meinen Ekel überwinden, dem Savio meinen Besuch machen und ihm die goldene Tabatière überreichen. Sie, Major, halten Ihre Leute in Bewegung; ich muß wissen, wo die Vorbereitungen ins Stocken geraten. Ich selbst werde mich weiter als Privatmann umschauen. Auf Wiedersehen, lieber Major."

2

Matthias glaubt wirklich, Venedig als Privatmann durchstreifen zu können. Noch kennt er die Republik nicht. Er weiß zwar, daß Klatsch und Neid hinter Säulen und unter Bogengängen lauern, daß sie ihn mit gelben Augen anstieren. Nicht aber weiß er um das spitzenzarte Überwachungssystem der Inquisition, vor allem jener Behörde, welche „die Herren der Nacht" genannt wird, und die mit untrüglicher Sicherheit in das geheimste Leben des einzelnen einzudringen vermag.
Die venezianische Inquisition ist eine staatliche, keine kirchliche Behörde, welche die Stadt sowohl wie das ganze Festland unter sich hat. Sie beschäftigt sich nur mit politischen Verbrechen. Die „signori di notte al criminal" sind eine viel ältere, nur städtische Behörde, deren sechs Mitglieder je einen Stadtteil unter sich haben. Gewiß pflegen die „Herren der Nacht" auch mit der Geheimen Staatsinquisition zusammenzuarbeiten, weil sie als städtische Sittenpolizei gelegentlich Liebesnester auszunehmen haben, in denen der Drache des Umsturzes Unterschlupf gefunden hat. Vor allem jedoch fahnden sie nach geschlechtlichen Beziehungen von Juden, Türken und Farbigen zu Venezianerinnen. Erst vor kurzem haben die Signori einen Juden, der mit einer Venezianerin ein Liebesverhältnis unterhielt, vorn auf einer Gondel an einen Pfahl gebunden und ihn so durch den großen Kanal zur öffentlichen Hinrichtung rudern lassen.
Weiter aber überwachen die „Herren der Nacht" das Liebesleben der Fremden. Das Aktenstück „Sua Eccellenza il Maresciallo" in der Kanzlei des Nachtherrn Dolfin, welcher den Stadtteil Dorsoduro unter sich hat, schwillt mehr und mehr an. Gleich nach dem Abschluß der Kapitulation des Marschalls mit der Serenissima hat Dolfin für das neue Aktenstück die Grundlagen bei der befreundeten Polizei in Wien beschaffen lassen. Dolfin, immer lächelnd, immer verstehend, wenn es sich um Patrizier oder hochgestellte Fremde handelt, prüft alle Woche

einmal schmunzelnd, was es Neues über Seine Exzellenz den Marschall zu melden gibt. Für heute nachmittag bereitet man in der Kanzlei dem hohen Herrn Dolfin eine neue kleine Freude vor. Ein Schreiberlein, in einem Harlekinsgewand, mit einer bunten Pritsche unter dem linken Arm, notiert den Bericht eines Damenschneiders, wonach der Marschall im rosa Domino mit einem großen Blumenstrauß um die zehnte Morgenstunde der Gräfin Angiolina Mocenigo della Torre im Palazzo Mocenigo seine Aufwartung gemacht habe; der Marschall sei erst nach zwei Stunden wieder in seinen eigenen Palast zurückgekehrt. Der Damenschneider, im Kostüm eines Türken mit einer mächtigen roten Pappnase und hängendem Bart, sitzt, während er seine Beobachtungen diktiert, mit gekreuzten Beinen auf der Ecke des Schreibtisches. Er bläst dabei dem Schreiberlein große Rauchwolken aus einem Tschibuk ins Gesicht, während er gleichzeitig parfumgefüllte Papierkugeln zum Fenster hinaus auf die vorbeikreischenden Masken wirft.
Freilich, was dort oben, in den taubengrauen Lackzimmern des Palazzo Mocenigo gesprochen wurde, konnte der Vertrauenstürke des Edlen Dolfin nicht erfahren. Er kann auch nicht berichten, daß der Marschall im offenen rosa Domino, aus welchem das goldgestickte Staatskleid strahlend hervorleuchtete, in den Empfangssaal der Gräfin getreten ist, daß die Gräfin blaß und zitternd nach Haltung suchte, während der Marschall ihr artig die Blumen überreichte ...
„Hattest du eine gute Reise, Aimée?" fragt er besorgt und mustert die Frau, die in einem tabakfarbenen Morgenkleid am Fenster steht und auf den Kanal hinaus sieht. Ihre großen Augen zittern unruhig.
Dann senkt sie die Blicke auf die Blumen. Ach, wieder bringt er Rittersporn und rosa Nelken — wie damals im Aosta-Tal. Wieder sind es so morgenfrische Blumen, als ob es die gleichen seien wie damals, als ob nichts dazwischen läge, keine Einsamkeit, kein neues Aufleuchten des Feuers, keine Lelia und kein Sohn ... „Meine Reise mit den Pisani-Zwillingen verlief gut.

Trüb war nur die Quarantäne in Verona. Es gibt nichts Zermürbenderes als sinnloses Wartenmüssen kurz vor dem Ziel. Du warst schon längst hier in Venedig — ich weiß, ich weiß — man hat es mir oft erzählt. Ein Glück, daß ich Gazireh bei mir hatte; sie hielt die Verbindung mit der Außenwelt lebendig. Die Feuer-Pisani half uns durch ihre verhaltene kluge Heiterkeit über viele Bedrückungen hinweg. Sala hat sich sehr in sie verliebt."
„Sala? Ach so, ja, der junge Offizier und Diplomat. Er soll jetzt als Oberst unter mir in Korfu dienen. Was sagte Elena dazu?"
„Sie neckte den guten Sala und gab ihm zu verstehen, daß eine Pisani nicht auf Anhieb falle ..."
„... wie eine venezianische Festung auf Morea", setzt Matthias bitter hinzu, und Aimée beißt sich, durch diese überflüssige Wahrheit in ihrem Stolz verletzt, auf die Lippen. Sie mustert ihn über den Rittersporn hinweg. Sie weiß, daß er solche nervösen Bemerkungen macht, wenn er sich für eine andere interessiert; als ob er diese andere verteidigen wolle gegen Angriffe, welche nie erfolgt sind und nie erfolgen werden. Sie empfindet Mitleid mit ihm und spricht wie nebenbei von jener anderen. „Die Feuer-Pisani wußte uns nicht nur aufzuheitern, sondern auch zu unterhalten; ich wunderte mich, wieviel sie gelernt hat. Sie ist die echte Tochter des Großadmirals Andrea Pisani. Der fing seine politische Laufbahn sogar mit einer Verbannung an, weil er unsere jungen Nonnen von Santa Catarina allzu stark in seine Nachtgebete einbezogen hatte."
„Womit du sagen willst, daß das Feuer sich nicht in anderer Leute Nachtgebete einbeziehen läßt", fragt der Marschall.
„Es kommt auf den Beter an", erwidert sie kurz.
Matthias lenkt ab. „Und die Traum-Pisani?"
„Schwieg und lächelte für sich hin. Sie war sehr schön."
Matthias möchte seine verletzende Bemerkung über das Feuer wegwischen. Er tritt an Aimée heran, weiß aber nicht, ob er die Arme um sie schlingen und sie küssen soll. Sie jedoch, großartig und überlegen, legt die Arme um den Hals des

Freundes. „Liebster, alles wirst du überwinden, weil alles von selbst vor dir in die Knie sinkt. Feuer, Traum und Tod. Küsse mich."
Der Mann zögert einen kurzen Augenblick, bis er die Frau zärtlich umfängt. „Feuer, Traum — ja", lächelt er. „Aber Tod — weshalb Tod?" Die Bilder seines Sohnes und dessen Mutter gleiten rasch an seinem inneren Auge vorüber. Wie selbstverständlich hält er diese Bilder fest und fragt fast ängstlich: „Und Carl Heinrich? Und Lelia? Wie ließest du sie zurück?" Kein Zucken geht über das Antlitz der Frau. Jetzt weiß sie, daß sie die Bokum umgebracht hat, gewiß auch, um Matthias den Weg zur Tat freizumachen, vor allem aber, weil sie dieses weiche, sanfte, glatte Stück Fleisch haßte, das ihr den Geliebten entzog. Und dieser Geliebte drückte seinen Wildschößling Carl Heinrich jubelnd ans Herz, während er seine Tochter Lukrezia nicht einmal kennt, ja, sich ihrer Existenz eigentlich kaum bewußt ist — ihre Tochter Lukrezia. Denn diese Lukrezia geht ja als contessa della Torre durch die Welt und ist ein Weib. Lächerlich, daß Männer immer Männer als Erben wollen — Trinkgenossen, Schwertgenossen, Todesgenossen. Als ob man nicht für sich allein stark sein, als ob man nicht allein sterben könnte! Solche Gedanken durchkreuzen ihr Hirn, aber die festen Züge ihres Antlitzes verändern sich kaum. „Deinem Grafen Moritz von Sachsen geht es gut; er ist bezaubernd. Deine Aurora war natürlich noch etwas blaß. Aber sie ist bei den Salesianerinnen wohl geborgen", nickt sie und ordnet die Blumen in einer Glasvase. Sie überstürzt sich nicht in ihren Worten; der ironische Vergleich des Freundes mit August dem Starken kommt ihr fast frivol über die Lippen. Dann aber schweigt sie, um bald von der Taufe des Kleinen zu berichten, von den Taufpaten, der „Mammi" und dem Grafen Bonneval, den Eugen als seinen Vertreter gesandt hatte, und von den vielen Blumen in der Kapelle. Sie überreicht dem Freunde noch einen Brief Lelias, einen Brief, der in Absätzen geschrieben ist und täglich über das Ergehen des Kleinen berichtet. „Ich bin glücklich", schreibt

Lelia im letzten Absatz des Briefes, „daß wir schon im Mai zu dir nach Venedig kommen sollen. Ich zähle die Tage bis zu unserer Abreise. Aimée, die mir eine echte Freundin geworden ist, hat uns fest versprochen, daß bis dahin alles im Palazzo Loredan zu unserem Empfang vorbereitet sein soll. Dann ist der Kleine auch schon groß und hübsch geworden, und du wirst deine Freude an ihm haben."
Matthias liest die Zeilen mit Rührung und Stolz. Er dankt Aimée für alle Fürsorge und sieht ihr bewegt in die Augen. Ihre Blicke leuchten auf, und gleichzeitig überlegt sie ängstlich, ob die Pisani-Zwillinge auch schweigen werden, und ob die Gräfin Fuchs nicht etwa einen Beileidsbrief schreibt ... nein, niemand darf ihm vom Tode Lelias sprechen; niemand ihm darüber schreiben. Noch heute wird sie ihren Vetter, den Großinquisitor Almarò Pisani, bitten, alle Briefe an Matthias, ob sie nun durch die kaiserliche Botschaft oder durch die gewöhnliche Post kommen, abfangen und zensurieren zu lassen. Sie wird alle instruieren: Lelia lebt; sie und das Kind befinden sich wohl und geborgen in Wien. Inzwischen wird im Palast des Freundes eine Wohnung vorbereitet; er soll glauben, daß ihn nach seiner Rückkehr aus dem Krieg eine geliebte Frau mit seinem Sohn erwartet. Das wird seine Taten befeuern. Die Wahrheit mag er zu gegebener Zeit erfahren. Wahrheiten, die alt geworden sind, sind entgiftet; sie ertragen sich leichter als junge.
Sie lächelt und zeigt das Zahnfleisch, während Matthias von dem Glück spricht, das vielleicht auch ihm noch werden könne. Jetzt wagt er doch noch auf ein Glück zu hoffen, als auf das Schöne, das er als Gnade von Gott erbeten hat, weil ihm der Nachruhm versagt bleiben muß. Im Herbst hat er entweder das Übermenschliche erreicht und für dieses Karnevalsgesindel den mächtigsten Gegner der Welt zurückgeworfen, oder er ist tot. Besiegt kehrt er nicht nach Venedig zurück. Wenn er aber als Sieger gefallen ist, wird auf Mutter und Sohn aller Glanz übergehen, den er für sich von dem stahlblauen Himmel Korfus

herabgerissen hat. Aimée wird für Lelia und den Kleinen sorgen; Aimée ist stark und tapfer; sie weiß, besser als Lelia, das harte Leben zu meistern.

Der Marschall atmet auf. Er erhebt sich, hüllt sich wieder in seinen rosa Domino, küßt die Freundin auf die Stirn, setzt die Maske auf und läßt sich von seiner Gondel zu seinem Palazzo zurückrudern. Aber die Unruhe hält ihn gefangen. Sie quält ihn um so mehr, als sich die Gondel wieder durch eine Welt von Narren hindurcharbeiten muß, die lacht und johlt, als ob es gelogen sei, daß Morea, Ort für Ort, Festung für Festung abbröckelt und die Türkenwoge stündlich näher rückt. Beunruhigt von der Gleichgültigkeit des Volkes tut er etwas, was er sonst nie zu tun pflegt; er ändert einen von ihm gegebenen Befehl. Er sagt kurz: „Zum Palazzo Nani!" Die Gondel biegt vom großen Kanal in einen Seitenkanal ab; sehr bald hält sie sanft, als ob sie in sich zusammensinken wolle, vor dem schönen gotischen Palast des Kriegsministers.

3

Die breite Eingangshalle, in einem früheren Jahrhundert als Stapelraum für Gewürze des Orients erbaut, ist später von Sansovino großzügig verändert und von Vittoria im abgeschliffenen Geist einer müde gewordenen Renaissance dekoriert worden. Aber beide Meister haben mit sicherem Geschmack die edle gotische Holzdecke bewahrt, so daß Matthias sich bereits beim Eintreten in diesen Raum heimisch fühlt, weil er ihn an die Diele von Emden erinnert. Eine breite Sandsteintreppe mündet seitlich auf die Halle; während der Marschall dem Diener die Maskenhülle übergibt, schreitet Nani rasch die Treppe hinab, um den Gast zu begrüßen. Der Savio ist über den Besuch des Marschalls sichtlich erfreut; sein Antlitz leuchtet auf, während er Matthias beide Hände entgegenstreckt. „Eigentlich wollte ich Ihnen als erster meinen Besuch machen,

lieber Freund", lächelt er schon vom Treppenabsatz, „aber nun sind Sie mit Ihrer bezwingenden Höflichkeit mir doch zuvorgekommen. Ich wollte Ihnen bei dieser Gelegenheit auch meinen Dank für Ihre großartigen Berichte aussprechen, die sogleich an den Senat weitergegangen sind. Ihren Brief an mich bewahre ich jedoch als mein Eigentum. Der soll nicht in den Akten verschwinden, sondern noch späteren Zeiten von Ihrer edlen und vornehmen Gesinnung Kunde geben." Ernst setzt er hinzu: „Und von den grauenvollen Schwierigkeiten, unter denen Sie Ihre Arbeit leisten müssen."
Der Patrizier hat den Arm des Marschalls ergriffen und steigt mit ihm zum piano nobile hinauf. Im Treppenhaus hängen Bilder von Veronese, Tizian und Tintoretto, kokett ohne Rahmen, als ob solche Pracht im Hause Nani etwas Nebensächliches bedeute. Vor einem Tintoretto bleibt der Marschall fast erschrocken stehen, und Nani spürt, wie der große, aufrechte Mann von diesem Rembrandt des Südens bis ins Innerste gepackt wird. „Tintoretto", murmelt er, „Tintoretto? Ein Venezianer?" Der Savio nickt. „Nicht weit von Ihrem Palast liegt das Haus der Brüderschaft von San Rocco. Das hat er ausgemalt. Viele seiner Bilder finden Sie in der Kirche Santa Maria dell'orto, wo er beigesetzt ist, dem Mariengärtlein. Ob er das Gärtlein geliebt hat? Wer kann das sagen? Ein furchtbarer Geist!" — „Ein Genius", murmelt Matthias, „diese Danae ist ergreifender als alle Madonnen von Raffael." Leise berührt Nani den Arm des Marschalls. „Ich kann Ihnen auf Ihren herrlichen Brief keine bessere Antwort geben, als daß ich versuchen werde, Ihnen für die Kriegsführung einen solchen Goldregen zu beschaffen, wie er hier auf die Danae niedersinkt. Diese Danae soll Sie immer beruhigend an mein Versprechen erinnern. Antonio!" ruft der Savio dem unten in der Halle erscheinenden Hausmeister zu, „das Bild wird sofort in den Palazzo Loredan gebracht zu Seiner Exzellenz dem Herrn Feldmarschall!" Matthias hat sich dem Savio zugewandt; er ist dunkelrot geworden, schön wie ein erregter Knabe. „Lieber

Freund, ich flehe Sie an, tun Sie das nicht. Machen Sie den Befehl rückgängig. Es wäre mir ein schrecklicher Gedanke, Ihnen solches Werk zu rauben! Ich nehme Ihr Geschenk nicht an." Aber Nani schüttelt betont das Haupt. Die klaren Augen funkeln hell und überlegen. „,Ein jedes Ding muß so verwendet werden, daß die ihm innewohnende Kraft möglichst stark zur Auswirkung kommen kann.' Dieser Satz stammt von Ihnen; er steht in Ihrem ersten Bericht an den Senat. Also bitte, strafen Sie sich nicht selbst Lügen. Bei mir kann das Bild seine Kraft nicht auswirken lassen. Ich bin nie davor stehengeblieben — ich will ganz ehrlich sein: ich habe es überhaupt noch nie gesehen. Jetzt erst bekommt es für mich einen Sinn als meine Antwort, mein ,Ja!' auf Ihren Brief. Ich werde alles daran setzen, daß der Bellona, der Göttin des Krieges, die Gelder ebenso in den Schoß fallen wie dieser Danae."
Matthias steht benommen neben dem gütigen und herzenswarmen Savio. Er senkt das Haupt, hebt es langsam wieder, sieht die Danae an, und endlich greift er nach Nanis Hand. Der lächelt: „Wir Venezianer suchen die Wahrheit in der Schönheit, welche für uns nur aus der Wirklichkeit erwächst." Nachdenklich setzt er hinzu: „Auch ihr seid Wahrheitssucher, aber ihr sucht eine Wahrheit, die aus dem Grübeln stammt. Deshalb gehört Tintoretto zu euch."
Einer solchen zwingenden Grazie des Schenkens weiß der Niederdeutsche nicht viel entgegenzusetzen; er dankt ergriffen und überlegt sich, womit nun er diesem zartsinnigen Mann eine Freude machen könnte. Sie betreten das Arbeitszimmer Nanis, das einem kleinen Garten zu gelegen ist. „Hier können Sie sogar sehen, in welcher Jahreszeit wir uns befinden", bemerkt Matthias und weist mit dem Haupt auf die kahlen Bäume. „Sonst ist das in Venedig gar nicht leicht, denn diese Steinpracht blüht ja nicht."
„... und trägt keine Früchte mehr", setzt Nani leise hinzu. Mit einer halben Handbewegung weist er auf ein paar hohe Bücherregale. „Das hier sind die Werke meines zu früh verstorbenen

Vaters, Gianbattista Nani. In prachtvoller Sprache und leuchtenden Bildern hat der große Historiker alles das festgehalten, was hier einst geblüht und Früchte getragen hat." Dann spricht er, über den Schreibtisch hinweg, halblaut auf Matthias ein. „Was Sie vom Senat verlangen, ist das Natürlichste von der Welt. Die venezianische Landarmee muß von 15 000 auf 40 000 Mann erhöht, und sowohl Feldheer wie Festungen müssen artilleristisch stärker ausgerüstet werden. Die Türken rechnen darauf, Korfu rasch zu überrennen und dann Dalmatien zu erobern; gleichzeitig soll die der unseren überlegene, vom Dianum-Kogia befehligte türkische Flotte direkt ihren Kurs auf Venedig nehmen."
Der Marschall hat das linke Bein über das rechte geschlagen und ist den Worten des Ministers aufmerksam gefolgt. „Hier kommt sie immer zum Karneval zurecht", setzt er trocken hinzu.
Mit zurückgeworfenem Haupt spricht Nani wie abwesend in die Luft. „Sie haben recht. Es ist eine Schande, was seit Jahrzehnten hier versäumt wurde — aber es ist ein Verbrechen, daß sich noch heute keiner der Verantwortlichen unsere wahre Lage klarmachen will!" Die Männer schweigen eine Zeitlang. Endlich beginnt Nani von neuem: „Vor allem die Werbungen. Wir brauchen Truppen. Und es geschieht nichts! Venedig läuft mit geschlossenen Augen in seinen Untergang hinein. Es ist furchtbar!"
Matthias zuckt die Achseln. „Ich weiß es, der Senat hat bis heute noch keine Schritte getan, um die notwendigsten Gelder zu beschaffen."
„Obgleich er dazu imstande wäre", nickt der Savio, „denn Venedig hat noch Kredit in der Welt. Und vor allem noch Schätze, die in tausend Jahren gesammelt wurden. Wenn es aber um das Letzte geht, dann braucht man kein Gold, keine Edelsteine, keine Kunstwerke mehr: dann verkauft man alles, um seine Freiheit und sein Leben zu retten. Solche Erwägungen kommen unseren Herren überhaupt nicht. Sie spielen die Helden

und lassen sich von Ihrer Nachbarin, der Rosalba Carriera, in voller Rüstung malen und ihre Geliebte in Brokat dazu." Nani starrt vor sich hin, und sein Mund zerfällt zu einem Ausdruck von Ekel. „Mögen sie sich ein Dutzend Weiber halten wie der Großtürke, wenn sie darüber ihre Pflicht nicht vernachlässigen! Ich bin kein Zelot. Aber das, was unsere Patrizier jetzt treiben, ist verächtlich. Die Patrizier Venedigs sind Landesverräter!"
Die graublauen Augen des Soldaten richten sich auf die des Savios. „Ich habe", so erwidert er gemessen, „an den Kurfürsten von Bayern, den Herzog von Württemberg, den König von Polen und den König in Preußen die Bitte gerichtet, in ihren Ländern je ein Regiment für die hohe Republik Venedig werben zu dürfen. Beauftragt habe ich mit diesen Werbungen die Generale von Spörken, Baron Veit in Ansbach sowie meinen Neffen, den Generalmajor Schulenburg. Wie Sie selbst wissen, sind Werbungen teuer; aber sie werden unerschwinglich teuer, wenn man die Geschäftsleute, die damit zu tun haben, frei schalten und walten läßt. Daher habe ich die Verwaltung der Gelder einer sicheren Persönlichkeit anvertraut; sie liegt in Händen meines Bevollmächtigten, des Bankiers Oppenheimer in Wien. Die Kosten für die Aufstellung eines jeden Regiments betragen 147 200 Gulden."
Nani ist aufgesprungen; er stemmt die Fäuste auf den Schreibtisch und starrt den Marschall an. „Hat Oppenheimer die Gelder vorgeschossen?"
„Nein. Dessen Gelder sind durch die Rüstungen des Prinzen Eugen bis zum letzten angespannt."
„Wer hat die Gelder vorgeschossen?" Nanis Augen werden starr.
„Ich."
„Sie? Sie legen in Bausch und Bogen, ohne jede Sicherheit, eine halbe Million Gulden auf den Tisch?"
„Der Türke ist leider nicht so galant, daß er mit seinem Angriff wartet, bis wir aufgerüstet haben."

Nani wendet sich kurz um, tritt an das Fenster und blickt hinaus in den winterlichen Garten. Aus dem Palast hinter dem Garten dringt Musik, Kreischen und Jubeln, so laut, daß man den Lärm durch die geschlossenen Fenster hindurch hört. Wieder atmet der Savio schwer und murmelt, ohne sich umzuwenden: „General Greem, Ihr Vorgänger, kannte die Menschen."
„Greem stand nur sehr kurz im Dienst der Republik." Matthias antwortet gemessen, weil er weiß, daß Greem ein gefälliges Werkzeug in Eugens Händen gewesen ist.
„Gewiß, nur kurz. Aber die Republik hat ihm trotzdem zu danken. Denn er hat Sie, lieber Freund, dem Senat als seinen Nachfolger empfohlen, weil Sie eine großartige Natur seien."
Der Savio schweigt wieder, fährt dann aber fort: „In einer Woche werden Sie die halbe Million zurückerstattet haben. Venedig wird Ihnen das nicht vergessen."
Er sieht für eine Weile still vor sich hin und wendet dann das Gespräch der Gesundheit des Marschalls zu. „Venedig im Winter hat seine Tücken; es ist kalt und feucht."
„Nun, ein paar Wochen werde ich es wohl noch aushalten. Dann wird mir die helle Luft von Korfu gut tun."
„Das wünsche ich von Herzen. Nur noch eine Frage: Wenn Sie die Festung in den — sagen wir — bestmöglichsten Verteidigungszustand gebracht haben, welchem von den Unterführern wollen Sie dann die eigentliche Verteidigung anvertrauen? Vielleicht kann ich Ihnen bei der Auswahl des Verteidigers mit meinem Rat zur Seite stehen ..."
Ein erstaunter Blick aus graublauen Augen trifft den Sprecher.
„Unterführer? Auf Korfu entscheidet sich das Schicksal der Welt. Die Verteidigung Korfus übernehme ich selbst."
„Sie sind als Oberstkommandierender nicht verpflichtet, einen vorgeschobenen Posten zu verteidigen."
„Ich bin dazu verpflichtet, wenn ich weiß, daß ich in diesem vorgeschobenen Posten das Ganze verteidige — Venedig — Europa — die Christenheit. Wenn Korfu vorzeitig fällt, ist

Eugen verloren. Und dann ist auch Europa verloren. Meine Pflicht ist klar vorgezeichnet. Entweder, ich halte Korfu, oder ich lasse mich unter seinen Mauern begraben."
Nani verneigt sich. „Unser Wiener Botschafter Grimani hatte recht, als er dem Senat berichtete: ‚Kein größeres Glück gibt es für Venedig, als die Eifersucht des Prinzen Eugen auf Schulenburg. Nur deshalb vermag Venedig denjenigen Heerführer in seinen Dienst zu ziehen, der es vielleicht zu retten weiß.' "
Matthias hat sich erhoben. Er antwortet fast verlegen: „Ihr Venezianer seid sehr graziös in euern Aussprüchen und Wendungen. Ich habe noch nicht gelernt, auf gleiche Weise zu antworten. Ich kann nichts als kämpfen."
„Sie werden sich unsterblichen Ruhm erwerben — ob Sie siegen oder fallen!" Der Savio hat die Augen bewundernd auf Matthias gerichtet. Der aber senkt das Haupt. „Ich weiß, daß das Schicksal mir den unsterblichen Ruhm nicht gewähren wird ... Und das ist recht so. Ich habe ihn verscherzt. Aller Nachruhm wird auf den Prinzen Eugen fallen. Mich aber wird man vergessen." Er hebt abwehrend die Hand. „Nein, nein, so wird es werden, Exzellenz. Sprechen wir nicht weiter darüber; lassen Sie uns nicht an den Nachruhm, sondern nur an das Heute denken."
Vorsichtig hat der Savio einer großen Mappe mehrere Blätter entnommen, Federzeichnungen, welche kämpfende Soldaten darstellen. Die Figuren sind lebendig und sicher hingesetzt. Matthias wirft einen bewundernden Blick darauf: „Sie können durchaus die Forderungen des Heute erfüllen und dabei doch Ihre eigenen Erinnerungen sichern", lächelt Nani. „Dafür möchte ich Ihnen empfehlen, diesen Maler mit ins Feld zu nehmen und von ihm Ihre Taten festhalten zu lassen. Er bat mich, für ihn ein gutes Wort einzulegen und brachte diese Zeichnungen, die er in Dalmatien angefertigt hat. Er stammt aus Padua und heißt Francesco Antonio Simonini. Dieser Simonini dürfte Ihres Wohlwollens nicht unwert sein."

„Sie sind sehr gütig", erwidert der Marschall, „ich werde den jungen Simonini gern empfangen." Der Savio geleitet den Marschall die Treppen hinunter bis zu dessen Gondel, welche bald darauf ihren Kurs über die perlfarbene Lagune nach Torcello nimmt, wo Matthias vorgeschobene Befestigungswerke als interessierter Fremder besuchen möchte.

4

Während die Gondel des Marschalls über die Lagune nach Nordosten strebt, fliegt eine Eilgondel des Kriegsministers dem Palazzo Mocenigo zu. Ein Adjutant in schwarzem Überwurf mit Maske und Mantel überreicht dort der Gräfin Mocenigo della Torre ein paar Zeilen, mit welchen Nani die Gräfin zu einer kurzen Besprechung bittet. Der Brief ist sehr höflich gehalten; Nani bittet ausdrücklich um Verzeihung, daß er die Gräfin nicht aufsuchen dürfe; aber es sei allen Ministern durch die Verfassung untersagt, Privatpersonen Besuche abzustatten. Zu gleicher Zeit schreitet der Savio unruhig in seinem großen Arbeitszimmer auf und ab und sucht sich darüber klarzuwerden, mit welchen Worten er die Gräfin empfangen soll. Die Sätze jedoch, die er sich zurechtlegt, flattern in seinem Kopf umher wie aufgescheuchte Vögel. Als der Ruf des Gondoliere vom Kanal her das Eintreffen der Eilgondel ankündigt, schwirren die Gedanken ihm plötzlich davon, und übrig bleibt nur ein wild bewegtes Herz, das sich wie ein eingesperrter Adler in der Brust des Mannes die Schwingen müde flattert.
Der Diener meldet Ihre Exzellenz Angiolina Mocenigo. Nani reckt sich und verneigt sich tief, als Aimée in ihrem großen Bisampelz und der spitzenbesetzen Kappe den Raum betritt. Während sie mit wiegender Grazie dankt, leuchten ihre Augen auf. „Euer Exzellenz haben eine Sache von Dringlichkeit für mich?"
„Ja." Nani weist artig auf einen großen Sessel. „Der Marschall war soeben bei mir."

Aimée hebt den Blick. „Hat der Senat sich endlich bereit erklärt, ihn zu empfangen?"
„Noch nicht. Die Pest ..."
„Feiglinge! Als ob die Herren sich im Faschingstreiben nicht einmal die Pest und dazu noch hundert andere Sachen holen könnten!" Die Gräfin hebt das Kinn ein wenig; die Verachtung steht in großen Zügen auf ihrem Antlitz geschrieben.
Nani sieht wieder aus dem Fenster. „Der cavaliere Manin hat beim Senat noch keinen Termin für den Empfang des Marschalls durchsetzen können."
„Dann werde ich den Termin durchsetzen!" Die Worte klingen hart wie hingeworfene Münzen. „In drei Tagen spätestens werden Doge und Senat den Marschall empfangen."
„Wenn Sie das erreichen, haben Sie sich ein großes Verdienst um Venedig erworben. Allerdings ist das nicht der eigentliche Grund, dessentwegen ich Sie zu einer Unterredung bemühen mußte."
Nani berichtet kurz, daß Matthias eine halbe Million Gulden aus eigener Tasche verauslagt habe, um Werbungen für die Republik durchführen zu können. Aimées Antlitz verändert sich nicht. Aber es wird langsam leinenweiß. Nach einiger Zeit murmelt sie: „Es ist eine Schande. In drei Tagen müssen dem Marschall die Gelder zurückerstattet sein."
„Von wem?"
Der Fächer der Gräfin fliegt auseinander. Es ist ein schön bemalter Fächer, dessen eine Seite ein Jagdbild zeigt, während die andere eine mythologische Szene wiedergibt, Jupiter und Ganymed. Über diesen Fächer sieht Aimée nachdenklich hinweg. Der Diamant an ihrer Rechten blitzt auf, so daß Nani zusammenzuckt. Nach einiger Zeit bemerkt sie: „Von den vier Familien, die vor zweihundert Jahren den Suezkanal erbauen wollten: Loredan, Pisani, Nani, Mocenigo."
„Täglich", stößt Nani kurz hervor, „muß man sich in Grund und Boden schämen, und am Ende ist es schon gleichgültig, worüber man sich schämt. Aber dem Marschall möchte man

doch gern ohne ein Gefühl der Scham in die Augen sehen können. Ich werde mich bemühen, diesen Betrag zusammenzubringen. Die Familie Nani stellt 125 000 Gulden zur Verfügung."
„125 000 von Mocenigo. Bleiben noch Pisani und Loredan. Lassen Sie mich mit dem großen Alvise Pisani sprechen. Es ist besser, wenn eine Frau das tut." Aimée steht im Glanz der hellen Wintersonne wie ein Bild von Velasquez. Nani kann die Blicke nur schwer von der geliebten Frau wenden. Sie fühlt sich eine Zeitlang gefesselt, bis sie endlich mit heiterer Artigkeit fragt: „Haben Sie sonst noch etwas für mich, lieber Freund, oder kann ich mich empfehlen?"
Der Ausdruck Nanis ist von dem der Bewunderung in den des Nachdenkens übergeglitten. Das Aufblitzen des Diamanten hat die süße Schwere seiner Gedanken gestört. Halblaut bemerkt er: „Sie werden begreifen, daß der furchtbare Auftrag, welchen der Dianum-Kogia Ihnen erteilt hat, meine Gedanken Tag und Nacht beschäftigt. Ich bin lange mit mir zu Rate gegangen und habe mich gefragt, ob wir nicht doch am besten den Marschall von den Plänen des Kogias unterrichten."
Aimées Antwort klingt fast scharf. „Ich kenne ihn zu genau. Er würde jeden Schutz mit Verachtung ablehnen; ihn als eine Beleidigung, vielleicht sogar als Gotteslästerung betrachten. Er ist besessen von einer seltsamen protestantischen Schicksalsgläubigkeit, welche ihm kein Mensch zu nehmen vermag. Ich kenne ihn sehr genau", wiederholt sie, während ihre Augen ins Weite gehen, „er will nicht, daß man für ihn sorgt, weder für sein Leben noch für seinen Ruhm."
Der Savio nagt an der Unterlippe. Dann sieht er wieder in den vereisten Garten, zuckt die Achseln und sagt halblaut: „Nun ja, Sie lieben ihn." Aber das Leichte des Tonfalls wird beschwert durch ein hartes und rasches Atmen. Aimée horcht auf. Sie weiß, daß sie jetzt klar antworten muß, daß es kein Hin und Her, kein Vertuschen, kein Verkleinern mehr geben darf, und

so antwortet sie nur: „Ja." Ihre Stimme klingt dabei fast rauh; es wird ihr schwer, dem Mann dort am Fenster weh zu tun.
Inzwischen hat der Savio sich gefaßt. Er verneigt sich und antwortet verbindlich: „Diese stolze und würdige Neigung wird Ihre Entschlüsse weiter stärken, und so werden Sie das, was Ihrer Heimat dient, mit einem um so größeren Glücksgefühl ausführen."
Die Gräfin spricht vor sich hin: „Sie glauben, daß meine Liebe zu Matthias von einem Glücksgefühl getragen wird? Sie irren. Weil die Beweggründe meines Handelns gemischt sind, steht mein Leben unter dem Fluch der Unklarheit. Hier die Liebe zur Heimat, dort die Liebe zu dem Mann aus einem anderen Volke. Die Linien laufen durcheinander, und oft weiß ich selbst nicht, aus welcher Quelle diese oder jene Handlung gespeist wird. Es gibt Menschen, die das ertragen können ..."
„Ach, allzu viele!"
„... Gewiß, aber ich kann es nicht. Für mich ist ein solches Leben ein Greuel, weil es unklar, ja, unsauber ist."
Nani sieht vor sich hin. „Sie sind überreizt. Ihr Leben ist groß."
„Sie irren. Ein großes Leben ist immer klar." Aimée greift nach Maske und Dreispitz. „Mir jedoch kommt es oft vor, als ob ich die Stickerei meines Lebens im Diesseits nur von der Rückseite zu betrachten vermöchte; die Fäden laufen bunt und wirr durcheinander. Möchte eine klare Schönheit sichtbar werden — drüben — auf der anderen Seite."
Sie verneigt sich tief und bittet den Savio, sie nicht bis zum Treppenabsatz zu begleiten. „Ich werde zum großen Alvise Pisani fahren. Später lasse ich Sie wissen, was ich mit ihm vereinbart habe."
Beim Abschiedslächeln zeigt sie wieder das Zahnfleisch. Aber in diese angelernte Liebenswürdigkeit mischt sich ein Ausdruck des letzten Schmerzes, welcher den Savio ergreift, während sein Ohr dem Rauschen der Seide lauscht, das langsam und rhythmisch wie fernes Meer verklingt.

„Sie ist groß", murmelt er und lehnt sich nachdenklich in den hohen Lederstuhl zurück, „ein großes Herz! Aber es gibt wohl keine bessere Zielscheibe für die giftigen Pfeile des Schicksals als ein großes Herz."
Dann entrollt er einen Plan auf seinem Schreibtisch. Es ist der Plan der Feste Korfu. Nachdenklich schüttelt der Savio das Haupt, während er die Festungswerke mustert. „Schutt", murmelt er, „Schutt! Es muß ein Wunder geschehen, damit Schulenburg diesen Trümmerhaufen halten kann." Nach einer Weile setzt er hinzu: „Die gleichen Giftpfeile des Schicksals, die auf ein großes Herz zielen."

5

Matthias, welcher die kümmerlichen Reste der Befestigungen vor Torcello nur mit einem verächtlichen Blick gestreift hat, weilt eine lange Stunde in der uralten Kirche der Insel, deren Pracht sich strahlend aus breiten Weinpflanzungen erhebt. Niemand von den Landleuten weiß, was ihn in dieser Inselkirche festhält, die den wenigsten Bewohnern der Stadt Venedig bekannt ist, und die nur ein Heiligtum darstellt einsamer Fischer und Bauern.
Er hebt seine Blicke empor zu der riesigen schwarzgekleideten Madonna, welche auf dem Halbring der zwölf Apostel steht und vor dämmerndem Goldgrund den Erlöser der Welt in den Armen trägt. Aber es ist nicht nur die Mutter des Christ, zu welcher seine Gebete gehen; er spricht zur großen Urmutter, jener obersten Göttin des Mittelmeeres, die hocherhoben lebt über allen Männern, welche Weisheit und Wahrheit verkündeten. Seine Seele brennt in lodernder Glut; er spürt, daß es etwas gibt, was größer ist als Wissen, ja, als die Liebe. Das ist jene Welt mütterlicher Güte, einer fast strengen Güte, streng, wie die Güte jener Madonna dort oben, die sich nicht zu ihm neigt, sondern nur mit einem kleinen Blinzeln der Augen über

ihn hinwegsieht. Das ist jene Güte, die als blinzelnder Abglanz wiederkehrt in aller Schönheit, wenn sie göttlichen Ursprungs ist.
Unter dem schwarzen Mantel dieser großen Frau würde er sich geborgen fühlen, und so betet er: „Breite über mich aus den Mantel der Güte, deiner mütterlichen Güte, damit er die Giftpfeile des Schicksals auffängt und mich mein Werk tun lasse zur Ehre Gottes und seines Sohnes, den du in den Armen hältst."
Langsam verläßt Matthias die Kirche von Torcello. Sinnend geht er durch den Mittagsglanz der Weinpflanzungen, in welche das Sonnenlicht, vom Meere zurückgeworfen, sich als durchsichtiger Schatten eingenistet hat. Matthias ist bereit, die Bosheit der Welt und ihre Narrheit zu ertragen, weil er im Lichte des Südens die schützenden Hände der großen Frau spürt, welche über den zwölf weisen und klugen Männern dort auf der einsamen Insel den tiefsten Sinn alles Lebens und Seins verkündet.

DRITTES KAPITEL

1

„Die Venezianer haben auf ihren Inseln zuwenig Bewegungsmöglichkeiten; deshalb toben sie ihre Kräfte im Karneval und in der Liebe aus." An dieses Wort des Marschalls muß Aimée denken, während ihre Gondel sich durch die grelle Buntheit der Masken und die Öden des Geschreies hindurchwindet. Aus der Buntheit erblühen jedoch immer neue Farbsüßigkeiten, und aus dem Geschrei selige Inseln holder Musik. Venedig ist maskiert, und Venedig singt, vom Dogen bis zur Hafendirne. Die närrischen Spaziergänger, die Verkäufer und Verkäuferinnen in den Geschäften, die Richter und die Anwälte in den Gerichtssälen, die volkstümlichen Kanzelredner, ja sogar der päpstliche Nuntius kokettieren, markten, verurteilen, plädieren, predigen und segnen in Phantasiekostümen mit Pappnasen oder unter grausigen Schnabelmasken. Und zwischendurch singen sie süße Lieder von der Liebe und vom Abschiednehmen — oder geheime Frechheiten, die erheitern. Die Paläste der Aristokraten sind weit geöffnet; Speisen und Getränke stehen für die Vorübergehenden in den unteren Hallen, für die, welche länger zu bleiben wünschen, im piano nobile bereit. Gast ist, wer eine Maske trägt. Niemand kennt den Hausherrn, niemand die Hausfrau, wie auch Hausherr und Hausfrau ihre Gäste nicht kennen. Sogar die Schoßhündchen der Damen sind maskiert. Nicht maskiert sind nur die verarmten Edelleute im Ridotto, welche in der roten Robe der Patrizier die Bank halten; maskiert dagegen die Spieler, die Vermögen auf den Tisch werfen. Niemand weiß,

wer gewinnt und wer verliert. Niemand kümmert sich darum, was die einzelnen reden und schreien, wenn es den Schreiern nicht gelingt, durch besondere Künste eine Hörerschaft um sich zu versammeln. Aber auch dann huschen die Zuhörer bald weiter. Wen etwa geht das Wurmmittel etwas an, welches der karierte Doktor dort gegen die Geheime Staats-Inquisition anpreist? Er preist es an den Erleuchteten, Erhabenen und Ausgesuchten, aber die gibt es heute nicht. Es gibt nur noch den „Sior Maschera", Herrn Maske, der Volk ist, und damit Venedig. Ein Stückchen Satin, die Bauta und einen schwarzen Mantel besitzt auch der Ärmste — und damit ist er Sior Maschera, ein Teilchen des allgemeinen Trubels, in welchem Venedig nun bereits seit Jahrhunderten schwimmt. Allem Grauen, allem Blut zum Trotz, das täglich neu vergossen wird, bleibt dieses Eiland närrischer Freude bestehen — als ob die Welt ohne Venedig sich nicht weiterbewegen könnte, weil ja auch die, welche das Blut vergießen, einmal ausruhen wollen von ihrem anstrengenden Werk, um dann wieder mit frischen Kräften an die Arbeit gehen zu können. Die Worte eines Türken, in höchstem Diskant gesprochen, treiben Aimée aus ihren Träumereien hinaus. Der Türke, in riesigem Turban, sitzt mit gekreuzten Beinen auf dem Bug einer Gondel und bläst Rauchwölkchen aus dem Tschibuk. Aimée lächelt, als der sein Schicksal in Baßtönen preist und gleich darauf im Diskant beklagt, daß er allzu leichtsinnig ein Vertrauensmann der Validé, der allmächtigen Haremsfrau, geworden sei. Dann wirft er eine mit Parfum gefüllte Papierkugel nach der Gräfin, deren seidener Domino von süßem Jasminduft überrieselt wird. Während ihre Gondel sich den Weg durch Hunderte von anderen Fahrzeugen bahnt, sagt sie sich, daß ein solcher Karneval in allen anderen Ländern unerträglich werden müßte und auf die Dauer doch nur in Venedig möglich sei, weil den anderen zwei Dinge fehlen, welche den Venezianern angeboren sind: Geist und Takt.
Am Palazzo Pisani federt sie rasch vom wippenden Gondelrand an das Ufer und geht mit leicht gerafftem Kleid in den Hof des

riesigen Bauwerkes, das der große Alvise Pisani mit unvorstellbaren Mitteln hat erstehen lassen. Er wollte ein „Gasthaus für Könige" schaffen, aber so großartig, daß selbst Könige nie imstande sein könnten, den Aufenthalt im Palazzo Pisani zu bezahlen. Das ist ihm auch gelungen, und die Könige müssen die Gastfreundschaft des großen Alvise annehmen, welche ihnen mit einem Takt geboten wird, der den Gastgeber immer noch als den Nehmenden erscheinen läßt.

Heute aber tummelt sich auf dem Hof kein königlicher Troß, sondern Sior Maschera. Sior Maschera macht sich ein Vergnügen daraus, den großen Alvise in seinem eigenen Palast zu verspotten. Eine dicke Maske, welche eine mächtige Perücke aus Gemüseresten übergestülpt und sich bunte Teppichfetzen umgehängt hat, tritt, von einem Gefolge höfischer Herren begleitet, unter den Bogen des Palastes hervor, verneigt sich nach rechts und links, und sagt wahllos zu jeder Maske, welche ihr in den Weg kommt: „Wollen Sie mein Haustheater sehen, Majestät?" oder, „Sind Sie in meinem Gasthaus zufrieden, Königliche Hoheit?" Inzwischen errichten die Begleiter dieses Masken-Alvise rasch ein kleines Puppentheater, dessen Puppen von zwei mageren Doktoren vorgeführt werden. Vor dem Sior Maschera Alvise wird auf der Puppenbühne das Leben des großen Alvise heiter verspottet, das mächtige, üppige Leben des Prokurators von San Marco, der, wie der Arlecchino von der Puppenbühne hinunterschreit, im Jahre 32 000 Dukaten Rente zu verzehren habe, bis ein anderes Püppchen über den Rand der Bühne guckt und quäkt: „Das ist nicht wahr! Das ist eine Beleidigung! Er hat mehr als das Doppelte! Ich muß es wissen, denn ich bin seine Frau, Elena Badoer von San Moisé; ich habe ihm mehr in die Ehe eingebracht als er selbst schon hatte!" Arlecchino verneigt sich: „Verzeihung, Hochgeborene. Ich sagte: ‚verzehren'. Was er verspielt, verliebt und verschläft, das steht auf diesem Sonderkonto." Und nun zieht Arlecchino eine Papierrolle über die kleine Bühne, eine Rolle, die nicht aufhört, und die er endlich als Papierschlange in das begeisterte Publikum wirft.

Inzwischen ist Aimée auf die Mitte des Hofes gelangt. Man mag sie für Pisanis Gattin halten, denn sie wird von heiteren Tänzern umzingelt und vor das Puppentheater geführt, wo man neben dem Gemüse-Pisani einen Sessel für sie aufstellt. Sie muß sich die kleine Narretei auf dem Puppentheater mit ansehen; und während ihre Blicke unter der Maske zu den mächtigen Glasfenstern, hinter denen der Prokurator die Morgendepeschen erledigt, emporirren, bleiben sie an einer schlanken Maske hängen, einem Mädchen in einem Pierrotkostüm aus schwerer Seide, die vom Wind bunt geschüttelt wird wie ein Tulpenbeet. Das Mädchen hat die langen, spitzen Beine leicht gegen die Brust gewinkelt; das geneigte Haupt lauscht den Worten auf der Bühne; die Hände hat es auf den flachen Steinsockel gestützt, welcher, nur wenig erhöht, an der Fassade errichtet wurde, um bei fürstlichen Empfängen große Blumenarrangements zu tragen. Das ist das Feuer, Elena Pisani, deren Vater, Andrea Pisani, erst kürzlich aus der Levante zurückgekehrt ist, um dem Senat über die Kämpfe zu berichten. Aber schon in den nächsten Tagen wird er in die Levante zurückreisen, Andrea hat von seinem Bruder, dem großen Alvise, ein Stockwerk im Seitenbau des Palastes gemietet; im allgemeinen jedoch weilt er lieber auf dem Lande, im Schloß Strà an der Brenta; in Venedig selbst hält er sich nur auf, soweit Dienst und Repräsentation es verlangen. ‚Aber', so überlegt sich Aimée, ‚seine biegsame, schlanke Tochter mit dem flammenden Geist und dem lebensgierigen Herzen gehört nach Venedig. Sie sitzt dort auf dem Steinsockel am Palast ihres Oheims, als ob dieser Sockel für sie, die lebende Blüte, von Anfang an bestimmt gewesen sei, für sie, das edelste Abbild der im Glanz dahinsinkenden Adria-Republik.' Und fast schmerzlich empfindet Aimée, daß sie selbst ja ein anderes Venedig darstellt, das Venedig der Renaissance, der Catarina Cornaro, dessen Geist nur noch in ganz wenigen lebt, dessen weltumspannende Größe aber längst im Meer des Nichts versunken ist. Ein Hauch von Neid überkommt sie, ein Neid auf das junge Geschöpf mit den noch kindlich schlanken Armen und

Beinen, das unbeweglich der Reife entgegenwartet und den Worten lauscht, welche von der Puppenbühne zu ihm hinüberflattern.
Dort ist inzwischen einer der beiden „Doktoren", welcher bis dahin einen Teil der „burattini", der Handfiguren, geführt hat, den Lockungen einer Indianerin erlegen. Ein kleiner, etwa achtjähriger Junge hat sich der verwaisten Figürchen bemächtigt, welche er mit einer erstaunlichen Sicherheit zu führen weiß. Noch erstaunlicher aber ist der Dialog, welchen das Kind dazu spricht. Das Feuer kann sich nicht satt hören an den Einfällen und Wortspielen, wie sie diese helle Stimme vorträgt. Der andere „Doktor", welcher vorher den großen Alvise bewegt und gesprochen hat, läßt auch diese Figur langsam in die Wirkungswelt des Kleinen übergehen. Aber nicht nur die Feuer-Pisani ist von dem Spiel des Kindes gebannt; ebenso ist es der dicke Gemüse-Pisani, der zwar noch immer vor dem Puppentheaterchen sitzt, aber längst aufgehört hat, die kleine Vorstellung durch laute Scherze zu unterbrechen. Ganz langsam zieht der heitere blonde Junge alle Zuschauer in seinen Bann. Der dicke Gemüse-Pisani ist schon längst nichts mehr; alles ist der kleine Puppen-Pisani mit der winzigen Zwirnperücke, dem Brokatfetzen und der Stola der Prokuratoren, der sich grade jetzt mit ausgebreiteten Armen gegen eine Soldatenfigur neigt und dem rauhborstigen Soldaten, welcher seinen Marschallstab gelegentlich als Fernrohr benutzt, die Arme um den Hals legt. „Besiegen Sie die Türken, lieber Marschall", kräht der kleine Alvise, „auch wir werden hier unsere Pflicht tun. Morgens eine kleine Messe, mittags ein kleines Spiel, abends ein kleines Weib." Und jubelnd fällt Sior Maschera ein: „Si, Si! Messetta, bassetta, donnetta!"
Die Soldaten-Puppe grüßt gravitätisch und erwidert: „Ich werde die Türken besiegen. Aber dazu brauche ich allerlei." — „Etwa Geld?" fragt der Puppen-Pisani und schüttelt das Köpfchen, daß der Knoten der Perücke hin und her fliegt. „Geld verdient man doch sehr einfach. Die Republik läßt das Volk wissen, der Türke stehe vor der Tür. Dann verkauft das verängstigte Volk seine

Staatspapiere, und die kauft dann die Republik heimlich wieder auf. Und wenn die Republik Geld hat, dann haben wir Pisani Geld. Jetzt haben wir Geld, und wir schießen Ihnen gern etwas vor."
„Geld will ich nicht", entgegnet der kleine Marschall. „Ich habe genug Geld. Für die Ehre, Marschall der erlauchten Republik Venedig sein zu dürfen, werde ich in Zukunft sogar die Kriege der Adria-Republik auf meine Kosten führen."
Ein schallendes Gelächter geht durch die Menge der Zuschauer; Aimée aber läßt ihre Blicke hinüber zu dem Sockel irren, auf welchem das Feuer unbeweglich hockt und den Worten von der Puppenbühne lauscht. Indessen werden die großen Glastüren im ersten Stock des Palastes geöffnet. Zwei Diener halten die Türflügel, und nun tritt oben ein prachtvoller, hochgewachsener Mann in der roten Toga der Patrizier an die Brüstung des Balkons, lächelt und schiebt das eine Ohr ein wenig vor, um die Worte, die von der Puppenbühne zu ihm emporflattern, besser zu verstehen. Das ist der Vertraute der europäischen Könige, der große Alvise Pisani, mit dem die Majestät des Senates von Venedig zu reisen pflegt.
Aimée beobachtet den Prokurator von San Marco aufmerksam. Der große Alvise lächelt weiter. Er lächelt betont überlegen, als der Junge seine Puppen in einen Streit geraten läßt, nachdem der Puppenmarschall von der Messe und dem Spiel nichts hat wissen wollen und nur ein Weibchen verlangt. „Auch zwei oder drei! Denn für die Messe, die mich als Ketzer nichts angeht, und das Spielchen, das ich immer verliere, muß ich doch entschädigt werden!" Er führt den Marschallstab wieder als Fernrohr vor das eine Auge, mustert das Publikum und ruft: „Wo sind zwei Weibchen für mich? Drei Weibchen?!"
Sind das wirklich Worte, die ein Kind spricht? Ein Grauen überkommt Aimée. Dieses Kind scheint mit seinen acht Jahren mehr Lebensweisheit errungen zu haben als der große Alvise, der zufrieden auf den Hof seines Palastes hinuntersieht und dabei nach Papierschlangen greift, welche zu ihm emporfliegen. Er

lächelt über der bewegten Menschenmenge, die auf und ab wirbelt wie bunte Konfetti. Der Prokurator ruft seinem gutartigen Gemüse-Ebenbild zu: „Wer ist denn der kleine Künstler, Vetter Alvise, der die Burattinen so meisterhaft bewegt?"

„Er ist von San Tomà", antworten mehrere Stimmen, „sein Vater ist ein Advokat und wohnt im Palazzo Rizzo an der Brücke — dem Palast mit der schönen Treppe."

Alvise neigt sich weiter vor. „Guck mal heraus aus deinem Theaterchen, kleiner Meister! Ich will dir ein großes Burattinen-Theater schenken! Wie heißt du denn?"

Eine helle Knabenstimme antwortet hinter der Puppenbühne: „Ich will keine Burattinen. Ich will ein Theater, auf dem man die Figuren an Fäden bewegen kann, Sior Maschera! Wenn du mir eines mit Fäden versprichst, ein richtiges Marionettentheater, dann guck ich heraus und sage, wie ich heiße."

„Schön", lacht der große Alvise und neigt sich, die üppigen Hände auf die Brüstung gestützt, nach vorn, „du sollst ein richtiges Marionettentheater haben, auf dem man die Figuren an Fäden bewegen kann. Aber sag auch, wie du heißt!"

Nun erscheint im Bühnenausschnitt des Puppentheaters ein strahlendes Kindergesicht, rotbäckig, mit leuchtenden Blauaugen und starken Zähnen. Blonde Haare umwirbeln das frische Antlitz. Es sitzt in der kleinen Bühne wie ein zu großes Bild in einem engen Rahmen.

„Aha! Da ist also der Burattinen-Meister!" ruft Alvise heiter, „nun sag uns, wie du heißt! Aber laut, daß alle es hören können!"

Der Kleine hebt den Kopf, bis ein Stückchen Hals sichtbar wird. Und plötzlich ruft er, wie befehlend, über den Platz: „Ich heiße Carlo Goldoni!"

Alvise winkt ihm zu. „Brav, Carlo, brav!" Dann wendet der große Alvise sich an Sior Maschera. „Jetzt wollen wir ihm danken. Es lebe der kleine Carlo Goldoni!"

„Es lebe der kleine Carlo Goldoni!"

Der Junge schämt sich über den dunkelroten Kopf, den er bekommen hat. Rasch stülpt er sich eine seidene Maske auf und will davonlaufen. Aber der Gemüse-Pisani nimmt ihn auf den Arm; die Masken tanzen jubelnd um die beiden herum und drängen das Paar in eine Gondel. Im Triumph wird das trotzig-verlegene Kind nach San Tomà in den Palazzo Rizzo geleitet, wo der Advokat Goldoni sein Söhnchen in Empfang nimmt und auf die Glückwünsche der Masken mit zierlichen Worten erwidert. Vater Goldoni trägt zu dieser Feierlichkeit eine mächtige rote Pappnase à la Grimani, eine Nase, wie sie die politischen Aktivisten Venedigs während des Karnevals als Abzeichen zu tragen pflegen. Bevor er die unerwarteten Gäste zum Wein an den Tisch bittet, hat er noch rasch ein paar winzige Blasebälge auf einige Stühle gelegt, die ein verfängliches Geräusch von sich geben, sobald sich die Gäste daraufsetzen. Ein heiteres Gelage beginnt; Carlo jedoch, dem zu Ehren dieses Gelage gefeiert wird, hat sich unter die schöne Treppe im Hof verkrochen und träumt von den Theaterstücken, welche er aufführen wird, wenn erst der große Alvise ihm das versprochene Marionettentheater geschenkt hat. Das Stück soll auf einem Hof in Venedig spielen, und alle Leute, die dort wohnen, sollen sprechen wie die Leute auf den Höfen Venedigs zu sprechen pflegen, die Handwerker, die Matrosen und die Weiber. In Gedanken an diese Stücke lacht Carlo schon im voraus in sich hinein...

Inzwischen ist Aimée an das Feuer herangetreten, das immer noch als stille Flamme auf seinem Altar brennt, und flüstert: „Elena, wir müssen sofort mit Exzellenz Alvise sprechen."

Aus einer imaginären Welt gelockt, wendet sich das Köpfchen fast müde der Sprecherin zu: „Weshalb, Aimée? Weshalb muß man immer sprechen?" Seit der gemeinsamen Quarantäne nennen auch die Pisani-Zwillinge die Gräfin nur noch „Aimée".

„Der Feldmarschall ist bis heute noch nicht vom Senat empfangen worden."

„Weshalb nicht?"

„Aus Angst vor der Pest." Die Worte klingen verächtlich auf den Lippen der Gräfin della Torre. Ihre Blicke gleiten nachdenklich über den großen Diamantring an ihrer Hand. ‚Tod, was ist schon Tod,' denkt sie. ‚Wir stehen immer unter dem Schwert. Lelia, Matthias, ich, der ganze Senat. Aber wir sollten nicht nur vornehm zu leben, sondern auch vornehm zu sterben wissen. Angst vor der Pest? Verächtlich ist solche Angst!' Nachlässig streift sie ihre Handschuhe von den Händen.

Langsam zieht Elena die Knie an die Brust und schlingt die Arme um die Knie. „Das sind Helden!" stößt sie kurz lachend hervor, „in Venedig haben die Männer abgewirtschaftet. Wir können nur gerettet werden, wenn du Aimée, Doge wirst, ich Generalkapitän der Meere und Laura Patriarch." Allmählich entspannt sich der geschmeidige Körper; die Beine liegen ausgestreckt auf dem Steinaltar.

„Wir werden es Alvise vorschlagen." Mit weiten Bewegungen, gespannt und doch lässig, schiebt Elena sich vom Steinsockel auf den Boden.

Aimée hebt die Hand. „Nur ihm nicht die Gelegenheit zu einem Scherz geben!" warnt sie. „Dann biegt er aus. Er soll 125 000 Gulden zahlen."

Sie betont, daß die Ehre der venezianischen Patrizier eine Rückzahlung der vom Marschall vorgeschossenen Gelder verlange.

Das Feuer lacht. „Es kommt ganz darauf an, in welcher Laune sich Oheim Alvise grade befindet — ob er den Bandwurm spielt oder den Sonnenkönig." Rasch wendet sie sich um und springt mit langen Sätzen die breite Treppe zum piano nobile hinauf. Sie drängt sich durch Masken und Masken hindurch, die in den großen Sälen schwatzend umherstehen oder an den mächtigen Büfetts ihren Hunger und Durst stillen. Auf dem Silberbalkon des fliederfarbenen Tanzsaales spielt das Hausorchester Melodien von Monteverdi, nach welchen eine dicke Suleika den Tanz der Salome mit einem garnierten Kalbskopf vorführt, während eine Bande von Indianern und Chinesinnen die Tanzende mit wildem Geheul umkreist.

Kaum vermag Aimée dem glitzernden Feuer zu folgen. Sie atmet hastig, nachdem Elena sie durch Tapetentüren, durch kahle, gebogene, niedrige Verbindungsgänge in ein verdämmerndes Kabinett mit hohen Spiegelwänden und einem breiten, seidenen Lager geleitet hat. Lässig nimmt Elena die Maske ab und zeigt mit dem schönen Haupt auf eine kleine, weiße Lacktüre. „Nebenan ist sein Arbeitskabinett. In diesem Raum hier pflegt er sich auszuruhen." Nach einer Weile setzt sie, die Maske an der Seidenschnur um den Zeigefinger wirbelnd, überlegen ironisch hinzu: „Man kann aber auch das Umgekehrte behaupten." Rasch fängt sie die Maske wieder ein und sagt kurz: „Komm mit."

Ohne zu klopfen öffnet sie die mit Amoretten bemalte Lacktür, und nun entfaltet sich vor den Blicken der beiden Frauen das helle, prunkvolle Arbeitszimmer des großen Alvise. Durch breite Fenster dringt die milde Wintersonne in den Raum und läßt vielfarbige Bücherreihen freundlich aufblühen. Die rosa und meergrüne Dekoration der Wände mit den vergoldeten Holzfiguren der vier Erdteile von Andrea Brustolon strömt eine zarte Wärme aus. Über dem Kamin, in welchem ein leichtes Feuer brennt, leuchtet ein großes Bild von Piazzetta, der Heilige Andreas, der Lieblingsheilige Alvises.

Der Prokurator sitzt vor dem Feuer und ordnet die Glut mit einem vergoldeten Schürhaken. Jetzt, wo er sich unbeobachtet glaubt, ist seine Serenität einer gedrückten Versonnenheit gewichen. Auf das leise Geräusch, welches durch das Eintreten der beiden Frauen verursacht wird, wendet er rasch den Kopf und lächelt sofort gewinnend.

„Was für ein Glück!" ruft er und streckt Elena die Arme entgegen, „kommt zu mir, schöne Masken! Steht Euch das Herz nach trockenem Wein und Markusbrot? Setzt Euch mit an den Kamin!" Der Prokurator, der beim Anblick der Damen seine Jupiterhaltung zurückgewonnen hat, springt auf, läutet und läßt von dem Diener Marzipan und Xereswein bringen. Mit verbindlichen Bewegungen bietet er die Süßigkeiten an und schenkt aus geschliffener Karaffe das flüssige Feuer Spaniens in gespitzte französische Gläser.

Indessen hat sich Elena vor den Kamin gekauert. Sie hält einen großen Winkel der Marzipantorte in der Hand und beißt langsam und vorsichtig den Früchterand ab. Nach einiger Zeit wendet sie das Haupt ruhig dem Oheim zu: „Wann wird der Marschall vom Senat empfangen werden?"

Erstaunt sieht Alvise die Fragerin an, die weiter nachlässig an ihrem Marzipanstück formt. „Nun, ich denke ... in einigen Wochen. Der Marschall ist ja leider ... die Quarantäne, weißt du ... die muß man einhalten, grade, wenn man Marschall ist ..."

Elena nimmt mit zwei Fingern ein Stück Orange von der Spitze des Marzipanwinkels. „Der Senat ist feige", murmelt sie beim Kauen.

„Feige?" Der große Alvise runzelt die Stirn.

„Ja. Und dumm dazu." Elena wischt sich mit einem Spitzentuch über die Lippen und greift nach dem Weinglas. „Er versteckt sich in einem brennenden Haus, aus Angst vor einem Gespenst."

„Weshalb beschäftigt dich das alles? Eigentlich bist du zu hübsch für die Politik." Alvise hält den Jupiterblick auf die schönen Füße seiner Nichte gesenkt.

„Es beschäftigt mich, weil ich Venezianerin bin. Weil ich mit Entsetzen sehe, daß der einzige, welcher die Flamme löschen könnte, mit gebundenen Händen in unserem brennenden Hause sitzen muß."

Langsam hebt der Prokurator das mächtige Haupt. Er sieht Elena an und lächelt gewohnheitsmäßig. Elena aber kaut weiter, ohne dem Oheim den Blick zurückzugeben. Endlich wendet sie ihm die Augen voll zu; ihr goldrotes Haar umzieht das überschattete, sinnenstarke Antlitz wie ein Kranz von herbstlichem Weinlaub. Jetzt hält sie die Blicke des Oheims, die etwas in das Genießerische abgeglitten sind, fest und fragt von neuem: „Wann?"

Wolken streichen über die Stirn des großen Alvise; die Ecken des kleinen, bewegten Mundes sinken langsam abwärts. Aber er weiß das drohende schlechte Wetter seiner Seele zu verscheuchen. Worte, leicht, fast funkelnd, tanzen locker aus den geschwungenen Lippen. „Du hast von deinem Vater die schöne Fähigkeit geerbt, komplizierte Dinge volkstümlich zu vereinfachen, Elena. In einer so ernsten Zeit wie der heutigen ist das eine beglückende Gabe."
„Sie kennen den ganzen Ernst der Zeit doch noch nicht, lieber Oheim."
Alvise wiegt den Kopf. Er, dem jeden Morgen die Geheimberichte der Inquisition vorliegen, der sogar jeden Liebesbrief Salas an Elena und jede kühle Antwort Elenas gelesen hat, sollte den Ernst der Zeit nicht kennen? Das belustigt ihn, und so erwidert er fein und überlegen: „Ich lasse mich gern belehren."
„Ist es Ihnen bekannt, daß die Arsenalarbeiter unruhig werden?"
Scharf zieht der Prokurator das Kinn an: „Wer sagt das?" Seine Stimme klingt plötzlich trocken.
Sorgfältig dreht Elena den Rest des Marzipans hin und her. Sie prüft die Male, welche ihre starken Zähne in die weiche Masse geschlagen haben und erwidert dabei: „Meine Freunde unter den Arsenalarbeitern."
„Seit wann hast du Freunde unter den arsenalotti?"
„Seit langem. Als der Vater Hafenkommandant war, habe ich sie kennengelernt. Sie mögen mich gern. Sie haben mich auch das Segeln gelehrt."
Alvise starrt in das Feuer. Die arsenalotti stellen in Venedig eine Macht dar. Sie sind die Aristokratie der Arbeiterschaft und genießen besondere Rechte; sie stehen in direkter Verbindung mit dem Dogen. Mit den Arsenalarbeitern muß auch der große Alvise rechnen, oft mehr, als mit dem in sich zerfallenden Senat. Langsam richtet der Prokurator sich auf, nickt seiner Nichte freundlich zu und bemerkt leichthin: „Ich danke dir. Die Nachricht ist nicht ohne Interesse. Laß deine Freunde wissen, daß

Doge und Senat den Feldmarschall in drei Tagen empfangen werden." Und nun wendet er sich, galant und gewinnend, gegen Aimée. „Und Sie, liebe Freundin? Haben Sie vielleicht auch einen Wunsch, welcher den bei unseren Damen so beliebten Marschall anlangt?"
Rasch mustert die Gräfin den Prokurator. Weiß er oder aber tut er nur so, als ob er wisse? Haben die Worte, welche der kleine Marschall auf dem Puppentheater sprach, dem großen Alvise zu denken gegeben? Sie läßt die Frage offen, weil sie fühlt, daß der Boden vorbereitet ist. So berichtet sie von den Werbungen für Venedig, welche der Marschall auf eigene Kosten unternehme, weil der Senat die notwendigen Gelder noch nicht bewilligt habe. Sie redet sich in die Schönheit der Leidenschaft hinein. Alvise genießt das Aufblühen dieser Schönheit. Er begeistert sich an ihrem Glanz, wie ein Sammler, dem unerwartet ein kostbares Stück in die Hände gerät. Er flammt, als Aimée es für eine Frage der Ehre erklärt, daß dem Marschall die vorgeschossenen Gelder sofort zurückgezahlt werden. Die vier großen Familien, Loredan, Pisani, Nani und Mocenigo hätten das Geld vorzustrecken; jede Familie 125 000 Dukaten.
„Selbstverständlich", lächelt Alvise, geht federnd an seinen Schreibtisch, wo er mit großen schwungvollen Buchstaben und klaren Zahlen ein Formular ausfüllt, welches er Aimée überreicht. „Ich würde es begrüßen, wenn Sie, Gräfin, die Regelung dieser delikaten Sache in der Hand behielten." Ein neues Lächeln geht um seinen Mund, das lebendig bleibt, bis sich Aimée und Elena verabschiedet haben, und der große Alvise vor dem Kamin aufs neue zu grübeln beginnt.
Ihm ist die Zukunft Venedigs kein Geheimnis; er weiß, daß die Seele Venedigs zu verlöschen beginnt. Vielleicht kann der Marschall den Tod der Stadt noch für ein paar Menschenalter hinausziehen. Dann aber wird ihr großes Leben restlos ausgelebt sein.
Es ist schade um dieses Einmalige, das Venedig heißt, um seine tausendjährige Aristokratie und ein zufriedenes Volk in einer

Stadt, die mitten im Meere liegt — selbst, wenn man geborener Venezianer ist, erschrickt man immer wieder, sobald man sich dieser Tatsache erinnert. Welcher Gigantenmut der Vorfahren, auf ein paar mageren Inselchen eine Stadt zu erbauen! Nun, das ist lange her; aber geblieben sind seit ewigen Zeiten der Glanz, die Heiterkeit, die Lebensfreude — und das geheimnisvolle, köstliche Licht Venedigs. Und diese Eigenschaften der Stadt sind Eigenschaften auch der Venezianer; Venedig ohne die Venezianer wäre ebensowenig denkbar wie die Venezianer ohne Venedig. Jeder einzelne Venezianer hat Teil am heiligen Geist dieser Stadt, der Doge, der die Geister bewegt, der Patriarch, der die Seelen bewegt und der reizende, kleine Junge, der die Puppen bewegt. Alvise lacht vor sich hin. „Messetta, bassetta, donnetta!" Richtig, das Theater, das er dem Kleinen versprochen hat! Der Marschall soll seine Figuren an eisernen Fäden bewegen, der Kleine die seinen an Seidenfäden und er, Alvise, die seinen an Goldfäden. Aber das Spiel der drei ist das gleiche — die Welt am Faden.

Der Prokurator hebt den Blick und verfolgt einen Sonnenstrahl, welcher das Bild des heiligen Andreas in allen Farben aufsprühen läßt ... Licht, Glanz, Feste ... Richtig, ja, der Empfang des Marschalls durch den Dogen und den Senat. Elena hat recht: das geht nicht so weiter. Er wird sofort mit Manin sprechen; der Marschall muß empfangen und damit in alle seine Gerechtsame eingesetzt werden. Morgen ... nein, ... morgen ist das große Vormittagsfest bei den Rezzonicos ... übermorgen — schlecht, da beginnen die Regatten ... Freitag ist Fastentag; der ist ungünstig für das an den Empfang anschließende Staatsdiner ... besser Samstagvormittag ... Er wird es dem Zeremonienmeister des Dogen unterbreiten. Langsam streicht der Prokurator mit Daumen und Zeigefinger über den Rücken der langen, spitzen Nase; seine Gedanken laufen von selbst auf das Puppentheater zurück. Er läutet und läßt den Hausmeister kommen, einen geschmeidigen Venezianer, der nie da zu sein scheint und doch da ist. „Pietro", sagt der Prokurator, „ich

brauche ein großes Marionettentheater. Wende dich an den Holzschnitzer Brustolon; der verkauft so etwas. Meister Brustolon soll hier ein solches Theater aufstellen. Wenn es steht, dann hole den kleinen Carlo Goldoni, von San Tomà im Palazzo Rizzo. Und jetzt meine Gondel!"
Der Hausmeister ist verschwunden, ein ehrfurchtsvoller Diener hängt dem großen Alvise den mächtigen Eichhörnchenpelz um. Die Maske in der Hand, nach allen Seiten lächelnd, schreitet der Prokurator, gefolgt von zwei Sekretären durch den Trubel, der in seinem Hause herrscht; er überschreitet lächelnd den Hof, welcher seinen Palast vom Canalgrande trennt und geht, immer weiter lächelnd, durch die höflich zurücktretende Menge dem Gondelsteg zu. „Zum Cavaliere Manin!" befiehlt er und wirft sich in den Goldsessel der Gondel. Jetzt verharrt sein Antlitz in bedeutenden Falten. Das große Bild der Macht gleitet still und schön durch die Kanäle der Märchenstadt zum Zeremonienmeister des Dogen, dem Cavaliere Manin.

2

Als Aimée nach ihrem Heimweg die Halle des Palazzo Mocenigo betritt, läuft ihr aus dem Dämmern des Treppenhauses Gazireh entgegen. In der Hand hält sie eine Maske; aber anstatt ihres Türkengewandes trägt sie heute das Kleid einer venezianischen Zofe. Auch für sie ist es Karneval; auch sie will von der Freiheit der Maske Gebrauch machen. Aber ihr Antlitz, das sonst nur die stille Ruhe des Ostens zeigt, zittert ein wenig, und die großen, dunklen Mandelaugen hängen fast ängstlich an der Herrin.
„Was gibt es, Gazireh?" fragt die Gräfin erstaunt. Sie reicht der Dienerin Maske und Domino und gleitet in eine neue Spannung hinüber, nachdem auf dem kurzen Heimweg die bisherige von ihr abgeglitten war, und sie im Herzen einen Hauch von Hochgebirgsluft verspürt hatte. „Ach, wenn ein Grauen endlich

von uns gleitet, so tritt ein neues keck an dessen Stelle. Wenn einmal sich das Tor des Herzens weitet, tanzt stets ein Unheil über dessen Schwelle", murmelt sie vor sich hin. Diese Verse stammen von Almiro Elettreo, ihrem Oheim Grimani, der jetzt als Botschafter der Serenissima in Wien amtiert ...

Gazireh zuckt die Achseln. „Oben wartet Frau auf Herrin."

„Eine Frau? Was für eine Frau?"

„Ist in einer Gondel gekommen, vom Gasthaus ‚Zum weißen Löwen'. Gondel wartet. Frau steht die ganze Zeit am Fenster und wartet, ob Gondel Herrin nicht ankommt."

Unwirsch schüttelt Aimée das Haupt. „Ich bin die paar Schritte vom Palazzo Pisani hierher zu Fuß gegangen. Nun sag schon, wer auf mich wartet."

Mit zwei langen Sätzen springt Gazireh vor; während des Sprunges spannen die schlanken Beine das Zofenkleidchen bis zum Zerreißen. Sie führt die Lippen an das Ohr der Herrin und flüstert: „Spitzenhändlerin."

Der Zeigefinger der Gräfin sucht einen Halt in der großen Perlenkette der Morosini, die sie zum Besuch Nanis angelegt hat. In ihren Augen leuchtet wieder der Silberglanz der Lagunen, jener geheimnisvolle Glanz, welcher diese Augen immer erwärmt, wenn es nicht um eigenes Schicksal, das Schicksal der Gräfin Mocenigo della Torre, geht, sondern um das Schicksal Venedigs.

Der Diamant an ihrer Rechten funkelt. Nach einiger Zeit senkt sie die Blicke fest in die Gazirehs und fragt kurz: „Ist Giulia bei der Frau?"

„Ja."

„Gut. Ich gehe hinauf. Du hältst dich hier verborgen und folgst der Spitzenhändlerin unbemerkt in einer unserer Gondeln. Du stellst fest, wo sie hinfährt. Von dort läßt du dich sofort zur Giudecca hinüberrudern und bringst den Major von Moser hierher. Wenn der Major nicht dort ist, sucht ihr solange, bis ihr ihn gefunden habt. Hast du mich verstanden?"

Weich verneigt sich die Türkin. „Gazireh hat Herrin verstanden, und Gazireh wird nicht ohne Major zurückkehren."
Gazireh wartet im Dämmern, bis nach einer halben Stunde die Spitzenhändlerin auf dem Treppenabsatz erscheint. Die Treppen gleitet sie hinunter, nicht wie ein Mensch, sondern wie ein Fabeltier, welches aus der Tiefe der Meere stammt, quallig und rutschend, während ihre tierischen, hellen Augen das Dämmern zu durchdringen suchen. Gazireh bewegt sich erst, als sie sieht, daß die Levantinerin ihre Gondel besteigt. Nun erreicht die Türkin mit ein paar Sätzen den Seitenausgang des Hauses, springt in eine der Hausgondeln und befiehlt dem Gondoliere: „Auf Anordnung der Gräfin, Gondel dort unauffällig folgen."
Sie folgen durch die Straßenschächte der Stadt mit ihrem Schattenzauber von Wasser und wasserdurchsetztem Stein. Gelegentlich durchqueren sie eine lichtere Welt, wenn sie unter einem Platz vorüberstreichen, auf dem Sior Maschera sein Wesen treibt. Gazireh beobachtet scharf. Als die Gondel der Spitzenhändlerin vor einem winzigen, verfallenen Palast in der Nähe der Frarikirche hält und die Frau, welche sich vom Palast aus beobachtet weiß, mit fetter Grazie aus der Gondel steigt und in den Bau hineingeht, läßt Gazireh ihren Gondoliere an einem Nachbarkanal halten und drängt sich durch die Masken ebenfalls in den verfallenen Palast hinein. Sie erstaunt, als sie in der Halle ein wildes Maskentreiben vorfindet; schlechte Holztische bieten Speisen und Getränke von ausgesuchter Üppigkeit dar; ein großer, breiter Mann im Gewande eines Arztes und in schwarzer Maske gewinnt die Menge durch sanfte, fast bittende Worte, indem er sie auffordert, sich doch hier zu Hause zu fühlen, zu essen und zu trinken.
Diesem Mann tippt die Spitzenhändlerin auf den Arm und flüstert ihm ein paar Worte zu. Der Arzt wirft den Kopf zurück; ein mächtiger Mund mit unregelmäßigen Zähnen tritt unter der Maske hervor. „So, so", sagt der Angesprochene mit grausigem Lachen, „sie will bis Korfu warten? Das kennen wir! Sie glaubt, daß sie mir entwischen kann! Närrin!" Er greift ein Glas, füllt

es mit rotem Wein und reicht es der Levantinerin. „Trink, alte Vettel! Du weißt natürlich nicht, daß du hier in dem Hause bist, welches einst dem berühmten Othello gehört hat?" Und wie für sich allein flüstert der große, schwere Mann: „Sie liebte mich, weil ich Gefahr bestand. Ich liebte sie um ihres Mitleids willen. Das ist die ganze Sache unserer Liebe." Er gießt ein Glas Wein in einem Zug hinunter, starrt die Spitzenhändlerin, welche in Ehrfurcht in sich zusammengesunken ist, aus bösen Augen an und spricht knarrend weiter: „Du weißt natürlich auch nicht, was Aretino sagt? Merk es dir: ‚Denn Wein und Tod sind Feinde. Achte drauf, daß ihre Feindschaft nicht zur Freundschaft wird!' " Nach einer Weile fährt er nachdenklich fort: „Wir fahren in einer halben Stunde zu ihr. Ich werde sie schon kurieren."

Nachdem Gazireh diese Worte gehört hat, drängt sie sich durch die Masken zu ihrer Gondel zurück und läßt den Kurs in Richtung auf die Giudecca einschlagen, eine bebaute Insel, welche durch den eigentlichen Hafen Venedigs, einen breiten natürlichen Kanal, von der Stadt getrennt wird. Sie kümmert sich nicht um die flimmernde Wasserschlange des breiten Kanals, welche als leuchtende Schuppen Tausende von geschmückten Gondeln trägt; Sansovinos Kirchen mit dem Zauber ihres erblühenden Marmors fesseln sie nicht; sie treibt den Gondoliere an: „Zum Major von Moser, zum Major von Moser!"

Die Kaserne der Moserschen Armee liegt am Südufer der Giudecca, am Rand der freien Lagune. Diese Kaserne war einmal ein Lagerhaus für Orientwaren; nach dem Verfall des Orienthandels blieb sie leerstehen, und Moser hat sie für ein geringes von dem großen Alvise Pisani gemietet. Das unbebaute Gartenland vor der Kaserne wird jetzt von breiten Gräben durchzogen. Hier üben die achtzig Soldaten Mosers den Bau von Befestigungen, während der Major zwischen ihnen umherstolzt und mit krähender Stimme Anweisungen gibt. Gazireh erkennt ihn sogleich; sie läuft über Grasflächen, drängt einen Posten, welcher sie mit breit vorgeschobenem Gewehr zurückdrücken will,

rasch beiseite und ruft dem Major bereits von Ferne zu: „Herr Major, sofort zu meiner Herrin, Gräfin della Torre, kommen!"
Sehr bald darauf erreicht die Gondel des Majors, welcher einen gelben Domino über der grasgrünen Uniform und eine Schnabelmaske vor dem Vogelgesicht trägt, den Palazzo Mocenigo. Was dieser Gondel entsteigt, ist eine ungeheure Groteske, ein krähendes Bündel von Buntheit — aber es sind gleichzeitig ein außerordentlicher Verstand und ein zäher Wille, welche zur Gräfin Aimée della Torre streben. Zwei rotberockte Soldaten begleiten den Major.
Kurz vor dem Palast bemerkt Gazireh: „Dort liegt Gondel Gasthof zum weißen Löwen."
„Aha, sie sind schon da!" kichert Moser, und zu den Soldaten gewandt, befiehlt er: „Ihr besetzt die Treppe und wartet auf meine weiteren Befehle." Hüpfend, die krummen Beine seltsam durcheinanderwirbelnd, stürmt er in den Palast, überrennt den slawonischen Türhüter und rast die Treppe hinauf, so daß Gazireh ihm nur mit Mühe folgen kann. Dieser bewegte, gelbe Ballen, welchen hie und da ein grasgrüner Streif umzuckt, gleicht einer gewaltigen Zitrone aus einem Märchenspiel oder aus einem phantastischen Ballett. Mit dem tollen Tanz des Karnevals ist diese Zitrone in den Palazzo Mocenigo gelangt und steht plötzlich vor der Gräfin Aimée della Torre. Das taubengraue Lackzimmer stöhnt auf unter den schreienden Farben welche jede Harmonie zerreißen; denn die Gewänder der beiden Menschen, die bisher in dem überfeinerten Raum weilten, der mattblaue Pelz, den die zierlich-schlanke Gräfin noch nicht abgelegt hat und der schwarze Mantel des breiten, schweren Arztes klingen sanft mit dem Silbergrau der Wände zusammen.
Freilich, ihre Stimmen, wenn sie auch nicht laut sind, tun das nicht. Moser hört noch die letzten messerscharfen Worte des Arztes: „Meine Liebe, Sie glauben mir entschlüpfen zu können. Sie irren sich, Korfu ist zu weit. Da sind Sie zu wenig überwacht. Deshalb haben Sie ihn hier zur Strecke zu bringen."
„Wen?" fragt Moser zischend.

Der Arzt hebt das Antlitz in der schwarzen Maske. „Willkommen, Zitrone im Punsch Venedigs", entgegnet er, „wen? Nun einen alten Hahn, den wir Ärzte im Hospital zur Fleischbrühe für eine kranke Dame brauchen."
Rasch wendet sich der Major an Aimée. „Schulenburg?" fragt er. Aimée nickt.
In diesem Augenblick reißt der Arzt einen Dolch aus seinem Ärmel, und mit einem langen Sprung erreicht er die Gräfin. Aber Moser ist in solchen Dingen erfahren. Er schlägt dem Angreifer mit der flachen Hand unter den Arm, daß der Dolch im Bogen davonfliegt. Wie er jedoch den Arzt an der Brust packen will, hat dieser bereits den gelben Domino des Majors ergriffen, dessen Hut aufgestülpt und den Gegner mit einer geschickten Fußbewegung zu Fall gebracht. Mit ein paar weiteren Sprüngen erreicht er die Türe, die er aufzureißen versucht. Aber die Tür ist verschlossen. Ein Fluch kommt von den Lippen des Fliehenden. Vor der Tür lacht Gazireh; Moser springt mit erhobenen Fäusten vor den Arzt.
Während die Gräfin, sehr gefaßt, an einem Sessel lehnt und ihre Augen auf den Major richtet, hat der Arzt ruhig die Maske abgenommen. Moser sieht in fast runde, zusammengezogene Augen, die von ein paar borstigen Brauen wie von einem Verhau überdeckt werden; ein breiter, furchtbarer Mund mit unregelmäßigen gelben Zähnen starrt ihm wie ein ausgebrannter Krater entgegen.
Ein Grausen überläuft den Major, aber rasch hat er sich wieder in der Gewalt. „Sieh da, der Herr General Graf Bonneval — ich denke, wir haben uns schon einmal kennengelernt?"
Bonneval tritt ein paar Schritte vor und streckt Moser die Hand entgegen. Ein plötzliches Leuchten geht über sein Antlitz, und mit zarter, einschmeichelnder Stimme entgegnet er: „O ja — und wie gerne erinnere ich mich der Zeit, als wir uns noch als Schwammhändler auf Korfu trafen! Ach, lieber Freund, das waren Zeiten! Und nun wollen Sie mir an den Hals springen,

nur, weil ich mir einen Karnevalsscherz erlaubte? Lieber Moser ...!"
Der Major hat die ihm dargebotene Hand nicht ergriffen. Er starrt den Sprecher weiter aus dunklen Augenhöhlen an, während Aimée ihre Blicke zwischen den beiden hin und her gehen läßt.
„Sie trafen sich damals auf Korfu mit dem Dianum-Kogia, Herr General", entgegnet Moser hart.
„Der Kapudan-Pascha Dianum-Kogia ist mein Freund", erwidert Bonneval, immer weiter lächelnd, „diese Freundschaft kommt dem Prinzen Eugen jetzt sehr zugute."
Mosers Herz geht hart. „Glauben Sie, ich kenne des Kogias Giftringe nicht? Haben Sie etwa vom Prinzen Eugen den Auftrag erhalten, unseren Feldmarschall damit zu ermorden?" fragt er ironisch.
„Der Prinz Eugen weiß von diesen Dingen nichts. Zudem würde er jetzt diesen Auftrag bestimmt nicht erteilen; das könnten Sie sich mit etwas Überlegung selbst sagen. Denn jetzt braucht der Prinz den Marschall." Das ‚jetzt' betont der seltsame Arzt im schwarzen Gewand mit dem gelben Domino fast höhnisch. Sofort aber sinkt Bonnevals Stimme wieder in eine weiche Klanglage. „Lieber Freund", lächelt er, und seine Brauen ziehen sich fast schelmisch zusammen, „überlegen wir gemeinsam, da Sie augenblicklich in schöner Ekstase sich auf Ihre Vernunft nicht sicher verlassen können, was jetzt Verständiges zu tun ist. Ich bin der Leiter des Depeschendienstes Seiner Königlichen Hoheit des Prinzen Eugen. Ich bin mit Aufträgen an den Senat hier. Wenn Sie mich umbringen oder durch Ihre Leute umbringen lassen, werden Sie morgen von der Geheimen Inquisition festgenommen. Der Vorsitzende des Inquisitionsgerichtes ist Almorò Pisani, der Bruder des großen Alvise, wie dieser ein Genießer und ein Mann von Welt. Wenn Sie ihm erklären, ich hätte der Gräfin den Befehl gegeben, den Feldmarschall zu ermorden, lacht er Sie aus." Bonneval spricht allmählich wie ein Geistlicher. „Denn das muß dem guten Almorò als ein Wahnwitz erscheinen. Wenn

Sie die Gräfin als Zeugin benennen, wird Almorò Pisani weiter lachen: ‚Ach so ist das! Sie, Herr von Moser, waren eifersüchtig auf Bonneval. Sie haben die beiden in flagranti ertappt, und deshalb haben Sie den Bonneval umgebracht.' Almorò kennt solche Eifersüchte aus Erfahrung; er kennt sie so gut, daß er zwangsweise in dieser Richtung denkt, ja, daß er gar nicht anders denken kann."
Aimée hat das schöne Haupt geneigt; sie verharrt in unbeweglicher Starrheit. Bonneval, die Augen fest auf sie gerichtet, nickt Moser leicht und gesellschaftlich zu: „Sehen Sie sich dieses Urbild der Schönheit an! Almorò wird es bewundern, wie ich es jetzt bewundere. Und er wird Ihnen sagen: ‚Mein lieber Major, ich bin nicht so weltfremd, wie Sie es wünschen. Ihr Märchen von Mordplänen gegen den Marschall nehmen Sie mit in das Jenseits. Erzählen Sie es dort dem lieben Gott; vielleicht glaubt der es Ihnen. Für mich, und damit auch für meine Kollegen von der Inquisition, steht eines fest: Sie haben einen der wichtigsten Männer aus der Umgebung unseres hohen Freundes Eugenio von Savoy umbringen lassen — also nicht der Ermordete war ein Agent des Kogias, sondern Sie sind es, weil Sie Eugens wichtigste Leute aus dem Wege räumen. Wir begreifen zwar Ihre Eifersucht, aber Sie waren in der Wahl Ihres Opfers zu unvorsichtig.' Und noch am selben Abend rollt Ihr edler Kopf vor Ihre wohlgeformten Beine."
Nun verzieht sich das Antlitz des Arztes plötzlich zur Fratze. Er kichert: „Die Frau Gräfin hat dann das Odium zu tragen, sie sei Ihre Geliebte gewesen. Venedig wird wieder etwas zu lachen haben; es werden ein paar hübsche Chansons darüber gesungen werden; der große Matthias wird ausspucken und murmeln: ‚Pfui Deibel!' Nicht wahr, Gräfin della Torre, so wird die Geschichte auslaufen? Sie sind Venezianerin und kennen Ihre Leute besser als Herr von Moser sie kennt."
Aimée hat sich erhoben. Sie wirft den Kopf verächtlich zurück. Kurz wendet sie sich zu Moser: „Lassen Sie ihn laufen. Lumpen

läßt man liegen, weil man sich an ihnen die Finger nicht beschmutzen will."
Moser zuckt die Achseln. Mit unbeweglichem Gesicht und einer betont höflichen Verneigung gegen Aimée legt Bonneval den gelben Domino Mosers auf einen Sessel. Aimée läutet; die Tür wird von außen geöffnet, und Giulia erscheint knixend im Türrahmen. „Geleite den Herrn da an seine Gondel", befiehlt sie kurz und wendet sich dem Fenster zu. Aber Bonneval verläßt den Raum noch nicht. „Ihre kleine Türkin", bemerkt er lächelnd, „könnten Sie mir verkaufen. Sie arbeitet vortrefflich. Ich könnte sie brauchen. Es wird Ihr Schade nicht sein."
„Die Gondel des Herrn ist vorgefahren", entgegnet Aimée mit einem leisen Krächzen in der Stimme, winkt Giulia zu und trommelt mit den langen Fingernägeln auf die Fensterscheiben, daß der Diamant an ihrem Ringfinger unter der Bewegung hell aufblitzt.
Ganz langsam, höflich und überlegen verneigt sich Bonneval. Seine Augen glänzen gütig; seine Stimme ist sammet. „Es war mir eine Ehre, Gräfin della Torre. Ich hoffe bald von Ihnen zu hören. Es hat mich unsagbar gefreut, Sie wieder zu sehen, Herr von Moser. Ich bedaure es herzlich, daß ich Venedig verfrüht verlassen muß, aber leider ist die Luft hier zu feucht geworden. Nun, wir sehen uns ja wieder! Alles Gute bis dahin!"
Gefolgt von Giulia, die noch rasch einen verhaltenen Blick auf Moser wirft, verläßt er das Zimmer.

3

Aimée und Moser schweigen. Nach einer Weile beginnt Aimée, während sie sich umwendet: „Was nun?"
„Sie müssen weg."
„Wohin?"
„Nach Turin. Ins Aostatal. Was weiß ich. Hier kann kein Gott mehr für Ihr Leben haften." Das sagt Moser fast verärgert,

während sein Kopf auf dem langen Hals wie auf einem Draht zittert. „Dieser Satan", knirscht er, „dieser Satan!"
Mit festen Griffen zieht die Frau den Pelz an sich. „Ich reise morgen."
„Gut. Aber dann bitte morgen früh. Ohne Zeit zu verlieren. Meine Soldaten werden bis dahin Ihren Palast bewachen."
„Ich reise nicht nach Turin oder ins Aostatal."
Der Vogelkopf schraubt sich aus dem weißen Wirrwarr von Federn und Kräuselhaaren empor. „Sondern?" kräht er.
„Nach Korfu."
„Nach ... Korfu?" In der Gegenfrage liegt eine Welt von Hohn und von Überlegenheit.
Aber die Gräfin nickt dem Grüngekleideten freundlich zu. „Ja, morgen fährt die Galeasse ‚Fenice' nach Korfu aus. Sie bringt den Vater meiner Pisani-Freundinnen wieder in die Levante. Er ist der Bruder des großen Alvise. Er hat dem Senat über die Kriegslage Bericht erstattet und sich mit Händen und Füßen gegen seine Ernennung zum Generalkapitän, das heißt zum Oberbefehlshaber aller Land- und Seestreitkräfte gewehrt. Er sagt, er sei nur Seemann. Aber alles Wehren wird ihm nichts nützen; er gilt als der geeignete Generalkapitän. Der jetzige Generalkapitän Dolfin möchte die Flotte keinen Gefahren aussetzen, sondern sie bei Friedensschluß ohne Schramme irgendwem abliefern. Da das selbst unserem Senat zuviel ist, wird Dolfin abberufen werden und hier in Venedig neue Perücken kreieren. Andrea Pisani erfindet keine Perücken. Er soll nur ein Held sein. Der wird mich mitnehmen. — Die ‚Fenice' hat sechzig Kanonen. Sicherer kann ich doch nicht reisen."
Nach einer Weile beginnt der Major: „Und was wollen Sie in Korfu tun? Warten?"
Der Silberschuh der Gräfin wippt auf und ab. „Setzen Sie sich."
Erstaunt und unsicher setzt der Major sich in einen taubengrauen Sessel. Er richtet die Blicke fragend auf die Sprecherin. Die aber sieht den seltsamen Soldaten überlegen an und sagt: „Ich

werde mich sofort mit dem Oberrabbiner von Korfu in Verbindung setzen."
Ein krähendes Lachen ist die Antwort. Moser lacht, weil er annimmt, Aimée habe einen Scherz gemacht, und die Höflichkeit verlange ein Lachen als Antwort. Die Frau schüttelt jedoch das Haupt. „Ich scherze nicht", erwidert sie und zieht den Pelz wieder an sich. „Venedigs Beziehungen zum Orient sind, wie bekannt, nur noch schwach. Unser Gesandter in Konstantinopel muß sich jährlich einmal vor dem Sultan durch alberne Tänze entwürdigen, nur, um geringe Vorteile für Venedig zu erlangen."
Aimée sieht wieder auf ihren wippenden Schuh. „Die Juden dagegen kennen den Orient; sie kennen die Türken, sie kennen die Albanesen; vor allem aber kennen sie die Korfioten. Der Feldmarschall, welchem in seiner Kinderzeit die Geschichten des Alten Testamentes tiefen Eindruck gemacht haben, und der jetzt in Wien erlebt hat, wie ein jüdischer Finanzmann die Kriegsvorbereitungen Eugens durch seine unbegrenzten Geldmittel ermöglicht, ist den Juden von jeher gutgesinnt. In Korfu wird er Soldaten haben, welche ihm gehorchen, aber keine klugen Köpfe, welche Orient und Okzident kennen. Da kann ihm zur Seite stehen vor allem der Oberrabbiner."
Moser fühlt, daß in dieser Frau andere Willens- und Geisteskräfte wirksam sind als in den vielen Weibchen, welche durch das Leben wie durch einen ewigen Fasching tanzen. „Werden Sie bis morgen früh reisefertig sein?"
„Ja. Von Andrea Pisani werde ich durch Elena die Erlaubnis erwirken, auf der ‚Fenice' mitreisen zu dürfen. Elena wird sogleich hierher kommen; ich habe sie bitten lassen. Vor allem müssen wir für die Sicherheit des Marschalls Sorge tragen. Bonneval ist am Werk."
Mißmutig hebt Moser den Blick. „Meine Armee wird bei Seiner Exzellenz dem Feldmarschall Wache halten."
„Ihre Armee in allen Ehren, lieber Major", entgegnet Aimée ohne das Antlitz zu verändern, während sie den Schuh wieder über den Fuß gleiten läßt, „hier müssen jedoch noch andere

Kräfte wirksam werden. Wo Bonneval Gift gesät hat, kann nur die Flamme das Aufblühen der Giftsaat hindern. Seien Sie mir nicht böse; aber ich kenne Venedig besser als Sie."

Als Gazireh die Patrizierin Elena Pisani meldet, fühlt Moser sich entlassen. Er nimmt den gelben Domino über den Arm und streckt den Federhut weit nach der Seite aus — in seiner Förmlichkeit kommt sein Mißmut deutlich zum Ausdruck. Mit tiefer Verbeugung tritt er zur Seite, als die Feuer-Pisani in das Zimmer hineinweht und geht während der Begrüßung der beiden Frauen rasch davon.

Noch trägt Elena das Pierrotkostüm von bunter Seide, dessen Glanz von den zartgrauen Wänden zurückstrahlt und ihr kastanienrotes Haar in seltsamen Lichtern erzittern läßt. Sie fliegt, eine tanzende Flamme, auf Aimée zu. „Was gibt es, Liebste?"

Mit nervösen Worten berichtet Aimée von ihren Erlebnissen. Elena hört sie mit gesenktem Haupt an. Nach einer Weile sagt sie: „Sein Leben ist bedroht?"

„Ja, Moser, der sich erbot, ihn mit seiner Armee zu schützen, überschätzt sich und seine Macht. Nicht einmal die Inquisition kann mehr für ihn einstehen. In Korfu wäre er jetzt sicherer als hier."

Langsam wiegt Elena das Haupt auf den schmalen Schultern. „Hast du einen Plan?"

„Nein."

„Aber ich." Sie spricht kurz. „Bitte, deine Gondel. Komm mit!" Elena, die sich am Gondelplatz prüfend umgesehen und einige verdächtige Gestalten entdeckt hat, winkt eine der zweirudrigen Mocenigoschen Gondeln heran, deren erstem Gondoliere sie das Ziel ins Ohr flüstert. Mit gespannten Bewegungen springt sie in das Boot hinein, so daß Aimée ihr für einen Augenblick versonnen nachsieht, dann aber ebenfalls rasch das Fahrzeug besteigt. Gleich darauf setzt sich die Gondel in Bewegung; zuerst langsam mit ein paar tiefen Atemzügen, bald jedoch in geschmeidige Steigerung hineingleitend, so daß zwei ihr folgende

Gondeln sie bald aus den Augen verlieren. Unter sichelförmigen Brücken hindurch, an keilscharfen Ecken müder Häuser vorbei gleitet die Gondel, allen Maskentrubel hinter sich lassend, zu einem riesigen backsteinroten Steinkastell, dem Arsenal.
Hier scheint die Feuer-Pisani zu Haus zu sein. Ihr Lächeln und ihre Handbewegungen entlocken auch den Wachen und Posten ein Lächeln; die Offiziere, die sich in den Wachtstuben langweilen, grüßen freundschaftlich von ihren Kartenspielen, zuweilen sogar mit einer ehrfurchtsvollen Vertrautheit. Aimée folgt der vorwärtsstürmenden Freundin, zwischen Tauwerk und Holzgebirgen hindurch, unter Wäldern von Masten hinweg, vorüber an den Rümpfen verletzter, auf breiten Treppen zusammengezogener Kriegsschiffe, bis zu einem mächtigen, einige hundert Schritte langem Gebäude, der „Tana". Es ist das die Seilerei des Arsenals; in ihren drei nebeneinanderliegenden Hallen werden die Schiffstaue für die venezianische Flotte gezogen. Hier schreiten die Menschen wirkend rückwärts.
In dem hellen, nach oben abgedeckten Raum hat sich Elena mit ihren Freunden durch wenige Blicke verständigt. Die Gesichter der Männer leuchten bei ihrem Anblick auf, als ob ein künstliches Licht sie bestrahle. Sie lachen artig, aber es bedarf Elenas zweiten Winks, um einen großen, breitschultrigen Mann von seiner Tätigkeit wegzuholen. Als er sich die Hände in einem der vielen Wasserzuber wäscht, bevor er an die Frauen herantritt, flüstert Elena der Freundin zu: „Das ist Giacomo, der mir das Segeln beigebracht hat. Der wird uns helfen."
Giacomo nähert sich den „Damen Maske", breit gehend wie ein Matrose an Bord, mit dem starren Lächeln der Höflichkeit. Elena streckt ihm die Hand entgegen und erkundigt sich nach dem Ergehen seiner Frau und dem seiner Kinder. Oh, sie weiß, was sich den „arsenalotti" gegenüber gebührt; es wäre unerzogen, sofort mit seinen Wünschen herauszukommen. Das hieße die Würde der Arsenalarbeiter mißachten.
Endlich, nachdem auch Aimée ein paar Worte mit Giacomo gesprochen hat, ist die Zeit für Besprechungen gekommen. Mit

knappen Worten setzt Elena, das Feuerköpfchen hoch erhoben, den Freund ins Bild. Der nickt ruhig und fragt kurz: „Also Bonneval?"
„Ja."
„Den kennen wir! Wenn der nicht schon davon ist, kommt er auch nicht davon. — Antonio", ruft der Mann, die Hände als Sprachrohr am Mund, in die Arbeiter hinein, „komm mal her!" Ein magerer, zäher, etwa dreißigjähriger Arsenalotte mit ergrauten Haaren hebt den Kopf. „Komm, komm! Bonneval ist hier."
Dem Angesprochenen sinken die Arme; dann zieht sich das graue Haupt in die Schultern zurück, und die Augen funkeln. Indessen flüstert Giacomo den Frauen zu: „Antonio war acht Jahre in türkischer Gefangenschaft. Damals hat sich Bonneval beim Dianum-Kogia herumgetrieben. Aus jener Zeit hat Antonio mit Bonneval noch eine Rechnung zu begleichen."
Erregt schiebt sich Antonio näher. Er weiß sich sonst Damen gegenüber wohlerzogen zu benehmen; jetzt aber denkt er nicht an äußere Dinge; er fühlt nur das Feuer der Rache, das in ihm brennt. „Wo ist Bonneval?" fragt er heiser.
Elena berichtet kurz. „Gib mir Urlaub, Meister", murmelt Antonio und greift nach einem riesigen Eichenholz, das zum Glätten der Taue bestimmt ist.
„Geh, versuch dein Glück", nickt Giacomo. Der Angeredete, den Eichenknüppel unter dem Arm, sieht die beiden Frauen noch einmal von unten an, murmelt jeder „siora maschera" einen Dank und geht schwer und sicher davon.
Giacomo sieht ihm nach. „Erwischen wird er den Bonneval nicht mehr", bemerkt er trocken. „Der hat eine zu feine Nase. Aber ich wollte Ihnen den Antonio doch einmal vorführen. Ihm werde ich die Bewachung des Marschalls anvertrauen; immer werden unter Antonios Befehl zwanzig von unseren Leuten um ihn herum sein."
Nachdem das alles geregelt ist, leitet Giacomo das Gespräch über auf Elenas Vater Andrea Pisani, der morgen auf der

„Fenice" in die Levante abreisen soll, sowie auf die vielen Mocenigos, die alle Alvise heißen und in jeder Generation durchnumeriert werden. Die beiden Frauen geben artig Auskunft; dann begleitet sie Giacomo bis an die Pforte des Arsenals. Am folgenden Morgen werden unter Musik die Anker der „Fenice" gelichtet. Am Heck über dem säulengeschmückten Offiziersraum hebt den Hut zum Gruß der schlanke, bewegliche Andrea Pisani in einer einfachen blauen Uniform. Er grüßt den Marineminister, einen dicken Herrn, der von seiner Besitzung auf dem Festland zur Ausreise der „Fenice" herübergekommen ist und von Zeit zu Zeit, wenn er nicht erregt um sich herum befiehlt, eine Prise aus einer schweren goldenen Tabakdose nimmt.
Neben Pisani steht unbeweglich die Gräfin Mocenigo della Torre, so, wie sie damals in Wien als Catarina Cornaro am Bug des Maskenschiffes stand und der Kaiserin die Grüße Venedigs überbrachte. Jetzt steht sie am Heck des Schiffes, das „Phönix" heißt, nach jenem märchenhaften Vogel, der sich selbst verbrennt, um neu aus seiner Asche aufzusteigen ...
„Der verehrte Marineminister nimmt immer wieder eine Prise aus der berühmten goldenen Dose, welche sein Freund, der Marschall, ihm geschenkt hat", flüstert Pisani der Nachbarin zu, während die „Fenice" hinausgeschleppt wird und die Arsenalarbeiter ihr zujubeln, „ganz Venedig muß doch sehen, wie befreundet er mit dem Marschall ist."
Aimée nickt kaum merkbar und sieht gebannt auf das Steinwunder, welches sich vor ihren Augen noch einmal auszubreiten beginnt. ‚Ach, Schiefauge', denkt sie, ‚du mußt viel Häßliches kennenlernen, um so viel Schönheit retten zu können!'
Dann setzen die Riemen der Galeerensklaven ein. Die „Fenice" gleitet rasch an dem alten Kirchlein von San Nicolò del Lido vorüber, hinaus in das freie Meer, in die ewige Bläue.

Matthias ist an diesem Morgen auf das winterliche Festland gefahren. Er will nach seinen Pferden sehen, welche auf dem Gut seines Hausherrn Antonio Loredan untergebracht sind. Zwar kennt er Loredan noch nicht; der weilt als Provveditore der Inseln auf Korfu. Aber er kennt Loredans Landgut. Das Gutshaus, ein breiter, schwerer Bau von Sansovino, liegt zu tief in der Erde; als ob es sich verkröche. Matthias fühlt sich jedoch in diesem schweren Bau wohl. Er freut sich über den Zustand seiner Pferde, welche in breiten Stallungen untergebracht sind, und macht einen Frühritt auf seinem großen Braunen, den mitzunehmen Herr von Leibniz ihm damals in Emden geraten hatte.

Als er am Ufer der Brenta entlang trabt, gefolgt von Karl, der den zweiten Braunen reitet, bemerkt er auf dem Fluß ein Eilboot der Serenissima. Ein schlanker, wendiger Offizier läßt das Boot anlegen, springt ans Ufer und geht rasch auf Matthias zu. Der neigt sich aus dem Sattel und streckt dem Offizier freundlich die Hand entgegen. „Nun, lieber Straticò, was gibt es?"

Straticò nimmt die dargebotene Hand, erwidert den Druck, hebt dann aber den Federhut: „Oberst Straticò meldet seine Ernennung zum persönlichen Adjutanten Eurer Exzellenz."

Matthias kneift die Augen zusammen. Straticò, welcher ihm half, aus Verona und der Quarantäne zu entkommen, ist zu seinem Adjutanten ernannt? Matthias spürt die Hand Nanis und nimmt ein paar Briefe entgegen, die Straticò ihm in den Sattel reicht. Während der Marschall den ersten Brief öffnet, hält er die Augen fest auf Straticò gerichtet. Der lächelt verbindlich. Dann wirft Matthias einen Blick auf das Schreiben. Es ist eine Anweisung auf eine halbe Million Dukaten, zu erheben bei dem Bankhaus Pisani. Bei dieser Anweisung liegt ein Zettel: „Venedig dankt Dir. Gottes Segen über Dich. Aimée."

Die Brauen des Marschalls ziehen sich zusammen. Aber bevor er weiter über den tieferen Sinn dieser Worte nachdenken kann, fällt sein Blick auf ein anderes Schreiben, welches, breit gefaltet, das Siegel des Dogen trägt. Kurz reißt er den Brief auseinander und liest:

„Der durchlauchtigste Doge, unser Herr, wird an der Spitze des Hohen Senates Seine Exzellenz den Herrn Feldmarschall am kommenden Samstag um zehn Uhr im großen Saal des Dogenpalastes empfangen."

Langsam steckt Matthias die beiden Briefe in den Aufschlag seines grünen Jagdrockes, läßt Straticò das Pferd Karls besteigen und reitet mit ihm zum Gut zurück. Nachdenklich gehen seine Blicke über den winterlichen Himmel, den Tummelplatz drohender Schneewolken. Nach einer Weile wendet er sich an seinen neuen Adjutanten.

„Jetzt wären wir also soweit", sagt er und richtet einen prüfenden Blick aus graublauen Augen auf den jungen Griechen. Auf ihn wird er oft zählen müssen.

„Ja, Exzellenz, jetzt sind wir soweit."

Nach einer Weile murmelt Matthias halblaut vor sich hin: „Mein Herz schlägt in Korfu."

Und während Karl in einem Gasthaus am Wege hängenbleibt, trabt der Marschall mit seinem Adjutanten zum Gutshaus zurück.

VIERTES KAPITEL

1

Venedig glitzert in einem Hauch von Schnee. Durch das Flockentreiben hindurch rollt sich die Buntheit der Masken, und niemand kann sagen, ob die Stege weiß sind vom Schnee oder von Konfetti. Das Dach der goldenen Staatsgondel, welche vor dem Wasserportal des Palazzo Loredan-Schulenburg wartet, trägt eine Lockenperücke, und den kommandierenden Offizier, der den rotgekleideten Ruderern seine Befehle über das beschneite Dach zu geben hat, fröstelt es. Er haucht sich in die Hände, wirft aber von Zeit zu Zeit einen Blick hinüber auf eine der vorbeifahrenden Gondeln, in denen sich die Masken unter der Kuppel der Filzdächer zusammengepreßt haben. Da keine der Frauen die Blicke des Offiziers bemerkt, beginnt er sich zu langweilen und trommelt mit den Fingern auf dem goldenen Dachrand der Kajüte. Endlich formt er kleine Schneebälle und wirft sie nach den vorübergleitenden Gondeln. Freilich läßt der Feldmarschall nicht lange auf sich warten. Truppen von der Armee des Majors von Moser haben im Palazzo die Ehrenwache übernommen. Als der Marschall, gefolgt von dem beweglichen Oberst Straticò, die breite Treppe hinabschreitet, ertönen von der Halle her Trommelwirbel; die Soldaten strecken als Zeichen des Grußes ihre Gewehre, und Moser senkt den Sponton. Im leuchtend roten, hermelinbesetzten Waffenrock und einem feinziselierten Prunkharnisch, den großen Federhut in der Linken, schreitet Matthias grüßend durch die Halle. Mit ein paar raschen Schritten hat er die Staatsgondel erreicht und begibt sich in die verglaste Kajüte.

Straticò folgt ihm, beobachtet aber noch, daß nicht nur die Gondeln Mosers mit dessen Soldaten sich dem rasch anrudernden Prachtfahrzeug anschließen, sondern auch noch ein paar andere Gondeln, in welchen zwanzig dunkel gekleidete Männer, alle mit kurzen Speeren bewaffnet, unbeweglich und aufgerichtet stehen.
„Die Arsenalotti", murmelt Straticò und neigt das braungelbe Antlitz mit den spitzen Levantiner Zügen dem Marschall verbindlich entgegen. Matthias, die Rechte auf eine geschnitzte Säule gelegt, wendet das Haupt dem Adjutanten zu. „Was wollen sie?" fragt er und lockert mit der Linken das Spitzenjabot.
Der Oberst zuckt die Achseln. „Es ist eines ihrer vielen Sonderrechte, den Oberbefehlshaber der Landtruppen zum ersten Empfang beim Dogen und Senat begleiten zu dürfen."
Während der kurzen Fahrt zum Dogenpalast nimmt das Volk selbst von dem Aufzug wenig Notiz. Moser, welcher den Venezianern bekannter ist als Matthias, wird mit Blumen und Konfetti beworfen. Man ruft ihm heitere Worte zu, nennt ihn „Vater Papagei" und freut sich, wenn er als Antwort die Zähne fletscht. Nur wenige Neugierige warten am Dogenpalast hinter der Doppelreihe der slawonischen Truppen, vom Regiment der Zantioten, welche vom Ufer bis zur Gigantentreppe Spalier bilden. In ihren tiefroten Uniformen zieht sich diese Doppellinie lebender Menschen wie eine mächtige Blutspur durch die zitternde, schneebestäubte Marmorpracht des Hofes. Die Neugierigen führt ein besonderer Grund hierher. Sie zählen, wie viele Männer sich in den einzelnen Gruppen befinden, welche durch das Früchteportal hindurch der Gigantentreppe zustreben.
„Drei Senatoren vorweg, die in den Purpurmänteln mit den weiten Ärmeln", ruft eine fette, gutartige Bürgerfrau ihrer Nachbarin zu, „der Marschall mit dem Adjutanten sind zwei, und dann Vater Papagei mit noch einem Roten sind wieder zwei. 3 — 2 — 2 gibt 7, das ist eine gute Terne! Komm, wir setzen sie gleich in der Lotterie!" Bevor der Zug die breite Marmortreppe

erreicht hat, melden bereits die Frauen im Lotteriebüro neben dem Staatsgefängnis ihre Terne an.
Der Vortritt der drei Senatoren schreitet gemessen die Gigantentreppe hinauf. Jetzt betritt auch der schmale, lange Reiterfuß des Marschalls die untere Stufe der Treppe. Eine wilde Musik setzt auf dem Bogengang des zweiten Stockwerkes ein; draußen auf dem breiten Kanal löst eine Galeotte dreiunddreißig Schuß. Dumpf rollt das Echo über den Dogenpalast hinweg und deckt sogar die slawonische Musik mit seinem Rollen zu. Langsam hebt sich der farbig-feierliche Zug die Marmorstufen empor. Als der letzte Schuß fällt, hat Matthias den Bogengang des ersten Stockwerkes erreicht. Er hebt den Blick. Die drei Senatoren sind zur Seite getreten. Vor ihm, umgeben von weiteren Purpurträgern und prunkgekleideten Offizieren, steht in seiner Scharlachtoga Antonio Nani, der den Marschall strahlend ansieht.
In diesem Augenblick schweigt auf einen Wink des Zeremonienmeisters Manin die Musik. In Matthias ist der Sinn für Kleinigkeiten erwacht. Er bemerkt am Kinn des Cavaliere Manin eine Warze mit einem langen krummen Haar, und er fragt sich, während Manin noch mit der Krallenhand zum zweiten Stockwerk hinaufwinkt: „Weshalb zieht er sich wohl dieses einsame Haar nicht aus?"
In solche Gedanken hinein spricht Nani ein paar getragene Worte. „Unser durchlauchtigster Fürst, der Doge Giovanni Corner, das Haupt der hohen Republik, mit ihm die Signoria und der hohe Senat gaben sich die Ehre, Seine Exzellenz den Herrn Feldmarschall zu bitten."
Den Zug eröffnet, in der roten Robe der Patrizier, der Zeremonienmeister Manin, in der Rechten einen langen goldenen Stab, mit welchem er von Zeit zu Zeit auf den Steinboden stößt, daß es hell durch die gotischen Bogenhallen klingt. Die drei Senatoren, eine leise rauschende Purpurwoge, gleiten hinter ihm her. Nani, Schulenburg und Straticò schließen sich an. Zwölf Senatoren folgen. Den Schluß bildet Moser mit zwanzig seiner Rotröcke.

Langsam hebt sich der Zug durch die bunte Reihe der Zuschauer die goldene Treppe empor. ‚Viele Damen haben sich herbemüht‘, geht es Matthias durch den Kopf. Das tut ihm wohl. Er liebt keine Feste ohne Frauen. Sein Blick fällt, geheimnisvoll geleitet, auf zwei junge Mädchen in hellen Kleidern. Das goldrote Haar der einen leuchtet unter einer Hauchschicht von Puder wie Geranien unter Schnee. Beide Mädchen haben das schwarze Spitzentuch umgelegt, das gleichmäßig von allen Schichten der Stadt getragen wird.
Matthias grüßt die beiden lächelnd. Sie lächeln wieder, jede auf ihre Art — das Feuer und der Traum.
Der Cavaliere Manin winkt, der Zug wendet sich und betritt den Prunksaal des Senates. Viele Stimmen, welche eben noch ohne Rücksicht auf die Gegenwart des Dogen und den ihn im Halbkreis umgebenden Staatsrat, die Signoria, gesprochen haben, verstummen. Eine erwartungsvolle Stille senkt sich über die Purpurtogen der Senatoren, die Scharlachmäntel der Staatsräte und Großminister sowie über die mohnfarbenen Togen der Minister.
Veroneses Allegorie jener Liga von Cambrai, welche einst das alleinstehende Venedig überrennen wollte, zieht einen raschen Blick des Marschalls auf sich. Dann aber gehen seine Augen zu dem Dogen Giovanni Corner, der, eingewickelt in schwere Brokate, über dem Leinenhäubchen die goldene Dogenkappe mit dem Horn trägt. Heute zählt er achtundsechzig Jahre; er gilt als frommer und gehorsamer Sohn der heiligen Mutterkirche. Niemals hat er eine andere Frau berührt als die seine, Laura Corner, vom Zweig San Maurizio della cà grande, die ihm sechs Söhne geschenkt hat und ihn verzehrend liebt. Die tiefe Verbeugung des Marschalls erwidert er mit einem feinen Kopfneigen und einem Kardinalslächeln. Matthias bedeckt das Haupt von neuem mit dem Federhut und steigt, begleitet nur von Nani, die Stufen zum Thron hinauf, während Mosers Truppen präsentieren. Der Marschall freut sich im Innern über das leise Erstaunen der buntgekleideten Nobili, die Mosers Truppen befremdet anstarren.

Die Patrizier verstehen es, ihre Gesichter lang zu ziehen. Mögen sie; sie sollen sehen, daß er nicht allein kommt.
Der Doge reicht dem Feldherrn freundlich die Hand; der ihn umgebende Staatsrat nickt gemessen. Dann geleitet Nani den Marschall rechts neben den Thron des Dogen, und gleich darauf beginnt in der Mitte des großen Saales ein Minister zu sprechen. Das ist der Vorsitzende der „Nachtherren", welchen das Privatleben des Marschalls so überaus interessiert. Heute feiert er dessen Verdienste; er spricht, wie alle Offiziellen bei solchen Gelegenheiten, lange und laut, mit bewegter Stimme und überzeugender rhetorischer Eindringlichkeit. Nach zehn Minuten unterhalten sich die Patrizier bereits wieder. Was geht es sie an, ob Dolfins Rede ein Meisterwerk ist, das von dem großen Literaten Apostolo Zeno nach klassischem Vorbild geschaffen wurde? Lange Reden langweilen sie; das beste an einer Rede ist für sie immer noch der Schluß.
Nachdem Dolfin unter brausendem Beifall der Versammlung seinen Vortrag beendet hat, tritt Matthias zwei Schritte vor.
Das buntschillernde Meer zu seinen Füßen beruhigt sich inzwischen wieder. Wenigstens die ersten Worte will man hören, welche der neue Condottiere spricht; immerhin ist es ein Mann von Ruf, und der Botschafter Grimani hat sein Lob in allen Tonarten gesungen. Die Wirren auf dem Peloponnes müssen endlich einmal in Ordnung gebracht werden; seit der große Doge Francesco Morosini dort als Heerführer umgekommen ist, war niemand mehr imstande, das Anbrausen der Türken entscheidend aufzuhalten. Das dauert jetzt bereits einundzwanzig Jahre. So geht es nicht weiter; sonst wird Venedig wirklich bald die Beute der Türken. Das sagt sich jeder Patrizier; und aus diesem Grunde ist selbst der Jüngste in der Versammlung sich der Bedeutung dieses Augenblicks bewußt.
Nun erhebt der Marschall die Stimme. Schwingend, beinahe weich klingen seine Worte.
„Es hat Euer Hoheit gefallen, mich bereits in Wien als Führer der venezianischen Landarmee für diesen blutigen und lang-

wierigen Krieg mit dem türkischen Reich verpflichten zu lassen. Ich bin zu jedem Opfer bereit. Daher erscheine ich zu Füßen des erhabenen Dogen sowie vor dem hohen Senat, um ihnen Treue und Eifer zu geloben. Ich bin bereit, mein Blut für die Sache des Staates und für sein Wohl zu opfern. Um das aber mit Nutzen und Ehren tun zu können, brauche ich die nötigen Mittel, ohne welche ich mein Werk nicht zu Ende führen kann. Die bedenklichen Verluste des letzten Feldzuges haben alles Feste umgestürzt, haben die Soldaten niedergedrückt und eingeschüchtert und in den Feinden Eurer Hoheit riesenhafte Vorstellungen von dem erweckt, was alles sie noch erreichen könnten. Folglich muß man sich jetzt wehren; man muß aber vorher überlegen, wie man am besten widerstehen und den Glanz der venezianischen Waffen wiederherstellen kann. Der Umsicht und der Weisheit des hohen Senates bin ich gewiß; ich selbst werde mein Können, meine Erfahrung und meine Arbeitskraft beisteuern. Dann, so hoffe ich, werden Sie, meine hohen Herren, nicht bereuen, aus so vielen Persönlichkeiten grade mich als Führer für die venezianische Armee ausgewählt zu haben."
... Schon zu Ende? ... Nun, er hat uns ja seine Meinung deutlich gesagt ... Er hat sich als militärischer Konkursverwalter der bankrotten Firma Venedig eingeführt ... Natürlich will er Geld ... Nun ja, Kriege kann man nicht mit Konfetti führen ... Trotzdem, er hat kurz und würdig gesprochen; der Nachtherr Dolfin sollte sich ein Beispiel an ihm nehmen ...
Das Summen im Saal verstummt, als Nani dem Dogen knieend ein rotes Kissen mit dem Marschallstab überreicht. Corner erhebt sich; Matthias tritt vor ihn und beugt ebenfalls das Knie. „Ich überreiche Eurer Exzellenz den Marschallstab der Republik Venedig. Der Ruhm Venedigs und seine Ehre sind in Ihre Hände gelegt."
‚Venedigs E x i s t e n z ist in seine Hände gelegt!' denkt Nani, der während des Tusches der silbernen Trompeten dem Marschall fest die Hand drückt. Dann neigt der Doge das Haupt gegen die Versammlung, und unter dem Vortritt von zwölf

Senatoren verläßt er den Saal, Matthias, den Marschallstab in der Faust, an seiner Linken. Der schwebende Zug von Scharlach und Purpur geht an den präsentierenden Truppen Mosers vorüber, die goldene Treppe hinab, in die Privatgemächer des Dogen.

Während Corner sich zu einem Gebet in seine Hauskapelle zurückzieht, beglückwünschen im Vorsaal die Gäste den Marschall zu seiner neuen Würde. Der große Alvise Pisani schiebt das mächtige Haupt vor; sein Antlitz liegt in freundlichen Falten. Matthias weiß, daß Alvise bereits bei der letzten Dogenwahl den Thron Venedigs hätte besteigen sollen, daß aber die allgemeine Furcht vor seiner zwingenden Persönlichkeit das Los auf den sanften Corner hat fallen lassen. Seitdem befleißigt sich Alvise einer besonderen Freundlichkeit, und diese Freundlichkeit zeigt er auch Matthias gegenüber. Alvise winkt nach rückwärts, und nun eilen aus einer Fensternische zwei junge Mädchen auf Matthias zu: das Feuer und der Traum. Jede von ihnen ergreift eine Hand des Marschalls und küßt sie; bevor sich aber Matthias zu ihnen neigen und sie auf die Lippen küssen kann, sind sie bereits wieder aus dem Saal gehuscht, während der große Alvise wissend und überlegen lächelt.

Dann aber wird er sacht beiseite gedrückt. Eine rote Kugel schiebt sich vor. Auf dieser Kugel sitzt ein Kopf, langgezogen, kastanienbraun, mit heiteren hellen Augen, welche listig und lustig unter der Staatsperücke hervorgucken. Über blinkenden Mausezähnen hängt eine gewaltige Nase. „Lieber Freund", ruft dieses Rote, „ich beglückwünsche Venedig, daß es sich endlich entschlossen hat, seinen Retter zu empfangen!"

Matthias ist ein paar Schritte vorgetreten und hat dem Sprecher die Hand entgegengestreckt. „Lieber Freund Ruzzini", entgegnet er mit anmutigem Neigen des Hauptes, während er die Stimme erhebt, „Sie sind aus Dresden zurückgekehrt?"

Ruzzini zuckt die Achseln. „Zurückgekehrt, ja. Aber mit leeren Händen. Wenigstens für Venedig." Die Stimme des Sondergesandten wird laut. „Für Sie dagegen habe ich einige Privat-

briefe von hohen Damen Dresdens, welche alle schmerzlich beklagen, daß Sie nicht doch wieder in den Dienst der Sächsischen Majestät eingetreten sind. Ach, es muß schön sein", setzt Ruzzini mit zwinkernden Augen hinzu, „wenn man die Merksteine seines Lebensweges abwechselnd in Schlachtfeldern und Liebesbetten finden kann — wenn man sich sagen darf, daß man für das, was man vernichten mußte, nach besten Kräften Ersatz geliefert hat."
Ein boshaftes Lächeln spielt um den Genießermund des großen Alvise. Sein einziger ernsthafter Gegner bei der nächsten Dogenwahl ist Ruzzini; er ist ein bedeutender Diplomat. Die Zukunft der Republik liegt — der Marschall dort in allen Ehren! — aber nicht bei ihren Soldaten, sondern bei ihren Diplomaten. Ein Glück, daß Ruzzini so taub ist! Es ist kaum möglich, daß ein stocktauber Mann den Rang des Dogen bekleidet. Um Ruzzinis Taubheit in aller Öffentlichkeit zu betonen, schreit Alvise seinem bewegten Nachbarn ins Ohr: „Wir wollen Schulenburg mit Sebastiano Mocenigo zusammenbringen!" und bezieht den Gouverneur von Dalmatien, der dort noch große Gebiete für Venedig erobert hat, jetzt aber starr und überlegen von einem Wandpilaster aus die wartenden Gäste überblickt, mit in die Unterhaltung ein. Sebastiano mag dem Marschall von seinen Kämpfen auf Morea erzählen, in denen Mocenigo eine staunenerregende Tapferkeit bewies. Er gilt zwar in eingeweihten Kreisen ein wenig als Phantast, und Alvise nimmt ihn nicht ganz ernst. Aber immerhin: er ist ein Held. In den beiden antiken Steinlöwen neben der Markuskirche, welche er von Morea nach Venedig bringen ließ, errichtete er sich sein eigenes Denkmal. Zudem ist er auch der Oheim der Gräfin Mocenigo della Torre, welche dem Marschall ja bekanntlich sehr nahesteht ...
Während Matthias mit dem Gouverneur ein paar artige Worte wechselt und sich nach den Kämpfen um Vallona erkundigt, in welchen Mocenigos Tapferkeit leuchtend hervorgetreten ist, nähert sich ihm der Cavaliere Manin, in der Rechten den goldenen Stab des Zeremonienmeisters, um zu melden, daß seine

Hoheit der Doge sein Gebet beendet habe und die Herren zu Tisch bitten lasse.

Matthias winkt Nani an seine linke Seite; an seine Rechte bittet er Carlo Ruzzini, und nun begibt sich, unter Vortritt von Manin, der kleine Zug in die Gemächer des Dogen, in welchen die Staatstafel für einundzwanzig Gäste bereitsteht. Matthias muß erneute Reden hören, während es ihn drängt, im Arsenal nach dem Rechten zu sehen. Er fühlt nur einmal mit erstaunter Dankbarkeit, wie sich die weiche Hand Ruzzinis auf die seine legt und sein Nachbar ihm, kaum hörbar, mit ganz feiner Stimme zuflüstert: „Jetzt Ruhe, nur Ruhe, lieber Freund! Auch die Türken verlieren ihre Zeit mit Staatsempfängen. Überall auf der Welt wird mit Wasser gekocht und mit Spucke geredet. Für den Mann der Tat bleibt immer noch Zeit genug, um seine bescheidene Meinung mit Feuer sagen zu können."

2

Die beiden Herren bemerken nicht, daß ein Diener dem Herrn Almorò Pisani, dem Großinquisitor der Republik, einen Zettel gebracht hat, welchen Almorò mit immer ernster werdender Miene liest. Nur sein jüngerer Bruder, der große Alvise, hat den kleinen Zwischenfall beobachtet; er sieht, wie Almorò dem Diener ein paar Worte zuflüstert, um nach einer Weile unauffällig den Saal zu verlassen. Ein purpurner Schatten huscht durch die Galerie, schwebt eine Treppe hinauf und steht gleich darauf im hellen Sitzungszimmer der geheimen Staatsinquisition. Im Mittagslicht, das vom Wasser auf den Platz geworfen wird, zittern die roten Ledertapeten wie herbstliche Weingärten des Festlandes; nur das große Deckengemälde von Tintoretto liegt klar und bestimmt über dem besonnten Glanz des Raumes.

Als der Großinquisitor in der Tür erscheint, verneigen sich ein Mann und zwei Frauen.

Almorò Pisani geht verbindlich auf die eine der Frauen, seine Nichte Elena, zu, während er die Scharlachrobe mit der Linken

rafft und in graziöse Falten legt. „Nun, Elena", lächelt er, „was gibt es so Dringliches?"
Das Feuer hat sich aus der tiefen Verneigung erhoben und sieht den Oheim an. „Graf Bonneval ist in Venedig."
Der Großinquisitor neigt das feine Gelehrtenhaupt. „Ich weiß. Ist das der Grund, aus dem du mich vom Staatsessen wegholen ließest?"
„Sie wissen nicht, daß Bonneval hier ist, um den Marschall zu ermorden." Elena sagt das sehr kurz.
„Das glaube ich nicht," erwidert der Großinquisitor mit gütiger Überlegenheit, „aus guten Gründen nehme ich vielmehr an, daß er für den Prinzen Eugen eine geheime Kontrolle ausüben soll, weil der Marschall dem Prinzen noch keine Berichte über den Stand unserer Rüstungen gesandt hat."
„Diese Absicht mag Bonneval dem Prinzen vorgespiegelt haben, als er nach Venedig abfuhr. In Wahrheit handelt er im Auftrage vom Dianum-Kogia, dessen erster Geheimagent er in Wien ist."
Almorò wiegt das Haupt. „Eine gewichtige Behauptung, liebes Kind", murmelt er, während er sich in einem großen Sessel niederläßt. Nachdenklich schüttelt er von neuem den Kopf. „Was ist der Dianum-Kogia?" fährt er fort, „lebt er überhaupt? Ist er ein Phantom? Noch ist das Geheimnis um ihn nicht gelüftet." Er schlägt langsam die Beine übereinander, daß Lichtfunken aus der Scharlachtoga aufsprühen. „Und Bonneval soll im Auftrag dieses Ungewissen den Marschall ermorden? Woher kommt die Nachricht?"
Nun berichtet Elena über den Besuch des Grafen Bonneval bei Aimée. Sie berichtet weiter, daß Aimée und sie vor Aimées Abreise den Arsenalarbeitern den Schutz des Marschalls anvertraut hätten, weil Schulenburg in einem schwer verständlichen Fatalismus jeden Schutz ablehne. Mosers Soldaten könnten gute Ingenieure sein; den Künsten Bonnevals seien sie aber nicht gewachsen. Da seien die Arsenalotten erfahrener; Giacomo — sie weist mit der Hand auf den Arsenalotten — habe alles auf das beste vorgesehen.

„Bonneval hatte doch, wie du eben sagtest, versprochen, abzureisen?" Der Großinquisitor zieht ein kleines elfenbeinernes Notizbuch hervor, in welches er Aufzeichnungen macht. Er hebt nach einiger Zeit das Haupt von dem Notizbuch: „Oder ist das nicht richtig?"
Langsam schließt Elena die Augen. „Ich habe sofort vermutet, daß Bonneval seinem eigenen Versprechen zum Trotz nicht abreisen wird. Deshalb habe ich ihn und seine Gehilfin, eine Spitzenhändlerin, durch diese Frau beobachten lassen."
„Wer ist diese Frau?"
„Die Zofe der Gräfin Mocenigo della Torre. Es ist eine Türkin; sie heißt Gazireh."
Über die linke Schulter wendet sich der Großinquisitor zurück. „Was hast du gesehen, Gazireh?"
Gazireh macht einen Knicks, wie sie das anderen Zofen in Venedig abgelernt hat. Nicht abgelernt jedoch hat sie den anderen Zofen deren reizende und leere Geschwätzigkeit. Von ihren Worten geht ein seltsamer Gleichmut aus; sie berichtet, als ob sie eine Schulaufgabe hersage. Nur selten leuchtet ihr Auge auf. „Gazireh ist hinter Graf hergefahren zum kleinen Palast, wo Graf mit böser Frau wohnt. Gazireh ist zum Fenster hinaufgeklettert. Fremder Graf hat böser Frau Fläschchen gegeben, und Frau hat gesagt: ,Noch heute abend bekommt er es in die Suppe.'"
„Deshalb", so setzt Elena wieder ein, „bewachen die Arsenalarbeiter den Palast des Marschalls. Aber wir wissen nicht, wo der Marschall den heutigen Abend zubringen wird."
„Auch ich weiß es nicht. Ich will aber versuchen, es zu erfahren."
Nun leuchten Elenas tiefblaue Pisani-Augen auf. Sie tritt einen Schritt vor. „Exzellenz", sagt sie scharf, „gibt es denn sonst kein Mittel, um Bonneval heute noch zu beseitigen?" Und nach kurzer, schwerer Pause setzt sie hinzu: „Mittel, von denen niemand etwas weiß — die auch niemanden mißtrauisch machen?"
Almorò Pisani sieht eine Zeitlang vor sich hin. Eigentlich wollte er den heutigen Abend bei Anna Clorinda verbringen, die sieben Teufel im Leibe hat, kaum mehr als eine Unze wiegt und ihm

mit ihrem süßen Geschwätz die Stunden verscheucht. Er wollte wie immer in der Gondel der Inquisition, mit der roten Flamme am Bug, in die Nähe ihrer Wohnung fahren, dort aus der Gondel springen und sich hinaufschleichen zu dem kleinen Satan, der in seinem resedenfarbenen Zimmerchen eine Welt von Freuden feilbietet. Aber jetzt liegen die Dinge zu ernst. Anna Clorinda muß bis morgen warten. Der Großinquisitor schlägt an einen Gong. Dem Diener, welcher erscheint, ruft er kurz zu: „Messiergrande!"

Bald darauf tritt Messiergrande ein, der oberste Häscher des Tribunals. Wo dieser große kalte Mann mit dem mageren Knochengesicht in seinem schwarzen Gewand erscheint, fliegt die Freude davon, und die Menschen zittern. Messiers Persönlichkeit allein wirkt stärker auf die Venezianer als zwei Regimenter Infanterie. Selbst Elena durchfährt ein leichter Schrecken, als er erscheint. Almorò bemerkt die Unruhe seiner Nichte und sieht sie freundlich an. Dann ziehen sich auf seinen leichten Wink der Arsenalarbeiter und Gazireh in das Vorzimmer zurück; und nun wendet sich der Großinquisitor zu dem obersten Häscher.

„Welche Gifte haben wir bereit?" fragt er ruhig. „Sie können vor meiner Nichte offen sprechen. Sie ist eine Pisani und weiß, daß es um das Wohl Venedigs geht."

Der Häscher, der sich zunächst gegen Elena verneigt hat, zuckt die Achseln. Dann führt er die Arme nach den Seiten, öffnet die Hände wie ein Verzichtender und sagt: „Was werden wir noch bereit haben?" Er tritt an einen Wandschrank, welcher kunstvoll in der roten Wandbekleidung versteckt ist, öffnet ihn mit ein paar spielerischen Griffen und entnimmt dem Schrank einen Kasten mit vielen Schächtelchen und Fläschchen. Diesen Kasten stellt er vor den Großinquisitor auf den Tisch. Er öffnet ein Schächtelchen nach dem anderen und hält jedes dem Großinquisitor zur Prüfung vor die Augen. „Seit Jahren weise ich darauf hin: alle unsere Gifte sind alt; sie sind zerfallen und haben ihre Wirksamkeit verloren. Hier", sagt er verbittert, „das sind die Reste des ‚Grußes von Medina', der unserem Senat vor zwei-

hundert Jahren vom damaligen Bailo aus Konstantinopel gesandt wurde. Es ist das schärfste Gift des Ostens. Auf der Schachtel steht: ‚Ein Körnchen davon genügt'. Der Dianum-Kogia soll dieses Gift noch heute verwenden. Aber das hier?" Messier schüttet sich ein Häufchen des Giftes auf die Fläche seiner mageren Hand, die an die Klaue eines Raubvogels erinnert, und schluckt den Staub mit einer kurzen Bewegung hinunter. „So könnte ich unsere ganzen Gifte aufessen, wenn mir der Sinn nicht nach besserem stände", setzt er hinzu, während er den Kasten wieder an seinen Geheimplatz zurückbringt.
„Und die Rezepte?"
Messier greift in den Geheimschrank und zieht ein ledergebundenes Bändchen hervor. Gelb und zerfallen guckt das Papier aus der braunen Hülle, das mit senkrechten, breiten Schriftzügen bedeckt ist. „Hier sind die Rezepte mit Vermerken über die nötigen Dosen. Es gibt Gifte, die sofort wirken; andere, die sich erst in Wochen oder Monaten bemerkbar machen. Ob mit, ob ohne Schmerzen: das ist alles in sich abgestimmt wie ein feines Clavicembalo. Aber niemand kann es mehr spielen."
Die Lippen des Großinquisitors gehen nach innen. Für einen Augenblick erinnert er an seinen Bruder, den großen Alvise. „Und Zanichelli? Der Apotheker Zanichelli müßte doch die Rezepte herstellen können!"
Langsam geht der magere Kopf des Häschers hin und her. „Zanichelli — nein, Zanichelli kann das nicht. Das hat er mir auf meine Frage schon vor Jahren zugeben müssen."
Leise setzt Elena hinzu: „Zanichelli fertigt die besten Gesichtswasser, kostbare Parfums, herrliche Seifen und zartesten Puder an — von ernsten Sachen versteht aber eines hohen Senats Apotheker bestimmt nichts mehr."
„Sehr ernste Sachen." Almorò sieht seine Nichte mit einem feinen Wohlwollen an. Reizvoll ist sie geworden; sie hat in den letzten Monaten einen großen Schritt vorwärts gemacht — sie scheint sogar noch gewachsen zu sein; ein seltener Zauber strahlt

von ihrem süßen Figürchen aus. So müssen die Jägerinnen aussehen, welche Diana auf die Jagd begleiten.
Elena schiebt ihr Spitzentuch aus der Stirn. „Ich verstehe Ihre Bedenken, Herr Oheim. Bonneval will das Hochwild zur Strecke bringen. Wenn Sie ihn aber vorher selbst zur Strecke bringen, so fällt auf die venezianische Regierung ein Verdacht, welcher unsere guten Beziehungen zum Prinzen Eugen und weiter auch zum Wiener Hof schwer trüben könnten. Eine solche Kraftprobe dürfen wir uns aber nicht mehr leisten. Daher können Sie den Grafen Bonneval nur durch die Arsenalarbeiter unauffällig außer Landes bringen lassen. Dagegen kann die Spitzenhändlerin, Bonnevals beste Gehilfin, hier verschwinden. Das darf aber erst heute nacht geschehen, damit sich die beiden nicht vorher unter den Schutz des kaiserlichen Gesandten stellen. Wie also schützen wir den Marschall heute abend? Wenn er bei einem seiner Freunde speist, wird die Spitzenhändlerin die Speisen vorher mit Gewürzen aus des Kogias Küche verpesten. Den ‚Gruß aus Medina', den Bonneval mit sich führt, wird Messier nicht aus der hohlen Hand probieren wollen."
In den kalten Blicken Messiers leuchtet etwas wie Bewunderung auf für das junge Mädchen, dessen Worte gemessen und soldatisch klingen wie die ihres Vaters, des Admirals, der jetzt wieder hinausfährt auf seinen Posten in der Levante. Dann wiegt Messier lächelnd den Kopf: „Ich ziehe Leber auf venezianische Art vor."
Während Almorò immer den Blick auf Messier gerichtet hält, weil er feststellen möchte, ob das Gift, das der Häscher zu sich nahm, nicht doch noch eine kleine Wirkung ausüben möchte, fährt Messier in seiner Rede fort. „Die Vorschläge der jungen Patrizierin haben Hand und Fuß. Könnten Eure Exzellenz nicht eine bestimmte Einladung für heute abend an den Feldmarschall gelangen lassen? Dann würden wir versuchen, wenigstens die Küche dieses Hauses zu überwachen."
Langsam streicht Almorò sich über die Stirn. „Wie alle sinnenfrohen Männer liebt der Marschall die Musik. Ich könnte meine

Kusine, die Äbtissin Donna Chiara Gritti bitten, bei sich im Kloster heute abend die Waisenmädchen von den Incurabili singen und spielen zu lassen. Eine solche Akademie ist immer eine reizvolle Darbietung; die jetzigen ersten Sängerinnen, die Zabetta und die Margherita, sind schön wie der junge Tag über den Lagunen, und aus ihren Stimmen spricht die Sehnsucht nach himmlischer und irdischer Liebe in holder Vereinbarung."
Ruhig betrachtet die Feuer-Pisani den genießerischen Oheim. „Die Arsenalarbeiter werden den Marschall unauffällig beschützen, wenn er zum Konzert ins Kloster fährt. Gazireh bleibt indessen hinter Bonneval und der Spitzenhändlerin her; Messier läßt die Küche des Klosters von einer sicheren Person beobachten. Sobald Bonneval begriffen hat, daß der Giftanschlag gegen den Marschall mißglückt ist, wird er morgen einen Bravo beauftragen, den Marschall zu ermorden. Bonneval muß also von den Arsenalarbeitern möglichst bald, am besten schon gegen Mitternacht, ergriffen, ans Festland gebracht und von dort in einem Wagen über die Grenze befördert werden."
Der oberste Häscher wendet das übermagere Antlitz dem jungen Mädchen zu. „Ich mache Ihnen mein Kompliment", sagt er, „Ihre Dispositionen sind klar wie die eines Generals vor einer Schlacht. Ich werde den Obersten der Arsenalarbeiter, den Giacomo, sofort instruieren, ebenso die Türkin. Aber", fährt er nach einer Weile fort, „wie sichern wir den Marschall nach dem Konzert? Die Konzerte bei der Frau Äbtissin sind um neun Uhr zu Ende. Der Marschall dürfte nachher von seinen Freunden in ein Kasino am Markusplatz geführt werden. Dort droht ihm größte Gefahr."
Die milden Gelehrtenblicke des Großinquisitors ruhen fragend in den blauen Augen Elenas. Die hat die Hände über den Knien gefaltet und sieht den Oheim ruhig an. „Die Sicherheit des Feldmarschalls für die Zeit nach dem Konzert übernehme ich allein."
Ganz langsam reckt sich der Großinquisitor empor. Er richtet die Forscheraugen auf das junge Mädchen, das unbeweglich auf den Boden starrt und fragt ruhig: „Wie alt bist du, Elena?"

„Ich werde siebenzehn."
„Also sechzehn."
Ein Blick, lang und ruhig, trifft den Großinquisitor. „Ich bin siebzehn und werde den Feldmarschall vom Konzert in seinen Palast begleiten; ich bürge dafür, daß er ihn in der kommenden Nacht nicht mehr verlassen wird." Und nach einer Weile spricht die knabenhafte Stimme des jungen Mädchens weiter in das Schweigen hinein: „Messier wird die beiden draußen instruieren und Sie, Herr Oheim, werden die gnädige Äbtissin-Tante benachrichtigen, daß heute abend um sechs eine musikalische Akademie bei ihr stattfinden soll. Sie werden weiter den Marschall und die Gäste des Dogen jetzt gleich zu dieser Akademie einladen. Mich wollen Sie gütigst entschuldigen; ich muß mich noch frisieren lassen und um meine Kleider bemühen. Denn heute abend muß ich schön sein." Sie erhebt sich, macht vor dem Großinquisitor eine tiefe Verneigung und nickt Messier freundlich zu. Dann verläßt sie rasch den Raum durch eine Seitentüre.
Almorò sieht den Häscher nachdenklich an. „Sie ist sechzehn", murmelt er, „sechzehn ..."
Der Häscher verneigt sich. „Man soll nie das Alter der Menschen nach ihren Lebensjahren beurteilen, Exzellenz."

3

Das Katharinenkloster liegt im Norden Venedigs; es birgt jenen vornehmen Orden der Augustinerinnen, dessen Damen der Vater der Pisanitöchter während seiner Jugend allzu eng in seine Nachtgebete einbezogen hatte. Damals wurde er als zwanzigjähriger Taugenichts aus Venedig verbannt; es geschah das am 17. August 1682, und Andreas Mutter, Paolina Contarini mit den goldenen Haaren, weinte sich deshalb die Augen aus. Jetzt ist der gleiche Andrea Pisani Admiral und Gouverneur der levantinischen Inseln. Er soll, trotz seines Weigerns, im kommenden Frühjahr zum Generalkapitän der Meere und Großadmiral ernannt werden. Die Damen des Katharinenklosters haben ihre Lebensführung in den verflossenen dreiunddreißig Jahren geändert, wie Andrea die seine geändert hat — aber genau in umgekehrter Richtung. Während Andrea mit zusammengebissenen Zähnen um den Ruhm und die Größe Venedigs draußen auf den Inseln der Levante kämpfte, führten die Damen der Heiligen Katharina in ihrem Kloster ein großes Haus. Es sind zwar immer noch nur die Töchter aus besten venezianischen Familien, welche in dieses Kloster eintreten dürfen; aber kein Andrea Pisani würde jetzt mehr von der Äbtissin den Herren der Nacht angezeigt werden, wenn er ihre Schützlinge allzu sehr in sein Abendgebet einbeziehen wollte. Jede der Klosterdamen verfügt über drei Zimmer, eingerichtet von Brustolon oder Malaparte, Träume in Olivgrau und Silber oder in Meergrün und Gold, mit langen, quadratisch geteilten Spiegeln zwischen den Fenstern, heiteren geschwungenen Möbeln und nicht immer ganz einwandfreien Bildern. In jedem dieser Zimmer hängt, in der Bemalung fein abgestimmt, ein schön geschnitzter Kruzifixus, dessen jugendlicher Körper die Überwindung alles irdischen Leides im Geist der Zeit ausdrückt. Die Äbtissin nennt sich auf ihren Visitenkarten „Ihre Exzellenz, die Äbtissin des Klosters der heiligen Katharina, die hochgeborene Patrizierin Donna Chiara Gritti aus dem Hause San Angelo". Sie verfügt im Kloster über eine Flucht von Sälen, angefüllt mit Gobelins, Teppichen, Gemälden, Marmorwerken und Trophäen. Während der musikalischen „Akademien", welche im Sprechzimmer des Klosters stattzufinden pflegen, halten sich die Klosterdamen hinter den Gitterstäben der Sprechfenster auf. Sie beweisen durch diese zur Schau gestellte Abgeschlossenheit die Würde des Ordens und horchen, in Seiden und Brokate gekleidet, von Wachskerzen schmeichelnd beleuchtet, auf die Musik der Waisenmädchen. Für die Gäste stehen vor den Gitterstäben Gobelinsessel bereit. Nach Beendigung des Konzerts pflegt die Äbtissin, umgeben von den Klosterdamen, die Gäste zum Nachtmahl in den hellerleuchteten Gesellschaftszimmern des Klosters zu empfangen. —

Um fünf Minuten vor Sechs legt die Gondel des Marschalls vor dem Katharinenkloster an. Straticò springt als erster an das Ufer und reicht Matthias die Hand. Der schiebt sich in seinem großen Biberpelz aus der Gondel und geht rasch über den Ufersteg in das Kloster. Die Äbtissin empfängt ihn, den ersten Gast, in einem kleinen chinesischen Zimmer neben dem Musiksaal, in welchem die Waisenmädchen bereits ihre Plätze eingenommen haben. Um den alten Abbate Crespi gruppiert sich beim Licht großer Kerzen das Orchester; die jugendlichen Geigerinnen stimmen die Instrumente; die Trompeten blasen kurze Signale, und die dunkelhaarige, rundliche Paukerin läßt lachend einen Wirbel über die gespannten Kesselpauken rollen. Vor dem Dirigenten sitzen in reizvoller Ungewißheit der Dämmerung die Sängerinnen; vorn die beiden Solistinnen, die schlanke, blonde Zabetta in der bleichen Ruhe besonnter Lagunen, und die dunkle, hochbeinige Margherita, mit einem Gesichtchen, glatt und fest wie eine Haselnuß. Alle tragen sie schwarze Kleider und weiße Umschlagtücher, Kleider von gefälliger Form, welche die natürliche Anmut der Mädchen taktvoll betonen.
„Diese Geschöpfe sind alle ausnehmend schön", bemerkt Matthias, nachdem er die Komplimente der Äbtissin entgegengenommen hat, „als ob sie für ihre Zwecke besonders gezüchtet wären." Donna Chiara neigt sich aus dem erhöhten Goldsessel freundlich vor. „Es sind alles Kinder der Liebe — des Karnevals."
Eine junge Nonne, Konstanze Foscari, zieht die sehr bewegten Lippen zu einem feinen Lächeln zusammen, das auf ihrem Antlitz stehenbleibt. Konstanze trägt zu meergrünem Silberbrokat heute zum erstenmal eine neue Frisur, deren Muster am Tage vorher aus Paris eingetroffen ist. „Gezüchtet, — das ist vielleicht das richtige Wort, Marschall. Alles, was in Venedig gut ist, ist Zucht. Unsere Aristokratie ist Zucht. Gewiß, nicht jede Foscari ist eine Foscari. Aber dann ist sie eine Grimani. Und wenn der Grimani, der jene Foscari erzeugt hat, vielleicht auch selbst kein Grimani ist, so ist er ein Pisani, ein Nani, ein Cornaro, ein

Mocenigo, oder ein Ruzzini. Die Substanz bleibt. Und das gewährleistet die Tradition des Herrschens."
Erstaunt, fast erschrocken hat Matthias diesen Ausführungen zugehört. Sie klingen ungeheuer, zynisch, ja sardonisch von den Lippen eines halben Kindes. Aber noch mehr erstaunt er, als eine andere junge Nonne, mit überfeinen, fast asketischen Zügen, diesen Worten hinzufügt: „Bisweilen aber sprengt eine Riesenleidenschaft diesen Kreis, und ein Patrizier heiratet eine Sängerin, eine Tänzerin oder eines von jenen Waisenmädchen dort. Derartiges betrachten wir als ein gesundes Korrektiv der Natur. Vielleicht ist an manchen Stellen unseres patrizischen Gewebes der Faden doch zu dünn geworden. Dann wird er durch frisches, fremdes Blut wieder gekräftigt — zum Wohl des gesamten Patriziats unserer Stadt."
Die Äbtissin hört diesen Ausführungen mit einem halben Lächeln zu, das sie erst in den Ausdruck freudigen Erstaunens verwandelt, als weitere Gäste den Saal betreten. Bald sind sie alle versammelt, deren Namen die junge Konstanze Foscari soeben ausgesprochen hatte: die Nani, die Pisani, die Mocenigo und die Ruzzini. Mit einer fast physischen Benommenheit sieht der Krieger auf diese Menschen, die nach den Worten der jungen Nonne nichts anderes sein sollen als funkelnde Blasen im ungeheuren Mischkessel patrizialischer Liebe.
Nach einer freundlichen Aufforderung der Äbtissin schreitet er, begleitet von Nani und von Straticò, in das Sprechzimmer zu dem goldenen Lehnsessel, welcher in der ersten Reihe für ihn bereitgehalten wird. Lichte Farbbewegungen an seiner Seite zeigen an, daß die Äbtissin mit ihren Nonnen hinter den Gittern des Sprechzimmers Platz nimmt. Dann entsteht ein Augenblick der Stille; Antonio Crespi verneigt sich, überblickt sein Orchester, hebt die Hände, wendet das vergilbte Haupt nach den Seiten und gibt das Zeichen zum Einsatz.
„Eine Paraphrase von Benedetto Marcello", flüstert Nani dem Marschall zu, der dankend das Haupt neigt. Die Waisenmädchen beherrschen ihre Instrumente — ihre Geigen, Gamben, Violen

und Pommern, jene großen brummenden Oboen, welche die Musik des venezianischen Meisters zuweilen unheimlich untermalen. Ein wunderbares Bild, diese schönen Frauen aus einem anderen Mischkessel venezianischer Liebe, die ihre fluggehobenen Arme und Hände über die Saiten streichen lassen, ihre glatten Wangen aufblähen oder zwischen den schmalen Knien ein schweres Saiteninstrument halten! Wie die Züge südwärts strebender Vögel schweben die Melodien des venezianischen Patriziers Marcello über die still horchenden, musikbesessenen Venezianer hinweg... ob dieser Marcello wohl ein Pisani ist oder ein Nani oder ein Mocenigo, denkt Matthias. Aber wer ist hier wer? Hier ist alles Schönheit, Sehnsucht, Glanz — es hat keinen Namen, es ist ständiger Wechsel, ständiges Schwingen, es ist Musik, ist Meer... Venedig...
Als nach dem Schluß der Paraphrase heller Beifall die jungen Künstlerinnen belohnt und Don Antonio lächelnd den Dank in Empfang nimmt, wendet Matthias das Lockenhaupt gegen Nani, um ihm ein paar zustimmende Worte zuzuflüstern. Bei dieser Gelegenheit entdeckt er an der Wand neben den Sitzreihen zwei junge Mädchen, deren eines ihm mit leichter Neigung des Kopfes zulächelt. Rasch geht das flüchtige Erstaunen, welches sich in seinen Zügen ausdrücken wollte, in eine frohe Zustimmung über. Das ist Elena Pisani, das Feuer, in einem blauen Atlaskleid und einer modischen, kaum gelockerten Frisur, unter welcher die blauen Pisani-Augen bewegt erglänzen. Aber die junge Dame an ihrer Seite ist nicht ihre Zwillingsschwester. Dieses junge Menschenkind ist dem Marschall noch unbekannt. Selbst durch das weit ausladende Globuskleid erkennt man die schöne Schlankheit eines edlen, hochgezüchteten Körpers. Das Antlitz, dem der kleine Haaraufbau einen Anflug von Würde gibt, fesselt durch die Klarheit der Gesichtszüge. Um den Hals trägt die junge Dame eine große Perlenkette. ‚Geheimnisvoll sind die Blüten, die aus dem Mischkessel der Liebe in Venedig aufsteigen', denkt Matthias von neuem. Wirklich, ein schönes Antlitz, schön, wie man selten eines sieht. Die Stirn ist hoch,

ohne abschreckend zu wirken; die Nase wundervoll geschwungen. Unter hohen Brauen verdämmern die Augen in einem morgendlichen Hellgrau; das eine steht etwas schief. Die Unterlippe scheint ein wenig vorzustehen, ohne aber unangenehm zu wirken. Der Marschall winkt die beiden Damen zu sich und reicht Elena die Hand.

„Ich hatte meinen Sohn in seinem prächtigen Festkleid kaum erkannt", lacht er Elena zu, „Sie sehen bezaubernd aus." Das Feuer verneigt sich und errötet. Dieses Erröten entzückt den Marschall, wie einen alternden Mann jeder Glanz von Jugend entzückt, der ihm entgegenstrahlt. „Aber machen Sie mich Ihrer Freundin bekannt", fährt er fort, „ihr Antlitz kommt mir zwar bekannt vor."

„Das ist Lukrezia della Torre." Die schöne Freundin verneigt sich tief.

„Sind Sie... die Tochter... der Gräfin della Torre Mocenigo?"

„Ja, Exzellenz. Ich bin heute aus Turin gekommen, um meine Mutter aufzusuchen. Leider ist sie aber bereits abgereist."

Ein tiefer Schreck durchfährt den Marschall. „Abgereist?... Nein! Davon hätte sie mir etwas gesagt! Ganz unmöglich... Wir sind befreundet; sie hätte mich Näheres wissen lassen. Wohin ist sie abgereist?"

Das junge Mädchen zuckt mit den schmalen Schultern. „Meine Großmutter glaubt, sie sei in das Aostatal zurückgekehrt."

Wenn Matthias nicht mit fast ängstlicher Aufmerksamkeit die Züge dieses Mädchens prüfte, so würde er bemerken, daß in der artig vorgebrachten Antwort etwas nicht stimmt. Er würde bemerken, daß diese beiden schönen Geschöpfe ein gemeinsames Geheimnis bewahren, welches sie ihm nicht preisgeben wollen. So aber zergrübelt er sein Hirn, wo er dieses Antlitz schon einmal gesehen habe. Mit Aimée hat Lukrezia wenig Ähnlichkeit. Plötzlich steigt vor ihm das Bild seiner Schwester auf, der guten Melusine, der Herzogin von Kendal. Damals, als sie noch ein kleines Hoffräulein in Hannover war, bevor sie die allmächtige Gräfin Platen verdrängte...

Aber woher kommt denn diese Ähnlichkeit in das Patriziat von
Venedig? Durch die della Torres? Kaum. Das sind Piemontesen
aus den Bergen, Männer mit hartgemeißelten Köpfen und festen
Knochen. Wer kann wissen, was aus diesem süßen Antlitz noch
für längst verwehte Ahnen sprechen?
Inzwischen ist die Zabetta leise auf das Podium getreten. Die
Unterhaltung durch die Gitterfenster verstummt; Don Antonio
gibt dem Orchester das Zeichen zum Einsatz, und bald darauf
schwebt die Arie: „Fuggi, salvati Aminta" von Vivaldi durch
den Raum.
Das ist die Vollendung. Ein Mädchen, schön wie es sonst nur
ein Dichter zu träumen vermag; eine Stimme von reinstem
Wohllaut, edelster Schulung und tiefster seelischer Getragen-
heit... Matthias versinkt in einen Traum, welcher ein halbes
Dankgebet einschließt: „Ich danke Dir, Gott, daß Du mir die
Schönheit gibst."

4

Während das Konzert seinen Verlauf nimmt, wirbeln die Mägde
in der Küche des Klosters hin und her. Nach dem Konzert sollen
zwar nur kalte Speisen gereicht werden; aber die Küchenschwester will auch da ihre Kunst zeigen, und so sind für
die Tafel der Äbtissin, an welcher sie, nur mit dem Marschall
zusammen, erhöht über den Tafeln der anderen Gäste speisen
wird, zwei große getrüffelte Langusten bestimmt. Die Küchenschwester bereitet für diese Langusten eine besondere Soße
vor aus Eigelb, Öl, Malaga, Gewürzen und Kräutern; die fremde
Köchin, welche heute von der Äbtissin zur Hilfe geschickt wurde,
geht ihr zur Hand. Dabei aber läßt diese Köchin eine kleine
Levantinerin nicht aus den Augen, die sich in die Küche geschlichen hat und den Mägden allerlei Tand für billiges Geld
anbietet. Einstweilen beaufsichtigt die Küchenschwester den
Zuckerbäcker, solange er das Gefrorene in einem Winkel der
Küche mit kandierten Früchten verziert. Ganz unauffällig tritt

die fremde Köchin hinter eine Säule, als die Levantinerin sich dem Soßentisch nähert. Die weit aufgerissenen Augen der Levantinerin blicken sich um. Dann zieht sie rasch ein Fläschchen aus dem Ärmel ihres Mantels und gießt ein paar Tropfen in die Soße, welche für den Marschall und die Äbtissin bestimmt ist. In diesem Augenblick springt die fremde Köchin hinter der Säule hervor und stößt einen lauten Ruf aus. Gleich darauf stürzen sich zwei dunkel gekleidete Männer aus einem Nebenraum auf die Levantinerin. Die kleine Händlerin erhebt ein lautes Geschrei, welches in einem tierischen Jammern verendet.

„Sie hat etwas aus einer Flasche auf die Soße gegossen!" Die fremde Köchin steht mit erhobenen Fäusten vor der Levantinerin. „Da... im Ärmel hat sie die Flasche versteckt!"

„Ich habe nichts darauf gegossen! Ich schwöre es bei allen Heiligen!" Die Frau schreit und windet sich unter den Fäusten eines der Dunkelgekleideten. Der aber greift ihr rasch in den Ärmel und zieht das Fläschchen hervor. „Da!" fragt er rauh, „was ist denn das?"

„Das ist eine Medizin gegen den Husten! Ich schwöre es bei allen Heiligen."

Die Mägde haben sich neugierig herangedrängt; selbst der Küchenschwester gelingt es nicht, sie an ihre Arbeit zurückzutreiben. Mit weit aufgerissenen Augen starren sie auf die keuchende Levantinerin, die ihnen soeben noch die herrlichsten Dinge für ein paar Heller verkauft hat; mit angstvoller Neugier sehen sie, wie der größere der Schwarzgekleideten, welche sie als Arsenalarbeiter kennen, das Fläschchen nimmt und sagt: „Gut, dann wollen wir dir deine Medizin gegen den Husten in den Hals schütten."

Die mageren Fäuste der Frau krallen sich in den Arm des Arbeiters. „Nein, nein!" schreit sie, „nicht, nicht! ich will alles gestehen!" — „Wer hat dir das Gift gegeben?"

Die Frau schweigt und starrt den Arbeiter wesenlos an. Der packt mit der Linken den Hals der Händlerin und beginnt sie

345

zu würgen. Die Levantinerin winkt in ihrer Todesangst, daß sie gestehen wolle.
„Du bist Spitzenhändlerin?"
„Ja."
„Wer hat dir das Gift gegeben?"
„Graf Bonneval."
„Was solltest du mit dem Gift tun?"
Wieder windet sich die Frau und versucht, sich loszureißen, aber wieder sitzt die Faust des Arbeiters ihr an der Gurgel.
„Was du mit dem Gift tun solltest?"
„Den Marschall vergiften und die Gräfin Mocenigo della Torre ... aber laßt mich leben! Ich habe die Wahrheit gesagt. Ich schwöre es bei allen Heiligen!"
Der Arbeiter schüttelt den Kopf. „So etwas wie dich läßt man nicht leben. Die Soße da kannst du mit ins Grab nehmen!"
Er umklammert die schreiende Spitzenhändlerin mit beiden Armen und trägt sie zur Küche hinaus. Der andere Arbeiter trägt die Schüssel mit der vergifteten Soße hinter ihnen her.
Ein Grauen geht durch das erstarrte Gesinde. „Sie wollte die Gräfin della Torre und den Marschall vergiften! Und unsere Äbtissin dazu!" murmeln die Mägde und sehen sich schweigend an. Bald darauf stürzen sie sich auf die Koffer der Spitzenhändlerin und reißen den Tand an sich. Denn jetzt sind diese Waren noch billiger geworden; sie kosten nur etwas Geschrei, Zank und feste Ellenbogen.

An der Ufertreppe vor dem Kloster liegt eine Gondel. Dorthin trägt der Arbeiter die kreischende Levantinerin, welche wie eine Irre um sich schlägt und nach den Armen ihrer Feinde beißt, dann aber wieder heulend um ihr Leben fleht. Die beiden Gondelführer halten einen großen mit Eisen beschwerten Ledersack geöffnet, in welchen die Arsenalarbeiter die schreiende Frau hineinstopfen. Dann verschließen die beiden den Sack mit festen Lederriemen.

Rasch rudern die Gondoliere den Kanal entlang, unter jubelnden und tobenden Halbnarren hinweg. Nach wenigen Minuten schlagen sie die Richtung zum Haus der Geister ein, vor welchem sich die offene Lagune ausdehnt. Durch einen leichten Druck der Ruder bringen die Gondelführer das Fahrzeug zum Stillstand. Dann ergreifen die Arsenalarbeiter mit zusammengebissenen Lippen den Ledersack und senken das stöhnend Zappelnde in die Lagune. Ein letzter entsetzlicher Schrei — ein Gurgeln des Wassers — ein paar große Ringe auf der dämmerigen Fläche — dann liegt die Lagune wieder in breiter, bleiger Stille.
Nach einiger Zeit wirft der ältere Arbeiter das Giftfläschchen Bonnevals in weitem Bogen in die Flut.
Jetzt gibt es kein Gift mehr in Venedig. Von jetzt ab gibt es dort nur noch Musik und Liebe.

5

Aber Venedig zerlöst sich doch nicht nur in Musik und Liebe. Es bleibt immer noch die Bewahrerin einstiger Größe. In der Pause zwischen dem Konzert und der Abendmahlzeit weilt der Marschall mit Elena Pisani in der benachbarten Klosterkirche, um bei Fackelbeleuchtung sechs Bilder Tintorettos zu besichtigen, Darstellungen des Lebens der heiligen Katharina, welche ihm an das Herz greifen. Elena berichtet ihm, hier am Kanal hätte Tintorettos Atelier gelegen; die meisten Kirchen des Stadtteils seien von ihm ausgemalt oder mit Bildern versehen worden.
„Verzeihen Sie", flüstert sie darauf, „wenn ich ein kurzes Gebet um Fürbitte zur Heiligen schicke. Es ist für eine Frau, welche in diesem Augenblick sterben muß."
„In diesem Augenblick? Woher wissen Sie das? Ein solcher Augenblick kann sich immer hinausziehen."
„Dieser nicht."
Über dem Hauptaltar der Kirche hängt eines der schönsten Werke von Veronese, die Verlobung der Heiligen Katharina. Die

Fackelträger treten neben das Bild, und nun leuchtet es auf in seiner inneren, überirdischen Glut. Vor dem Bild kniet halb im Dämmern das junge Mädchen, den Körper weich zusammengezogen, das Haupt in die langen Hände gestützt. Matthias atmet den Glanz, welcher ausgeht von der ergreifenden Schöpfung Veroneses. Inzwischen erhebt sich das Mädchen und tritt an seine Seite. Dann räuspert es sich: „Wünschen Sie sich ein Bild Veroneses für Ihre Sammlung?"
„Ich würde viel dafür geben."
„Gut, dann kaufen Sie doch die Madonna, welche Exzellenz Nani vor einigen Tagen an den Händler Cattaneo verkauft hat. Cattaneo hat dem Kriegsminister 100 000 Dukaten dafür gezahlt."
Die Stirn des Marschalls zieht sich zusammen. „Weshalb hat Nani das Bild hergegeben?"
„Es heißt, er hätte plötzlich eine größere Summe gebraucht, die ihm aber im Augenblick nicht zur Verfügung stand. Man spricht sogar von 125 000 Dukaten. So hat er dann rasch das schönste Bild seiner Sammlung verkauft."
„Woher wissen Sie das?" Matthias fragt plötzlich soldatisch kurz. Elena antwortet in der gleichen Tonlage. „Nani hat das Bild durch die Arsenalotti zu Cattaneo bringen lassen. Die haben es mir erzählt."
„Wo wohnt Cattaneo?"
„Bei San Moisè. Das Haus ist schwer zu finden." Ein Zittern geht um die tiefblauen Augen.
„Ich werde hinfinden. Ich will das Bild sehen."
„Ich werde Sie begleiten, Exzellenz."
Matthias nickt. „Können Sie solange von Hause wegbleiben?"
„Der Gondoliere wird Bescheid sagen. Man sorgt sich nur wenig um mich." Nach einiger Zeit setzt sie aber hinzu: „Nur Laura sorgt sich um mich."
„Ihre Schwester hat ein gütiges Herz."
„Ja, sie erträumt für mich eine Größe, die ich nie erreichen werde."

FÜNFTES KAPITEL

1

Die Besorgnis Messiers, der Marschall könne nach dem Konzert noch ein Kasino besuchen, ist unbegründet. Matthias hat alle Einladungen freundlich aber fest abgelehnt. Er müsse am nächsten Morgen frühzeitig an die Arbeit gehen. Er brauche viel Schlaf; er sei nicht mehr jung genug, als daß er noch eine Nacht um die Ohren schlagen könne. Indem er Straticò seine Geldbörse mit der Bitte überreicht, für ihn beim Pharo zu setzen, empfiehlt er sich rasch und besteigt seine Gondel, in welcher Elena ihn erwartet. Ihr tiefgrüner Schwanenpelz streift den Biberpelz des Marschalls; von Zeit zu Zeit wirft Elena einen scheuen Blick auf das mächtige, durchfurchte Antlitz ihres Nachbarn, das in überlegener Ruhe verharrt.
Diese Ruhe verläßt den Marschall auch nicht, als er im Laden des tief und verbindlich dienernden Kunsthändlers außer der Nani-Madonna von Veronese noch ein paar andere Bilder erwirbt; einen Vulkan von Piazzetta und einen Breughel, die Anbetung der Heiligen drei Könige, die er sogleich in seine Gondel bringen läßt. Elena klascht in die Hände und ruft: „Wir werden sie heute abend noch aufhängen."
Matthias, nachdenklich in die Kissen seines Fahrzeuges zurückgelehnt, weiß nicht, was seinetwegen an Menschen alles aufgeboten ist. Wohl bemerkt er ein paar dunkelgekleidete Männer in flachen Booten, welche die gleiche Richtung einschlagen wie das seine. Nicht aber achtet er auf eine mit Lichtern übersäte Gondel, von deren Bug ein Türke mit einer Pappnase parfum-

gefüllte Kügelchen auf die Frauen in den benachbarten Gondeln wirft. Am nächsten Morgen wird Exzellenz Dolfin als Herr der Nacht erfahren, daß Seine Exzellenz der Herr Feldmarschall gegen halb Elf allein mit der Patrizierin Elena Pisani in seinen Palast zurückgekehrt ist.
Exzellenz Dolfin wird die quergefurchten Lippen genießerisch zu einem nach innen gekehrten Lächeln verziehen...
Das Arbeitszimmer des Marschalls strahlt im Glanz unzähliger Kerzen. Karl, in einer Livree mit den Wappenfarben des Marschalls, verneigt sich tief, als Elena und Matthias den Raum betreten. Karl ist sichtlich zivilisierter geworden; der Wein der Lagunen scheint ihm weniger zu schaden als der Fusel im Norden. Bei den Frauen der Nachbarschaft genießt er sogar etwas wie einen Ruf. Die beiden Gondolieri bringen die Bilder hinauf; Karl nickt wohlwollend. Der nächste nach dem Dogen muß auch eine Bildergalerie besitzen. So erschrickt er denn ein wenig, als sein Herr auf die große, schöne Madonna zeigt und dem Gondelführer befiehlt: „Dieses Bild bringt ihr sofort hinüber zu Exzellenz Nani." Dem Geschenk fügt Matthias ein paar Zeilen bei: „Ich bin glücklich, lieber Freund, meine Tätigkeit als Oberstkommandierender der venezianischen Landarmee mit der Rücksendung dieser aus Ihrem Hause entwichenen, aber noch rechtzeitig wieder festgenommenen schönen Jungfrau beginnen zu können."
Nachdem die Gondolieri das Bild davongebracht haben, sucht er zusammen mit Elena Plätze für den Breughel und den Piazzetta aus. Karl muß Haken in die Wand schlagen. Matthias hängt die Bilder selbst auf. Nachdem diese Arbeit erledigt ist, läßt er Tee und feines Gebäck bringen.
„Ihre Arsenalotti scheinen in der Tat alles zu wissen", bemerkt er und streicht sich mit der gespreizten Hand über die Schläfen. Das junge Mädchen hat den Tee eingegossen und erwidert halblaut: „Sie wissen vieles, vor allem vieles, was Sie interessieren könnte."
Der Marschall horcht auf. — „Weshalb?"

„Wer die Freundschaft der Arsenalotti errungen hat, der weiß über die Kriegsvorbereitungen Venedigs Bescheid. Er ist nicht angewiesen auf die Berichte des Marineministers, der neuerdings aus einer riesigen goldenen Dose schnupft."
Langsam blüht ein Lachen auf dem Antlitz des Marschalls auf. „Darf ich Ihre Vermittlung in Anspruch nehmen, um die Freundschaft dieser Männer zu erringen?"
„Zu jeder Stunde."
Die Winternacht hängt draußen schwer und sternenlos über Venedig. Das Geschrei der Masken klingt nur dumpf in das erwärmte, große Zimmer. Leise und vornehm tickt die hohe, französische Standuhr in ihrem Nußbaumgehäuse, während die verschnörkelten Metallzeiger in winzigen Sprüngen vorwärts hüpfen. Matthias wirft einen Blick auf die Uhr. „Ach, die Zeit, Kind — die Zeit! Ja, sofort morgen fahren wir zu den Arsenalotti. Mir sitzt die Zeit im Nacken."
Die über den Knien gefalteten Hände Elenas pressen sich fester ineinander. „Es war einst Venedigs Größe, daß es mit der Zeit verschwenderisch umgehen konnte. Heute bedeutet das Beibehalten dieser alten Gewohnheit eine Lebensgefahr für die Stadt."
‚Es ist ein Jammer, daß du kein Mann bist', denkt Matthias wieder, und seine Gedanken gehen nach Wien. „Carl Heinrich schläft jetzt sicher schon", sagt er vor sich hin.
Ein leichter Schrecken durchfliegt das Mädchen. Aber rasch hat es sich gefaßt und antwortet: „Das ist doch selbstverständlich."
„Und seine Mutter auch."
„Sie wird sehr fest schlafen", erwidert die Feuer-Pisani und sieht auf ihre langen Fingernägel.
Eine Zeitlang schweigen die beiden Menschen zusammen; endlich hebt der Marschall das Haupt: „Wenn ich von Korfu zurückgekehrt bin, werde ich die beiden hierherkommen lassen. Dann müssen Sie mit Carl-Heinz spielen."
„Ich spiele gern mit Kindern. Sie können oft so weise sein. Vor ein paar Tagen führte auf dem Hofe unseres Palastes ein kleiner

Junge eine Puppenkomödie auf. Es war erschütternd, welche Weisheiten dieses Kind von sich gab."

Elena legt ihre Erzählung breit an; der Marschall muß gefesselt werden, damit er nicht doch noch das Haus verläßt. Es ist erst Elf; vor Zwölf können die Arsenalotti den Grafen Bonneval nicht ausheben. So berichtet Elena über die Gespräche der Puppen; sie berichtet, was der kleine Puppen-Marschall dem großen Puppen-Alvise gesagt hat; ihre Erzählung steigert sich zu strahlender Lebendigkeit. Wie alle Venezianer kann sie erzählen; sie beherrscht diese alte Kunst, welche von den Seefahrern gepflegt wird, weil ihnen in ihren einsamen Freistunden auf den Schiffen keine andere Erholung bleibt als der Gesang und das geformte Wort.

„Auch diesen Knaben möchte ich gern einmal kennenlernen", nickt Matthias, „haben Sie seinen Namen behalten? Wie heißt er?"

„Carlo Goldoni."

Wieder denkt der einsame, alternde Mann: ‚Einen solchen Knaben! Carl Heinrich soll werden was er will: Soldat, Diplomat, Landmann oder Gelehrter. Er kann auch Maler werden; sogar Dichter, wenn er will. Nur soll er das, was er tut, recht tun.'
Carlo Goldoni und Elena Pisani: so sollte die Mischung der Elemente in der Seele seines Sohnes sich vollziehen, aber auch von ihm selbst müßte Carl Heinrich etwas haben, vom Feuer, vom Traum und vom Tod.

‚Tod. Weshalb nenn ich mich den „Tod"?' denkt Matthias. ‚Ja, ich bin der Tod — ich habe Tausende in das Jenseits gesandt; und ich werde Tausende in das Jenseits senden. Noch leben die Tausende, noch toben sie in den Werbeschänken umher und erzählen ihren Mädchen von den Heldentaten, die sie begehen wollen.' O ja, er ist Feldherr, Reichsgraf, Generalissimus und Schönheitssucher — aber er ist das alles nur, weil er der große Würger ist: Monseigneur — der Tod.

Schwermütig schüttelt er das Haupt. Elena, welche ihn beobachtet, versucht ihn auf andere Gedanken zu bringen. Die Uhr

zeigt halb zwölf. Elena spricht von Wien, von Eugen und von der Mammi. Endlich spricht sie von Lelia. „Es gibt kleine Welten voll von seltenen, geheimen Süßigkeiten — ein ferner Gesang am Herbstabend, eine versonnene Stunde draußen am Lido, das Zittern, das über einem alten Brokat schwebt, etwas, das greifbar bleibt und doch unendlich viel schöner und größer ist als alles Greifbare. Wir können es kaum sehen oder hören; aber wir fühlen es stärker als wir alles andere, alles Dinghafte fühlen; wir fühlen, daß das Wunder uns berührt. Ein solches Wunder ist die Gräfin Bokum — in ihr haben Strahlen aus anderen Welten sich zu einer eigenen Lichtwelt geformt."
Ergriffen und innerlich erregt hört Matthias auf die halblaut vorgebrachten Worte. Das Bild der Nymphe, welches Eugen ihm geschenkt hat, beginnt sich vor seinen Augen zu bewegen; er kann die Blicke nicht von dem Bilde lassen; die Danae Tintorettos, Nanis Geschenk, verblaßt vor dem Zauber, welchen die Nymphe jetzt ausstrahlt. „Liebe Elena", murmelt der Mann, „Lelia ist so, wie Sie sie eben beschrieben haben. Ich mißtraue aller Frauengröße, denn ich habe gelernt, ihr zu mißtrauen. Aber Lelia ist groß." Nach einer Weile setzt er hinzu: „Gott gab mir viel Schönheit."
„Möge er Ihnen den Sieg geben."

Kurz nach Mitternacht meldet Karl den Obersten Straticò. Straticò betritt, verbindlich und gleichzeitig höflich lächelnd, das Arbeitszimmer des Marschalls. Den Domino hat er im Vorraum gelassen; zuweilen zieht er an seinem goldverbrämten blauen Staatskleid, welches er heute zu Ehren der Äbtissin und ihrer Damen angelegt hat. Er verneigt sich vor Matthias, der ihm zunickt und fragt: „Was gibt es Neues?"
„Ich habe für Euer Exzellenz 4380 Dukaten gewonnen."
Der Marschall lacht. „Dann werden Sie heute wohl kein Glück mehr in der Liebe haben. Ich danke Ihnen. Die Hälfte des Gewinnes für Sie, die andere für mich."
„Aber Exzellenz ... Ich habe doch nur ..."

„Legen Sie die Hälfte des Geldes dort auf den Schreibtisch. So. Und dann bitte ich Sie, morgen früh um sechs Uhr hier zu sein. Eine Inspektion." Straticò verneigt sich: „Im übrigen soll ich von den Exzellenzen Alvise Pisani und Ruzzini die dringende Bitte aussprechen, Euer Exzellenz möchten doch noch zu einem Kaffee in das Kasino kommen."
Bevor Matthias Antwort geben kann, ist Elena aufgesprungen. Sie stellt sich vor den Adjutanten, stemmt die Hände in die Hüften und fragt scharf: „Haben Sie etwa die Empfindung, ich langweile den Marschall, und Sie müßten ihm deshalb die Gelegenheit verschaffen, sich mit Anstand von mir zu verabschieden?"
Straticò verliert sein Lächeln; Verlegenheit und Ärger kämpfen in seinen Zügen. Bevor er jedoch antworten kann, erhebt sich Matthias und faßt das Feuer sanft am Arm. „Liebe kleine Freundin", sagt er gütig, „wie können Sie so etwas denken? Ich bleibe hier, Straticò setzt sich zu uns, und Sie erzählen uns noch etwas von Korfu. Ich bleibe hier. Selbst wenn wir die Nacht durchschwatzen." Elena nickt kindlich dankbar. In ihrem Innern tobt die Angst: noch haben sie den Grafen Bonneval nicht erwischt.
Ihre Erregung steigt ins Ungemessene, als Karl meldet, die Zofe der Donna Aimée wünsche Donna Elena zu sprechen. Mit einem leichten Kopfnicken der Entschuldigung geht sie in das Vorzimmer, wo sie Gazireh antrifft. Gazireh knickst artig und flüstert leise: „Spitzenhändlerin weg — Wasser; Graf noch nicht erwischt, ist aus dem Haus gegangen."
„Schön." Elena befiehlt aus scharf gezogenem Mund: „Ich muß hierbleiben. Ich werde hier übernachten. Du holst bei meiner Schwester meine Sachen und ein einfaches Kleid für morgen früh. Wenn du zurückkommst, erzählst du, bei uns zu Haus sei alles schon im Bett."
Die Türkin nickt. Nach einer halben Stunde kehrt sie zurück und richtet den Auftrag aus. Elena spielt die Erschrockene. Aber Matthias lacht, belobt Gazireh und gibt den Befehl, zwei

Gästezimmer für die Frauen zu richten. „So habe ich die Freude, mit Ihnen noch länger plaudern zu können. Ich danke dir, Gazireh; das hast du gut gemacht." Gazireh knickst und erwidert: „Gazireh geht schon schlafen. Wenn junge Herrin kommt, wacht sie auf."
Nach einiger Zeit empfiehlt sich Straticò unter einem nicht ganz durchsichtigen Vorwand. Matthias lächelt. „Sie kehren ins Kloster zurück?" fragte er wie nebensächlich.
„Aber... Exzellenz..." Der Oberst wird verlegen.
„Nun, dann gute Nacht, lieber Straticò. Auf morgen früh. Und schließen Sie etwas Hübsches in Ihr Nachtgebet ein."

Die französische Uhr zeigt fast die zweite Stunde, als Elena sich von Matthias verabschiedet. Die beiden haben über Himmel und Hölle gesprochen, über Orient und Okzident, Katholizismus und Protestantismus, Italien und Deutschland. Es bedeutet für Matthias ein Glück, belehren zu dürfen. Die ungeheuren Schätze von Bildung und Wissen, welche in ihm aufgespeichert sind, möchte er einer jüngeren Generation weitergeben, und hier findet er für eine solche Aufgabe die offene, bereite Seele. Als Elena ihm dankbar die Hand küßt, dankt er ihr und erklärt, sie habe ihm vielleicht noch mehr Freude geschenkt, als er ihr. „Dann", erwidert das Feuer, „seien Sie lieb und gehen Sie schlafen. Wir haben morgen viel vor, und Sie werden müde sein." Sie sieht dem Marschall etwas länger in die Augen, als es sonst üblich ist, und geht rasch davon. Karl zeigt ihr den Weg zu den Gästezimmern.

2

Gazireh erwartet die junge Herrin nicht in deren Zimmer; auch im Nachbarzimmer ist sie nicht. Die großen brennenden Wachslichter, auf welchen die Stundenzahlen eingekerbt sind, berichten, daß sie bereits drei Stunden lang gebrannt haben. Sorgsam

prüft Elena das Fenster in ihrem Zimmer. Es ist angelehnt; ein dünner Strick hängt an einem Eisenhaken hinab in den kleinen Hausgarten. Gazireh ist also noch draußen.
Flüchtig mustert Elena die Kleider, welche Gazireh ihr mitgebracht hat. An ihr Nachtkleid ist ein Zettel gesteckt mit den ein wenig ungelenken Schriftzügen ihrer Schwester. „Ich sorge mich nicht um Dich, Liebe", schreibt Laura, „ich weiß Dich ja in guter Hut. Lukrezia della Torre ist bei mir geblieben. Wir verbringen schöne Stunden; wir sprechen von Dir, von unserer lieben Aimée und vom Marschall. Gute Nacht, Liebe!"
Nachdenklich sitzt das Feuer am Fenster und spielt mit den Zeilen des Traumes. ‚Sie sprechen von Aimée, vom Marschall und von mir. O ja, darüber unterhalte ich mich auch ... mit mir selbst ... Aber ich unterhalte mich eigentlich gar nicht mit mir, ich horche nur in mich hinein.' Ihr Ahnen weiß um die beginnende Müdigkeit Aimées. Wenn Elena auch selbst nichts will, so ist sie doch überzeugt, daß etwas mit ihr gewollt wird. Deshalb aber muß sie in der Nähe des geliebten Mannes sein. Wie sie die Dinge dreht und wendet: sie muß ihm folgen.
Gegen drei Uhr bewegt sich der Strick am Fenster; kurz darauf erscheint das weiß gepuderte Köpfchen Gazirehs im Fensterrahmen. Sie zieht den Strick in die Höhe. Elena ist aufgesprungen; zitternd fragt sie: „Habt ihr ihn?"
Ganz langsam nickt die Türkin, während sie das zusammengerollte Seil auf einen Stuhl legt. „Heilige Mutter Gottes, sprich schon!" keucht die junge Herrin.
„Gazireh wird sprechen. Aber erst muß Atem wieder richtig schwingen, damit Gedanken nicht irren." Nach kurzer Pause, während derer Elena zitternd, mit halb geöffneten Lippen vor ihr steht, fährt Gazireh fort: „Graf Bonneval ist klug, sehr klug. Hat gemerkt, daß etwas nicht stimmt. Wollte sich beim Botschafter des deutschen Kaisers verstecken, beim Fürsten Collorado. Gazireh hat dran gedacht, daß alle Zugänge vom Palast von Arsenalotti überwachen lassen. Um zwei Uhr Graf in Gondel angekommen. Arsenalotti ihn erwischt, Knebel in den Mund,

mit ihm an das Festland gefahren. Dort werden sie ihn vierzig Tage einsperren, weil Graf ohne Quarantäne ins Land gekommen ist. Dort haben sie ihn noch vierzig Tage unter Aufsicht. Venedig ist für Graf immer verboten. Nach vierzig Tagen werden sie ihn einpacken und über die Grenze zurückbringen."
„Madonna, sei bedankt." Elena sinkt auf die Knie und betet murmelnd vor sich hin. Gazireh sieht sie von der Seite an. ‚Schön ist die junge Herrin', denkt sie, ‚sehr schön. Aber meine Herrin ist auch schön. Und der große Marschall wird wählen, was er will. Oder, er nimmt sie beide an sein Herz.'

Am folgenden Morgen früh um Sechs jagt die Staatsgondel des Marschalls über das weite Markusbassin hinaus zum Arsenal. Neben dem Feldherrn sitzen Straticò und Elena. Die zwölf goldbetreßten Ruderer legen sich in die Riemen; der Morgen ist kühl, und die Matrosen rudern sich warm. Vor dem Backsteinklotz des Arsenals tritt die Wache ins Gewehr; der Offizier vom Dienst wendet den Kopf, bevor er das Kommando zum Präsentieren gibt, zweimal zur Staatsgondel; aber es ist kein Irrtum: bereits kurz nach Sechs inspiziert der neue Herr das Arsenal.
Der Marschall grüßt und verbietet, die drei Prokuratoren des Arsenals in ihren Dienstwohnungen, die „Himmel", „Fegefeuer" und „Hölle" heißen, im Morgenschlaf zu stören. Er schlägt den Weg zur Tana ein. Auch die Arbeiter sind dort erstaunt über den frühen Besuch des Marschalls, weiter aber über die Fragen, die er stellt. Man erkennt in ihm den Fremden wieder, der noch vor wenigen Wochen als Holländer im einfachen Rock durch das Arsenal gewandert ist, und dem man, trotz seiner Empfehlungsbriefe, nur sehr vorsichtig Auskunft gegeben hat. Jetzt ist das anders. Gelegentlich klingt sogar ein Vorschlag, eine Klage durch, weil etwa der Hanf für die Seile nicht mehr so weich sei wie früher, oder der rote Faden, der sich durch die Seile hindurchziehen muß, nicht mehr so widerstandsfähig wie damals, als er noch von Morea kam. Alle Vorschläge werden von

dem Adjutanten des Marschalls aufgeschrieben; Zahlen reihen sich an Zahlen.
Die Arsenalotti spüren: hier ist ein Genie der Nüchternheit am Werk. Das ist keiner, der klingende Worte redet und dazu ständig aus einer großen, goldenen Tabatière schnupft; der Mann, der hier steht, drängt sich mit riesigen, geschulten Kräften hinein in die Arbeit. Als der Marschall die Tana verläßt, winkt er Giacomo, den Obermeister, an sich heran. „Unsere gemeinsame Freundin, die Patrizierin Elena Pisani, wird später mit uns zusammen besprechen, was es noch Besonderes zu tun gibt." Die Augen Giacomos leuchten auf, und Elena flüstert ihm zu: „Laß die Werkstube klarmachen, Giacomo. Wir besichtigen erst die Werkstätten; vor allem die Geschützgießerei. Dann kommen wir wieder."
Nach zwei Stunden kehren der Marschall und Elena zu Giacomo zurück; Straticò muß an der Gondel vor dem Arsenal warten. In der Werkstube, einem Bretterverschlag, mit Zeichnungen und Plänen behängt, nimmt Matthias am Tisch Platz; Elena hält sich im Hintergrund. Ein Wink des Marschalls weist Giacomo den Platz ihm gegenüber an. Der Meister kann ein leises Erstaunen über die Frische des Oberstkommandierenden nicht unterdrücken und sagt ihm das mit der Offenheit des Südländers.
Matthias öffnet den blauen, pelzgefütterten Rock. Er lacht. „Lieber Meister, der Tag beginnt erst." Und nun senken sich seine graublauen Augen ohne Härte, aber eindrucksvoll in die dunklen Augen des Venezianers. „Ihr seid Arsenalotte, Meister", beginnt Matthias, „das verpflichtet. Liebt Ihr Venedig?"
„Mehr als mein Leben." Giacomo wirft, um eine Zustimmung zu erhalten, einen Blick zu Elena hinüber.
Matthias stützt die Ellenbogen auf den Tisch und faltet die Hände. „Gut", nickt er, „wenn die Arsenalotti mir helfen, dann kann ich Venedig retten."
„Wir werden Ihnen helfen! Alle!"
Und Elena setzt den begeisterten Worten ihres Freundes hinzu: „Sie werden alle helfen!"

Matthias neigt sich vor. Die Spitzenkrause, welche über die rote Weste fällt, berührt fast die Tischplatte. „Meister", fährt er ruhig fort, „an dieses Wort werde ich Euch vielleicht einmal erinnern müssen, wenn es in Korfu hoch hergeht."
„Wir werden es nicht vergessen. Und von wem lassen Sie Korfu verteidigen, Exzellenz?"
„Korfu verteidige ich selbst."
Ein ungehemmtes Erstaunen gleitet über die Züge Giacomos. „Sie selbst?"
„Ja. Ich selbst. Ich weiß, was Sie denken. Sie denken: der Oberstkommandierende gehört nicht in die erste Linie. Das mag in anderen Fällen richtig sein. Aber hier gibt es nur eine Linie: Korfu. Alle anderen Linien, die vor Butrinto, Dulcingo, Vonizza und wie die Nebenstellungen im Adriatischen Meer heißen mögen, ja, Dalmatien und Montenegro sind nichts mehr wert, wenn Korfu nicht gehalten hat. Deshalb gehöre ich selbst nach Korfu."
Ganz langsam erhebt sich Giacomo von seinem Platz. Er ist blaß geworden. Dann streckt er dem Marschall die Hand entgegen und sagt: „Ob Sie Oberstkommandierender, Graf und Exzellenz sind, kümmert uns Arsenalotti nicht. Titel gibt es genug in Venedig. Aber Sie sind ein Mann. Darf ich Ihnen die Hand reichen?"
Lächelnd drückt der Marschall die Hand des Meisters, der immer noch erstaunt den Kopf wiegt und dabei die Blicke wie hilfesuchend zu Elena schickt. Das Feuer hat sich inzwischen auf die Ecke eines Seitentisches gesetzt, wippt mit der Fußspitze und lacht.
Nun stellt Matthias seine Fragen. „Ich erhielt langatmige Antworten auf meine Berichte an den Senat. Aber ich bin nicht sicher, ob die Herren, welche meine Fragen beantwortet haben, sich auf ihre Kunst des Zählens ganz verlassen können."
Der Meister zieht die Stirn zusammen, wirft den Kopf zurück und greift nach einem Bogen Papier. „Exzellenz, was wollen Sie

wissen?" Und nun beginnt Matthias zu diktieren, langsam, deutlich und klar. Wieviel Mörser stehen bereit? Von welchem Kaliber? Wieviel sind in drei Monaten noch herzustellen? Wieviel Munition ist vorhanden ... Gewehre ... Pulver ... Uniformen, Holz für Palisaden, Nägel, Draht für Verhaue, Zwiebäcke, Fleisch, Öl, Wein, Tabak, Wasserbassins mit Trinkwasser, Verbandmaterial ... Die Fragen des Marschalls wollen nicht enden.
Endlich macht er eine Pause, während derer er tief und hart durch die Nase atmet. Indessen prüft Giacomo die vollgeschriebenen Bogen. Dann nickt er. „Exzellenz, morgen abend um acht Uhr werden Sie genaue Aufstellungen in Händen haben."
„Ich danke Euch, aber Eure Arbeit hat nur Zweck, wenn sie geheim bleibt."
Ein gutmütiges Lachen geht über das breite, hügelige Antlitz des Meisters. „Wir Arsenalotti wissen besser Bescheid, als die meisten Herren im Senat. Wir wissen deshalb besser Bescheid, weil wir verschworen und verschwiegen sind. Einen sicheren Boten haben Sie ja schon mitgebracht" — Giacomo winkt mit der Hand zu Elena hinüber —, „morgen, zwei Stunden nach dem Marienläuten, kann Donna Elena die genauen Angaben in Empfang nehmen." —
Als Matthias in seinen Palast zurückkehrt, meldet ihm Karl, daß der Kriegsminister Nani bereits seit einer Stunde im oberen Saal warte. Während der Marschall den Saal betritt, springt Nani auf und geht rasch auf Schulenburg zu. Matthias fühlt, wie ergriffen Nani von der Rücksendung des Bildes ist, das der Minister heimlich verkaufte, um seinen Beitrag von 125 000 Dukaten für die Rückzahlung der Summe leisten zu können, welche Matthias für die Werbung der notwendigen Regimenter aus seiner Tasche ausgelegt hat.
Nani sieht tiefbewegt zu dem großen, stolzen Mann empor, der sich freundlich zu ihm neigt. „Lieber Freund...", beginnt der Minister, findet aber keine weiteren Worte und kämpft nur noch mit den Tränen, die sich ihm in die Augen drängen.

Der Marschall legt Nani die Hand auf die Schulter. „Lieber Freund!" erwidert er herzlich, „nun kommen Sie. Wir haben alle Hunger. Jetzt wollen wir frühstücken gehen."

3

Die Tätigkeit des Oberstkommandierenden der venezianischen Truppen steigert sich ins Übermenschliche. Nicht nur besichtigt er täglich drei bis vier Festungswerke auf den Inseln und gibt Anweisungen für ihre Instandsetzung; er mustert auch die Truppen, prüft die im Arsenal hergestellten Waffen und die Unterkunftsräume der angeworbenen Regimenter, sowohl die Räume auf dem Festland wie die auf den Schiffen. Mosers Armee leistet ihm bei allen Ingenieurversuchen eine kaum zu ersetzende Unterstützung; zuweilen, wenn drüben auf dem Lido abends Minen über Minen in die Luft springen und Raketen das Feuerwerk überbrüllen, verharren die Masken in der Stadt einen Augenblick lang in verängstigter Stille — vielleicht sind die Türken doch plötzlich gelandet?
Zwischen diesen militärischen Arbeiten erledigt der Marschall die immer notwendigen Besuche bei den Ministern, den Senatoren und den Prokuratoren von San Marco. Des Nachts diktiert der Erschöpfte seinen Sekretären Berichte über Berichte an den Senat, welche alle nichts anderes darstellen als eine Ausarbeitung seiner Anfangsvorschläge. „Laßt Kreta, laßt Morea — schließt das adriatische Meer mit Korfu im Süden ab, und sichert Euch nur noch Albanien! Dann habt Ihr an der Ostküste dieses Meeres immer noch ein schönes großes Gebiet, das Ihr auch halten könnt! Aber der Traum vom östlichen Mittelmeer ist für Venedig ausgeträumt." So lautet sein politischer Rat, welchen er in alle seine militärischen Darlegungen einflicht. — Auch Nani arbeitet von früh bis spät; seine wichtigste Tätigkeit besteht in der richtigen Lenkung der von Schulenburg verfaßten Berichte. Denn die Venezianer Patrizier verstehen sich darauf, Dokumente,

welche ihnen unerwünscht sind oder ihre Geschäfte stören könnten, auf Irrwege zu schicken, auf denen sich diese Dokumente nie mehr zurückfinden.
Vor allem aber bleibt lebendig die Bindung des Marschalls zu den Arsenalotti. An Hand ihrer Meldungen vermag Matthias die Winkelzüge einzelner Senatoren rasch zu durchschauen. Immer ist er in der Lage, falsche Angaben zu korrigieren und etwa auf einen Bericht des Senates, in welchem von den dreiunddreißig neuen Mörsern die Rede ist, kurz zurückzuschreiben: „Es sind nicht dreiunddreißig, sondern vierunddreißig neue Mörser."
Selbst seine Verbindungen mit dem Dogen, welche nach den Staatsgesetzen nur schriftlich erfolgen dürfen, werden durch die Arsenalotti erleichtert. Viele von ihnen kennen den Dogen persönlich, da es zu ihren alten Rechten gehört, ihn zur Krönung zu begleiten, ihn nach der Krönung über den Markusplatz zu tragen und sein Staatsschiff bei feierlichen Gelegenheiten rudern zu dürfen. Aber alle diese direkten Beziehungen der Arsenalotti zum Dogen könnten doch nicht voll ausgenutzt werden, wenn wieder nicht Elena die ständige Verbindung zwischen dem Marschall und den Arsenalotti aufrecht erhielte.
Sie trägt ein Jagdgewand, wie sie es in Wien beim Reiten trug, mit grünen Kniehosen, weißen Strümpfen, schwarzen Schuhen und einem Schoßrock aus grünem Stoff. Ein weiter, grüner Umhang, eine Schleifenperücke und ein Dreispitz vervollkommnen das Kostüm. Da Karneval ist — und wann wäre der nicht in Venedig? — hält sich niemand über dieses Kostüm auf; aber auch zu anderen Zeiten würden nur wenige in diesem grünen Pagen ein Mädchen vermuten. Die Berichte, welche sie hin- und herbringt, hält sie in einer Innentasche des Rockschoßes verborgen, damit die Schriftstücke ihr im Gewühl nicht aus den Händen gerissen werden können. Matthias hat sich bald an ihre geschmeidige und umsichtige Hilfe gewöhnt; wenn sie unterwegs ist, entbehrt er ihre Gegenwart. Die Arsenalotti nennen sie den „Flügeladjutanten" des Marschalls, der ihnen lieber ist als der „Generaladjutant", als Straticò. Gegen den

Griechen hegen sie ein Mißtrauen, nicht nur, weil die Griechen sich in Venedig keines guten Rufes erfreuen, sondern auch, weil ihnen seine Glätte und ewige Verbindlichkeit nicht zusagen. Sie nennen ihn den „Abbate", nach jenen venezianischen Salonschwätzern, welche das Priestergewand als Kleidungsstück gewählt haben. Die Rücksprachen des Marschalls mit Giacomo finden meist in einer Privatgondel des Oberbefehlshabers statt. Dann gleitet die Gondel durch einen abgelegenen Kanal; Giacomo springt von einer Türschwelle in das vorübergleitende Fahrzeug und kriecht rasch zu Matthias und Elena unter das Filzdach. Dort halten die Männer ihre Besprechung ab; später verläßt Giacomo die dahingleitende Gondel wieder durch einen Sprung auf eine Türschwelle.

Der heutige Morgen entfaltet einen Himmel von den gleichen Farben, in welchen die Brandina, eine der berühmtesten Buhlerinnen Venedigs, ihr weltbekanntes Schlafzimmer ausgestattet hat: taubengrau, silber und rosa. ‚Es ist wirklich so, als ob Gott diese Stadt zur Wollust vorbestimmt hätte', denkt Matthias, ‚sonst hätte er sie nicht mit soviel Lust der Natur umgeben.' Seine Gondel strebt der Slawonenkirche zu; kurz vorher springt Giacomo in die Gondel und begrüßt den Marschall, welchen er dieses Mal allein zu sprechen wünscht. Matthias, in einem einfachen braunen Rock, reicht dem Venezianer die Hand. „Setzt Euch zu mir, Meister. Ihr wolltet mich allein sprechen. Was gibt es?"

Giacomo setzt sich höflich neben den Marschall. Während die Gondel durch düstere Kanäle streicht, nur von einem schmalen Streifen des sinnenfrohen Himmels überzogen, beginnt er langsam seine Worte zu setzen. „Es wäre jetzt alles soweit, Exzellenz. Was getan werden konnte, ist getan. Was weiter getan werden kann, wird getan."

Der Marschall nickt. „Ich danke Euch. Habt Ihr neue Nachrichten aus der Levante?"

„Ja", entgegnet der Meister benommen, „gestern kam ein Schiff aus Korinth an. Eines in einem Monat. Der Kapitän berichtete, es sähe in der Levante furchtbar aus. Das Königreich Morea, welches uns der große Peloponnesiacus, der Doge Francesco Morosini, vor dreißig Jahren erobert hat, ist durch die Schwäche unserer Regierung jetzt endlich ganz verloren worden. Dadurch wird die Schande Venedigs der ganzen Welt offenbar. Unsere Landsleute werden von den Ungläubigen hingemäht oder zu Tode gefoltert. Fast alle venezianischen Festungen an der Ostküste unseres Meeres sind im Besitz der Türken. Nicht nur durch die Feigheit der Verteidiger, sondern vielmehr durch das Fehlen von Ingenieuren, die Unerfahrenheit der Kanoniere und den Verrat der Griechen."

Matthias prüft die Ziselierung der langen Goldhülse, welche das Ende seines Stockes bedeckt. „Ich verstehe." Nach einer Weile fährt er fort: „Ihr kennt die venezianischen Prokuratoren der Inseln und Länder in der Levante. Wer von ihnen ist zuverlässig?"

Giacomo wiegt den Kopf. „Vor allem Antonio Loredan, der Generalgouverneur der Inseln. Er ist ernst. Aber auch Antonio Da Riva, ein weiser Lebemann, ist zuverlässig. Er weilt mit Loredan in Korfu."

„Und der Generalkapitän der Meere?"

„Der bisherige Generalkapitän Girolamo Dolfin wird abgelöst werden. Bis jetzt hatte Andrea Pisani die Nachfolge verweigert; das Unternehmen wäre zu schwierig. Jetzt aber soll er angenommen haben. Er hätte an Schiffen sofort zur Verfügung achtzehn Galeeren, zwei Galeazzen, sechsundzwanzig andere Schiffe und zwei Brander."

„Damit könnte er die Landung der Türken auf Korfu verhindern. Zudem ist er tapfer." Und nach einiger Zeit setzt Matthias halblaut hinzu: „Unsere Freundin Elena kann nicht die Tochter eines wertlosen Mannes sein."

Der Arsenalotti schweigt vor sich hin. Dann fragt er zurückhaltend: „Gestatten Euer Exzellenz mir ein freies Wort?"

„Um freie Worte auszutauschen sind wir hier."

„Gut. Wenn Pisani Generalkapitän der Meere werden sollte, würde ihm auch die Landarmee unterstehen. Er wäre also Ihr Vorgesetzter." Giacomo faßt sich mit Daumen und Zeigefinger der Rechten an die Schläfe und fährt nach einer Pause fort: „Hüten Sie sich vor Andrea Pisani. Gewiß ist er tapfer, aber er ist launisch und leicht beeinflußbar. Man weiß nie, unter welchem Einfluß er grade steht."
„Haltet Ihr Andrea Pisani für bestochen?"
„Bestochen? O nein! Ein Pisani läßt sich nicht bestechen. Aber nehmen wir an, sein Freund, der Herr der Nacht, Carlo Dolfin, der Vetter des jetzt noch amtierenden Generalkapitäns Dolfin, hätte als Kaufmann kein Interesse an einem allzu entscheidenden Sieg Venedigs. Deshalb machte er eine Intrige, wie das unter Patriziern üblich ist. Nehmen wir an, dieser Dolfin schriebe dem Andrea Pisani, der deutsche Marschall dürfe nicht zu entscheidend siegen, weil dieser Marschall sonst zu mächtig werde und die Gefahr bestehe, daß er Venedig an Wien ausliefere."
Nachdenklich sieht Matthias von neuem auf die Goldhülse seines Stockes, den er zwischen den Fingern zwirbelt. „Habt Ihr bestimmte Anhaltspunkte für solche klugen Erwägungen?"
Der Arsenalotte zuckt mit den Achseln. „Ich bitte, auf diese Frage keine Antwort geben zu müssen. Aber ich bitte, meine Worte nicht zu vergessen."
Giacomo springt bei der nächsten Anlegestelle aus der Gondel. Rasch windet er sich durch das Labyrinth der Gassen zum Arsenal zurück. Er läuft in seiner Erregung gegen einen dicken Mönch an, läuft weiter und lacht über den Fluch, welchen der Mönch ihm nachschickt. Sein Herz schlägt hart gegen die Abschrift eines Briefes, den das Depeschenboot der Regierung mit in die Levante genommen hat, ein Brief des Nachtherrn Dolfin an Andrea Pisani. Das Depeschenboot wird die Post abgeben, wenn es an der „Fenice" vorübersegelt. In diesem Brief steht mit Worten freundschaftlichen Bedauerns, Elena, die Tochter Andreas, habe die Nacht, welche auf den Empfang des Marschalls beim Dogen und Senat folgte, im Palazzo Loredan-

Schulenburg zugebracht. Da sich diese nächtlichen Aufenthalte Elenas im Palazzo Loredan wiederholten, halte der Schreiber es doch für nötig, den Vater davon zu verständigen.
Einen Augenblick lang bleibt Giacomo auf einer Brücke stehen und sieht in die grünen Wasser des Kanals. O ja, der Nachtherr Carlo Dolfin ist klug. Er kennt Andrea Pisani, der einstmals die Nonnen von Santa Catarina allzu heiß in seine Nachtgebete eingeschlossen hat. Jetzt ist Andrea bald vierundfünfzig Jahre alt; jetzt achtet er auf Zucht und Sitte in seiner Familie. Andrea wird toben; ‚Mag der fremde Bandenführer seine Siege allein gewinnen! Er soll es merken, was es heißt, sich an einer Pisani-Tochter zu vergreifen!' Andrea wird die Flotte keinen unnötigen Gefahren aussetzen — und Carlo Dolfin wird lächeln: ‚Die Zukunft gehört meinem Handel mit dem Festland.'
‚Es hat keinen Zweck, den Marschall gegen Pisani zu empören', denkt Giacomo, ‚mag das Schicksal sein Wort reden.'

4

Sichere Nachrichten melden Ende Januar 1716, daß die Türken auf Kreta und Morea ungeheure Truppenmengen und Kriegsmaterial zusammengezogen haben. Türkische Schnellboote klären in der Straße von Korfu auf; in Korfu selbst sind zwei türkische Spione erwischt und aufgehängt worden.
Der Marschall meldet auf diese Nachricht hin dem Dogen, daß er sich in drei Tagen nach Korfu begeben werde. Der Senat läßt für den Marschall, sein Gefolge und dreihundert Mann die Galeazze „Aquila" bereitstellen; sie ankert am Ausgang des großen Kanals. Unter Straticòs Leitung wird das Schiff beladen. Die Pferde des Marschalls bringt man auf flachen Booten vom Festland herbei, unruhige, schöne, weidekräftige Tiere. Mächtige Kisten, Koffer und Waffen tanzen an den Hebebalken der „Aquila" über grüne Wasser in die Laderäume. Die acht Emdener, welche die Pferde des Marschalls an Bord gebracht haben,

werfen von Zeit zu Zeit einen prüfenden Blick auf die goldene Fortuna, die sich als Wetterfahne in holder Nacktheit auf dem Zollgebäude dreht. Aber es ist nicht die Nacktheit, welche sie fesselt. Die Wetterfahne dreht sich rasch und wechselnd; ‚ein Sturm ist im Anzuge', sagen die Matrosen der „Aquila", und das erfüllt die Binnenländer mit Sorge. Auch Mosers Regiment hält seinen Einzug auf der „Aquila". Noch können die Rotröcke über den Steg aufs Land zurückgehen; sie können an den Zattere, der schönen Uferstraße, Wein trinken und mit sanften, freundlichen Mädchen scherzen. Aber übermorgen früh, wenn der Marschall an Bord geht und die dreiunddreißig Salutschüsse gelöst werden, wenn am Großmast die Standarte des Marschalls aufsteigt, dann ist es zu Ende mit den Spaziergängen, dem Wein und den Mädchen. Dann geht es hinein in den Sturm.

Für den gleichen Nachmittag plant Matthias noch ein paar Abschiedsbesuche; später wird er mit den nächsten Freunden, Nani und Ruzzini, bei sich zur Nacht speisen. Seine drei Schreiber setzen an alle Mitglieder des Senates Abschiedsbriefe auf, in welchen er seine plötzliche Abreise höflich entschuldigt. Im letzten Augenblick bittet er noch die Pisani-Zwillinge sowie Lukrezia della Torre zu dem Abschiedsessen; er will beim Abschied von Venedig junge venezianische Frauen um sich sehen.

Persönlich verabschiedet er sich nur vom großen Alvise. Sein Schicksal führt ihn eng mit dem Haus Pisani zusammen; sein Instinkt sagt ihm, daß der große Alvise ihm eine bedeutende Stütze beim Senat sein wird.

Es ist kurz nach Vier, als er die königliche Treppe des Palazzo Pisano hinaufschreitet. Der große Alvise kommt ihm mit leichten, wiegenden Schritten entgegen; wie August der Starke, so ahmt auch Alvise den Gang des verstorbenen Königs Ludwig XIV. nach. „Liebe Exzellenz, das ist eine große Aufmerksamkeit, die Sie mir erweisen! Ich weiß sie zu würdigen. Aber", so fährt Alvise fort, „Sie treffen mich bei einem kindlichen Spiel. Ich habe mir erlaubt, einem kleinen Jungen ein Puppentheater zu schenken. Jetzt ist der Knabe bei mir."

„Carlo Goldoni?" fragt Matthias.
Verblüfft sieht der Prokurator den Marschall an. „Sie wissen wohl alles?" lacht er. „Ja, es ist der kleine Goldoni. Aber kommen Sie mit. Anstatt uns mit Staatsgesprächen zu langweilen, wollen wir mit Puppen spielen."
Im Arbeitszimmer hat Brustolon die Puppenbühne aufgebaut. Es ist eine mächtige Bühne, und wohlgeordnet hängen hinter ihr an Drähten die Puppen. Carlo steht verlegen und beinahe verängstigt vor dieser Pracht. Aber er nähert sich artig dem Marschall und macht eine zierliche Verbeugung.
„Nun, Carlo", fragt Matthias und legt ihm die Hand auf die Schulter, „wirst du uns etwas vorspielen?"
Der Knabe hebt den Kopf; blitzartig ändern sich die Kinderzüge zu einem Ausdruck tiefer Weisheit, welche in scharfem Kontrast zu den frischen Bewegungen des Kindes steht. Dann nickt Carlo. „Von den zwei jungen Damen, welche die Puppen mit führen, ist die eine sehr geschickt, die andere versteht die Puppen zu reichen. Wir haben soeben geprobt. Wir werden es versuchen. Bitte, meine Damen, treten Sie vor und verneigen Sie sich."
Und nun erscheinen heiter lachend Elena und Laura Pisani, die tief knicksen und sich dann hinter die Bühne zurückziehen. Carlo weist dem Marschall und dem großen Alvise zwei Sessel vor der Bühne an, macht eine weite Handbewegung und sagt: „Wir beginnen."
Hinter der Bühne ertönen die drei Schläge. Der Vorhang rollt empor. Auf der Bühne steht ein Soldat. Und nun erklingt Carlos Stimme: „Also Korfu soll ich verteidigen, Korfu? Warum soll ich Korfu verteidigen? Weshalb verteidigt es sich nicht selbst?" Er ruft nach rückwärts: „Straticò, warum verteidigt sich Korfu nicht selbst?"
Ein anderes Soldatenfigürchen erscheint. „Weil es das nicht kann, Herr Marschall."
„Weshalb nicht, Straticò?"
„Weil es zu dumm ist. Die Korfioten sind Idioten."

„Aber die Idioten sind doch die klügsten Menschen, die es gibt", gestikuliert der kleine Marschall, „sie haben immer in Frieden unter dem gelebt, der sie grade beherrschte."
Der Junge hat recht, denkt Matthias, und Alvise lacht in sich hinein. Dann erscheint eine Frau in wehenden Kleidern. „Wer bist du?" fragt der kleine Marschall.
„Ich bin Venezia", antwortet Elenas fein gebrochene Stimme.
„Bist du auch Idiotin?" erkundigt sich der Puppen-Marschall. Aber die Venezia schüttelt den Kopf. „Ich glaube es nicht. Ich habe ja mit Ihnen, Herr Marschall, einen Vertrag abgeschlossen. Das war hoffentlich sehr klug, denn Korfu ist immerhin etwas mehr wert als das, was ich Ihnen für die Verteidigung bezahle."
„Uff!" flüstert der große Alvise neben Matthias.
„Da muß ich aber auch Korfu halten können!" erwidert der kleine Marschall, „denn sonst machst du ein schlechtes Geschäft."
„Es wird sich zeigen", erwidert die Puppen-Venezia, „ob ich eine Idiotin bin oder nicht. Ob eine Frau eine Idiotin wird oder nicht, liegt immer am Mann."
Erst nach einer halben Stunde erhebt sich Matthias; so sehr hat ihn das Spiel dieses Kindes mit der Summe seltsamer Einfälle gefesselt; er hat die kleine Intrigengeschichte Carlos mit echtem Interesse angehört. Beim Abschied bedankt er sich bei Carlo und sagt ihm: „Wenn du einmal groß bist, und ich noch lebe, baue ich dir ein wirkliches Theater."
Carlo verneigt sich gemessen und erwidert: „Ich werde mir erlauben, Sie daran zu erinnern."
Den Schwestern ruft Matthias noch zu: „Auf heute abend!" um sich dann vom großen Alvise an die königliche Treppe geleiten zu lassen, wo er dem Prokurator die Hand zum Abschied reicht.
„Machen Sie es gut, Exzellenz", flüstert Alvise bewegt, „in dieser Hand liegt das Schicksal Venedigs." —

Das Abschiedsmahl im Palazzo Loredan hat seinen Höhepunkt erreicht. Karl schenkt französischen Champagner in spitze

Murano-Gläser; Matthias hebt das Glas zuerst gegen Elena, die an seiner Rechten sitzt, dann gegen Laura zu seiner Linken.
„Feuer und Traum", lächelt er halblaut, „laßt Eure Gedanken bei mir sein. Für euch, die Jugend von Venedig, die so herrlich einer Reife entgegenstrebt, welche auch in Venedig etwas Neues bedeuten wird — für euch werde ich kämpfen."
Ruzzini, der mit einer aus der Fruchtschale gerollten Orange spielt, nickt mehrmals; er hat zuhören wollen und hat auch den Sinn der Worte verstanden. „Was werden Sie dann mit Nani und mir anfangen?" fragt er, „sollen wir als Rentenempfänger in diesem Staat der Jugend leben?"
„Sie werden Doge des Staates der Jugend, lieber Freund, Sie ewig junger!"
Lachend hebt Elena das Glas. Ihr rotes Haar leuchtet auf im Licht der Wandkerzen. „Dem Zukunftsdogen Carlo Ruzzini!"
Aber Ruzzini wehrt sich mit erhobenen Händen gegen die Gläser, die um ihn herumblühen. „Ein Doge, taub, hinkend, klein und dick: das paßt nicht für die Jugend!"
Aber Elena entgegnet: „Schön sind wir selbst — wir wollen Ihren Geist, damit er uns leitet! Wir schenken Ihnen unsere Schönheit!" Und zu Lukrezia, die ihre Blicke bewundernd zu der Freundin emporhebt, sagt Elena: „Küsse unseren Dogen!"
Lukrezia legt willig die Hand um den Hals Ruzzinis und küßt ihn. Nun befiehlt Elena weiter: „Laura, küsse Nani." Laura sieht die Schwester aus tiefen Augen an: dann reicht sie Nani gehorsam die Lippen, der sie zart und fein küßt.
Ein sehr langer Blick Elenas trifft die Augen Schulenburgs — beide fühlen dieses seltsame Verbundensein, das Miteinander-Leben in einer gemeinsamen Strahlenwelt. Der große Schönheitssucher sieht die Nachbarin wartend an. Die aber neigt gemessen das Haupt. „Jetzt lassen Sie uns weiter fröhlich sein! Die Nacht ist noch lang."
Gegen Mitternacht flüstert Karl dem Marschall ein paar Worte zu. Matthias erhebt sich von der Tafel, wirft das Mundtuch

auf den Sessel und geht rasch in die Vorhalle. Dort erwartet ihn der Arsenalotte Giacomo.

„Ich bitte um Verzeihung, Exzellenz. Aber es ist eine Angelegenheit, die für Euer Exzellenz wichtig sein könnte. Soeben ist ein englischer Schnellsegler eingelaufen, der morgen vormittag um Sieben nach Korfu weiterfährt. Er ist vier Tage früher in Korfu als die ‚Aquila‘."

Matthias richtet sich auf. „Ich danke Euch, Meister. Das werde ich Euch nie vergessen. Der Kapitän des Schiffes soll für mich eine Kabine bereit halten. Wenn er keine hat, schlafe ich an Deck. Aber der Segler fährt nicht eher aus, als bis ich an Bord bin."

„Retten Sie Venedig, Exzellenz."

„Wenn Ihr arbeitet, werde ich es retten."

„Wir werden arbeiten."

Die Gäste verabschieden sich sehr bald, damit Matthias noch seine Vorbereitungen treffen kann. Die Schwestern Pisani sind ihm behilflich.

Am nächsten Morgen, am 2. Februar 1716, um sieben Uhr, geht der Marschall, nur von seinem Diener Karl und seinem Adjutanten Straticò begleitet, an Bord der „Great Love". Um zehn Uhr verläßt das Schiff die Lagune und strebt aufs freie Meer hinaus, hinein in den werdenden Sturm. „Great Love" trägt das Schicksal Europas nach Süden, nach Korfu.

SECHSTES KAPITEL

1

„Great Love" steigt fast senkrecht zum Himmel, stürzt dann plötzlich in eine graugrüne Wassertiefe aus welcher eine gigantische Faust das Schiff von neuem emporhebt. Vom Gipfel einer solchen Woge aus fällt der Blick des Marschalls, welcher sich neben dem breitnackigen Kapitän an der Kommandobrücke festklammert, auf einen von Sonnenfetzen gescheckten, riesigen Steinbau. Er schiebt sich weit ins Meer hinaus, während grünblaue Wogen an seinen gewaltigen Felsmauern zitternd verbranden.
Das ist die alte Festung von Korfu.
‚Der junge Simonini sollte das malen‘, denkt Matthias, ‚er ist ein Wirklichkeitsmaler; er malt, was er sieht‘. Nach einiger Zeit gehen seine Gedanken weiter. ‚Wie kriegerisch wirkt der noble Steinbau dort drüben — leider weiß der Seraskier ganz genau, daß diese Festung, deren Stehen oder Fallen das Schicksal der Christenheit entscheiden wird, nichts anderes ist als ein Haufen von Scherben.‘
Während das Gewölk zur Rechten sich langsam verteilt, steigt die Insel der Phäaken aus grauem Dunst ans Licht. Jetzt erkennt Matthias, daß die „Great Love" im Sturm den Nordkanal zwischen der Insel und dem Festland, die Serpe, passiert hat; sie kreuzt unter tückischen Winden auf dem Binnenmeer zwischen Korfu und Albanien. Langsam wird auch der Pantokrator frei, der höchste Berg der Insel, der in kahler Steinpracht

über dem graugrünen Schleier ihrer Olivenhaine aufleuchtet. Ferne Blitze schlängeln sich über das Meer und erhellen für Augenblicke die gegenüberliegende Küste von Albanien; der schneebedeckte Pindus, bei den Alten Wohnsitz der Musen, flammt auf wie eine Fackel. Die Stadt dort drüben am Meere dürfte Butrinto sein.

„Wir können bei der Stadt Korfu nicht landen", knurrt der Engländer und wischt sich die Stirn mit einem karierten Tuch.

„Weshalb nicht?"

„Mit diesen verdammten Winden hier kennt sich kein Mensch aus." Er greift nach dem langen Hals einer strohumflochtenen Flasche und nimmt einen tiefen Schluck. „Wir werden durch die Serpe ins offene Meer zurückkreuzen und am Nordrand der Insel zu landen suchen. Der Sturm legt sich; gegen Mittag könnten Euer Exzellenz in Cassopetto an Land gehen. Die Madonna von Cassopetto — das ist so eine Kapelle mit einem Heiligenbild — mit der haben es die Venezianer schon immer gehabt. — Cassopetto ist der richtige Landungsplatz für den venezianischen Feldmarschall."

Wieder liegt die „Great Love" vor dem Wind. Sie jagt zwischen der Felsküste Albaniens und dem Pantokrator durch die Serpe zurück; vor das Bild der Festung schiebt sich langsam der Montevignoso.

„Schönheit', grübelt der Feldherr, ,ja, Schönheit, die gibt mir Gott. Aber er sorgt auch dafür, daß ich mir keinen Nachruhm erwerbe. — Wer kann auf der Insel der Phäaken kriegerischen Ruhm sammeln! Glückselige Insel, auf dir möchte ich träumen in einem olivenumstandenen Marmorhaus über dem Meere, an der Seite Lelias, während Carlheinz auf einem Steckenpferd gegen die anrollenden Wogenköpfe seine erste Attacke reitet. Hier könnte ich meine Erinnerungen aufzeichnen, an Karl XII., diesen Teufel, der auf ein Haar mein Haus in Brand gesetzt hätte, an den verschlagenen Südländer Eugen, an den guten Mylord Duc von Marlbourough und an sein dummes, eitles Weib. Hier könnte ich Wein und Oliven ernten, könnte tags

meine Seele streicheln lassen vom Glanz der fliederfarbenen Berge Albaniens und nachts von dem silbergrauen Mondhauch, der über den Olivenhängen Korfus zittert. Hier könnte ich alles das vergessen, was zu leben sich nicht lohnte.'
Mit einer scharfen Wendung läßt der Kapitän die „Great Love" in den Hafen von Cassopetto einlaufen. Unbeweglich wartet die Bevölkerung des Städtchens am Ufer; sie grüßt höflich, als die Brücke von Bord des Seglers ans Land geschoben wird und der Marschall, nur begleitet von seinem hübschen, etwas blassen Adjutanten und seinem mißvergnügten Diener die Phäakeninsel über den tanzenden Steg betritt.
Matthias strauchelt, als sein Fuß das feste Land berührt. „Ich fasse dich, Korfu!" murmelt er halblaut. Die Träume vom Marmorhaus am Meer sind verrauscht.
Noch wissen die Bewohner des Städtchens nicht, wer dieser große Mann im blauen Interimsrock ist. Niemand kommt auf den Gedanken, es könne der Marschall sein, den Venedig gesandt hat, um Korfu gegen die Türken zu verteidigen. „Es ist ein fremder Fürst, der vor unserer Madonna beten will", flüstert der bejahrte Bürgermeister, „ihr werdet sehn, gleich wird er hinaufsteigen zur Kapelle."
Matthias steigt jedoch nicht zur Kapelle hinauf. Er mustert sie nur von Ferne, wendet sich dann zu seinem Adjutanten und bemerkt leichthin: „Da oben hat einst der kaiserliche Schauspieler Nero vor dem Altar des Zeus gesungen und getanzt. Macht und Maske sind schon seit ewigen Zeiten Geschwister."
Dann verlangte er Pferde.
Die Bewohner zucken die Achseln. Pferde haben sie noch nie gesehen. Auf Korfu gibt es keine Pferde. Der Herr könne jedoch ein Maultiergespann mieten, erklärt ein schlanker junger Mensch mit einem Antinouskopf; der Pfarrer besitze schnelle und ausgeruhte Maultiere; mit denen könnten die Herren noch heute abend die Stadt Korfu erreichen. Er, Mario, werde kutschieren; er kenne alle Wege und Stege; er kutschiere sogar den Bischof. Während der Marschall mit dem Engländer vor einem Gast-

haus zum Abschied schweren, gelben Wein trinkt, fährt Mario stolz mit dem Maultiergespann vor. Es freut ihn, den Fremden zeigen zu können, daß in Cassopetto, wenn auch keine Pferde, so doch schöne Maultiere gehalten werden; er leitet das Gespann im Stehen wie ein antiker Wagenlenker. Karl verstaut das wenige Gepäck im Netz des Wagens; der Marschall und sein Adjutant Straticò nehmen in der Wagenmuschel Platz. Dann läßt Mario das Gespann ausgreifen. Während der Fahrt wirft er die Geißel vor sich in die Luft, um sie lachend wieder aufzufangen. Inzwischen hat die Sonne alle Wolken zerlöst und herrscht jetzt unangefochten über der Insel der Phäaken.
In diese Sonne hinein rast das Gespann, hindurch durch tief eingeschnittene Felstäler, hinweg über hochgeworfene römische Steinbrücken, hinauf zur Höhe eines Passes, unter dem sich als stille Woge die Olivenwälder ausbreiten, welche Korfu bis zum Horizont überzittern.
Ach, Korfu ...
Die Seele lebt auf in Korfu, geborgen, wie in einer Wiege von Blüten. Auf Korfu sind sogar die Winterstürme schön und von erhabener Großartigkeit. Aber Frühling und Herbst ergreifen noch stärker durch ihre Milde. Der Frühling überfällt Korfu nicht mit einem Chor von buntgekleideten Tänzern und unter den Klängen von silbernen Trompeten; er naht allein in einer grünen Nacht, heimlich, weich und gütig. Seine schlanken Hände streuen über Felsen, Mauern und Hänge hauchzarte Farben aus, welche später im Sommer brennend aufleuchten, um dann langsam als schwermütige Flammenwunder des Herbstes zu verlöschen.
Jetzt aber hängt der Frühling taubengraue Schatten unter dem sprießenden Laub der Oliven auf. In diesem durchsichtigen Grau, das sich mit dem Emporklimmen der Sonne in ein sattes Blau verwandelt, werden im Spätfrühling neue Wunder von unbekannter Süße erstehen — die Walderdbeeren von Korfu. Sie werden sich als feine Blutstropfen unter den verschlungenen

Stämmen der Oliven verstecken, sich aber dem Suchenden verraten durch ihren überirdischen Duft ...
Noch ist nicht die Zeit der Walderdbeeren. Noch lebt viel Winter in der Luft, und das Maultiergespann dampft in der kühlen Feuchtigkeit, welche unter den Oliven lagert. An einem kreuzgeschmückten Brunnen, gebaut wie eine Moschee, tränkt Mario die zitternden Tiere. Indessen geht der Feldmarschall ein paar Schritte auf und ab. Von Zeit zu Zeit läßt er sich von Straticò eine Landkarte reichen, welche er aufmerksam prüft. Schwalben flitzen durch die verdämmernde Einsamkeit.
Nach einigen Stunden gelangen die Reisenden aus der Düsternis der Olivenwälder hinaus in das satte Braun der jungen Nacht. Auf einer antiken Steinbrücke überquert der Wagen den Potamos, ein launisches Flüßchen mit flachen Steinhalden und heimlichen Tiefen. ‚Hier überraschte Odysseus die Nausikaa und ihre Freundinnen', geht es dem Marschall durch den Kopf. Er denkt an das Bild, das Eugen ihm geschenkt hat und lächelt vor sich hin. Nun wendet Mario, der Wagenlenker, sich um und zeigt mit der Geißel auf einen einsamen Hügel. „Das dort ist der Monte Abramo. Unten in der Tiefe, am Meer, liegt die Stadt Korfu." Matthias greift nach seinem Degen und befiehlt kurz: „Ich werde die Besatzung des Monte Abramo inspizieren, Sie, Straticò, fahren mit Karl in die Stadt hinunter und melden dem Großadmiral Andrea Pisani und dem Generalprovveditor Antonio Loredan, daß ich eingetroffen sei. Ich erwarte die Herren heute abend in meinem Hauptquartier zu einer Besprechung." Er verläßt den Wagen am Fuß des Hügels.
Während das Maultiergespann zur Festung am Meere hinabjagt, steigt er, ein paar Karten unter dem Arm, langsam den Monte Abramo hinauf. Rasch senkt sich die Nacht des Südens auf die Lande. Hie und da erwacht in der verhängten Landschaft ein einsames Feuer. Auf der Plattform des Berges liegt eine Feldwache. Der Unteroffizier, welcher sie befehligt, mustert den interessierten Wanderer kritisch beim Licht einer Fackel;

dann tritt er näher an ihn heran und fragt kurz: „Was wollen Sie hier?"
Matthias prüft den Fragenden scharf. „Ich bin der Feldmarschall. Was ist das hier für eine Feldwache?"
Der Unteroffizier zuckt zusammen. Es ist ein hochgewachsener Slawone, mit einem eckigen Schädel, hängendem Schnurrbart und großen, befehlenden Augen. „Der Feldmarschall? Haben Sie Dokumente?"
Freundlich nickt Matthias ihm zu. Er greift in die Brusttasche. „Recht so, daß du fragst, mein Sohn. Was seid ihr für eine Feldwache?"
Während der Unteroffizier beim Licht des Lagerfeuers die Papiere des Marschalls prüft, antwortet er: „Vom Regiment Isy."
„Wie stark ist das Regiment?"
„Etwa einhundertsiebzig Mann, Herr Feldmarschall."
„Und die ganze Garnison?"
„Noch nicht zweitausend Mann, Herr Feldmarschall."
Matthias hat indessen einigen Soldaten die Gewehre abgenommen und untersucht sie sorgfältig. Dann wendet er sich von neuem an den Unteroffizier: „Komm mit mir an den Rand des Berges, dorthin, an den Steilabfall. Und erkläre mir die Lage der Befestigungen."
Der Unteroffizier ist neben Matthias getreten. Rechts von ihnen erhebt sich, langsam aus der Dämmerung aufwachsend, der Monte San Salvatore. Unten, im ersten Aufblühen der Nacht, schwimmt die Feste Korfu. Das große Dreieck, auf zwei Seiten vom Meer bespült, auf der Landseite, dem Marschall zu, durch Befestigungswerke abgegrenzt, ist die Stadt Korfu. „Euer Exzellenz sehen dort links am Meer, eingebaut in die Stadtbefestigung, die hohe Zitadelle mit dem hierher vorgeschobenen Hornwerk, dem Scarpon."
„Ja. Weiter?"
„An dem großen Dreieck der Stadt hängt, weit in das Meer hinein, gegen Albanien zu, eine schmale, felsige Gruppe. Ein

breiter Graben trennt sie von der Stadt und macht sie zu einer eigenen kleinen Insel. Das ist die alte Festung."
„Früher stand dort ein Tempel der Hera", murmelt Matthias, „aber das ist lange her." Er nickt und befiehlt: „Was noch?"
„Das ist alles."
Ein kurzer Blick des Marschalls trifft den Slawonen, welcher die seltsamen grauen Augen des neuen Oberbefehlshabers im Licht der Fackeln aufleuchten sieht.
„Du bist ein alter Soldat. In welchem Zustand befindet sich die Festung?"
„Im gleichen Zustand wie ein Schiff, das von einem schweren Sturm zuerst gegen einen Felsen geschleudert und nachher auf den Strand geworfen wurde."
„Mit diesem Wrack einer Festung und seinen zweitausend Mann Besatzung werden wir die Christenheit vor dem Untergang retten." Matthias beobachtet die Lichter in der Stadt, welche langsam aufflammen.
Leise räuspert sich der Unteroffizier und erwidert zurückhaltend: „Dann werden Euer Exzellenz sich unsterblichen Ruhm erwerben."
Der Marschall schweigt. Dann aber schüttelt er das Haupt. „Man wird mich vergessen."
Hier oben sollte das olivenumstandene Marmorhaus liegen, von dem er heute vormittag geträumt hat ... Nicht am Meer, sondern hier, den Gestirnen näher. Und Carlheinz würde von seiner Wiege aus nach den Sternen greifen ...
Während seine Blicke weiter die Stadtbefestigungen mustern, erwachen im Tor des Hornwerkes Lichter, welche sich langsam dem Berge zu bewegen. „Sie kommen mit Fackeln, um Eure Exzellenz zu holen", bemerkt der Slawone.
„Begleite mich, ich werde ihnen entgegengehen."

2

Der Senator Antonio Loredan hat es sich nicht nehmen lassen, den Feldmarschall persönlich zu empfangen, während der Oberstkommandierende der Land- und Seetruppen, Generalkapitän Girolamo Dolfin, aber auch der Großadmiral der leichten Flotte, Andrea Pisani, den Feldmarschall in der Stadt erwarten. Nach seltsamen venezianischen Gesetzen ist während des Krieges der Oberstkommandierende der Land- und Seemacht Vorgesetzter des Marschalls. Der Patrizier Dolfin will sich dem fremden Heerführer gegenüber nichts vergeben; im übrigen aber hat er das Kriegführen satt. Seine mächtigen Hamsterbacken hängen seit einiger Zeit fast trübsinnig über dem Spitzentuch; der Mund, klein und zierlich, liegt ergeben eingebettet zwischen birnenförmigen Fleischsäcken, welche schräg an den breiten Nasenflügeln hängen. Im Grunde ist ihm der neue Marschall nicht mehr interessant; mag der Nachfolger sich mit ihm auseinandersetzen.
Sehr anders sind die Gefühle, welche der Großadmiral Pisani, der auf dem Lande unter Schulenburg steht, dem neuen Befehlshaber der Truppen entgegenbringt. In der Seele Pisanis brennt der Haß gegen den nordischen Soldaten, weil dieser die Tochter des Großadmirals, Elena Pisani, verführt haben soll.
Wohl aber hat sich dem Senator Loredan der Oberst Sala angeschlossen, der heitere, tapfere Sala, der seit jenen überschneiten Märchentagen in Wien die federnde Elena Pisani liebt. Endlich nahen mit Loredan der Patrizier Giacomo Da Riva, ein dreiundsechzigjähriger geistvoller Skeptiker mit einem fleischigen Cäsarenkopf, Kommandant der Zitadelle, sowie der blasse, stille, verhaltene Oberst Graf Adelmann, Kommandant der alten Festung. Straticò, des Marschalls jugendlicher Adjutant, hat sich von der stürmischen Seefahrt erholt und spricht mit großen Armbewegungen auf den gehaltenen Loredan ein. Von Zeit zu Zeit nickt Loredan gemessen, dann bewegt sich das

Haupt mit der kleinen Lockenperücke wie ein dunkles schwirrendes Insekt vor dem tanzenden Licht der Fackeln.
Matthias ist den Herren langsam entgegengegangen. Er hebt den Hut, verneigt sich höflich und reicht Loredan die Hand. Von ihm läßt er sich den großen Genießer Giacomo Da Riva vorstellen; Sala begrüßt er mit ein paar freundlichen Worten; dem Obersten von Adelmann, der leicht errötet, legt er herzlich die Hand auf die Schulter: „Schön, daß Sie gekommen sind, Adelmann. Wir kennen uns ja von Malplaquet her." Dann aber geht seine Stimme in den leisen, klaren Befehlston über. „Ich bitte alle Herren in einer Stunde zur Besprechung in mein Hauptquartier. Wo ist das Hauptquartier?"
„Bei der Porta Reale", erklärt Straticò beflissen, „es ist eingebaut in den Wall der Stadtbefestigung."
„Gut. Bitten Sie den Generalkapitän Dolfin in meinem Namen, der Besprechung beizuwohnen."
Mit Loredan unterhält sich Matthias während des Weges über die bevorstehenden Karnevalsfestlichkeiten in Venedig. Dort erwartet man den Kurprinzen von Sachsen, und der Senat wird alle Pracht entfalten, um durch solche Aufmerksamkeit den Vater des Kurprinzen, den König August den Starken, vielleicht doch noch für den Bund gegen die Türken zu gewinnen.
„Und wir", entgegnete Loredan kurz, „verrecken inzwischen auf diesem Dreckhaufen, wenn die Türken es nicht vorziehen, uns lebendig zu erwischen, uns das Fell über die Ohren zu streifen und den Rest in siedendem Öl zu kochen. Das ist ihr Verkehrston mit gefangenen Venezianern."
„Man hat mir zu unserer Erquickung genaue Berichte über die Festlichkeiten versprochen", antwortet Matthias lächelnd, „aber wir werden dafür sorgen, daß die Türken uns nicht bis an das Fell heranrücken."
„Lebend bekommen sie mich nicht", antwortete der Generalprovveditor trocken. Matthias fühlt, daß dieser Antonio Loredan ein Soldat ist, und das greift dem Marschall ans Herz. Während der Unterhaltung prüft er von neuem die Silhouetten der

Festungswerke, welche sich schwarz gegen den grünen Nachthimmel abheben.
Rasch wendet Antonio Loredan dem Marschall das Antlitz zu. Im Licht der Fackeln gleicht es einem Totenschädel. „Wir wollen uns darüber klar sein", zischt er, „daß das, was Sie dort augenblicklich mustern, mein Grab sein wird."
„Dann wird es auch das meine sein."
„Sie wollen Korfu selbst verteidigen?" Loredan fragt fast erschrocken.
„Ja."
„Ich bin stolz, daß das Schicksal mir einen so würdigen Todesgenossen zugewiesen hat." Loredan sieht wieder starr gradeaus und lüftet im Gehen leicht den Hut.
Matthias erwidert den Gruß. Dabei denkt er: ‚Ein Glück, daß ich dreitausendachthundertundfünfzig Dukaten Miete für nichts und wieder nichts wenigstens an einen anständigen Kerl gezahlt habe.'
Langsam steigt der Mond über den Bergen von Albanien empor und überglänzt die Welt mit einem milden Silberhauch.
... Carl Heinrich schläft schon lange. Seine Mutter wird in der Nähe seiner Wiege sitzen und in das Licht des gleichen Mondes hinein träumen, das jetzt die Insel der Phäaken in einen Schleier von falscher Glückseligkeit hüllt ...
Der Zug durchquert den Scarpon und die Zitadelle; er gelangt in die eigentliche Stadt, eine richtige Stadt des Südens, mit düsteren Gassen, in welchen der Geruch von Ölgesottenem und Unrat festzustehen scheint; eine Stadt mit schreienden und wildgestikulierenden Menschen. Eine fette, alte Frau schreit dem Zug nach: „Wir wollen keinen Krieg! Lieber wollen wir den Türken ausgeliefert werden!"
Vor dem Hauptquartier hat man rasch eine Ehrenkompagnie zusammengezogen, Slawonen, die besten und zuverlässigsten Truppen der Republik, von denen aber vorerst nur ein paar Hundert in der Feste liegen. Matthias schreitet unter dem Wirbel der Trommeln die Front ab; dann steigt er die flachen

Stufen zum Hauptquartier hinauf, das in den Wall der Festung eingebaut ist. Seine beiden Zimmer sind eingerichtet; viele Wachskerzen brennen in den Wandleuchtern; aus schweren, alten Fayencevasen quellen dunkle Rosen. Karl lächelt verhalten, als Matthias sich prüfend umsieht.

„Wo hast du denn so rasch diese Bilder aufgetrieben, Karl?" Sorgfältig mustert der Marschall die Darstellung eines Hephaistos, welcher den Panzer Achills schmiedet.

„Hier in der Stadt lebt ein berühmter Maler, Exzellenz ..."

„Wie heißt er?"

Karl tut, als ob er nach dem Namen suche; endlich tritt er auf ein Bild zu und liest dort den Namen ab. „Ja — so heißt er ... Doxaras ... Er heißt mit Vornamen Panagiottis und stammt aus einem edlen Geschlecht des Peloponnes ... Er hat in Venedig studiert ..."

Die Brauen des Marschalls haben sich zusammengezogen. Dann mustert er den Diener scharf: „Karl, entweder bist du wieder besoffen und lügst mir etwas vor ..."

„Ich schwöre bei der Madonna ..."

„Wenn du noch einmal bei der Madonna schwörst, schicke ich dich nach Emden zurück. Da wird Pastor Linck dir die katholischen Flausen austreiben. Ich wiederhole: entweder bist du besoffen oder aber du bist ein Genie. Wie hast du innerhalb einer Stunde diese Bilder aufgetrieben, diese Weisheiten erfahren und auch noch die Zimmer eingerichtet? Antworte!"

Karl windet sich. Aus dieser Verlegenheit rettet ihn ein Klopfen an der Tür. Straticò tritt ein und meldet, daß der Generalkapitän Dolfin sich eine Ehre daraus machen werde, bei der Besprechung persönlich anwesend zu sein. Er bitte, mit dieser Besprechung sofort zu beginnen; die anderen Herren seien unterrichtet und warteten bereits im großen Saal.

Rasch ergreift Matthias Hut und Degen und läßt sich von Straticò in den Saal geleiten. Den großen kahlen Raum, dessen Wände mit Plänen und Landkarten bedeckt sind, schmückt nur

ein einziges Bild, eine Allegorie des triumphierenden Venedigs, von dem gleichen Doxaras, von welchem die Bilder drüben in den Wohnräumen des Marschalls stammen. Unter dieser Allegorie steht hoch aufgerichtet ein fast knabenhaft schlanker Mann mit tiefblauen Augen und einem glatten, sinnlichen, großgeschnittenen Gesicht. Seine Arme hat dieser Mann über dem dunkelblauen Admiralsrock gekreuzt. Matthias schreitet auf ihn zu, um ihn zu begrüßen, fühlt jedoch, wie plötzlich eine Woge von Feindschaft ihm entgegenstrebt. Langsam läßt der Mann die Arme sinken und verneigt sich höflich, während Loredan ihn dem Marschall mit einer verbindlichen Handbewegung vorstellt: „Exzellenz Andrea Pisani, der Großadmiral unserer leichten Flotte."
‚Der Vater der Pisani-Zwillinge!' durchschießt es Matthias und befeuert tritt er an Pisani heran. Er weiß ja nicht, was inzwischen durch die Krämerintrigen des Nachtherren Carlo Dolfin an Vertrauensmöglichkeiten zwischen ihm und dem Großadmiral zerstört wurde. Herzlich hält er Pisani die Rechte hin, in welche dieser nur zögernd die seine legt. Aber Andrea Pisani ist Venezianer. So versteht er, Haltung zu wahren und die gütigen Worte des Marschalls mit ein paar Freundlichkeiten zu beantworten.
Mit milder, halber Stimme meldet Straticò das Eintreffen des Generalkapitäns Girolamo Dolfin. Dolfin liebt es nicht, zu Fuß durch die erregte Bevölkerung zu wandern. Er pflegt alle Arten von Aufregungen zu meiden, insbesondere dann, wenn seine sorgsam ausgeklügelte Kleidung dabei beschädigt oder beschmutzt werden könnte. So läßt er sich durch die Altstadt Korfus in einer Sänfte tragen, welche mit dem Wappen Venedigs und dem der Dolfins verziert ist. Jetzt steht er in der Tür des Beratungszimmers, in prunkvollem blauen Seidengewand, auf welchem die goldene Schärpe des Generalkapitäns halbmüde im Licht der Kerzen funkelt. Unter den Hamsterbacken quält sich ein Lächeln hervor; Dolfin hat grade einen seiner großen Gallensteinanfälle überwunden, und so wirkt dieser Barock-

heros, allem äußeren Prunk zum Trotz, müde, geschwächt und sogar ein ganz klein wenig komisch.

Mit raschen Schritten geht Matthias auf ihn zu und meldet sich zur Stelle. Dolfin streckt ihm beide Hände entgegen: „Unser Held!" ruft er, „die Hoffnung Venedigs!" Das Theatralische dieses Empfanges berührt den sachlichen Norddeutschen peinlich; aber auch die Venezianer stehen so viel Pathos kritisch gegenüber. Loredans Antlitz verändert sich nicht; um die Winkel seiner Augen spielt nur ein leises Zucken. Der Großadmiral Pisani zieht die Lippen scharf nach innen, während Da Riva murmelt: „Er hat sich wieder einmal überfressen." Sala, der diese Worte gehört hat, lächelt vor sich hin, während Straticò in undurchsichtig liebenswürdiger Adjutantenhaltung verharrt. Nur der Kommandant der alten Festung, jenes grandiosen Felszipfels, welcher sich weit ins Meer hinausschiebt, der Deutsche Adelmann, erwartet unbeweglich die Befehle, welche er pflichtgetreu ausführen wird, selbst dann, wenn sie sinnlos sind und ein Narr sie ihm erteilte.

Inzwischen hat Dolfin mit bewußter Würde im Präsidentensessel Platz genommen und beobachtet aus geschwollenen Augen heraus, ob dieses Platznehmen bei den Anwesenden auch die gebührende Ehrfurcht erweckt habe. Mit einer großen Handbewegung bittet er Matthias an seine Seite und erkundigt sich freundlich nach den in Venedig geplanten Festen, um dann mit einem gequälten Lächeln dem Marschall das Wort zu erteilen.

Matthias erhebt sich.

„Meine Herren", beginnt er, „in vielen Denkschriften habe ich dargelegt, daß die Kräfte des Staates Venedig nicht mehr ausreichen, um das Ostbecken des Mittelmeeres zu beherrschen. Wirklich beherrschen kann Venedig noch das Adriatische Meer. Aus diesen Gründen habe ich vorgeschlagen, alle außerhalb des Adriatischen Meeres gelegenen venezianischen Gebiete den Türken zu lassen, dafür das an den Küsten dieses Meeres gelegene türkische Albanien zu erobern und mit dem Rest des venezianischen Epirus zu vereinigen. Dieses epirotisch-albanische Gebiet schließt sich an das jetzt schon von Venedig beherrschte Dalmatien an. Damit wäre die ganze Ostküste des Adriatischen Meeres venezianisch. Die Republik, als unbestrittene Herrin des Adriatischen Meeres, erlangte eine weitere große Anzahl arbeitsamer, tapferer und streitbarer Untertanen, und ihre Einkünfte müßten sich um ein Beträchtliches vermehren. Eine Kette von Bergen schirmt diesen Strich am Meere ab; schon der große Skanderbegk hat gezeigt, wie man die Pässe dieser Berge und damit die am Meer gelegenen Länder erfolgreich verteidigen kann. Venedig muß nur noch einige Inseln, die einst der Republik gehörten, zurückerobern, vor allem San Maura, das hinlänglich Lebensmittel zu geben vermag. Dann werden San Maura und Korfu die Grenzsäulen darstellen eines kleinen aber gefestigten Reiches Venedig, das gegen alle Angriffe der Türken abgeschlossen werden kann. Ein solches Reich Venedig, meine Herren, wäre noch für viele Jahrhunderte lebensfähig. Und dieses Reich zu schaffen, ist heute unsere Aufgabe."

Matthias schweigt. Die Köpfe der Venezianer haben sich gesenkt; selbst Pisani stützt das Haupt in die Hände. Ein Augenblick beklommener Stille liegt über der Versammlung, bis Da Riva bitter murmelt: „Venedig zieht sich auf das Altenteil zurück."

Der Marschall hat die Worte Da Rivas verstanden und wendet sich ihm verbindlich zu. „Nein, Exzellenz Da Riva, nicht auf das Altenteil zieht sich Venedig zurück, sondern es besinnt sich mit der Weisheit der Reife seiner Möglichkeiten und ordnet sein Leben ein in die Geschehnisse einer neuen Zeit. Freilich, wenn es das unterläßt, wenn es sich in den starren Hochmut eines geistlos gewordenen Reichtums rettet, dann wird es bald genug einem fremden Eroberer als leichte Beute zufallen. Dann werden auch für Venedig die Worte des Äschylus über die Perser gelten müssen:

,Nicht allzuhoch darf Stolz sich überheben.
Des Hochmuts Ähre blüht als Schuld, die bald
Zu einer tränenreichen Ernte reift.' "

Da Riva genießt das klassische Zitat und nickt dem Redner verbindlich zu. Aber auch die anderen Venezianer, der humanistischen Bildung ergeben, nicken beifällig. Nur Pisani zuckt die Achseln. „Was nützt uns dieser geschlossene Binnensee, wenn der deutsche Kaiser von Triest aus vorstößt, um uns von Norden her die Herrschaft über das Adriatische Meer zu entreißen?" Pisani genießt es, mit einer solchen Betrachtung alle Pläne des Marschalls in die Welt des Zweifels zu rücken und lehnt sich zufrieden in seinen Sessel zurück.

Matthias wendet sich ihm zu. „Wenn diese Sorgen wirklich berechtigt sein sollten, so sind das spätere Sorgen, welcher die berühmte Diplomatie Venedigs wohl Herr zu werden vermag. Vorerst stehen wir vor der Wahrscheinlichkeit nicht eines Konfliktes, sondern eines Bündnisses mit dem Kaiser, eines Bündnisses, über dessen Notwendigkeit es keine Zweifel geben kann. Es sei denn, daß Venedig es vorziehen sollte, sich mit den Türken gegen den Kaiser zu verbünden."

Diese ironische Bemerkung läßt blitzartig die ganze Größe der Gefahr in den Köpfen der Männer lebendig werden. Matthias, die Wirkung seiner Worte erkennend, geht rasch auf den eigentlichen Zweck seiner Rede über: auf die Notwendigkeit, Korfu so bald wie möglich in einen Verteidigungszustand zu bringen. Jetzt wird er zum Ankläger. „Es ist erschreckend, Exzellenzen", ruft er, „in welch jämmerlichem Zustand sich die wichtigste Festung Venedigs befindet! Korfu macht den Eindruck, als ob es eine schwere Belagerung hinter sich habe. Morgen früh werde ich die Befestigungswerke einer genauen Prüfung unterziehen. Aber ich weiß bereits heute, daß diese Werke unbrauchbar sind, und daß für ihre Verteidigung das Nötigste fehlt: es fehlen vor allem viertausend Arbeiter, welche die Festung rasch instand zu setzen vermögen — weiter fehlt alles für diese Arbeiten notwendige Material. Ferner fehlen Kanoniere und Handwerker, es fehlt an Holzwerk für die Lafetten, Kohlen, Handwerkszeug — es fehlt an Verbandstoffen, Trinkwasser und Gewehren; die Gewehre, mit welchen man die Truppen ausgerüstet hat, gehören zu den schlechtesten, die mir je in die Hände gekommen sind."

„Der Nachtherr Carlo Dolfin hat sie geliefert", kichert Da Riva, während der Generalkapitän bei Erwähnung seines geschäftstüchtigen Bruders die Stirn in mißmutige Falten legt.

Matthias überhört den Zwischenruf. Er beginnt mit einer Aufstellung dessen, was er an Mannschaften, Waffen, Werkzeug und Lebensmitteln verlangt, bis ihn der Generalkapitän freundlich unterbricht: „Diese Dinge, Herr Feldmarschall, brauchen wir jetzt wohl nicht einzeln zu besprechen. Sie werden Sache des Verteidigers der Feste sein, welchen Sie, Exzellenz, nach vorausgegangener Beratung mit mir zu ernennen die Freundlichkeit haben werden."

Ganz langsam hebt der Feldmarschall das Haupt. Die große Nase steht vor; die Arme sinken von der Tischplatte. Er atmet laut, und fast mechanisch wiederholt er seinen Spruch, um ihn einzuhämmern in die Seelen seiner Zuhörer: „Mit Korfu steht und fällt der Aufmarsch des Prinzen Eugen. Mit Korfu steht und fällt Venedig, Italien — ja, die Christenheit. Die Verteidigung Korfus übernehme ich selbst."

Die Venezianer sehen den Marschall prüfend an, dann gleitet über ihre Gesichter der Ausdruck uneingeschränkter Hochachtung. Da Riva murmelt etwas von „Plutarch", während Dolfin sich tief gegen Matthias verneigt.

3

Während dieser Besprechung hat Karl hinter der verschalten Wand gesessen, an welcher das Bild Doxaras' hängt, und hat sich beim Licht der Pechpfannen, das von draußen in den kleinen

Raum hineinfällt, Notizen gemacht. Als nach zwei Stunden der Generalkapitän die Herren zum Nachtmahl bittet, verläßt Karl sein Versteck und eilt rasch durch die Stadt einem hochgelegenen, schmalen Palast zu, welcher in der Festungsmauer über dem Meere hängt. Von den gotischen Fenstern und Loggien des Palastes aus geht der Blick über die vorgelagerte Insel Vido und das Binnenmeer hinüber nach Albanien. Dieses Binnenmeer ist kaum eine Meile breit; die Lichter der türkischen Stadt Butrinto am albanischen Ufer sind deutlich sichtbar. Neben dem Palast steigen ein paar alte Zypressen auf; eine dieser Zypressen berührt mit ihren unteren Zweigen die feingefügte Ecke der Loggia. Der Palast gehört dem Maler Panagiottis Doxaras, und bei ihm wohnt seit einiger Zeit die Gräfin Aimée Mocenigo della Torre.

Seit einer Stunde wartet sie auf Karl. Sie horcht auf den Klang aller Schritte, welche von der Gasse zu ihr hinaufflattern. Wie ein eingesperrtes Tier wandelt sie in der Loggia auf und ab. Noch immer ist sie schön und bezwingend, so daß Doxaras um die Erlaubnis gebeten hat, sie in ihrem grünen Jagdkleid malen zu dürfen. In einsamen Morgenstunden sitzt sie dem Griechen; sie läßt sich gefangennehmen von seiner klugen und geschliffenen Unterhaltung, und beide phantasieren über die Feste, welche Venedig dem Kurprinzen von Sachsen auf dem Markusplatz, dem Prachtsaal der Republik, geben will, während die Türken hier versuchen werden, der gleichen Republik das Tor ihres Hauses einzuschlagen und gegen ihren Prachtsaal vorzustürmen. In dieser Nachtstunde aber leuchten die blauen Augen der Venezianerin fast weiß im Lichte des Mondes; ihr helles Haar, kaum gepudert, glänzt wie der ferne Schnee auf dem Gipfel des Pindus. So schön wie in dieser Stunde gespannter Erwartung ist Aimée Mocenigo selten gewesen; nur sieht kein Mensch dieses Wunder von Schönheit, das einsam über den nachtblauen Fluten des Meeres vor sich hinsinnt.

Sie läßt sich auf der kissenbedeckten Steinbank an der Brüstung der Loggia nieder, und nachdenklich entrollt sie vor ihrem

Innern ein Bild ihres eigenen Lebens. Das aber bedeutet nichts anderes als ein Bild ihrer Liebe zu Matthias. Sie war ihm verfallen, als sie ihn damals im Aostatal kennenlernte, vor sechzehn Jahren, und ist ihm verfallen geblieben bis zum heutigen Tage. Ihre Lippen werden schmal und fest. Eine Mocenigo-Tochter und verfallen? Und doch, was nützen alle Selbstbetrachtungen und alle Selbstverachtungen! Wenn sie seinen Namen hört, wenn seine Stimme in der Ferne erklingt, droht ihr Herz stillzustehen. Als sie ihn in Emden wiedergefunden hatte, glaubte sie, der Himmel sei auf die Erde gesunken. Sie hatte den Kampf gegen Lelia aufgenommen und Lelia vernichtet. Jetzt aber tritt die Rache des Schicksals für diesen Mord an sie heran. Sie weiß, jetzt ist auch sie dem Tode verfallen. Sie weiß, daß ihr das Gift des Kogias droht aus jeder Speise, welche sie zu den Lippen führt, in einem Dolchstich in der Straßendämmerung, welche sie in Sorge um den Geliebten durcheilt. Sie faltet die Hände. Gut, mag der Tod kommen. Sie wird ihn so empfangen, wie die Mocenigos hohen Besuch zu empfangen pflegen.

Langsam erhebt sie sich, geht ein paar Schritte auf und ab und kniet dann auf der Steinbank, die Ellenbogen auf die Brüstung der Loggia gestützt. Da drüben funkeln die Lichter von Butrinto. Ja, wenn er jetzt hierher käme und sie mit seiner weichen Stimme fragte: „Was ist uns Venedig? Größer als Venedig ist unsere Liebe! Laß uns nach Butrinto fliehen, dort in einem Hause über dem Meere leben, laß unsere Tochter Lukrezia bei uns sein und durch ihr Dasein Freude bereiten!" ... sie würde dem Geliebten um den Hals fallen, Venedig dem Schicksal überlassen und mit ihm, dem Halbgott, hinausfahren in das Glück des einsamen Hauses am Meer.

Ihre Gedanken gleiten zurück zu ihrer Seefahrt von Venedig nach Korfu. Eine Stunde, nachdem das Depeschenboot vorübergeglitten war und Post abgeworfen hatte, stand plötzlich der schlanke, nervöse Großadmiral Andrea Pisani neben ihr am Bug der „Fenice". Er kreuzte die Arme und starrte hinaus auf die anrollenden Wogen.

„Der Nachtherr Carlo Dolfin hat mir mitgeteilt, der Marschall habe meine Tochter Elena verführt ..."
Aimée wundert sich noch immer, weshalb sie damals nicht aufgeschrieen hat, gräßlich aufgeschrieen, wie die Meerweiber schreien sollen, wenn der Sturm sie auf den Strand wirft. Elena Pisani ... kleine Pisani, sollst du die Rache des Schicksals vollstrecken, wenn des Kogias Gift und Dolch mich nicht erreichen können?
Ein Wind muß vom Meere her aufgestiegen sein, denn der Wipfel der mächtigen Zypresse neben dem Palast beginnt sich zu bewegen. Er schaukelt hin und her, und zuweilen wischt die grüne Fackel über die zarten gotischen Säulen der Loggia. Aimée richtet ihre Blicke auf den tanzenden Baum; aber sie schrickt zusammen, als dieser Baum zu sprechen beginnt.
Der Baum sagt deutlich das Wort „Herrin!".
Erregt springt Aimée auf, als das wogende Grün sich ihr wieder nähert. Dann aber löst sich ein Körper aus dem Geäst; ein bewegter Seidenballen springt auf die Steinbrüstung und weiter auf den Fußboden. Dort kreuzen sich Arme, und die Seide verneigt sich tief.
„Gazireh! Woher kommst du?" Aimée faßt die Türkin an der Schulter.
„Segen über die Herrin! Gazireh ist mit der Herrin Elena von Venedig nach Otranto geritten — dort hat Herrin Elena Segelboot gekauft — Elena und Gazireh nach Korfu gesegelt."
„Ihr beiden allein?"
„Allein. Zwei Tage und zwei Nächte. Groß und schön das Meer."
„Ist Elena hier?"
„Elena ist junger Soldat geworden. Wie die vielen jungen Soldaten, die hergekommen sind, um Krieg zu lernen."
„Weiß ihr Vater davon?" Die Stimme Aimées klingt hart und trocken. „Weiß ihr Vater davon?"
Gazireh schüttelt den Kopf. Langsam hebt sie den Schleier vom Antlitz; dann erst entnimmt sie ihrer Schärpe einen Brief,

welchen sie Aimée überreicht. „Darf nicht wissen. Soll glauben, Herrin Elena in Venedig geblieben. Gazireh soll Brief von Tochter Lukrezia bringen. Herrin Elena läßt sagen, sie müsse mit Herrin sprechen."
Elena ... die Feuer-Pisani ... das Schicksal ...
Aber Aimée hat sich bereits gefaßt. „Ich erwarte Donna Elena morgen vormittag gegen elf Uhr."
Aus der Tür der Loggia tritt der Maler Doxaras, ein schlanker, vornehmer Grieche in der Mitte der Fünfziger. Seine Figur hebt sich schwarz von dem erleuchteten Innenraum ab; es ist eine klassische Figur, von jener ruhigen, in sich ausgewogenen Schönheit, welche sich zwar häufig bei der Jugend der Mittelmeerländer findet, sich aber selten bis in die späteren Jahre erhält. „Ein Diener erwartet Sie, Gräfin, — er sagt, er sei der Diener des Marschalls, welcher soeben in der Stadt eingetroffen sei."
Aimée erwidert nicht, daß sie Karl bereits gesprochen habe. Sie lächelt, und zeigt beim Lächeln ein wenig Zahnfleisch. „Lieber Freund, würden Sie ihn zu mir schicken? Die Nachtluft tut mir wohl, und er kann mir auch hier bestellen, was er mir zu sagen hat."
Während Doxaras mit schönen Schritten davongeht, hat sich Gazireh wieder aus der Schattendunkelheit hervorgeschoben, in welcher sie sich verborgen hielt. Gleich darauf betritt Karl die Loggia. Er berichtet, alles sei so gegangen, wie die Gräfin es befohlen habe. Dann setzt er neugierig hinzu: „Frau Gräfin hatten wohl Posten aufgestellt, daß sie sofort von meiner Ankunft wußte?" Da Aimée schweigt, fährt er rasch fort: „Hier ist alles, was ich mitgeschrieben habe, wie Frau Gräfin es mir befahlen. Alles, was der Feldmarschall für die Verteidigung braucht. Das wichtigste sind viertausend Männer für die Schanzarbeiten. Viertausend Männer! Wo will man die unter diesem faulen und widerborstigen Gesindel finden! Schreien, schmuggeln und stehlen können sie, aber arbeiten halten sie für eine Sünde."

Während Karl und Gazireh sich begrüßen, versucht Aimée bei halbem Mondlicht die Notizen zu entziffern. Dann wendet sie sich an die beiden. Sie hat die Hände über den Knieen gekreuzt, spielt mit dem Brief ihrer Tochter und sagt lässig: „Morgen früh um die elfte Stunde werden wir gemeinsam mit Donna Elena Pisani beraten, wie wir dem Feldmarschall weiter helfen können. Jetzt geht und laßt mich allein."

Aimée träumt auf der Insel der Phäaken. Der Mond hebt die Wirrnisse der Stadt ins Einfache und Großartige. Aus der Tiefe braust das alte Stimmengewirr der vielen Völkerschaften empor, welche sich auf dem lichtumzitterten Eiland gefunden haben. Zur Linken der sinnenden Frau plätschern beruhigte Wellen und spielen miteinander wie Kinder. Dieses in sich verschlungene Werden und Vergehen, von Bewegungen und Geräuschen wird umfächelt vom süßen Duft der Orangengärten, welche die schmalen Felsterrassen zwischen der Stadtmauer und dem Meere bedecken.
Doxaras' Palast liegt am Südzipfel der Stadt in der Nähe der großen Uferpromenade, auf welcher die Bevölkerung abendliche Kühlung und Anregung zu suchen pflegt. Aimées Blick, der über diese Promenade hinweg nach Süden schweifen möchte, wird aufgehalten von einer mondbeschienenen, gekrönten Steinmasse, mit zwei mächtigen Felspyramiden, die sich tief in das silberne Meer hineinschiebt. Diese Pyramiden nannten die Byzantiner die „Koryphäen". Aimée sieht in ihnen jedoch keine himmelstrebenden Pyramiden; sie sieht in dem ganzen gigantischen Steinklotz einen riesigen, barocken Katafalk. Denn dieses unheimliche Felsgebirge ist die alte Festung, welche das Schicksal zum Totengerüst für den Geliebten bestimmt hat ... Er wird in den letzten Augenblicken der Verteidigung die Stadt kämpfend räumen, sich in diese Burg der Dämonen zurückziehen, auch sie noch verteidigen und sich dann mit der ganzen Besatzung in die Luft sprengen. Er wird nicht vorher mit Aimée Mocenigo entfliehen — zu jenem Marmorhaus über dem Meer,

an das seine Seele nicht denkt, weil er ein Mann ist, und Männer in Zeiten wie den jetzigen nicht an die Liebe denken, sondern nur an den Tod.
Plötzlich zuckt die Frau zusammen. „An den Tod? Ach nein, auch nicht an den Tod."
Vor ihrem geistigen Auge lebt das Bild jener knabenschlanken Reiterin auf, welche in Wien, zusammen mit dem Geliebten, durch die beschneiten Kathedralen nordischer Wälder ritt ...

Um die neunte Abendstunde legt Aimée ihren seidenen Umhang, den Dreispitz und die Maske an; dann verläßt sie den Palazzo Doxaras. Korfioten, Griechen und Albaneser toben in bunten Gewändern durch die Gassen und reden wild aufeinander ein, obwohl sie der gleichen Meinung sind, man solle die Stadt und die Insel dem Seraskier, dem türkischen Oberführer, dem Kara Mustapha ausliefern, bevor dieser mit der Belagerung beginne. Mit erhobenen Händen erzählen sich die Männer gegenseitig von der Großmut des Seraskiers, aber mehr noch von der wilden Bosheit des türkischen Großadmirals, des Kapudan-Paschas Dianum-Kogia, welcher mit der gesamten türkischen Flotte den Angriff der Landtruppen auf die Festung unterstützen werde. Wer der Dianum-Kogia ist, flüstert man sich in allen Häfen des Mittelmeeres zu. Zehn Jahre lang ruderte er als Galeerensklave auf einem venezianischen Kriegsschiff. In solchen Männern ist der Sinn für Güte und Menschlichkeit zerstört, und deshalb ist von ihnen keine Gnade zu erhoffen. Vor dem Stand eines Bäckers bleibt Aimée einen Augenblick lang stehen und horcht auf die Worte eines alten Epiroten: „Der Kapudan-Pascha hat Konstantinopel mit der gesamten Flotte verlassen. Vor Schiffen konnte niemand mehr das Wasser sehen. Diese Tausende von Schiffen haben den Kurs auf Korfu genommen. Mein Enkel, ein kluger und weitgereister Matrose, hat diese Nachricht heute von Morea mitgebracht."
Die junge Frau zittert, weil sie glaubt, die Krallen der Furien bereits in ihren schmalen Schultern zu spüren. Sie atmet erst

freier, als sie von den breiten Hauptstraßen in das Ghetto einbiegt, in welchem die Juden Korfus vor den Haustüren sitzen. Hier scheint die Welt plötzlich still geworden zu sein; alte dicke Mütter und seltsam schöne Mädchen mit schwarzen Lackaugen verrichten Hausarbeiten auf den Treppenstufen. Das Licht brennender Kienhölzer zieht die Gesichter zu schweigenden, geheimnisvollen Gruppen zusammen. An den Straßenecken stehen die Männer und flüstern; nur zuweilen unterbricht ein erstickter Ruf das gleichmäßige Gemurmel.
Dieses Volk kennt Verfolgungen; es weiß seine Seele auf die kommende Gefahr einzustellen. Es verzweifelt nicht, sondern wird still und prüft, wie man der Gefahr am besten zu entgehen vermag.
Eine solche Welt ist der Gräfin Mocenigo della Torre unbekannt. Zunächst fühlt sie sich als Fremde; dann aber geht die Stille langsam in sie über und tut ihr wohl. Endlich tritt sie an eine der Frauen heran und fragt: „Wo wohnt der Oberrabbiner?" Bedächtig hebt die Frau den Kopf. Mit einem Küchenmesser, mit welchem sie Gemüse putzt, weist sie freundlich auf eine Männergruppe: „Dort steht er. Der mit dem langen, weißen Bart. Er heißt Rabbi Benjamin Semo."
Aimée dankt und tritt an die Gruppe heran. Die Maske hat sie abgenommen.
„Rabbi Benjamin", beginnt sie zögernd, „ich bin die Gräfin Mocenigo della Torre. Wollen Sie mir eine kurze Unterredung gewähren?"
Der Rabbi hält seine dunklen Augen auf die Sprecherin gerichtet. Er prüft, vorsichtig und dabei doch überlegen. Dann verneigt er sich höflich: „Hohe Exzellenz, ich stehe zu Ihrer Verfügung. David", wendet er sich an seinen jungen Sohn, „spring hinauf und entzünde zwei Kerzen in meinem Studierzimmer. Aber nimm von den dicken, weil Ihre Exzellenz Mocenigo uns mit ihrem Besuch beehrt."
Während der große, breitschultrige David vorauseilt, folgen ihm Aimée und der Rabbi schweigend. Die Kerzen brennen bereits,

als die beiden den Arbeitsraum des Rabbi betreten. Aimée sieht sich flüchtig um. Pergamentbände verdämmern an den Wänden; auf einem Tisch liegen viele Manuskripte in hebräischen Zeichen. Der Rabbi weist ihr einen Stuhl an, bleibt aber selbst stehen, faßt mit der Rechten in den weißen Bart und fragt ruhig und fast stimmlos: „Womit kann ich der Frau Gräfin dienen?"
Aimée senkt die Augenlider. ‚Wie heißt doch schon der holländische Maler?' durchfährt es sie, ‚der diese Welten gemalt hat? Seine Seele flammt wie die unseres Tintoretto. Schiefauge besitzt ein Bild von ihm.' Die Augen ziehen sich zusammen; vergeblich sucht sie nach dem Namen. Die Hände haben sich über den Knieen gefaltet; Aimée, die sonst so gewandte, sucht nach Worten, um dem fremden Mann, der stillschweigend vor ihr steht, ihre Wünsche und ihre Befehle vorzutragen.
Diesen inneren Kampf beobachtet der Rabbi. Nach einiger Zeit sagt er freundlich: „Sprechen Sie ruhig, Frau Gräfin, auch ein Rabbi hört Beichten und ist mit Menschenleid vertraut. Ich sehe an Ihren Augen, daß Sie Sorgen haben."
Leise wiegt Aimée das Haupt, öffnet die Augenlider und sieht den Rabbi aus blauen Sternenaugen an. „Es ist viel weniger Menschenleid, welches ich mit Ihnen besprechen möchte, als Menschheitsleid. Ich bin Venezianerin. Was mich bewegt, ist zunächst einmal das Schicksal Venedigs, das hier in Korfu ausgekämpft werden soll. Es ist aber nicht nur das Schicksal Venedigs; es ist zugleich auch das Schicksal der Welt." Die Sprecherin schweigt für einen Augenblick, fährt dann aber klar fort: „Beantworten Sie mir zuvor eine Frage, Rabbi. Wohin neigt die Judenschaft von Korfu: zum Osten, aus dem sie stammt, oder zum Westen, nach dem sie strebt?"
Der Rabbi hat diese Worte nachdenklich angehört. Dann senkt er das Haupt: „Die Insel Korfu trägt einen Januskopf. Das eine Antlitz schaut gen Osten, das andere gen Westen. Korfu selbst ist Zwischenland zwischen Osten und Westen, zwischen Orient und Okzident. Wir Juden sind vor vielen Jahrhunderten hierher geflohen; von den Griechen sind wir nur ausgeraubt worden,

unsere Friedhöfe hatten sie geschändet und uns selbst gesteinigt. Die Venezianer verboten die Steinigung; für diesen Schutz sollten die Juden einen jährlichen Tribut von dreihundert Dukaten zahlen. Wir haben jedoch gebeten, man möge uns mäßig steinigen, uns dafür aber den Tribut erlassen. Dann haben wir gewartet, und wir wurden weder gesteinigt, noch wurde der Tribut von uns erhoben."
Über Aimées Antlitz geht ein Lächeln; aber auch der Rabbi lächelt. „Was soll ich weiter sagen, Frau Gräfin?" fährt er fort.
„Als die Republik Venedig eines Tages ihre Juden vertrieb, hat sie die Juden von Korfu ausgenommen. Das war gut und klug zugleich, denn die Juden von Korfu lauschen auf die Weltenströme — hier, wo sich die Welten Ost und West begegnen, und leiten die Ströme in richtige Bahnen. Das weiß auch der neue Feldmarschall; deshalb soll er den Juden wohlgesinnt sein, so wenigstens schrieb mir mein Freund Oppenheimer aus Wien. Das ist der große Oppenheimer, Frau Gräfin, der jetzt die Feldzüge des Prinzen Eugen finanziert. Und Oppenheimer weiß Bescheid. Wie wäre er denn sonst der Oppenheimer? Wenn einer Oppenheimer sein will, muß er auch seine Leute kennen."
Aimée zieht den Seidenmantel fester über die Schultern. „Sie wollen also sagen, Rabbi, daß die Judenschaft von Korfu sich unter der Herrschaft Venedigs wohl fühlt?"
„Das will ich sagen."
„Dann müßte die Judenschaft aber auch helfen, daß dieser Zustand bleibt."
„Was in ihren schwachen Kräften steht — sie wird helfen." Der Rabbi hat die Arme über die Brust gekreuzt und sieht Aimée aus dunklen Augen scharf an. „Was verlangen Sie?"
Nun berichtet Aimée über die heutige Besprechung der hohen Offiziere in der Festung. Sie berichtet über die Notwendigkeit, viertausend Arbeiter zu werben, um die Festungswerke auszubessern. Diese Werbungen könnten aber nicht erfolgen durch die Venezianer, weil die Bevölkerung, von Natur schon nicht

fleißig, sich jetzt noch stärker als früher gegen venezianische Werbeversuche wehren werde, denn sie wünsche, daß die Festung ohne Kampf in die Hände der Türken gelange. Arbeiter würden sich nur einfinden, wenn von Korfioten selbst der Antrieb zur Arbeit ausgehen werde. Die einzigen Korfioten, welche das aber zu tun vermöchten, seien die Juden.
„Wieviel Arbeiter braucht der Marschall?"
„Täglich viertausend."
Der Rabbi zieht die Augenbrauen hoch. „Lernen Sie Türkisch, Frau Gräfin."
Erschrocken sieht die Gräfin zu ihm auf. In ihren weitgeöffneten Augen zittert das Entsetzen. „Ja, Frau Gräfin", nickt Rabbi Benjamin, „wir werden Türkisch lernen müssen. Die Stadt Korfu hat sechzehntausend Einwohner, darunter sechstausend Männer. Von denen sind zweitausend für solche Arbeiten brauchbar. Zweihundert von denen werden sich anwerben lassen und tun, als ob sie arbeiteten."
„Sie müssen alle Männer zur Arbeit bekommen!" Aimée schreit dem Rabbi die Worte entgegen.
Der aber sieht über sie hinweg. „Wenn alle ihn so lieben würden, wie Sie ihn lieben, Frau Gräfin", sagt er leise und ohne Betonung, „dann könnten wir mit sechstausend noch heute nacht anfangen, und sogar Frauen und Kinder würden mithelfen."
Aimées Haupt sinkt langsam nach vorn. Der Blick des Rabbis gleitet für einen Augenblick mitleidig über die blonden Haare. Dann fährt er halblaut fort: „Wir wollen tun, was möglich ist. Ich werde unsere Männer schon heute nacht ausschicken, damit sie mit den Werbungen beginnen. Lassen Sie mich weiter genau wissen, was der Feldmarschall braucht. Einiges können wir Juden herbeischaffen. Es wird doch bezahlt?"
Aimée sieht den Sprecher erschrocken an. „Gewiß wird bezahlt."
„Wer bürgt dafür?
Aimée öffnet das Schloß ihrer Perlenkette und legt die Kette auf den Tisch. „Hier sind hundert Mocenigoperlen", antwortet sie kühl, „ich lasse Sie Ihnen als Pfand."

Sorgfältig prüft Rabbi Benjamin die Perlen. Dann gibt er die Kette der Gräfin zurück. „Es war schon immer mein Wunsch, die berühmten Mocenigoperlen einmal in der Hand zu halten. Nehmen Sie sie wieder an sich, Frau Gräfin. Ich glaube Ihnen."
„Und wenn ich sterbe?"
„Geben Sie mir ein paar Worte Geschriebenes, damit Ihre Erben zahlen, oder aber der Herr Feldmarschall oder die Republik Venedig, wenn Sie, was Gott verhüten möge, nicht mehr sein sollten."
‚Seltsam ist dieser Mann', denkt Aimée, ‚so gütig und so berechnend zugleich.' Der Rabbi Benjamin lächelt, als ob er diese Gedanken von der Stirn der Gräfin abgelesen habe. „Wir sind jahrhundertelang verfolgt worden. Durch Verfolgung braucht man noch lange nicht böse zu werden. Aber klug wird man und vorsichtig."
Aimée reicht dem Rabbi die Hand. „Ich danke Ihnen." Rabbi Benjamin berührt diese Hand nur mit den Fingerspitzen, kreuzt dann die Arme über der Brust und verneigt sich tief.
Die Einsamkeit legt ihren Mantel um die rasch durch die Straßen wandernde Frau. Aber Furien rasen wieder hinter ihr her. Sie sieht die spitzen, kantigen Dolche auf sich gerichtet, und in ihrer Wohnung bereitet sie sich eine Mahlzeit aus Früchten und Eiern, weil die Furcht vor des Kogias Rache sie keine gekochten Speisen anrühren läßt. Sie zerquält sich bis zur Erschöpfung im Gedanken, Elena könnte bereits an diesem Abend den Marschall aufgesucht haben. Erst spät am Abend liest sie den Brief ihrer Tochter Lukrezia, welchen Gazireh ihr gebracht hat. Sie liest von den Ereignissen im Kloster der Nonnen von Santa Catarina, vom Tod der Spitzenhändlerin und von der Festnahme des Grafen Bonneval.
Sie springt auf. Die Spitzenhändlerin ist tot, und Bonneval wird vierzig Tage festgehalten! Dann wird er über die Grenze abgeschoben! Dieser Brief ist vierzehn Tage alt. ‚Heilige Mutter Gottes, ich danke dir! Noch habe ich Zeit, zu wirken!'

Als ihr am nächsten Morgen um elf Uhr ein junger Offizier gemeldet wird, überfällt sie wieder ein Zittern. Aber sie weiß zu lächeln, als dieser Offizier in das Zimmer stürmt, ihr um den Hals fliegt und ruft: „Liebe du, daß wir uns hier wiederfinden! Ach, ich bin so glücklich!" Ein paar strahlende, blaue Augen sehen sie an; dann neigt sich der junge Offizier über ihre Hände und küßt sie.

Etwas wie eine gütige Hilflosigkeit vor solcher Glut läßt Aimée lächeln. „Elena", sagt sie, während sie den schönen Kopf hin und her wiegt, „mußt du denn immer in Knabenkleidern durch die Welt laufen! Das Leben ist doch keine Oper!"

Elena lacht. „Das Leben ist eine Oper, zu welcher der Tod die Musik schreibt. Wir Menschen lieben es, uns zu verkleiden, wie auch die Großen es lieben, etwa der Prinz Eugen. Unter den fremden Offizieren, welche hier eingetroffen sind, um die Belagerung zu erleben, befinden sich noch mehrere Frauen. Ich weiß es bestimmt."

„Woher weißt du das?"

„Sala hat es mir gesagt."

„Mit ihm also hast du darüber gesprochen?" fragt Aimée gespannt.

„Ja, weil ich mich auf ihn verlassen kann." Das klingt klar und abschließend.

„Weshalb kannst du dich auf ihn verlassen?"

„Weil er mich liebt."

Ein Zucken von Hoffnung geht durch das gequälte Herz Aimées.

„Weil er dich liebt", wiederholt sie langsam, „weil er dich liebt. Das ist schön. Ja . . ., liebst du ihn denn auch?"

Mit einem Satz ist Elena auf die Balustrade des Fensters gesprungen; sie kauert sich dort hin mit vorgeneigtem Haupt und mit angezogenen Knieen, über welchen sie die Hände faltet.

„Lieben — lieben . . ., ich habe noch nicht darüber nachgedacht. Ich weiß nur, daß ich mich begeistern kann, freilich nicht für

Sala. Für junge Männer kann ich mich nicht begeistern. Ich begeistere mich für den Marschall."
... Sich begeistern ... begeistern ... ist das nicht noch viel mehr als lieben?
Indessen beginnt Elena zu erzählen, mit welcher Umsicht und Genauigkeit Matthias heute die Arbeiten besichtigt habe. „Ungeheuer kühn ist dieser Mann! Nicht, daß er etwa die beiden Hügel San Salvator und Abramo vor der Stadt aufgibt — im Gegenteil, er läßt sie durch ein Grabensystem verbinden, und sogar die Insel Vido dort drüben zieht er mit in die Gesamtbefestigung ein. Sala und Jäger sollen die Arbeiten weiterführen und unser Freund Loredan wird die Oberaufsicht übernehmen."
„Weshalb nicht der Marschall selbst?"
„Weil er drüben auf dem Festland die venezianische Festung Parga inspizieren muß ... Er will überall selbst nachsehen ... selbst ordnen, selbst befehlen."
„Laß uns dafür sorgen", erwidert Aimée ruhig, „daß wir alles nur Mögliche an Materialien zusammenbringen, damit er nach seiner Rückkehr wenigstens etwas vorfindet."
Sie wendet sich zur Tür und läßt Karl und Gazireh eintreten. Mit kurzen Worten berichtet sie ihnen von ihrer Unterhaltung mit Rabbi Semo. Sie gibt ihre Anordnungen klar, umsichtig und fest, eine Mocenigo-Tochter von jenen Mocenigos, welche vor dreihundert Jahren das östliche Mittelmeer beherrschten. Es war ja auch ein Mocenigo gewesen, der damals im Auftrag von Venedig der Königin Catarina Cornaro das Königreich Zypern entwunden hatte.
„In drei Tagen wird die ‚Aquila' hier eintreffen. Wenn sie heimfährt, wirst du, Elena, mitfahren. Du wirst die Arsenalotti unterrichten von allem, was wir brauchen."
Elena sieht die Gräfin lange an; dann schüttelt sie das Haupt. „Ich werde meinem Freund Giacomo von den Arsenalotti schreiben, daß sie alle Kräfte anspannen, um das nötige Material zu liefern, aber ich selbst verlasse Korfu nicht."

„Ist das deine Begeisterung für den Marschall?"
Ganz ruhig sieht Elena die Gräfin an. „Das, was mich begeistert, will ich auch sehen."
Aimée wendet sich um und greift nach den Zetteln mit den Notizen.

4

Aimée ist gut unterrichtet. Nach drei Tagen gleitet die ‚Aquila' mit vollen Segeln durch die Serpe in das Binnenwasser von Korfu. Strahlend steht der in das rote Großsegel gewebte goldene Markuslöwe gegen das Saphirblau des Himmels. Die Ankunft der „Aquila" wird, wie die Ankunft aller venezianischen Schiffe von der alten Festung durch drei Kanonenschüsse gemeldet. Reeder, Händler und Neugierige laufen hinunter zum Naducchio, dem Hafen, und erwarten die Einfahrt des mächtigen Dreideckers. Während er an das Ufer geschleppt und dort vertaut wird, steigert sich die Aufregung der Wartenden. Denn sie hoffen auf die Ankunft des Marschalls, weil sie sich von seinem Einzug in Korfu ein buntes Fest versprechen, mit Musik und freiem Wein, mit Tänzen und gebratenen Hammeln auf Kosten der Republik Venedig. Einzelne dagegen wollen wissen, der Marschall befinde sich längst in der Festung. Da aber seit Tagen kein Schiff mehr von Venedig angekommen ist, die letzten Schiffe ihn jedoch nicht gebracht haben, so glauben die meisten doch, daß der Marschall sich auf der bis zur Ladelinie befrachteten „Aquila" befinde. Aber ihre Neugierde wird enttäuscht. Wohl speit der Bauch des Schiffes achtzig rotuniformierte Soldaten aus, welche von einem krähenden, grüngekleideten Offizier ans Land geführt werden; weiter die Wagen dieser Truppe mit den dazugehörigen Maultieren; dann etwa hundert Mann vom Regiment des Marschalls, befehligt von dessen Neffen, dem Grafen Oeynhausen, einem großen, schlanken Offizier mit tiefliegenden, grauen Augen, großer Nase und starken Backenknochen. Später wird das viele Gepäck des Marschalls auf niedrige, einheimische Karren gepackt und unter dem Schutz von Slawoniern davongefahren. Zuletzt führen die Hannoveraner vorsichtig die Pferde des Marschalls an Land, schöne, starke Tiere, die endlich wieder festen Boden unter den Füßen spüren und durch ihre Sätze und Sprünge die Bevölkerung, welche noch nie Pferde gesehen hat, beunruhigen. Zusammen mit den Wagenpferden des Marschalls, welche ebenfalls mit der „Aquila" gekommen sind, verfügt der Oberstkommandierende von Korfu jetzt über zwölf Pferde...

Dieses ganze Leben und Treiben beobachtete Aimée von der Loggia des Palazzos Doxaras aus. Von Zeit zu Zeit bedient sie sich eines kleinen Perspektivs, welches ihr Matthias vor vielen Jahren geschenkt hat, als sie zusammen auf die Steinbockjagd gingen. Neben ihr, auf der Bank der Loggia, kauert Gazireh; sie erkennt mit bloßem Auge, was noch alles aus dem runden Leib der „Aquila" auf den Strand hinausrollt: Geschütze, Kisten mit Munition, mit Zwieback, Fässer mit Teer, Schlachtvieh und Verbandstoffe. Zuletzt betritt eine Gruppe von Offizieren und Militärbeamten das Festland, die sich schwatzend und lachend in die Stadt begibt, um sich dort Quartiere zu besorgen. Nun liegt auf der Uferpromenade vor dem Schiff wieder die besonnte Stille; nach einiger Zeit jedoch entdeckt Gazireh noch eine Bewegung auf der Uferbrücke. Ein verängstigter kleiner Mann im braunen Reisemantel schleicht über den Landungssteg. Er bleibt auf der Promenade stehen und wendet suchend das Haupt nach allen Seiten. Inzwischen hat Gazireh das Köpfchen weit vorgeschoben. Ohne den Blick von ihrem Ziel abzuwenden, streckt sie die Rechte gegen Aimée aus und sagt: „Gib Fernglas, Herrin."

Aimée reicht ihr das Perspektiv. Sorgfältig führt Gazireh es vor das Auge und murmelt: „Ist ein Deutscher. Hat einen Bart wie der Seraskier... spitz..."

„Hat er kleine geschlitzte Äuglein mit großen Tränensäcken darunter?" fragt Aimée hastig.

„Ja."

„Vielleicht der Graf Prass, der über Venedig gereist ist. Er kommt von Wien."

Langsam hat Gazireh die Blicke der Herrin zugewandt. „Herrin ist erregt", murmelt sie. „Graf Prass ist doch guter Freund vom Feldmarschall?"

„Ach, Gazireh", murmelt Aimée, während ihre Augen starr werden, „wer ist noch guter Freund? Die Menschen sind ja alle halb. Graf Prass ist gewiß ein guter Freund des Feldmarschalls, aber er ist auch ein guter Freund des Grafen Bonneval."

„Bonneval!" Gazireh springt auf. „Bonneval!"

„Bonneval sitzt doch noch in der Quarantäne, in Verona oder sonstwo! Es dauert noch lange, bis Bonneval seine Leute aus Wien schicken kann!"

Da verneigt sich Gazireh ehrfurchtsvoll vor Aimée. „Gazireh kehrt bald zurück. Herrin bleibt im Haus." Sich mit der Rechten von einer der feinen gotischen Loggiasäulen abstoßend, schwingt die Türkin sich in das Geäst der Zypresse, von wo aus sie unbeobachtet die Gasse an der Stadtmauer erreicht. Sie wirbelt durch die engen Straßen, in denen jetzt die Griechen, Albanesen und Korfioten stumm verharren, während die Juden in aufmerksamer Geschäftigkeit zwischen ihnen hin und her gehen und Angebote machen auf Holz, Eisen oder Nägel. Gelegentlich fragen sie auch, ob nicht der eine oder der andere der Männer gegen gute Bezahlung Erdarbeiten leisten wolle. Der solle sich beim spanischen Platzkommandanten melden; dort würde er weiteres erfahren.

Solche Ereignisse pflegt Gazireh mit einem geheimen Nebensinn aufzunehmen und ihrem großen Wissen über das, was geschieht, stillschweigend hinzuzufügen. Indessen suchen ihre Augen ein Rot; sie suchen einen der achtzig Ingenieure von der Armee Mosers, die wie Blutstropfen in der Stadt versprengt sind. Sie kennt jeden einzelnen der achtzig; denn bereits in „Dianenlust" hatte sie weitaus mehr Freiheit gehabt, als Moser sie den anderen Haremsfrauen zugestand. Dicht beim Dom von San Spiridon, im Schatten einer von der Mittagssonne erhitzten

antiken Säule, welche ein winziges Heiligenbildchen trägt, erblickt sie den rotgekleideten Gustav Bergström, einen Schweden, der früher unter Karl XII. gedient hat. Jetzt versucht er, von einer Levantinerin türkischen Tabak einzuhandeln. Leise schiebt Gazireh, von rückwärts an ihn heranschleichend, ihren Arm unter den seinen. „Komm", sagt sie, „Gazireh dir helfen, Bergström; Levantiner alle Betrüger."
„Guck mal an", lacht der Schwede, „was tust du denn hier? Wenn ihr den Schleier tragt, seht ihr alle gleich aus." Aber die Türkin läßt sich nicht ausfragen; sie begleitet den langen Gustav unauffällig zur Kaserne, welche sich unweit des Hauptquartiers in der Grabenwand befindet, genau wie das Hauptquartier selbst. Der Marschall wird wissen, weshalb er Moser mit seinen achtzig ausgebildeten Ingenieuren ganz in seiner Nähe einquartiert hat. Noch herrscht in der Ingenieurkaserne die Unordnung der Ankunft, und so gelingt es Gazireh, sich mit Bergströms Hilfe bis in die Wohnung Mosers vorzudrängen. Sie bleibt, während Moser sich über eine große Kiste beugt, um ihr allerlei technisches Feinwerk zu entnehmen, ruhig an der Tür stehen. Moser zuckt zurück als sie sich verneigt. Sie aber verneigt sich das zweite Mal und sagt: „Herr Major von Moser, diese Person heißt Gazireh."
Der Grüne tritt an Gazireh heran. Er läßt den Vogelkopf auf dem langen Hals tanzen und lacht. „Und dieser Moser heißt von jetzt ab Person; Moser von Filseck wird für einige Zeit auf Kammer abgegeben, weil er es satt hat, daß die Italiener zu ihm sagen ‚Moise Wonne Vielsegge'. Das sagen sie bestenfalls; oft sagen sie auch ganz was anderes, was man vor Damen nicht wiederholen darf. Jawohl. Ich habe schon seit ein paar Tagen nach einem Namen gesucht. Jetzt bringst du ihn mir. ‚Person', Großartig. Ja, ich bin eine Person. Von jetzt ab bin ich Major Person, Chefingenieur der Republik Venedig. Aus. Was gibt es sonst?"
„Graf Prass-Martiniani ist mit ‚Aquila' angekommen, Herr Major Person." Moser läßt die Hände, welche er in die Hüften

gestemmt hatte, langsam sinken. „Sieh da! Der gute Prass, der feigste Mann von Wien, verkriecht sich im Kielraum des Regierungsschiffes, damit er nicht gesehen wird auf seiner seltsamen Reise nach Korfu. Was mag ihn wohl zu uns gedrängt haben?"
„Ist hierher geschickt worden."
„Und ob er geschickt ist! Der ist nämlich geschickt von Bonneval, der längst aus der Quarantäne ausgerissen ist und wieder in Wien die Geschäfte Eugens und so nebenbei die Geschäfte des Kogia-Schweins besorgt. Der schickt den Grafen Prass hierher ... hm ... aber zunächst einmal: unter welchem äußeren Grund?"
Die Türkin kreuzt die Arme. „Gazireh wird im Hauptquartier nachforschen. Gazireh in kurzer Zeit zurück."
Moser hat noch nicht zwei Zündanlagen für Minen aus der Kiste gehoben, als Gazireh wieder in der Tür steht. Wie gewöhnlich verneigt sie sich; dann sagt sie: „Graf Prass hat Befehle vom Prinzen Eugen an Feldmarschall gebracht. Ganz heimlich. Soll niemand wissen. Marschall ist böse."
Person-Moser wirft den Kopf zurück und kräht: „Eugen, Eugen! Was hat denn der hier zu befehlen?"
„Ist kein richtiger Befehl, ist mehr ein Rat."
Moser lacht. „Hast du den Brief gelesen?"
Gazireh verneigt sich; ihre Augen verharren in Ruhe. Sie greift in ihren breiten Gürtel. „Hier ist der Brief."
Der Grüne springt zurück. „Du hast dem Feldmarschall einen Brief vom Prinzen Eugen gestohlen? Alle Hochachtung ..."
„Marschall hat Brief rasch gelesen, auf Schreibtisch geworfen, ist weggegangen zu langer Besprechung mit Admiralen im großen Saal. Karl sitzt hinter Wand, schreibt auf. Gazireh hat Brief für Major ausgeliehen. Wenn Major gelesen, bringt Gazireh zurück."
Aber Moser schüttelt den Vogelkopf. „Nein, mein Kind", kreischt er, „Moser liest keine Briefe, die an seinen Chef gerichtet sind."
Plötzlich steht die Türkin vor ihm und funkelt ihn an. „Was Moser getan hat, hat Moser getan. Person ist nicht so dumm

wie Moser. Person weiß, daß Bonneval Marschall umbringen lassen will, bald umbringen, damit neuer Kommandant kommt, der Korfu an Dianum-Kogia verkauft. Person weiß, daß nur alle Freunde zusammen Marschall schützen können. Gräfin Aimée, Donna Elena, Major Person, Karl und Gazireh. Die müssen wissen, ob Brief von Eugen an Marschall wichtig ist oder gleichgültig, ob Bonneval den Brief von Prinzen nur hat schreiben lassen, damit Prass Grund zur Reise hat. Ist doch möglich, daß Prass noch ganz andere Aufträge hat, von denen keiner etwas weiß außer Prass und Bonneval."
Die Rechte des Majors, die merkwürdige Hand, welche an die Klaue eines Vogels erinnert, umklammert die Lehne eines Stuhles. Die runden Vogelaugen starren die Sprecherin an. „Was für Aufträge?" fragt er scharf.
Gazireh schweigt. Sie schweigt so losgelöst vom Sein, daß niemand zu entscheiden vermöchte, ob sie wirklich nichts weiß oder aber nichts wissen will. Sie hält dem Major den Brief hin. Der ist gebannt von der kalten und doch leidenschaftlichen Überlegung der Sklavin. Vorsichtig zieht er aus der Tasche sein breites, viereckiges Vergrößerungsglas und greift nach dem Brief. Gazireh tritt ein wenig zurück, läßt aber den Lesenden nicht aus den Augen.
„... Was nun Insel und Festung Korfu anlangt", liest Moser, „so hat man hier alles nur denkbare Vertrauen in die Fähigkeiten und großen Erfahrungen Eurer Exzellenz und ist überzeugt, daß Sie nichts unterlassen werden, um Festung und Insel Korfu in einen besseren Verteidigungszustand zu bringen und beide mit allem Notwendigen zu versehen. Inzwischen haben Sie, sehr geehrter Herr, wohl die Güte, mir gemäß Ihrem Versprechen den Plan der Festung Korfu mit Ihrem Projekt für die neuen Befestigungen und den Anordnungen, welche Sie planen, um den Angriffen der Ungläubigen besser widerstehen zu können, freundlichst zuzusenden..."
„Aha", murmelt Moser und zieht die riesige Nase kraus, „den Plan soll Prass zurückbringen, und Bonneval leitet ihn dann

nicht nur an Eugen, sondern nebenher auch an den Kogia." Er liest weiter: „Man fürchtet hier nur, daß die Zeit sowie die wenigen Hilfsmittel, die Euer Exzellenz zur Verfügung stehen, nicht ausreichen dürften, um die vielen Mißstände zu beheben."
Moser beißt die Zähne aufeinander. „Eine Schande! Anstatt die Venezianer zu zwingen, bevor man mit ihnen ein Bündnis schließt, die Festung Korfu wiederherzustellen, feiert man Feste am Hofe der Semiramis und..." Er fährt mit der Krallenhand in die Luft: „Mit so etwas verbündet man sich doch nicht!"
Dann liest er weiter: „Sämtliche Nachrichten von Konstantinopel und von allen anderen Seiten stellen als sicher fest, daß die Türken eine Riesenarmee mobilisiert haben, um vor Ende des Maimonats anzugreifen, womit sie denn allerdings die größten Verwirrungen hervorrufen könnten."
... So... das haben die in Wien auch schon gemerkt... Weiter... „Es wird dieser Nachricht hinzugefügt, daß das Hauptziel türkischer Bemühungen Insel und Festung Korfu sein wird, wovon ich Euer Exzellenz benachrichtigen möchte."
... Sehr freundlich, mein Prinz, das wissen wir hier bereits. Ebenso wissen wir, daß die feindliche Flotte in Verbindung mit flachen Landungsschiffen versuchen wird, von Norden her durch den engen Kanal der Serpe in unser Binnenmeer einzudringen. Ihren guten Rat, mein Prinz, alle Engpässe und alle Straßen zu besetzen, um den Türken die Landung streitig zu machen, alle Küstenbefestigungen, vor allem Korfu selbst, mit Munition und Lebensmitteln zu versehen, damit sich in diesem Jahr dasselbe nicht wiederhole, was sich im vorigen Jahr auf Morea getan hat, — diesen guten Rat brauchen wir nicht. Den behalten Sie bitte für sich — wir kennen unsere Lage leider noch sehr viel besser als Sie sie kennen...
Moser schiebt den Hals, der immer länger wird, gegen Gazireh vor. Plötzlich schreit er auf. „Das ist doch eine Frechheit, unserem Marschall Ratschläge zu geben wie einem Fähnrich! Anstatt von seinem Überfluß von Truppen uns ein paar tausend Mann und noch hundert Geschütze herzuschicken, wagt dieser

Katzelmacher es, uns solche überheblichen Briefe zu schreiben! Zur Beruhigung setzt er noch hinzu, seine ausgesuchtesten Soldaten marschierten bereits gegen Ungarn, um die Bewegungen des Feindes zu beobachten... Unser Marschall wird von Korfu aus die Bewegungen des Feindes früher beobachten können als Sie, mein Prinz, es in Ungarn können werden... trotz Ihrer ausgesuchten Truppen! Von seinem eigenen Grabe aus wird unser Marschall noch die furchtbaren Verwirrungen beobachten können, welche der Feind hier angerichtet hat."

Gazireh zuckt die Achseln. Sie ist den Worten des Majors aufmerksam gefolgt. „Wozu schickt Bonneval den Grafen Prass als Sonderkurier? Was steht im Brief darin?" fragt sie kurz.

„Gar nichts. Der Brief ist nur ein versteckter Hohn."

„Ist also nur Vorwand für die Reise von Prass. Hat Bonneval vom Prinzen Eugen schreiben lassen. Hat also Prass noch andere Aufträge von Bonneval."

Mit langen Schritten, seine krummen Beine wie zwei halbe Reifen durcheinander ziehend, läuft Moser in dem engen Raum auf und ab. Plötzlich drückt er die Fäuste gegen den Mund und lacht. „Gazireh, das ist keine Entschuldigung für Eugen. So etwas unterschreibt man nicht. Für das, was einer unterschreibt, ist er auch verantwortlich. Aber lassen wir das. Wichtiger ist, daß wir zunächst einmal hinter Bonnevals eigentliche Absichten kommen. Jetzt übernehme ich wieder das Kommando. Du hast deine Sache gut gemacht. Bring sofort den Brief auf den Schreibtisch zurück und stelle fest, wo der Prass wohnt. Dann bitte die Gräfin Mocenigo und Donna Elena Pisani um sechs Uhr heute abend hierher zu mir. Es sei wichtig."

Gegen vier Uhr läßt der Marschall den Major von Moser bitten. Moser eilt rasch die paar Schritte hinüber ins Hauptquartier, wo er sofort beim Marschall vorgelassen wird. „Major Person meldet sich mit seiner Armee von achtzig Mann und Ingenieurausrüstung zur Stelle."

Der Marschall, hochaufgerichtet, nimmt die Meldung entgegen.
„Aber weshalb ‚Person'?" fragt er.
„Moise Wonne Vielsegge — das ist zuviel, Exzellenz."
„Ich heiße hier auch Sulemborgh oder Scolemborgh", erwidert Matthias, „ich ertrag auch das." Nach einiger Zeit fährt er jedoch lächelnd fort: „Moise Wonne Vielsegge ist vielleicht doch mehr, als man ertragen kann. Als kleine Entschädigung für den Verlust Ihres Namens ernenne ich Sie, meinen Chef-Ingenieur, zum Obersten und zum Vorsitzenden des Standgerichtes in der Festung. Ich weiß, daß ich mich ebenso auf Ihre Klugheit, wie auf Ihre Rechtlichkeit verlassen kann. Ihre Armee werde ich morgen besichtigen, Herr Oberst Person. Jetzt bitte ich nur: lassen Sie sofort einen Plan der Festung herstellen mit allen von mir beabsichtigten Veränderungen und Verbesserungen, wie sie hier auf diesen Zeichnungen eingetragen sind. Graf Prass, der heute ankam, fährt übermorgen nach Venedig zurück. Er soll einen Brief von mir an den Prinzen und ebenso den Plan der neuen Feste Korfu mitnehmen."
Oberst Person-Moser zieht den weit vorgeschobenen Vogelkopf langsam in den Hals zurück. Dort verharrt der Kopf für einen Augenblick lang sinnend; die runden Vogelaugen schließen sich. Dann aber schießt dieser Kopf wieder nach vorn; die Augen funkeln; der schön geformte Mund stößt krächzende Worte hervor: „Ich danke für die gnädige Beförderung und werde mich bemühen, dem Vertrauen zu entsprechen, welches Euer Exzellenz in mich setzen. Grade aus diesem Grunde bitte ich nun, noch ein paar Worte sagen zu dürfen. Und zwar wegen des Planes der Festung."
„Bitte." Matthias nickt freundlich.
„Schickt Ihnen der Prinz Eugen auch die genauen Detailzeichnungen seiner Befestigungswerke?"
„Nein, das tut er nicht."
„Ist der Prinz Ihr Vorgesetzter?"
„Nein." Ein erstaunter Blick trifft den neuen Obersten.

„Nun, dann empfehle ich, auch dem Prinzen keine genauen Pläne zu senden. Was wir hier tun, geht keinen Menschen etwas an. Man sollte die Höflichkeit in so gefährlichen Zeiten etwas zurückstellen, Exzellenz, selbst einem Prinzen gegenüber. Denn es besteht die Gefahr, daß ein solcher Plan..." Moser stockt, fährt aber dann rasch fort ... „bereits während der Reise nach Wien in falsche, sehr falsche Hände geraten könnte."
Das Bild Aimées steigt plötzlich vor Matthias auf. Er sieht sie lebendig vor sich. „Schiefauge", flüstert sie, „ich flehe dich an, traue den Menschen nicht zuviel! Moser hat recht. Wer ist denn schon dieser Graf Prass, der den Plan von Korfu mit nach Wien nehmen soll? Schiefauge, sieh im Geist immer mein Gesicht; sieh, wie ich den Finger auf den Mund lege ..."
Nun lächelt der Marschall sein schönes gewinnendes Lächeln. „Sie haben recht, Oberst Person. Lassen Sie einen Plan anfertigen, von dem wir wünschen, daß er in die Hände des Dianum-Kogia gelangt. Man soll auch Prinzen gegenüber nicht höflicher sein, als man es vor seiner Vernunft verantworten kann." Nach einiger Zeit setzt er überlegen hinzu: „Einen Plan, den man im Spionagedienst ein ‚Cadeau' nennt."

5

Graf Prass ist an Bord der „Aquila" geblieben. Dort glaubt er unbeobachtet zu sein; meist sitzt er an Deck und sieht nachdenklich auf das Meer hinaus. Als aber gegen Abend, während die süßen Lichter der sinkenden Sonne das Meer in einen unwahrscheinlichen Farbenjubel verwandeln, ein Soldat in roter Uniform an ihn herantritt und ihn im Namen des Obersten Person, dem Chef des venezianischen Ingenieurkorps, um seinen Besuch bittet, da erschrickt Prass. Er beruhigt sich erst, als der Soldat, ein Schwede, seinen Worten hinzusetzt: „Der Feldmarschall hat befohlen, Ihnen Herr Graf, genaue Pläne der Umbauten von Korfu auszuliefern. Der Herr Oberst Person möchte

diesen Befehl mit aller gegebenen Vorsicht ausführen, damit die Pläne nicht in falsche Hände gelangen."
Prass, welcher sich gefaßt hat, spielt dem Schweden gegenüber den Zyniker. „Weshalb diese Umstände? Sie hätten mir die Pläne doch einfach mitbringen können! Ihre Hände sind echt, und meine sind echt. Wie soll da Falschheit hineingeraten? Vorsicht? Weshalb? Für Pläne von Korfu, ob mit oder ohne Umbauten, bezahlt doch keine Macht der Erde mehr als einen Taler." Ruhig sieht der Schwede auf den erregten kleinen Mann mit den großen Tränensäcken unter den Augen hinab und fragt kurz: „Für wieviel Uhr darf ich Ihren Besuch anmelden?"
Prass gibt sich Haltung. Der Schwede soll nicht glauben, daß er ihm, dem Grafen Prass-Martiniani, überlegen sei. So erwidert er denn mit halber Stimme und abgewandtem Kopf: „Morgen abend um Sieben." Er starrt bereits wieder in die bunten Tinten der Ufer- und Bergfarben und bemerkt den Abschiedsgruß des rotröckigen Soldaten nicht.
Er bemerkt noch viele andere Dinge nicht, welche sich in Korfu vollziehen. Bonnevals Menschenkenntnis war getrübt, als er diesen kleinen Mann mit besonderen Befehlen nach Korfu sandte; Bonnevals Eitelkeit trübt neuerdings überhaupt seine Menschenkenntnis, denn er beginnt zu glauben, daß jeder, der von ihm devot Befehle entgegennimmt, auch ein geeignetes Werkzeug für deren Durchführung sein müsse. Prass mag als Vermittler für politische Geschäfte gewisse Voraussetzungen mitbringen, wenn auch seinen Beziehungen stets ein Hauch von der Welt der Kammerdiener anhängt. Matthias nennt solche Beziehungen „ungelüftete Beziehungen", weil ihnen der freie Atem fehlt. Durchaus nicht geeignet ist dieser ängstliche Abenteurer aber für die ihm von Bonneval aufgetragenen Verhandlungen mit dunklen levantinischen Existenzen, welche meistens vom Schmuggel leben, ihr Quartier in einem brüchigen Haus, nicht weit von der Porta Raimonda, genommen haben und den fremden Herrn mit der Frage empfangen, ob er Geld

bringe. Gewiß bringt Prass auch Geld, aber er ist nicht gewohnt, daß man bei internationalen Geschäftsverhandlungen direkt von Geld spricht; derartiges pflegt sich schamhaft im Hintergrund zu erledigen. So überreicht er dem Ältesten der drei in nervöser Hast einen Zettel; er wartet an einer Dachluke zwischen Weizensäcken, Ölfässern, getrockneten Fischen und streicht seinen Spitzbart. Aber keiner der drei spricht ein Wort. Der älteste Schmuggler raucht lauernd einen Tschibuk; der zweite, ein boshaft aussehender, etwa vierzigjähriger Mann, giert nach Geld, während der dritte, ein riesengroßer, junger Mensch, seine Blicke neugierig auf Prass richtet, um von Zeit zu Zeit auf das Meer hinauszusehen. Endlich greift Prass in die großen Taschen seines Rockes, holt zwei Beutel mit Geld hervor, welche er dem Alten überreicht. Als er eine Quittung verlangt, wird er ausgelacht.

Alles das erlebt Prass wie in einem Halbtraum, in welchen ihn die Angst vor Bonneval hineingetrieben hat. Aber das Bild der drei Schmuggler steht immer noch vor seinen Augen, als er durch Straßen und Gassen der Stadt zur „Aquila" zurückwandert. Er kämpft gegen ein Gefühl des Ekels an. Was hat er, der Graf Leopold Prass-Martiniani, der gewohnt ist, in malvenfarbenen Salons zwischen weinroten Möbeln und Portièren ganz leise Verhandlungen zu führen, um später mit Ministern, Marquis und Marquisen an einem mit Kristall, Blumen und Silber bedeckten Tisch zu speisen — was hat dieser Graf Prass zu tun mit dem Auswurf der Levante, auf einem Dachboden, auf welchem es penetrant nach Stockfisch riecht?

Die kurzen Finger des Grafen streichen über die eingefallenen Schläfen; auf der „Aquila" wird er ein Bad nehmen. Er beschleunigt seine Schritte, ohne darauf zu achten, daß ihm eine Türkin in weiten Hosen folgt, während ein junger, schlanker Offizier, welcher die Türkin begleitet hat, in der Porta Reale sechs Rotröcke abholt und mit ihnen zum Quartier der Schmuggler zurückmarschiert. Nach einer Stunde bringen die Rotröcke die drei gefesselten Schmuggler in die Kaserne der Ingenieure, wo man sie über viele feuchte Stufen hinab in einen düsteren, gewölbten Raum führt und sie allein läßt. Indessen überreicht der junge Offizier dem Obersten Person von Moser viel Geld und einige Zettel, welche die Soldaten den dreien abgenommen haben. Auf einem der Zettel steht nichts weiter als: „Der Marschall und die Gräfin Mocenigo della Torre."

Gegen Abend begibt sich der Graf Prass zur Entgegennahme der Festungspläne in die Ingenieurkaserne. Er ist frisch gebadet, frisiert und wird von seinem eleganten Diener begleitet. In der Kaserne empfängt man ihn mit ausgesuchter Höflichkeit, bittet ihn aber, noch ein paar Minuten zu warten, da ein hoher Herr ihn persönlich zu sprechen wünsche. ‚Das ist der Marschall selbst‘, denkt Prass, ‚er will die Kürze des gestrigen Empfanges durch eine besondere Aufmerksamkeit wieder ausgleichen.‘ Er prüft seine äußere Erscheinung in einem holzumschwungenen Spiegel des Wartezimmers und läßt sein Galakleid vom Diener mit einer kleinen Bürste säubern. Nachdenklich geht er in dem niedrigen Raum auf und ab. Er hat von Bonneval noch einen besonderen Auftrag erhalten: er soll dem Marschall das Beileid Bonnevals zum Tod der Gräfin Bokum ausdrücken. Es ist Bonneval bekannt, daß Aimée bis jetzt mit Hilfe der venezianischen Inquisition jede Nachricht über den Tod der Gräfin Bokum von Matthias ferngehalten hat. Diese Absperrung soll Prass nun durch ein paar Beileidsworte durchbrechen, um dem Feldmarschall dadurch eine tiefe seelische Erschütterung zuzufügen. Während Prass sich diese Worte noch überlegt, erscheinen zwei Rotröcke, die ihn mit verbindlichen Handbewegungen zu einer großen eisernen Tür geleiten, sie öffnen und hinter ihm sofort wieder schließen. Er steht allein vor einer feuchten, nur vom Licht einer Fackel erleuchteten Steintreppe, welche in die Tiefe führt.

Todesangst springt ihm plötzlich an den Hals und würgt ihn. Er hört, wie seine Zähne aufeinanderschlagen und fühlt, wie

seine Knie ihm entgleiten. Er sieht vor sich sein eigenes Grab, und kaum noch klingt es ihm wie eine Hoffnung, als aus der Tiefe eine Stimme ruft: „Kommen Sie nur herunter, Verehrter. Wir warten schon seit einiger Zeit auf Sie."
Langsam tastet sich Prass die Stufen hinab; die feuchte Kälte, welche ihm entgegenschlägt, läßt ihn weiter zittern. Vergebens versucht er sich zu beruhigen: ‚Sicherlich hält sich der Marschall in dieser Kasematte auf. Er hat zwar viel zu tun, aber am Ende kann man meine Persönlichkeit nicht mit ein paar Worten abspeisen, wie man sie dem Gesinde zu geben pflegt. Im Gegenteil: daß der Marschall mich hierherbittet, bedeutet eine besondere Aufmerksamkeit.'
Unten in der Kasematte verliert Prass jedoch den Rest seines Mutes. Das sieht nicht nach Empfang bei dem Marschall aus. Im Licht von vier Pechfackeln hat sich eine seltsame Gemeinschaft zusammengefunden. Auf einer Bank sitzen die drei Schmuggler, welche er an diesem Vormittag aufgesucht hat. Sie sind gefesselt; zwei von ihnen jammern vor sich hin, während der dritte, der große, junge Mann, der am Morgen immer wieder auf das Meer hinaussah, starr auf die Mauer blickt. Sobald die beiden ersten den Grafen erkennen, beginnen sie zu toben und ihn sowie den Grafen Bonneval zu beschimpfen. „Ihr seid schuld an unserem Unglück!" schreit der zweite ihn an und streckt ihm seine gefesselten Hände drohend entgegen. Vor den dreien sitzt an einem kleinen Tisch ein grün gekleideter Offizier mit einem roten Umhang. Auf dem Tisch liegt ein Aktenstück. Der Offizier starrt den Grafen durch die Augenlöcher seiner Maske stechend an. Dann schiebt er den Hals vor, daß sich sein Kopf dem Grafen Prass wie ein Apfel auf einer Stange entgegenstellt und befiehlt mit zerrissener Stimme: „Setzen Sie sich dorthin auf den Stuhl."
Neben dem maskierten Grüngekleideten steht ein mädchenhaft schlanker, ebenfalls maskierter Offizier. Eine Frau in einer grünen Maske hat etwas erhöht im Hintergrunde einen Platz eingenommen. Erschreckend, wie eine mächtige Purpursäule,

wartet abseits der Scharfrichter, auf Block und Beil gestützt, das Antlitz bedeckt mit einer roten Maske. An seiner Seite warten zwei ebenfalls rot gekleidete und maskierte Henkersknechte.
Nun wendet sich der Grüngekleidete an den zitternden Grafen Prass, welcher zunächst nicht zu sprechen vermag, sondern nur nickt oder den Kopf schüttelt. „Sie sind der Graf Prass-Martiniani? Gut. Sie kennen diese drei Leute dort? Gut. Sie haben ihnen einen Zettel vom General Bonneval gebracht? Gut. Sie wußten, was dieser Zettel enthielt: die Namen des Feldmarschalls und der Gräfin Mocenigo della Torre? Gut. Wissen Sie, was der Zettel bedeutet? Nicht? Dann werde ich es Ihnen sagen: Sie haben den drei Spionen, welche in Korfu für Bonneval und den Kapudan Dianum-Kogia tätig gewesen sind, die Namen von zwei Personen gebracht, welche von ihnen ermordet werden sollten."
Prass greift mit den Händen in die Luft. „Das ist doch nicht möglich!" schreit er.
„Das ist erwiesen", entgegnet der Grüne hart, „hier liegen zudem noch frühere Instruktionsschreiben Bonnevals an die drei. Es sind Spionage-, Zerstörungs- und Mordbefehle; hinter jedem Befehl ist vermerkt, wann er ausgeführt und was dafür bezahlt ist. O ja, die Levantiner sind solide Geschäftsleute und führen saubere Bücher; sie arbeiten schon seit Jahren für Bonneval — besser für diejenige Hälfte Bonnevals, welche ihre großen Talente nicht dem Prinzen Eugen, wohl aber dem Kapudan-Pascha, dem Dianum-Kogia, gewidmet hat."
„Das ist doch nicht möglich!"
„Diese Papiere sind bei der Haussuchung von diesem jungen Offizier gefunden worden. Wie alle Großherren der Spionage geht auch Bonneval mit seinen kleinen Leuten nicht grade sorgfältig um. Wenn sie erwischt werden, so ist es ihre Sache. Hier ist die Abschrift eines Briefes, in welchem der Kogia Fragen über die neuen Befestigungen der Stadt Korfu stellt. Bonneval hat den Brief einfach abschreiben und diesen drei Verbrechern

zur Erledigung übermitteln lassen. Im übrigen sind die drei geständig."
Graf Prass bleibt gebannt von der riesigen Erscheinung des Henkers. „Und... und nun?" fragt er tonlos.
„Was ich Ihnen soeben mitteilte, dürfte wohl genügen."
„Um aller Heiligen willen ... den Tod?" Graf Prass sinkt in sich zusammen. Aber plötzlich erhebt die maskierte Frau, welche im Hintergrunde den Auseinandersetzungen folgt, die Stimme. Diese Stimme befiehlt scharf: „Die drei haben den Marschall umbringen wollen, den einzigen, der Venedig von dem Untergang zu retten vermag. Sie wollten Venedig vernichten. Den Tod!"
Der junge mädchenhafte Offizier erhebt hell seine Stimme. „Sie haben eine Patrizierin von Venedig, die Gräfin Mocenigo della Torre, ermorden wollen. Den Tod!"
...‚Oh, du holdseliger Satan, Luzifer du', denkt Aimée, ‚als ob es dir auf mich ankäme!' Und sie ruft laut: „Es kommt nicht auf die Gräfin Mocenigo della Torre an! Die Gräfin würde den Lumpen das Leben schenken, aber sie haben es verwirkt, weil sie den Marschall ermorden wollten." —
„Es kommt auf beide an", murmelt der junge Offizier.
Und nun geschieht das Entsetzliche. Auf einen Wink des Grüngekleideten packen die beiden Henkersknechte den ältesten der drei, der schreit, sich mit Händen und Füßen wehrt, aber an den Block des Henkers stolpert, als die Knechte ihm ein Bein gestellt haben. Dort pressen sie den Kopf des Verzweifelten auf das Holz... Das Beil des Henkers blitzt nieder und trennt mit einem Schlag den Kopf vom Rumpf. Den nächsten trifft das gleiche Schicksal. Der jüngste der drei, der etwa zwanzigjährige Bursche von mächtiger Körpergröße, erhebt sich schweigend, als auch er an den Block gezerrt werden soll. Sein Blick trifft die maskierte Dame. Sie zuckt zusammen, hebt dann die Hand und befiehlt: „Warten!" Der Diamant an ihrer Rechten funkelt rot.

Die Henkersknechte bleiben mit dem jungen Menschen stehen. Der Grüngekleidete runzelt die Stirn, verneigt sich aber gegen die Dame, welche an den jungen Menschen herangetreten ist und ihm die Hand auf die Schulter legt: „In Ausübung meines Rechtes als Tochter des Hauses Mocenigo begnadige ich diesen Verbrecher."

„Siehst du die beiden Köpfe dort liegen?" krächzt der Grüngekleidete den Begnadigten an. Der hat die Augen zunächst starr auf die Dame, dann aber auf die Körper seiner Genossen gerichtet und nickt. „Gut", fährt der Grüngekleidete fort, „jetzt geh nach Hause und erzähle in Korfu, daß es in der Festung wieder ein Standgericht gibt."

Still und aufrecht geht der große Mann die Stufen hinauf; leise klopft er an die Tür, damit man ihm öffne. ‚Der Junge hat Haltung', denkt der Grüngekleidete. Indessen sind die maskierte Frau sowie der schlanke Offizier auf die Knie gesunken und beten laut für die Seelen der Hingerichteten.

Langsam mit grausigem Hohn, wendet sich jetzt der Grüngekleidete dem in sich zusammengesunkenen Graf Prass zu. „Lieber Graf", sagt er, „ich werde Ihnen die beiden Köpfe Ihrer Geschäftsfreunde fein säuberlich präparieren und gut verpacken lassen; Sie wollen diese kleine Aufmerksamkeit Herrn von Bonneval als Gruß von Korfu mitbringen. Auch er soll wissen, daß es in Korfu ein Standgericht gibt, welches exakter zu arbeiten weiß als die Inquisition in Venedig. — Im übrigen habe ich die Ehre, Ihnen für den Prinzen Eugen einen Plan der Festung Korfu, sowie einen Begleitbrief des Marschalls zu überreichen."

Er reicht Prass einen großen Umschlag mit Dokumenten und verneigt sich.

Prass verharrt noch unbeweglich auf seinem Stuhl. Er starrt auf die grünrote Masse, die sich hinter den leicht federnden Damen die Treppe emporschiebt. Er starrt auf den Henker und seine Gehilfen, welche beschäftigt sind, das Blut mit großen Besen in die Ablaufkanäle zu fegen. Zunächst sieht er dieser

Arbeit stumpfsinnig zu; aber er beginnt zu kichern, als die drei Henker zusammen das Flohlied singen:

> „In der finstren Maiennacht
> gingen drei Weiber auf die Flohenjagd.
> Ho, ho, ho, du armer Floh,
> Hast sechs Beine und du hüpfst doch so."

Als sie, weiter singend, sich daranmachen, die Leichen zu entkleiden, stürmt Prass schreiend die feuchten Stufen hinauf. In der eisernen Tür, welche man für ihn offengehalten hat, sinkt er seinem erregten Diener in die Arme. Der greift zunächst nach dem großen Briefpaket, packt dann aber seinen zerrütteten Herrn vorsichtig unter die Achseln und geleitet ihn durch die erregte Volksmenge an Bord der „Aquila" zurück.

Dort hocken sich die beiden, der Graf und sein Diener, stillschweigend an einen kleinen Tisch und leeren, verbunden durch die Nachwehen der Angst, ungezählte Flaschen des süßen Blutweins von Korfu.

Nach Mitternacht murmelt Prass: „Dabei hatte mir Bonneval auf die Seele gebunden, dem Marschall sein Beileid zum Tod der Gräfin Bokum auszusprechen."

Aber der Diener hebt torkelnd die Hand. „Tot ist tot..."

„Ich sollte ihm bei meinem Abschiedsbesuch das Beileid Bonnevals ausdrücken", lallt Prass.

„Nichts ausdrücken", erwidert der Diener, „machen wir, daß wir uns bald von hier wegdrücken. Das hier ist kein Klima für Wiener."

Prass schweigt und nickt. „Nur weg", wiederholt er, während sein Haupt langsam auf die Tischplatte sinkt. „Weg, weg", murmelt er noch. Dann schläft er ein. Gegen Morgen lichtet die „Aquila" die Anker zur Heimfahrt nach Venedig. Als er auf hoher See erwacht, entdeckt er neben dem Tisch eine mittelgroße Kiste, welche an den Grafen Bonneval adressiert ist...

Gleich nach der Exekution bringt eine Sänfte, von vier Soldaten der Moserschen Armee begleitet, Aimée und Elena in den Palazzo Doxaras zurück. Die beiden Frauen verharren unter dem Eindruck des grausigen Erlebens in einem nachdenklichen Schweigen. Sie wissen, die Patrizierinnen, daß es hier um Venedig geht, um das Schicksal ihrer Welt, ohne welche sie selbst nicht denkbar sind.
Bisweilen dringt ein schwacher Lichtstrahl in das seidengepolsterte Glasgehäuse und läßt die Gesichter der Frauen schemenhaft aufleuchten. Nach einiger Zeit bemerkt Aimée leise: „Jetzt kann ich für einige Zeit noch tätig sein."
Erschrocken wendet das Köpfchen mit dem Dreispitz sich ihr zu: „Weshalb nur für einige Zeit?"
„Das vergißt Bonneval mir nicht. Nachdem ich auch noch für den Tod seiner Kreaturen gestimmt habe, wird es für ihn eine Frage der Ehre sein, mich ebenso in den Tod zu hetzen." Sie sagt das gleichgültig, fast teilnahmslos.
„Wir sind auch noch da. Wir werden wachen, Aimée."
Die Gräfin wirft den Kopf auf die Seite. „Wacht nicht über mich, wacht über ihn, über ihn! Was bin denn ich? Eine von den vielen Frauen Venedigs, wie tausend Jahre Hunderttausende hervorgebracht haben und weiter hervorbringen werden! Er aber — er ist einmalig — einmalig..."
Vor diesem Gefühlsausbruch schweigt die jugendliche Elena ehrfurchtsvoll still, wenn auch diese Glutwelle ihr eigenes Herz in plötzlich aufsteigende Flammen versetzt. Erst nach einer Weile wagt sie die leisen Worte: „Aimée, auch du bist einmalig."
Die Gräfin schüttelt das Haupt: „Ich bin — vorüber." Dann spricht sie halblaut in sich überstürzender Leidenschaft: „Ich habe ihn über alles geliebt und liebe ihn noch heute über alles. Ich habe erkannt, daß ich ihn mehr liebe, als ich Venedig je geliebt habe. Er aber liebt mich nicht mehr." Rasch greift sie nach der Rechten Elenas. „Elena", flüstert sie, „ich weiß, daß er dich liebt, mit der großen Leidenschaft seines Herzens. Möchtest du ihn wahrhaft wieder lieben, nicht nur mit der Gier nach

dem Geheimnis, sondern mit der ganzen Stärke deiner Seele. Dann wirst du gut zu ihm sein. Versprich mir, daß du gut zu ihm sein wirst. Versprich es mir."
„Aimée!"
„Versprich es mir. Du wirst gut zu ihm sein. Gegen große Menschen muß man gut sein. Sonst erfrieren sie unter der Ehrfurcht, von der sie umstellt sind."
„Ich verspreche es." Eine Welt wird in Elenas Seele aufgewühlt... Goldene Tore öffnen sich... Monseigneur...

Die Träger setzen ihre Last vor dem Palazzo Doxaras nieder; einer der Rotröcke öffnet die Tür der Sänfte und geleitet die beiden Frauen zum Tor des verträumten Hauses.

SIEBENTES KAPITEL

1

Die Feste in Venedig dürften an Großartigkeit alles übertreffen, was Menschenaugen je gesehen haben. Die Berichte darüber suchen nach Worten, um den Märchenglanz zu schildern, welchen der Senat entzündet hat, weil er noch einmal die Macht und den Reichtum der Republik glaubhaft zu machen wünscht. Ein junger Maler, Giovanni Battista Tiepolo, soll für die Familie Valmarana Gondeln geschaffen haben, die selbst die schönheitsgesättigten Venezianer in neues Entzücken zu versetzen vermögen. Tiepolo hat aus Leinwand, Gaze, Seide und Farben eine Welt von Feuer und Traum heraufbeschworen; der Maler Simonini, welcher im Auftrag des Marschalls dem Generalkapitän Dolfin die übersandten Berichte und Zeichnungen vorlegt, weiß sich vor Begeisterung nicht zu fassen. Nichts aber wissen Simonini und Dolfin von einem, diesen Berichten beigelegten Geheimschreiben Nanis an den Marschall, in welchem der Schreiber verzweifelt erklärt, Schulenburg stehe auf verlorenem Posten, denn es sei nicht möglich, den Senat während der Festlichkeiten zu einer Sitzung zusammenzubekommen, geschweige denn, ihn zu Entscheidungen zu bewegen. Es heiße zwar, so schreibt Nani, daß der deutsche Kaiser bestimmt am 15. April 1716 den Türken den Krieg erklären werde; in Wien ließen der Botschafter Grimani und der päpstliche Nuntius alle Minen der vereinigten venezianisch-vatikanischen Politik springen. Aber Prinz Eugen habe seinen Aufmarsch noch nicht beendet und deshalb auf eine Anfrage des Kaisers hin kühl

erklärt: „Schulenburg weiß langsam zu sterben. Wir haben noch Zeit."
Vielleicht hat Eugen diese Worte nie gesprochen; dennoch geben sie die Lage klar wieder. Aimée murmelt sie vor sich hin, während sie von ihrem Balkon aus beobachtet, wie die „Trionfo" ausläuft. Der mächtige Dreidecker wird den Marschall nach Parga und den venezianischen Levante-Inseln bringen, wo Matthias die Verteidigungsanlagen besichtigen will. Wundervoll rauscht die „Trionfo" hinaus in die Bläue; die besten Galeerenruderer bringen das Schiff vor den Wind, bis die Wappenstandarte des Marschalls am Großmast straff in heller Luft steht, und die drei roten Raubvogelklauen deutlich im glasklaren Äther erglänzen. Die Segel haben sich rasch mit Wind gefüllt; nur die Heckflagge hängt noch schlaff über den Wellen, und der goldene Markuslöwe blinzelt verdämmernd aus den Falten des purpurnen Standartengrundes.
Nachdem die „Trionfo" zu einem Punkt zusammengeschmolzen ist, und auch ein Fernglas das strahlende Bild nicht mehr vor das suchende Auge zu zaubern vermag, fühlt Aimée, daß jemand die Loggia betritt. Sie wendet sich um und erstaunt, als sie einen sehr großen, jungen Menschen in der Kleidung der Gebirgsbauern von Albanien erblickt, welcher sich vor ihr mit gekreuzten Armen tief verneigt. Nachdenklich mustert Aimée diesen jungen Mann. ‚Wo hast du ihn bereits gesehen', denkt sie, ‚du kennst doch diesen Riesen; seine geschwungene Nase, die glänzenden, braunen Augen ...'
„Ich melde mich bei der Hohen Exzellenz, damit sie über mich verfügt", murmelt der Mann.
„Weshalb soll ich über dich verfügen?"
„Sie haben mich der Erde neu zurückgegeben. Daher gehört mein Leben Ihnen."
In diesem Augenblick erinnert sich Aimée. Es ist der junge Spion, welchen sie vor einiger Zeit kraft ihres Mocenigo-Rechtes begnadigt hat. Sie mustert den riesigen jungen Menschen sorgfältig und kritisch. Endlich nickt sie. „Was willst du für mich tun?"

„Alles. Ich werde nie fragen. Ich werde nur gehorchen."
„Wie heißt du?"
„Hektor Dainos. Ich bin Seemann. Mein Vater hütet dort drüben in den Bergen über Butrinto unsere Schafe. Wir sind Cimariotten."
„Die Cimariotten sind keine Freunde der Türken."
„Wir verachten sie, weil sie uns unsere Freiheit abkaufen möchten, nachdem es ihnen nicht gelungen ist, sie uns zu rauben."
Nachdenklich geht Aimée im Zimmer auf und ab. Dann bleibt sie vor Hektor stehen und sieht ihm scharf in die Augen. Der junge Cimariotte hält den Blick aus; er ist weder erstaunt noch beunruhigt über diese genaue Prüfung. Er wartet geduldig, bis Aimée sagt: „Gut, Hektor. Ich nehme dich in meinen Dienst, weil ich glaube, daß du nicht gewußt hast, was du tatest, als du in den Dienst des Generals Bonneval getreten bist."
„Ich wußte genau, was ich tat, Exzellenz, aber ich glaubte, das Gute zu tun. Man hatte mir gesagt, die Venezianer würden uns unser Eigentum rauben, uns verbluten lassen und sich selbst retten. Deshalb müßten wir den Kaiserlichen beistehen, weil die uns von den Venezianern befreien würden. Jetzt aber, nachdem Sie mir das Leben geschenkt haben, habe ich mich umgesehen und umgehört. Ich sah den Feldmarschall Venedigs von früh bis spät bei der Arbeit; ich sah, daß er für seine Soldaten sorgt und die Gerechtigkeit liebt. Da ist es mir klar geworden: ‚Man hat Schlechtes von dir verlangt und du hast es getan. Deshalb komme ich zu Ihnen, um das Schlechte, was ich getan habe, wieder gutzumachen."
Leise nimmt Aimée den Cimariotten beim Arm und führt ihn an die Brüstung der Loggia. „Dort drüben liegt Butrinto", sagt sie, „bei Butrinto dehnt sich eine Ebene aus."
„Ich kenne sie."
„Auf dieser Ebene werden die Türken sich sammeln, bevor sie zum Angriff auf Korfu übersetzen. Du wirst sie beobachten und

berichten, wieviel Soldaten, Geschütze, Pferde und Zugtiere dort zusammengebracht werden."
„Ja."
„Heute ist der Marschall davongefahren, um die venezianischen Festungen und Inseln, die an der Küste liegen, zu besichtigen. Es ist möglich, daß plötzlich vor diesen Inseln die türkische Flotte aufkreuzt, und daß der Marschall von Korfu abgeschnitten werden könnte. Dann hast du dafür zu sorgen, daß der Marschall vor dem Beginn des türkischen Angriffs Korfu noch erreicht."
„Es wird alles geschehen, wie Sie es befohlen haben."
Hektor verneigt sich und verläßt leise die Loggia.

Wieder schreitet Aimée zwischen zwei langen Pfeilerspiegeln auf und ab, bis Elena Pisani in den großen Raum federt. Ihre weichen, hohen Stiefel lassen die Hälfte der Oberschenkel frei. Sie grüßt Aimée liebevoll, doch ein Paar flackernde, blaue Augen, Kornblumen, über welche der Wind streicht, suchen die Blicke der Gräfin.
„Nun", fragt Aimée, „was gibt es?"
Ob diese Lippen heute Nacht die des großen Geliebten geküßt haben? Elenas eigener Vater ist davon überzeugt. Andrea Pisani, der die Frauen kennt und selbst alle Jahreszeiten und Zonen der Liebe durchstreift hat. Wahrhaftig, Elena in ihrer undurchsichtigen Leidenschaft ist vom gleichen Blut wie Andrea Pisani. Liegt der Zauber einer seligen Nacht hinter ihr? Hell sprudeln die Lippen hervor: „Wenn er nicht zurückkehrt, ist alles verloren. Nur er vermag die faulen Geschöpfe hier aufzupeitschen, damit das Nötigste getan wird. Um Gottes willen, Aimée, er muß zurückkommen!"
Aimée wendet das Haupt und sieht hinaus auf das Meer, auf welchem die „Trionfo" in die Ferne strebt. „Er muß vorher die anderen Inseln in Verteidigungszustand bringen ..."
„Verteidigungszustand bringen!" wiederholt Elena leidenschaftlich, „Korfu, Korfu! Geh hinaus und sieh es dir an. Ein paar

hundert Faulenzer stützen sich auf ihre Spaten; nur, wenn ein Offizier oder einer von Mosers Soldaten vorübergeht, werfen sie eine Schaufel Erde auf. Sonst jammern sie und schreien; wenn sie unbewacht sind, laufen sie davon. Auf diese Weise bleiben kaum begonnene Arbeiten liegen, und was liegenbleibt, ist noch wertloser, als es vorher war."
„Ich weiß."
Die Frauen sehen sich an. ‚Ersehnst du ihn zurück', denkt Aimée, ‚nur weil deine Seele um Korfu bangt?' Keines dieser beiden großartigen Gesichter zeigt einen Hauch von Bewegung. Die beiden Antlitze des Janus, Vergangenheit und Zukunft, haben sich einander zugewandt, und die Zeit steht still.
Nach einer Weile murmelt Elena: „Heute morgen ist wieder ein Depeschenboot aus Venedig eingetroffen."
„Was wird es schon bringen? Neue Berichte über die Feste..."
„Über die Vendramin... und die Zorzi und — husch — über die Catarina Barberigo..." Elena macht mit ein paar raschen Bewegungen Donna Catarina Barberigo nach.
Inzwischen hat Aimée sich in einen großen Sessel geworfen, die Beine übereinandergeschlagen und das Kinn in die Rechte gestützt. „Ach, Elena, Venedig gibt sein Leichenfest bereits vor seinem Tode."
Die Frauen überhören ein Klopfen an der Tür. Dann schiebt sich Gazireh leise in das Zimmer hinein und neigt sich weich gegen Aimée, welche erstaunt den Kopf emporhebt. „Du, Gazireh? Was gibt es?"
„Herrin, es ist Besuch draußen."
„Besuch?"
„Aus Venedig."
„Wer?" Aimée fragt kürzer.
„Exzellenz Nani."
Aimée ist aufgesprungen. „Führ ihn herein." Sie wirft einen Blick in einen der von Glasblumen umwundenen, langen Murano-Spiegel. In diesem Spiegel erblickt sie ihr eigenes bleiches Antlitz, aber sie gewahrt auch eine Bewegung in der

Tür. Rasch wendet sie sich um. Nani steht dort aufrecht, gehalten, mit unbeweglichem Antlitz. Er trägt die Felduniform des Kriegsministers, einen blauen Rock mit breiten, goldenen Tressen. Den Dreispitz hat er gegen den Körper gepreßt.
Zwei Augenpaare begegnen sich. Dann geht Aimée auf Nani zu; ohne zunächst ein Wort des Grußes hervorzubringen, sagt sie hart: „Der Marschall muß sofort zurückkehren! Sonst ist alles verloren."
Nani verneigt sich. Die scharfen Züge seines Antlitzes haben sich in der letzten Zeit noch vertieft; ein Anflug von asketischer Magerkeit hebt die Wangen und die eckigen Kiefer scharf hervor. Unruhig und eindringlich zittert das Feuer der Augen. Es flammt auf, als die geliebte Frau ihre Blicke in die seinen senkt. Aber er bewahrt seine äußere Haltung. Nur seine Stimme schwingt unsicher, als er erwidert: „Der Marschall wird nicht sobald zurückkehren. Neue Befehle an ihn sind unterwegs."
„Welche?"
„Die türkische Flotte in der Stärke von 62 Großkampfschiffen und 73 kleineren Kampfschiffen, insgesamt mit 2000 Geschützen, ist von Konstantinopel ausgelaufen. Türkische Landtruppen marschieren gleichzeitig über die Berge von Albanien der Küste zu." Die feste Hand Nanis zeigt lässig auf das gegenüberliegende albanische Ufer. „Von dort aus, von Osten her, wird der Seraskier den Angriff auf Korfu ansetzen, der von der türkischen Flotte unterstützt werden soll. Um das zu verhindern, hat unsere Flotte die türkische Flotte anzugreifen, bevor sie das Binnenmeer von Korfu erreicht hat. Der Marschall soll sich zur besseren Führung des Seekampfes sofort an Bord des Admiralschiffes unserer leichten Flotte begeben und mit ihr nach Zante ausfahren. Ein Kurierschiff überbringt ihm den Befehl des Senates."
Die gespreizten Finger der Gräfin ruhen leicht auf den Hüften. Ein Hohn, der in Verachtung übergeht, umkreist die festgeschlossenen Lippen. „Der Marschall soll an Bord eines Admiralschiffes den Seekampf leiten? Wenn Pisani und Corner das

nicht allein können, wäre es doch Sache des Generalkapitäns! Soweit mir bis jetzt bekannt war, ist Generalkapitän und Oberstkommandierender unserer gesamten Streitkräfte wohl immer noch Dolfin."

„Ich bringe ihm das Abberufungsschreiben. An seine Stelle tritt der Großadmiral Andrea Pisani."

Ein Blick Aimées geht hinüber zu Elena Pisani, die sich unauffällig im Hintergrund hält. Erst jetzt erblickt Nani sie, sieht etwas erstaunt auf diesen jungen Offizier, reicht ihm die Hand und murmelt: „Das freut mich für Ihren Vater."

„Aber nicht für Schulenburg", antwortete das junge Mädchen kurz. Dann verneigt es sich und verläßt den Raum.

„Also der Marschall soll jetzt auch noch einen Großadmiral spielen?" beginnt Aimée nach einiger Zeit.

Nani zuckt die Achseln. Er setzt sich in den hohen gotischen Stuhl, welchen Aimée ihm angewiesen hat. ‚Dieser Stuhl steht ihm besser als ein eleganter, moderner Sessel von Brustolon', denkt die Frau. ‚Auch Nani scheint in einem falschen Jahrhundert geboren zu sein.'

Nani hat das Haupt in die Hände gestützt. „Der Mythus des Namens", entgegnet er achselzuckend, „in einem großen Namen steckt eine geheimnisvolle Kraft."

„Ich weiß", erwidert die Frau, während sie auf das Meer hinaussieht, „man glaubt in Venedig, mit einem Namen siegen zu können."

Unbeweglich starrt Nani vor sich hin. Nach einiger Zeit setzt er halblaut hinzu: „In diesem Glauben steckt auch etwas Richtiges."

„Dann, wenn hinter einem solchen Namen 40 000 Mann und ein großer Artilleriepark stehen."

Nani, gebannt von ihrer Schönheit, überhört die Antwort. Er hat während seines Lebens zu viele Opfer bringen müssen; auf dem verwaisten Altar des Vaterlandes hat er sein Schönheitssehnen und seine Jugend niedergelegt; er hat seine Kräfte, welche hinausstrebten in die heiteren Gefilde der Lust, auf das

Nutzland der Pflicht gelenkt. Er hat sich unempfindlich gemacht gegen Schönheit, soweit sie nicht in den Kult der Kirche oder den des Staates einbezogen war. Nicht einmal die Danae, Tintorettos Meisterwerk, das seit Generationen im elterlichen Palast hing, hatte ihm noch an das gebändigte Herz rühren können, bis dieses Genie aus dem Norden, als es vorüberschritt, aus Tintorettos Werk den Klang einer verwandten Seele vernahm und dadurch auch in Nanis Herzen längst verstummte Töne wieder belebte. Seit jenem Tage haben diese Töne nicht mehr geschwiegen. Jetzt aber lassen die geheime, untergründige Kraft dieses Phäaken-Eilandes und die Gegenwart der über alles geliebten Frau sie brausend in seinem Ohr erklingen.

Was bedeutet einer solchen Welt gegenüber aller soldatische Ruhm, der emporwächst aus dem Blute der Mitmenschen. Drüben am Festland zieht der türkische Sichelmond seine Kräfte zusammen ... viele werden ihr Blut lassen müssen in dem bevorstehenden grausigen Morden. Ja, vielleicht werden die, welche sterben müssen, es noch gut haben gegen die, welche zum Weiterleben verdammt sind ... Aber trotzdem duften die Orangen aus der Tiefe, und die Wogen des Meeres klingen im gleichen Urrhythmus wie die Wogen seines Blutes. Dieser Rhythmus läßt in seinem Geist Verse lebendig werden, seltsame, etwas wirre Verse, — deutsche Verse ...

> ... über Leichen tanzt der Glaube,
> Mondbedroht und dunstverhüllt.
> Zwischen Meeren kocht die Traube,
> Die des Alters Keller füllt.

Die Traube, die des Alters Keller füllt ... Du ... weshalb willst du mir nicht deine Reife schenken ... weshalb träumst du dem alternden Helden nach, der jetzt auf hochgetürmter Galeere an den Schwesterinseln Maura, Ithaka und Cefalonia vorüber zum leuchtenden Zante fliegt, von wo aus der Blick hinausschweift nach Olympia ... Laß ihn ringen um den Kranz des bitteren Lorbeers, der die Blitze von ihm fernhalten wird, laß ihn

eingehen in den Kreis der großen Sieger ... Du aber sei mir die Traube, deren Blut ich trinken will wie ein Priester den geweihten Kelch ...
Ganz langsam wendet sich Aimée dem entrückten Manne zu.
„Sie schweigen beredt, lieber Freund, als ob Ihre Gedanken müde geworden seien ..."
„Meine Gedanken sind nicht müde geworden, aber sie sind fern. Sie begleiten den Marschall auf seiner Sternenfahrt."
„So weit entfernt?" lächelt Aimée.
„Sind die Sterne wirklich so weit entfernt?"
Aimée sieht vor sich hin. „Nahe genug, um daran zu verbrennen."
„Nun ja, ertrinken oder verbrennen — das ist die Wahl, welche das Schicksal den großen Seelen noch gelassen hat."
Nach einiger Zeit beginnt Nani von neuem: „Als ich vorhin in das Zimmer trat, beobachteten Sie mein Eintreten im Spiegel."
„Nein — in der Wirklichkeit."
„Im Spiegelbild sehen Sie keine Wirklichkeit. Sie sehen Ihre linke Hand rechts und Ihre rechte links. Das ist nicht die Wirklichkeit."
Langsam schüttelt die Frau das in die Hand gestützte Haupt. „Sie irren, lieber Freund. Die Wirklichkeit, welche ich mit bloßem Auge sehe, ist falsch. Ich sehe Ihre rechte Hand links und die linke rechts. Erst der Spiegel rückt die Dinge wieder zurecht. Erst dann sehe ich Ihre Linke wieder links und Ihre Rechte rechts."
Nani sieht die Sprecherin erstaunt an. „Also wäre der Spiegel wahrer als die Wirklichkeit?"
„Das ist er; er ist damit aber auch hintergründiger. Denn alle Wirklichkeit ist vordergründig; alle Wahrheit ist hintergründig — wie Gott." Nach einer kurzen Pause fährt sie fort: „Als sich Ihr Kommen vorhin im Spiegel anmeldete, sah ich Sie wesentlicher, als wenn wir uns direkt gesehen hätten."
„Wesentlicher?" fragt Nani erschrocken.
„Ich war näher an Gott ... und damit ferner von Ihnen."

Nani fühlt seine Träume entgleiten. Die Traube, aus welcher er Wein keltern wollte, beginnt sich vor seinen Augen zu zerlösen. Dunkelrote Nebel steigen aus dieser zerfallenen Traube auf; sehr wirklichkeitsnahe Nebel, Nebel von Blutrot, der Farbe Venedigs, legen sich vor seine Augen, und auch diese überirdische Frau lebt jetzt in einer purpurnen Aureole. Er kann es sich nicht erklären, daß er plötzlich an jenen festlichen Abend in Wien denken muß, an welchem sie als Catarina Cornaro am Bug ihres Schiffes stand, und die Großen der Welt den Atem anhielten vor solch vollkommener Schönheit. Aber auch diese Schönheit ist Wirklichkeit, in der sich das Bild der Wahrheit verliert.

Wie Wirklichkeit und Wahrheit sich verschieben, so verschieben sich auch Gegenwart und Vergangenheit. Was ist denn Gegenwart? Ein halbgesprochenes Wort ist bereits Vergangenheit; alles, dessen wir uns bewußt werden, ist bereits Vergangenheit. Sogar Zukunftssorgen sind nur vergleichende Übertragungen aus der Vergangenheit — hinein in das Nichts.

„Alles das, was uns bewußt wird, wäre also Vergangenheit", murmelt Nani. „Dann wäre es eigentlich gleichgültig, in welcher Vergangenheit wir leben, ob heute, gestern, vor zehn Jahren oder vor Jahrhunderten. Dann bliebe uns die Wahl frei, wann wir leben wollen. Es bliebe mir frei, Sie als Catarina Cornaro zu sehen."

Das blonde Haupt sinkt in die Hände zurück; langsam sinken auch die Augenlider wieder über die meerblauen Augen. „Sie haben richtig gesehen. Ich will noch einmal als Catarina Cornaro leben, als Königin von Zypern, die ihr Sternenreich dem Senat der Stadt Venedig zu Füßen legt."

„Darf ich an Ihrer Seite schreiten, hinauf zur einsamen Burg von Asolo, welche der Senat Ihnen als Wohnsitz angewiesen hat?"

Aimée weiß, was diese Werbung Nanis bedeutet, dem ihre Schönheit die Wahrheit verschleiert, und der sich aus der Welt der Wirklichkeit zurücktastet in die Welt der Vergangenheit.

Er ist bereit, ihr in die Welten auch des Wesenlosen, des von den Sinnen Gelösten, zu folgen. Denn seine Liebe zu ihr ist größer als die jenes Helden, der über die Meere der Leidenschaften dahingleitet, wie er jetzt dahingleitet auf der hochgetürmten Galeere, unter dem windgeschwellten Purpursegel, hinein in ein schönes, streichelndes, durchsichtiges Licht.
Sie aber liebt nicht den ernsten, festen Mann in dem hohen gotischen Stuhl, dessen Ringen um ihre Liebe die Düsternisse nicht meidet, der Klarheit zu finden sucht auch in der Tiefe des Überwirklichen — sie liebt den Sinnenfrohen, der hinausfliegt in eine Welt beglänzter Träume, in die Meere jenes Hellas, dem seine Seele entstammt.

Sie erhebt sich und reicht Nani die Hand. „Weil meine Seele mit der Ihren fühlt, bitte ich Sie, mich auf meinen Catarina-Cornaro-Wegen nicht zu begleiten. Es ist mein Schicksal, daß ich allein in meine Vergangenheit zurückwandern muß."
Auch Nani hat sich erhoben. „Sie werden nach einem Schatten jagen."
Aimée sieht den Savio tieftraurig an. „Ach, lieber Freund Nani", murmelt sie, „wäre es wenigstens das. Aber mir ist sogar der Schatten entglitten, nach welchem ich noch jagen könnte. Ich warte im farblosen Dämmern jenes Giftbaumes, der Wirklichkeit heißt — und warte auf das Aufgehen einer noch ungeborenen Traumsonne, um still an ihr zu verbrennen."

2

Nani, der am folgenden Morgen, begleitet von Sala und Jäger, die neuen Befestigungsarbeiten besichtigt, erkennt sehr bald, daß diese elenden Anlagen den Feind nicht eine Stunde länger aufzuhalten vermögen. An Nanis Seite zischt der Chefingenieur Moser-Person seine Beleidigungen gegen den Senat der Republik und dessen Lässigkeit. Für einen Augenblick wendet sich Sala ärgerlich um; aber er kann der Kritik Mosers nichts

Stichhaltiges entgegensetzen. Alle wissen sie: ‚Wenn nicht ein Wunder geschieht, dann sind wir verloren.' Nur der Provveditore Antonio Loredan, der Höchstkommandierende der Festung während der Abwesenheit des Marschalls, wiegt bei der späteren Gesamtbesprechung das schöne Haupt. „Es ist gar kein Wunder nötig", sagt er zu Nani, „Schulenburg muß nur wieder zurückkommen."
Der aber zieht auf hochgetürmter Galeere durch das dunkelblaue Meer des Odysseus, das schiefe Auge etwas zugekniffen, während der Tubus immer wieder vor das offene Auge wandert. Durch seine abweisende Haltung zeigt der Marschall, daß er allein sein will. Selbst der Befehlshaber der leichten Flotte, Großadmiral Andrea Pisani, der in Parga an Bord kam, hält sich zurück. Matthias steht einsam auf der Admiralsbrücke. Er will allein sein, um seine Empörung zu verbergen, da er die vorsichtigen Venezianer nicht zum Angriff auf die türkische Flotte bewegen kann. Noch wäre ein solcher Angriff aussichtsvoll, denn die Venezianer wissen auf offenem Meer zu manövrieren, die Türken aber nicht. Die besten Admirale Venedigs, Diedo und Flangini, brennen darauf, den Türken nach Kreta entgegenzusegeln und auf offenem Meer den Kampf aufzunehmen.
„Exzellenz Pisani", neigt sich Matthias von der Brücke endlich zum Großadmiral, der vom Achterdeck herabgestiegen ist und jetzt mit langen, wiegenden Schritten, die Hände auf dem Rücken, herausfordernd vor der Brücke auf und ab geht. Andrea Pisani bleibt auf die Anrede des Marschalls hin kurz stehen und richtet die zusammengekniffenen Augen auf den Sprecher. „Exzellenz Schulenburg?"
„Wir müssen den Feind auf offenem Meer angreifen."
„Die Hilfsflotten der befreundeten Mächte können erst in acht Tagen hier sein", entgegnet Pisani gleichgültig.
„Auf die paar Schiffe des Papstes, der Malteser und vielleicht der Spanier kommt es nicht an. Unsere Überlegenheit im Manövrieren entscheidet."

Pisani richtet einen haßerfüllten Blick auf den Mann, der von der barockgeschnitzten Admiralsbrücke aus den Sieg an seinen Namen fesseln möchte. Aber er antwortet mit höflicher Gelassenheit: „Die Seekriegsführung steht unter eigenen Gesetzen, welche ich Ihnen, Herr Feldmarschall, bei guter Gelegenheit gern einmal nahebringen werde. Jetzt verlangen diese Gesetze, daß ich die feindliche Flotte bis nach Zante kommen lasse und sie dort angreife. Im übrigen können wir unbesorgt sein: die Türken werden uns nicht weglaufen."

Matthias beißt die Zähne zusammen und schweigt. Er schweigt hinein in die Nacht, die sternklare, heiße Juninacht, in welcher das Hundsgestirn bereits seiner Herrschaft entgegenstrebt. In dieser Nacht geht die venezianische Flotte im Hafen von Zante vor Anker; die Schiffe nehmen frisches Trinkwasser ein, während Pisani, bei dem sich der Inselkommandant gemeldet hat, mit diesem und den Admirälen auf dem hohen Achterdeck des Schiffes süßen Zantewein trinkt. Matthias nimmt an dem Gelage nicht teil; er bleibt allein auf der Admiralsbrücke und berührt die Mahlzeit kaum, welche Pisani ihm auf der Brücke hat bereitstellen lassen. Der Marschall beobachtet die Einfahrt eines venezianischen Kurierschiffes in den Hafen. Vielleicht bringt dieses Kurierschiff neue Befehle des Senates, sinnlose Befehle, am grünen Tisch ausgeklügelt, wie alle militärischen Gesetze und Befehle der alternden Republik. Später wandern seine Blicke über das Meer hinweg in die Richtung, in welcher er Olympia ahnt. Seine Gedanken werden gewiegt auf nachtblauen Wellen mit weißen Schaumrollen, hinüber zum Land, wo am durchsichtigen Horizont der Jupiter auf einer blauglasigen Bergspitze zu ruhen scheint.

Der Wein von Chios stürzt in goldenem Bogen in das hohe Glas. ‚Sind wir weitergekommen?' fragt er sich, während er das Muranoglas hin und her wendet und die Farbe des Weines gegen das Licht des aufgehenden Mondes prüft. ‚Ach, nein. Niemand ist weitergekommen, auch Venedig nicht. Es ist erstarrt im heiligen, roten Lack. Wie sagte doch damals in Emden in jener seltsamen Nacht der König Karl XII. von Schweden: „China ... die Lackwelt ... Venedig ... China."'

Seltsam. China. Herr von Leibniz, der ja an jenem Abend auch anwesend war, muß sich der Worte Karls erinnert haben, denn in seinem letzten Brief schreibt er von der Gefahr der Erstarrung in einer Lackwelt und von der Lebendigkeit des ewig Mütterlichen. Nur über das ewig Mütterliche führe der Weg in die klare Welt Jupiters.
O ja, die Mutter wurde von meiner Seele immer gesucht ... Torcello ... Meine Mutter starb zu früh ... aber immer hat sie meine Wege begleitet. In meinem Werden hat sich das Mütterliche mit dem Kriegerischen vereint.
Auf dem Achterdeck grölen sie wilde Lieder. Am Nachthimmel am Rande der Berge von Olympia, leuchtet der herrschende Planet noch einmal hell auf. Leise schleicht die Ronde der Matrosen an der Admiralsbrücke vorüber. Die Brieftauben, die vom Flug nach Venedig träumen, gurren schlafend in ihren Holzkäfigen. Etwas später löst sich aus dem Schattengewirr der Deckaufbauten der Adjutant des Marschalls, Straticò, der sich höflich erkundigt, ob der Marschall Befehle für ihn habe. Nachdem Matthias den Kopf geschüttelt hat, zieht Straticò sich unmerklich zurück. Bald darauf klimmt er die Schiffstreppe zum erhellten Achterdeck empor; der bewegte Schattenumriß huscht rasch am grünen Nachthimmel vorüber.

... Sicherlich geht es den beiden in Wien gut. Dafür sorgt schon die Gräfin Fuchs, die Mammi, die ja gewohnt ist, mit Kindern umzugehen. Daß Lelia nicht schreibt ... aber sie kann ja noch kaum geschrieben haben ... Carl Heinrich schläft wohlbetreut in seiner Wiege, einer Wiege mit einem Wappen darauf, den drei Raubvogelklauen. Natürlich steht ein Bastardbalken dazwischen, aber unauffällig, kokett, wie in den Wappen der königlichen Bastarde von Frankreich.

Mit einem letzten Aufzucken versinkt der Jupiter hinter den Bergen von Olympia.
Von dem Kurierschiff, welches vor der Mole von Zante vor Anker gegangen ist, hat sich ein Ruderboot losgelöst, das glitzernden Wasserstaub aufwirbelt und in rascher Fahrt das Fallrep des Großadmiralsschiffes erreicht. Ein junger Nobile mit der breiten Schärpe der Senatskuriere steigt aus dem Seidenzelt des Bootes an Bord und läßt sich von einem Läufer zum Feldmarschall führen. Mit tiefer Verneigung überreicht er ein Schreiben des Senates, in welchem der Feldmarschall aufgefordert wird, zunächst nicht nach Korfu zurückzukehren, sondern bei der leichten Flotte zu bleiben und die Führung der bevorstehenden Seeschlacht „zweckmäßig zu beeinflussen". Während der Nobile sich artig zurückzieht und mit dem sicheren Instinkt des Genußsuchenden die Treppe zum Achterdeck emporklimmt, runzelt Matthias die Stirn. „Ein seltsamer Auftrag. Wie denkt sich der hohe Senat das ‚Zweckmäßig-Beeinflussen'? Wir müssen angreifen. Aber Pisani will nicht — er jedoch ist Großadmiral, der allein den Angriff seiner Flotte befehlen kann. Ihm befehlen kann nur noch der Generalkapitän Dolfin. Der aber läßt sich in Korfu heiße Umschläge machen."
Während Matthias, das Schreiben des Senates in der Rechten hin und her wiegend, sich nachdenklich an die Balustrade der Brücke lehnt, bewegt sich unter ihm ein Schatten. Der Marschall neigt sich vor: „Wer ist da?"
Von unten antwortet halblaut eine Stimme: „Ich bringe ein Geheimschreiben von Exzellenz Nani."
„Wer bist du?"
„Ich bin ein Cimariotte und heiße Hektor Dainos. Ich komme von Korfu und bin heimlich an Bord des Kurierschiffes gegangen."
„Alle Cimariotten sind edel und tapfer", entgegnet Matthias ruhig, „komm zu mir auf die Brücke." Mit einem hellen Blick mustert er den riesengroßen jungen Mann, welcher die Stufen hinaufgesprungen ist und sich mit gekreuzten Armen verneigt.

Matthias nimmt den Brief Nanis entgegen, der ihm von der Zerrüttung in Korfu und der Verzögerung der Arbeiten Mitteilung macht.
Die geschnörkelten Holzleisten der Laterne werfen braune Schatten auf den Briefbogen. ‚Es ist ein Verbrechen, wenn ich den Befehl des Senates ausführe, untätig auf der Flotte bleibe und mich mit Pisani herumärgere. Hier geht es um mehr als um Venedig.' Er steckt den Brief ein und wendet sich wieder dem Cimariotten zu.
„Du hast mit Exzellenz Nani gesprochen?"
„Ja. Jetzt ist der hohe Herr wieder nach Venedig zurückgekehrt."
„Hast du während deiner Fahrt von Korfu hierher von der türkischen Flotte oder von der Landarmee etwas gesehen oder gehört?"
Der Cimariotte verneigt sich. „Ich habe Augen und Ohren offengehalten. In der Ebene bei Butrinto brennen die türkischen Wachtfeuer. Der englische Kapitän der ‚Great Love', der in Parga Wein und Korinthen lud, hat gesehen, daß eine türkische Flotte in der Stärke von zweiundzwanzig Linienschiffen und fünfunddreißig kleineren Schiffen jenseits von Zante vorübergesegelt ist. Nach sicheren Nachrichten ist diese Flotte bereits auf der Reede von Korfu vor Anker gegangen."
Matthias tritt einen Schritt zurück. Dann aber nähert er sich wieder dem Cimariotten. „Weißt du, was du da sagst?"
„Ich weiß es."
Drüben, auf dem Achterdeck, tanzen ein paar halbnackte Weibchen einen wilden Tanz; die Männer johlen und schlagen den Takt mit den Händen dazu. Der venezianische Nobile ist auf eine Bank gestiegen, schreit unverständliche Worte durch die Nacht und schwankt, während er sein Glas zum Munde zu führen sucht.
„Wer schickt dich zu mir?" fragt Matthias eindringlicher.
Aber Hektor sieht die großen Mocenigo-Augen vor sich, die in den seinen ruhten, als der Mund der Frau Schweigen forderte.

So sagt er denn nur: „Der Brief, welchen ich brachte, ist mit einem Namen unterschrieben. Gilt der Name Antonio Nani bei Euer Exzellenz nichts mehr?"
Matthias nickt. Sein Atem geht schwer und hörbar. Er geht erregt ein paar Schritte auf und ab. „Auf welchem Wege komme ich am schnellsten nach Korfu?"
„Durch die Flucht."
Matthias lacht leise vor sich. „Der Oberbefehlshaber der venezianischen Landstreitkräfte soll heimlich von der venezianischen Flotte fliehen, um seine Pflicht zu erfüllen? Das wäre närrisch."
Nun tritt Hektor aus seiner Unbeweglichkeit heraus; er hebt die Hände empor. „Noch kennen Sie die Venezianer nicht, Exzellenz. Wir Cimariotten kennen sie. Der Generalkapitän Pisani haßt Sie. Ich weiß nicht, weshalb. Das weiß man bei den Venezianern nie."
„Wer sagt dir, daß Pisani mich haßt?"
„Exzellenz Nani hat es mir gesagt."
„So ... und weiter?"
Hastig fährt Hektor fort: „Vor allem gönnt er Ihnen nicht den Ruhm. Er hat durch Freunde in Venedig erwirkt, daß Sie von Korfu abgezogen werden. Er wird Sie hier festhalten. Korfu soll den Türken in die Hände fallen, und dann will er versuchen, die Türken in einer Seeschlacht zu besiegen, um ihnen so den Weg nach Venedig zu sperren."
„Wenn Korfu gefallen ist, werden sich die Türken nicht mehr auf eine Seeschlacht einlassen. Sie werden nach Italien übersetzen, Rom zerstören und weiter auf Venedig marschieren. Daran kann kein Pisani sie hindern. Mit Korfu steht und fällt die Christenwelt."

Nach einer Weile beginnt der Cimariotte von neuem: „Sie, Exzellenz, fahren mit dem Ruderboot hinüber zum Kurierschiff. Dort geben Sie den Befehl zur Abfahrt nach Korfu. Ihnen wird man gehorchen. Ein Teil der venezianischen schweren Flotte, die bei Parga vor Anker liegt, könnte das Kurierschiff

begleiten, damit Sie vor den umherkreuzenden leichten Fregatten der Türken gesichert sind." Wieder verneigt sich Hektor und erwartet unbeweglich die Befehle des Feldmarschalls.
Der lächelt. „Gut so." Er verläßt die Brücke und geht in seine Kabine auf dem Oberdeck, vor welcher Karl Wache hält. Gemeinsam mit Hektor bringt Karl das geringe Gepäck des Marschalls in das Ruderboot. Die Bordwache hat von Matthias strengsten Befehl erhalten, von seiner Abreise keinerlei Notiz zu nehmen. Bald darauf durchstreicht das Ruderboot wieder die schwarzblauen Fluten, läßt sie silbern aufsprühen und bringt den Feldmarschall an Bord des Kurierschiffes.
Nach einer halben Stunde lichtet das schlanke Fahrzeug die Anker; die Ruder schlagen an, und wie ein silberner Schwan fliegt das Schiff durch die blaue Sommernacht dem Nordstern entgegen.
Im Augenblick, in welchem es das Küstenmeer erreicht, blitzt auf dem Großadmiralsschiff ein Feuer auf. Ein anderes folgt, und bald darauf rollen die dreiunddreißig Schüsse des Ehrensalutes für den Oberstkommandierenden der venezianischen Landmacht über das Wasser.
Auf der Brücke des Kurierschiffes steht Matthias neben dem schweigsamen Kapitän und lächelt. Der Salut da drüben bedeutet nichts anderes als den Ausdruck ohnmächtiger Wut des Großadmirals Andrea Pisani, welcher gemerkt hat, daß der Feldmarschall Johann Matthias von der Schulenburg ihm entwischt ist.

3

Der Palazzo Doxaras am Ende der nördlichen Stadtmauer von Korfu liegt wie eine Fürstenloge vor der großen, blauen Wasser-Palästra, in welcher sich die Gigantenschiffe der Türken zum Kampf aufstellen. Bestreut ist diese Riesen-Arena mit goldnem Sonnenstaub, und nicht nur die Bewohner des Palazzos Doxaras, sondern auch die neun Musen überblicken von ihren Hochsitzen, den vereisten Gipfeln des zerklüfteten Pindus, aus das Kampfgebiet. Sorgfältig prüft Aimée mit ihrem Fernglas den Aufmarsch der Flotte. „Es ist wirklich unverständlich", murmelt sie, „die türkische Flotte muß unbemerkt an der Westseite der Insel Zante vorbeigesegelt sein, während dein Vater mit unserer ganzen leichten Flotte im Hafen an der Ostseite der Insel lag."

Die blauen Augen Elenas flammen auf. Sie ordnet mit ein paar raschen Griffen das Spitzenhalstuch und stäubt mit zwei Fingern ein Fädchen von ihrem Uniformrock. „Ach, Aimée", erwidert sie, „kennst du noch immer meinen Vater nicht? Er haßt den Marschall, und wie alle dummen Leute wird er blind, wenn er haßt."

„Elena!"

„Doch, Aimée, Andrea Pisani ist dumm. Weder seine Tapferkeit noch seine Leidenschaft können über seine Dummheit hinwegtäuschen. Ich bin überzeugt, daß er absichtlich furchtbare Fehler begeht, nur um Schulenburg nicht teilhaben zu lassen am Ruhm eines Seesieges." Sie weist mit der Rechten auf das Meer und die feindliche Flotte, welche sich langsam, wie für eine Flottenparade, im Lückenaufbau vor die Festung Korfu legt. Klappen der Riemen in den Runzeln und halbe Kommandoworte, welche durch Sprachrohre gegeben werden, flattern über das Meer, bis in die Loggia des Palazzos Doxaras.

Indessen zeichnet Moser auf ein Blatt mit kurzen Strichen die Stellung der türkischen Flotte auf. Er kennt noch den größten Teil der dort liegenden Kampfschiffe aus der Zeit seiner türkischen Gefangenschaft. Er kennt ihre Namen, welche meist die ihrer Kommandanten sind; er kennt ihre Bestückung sowie die Stärke der Besatzung, und mit leisem, fast zynischem Kichern trägt er die Zahl der Geschütze mit in den Plan ein. „Maxabut Admiralsschiff ... hat 80 Stücke ... Sachili Achmed sogar 82 ... hihi ... Humer Haggia hat 85 Stücke ... Elli Admiralsschiff 82 ... nein, 84 ... hihi ..." Moser zählt weiter, bis er für die Flotte allein auf 2165 Geschütze und 21 160 Mann Besatzung gekommen ist. Nun reckt sich der Vogelkopf aus dem grasgrünen Umhang. „Es würde sich empfehlen, Gräfin, wenn Cazireh diese Zeichnung Exzellenz Nani noch nachbringen würde. Nani fährt erst heute abend von Macradès nach Otranto ab, um von dort auf dem Landweg nach Venedig zu gelangen. Das ist auch besser so; das Meer ist, wie wir vor uns sehen, für Venezianer unsicher geworden. Gut, wirklich gut wäre es, wenn das Volk von Venedig möglichst bald von der verbrecherischen Untätigkeit seines hohen Senates erführe; weiter von dem Meisterstück des Andrea Pisani, eines Haudegens und Rindviehs, der die ganze türkische Flotte ungehindert vom Norden her in dieses Binnenmeer eindringen und Korfu direkt bedrohen läßt; endlich von der ungeheuren Macht, welche uns hier gegenübersteht. Ein kluger Mensch gibt ja auf den Nachruhm nicht allzuviel, aber ich wünsche doch, daß man uns nach unserem Untergang nicht auch noch als Feiglinge bezeichnet."

Indessen beobachtet Aimée die Feuer-Pisani, welche mit sammetweichen Raubtierschritten in der Loggia auf und ab wandert. Die Rolle eines jungen Offiziers, welche Elena zu spielen verpflichtet ist, hat ihrem Körper eine seltsame Spannung verliehen, jenen Zauber des Ungewissen, mit dem einst der holde Antinous den Kaiser Hadrian auf die Knie zwang. Der Zauber des Antinous beruhte auf der mädchenhaften Zartheit eines Jünglings; Elenas Zauber liegt dagegen in der knabenhaften Frische eines Mädchens. Beide aber sind Geschöpfe aus Zwischenwelten; sie wirken auf Männer, die überfeinert sind durch alte Kulturen oder durch die Erfahrungen eines reichen Lebens.

Gebannt folgen ihre Blicke den Bewegungen des schönen, tagesjungen Geschöpfes. Das Feuer des Kogia-Diamanten an ihrer Hand ist müde gegen das Feuer, welches aus dieser hochgezüchteten Seele sprüht. Und still wiederholt sie sich, was sie sich schon oft gesagt hat: ‚An dieser Sonne wirst du verbrennen.'

Ein paar knarrende Worte Mosers scheuchen sie aus ihren Träumen. Er streckt den Hals vor: „Ist es Ihnen recht, Gräfin, wenn ich Gazireh mit diesen Notizen hinter Nani herjage?"
Aimée nickt. „Ich werde Gazireh auch noch ein paar Worte an Nani mitgeben. Zieh deine Türkenkleider an, Gazireh, du wirst sie brauchen können."
Während die Gräfin einige Zeilen auf das Papier wirft, fährt Moser, welcher die Augen nicht von den türkischen Schiffen läßt, plötzlich zusammen. „Aha! Da kommt er! Auf ihn habe ich gewartet!"
Ein mächtiges bis dahin unsichtbar gebliebenes türkisches Kriegsschiff zieht langsam und majestätisch an der aufgebauten Schlachtordnung vorüber. Jedes Schiff, in dessen Nähe der Koloß gelangt, dippt die Flagge, während die Bordmusik eine wilde Weise ertönen läßt. Gleichzeitig geben die Schiffe einen Ehrensalut ab. Ganz langsam zieht die hochgetürmte schwimmende Festung die Schlachtlinie entlang. Vorn, am Bug, steht unter einem goldenen Zelt ein einsamer Mann in weiß und grünen Gewändern, während sich zu seinen Füßen schmucküberladene Offiziere und Sklaven hin und her bewegen. Nur durch sein Da-Sein scheint dieser Mann jedem Schiff, welchem das seine sich nähert, Feuer und Raserei zu entlocken. Er aber steht unbeweglich unter dem Zelt aus purem Golde.
„Das ist das Großadmiralsschiff, das ‚weiße Pferd'", knirscht Moser, „mit 112 Geschützen. Das ‚weiße Pferd' heißt es, weil der Prophet auf einem weißen Pferd in den Himmel geritten sein soll. Möchte dieser Prophet da drüben auf seinem weißen Pferd auch bald ins Jenseits reiten, aber in die Hölle! Denn nur dorthin gehört er."
Die Augen der Gräfin bleiben starr auf den unbeweglichen Mann unter dem goldenen Zelt gerichtet. Nach einer Weile senkt sie das Fernglas und fragt mit tonloser Stimme: „Wer ist das?"

Drei- bis viermal nickt Moser, dann endlich stößt er hervor: „Das ist Er! Seine Majestät unser Henker. Das ist der Kapudan-Pascha, der Dianum-Kogia in höchsteigener Person."
„So ... Das ist der Kogia? Ich hatte ihn anders in Erinnerung."
Der Südwind hat die Flaggen der türkischen Schiffe nach Norden gestellt, so daß Moser nicht erkennen kann, ob die „Sechil Hussain" die kleine Standarte des Paschas führt, was anzeigen würde, daß des Kogias Bruder sie kommandiert. Dann hätte sie vermutlich den Kriegsschatz an Bord. „In der Türkei sind Brüder in Geldsachen immer sicherer als andere Leute", murmelt Moser und horcht in die Luft, „weil man dort in Zweifelsfällen gleich der ganzen Familie die Köpfe abschlägt. Dadurch ist jede Familie, solange sie noch die Köpfe hat, eng verschworen." Dann hebt er das Haupt. Er glaubt schon seit einiger Zeit vom Südkanal her, welcher das Binnenmeer von Korfu mit dem offenen Meer verbindet, Geschützfeuer zu hören. „Sollten Schiffe von uns mit türkischen Vorpostenschiffen in ein Gefecht geraten sein?" ist sein erster Gedanke. Aimée jedoch behauptet, das Echo der türkischen Ehrensalven an den Bergen von Albanien führe ihn irre.
Bald aber werden seine Blicke von einem seltsamen Ereignis gebannt. Während das „weiße Pferd" die Parade der letzten Schiffe abnimmt, fliegt plötzlich am linken Flügel der türkischen Flotte ein venezianisches Kurierschiff vorüber, schön, weich, mit weitausgebreiteten Leinenschwingen. Es ist durch den Südkanal in das Binnenmeer von Korfu gelangt und strebt jetzt dessen nördlichem Ausgang, der Serpe, zu.
„Das ist ja eine grandiose Kühnheit", ruft Elena. „Aber was soll das bedeuten?" Die drei Freunde starren erregt auf das vorübereilende Schiff; die Markusflagge steht wie ein Brett im Süd-Nordwind.
„Bei den Türken gehen Signale hoch!" ruft Aimée, „sie werden unser Kurierschiff unter Feuer nehmen!"
In der Tat lösen sich auf dem türkischen linken Flügelschiff, dem Admiralsschiff „Maxabut", die Steuerbordgeschütze; eine

Salve fegt über die Bläue des Meeres. Aber die Türken haben die Geschwindigkeit des Kurierschiffes unterschätzt; die Geschosse preschen am Heck des Schiffes vorüber. Und nun ereignet sich das Unheimliche. Am Großmast des Kurierschiffes geht langsam eine Standarte hoch, die sich klar im Winde ausbreitet — die Wappenstandarte des Feldmarschalls.
„Mein Gott — der Marschall ist an Bord! Sind sie denn verrückt?" ruft Aimée. Ihre Lippen stehen halb geöffnet; die Hände krallen sich ineinander. Aber Moser schüttelt den Kopf. „Das ist nicht verrückt, das ist großartig. Der Marschall teilt der Festung mit: ‚Ich komme.' Im Süden der Insel schlagen sich seine Begleitschiffe mit den Türken herum; dort zu landen war für ihn unmöglich. Daher hat er einen Weg gewählt, den kein Mensch erwarten würde, mitten durch den Feind hindurch. Hier landen kann er aber noch viel weniger als im Süden der Insel. Das Kurierschiff wird also um die Insel herumfahren und ihn in Cassopetto oder in Macradès an Land setzen. Vielleicht trifft ihn Gazireh in Macradès, wenn sie Nani meine Zeichnungen überreicht."
Gazireh hat diesem Gespräch zugehört. Sie trägt wieder ihre hellen Türkengewänder, verneigt sich vor der Herrin, steckt die Briefe ein und will davongehen. Plötzlich springt Elena auf. Durchdringend, fast feindlich richtet sie ihre Blicke auf Aimée. „Weshalb soll eine Türkin allein den Marschall einholen? Er hat es wohl verdient, daß ihn auch eine Venezianerin empfängt." Sie greift nach Mantel, Hut und Degen. „Ich werde Gazireh begleiten."
Aimée schweigt, zuckt aber plötzlich zusammen und sieht dann wieder still vor sich hin. Nach einer Weile hebt sie das Haupt und blickt dem jungen Mädchen in die Augen. „Weiß der Marschall eigentlich, daß du in Korfu bist?"
„Nein. Aber er wird es jetzt erfahren. Ebenso wird er erfahren, daß du hier bist, Aimée."
„Ich wünsche nicht, daß du ihm davon sprichst."
Erschrocken hebt Elena den Kopf. „Warum nicht, Aimée?"

„Du bist deiner Sache sehr sicher, Elena."
Mit großen Kinderaugen blickt Elena auf die Gräfin. „Ich verstehe dich nicht. Wieso sicher?"
Schweigend sieht Aimée vor sich hin; dann schüttelt sie leise das Haupt. „Ich weiß es nicht", erwidert sie. Endlich setzt sie trüb lächelnd hinzu: „Sprich ihm nicht davon, daß ich hier bin. Das würde ihn nur stören."

Elena und Gazireh durchqueren die Stadt, deren Gassen erfüllt sind von Geschrei und Gejammer. In alle Gesichter hat die Todesfurcht tiefe, zerrissene Schatten gemalt; in jedem Augenblick kann die Beschießung der Stadt beginnen. Der Platzkommandant Galeazzi, ein Spanier, galoppiert die Straße entlang und schlägt mit einer Reitgerte auf die Bewohner ein; er ist in einem Zustand von wilder Verzückung, in welchem er die Menschen peitscht und gleichzeitig die Hilfe der Madonna erfleht. In allen Winkeln und Erkern der Häuser scheint ein kleiner Tod zu hocken, der grinsend auf die Beute zu seinen Füßen wartet.
„Wir werden Macradès zu erreichen suchen", sagt Elena nachdenklich. Gazireh nickt. „Marschall landet nicht in Cassopetto, landet in Macradès. Cassopetto ist zu weit." — „Wir brauchen drei Maultiere, Gazireh." Gazireh nickt wieder. „Herrin muß Maultiere von General Sala verlangen. Sala liebt Herrin; wird ihr Maultiere geben."
Wirklich überläßt Sala der jungen Donna Elena drei Maultiere. Er errötet, als Elena ihm die Hand reicht und begleitet die Frauen auf dem dritten Maultier über das Arbeitsfeld. Elena zügelt ihr Tier und sieht sich um. Ein paar hundert Männer werfen langsam einen Graben aus. Alle anderen Arbeitsstätten sind verlassen; das Schanzzeug liegt verstreut umher. „Aber das ist ja entsetzlich!" schreit das junge Mädchen auf, „Sala, da drüben wartet die türkische Flotte auf den Beginn der Landung ... und hier ... hier geschieht nichts!"

„Ich weiß es", murmelt Sala, „Mosers Ingenieure sind die einzigen, die wirklich etwas tun." Er weist mit dem Kopf auf eine Gruppe von Rotröcken, welche einen Palisadenzaun errichtet. Nach einiger Zeit ballt Sala die Fäuste, hebt sie bittend gegen Elena und stöhnt: „Fliehen Sie, Donna Elena! Ich flehe Sie an! Wir sind verloren."
Elena sieht dem General in die Augen. Um ihre Mundwinkel zittert ein feiner Spott. „Wir sind noch lange nicht verloren, Sala. Gazireh und ich — wir holen den Marschall."

4

Sie reiten durch Olivenwälder und über Weinhänge, in denen sich bereits der junge Sommer räkelt, überqueren heiße und trockene Berge, auf denen das Heidekraut scharf duftet, lassen die Maultiere das sumpfige Hochtal von Ropa durchtasten und ruhen auf der Berghöhe über Ropa im heißen, süßen Duft der Pinienwälder und in der besonnten Kühle des Meeres.
Dieses Meer haben sie vor kurzem, von Otranto kommend, auf einem Segelboot überquert. Tief unter ihnen, in einer ausgezackten Felsbucht, schimmert der Flecken Macradès. „Dort im Hafen wartet Schiff von Nani", zeigt Gazireh. Elena nickt. „Und dort vom Süden nahen unsere schweren Kriegsschiffe, die den Marschall begleiten und sich dabei mit den Türken herumgeschossen haben. Jetzt fehlt nur noch das Kurierschiff mit dem Marschall; das aber muß erst um den nördlichen Teil der Insel herumfahren; heute mittag wird es hier sein."
Als die beiden Frauen in Macradès einreiten, wird das Kurierschiff durch das Hochgehen der Markusflagge auf dem Vorgebirge gemeldet. Bald darauf rauscht das schlanke Schiff um das Kap, mit der Standarte des Marschalls am Großmast. Während sich Nani dem Schiff entgegenrudern läßt, durchfliegt er die Briefe, welche Gazireh ihm überreicht hat. Eines der Schreiben liest er mit einer tiefen Bewegung; dann aber, als

das Ruderboot am Kurierschiff anlegt, steckt er den Brief rasch in den Aufschlag seines Ärmels, springt an Bord und stürzt auf Matthias zu. „Lieber Freund ...", stößt er nur hervor.
Im blauen Schatten eines Segels steht unbeweglich der Marschall. Dann aber streckt er Nani die Hand entgegen. „Keine Sorge, Nani — wir schaffen es."
Hinter dem Savio wartet ein junger Offizier, der mit an Bord gegangen ist. Jetzt hebt der Offizier den Hut und meldet: „Exzellenz Schulenburg, es wird Zeit. Maultiere stehen bereit; wir müssen sofort zur Festung abreiten."
Die Blicke des Marschalls ruhen prüfend auf dem jungen Soldaten.
„Wir kennen uns doch?" fragt er nach einer Weile. „Du ... mein Sohn ...", ruft er plötzlich strahlend, „wirklich du?"
„Ja, Exzellenz."
„Was tust du hier?"
„Ihr Sohn hat in den Stunden größter Not bei Ihnen zu sein."
Der Marschall hebt bewegt den Hut. „Jetzt muß ich noch mit Nani sprechen. In zwei Stunden reiten wir ab."

Dieser Ritt des alternden Mannes und der beiden jungen Frauen soll nicht nur das Schicksal dieses Mannes selbst, sondern auch das Venedigs entscheiden. Wieder traben Matthias und Elena zusammen durch Wälder wie damals vor Wien. Heute aber reiten sie keine Pferde, sondern Maultiere; sie durchqueren keine nordischen Winterwälder mit eisigen Kathedralenfenstern, sondern sie durchtraben die Schatten in sich verschlungener Oliven, und zuweilen halten sie an, damit die Frauen rasch ein paar Hände voll von duftigen Walderdbeeren pflücken können, jenen geheimen Blutstropfen, mit denen die Schicksalsinsel übersät ist. Matthias bleibt im Sattel; seine Blicke gleiten zu dem jungen Offizier mit den weichen, mädchenhaften Bewegungen, und seine Seele wird angesichts solcher Anmut frei und heiter. Die lichte Glut der Liebe steigt klar in seiner Seele empor. Das ist die Schönheit, die Gott ihm gewähren will.

Beim Weiterreiten bleibt Elena auf der linken Seite des Marschalls; Gazireh reitet mit einigem Abstand hinter ihnen her. Matthias hat den Reisesack vor sich quer über den Sattel gelegt; von Zeit zu Zeit prüft er an Hand einer Karte das Gelände. Später erklimmen die Maultiere das hochgelegene Kukuritza, das Maisdorf, dessen bunte Häuser sich hochaufstrebend wie Kristalle um eine schlanke Kirche drängen. In der Tiefe dehnt sich saphirblau das Binnenmeer von Korfu. Breite glasige Linien glänzen durch die Stämme der Oliven, und in diesen Linien flimmern am jenseitigen Ufer weiße Küstenstädte, vor allem das alte vergilische Butrotum, heute Butrinto genannt. Über ihm funkelt die vielzackige Krone der thesprotischen Felsberge, deren neun Schneegipfel wie Edelsteine brennen.

Nach einiger Zeit unterbricht ein halblautes „Hört!" Gazirehs das Schweigen. Matthias wendet rasch das Haupt; die Schleife seiner kleinen Stutzperücke fliegt auf seine linke Schulter. „Was ist?" fragt er. Gazireh deutet voraus in die Tiefe. „Dort fließt der Potamos", antwortet der Marschall, „was gibt es denn dort?" Gazireh flüstert: „Türken!" Sie zeigt auf einen Hügel, der sich vor dem Dorf erhebt. „Von dort können die Augen alles sehn."

Gazireh hat richtig gehört. Von dem Hügel aus erblicken die drei an den verschilften Ufern des Potamos zunächst zwei mächtige Prunkzelte, das Zelt des Seraskiers Kara Mustapha und das des Kapudan-Paschas Dianum-Kogia. Die beiden Oberführer hocken mit untergeschlagenen Beinen auf einem Teppich, welcher zwischen den Zelten gelegt ist, und rauchen aus großen Wasserpfeifen. Vor ihnen liegen Karten. Indessen sind türkische Ingenieure und Pioniere damit beschäftigt, Landstriche am Ufer des Flusses zu vermessen und abzugrenzen. Alles das vollzieht sich lautlos; Befehle werden nur durch Zeichen und Winke gegeben. ‚Hier also wollen sie das Lager aufschlagen', überlegt Matthias nachdenklich, und Elena fügt hinzu: „Von hier aus werden sie uns angreifen."

„Das werden sie wohl", nickt Matthias ruhig.
Mit zerrissenem Herzen schweigt Elena vor sich hin. Was wird er sagen, dieser Held, zu dem sie mit der stolzen Ehrfurcht ihrer Jugend emporsieht, was wird er sagen, wenn sie in einer Stunde durch das Vorfeld in die Festung reiten und er sieht, daß nichts, aber auch gar nichts von jenen Befehlen ausgeführt wurde, welche er für Moser, Jäger und Sala zurückgelassen hat? Später, als sie abreiten wollen, drängt Gazireh ihr Maultier dicht an das Elenas heran und flüstert: „Gazireh bleibt noch hier. Sie wird mit den Türken sprechen."
Elena ist einverstanden, und so reiten Matthias und Elena allein zurück. Im Vorfeld der Festung zwischen den verlassenen Arbeitsstätten hält der Marschall kurz an, mustert das Feld und schweigt. Senkrecht steigt die Stirnfalte in die Höhe. Kurz streift sein Blick Elena Pisani. Seine Lippen murmeln: „Es ist nicht die Zeit für die Schönheit." Er sieht mit eigenen Augen, daß nach menschlichem Ermessen Korfu verloren ist.

5

Während er in seinem Zimmer im Hauptquartier auf und ab geht, überblickt er das Schreckliche seiner Lage. Trotzdem hält er an seiner Absicht fest, den Platz zu verteidigen und sei es bis zum Untergang, denn jeder Tag, den die Festung länger hält, bedeutet einen entscheidenden Gewinn für den Aufmarsch und Vormarsch des Prinzen Eugen gegen die türkische Hauptmacht in Ungarn.
„Wenn die Türken das Binnenmeer nicht abschließen und die vom Senat versprochene Verstärkung eintrifft, dann ist ein glücklicher Ausgang noch möglich", murmelt er und läßt den Oberst Person von Moser bitten.
Nach wenigen Minuten betritt Moser das Zimmer. Draußen ist die Dämmerung rasch auf den Platz gesunken; Karl setzt zwei große dreiarmige Leuchter mit Wachskerzen auf den Tisch.

Moser steht in seiner roten Uniform mit dem grünen Umhang wie eine tropische Giftblüte im milden Licht der Kerzen. Er hat den Federhut weit zum Gruß weggestreckt. Freundlich drückt die Rechte des Marschalls den ausgestreckten Arm herab. „Setzen Sie sich, Oberst. Und berichten Sie."
Moser setzt sich, legt den Säbel über die gespreizten Beine und sieht den Marschall von unten an. „Schlimm, Exzellenz", beginnt er und spielt mit der Quaste des Säbels.
„Ich weiß, aber deshalb haben sie uns ja hierher geschickt. Wenn es leicht wäre, hätten sie es allein versucht." Der Marschall macht ein paar Schritte. Dann bleibt er stehen und zieht die weichen, hohen Stiefel empor. In dieser kauernden Stellung richtet er die Blicke auf Moser und fragt: „Wer ist hier eigentlich zuverlässig?"
Moser lacht hämisch. „Ein paar Offiziere, ein paar venezianische Einzelgänger, meine achtzig Leute, die Slawonen, die Juden, Euer Exzellenz und ich. Das ist alles." Der Marschall richtet sich langsam auf und kreuzt die Arme über der Brust. „Alles? Das ist sehr viel, Oberst. Was sagen Ihre letzten Nachrichten über die Stärke der Türken?"
„Mit Troß und Mitläufern etwa 100 000 Mann. Kampftruppen mehr als 50 000."
„Und wir?"
„Alles in allem 1600."
Breitbeinig stellt sich Matthias vor den Obersten hin. Seine Blicke ziehen sich zusammen. Dann aber flammen sie auf wie eine Petarde. „Sie, Herr Oberst, haben von mir alle Vollmachten. Über Leben und Tod. In drei Tagen und drei Nächten wird nachgeholt werden, was in den Monaten meiner Abwesenheit versäumt wurde. Ich bin nämlich bereit, einen großen Wahnsinn zu begehen: Ich werde auch jetzt noch an meiner alten Idee festhalten und mich nicht nur auf die Verteidigung der Stadtbefestigungen beschränken, sondern gegen alle Regeln der Kriegskunst die der Stadt vorgelagerten Berge San Salvatore und Abramo mit in das Verteidigungssystem einbeziehen.

Auch die Befestigungen auf der Insel Vido werde ich, dem Feuer der türkischen Flotte zum Trotz, zu Ende führen lassen. Ich befehle Ihnen, Oberst, alle verfügbaren Kräfte anzuspannen und diese Arbeiten durchzuführen. Versprechen Sie Belohnungen, Gold — was Sie wollen —, ich bürge für die Zahlung. Lassen Sie die Widerspenstigen hier auf dem Platz vor dem Hauptquartier aufhängen — nehmen Sie den Henker und seine Knechte mit auf den Arbeitsplatz, und geben Sie, wenn es nottut, auch denen ausreichende Beschäftigung. Meuternde Soldaten urteilen Sie an Ort und Stelle ab. Es gibt kein Mittel, das nicht angewandt werden muß, um den Steinhaufen Korfu innerhalb von drei Tagen und drei Nächten zu einer widerstandsfähigen Festung zu machen. Denn, mein lieber Oberst: es geht hier um alles — um Leben und Sterben der zivilisierten Welt!"

Moser hat sich erhoben. „Befehl wird ausgeführt", knarrt er. Plötzlich aber überkommt ihn eine Herzenswärme, und er greift nach der Hand des Marschalls; der Vogelkopf senkt sich tief, und die Lippen drücken einen Kuß auf die Hand. In dieser seltsamen Mischung von Rührung und Groteske verharren die beiden alten Soldaten, als sich die Türe leise öffnet und ein junger Offizier in das Zimmer huscht. Rasch entzieht der Marschall dem Obersten die Hand. „Mein lieber Sohn, man klopft an, auch, bevor man das Zimmer seines Vaters betritt."
Elena errötet: „Ich habe dreimal geklopft. Da aber niemand antwortete, bin ich eingetreten, weil ich Wichtiges zu melden habe."
„So. Dann melde."
„Es ist ein Depeschenboot eingetroffen, das südlich der Festung von Castratis vor Anker gegangen ist. Dieses Boot hat die Ernennung des Großadmirals Andrea Pisani zum Generalkapitän und Oberstkommandierenden aller venezianischen Streitkräfte mitgebracht."
Moser wirft einen raschen Blick auf Matthias. ‚Andrea Pisani Oberstkommandierender und damit Vorgesetzter des Marschalls ... Weiß der Marschall, was das für ihn bedeutet?' denkt

Moser. Aber das Antlitz des Marschalls bleibt undurchdringlich. Dann nickt Matthias. „Das freut mich für deinen Vater, Elena. Willst du ihm Glück wünschen?"
„Er weiß nicht, daß ich hier bin und braucht es auch nicht zu wissen."
„So." Nach einer Pause fährt Matthias fort: „Gibt es sonst noch etwas Neues?"
Die Hände Elenas bewegen sich unruhig. „Der Cimariotte ist zurück. Hektor Dainos. Er war in Butrinto."
Matthias zuckt zusammen. „Wo ist er? Hat er etwas gesehen? Wie viele Truppen sind jetzt dort zusammengezogen?"
Elena geht an die Tür zurück und öffnet sie. „Komm, Hektor", ruft sie, „berichte dem Marschall selbst, was du gesehen hast."
Der Cimariotte verneigt sich an der Tür. Matthias geht auf ihn zu, legt ihm die Hand auf die Schulter und sagt freundlich: „Nun, Hektor, was gibt es Neues in Butrinto?"
„Bei Butrinto hat der Seraskier eine ganze Armee zusammengezogen. Es sind 30 000 Fußsoldaten, 3000 Reiter und 2000 Kanoniere. Dazu kommen noch Pioniere, Ingenieure und ein unendlicher Troß. An Geschützen habe ich gezählt 460 Langgeschütze und 6000 Mörser. Von Büffeln werden noch weitere Geschütze über die Berge geschleppt."
Matthias wendet sich zu Moser: „Sie sehen, lieber Oberst — es sind nicht hunderttausend, sondern vierzigtausend." Der Oberst denkt: ‚40 000 gegen 1600 dürften auch genügen.'
„Wir haben 140 Langgeschütze und 4 Mörser", fährt der Marschall ruhig fort. Dann nickt er dem Cimariotten zu: „Weiter? Was hast du an Munition gesehen?"
„Die Vorräte an Munition und Pulver, an Petarden und festen Minen sowie an anderem Kriegsgerät sind unübersehbar. Kamele schleppen Tag und Nacht Kisten und Säcke mit Material über die Berge nach Butrinto."
„Und Pferde?" Der Marschall fragt interessiert. Als Niederdeutscher liebt er Pferde.
„6000 etwa."

„Schöne Pferde?"
„Jawohl. Lauter Vollblüter, meist Schimmel mit langen Schweifen und silbernem Zaumzeug." Hektor verneigt sich.
„Wir haben zwölf Pferde", antwortet der Marschall; Moser lacht vor sich hin.
Scharf wendet sich Matthias ihm zu. „Mein lieber Oberst", bemerkt er betont, „sind Sie nicht der Ansicht, daß der göttliche Beistand, sobald es sich um eine gute Sache handelt, auch Geschütze und Pferde zu ersetzen vermag?"
Elenas Lippen öffnen sich, um ein paar leidenschaftliche Worte in die Unterhaltung hineinzuwerfen, dann aber schweigt sie. Doch auf einen fragenden Blick des Marschalls stößt sie hervor: „Ihr Mut und Ihr herrliches Vertrauen in die gute Sache bieten eine noch größere Garantie für den Sieg, als der göttliche Beistand sie zu bieten vermag."
Erschrocken zuckt Matthias zusammen. Dann richten sich seine Blicke hart auf Elena. „Mein liebes Kind", entgegnet er, „wäge deine Worte, vor allem, wenn du von Gott sprichst. Ich weiß es allzu genau: Gott läßt sich nicht spotten." Endlich wendet er sich noch einmal zu Hektor: „Wann wird der Seraskier mit dem Übersetzen seiner Truppen nach Korfu beginnen?"
Hektor denkt nach. Dann erwidert er zögernd: „Ich sprach mit Lagerweibern. Die wissen immer am besten, was sich tut, weil brünstige Männer das Maul nicht halten können, sondern alles herauserzählen. Die Weiber sagten, am achten August würden die Truppen der Türken auf die Insel Korfu gebracht werden. Landen würden diese Truppen in Govino, wo das venezianische Arsenal bereits heute von den Türken besetzt wird. Von da aber marschieren sie am Ufer des Meeres entlang bis zum Potamus, wo sie das Lager beziehen sollen. Die türkische Flotte bleibt liegen, wie sie jetzt liegt, damit die Transporte sich unter ihrem Schutz vollziehen können."
Der Marschall geht mit langen Schritten auf und ab. Endlich bleibt er vor Hektor stehen, sieht ihm fest in die Augen und

sagt warm: „Ich danke dir, Hektor. Willst du in meinen Dienst treten?"
Der Cimariotte wird blaß und verneigt sich noch einmal: „Ja."
„Gut, du wirst die Uniform meines Regiments erhalten und immer in meiner Umgebung bleiben."
Die Augen Hektors schweifen zu Moser hinüber. Diese Augen fragen: ‚Darf ich das wirklich?' Moser, hinter dem Rücken des Marschalls stehend, hält seine Blicke fest auf die des Cimariotten gerichtet und nickt.
Plötzlich tritt Elena vor den Marschall. „Auch ich möchte immer in Ihrer Umgebung bleiben."
Ein winziges Lächeln versteckt sich in den Mundwinkeln des Marschalls.
„Du?"
„Ja."
„Weshalb?"
Wieder steigt die Röte in die edelgeformte Stirn des jungen Mädchens: „Weil... weil..."
Gütig legt ihr Matthias die Hand auf die Schulter. „Das ist ein guter Grund, Elena. Ich erwarte auch dich morgen früh um drei Uhr zu den Schanzarbeiten."
Nachdem Hektor und Elena das Zimmer verlassen haben, wendet sich Matthias dem Obersten von Moser zu. In seinen grauen Augen blitzt die Ironie. „Ich bilde mir ein klassisches Gefolge, Oberst: Hektor, die Stärke, und Elena, die Anmut."
Moser schlägt die Hacken zusammen und murmelt: „Ganz klassisch." Im Innern denkt er: ‚Verrückt, wie alles in diesem Drecknest. Ein Mädchen und ein Mörder im engsten Gefolge des Oberstkommandierenden. Aber er mag recht haben; dieser Trümmerhaufen läßt sich mit ganz ungewöhnlichen Mitteln und ganz ungewöhnlichen Menschen vielleicht noch ein paar Tage länger halten.'

Am folgenden Morgen um drei Uhr reitet der Marschall in Begleitung des General-Provveditors Loredan, gefolgt von Straticò,

Hektor und Elena, hinaus auf das Vorfeld der Festung. Hektor trägt bereits die neue weiß-rote Uniform vom Regiment des Feldmarschalls; Elena verspottet ihn und erklärt, er sähe so „preußisch" aus. Am Himmel beginnt die Hitze zu zittern; im Grün der Frühstunde liegt schon ein krankhafter Glanz. Die Unruhe der hannoverschen Pferde wächst mit dem Aufsteigen der Sonne. Aber Matthias kennt keine Rücksicht; nicht auf Pferde und noch weniger auf Menschen. Das große, vor dem Monte Abramo und dem San Salvator vorgeschobene Grabensystem, das quer über die Halbinsel gelegt werden soll, wird von Mosers Ingenieuren abgesteckt; aus der Festung naht Moser selbst mit einem Zug von etwa 600 Männern, welche ihr Schanzzeug auf den Schultern tragen. Neben Moser schreitet der riesige David Semo, der Sohn des Oberrabbiners, und den Zug beschließt Bruder Beatus, ein ebenso riesiger Mönch aus dem Kloster des Heiligen Spiridon. Der Oberst grinst, als er dem Marschall die ersten sechshundert Arbeiter meldet. „Aber fragen Euer Exzellenz mich nicht, wie und wo ich die Burschen zusammengetrommelt habe."

Indessen naht aus der Festung ein weiterer Zug. Matthias sowohl wie Moser wenden ihm die Köpfe entgegen, um so mehr, als er sich durch das Klingeln der Maultierglocken bereits von fern bemerkbar macht.
„Leutnant Pisani", befiehlt Matthias, „hinüberreiten und feststellen, was das für eine Prozession ist." Elena galoppiert über das Feld, jung, schön, anmutig, und Matthias verfolgt dieses Bild mit Herzenswärme. Sehr bald kehrt Elena zurück. „Der bisherige Generalkapitän, Exzellenz Dolfin, verläßt die Festung, um sich mit etwa hundert Leuten seines Gefolges und mit seiner Bagage nach Macradès zu begeben, wo Seine Exzellenz ein Staatsschiff für die Rückfahrt vorfinden wird."
Ein gewaltiger, herrlicher Zorn steigt in der Seele des Marschalls auf. Jetzt, wo das Schicksal Korfus an einem Faden hängt, wo er jeden Mann, jedes Maultier mit Gold aufwiegen muß, zieht

dieser feiste Prasser mit einem fürstlichen Gefolge durch die Lande, als ob tiefster Frieden herrsche, als ob der Reichtum sich aufblähen könne, ohne daß er für sein Dasein zu fürchten habe — dieser fette, verfressene, zersetzende Reichtum, der an nichts denkt als an seine Selbsterhaltung und seine unerfüllte und unerfüllbare Gier.

Rasch läßt er die sechshundert Mann, welche Moser herbeigeführt hat, an den Weg treten. Langsam nähert sich der Zug. Ihn eröffnet der dicke Majordomus Dolfins auf einer schneeweißen Araber-Stute mit silbernen Glöckchen. Ihm folgen auf grauen, glöckchengeschmückten Maultieren orientalisch gekleidete Diener, denen sich weitere Maultiere mit riesigen Koffern und Gepäckkisten anschließen. Mit einigem Abstand reitet die Gruppe von goldbehängten Adjutanten und feisten Hausoffizianten hinterher, eine Sammlung von riesigen Marionetten, die jenem Theaterchen entsprungen sein könnten, welches der kleine Carlo Goldoni im verflossenen Winter dem großen Alvise Pisani vorgeführt hat. Endlich wankt, von zwei fetten, schweren Maultieren in einer Gabeldeichsel getragen, eine hohe, wappengeschmückte Lacksänfte heran, durch deren breite Glasfenster etwas Dickes, Verfallenes hindurchschimmert. Das ist der bisherige Generalkapitän Girolamo Dolfin, dem Venedig vorbildliche und entscheidende Neuerungen verdankt, nicht nur dadurch, daß er die beliebte und bequeme Dolfin-Perücke erfand, sondern auch dadurch, daß er sich als erster einen Nachtstuhl in seine Reisesänfte einbauen ließ. Ein Trupp von Dienern, Köchen und Reitknechten trottet mißmutig hinter dem hohen Glaskasten her. Zwei Maultiere tragen die Käfige mit den Brieftauben, welche Dolfin zu seinem Privatgebrauch immer mit sich führt. Seine geschäftlichen Dispositionen gibt er nach Venedig durch Brieftauben, wie er geschäftliche Nachrichten von Venedig in wenigen Stunden durch Brieftauben erhält. Schwer beladene Tragtiere, von Korfioten geführt, beenden den Zug, welchen Dolfins Neffe, der junge Patrizier Aloisio Emo abschließt, der auf einem schönen Pferd lässig hinterherreitet.

Moser starrt diesen Aufzug mit ironisch geöffnetem Munde an. Er möchte seiner Armee den Befehl zuschreien: „Auf, marsch, marsch! Die Maultiere für Schanzarbeiten requirieren!" Aber Dolfin ist noch immer venezianischer Patrizier, ein Mitträger jener Souveränität, welcher Moser seinen Diensteid geleistet hat. Dolfin hat ein Recht auf hundert Maultiere, wenn er sich von Korfu nach Macradès begibt. So bleibt Moser nichts als der Hohn; er ruft Matthias zu: „Da kommt der dicke Chinese! Der Bauch ist sein Gott!"
Es zuckt deutlich um die riesige Nase des Marschalls. Der Mund zieht sich breit; die Mundwinkel fallen nach unten. „Wir wollen dieser Spezial-Gottheit Venedigs unsere Ehrfurcht erweisen." Er reitet vor die Sechshundert und befiehlt mit lauter Kommandostimme: „Ehrfurcht vor Venedigs hochheiligem Bauch!"
Die Sechshundert, urteilslos und benommen, sinken langsam in die Knie. Matthias und seine Begleiter haben die Hüte zum Gruß ausgestreckt, während der hohe Lackkasten langsam vorüberwiegt.
In die grauen Wangen des Patriziers Dolfin steigt das Blut; er wendet den Hamsterkopf verärgert nach der anderen Seite, so, daß er den sechshundert Knieenden die kleidsame Dolfinperücke zuwendet.
Auch Dolfins Neffe, der junge Emo, erkennt mit der Helligkeit venezianischen Händlergeistes die untergründige Ironie dieser seltsamen Huldigung. Er galoppiert zum Marschall, lüftet den Hut und erklärt erregt: „Exzellenz, hier wird nicht das hochheilige Sakrament vorübergetragen."
Matthias neigt sich im Sattel nach vorn und lächelt freundlich. „So? Nicht? Als Protestant bin ich in solchen Dingen nur schlecht unterrichtet. Aber der Aufzug war so sanft und feierlich..."
„Ein kranker Mann wird vorübergetragen, der seinem Vaterland große Dienste geleistet hat", unterbricht ihn der junge Mensch, während seine Augen böse funkeln.
Matthias nickt verbindlich. „Dann können wir ja nur froh sein, daß wir während der Belagerung nicht auch noch für eine so

kostbare Gesundheit verantwortlich sind. Herr Oberst Person, wir haben uns geirrt. Es war keine Spezial-Gottheit. Lassen Sie die Leute aufstehen und führen Sie sie zur Arbeit." Sich wieder an den jungen Emo wendend, fährt Matthias fort: „Sie aber, junger Mann, sind doch gesund. Weshalb bleiben Sie nicht hier? Wir brauchen jeden Mann und jedes Pferd."
„Ich habe andere Befehle aus Venedig erhalten", entgegnet Aloisio Emo, indem er seine Verlegenheit durch die Ungezogenheit seiner Stimme zu verdecken sucht.
„Er muß beim Karneval einen Obereunuchen darstellen!" schreit Moser höhnisch, während er seine Sechshundert davonführt.
Ein rasender Haß sprüht aus dem jungen Emo auf. Er will etwas Unerhörtes erwidern; er will schreien, aber die mächtigen Blicke des Marschalls verschlagen ihm die Stimme. Matthias zuckt die Achseln; mit halbgeöffneten Augen nickt er kurz und sagt nebensächlich und verächtlich: „Dann gute Reise!"
Während Matthias mit seinem Gefolge zu den Arbeitsplätzen reitet, steht Aloisio Emo allein auf der Ebene vor der Stadt Korfu. Ein wildes Rachegefühl steigt in ihm auf. Er zögert einen Augenblick, dann aber entscheidet er sich für die Abreise und galoppiert dem Zuge seines Oheims nach.
Während das Staatsschiff den Patrizier Dolfin mit seinem Gefolge nach Otranto bringt, zieht das Schicksal sich über der Phäaken-Insel zu furchtbaren Wolken zusammen.
Vor Korfu droht das Weltenende.

ACHTES KAPITEL

1

Im unbeweglichen Licht weißer Sommerglut steht der Marschall auf dem Monte Abramo. Die Sonne sticht, der Fels strahlt Hitze aus. Zuweilen lüftet Matthias die Stutzperücke und wischt sich den Schweiß vom Schädel. Ein schlanker, junger Offizier, welcher etwas tiefer im Schatten wartet, reicht ihm mehrere Landkarten, auf denen der Marschall Bleistiftlinien zieht.
Stadt und Feste Korfu sind von den Türken eingeschlossen. Ohne daß Matthias es hindern konnte, hat der Seraskier seine gewaltige Landarmee über das Binnenmeer auf die Insel geschafft und sein Hauptquartier am Salzmeer von Potamos aufgeschlagen. Der Kapudan-Pascha Dianum-Kogia und seine Flotte haben dabei Wache gestanden. Jetzt werden in tagelanger, exakter Arbeit riesige Geschütze ans Land gewunden, während Matthias den Aufruhr in der Stadt, der zum großen Teil durch die flüchtige, aber anspruchsvolle Landbevölkerung hervorgerufen wird, zu dämpfen hat. Er muß auch Sala und Loredan zurückweisen, welche ihn beschwören, die Außenwerke, vor allem die beiden Berge, aufzugeben und sich auf die Verteidigung der eigentlichen Stadt zu beschränken. Wie die Tollen arbeiten die wenigen Truppen unter Leitung Mosers und seiner Ingenieure an der Durchführung weiterer Verteidigungsanlagen. „Es kommen Verstärkungen von Venedig", antwortet der Marschall immer wieder, wenn ihn Loredan mit erhobenen Händen beschwört, die Außenstellungen zu räumen und nur die eigentliche

Stadtbefestigung zu verteidigen. Er schüttelt das Haupt und läßt vor allem die Außenwerke von seinen Truppen besetzen. Nun steht er draußen auf dem Abramo-Berg, der Gegner Karls XII., der Sieger von Malplaquet, der Bezwinger zahlloser Festungen, der Krieger von Weltruf. Er führt den Titel eines Feldmarschalls und hat dabei nicht mehr Soldaten unter seinem Kommando als ein kleiner preußischer Oberst in einem abgelegenen Provinznest.
Feldmarschall der Republik Venedig? Das hat man davon, wenn man seinen Degen an Krämer vermietet. Aber — es geht ja in Wahrheit gar nicht um Venedig. Die Christenheit muß gerettet werden. Tausendmal sagt er es anderen und sich selbst. Er will es glauben und daher glaubt er.
Plötzlich horcht er auf. „Leutnant Pisani", ruft er, „her zu mir! Ist das nicht Kanonendonner?" Elena springt zum Felsen hinauf. Sie horcht. „Das sind die schweren Geschütze unserer großen Flotte unter Großadmiral Cornaro... und das... das sind die leichten Geschütze der kleinen Flotte, unter... unter Andrea Pisani. Er ist von Zante heraufgesegelt und hat sich vor Korfu mit Cornaro vereinigt! Jetzt grüßen sie gemeinsam die Madonna von Cassopetto! Oh, Exzellenz, dort unten im türkischen Lager haben sie es auch gemerkt." Elena reißt das Fernglas vor die Augen. „Sie führen vor dem Zelt des Kogias ein Pferd vor... er springt in den Sattel..."
Auf einem prachtvollen Araber galoppiert der Dianum-Kogia zum Ufer; er sieht die beginnende Verwirrung auf seiner Flotte, und mit Mühe erreicht seine Barke das „weiße Pferd".
„Cornaro läuft mit der schweren Flotte durch die Serpe in das Binnenmeer ein", ruft Elena, während von den ersten venezianischen Schiffen weiße Wölkchen aufsteigen. Der Kampf beginnt. Breite Salven rollen über das dunkelblaue Wasser gegen die türkische Flotte. Drei türkische Schiffe haben Feuer gefangen. Explosionen toben auf dem Binnenmeer. Die Türken beantworten das Feuer. Nun macht Cornaro eine große Umfassungsbewegung: „Er will die Türken abdrängen, um den Hafen von

Korfu zu erreichen", sagt Matthias ruhig, während Elena bei jedem Treffer aufschreit. Cornaro ist dem Kapudan-Pascha im Manövrieren über. Auf dem türkischen Großadmiralsschiff gehen Flaggensignale empor; dann setzt sich die türkische Schlachtflotte in Bewegung und zieht sich nach Butrinto zurück.
„Die Unseren kommen", jubelt Elena, „sehen Sie! Sie kommen!" In Kiellinie strebt die venezianische Flotte dem Hafen von Korfu entgegen.
Der Marschall sieht auf das Gewimmel am Potamos. „Wozu sollen die Türken sich noch auf eine Seeschlacht einlassen?" entgegnet er bitter. „Die gesamte türkische Landarmee ist auf Korfu gelandet und kann sich jetzt selbst schützen."

Am Abend umarmt der große Cornaro aus dem Geschlecht der Königin von Zypern den Marschall auf der Mole von Korfu. Er bringt tausend Mann deutscher Hilfstruppen mit, welche Matthias sofort auf den Berg San Salvator schickt; dazu bringt Cornaro riesige Mengen von Proviant und Kriegsmaterial.
Ein Vertrauensmann der Arsenalarbeiter übergibt sie dem Chefingenieur Oberst Person selbst. „Sicher ist sicher", lacht der Arsenalotte, als er Moser die letzte Quittung vollziehen läßt, „man weiß nie, ob die schönen Sachen nicht noch in Korfu geheime Liebhaber finden."
Da die Ausbootung des schweren türkischen Geschützes sowie dessen Aufstellung viel Zeit in Anspruch nimmt, bietet sich Matthias noch die Möglichkeit, mit Hilfe des Materials, welches Cornaro gebracht hat, die beiden Berge stark zu verschanzen, Waffenplätze, Gräben, Einschnitte, Unterstände, Fougaden und Flatterminen anzulegen und der Erde jene Zerrissenheit aufzupressen, welche den Belagerungskrieg kennzeichnet. Die würgende Hitze lähmt die Tätigkeit der Arbeiter. Aber Matthias treibt sie an. Alle Arbeiten werden von ihm selbst geleitet und von Mosers Ingenieuren durchgeführt, so daß sich die Festung Korfu langsam zu einem Werk genialer Improvisation auswächst.

Matthias steht ruhig und kalt über all der Bewegung; er wird deshalb von seinen Leuten bewundert.
Eines Tages jedoch trifft Elena ihn in heftiger Erregung an. Er reicht ihr ein kleines halbrundes Eisenstück, das mit hohen, spitzen Nägeln bedeckt ist. „Weißt du, was das ist?"
„Nein", entgegnet Elena und nimmt das Stück Eisen in die Hand.
Matthias sieht verbittert vor sich hin. „Das ist eine menschliche Gemeinheit", knirscht er, „ein Tribolo."
„Wozu soll das dienen?"
„Davon werden wir zehntausend Stück auf dem Angriffsfeld vor den Bergen verstreuen, damit die arabischen Pferde bei der Attacke sich die Füße verletzen und stürzen. Stelle dir vor: sechstausend arabische Pferde, das Edelste vom Edlen, das man auf solche niederträchtige Weise umbringen muß!"
Elena sieht vor sich hin. Endlich fragt sie halblaut: „Und die Menschen?"
„Liebe Elena", antwortet der Marschall leise, „von sechstausend arabischen Pferden sind sechstausend gut; von sechstausend Menschen sechs."

Bald spülen die Ereignisse alle Betrachtungen des Marschalls hinweg. Während die Hitze über die Insel ihren glühenden Mantel zieht, den Leib des Landes austrocknet und Sprünge hineinreißt, füllen sich die türkischen Gräben mit wilden, buntgekleideten Soldaten. Ekstase durchglüht sie. „Es mögen etwa zehntausend fanatisierte Türken bereitstehen", meldet Moser am Morgen des 3. August dem Marschall, der das Hauptquartier in die vordere Linie, zwischen den Hügeln San Abramo und San Salvatore, gelegt hat. In diesem Augenblick erheben sich aus den türkischen Gräben turbanbedeckte Häupter, und gleich darauf rollt eine brüllende bunte Menschenwoge auf die venezianische Vorfestung zu. „Rasch meinen Küraß, meine Pistolen", ruft Matthias. Während Karl ihn schient, hetzt er den „langen Kerl", wie das Hausgesinde den Hektor Dainos nennt, zu den slawonischen Truppen und läßt vierhundert Mann alarmieren. Vor diese vierhundert tritt er, hebt den Degen und ruft: „Christus und Venedig!" Jubelnd antworten die Slawonen: „Christus und Venedig!" Dann bricht er an der Spitze dieser Vierhundert aus seiner Stellung hervor und setzt, zunächst zwei auf ihn einstürmende Janitscharen niederschlagend, den Gegenangriff an.

Seine Slawonen beginnen mit der großen Mahd des Todes; die Türken, krumme Messer in den Zähnen, versuchen sich an die Hälse seiner Soldaten zu krallen, um ihnen die Gurgeln zu durchschneiden. Immer neue, von wilder Musik und Rauschgiften fanatisierte Türken werden von unsichtbaren Händen über den Rand der Hügel gehoben. Wieviel hat Moser doch gemeldet? Zehntausend — ja, das mag stimmen. Plötzlich aber hebt sich aus der verdeckten Tiefe auf der Gegenseite ein unheimliches Bild empor. Auf dem Gipfel des Hügels breitet sich ein Flimmern aus, ein zerlegtes Licht, das einem riesigen, aufgerichteten Kristall entströmen könnte. Ein grüner Streifen mit gelber Mittelfläche sticht gegen den sonnenweißen Himmel; den Streifen umgibt ein blitzendes Federblau, das vom Zittern unendlicher überheller Sterne durchsetzt wird. Ganz langsam findet das suchende Auge in dieser Lichtsäule ein zeitloses, sehr ernstes Antlitz mit tiefgelegenen Augen, einem feinen Mund und einer hohen Stirn, überdeckt von einem grünen Turban. Diese unwirkliche Erscheinung steht allein auf dem Hügel; sie rührt sich nicht, aber sie befeuert durch ihr Dasein den ersten Angriff der Türken.

Und nun brennt von der Flanke eine mächtige weiße, stampfende Wolke mit roten Rändern auf die vierhundert kämpfenden Slawonen zu. Matthias hört den Ruf seiner Soldaten: „Von links Reiter!" Sein Herz zieht sich zusammen. Dort rollen etwa tausend Lanzenträger mit roten Turbanen auf schneeweißen Pferden an... Sie sind noch zweihundert Schritte von den Triboli entfernt ... noch hundert... jetzt... mein Gott!

Die erste Reihe der Anstürmenden überschlägt sich; jäh prallt die zweite auf das unerwartete Hindernis. Und noch die dritte schießt in den Haufen von verwundeten, schreienden Pferden und Menschen. Zerbrochene Glieder, zerstampfte Menschen und arabische Schimmel — viel Blut. Nun eröffnet General Jägers Artillerie von der Porta Raimondo aus das Feuer auf diesen unseligen Haufen von blutigem Schnee...
Das Feuer ist wirksam. Eisen, Eisen zermahlt Lebendiges zu einem grausig-roten Brei. Der Angriff der Türken verebbt.
Über die Lichtsäule drüben auf dem Hügel geht ein Wolkenschatten. Was dort eben noch in Farben zerging, zieht sich jetzt in klare Formen zusammen. Dort steht ein Mann in einem blauen Untergewand mit einem silbernen Panzer und der goldenen Admiralsschärpe. Sein Haupt ist bedeckt mit einem grünen Turban; in seinen Ohren blitzen goldene Ringe mit großen Diamanten. Die hängenden Arme halten ein edelsteinbesetztes Krummschwert.
Für einen Augenblick werden die Slawonen von diesem seltsamen Bild gebannt. Dann aber schreit dicht neben dem Marschall ein alter Soldat: „Exzellenz, Exzellenz — das ist er! Ich kenne ihn aus der Gefangenschaft!"
„Wer?" keucht Matthias aus dem Traumrasen des Kampfes heraus.
„Der Dianum-Kogia!"
Dieser Name genügt, um die absinkende Kraft des Marschalls noch einmal emporzupeitschen. Er hebt den Degen und ruft: „Vorwärts mir nach, auf den Hügel zu!"
Und nun mähen die Slawonen, geführt von Schulenburg, sich den Weg hinauf zum Hügel. Unbeweglich steht dort oben der Oberkommandierende der türkischen Flotte, ein in Licht zerlöstes Gebilde, ein Farbe und Feuer gewordenes Phantom.
Matthias keucht mit den Seinen den Hügel empor. Zunächst bleibt der türkische Widerstand noch fanatisch, aber langsam zerfällt er in sich, und mit seinem Zerfall beginnt die Flucht der Türken.

Der Marschall stürmt ihnen nach. Nur ein paar hundert Schritte trennen ihn noch von dem bunten Kristall dort oben. Sein Herz hämmert; der Schweiß rinnt ihm beizend in die Augen, jedoch er will hinauf zu dieser starren, bunten Flamme. Er will sie packen, sie würgen, sie mit seinen Fäusten erdrosseln. Aber plötzlich bleibt er wie geblendet stehen. Er sieht, wie die Erscheinung jäh dunkelrot aufleuchtet und dann langsam versinkt. Ist denn alles Spuk geworden?

Ist es nicht unwirklich, daß er mit den Slawonen zunächst die Türken auch von den Anhöhen San Abramo und San Salvator vertreibt, daß aber die Türken wiederkehren und durch eine Lücke in die Befestigungen des San Abramo eindringen, um dort in rasendem Nahkampf dreihundert Slawonen niederzumachen? Wie die Löwen schlagen sich die Slawonen — herrliche junge Leute von den Inseln, denen das besonnte Meer die Wiegenlieder gesungen hat und denen es nun auch die Sterbelieder singt.

Aber ist es nicht ebenso unwirklich, daß die deutschen Truppen, welchen er den anderen Berg vor der Stadtbefestigung, den San Salvator anvertraute, bereits beim ersten Angriff der Türken davonlaufen? Sind das die Söhne jener Deutschen, welche er bei Malplaquet zum Siege geführt hat? ... Ein Gefühl von Scham und Entsetzen schüttelt seine Seele. „Unerfahren im Kriege", schreibt er später in seinem Bericht an den Senat, „wollten sie ausschließlich plündern, wie sie es auch taten, wo nur eine Bombe gefallen war. Ich persönlich bin der Ansicht, daß das, was mir an deutschen Soldaten zugeschickt wurde, die dreckigste Kanaille war, mit einem Wort, die Scheiße von ganz Deutschland."

2

Jetzt halten die Türken die beiden Berge fest in der Hand. Sie haben auf ihnen Batterien errichtet, wie sie sie an den Meerufern sowie auf der die Berge verbindenden Hügellinie, auf

welcher der Dianum-Kogia im Funkellicht der Sonne verging, errichtet haben. Alle diese Batterien eröffnen das Feuer auf die Stadt Korfu. —
Es ist das alte Bild der Beschießung einer Stadt. Wie viele Hunderte von Malen hat Matthias es gesehn — das Aufsteigen der Bomben aus den Mörsern, ihre rauchige, steile Bahn, der Augenblick der Ruhe, wenn sie den Scheitelpunkt der Flugbahn erreicht haben; dann ihr Absturz und Aufschlag — und sehr bald die Feuersäule, welche aus den getroffenen Häusern emporwächst.
Furchtbar wird die Stadt Korfu mit Kugeln und Bomben überschüttet. Der rote Hahn reckt sich an allen Ecken und Enden in die blaue Sommerluft, während das Geschrei der verzweifelten Bevölkerung bis in die Kampflinien dringt. Sehr bald steht die ganze Stadt in Flammen; sie brennt zwei Tage und zwei Nächte lang. Übrig bleibt ein mächtiger Schutthaufen. Nur ein paar Kirchen, ein paar feste Steinbauten und die Häuser an den Stadtmauern sind erhalten.
Aber alle Befestigungen der Stadt bleiben in den Händen der Venezianer.
Das türkische Feuer verstärkt sich noch mehr, wie sich die Kraft des türkischen Angriffs verstärkt. Vom Gipfel des Monte Abramo übersieht der Dianum-Kogia die brennende Stadt; von hier aus vermag er auch die Schwächen der Verteidiger zu erkennen. Der Kogia ist klug; er ist zudem bei aller äußeren Gelassenheit tief erregt von religiösem Fanatismus. Gern hat der Seraskier ihm die Führung des eigentlichen Angriffes auf Korfu überlassen. Auf die zwei schwächsten Punkte der Stadtbefestigung vereinigt der Kogia seine Angriffe; auf den Scarpon vor der Zitadelle und die Porta Raimondo in der Stadtumwallung. Fallen die beiden, dann ist die Altstadt in der Hand der Türken. Dann bleibt den Venezianern nur noch die Felsinsel im blauen Griechenmeer, die alte Festung. Die wird, so überlegt der Kogia, der Marschall noch verteidigen und im letzen Augenblick in die Luft sprengen. Dabei wird er selbst den Tod finden.

Dann aber ist Korfu türkisch — und mit ihm Venedig. So hetzt denn der Kogia Tausende gegen die brennende Stadt, deren Vorterrain von Moser mit den Künsten des Todes durchsetzt wurde. Spanische Reiter, Fußangeln, Flatterminen und Pulversäcke hindern und zerfetzen die Stürmenden. Die venezianische Artillerie zerschlägt anrollende Menschenmassen; Kleingewehrfeuer mäht die anstürmenden Kolonnen nieder. Aber der Kogia kann die Lücken ausfüllen und läßt mit immer neuem Blut den kargen Felsboden von Korfu düngen.

Es kämpfen Vierzigtausend gegen Sechzehnhundert. Auf beiden Seiten stehen Führer von hohen Qualitäten; bei den Türken das Genie der Leidenschaft, bei den Venezianern das Genie der Nüchternheit.
Die Tage sind glühend; die Nächte kühlen nicht ab. An Schlaf ist nicht zu denken. Stumpfsinnig hocken die Soldaten in ihren durchschwitzten und verklebten Leinenuniformen auf der Erde. Süßlicher Leichengeruch hängt über Stadt und Land; Brandgeruch schwelt dazwischen. Trockene Gaumen gieren nach Wein; Erschöpfung sitzt den Verteidigern im Nacken. Wochenlang tobt der Kampf hin und her; Matthias, immer den langen Kerl an der Seite, kommt nicht aus der Uniform. Er schläft ein paar Stunden draußen auf einer Lafette oder in einem Stuhl bei Loredan.
Weshalb läßt Pisani die Türken nicht vom Meer aus durch die venezianische Flotte unter Feuer nehmen? Grausig tönt das ständige Grollen der türkischen Geschütze über das Land; Pisani, auf dem Admiralsschiff, muß es hören. Aber er rührt sich nicht. „Weshalb hilft uns dein Vater nicht, Leutnant Pisani?" fragt der Marschall Elena, als ihm ein Soldat gebracht wird, den er zum Tode verurteilen muß, weil dieser Soldat einen genauen Plan aller Minen und Fallgräben bei sich trägt, welchen er den Türken ausliefern wollte.
„Wozu kämpfen", schreit der Soldat, als man ihn zum Galgen führt, „der Schuft, der Pisani, ist von den Türken bestochen!"

Elena sieht schweigend vor sich hin. Dann sagt sie leise: „Ich weiß nicht, Monseigneur, weshalb er uns nicht hilft."
Beide wissen sie, daß Andrea Pisani sich nicht von den Türken bestechen läßt. Aber sie wissen nicht, daß der Oberstkommandierende der venezianischen Streitkräfte, rasend vor innerer Wut, auf der Admiralbrücke hin und her geht, weil er durch seine Spione erfahren hat, daß Elena Pisani als junger Offizier an der Seite des Feldmarschalls weilt — und daß Andrea Pisani deshalb die Geschütze der schweren und leichten venezianischen Flotte zum Schweigen verurteilt hat.
Langsam wird der Zustand der Belagerten unerträglich. Die Einwohner der Stadt, verzweifelt, verhungert, verfallen, haben sich in den glühend heißen Kellern ihrer zerstörten Häuser verkrochen, wo sie auf das Ende warten und den Heiligen Spiridon um seinen Schutz anflehen. Eines Tages reißen ein paar verzückte Männer den Leichnam des Heiligen aus seinem Glassarg in der Kathedrale. Sie setzen den Leichnam in eine Sänfte und tragen ihn laut betend durch die Trümmer. Der Heilige, in alte Seiden gekleidet, ledergedörrt, das braune Haupt mit den bunten Glasaugen auf wippendem Hals vorgeschoben, nickt der weinenden und betenden Menge zu. Wie eine einzige gewaltige Woge geht der Schrei durch die Stadt: „San Spiridon hilf uns!" Als jedoch ein erneutes türkisches Artilleriefeuer auf die Trümmer niedergeht, flüchtet die Menge in die kochenden Ruinen und Keller zurück. Auch die Träger der Goldsänfte suchen Unterschlupf. So bleibt die Sänfte mit dem sitzenden braunen Leichnam allein in der zerrissenen Straße stehen, während die Bomben ringsum einschlagen.
Es ist ein seltsam unwirkliches Bild — die braungelackte, goldverzierte Sänfte mit dem ausgedörrten Leichnam darin, der immer wieder nickt, wenn die Erde um ihn herum unter den Einschlägen bebt. Die himmelblauen Seidenvorhänge der Sänfte zittern leicht mit, und das Glas der Fenster klirrt wie ganz ferne Musik.

Nach einiger Zeit huscht eine hellgekleidete Türkin aus den Trümmern eines Hauses hervor. Ihre überklaren Augen sehen prüfend über den Gesichtsschleier hinweg. Die Bomben schlagen noch immer ein; aber sie rollen in Salven heran. Während einer Feuerpause erreicht sie mit ein paar großen Sprüngen die einsame Lacksänfte und reißt die Tür auf. Ein ausgedörrtes Gespenst nickt ihr entgegen; der Tod von Korfu.
Einen Augenblick lang wankt die junge Frau zurück. Dann aber schieben ihre blutig zerrissenen Hände die Reliquie zur Seite, und die Frau setzt sich neben den Leichnam des Heiligen in die Sänfte. „Gut", murmelt sie, „Gazireh wird neben dem Tod von Korfu sitzen und wird das Leben von Korfu sein." So muß der Oberst Moser aussehen, wenn er einmal tot ist, denkt sie weiter, und im Geiste sieht sie Moser mit dem Heiligen Spiridon sprechen. Beim nächsten Einschlag der Geschosse hüpft die Sänfte auf und ab; das braune Vogelköpfchen neben ihr nickt Beifall, und die Fenster klirren wie ein fernes Pizzicato.
Vorsichtig zieht sie die seidenen Vorhänge zusammen und wartet furchtlos, wie man, mitten im Leben stehend, auf den Tod wartet. Plötzlich aber wird die Sänfte gehoben. Jetzt sieht Gazireh ängstlich durch die Vorhänge hindurch. Zwei beherzte Männer haben sich aus den Ruinen gewagt, ein mächtiger dicker Mönch, Bruder Beatus vom Kloster des Heiligen, und ein großer Jude, David Semo.
„Pack zu, David!" schreit der Mönch, „wir wollen ihn zurücktragen in seinen Glassarg. Wenn du auch ein Jude bist; der Heilige Spiridon nimmt es nicht so genau, er wird auch dich beschützen!"
Und nun schleppen die beiden das schwankende Glasgehäuse durch die Trümmer, während die Hölle neben ihnen brüllt und kocht. Gazireh fühlt, wie der Lackkasten über Steinhaufen steigt und Erdlöcher durchquert, während der Heilige mit dem zum Todesgrinsen verzerrten Antlitz immer weiter nickt und seine braunen, von der Zeit zu Winzigkeiten zerschmolzenen Hände,

welche über und über mit Goldringen geschmückt sind, in höchster Verzückung zittern.

Die Sänfte steigt die Stufen zur Kathedrale empor. Dann gleiten die Träger rasch über den glatten Steinboden hinweg und setzen ihre Last vor dem Glassarg des Heiligen ab. Die Tür an Gazirehs Seite wird geöffnet; der blaue Vorhang wird zurückgerissen. Und nun starrt der dicke Mönch mit aufgerissenem Munde und großen Augen auf Gazireh. Dann schreit er auf: „Ein Wunder, ein Wunder! Sankt Spiridon wird von einem Engel geleitet!" Er läuft, immer noch schreiend, davon, um die anderen Mönche zu holen.

David Semo guckt neugierig in den Glaskasten. Ungläubig schüttelt er den Kopf, als Gazireh rasch aus der Sänfte springt und im Dämmern der Kirche verschwindet. Als aber Bruder Beatus mit den erregten anderen Mönchen zurückkehrt, kniet David mit gesenktem Haupte neben der Sänfte und berichtet, der Engel sei gen Himmel gefahren. Die Mönche jubeln und tragen den Heiligen in seinen Glassarg zurück; rasch verbreitet sich die Geschichte dieses Wunders in der Stadt. Ein Jude bezeugt es. Am Abend erwirbt David von den gebefrohen Mönchen erhebliche Mehlvorräte für die kämpfenden Truppen.

Inzwischen schleicht sich Gazireh zum Altar der heiligen Jungfrau, deren Bild in Hunderten von Kerzen erglänzt. Vor dem Bilde kniet einsam Aimée. Als Gazireh sich ihr nähert, wendet sie das Haupt. „Gazireh", flüstert sie, „du bist zurück? Wirklich, du lebst?"

„Ja, Herrin. Gazireh lebt. Gazireh war lange bei den Türken. Die Insel wimmelt von ihnen. Pferde und Männer und Kanonen, soviel, daß niemand sie zählen kann."

„Wie bist du zurückgekommen?" Aimée hat sich erhoben.

„Man hat Gazireh gefangen und vor den Kapudan-Pascha gebracht."

„Vor den Dianum-Kogia?"

„Vor den Dianum-Kogia. Mit einem Boot der Juden gelangte Gazireh zurück in die Stadt. Dann wurde Gazireh neben dem braunen Tod zur Herrin getragen."

„Und der Dianum-Kogia?" Aimée klammert sich an die Balustrade des Altars.

„Er sprach lange mit Gazireh."

„Und was sagt er?"

„Viel." Langsam fährt Gazireh fort: „Kapudan-Pascha will mit der Herrin sprechen."

Die Gräfin wird blaß. „Mit mir sprechen ... der Kogia mit mir sprechen?"

„Ja ... Er gab Gazireh zwei Briefe mit. Einen für den Marschall, einen für die Herrin." Gazireh nimmt aus der breiten Schärpe ihres Gewandes den Brief, welchen sie Aimée überreicht.

Mit zitternden Händen reißt Aimée ihn auseinander und tritt an die Kerzen des Madonnenaltars.

Der Brief ist in elegantem Französisch geschrieben, aber die Gräfin ist so erregt, daß sie die Zeilen zweimal lesen muß, bis sie ihren Sinn verstanden hat. Der Kapudan-Pascha schreibt höflich: „Ich habe das Bedürfnis, Gräfin, Sie persönlich kennenzulernen und bitte Sie, sich mit mir am Tage vor dem ersten Mondviertel um die vierte Stunde auf der Insel der Mönche zu treffen, auf Pondikonosi. Die türkischen Schiffe werden den Befehl erhalten, Ihr Boot ungehindert hin- und herfahren zu lassen. Ich werde allein kommen und sichere Ihnen auf mein Ehrenwort freies Geleit zu."

Der Brief entsinkt ihren Händen. Dann kauert sie sich auf die Stufen des Altars nieder und weint.

Als Gazireh am gleichen Abend die Porta Reale aufsucht, um dem Marschall den Brief des Kapudan-Paschas zu überreichen, findet sie das Hauptquartier in Bewegung. Offiziere gehen ein und aus, denn Matthias hält in der großen Kasematte offene Tafel. Auf den Stufen, welche zu den Zimmern des Marschalls hinaufführen, nimmt Elena ihre Mahlzeit ein. Sie läßt den

großen Freund nicht aus den Augen; sie umsorgt mit Hektor jeden seiner Schritte, so daß Moser, welchem die persönliche Bewachung des Marschalls obliegt, sie krächzend seinen besten Soldaten nennt.
Als Gazireh ihr von des Kogias Brief an Aimée berichtet hat, stellt Elena ihren Eßnapf rasch auf die Stufe und springt auf. „Aimée will auf die Insel fahren? Ist sie wahnsinnig geworden?"
„Herrin will fahren." Gazireh zuckt die Achseln.
„Gib mir den Brief des Kogias an den Marschall. Ich werde mit ihm reden."

Matthias ist sehr mager geworden. Die große Nase tritt übermächtig aus dem Antlitz hervor; die Augen brennen aus einem trockenen Gewirr von Fältchen, während der große Mund sich zusammengezogen hat. Das durchschwitzte Lederwams, befleckt und zerrissen, ähnelt einer Landkarte; die noch vor kurzem vollen schönen Hände werden von einer schlaffen Haut überspannt, als ob sie in zu weiten Handschuhen steckten. Aber der Marschall weiß immer noch zu lächeln und das Haupt ritterlich gegen Elena zu neigen, als diese ihm den Brief des Kogias überreicht.
„Ein Brief vom Dianum-Kogia", meldet sie kurz.
„Sieh da! Ich habe heute bereits viele Briefe vom Seraskier bekommen. Es ist zwar immer der gleiche Brief, den sie mit Pfeilen in die Stadt geschossen haben. Hier" — er reicht Elena ein Schreiben — „hier kannst du lesen, was dir blüht, wenn ich Korfu nicht übergebe und die Türken die Stadt erobern sollten."
Elena legt den Brief auf den Schreibtisch zurück. „Ich kenne das Blatt", entgegnet sie ruhig.
Matthias weiß, daß Elena leidet, weil dieser Brief des Seraskiers einen höhnischen Satz gegen ihren Vater enthält, einen Satz, den sich die Einwohner der Stadt heimlich zuflüstern.

„Wenn ihr behauptet, eure Flotte sei groß und stark", so heißt es in jenem Schreiben, „weshalb hat sie sich dann, seitdem sie sich hier vor Korfu befindet, mit der unseren noch nicht in einen Kampf eingelassen?"
Ja, weshalb nicht?
Nachdem Matthias den Brief des Kogias gelesen hat, legt er ihn ruhig vor sich hin. „Elena", beginnt er, „heute ist der fünfte August. Heute nacht kannst du noch entkommen. Ich lasse dich von Hektor aus der Festung geleiten und . . ."
Empört unterbricht Elena den Satz. „Nein."
Der Marschall wiegt das magere Haupt. „Die Plätze unserer Minen und Fougaden, der beste Schutz, den wir hatten, wurden von Überläufern an die Türken verraten."
„Wenn auch ich zum Überläufer werde, ändert das nichts mehr."
„Die Flinten unserer Soldaten springen, nicht nur von dem vielen Feuern, sondern vor allem, weil sie von schlechter Qualität sind."
Elena ballt die Fäuste. „Der Nachtherr Dolfin hat sie geliefert. Er gehört an den Galgen."
„Damit ist uns hier auch nicht geholfen." Der Marschall antwortet sehr ruhig. „Zudem fehlt es an Artilleristen und Handlangern, welche die Geschütze regieren können."
Plötzlich neigt Elena sich über den Schreibtisch dem Marschall entgegen und ruft keuchend: „Und wenn wir uns in die Felsen der alten Festung zurückziehen müssen — und wenn Sie die alte Festung mit dem Rest unserer Leute in die Luft sprengen — ich gehe nicht vorher davon, sondern fliege zusammen mit Ihnen in den Himmel!"
Ihre Augen hängen in denen des Marschalls. Die weißen, edel gestellten Zähne blitzen im Licht der Kerzen. „Es ist heute der fünfte August. In drei Tagen, am achten, werde ich fünfundfünfzig Jahre alt. Du bist kaum erwachsen, Elena", sagt Matthias leise. Dann setzt er, während er die Hände faltet, hinzu: „Mein

Leben hat seine Höhe längst überschritten. Dir steht das ganze Leben noch bevor. Ich bitte dich, geh!"
Nun tritt Elena zurück. Es ist, als ob ihr Körper sich plötzlich entspanne; sie verneigt sich und antwortet leise: „Wie Monseigneur befehlen."
Sie zeigt auf den Brief des Kogias und sagt: „Auch Aimée hat einen Brief vom Kogia erhalten."
„Wer?" Matthias hat sich halb aus dem Stuhl erhoben.
„Aimée ... die Gräfin Mocenigo della Torre."
„Woher weißt du das?" Die Stimme des Marschalls klingt trocken.
Elena faßt mit dem Daumen der Rechten an die Feldbinde.
„Sie hat es mir selbst gesagt."
„Gesagt?"
„Ja."
„Ist ... Aimée denn hier?"
Inzwischen ist Elena wieder ganz junger Offizier geworden.
„Ja."
„Wo wohnt sie?"
„Im Haus des Malers Doxaras — an der Stadtmauer. Das Haus ist bis jetzt erhalten geblieben."
Matthias ist aufgestanden; er geht mit großen Schritten im Zimmer auf und ab. Sein Blick fällt auf die Bilder an den Wänden. „Doxaras — also daher die Bilder." Plötzlich erfühlt er die ganze Wärme, die ausgeht von diesen Bildern; er fühlt die Liebe, mit welcher sie ausgesucht wurden. Er bleibt vor Elena stehen. „Und was schreibt der Kogia ihr?"
„Er will mit ihr sprechen — auf der Insel Pondikonosi, um die vierte Stunde am Tag vor dem ersten Mondviertel."
Plötzlich wird der junge Offizier wieder zu einer sorgenden Frau. „Exzellenz", ruft Elena, „ich flehe Sie an: Aimée darf nicht mit dem Kapudan-Pascha sprechen! Was bedeutet bei den Türken schon freies Geleit!" Sie ist vor Matthias getreten und hat die Hände erhoben. „Sie müssen es verhindern, Exzellenz! Nur Sie können es verhindern! Er will sie umbringen lassen!"

Matthias schüttelt das Haupt. „Weshalb sollte er sie umbringen lassen? Sie hat ihm doch nichts getan!"
Ein lauter Schrei ist die Antwort. Matthias sieht erschrocken auf den jungen Offizier, welcher in die Knie gesunken ist, die Arme auf den Schreibtisch gelegt hat und das Haupt hineinbettet. Leise legt der Marschall die Hand auf die Schulter des Mädchens. „Sprich, Elena, was ist?"
Nun ringt sich ein Stöhnen empor. „Er wird Aimée umbringen lassen, weil sie seinen Befehl nicht befolgt hat."
„Was für einen Befehl?"
„Aimée sollte Sie vergiften."
Matthias tritt zurück. „Mich vergiften? Einen Soldaten vergiften?"
„Er hat es ihr bereits in Wien befohlen."
Jetzt packt den Marschall der Ekel. „Arme Aimée!"
„Bonneval hat es ihr befohlen."
Matthias hat die Arme gekreuzt und starrt vor sich hin. „Bonneval ... wahrhaftig", murmelt er, „es ist doch schade um die sechstausend Pferde."

3

Ganz fein klopft es an die Tür; rasch richtet Elena sich auf. Straticò tritt ein, vorsichtig und gleitend. Seine Uniform ist gepflegt, sein Lächeln verbindlich. „Es hat sich wenig geändert, Exzellenz. Noch hält Exzellenz Sala die Porta Raimondo. Der Wall ist an mehreren Stellen eingebrochen. Gegen die türkischen Minen können wir schwer an. Schwerer noch ist die Lage von Exzellenz Da Riva in der Zitadelle der neuen Festung. Der Kapudan-Pascha führt den Angriff auf den darunterliegenden Scarpon selbst. Er schont seine Leute nicht. Unsere gesamten Minen und Fougaden werden von den Türken vor ihren Angriffen in die Luft gesprengt. Überläufer haben sie ihnen verraten."

„Weiter?"
„Die Herren sind im Sitzungssaal zum Kriegsrat versammelt. Die Herren Da Riva und Sala sind dazu befohlen worden. Der Herr Generalprovveditor Loredan läßt Eure Exzellenz bitten."
In dem kerzenbeleuchteten Saal sind sie wieder alle versammelt, auf deren Schultern das Schicksal der Christenheit lastet. Alle sehen sie beschmutzt, vernachlässigt und verkommen aus; auch in ihren fiebrigen Augen brennt das Feuer der Ekstase. Loredan ist ein wenig in sich zusammengesunken; das lebendige Spiel seiner Gesichtszüge wich einer feinen Müdigkeit. Nachdem die Anwesenden Platz genommen haben, beginnt Loredan seinen Vortrag. Er spricht stockend, aber gemessen. „Die verzweifelte Lage, in welcher sich die Festung befindet, zwingt Sie, Exzellenz Schulenburg, einen Entschluß über das Schicksal Korfus zu fassen. Zu retten ist die Festung nicht mehr." Er schweigt, fährt dann aber ruhig fort: „Wir wollen die Urteile der einzelnen Herren darüber hören. Exzellenz", so wendet er sich an Da Riva, „ist nach Ihrer Ansicht die Festung noch zu halten?"
Da Riva, bedeckt mit Schmutz und Staub, schüttelt den großen Genießerkopf. „Nein."
„Nach Ihrer, Exzellenz Sala?"
Der schöne, schlanke Sala erhebt sich müde. „Ich bin bereit, zu fallen. Aber halten läßt sich Korfu nicht mehr. In zwei Tagen haben die Türken die Porta Raimondo überrannt."
„Und Sie, Oberst Moser? Was ist Ihre Ansicht?"
Auch der Grüngekleidete erhebt sich. Er ist schwarzgebrannt, zum Skelett abgemagert, und sein Hals ist zu einem braunen Schlauch zusammengetrocknet. „Ich habe bereits Befehl gegeben, die alte Festung zu unterminieren, damit sie als letztes Feuerwerk in die Luft geht, und wir alle mit ihr. Das ist aber auch das einzige, was wir zur Feier unseres seligen Endes noch zu tun vermögen."
Loredan neigt sich gegen den Marschall. „Nachdem Sie die Urteile der Herren gehört haben, bitte ich als Vertreter des Dogen

und des Senates der Republik Venedig Sie, Exzellenz Schulenburg, uns Ihre Entschlüsse mitzuteilen."
Matthias erhebt sich. Sein Antlitz ist starr; er spricht abgerissen, hart. „Jeder Tag, den Korfu sich länger hält, ist von entscheidender Bedeutung für das Ganze. Die türkischen Angebote, die mir gemacht sind, werde ich in den Formen internationaler Höflichkeit behandeln und meine Antwort durch zwei Parlamentäre überbringen lassen. Diese Antwort wird knapp sein: Ich leiste es mir, die Drohungen der Türken zu verachten, weil ich mich auf Ihren Mut und Ihre Tapferkeit, meine Herren, verlassen kann. Wir werden den Platz bis zum äußersten verteidigen, um dann mit ihm unterzugehen."
Diese kurze Ansprache belebt die Unterführer; Loredan drückt dem Marschall die Hand. Matthias ist ergriffen, weil er spürt, daß alle ohne Ausnahme zum Untergang mit ihm bereit sind.
Er verneigt sich, winkt Moser, ihm zu folgen, und kehrt in seine Zimmer zurück. Das Feuer der Batterien draußen nimmt weiter an Heftigkeit zu. Die Fensterscheiben klirren; die Einschläge in die Stadt mehren sich. „Obgleich wir ihnen das ‚cadeau' in die Hände gespielt haben", knarrt Moser, während er mit dem Marschall das Vorzimmer durchschreitet, „steht bald kein Stein mehr auf dem anderen. Ich begreife das nicht."
Matthias weist dem Obersten einen Sessel an; er selbst setzt sich ihm gegenüber. Die beiden Männer, von Anstrengungen, Not und Gefahren ausgelaugt, geistig auf ihr Wesentlichstes, den Willen zu beharren, zurückgeführt, sehen sich schweigend an. Nach einer Weile beginnt Matthias halblaut: „Lieber Herr von Moser, ich muß mit Ihnen etwas Unkriegerisches besprechen, etwas beinahe allzu Persönliches." Er stockt, fährt aber nach einer Weile fort: „Sie werden um meine Freundschaft zur Gräfin Mocenigo della Torre wissen. Erst heute habe ich erfahren, daß die Gräfin hier ist. Weiter aber habe ich erfahren, daß der Dianum-Kogia die Gräfin zu einer Rücksprache auf die Insel Pondikonosi gebeten hat, und daß die Gräfin hinzufahren gedenkt."

Moser springt auf: „Das wäre Wahnsinn. Das wäre der Tod der Gräfin."
„Ich weiß, weshalb Sie das fürchten, Moser. Ich weiß, daß die Gräfin mich im Auftrag des Kogias ermorden soll. Wie Sie sehen, hat sie das nicht getan. Das könnte ihr der Kogia verargen."
Moser starrt den Marschall an. Der aber spricht ruhig weiter. „Was muß diese Frau seelisch gelitten haben. Jetzt hat der Kogia ihr freies Geleit versprochen ..."
„Das hält er nie!"
Matthias zuckt die Achseln. Dann spricht er von den Einzelheiten der geplanten Unterredung. „Es wäre zwecklos, die Gräfin mit Gewalt an ihrem Vorhaben hindern zu wollen. Sie würde doch den Weg zum Kogia finden. Mir bleibt nichts übrig, als sie nach Möglichkeit zu bewachen. Nehmen Sie zwei Ihrer besten Leute und stecken Sie sie in Fischerkleider. Wir werden dem Boot der Gräfin folgen und uns für alle Fälle in ihrer Nähe aufhalten. Hier kann sich indessen nichts Entscheidendes ereignen. General Sala und Leutnant Pisani gehen als Parlamentäre zum Seraskier ins Lager, so, daß eine Feuerpause eintritt. Wir sind in ein paar Stunden zurück."
Moser hat sich erhoben und den zerfetzten Federhut zum Gruß ausgestreckt. „Exzellenz, das kann eine Todesfahrt werden."
Matthias schüttelt das Haupt. „Das wird sie nicht, einfach deshalb nicht, weil ich noch leben muß. Ich darf nur langsam sterben, wie Prinz Eugen es verlangt."

Die Augustsonne greift die Stadt und Feste Korfu mit ihren Feuerpfeilen nicht weniger scharf an, als die Türken es tun. Die Hitze steht zwischen den Ruinen; sie frißt sich ein in Staub und zerbröckeltes Gestein; sie zerlegt aber auch die vielen Leichen und erfüllt die heiße Staubluft mit mefitischem Gestank, jenem süßlichen Fäulnisgeruch, der sich sogar als Erinnerung das ganze Leben hindurch zu halten vermag.
Am Tage vor dem ersten Mondviertel schickt Matthias den General Sala und Elena in das Lager des Seraskiers ab; sie gehen

mit aller Sicherheit der Parlamentäre; Elena ist glücklich, Sala begleiten zu dürfen.

In der vierten Stunde schreiten Matthias und Moser durch Trümmer und Leichen zum südlichen Wassertor. Dort erwartet sie ein Boot mit zwei Ruderern und den beiden Soldaten Mosers, unter ihnen der Schwede Bergström. Matthias und Moser tragen einfache Uniform; das Boot könnte ein Fischerboot sein, eines von jenen wenigen, welche die Stadt noch mit frischen Früchten und Milch versorgen. Diese Boote werden von den türkischen Wachschiffen auf Grund eines stillen Übereinkommens mit den Vertrauensleuten des Oberrabbiners in Ruhe gelassen.

Als Matthias an das Boot herantritt, zeigt Bergström auf ein Ruderboot, das seinen Kurs nach Süden genommen hat, dem Eingang des Hylläischen Sees zu. Matthias befiehlt, dem Boot zu folgen.

Dieses Ufer ist eines der schönsten der Erde. Graugrün zittern die festen Wogen der Olivenwälder unter einem beglänzten Himmel; der Äther hängt als flüssiges Gold über dem Saphir des Meeres, dem Brautschmuck der Welt. Hinter den Felsvorsprüngen, welche den alten Kriegshafen des Alkinoos gegen das Meer abschließen, blitzt purpurfarben ein Binnensee, das versandete Hylläische Meer. ‚Das ist der Spiegel Dianas', sinnt Aimée, während ihr Boot die Richtung auf die Insel einschlägt.

... Ach, ihr Felsbuchten von Korfu mit eurem heiter gefangenen Sonnenglanz, die ihr die Blicke des Freundes einfangen werdet, gebt nur acht auf sein Spiegelbild, daß kein Wirbel es trübe ...

Denn sein Spiegelbild ist die Wahrheit.

Ihre eigenen Träume werden in ihr lebendig, während die Ruder das Blau des Meeres zu leichten weißen Kreisen aufwühlen.

Eine türkische Fregatte grüßt das vorübergleitende Boot durch Dippen der Flagge.

Vor dem engen Eingang zum Felshafen des Hylläischen Meeres steigen die beiden Inseln auf, seltsame Gebilde, die sich klar im Blau des Wassers spiegeln. Nachdenklich sieht Aimée hinüber zu der ersten dieser Inseln mit ihrer winzigen, von Rosen überwucherten Kirche, welche aus einer Gruppe von Zypressen heiter hervorlugt.

Die „Lebensinsel" nennen sie die Korfioten, wenn sie lächelnd von der Liebe der Schwester von Blacherna zu dem großen Peloponnesiacus erzählen. Aber auch in Venedig erzählt man viel von dieser Schwester, welche aus dem uralten Hause der Foscari stammt. Nach dem Tode des großen Dogen Morosini, der vom Senat den Ehrennamen „Peloponnesiacus" erhalten hatte, sei sie zunächst mit dessen Leiche von Morea nach Venedig zurückgekehrt, habe es aber vor Sehnsucht nach den Ländern der Levante, in denen sie die Zeiten ihres größten Glückes verbracht hatte, nicht ertragen können und habe nach langer Irrfahrt auf dieser einsamen Insel als Schwester von Blacherna eine Unterkunft gefunden. Ihr verstorbener Geliebter, der letzte Held Venedigs, Francesco Morosini, war Aimées Großoheim von seiten der Mutter her. Und dort, hinter einer Mauer von Rosen, lebt also die Frau, welche er geliebt hat. In ihren Armen, so heißt es, soll der alte Held in Nauplion gestorben sein.

In diese Erinnerungen hinein schiebt sich das Bild des anderen Eilandes, welches die Korfioten „Pondikonosi", die Mäuseinsel, zu nennen pflegen. Sie ist nicht größer als ein großes Schiff, als eines von den vielen, mit welchen Andrea Pisani auf der anderen Seite der Stadt liegt, ohne den Kampf der Feste Korfu zu unterstützen. Auf dem erhöhten Achterdeck dieses Steinschiffes erhebt sich eine kleine gekuppelte Kapelle. Mit einer weichen Biegung fährt das Boot Aimées vor dieser Insel vor, und die Gräfin steigt die Treppen zur Kapelle hinauf. Süß duften die Blumen von den Terrassenbeeten; sie sind trunken von der Sonne, und ein heißer Zweig mit blühenden Rosen greift nach den blonden Haaren der Frau. Drei Rosen sind die Wappenfiguren der Mocenigos. Das erschüttert Aimée. Sie befreit sich erregt, der Zweig schnellt wieder empor; aber ihre Hände bluten. Während sie das Blut aufsaugt und dann mit ihrem Taschentuch stillt, steigt sie weiter empor. Wie oft hat sie mit Matthias gescherzt über seine drei Raubvogelklauen, die nach ihren drei Rosen griffen! Jetzt geht sie allein den Todesweg, einen Todesweg, schön wie ein Liebestraum; sie fühlt die heitere Notwendigkeit des Todes. Fast neugierig sieht sie zu der kleinen Kuppelkirche hinauf, in welcher sich ihr Schicksal vollziehen muß.

Ein großer, griechischer Mönch wartet, als sie durch die bronzebeschlagene Tür den winzigen, verdämmerten Raum betritt. Das gebrochene Feuer zahlloser goldbedeckter Bilder nimmt sie in seinen geheimnisvollen Glanz auf, in den Zauber von San Marco in Venedig, in den Zauber des Ostens. Sie greift in das Weihwasserbecken, bekreuzt sich und neigt sich in der Richtung des Altares. Dann spürt sie eine Bewegung im Halblicht. Von einem schweren Stuhl erhebt sich eine große Erscheinung. Aimée fühlt ihr Herz schlagen. Der Mann vor ihr in einem grünen Gewande wird umkreist vom unheimlichen Glanz der Bilder. Auf dem Haupt trägt er einen Turban mit einem Reiherstutz; um den Leib hängt ihm ein gebogenes, mit Edelsteinen besetztes Schwert. In diesem vielfachen Glänzen der Ikonen und der Edelsteine, im Gleiten der Farben und Lichter steht ein einsames blasses Antlitz, zwingend, großartig, eine Welt für sich. Seltsam klar schwingen die Linien, welche dieses Antlitz gestalten, ineinander: eine schmale Nase, ein frauenhafter Mund, sehr hoch ausgespannte Brauen und mandelförmige Augen. Der Blick dieser Augen vergeht fast schmerzlich und leuchtet trotzdem befehlend. In den kleinen Ohren hängen goldene Ringe, jeder mit einem großen Diamanten besetzt. Eine der männlichen Herrscherinnen des Ostens scheint sich in diese winzige Kapelle verirrt zu haben: eine Amazone oder eine Semiramis.

Das ist der Dianum-Kogia.

Er tritt auf Aimée zu und verbeugt sich. „Ich danke Ihnen, Gräfin, daß Sie gekommen sind", sagt er auf italienisch. „Ich weiß diese Aufmerksamkeit zu schätzen."

Aimée trägt ihr grünes Jagdkleid und den Dreispitz. Sie nickt gemessen, mustert den Kogia und lächelt dann, daß ihr Zahnfleisch frei wird. Sie fragt: „Habe ich die Ehre, mit dem Kapudan-Pascha zu sprechen?"

„Ja."

„Ich hätte Sie nicht wiedererkannt. Der Kapudan-Pascha, mit dem ich vor Jahren in Konstantinopel sprach, glich Ihnen nicht."

Kogia bietet Aimée einen Platz an. Dann lächelt auch er. Aber dieses Lächeln huscht nur über seine Lippen. „Ich war es auch nicht. Es war einer meiner Leute, welcher den Kapudan-Pascha spielt. Niemand von Ihren Freunden hat mich je gesehen; sie sehen immer nur den Harten, den Rohen, der für mich die Härte und Roheit spielen muß, die ich selbst nicht zu spielen vermag. Gewiß handelt er in meinem Auftrag, aber er handelt ohne meine Seele. Diese Seele hielt sich still, bis sie von Ihnen erfuhr. Im Anfang hatte ich Sie für nichts anderes genommen, als für eine der vielen Frauen, welche für uns unter den Christen herumspionieren. Als ich dann aber vernahm, wie Sie sich dem Zwang, den der Verräter Bonneval auf Sie ausübte, widersetzten, daß Sie lieber selbst sterben wollen, als einen geliebten Menschen umbringen, da fühlte meine Seele die Nähe eines großen Menschen — und deshalb bat ich, Sie sprechen zu dürfen."

Sehr langsam hebt Aimée das Haupt; über ihr Antlitz hat sich eine Spannung gelegt. „Auf diese Erklärung, Exzellenz, möchte ich viel fragen, etwa, weshalb Bonneval ein Verräter ist..."

„Weil er für beide Seiten arbeitet, für Eugen und für mich... weil über uns beiden für ihn nur das Geld steht. Er ist ein Abenteurer großen Stils, ein hochzivilisierter Geist, persönlich tapfer

und gewinnend. Alle in Wien lieben ihn; vom Dichter Jean Baptiste Rousseau angefangen bis zum Prinzen Eugen. Noch keiner hat erkannt, mit was für einem Lumpen man es zu tun hat."
„Das klingt sehr scharf", erwidert Aimée.
Der Kogia neigt das Haupt; die Reiherfeder auf seinem Turban zittert. Ein schöner Jagdstutz, denkt die Frau in ihren Nebengedanken, erschrickt aber, als der Kogia fortfährt: „Er hat uns die Pläne von Korfu zugeleitet, welche der elende Graf Prass hier abgeholt hat. Aber er hat uns gleichzeitig wissen lassen, es handle sich bei diesen Plänen um ein ‚cadeau', um falsche Pläne, welche extra angefertigt wurden, um sie dem Gegner in die Hand zu spielen. Derartige Pläne sind aber dann besonders interessant, wenn man sie mit den richtigen vergleichen kann und sieht, welche Punkte vor dem Gegner versteckt werden sollen. Denn diese Punkte sind schwach. Bonneval hat uns nun mit dem ‚cadeau' auch richtige Pläne mitgeschickt."
Aimée schrickt auf. Bald aber sinnt sie wieder vor sich hin. „Weshalb tut ein Mensch so etwas?" fragt sie ins Leere, „müssen die Menschen das tun?"
Der Pascha nickt. „Die Menschen müssen böse sein. Gott hat nicht nur das Gute, sondern auch das Böse in die Welt gesetzt, denn nur durch das Böse und das Gute zusammen kann seine Schöpfung lebendig bleiben."
Die Frau schrickt auf. „Dann wäre ja auch das Böse heilig ..."
„Es ist heilig, weil es wirkt — nicht weil es ist."
Die beiden Menschen schweigen. Nach einiger Zeit beginnt der Kogia von neuem: „Gräfin, ich habe Sie aus noch einem anderen Grund hergebeten. Nicht nur, um Ihnen zu sagen, daß ich Ihre Handlungsweise bewundere." Während Aimée den Mantel fester zieht, fährt der Mann fort: „Sie lieben den Marschall mit einer großartigen Klarheit. Nun erfüllen Sie diese Liebe mit ihrem letzten Sinn. Er weiß, daß Korfu verloren ist. Sprechen Sie mit ihm, und sagen Sie ihm, er könne noch jetzt einen ehrenvollen Abzug haben, mit klingendem Spiel und flatternden Fah-

nen. Er habe sich bereits heute als Soldat unsterblichen Ruhm erworben. Jetzt soll er auch auf seinen Ruhm als Mensch bedacht sein. Sprechen Sie mit ihm. Er liebt Sie, und er wird auf Sie hören."

Aimée senkt die Stirn. Dann zucken die Schultern, wie unter der Qual lautlos geweinter Tränen. Endlich klingt die Stimme gebrochen unter den ausgespreizten Händen hervor: „Als ich die Treppen dieser Kirche emporstieg, erfaßte mich ein duftender Rosenzweig und hielt mich fest. Ich machte einen Versuch, frei zu werden. Das mißlang mir; ich verstrickte mich in das Gewirr. Dann hat sich der Zweig durch seine eigene Kraft wieder gelöst; aber geblieben sind diese Wunden."

„Sprechen wir nicht in Bildern", entgegnet der Pascha, während seine Stirn sich zusammenzieht. „Dazu ist unsere Zeit zu kurz bemessen. Wir müssen versuchen, dem Guten rasch den Weg zu bereiten. Ein Mann hört auf Frauen ..."

„Der Marschall nicht. Er würde", so fährt sie mit zerrissener Stimme fort, „nur erwidern: ‚Ich halte für Eugen den rechten Flügel frei'."

„Eugen — der ihn beiseite schiebt — der ihn im Innern haßt, der ihn fürchtet, der ihn hier von den Krämern opfern läßt ... — für diesen Eugen?"

„Für diesen Eugen."

In das Schweigen hinein fällt ein heller Lichtstreifen und durchsticht das Dämmern des Raumes. Der Lichtstreif drängt sich durch die Tür, welche sich geöffnet hat. Die Köpfe der beiden wenden sich ihr gemeinsam zu. Dort steht im Gegenlicht ein großer, schlanker Mann, ein Soldat, eingerahmt vom Schattenbogen der Wand. Der Marschall.

Der Kapudan-Pascha ist aufgesprungen.

Er zischt wie eine Wildkatze, sein Antlitz verändert sich zur Maske des Willens, der Empörung, des Hasses.

Er funkelt Aimée an — er fühlt sich verraten. Mit riesiger Bewegung reißt er das Krummschwert aus der Edelsteinscheide.

Aimée drängt sich vor den Kogia. Der aber stößt sie hart beiseite und schreit: „Verräter, ihr! — Menschen, ihr! — Verräter!"
Aber ruhig und gemessen spricht Matthias: „Nicht so, Exzellenz. Ich schlage vor, daß wir unsere Waffen der Gräfin Mocenigo della Torre geben; sie soll sie auf den Altar niederlegen und bewachen ..." Der Marschall nimmt seinen Degen aus dem Gehenk und reicht ihn Aimée. Die trägt, erregt und doch in großer Haltung, den Degen zum Altar. Der Kogia stutzt, sein Antlitz entspannt sich. Dann löst er den Edelsteingurt und reicht der Gräfin die Waffe.
Matthias schließt indessen die Tür hinter sich und steht nun auch im Flimmerglanz der Ikonen. „Verargen Sie es mir nicht, Pascha, daß ich selbst gekommen bin, um meiner Freundin zur Seite zu stehen. Die Gräfin wußte nichts von meiner Absicht. Freilich erkenne ich jetzt, daß eine solche Hilfe überflüssig ist. Ich bin aber glücklich, auf diese Weise die Bekanntschaft meines großen Gegners zu machen."
Der Kogia wiegt den Reiherstutz. Sein schönes Antlitz blüht in der Wärme seiner Seele auf. „Ihr Unternehmen war sehr gewagt ... wie alle Ihre Unternehmungen, Graf. Meine Flotte hätte Sie leicht erkennen können."
„Bis jetzt hat mich mein guter Stern nicht verlassen, und er wird mich nicht verlassen", entgegnet der Marschall ruhig.
„Ihr Gegner benutzt gern die Gelegenheit, um Ihnen zu Ihrem heutigen Geburtstag seine aufrichtigen Wünsche auszudrücken."
Erschrocken sieht Aimée vom Altar zu Matthias hinüber. ‚Wirklich, heute ist ja der achte August', durchfährt es sie, ‚so fern bin ich den Dingen bereits, daß ich das vergessen konnte!' Niemals seit sechzehn Jahren ging dieser Tag vorüber, ohne daß sie nicht mit innerer Bewegung an den Freund gedacht hätte. Nur heute vergaß sie es.
Jetzt aber spielt ein boshaftes Lächeln um die Lippen des Marschalls. Er wendet sich an den Kogia und sagt verbindlich: „Schade, daß Sie mir keinen Geburtstagskuchen überreicht haben,

Pascha. Dies wäre eine einmalige Gelegenheit, um mir das Gift beizubringen, das mir beizubringen die Gräfin Mocenigo sich weigerte."

Langsam neigt sich der Reiherstutz gegen Matthias. "Nicht von mir ging dieser Auftrag aus, Graf; ich erfuhr erst vor kurzem davon. Er ging aus von dem Grafen Bonneval, der gleichzeitig in Konstantinopel fünf Personen anwarb, denen er befahl, auch mich zu vergiften."

Die Mandelaugen ziehen sich zusammen; um die Lippen des Kapudan-Paschas spielt ein Lächeln. Dieses Lächeln streift Aimée, die zitternd gegen den Altar lehnt und jetzt hervorstößt: "Sie? Bonneval wollte auch Sie vergiften?"

Der Kogia kreuzt die Arme. "Bonneval ist ein seltsamer Kopf. Soweit ich es übersehe, sagt er sich folgendes: ‚Ich bekomme von den Türken viel Geld, und das brauche ich. Dafür werde ich Schulenburg vergiften. Das wird ihnen gefallen. Aber, wenn ich die christlichen Truppen um einen Führer bringe, muß ich die Türken um einen gleichwertigen Führer bringen — damit die Kraftverhältnisse nicht verschoben werden. Das verlangt meine Ehre; dann bin ich kein Verräter. Es ist ein Figurentausch im Schachspiel.' "

Matthias nickt. "Nun ja, ich kenne ihn seit langem. Ein Mann von Geist, ohne Grundsätze, kann es leicht zu etwas bringen."

"Er ist der intimste Freund des Prinzen Eugen geworden", bemerkt der Kogia, während seine Blicke die des Marschalls streifen.

Matthias nickt. "Bonneval spielt zur Freude Eugens den Luzifer — vielleicht ist er sogar ein Teil jenes Weltgeistes, der von Gott in die Ökonomie des Geschehens aufgenommen wurde. Denn Gottes Schöpfung besteht ja nur durch das Gegenspiel von Gutem und Bösem, das von Gott gewollt ist, damit das Gute nicht in sich müde werde und das Geschehen nicht versage."

"Auch Sie sehen das Böse als gottgewollt an?" fragt der Kogia und tritt einen Schritt gegen Matthias vor. Der schiebt dem Pascha artig einen der hohen Kirchenstühle zu; dann setzt er sich

selbst, schlägt die Beine übereinander und stützt den rechten Arm auf die breite Seitenlehne des Stuhles. Die Faust ruht unter dem Kinn.
„Ohne Zweifel ist auch das Böse gottgewollt", entgegnet er dann, „wenn Gott auch will, daß es vom Guten besiegt wird."
Der Kogia neigt sich aus seinem Sessel dem Marschall zu. „So glauben Sie, daß die Handlungen Bonnevals gottgewollt sind?"
„Gewiß. Genau, wie die Handlungen des Judas gegen Christus gottgewollt waren."
„Und die häßlichen Eifersüchteleien Eugens gegen Sie? Der ebensowenig wünscht, daß Sie einen großen Sieg gegen die Türken erfechten, wie Andrea Pisani es wünscht, der mit seiner Flotte in hochverräterischer Lethargie vor Korfu verharrt?"
Gemessen antwortet Matthias: „Ich glaube, daß alle diese Dinge in der göttlichen Weisheit beschlossen sind, weil sie zwischen diesen Männern und mir diejenigen Gegensätze schaffen, welche die Welt des Geschehens verlangt. Ich glaube sogar, daß der Krieg selbst von Gott gewollt ist, aber daß Gott diese großen Plagen aufgestellt hat zur Erziehung der Menschen. An ihnen sollen sie lernen, sich ihrer Vernunft zu bedienen und vor allem dem Kriege den Krieg zu erklären."
Nun springt der Kogia auf. Er hebt die Hände gegen den Marschall und spricht erregt auf ihn ein: „Exzellenz, ich flehe Sie an: weshalb will denn ein Mann wie Sie, ein hoher Geist, ein Freund des großen Leibniz, sich nicht zum Führer der Vernunftbegabten aufwerfen? Weshalb wollen Sie den Kampf gegen eine hundertfache Übermacht weiterführen, weshalb wollen Sie weiter Leben und Werte zerstören — für nichts? Erklären Sie doch dem Kriege den Krieg! Ich achte Sie zu hoch, um zu glauben, daß Eitelkeit und Ruhmsucht die Triebfedern Ihrer Haltung sein könnten."
Während der Kogia die Hände langsam sinken läßt, atmet Matthias schwer. Dann richtet er sich im Sessel auf: „Ich werde nie Nachruhm erwerben. Das liegt im Willen der Vorsehung beschlossen, Exzellenz. Aber im Willen der gleichen Vorsehung liegt es beschlossen, daß dieser Kampf von mir zu Ende geführt wird.

Es wäre ein Verbrechen gegen Gott, wenn ich mich weigern würde, diesen Entscheid herbeizuführen. Denn", der Marschall schiebt das Haupt weit vor — „der Ausgang dieses Kampfes wird zeigen, was Gott will: Kreuz oder Halbmond."
Die Augen Aimées ruhen in tiefer Bewunderung auf Matthias. Der Reiherstutz auf dem Turban des Kapudan-Paschas neigt sich dem Steinboden zu. Dann hebt der Kogia den Blick. „Sie mögen recht haben, Exzellenz Schulenburg. Es wird wohl so sein, wie Sie es darlegten. Ich kann also nichts weiter tun, als Sie meiner persönlichen Hochachtung zu versichern."
„Das erwidere ich aus voller Überzeugung." Matthias hat sich erhoben und reicht dem Pascha die Hand. Die beiden Männer sehen sich fest in die Augen. Dann tritt der Marschall zurück in die Tür der Kapelle und fragt: „Sie haben wohl nichts dagegen einzuwenden, daß die Gräfin Mocenigo della Torre mir meinen Degen zurückreicht und dann mit mir zurückkehrt?" Der Pascha steht im Licht, welches durch das kleine Fenster der Kapelle in den goldverdämmerten Raum fällt. Sein grünes Gewand leuchtet auf; der Diamant an seinem Reiherstutz und die Diamantringe in seinen Ohren nicken bunt und glühend. Über das großartige Antlitz gleitet ein Leuchten, und der frauenhafte Mund wellt sich zu einem Lächeln. „Die Gräfin ist nirgendwo besser aufgehoben als unter Ihrem Schutz. Die gleiche Bitte um meine Waffe habe ich an Sie zu richten, Graf. Aber ich möchte ihr noch eine andere Bitte hinzufügen."
„Gern."
„Zur Erinnerung an diese Stunde möchte ich mit Ihnen die Waffen tauschen." Erstaunt blickt Matthias den Pascha an; der jedoch fährt fort: „Es ist mir deutlich geworden, daß Sie und ich für die gleiche Idee kämpfen. Wir wollen Gottes Willen erkunden. Als Sinnbild dieses gemeinsamen Kampfes bitte ich um diese Auszeichnung."
Nachdenklich kreuzt Matthias die Arme über der Brust. „Ihr großartiger Vorschlag ehrt mich, Exzellenz. Aber er bedrückt mich auch. Denn wie kann ich es wagen, Ihre goldene Waffe

entgegenzunehmen, die mit Diamanten und Smaragden geschmückt ist, und dafür nur meinen bescheidenen Degen zu bieten?"
„Ihr Degen ist sehr viel kostbarer als der meine", entgegnet der Kogia, „er ist geschmückt mit dem Ruhm von Clissow und Malplaquet", und nach einer Weile setzt er hinzu, „und mit dem Ruhm von Korfu."
Inzwischen ist Aimée an den Altar getreten und nimmt die beiden Waffen in die Hände. Sie geht auf den Pascha zu, dem sie den Degen des Marschalls überreicht, und murmelt: „Ich danke Ihnen."
Dann tritt sie zu Matthias und übergibt ihm das Krummschwert des Kogias. Noch einmal sehen sich die beiden Männer in die Augen und verneigen sich. Matthias bietet Aimée den Arm; zitternd greift ihre Hand danach, und langsam geleitet der Marschall die Gräfin die rosenüberrankte Treppe hinab zu den Booten, die versteckt in den Weidenbüschen des Ufers warten.

Moser hält den Hut zum Gruß ausgestreckt, als Matthias und Aimée sich nähern. „Also doch, Exzellenz", knurrt er, während er den Kopf emporreckt. Dabei fällt sein Blick auf das funkelnde Krummschwert, das Matthias in der Rechten trägt. Der Marschall fängt den Blick auf und lächelt. „Jetzt verstehen Sie überhaupt nichts mehr, Oberst? Ich übrigens auch nicht."
Zögernd will Matthias der Gräfin die Hand reichen, um ihr beim Einsteigen in ihr Boot behilflich zu sein. Sie aber schüttelt den Kopf. „Ich fahre mit Ihnen — nicht weit", setzt sie hinzu, „nur bis hinüber zur Lebensinsel, zur Felsinsel der Nonne."
„Wollen Sie dort bleiben?"
„Ja. Für immer."
Ein Schrecken durchfährt den Marschall. „Wollen Sie sich ganz von der Welt zurückziehen?"
„Ja, Schiefauge, das will ich. Es darf für mich keine Welt mehr geben. Aber vorher muß ich dir noch etwas berichten. Ich muß

dir erzählen von ... nun, laß uns abfahren. Es ist auch nicht viel, was ich dir zu erzählen habe."
Auf einen Wink des Marschalls kehrt Moser im Boot Aimées zur Festung zurück. Er fletscht die Zähne, als die türkischen Schiffe wieder zum Gruß die Flaggen dippen. Und kopfschüttelnd beobachtet er, wie der Marschall und die Gräfin an der Zwerginsel landen, die nur Platz gewährt einer winzigen Kirche, einem kleinen Wohnhaus, einem Gärtchen und einem Grab.

Hektor hat auf einen Wink des Marschalls das Boot unter überhängende Myrten gesteuert, wo es im Halbschatten verborgen liegt. Er und die Ruderer springen ans Land und lagern sich unter alten Oliven. Das Boot schaukelt sacht in einer lichtdurchzitterten Grotte. Schweigend sehen Aimée und Matthias durch das bitterduftende Laub der Myrten hindurch auf das tiefblaue Meer.
Nach einer Weile hebt der Mann das Haupt. „Was hattest du mir noch zu sagen, Aimée?"
„Wenig, lieber Freund. Ich möchte dir danken für alles, was du mir gewesen bist. Du warst mein Leben. Jetzt gehst du einen Weg, den ich klar vor mir sehe. Jetzt stehst du mitten in der Tat. Möchte es dir gelingen, Korfu zu halten, möchtest du, umjubelt von der Welt, in Venedig einziehen, und möchte Elena Pisani dir noch einmal ein holdes Glück bieten." Matthias sieht schweigend vor sich hin. Aimée streicht sich über die Stirn und fährt dann, starr durch ein Fensterchen der Myrtenmauer auf das Meer sehend, fort: „Dein Weg ist frei. Denn Lelia lebt nicht mehr."
Die Augenbrauen des Marschalls steigen in die Höhe, sein Mund steht halb offen. Seine Zähne werden allmählich schlecht, denkt Aimée und mustert den alternden Mann mit einer umfassenden Liebe. Sie sieht, wie ihn eine tiefe Erschütterung packt, wie ein Aufschrei sich aus dem mächtigen Munde hinausringen möchte, und wie dennoch etwas Furchtbares diese Erregung begleitet — ein Gefühl der Befreiung ...

„Wann starb sie?"
„Gleich nach deiner Abreise aus Wien."
„Und Carlheinz?"
‚Natürlich, das ist die nächste Frage', denkt Aimée. ‚Nicht, wie sie gestorben ist, ob sie gelitten hat — nein, ob der Sohn lebt.'
„Carlheinz lebt. Er wird betreut von der Gräfin Fuchs."
„Ich werde ihn später zu mir nehmen."
Beide schweigen sie. Soll ich ihm alles gestehen, grübelt Aimée, soll ich ihm rückhaltlos gestehen, daß ich sie umgebracht habe, weil ich sie haßte? Dann aber sagt sie sich: ‚Wozu? Zu ändern ist doch nichts mehr. Ich werde mein Geheimnis mit in meine Einsamkeit nehmen.'
So fährt sie fort: „Ich halte diesen Gedanken für klug. Nirgendwo wird dein Sohn besser aufgehoben sein als bei dir." Plötzlich starrt sie dem Freunde ins Antlitz. „Schiefauge", flüstert sie, „vergiß aber über deinem Sohn nicht ganz meine Tochter." Als Matthias sprechen will, hebt sich ihre Hand, daß der Diamant ihres Ringes in den Geheimnissen der Myrtengrotte plötzlich aufstrahlt. Dem riesigen Kristall entströmt ein zerlegtes Licht. Ein grüner Streifen mit gelber Mittelfläche sticht gegen das Meer und wandelt sich zu einem blitzenden Federblau, durch welches zwei unendlich gütige Sterne glänzen. Dann klingt die Stimme der Frau wie das Läuten versunkener Glocken; „Lieber, und vergiß Lukrezia nicht. Sie ist doch ... meine Tochter ..."
Schwer fällt die Stimme des Marschalls in diese verschwebenden Worte: „Du wirst von dieser Insel zurückkehren, Aimée!"
„Das liegt nicht bei mir."
„Sondern bei wem?"
Aimée lächelt und zeigt ein wenig Zahnfleisch. „Nun, bei euch, bei dir, bei Lukrezia ... was weiß ich? Aber vorerst denke ich auch noch nicht daran. Ich möchte allein sein."
Matthias reicht ihr die Hände. „Ich habe dir sehr weh getan, Aimée."

Die Gräfin erhebt sich. „Siehst du das Glänzen über den Hängen? Sie sind nur schön durch dieses Glänzen. Daß mein Leben großartig sein konnte, verdankt es dir — du Sonne!"
Sie legt die Hände um den Hals des Soldaten: „Leb wohl. Clarissa Foscari erwartet mich. Nein, nein, jetzt heißt sie Schwester Anastasia. Noch eines: wenn du die Stadt gut erreicht hast, laß drei Raketen von der alten Festung aufsteigen. Es wird mich beruhigen. Und jetzt, leb wohl." Mit einem Sprung gelangt sie auf den schmalen Felsweg. Dort bleibt sie noch für einen Augenblick stehen, sieht dem Marschall in die Augen und flüstert: „Leb wohl — Sonne."
Dann eilt sie durch blühende Hecken davon.

4

Während das Boot des Marschalls wieder der Festung zustrebt und Matthias unbewegt vor sich hinsieht, schreitet Aimée langsam die Steintreppen zum Kirchlein der Schwester von Blacherna hinauf. Vor der Kirche wendet sie sich noch einmal um. Im Sinken der Sonne zieht sich das bewegte Ufer der Insel Korfu zu hellen Saphiren zusammen, während jenseits des Meeres die Berge von Epirus als gigantische Rubine aufbrennen. Noch spiegelt sich die Insel des Lebens klar im Meer, das aber bereits dem Wunder der Nacht entgegendunkelt. Bald werden die ersten Sterne aufflammen.
Vorsichtig wirft Aimée einen Blick in die kleine Kirche. Vor dem Altar verzehrt sich eine vergessene Kerze, welche eine Liebende, eine von denen, die am nahen Ufer ihre Tage in Furcht vor den türkischen Plünderern zubringen, vor dem Gnadenbild entzündet haben mag. Jetzt ist die Kerze niedergebrannt; das Licht erhält einen bläulichen Glanz, und die Flamme selbst beginnt sich zu winden. Aimée geht durch den kleinen Garten zum Häuschen der einsamen Nonne und klopft an die Tür.
„Wer ist dort?" ertönt eine schöne Stimme aus dem Häuschen.
„Die Großnichte des Peloponnesiacus."

Ein kleiner Aufschrei antwortet. Dann wird die Tür geöffnet. Im Halblicht einer Kerze steht eine ältere Nonne, in weißem Gewand. Ihre Gesichtszüge sind durchglüht von einer letzten großen Heiterkeit, jener Heiterkeit, welche alles Grauen des Lebens überwunden hat. Sie lächelt, als sie die schöne Venezianerin erblickt: „Die Großnichte des großen Dogen ... treten Sie ein."
Aber Aimée schüttelt das Haupt. „Ich werde zunächst in der Kirche für das Seelenheil derer beten, die heute noch sterben müssen. Dann erwarte ich noch ein Zeichen, das am Nachthimmel aufsteigen wird. Nachher komme ich zu Ihnen, Schwester."
Inzwischen ist die Nacht des Südens erblüht, mit ihren Farbwundern von braunem und schwarzem Glas und eingestreuten Goldtopasen. Die Blüten des kleinen Gartens duften, und das Meer schlägt leise und lockend an die Lebensinsel.
Aimée kniet vor dem Altar, aber ihre Blicke gleiten vom Gnadenbild weg zu dem Seitenfenster, das hinausgeht auf das Meer. Endlich leuchten die Glasscheiben auf, und rasch entfalten sich drei gewaltige blaue Feuerblumen — die Raketen, welche die Ankunft des Marschalls in der Festung melden. ‚Das ist der letzte Gruß Schiefauges', denkt Aimée; ‚feuriger Rittersporn.'
Nachdem sie der Madonna gedankt hat, erhebt sie sich und geht zurück zum Häuschen der Nonne. Im winzigen Garten, den sie durchquert, läßt sie ihre Blicke über die Geheimnisse nächtlicher Blumen gleiten. Eine kurze Zeit lang verharrt sie am Grab der Vorgängerin Anastasias; das Grab ist in sich versunken, und der bescheidene Grabstein hängt halb in der Erde. Inzwischen hat Anastasia eine Schale mit Früchten bereitgestellt; die ersten reifen Bananen liegen neben den ersten Trauben. Ein großer, weißer Angorakater streicht graziös um den Tisch; dann springt er leise und federnd auf die Tischplatte, macht einen krummen Rücken und drängt sich an die Nonne, die ihn mit verarbeiteten Händen zärtlich streichelt. Dankbar lächelnd genießt Aimée ein paar Früchte; dann nimmt sie mit ruhigen Bewegungen die Mocenigoperlen ab und reicht sie der Schwester. „Was soll ich damit?" fragt Anastasia erstaunt, „diese Zeiten sind vorüber."

„Die Perlen sind für die Madonna bestimmt; von ihrem Erlös können Sie die Kirche verschönern, das Grab im Gärtchen wieder herstellen, Ihr eigenes Leben erleichtern und die Armen unterstützen."
Anastasia schüttelt das schöne Haupt. „Das ist zuviel. Und weshalb wollen Sie sich dieses kostbaren Schmuckes entledigen?"
„Ich brauche ihn nicht mehr." Aimées Antwort klingt kurz und abwehrend.
„Weshalb nicht."
„Weil ich hierbleiben will." Aimée sieht auf ihre Hände.
„Für immer?" Schwester Anastasia fragt erstaunt.
„Ja. Für immer." Der Angorakater ist der Nonne auf die Schulter gesprungen und schmiegt sich fest an sie. Die großen roten Korfutrauben leuchten blutig im Licht der beiden Wachskerzen; der Holztisch und die Stühle zittern in einem samtenen Braun. Prüfend sieht die Nonne in die Augen Aimées. Dann spricht sie heiter, fast gesellschaftlich von den Reizen des Weltlebens, bis Aimée sie unterbricht: „Nachdem mein Großoheim in Ihren Armen gestorben war, zog es Sie da auch noch in das Leben hinaus?"
Erstaunt schüttelt die Nonne das Haupt; die weißen Flügel ihrer Haube wechseln im Licht ihren Glanz aus. „Nein. Aber Sie haben doch wohl nicht das erlitten, was ich erlitten habe."
„Nun", entgegnete Aimée und spielt mit ihren Ringen, „ich mußte soeben sehen, wie feurige Totenblumen auf dem Katafalk des von mir geliebten Helden erblühten."
Anastasia nickt bedächtig. „Ich weiß, was es heißt, wenn der Held, dem wir unser Leben geweiht haben, dem Tode geweiht ist." Sie hebt den Kater von ihren Schultern und setzt ihn auf den Fußboden.
„Ach, wenn es nur das wäre", entgegnet Aimée und stützt das Haupt in die Hände, „wie gern würde ich zusammen mit ihm sterben!"

Die Nonne ist leise neben sie getreten. „Es kann sich alles ändern. Vielleicht kann er doch noch im letzten Augenblick aus Korfu entkommen ..."
„Er wird sterben, aber fliehen wird er nie."
Die Nonne kniet neben der Gräfin. „Er wird nicht sterben. Und Sie werden weiterleben; Sie werden es können. Auch ich habe nicht geglaubt, weiterleben zu können. Und dennoch lebe ich. Auch ich habe gelitten, noch nach dem Tod des Peloponnesiacus ... glauben Sie mir, es ist für mich, als Foscari-Tochter, nie leicht gewesen, vor aller Welt seine Geliebte zu sein; es war aber besonders schwer, weil er seine größte Liebe einem anderen Geschöpf gewidmet hatte."
„Auch er?" murmelte Aimée.
„Ja. Aber keinem Menschen. Sondern einem Angorakater. Dieser Angorakater war seine wahre Liebe, der Sinn seines Lebens. Als der Kater starb, war Morosini bereits Doge. Er ließ den Leichnam des Tieres von einem jungen Doktor Anonimo einbalsamieren und führte die Mumie immer bei sich. Oft stand ich verstohlen in der Ecke des Zimmers, wenn der schlanke Mann, die Würde in Person, das weißhaarige Haupt mit dem weißen Spitzbart, der noch einen Hauch des einstigen Rotes in sich trug, sich über den Kadaver beugte und mit tränenden Augen eine Bosheit gegen die Menschen murmelte. Denn er konnte witzig, geistvoll und boshaft sein, am meisten, wenn er über Menschen sprach."
Anastasia weist mit der Rechten auf den Kater, der mit einem Wollknäuel spielt. „Das ist der Enkel jenes von ihm über alles geliebten Tieres; ich weiß, es ist eine Groteske, daß ich so an ihm hänge, aber was ist mir denn sonst geblieben?"
Mit großen Augen starrt Aimée die Nonne an, die ruhig weiterspricht. „Ich erzähle Ihnen ja nur von meinem Schicksal, damit Sie das Ihre freundlicher ansehen. Ich will Ihnen noch von meinem letzten Schmerz erzählen. In seinem Testament bedachte er vor allem einen frechen Zwerg, welchen er als Hausnarren ständig mit sich führte, sowie ein paar schwarze Sklavinnen, die ihm irgendwo als Kriegsbeute in die Hände gefallen waren."

„Und Sie?" fragte Aimée leise.

„Ich bin in seinem Testament nicht erwähnt."

Die Rechte Aimées legt sich auf die Linke der Nonne. „Das ist entsetzlich", murmelt sie, „kein Andenken, kein letzter Gruß ... nichts?"

„Nichts."

Ergriffen starrt Aimée vor sich hin. „Nehmen Sie die Perlen als letzten Gruß von ihm. Sie stammen von ihm; er gab sie meiner Mutter, als sie meinen Vater heiratete." Nachdenklich läßt Anastasia die Perlen durch die Finger gleiten. „Er hat in seinem Testament bestimmt, daß sechstausend Messen innerhalb von drei Monaten für sein Seelenheil gelesen würden. Diesen Wunsch hat man wohl erfüllt. Nur ich habe nie für sein Seelenheil gebetet. Nun erhalte ich auf großen Umwegen diesen kostbaren Rosenkranz, der von ihm stammt und an dem ich Gebete für ihn abzupfen könnte ... die Erinnerungen an ihn kommen alle auf Umwegen zu mir, wie auch der Kater dort. Man lernt sich bescheiden."

Die Nonne hat ein Glas vor sie hingestellt, und fast abwesend trinkt die Gräfin den blutroten Wein von Korfu. Gegen die zehnte Stunde erklärt sie, sie wolle noch, bevor sie zur Ruhe gehe, ein Gebet in der Kirche sprechen und dann eine Zeitlang im Garten für sich allein bleiben. Sie erbittet sich ein Glas Wein, das Anastasia ihr auf die Steinmauer des Gärtchens stellt. Über den Bergen von Epirus steigt der halbe Mond auf, gelbrot wie eine zerschnittene Orange. Im Lichte dieses Mondes schreitet sie zur Kirche hinauf und betet vor dem mattschimmernden Bild der Madonna. Sie betet gehalten und spricht zur Muttergottes, wie man zu einer befreundeten Fürstin spricht, selbstverständlich, würdig und doch ehrfurchtsvoll.

Als sie wieder das Gärtchen betritt, ist der Mond bereits höher am gestirnten Himmel emporgeklommen. Seine goldroten Strahlen überglitzern das Meer mit Sprühfunken und verwandeln den roten Wein in dem einsamen Glas zu einem großen flüssigen

Blutstropfen. ‚Schön ist diese Welt', denkt Aimée, ‚möchte Lukrezia in ihr glücklich werden, so glücklich, wie ich — es war.'
Langsam zieht sie des Kogias Ring vom Finger und neigt das Haupt über die Innenzeichen des Ringes. „Mein Herz schlägt in Korfu!"
O ja, mein Herz schlägt in Korfu ... Auf das zweite Schriftzeichen von links drücken ... dann das dreieckige Kästchen im Goldrand öffnen ... da ist das weiße Pulver ... damals, als sie für Lelia die Brühe holte ...
Aimée schüttet das Pulver in den Wein, hebt das Glas gegen Korfu und trinkt es in einem Zuge aus.
Ruhig schreitet sie durch die schweren Blüten des nächtlichen Gartens bis zum verfallenen Grabe der dort ruhenden Nonne. Die Bilder um sie werden rissig, bunt und blaß. Ja ... Lukrezia ... geht es noch durch ihr Hirn ... dann sinkt sie sterbend in sich zusammen.

5

Indessen ist Matthias mit seinen Begleitern über die Trümmer der Altstadt geklettert, hindurch durch Qual, Hitze, Leichenhaufen und Schutt. Er hat Hektor hinaufgeschickt in die alte Festung mit dem Befehl, drei blaue Raketen abzubrennen. Vor seinem Hauptquartier empfangen ihn Sala und Elena, die sich zurückmelden. Sie seien vom Seraskier mit größten Ehren empfangen worden; man habe sie durch das türkische Lager geführt, ihnen das Heer und vor allem die Artillerie gezeigt und sie dann wieder zum Seraskier zurückgeleitet. Als die beiden erklärt hätten, der Feldmarschall würde trotz allem die Festung nicht übergeben, habe der Seraskier erwidert: „Wenn Schulenburg ein Mann von Geist ist, dann übergibt er die Festung, löst seinen Vertrag mit Venedig und tritt in türkischen Dienst. Ich würde ihm den Kampf gegen den Prinzen Eugen anvertrauen."
Das Antlitz des Marschalls verändert sich nicht. Als Führer eines riesigen Heeres von lauter tapferen und fanatisierten Soldaten

einmal mit Eugen den Kampf auszufechten, einmal mit gleichen Waffen festzustellen, wer von ihnen beiden der Größere sei ...
Dann murmelt er: „Pfui Teufel!" und Sala wie Elena nehmen an, es sei die Antwort auf das Angebot des Seraskiers. Er lächelt Elena zu: „Dann werden wir wohl zusammen sterben müssen, mein Sohn." Elena zuckt zusammen. Ihr Herz jubelt. Jetzt hat sie erreicht, was sie will: bei dem geliebten Mann bleiben bis zum Tod. Sie hebt den Hut. „Ich bin bereit." Sala wiederholt die Worte, und die Gesichter der beiden jungen Menschen leuchten auf.
„Endlich schenkte man uns jedem einen großen Saphir und ein gesatteltes Pferd. Wir ritten durch unsere Linien zurück."
„O ja, sie wissen zu schenken", nickt Matthias und zeigt auf das goldene Krummschwert, das er in der Rechten hält. Elena und Sala sehen das Schwert erschrocken an.
„Jetzt haben wir also vierzehn Pferde", knurrt Moser, während er aus gekrümmtem Rücken den Vogelkopf nach oben schiebt. „Das ist eine erhebliche Verstärkung unserer Kavallerie."
„Wann hört der Waffenstillstand auf?" erkundigt sich Matthias.
„Morgen früh um Sechs", meldet Sala.
„Gut. Straticò soll das den Herren Loredan, Da Riva und Adelmann melden lassen. Mein Neffe, Oberst Oeynhausen, übernimmt mit meinem Regiment heute abend die Wachen. Diese Nacht soll alles schlafen." Er grüßt und winkt Elena zur Seite. „Einen Augenblick, Leutnant Pisani. Die Gräfin della Torre hat mit dem Dianum-Kogia gesprochen. Ich war anwesend und habe mit dem Kogia die Waffen getauscht. Die Gräfin hat sich auf die kleine Lebensinsel zur Schwester Anastasia zurückgezogen, wo sie für immer zu bleiben gedenkt."
Leise schreit Elena auf. „Darf ich sie ... sie später einmal dort besuchen?"
„Sofort, wenn du willst. Noch ist Waffenstillstand."
„Nein. Jetzt nicht."

Der Marschall legt dem jungen Mädchen die Hand auf die Schulter. "Dann geh schlafen. Schlafe in meinem Zimmer. Ich habe noch einen Besuch zu machen."
"Soll ich Sie begleiten?"
Matthias schüttelt das Haupt. "Ich gehe allein." Und mit warmer, kaum merkbar zitternder Stimme fügt er hinzu: "Schlaf gut, liebes Kind."

Wieder drängt sich der einsame Mann durch Rauch und Flammen in die Stadt. Von den Bewohnern, welche mit dem Wegschaffen der Toten und Verwundeten beschäftigt sind, erkennen nur wenige den Oberstkommandierenden. Eine junge Frau stürzt auf ihn zu und wirft sich vor ihm auf die Knie. "Friede! Übergeben Sie diesen Trümmerhaufen." Sie reißt einen zerknüllten Zettel aus ihrem Kleid, mit dem sie durch die rauchige Luft wedelt. "Hier... hier steht es geschrieben! Wir sollen uns ergeben, und dann können wir leben! Wir sind von den Venezianern verraten! Weshalb rührt sich unsere Flotte nicht...?"
Die Hand des Marschalls wischt durch den Rauch. "Hier steht geschrieben, daß sie die Kirchen niederreißen und Moscheen an deren Stelle errichten wollen. Willst du, Weib, deinen Herrn und Heiland Christus verraten um deines elenden Lebens willen?"
Die Frau starrt den Sprecher glasig an. "Steh auf", befiehlt der Marschall halblaut, "und führe mich zum Rabbi Benjamin Semo." Benommen erhebt sich die Frau; sie geleitet den Marschall durch Brand und Hitze in das halbzerstörte Ghetto, zum Hause des Rabbiners. "Dort ist das Haus", stößt sie hervor, und dann läuft sie durch zuckenden Rauch und goldgebündelte Flammen davon.

Als Matthias in das Arbeitszimmer tritt, erhebt sich der Rabbi, verneigt sich mit gekreuzten Armen und zeigt schweigend auf einen Stuhl, welcher am Schreibtisch steht. Der Marschall setzt sich und sieht den Rabbi an. "Ich möchte Ihnen zunächst danken

für das, was die Judenschaft Korfus für die Verteidigung der Festung getan hat."
„Es ehrt uns, daß Sie zu diesem Zwecke selbst erscheinen, Exzellenz. Die Juden von Korfu wissen Ihren Dank zu schätzen." Matthias läßt seine Finger auf der Platte des Schreibtisches spielen. „Ich möchte offen mit Ihnen sprechen, Rabbi Benjamin. Bis jetzt hat die Judenschaft alle für die Verteidigung notwendigen Materialien in der Stadt auftreiben können. Inzwischen ist die Stadt und mit ihr das vorhandene Material zum größten Teil zerstört worden. Gibt es Möglichkeiten, wenigstens einen Teil des Materials von außerhalb in die Stadt zu schaffen?"
„Alles Material, was Sie erhalten haben, ist während der Belagerung in die Stadt eingeführt worden." Der Rabbi sagt das wie ein Kaufmann, der einen Geschäftsbericht erstattet.
„Ja, um des Himmels willen, wie war denn das in so kurzer Zeit möglich? Woher wußten Sie überhaupt, was ich brauche?"
Rabbi Benjamin kneift die Augen zusammen. „Das wurde uns mitgeteilt."
„Von wem?" Die graublauen Augen des Marschalls suchen die dunklen Augen des Rabbis: „Von der Gräfin della Torre Mocenigo."
„So ... Ja, die Frau Gräfin hat sich auf die Lebensinsel zurückgezogen. Sie wird dort bleiben." Matthias nestelt mit langen Händen an seinem Halstuch.
„Klug tat die Frau Gräfin daran. Aber wenn die Frau Gräfin uns nicht mehr unterrichtet, wird es jemand anders tun."
Matthias neigt sich vor. „Ich kann Ihnen doch direkt mitteilen lassen, was ich brauche." Mißmut kriecht über das große Antlitz des Soldaten.
Aber der Rabbi lächelt; seine weißen Zähne blitzen. „Lassen Sie es gut sein, Exzellenz. Auf die Frau Gräfin konnte man sich verlassen. Aber auf andere? Und Sie selbst haben Wichtigeres zu tun, als hierherzukommen und zu sagen, was Sie wollen. Wenn es aber von anderen bestellt wird, da kommt die Bestellung schief an. Und nachher müssen Sie überflüssige Dinge

abnehmen, damit Sie die bekommen, die Sie brauchen. Exzellenz, da sind unsere Leute zuverlässiger. Jetzt werden Sie auch ohne die Frau Gräfin gut bedient werden."

„Ich will Ihre dreitausendjährige Erfahrung nutzen. Mag es so bleiben, wie es ist."

„Das ist weise gedacht, Exzellenz. Sie gebrauchen klug eine große jüdische Erkenntnis."

„Welche große Erkenntnis meinen Sie, Rabbi?"

„Die Notwendigkeit der Toleranz." Der Rabbi schiebt ein paar Bücher hin und her und prüft, ob sie rechtwinklig auf der Tischplatte liegen.

Nachdenklich sinnt der Feldherr vor sich hin. „Woher stammt die Toleranz? Von Spinoza?"

Der Rabbi schüttelt den Kopf. Dann greift er sich in den Bart. „Wie konnte Spinoza tolerant sein? Für ihn bedeutete die Erkenntnis der Notwendigkeit zugleich die Erkenntnis Gottes... Amor Dei intellectualis. In einem solchen Geistesgebäude tritt die Toleranz höchstens als Nebenerscheinung auf."

Matthias sieht den Rabbi erstaunt an. „Und woher stammt in der Hauptsache die jüdische Toleranz?"

Der Rabbi wiegt den Kopf. „Sie wissen, Exzellenz, daß der alte Judengott nicht tolerant war. Der war hart und forderte Auge um Auge, Zahn um Zahn. Als er aber seinen Tempel in Jerusalem von Titus zerstören ließ, und er sein auserwähltes Volk in die Welt hinaustrieb und es zerstreute, gab er ihm einen neuen Seelenfunken mit, damit es bestehen konnte: die Erkenntnis der Notwendigkeit, uns einander zu helfen, wenn wir bestehen bleiben wollen. Und so lernten wir auch die Notwendigkeit einer Toleranz erkennen. Diese Erkenntnis hat sich bewährt, so bewährt, daß wir geneigt sind, sie auch gegen Andersgläubige auszuüben."

Matthias ist den Worten des Rabbi aufmerksam gefolgt. Er schiebt das Haupt vor und sagt: „Eine solche Toleranz entspränge dem Verstand. Er ist die reine amor Dei intellectualis."

Die Hände des Rabbiners fassen die Ecken des Schreibtisches.
„Ist der Verstand nach Ihrer Ansicht nicht von Gott gewollt?"
„Gewiß ist er das. Nur stammt eine Toleranz, die aus ihm herzuleiten ist, aus ganz anderer Quelle als die meines großen Freundes Leibniz. Der Mensch, als letzte Erscheinung des riesigen Monadensystems, als am meisten außerhalb des großen Spiels der zahllosen kleinen Welten gelegen, aus welchen die Schöpfung Gottes zusammengesetzt ist, wird, nach den Darlegungen von Leibniz, notgedrungen die am wenigsten vollendete Erscheinung göttlicher Schöpfung sein. Dafür aber steht er der göttlichen Gnade am nächsten. Der Mensch hat sich der göttlichen Gnade hinzugeben, welche ihm Christus vermittelt, und gemeinsam mit der Gnade wird ihn auch die Liebe und damit auch die Toleranz durchdringen, die eine Abart der Liebe ist. Zu euch, Rabbi, kommt die Toleranz durch das Denken und den eigenen Willen; zu uns durch die Gnade."
Der Rabbi hebt wieder den Blick. „Sicherlich ist es so, Exzellenz. Aber Sie kennen die Menschen. Und da frage ich Sie nur: ‚Welchen von diesen beiden Wegen halten Sie für den sicheren?'" Und als Matthias den Rabbi erschrocken ansieht, fährt dieser ruhig fort: „Ihr werdet einzelne schönere Blüten hervorbringen als wir, gütige Menschen, die am Ende gekreuzigt werden, wie euer großer Rabbi es wurde. Unser Kampf wird wirksamer sein als der eure, weil er etwas allgemein Menschliches stärker einbezieht: den Willen zur Selbsterhaltung — sagen wir mutig: den Egoismus."
Matthias sieht vor sich hin: „Toleranz aus Egoismus?" murmelt er.
Ganz fein lächelt Rabbi Benjamin: „Wir wollen zufrieden sein, wenn wir erst so weit gekommen sind."
Der Marschall erhebt sich. „Rabbi, Sie haben mir mancherlei zu denken gegeben. Ihre Gedanken werden in mir lebendig bleiben, und später werde ich sie zu Ende denken. Vorerst aber wird anderes von mir verlangt: den Ansturm der Barbarei aufzuhalten."

„Jetzt verlangt Gott von Ihnen, daß Sie im Sinne der Schrift denken und so handeln, wie in solchen Kriegen sein auserwähltes Volk gehandelt hat. Jetzt verlangt er von Ihnen die heilige Intoleranz, und seien Sie überzeugt: die Juden von Korfu werden Ihnen nach ihren Kräften in diesem Kampfe zur Seite stehen!"

Nachdenklich kehrt Matthias durch Rauch und Elend in das Hauptquartier der Porta Raimondo zurück. Die Posten seines Regimentes präsentieren, als er die Stufen zu seiner Steingrotte emporsteigt. Es sind die Bauernjungen aus Emden, die bei seinem Anblick strahlen, und denen er freundlich zunickt. Straticò meldet die letzten Bewegungen des Feindes und die vollzogene Umgruppierung in den Werken der Festung, deren ganzer gedeckter Weg nur mit den treuen Slawonen besetzt ist.
Der Marschall dankt und übergibt Karl das edelsteingeschmückte Krummschwert des Kogia: „Das hebst du gut auf. Wenn ich fallen sollte, nimmt mein Neffe es mit nach Deutschland."
„Wir können davon zwei Herden beste holländische Kühe kaufen", sagt Karl und mustert die Edelsteine, als ob er ihren Wert kenne.
„Oh, noch viel mehr", erklärt Straticò sachverständig und prüft die viereckigen Solitäre des goldenen Gürtels.
Gleichgültig zuckt Matthias die Achseln. „Morgen früh will ich meinen anderen Felddegen haben, Karl. Den von Punitz. Stell die Kerzen auf den Schreibtisch. Und ihr geht sofort schlafen."
Im großen Arbeitsraum liegt Elena auf einem Feldbett und schläft fest. Sie atmet tief; die Rechte ruht auf der Brust, die sich leicht unter dem Leinenhemd hebt und senkt.
Matthias steht für einen Augenblick sinnend vor dem schönen Geschöpf. Weit gehen seine Gedanken zurück in die Kinderzeit. Er denkt an den Geburtstagstisch, den ihm die Mutter aufbaute, mit Lichtern und Geschenken. Nachdenklich ergreift er einen der dreiflammigen Leuchter und stellt ihn neben die Schlafende. Dabei murmelt er: „Hab Dank, Gott, für dieses Geburtstags-

geschenk!" — Er überdenkt sein Leben. Lelia ist tot. Aimée hat sich von der Welt zurückgezogen. Carlheinz lebt. Er selbst hat mit dem Kogia gesprochen über Gott, der seinen Entscheid durch den Ausgang des Kampfes geben wird; er hat mit Rabbi Benjamin gesprochen über diejenige Form der Toleranz, durch welche die Zukunft gestaltet werden muß. Dann hat er selbst sich entschlossen, auf Korfu zu sterben — und begleiten in den Tod will ihn Elena Pisani — — —
Leise tritt er von dem Lager zurück und trägt den dreiflammigen Leuchter in sein kleines Schlafzimmer, das erfüllt ist von hochsommerlicher Glut und von Qualm. Dort legt er sich zur Ruhe. Er hat gelernt zu schlafen, wenn er will. Bei Kälte und bei Hitze. Er träumt, daß sich aus blauen Meeren eine kleine Insel erhebt, über welcher sich ein Himmel von Myrten wölbt.

NEUNTES KAPITEL

1

Korfu erzittert in einem Orkan von Feuer, Geschrei und Gebrüll. Die Sommerhitze hockt unerträglich schwer in der Trümmerstadt; die Glut der brennenden Häuser, welche den Menschen die Haut zerreißt, die Pestdünste der Leichen, die den Speichel im Munde bitter werden lassen, und die grausigen Anstrengungen, durch welche die müden Herzen immer wieder aufgepeitscht werden, gehen weit über das Erträgliche hinaus. Der Marschall, der eine solche Hölle entfesseln mußte, ordnet sich selbst in diese Welt der Qualen ein. Er sieht den wolkenlosen Himmel nicht als ein Lächeln Gottes, das saphirblaue Meer nicht mehr als das Streicheln der göttlichen Hand; er sieht nur diabolische Gewalten, welche, zu einer riesigen Woge von Leibern und Geschützen zusammengeballt, anstürmen gegen einen Trümmerhaufen, von dem er diese Gewalten zurückzudrängen hat, jener großen Idee wegen, welcher er sich verschrieb, damals, als er in Wien sein „Le baron de Schoulenburg" unter den Vertrag mit der Serenissima setzte.

Wieder einmal steht er in der Zitadelle, die von allen Punkten der Stadtbefestigung am meisten bedroht ist. Neben ihm beobachtet der Festungskommandant Da Riva, ohne das Genießerhaupt zu bewegen, die venezianischen Batterien auf der Insel Vido, welche über das Meer hinweg die Stellungen der Türken unter Feuer halten. „Da drüben hinter der Insel Vido liegt unbeweglich Andrea Pisanis leichte Flotte und feiert", zischt Da Riva. „Pisani kommt vor den Staatsgerichtshof. Dafür werde ich sorgen."

Vor der Porta Raimonda gehen riesige Minen in die glasklare Luft. Matthias zuckt zusammen. „Unsere eigenen Minen", sagt er ruhig, „Überläufer haben wieder die Lage unserer Minen verraten. Die sollten uns gegen den Hauptsturm sichern."
„Sie bereiten alles dafür vor", murmelt Da Riva. „Einmal müssen sie ja damit anfangen, es sei denn, daß sie sich damit begnügen, uns Fuß für Fuß abzuringen. Dann können sich ihre Enkel hier noch eine nutzbringende Beschäftigung suchen."
Straticò steigt die steinernen Stufen zum Eckturm hinauf. Er hebt den Hut. „Der Wall an der Porta Raimondo wird von den Janitscharen bedroht. Sie werden zum Sturm ansetzen."
„Slawonen", befiehlt Matthias kurz, und Straticò geht davon, um den Befehl zu überbringen.
Dutzende von Malen werden in den nächsten Tagen die Slawonen eingesetzt, wundervolle Menschen, welche mit heiterer Selbstverständlichkeit in den Tod gehen. Die Regimenter Mayna und Rossani werden völlig vernichtet. Matthias senkt das Haupt, als ihm Straticò nach einer Woche wieder auf dem Eckturm den Rapport überreicht. Neben ihm steht Elena und beobachtet mit angstvollen Blicken die innere Erschütterung des Marschalls.
Ganz leise zupft sie jemand am Uniformrock. Sie wendet sich um und erblickt Gazireh, die im Schatten der niedrigen Turmmauer herangekrochen ist. Sie trägt ihre Türkenkleider und zeigt mit dem Kopf auf Matthias, der mit Straticò und Da Riva halblaut spricht. „Marschall ist traurig?" fragt sie.
„Ja, Gazireh. Es sind viele gefallen und viele verwundet."
„Traurig", nickt Gazireh, „aber es kommen tausendundfünfhundert neue." Rasch beugt sich Elena zu ihr. „Woher weißt du das?"
Gazireh zieht den Kopf in die Schultern ein. „Gazireh war draußen. Bei den Türken im Lager. Die wissen es. In einer Stunde segeln zehn englische Handelsschiffe herein in den Kanal von Korfu mit viel Soldaten und Material. Türken haben Angst vor Engländern. Tun ihnen nichts."

Und wirklich, nach einer Stunde fährt eine englische Handelsflotte durch die Serpe ein. Matthias reißt das Fernglas vor das rechte Auge. Englische Schiffe? Sie fahren in Kiellinie auf die Festung zu, am Mast des führenden Schiffes gehen Signale hoch. "Straticò, Signale abnehmen!" befiehlt Matthias.
Eifrig nimmt der Adjutant das Glas. Langsam buchstabiert er: "Ein Geburtstagsgruß... für Matthias... von Melusine... Kendal."
Matthias jubelt auf. Die gute Melusine! Ja, praktisch ist sie immer gewesen. Früher schenkte sie ihm zum Geburtstag einen Eber zur Verbesserung seiner Schweinezucht, dann, als es ihr besser zu gehen begann, zwei Hengste zur Verbesserung seiner Pferdezucht und jetzt, wo sie die anerkannte Geliebte des Königs Georg I. von England ist, schickt sie zehn Schiffe mit Soldaten und Kriegsmaterial zur Verbesserung seiner Lage in Korfu. Sogar Pisani wagt nicht, diesen Schiffen den Beistand zu verweigern; unter der Begleitung seiner leichten Flotte erreichen die zehn englischen Fahrzeuge den Hafen unter der Zitadelle von Korfu.

... Fünfzehnhundert Mann, gute deutsche und schwedische Soldaten... nicht das Pack, das er bis jetzt hat einsetzen müssen... dazu wundervolles Kriegsmaterial, Vorräte und Munition. Der Marschall richtet sich auf. Damit ist ihm die Möglichkeit gegeben, durch einen Angriff den drohenden Hauptsturm der Türken hinzuhalten. Denn jeder Tag ist ja gewonnen... für den anderen, damit er in Ungarn seinen Lorbeer pflücken kann.
"Ich werde einen Ausfall machen", erklärt er am Abend beim Kriegsrat der venezianischen Herren, "um die türkischen Laufgräben zu zerstören und die Geschütze zu vernageln." Loredan und Sala nicken mechanisch. Sie wissen, jeder Tag ist ein Gewinn.

Der Ausfall wird mit Umsicht vorbereitet. Da Riva erreicht während der Nacht auf einem Ruderboot das venezianische Admiralsschiff "La capitana generale Andrea Pisani", wo er nicht mit

sardonischen Vorhaltungen und mit Hinweisen auf den Staatsgerichtshof spart. Pisani erklärt sich, zitternd vor innerer Erregung, bereit, an beiden Ufern der Halbinsel, dort, wo die türkischen Stellungen das Meer berühren, mit einer Anzahl von Galeeren die Türken während des Angriffs unter seitliches Feuer zu nehmen. Diese Meldung bringt Da Riva dem Marschall am Vorabend der für den Angriff bestimmten Nacht. Tausend ausgesuchte Soldaten, zur Hälfte Slawonen, zur Hälfte Deutsche, stehen an den Toren der Stadtbefestigung zum Ausfall bereit. Um Mitternacht tritt Matthias aus seiner Wohnung in die Porta Raimondo; die Truppen präsentieren. Er trägt über dem Lederkoller die goldene Schärpe. Elena, welche ihm folgt, tritt leise an ihn heran. „Legen Sie die goldene Schärpe ab, Exzellenz."
Aber der Marschall schüttelt den Kopf.
„Tun Sie es meinetwegen, Exzellenz." Ein glühender Blick trifft den Marschall.
Aber Matthias schüttelt wieder das Haupt. Da tritt Elena dicht an ihn heran. „Dann tun Sie es Ihrer Soldaten wegen. Denn die brauchen Sie. Sie dürfen sich den Luxus des Sterbens nicht leisten."
Nun nickt der Marschall. Lächelnd hebt er die goldene Schärpe von der Schulter und reicht sie Elena. „Sie bleiben hier, Leutnant Pisani." Elena erschrickt, aber Matthias befiehlt bereits weiter: „An meine Seite, Hektor; an die andere Seite Straticò. Und jetzt: ‚Vorwärts! Für Christus und Sankt Markus!'"
In diesem Augenblick rollen über die Köpfe der Soldaten weg die ersten Schüsse aus den Batterien der Porta Raimondo. Alle venezianischen Batterien und die der Galeeren nehmen das Feuer auf; und nun stürzen die Deutschen aus den Toren der Festung gegen den Feind, während die Slawonen aus der Zitadelle hervorbrechen.
Schulenburg, den Degen in der Faust, sieht, daß der Angriff gut ansetzt. Aus den Laufgräben werden die Türken vertrieben und erst am Fuß des Monte Abramo und des Monte Salvatore von nachgeschobenen türkischen Truppen wieder aufgefangen.

Am Fuß der Berge setzt ein grauenvolles Gemetzel ein; der Nahkampf wird zum Morden; mit seinem Gewehr fängt Hektor den Hieb eines Janitscharen ab, der gegen den Kopf des Marschalls gerichtet war. Der Druck der Venezianer wendet sich dem Monte Abramo zu, in dessen Richtung sich die Türken zurückziehen. Aber die Slawonen, aus der Zitadelle kommend, haben den vor ihrer Front liegenden Monte Abramo bereits besetzt. Die anstürmenden Deutschen jedoch, welche ja erst vor wenigen Tagen eingetroffen sind, halten die slawonischen Uniformen für türkische; sie eröffnen auf die Slawonen ein furchtbares Feuer und strecken sofort zweihundert von ihnen zu Boden.

Rasend vor Zorn springt der Marschall zwischen die Kämpfenden, aber die Deutschen hören nicht auf die Befehle ihrer Offiziere, sie glauben sich umgangen und werfen sich in den Nahkampf. Matthias läßt von den Soldaten seines Regimentes den deutschen Kriegsruf ausstoßen, aber erst nach verzweifelten Anstrengungen gelingt es ihm, die Kämpfenden auseinander zu bringen und die demoralisierten Soldaten wieder in die Festung zurückzuführen.

Dieser furchtbare Irrtum ermöglicht es den Türken, noch in der gleichen Nacht die von ihnen verlassenen Laufgräben wieder zu beziehen und die nur wenig zerstörten Anlagen wieder herzustellen.

Der Morgen spannt den grünen Fächer über die Insel aus, er verbreitet eine milde Kühle. Der Marschall steht allein auf dem Turm der Zitadelle. Er bedarf aller seiner sittlichen Kraft, um sich von diesem grauenvollen Mißgeschick nicht lähmen zu lassen. Was wird, wenn die Türken heute angreifen?

Seine Soldaten sind durch den Mißerfolg niedergedrückt; ein paar hundert unersetzlicher Männer hat er verloren. Zudem beunruhigt ihn die Ruhe im türkischen Lager. Die Türken hatten den 19. August für den großen Hauptsturm vorgesehen; der unselige Erfolg, welchen ihnen das Schicksal in dieser Nacht in die Hände gespielt hat, wird sie in ihrer Absicht bestärken.

Während er die türkischen Stellungen durch das Fernglas prüft, zieht ihn jemand am Waffenrock. Er wendet sich um und erblickt Gazireh, die von außen am Turm emporgeklettert ist und gebückt vor ihm steht.

„Wie bist du hierhergekommen?" fragt Matthias erstaunt.

„Wachen unten sind müde, Gazireh ist außen am Turm emporgeklettert."

Ein neuer Mißmut über die Unordnung, welche unter seinen Truppen eingerissen ist, kriecht über das Antlitz des Marschalls; die mächtige Lippe zieht sich nach innen zurück. „Was hast du mir zu sagen?"

„Zwei Dinge melden. Gazireh war bei den Türken. Türken greifen heute morgen an, Seraskier ist böse auf den Kogia, hat den Kogia auf die Flotte geschickt und führt Angriff selbst."

„Ich danke dir, Gazireh. Hole den Rabbi Semo. Er soll gleich hierherkommen." Während Gazireh die Treppe des Turmes hinunterspringt, ruft Matthias einer Ordonnanz zu: „Sofort alle Kommandanten und Obersten in das Hauptquartier zum Befehlsempfang!" Er schreitet nachdenklich die Plattform des Turmes ab und überlegt sich die Befehle, welche er geben will. Sehr bald steigt Rabbi Semo die Treppe zum Turm empor. „Sie sind schon hier, Rabbi?" fragt Matthias erstaunt. „Ich habe einiges anordnen müssen", erwidert der Rabbi ruhig, „ich war unten auf dem Platz."

„Heute wird der Hauptangriff der Türken erfolgen."

„Ich nehme es an, Exzellenz."

Schulenburg tritt dicht an den Rabbi heran und richtet die Blicke auf ihn. Halblaut aber eindringlich stößt er hervor: „Ich habe heute Nacht beinahe fünfhundert meiner besten Leute verloren. Jetzt muß die Bevölkerung der Stadt mit in den Kampf; Sie haben das Vertrauen der Männer und Frauen, Rabbi. Sagen Sie den Korfioten, was ihnen droht, wenn Korfu fällt. Die Männer sollen sich bewaffnen, die Frauen sollen Munition schleppen und die Mädchen sollen die Verwundeten pflegen. Der Seraskier selbst führt den Angriff; und was dann wird, wenn er die Festung erobert, das wissen wir."

Der Rabbi kreuzt die Arme und verneigt sich. „Es ist bereits alles geordnet. Tausend Korfioten stehen unter Waffen bereit; sie werden geführt vom Maler Doxaras, der schon unter dem Peloponnesiacus gekämpft hat. Die Juden haben dreihundert Mann bewaffnet; mein Sohn David wird sie führen. Frauen und Mädchen arbeiten bereits. Eure Exzellenz brauchen mir nur Ihre Befehle mitteilen zu lassen."

Matthias reicht dem Rabbi die Hand. „Ich danke Ihnen, Rabbi."

„Der Gott unserer Väter gebe Ihnen heute die heilige Intoleranz."

Um fünf Uhr in der Frühe melden Wachen und Aufklärer, daß der Aufmarsch der Türken begonnen habe. Diese Nachricht überbringt Straticò während der großen Befehlsausgabe. Er trägt eine neue Uniform mit vielen goldenen Schnüren; sein junges, braunes Gesicht ist frisch rasiert, und er verbreitet einen feinen Duft von Rosenwasser.

Matthias, neben Antonio Loredan stehend, hat die Befehle ausgegeben. Elena ist beauftragt, dem Rabbi die Punkte der Stadtbefestigung zu zeigen, welche die Korfioten und die Juden einzunehmen haben. Dann grüßen die Kommandeure kurz; Schulenburg drückt Da Riva die Hand und sagt ihm: „Sie werden heute das Schwerste auszuhalten haben." — „Bitte, immer nach Ihnen", entgegnete Da Riva mit ironischer Höflichkeit und begibt sich auf seinen Posten in die Zitadelle.

Um sechs Uhr steigt die Sonne über den Bergen von Epirus auf; ein erster Strahl fällt wie die Lunte eines Kanoniers in das Lager der Türken, und in diesem Augenblick setzt sich eine ungeheure Staubwolke gegen die Stadtbefestigung in Bewegung. Als diese Wolke sich bis auf etwa tausend Schritt vor die Festung gewälzt hat, ertönt aus ihr ein wildes Geheul, und nun drängen sich die durch religiöse Begeisterung und Rauschgifte fanatisierten Türken wie ein Orkan gegen die Festungswerke. Ein Sondertrupp von Janitscharen schleppt neuartige bewegliche Leitern heran,

welche sich auseinanderschieben wie die Scherenteufel, mit denen sich die Masken während des Karnevals necken. Mit Hilfe dieser Leitern erklettern die Janitscharen den Scarpon. Indessen reißen erfahrene türkische Pioniere Mosers Verpfählungen nieder, während andere die Waffenplätze und die Gräben besetzen. Die Besatzung des Scarpons, welche während der vergangenen Nacht im Kampfe gestanden hatte, kann dem Angriff der frischen Truppen nicht widerstehen; sie flieht zurück, und auf dem Scarpon flattert die grüne Fahne des Propheten im Morgenwind.
Das alles beobachtet Elena von der Batterie der Porta Raimondo aus; sie meldet es dem Marschall, der sofort zum Platz vor der Zitadelle eilt, wo es ihm auch gelingt, die zurückströmenden Deutschen aufzuhalten. „Schämt euch eurer Feigheit", ruft er, „eure Rettung kann nie in der Flucht, nur noch im Mut liegen!" Er führt die Dreihundert wieder gegen den Scarpon zurück. Aber dort empfängt ihn ein mörderisches türkisches Gewehrfeuer. Die Soldaten neben ihm stürzen stöhnend zusammen; ihn selbst trifft eine Kugel, welche aber an seinem Panzer abprallt. Er sieht ein, daß in diesem Augenblick eine Rückeroberung des Scarpons nicht möglich ist. Da Riva verteidigt die über dem Scarpon gelegene Zitadelle, wenn auch seine Geschütze bereits glühen, mit philosophischer Ruhe. Nur Infanteriefeuer aus den Seitenwerken sowie das Feuer der benachbarten Festungsbatterien unterstützen ihn. Matthias sieht, wie die Türken vom Scarpon aus auch die Zitadelle mit ihren „Leitern von sonderbarer Erfindung", wie er sie in seinen späteren Berichten nennt, zu erklimmen suchen. Noch widersteht Da Riva allen Angriffen — aber für wie lange?
Immer neue Truppen treibt der Seraskier in den Kampf. Nicht umsonst hat er selbst die Führung übernommen; der Dianum-Kogia ist ihm zu weich. Der Seraskier will, aus einer Wasserpfeife süßen türkischen Tabak rauchend, in seinem seidenen Zelt am Monte Abramo ein Beispiel geben, wie hart ein Soldat sein muß, wenn es um alles geht. Und wirklich, die Türken dringen auf der ganzen Linie vor; die Härte des rauchenden Mannes in

dem purpurnen Prachtzelt scheint hinauszugreifen über den zerfetzten Boden; sie scheint die Männer vorzustoßen gegen die todsendenden Befestigungen der Stadt mit der beherrschenden Zitadelle auf dem rechten Flügel und der starken Porta Raimondo auf dem linken.
Sobald die Türken über die Minenfelder stürmen, fliegen die Pulversäcke und die Flatterminen, welche Mosers Armee wieder kunstgerecht eingebaut hat, krachend empor. Zerrissene Menschen, Gebrüll und Blut zeugen von Mosers satanischer Kunst. Aber neue Truppen wälzen sich über die ausgebrannten Minenfelder. Die venezianischen Regimenter, vom türkischen Kleingewehrfeuer dezimiert, beginnen zu wanken; ihre Reihen auf dem Wall werden dünner. Schrittweise gewinnen die Türken Boden; im Nahkampf bemächtigen sie sich aller Waffenplätze und dringen in den gedeckten Weg vor, der von den Slawonen verteidigt wird. Hier beginnt der Nahkampf in seiner schrecklichsten Form. Immer fünf Slawonen kämpfen in der Düsternis des Ganges gegen fünf Türken; auf jeden Niedergemetzelten springt ein anderer Feind, und das große Morden in der Dunkelheit nimmt seinen Fortgang. Schrittweise ziehen sich die Slawonen, zerschlagen, zerfetzt, hinter den Hauptwall zurück.

Gegen diesen Hauptwall richtet sich jetzt der türkische Angriff. Die seltsamen Sturmleitern werden von den Angreifern herangeschleppt und mit Fangeisen in die Mauern eingehakt. Dort hängen sie fest im schweren Infanteriefeuer, und können von den Verteidigern nicht abgestoßen werden.
„Die Feste Korfu ist sturmreif", meldet ein Bote des türkischen Angriffsführers dem Seraskier. Der hockt mit untergeschlagenen Beinen neben der Wasserpfeife und befiehlt: „Sturm!"
Während einer kurzen Feuerpause, in welcher Matthias zunächst die Truppen neu gruppiert und ihnen Mut zugesprochen hat, flüstert er mit Loredan und Sala. „Die Festung schwebt in höchster Gefahr, meine Herren", keucht er, „alles steht und fällt mit der Zitadelle. Wer die Zitadelle hat, hat Korfu. Zwar sitzt

Freund Da Riva noch dort oben, aber wie die Maus in der Falle, vor welcher im Scarpon die türkische Katze lauert. Also werde ich die Katze aus dem Scarpon vertreiben."

Ist der Mensch wahnsinnig? Im Augenblick höchster Not, in welchem alle Kräfte zur Verteidigung der Hauptmauer dienen müssen, noch an die Rückeroberung des Scarpons zu denken? Die beiden Venezianer starren den Feldherrn an, der im glühenden Brand der Augustsonne vor ihnen steht, aufrecht und ungebrochen. Die kleine Perücke hat er während des Kampfes weggeworfen; in der Linken hält er eine Ledermütze. Sein riesiger kahler Schädel, hoch, schmal und fein modelliert, blitzt im Licht der Sonne.

Loredan wird von dieser Erscheinung in den Tiefen seiner Seele berührt. Er murmelt: „Sie können auf mich zählen." Sala setzt ruhig hinzu: „Und auf mich."

Inzwischen haben die Korfioten und die Juden ihre Stellungen auf dem Hauptwall bezogen. Der Marschall geht musternd durch die neuen Truppen hindurch; er begrüßt die Befehlshaber Doxaras und David Semo. Noch während er die Stellung besichtigt, setzt das türkische Artilleriefeuer wieder ein und wirft Gebirge von Eisen auf die Wälle und in die Stadt. Nach einer Stunde besteigen die ersten Türken die Mauern.

Nun wogt der Kampf auf der ganzen Linie hin und her; alle Truppen des Marschalls stehen im Feuer; der Nahkampf rast. Zu Hunderten stürzen die Türken von der Mauer in den Graben zurück; die Korfioten kämpfen mit verbissenen Zähnen um ihr Leben. Doxaras leitet den Kampf seines Abschnittes ruhig und gemessen; neben ihm hockt der Maler Simonini, klein, beweglich und zeichnet zwischen Tod und Grauen Skizzen des furchtbaren Ringens. Als Matthias sich durch die kämpfenden Korfioten drängt, um den Abschnitt der Juden aufzusuchen, steht er plötzlich vor einem riesigen Mönch, welcher ein mannshohes eisernes Kruzifix schwingt. Es ist der Bruder Beatus vom Kloster des heiligen Spiridon, der damals zusammen mit David Semo den Heiligen durch die Stadt getragen hat, jetzt aber das

Kruzifix auf die emporsteigenden Türken niedersausen läßt. Erschrocken ruft Schulenburg ihn an: „Was tust du da?" Der Mönch keucht, während er mit dem Kruzifix einem Janitscharen den Schädel einschlägt: „Laß mich, laß mich! Das Kreuz soll ihnen die Köpfe zerschmettern!"

Wild tobt der Kampf im Abschnitt der Juden. Es ist Matthias aufgefallen, daß die Korfioten und die Juden mit sehr viel besseren Gewehren bewaffnet sind als seine eigenen Truppen. Frauen und Mädchen schleppen ihnen über die rückwärtigen Mauertreppen Körbe von Munition nach. „Woher kommen diese Gewehre?" fragt er, mitten im Nahkampf, ein junges jüdisches Mädchen, das Munition an die Truppen verteilt. „Rabbi Benjamin hat sie gekauft." — „Gekauft? Von wem?" — „Nun, von den Türken."

Der Kampf dauert bereits sechs Stunden. Die Frauen von Korfu bringen den Kämpfenden das Essen; für die Verwundeten und die Offiziere sorgt die Speiseanstalt, die von Matthias bereits zu Beginn der Belagerung in der Porta Raimondo eingerichtet wurde. Der Marschall selbst nimmt nur ein paar getrocknete Früchte, welche Hektor, der nicht von seiner Seite weicht, ihm anbietet. Während Matthias die Früchte ißt, und während Tote und Verwundete um ihn fallen, beobachtet er, wie immer neue Truppen gegen die Festung anrollen. Der Seraskier will Korfu an diesem 19. August erobern. Es heißt, heute sei der Geburtstag des Sultans, und der Seraskier wolle seinem Herrn die Schlüssel von Korfu als Geschenk übersenden.

„Wenn ich den Scarpon nicht bald zurückerobere, ist Korfu in ein paar Stunden verloren", überlegt Matthias. „Denn wer den Scarpon hat, hat auch die Zitadelle, und wer die Zitadelle hat, der hat Korfu. Der Teufel soll den elenden Scarpon mitsamt seinem Erbauer Gildes holen! Von dieser unförmigen Schanze aus, ohne Graben und ohne gedeckten Weg, beherrscht der Feind unseren gesamten Hauptwall, schlägt uns in ein paar Stunden in Stücke und kann in aller Ruhe zum Sturm auf die Zitadelle selbst ansetzen." Er wendet sich gegen Hektor. „Jetzt werden wir das Äußerste wagen, mein Sohn! Straticò soll mein Regiment und ein paar Kompanien Slawonen auf dem Platz hinter der Zitadelle bereitstellen. Dazu Oberst von Moser und seine Leute mit Pioniergerät. Hundertachtzig Mann zur Verstärkung in die Zitadelle. Exzellenz Da Riva soll die Feinde im Scarpon von oben mit allem überschütten, was er noch an Bomben, Granaten, Pulversäcken und Steinen zur Verfügung hat. Wir werden den Scarpon zurückerobern."

Und nun beginnt jener berühmte Kampf um den Scarpon. Der kahle Schädel des Marschalls weist den Soldaten den Weg, auf dem sie ihm zu folgen haben. Sie stürzen mit ihm bis an die Mauern des Scarpons vor; aber die Mauer ist durch den türkischen Flammenschutz, das griechische Feuer, gegen jede Eroberung gefeit. Trotzdem führt der Marschall sein Regiment fünfmal gegen das Hornwerk, immer hoffend, daß diesmal der Angriff gelingen werde, weil das griechische Feuer durch das Artilleriefeuer aus der darüberliegenden Zitadelle mehr und mehr erstickt wird. Aber die Türken wehren sich heldenhaft; fünfmal werden die Angreifer zurückgeschlagen. Der Neffe des Marschalls ist am Arm verwundet; er schlingt seine Feldbinde um die Wunde und führt das Regiment weiter. Endlich meldet Moser, daß die Sturmleitern angelegt seien. Der Marschall, keuchend vor Erschöpfung, schwingt mit seinem Degen einen neuen Angriffsbefehl, und die Truppen laufen, aus dem unteren Hauptgraben hervorbrechend, auf die Sturmleitern zu. Als erster steigt Matthias die Leiter empor; das Regiment folgt ihm hinein, in das Infanteriefeuer der Türken. Als Matthias den Fuß auf die Mauer setzt, springt ihm ein türkischer Offizier entgegen und ruft auf Französisch: „Marschall, ergeben Sie sich!" Aber Schulenburg packt den Gegner und wirft ihn von der Mauer hinunter. In diesem Augenblick erfolgt ein Angriff gegen die Türken auch aus der Zitadelle; Da Riva, den mager gewordenen Kopf weit vorgeschoben, stürzt aus den unteren Toren der Zitadelle mit ein paar hundert Mann hinein in den Scarpon. So sehen die Türken sich plötzlich auch im Rücken angegriffen. Sie geraten in

Unordnung; nach kurzem Kampf fliehen sie aus dem Scarpon hinaus, in welchem sie zwölfhundert Tote sowie fünfzehn Fahnen zurücklassen.

Ein brausender Jubel seines Regimentes begrüßt den Marschall, als er von der Mauer in den Innenraum des Hornwerks hinabgestiegen ist, um den Truppen und Da Riva zu danken. Aber auch der Verlust der Belagerten ist schwer; fünfhundert Mann, meist Deutsche, von den Regimentern Schulenburg, Neu-Ötting und Fugger sind gefallen.

Die Truppen suchen Unterschlupf in den Bretterbaracken des Scarpons, welche Matthias als Schattenspender bereits früher hatte errichten lassen, und genießen das frische Trinkwasser, für welches Rabbi Semo Sorge trägt. Ein paar Esel laufen ständig mit Wasserfässern hin und her; die Jungen, welche neben ihnen hertanzen, rufen die neuesten Nachrichten aus: „Ein Büffel ist wieder von Albanien durchs Meer geschwommen und hat die alte Festung erreicht. Der Marschall hat die Türken aus dem Scarpon vertrieben."

Indessen ruht Matthias, welcher das Kommando des Scarpons seinem Neffen übergeben hat, in seinem Zimmer. Er hat das Haupt in die Hände gestützt. Leise ist Elena an seinen großen Sessel herangetreten und stellt die geliebte Schokolade vor ihn hin. Der Marschall hebt den Kopf. „Ich danke dir, Kind. Verzeih, ich bin etwas erschöpft."

Nach einiger Zeit läßt er Straticò kommen und spricht halblaut vor sich hin. „Jetzt ist die Festung gerettet. Aber sie werden in ein paar Tagen mit frischen Truppen wiederkommen. Meine Soldaten müssen bis dahin ausgeruht sein. Sie werden Exzellenz Pisani bitten, mir tausend Matrosen von der Flotte zu schicken, damit sie das Kampffeld aufräumen."

Straticò verneigt sich und geht. Im Raum bleibt ein feines Parfum von Orangeblüten haften.

Die Offiziere des Stabes und die Obersten, die sich im Sitzungssaal versammelt haben, sehen grau und übernächtigt aus; die

quälende Hitze tut ein übriges, um Mensch und Tier zu zermürben. Doxaras, David Semo und Bruder Beatus, die Matthias hat bitten lassen, warten ein wenig abseits.
Der Marschall hebt den Hut zum Gruß, die Offiziere erwidern ihn. Dann spricht Matthias, innerlich bewegt, aber mit voller Ruhe.
„Meine Herren, ich danke Ihnen für das, was Sie an diesem Tage geleistet haben. Es wird Sache eines hohen Senates der Republik Venedig sein, Ihnen diesen Dank in wirksamer Weise auszudrücken. Solche Belohnungen, wie Sie sie verdient haben, würden meine Kompetenzen überschreiten. Ich kann hier nur drei Ernennungen vornehmen, an denen mir liegt, und die auszuführen ich berechtigt bin. Edler Herr Doxaras, Herr David Semo und Bruder Beatus: Sie haben durch Ihre Tapferkeit und Ihre Umsicht erheblich dazu beigetragen, Korfu gegen den Ansturm der Türken zu halten. Deshalb ernenne ich Sie zu Hauptleuten." Matthias geht auf die neuen Hauptleute zu und reicht ihnen die Hand. Doxaras, der Maler, zittert ein wenig; David Semo erblaßt, dann aber neigt er sich über die Hand des Marschalls und küßt sie; Bruder Beatus lacht freundlich.
Eine leichte Bewegung geht durch die anwesenden Offiziere. Ein Jude ... Offizier? Aber die Geister derer, die hier versammelt sind, wissen rasch und weit zu denken. Loredan reicht als erster den dreien die Hand; dann folgen alle anderen seinem Beispiel: Da Riva, Sala, Adelmann, Galeazzi, Moser, der Graf Oeynhausen und die übrigen Kommandeure.
Ruhig fährt der Marschall fort: „Für heute ist Korfu gerettet. Aber nicht für morgen. Ich verlange von Ihnen die gleiche Tapferkeit bis zum Tode, wie sie die gefallenen Offiziere, der Major von Fechenbach und die Hauptleute des Geniekorps, la Rivière und Bergmann sowie fünfhundert Soldaten bewiesen haben."
Die Offiziere heben die Hüte. Nach einer kurzen Pause läßt sich Matthias von Elena seine Notizen reichen. Er gibt Befehle für die Neugruppierung der Truppen; die Fougaden läßt er wieder

mit Pulver und Bomben füllen und empfiehlt vor allem Sala, der die Verteidigung der Außenwerke unter sich hat, größte Wachsamkeit. Dann verneigt er sich und geht in seine Wohnung zurück.
Dort erwartet ihn Straticò. „Nun", fragt Matthias, „was haben Sie zu berichten?"
Straticò hebt den Hut. „Exzellenz Pisani erkennt die schwere Lage, in der sich Eure Exzellenz befinden, durchaus an, fühlt sich aber außerstande, auch nur einen Mann der Flotte abgeben zu können."
Matthias lacht verächtlich.

Nacht sinkt breit auf die Insel nieder; das Feuer der Türken schweigt. Der Geruch der vielen Leichen, die sich in der glühenden Sommerhitze rasch zersetzt haben, verbreitet Übelkeit und Qualen, so daß sogar die Posten der Außenwerke den mefitischen Gestank nicht mehr ertragen können. Daher läßt Matthias die Leichen nach Mitternacht ins Meer werfen oder in die Gruben der gesprengten Minen versenken.
Beim Morgenappell wird ein scharfer Tagesbefehl des Marschalls über das Verhalten der Truppen bei dem bevorstehenden neuen Angriff verlesen. Kein Kommandant eines Außenwerkes darf sich in die Stadt zurückziehen; jeder, der seinen Posten feig verläßt, wird vor ein Standgericht gestellt und erschossen oder aufgehängt. Kein Verwundeter darf vor beendetem Gefecht auf den Verbandplatz gebracht werden; niemand soll sich durch Hilfeleistung drücken können. „Denn, wer noch kämpfen kann", so schließt der Befehl, „gehört in die vorderste Linie. Da es durch die göttliche Hilfe gelungen ist, die Festung aus einer so augenscheinlichen Gefahr zu retten, habe ich die Überzeugung, daß der Feind sich nie der Festung bemächtigen wird, wenn Ihr meinen Befehlen Folge leistet."
Der riesige Henker von Korfu, in blutrotem Gewand, begleitet von seinen zwei blutrot gekleideten Gehilfen, geht, allen Soldaten sichtbar, langsam in den Hauptgraben. Dort errichten die

drei einen Langgalgen mit sechs Schlingen, setzen sich darunter und warten.

Gegen Mittag beginnt der Himmel sich zu verfinstern, nachdem sich fast dreieinhalb Monate lang ein klarer Tag an den anderen gereiht hatte — schön wie die Perlen in der Kette der Gräfin Aimée Mocenigo. Jetzt ballen sich die Wolken zitronen- und schwefelfarben zusammen; ein schwarzes Gebirge formt sich am Himmel, und bald darauf sticht aus ihm Blitz nach Blitz auf die Erde hinunter. Der Regen fällt in breiten Strömen, alle Gräben werden überschwemmt; das Wasser füllt die Minen und macht sie unbrauchbar. An Kampfhandlungen ist nicht zu denken; niemand vermag weiter als drei Schritte zu sehen.
Während des Orkans läßt sich Gazireh bei dem Marschall melden. Ihre Kleider kleben an ihrem Körper, und sie zittert vor Fieber. Aber sie verneigt sich artig und flüstert: „Gazireh kommt von den Türken."
Matthias sieht die Zitternde an. „Weshalb gehst du immer wieder zu den Türken?"
„Herrin hat befohlen, bevor sie wegging, Gazireh soll immer zu den Türken gehen und Marschall berichten."
Ein seltsamer Schauder ergreift den Mann; aber auch jetzt wahrt er das Gesicht, wie er es seit langem wahrt und lächelt.
„Was hast du mir zu berichten?"
„Viel, Exzellenz. In vier Tagen kommt großes Geschwader zu unserer Hilfe an, spanische, portugiesische und Malteser Schiffe. Im Lager der Türken tobt Unwetter furchtbar; Laufgräben der Türken und ihr ganzes Lager sind zerstört, Zelte zerrissen, Menschen und Tiere zerschlagen. Der Dianum-Kogia hat kurz vor dem Sturm noch Verstärkungen von Albanien gesandt; Janitscharen aber glauben, Allah will nicht, daß Türken Korfu erobern, und deshalb hat er das Unwetter geschickt."
Der Regen prescht indessen weiter an die Fensterscheiben, und die Blitze beleuchten das Ruinenfeld der Stadt. Matthias läutet; Karl erscheint und gibt sich mit Mühe Haltung.

„Karl, bist du wieder besoffen? Du hast wieder einmal mit den Emdenern zusammengehockt!"
„Nein, Exzellenz — nein! Ich habe bei dem furchtbaren Wetter eine kleine Stärkung zu mir genommen. Das kann ja kein Christenmensch ertragen ..." Er schwankt, als ein Blitz in der Nähe einschlägt und den Raum mit weißem Licht erfüllt.
„Mach, daß du davonkommst. Ich lasse Leutnant Pisani bitten!"
Als Elena vor Matthias steht, sieht er sie ernst an. Dann erklärt er: „Sorge hier für dieses Menschenkind. Stecke sie sofort ins Bett."
„Orkan hat alle Schiffe gegeneinander geschlagen", sagt Gazireh noch im Abgehen, während sie eine große feuchte Spur hinter sich herzieht, „Venezianer und Türken — alles durcheinander."
Drei Stunden vor Beginn der Nacht hellt sich der Himmel auf. Der Marschall läßt die Besatzung, die er mit Halbpiken bewaffnet hat, wieder ihre Posten beziehen. Die Gewehre sind unbrauchbar geworden. Nur das Artillerieduell geht in gewohnter Weise vor sich.

Am 21. August morgens wird gemeldet, daß die Türken neue große Angriffsleitern heranschaffen; auch das türkische Artilleriefeuer verstärkt sich. Der Hauptangriff steht also bevor. Den Tag über wartet der Marschall darauf. Den Soldaten läßt er sagen, es handele sich jetzt nur noch darum, ein paar Tage auszuhalten; eine Verstärkung von zweitausend Mann sowie ein großes Hilfsgeschwader seien unterwegs. Abends steigern die Türken ihre Artillerietätigkeit; vor Mitternacht geht eine Hölle von Feuer und Eisen auf die Feste nieder. Pünktlich um Mitternacht hört jedoch das Feuer auf. Der Marschall hat die ganze Front der Festung, so gut es geht, erleuchten lassen; die Truppen sind wieder mit neuen Gewehren bewaffnet, welche durch Rabbi Semo in die Festung geschafft wurden. Jeder Soldat verfügt über drei Gewehre und für jedes Gewehr über fünfzig Schüsse. Patrouillen, die sich bis an die Laufgräben der Türken herangeschlichen haben, melden Lärm und Bewegung, können der

Dunkelheit wegen aber nichts Genaueres erkennen. Alles jedoch deutet auf einen bevorstehenden Angriff.
Korfu wartet bis zum nächsten Morgen.
Ein Angriff erfolgt nicht.
Am 22. August in der Frühe schickt der Marschall von neuem Patrouillen aus, deren einer er Hektor beigibt. Nach zwei Stunden kehrt Hektor mit ein paar Gefangenen zurück und meldet: „Auf den Sammelplätzen vor der türkischen Front stehen keine Türken mehr; die Laufgräben sind mit Artillerie vollgestopft, aber von den Truppen verlassen. Diese Gefangenen hier schliefen, weil sie zuviel Rauschgifte genommen haben. Als sie erwachten, wehrten sie sich wie die Verzweifelten. Sie wissen aber nicht, was aus ihrem Heer geworden ist."
„Sofort griechische Kundschafter vorschicken!" befiehlt Matthias. „Meldung an den Generalkapitän Pisani und an Exzellenz Loredan."
Nach vier Stunden kehren die Kundschafter zurück. Der Älteste, ein verschlagener Hirte, berichtet: „Das ganze türkische Heer hat sich in der Nacht zum Hafen von Govino zurückgezogen. Dort ist bereits ein Teil des Heeres eingeschifft worden; der andere marschiert zum Nordeingang des Binnenmeeres, der Serpe, wo Schiffe des Großadmirals, des Dianum-Kogia, bereitstehen, um auch diesen Teil des Heeres nach Albanien überzusetzen."
Matthias läßt einen der Gefangenen hereinführen und wendet sich an den Hirten: „Frage ihn, wie viele Leute der Seraskier verloren hat."
Der Türke funkelt den Marschall an, während der Hirte die Worte des Gefangenen übersetzt: „Allah war nicht mit dem Seraskier. Er hat die Hälfte seines Heeres eingebüßt. Der Sturm auf die Festung allein hat ihn fünftausend Tote und Verwundete gekostet."

Gegen Mittag reitet Schulenburg auf seinem großen hannöverschen Braunen, begleitet von Loredan und seinem Generalstab,

durch die jubelnden Soldaten auf das verlassene Kampffeld hinaus, während Da Riva die beiden Höhen vor der Festung, den Monte Abramo und den San Salvatore, besetzt. Der Marschall nimmt das verlassene Lager der Türken in Augenschein. Man findet über sechzig Geschütze von ungeheurem Kaliber, gewaltige Vorräte von Munition und Sprengstoffen, mehrere tausend Pferde, Maulesel und Kamele, Schlachtvieh und Lebensmittel in Überfluß.
In der Mitte des Lagers, auf einem kleinen Hügel steht, vom Sturm kaum berührt, das schwere Seidenzelt des Seraskiers. In dessen Mitte leuchtet neben einer Ottomane einsam die kostbare Wasserpfeife ...
In diesem Zelt verhört der Marschall die wenigen Gefangenen, welche Sala eingebracht hat. Elena und Straticò sind bei ihm. Unter den Gefangenen befindet sich ein junger Franzose, so daß Matthias mit ihm ohne Dolmetscher sprechen kann. „Die Janitscharen haben sich geweigert, zu einem neuen Sturm vorzurücken", erklärt der Franzose.
„Die Janitscharen?" fragt der Marschall erstaunt. „Das sind doch die besten und sichersten Truppen der türkischen Armee, die Garde des Sultans, Nachkommen christlicher Gefangener, beseelt vom Fanatismus aller Renegaten?"
„Ja. Es ist jedoch eine Nachricht eingegangen von einer großen Hilfsflotte für Korfu, welche sich der Insel nähert ..." Der Franzose kaut auf den Lippen.
Matthias nickt. „Weiter?"
„Vor allem aber von einem großen Sieg, welchen die Christen in Ungarn über die Türken errungen haben."
„Ein großer Sieg ..." Starr richten sich die grauen Augen auf den Franzosen.
Die Hand des Marschalls wischt durch die Luft. Die Gefangenen werden abgeführt. Leise läßt Elena den seidenen Vorhang des Zeltes niedergleiten; sie fühlt, daß Matthias allein bleiben will, und so verläßt sie mit Straticò das Zelt.

Matthias hat sich auf die Ottomane gesetzt und sinnt vor sich hin. Ein großer Sieg in Ungarn. Die Welt wird dem Sieger zujubeln. Er, Matthias, hat auf einem Nebenkriegsschauplatz seine Pflicht getan; man wird ihn belohnen und ihm einen kostbaren Ehrendegen überreichen, nicht ganz so kostbar wie das Schwert des Kogia, aber doch prächtig. Eugen wird ihm einen bezaubernden Brief schreiben, mit wunderschönen Komplimenten, wie die Italiener das verstehen. Die Welt wird ewig seinen Namen nennen — Matthias Schulenburg dagegen wird rasch vergessen sein.

Der Marschall zieht mit den Blicken die Muster des schweren Bodenteppichs nach. Die Muster fließen ineinander, sie werden zu einem Flammenhaufen, und aus ihnen heraus steigt das Bild einer alten Frau, welche schwer getroffen zusammensinkt: „Wenn dein Herr es dir befohlen hat, dann töte mich!" — Aostatal ... —

Der Marschall erhebt sich und faltet die Hände. „Ich danke dir, Gott", sagt er, „daß ich meine Schuld abbüßen durfte. Aller Nachruhm soll auf Eugen fallen."

Der Teppich des Zeltes gleitet zur Seite.

Umflossen vom Sonnenlicht steht dort Elena Pisani.

Der Niedersachse sieht benommen auf diese Erscheinung. Ihr überirdischer Glanz drängt seine Träume nach innen. Er sieht die kleine Insel der Nonnen, wo Aimée Mocenigo weilt. Und weiter gehen die Träume, in den Norden, zu Lelia Bokum, dieser holden, gütigen Wirklichkeit, die ihr Leben hergab für seinen Sohn. Die Mammi wird ihn zu einem Kavalier erziehen, einem Mann von Welt, dessen sich sein Vater nicht zu schämen braucht. Carlheinz braucht sich ja auch seines Vaters nicht zu schämen; später werden ihm die alten Korfu-Kämpfer berichten von dem Wunder, das sein Vater aus Schutt und Steinen aufleben ließ — das Wunder der Verteidigung von Korfu.

Langsam tasten sich die Gedanken des Marschalls in die Wirklichkeit zurück. Er berührt die eingelegte Wasserpfeife des Seraskiers mit dem Zeigefinger. „Schön ist das", lächelt er Elena zu, „weshalb suchst du mich in dieser roten Grotte auf?"
Die langen schlanken Beine des Mädchens stehen fest nebeneinander. „Exzellenz Loredan schickt mich. Ich soll eine Meldung machen."
„An dem Ausdruck deines Gesichtes sehe ich, daß du nichts Erfreuliches bringst. Nun ja, ein Diamant vermag fehlerlos zu sein; aber nicht die Freude. Also sprich schon, mein Sohn."
„Euer Exzellenz möchten sofort hinaus auf den Hügel kommen."
Rasch greift Matthias nach dem Degen und setzt den Hut auf. Mit großen Schritten durchquert er das Purpurzelt; gefolgt von Elena tritt er in das Licht des Tages und in den Jubel der Soldaten. So gelangt er, ständig nach den Seiten gehalten grüßend, auf den Hügel, auf welchem ihn Loredan und die Kommandanten unruhig erwarten. Sie stehen dort in ihren zerfetzten und beschmutzten Uniformen; Da Riva hat seine Stutzperücke abgelegt, und seine kurzen grauen Haare leuchten weiß im erbarmungslosen Licht des Augusttages. Silbergrau breitet sich das Meer unter den Männern aus; grauweiß in Kalktönen und in allen Farben südlicher Blumen steigen in der Ferne die Berge von Albanien auf.
Des Marschalls Blicke gehen über das Meer. Sein Auge sucht die Flotte der abziehenden Türken und die Flotte der Venezianer. Er sucht den Kampf, die entscheidende Seeschlacht, zwischen Pisani und dem Dianum-Kogia, welche den bereits demoralisierten türkischen Streitkräften den Untergang bereiten muß. Sala beobachtet die venezianische Flotte durch ein Fernglas; jetzt reicht er es mit kurzer Verbeugung dem Marschall. „Nun?" fragt Matthias, während er das Glas auf sein weitsichtig gewordenes Auge einstellt.
„Es ist unbegreiflich", murrt der sonst so heitere Sala. Sein rechter hoher Stiefel hängt ihm zerfetzt über das Bein; eine Wunde am Knie ist kümmerlich verbunden; der Verband ist von

Blut durchsickert. Von Zeit zu Zeit stützt er sich auf einen türkischen Stock mit einer Elfenbeinkrücke.
Die mageren Hände des Marschalls schieben noch am Teleskop.
„Die Türken setzen ungestört über die Meerenge der Serpe über. Die venezianische schwere und die leichte Flotte liegen davor und rühren sich nicht." Die Stimme Salas zittert.
„Pisani gibt den Türken das Ehrengeleit in die Heimat", kräht Moser und winkt mit einem Zipfel seines grünen, zerschlissenen Mantels.
Rasch tritt Loredan an Matthias heran. Er keucht. „Pisani ist bestochen!"
Das Auge des Marschalls weicht nicht von dem Fernglas. Elena beobachtet dieses Antlitz, das regungslos den ungestörten Abzug der Feinde verfolgt.
Wird er nicht ein Wort der Verachtung sagen, denkt Elena, nicht ein „Ja" zu Loredans vernichtender Anschuldigung?
Da unten liegen sie alle, die ganze kleine Flotte und die stolzen Schiffe der großen Flotte, die „capitano generale Andrea Pisani", die „Fede", „Celsissimo", „Costanza", „Salute", „Terrore", „Aquila", „San Lorenzo", „Trionfo", „Madonna del Arsenale" — diese alle mit siebzig Geschützen, dazu noch sieben Sechziger, sieben Vierundfünfziger und sieben Fünfziger — zusammen achtzehnhundertneunundsiebzig Geschütze — und nicht eines feuert ... Die türkischen Transportschiffe ziehen an ihnen vorüber, dem Ufer von Butrinto zu, und Andrea Pisani läßt sie passieren, als ob es Venezianer wären, welche er zu beschützen hätte ...
Dem Leutnant Pisani rollen die Tränen über die Wangen, die braun und zerfressen sind von Erregung, Qualm und Hitze, während Da Riva höhnisch ausruft: „Wir wollen Andrea Pisani ein Denkmal zu Lebzeiten errichten, wie einst dem großen Peloponnesiacus!" Der Deutsche Adelmann setzt nachdenklich hinzu: „Auch ich begreife das alles nicht." Immer noch verfolgt der Marschall den Abtransport der Türken nach Albanien hinüber; Straticò, sauber gewaschen, verneigt sich gegen Loredan

und bemerkt: „Vielleicht zwingen den Generalkapitän besondere diplomatische Verfügungen des Senates zu dieser uns noch unverständlichen Haltung."
Loredan zuckt die Achseln. „Ihre Vermutung rührt unsere Herzen, Oberst. Wir sind alle christliche Humanisten und haben nicht die Absicht, von dieser edlen Anschauung abzuweichen. Aber ich glaube, der alleinige Grund, welcher den hohen Senat zu seinen diplomatischen Verfügungen bewegt, darf nur im Willen zum Sieg zu suchen sein. Den Sieg jedoch erreicht man auch als Humanist allein durch die Vernichtung des Gegners."
Starr sieht Matthias durch das Fernglas. ‚Wird er denn kein Wort sagen', durchzittert es Elena, ‚kein Wort über diese unbegreifliche Handlung meines Vaters?' Sie fällt in sich zusammen, weil sie fühlt, daß er ihr nicht wehe tun mag; weil er sich äußerlich nicht auf die Seite derer schlagen will, welche ihren Vater mit Recht verachten. Diese Zurückhaltung aber erscheint ihr als unnatürlich, ja, unerträglich; sie selbst muß dem Marschall diese Hindernisse wegräumen; er muß sagen dürfen, was alle anderen sagen: „Andrea Pisani ist ein Verräter!"
So tritt sie vor in den Kreis der Kommandanten und hebt den Hut. Ihr Gesichtchen glüht; die schönen Pisani-Augen funkeln. „Herr Feldmarschall", beginnt sie halblaut, „ich bin eine Pisani-Tochter, aber ich verstehe nicht ..." Sie sieht die Augen aller auf sich gerichtet, wie sie glaubt, musternd, kritisch und mitleidig; sie möchte vor Scham und Schmerz in den Boden versinken.
Sie sieht nicht, daß über die Gesichter der Offiziere ein verstehendes und gütiges Lächeln geht. Sie weiß nicht, daß alle diese Soldaten ihrem Feldherrn das Glück, welches Elena Pisani heißt, aus tiefster Seele gönnen; daß man ihr wohl will, der Größe ihres Herzens wegen. Sie glaubt sich verachtet, weil ihr Vater verächtlich ist.
Da läßt der Marschall das Fernglas vom Auge sinken und lächelt ihr zu. „Leutnant Pisani", nickt er, „wir können nicht wissen, was den Generalkapitän zu seiner Untätigkeit bestimmt. Aber

nachdem es uns gelungen ist, Korfu gegen die Türken zu halten, wollen wir Andrea Pisani dankbar sein, daß er uns Gelegenheit gab, Venedig diesen entscheidenden Dienst allein zu leisten."

3

Am Nachmittag melden Kanonenschüsse vom Felsen der Madonna von Cassopetto das Eintreffen der Hilfsflotte. Die vereinten Geschwader der Spanier, der Portugiesen, des Papstes und der Malteser laufen durch die Serpe in das Binnenmeer von Korfu ein, nachdem die türkische Flotte ungestört in Butrinto vor Anker gegangen ist und der Seraskier seine Truppen über die Berge davonschickt. Eine schnelle spanische Fregatte landet als erste im Hafen von Korfu; Matthias reitet auf seinem Braunen, welchen Herr von Leibniz ihm damals in Emden ausgesucht hatte, mit seinem Generalstab zum Hafen hinunter und erreicht den Landeplatz im Augenblick, als die Fallbrücke der Fregatte in das Ufer einschlägt. Dann steigt er vom Pferde und erwartet, den Marschallstab in der Rechten, den Kommandanten des spanischen Schiffes, der, geschmückt mit dem Orden vom goldenen Vließ, an der Spitze seiner Schiffsoffiziere dem Marschall entgegengeht. Höfisch neigt er das Knie: „Ich erweise dem Sieger meine Ehrfurcht und überbringe ihm die Grüße meines königlichen Herrn und seines Ministers, des Kardinals Alberoni. Sie, Graf Schulenburg, haben die christliche Welt des Westens gerettet, als Sie die Flanke der Glaubenskämpfe freihielten und dem Prinzen Eugen die Möglichkeit gaben, seinen entscheidenden Hieb gegen die Ungläubigen zu führen. Am fünften August hat Prinz Eugen von Savoyen die Türken vernichtend bei Peterwardein geschlagen."

In der Hauptkirche von San Spiridon, von der nur die Fassade leicht getroffen ist, läßt der Marschall ein Tedeum feiern. Er kniet inmitten seiner Soldaten, während seine Lippen die Gebete seines nordischen Glaubens murmeln. Der Heilige Spiridon sieht aus seinem Glassarg mit bunt eingelegten Augen nieder auf den betenden Ketzer; das schwarzgewordene mumifizierte Antlitz zuckt leise im Glanz vieler Kerzen.

Um Schulenburg herum sind sie alle versammelt, welche an seiner Seite gekämpft haben: Loredan mit den vielen Falten im Antlitz, der große Genießer Da Riva, der selbst nicht wünscht, daß ihm jemand seine prachtvoll zur Schau getragene Frömmigkeit wirklich glaubt; der jugendliche, ernst gewordene General Sala, der undurchdringliche spanische Platzkommandant Galleazzi in seiner übertriebenen Würde; Moser, mit dem vorgeschobenen geistreichen Vogelkopf und seiner rotgekleideten Armee; der frische, magere Neffe des Marschalls in der rot-weißen Uniform des Regimentes „Schulenburg"; dazu die Unterbefehlshaber und Ingenieure, die Abordnungen der Soldaten, und endlich der junge Leutnant Pisani, der bleich und schön neben dem lächelnden Adjutanten des Marschalls kniet. Eine Versammlung von Kommandeuren der Hilfsflotte, bunt, in neue leuchtende Uniformen gekleidet, neigt sich wie ein Blumenbeet im Winde, als der Priester das Allerheiligste hebt. Der Hauptmann Doxaras wirft indessen, gelehnt an eine Säule, eine Skizze der Feier hin, während der Maler Simonini von einer anderen Säule aus den Zauber der Bewegung in eine zitterndlebendige Zeichnung bannt. Vor der Kirche knien die Truppen des Marschalls, zerfetzt, ermüdet, aber ergriffen von dem Wunder von Korfu, während die Glocken läuten, die Einwohner sich in die Arme sinken und dem Heiligen Spiridon ihren Dank zujubeln.

Nur einer fehlt bei der Feier: der Generalkapitän Pisani.

Seine Tochter wendet ein paarmal heimlich das Haupt zu dem Helden von Korfu, der, auf den Knien liegend, seine Gebete spricht. Durch den knabenhaften Körper des Mädchens geht ein Zittern, weil sie den alternden Mann liebt, der ihr jünger und begehrenswerter erscheint als alle jugendlichen Helden, die um ihn versammelt sind.

Das orangefarbene Licht des Abends dringt durch zersprungene Fensterscheiben in den heißen Sitzungssaal bei der Porta Raimondo, in welchen Matthias seine Offiziere zum Schlußappell befohlen hat. Die Gesichter der bleichen und erschöpften Männer werden vom Licht belebt; nur Elenas schönes, stilles Antlitz verharrt in einer durchsichtigen Blässe.
Der Marschall, in großer Uniform, reicht jedem der Offiziere die Hand und spricht mit halblauter Stimme ein paar Dankesworte. Es sind Worte, die von Herzen kommen, und die deshalb auch die Herzen ergreifen. Zu Elena sagt er kurz: „Wir sprechen uns nachher." Endlich tritt er zurück: „Ich wiederhole immer wieder mein Sprüchlein: Venedig muß sich die Herrschaft über das Adriatische Meer sichern. Nur dann kann es weiterleben. Deshalb werden wir, bevor wir zu den Siegesfeiern nach Venedig reisen, erst noch die Vorwerke dieses adriatischen Meeres sichern, oder aber sie zurückerobern. Ich werde das türkische Butrinto nehmen, mit zweitausend Mann Hilfstruppen die venezianischen Inseln Zante und Cefalonia in Verteidigungszustand bringen und die Befestigungen von San Mauro wiederherstellen. Während meiner Abwesenheit wird die Feste Korfu ebenfalls wiederhergestellt werden, so daß ich sie bei meiner Rückkehr in vollem Verteidigungszustand vorfinde. Denn wir wissen nicht, ob die Türken nicht noch einmal zurückkehren. Wir müssen wach bleiben."
Inzwischen ist die Sonne gesunken; über die Gesichter der Soldaten gleitet ein grünlicher Hauch. Sie erinnern an Ertrunkene auf dem Grunde des Meeres. Endlich erhebt Da Riva seine Stimme. Es scheint, als ob er seine eigenen Worte schmecke, als er sagt: „Und die türkische Flotte, Exzellenz, die türkische Flotte?"
„Der Generalkapitän wird die Türken verfolgen."
„Der Kapudan-Pascha Dianum-Kogia ist nach Süden abgesegelt", entgegnet Da Riva, „unsere große vereinte Flotte liegt noch immer im Hafen. Der Kogia ist uns entwischt." Hart klingt Mosers trockenes Lachen durch den Raum.

„Die Kommandeure der vereinten Flotten beraten noch", entgegnet Matthias, dem die Angriffe Da Rivas eine bittere Genugtuung bereiten.

„... ob man einen Kapudan-Kapaun besser in Trüffelsoße oder glasiert zu sich nimmt", nickt Da Riva in die Unruhe der Kommandeure hinein. Und höhnisch setzt er hinzu: „Ich bin für glasiert ... für ältere Herren ist das bekömmlicher. Trüffeln belasten den Magen zu sehr ... Glasiert mit einem leichten französischen Rotwein ... Wir sollten Pisani das hinübersignalisieren."

Die Hand des Marschalls, in einem mächtigen grauen Stulphandschuh, streicht ausgleichend und wegwischend durch die Luft. „Ich werde, wenn ich Butrinto erobert habe, zum Generalkapitän Pisani auf die große Flotte gehen und versuchen, ihn zur Verfolgung der Türken zu bewegen."

Da Rivas Augen quellen vor. Die Hand Loredans legt sich beruhigend auf den Arm Da Rivas. „Lieber Freund, Sie sind erregt; Sie wissen doch nicht ...

„Ich weiß überhaupt nichts", schreit Da Riva auf, „ich weiß nur, daß ein Landfremder, ein Deutscher, weit über seine Pflicht hinaus, die Ehre und den Bestand der Republik verteidigt, während der Generalkapitän dieser Republik, und ihr Patrizier dazu, ganz gewöhnlichen Hochverrat treibt!" Da Riva ist dunkelrot geworden; die anderen Patrizier stimmen ihm erregt bei.

Der Prokurator Loredan wendet sich zum Fenster und starrt hinein in die aufblühende Nacht. In die Stille dringt klar und gehalten die Stimme des Marschalls: „Ich bitte die Herren um acht Uhr zum Befehlsempfang wegen der Eroberung von Butrinto."

Er grüßt und verläßt, gefolgt von Straticò, der sich nach allen Seiten artig verneigt, und Elena, die starr vor sich hinsieht, den Saal.

Vor der Tür erwartet ihn der Hauptmann David Semo, der den Hut zum Gruß hebt. „Nun?" fragt Matthias freundlich, „haben Sie sich etwas erholt, Hauptmann?"

Semo antwortet kurz. „In die Kirche gehörte ich zwar nicht, Exzellenz. Aber ich bin frisch wie am ersten Tag. Von meinem Vater soll ich den Dank übermitteln ..."
„Ich danke ihm, daß er seinen Sohn so gut erzogen hat."
Ein leichtes Rot huscht über das gebräunte Antlitz Davids. „Ich werde es gern bestellen, Exzellenz. Mein Vater läßt fragen, was Euer Exzellenz noch brauchen für den Wiederaufbau der Festung. Es würde alles besorgt werden."
„Bitte, besprechen Sie das mit Oberst Person von Moser. Ich verlasse mich auf Ihren Vater und Sie, Hauptmann Semo."
„Euer Exzellenz sollen sich in uns nicht getäuscht haben."

Nun geht Matthias mit langen Schritten in seinem Arbeitszimmer auf und ab. Er wirft die Stulpenhandschuhe mit dem Hut auf den Schreibtisch und mustert seine zerrissenen und verkohlten Hände. Elena wartet neben dem Tisch, auf welchen Karl die Kerzen gestellt hat.
Endlich bleibt Matthias vor ihr stehen und sieht ihr in die Augen. „Ich danke dir, Elena, daß du mich nicht verlassen hast. Sieh, ich bin von Natur aus ein Mann, dem die Frauen kein Spielzeug, wohl aber eine Möglichkeit bedeuten, seine Seele auszuweiten. Gott hat mich so gewollt und hat dich mir gesandt, damit ich mein Werk leisten konnte. Deine Gegenwart hat mich gestärkt und befeuert, und der Name Elena Pisani wird untrennbar mit der größten Leistung meines Lebens verbunden sein."
Er streckt ihr die Hände entgegen. Sie senkt das Haupt, neigt die Lippen über die Hände, küßt sie und flüstert: „Monseigneur!"
Rasch tritt Matthias zurück. „Ich bitte dich jetzt um eins. Du wirst mich nicht nach Butrinto und auf die Inseln begleiten. Erschrick nicht; ich könnte mit deinem Vater Auseinandersetzungen bekommen, und da ist es besser, wenn du nicht in meiner Begleitung bist. Bleibe in Korfu, nimm Aimées türkische Dienerin ... wie heißt sie doch gleich?"
„Gazireh."

„Ja, nimm diese Gazireh zu dir und suche bald nach meiner Abreise Aimée auf der Insel der Nonne auf. Sprich mit ihr und bewege sie, mit uns nach Venedig zurückzukehren."
„Ja."
„Ich danke dir. Reise nicht vor mir nach Venedig ab; erwarte mich hier. Ich lasse dir Sala da. Er ist verwundet und muß sich auskurieren. Er wird dich beschützen."
„Ich beschütze mich allein."
Er küßt sie auf die Stirn und befiehlt dann kurz: „Sorge dafür, daß alle wichtigen Karten und Pläne an Bord des Flaggschiffes gebracht werden. Moser wird dir helfen. Morgen früh sehe ich dich noch am Hafen."
Elena will etwas sagen, will aufschreien. Dann aber sieht der Marschall ihr in die Augen. Sein Mund schließt sich fest. Sie senkt die Blicke und wiederholt den Befehl: „Morgen früh am Hafen."

Am 18. September 1716 lichtet die leichte venezianische Flotte im Hafen von Korfu die Anker; achthundert Mann mit Kriegsmaterial werden nach Butrinto übergesetzt. Am Großmast des Flaggschiffes steht leuchtend in der klaren Septemberluft die Wappenstandarte des Feldmarschalls. Im Sonnenglanz der Griechenmeere, bespült von saphirblauen Fluten, vergeht hinter dem Ausreisenden langsam die venezianische Insel Korfu.

ZEHNTES KAPITEL

1

Prinz Eugen schreibt dem Feldmarschall Schulenburg in Korfu aus dem Lager von Peterwardein, den 10. August 1716.

Demnach Gott der Allmächtige dessen kayserlichen Waffen den 5. hujus einen vollkommenen Sieg wider den Erbfeind verliehen, als habe Euer Exzellenz hiervon um so mehr part geben wollen, als die beiderseits angefangenen Operationen erheischen, daß man einander die benötigte Communication thue.
Ich überschicke Euer Exzellenz das Journal, aus welchem Sie des mehreren entnehmen werden, was hiesiger Orten passiert ist, nicht zweifelnd, Sie werden den Antheil hieran nehmen, welchen die Sache selbsten mit sich bringt. Womit ich verbleibe Euer Exzellenz dienstwilliger Diener

Eugenio von Savoy.

2

Der Feldmarschall Schulenburg schreibt dem Prinzen Eugen (Original französisch) aus Korfu, den 12. September 1716.

Das Journal über den Sieg, welchen Euer Königliche Hoheit am 6. August über die Türken errungen haben, und das richtig in meinen Besitz gelangte, war mir ein neuer Beweis der

Güte, mit welcher Euer Königliche Hoheit mich beehren, und für die ich meinen tiefsten Dank ausspreche. Ich bedauere lebhaft, nicht Augenzeuge dieser großen Ereignisse gewesen zu sein, welche den Gipfel Ihres Ruhmes bedeuten. Es steht jetzt außer Zweifel, daß Euer Königliche Hoheit sehr bald Herr der bedeutenden Festung Temeswar sein werden; zumal dann, wenn das gute Wetter andauert. Ohne das fürchte ich allerdings, daß die Lage dieses Platzes, welcher von Sümpfen umgeben ist, nicht nur den Angriff erheblich erschweren dürfte, sondern, daß auch die schlechten Ausdünstungen der Sümpfe Sie viele Opfer durch Krankheiten kosten werden.

Sie erweisen mir die Ehre, Monseigneur (im Journal) zu erklären, Sie wären froh, daß nicht i c h Peterwardein verteidigt hätte, denn dann wären Sie nicht so leichten Kaufes davongekommen. Ich nehme dieses Lob entgegen wie ich es muß; da es vom größten Feldherrn dieses Jahrhunderts kommt, schmeichelt es mir unendlich. Wahr ist allerdings, daß ich — gesetzt den Fall, ich müßte gegen Sie kämpfen — meine Willenskraft, Wachsamkeit und Tapferkeit verdoppeln würde, denn nur so könnte ich Ihre Anerkennung erwerben. Nach der Zustimmung meines Gewissens zu dem, was ich geleistet habe, gilt mir Ihre Anerkennung als das in der Welt, was am meisten meine Eigenliebe und meinen Ehrgeiz befriedigt.

Um den Wünschen Eurer Königlichen Hoheit Genüge zu leisten, übersende ich gleichzeitig einen Bericht über meine Verteidigung von Korfu. Es ist ein Auszug, welchen ich nach meinem Journal diktiert habe, weil nur die wirklich wichtigen Ereignisse Ihre Beachtung verdienen. Ich bin glücklich, daß ich der Christenheit dieses Bollwerk erhalten konnte. Sie werden sehen, Monseigneur, welche furchtbaren Sorgen jener 19. August auf mich gewälzt hatte. Gewiß habe ich mich in meinem Leben des öfteren in gefährlichen Lagen befunden; aber keine von ihnen glich auch nur im entferntesten jener vom 19. August.

Allerdings sage ich mir selbst, daß ich noch mehr hätte leisten können. Aber dazu hätte ich von Anfang an eine wirkliche Festung zur Verfügung haben müssen, welche mir die Möglichkeit gab, die beiden Berge Abraham und San Salvator länger zu halten. Aber abgesehen davon sind diese beiden Berge vorzeitig gegen meinen Befehl und ohne jeden Grund aufgegeben worden. Mangels Truppen konnte ich nicht im Traum daran denken, sie zurückzuerobern. Ich glaube jedoch bemerken zu dürfen, daß es in der ganzen Kriegsgeschichte kein Beispiel gibt, wonach die Belagerten ihre eigenen Werke, welche von den Belagerern genommen waren, wieder erstiegen, wie ich es mit dem Scarpon getan habe. Ich gestehe offen, daß es mich beglücken würde, wenn Euer Königliche Hoheit Ihre Zustimmung zu meinen Leistungen ausdrückten; eine solche Äußerung von Ihrer Seite würde für mich die schönste Belohnung bedeuten.

Fahren Sie fort, Monseigneur, die Ungläubigen zu schlagen, ich werde versuchen, Sie dabei nach besten Kräften zu unterstützen. Gewiß weiß ich, daß wir hier nie so große Taten vollbringen werden wie Sie es tun; denn uns fehlt Ihr Genie, vor welchem sich mit mir die ganze Welt vereint, um Ihnen als dem Meister der Kriegskunst zu huldigen.

In tiefer ehrfurchtsvoller Anhänglichkeit habe ich die Ehre zu sein Eurer Königlichen Hoheit stets ergebener Diener

Graf von der Schulenburg.

3

Prinz Eugen schreibt dem Feldmarschall Schulenburg in Korfu, gegeben während der Belagerung von Temeswar, 9. Oktober 1716. (Französisch.)

Der Plan und der Bericht, welchen Euer Exzellenz mir gütigst übersandt haben, informierten mich über alles, was sich während der Belagerung von Korfu Bemerkenswertes ereignet hat.

Sie haben Korfu ruhmvoll gegen die Türken gehalten, bis diese unter Preisgabe ihrer Artillerie und anderer Ausrüstungsgegenstände zur Flucht gezwungen wurden. Ich teile die Freude Eurer Exzellenz um so mehr, als Sie bei dieser Gelegenheit die Fehler in der Anlage der Festung und weiter das Ausbleiben der wichtigsten Gebrauchsgegenstände durch Erfahrung, Tapferkeit und Vorsicht ausgeglichen haben. Von ganzem Herzen und zum gemeinsamen Wohl der Christenheit wünsche ich nur, daß diejenigen, welchen die Leitung des Seekrieges obliegt, Ihrem Beispiel folgen und die türkische Flotte grade in einer Jahreszeit bekämpfen werden, in welcher diese den Kampf zu vermeiden wünscht ... Womit ich in größter Hochachtung verbleibe Euer Exzellenz bereitwilliger Diener

Eugenio von Savoy.

III
MONSEIGNEUR

Intacta fulmine laurus

(„Vom Blitz unberührt blieb der Lorbeer")

ERSTES KAPITEL

1

Im neuen Lazarett, der Quarantäneinsel vor dem Lido Venedigs, herrschte ein Leben wie in einem großen Gasthaus. Dieses Lazarett verfügte über hundert Zimmer; ein Prior leitete die Institution. Wenn auch die Sanitätsbehörde streng darauf achtete, daß niemand die Stadt betrat, der nicht vierzig Tage der Absperrung hinter sich gebracht hatte, so war man doch allen Besuchern gegenüber duldsam, welche aus der Stadt Venedig kamen, um ihre Freunde auf der einsamen Insel zu besuchen. Der Prior, ein venezianischer Edelmann, der sich nach einem bewegten Leben auf der Universität von Padua einige oberflächliche medizinische Kenntnisse erworben hatte, lächelte wohlwollend, wenn die aus pestverdächtigen Ländern angekommenen Vornehmen bereits am ersten Abend ihre Freunde und Freundinnen empfingen, und wenn in den schönen großen Zimmern oder auf der vergitterten Loggia über dem Meer Feste gefeiert wurden, welche denen in Venedig nichts nachgaben.
Dem Marschall und seinem Gefolge war vom Senat das erste Stockwerk dieses Quarantänehotels eingeräumt worden. Nicht ohne Erstaunen musterte Matthias die für ihn bereitgestellten großen Räume mit ihren Stuckornamenten und den kostbaren Möbeln. Ein seltsamer Arzt, der sich Anonimo nannte, erschien jeden Morgen, hintergründig lächelnd, und erkundigte sich nach dem Ergehen der Herren. Fast mit Sicherheit traf er den Marschall mit Antonio Loredan, Antonio Da Riva und dem Generalleutnant Carlo Pisani, welcher, vier Jahre jünger als Matthias, sich

durch Tapferkeit im Seetreffen von Pagania ausgezeichnet hatte, beim Frühstück. Da Riva pflegte den Arzt mit einer kaustischen Bemerkung zu empfangen; Carlo Pisani dagegen erkundigte sich nach dem Ergehen seiner aus der Levante zurückgekehrten Matrosen, welche zusammen mit fünfhundert Soldaten Schulenburgs auf der Nachbarinsel, dem alten Lazarett, untergebracht waren. Doktor Anonimo rieb sich die Hände. „Es geht ihnen gut. Gut! Ausgezeichnet sogar. Bei mir stirbt keiner an der Pest. Keiner! Bei mir ist noch nie jemand an der Pest gestorben."
Der Kopf des Marschalls ging leise hin und her, so daß der Knoten der französischen Perücke zu pendeln begann. „Wenn Sie ein Universalmittel gegen die Pest besäßen, Doktor, dann müßten Sie längst ein reicher Mann sein."
Die Hände des Arztes bewegten sich ineinander. „Mein Mittel ist zu einfach, als daß ich viel damit verdienen könnte. Jeder kann es sich ohne Schwierigkeit beschaffen. Es ist Zypernwein mit Honig."
„Wie geben Sie es?" erkundigte sich Carlo Pisani interessiert, weil er früher unter seinen Soldaten mehrere Pestfälle gehabt hatte.
„In schweren Fällen direkt als Medikament. Jede Stunde drei Maß Zyperwein und neun Unzen Honig. Als Vorbeugung genügen ein Maß und zwei Unzen jede Stunde. Nun aber möchte ich mich nur erkundigen, ob die hohen Herren sich alle wohlfühlen. Keine Übelkeit, kein Jucken? Ganz ausgezeichnet. Als Zwischenmahlzeit immer Zypernwein mit Honig. Und damit die Krankheit keinen Boden findet, auf welchem sie sich festsetzen kann, immer wieder kleine Freuden. Messetta, bassetta, donnetta — die Herren verfügen ja alle noch über eine erstaunliche Jugendfrische."
Die Rechte Pisanis wischte durch die Luft. „Unser Marschall ist ein Ketzer und geht nicht in die Messe; die Freunde Loredan und Da Riva langweilen sich am Spieltisch, und ich selbst habe von den Weibchen herzlich genug. Doktor, da müssen Sie schon etwas Besseres finden!"

Listig sah Anonimo den Sprecher an. Dann hob er den Kopf und lachte. „Möglicherweise habe ich schon etwas Besseres gefunden. In den nächsten Tagen, vielleicht sogar schon heute abend, wird Ihnen mein junger Freund sein Puppentheater vorführen. Der Knabe ist noch nicht zehn Jahre alt, aber zeigt bereits die Reife des Genies."

Matthias hob den Blick. „Ist das der kleine Carlo ... Carlo ...?"
„Richtig, durchaus richtig, Exzellenz! Carlo Goldoni. Ein Feldmarschall weiß anscheinend alles!" Der Arzt ließ seine Blicke bewundernd aufleuchten.

Loredan nickte zustimmend. „Es gehört zu den großen Geheimnissen unseres Feldmarschalls, daß er Bescheid weiß von Gott bis zu den Flöhen. Er hört Gott atmen und die Flöhe husten."

„In Korfu hatte er häufiger Gelegenheit, die Flöhe husten zu hören", kicherte Da Riva, entzündete sich an der Tischkerze eine holländische Tonpfeife und reichte dem Marschall einen Fidibus. Nachdem Matthias seine Pfeife in Brand gesetzt hatte, sagte er ruhig: „Vielleicht habe ich Gottes Atem nie so stark gespürt wie in Korfu."

Während der kurzen Stille, welche auf diese Bemerkung hin eintrat, empfahl sich Doktor Anonimo mit ein paar eckigen Verbeugungen, um in den Nachbarzimmern bei den Offizieren des Generalstabs und dem Gefolge des Marschalls immer wieder sein Universalmittel gegen die Pest, Zypernwein mit Honig, anzupreisen.

Nachdem die vier Herren ihre Pfeifen zu Ende geraucht hatten, begaben sich Loredan, Carlo Pisani und Da Riva auf ihre Zimmer, um die mit dem Morgenboot eingelaufene Post zu prüfen und die ersten Besuche zu empfangen. Matthias zog sich in den benachbarten großen Arbeitsraum zurück, um die eingegangenen Glückwünsche der europäischen Fürsten zu lesen.

Viel klarer als die meisten von ihnen übersah der letzte Großherzog von Toscana, Gaston von Medici, die Bedeutung der Tat des Marschalls. „Nicht allein die erlauchte Republik Venedig", so schrieb er, „sondern auch ganz Italien muß die Größe Ihrer Leistung ohne Vorbehalt anerkennen, denn, wenn die Türken ihre Absicht der Eroberung von Korfu durchgeführt hätten, so würde ihr wahnsinniger Hochmut nicht nur die Schiffahrt auf der Adria vernichtet, sondern auch alle Küstenländer der Adria, ja ganz Italien in den Staub geworfen haben."

Eine leichte Bewegung hinter seinem Rücken ließ Matthias den Kopf wenden. Gleich darauf ging ein gütiges Lächeln über seine Züge; im Zimmer stand, in der weißen Uniform seines Regiments, still und verlegen Elena Pisani.

„Nun, mein lieber Sohn, was gibt es?"

„Ich habe zu melden: Heute wird im Auftrag Seiner Hoheit des Dogen der Prokurator von San Marco, Exzellenz Alvise Pisani, seine Aufwartung machen, um vorerst den Dank des Dogen auszudrücken..."

„Das freut mich sehr. Und weiter?"

„Leutnant Pisani meldet sich ab." Große Tränen rollten ihr über die Wangen.

„Aber Kind, was ist?"

Rasch trat sie an das Fenster, preßte das Köpfchen gegen die Scheibe und schluchzte halblaut vor sich hin. Dann hingen ihre tiefblauen Augen an dem graugrünen Meer, auf welchem die korallenfarbenen Segel der Fischerboote tanzten. Die Wogen da draußen, die sich ineinander drehten, sich wieder aus der Drehung lösten, um sich im Weiterrollen selbst mit weißem Schaum zu krönen, strebten alle dem Süden zu. Sie strebten dorthin, woher Matthias und sie auf der leuchtenden venezianischen Goldgaleere gekommen waren; sie strebten nach Korfu.

Matthias war indessen schweigend an den Schreibtisch zurückgetreten und blätterte in den Briefen. Ein Mitgefühl stieg in ihm auf; er nahm den Brief des letzten Medici und brachte ihn Elena. „Lies einmal, was der Großherzog Gaston von Toscana schreibt. Zwar ist sein Stil schwer verständlich, aber er ist der einzige, der wirklich begreift, was wir auf Korfu geleistet haben."

Diese gütige Geste leitete Elena aus der Welt ihrer Schwermut unmerklich in die Welt der Wirklichkeit zurück. Während sie den Brief des Medici las, prüfte der Marschall die anderen wichtigen Briefe. An großen, schönen Schriftzügen, ein wenig vom Verfall durchwebt, blieb sein Auge hängen. Das war Leibniz. „Ich sehe, lieber Freund", so schrieb er, „daß Sie Ihren Weg unerschrocken weitergegangen sind. Möge er zum Jupiter selbst hinaufführen — aber möge Venus freundlich ihre Kränze auf diesen Weg hinüberreichen. Wenn Sie diesen Brief erhalten, werde ich bereits auf einem Wege wandern, von welchem es kein Zurück mehr gibt. Ich hinterlasse Ihnen ein kleines Andenken, das ich selbst von einem Freunde aus China erhielt, nur ein winziges Buch, von einem Menschen geschrieben, der längst nicht mehr Mensch war, als er es schrieb. Es ist der Tao-te-king des Lao-tse. In ihm ist alles gelöst, was ich einstens anstrebte, fast spielerisch anstrebte, aber doch im höchsten Spiel: das Auflösen der Sprache in die göttliche Zahl. Streben auch Sie nach solcher letzten Weisheit. Denn nur, wenn man diese errungen hat, gelangt man wieder zum heiligen Anfang. Der Kosmos wurde, als die Zahl wurde. Gott ist das Geheimnis der Zahl. Vergessen Sie mich nicht."
Während der Marschall den Brief sinken ließ, wanderten seine Blicke hinüber zu Elena. Sie trat mit leichten Schritten an ihn heran und reichte das Schreiben des Medicäers zurück.
„Glaubst du, daß der Krieg jetzt zu Ende ist?" fragte er nachdenklich. Ein schmerzliches Leuchten stand in seinen großen Augen. Erschrocken sah das Mädchen ihn an, verwirrt von dem Glanz, der plötzlich sein Antlitz erhellte: „Ich ... ich weiß es nicht ... ich kann es ja auch nicht wissen ... Sie müssen es wissen ..."
„Ich ... ja ich, ich wünschte es so! Ich wünschte, sie schlössen bald Frieden; der Kaiser und Venedig einigten sich mit den Türken, und durch einen würdigen Vertrag bekäme Venedig sein Adria-Reich ... denn dann könnte auch ich Gott um meinen Siegespreis bitten."

Elena faßte mit beiden Händen nach rückwärts; an der kalten marmornen Fensterbank fand sie eine Stütze. Schwer atmend fragte sie: „Welchen Siegespreis?"
Der Soldat preßte die Lippen zusammen. Dann sah er an Elena vorbei in die Richtung von Torcello.
„Noch weiß ich nicht, was Gott mir zubilligt. Noch sind seine Zeichen verdeckt."
Über den Raum und die beiden Menschen sank plötzlich jene große, heilige, erwartungsschwere Stille, wie sie war, bevor die Zahl wurde, die geheimnisvolle Zwei Gottes, welche seine Hand schuf, als sie das Chaos teilte in Finsternis und Licht.

2

Ein leises Klopfen führte wieder die Zeit und die Gegenwart in den Raum zurück.
In der Tür erschien Straticò, der sich artig vor Elena verneigte und dann Matthias zuwandte. „Seine Exzellenz, der Herr Prokurator Alvise Pisani sind soeben eingetroffen und möchten Euer Exzellenz seine Aufwartung machen."
Elenas Blicke streiften den allzu gewandten Griechen mit einem weltfremden Erstaunen. Zwar schoß ihr das venezianische Sprichwort durch den Kopf: „chi si fida a un Grego, non ha il cervel intrego" — Wer einem Griechen traut, der hat kein gesundes Hirn — aber sie zitterte noch im Glanz des soeben Erlebten. Daher dachte sie nicht weiter über Straticò nach, sondern schlüpfte rasch vor dem Eintreffen ihres Oheims, Alvise Pisani, aus dem Zimmer.
Nach einigen Minuten wurde die Tür von außen geöffnet. Ein würdiger Zug von hohen Perücken schob sich gegen das Zimmer des Marschalls vor. Ihn eröffneten drei Kavaliere, junge, elegante Patrizier, die in Korfu gut zu brauchen gewesen wären. Ihnen folgte der Zeremonienmeister des Dogen, der cavaliere Manin, mit dem goldenen Stab in der Rechten und der Warze

am Kinn, auf welcher sich immer noch das eine Haar krümmte. Nach ihm, in gemessener Entfernung, schritt federnd, wie einst Ludwig XIV., der Prokurator von San Marco, der große Alvise Pisani, mit welchem die Majestät des Senates von Venedig aufzutreten pflegte. Heute war Alvise wieder die menschgewordene Serenität; der kleine bewegliche Mund zitterte in Güte, und die Augen leuchteten groß. O ja, Alvise Pisani kam heute als Barock-Jupiter, den Dogen Giovanni Cornelio Corner an Bedeutung weit überragend.

Dem Gefolge des großen Alvise fiel eine rein dekorative Aufgabe zu, welche die damit betrauten Patrizier, die Corner, Correr, Pisani, Contarini, Morosini, Mocenigo und wie sie alle hießen, ohne viel Nachdenken mit der Grazie ihrer Tradition zu lösen verstanden.

Die besten Vertreter jener dünnen Oberschicht von fünfzehnhundert Männern, welche die Stadt Venedig, das festländische Gebiet, die Kolonien in der Levante, und durch ihren persönlichen Reichtum immerhin noch einen Teil der Welt regierten, schritten feierlich und gemessen dem siegreichen Condottiere der Republik entgegen. Das Ende dieses Zuges beschloß, ein wenig losgelöst von der Purpurwoge mit ihren weißen Schaumkämmen der Perücken, ein schlanker beweglicher Mann in der Mitte der Dreißiger, in einem braunen Samtrock und brauner, nicht mehr ganz moderner Perücke. Den Kopf hatte er bewußt zurückgeworfen, als ob er eine innere Schüchternheit verbergen müßte. Dabei gingen die verhängten Augen aufmerksam hin und her. Der fest geschlossene Mund, unter breiter Nase stehend, bog sich an seinen Enden zu gewollter Verachtung. Dieser Vertreter des Volkes, der so seltsam von den hochgezüchteten Aristokraten abstach, war der Maler Giovanni Battista Piazzetta, vom großen Alvise als eine künstlerische Hoffnung Venedigs bezeichnet, obgleich Piazzetta sich damals auch noch keines allgemein bekannten Namens erfreute. Man wußte aber, daß der große Alvise ihn den „venezianischen Caravaggio" nannte. Dieser Piazzetta war vom Prokurator mit zum Empfang des

Marschalls gebeten worden, weil Alvise für seine berühmte Porträtsammlung gern ein Bild des Helden von Korfu besessen hätte. Deshalb wollte er Matthias bitten, dem Maler während der Quarantäne-Zeit einige Sitzungen zu gewähren.

In der geöffneten Tür des Arbeitszimmers stand der Marschall. Auch heute trug er das Lederwams, welches er fast immer in Korfu getragen hatte, und hohe, am Ende der Schäfte umgeklappte Stiefel. Seltsam stach der prachtvolle ziselierte Marschallsstab in seiner Linken von seiner sonstigen soldatischen Einfachheit ab. Hinter ihm wartete, leicht vorgeneigt, in der weißen goldverzierten Uniform des Regimentes Schulenburg, der Oberst Straticò, der den prachtvollen Zug mit einem inneren Hochgefühl ankommen sah, als ob dieser Besuch eigentlich ihm gelte. Kurz vor der Tür traten die Kavaliere des Dogen und der Zeremonienmeister zur Seite, um dem großen Alvise den Weg frei zu machen.

Nun beschleunigte der Prokurator seine Schritte, ging auf den Marschall zu und umarmte ihn. „Mein lieber großer Freund", rief er, „wir kommen im Namen Venedigs, um Ihnen, dem Retter der Stadt, aus tiefstem Herzen zu danken."

Diese Begeisterung setzte Matthias in Verlegenheit. Er entgegnete mit ein paar abwehrenden Worten, an welche er sofort seinen Dank knüpfte für die vielen Geschenke, für Wein, Schokolade, Tee und Tabak, womit der Senat ihn und seine Soldaten hatte versehen lassen.

Während Straticò davoneilte, um die venezianischen Oberkommandierenden, die zusammen mit dem Marschall von Korfu eingetroffen waren, zum Empfang zu bitten, begrüßte Matthias mit bewegten Worten den Kriegsminister Nani.

„Durch Sie hat Gott der Menschheit gezeigt, daß er seine echte Wesenheit offenbaren will im Kreuz, nicht aber im Halbmond."

Nani senkte das Haupt, um halblaut weiterzusprechen. „Leider hat der Generalkapitän Andrea Pisani versagt. Es liegt ein gemeinsamer Bericht der Herren Loredan und Da Riva vor, welche beide verlangen, daß Andrea Pisani am Schluß seiner

Amtsperiode — das wäre der 31. Dezember des nächsten Jahres — vor ein Staatsgericht gestellt wird."
Matthias umfaßte den Marschallstab fest. „Ich bin der Ansicht der Herren Loredan und Da Riva."
Die feine Gelehrtenhand Nanis glitt über die ausgearbeitete Stirn. „Seien Sie unbesorgt", nickte er, „man wird auf Ihr Zeugnis verzichten. In solchen Fällen pflegen die Herren des Staatsgerichts Rücksicht zu nehmen."
„Rücksicht gegen ihn oder gegen mich?" fragte Matthias erstaunt. Nani zuckte die Achseln. „Nun, man weiß, daß Sie, lieber Freund, der Familie Pisani sehr nahe verbunden sind und wird annehmen, daß eine Aussage gegen ein Mitglied der Familie Sie seelisch allzu sehr belasten könnte."
Matthias schüttelte das Haupt. „Das ist sehr freundlich gedacht, würde aber eine überflüssige Rücksichtnahme bedeuten. Ich bin jederzeit bereit, meine Kritik an Andrea Pisanis Kriegsführung vor dem Staatsgerichtshof darzulegen."
„Und die Tochter Elena ..."
„Es wäre gut, wenn Sie mit Elena selbst darüber sprächen. Straticò kann Ihren Besuch sofort anmelden."
Während Alvise die venezianischen Oberführer mit Begeisterung begrüßte, näherte sich Piazzetta dem Marschall. „Würde es Sie stören, Exzellenz, wenn ich während Ihrer Unterhaltung mit dem Herrn Prokurator eine erste Skizze von Ihnen anfertigte?" Auf den erstaunten Blick des Marschalls fuhr Piazzetta fort: „Wenn ich arbeite, höre ich nicht, worüber man in meiner Gegenwart spricht. Wenn ich es aber hören sollte, dann würde ich es, wie sich das gehört, für mich behalten."
„Sie können es ihm erlauben", rief Alvise lachend dem Marschall zu, „Piazzetta sagt die Wahrheit."
Während der Künstler sich seine Materialien aus der Gondel holte, fuhr Alvise, der an Matthias herangetreten war, fort: „Unser Gioba ist alles andere als ein fàpresto-Maler, einer von denen, welche in drei Tagen die Decke einer Kirche dekorieren

oder in einem Tag das Treppenhaus eines Palastes. Seine Langsamkeit ist sprichwörtlich, und wenn er seine Rosa Mazzioli heiratet, wird sie es auch nicht leicht haben mit diesem versponnenen Kopf, der acht Tage lang allein an einem kleinen Finger zeichnet."

Als Piazzetta zurückgekehrt war, suchte er sich in der Ecke des Arbeitszimmers einen Platz und begann mit seiner Zeichnung. Er legte sie an mit Kohle, bei aller Festigkeit der Zeichnung leicht nervös und seelisch belebt. Durch diese Technik kam er allem, was er in Venedig sah, nahe; ob es nun der große Alvise Pisani war oder ein Neger mit einer Last auf dem Kopf, ein Türke, der Süßigkeiten verkaufte, ein paar Buben mit Trommeln und Fahnen oder ein Hafenmädchen, das ihre gierigen Blicke ins Nichts hinaus sandte.

Die Herren aus dem Gefolge des großen Alvise und die Oberführer des Marschalls empfahlen sich. Und nun ging das Gespräch der beiden Männer auf entscheidende Dinge über. Der Prokurator, in einem hochlehnigen Sessel, ließ die holländische Tonpfeife immer wieder ausgehen, während er, das Haupt auf die Seite geneigt, dem Marschall seine Ideen darlegte. Zwar stammte das, was der große Alvise hier als seine Ideen auszugeben suchte, in Wahrheit aus des Marschalls Berichten an den Dogen und den Senat. Nach Art guter Kaufleute machte Alvise sich aber die Gedanken eines anderen so zu eigen, daß er sie für seine eigenen hielt und imstande war, sie mit ungebrochener Begeisterung vorzutragen. Zunächst überkam den Marschall ein Mißmut. Aber seltsam, plötzlich stieg vor ihm das Bild Aimées auf, welche den Zeigefinger auf die Lippen legte. So verzog er denn keine Miene, sondern nickte nur von Zeit zu Zeit beifällig.

„Diese Idee, Exzellenz Pisani, ist einfach, wie alles Geniale einfach ist. Um das werdende Adriareich auch noch militärisch zu sichern, sollte das Landheer rasch auf fünfunddreißigtausend Mann gebracht werden. Gestützt auf ein gutes Heer, könnte dieses neue Reich Venedig noch viele Jahrhunderte überdauern."

Sehr leise ging die Kohle Piazzettas über den großen, weißen Bogen. Er arbeitete auch weiter, als Matthias sich aus seinem Sessel erhob und mit großen Schritten auf und ab ging. Endlich blieb er vor dem Prokurator stehen und sah ihn, die Hände auf dem Rücken verschränkt, ernst an.

Diese Augen, dachte Piazzetta, jetzt sind sie wie glühendes, flüssiges Metall! Mit sehr leiser Stimme stellte Matthias seine Fragen.

„Halten Sie die restliche militärische Auseinandersetzung mit den Türken für unumgänglich, Exzellenz Pisani? Muß der Krieg noch weitergehen? Können wir noch auf diplomatische Verhandlungen und deren guten Ausgang hoffen?"

„Ich fürchte, nein. Ruzzini und Grimani werden es in Wien schwer haben. Beim Friedensschluß mit den Türken wird Eugen das Interesse Habsburgs wahren, uns aber nicht zur Seite stehen."

„Daß der Prinz eine ebenso starke Abneigung gegen die Republik Venedig hegt wie gegen mich, das will mir nicht recht in den Kopf." Der Marschall sah nachdenklich vor sich hin und spielte mit der Quaste seines Degens.

Ein weises Lächeln ging über die Züge des Patriziers: „Zunächst einmal verzeiht er Venedig jene mondiale Dummheit von 1707 nicht. Die Republik weigerte sich damals unbegreiflicherweise, mit ihm ein Bündnis zu schließen. Aber Eugens Abneigung liegt wohl noch tiefer." Nach kurzer Pause fuhr Alvise fort: „Es gibt da geheimnisvolle Dinge, beruhend auf Jugenderinnerungen des Prinzen, Dinge, welche man kaum aussprechen kann, weil sie dann schon in die Welt des Zweifelhaften rücken. Aber" — der Prokurator lächelte welterfahren — „ich will gern versuchen, Ihnen diese Vorgänge etwas näherzubringen. Sie gehören in die Welt jener seltsamen Nonne von der kleinen Insel bei Korfu und damit in die Welt des großen Dogen Francesco Morosini. Als junger Mensch weilte Eugen einmal einen Winter lang in

Venedig. Damals war er sehr verlegen, vielleicht weil er kein Geld hatte, vielleicht aber, weil ihn die Gegenwart der Frauen beängstigte. Man nannte ihn hier ‚Mars ohne Venus', eine Tatsache, die um so merkwürdiger war, als man bereits von seinen militärischen Erfolgen sprach. Dann lernte Eugen zufällig die Dame Anastasia Foscari kennen, die Geliebte des großen Dogen Morosini. Diese bedeutende Frau fühlte, daß in dem jungen Menschen ein Genie steckte und nahm sich seiner an. Sie führte ihn mit ihrem Freund zusammen, und so verbrachte Eugen seine Tage nicht auf Redouten und Festen, sondern in der Gesellschaft des alten Heerführers. Mit vollem Recht begeisterte sich Eugen für den Peloponnesiacus, und mit vollem Recht empörte er sich, daß Venedig seinem größten Soldaten genau so wenig mit Truppen und Kriegsmaterial zur Seite gestanden hatte, wie es jetzt Ihnen zur Seite gestanden hat. So erwuchs in dem Prinzen ein tiefer Haß gegen Venedig — ein Haß, welcher die Kehrseite seiner Liebe zu dem großen Peloponnesiacus bedeutet. Und dieser Haß" — die Stimme des Prokurators steigerte sich zu einer kaum verhaltenen Erregung — „dieser Haß läßt ihn jetzt Rache an uns nehmen für das, was unsere Väter an dem großen Dogen gesündigt haben."

Nach einer Weile fügte er hinzu: „Wir können zufrieden sein, wenn Eugen uns beim Friedensschluß das läßt, was wir wirklich erobert haben."

Wieder ging der Marschall im Zimmer auf und ab. Wieder blieb er vor dem Prokurator stehen, und während er hörbar durch die Nase atmete, sagte er hart: „Ich werde also Eugen zuliebe von neuem hinaus müssen, um zu erobern?"

„Wenn wir das Adriareich schaffen wollen — dann ja."

Der Maler beobachtete, wie eine tiefe Erregung durch das Herz des alternden Mannes glitt. Verweht war das, was er zu Elena gesagt hatte, verweht waren seine Träume vom Kranz der Venus, welchen er bereits geflochten sah.

Auch der Prokurator mochte mit dem Feingefühl des Venezianers dieses innere Erleben des Soldaten ahnen, ein Erleben

außerhalb aller kriegerischen Welten. Vorsichtig rührte er mit zarten Worten an den Stolz des Nachdenklichen und berichtete ihm, welche Ehrungen der Senat vorbereite, um den Sieger von Korfu bei seinem Einzug in Venedig zu feiern. „Ich möchte Ihnen gegenüber, lieber Graf, ein klein wenig aus der Schule schwatzen, damit Sie die Zeit der Quarantäne nicht in Trübsal verbringen." Alvise faltete die Hände über dem Knie und lächelte. „Doge und Großer Rat werden Sie in feierlicher Sitzung empfangen. Der Doge wird Ihnen einen mit Diamanten verzierten Ehrendegen überreichen; man wird Ihnen einen jährlichen Ehrensold von fünftausend Dukaten zuerkennen; Sie und alle Mitglieder Ihrer Familie werden in das venezianische Patriziat aufgenommen werden. Zur Erinnerung an Ihre Tat läßt der Senat Gedenkmünzen schlagen; der Bruder Ihres Sekretärs Werner, der berühmte Medaillenschneider in Nürnberg, hat bereits die ersten Prägungen eingesandt."
Matthias errötete wie ein Knabe und setzte sich wieder. „Zuviel der Ehre", murmelte er, während er den Kopf in den Händen barg, „ich habe nur meine Pflicht getan."
„Venedig tut ebenfalls nur seine Pflicht, wenn es Ihnen dankt", entgegnete Pisani freundlich. Dann aber spannten sich die bewegten Züge des Prokurators. „Das ist noch nicht alles. Das Wichtigste kommt noch." Nach einer Weile fuhr er, fast begütigend, fort: „Ihre Bescheidenheit könnte vor dem, was ich noch zu sagen habe, erschrecken. Erschrecken Sie aber bitte nicht, sondern freuen Sie sich. Der Senat hat beschlossen, am Eingang des Arsenals Ihr Brustbild anzubringen; auf dem Waffenplatz vor der alten Feste Korfu aber Ihr Denkmal aufzustellen."
„Mein Denkmal?" Ein Ausdruck des Entsetzens ging über die Züge des Marschalls.
Der große Alvise nickte gütig: „Ja, lieber Freund, und zwar mit dem Zusatz zur Inschrift: ‚adhuc viventi', dem jetzt Lebenden. Eine solche Ehrung wurde zuletzt dem großen Peloponnesiacus zuteil, dessen Büste man zu seinen Lebzeiten, nach seinen

Kämpfen auf Morea, im Dogenpalast aufstellte. Ein Denkmal zu Lebzeiten ist die größte Ehrung, welche Venedig seinen Helden zu erweisen vermag."
Scharf ging das Haupt des Marschalls in die Höhe. „Mein Denkmal zu meinen Lebzeiten aufstellen — nein! Das hieße Gott verhöhnen! Nein, ich will es nicht!"
Der große Alvise neigte sich vor und griff nach den Händen des Marschalls: „Dagegen wage ich nur eines zu erwidern", sagte er, „freilich etwas Entscheidendes. Gottes größte Eigenschaft ist die Güte. Ihr sollten wir, soweit es in unsern schwachen Menschenkräften steht, vor allem nacheifern. Der Senat von Venedig möchte Ihnen das Schönste und Beste geben, was er zu geben vermag, denn er fühlt sich tief in Ihrer Schuld. Das Volk von Venedig erwartet Sie mit Zittern; es möchte Ihnen seinen Dank zujubeln, dem getreuen Marcolin, dem echten Venezianer, wie es Sie nennt. Unsere Dichter verstreuen in den Kaffeehäusern gedruckte Poesien auf Sie; unsere Musiker dirigieren in den Musiksälen Korfuhymnen; unsere Maler stellen auf den Gassen Bilder aus, auf welchen Sie dargestellt sind, wie Sie mit dem Degen in der Hand den Scarpon erklimmen. In den Palästen der Patrizier werden Feste für Sie ausgerüstet, welche denen nicht nachstehen, die man im vergangenen Jahre für den Kurprinzen von Sachsen ausgerüstet hat. Inmitten aller dieser Begeisterung steht der Gedanke an den Mann, der so Großes geleistet hat, daß er zu Lebzeiten ein Denkmal erhält. Wollen Sie diese Freude, den natürlichen Ausklang Ihrer Taten, dämpfen, zerstören, indem Sie aus überfeinem Empfinden sich dem Errichten des Denkmals widersetzen? Tun Sie es nicht. Sie sind groß, Graf Schulenburg. Jetzt seien Sie ganz groß, indem Sie auch gütig sind."
Ein kurzschriller Ton, aus der Ecke des Zimmers kommend, unterbrach die Stille. Piazzetta hatte die Zeichnung vom Block gerissen. Sie flatterte durch das Zimmer.
Rasch hob der Prokurator die Zeichnung vom Boden auf und reichte sie dem Marschall.

Matthias ließ die Zeichnung sinken.
Sein Blick ging fragend hinüber zu dem Maler.
Der griff in seine Brusttasche und holte ein zusammengefaltetes Blatt heraus. „Das, was der Herr Prokurator vorhin berichtete über die Liebe, welche Venedig Ihnen entgegenbringt, ist kein leerer Dunst aus der Diplomatenküche, sondern Wirklichkeit. Hier ist eines der Gedichte auf Sie, Exzellenz, wie sie jetzt durch unsere Gassen flattern, ein schlechtes von den vielen. Die einen behaupten, der Patrizier Benedetto Marcello habe es verfaßt; andere schreiben es einem Straßensänger zu. Vielleicht war es Venedig selbst, das diese Zeilen schrieb."
Der Maler reichte dem Marschall das Blatt. Matthias begab sich damit an das Fenster und las halblaut vor sich hin:

> „Auf ihrem stolzen Fürstenthrone sinnt
> Die Königin der Adria, beglückt und heiter,
> Mit sanftem Blick umfaßt sie froh das Vaterland;
> Denn viele edle Stimmen rauschen machtvoll.
> Sie rufen, rufen:
> Es lebe unser Held, der tapfere Streiter,
> Der stolze Schulenburg!
> Denn er zerschlug den eitlen, halben Mond,
> Der wie Bellona brüllte.
> Dann floh der zornentbrannte Hund zum Meere,
> Doch mit dem Schwert zerschlug der Held den Dreizack,
> Und, seinen ritterlichen Degen schwingend,
> Zertrat mit seinem Roß er Helm und Fahnen
> Der glaubenslosen Heiden.
> So hielt im Kampfe er Korfu, das schwer geprüfte. —
> Jahrhunderte, die kommen, werden künden,
> Vereint mit seiner Tat, den Sieg der Waffen
> Des Markuslöwen. — Und sein Ruhm wird bleiben
> In Marmor und in Bronze."

Matthias wiegte den Kopf und wandte seine Blicke wieder dem Zimmer zu. Dort verfolgten sie das Muster der prachtvollen

Goldstickerei auf dem breiten Band der Stola, welche von der linken Schulter des Prokurators zu seiner rechten Hüfte glitt, die Stola der Ritter des Heiligen Markus.

Mit halblauter Stimme unterbrach Pisani die Versunkenheit des Marschalls. „Sie sehen, lieber Freund, daß die Begeisterung Venedigs für Ihre Leistungen echt ist. Bringen Sie es da noch über Ihr gütiges Herz, die größte Ehrung, welche Venedig zu bieten vermag, aus allzu großer Bescheidenheit abzuweisen?"

Alvise sprach diese Worte mit innerer Bewegung, so daß Matthias durch all die Pracht, welche den Prokurator von San Marco umgab, eine tiefe Menschlichkeit spürte. Man wollte ihm wirklich wohl; Venedig liebte ihn, und es wäre eine Sünde, wenn er diese Liebe zurückstieße. So reichte er dem Prokurator die Hand. „Sie haben mich von Gottes Willen überzeugt, Exzellenz. Ich werde mit tiefer Dankbarkeit alle Ehrungen entgegennehmen, welche der Senat und das Volk mir zugedacht haben."

3

Inzwischen bewirteten Antonio Loredan, Da Riva und Sala das Gefolge des Prokurators, wozu sich auch das Gefolge des Marschalls eingefunden hatte. Nur Elena blieb in ihrem Zimmer und versuchte, sich vor einem hohen Murano-Spiegel wieder mit ihren Frauenkleidern zu befreunden. Noch aber stand sie der bunten Pracht, welche ihre Schwester Laura mit ein paar rührenden Zeilen gesandt hatte, fremd gegenüber. Sie kämpfte mit sich, ob sie nicht rasch wieder ihre weiße Uniform anlegen und hinunter in den Eßsaal stürmen sollte, um dort mit Sala, Loredan und Moser von Korfu zu sprechen, von den Zeiten, die so schön gewesen waren und nach denen sie sich zurücksehnte. Aber hier in Venedig gehörte sie nicht mehr zu den Männern; die mußten ihr Fest mit Zypernwein und Wabenhonig ohne sie feiern.

Als die Unterhaltung der Gäste lebhaft geworden war, entfernte sich Nani unbemerkt von der Tafel und stieg hinauf zu Elena. Vor der Tür des Zimmers hockte Gazireh in ihren weiten Türkengewändern und musterte den erstaunten Besucher über ihren Schleier hinweg. „Donna Elena wartet", nickte sie. „Herrin heute traurig und froh zugleich; nicht um Trauer kümmern. Nur froh sein."

Als Nani den Raum betrat, streckte Elena die Arme nach den Seiten aus, ließ die Hände graziös hängen und machte eine tiefe Verneigung. „Sie sehen mich zu meinem Schmerz verändert, Don Antonio", begann sie, „aber Sie müssen auch so mit mir vorlieb nehmen. Sala behauptet sogar, ein Kleid stehe mir noch besser als eine Uniform. Nun, er wird seine Gründe dafür haben. Da aber auch Gazireh dieser Ansicht ist, so könnte doch etwas Wahres daran sein." Sie winkte Nani in einen Stuhl, setzte sich ihm gegenüber gegen das Licht, bewegte ihre Hände, als ob sie eingeschlafen seien und sah ihn aus verhängten Augen aufmerksam an. ‚Ihre Bewegungen gleichen denen von Meerespflanzen, welche von den Wellen hin und her gewiegt werden', dachte Nani.
„Ich sehe zu meinem Erstaunen", begann er, „daß Sie die türkische Dienerin der Gräfin Aimée übernommen haben?"
Elenas großflächiges Antlitz lag im Schatten, während das Tizianrot des Haares diese geheimnisvolle Schattenwelt wie ein feuriger Kranz umgab. „Gazirehs eigentlicher Herr, der Oberst von Moser, hat sie mir zugewiesen."
„Will ... will denn die Gräfin della Torre ..." Plötzlich sah er sie an und schwieg.
Elena faltete die Hände und sagte einfach: „Aimée ist tot."
Dann stand sie auf und trat neben den still in sich zusammensinkenden Mann. „Don Antonio", fuhr sie leise fort und legte ihm die Hand auf die Schulter, „ich bin nicht mehr so jung, wie meine Jahre es vermuten lassen. Ich weiß, was diese Nachricht für Sie bedeutet."

Nani hielt das Haupt in den Händen. Jetzt konnte er nichts fragen, nichts erwidern — er war wehrlos, und die Worte des jungen Mädchens fielen hinein in seine Seele wie Regentropfen in eine offene Schale.

„Nachdem der Marschall Korfu verlassen hatte, um Butrinto noch zu sichern und die Inseln zu halten, fuhren Gazireh und ich zur kleinen Insel der Nonne hinaus. Durch den Marschall hörte ich, daß Aimée dort geblieben sei, um sich fern der Welt religiösen Übungen hinzugeben. Auf der Insel empfing uns Schwester Anastasia, eine Foscari, mit welcher ich ein wenig verwandt bin. Sie führte uns schweigend an einen Grabhügel, welcher neben dem Grab einer längst verstorbenen Nonne frisch aufgeschichtet war. Ein Holzkreuz verkündete, daß hier die Überreste der Gräfin Mocenigo della Torre ruhten. Langsam erfuhren wir dann Näheres über Aimées Tod. Neben einem geleerten Glas hatte die Schwester einen jener schrecklichen türkischen Giftringe gefunden."

Nani rührte sich nicht. Erst nach einer Weile murmelte er: „Weshalb?"

Elena sah ihn an. Dann antwortete sie klar: „Der Grund war ich ..."

Entsetzt hob Nani den Kopf.

„... wenn auch wohl nicht allein", fuhr sie beherrscht fort. „Sie hat sich selbst gerichtet, oder, wenn Sie so wollen, Gott hat sie durch sie selbst gerichtet. Die Geschehnisse haben sich wiederholt. Ich nehme an, daß der Tod der Gräfin Bokum in Wien durch Aimée mit Hilfe eines der türkischen Giftringe herbeigeführt wurde ..."

„Donna Elena!"

Wieder blieb Elena äußerlich ruhig. „Ich habe Gründe für diese Annahme. Aimée hat Lelia aus der Welt geschafft, weil sie ihre Nebenbuhlerin beseitigen wollte. Aber sie hatte sich getäuscht, denn Matthias liebte auch Lelia nicht mehr. Wohl aber erkannte sie, daß für sie alles verloren war. Um ihren Frauenstolz zu retten, nahm sie diese simple Tatsache als eine Strafe Gottes für ihren Mord an Lelia. Sie ging so weit, daß sie sich als von Gott eingesetzter Richter über sich selbst betrachtete. Sie erinnerte sich an Gottes Wort: ‚Wer Menschenblut vergießt, des Blut soll wieder durch Menschen vergossen werden', und so vollstreckte sie das Urteil Gottes gegen sich." Und leise setzte sie hinzu: „Ich glaube, daß sie den Schritt getan hat, weil sie sich nicht zugeben wollte, daß sie nicht mehr geliebt wird."

„Und der Marschall?" fragte Nani nach einer Weile.

Die Blicke Elenas gingen zur Decke des Zimmers und folgten dort den Stuckornamenten. Endlich murmelte sie: „Er weiß nichts", um gleich darauf hinzuzufügen: „Er darf auch nichts wissen, genau so, wie er damals, als er hinausging, um Korfu zu verteidigen, vom Tod der Gräfin Bokum nichts wissen durfte. Damals hat Aimée alles von ihm ferngehalten; heute muß ich es tun. Ich habe mit dem Großinquisitor, meinem Onkel Almarò, bereits alle Vorsichtsmaßnahmen besprochen. Denn der Marschall wird noch einmal hinaus müssen, um die Türken zu schlagen."

„Ihre Umsicht erschüttert mich, Donna Elena", entgegnete Nani nach einer Weile.

Das Mädchen zuckte die Achseln. „Man muß nur weniger schonend mit sich selbst umgehen und sich selbst weniger interessant finden als die Welt um sich. Dann wird man umsichtig. Das habe ich auf Korfu gelernt." Nach einiger Zeit fuhr sie fort: „Da die Post des Marschalls zensiert wird, so besteht nicht mehr die Gefahr, daß er vorzeitig vom Tod Aimées Kenntnis erhalten könnte. Denn es wissen davon, außer Gazireh und mir, nur noch die Nonne und Sie. Wir aber werden schweigen. — Ich fühle tief mit Ihnen, Exzellenz Nani. Ich wollte, ich könnte Ihnen zur Seite stehen. Sagen Sie mir, was Sie in der nächsten Zeit zu tun gedenken, damit wenigstens gute Gedanken und Gebete Sie begleiten."

Ergriffen sah Nani das Mädchen an. „Ich soll als Marineminister den bevorstehenden Feldzug unterstützen. Vielleicht

traut man mir im Senat mehr Begeisterung für die Sache zu als den andern."
„Auch ich tue das."
„Ich danke Ihnen", sagte er. „Bis zu meinem Amtsantritt werde ich mich auf das Land zurückziehen und mich der Erziehung meiner Söhne widmen. Meine Frau ist ja schon seit vielen Jahren verstorben. Im Frühjahr werde ich nach Korfu reisen und von der Insel der Nonne den Leichnam der Gräfin Mocenigo nach Venedig bringen. Wir wollen sie hier beisetzen".
Als Nani bereits aufgestanden war, um sich zu empfehlen, wandte er sich noch einmal um: „Und die Tochter, die junge Lukrezia?"
Elena sah vor sich hin. „Sie soll noch schöner geworden sein", sagte sie dann, „meine Schwester schrieb es. Lukrezia ist herrlich gewachsen; ihr Antlitz hat etwas Bezwingendes. Die Unterlippe ist sehr voll, die Oberlippe fein gezeichnet. Ihre graugrünen Augen verdämmern in einem geheimen Sehnen. Eines der Augen steht etwas schief ..."

4

Als die Nacht sich über die Lagune und die Inseln senkte, brachte Karl, wie gewöhnlich, die Lichter in das Zimmer des Marschalls.
Matthias war in Gedanken. Er erinnerte sich der langen Unterhaltung, welche er mit Piazzetta noch im Eßsaal gepflogen hatte, und deren Inhalt ihn weiter beschäftigte. Eine seltsame und schöne Welt mußte diese Welt der venezianischen Künstler sein — weil in ihr sich Hoch und Niedrig, Arm und Reich, Närrisch und Lebensklug zu einem beglückenden Ganzen mischten. Stärker als je zuvor überkam ihn eine Abneigung gegen die sogenannte große Welt und eine Sehnsucht nach Menschen wie Piazzetta. Erst, als ein Licht auf dem Tisch umfiel, wandte er

sich um und sah, wie Karl hin und her schwankte, wobei er versuchte, das umgestürzte Licht auszublasen.
Matthias schickte den betrunkenen Diener davon und ließ Hektor kommen, der ihm beim Umkleiden behilflich war. Der Marschall legte einen roten Rock an und steckte in sein Halstuch eine Perlennadel, welche Aimée ihm vor vielen Jahren geschenkt hatte. Als Straticò meldete, das Gefolge hätte sich im Sprechsaal versammelt, um dem Puppenspiel des kleinen Carlo Goldoni beizuwohnen, schritt Matthias über den langen weißen Korridor, die breite Marmortreppe hinunter in das Sprechzimmer, welches durch ein schmiedeeisernes Doppelgitter in zwei Teile zerlegt wurde. Die beiden Gitter waren etwa auf Armlänge voneinander entfernt; dadurch sollte verhindert werden, daß die in der Quarantäne befindlichen Personen den Besuchern die Hände reichen konnten. Mit einer solchen Anlage war dem Gesetz Genüge geleistet; was sich an Besuchern jeder Art in die Innenräume des Lazarettes einschlich, beschäftigte den Prior ebensowenig wie es die Sanitätspolizei beschäftigte.
Straticò öffnete durch einen Druck der Fingerspitze die Tür des Sprechzimmers und geleitete den Marschall, der seine Leute heiter begrüßte, zu einem großen Sessel, welcher in der Mitte des Raumes dicht vor dem Eisengitter stand. Hunderte von Wachskerzen, in Girandolen und Lüstern, gossen ein mildes weißes Licht aus über die Anwesenden und verschönten sie. Auf der anderen Seite der Eisengitter hatte man das Puppentheater errichtet, welches der große Alvise Pisani dem kleinen Carlo Goldoni vor etwa einem Jahr geschenkt hatte. Carlo, der vorerst unsichtbar blieb, leitete die Vorstellung; zuweilen erklang seine helle Knabenstimme hinter der Puppenbühne, wo er seinen Gehilfen die letzten Anweisungen erteilte. Inzwischen trat Doktor Anonimo, die Hände reibend, an Matthias heran und sagte, während er beim Lächeln seine einzelstehenden gelben Zähne zeigte: „Ich bin beglückt, Exzellenz, daß es Ihnen so gut geht. Der Besuch des Herrn Prokurators und der Herren vom Senat ist Ihnen, wie ich sehe, ausgezeichnet bekommen. Ich hoffe, daß

die Vorführungen, welche man Ihnen jetzt bieten wird, Ihnen weiter Freude machen werden. Im übrigen haben wir außer unserm Freunde Carlo noch eine Anzahl von edlen Gästen zu verzeichnen, vor allem den Kaiserlichen Gesandten, den Grafen Colloredo mit seinen Damen, sowie einige Damen der venezianischen Aristokratie, welche alle Sie wenigstens durch das Gitter sehen möchten, um so ihrer Neugier weiteres Futter zu geben."

„Bei dieser Art von Doppelgittern weiß man nie, ob man selbst eingesperrt ist wie ein Menagerielöwe, der von draußen bestaunt wird, oder aber, ob das, was sich jenseits des Gitters bewegt, das eigentlich Eingesperrte darstellt, das wir von draußen kritisch mustern", bemerkte Matthias, während er den Kopf verbindlich gegen das Publikum jenseits des Gitters neigte. Er hatte Piazzetta erkannt.

„Das ist im Leben wohl oft der Fall", entgegnete der Arzt, „auch Ihnen, Exzellenz, dürfte es in Korfu, insbesondere beim Kampf um den Scarpon, ähnlich gegangen sein. Man muß es aber erreichen, sich selbst glaubhaft zu machen, die anderen seien eingesperrt, man selbst jedoch sei frei. Dann leidet man weniger — und damit hat man sich der irdischen Glückseligkeit, soweit sie überhaupt möglich ist, genähert."

„Sie sind Epikuräer, Doktor?"

„Allerdings, Exzellenz. Ich habe gelernt, daß ein dauerndes Glück nur durch Fernhalten von Erregungen zu erreichen ist. Wir müssen anstreben die vier Freiheiten: frei von materiellen Sorgen, frei vom Weibe, frei von Furcht, frei von Eitelkeit. Das Letzte ist das Schwerste. Wer sich aber diese vier Freiheiten errungen hat, dem kann in seiner Seele kaum mehr viel passieren. Verzeihen Sie, Exzellenz, daß ich etwas abschweifte. Wie Sie sehen", — der Arzt wies mit der Hand durch das Gitter — „werden wir sofort mit der kleinen Vorstellung beginnen. Carlo Goldoni ist stolz darauf, Ihnen ein venezianisches Theater vorführen zu dürfen. Vorher möchten aber noch einige Herrschaften Sie durch das Gitter begrüßen. Vor allem der Gesandte des

Kaisers, Graf Colloredo, mit seiner Gattin sowie mit zwei Damen der Gesandtschaft, der Gräfin Vera Rességuier und der Donna Diana Azzariti."

Als Elena ihre Schwester jenseits des Doppelgitters bemerkte, huschte sie in ihrem Victoire-Kleid mit dem eckigen Halsausschnitt, genau so, wie die Pariser Modepuppe in der Merceria ihn zeigte, rasch nach vorn. Sie errötete, als die Herren des Generalstabs ihr Scherzworte nachriefen und Sala erklärte: „Meine Herren, bitte nicht ärgern. Leutnant Pisani ist, wie Sie sehen, heute im Damenrecht." Mißmutig kauerte sich Elena auf die Stufe des Sessels, welcher dem Marschall angewiesen war und sprach von dort durch das Gitter leise und erregt auf ihre Schwester Laura ein. Ihre goldroten Haare leuchteten vor den Knien des Marschalls wie eine zarte Flamme auf. Neben Laura, jenseits des Doppelgitters, stand Lukrezia della Torre. Matthias erkannte sie sofort wieder — merkwürdig, wie sie seiner Schwester Melusine ähnelte. ‚Aber', so überlegte er weiter, ‚beim Lachen zeigt sie das Zahnfleisch — das ist Aimée.' Er wandte sich ihr freundlich zu. „Sie werden gehört haben, Gräfin, daß sich Ihre Mutter auf eine kleine Insel bei Korfu zu religiösen Übungen zurückgezogen hat. Ich habe sie selbst dorthin gebracht. Sie bat mich ausdrücklich, Ihnen während der Zeit ihrer Abwesenheit ein wenig zur Seite stehen zu wollen. Ich wüßte nichts, was ich lieber täte. Durch meine beiden Freundinnen, die Feuer- und Traum-Pisani, werden wir ja sowieso in näherer Beziehung bleiben. Sobald die großen Empfänge in Venedig vorüber sind, hoffe ich, Sie mit den beiden Schwestern möglichst oft bei mir zu sehen."

Indessen zog Elena das Gedicht auf den Marschall, welches ihr Piazzetta am Morgen überreicht hatte, aus ihrem Halsausschnitt und zeigte es der Schwester und der Freundin durch das Gitter. „Kennt ihr dieses Gedicht?" fragte sie, „ich finde nicht viel daran. Gibt es denn über den Marschall nichts Besseres zu sagen?"

Heiter griff Matthias in die Unterhaltung ein. „Du wirst dafür sorgen, Elena, daß bessere Gedichte auf mich geschrieben werden, wenn ich einmal tot bin. Das mußt du mir versprechen."
Mit einem Ruck wandte sich Elena dem Marschall zu. Sie sah ihn aus meerblauen Augen fast böse an; ihre Lippen jedoch stießen einen klagenden Ausruf hervor: „Oh, Monseigneur!" — Inzwischen war Piazzetta an die jungen Mädchen herangetreten, welche er aus dem Hause des großen Alvise kannte. „Ich glaube", so sagte er ruhig, „Sie werten das Gedicht, daß Sie in den Händen halten, nicht richtig, Donna Elena. Sicherlich gibt es eine Unzahl von glatteren und schöneren Versen auf den Helden von Korfu. Dieses Gedicht jedoch stammt von einem Musiker; in der Form, in welcher es vorliegt, ist es noch unfertig; es verlangt nach Musik. Nun hat der edle Benedetto Marcello diese, seine eigenen Verse, auch komponiert. Wir werden vor der Aufführung des Stückes von Carlo Goldoni die A-capella-Komposition Marcellos hören."
Hinter Carlos Puppentheater entstand eine Bewegung. Der kleine Sängerchor der Markus-Kirche betrat den Raum; Piazzetta reichte dem Marschall auf einem langen Löffel ein von ihm gezeichnetes Programm durch das Eisengitter. Zwischen schönen, mythologischen Figuren stand dort zu lesen:
Konzert zu Ehren Seiner Exzellenz, des Feldmarschalls.
Zunächst wird vorgetragen die Komposition einer Dichtung, beides von dem Edlen Herrn Benedetto Marcello. Die Solopartie hat Fräulein Faustina Bordoni übernommen.
Weiter spielt das Puppentheater des Carlo Goldoni ein Stück „Don Juan und Mars", zu welchem Herr Antonio Vivaldi die Musik verfaßte, während unser Professor Gioba Piazzetta die Kulissen gemalt hat. Die Figuren des Theaters wurden von Meister Andrea Brustolon und seinem Gehilfen Johann Maria Morleiter nach Zeichnungen unserer Rosalba Carriera angefertigt. Zum Schluß singt Fräulein Faustina Bordoni Arien aus den Opern des Meisters Antonio Vivaldi, wozu Herr Vivaldi die Sängerin auf dem Klavicembalo begleiten wird.

5

Es war ein seltsames Stück, welches der kleine Carlo Goldoni für diese Festaufführung geschrieben hatte. Die Grundidee stammte von Carlos Vater, dem sie eines Tages in Rom zugeflogen war. Ein junger Jurist, welcher eigentlich Trapassi hieß, aber seinen Namen ins Griechische übersetzt und sich Metastasio genannt hatte, erzählte dem Vater Goldoni die Geschichte eines spanischen Ritters Don Juan. Er erzählte von dessen Liebesabenteuern und von dem Komtur, welcher als steinerner Gast zu dem großen Wüstling ins Haus kam. Diese Erzählung hatte den alten Revolutionär begeistert, weil darin ein Mitglied der verfallenden Oberschicht gerichtet wurde. Den kleinen Carlo hatte weniger der Wüstling, als der steinerne Komtur beschäftigt, welcher als Denkmal noch sprechen und sogar den Don Juan noch einladen konnte. Als nun Venedig das Gerücht durchlief, der Senat wolle dem Verteidiger von Korfu zu Lebzeiten ein Denkmal setzen, da mischten sich im Köpfchen des Zehnjährigen die Stoffe, und so entstand das Singspiel: „Don Juan und Mars", das jetzt dem Helden vorgeführt wurde.

Als der Vorhang zum ersten Akt unter den Klängen eines Siegesmarsches emporging, bot sich den Zuschauern ein entzückendes Bild. Ein Schiff legte am Dogenpalast an; der Türkensieger, in einen tiefroten Rock gekleidet, blickte sich um und sagte: „Reizend. Piazzetta hat die Piazzetta gemalt. Wo aber bleiben die Venezianer?"

Darauf erschien der große Alvise und erklärte: „Die Venezianer sind alle im neuen Lazarett. Die Männer, um sich zu ärgern, weil Sie, Exzellenz, ein Denkmal erhalten sollen. Die Frauen sind dort, weil sie sich auf die Männer freuen, die drei Wochen lang auf den Schiffen von der Welt abgesperrt waren." — „Nicht einmal eine Venezianerin empfängt mich?" knirschte der Türkensieger. Alvise verneigte sich tief. „Ich werde eine rufen, die Ihnen gefallen wird. Sie ist von Holz und doch nicht von

Holz." Nun trat ein Püppchen auf, in der Maske der Faustina, und sang eine große Arie auf den Türkensieger.

> „Leuchtender Stern, der du die Brücke legtest
> Von unserer Stadt bis zu den Horizonten,
> Leuchtender Stern, der du die Welt erregtest,
> Du zwangst das Glück, das wir nicht zwingen konnten!
> Indem die Geister du der Welt bewegtest,
> Erhobst von unsern Ufern, den besonnten,
> Du uns empor in gottbeherrschte Weiten.
> Du gabst der Heimat neue Wirklichkeiten."

Das war die Stimme Faustinens. Ja, diese Stimme war noch mehr als Marcellos wunderbare, federzart gebaute Tonkathedrale — sie war die Stimme einer Gottheit. Der Marschall sank ein wenig in sich zusammen, während sich Elenas Haupt sanft an sein Knie lehnte. Endlich durfte auch er ruhen — ruhen in der Musik Venedigs. Das „bis, bis", das nach der Arie stürmisch verlangt wurde, unterstützte er durch einen halblauten Zuruf: „Ja, bitte noch einmal!"

Sogar Faustina war heute in der Gebelaune. Sie, die sonst nie zu wiederholen pflegte, trug die Arie zum zweitenmal vor, um dann, unter dem rauschenden Beifall der Zuhörer, vor das Theaterchen zu treten und sich lächelnd zu verneigen.

... Das also war die berühmte Faustina, von welcher die Berichte, die in Korfu über die Empfangsfeste für den sächsischen Kronprinzen eingegangen waren, in Worten der Verzückung sprachen. Ein vollschlankes, bewegliches Geschöpf, dessen Rubensformen sich deutlich unter dem roten Atlaskleid abzeichneten. Das Rot des Kleides, noch betont durch die großen Perlen, welche ihr der Kurprinz von Sachsen geschenkt hatte, hob den Ausdruck des Antlitzes, das sehr weiß in einem Kranz von schwarzen Locken leuchtete, in das Reizvolle. Über dem jungen Geschöpf zitterte der Hauch von Ungewissem, welcher beunruhigte und die Neugier reizte ...

Matthias neigte ihr dankend das Haupt entgegen; sie lächelte, wie Bühnenkünstlerinnen zu lächeln pflegen, und zeigte dabei feste weiße Zähne. Dann trat sie wieder hinter das Theaterchen zurück, und die Vorstellung nahm ihren Fortgang.

Im Lauf der Handlung wurde der kleine Türkensieger zu seinem eigenen Denkmal. Er wurde Mars, stand auf einem Sockel in Piazzettas Traum-Korfu und Faustina sang von neuem eine Arie, in welcher sie beklagte, daß der Held versteinert sei. Dann aber stieg sie unter dem Jubel der kleinen Marionettenbevölkerung zu ihm hinauf, der aus Liebe zu ihr wieder lebendig wurde, und die beiden sangen ein Duett. Das Volk tanzte um das Denkmal herum; der Schlußchor endete mit den Worten: „Nie wird bei uns ein Stein gestorben sein; der Liebe ewiges Leben — es belebt den toten Stein."

Nach dem Beifallssturm am Schluß der Aufführung trat der kleine Carlo Goldoni mit hochrotem Kopf vor sein Theater. Er verneigte sich ein wenig eckig und geriet in verlegene Begeisterung, als der Marschall ihm durch das Doppelgitter mit einer Rede dankte. Endlich stieß auch Carlo hervor: „Ich danke auch Ihnen, Exzellenz, — und Sie vergessen nicht, was Sie mir versprochen haben wenn ich groß bin, errichten Sie mir ein Theater."

Der Marschall nickte ernst. „Das habe ich dir versprochen, Carlo. Wenn du so weit bist und genug vom Theater verstehst, dann melde dich bei mir."

Zum Schluß sang Faustina, von Vivaldi begleitet, noch drei Arien. Es waren das die Modearien, welche in Venedig jeder pfiff und summte. Durch den Seidenglanz ihrer Stimme wußte die Sängerin selbst diesem Tagesgut eine überzeitliche Schönheit zu geben, und die Zuhörer in eine unirdische Welt zu entrücken.

Ganz still hörte Elena zu Füßen des Marschalls auf diese Offenbarung von Schönheit. Matthias neigte ihr das Haupt zu, so daß die Locke seiner Staatsperücke ihre Wange berührte, während er flüsterte: „Sie ist vollendet."

Nach einer Weile schob Elena die Locke der Perücke ein wenig zur Seite und erwiderte: „Glauben Sie, daß sie überhaupt weiß, was sie den Menschen durch ihre Stimme zu geben vermag?"
Betroffen sah Matthias vor sich hin: „Vielleicht hast du recht; vielleicht weiß sie das gar nicht."
„Sie weiß auch nicht um den Grund ihres persönlichen Zaubers."
„Weißt du denn um den Grund?"
Die Lippen des Mädchens wellten sich. „O ja, ich weiß darum."
„Und was ist der Grund?"
„Sie ist etwas gewöhnlich, und das erfrischt."

Als Matthias sich am Ende des Konzertes durch das Gitter hindurch bedankte, fiel sein Blick auf eine etwa vierzigjährige Frau, welche sich an einem Querstab des Gitters angeklammert und auf die Zehen gestellt hatte. ‚Eine Mammi aus dem venezianischen Bürgertum', dachte Matthias, während er das gütige, einfache Gesicht mit den intelligenten, blitzenden Augen musterte. Er erstaunte jedoch, als Piazzetta erklärte: „Das ist die Malerin der Fürsten, unsere große Rosalba Carriera", worauf die Rosalba sofort erwiderte: „Und das ist der Fürst der Maler, unser großer Gioba Piazzetta." Mit einem befehlenden Wink der Augen zog Piazzetta noch einen jungen, eleganten, etwa fünfunddreißigjährigen Weltmann hinzu, den Komponisten Antonio Vivaldi, und endlich nahm er den kleinen Carlo Goldoni am Arm, welchen er dicht vor den Marschall an das Doppelgitter stellte. In diesem Augenblick ließ der Kaiserliche Botschafter, der Graf Colloredo, nach allen Seiten lächelnd, sich von Donna Diana einen langen silbernen Löffel reichen, in dessen Schale er zwei Goldmedaillen legte. „Ich hab mir halt erlaubt, Exzellenz, Ihnen zwei von die Medaillen mitzubringen, wo in Deutschland auf Sie geschlagen sind." Sich an die venezianischen Herren vom Ehrendienst wendend, fuhr er auf Italienisch fort: „Es sind nicht die offiziellen Medaillen, meine Herren, welche der Senat auf den Marschall schlagen ließ. Ich würde mir nie erlauben, da Seiner Hoheit dem Dogen vorzugreifen." Er schob die Medaillen auf dem silbernen Löffel durch das Gitter hindurch, und Matthias nahm sie erfreut entgegen. Nachdem er die Meisterwerke gemustert hatte, reichte er sie Elena. Die brachte sie den Offizieren des Generalstabes; alle neigten sich über die kleinen Kunstwerke und nickten zufrieden. Nun wandte sich Elena an Sala: „Sagen Sie, lieber Freund, was heißt das hier: ‚Auspiciis Venetum virtus Germana tuetur'?"

Sala wiegte den Kopf: „Das ist die Legende, wie man sie immer auf einer Medaille anzubringen pflegt. Diese bedeutet etwa: ‚Unter dem Befehl Venedigs bewährt sich der Mut eines Deutschen'."

Nachdenklich zog Elena eine spöttische Lippe. „Das stimmt ja sogar. Das tut es doch sonst eigentlich auf solchen Medaillen nie."

Da Riva, Loredan und Sala sahen vor sich hin. Endlich murmelte Loredan: „Die Wahrheit kommt immer nur aus Versehen ans Tageslicht."

Der Marschall überhörte die Bemerkungen, er reichte Elena die Hand, grüßte nach allen Seiten und begab sich in seine Wohnung. Nachdem er den Adjutanten verabschiedet hatte, trat er an das Fenster und blickte hinaus auf das nächtlich beglänzte Meer. In einigen Monaten würde er also wieder hinausfahren, auf einer Staatsgaleere, nach Korfu. Seine Gedanken verloren sich in halben Träumen, aus denen er aufschrak, als er eine Bewegung unter seinem Fenster bemerkte und sah, daß Elena und Gazireh ein Boot betraten und sich davonrudern ließen. Am nächsten Tag teilte ihm der Prior achselzuckend mit, Donna Elena Pisani habe ihm geschrieben, sie werde mit ihrer Dienerin das Lazarett verlassen, um den Hausstand Monseigneurs in Ordnung zu bringen. Im übrigen regte den Prior diese Flucht weiter nicht auf; derartiges war er gewöhnt.

6

Am Morgen des Einzugstages, des 3. Januar 1717, schwebte das Läuten der Glocken Venedigs wie Taubenflattern über der Lagune. Die Mannschaften von der Nachbarinsel, fünfhundert ausgesuchte Leute, welche am Einzug des Marschalls in Venedig teilnehmen sollten, stärkten sich noch einmal mit Doktor Anonimos Medikamenten. Als zwanzig Ruderboote anlegten, um die Truppen abzuholen, standen die Fünfhundert am Ufer und sangen das Flohlied. Um zehn Uhr legten die drei goldverzierten Peoten des Dogen am neuen Lazarett an. Jubelnd begrüßten die Arsenalarbeiter, denen das Recht zustand, die siegreichen Feldherren einzuholen, den Marschall. Für Matthias und die Oberkommandierenden war die Prachtpeote bestimmt, welche der Senat im Vorjahr für den Besuch des Kurprinzen von Sachsen hatte erbauen lassen. Es war ein dahinfliegendes Goldgehäuse mit großen Spiegelfenstern, weichen Sesseln und niedrigen Tischen, welche mit Leckereien und Rauchzeug beladen waren. Die Ruderer saßen außerhalb der Kabine; kommandiert wurde diese Prunkbarke von Giacomo, dem Obermeister der Tana. Als Matthias ihm beim Besteigen des Bootes die Hand reichte und nichts weiter sagte als: „Ich danke Euch", kämpfte der Arsenalotte mit den Tränen.
Meer, offenes Meer — auf der linken Seite der langgezogene Lido... die drei Peoten flogen der Kirche San Niccolò del Lido entgegen. In der Kabine der Prachtbarke saßen die Oberkommandierenden um einen niedrigen Tisch; zuweilen griff eine feste Hand nach einer Traube oder einer Orange; ein arabischer Diener reichte Kaffee.
In der Ecke der Kajüte lächelte Straticò zufrieden vor sich hin. Jetzt gehörte er zu den Helden von Korfu, und das bedeutete etwas. Seine beiden Brüder hatten ihm aus Venedig in das Lazarett geschrieben, die Familie erwarte dringend seine Ankunft. Als die Peoten die Höhe von San Niccolò erreicht hatten, die kleine Kirche, welche an der Einfahrt in die Lagune liegt, und

in deren Nähe am Himmelfahrtstag der Doge die Stadt Venedig immer wieder neu mit dem Meer vermählte, weitete sich vor ihnen die Lagune unter einem türkisfarbenen Himmel. Die Boote rauschten hinein in die Lagune Venedigs.
Drei Staatsgondeln kamen ihnen entgegen. Die vorderste der Staatsgondeln legte sich an die Seite der Prachtbarke. Matthias trat mit den Oberkommandierenden aus der Kajüte und grüßte die drei Patrizier, die an Bord der Peote kamen, durch Heben des Hutes. Drei große Perücken neigten sich über blutroten Roben. Der erste, welcher das Haupt wieder hob, war der Patrizier Simon Contarini, der sich jüngst in Dalmatien bewährt hatte und dafür Ritter von der goldenen Stola sowie Provveditore des Arsenals geworden war. Ehrfurchtsvoll ergriff der sehr junge Nobile die Rechte des Marschalls und sagte: „Im Auftrage unseres gnädigen Herrn, des Dogen Giovanni Corner, habe ich Sie, Exzellenz, bei Ihrer Einfahrt in die Lagune von Venedig zu begrüßen."
Wie es das Gesetz verlangte, erwiderte der Marschall: „Ich danke dem Dogen für seine Gnade und reiche den mir verliehenen Marschallstab, welchen ich zur Ehre der Republik geführt habe, durch Sie, hoher Herr, wieder in die Hände des Fürsten dieser Stadt zurück."
Auf einem roten Kissen trug Contarini das Symbol der Macht in die Staatsgondel zurück, in welche ihm die beiden anderen Patrizier folgten.
Nun führte Loredan den Marschall auf einen kleinen Goldbalkon am Bug der Prachtpeote. Von dort aus hatte der Kurprinz von Sachsen neben Donna Maria Barbaro die ihm zu Ehren gegebenen Regatten beobachtet. Auf diesem Balkon stand Matthias jetzt allein. Zuweilen, wenn er einen Schritt nach der Seite tat, klirrten in das Geläut der Glocken hinein seine goldenen Sporen, welche ihm die Geliebte des Vaters jenes sächsischen Kurprinzen einst zu Dresden geschenkt hatte. Hinter ihm, eine Stufe tiefer, hielten sich die venezianischen Oberkommandierenden. Dann gab Giacomo vom Heck des Schiffes aus ein scharfes

Kommando, und die drei Peoten flogen über die silbergraue Lagune, dem Bassin von San Marco zu.
Dieses Bassin war schwarz von Gondeln. Die drei Prunkschiffe arbeiteten sich durch die jubelnden Menschen hindurch. Von den Häusern der Stadt hingen kostbare Teppiche herab, welche das helle Winterlicht aufblühen ließ wie Blumen in Märchenwäldern. Die Glocken wirbelten durcheinander in süßen und schweren Tönen. Je mehr sich das Ufer dem Fahrzeug entgegendrängte, desto mehr wuchs der Jubel der Menge. Frische Rosen sanken auf Matthias herab und bedeckten den Goldbalkon der Peote; am Arsenal lösten sie die Geschütze, und zwölf Schiffe der schweren Flotte, welche vor San Giorgio lagen, nahmen den Salut auf. Die Uferstraße schien sich zu heben und zu senken, als ob eine riesige Schlange das ganze Steinwunder Venedig umgäbe; es waren die Menschen, welche, dicht aneinander gedrängt, verzückte, wilde Tänze aufführten. Langsam rückte der Dogenpalast näher. „Im großen Fenster, über dem Fruchtportal, steht der Doge", flüsterte Loredan dem Marschall zu, „bitte, grüßen Sie hinauf."
Matthias hob den Hut, während die gleitende Bewegung der Peote vor dem Fruchtportal des Palastes weich verging. Rotröckige Soldaten sperrten die Uferstraße nach beiden Seiten ab, um dem Marschall und seinem Gefolge einen Weg in den Palast freizuhalten. Vor seiner Armee stand Moser und senkte den Degen. Immer wilder drängte die Menge gegen Mosers Soldaten an. Rufe wurden laut: „Vater Papagei, laß uns zu ihm! Wir wollen ihn von nahem sehen! Wir wollen ihn berühren, ihm die Hände küssen." Aber Mosers Soldaten hielten mit breit gefaßten Gewehren den Weg frei, während jetzt die Rufe der Menge: „Es lebe der getreue Marcolin, der gute Venezianer!" der landenden Prachtpeote entgegenbrausten.
Gemessen schritt aus dem Fruchtportal der Zeremonienmeister des Dogen, der Cavaliere Manin, mit seinem goldenen Stab in der Hand und der Warze mit dem einen gebogenen Haar am Kinn. Drei Ehrenkavaliere begleiteten ihn, Männer mit langen,

feinen, überlegenen Gesichtern, die wußten, was sie der Würde des Augenblicks schuldig waren. Sie bewegten sich fast kultisch wie Ministranten und nahmen keine Notiz davon, daß die Menge versuchte, das Spalier einzudrücken. Plötzlich stand Giacomo vor dem Bootssteg, welchen zwei Arsenalotti von der Prachtpeote zum Ufer gelegt hatten und rief den Ruderern einen kurzen Befehl zu. Die Männer sprangen von ihren Sitzen auf, ergriffen den Marschall, welcher den Bootssteg überschritt, hoben ihn auf ihre Schultern und liefen mit ihm an Manin und seinen Herren vorüber, die Gigantentreppe hinauf. Der Palast hallte wider vom brausenden Jubel der Gäste; Matthias konnte unter all den erregten Menschen nur zwei junge Mädchen erkennen, deren leuchtende Augen unter schwarzen Kopftüchern zu ihm emporsahen.

Ach, wenn Melusine und Carlheinz doch diesen Einzug erleben könnten! Dann fühlte er sich durch das brausende, rote Meer der Patrizier getragen, bis zur goldenen Throninsel des Dogen, welcher ihm entgegentrat und ihn umarmte.

Ein plötzliches tiefes Schweigen lag über dem Riesensaal. Nur mit Mühe konnte der Marschall sich fassen. Dann aber richtete er sich empor und sagte laut und klar, den Hut vor dem Dogen hebend: „Der Befehl Eurer Hoheit, die Feste Korfu gegen die Türken zu halten, konnte dank der großartigen Hilfe, welche mir die venezianischen Edlen geleistet haben, richtig ausgeführt werden. Nach Gottes gnädigem Ratschluß war es uns vergönnt, in gemeinsamem Wirken Venedig vor einem schweren Schicksal zu bewahren." Seine weiteren Worte ertranken im Jubel der Patrizier. Indessen führte der neue Kriegsminister, Francesco Gritti, den Marschall auf den Fußspitzen zu einem goldenen Sessel, welcher links neben dem des Dogen stand. Von dort aus erlebte Matthias die Feierlichkeiten zu seiner Ehre wie einen bunten Kindertraum, in welchen hinein die eroberten Türkenfahnen neben ihm leise rauschten, als ob sie ihn erinnern wollten an die blauen Wogen des Mittelmeeres und die goldüberglänzte Märchenküste von Korfu.

ZWEITES KAPITEL

1

Die großen Feste zu Ehren des Marschalls gingen als ein Orkan von Jubel, Glanz, Regatten, Feuerwerken, Prunkopern und Konzerten vorüber. Daß dieser Orkan in seiner Buntheit auch noch den bunten Karneval durchwirbelte, war nicht weiter erstaunlich; denn in Venedig herrschte das Karnevalstreiben während sechs Monaten im Jahre, abgesehen von den vielen Sondergelegenheiten, bei welchen die Maskenfreiheit üblich war. Wenn der Marschall abends erschöpft in den Palazzo Loredan-Schulenburg zurückkehrte, dann überkamen ihn Gefühle von Bewunderung für ein Volk, welches seit Jahrhunderten in einem ständigen Festtaumel zu leben vermochte, ohne zu entarten oder zu verrohen. Im Gegenteil schienen solche Feste die angeborene Grazie und Güte der Venezianer noch zu steigern.
Der Marschall mußte einen gütigen Zwang ausüben, damit er sich aus dieser Welt der Schönheit wieder in die Welt der Arbeit begeben konnte. Nach einigen Widerständen erreichte er es, daß täglich Besprechungen im Arbeitszimmer des großen Alvise stattfanden, Besprechungen, an welchen Nani, als zukünftiger Marineminister, und der neue Kriegsminister Francesco Gritti teilnahmen.
Während draußen auf den Kanälen die blumengeschmückten Gondeln hin und her glitten, und die Menschen sich mit Konfetti und Papierschlangen bewarfen, empfing Alvise Pisani in voller Serenität die drei Herren in seinem schönen Arbeitszimmer, welches in der Farbenzusammenstellung an einen Strauß von Wicken erinnerte. „Lieber Freund", rief er eines Morgens

dem Marschall zu, während die Sonne kleine Lichter auf dem Rot seiner Toga entzündete, „ich habe Sie gestern in meiner Oper vermißt! Stellen Sie sich das vor: die energische Faustina Bordoni und die nervös-pikante Cuzzoni haben beide so himmlisch gesungen, daß sie den Kampf um die Priorität durch eine Prügelei auf offener Bühne zu Ende führen mußten. In der Seitenloge stand mit gekreuzten Armen der Kastrat Farinelli und schrie im Falsett ins Publikum: ‚Da habt Ihr es! Die Kunst des Gesanges verfällt! Das kommt davon, wenn Ihr Weiber auf die Bühne laßt!'"

Der Prokurator lachte so herzhaft in Erinnerung an diesen Theaterskandal, daß sein Körper ruckweise erbebte. Gleichzeitig aber wies er den Herren ihre Plätze vor einem großen, mit Landkarten bedeckten Tische an; neben jedem der Sessel lud ein kleines Tischchen mit leichtem Wein, Gebäck und Rauchwaren zur gelegentlichen Stärkung ein. Aus bemalten Tonbechern guckten bunte Fidibusse wie vertrocknete Blumen hervor, aber neben ihnen brannten lebendige, dicke, gelbe Kerzen und verbreiteten einen süßen Geruch von Wachs und Honig.

Alvise Pisani schob sich mit übergeschlagenen Beinen tief in seinen Stuhl zurück und ließ die Hände lässig von den Seitenlehnen des Sessels herabhängen. ‚Das sind die schönen Pisanihände', dachte Matthias, ‚die gleichen Hände wie Elena sie hat. Wie lautete doch das spanische Sprichwort?' fragte er sich. So war es wohl: ‚Die Vorsehung braucht einen Augenblick, um einen Menschen und zweihundert Jahre, um eine Hand zu formen.' Indessen hatte der Prokurator das Haupt ein wenig nach rückwärts sinken lassen, so daß sein Blick dem Abglanz rosiger Winterwölkchen zu folgen vermochte, welcher über das Bild des heiligen Andreas von Piazzetta glitt. Der türkisfarbene Himmel draußen legte geheimnisvolle Schatten in die großen Lockenhäupter der Herren. Das Antlitz des Prokurators verharrte für eine Zeitlang in nachdenklichen Falten, aus denen die lange, spitze Nase scharf und unerwartet hervorstach.

„Die augenblickliche Lage, meine Herren", so begann er nach einiger Zeit, „ist seltsam und in sich widersprechend. Im Bunde mit dem Kaiser haben wir die Türken zurückgeschlagen; Prinz Eugens Siege von Peterwardein und von Temeswar sowie Schulenburgs Verteidigung von Korfu sind die großen Marksteine dieses weltgeschichtlichen Vorganges."

Er neigte das Haupt gegen Matthias und fuhr lebhafter fort: „Leider hat dieser Sieg Eugens den Kaiser gierig gemacht. Neuerdings träumt er auch für sein Land Oesterreich von der Seegeltung, über Triest hinaus in das Mittelmeer. Ein solcher Kaisertraum könnte aber Venedig gegenüber zu einer furchtbaren Wirklichkeit werden; er würde einen Stoß in das Herz des werdenden Adriareiches bedeuten und damit den Todesstoß für Venedig." Die Männer schwiegen. Der Savio Gritti fragte mit halber Stimme aus dem Gewölk seiner Perücke heraus: „Und was gedenkt der hohe Senat dagegen zu tun?"

„Jahrhundertelang", erwiderte der große Alvise, „lebte Venedig von der Politik der Bilancia — es lebte von der Kunst, alle politischen Kräfte in Gleichgewicht zu halten. Immer wieder fand Venedig eine Macht, welche es gegen seine Feinde ausspielen konnte. Auf diese Kunst der Bilancia werden wir heute zurückgreifen. Was wir brauchen, ist ein Gegner gegen Karl VI. und das Haus Habsburg. Nun steigt dieser Gegner, beinahe wie vom Schicksal getrieben, auf die politische Bühne — und zwar ist es Spanien, dessen Königin, die geborene Prinzessin von Parma, für ihre Söhne ein Stückchen Italien ergattern möchte, auf das Habsburg mit mehr oder weniger Recht ebenfalls Ansprüche erhebt."

Matthias stopfte mit Sorgfalt eine neue Pfeife. „Ich fürchte, Exzellenz, daß Ihre Rechnung einen Fehler aufweist. Spanien wird sich nicht nur gegen das Haus Habsburg, sondern genau so gegen die Republik Venedig wenden. Dann werden wir uns zwangsläufig wieder mit Habsburg verbinden müssen, und die Politik der Bilancia wird ein schöner Traum bleiben."

Vorsichtig nahm der Prokurator einen Schluck Torcellowein und reichte dem Marschall artig einen Fidibus. „Edler Herr Nani", nickte Alvise dann, während er den Fidibus auslöschte, „grade Sie könnten uns doch das Wesen der entscheidenden Persönlichkeit, der zweiten Gemahlin des Königs Philipp von Spanien, etwas näherbringen."

Über Nanis edle, etwas zu schlaff gewordenen Züge ging ein halbes Lächeln. „Ich weiß, worauf Sie anspielen, Exzellenz." Sich gegen den Marschall wendend, fuhr er fort: „Vor einigen Jahren weilte die jetzige Königin, die damals noch unverheiratet war, als Prinzessin Elisabeth Farnese von Parma mit ihrem Vater, dem regierenden Herzog von Parma, in Venedig. Ich war der Prinzessin als Ehrenkavalier beigegeben und sollte ihr die Schönheiten unserer Stadt zeigen. Ich gab mir auch die größte Mühe, aber sehr bald stellte es sich heraus, daß die energische Dame sich für Kirchen, Reliquien und Bilder gar nicht interessierte, daß ihr Regatten und Blumenschlachten gleichgültig waren, daß sie aber ein bestimmtes Venedig sehr viel besser kannte als ich. Unter ihrer Führung trieben wir uns in Hafenschenken herum, von deren Existenz ich vorher keine Ahnung gehabt hatte..."

„Das sagt er jetzt!" unterbrach ihn der große Alvise lachend.

Nani errötete. „Nein, Exzellenz, ich schwöre..."

„Erzählen Sie weiter. Es wird auch den Marschall interessieren."

„Nun, es war, mit einem Wort gesagt, furchtbar. Wenn ein Patrizier oder auch nur ein braver venezianischer Bürger uns aus einer solchen Kneipe herauskommen sah, so wandte er sich um und lief davon. Sehr bald erhielt ich von Unbekannten gedruckte Führer durch die venezianischen Bordelle zugesandt, welchen ehrfurchtsvolle Widmungen an die Prinzessin Farnese vorangesetzt waren. Unsere Winkeldruckereien arbeiteten mit Überstunden, und unseren Skandalliteraten wuchs täglich neuer Stoff für boshafte Sonette zu."

Nani schwieg. Alvise jedoch lächelte aus einer Wolke von überlegenem Zynismus: „Nun erzählen Sie noch das Wichtigste; von dem Begleiter der Dame."

Nani zog die Fingerspitzen der ausgestreckten Hände langsam über die Stirn. „Das war das Schlimmste. Als Begleiter führte die Prinzessin einen Priester mit sich, einen beweglichen kleinen Kerl, fett, unterirdisch, aber von einer seltsamen Energie. Diese Energie kam nicht wie die der Prinzessin aus dem Geist, sondern aus einem tierischen Magnetismus, aus einer immer nachwachsenden Zähigkeit. Etwas aber konnte dieses Geschöpf: prachtvoll kochen. Wenn wir eines jener furchtbaren Häuser betraten, stürzte der Priester sofort in die Küche und zauberte dort Meisterwerke der Kochkunst zusammen. In meinen Ohren klingt noch heute das Geräusch der fliegenden Kasserolen und der kreischenden Kommandostimme, welche die Bewohnerinnen des Hauses in die Nachbarschaft zum Einkaufen abschickte. Denn in einer halben Stunde mußte ein kostbares Mahl bereitstehen, weil die Prinzessin sich inzwischen mit den wildesten Hafentypen angefreundet, gezankt und wieder vertragen hatte — sehr bald aber etwas zu essen forderte, zumal dann, wenn sie einen ihrer halbbetrunkenen Freunde beruhigen wollte. Auf ihren Pfiff erschien ihr Kaplan auch sofort mit den dampfenden Schüsseln, und nun herrschte wieder Einigkeit — bis zum nächsten Mal."

Wieder schwieg Nani, und wieder lächelte Alvise Pisani. „Jetzt erzählen Sie den Herren auch noch, wie der Priester hieß."

„Alberoni."

Mit einem Ruck wandte Matthias den Kopf dem Sprecher zu; ein ungehemmtes Erstaunen malte sich in seinen Zügen. „Alberoni?" fragte er, „doch nicht der jetzige spanische erste Minister, der Kardinal Alberoni?"

„Derselbe."

„Seltsam." Nachdenklich stopfte sich Matthias eine neue Pfeife, und verbindlich wie immer reichte ihm der große Alvise den Fidibus.

Nach einer kurzen Pause, während derer der Marschall starr vor sich hingesehen hatte, bemerkte er kurz: „Ich kann den hohen Senat vor irgendeiner Verbindung mit dem Kardinal Alberoni nicht genug warnen. Die Politik, welche er treibt, ist ebenso verbrecherisch wie töricht. Er ist eine Tageserscheinung. Vielleicht einfach deshalb, weil er in der Hauptsache eine Nachterscheinung seiner Königin ist. Für mich steht fest, daß Alberonis Künste seiner Gaumenküche länger dauern werden, als die seiner politischen Küche."

„Ich persönlich bin durchaus Ihrer Ansicht, lieber Freund", entgegnete der große Alvise ernst, „leider aber habe ich den Senat noch nicht überzeugen können. Zur Zeit berät er noch, wie er die venezianische Politik, die Königin und den Kardinal in ihre Pläne einordnen kann."

„Allzu lange Beratungen in einem Staat während der Kriegszeit beweisen eine gefährliche Schwäche. Unentschlossenheit ist immer ein Zeichen von Ohnmacht und führt zum Untergang des Staates." Nach einer Weile fuhr der Marschall betont fort: „Vor allem sollte man in Wien lernen, Venedig nicht nur seines Geldes, sondern auch seines Schwertes wegen zu achten. Dazu allerdings muß dieses Schwert geschmiedet werden. Ist das aber geschehen, dann wird der Versuch des Kaisers, für sein Reich Seegeltung zu erlangen, die Interessen Venedigs in weitestem Maße zu achten wissen."

„Nach den Darlegungen des Herrn Prokurators und den Ausführungen unseres Feldmarschalls sind wir also wieder dort angelangt, von wo aus wir unsere Arbeit begonnen haben", bemerkte der große Alvise. „Wir müssen unser Heer und unsere Flotte so ausbauen, daß wir den Angriffen der Türken, der Spanier und, wenn es sein muß, sogar denen des Kaisers Widerstand zu leisten vermögen."

Eine unheimliche Stille lag über dem Raum.

„Arbeiten wir weiter meine Herren", sagte der Marschall abschließend, und vereint beugten sich die vier Männer über die Karte des erträumten Adriareiches, welche auf dem Tisch vor ihnen ausgebreitet lag.

2

Am Morgen des nächsten Tages saß Matthias an seinem großen Schreibtisch im Palazzo Loredan. Die Tür zur Loggia stand weit offen; warmes, silbriges Frühlingslicht flutete breit in den Raum. Vor dem linken Fenster arbeitete der Bildhauer Cabianchi; er formte das Haupt des Marschalls in Ton, als Modell für jenes Denkmal, welches nach Senatsbeschluß in Korfu aufgestellt werden sollte. Aus einer anderen Ecke des Raumes, dem Schreibtisch gegenüber, folgte Elena dem Werden der Plastik. Dabei spielte sie mit dem diamantbesetzten Ehrendegen, welchen sie zusammen mit dem Schwert Kogias und den Medaillen, die man auf die Verteidigung von Korfu geschlagen hatte, dem Bildhauer zeigen wollte. Cabianchi, dessen kindliche Freude an blitzenden Steinen und schön geschnittenen Medaillen in Venedig bekannt war, prüfte die Stücke auch sachverständig und bemerkte: „Die Medaillen, insbesondere die in vollem Profil, sind außerordentlich schön."

„Auf den Medaillen sieht Seine Exzellenz sehr viel freundlicher aus als auf Ihrer Tonskizze", erwiderte Elena, „das ist schade, weil grade dieser freundliche Ausdruck sehr wesentlich für den Marschall ist."

Cabianchi rollte eine große Locke aus Ton und klebte sie an den Tonkopf. „Mir ist vom Senat der Auftrag geworden, den Herrn Feldmarschall in römischer Tracht darzustellen. Dazu paßt kein freundliches Antlitz."

„Paßt denn zur römischen Tracht eine Lockenperücke?" fragte Elena hinterhältig.

Cabianchi neigte vor seiner Arbeit den Kopf bald rechts, bald links, während er mit erhobenen Ellenbogen die Locke gefällig legte. „An irgendetwas", so erwiderte er endlich, „muß man doch erkennen, daß der Dargestellte kein Römer ist."
Matthias, welcher die letzten Worte gehört hatte, hob das Haupt von einem Blatt. „Heute traf dieser Brief des Kardinalstaatssekretärs aus Rom an mich ein, durch welchen mich der Papst um meinen Besuch bitten läßt. Bei guter Gelegenheit werde ich dem Wunsche gern Folge leisten; nur fürchte ich", so lächelte er fein, „der Heilige Vater wird nicht nur an meiner Perücke erkennen, daß ich kein Römer bin."
Inzwischen hatte Cabianchi seine Arbeit mit einem feuchten Tuch bedeckt, sie in die Ecke geschoben und sich mit einer Verbeugung empfohlen. Matthias ließ seine Blicke zu Elena hinübergehen, welche in ihrem geblümten Morgenkleid mit den kurzen Ärmeln zuweilen hinuntersah auf die Blumenschlacht, die sich auf dem großen Kanal entwickelte. Auf die Danae Tintorettos, welche über dem jungen Mädchen an der Wand hing, fiel ein feiner Sonnenstrahl.
„Möchtest du nicht mit Laura und Lukrezia zusammen an der Blumenschlacht teilnehmen?" fragte Matthias liebevoll über den Brief des Kardinalstaatssekretärs hinweg. „Der Tag ist schön, und sicher wird es euch Freude machen."
Erstaunt, ein wenig verletzt und vorwurfsvoll sah Elena den Marschall an. „Wer die Schlachten von Korfu mitgemacht hat, dem ist an Blumenschlachten von Venedig nicht mehr viel gelegen", erwiderte sie abweisend.
Matthias verkniff sich ein Lachen.
Das aber bemerkte Elena; sie sprang vor und rief erregt: „Sie dürfen nicht lachen, Monseigneur! Korfu ist etwas Heiliges!"
Langsam erhob sich Matthias vom Schreibtisch, trat an Elena heran und nahm ihr Haupt in den Arm. „Ich lache nicht über Korfu, mein Liebling, ich am allerwenigsten. Ich lächle über einen jungen Soldaten, welcher einen alten Kriegsknecht über die Freuden außerhalb des Kampfes belehren will."

Zitternd drückte Elena den Kopf gegen den Arm des Marschalls und preßte die flachen Augenhöhlen fest in den dunkelblauen Uniformstoff hinein. Dann murmelte sie: „Sie dürfen nicht böse sein, Monseigneur. Sie wissen nicht, was das für eine Frau bedeutet, wenn sie wirklich einmal ihre ganzen Kräfte für eine große Sache einsetzen darf. Ein Mann hat dazu in seinem Leben hunderte von Malen Gelegenheit, eine Frau eigentlich nur, wenn sie ihre Kinder bekommt. Davon weiß ich aber noch nichts. So hänge ich denn mit meiner ganzen Seele an jenem Erlebnis Korfu, in welchem ich alle meine Kräfte einer großen Sache widmen konnte."

Matthias hielt das Mädchen still in seinen Armen. Nach einer Weile löste er sich vorsichtig von ihr und sagte halblaut: „Jetzt setze dich dorthin, mir gegenüber, ja, dorthin, unter das Bild des Rubens, welches Eugen mir geschenkt hat." Er selbst nahm wieder an seinem Schreibtisch Platz. Sie hielt die Hände im Schoß gefaltet und sah den Marschall erwartungsvoll und ergeben an.

„Mein liebes Kind", begann Matthias nach einer Weile, während er die Hände flach auf den Schreibtisch legte, „du sprachst soeben von der großen Sache, welcher du dich heute nicht mehr widmen könntest. Das ist ein Irrtum. Denn ganz im Gegenteil: die Sache kann deine Kräfte genau so brauchen wie in Korfu. Nur in einer anderen Form. Höre genau zu."

Und nun weihte Matthias das junge Geschöpf durch einen klaren und abgeschlossenen Vortrag in die gefährliche weltpolitische Lage ein, in welcher sich die Republik Venedig befand. Er sprach von der Notwendigkeit eines in sich abgeschlossenen venezianischen Adria-Reiches, welches von ihm geschaffen werden sollte; er sprach aber auch von der Gegnerschaft des Prinzen Eugen gegen Venedig und gegen ihn selbst. „Zur Zeit verkämpfen sich wieder einmal die venezianischen Botschafter Grimani und Ruzzini, die besten Diplomaten Venedigs, in Wien gegen Eugen. Anderseits wieder versucht die spanische Partei am Wiener Hofe die Stellung Eugens beim Kaiser zu unter-

graben. In Wien ist also ein riesiger Wirrwarr, welchen meine beiden Agenten, der Herr von Mörlin und der Hauptmann von Pilgram, nicht durchschauen können. Es ist aber von entscheidender Bedeutung, daß ich erfahre, was in Wien in Wahrheit vor sich geht. Ich bitte dich also, mit Gazireh zusammen nach Wien abzureisen, bei deinem Oheim Grimani in der Gesandtschaft Quartier zu nehmen und mir ein klares Bild von dem Getriebe in Wien zu verschaffen."
Elena unterdrückte einen Aufschrei. „Ich darf nicht mit hinaus?" Sofort aber verbiß sie ihren Schmerz und fragte soldatisch kurz: „Wann sollen wir nach Wien abreisen?" Er antwortete ebenso kurz: „Sobald ich nach Korfu abreise."
Eine Stille begann sich zwischen den beiden Menschen einzunisten, welche Matthias rasch und gütig zu verscheuchen suchte. „Ich reise über Rom und Neapel zunächst nach Korfu. Du weißt ja, daß Moser mit seiner Armee bereits dorthin zurückgekehrt ist; er wird die Festung für den bevorstehenden Krieg wieder aufbauen. Ich habe vor allem diese Arbeiten zu überwachen. Was nachher mit mir geschieht, wird sich ergeben."
„Der Krieg wird also weitergehen?"
„Ja."
Matthias und Elena schwiegen. Beide fühlten sie schon das Grauen der Trennung; sie würde ihnen schwer fallen. Das empfand Matthias noch stärker als Elena es empfand. Aber nicht noch einmal durfte er sie den Gefahren des Krieges aussetzen. Doch auch Elena litt unter dem Gedanken, losgelöst von Matthias in die Wirklichkeit hinaustreten zu müssen. Gleichzeitig aber fühlte sie sich geehrt durch den Auftrag, welchen sie erhielt. Denn sie war jung, und sie war eine Pisani von jenen Pisanis, welche seit Jahrhunderten die Geschicke der Welt mit bestimmt hatten. Allem Schmerz zum Trotz reizte sie der Gedanke, in den riesigen großen Schmelztiegel — denn das war Wien damals — hineinsehen zu dürfen und allem, was sich dort neu formte, nahe zu sein. Inmitten dieser sich widersprechenden Gefühle aber quälte sie der Schmerz des geliebten

Mannes, welcher am Schreibtisch nachdenklich auf den Brief des Kardinalstaatssekretärs blickte. So trat sie an den Schreibtisch heran und neigte sich ein wenig vor: „Vor allem werde ich mich dann um Carlheinz bemühen."

Der Marschall sah sie aus gütigen Augen an. „Ja", sagte er, „tu das, und schreib mir gleich, wie du ihn vorgefunden hast. Und wenn du glaubst, daß eine deiner Freundinnen dich begleiten soll, so nimm sie mit." Er dachte einen Augenblick lang nach: „Wie wäre es mit Lukrezia?"

„Ich hoffe, daß ihre Großmutter es erlauben wird." Elena spürte, daß ihre Stimme zitterte; das Bild der toten Aimée stieg in ihrem Geiste auf, und sie bedurfte ihrer ganzen seelischen Stärke, um ihrer inneren Erregung Herr zu werden. Sie ging ein paar Schritte auf und ab, spielte mit den Medaillen, welche noch in ihrer Nähe lagen und lehnte sich dann mit gekreuzten Füßen gegen das Fensterbrett.

Zunächst rang sie nach Worten; dann aber begann sie, innerlich bis zum Weinen gespannt, äußerlich jedoch völlig beherrscht, mit einer längeren Betrachtung. „Verzeihen Sie, Monseigneur, wenn ich von meiner Reisebegleitung abschweife, und Sie auf wichtigere Dinge aufmerksam mache. Bald bin ich nicht mehr in Ihrer Nähe. Sie werden wieder Krieg führen und werden wieder den Kampf um das Material erleben müssen. Alles andere machen Sie allein. Material jedoch bekommen Sie auch heute nicht vom Senat, ebensowenig, wie Sie es damals erhalten haben. Material bekommen Sie mit Sicherheit nur durch die Arsenalotti. Ihre Verbindung zu den Arsenalotti ist heute zwar gut, aber sie ist noch nicht unzerstörbar. Monseigneur ... bis zu Ihrer Ausreise muß Ihre Verbindung mit den Arsenalotti unzerstörbar geworden sein. Wer aber soll sie herbeiführen?"

Matthias hatte sich in seinen Stuhl zurückgelehnt und sah mit überlegenem, ein wenig hintergründigem Lächeln zu dem erregten Mädchen hinüber. „Hast Du dein grünes Jagdkostüm hier?"

Elena wurde dunkelrot. Sie sah sich durchschaut, senkte den Kopf und stotterte verlegen: „So meinte ich das eigentlich ... eigentlich meinte ich das doch nicht so."

Nun begann sie ihm leid zu tun, und im übrigen freute es ihn auch, daß sie noch einmal vor ihrer Abreise nach Wien sein Flügeladjutant sein wollte. Daher griff er rasch ein und befahl kurz: „Zieh sofort das Kostüm an! Du mußt noch heute die Verbindung aufnehmen, vor allem zu Giacomo, auf den wir uns immer verlassen können."

Nachdem der Marschall den Brief des Kardinalstaatssekretärs beantwortet hatte, erschien Elena in ihrem Jagdgewand. Als sie im grünen Kostüm mit Dreispitz, Umhang, Dolch und Saffianstiefeln vor ihm stand, war sie in ihrem Stolz und in ihrer Verlegenheit ergreifend schön. Matthias freute sich, daß sie die einfache Schleifenperücke dem ganzen Plunder von Bändern vorzog.

„Du fährst in das Arsenal hinaus und legst mit Giacomo eine Stunde fest, an welcher ich ihn allein sprechen kann. Das geht niemanden etwas an; auch nicht die drei Provveditoren des Arsenals."

„Einer von den dreien ist aber zuverlässig."

„Wer?"

„Simon Contarini. Ich kenne ihn genau; wir haben als Kinder zusammen gespielt. Man kann ihm vertrauen. Vor allem aber ist er ein echter Freund."

Matthias wiegte das Haupt. „Ein echter Freund?" Er lächelte. „Freunde sind wie Melonen; man muß erst verschiedene probieren, bis man ein gutes Exemplar findet."

Nach einiger Zeit fuhr er fort: „Contarini hat von mir, als wir in die Lagune einfuhren, den Marschallstab entgegengenommen; er hat auch mir gefallen. Weil du auf seine Freundschaft Wert legst, wird er die deine verdienen. Also halte dich an ihn."

583

3

Während die Gondel sich durch das Gewühl von Booten wandte, welche den grünen Canalgrande mit einer Schicht von schwarzem Holz bedeckte, überlegte Elena, ob das Leben des über alles verehrten Mannes nicht schon wieder bedroht sei. Sie zog den Mantel fester um die Schultern, rückte die Maske zurecht und warf immer wieder Blumensträuße in die Nachbargondeln zurück, von welchen aus der grüne Page lachend beworfen wurde. Besonders schien es ein Türke mit einer großen Pappnase auf sie abgesehen zu haben, der am Bug seiner Gondel seinen Tschibuk rauchte und Bänder und Blüten nach ihr warf. Er ließ sogar seine Gondel der ihren folgen, selbst als diese das freie Bassin vor dem Dogenpalast erreicht hatte. Aber die Boote des Marschalls wurden von zwei Ruderern bedient; Elena, welche den Türken mißtrauisch beobachtete, ließ den Weg zum Arsenal unter der Seufzerbrücke hindurch und weiter durch kleine Seitenkanäle nehmen, so daß sie die einrudrige Gondel des Türken bald aus den Augen verlor. Aber daß man ihr überhaupt folgte — das beunruhigte sie.

Erst als sie an der Wache des Arsenals vorüberschritt und der heiter lachende Posten sogar vor ihr präsentierte, fühlte sie sich sicher. Eilends ging sie mit ihren wiegenden Schritten zwischen Tauwerk und Holzgebirgen hindurch, an den Trockendocks mit den im Kampf verletzten Kriegsschiffen vorüber, bis zur Tana, wo sie mit Freudenrufen empfangen wurde. Wie immer wusch sich Giacomo, während er artig den Kopf neigte, zunächst einmal die Hände in einem Zuber, um dann das junge Mädchen zu begrüßen. Seine Augen leuchteten auf: „Endlich ist unser Held wieder da! Wir haben ihn sehr vermißt!"

Elena faßte den Obermeister am Arm und führte ihn auf die Seite. Wie immer lächelte Giacomo höflich, und wie immer erkundigte sich Elena nach Giacomos Familie, nach seinen Söhnen, welche als Söhne eines Arsenalotten zu den „Söhnen des Arsenals" gehörten und als solche eine bevorzugte Stellung

unter der Jugend Venedigs einnahmen. Nach einiger Zeit warf Elena den Zipfel ihres Umhanges über die Schulter und fragte leise: „Hast du Zeit für mich, Giacomo?" Der Obermeister nickte. „In der Werkstube."
Nachdem Giacomo dort einen Stuhl für Elena abgewischt hatte, setzte sie sich an den Tisch und stützte das Köpfchen mit dem Feuerbrand der Haare nachdenklich in die Hände. Wie immer blieb der Obermeister stehen; er stemmte die Fäuste auf die Tischplatte und sagte halblaut: „Sie dürfen mir nicht böse sein, Donna Elena. Aber ich glaube, wir sind uns doch ein bißchen nähergekommen, so daß ich auch einmal über anderes mit Ihnen reden darf, als nur von Mordwaffen und Tod und Vernichtung."
„Ach, Giacomo, du sollst mir alles sagen. Du bist doch mein Freund!"
„Gut, Donna Elena, aber der Anfang ist nicht so ganz einfach." Giacomo schwieg, atmete tief und fuhr fort: „Das Leben des Marschalls wird auf Korfu nicht nur durch die Geschütze und die Waffen der Türken bedroht sein."
Rasch hob Elena den Kopf, um den Freund zu unterbrechen. „Giacomo", rief sie, „glaubst auch du nicht, daß wir ohne Krieg zu einem Frieden mit den Türken kommen können? Wird der Marschall bestimmt wieder hinausmüssen?"
Giacomo nickte. „Bestimmt."
Elena zog die Lippen fest zusammen und sah auf ihre Nägel. „Gut", erwiderte sie, „er selbst ist überzeugt, daß er sehr bald wieder hinaus muß. Diesesmal aber darf ich ihn nicht begleiten. Er schickt mich nach Wien." Ihre Augen irrten an der Wand umher, richteten sich dann aber plötzlich auf Giacomo: „Du hast Sorge, Giacomo, daß sie draußen wieder versuchen werden, ihn zu vergiften. Sag es mir offen; ich bin kein Kind mehr."
Der Obermeister sah Elena ernst an. „Sie sind sehr jung, Donna Elena, aber Sie haben die Weisheit Ihrer Ahnen geerbt. Lassen Sie uns einmal zusammen überlegen. Was sollen Sie in Wien?

Den Spaniern auf die Finger sehen, die dort seit Jahren dem Prinzen Eugen das Leben schwer machen, vor allem aber mit dem spanischen Kardinal Alberoni in Madrid in sehr naher Verbindung stehen." Giacomo machte eine kurze Pause, um fortzufahren: „Wenn wir im nächsten Jahr zusammen mit dem Kaiser wieder gegen die Türken kämpfen, wird der Kardinal Alberoni versuchen, ein paar fette italienische Bissen für die Söhne seiner Herrin zu erwischen. Dagegen werden sich sowohl der Kaiser wie Venedig wehren. In Italien hat Alberoni nur mit einem großen Gegner zu rechnen, und das ist Schulenburg. Alberoni zittert davor, daß Schulenburg das Oberkommando der vereinigten Armee erhält. Durch einen besonderen Vertrauensmann wird er über die Besetzung des Oberkommandos auf dem laufenden gehalten. Dieser Vertrauensmann ist — bitte erschrecken Sie nicht — niemand anders als unser alter Freund Bonneval, der sich augenblicklich sogar wieder in Venedig aufhält."

Elena sprang auf. „Bonneval ist wieder in Venedig? Ja, schläft denn mein Oheim Großinquisitor? — Plant Bonneval etwa ein neues Verbrechen gegen den Marschall?"

„Selbstverständlich plant er das. Ich glaube sogar, daß ich Ihnen sehr bald auch den bündigen Beweis liefern kann."

Plötzlich sank Elenas Haupt mit dem Dreispitz auf den Tisch; der Hut glitt auf die Erde; sie barg das Haupt in die Hände und begann lautlos zu schluchzen.

Der Arsenalotte sah die Unglückliche zunächst ratlos an. Dann aber nahm er sie in seine kräftigen Arme und trug sie im Zimmer auf und ab, während er ihr Köpfchen mit den tizianroten Haaren gegen seine Schulter preßte. Dabei sprach er mit ihr wie mit einem Kind, mit gleichmäßiger, ruhiger Stimme, indem er immer dasselbe wiederholte: „Es ist ja gar nicht so schlimm, es ist ja gar nicht so schlimm." — Nun fühlte Elena sich plötzlich geborgen. Langsam fand sie sogar Worte wieder, und halb schluchzend entgegnete sie: „Ach, Giacomo, es ist sehr schlimm." Sie drückte die Augen gegen den Ärmel seiner Jacke, wie sie

heute schon einmal ihre Augen gegen einen Ärmel gepreßt hatte, dort freilich unter tiefer, innerer Erregung, während in den Armen Giacomos sie langsam die Ruhe überkam.
So ging ihr Schluchzen in ein stilles Weinen über; in dieses Weinen hinein sprach Giacomo ganz leise: „Ich weiß, daß es so mit Ihnen steht; ich weiß es schon lange. Es ist ein Unglück, daß Sie keine Mutter haben, mit der Sie darüber sprechen können..."
„Aber jetzt habe ich dich, Giacomo", murmelte Elena.
Giacomo wandte sich mit seiner Last an der Tür um, blieb für eine kurze Zeit stehen und fragte leise: „Lieben Sie ihn denn sehr?"
„Ach, Giacomo! Ich weiß ja nicht, ob das Liebe ist. Oft glaube ich, eine furchtbare Krankheit habe mich erwischt, eine Krankheit, die nur seine Gegenwart heilen kann. Nein, nicht einmal heilen, sondern nur mildern. Weißt du, von ihm geht eine geheime Kraft aus; wer die kennengelernt hat, der kann sie nicht mehr entbehren. Giacomo, was ist das? Stell dir vor, ich sitze am liebsten in seinem Zimmer in der Ecke und sehe ihn an, wenn er arbeitet. Wenn ich mich aus seinem Hause entferne, fühle ich mich schuldig. Weshalb nur? Ich weiß es nicht. Ich weiß allein, daß ich mich aus seinem Hause nur dann entfernen kann und darf, wenn ich es für ihn tue. Sonst komme ich mir vor, als ob ich eine Sünde beginge."
Giacomo wiegte den Kopf. „Eine Sünde? Nein. Aber er ist fast vierzig Jahre älter als Sie."
„Nur neununddreißig." Elena stellte das mit einer Schärfe fest, welche keinen Widerspruch gestattete. Den Kopf vorgeschoben, die Fingerspitzen auf den Tisch gepreßt, stieß sie hervor: „Was macht denn das aus! Und wenn er hundert Jahre alt wäre, ich würde ihn genau so lieben, wie ich ihn jetzt liebe — und es wäre mir gleichgültig, was die Menschen sagen würden — gleichgültig — so!" Das plötzliche Leuchten ihrer Augen strahlte durch Tränen hindurch, während sie mit den Fingern schnippte und aus gespitzten Lippen in die Luft blies.

Während dieser leidenschaftlichen Worte Elenas ging Giacomo erneut im Zimmer auf und ab. Nach einiger Zeit blieb er stehen, die Hände auf dem Rücken gekreuzt, und betrachtete die Zeichnung eines Schiffes, welche an der Wand befestigt war. Von dort aus fragte er, ohne sich umzuwenden: „Was sagt der Marschall dazu?"
„Ich sehe nicht hindurch, Giacomo."
Giacomo wiegte den Kopf. Im Grunde erschien ihm dieser ganze Fall sehr einfach. Der alternde Marschall mochte sich aus vielen Gründen scheuen, ein so junges Menschenkind fest an sich zu binden. Daß dagegen Elena sich für diesen großartigen Mann begeisterte, daß bei ihr der Unterschied der Jahre vorerst überhaupt keine Rolle spielte, war nichts Außergewöhnliches.
„Es ist schön, daß Sie von einer so großen und heiligen Liebe ergriffen sind, Donna Elena", sagte Giacomo freundlich, „die Frauen Ihrer Kreise pflegen im allgemeinen sehr viel wahlloser an das gewaltige Erleben herantreten, was man Liebe heißt. Niemand kann heute beurteilen, was aus dieser Ihrer großen Liebe werden wird. Aber das ist auch ganz gleichgültig, weil es ja heute schon etwas Großes ist, das Ihnen kein Mensch mehr nehmen kann."
Elena sprang auf und griff nach Giacomos beiden Händen. „Ich danke dir, Giacomo", rief sie, „jetzt weiß ich, daß ich nicht allein stehe." Sie trat an das Fenster und sah nach ihrer Gewohnheit für einen Augenblick auf den Himmel. Bald aber wandte sie sich kurz um und fragte ruhig: „Wie können wir den Marschall vor Alberoni, vor Bonneval und ihren Giften sichern?"
Erstaunt sah Giacomo auf die junge Frau, die sich bereits wieder in der Gewalt hatte. Dann entgegnete er kurz: „Hier in Venedig können wir ihn sichern. Freilich wünschte ich, daß wenigstens alle Meister des Arsenals ihn persönlich kennen lernten. Sie müssen von seinem Zauber gepackt werden, damit sie sich für ihn nicht nur der Sache, sondern auch des Menschen wegen einsetzen. Sie müssen ihn nicht nur verehren, sie müssen ihn lieben."

Die Augen des Mädchens leuchteten auf. „Genau das gleiche hatte ich mir überlegt."

„Gut." Giacomo kaute ein wenig auf den Lippen und sah vor sich hin. „Ich denke, wir werden ihm ein Fest geben, ein Fest hier im Arsenal. Alle Obermeister und Meister des Arsenals, also etwa fünfzig Männer, müssen mit ihren Frauen zugegen sein. Dazu werden wir einladen den Dogen der Nicoloti, den alten Fischermeister Pitteri, und ein paar Leute aus dessen Freundeskreis, etwa den Maler Piazzetta und die Rosalba. Das gibt eine Gesellschaft, wie der Marschall sie in seinem Venedig nicht so leicht zu sehen bekommt. Sie, Donna Elena, kommen als Flügeladjutant mit — nur den Abbate lassen Sie bitte zu Hause. Der soll bei seinen Familiengeschäften bleiben. Den mögen wir nicht."

Beglückt stimmte Elena in diesen Plan ein. Sie riet Giacomo, sich wegen eines passenden Raumes mit dem Provveditore Simon Contarini in Verbindung zu setzen, der während seiner Dienstzeit im Arsenal „die Hölle" bewohne. Sicherlich werde Contarini das schöne weiträumige Haus zur Verfügung stellen. Man sollte aber das Fest nicht zu weit hinausschieben; bis zum kommenden Mittwoch könnte alles gerüstet sein.

4

Während Elena und Giacomo die Vorbereitungen für das Fest besprachen, stand ein etwa dreißigjähriger Mann mit bereits ergrauten Haaren und seltsam funkelnden Augen neben einer Brücke am großen Kanal. Er war jener Arsenalotte Antonio, der damals den Grafen Bonneval mit einem Eichenknüppel totschlagen wollte, aber nur die Beauftragte des Grafen, die Spitzenhändlerin, mit ins Meer werfen konnte. Der Graf war ihm entwischt. Heute lehnte Antonio gelangweilt am Steingeländer der Wendebrücke, welche allen Venezianern gut bekannt war. Vor ihr, im Canalgrande, wurde während der Regatten der „paleto", ein kleiner Pfahl errichtet, welchen die

Wettruderer umkreisen mußten, um dann wieder den großen Kanal hinab zum Ausgangspunkt des Rennens, am Dogenpalast, zurückzukehren. Antonios Blicke gingen gelegentlich hinüber zu dem neuen Palast, welchen sich der Prokurator Giovanni Emo hatte erbauen lassen. Vorerst war die Ehe Emos mit der schönen Luzia Lombardo noch kinderlos; erst sehr viel später sollte Luzia die Mutter des letzten venezianischen Seehelden werden. Der gutartige Prokurator, der jedoch auf einen baldigen großen Kindersegen gehofft hatte, sah die Seitenflügel seines Palastes, welche für diese Nachkommenschaft bestimmt waren, verwaist. So räumte er verarmten Mitgliedern seiner Familie Wohnungen in dem großen Neubau ein, wodurch sich das Leben im Palazzo Emo, sehr gegen den Wunsch des Prokurators, etwas aufdringlich und bewegt abspielte. Es herrschte dort ein ständiges Kommen und Gehen, weil die armen Verwandten, welche als Patrizier nach dem venezianischen Staatsgesetz keinen Beruf ausüben durften, sich durch dunkle Geschäfte mit dunklen Existenzen ihren Unterhalt erwerben mußten.
In einem Seitenflügel des Palastes hatte sich auch Aloisio Emo eingerichtet, der Neffe und Adjutant des früheren Generalkapitäns Girolomo Dolfin, jenes Erfinders der kleidsamen Dolfin-Perücke und des Nachtstuhls in der Reisesänfte. Aloisio war aber auch der Neffe des beweglichen und umsichtigen Nachtherrn Dolfin, welchem aus Gründen seiner Firma nicht allzu viel an einem entscheidenden Sieg Schulenburgs gegen die Türken gelegen sein konnte.
Der Arsenalotte beobachtete, am Kanal langsam auf und ab schlendernd, den Eingang zum Palazzo Emo; dann kniff er die Augen zusammen und sah hinüber zur klaren Barockfassade der Scalzi, bei welcher die Staatsgondel, die den Prokurator abholen sollte, um die Ecke biegen mußte. Eine türkische Händlerin, mit Glasmosaiken und Erinnerungsfigürchen auf einem Brett, trat leise neben ihn, stieß ihm in die Seite und fragte gurrendlevantinisch: „Schöner Arsenalotte, willst kaufen hibsche Tauben für deine wunderhibsche Liebste?"

Mißmutig wandte der Graukopf sich von der Händlerin ab. Seit den Jahren seiner Gefangenschaft in der Türkei haßte er alles, was türkisch war. Plötzlich aber ging ein Lachen über sein Antlitz. „Du bist doch ein Teufelsweib! Bist du ganz sicher, daß Bonneval in den Palazzo Emo kommen wird?"

Gazireh nickte. „Gazireh weiß, Herrin Elena weiß noch nichts. Gazireh will erst ganz sicher sein, was er will."

Ein Schwarm von Masken stürmte über die Brücke. Voran tanzte ein Doktor mit Hampelbewegungen, der eine große Flasche in der Hand hielt, aus welcher er Orangenblütenwasser auf die Vorübergehenden spritzte. Eine wilde Horde von Bäuerinnen, Chinesen und Chinesinnen wälzte sich hinter ihm her. Mit einer kurzen Kopfbewegung zeigte Gazireh auf den Doktor und flüsterte Antonio zu: „Das ist er! Wollen alle in Palazzo Emo. Gazireh geht mit. Du hier warten, bis Gazireh winkt." Sie schloß sich tanzend dem Zuge an; Antonio beobachtete, daß dieses Menschengewirbel nach einer Weile stutzte und seine Blicke auf die Scalzi gerichtet hielt, unter welcher die goldene Senatsgondel sichtbar wurde. Mehr und mehr hob sich die strahlende Gondel aus der Düsternis der Ferne in die Breite des besonnten Kanals, auf welchem sie rasch dem Palazzo Emo zustrebte. Der feingliedrige, leicht nach vorn geneigte Prokurator bestieg sie mit zwei Sekretären, um sich zur Sitzung der Prokuratoren von San Marco rudern zu lassen.

Nachdem die Gondel bei den Scalzi um die Ecke gebogen war, drängte der Maskenzug sich hinein in den Palazzo Emo. Gleichzeitig aber schlich der Arsenalotte am Ufer entlang und wartete, bis Gazireh ihm Zeichen aus einem Fenster gab. Dann stieg er rasch die breite Marmortreppe hinauf und wand sich zwischen Masken hindurch, welche in den geöffneten Sälen des piano nobile speisten, tanzten oder tranken. Am Ende des Ganges erwartete ihn Gazireh; er folgte ihr in den Seitenflügel, der von den „Barnabotti", armen Verwandten des Prokurators, in Beschlag genommen war.

Gazireh leitete den Arsenalotten durch mißtrauische Gruppen hindurch, bis sie vor einem der Zimmer den Schritt verlangsamte und flüsterte: „Hier wohnt Aloisio Emo. Doktor ist zu ihm hineingegangen mit zwei Masken."
„Was tun die dort?"
Vorsichtig, damit das Gespräch nicht belauscht werden konnte, trat Gazireh hinter den Arsenalotten: „Herr Aloisio Emo ist zweimal als Kurier des Senats in Wien gewesen, hat dort Bonneval genau kennen gelernt. Bonneval hergekommen, um mit Aloisio etwas gegen Marschall zu unternehmen. Denn beide, Aloisio und Bonneval, hassen Marschall."
Der Arsenalotte lehnte sich gegen die Mauer. „Was sollen sie unternehmen, Gazireh?"
Zunächst zuckte die Türkin fast mitleidig die Achseln. Rasch wanderten ihre Blicke über die Masken, welche mit Bonneval gekommen waren. Plötzlich schob sie sich an einen sehr großen Chinesen heran, dessen linke Schulter ein wenig herabhing, hielt ihm ihren Tragladen hin und gurrte: „Willst du kaufen hibsche Brosche für deine Liebste?"
Ein Paar sehr scharfe Augen blitzten durch die gelbe Gesichtsmaske. Dann schüttelte der Chinese den Kopf und lachte meckernd: „Leg den Schleier ab, schöne Türkin, dann kaufe ich eine Brosche von dir." Der Chinese sprach keinen reinen venezianischen Dialekt; er sprach das Venezianische so, wie die Griechen es zu sprechen pflegen.
Nun aber schüttelte auch Gazireh den Kopf. „Darf nicht", sagte sie, „darf nicht. Täte es so gern!"
„Aber tu es doch", drängte der große Chinese, der allmählich wärmer wurde, „ich kaufe dir auch zwei Broschen ab."
„Darf nicht!"
„Ich will dir etwas sagen. Ich habe hier noch zu tun. In einer Stunde bin ich fertig. Komm in zwei Stunden zu mir, in mein Casino am Markusplatz. Gleich an der Fischbrücke, im Palazzo Cocco, wenn du hineinkommst rechts ... Ja?"
„Kauft mir Herr Chinese auch zwei Broschen ab?"

„Drei ... aber nur, wenn du zu mir kommst. Vergiß nicht: Palazzo Cocco an der Fischbrücke!"
Ergeben und willig schienen Gazirehs Augen aufzuleuchten, so daß der Chinese belebt das Zimmer des Don Aloisio Emo betrat, nachdem der Doktor ihn hineingewinkt hatte. Inzwischen schob sich die Türkin vorsichtig zu dem gespannt wartenden Antonio zurück.
„Was gibt es?" fragte der Arsenalotte leise.
„Hast du Gondel da?"
Antonio nickte. „Gut", erwiderte Gazireh, „dann wir beide sofort zur Fischbrücke." —
In Abkürzungen, welche die mächtige Schleife des Canalgrande durchschnitten, lenkte Antonio die Gondel im Schatten hoher Häuser und unter weichgeschwungenen Brücken hindurch. Während der Fahrt über die grünen Kanäle berichtete Gazireh dem Arsenalotten von ihrer Verabredung mit dem Chinesen in dessen Casino, einer der vielen kleinen Luxuswohnungen, wie sie die Reichen der Stadt sich in der Nähe des Markusplatzes hielten — um dort in Ruhe ihrer Liebe zum Spiel oder ihrem Spiel der Liebe nachgehen zu können.
Dann schwieg Gazireh lange, ließ ihre Blicke über ihre Waren gleiten und dachte scharf nach. Kurz vor der Fischbrücke hob sie den Kopf. „Hast du Abzeichen der Arsenalotti bei dir?"
Mit einem leichten Druck des Ruders ließ Antonio die Gondel halten, griff in das Boot hinein und zeigte Gazireh den kurzen Speer, sowie den roten Stab, welche die Arsenalarbeiter als besondere Auszeichnung trugen. Die Türkin war zufrieden. „Jetzt paß auf. Du gehst in Palast hinein und holst den Diener aus der Wohnung. Dann Gazireh schnell hinein und sieht, was zu finden." —
Als der Arsenalotte von dem Diener verlangte, er solle mit ihm vor dem Hause auf und ab gehen, weil sie beide etwas zu besprechen hätten, folgte ihm der Diener mit ängstlicher Ergebenheit. Auf dem schmalen Ufersteg beschäftigte jedoch den erst vor kurzem von der Laguneninsel Torcello nach Venedig

gekommenen Diener das Geschrei der Massen und ihr wirres, buntes Toben auf der Brücke. Während Antonio tat, als ob er die schöne lombardische Fassade des Palastes bewundere, begeisterte sich der Diener an einer Gruppe von bunt dahinflatternden Tänzern und Tänzerinnen. Allmählich aber stellte der Arsenalotte ihm einige Fragen; vor allem, ob er bereit sei, in die Kriegsmarine einzutreten. Der Diener erblaßte gegenüber einer solchen Zumutung; denn er war klein und dick und wand sich unter den immer schärfer werdenden Forderungen Antonios verängstigt hin und her.
Inzwischen war es Gazireh gelungen, unauffällig in die Wohnung zu schlüpfen. Dort wurde ihr Blick angezogen von einem verschlossenen Wandschränkchen. Sie nahm vom Schreibtisch einen kurzen, griechischen Dolch, welchen sie unter die Tür des Schränkchens schob und so lange auf den Schaft des Dolches drückte, bis das Holz knisternd nachgab. Als sie so das Schränkchen geöffnet hatte, entdeckte sie Schmuckstücke und Dokumente. Ihre Augen blieben hängen an einem dicken zusammengebundenen Paket von Schriftstücken, welches sie auf ihr Warenbrett legte und damit rasch wieder aus dem Zimmer schlich. Auf der Straße gab sie Antonio im Vorübergehen ein Zeichen, worauf dieser den Diener freiließ und Gazireh bei der nächsten Brücke wieder in die Gondel aufnahm.
Dann reichte sie Antonio das Briefpaket. „Lies, Gazireh kann Schrift nicht lesen." Ergeben zuckte der Arsenalotte die Achseln: „Ich auch nicht. Also müssen wir gleich zum Obermeister Giacomo fahren."

Grade als Elena sich von Giacomo verabschieden wollte, betraten der grauhaarige Antonio und Gazireh die Werkstube. „Du bist hier, Gazireh?" fragte Elena erstaunt, „was hast du dir denn da für einen Laden vorgebunden?"
Die Türkin knickste. „Herrin muß verzeihen. Gazireh hat seit ein paar Tagen etwas gehört, hat mit Meister Giacomo gesprochen" — sie wies auf Giacomo —, „kann wichtig sein. Erst

einmal haben Gazireh und Antonio Briefe abgeholt." Sie zog das Paket von Dokumenten unter den Broschen und Glasfiguren ihres Ladenbrettes hervor.
Ein Lächeln erhellte Elenas Züge. „Das kommt wohl kaum von der deutschen Post am Rialto?"
„Kommt von der Post im Palazzo Cocco."
„Was ist denn das für eine Post?"
Gazireh zuckte die Achseln. Sie berichtete, sie hätte vor einigen Tagen den campo Santa Margherita besucht — „Gazireh weiß nicht weshalb" —, dort hätte sie der Gedanke nicht losgelassen, wieder einmal das kleine Haus aufzusuchen, in welchem im vergangenen Jahre Bonneval gewohnt hatte. Und wirklich: Bonneval wohnte wieder dort. Er empfing häufig die Besuche des jungen Patriziers Aloisio Emo, den meist zwei Chinesen begleiteten, ein langer mit einer schiefen Schulter und ein kleiner dicker. Die Post des Langen hatten sie erst einmal abgeholt.
Erregt breiteten Giacomo und Elena die Schriftstücke auf den Tisch aus. Dann stieß Elena einen Schrei aus, als sie sah, an wen die Briefe, welche sich unter den Schriftstücken befanden, gerichtet waren.
„Giacomo", keuchte sie und hielt einen der Briefe empor, „hier! an den Herrn Francesco Straticò."
Das hügelige Antlitz des Obermeisters verzog sich zu einer Grimasse. „Hier sind zwei andere — einer an Francesco, der andere an Theotokopulos Straticò! Die Empfänger sind die Brüder des von uns so hochgeschätzten Abbate, des Generaladjutanten Seiner Exzellenz des Feldmarschalls."
„Aber, Giacomo, das ist ja entsetzlich!"
Der Meister zuckte die Achseln. „Wir Arsenalotti haben schon unsere Gründe, wenn wir einen nicht mögen. Passen Sie auf; hier sind wir mitten im Intrigennest Alberonis und seines Freundes Bonneval." Nach einer halben Stunde stand das Bild der neuen Bonnevalschen Intrige klar vor den Augen der vier Freunde. Es ging dem Kardinal Alberoni vor allem darum, Schulenburg von seinem Posten in Venedig zu entfernen und

Bonneval an dessen Stelle zu bringen. Auf ihn würde sich Alberoni im Fall seines Angriffes gegen Italien verlassen können; Bonneval würde dem Kardinal nicht nur alle wichtigen Nachrichten zuleiten, sondern auch die militärischen Operationen ganz nach den Wünschen des Kardinals einrichten. Aus Abrechnungen, welche sich in den Akten befanden, ging im übrigen hervor, daß nicht nur die beiden Griechen, sondern auch Bonneval und Emo, vor allem aber auch der Nachtherr Dolfin an den Lieferungen für den neuen Krieg ein lebendiges Interesse hatten.

Elena war aufgesprungen, zog ihren grünen Umhang fest um die Schultern, weil sie fröstelte, und trat ans Fenster. Sie schwieg eine Weile und fragte dann halblaut: „Ob der Generaladjutant Straticò von diesen ganzen Geschichten weiß?"

Giacomo zuckte die Achseln und erwiderte nach einiger Zeit: „Der Generaladjutant wird seinen Brüdern unter der Hand mitteilen, was für Kriegsmaterial der Marschall anfordern wird. Solche Nachrichten genügen, damit sich die ganze Gesellschaft die Finger fettig machen kann."

Rasch wandte Elena sich um. „Heilige Muttergottes", schrie sie plötzlich, „das muß doch der Marschall erfahren!"

„Sagen Sie es ihm, Donna Elena", erwiderte Giacomo ruhig.

Die Rechte Elenas wischte durch die Luft. „Mir glaubt er es nicht."

Während Giacomo die Hände auf dem Rücken kreuzte, fragte er ernst: „Wem glaubt er denn, wenn nicht Ihnen?"

Mit vorgeschobener rechter Schulter glitt Gazireh aus dem Hintergrund des Raumes nach vorn: „Marschall will nichts Böses glauben, hat Herrin Aimée immer gesagt. Hat auch gesagt, Marschall ist kleines Kind; ist dumm geworden vor Güte. Nutzt nur, auf ihn heimlich aufpassen."

Die gefalteten Hände Elenas gingen zum Himmel empor. „Madonna, laß ihn doch sehen!"

Die beiden Arsenalotti schüttelten die Köpfe. „Er sieht nur das Ganze. Was für ihn selbst notwendig ist, das sieht er nicht",

sagte Giacomo, und Antonio setzte hinzu: „Er will es gar nicht sehen, weil er sich selbst ganz uninteressant geworden ist."
„Aber er ist u n s über alles interessant!" rief Elena. Giacomo nickte: „Seien Sie unbesorgt, Donna Elena. Wir werden über ihn wachen und ihn auf Schritt und Tritt begleiten und beschützen. Ich denke, daß ich Ihnen am nächsten Mittwoch sehr viel mehr mitteilen kann."

5

Das Fest der Arsenalotten für den Marschall war auf das würdigste vorbereitet worden. Als Matthias, begleitet von Elena und Hektor, vor der „Hölle" seine Gondel verließ, trat ihm Giacomo mit dem roten Stab der Arsenalotti entgegen. Neben ihm wartete ein mittelgroßer Mann in einem Gewand von scharlachroter Wolle, das mit Grauwerk verziert war. Eine karmesinrote Schärpe und Schuhe von gleichem Rot betonten das Dunkel einer kleinen Perücke, von welcher die Rechte im weißen Lederhandschuh das Barett der Edelleute zum Gruße hob. Kluge, sanfte Augen und ein freundlicher Zug um den Mund machten diesen Mann sympathisch.
„Alessandro Pitteri, der Doge der Nicoloti", flüsterte Elena dem Marschall zu. „Er könnte für Sie einmal von Bedeutung werden."
So begrüßte denn Matthias den Dogen der Nicoloti mit besonderer Höflichkeit, während er Giacomo freundschaftlich die Hand schüttelte. Die vier schritten die Freitreppe des Palastes empor; auf jeder der breiten Stufen stand ein „Sohn des Arsenals" mit einer Fackel. Diese Knaben wirkten zwar nicht, wie die Söhne des venezianischen Patriziats graziös, wohl aber, wie die Söhne des hannöverschen Adels, gewandt, so daß Matthias ihnen mit väterlichem Wohlwollen zunickte. Elena kannte einzelne von ihnen; sie tauschte freundschaftliche Grüße aus, und wechselte mit ihnen in Erinnerung an gemeinsame Erlebnisse im Segelboot oder auf den Laguneninseln ein paar rasche,

heitere Blicke. Ihre Zweifel, ob sie zu diesem Fest ein schönes Kleid oder den grünen Jägeranzug anlegen sollte, hatte sie am Ende doch zu Gunsten des Anzuges entschieden. Hektor, welcher den vieren mit einem schweren Holzkasten folgte, nannte sie noch immer „Leutnant Pisani". Das hörte sie gern, wie sie überhaupt für Hektor, für seine Umsicht und seinen Takt eine besondere Zuneigung hegte.

Als sie den kleinen, hellen Raum betraten, der sonst zu Beratungen diente, empfingen den Marschall die brausenden Zurufe der Arsenalotti und ihrer Frauen. Diese Huldigung, zumal er unter den Gästen auch Piazzetta und die Rosalba erblickte, berührte ihn sehr viel tiefer als die Prachtempfänge des Senats im Dogenpalast. Piazzetta hielt das Haupt ein wenig starr und beobachtete den Marschall, wie damals, als er das Porträt des Siegers von Korfu für den großen Alvise anfertigte; die Rosalba stand auf den Fußspitzen, ließ ihre Zunge über die Lippen laufen und winkte dem Marschall zu, wie alle Frauen ihm zuwinkten.

An der Eingangswand des Saales waren drei Thronsessel für den Marschall, für den Dogen der Nicoloti und für den Obermeister errichtet worden; der mittlere Sessel für Matthias war etwas erhöht.

Nachdem die drei Männer vor ihre Thronsessel getreten waren, empfing Giacomo die Gäste mit einer warmen Ansprache. Zum Schluß seiner Rede wandte er sich an die Arsenalotti und bat Elena, welche neben dem Thron des Marschalls Aufstellung genommen hatte, zu sich. „Wir können", so sagte Giacomo, „dem Marschall keine Ehren verleihen, wie der hohe Senat es getan hat. Aber etwas können wir, wir können seinen Flügeladjutanten unter die Söhne des Arsenals aufnehmen. Leutnant Pisani, ich frage Sie: ‚Sind Sie bereit, als Zeichen unserer Ehrung für die Taten des Feldmarschalls, ebenso aber für die Ihren, sich unter unsere Söhne aufnehmen zu lassen?' "

Dem Mädchen stieg das Blut in das Haupt. Ein großer, roter Streifen lag über der schönen Stirn; die Wangen erglühten, während das feine Haupt sich neigte. Elena wandte sich zum Marschall und suchte mit den Blicken seine Zustimmung. Nachdem Matthias freundlich genickt hatte, sah sie Giacomo fest in die Augen und antwortete halblaut: „Das ist die schönste Ehrung, die man mir erweisen kann."

Darauf überreichte Giacomo ihr den roten Stab der Arsenalotti. Er sprach dabei die uralten Worte: „Wer Feuer legt im Arsenal, wer Geheimnisse verrät, erleidet den Tod. Wer mit uns schafft für das Wohl Venedigs, ist bis zu seinem Tode unser Sohn und Bruder." Dann umarmte Giacomo den neuen Sohn des Arsenals, während Männer und Frauen riefen: „Segen unserem Sohn Elena Pisani!"

Matthias hatte sich erhoben, tiefe Stille trat ein. Dann sprach er, den Kopf ein wenig vorgeschoben, die Linke auf den Ebenholzstock gestützt, zu den Versammelten. Er sprach sehr einfach, über die Gefahr, in welcher Venedig geschwebt hätte und die er habe bannen können, allein mit Hilfe der Arsenalotti. „Ich kann Ihnen", so schloß er seine Worte, „nur danken für die große Ehrung, welche Sie dem Leutnant Pisani und damit auch mir erwiesen haben, denn wir beide sind untrennbare Kriegsgefährten. Ich bitte Sie aber, mir zu erlauben, Ihnen ein Andenken in die Hände zu drücken, damit, wenn ich einmal nicht mehr bin, sich der eine oder der andere von Ihnen unserer gemeinsamen Arbeit freundlich erinnert."

Auf den Wink des Marschalls trat Hektor mit dem schweren Holzkasten neben Schulenburg. Matthias bat den Obermeister, ihm die Meister einzeln vorzustellen. Er schüttelte jedem die Hand, nahm von Elena eine silberne Medaille mit seinem Bildnis entgegen, wie sie die Offiziere der Korfukämpfer erhalten hatten, und überreichte dem Meister das kleine Kunstwerk. Am Schluß gab er auch Elena eine Medaille und flüsterte ihr zu: „Ganz so schön bin ich nicht, wie der gute Werner in Nürnberg, der Bruder meines Sekretärs, mich dargestellt hat. Auf dieser Medaille sehe ich beinahe so großartig aus wie Ludwig XIV."

„Ludwig XIV. hat beinahe ausgesehen wie Sie", entgegnete Elena empört, „wenn er es auch wirklich nicht verdient hat."
Im Nachbarsaal waren die Tische gedeckt. Der Marschall, der Doge der Nicoloti und Giacomo speisten, allen sichtbar, an einem erhöhten Tisch. Unter ihnen, an einer langen Tafel, saßen Piazzetta, die Rosalba und Elena; an diese drei schlossen sich die Arsenalotti und ihre Frauen an. Als am Anfang der Mahlzeit herrliche Fische gereicht wurden und Matthias sie bewunderte, lächelte der Doge der Nicoloti zufrieden: „Ich habe sie auch selbst gefangen."
„Sie?" fragte Matthias erstaunt und legte die Gabel auf den Teller mit dem Wappen der Contarini. Meister Alessandro Pitteri nickte. „Ja, ich bin der Doge der Nicoloti, das heißt der Oberste der Fischerinnung. Wenn die Arsenalotten den Dogen am Himmelfahrtstage hinausrudern zur Vermählung Venedigs mit dem Meere, darf ich mein Boot an das Staatsschiff, den Bucentaur, hängen. Ich habe das Recht, den Dogen persönlich aufzusuchen; ich darf alle Fischerboote besteuern und im Bassin von San Marco und an der Rialtobrücke große Netze auslegen. Dafür muß ich dem Dogen jährlich eine Abgabe von zweiundzwanzig Lire und zweihundert guten Fischen, von diesen hier, der Harder heißt, entrichten; zweitausenvierhundert Fische aber den Richtern und hundert dem Kavalier des Dogen."
Verblüfft sah Matthias auf seinen freundlichen Nachbarn: „Ja, wie seltsam ... wie kommt es dann, daß auch Sie den Titel des Dogen tragen?"
Der Fischermeister lächelte. „Das ist eine Klugheit der Patrizier. Sie geben den kleinen Leuten, die westlich des großen Kanals leben, einen eigenen Dogen mit einem bunten Kittel. Damit ist das Volk zufrieden. Ob mit dieser Stellung viel Macht verbunden ist oder nicht, danach fragt es wenig."
Wieder fühlte Matthias die ins Letzte ausziselierte Kunst, mit welcher das venezianische Patriziat die Stadt und die Länder richtig zu regieren wußte. Er glaubte aber auch, daß dieses Patriziat klug daran täte, dem Dogen der Nicoloti allmählich wichtigere

und bedeutsamere Rechte einzuräumen; ein so kluges Volk wie das von Venedig würde nicht weitere tausend Jahre mit einem Dogen zufrieden sein, welcher am Tage Christi Himmelfahrt seine Barke an das Prunkschiff des patrizischen Dogen anbinden durfte, wenn dieser, begleitet vom Senat und den fremden Gesandten, nach San Niccolò del Lido hinausfuhr, um dort den vom Papst geweihten Goldring ins Meer zu werfen ...

Meister Alessandro schob dem Marschall die silberne Platte mit dem Fisch zu: „Essen Sie, Exzellenz. Einen solchen Harder wie diesen bekommen Sie auch nicht an der Tafel des Dogen. Denn den besten behalte ich für mich selbst."

Lachend hob Matthias das Muranoglas mit dem opalgelben Lagunenwein. „Das ist klug, Meister Alessandro. Außerdem haben Sie in mir einen Liebhaber von Fischen vor sich; ich weiß diesen Harder zu schätzen."

„Solange ich Doge der Nicoloti bin, werden Sie, Exzellenz, von mir genau so viele Harder für Ihre Küche erhalten wie der Doge." Diese Worte hörte Elena; sie wandte sich lachend um und rief dem Marschall zu: „Oh, das wird schön, Monseigneur! Laura, Lukrezia und ich — wir alle drei lieben Fisch! Und dann kommen wir zu Ihnen."

Das war das erstemal, daß Giacomo und Meister Alessandro das Wort „Monseigneur" hörten. Aber für den Marschall klang es ihnen fast selbstverständlich. Sie wunderten sich, daß sie nicht von sich aus auf diese Benennung gekommen waren. „Exzellenz" waren viele, alle Prokuratoren und der Großkanzler dazu, obwohl er aus dem Volke stammte. Nein, „Monseigneur" — das war der Titel, welcher allein dem Marschall zukam. So lief dieses Wort wie die Burrasca durch die Reihe der schönen und heiteren Männer und der süßen venezianischen Frauen: „Monseigneur."

Die Rosalba hob sich ein wenig empor und rief: „Wann darf ich Sie malen, Monseigneur? Aber ich habe Angst; denn Piazzettas Zeichnungen sind nicht zu übertreffen."

Die braune Perücke des Malers, auf welche Matthias seit einiger Zeit hinabgesehen hatte, wandte sich um: „Das Wesentliche an der Rosalba sind nicht ihre Zeichnungen, sondern ihre Bilder. In ihren Bildern ist sie einmalig Da schwatzt sie den Muscheln den Glanz ihrer Schalen ab und den Wolken ihren Blütenschimmer!"

„Ich hoffe, daß Sie beide mich noch des öfteren malen werden", entgegnete Matthias. „Ich weiß die Ehre zu schätzen. Vorher aber erlauben Sie mir, daß ich dem Fisch des Dogen der Nicoloti meine Ehrfurcht erweise. Ich glaube, noch nie einen so guten Fisch gegessen zu haben."

Während der Marschall Zitrone auf das weiße Fleisch des Harders träufelte und die schwere Öltunke mit den feingeschnittenen Kräutern dazu nahm, lächelte Giacomo verhalten. „Eigentlich wollten wir Arsenalotti Ihnen heute abend einen ganz besonderen Fisch bringen, einen Fisch, von dem es nur ein einziges Exemplar auf der Welt gibt."

Matthias hob den Blick über den gekreuzten Gabeln. „Wie heißt er denn?"

„Claudius Alexander Graf von Bonneval."

Matthias zuckte zusammen. Nach einiger Zeit faßte er sich wieder. „Bonneval ist in Venedig?"

„Ja, Monseigneur." Giacomo nickte zweimal.

„Weiß die Inquisition davon?" Matthias fragte kurz.

Ebenso kurz schüttelte Giacomo den Kopf. „Es ist Fasching, Monseigneur. Da geht manches mit unter."

„Was will er hier?" fragte der Marschall schärfer.

Die festen Hände des Obermeisters schoben den Teller beiseite. Sein Antlitz blieb ruhig, als er erwiderte: „Das weiß man nicht; er geht sehr oft zu dem jungen Aloisio Emo."

„Zu dem, der damals Adjutant bei Girolamo Dolfin in Korfu war?"

„Dem gleichen, Monseigneur."

Matthias lachte vor sich hin. „Dem Bengel habe ich meine Meinung gesagt, weil er ausriß, als es in Korfu aufhörte, gemütlich zu sein."

„Eben, Monseigneur." Diese Worte Giacomos klangen warnend, so daß Matthias aufmerksam wurde.

Von da ab gingen durch seinen Kopf die Gedanken hin und her, während er mit seinen beiden Tischgenossen und den Arsenalotti eine heitere und gewinnende Unterhaltung führte, den gebratenen Wildenten zusprach und durch seine stolze Natürlichkeit die Herzen aller gewann. Kurz vor seinem Aufbruch wechselte er noch ein paar heimliche Worte mit Giacomo, dessen Antlitz aufleuchtete. Dann nahm er mit einer kleinen Rede Abschied von seinen neuen Freunden und ihren Frauen, welche ihn und Elena jubelnd zur Gondel geleiteten. Hektor hielt den beiden beim Einsteigen den Arm hin, und unter fröhlichen Zurufen an den „getreuen Marcolin" und „den neuen Sohn des Arsenals" glitt das Boot hinein in die Nachtwunder von Venedig.

„Willst du morgen abend mit Laura und Lukrezia bei mir essen?" wandte sich der Marschall freundlich an Elena, als die Gondel in den großen Kanal einbog.

Rasch hob Elena den Blick, der den silbernen Ringen gefolgt war, welche die Ruder der Gondoliere aus dem Wasser hervorlockten. „Gern", entgegnete sie lebhaft, „gern."

„Ihr werdet wohl noch ein paar Herren bei mir finden, leider nur ältere. Aber", fuhr Matthias mit einer kleinen schmerzlichen Bitternis im Herzen fort, „ich will mir Mühe geben, für dich etwas Jüngeres zu bringen. Vielleicht Sala."

„Jüngeres interessiert mich nicht", erwiderte Elena fast schroff. Matthias griff nach ihrer Hand und hielt sie fest, bis die Gondel am Wasserportal des Palazzo Pisani anhielt. Nachdem Elena sich verabschiedet hatte, lief sie, den roten Stab der Söhne des Arsenals vor sich hertragend, dem Seitenflügel des Palastes zu, so daß Hektor, welcher sie begleiten sollte, ihr kaum zu folgen vermochte.

Matthias sah ihr nach, bis sie sich an der Tür des Palastes noch einmal umwandte, den Hut zum Gruß hob und dann vom Diener in das Haus hineingelassen wurde.
Nachdem Hektor in die Gondel zurückgekehrt war, befahl der Marschall: „Meine Maske, den Domino und den Dreispitz. Und zum Ridotto." Er hoffte, dort im Spielsaal den großen Alvise anzutreffen, welchen er für den kommenden Abend zum Essen bitten wollte.
Bevor er jedoch den Spielsaal betreten konnte, packten ihn zwei riesige, maskierte Männer, trugen ihn in seine Gondel zurück und sagten: „Wenn Sie durchaus spielen wollen, so warten Sie bis morgen, Monseigneur. Dann werden wir Sie nicht mehr hindern, Ihr Geld an einen Betrüger loszuwerden. Heute würden Sie den Saal nicht mehr lebendig verlassen. Verzeihen Sie uns. Wir wissen besser Bescheid als Sie." Einer der Männer gab der Gondel einen scharfen Tritt, daß sie rasch in den freien Kanal gelangte. Dort wandte der Marschall sich an Hektor: „Was war das? Weshalb hast du nicht dazwischen geschlagen?"
„Ich wurde sofort von rückwärts festgehalten, Exzellenz."
Matthias schüttelte den Kopf. „Venedig", murmelte er. Dann aber befahl er kurz: „Nach Hause."

6

Am folgenden Abend fand bei Matthias wieder einmal ein erlesenes Nachtmahl statt; ein wundervoll gedeckter Tisch, das sächsische Porzellan und das englische Silber, welche beide vom Sekretär Werner unter Verschluß gehalten und nur zu den Festen herausgegeben wurden; dazu Blumen aus den Treibhäusern an der Brenta und ausgesuchte Speisen. Die Gäste, welche sich durch Kerzen und Blumen hindurch lebhaft unterhielten, gehörten zu den nächsten Freunden des Marschalls: der große Alvise Pisani in einem taubengrauen Seidengewand mit der kleidsamen Dolfinperücke; Nani in knappem, tabakbraunem

Seidenrock; Sala, dessen rosige Farben durch einen meergrünen Anzug kaum gedämpft wurden, und der Marschall selbst in einem Überrock von zartem Gelb. Als einzigen Gast, welcher diesem Kreis etwas ferner stand, hatte der Marschall den Großinquisitor Almarò Pisani gebeten, welcher in einem milden Bordeauxrot die absinkende Gewalt seines Amtes ungewollt symbolisierte. Er beteiligte sich lebhaft an der Unterhaltung zwischen seinem Bruder, dem großen Alvise, und dem Feldmarschall.
„Viel Jugend haben Sie gebeten, Monseigneur", sagte der Großinquisitor unter leichter Betonung des Titels, um die Gäste wissen zu lassen, daß ihm nichts unbekannt bliebe, „aber Jugend beglückt." Er lächelte seinen Nichten, den Pisanizwillingen, zu. Dann wandte er sich an Lukrezia, welche ein Stück Toulouser Ente sorgfältig zerlegte. „Sie, Gräfin, erfüllen meinen größten Wunsch durch Ihre Gegenwart. Seit langem wollte ich mich bei Ihnen nach dem Ergehen Ihrer Mutter erkundigen."
Nani erblaßte ein wenig; seine Blicke und die Elenas trafen sich. „Sie hat sich auf eine kleine Insel in der Nähe von Korfu zurückgezogen, wo sie sich religiösen Übungen widmet", entgegnete Lukrezia, „und da darf man sie nicht stören."
„Durchaus würdig und richtig gedacht", entgegnete Almarò etwas gesalbt, wie es die Erziehung in solchen Fällen verlangte, „es wäre eine Sünde, sie aus ihrer Versenkung herauszureißen." Almarò wandte sich mit ein paar freundlichen Worten an eine junge Gräfin Gazzuoli aus Verona, welche der Marschall zusammen mit der Tochter des kaiserlichen Botschafters geladen hatte.
Als die Früchte gereicht wurden — Karl in der Livree des Marschalls leitete die Diener durch finstere Blicke — öffnete sich plötzlich die große Flügeltür des Saales, und Hektor, in der Regimentsuniform des Marschalls, trat an den Tisch. Mit lauter Stimme meldete er: „Euer Exzellenz, es kommt noch ein Gast."
Der Marschall befahl Karl, einen weiteren Stuhl ihm gegenüber an den Tisch zu setzen, zwischen den großen Alvise und die Gräfin Gazzuoli. Mit leichtem Erstaunen sahen die Gäste zur

Tür, um so mehr, als von der Treppe draußen verhaltene Stimmen klangen. „Dort hinein, du Lump", zischte ein Venezianer, und ein anderer setzte hinzu: „Jetzt bekommst du deinen eigenen Würzwein zu trinken!"
Nun trat ein großer, breiter Mann, bekleidet mit einem dunklen Wollanzug, in die Tür. Er mochte etwa vierzig Jahre alt sein; das Auffälligste an ihm waren seine runden, zusammengezogenen Augen, welche von borstigen Brauen gekrönt wurden. Ein mächtiger Mund, sinnlich, geistvoll, formte sich zum Ausdruck feinen Spottes, als der Mann erkannte, wo ihn die Masken jetzt ablieferten. Man hatte ihn bei der Wendebrücke geknebelt und weggeschleift. Er verneigte sich höflich vor dem Hausherrn, welcher ihn mit kurzer Handbewegung seinen Gästen vorstellte: „Claudius Alexander Graf von Bonneval."
Die Wirkung dieses Namens auf die Gäste war seltsam. Der große Alvise setzte sein Versaillesgesicht auf und sprach zunächst nur noch aus Wolken; die Empfindungen Nanis und Elenas bewegten sich zwischen Empörung und Verachtung, während die junge Gräfin Collorado begeistert ausrief: „Ein Held von Peterwardein! Was für eine wundervolle Überraschung, Monseigneur!"
Der Großinquisitor dagegen zerwühlte mit seinen langen, mageren Händen eine Schale mit Rosen, weil er kaum seinen Ärger unterdrücken konnte, daß ihm die Gegenwart dieses Mannes wieder einmal unbekannt geblieben war.
Artig wandte sich Matthias an Bonneval: „Es ist entzückend von Ihnen, Graf, daß Sie mein bescheidenes Fest noch mit Ihrer Gegenwart beehren. Ich werde Ihnen sofort nachservieren lassen." Aber Bonneval hob abwehrend die Hand. Mit sehr weicher, verbindlicher Stimme entgegnete er: „Noch immer der alte Amphitrion! Lieber Freund, ich habe bereits gegessen ..."
„Bei Aloisio Emo?" fragte der Marschall höflich.
Ein Grausen durchschoß Bonneval. ‚Weiß der da drüben? Und was weiß er? Ist der „wackere" Schulenburg auf einmal hellsichtig geworden?' Aber Bonneval legte den riesigen Mund in

lächelnde Falten. „Aloisio Emo? Wer ist das? Ich kenne nur den Prokurator Girolamo Emo, und auch den nur flüchtig."

Während Matthias eine Orange sorgfältig auseinanderlegte, nickte er dem Grafen Bonneval zu. „Sie kennen die Emos nur flüchtig? Dann bin ich falsch unterrichtet. Aber", fuhr er nach einer Weile fort, „wenn Sie auch eine Mahlzeit ablehnen, werden Sie diese Orange nicht zurückweisen." Er schob den Teller dem Grafen zu, welcher mit kaum verhehltem Entsetzen auf die Frucht blickte. Jetzt also war es zu Ende. Einen seltsamen Tod hatte ihm diese Kanaille zugedacht! Wilde Gedanken durchjagten Bonnevals Hirn. Wer konnte nur seine Absichten verraten haben? Der Herzog von Valliadolid sandte ihn im Auftrag Alberonis zu Aloisio Emo ... Von der Absicht, den Marschall zu vergiften, wußten in Venedig nur er und Emo. Und jetzt wurde das Gift ihm gereicht ... ihm ... und zwar von dem, der eigentlich das Opfer werden sollte ...

Sein Antlitz hing über der Frucht, bis endlich die lebensfrohe, heitere Gräfin Gazzuoli ihm die Hand auf den Arm legte: „Nun essen Sie doch, Graf oder geben Sie her. Ich werde Sie füttern." Mit einem scharfen Ruck warf Bonneval den Kopf zurück. Seine kleine Stutzperücke, die aus guten Gründen nicht besonders gepflegt war, zitterte. Starr bohrten sich seine großen, runden Augen in die der Gräfin: „Ich esse nichts."

Ein ironischer Glanz huschte über das Antlitz des Marschalls; zugleich aber wiegte er bedauernd den Kopf. „Das tut mir leid, Graf. Dann, bitte, geben Sie mir die Orange zurück." Und langsam genoß der Marschall Stück für Stück der dunkelroten Frucht. Ein neuer Schauer überlief den Beobachter. Vor Peterwardein hatte er wie der Satan gekämpft; Eugen hatte ihn später vor der Front wegen seiner unvergleichlichen Tapferkeit belobt. Diesem Erleben hier waren jedoch seine Widerstandskräfte sehr viel weniger gewachsen als den fanatischen Angriffen der Türken. Was bedeutete das? Jetzt aß der Marschall die Orange selbst? Und er aß sie ohne jede Vorsicht.

Matthias gab seinem Diener Karl den Befehl, dem Grafen Bonneval von einem besonderen Marsala einzuschenken. „Ich weiß, Graf Bonneval, Sie schätzen Marsala." Aber die Lippen Bonnevals berührten das Glas nicht. Dann ließ Matthias aus der gleichen Flasche allen andern Gästen einschenken, hob sein Glas und sagte: „Meine Herrschaften, jetzt trinken wir auf das Wohl des Prinzen Eugen!"

Nun war Bonneval verloren. Er murmelte ein Stoßgebet, berührte mit seinem Glase das des Marschalls und trank, während er dem Gegner mit einem furchtbaren Blick in die Augen sah. Weiter neigte er sein Glas gegen das des großen Alvise; er stieß an mit dessen Bruder, dem Großinquisitor, welcher ihm überlegen zulächelte. Ein Diener schenkte nach. Bonneval versank in einen Zustand des Dämmerns. ‚Jetzt hat er mir doch das Gift beigebracht', dachte er, und ließ sich von der Tochter des Botschafters als Held von Peterwardein feiern. Er trank, er trank mit allen andern auf deren Zurufe hin — gut, wenn es sein sollte, dann wollte er auf dem freundlichsten Wege aus diesem Leben scheiden, trunken von köstlichem Südwein.

‚Wohin sie mich wohl legen werden, wenn der Todeskampf beginnt?' Er peitschte seine Willenskräfte auf. O nein, sie sollten nicht die Freude haben, daß er bitter und traurig in seinen Tod hineinging. In seinen letzten Augenblicken wollte er noch einmal seine ganze große Lebenskunst spielen lassen; er, ein Bonneval aus dem Limousin, wollte dahingehen, strahlend und leuchtend wie ein Feuerwerk.

So wandte er sich an Lukrezia, welche ihm schräg gegenüber saß und lächelte ihr zu. Seine scharfen Züge veränderten sich plötzlich; die Mundwinkel wurden glatt, die Stimme flatterte leise und geschmeidig über die Tafel hinweg. „Ich sehe, Gräfin, daß Sie einen herrlichen Goldring an der Hand tragen. Er erinnert mich an den Ring, welchen der Doge jährlich ins Meer wirft, wenn er am Himmelfahrtstag Venedig aufs neue mit dem Ozean vermählt."

„Ich liebe den Ring sehr; es ist eine wundervolle Arbeit. Meine Mutter hat ihn einstmals zum Geschenk erhalten."
Matthias senkte die Blicke auf den Teller.
„Ich sehe von hier aus, wie schön dieser Ring gearbeitet ist", nickte Bonneval, während er das schrägstehende Auge Lukrezias musterte, — „und dabei fällt mir eine Betrachtung ein, welche sich mir vor kurzem aufdrängte. Ist es nicht eigentlich sonderbar, daß die Ehe Venedigs mit dem Meere in jedem Jahr wieder neu geschlossen werden muß?"
Die Gäste lachten. „Das sollte man auch für alle anderen Ehen in Venedig einführen", bemerkte der große Alvise lässig, „in vielen Fällen könnte das nichts schaden."
Bonneval wiegte das eckige Haupt. „Mir ist von den venezianischen Ehen wenig bekannt. Ich weiß nur, daß es hier viele wilde Ehen gibt; man behauptet sogar, das seien die besten. Ist das richtig, Monseigneur?"
„Besser als die zahmen sind sie bestimmt", bemerkte der Großinquisitor leise gegen seinen Bruder und ließ sich ein neues Glas Marsala einschenken.
Matthias zuckte mit den Achseln. „In Fragen der Ehe bin ich nicht zuständig. Ich spräche davon, wie ein Blinder von der Farbe, oder, wie man in Chioggia sagt, wie ein Fisch vom Alpenwind."
Während dieser Worte ließ Bonneval seine Blicke kreisen, sah dann vor sich hin und murmelte: „Die Fische alle, sonst verstummt und kalt, erzählen sich vom Zauber einer Liebe." Dann setzte er, gegen die Gräfin Gazzuoli gewandt, hinzu: „Kennen Sie das Sonett Tassos?"
Aber vor seinen Augen begannen die Menschen zu schwanken, und während die Gäste sich über den Vorschlag des Marschalls unterhielten, beschloß Bonneval, seinen Tod zu beschleunigen. Er beobachtete, daß die Wirkung des Giftes sehr langsam vor sich ging; wahrscheinlich hatte der Marschall ein Gift ausgesucht, welches ihm zunächst einmal furchtbare Todesqualen bereiten würde. Aber der Wein verlieh ihm leichte Tapferkeit; es blieb

ihm selbst ja unbenommen, soviel von diesem Gifte zu sich zu nehmen, daß es rasch wirken mußte. So trank er Becher für Becher, erzählte zwischendurch noch die eine oder die andere graziöse Geschichte, spürte aber langsam, wie er in das Dämmern des Todes hinüberglitt. „Wohin werdet ihr mich wohl zum Sterben legen?" lallte er noch, bis sein Kopf hart auf den Tisch sank. Der Marschall, der diesem Vorgang nicht ohne boshafte Freude folgte, hob rasch die Tafel auf und führte seine Gäste in die Prachtzimmer, welche dem großen Kanal zu gelegen waren. Sehr bald bat der Großinquisitor den Hausherrn in eine Fensternische. Almarò Pisani neigte sich ein wenig nach vorn und flüsterte: „Was wollen wir mit dem Lumpen anfangen?" Matthias lachte in sich hinein. „Ich werde ihn genau so wieder davonbringen lassen, wie ich ihn herbringen ließ. Morgen früh, wenn er seinen Rausch ausgeschlafen hat, erwacht er jenseits der Grenzen von Venedig."
„Wenn meine Leute von der Inquisition ihn erwischt hätten, so käme er erst einmal unter die Bleidächer. Später hätte ich einige peinliche Fragen an ihn zu stellen", entgegnete Almarò. Seine Hände griffen in die Luft; er vergaß in diesem Augenblick, daß er nicht die rote Robe trug, welche er fest an sich zu raffen pflegte, wenn er ein Urteil sprach. Lächelnd führte der Marschall den Großinquisitor an einen der kleinen Tische, auf welchem der Kaffee bereit stand. „Machen Sie sich mit der Tatsache vertraut, daß Ihre Leute den Bonneval nicht erwischt haben. Dazu muß man nämlich früher aufstehen. So früh wie meine Arsenalotten."
Almarò zuckte die Achseln.

7

Zwei Tage nach diesem Feste meldete der Sekretär Werner dem Marschall, daß Herr von Leibniz im November des Vorjahres in Hannover gestorben sei. Matthias sprang vom Schreibtisch auf. „Leibniz tot!" Das traf ihn ins Herz. Auf dem Palazzo

Loredan-Schulenburg sank die Standarte des Marschalls auf Halbmast. Im Herzen des Siegers von Korfu nistete sich die große Trauer ein, welche von da ab nie mehr ganz daraus entweichen sollte und der letzten großen Einsamkeit den Weg bereitete.
In der Tat, der Marschall wurde einsam, allem Glanz zum Trotz, welcher ihn umgab. Sein Lächeln blieb freundlich, sein Scherz liebevoll und seine Güte echt. Aber es war ihm selbst, als ob ein neues, zweites Ich neben sein erstes, eigentliches träte, dieses eigentliche Ich aber zu erstarren begänne. Auch seine Gesundheit geriet wieder in ein bösartiges Schwanken, so daß er den Doktor Anonimo zu Rate zog, den Arzt aus dem neuen Lazarett, zu dessen Kunst er ein seltsames Vertrauen hegte.
„Mit Anonimo kann ich über meine Krankheit reden", erwiderte er lächelnd auf Elenas Vorschlag, den berühmten Doktor Rotari, welcher zur Behandlung des Dogen aus Wien eingetroffen war, zu Rate zu ziehen. „Das beruhigt mich mehr als Salben und Tränke, bei denen ich nie weiß, was darin ist."
Am folgenden Nachmittag erschien Doktor Anonimo. Höflich blieb der Arzt in der Zimmertüre stehen: „Es geht Ihnen erheblich besser, Monseigneur."
Der Marschall richtete sich halb in seinem mächtigen Bett auf. „Abscheulich geht es mir." Seine Blicke suchten die des Arztes, welcher nach dem Puls des Kranken griff.
„Es ist herrlich, daß es Ihnen abscheulich geht. Ihr Körper hat den Mut zur Krise. Trotzdem ist es dem Ursprung nach eine rein geistige Krise, wie sie hochwertige Organismen durchzumachen haben, wenn der Tod ihrer Seelensubstanz nahe kommt."
Elena, welche in ihrem Jagdgewand zu Füßen des Bettes auf einem Schemel saß, sprang erschrocken auf. „Der Tod?" fragte sie erschüttert.
„Der Tod, ja, Leutnant Pisani, der Tod. Bei solchen Naturen, wie dieser da, braucht es gar nicht der eigene Tod zu sein. Der Tod des großen Freundes strahlt aus auf das Lebenszentrum des Marschalls und lähmt es für eine Weile." Nachdenklich fuhr

Doktor Anonimo fort: „Wenn dieser verstorbene Freund aber ein Genie war wie Herr von Leibniz — überlegen Sie doch, welche Wogen von frei werdender geistiger Kraft Monseigneurs Seelensubstanz getroffen haben müssen."
Karl meldete, Donna Diana Azzariti von der Gesandtschaft des Kaisers sei vorgefahren, um im Auftrage des Gesandten eine Kleinigkeit zu überreichen. „Elena, empfange du sie bitte." Nach kurzer Zeit kehrte Elena in Begleitung von Diana zurück, welche sich anmutig verneigte, daß ihr pelzbesetztes, hagebuttenrotes Kleid leicht den Boden berührte. „Ich bedauere unendlich, Monseigneur, daß ich Sie stören muß..."
„Ganz im Gegenteil, Donna Diana, je mehr Jugend um mich herum ist, desto wohler fühle ich mich."
Leise neigte Doktor Anonimo sich zu Elena. „Sehen Sie, Leutnant Pisani, auch Donna Diana bringt Strahlungen des Lebens mit, welche die des Todes bekämpfen. Donna Diana hilft dem Marschall, und auch Sie helfen ihm. Weichen Sie nicht von der Seite des Kranken."
Inzwischen war Diana an das Bett des Marschalls herangetreten. „Der Herr Gesandte hat mir auf die Seele gebunden, Ihnen dieses Buch, welches der Kurier aus Wien gebracht hat, persönlich zu überreichen." Sie übergab dem Kranken ein in schwere chinesische Seide gewickeltes Buch, welches Matthias fast zögernd in die Hand nahm.
Vorsichtig schlug er die Seide auseinander. Dann erblaßte er plötzlich und sagte leise: „Oh!" Sehr bald aber hatte er sich wieder gefaßt und wandte sich dem Arzte zu. „Es ist der letzte Gruß von Herrn von Leibniz an mich, ein chinesisches Buch, von Jesuiten ins Französische übertragen und dann in ganz wenigen Exemplaren gedruckt. Eines davon übersandten sie Herrn von Leibniz. Er hat dieses Buch sehr geliebt, es im Laufe der Zeit mit vielen Randbemerkungen versehen und nach seinem Tode für mich bestimmt. Es ist von Lao-tse und heißt" — er hielt das Buch ein wenig von den Augen entfernt — „,der rechte Weg und die Bahn'..." Er schlug eine Seite auf und las: „So denkt

der Kämpfer: habe Gäste, aber gehe nicht zu anderen ... weiche fußweis lieber, als daß du fingerbreit vorrückst." Matthias schwieg eine Weile, murmelte den weiteren Spruch halblaut vor sich hin, um die Schlußzeile laut zu wiederholen: „Von zwei Streitern siegt immer der Denkende."

Nach einigen Tagen war die Gesundheit des Marschalls wieder so weit gefestigt, daß er mehrere Stunden des Tages in seinem hohen Seidenstuhl zubringen konnte. Dort sprach Doktor Anonimo weiter mit ihm über das Wesen der Krankheit, und in der Tat förderten solche Besprechungen die Genesung des Marschalls. Nur zuweilen überkam ihn noch das seltsame Gefühl, seine Seele sei geteilt und stände neben ihm, während zwischen diesen getrennten Teilen ein beängstigendes Zu-einander-Sehen hin und her ginge. Der Arzt erklärte dieses Phänomen durch die zu große Arbeit, welche der Marschall geleistet hätte, gleichzeitig aber durch die zu große Einsamkeit, in welcher er lebe.
Als Matthias seine gewohnte Tätigkeit mit Alvise Pisani, Gritti und Nani in seinem Arbeitszimmer wieder aufgenommen hatte, überfielen ihn sehr bald heftige Schwindelanfälle. Doktor Anonimo befahl von neuem Bettruhe, welcher sich der Marschall aber nur widerwillig unterzog. Als der Arzt vom Fußende des großen Prunkbettes aus den Kranken beobachtete, zischte er plötzlich durch seine einsam stehenden Zähne: „Sagen Sie einmal, Monseigneur, wen haben Sie eigentlich, auf den Sie sich in allen Lagen des Lebens fest verlassen können?"
Unter seinem großen seidenen Kopftuch guckte Matthias den Arzt fast verächtlich an. „Sie verlangen immer zuviel, lieber Doktor. Das gibt es nicht."
Doktor Anonimo faltete die Hände über dem Knie. „Sie sollten sich eine gute Frau nehmen, die alle Ihre Schicksale mit Ihnen teilt, damit das Zerlegen Ihrer Seele nicht zur Gewohnheit und damit zu einer künstlichen Zweiheit wird. Derartiges könnte gefährlich werden. Ziehen Sie sich auf das Moralisch-Animalische zurück und nehmen Sie sich eine gute Frau."

Fast erschrocken hob Matthias das Haupt. „Eine Frau?" Er schüttelte den Kopf. „Eine Frau! Ich will mein Leben in Ruhe verbringen."

„Grade deshalb möchte ich ja eine gute Frau für Sie." Doktor Anonimo rieb sich die Hände.

Aber Matthias blieb unbeeindruckt. „Vielleicht sogar eine Venezianerin, damit ich sofort in die Kämpfe der Parteien hineingerate? Ich danke dafür."

„Es braucht nicht grade eine Venezianerin zu sein. Aber etwa eine Veroneserin. Vielleicht die Mutter der kleinen Gräfin Gazzuoli, die ja bei Ihnen im Hause verkehrt. Die Gräfinmutter ist gegen vierzig Jahre alt, Witwe von bestem Ruf, reizvoll, klug, reich — eine geborene della Torre..."

„Haben Sie ein Heiratsbüro, Doktor?"

Anonimo verzog keine Muskel seines Antlitzes. „Ich beziehe in meine Therapie alles ein: Zypernwein, Honig und Ehe. Trotzdem besitze ich weder einen Weinberg, noch eine Bienenzucht, noch ein Heiratsbüro."

„Wenn der Patient Zweidrittel der Medikamente nimmt, welche der Arzt ihm vorschreibt, muß er gesund werden. Streichen wir also Ihre letzte Verordnung ab. Erzählen Sie mir lieber etwas Verständiges über meine Konstitution. Hält sie den bevorstehenden Krieg noch aus?" Der Marschall hatte sich wieder ausgestreckt und die seidene Decke emporgezogen. „Setzen Sie sich dorthin, Doktor, auf das Taburett, und berichten Sie."

Doktor Anonimo schlug die Beine übereinander und sah vor sich hin. „Einer Krankheit wie der Ihren kommt man nur noch horoskopisch bei. Denn Ihre Leiden stammen, bis auf die Skorpionsgefahr, in welcher jeder Löwe schwebt, nicht aus Ihrem Inneren, also nicht aus der eigenen Physis, sondern es sind reine Bestrahlungskrankheiten. Gewiß sind auch die Krankheiten der Physis sternengebunden; Ihre Krankheiten, Monseigneur, stammen aber direkt von den Sternen."

Der Marschall wartete schweigend, bis der Arzt fortfuhr: „Deshalb erbat ich mir jüngst von Ihnen Ihre Geburtsdaten; ich habe Ihr Horoskop gestellt."
Die Augen des Liegenden schlossen sich ein wenig.
Anonimo wiegte das Haupt. „Sie sind am 8. August 1661, morgens um drei Uhr und wenige Minuten, in Emden bei Magdeburg geboren. Sie sind ein reiner Löwentyp. So wurde Ihre Gestalt schön und von hoher Würde. Das Wurzelhoroskop zeigte Ihre Fähigkeit zu starkem, kräftigem Denken, weiter aber den Willen, diese Veranlagung auch auszubilden. Sie sind gütig, ohne gutmütig zu sein; jede Entschlußlosigkeit liegt Ihnen fern. Sie fassen Ihre Entschlüsse aber erst nach guten Erwägungen. Bedeutsam ist die Kraft der Selbstbeherrschung bei Ihnen entwickelt. Über alledem liegt jedoch ein Zug von Trauer, der in seltsamer Verbindung steht mit Ihrer Liebe zu Frauen. Die Frau hilft Ihnen, Ihrer allumfassenden geheimen Lebenstraurigkeit immer wieder Herr zu werden, und mit Frauen retten Sie sich gern in Scherz, Heiterkeit und Lebensfreude, die Ihnen von Natur nicht fremd sind. Allerdings enden Ihre Beziehungen zu Frauen oft ohne Ihr Verschulden in einer Bitternis. Zur Bejahung Ihres Lebensgefühls gehört auch die Befriedigung Ihres Ehrgeizes. Hier freilich stört der Saturn die Erfüllung Ihres geheimen Sehnens. Er kämpft dagegen an, daß Ihr Ruhm Sie überdauert. Darunter leiden Sie. Zwar versuchen Sie, sich damit abzufinden, und die Nichterfüllung Ihres brennenden Wunsches auf Nachruhm als einen Ausdruck göttlichen Willens auszudeuten. Aber — all Ihren sittlichen Anstrengungen zum Trotz — Sie kranken an Ihrem eigenen sittlichen Wollen, das bereit ist, auf den Nachruhm zu verzichten."
Mit zusammengezogenen Brauen war Matthias den Ausführungen des Arztes gefolgt. Dann sah er ihn kalt und überlegen an: „Sind Sie ein Charlatan oder ein Weiser?"
Doktor Anonimo wies seine gelben Zähne. „Beides, Monseigneur, wie sich das für einen guten Arzt geziemt. Ich will Ihnen aber

noch etwas verraten. Von einer solchen saturnischen Störung, wie Ihr Horoskop sie zeigt, ist das des Prinzen Eugen frei."
Langsam erhob sich der Arzt und sah dem schweigenden Marschall scharf in die Augen. „Damit müssen Sie sich auseinandersetzen, so schwer es für Sie auch sein mag. Wenn Sie sich mit der Skorpionsgefahr und der saturnischen Störung abfinden, dann werden Sie den bevorstehenden Krieg günstig zu Ende führen. Ihre Pläne werden zwar durchaus nicht alle in Erfüllung gehen; aber Sie werden würdig aus diesem Kampfe heimkehren."
Die Rechte des Kranken fuhr glättend über die Seidendecke. „Also wird Freund Da Riva doch recht behalten, wenn er in Korfu prophezeite: ‚Venedig zieht sich auf das Altenteil zurück.'"
Der Arzt griff nach Hut und Stock. „Ihr Altenteil wird überglänzt sein von Uranus und Venus, Monseigneur. Kämpfen Sie den Kampf zu Ende; neben allem anderen birgt er auch für Sie persönlich einen höchsten Sinn."
Karl klopfte und meldete: „Leutnant Pisani."
Verbindlich verneigte sich der Arzt an der Tür und ließ Elena eintreten. Dann verließ er den Raum, während Matthias dem Mädchen die Rechte entgegenstreckte.
„Wie geht es, Monseigneur?"
Matthias zog die Stirn kraus. „Der Doktor dort und der Taote-king, das ist etwas viel auf einmal."
„Was haben Sie plötzlich gegen Ihren lieben Doktor, Monseigneur?"
„Wenn es nach mir ginge, ließe ich ihn zum Professor in Padua ernennen und nach seiner ersten Vorlesung aufknüpfen. Er gehört zu den Geistern, welche von der Vorsehung etwas zu wirksam ausgestattet sind. Wenn die Menschheit diese Geister frei auswirken läßt, so endet deren Wirksamkeit in einer Katastrophe. Sie müssen verwendet werden wie Gewürze, nicht aber wie Nahrungsmittel. Jetzt, Elena, geh bitte hinüber in das Wohnzimmer und bereite einen guten Kaffee. Du bist der einzige Mensch, der Kaffee kochen kann, denn du verwendest die

Gewürze dazu in genau so feinen Dosen, wie ich den Doktor Anonimo in der geistigen Welt verwenden möchte. Ich weiß, ich weiß: eine Messerspitze Salz und eine Messerspitze Schokoladenpulver dazu. Aber du mußt den Kaffee selbst zubereiten, denn wenn Karl es versucht, schmeckt das Gebräu nach Seife. Ich komme sofort; gestatte mir den seidenen Schlafrock. Dann wollen wir über eure Reise nach Wien sprechen. Ich beabsichtige, Korfu über Rom und Brindisi zu erreichen. Aber jetzt geh und laß dir von Karl alles Notwendige für einen guten Kaffee geben!"

Im Davongehen sah Elena den Marschall flüchtig an. In der Tat, er fühlte sich frischer, und seine Kräfte kehrten zurück. Dieser Doktor Anonimo wurde von vielen in Venedig für einen Charlatan gehalten; man konnte den Namen Anonimo mit dem des berühmten Doktor Rotari nicht in einem Atem nennen. Aber vielleicht gehörte der Marschall zu jener Art von Leuten, denen am besten durch einen Charlatan geholfen werden konnte.

Während des Kaffees sah Matthias nachdenklich durch das Fenster auf die leuchtende Wolkenpalette des Himmels. Wirklich, Piazzetta hatte recht; das waren die Farben, mit welchen die Rosalba ihre Meisterporträts malte. Es war etwas Seltsames um so ein Porträt. Das seine von Hyanzinthe Rigaud war, wie so vieles andere aus seinem Besitz, stillschweigend in den seiner Schwester, der Duchesse, abgewandert und vertrauerte sein Dasein jetzt im Londoner Nebel. Seltsam um so ein Bild. Auf dem Bild blieb er ewig jung, ewig der strahlende Mars, während er selbst das Alter nahen fühlte, ganz langsam, taktvoll — bemerkbar nur durch die Müdigkeit, welche ihn von Zeit zu Zeit überfiel. Aber nur noch nicht dem Alter die Tür öffnen! Vorher mußte er seinem Leben den größten Sinn geben, indem er das Adriareich schuf, mit der Hauptstadt Venedig, dieser Wasserburg ohne Mauern, diesem Horst der Schönheit, Bildung und Lebensfreude.

Während Elena die Tassen wieder füllte und er sich an den weichen und doch gehaltenen Bewegungen des Mädchens freute,

fragte sie wie nebensächlich: „Glauben Sie, Monseigneur, daß Bonneval bereits wieder in Wien ist?"
Die Blicke des Mannes hoben sich. „Giacomo hat uns ja wissen lassen, daß Bonneval erst jenseits der Grenzen erwachte. So wird er sich dann auf den Weg gemacht haben und von Wien nicht mehr weit entfernt sein."
„Und hier?" Elena ließ die Kanne sorgfältig abtropfen.
„Was heißt das?" Matthias fragte kurz.
„Nun, ich dachte an die Emos und die ganze Gesellschaft, die dazu gehört." Elena setzte die Porzellankanne, welche mit vielen chinesischen Figuren bemalt war, wieder auf das Tischchen.
Vorsichtig nahm der Marschall von dem Rohrzucker. Während er ihn mit dem Silberlöffel verrührte, bemerkte er überlegen und fast gleichgültig: „Nun ja, sie werden mir Gelegenheit geben, ihnen eines Tages zu verzeihen."
Erschüttert sah das Mädchen zu dem Mann hinüber, dessen menschliche Größe sie ohne den Pomp kriegerischer Rüstung und ohne die schmeichelnde Perücke weitaus stärker empfand.
„Wenn man dir unrecht getan hat", fuhr er, auf Elenas erstaunte Blicke antwortend, fort, „räche dich, indem du die Beleidigung mißachtest, vornehmer noch, indem du sie verzeihst. Du kannst dich am besten über dich selbst erheben, wenn du dich einer Beleidigung nicht unterordnest."
‚Wirklich', durchschoß es Elena, ‚Aimée hatte recht. Er ist großartig und leichtsinnig wie ein Kind. Aloisio Emo, der Nachtherr Dolfin und der ganze Klüngel, welcher dazugehört, werden solche Vornehmheit als Schwäche ausdeuten und ihn zu vernichten suchen. Um Gottes willen', zitterten die Gedanken durch ihr Hirn, ‚wenn Giacomo und die Seinen nicht wachen, dann ist er verloren!'
Sie erhob sich, verneigte sich vor dem Kranken und sagte, sie müsse wegen der Bestückung der Galeeren noch mit Giacomo sprechen. Matthias nickte ihr zu und beobachtete noch vom Fenster aus, wie sie sich, den roten Stab der Arsenalotten in den Händen, über den großen Kanal übersetzen ließ. Dort verlor sie sich im Wirbel der Masken.

Abseits des Maskentreibens wartete Gazireh seit einer Stunde mit der Ruhe des Orients. „Hast du etwas über Aloisio Emo und seine Freunde gehört?" fragte Elena eindringlich. Gazireh zuckte die Achseln. „Jetzt sind alle froh, daß Bonneval weg ist."
„Weshalb?"
„Weil großer Alvise und Monseigneur viel, viel Waffen verlangen. Oberst Straticò verrät alle Zahlen seinen Brüdern; Emo besorgt Aufträge vom Senat, und Nachtherr Dolfin kauft Waffen beim alten Gontard ein. Brüder Straticò kaufen sich große Weinberge, Aloisio Emo kauft sich Palast bei San Moisè, Nachtherr Dolfin bringt Geld auf die Bank. Alle machen jeden Tag viel Geld."
Elena lehnte sich gegen eine Steinbalustrade am Ufer. Ein Arlecchino tanzte vorbei und schlug ihr mit der Pritsche auf die Schulter. Nachlässig wischte sie diesen Schlag weg und fragte flüsternd: „Die hier in Venedig wollen also, daß der Marschall am Leben bleibt?"
„Wollen sie. Wollen beim Verdienen nicht gestört werden." Die Türkin warf einen Blick zur Seite. — „Türke mit Pappnase beobachtet Herrin. Wohin will die Herrin?"
„Zu Giacomo. Sofort."
Rasch packte Gazireh Elena bei der Hand und zog sie in eine andere Gondel, welche am Ufer wartete. Die beiden Ruderer, als Indianer gekleidet, steuerten durch Tausende von anderen Fahrzeugen dem Arsenal zu.

Giacomo nickte, als Elena ihm Gazirehs Bericht mitteilte. „Weil Bonneval nicht mehr hier ist, ist seinen Freunden alle Politik uninteressant. Das sind jetzt reine Waffenhändler geworden, wie die Gontards, von denen sie kaufen, jene Art von Menschen, welche sich ihre Paläste mit den Knochen und dem Blut ihrer Mitmenschen aufzumauern pflegt."
Erschüttert griff Elena sich an die Stirn. „Aber, Giacomo, das ist doch entsetzlich!"

Der Arsenalotte wiegte den Kopf. „Alle Großen dieser Welt sind milde gegeneinander, wenn es sich darum handelt, Geld zu verdienen. Auf die Art und Weise, wie dieses Geld verdient wird, kommt es wenig an. Wir Männer des Arsenals und wir Söhne des Arsenals halten uns von solchen Blutgeschäften fern. Wir arbeiten, indem wir die Waffen zur Verteidigung der Heimat herstellen. Wenn Monseigneur wieder in den Krieg hinauszieht, muß es anders sein als das letztemal: er muß alles vorfinden, was er für die Durchführung seiner Pläne braucht." Giacomo ergriff einen kurzen, kantigen Dolch, welcher auf einem Tisch lag und reichte ihn Elena. „Das ist eine der Waffen, eine Misericordia, wie sie jetzt wieder drüben in der Waffenschmiede für den Nahkampf hergestellt werden. Sehn Sie sich diese Arbeit an; wie herrlich der Stahl geschliffen und gekantet ist." Sorgsam prüfte Elena die Waffe, dann zog sie die Lederscheide wieder darüber und bat Giacomo, ob sie diese Misericordia behalten dürfte. „Es ist immer gut, wenn man eine Waffe bei sich hat." Giacomo erlaubte es, und Elena steckte den Dolch in die Tasche.

8

Am frühen Morgen des 11. Februar 1717, als der Duft des werdenden Frühlings vom Festland hinüber nach Venedig schwebte, hielt eine Staatsgondel vor dem Palazzo Loredan-Schulenburg. Um sechs Uhr betrat der Marschall, welchem sein Generaladjutant Straticò den linken Arm zum Einsteigen anbot, die Gondel. Straticò bot den Arm auch der jungen Elena Pisani an, die jedoch, ebenso wie die Gräfin Lukrezia della Torre, rasch an dem Adjutanten vorüberhuschte. Dann sprang Straticò selbst in das Boot, und die acht Arsenalotti ruderten an.
Giacomo kommandierte die Gondel. Es war ein altes Recht der Arsenalotti, den Oberstkommandierenden der Landarmee, wenn er hinauszog in den Krieg, bis zu seinem Schiff oder an das Festland zu rudern. Rasch glitt das Fahrzeug in den silbergrauen

Frühlingsmorgen hinein; es jagte über die Lagune, über die Brenta, an Villen und Palästen vorüber, über welche die noch tastenden Hände des nahen Frühlings bereits eine Ahnung kommender Farbenpracht warfen. Schon wagte sich eine rosa-weiße Mandel vor; sie neigte sich leicht über das Wasser der Brenta, als ob sie einen Ehrenbogen über die Ausreisenden werfen wollte.

Jetzt, wo der Abschied näher rückte, sehnte sich Elena nach ausgleichender Güte, weil ihr Herz zu zerspringen drohte aus Angst vor der bevorstehenden Trennung. In einer Ecke der großen verglasten Kajüte schwatzte indessen Straticò auf Lukrezia ein; zuweilen lachte Lukrezia hell, um dann, erschrocken über ihr eigenes Lachen, gleich wieder in ein Flüstern zu verfallen.

Elena gegenüber saß der sinnende Mann, dessen Blicke hin und wieder die ihren trafen. O Monseigneur! Die Güte seiner Augen wärmte ihre Seele, und wieder einmal ruhte sie in diesem magischen Glanz wie in den Fluten eines besonnten Meeres. Sie sprachen beide kaum ein Wort; erst nach einer längeren Zeit wellten sich die Lippen des Mannes zu einem schmerzlichen Lächeln. „Bist du traurig?"

„Ach ... mir ist so angst vor Wien. Dort ist alles so verlogen."

„Du brauchst keine Angst zu haben, wenn du bereit bist, dich an die Wahrheit zu halten. Die Wahrheit liebt keine Umwege noch Unterschlupfe. Wenn man sie braucht, kann man sie nur offen brauchen. Wenn man sie sucht, kann man sie nur ohne Verstellung suchen." Matthias sah vor sich hin und spielte mit der Goldquaste seines spanischen Rohrs. „Wer die Wahrheit nicht zu vertreten wagt, verdient nicht sie zu kennen; und wer sie sucht, aber nicht auf gradem Wege sucht, verdient nicht sie zu finden."

Langsam hob Elena den Blick. „Ich danke Ihnen, Monseigneur." Dann küßte sie rasch die Hand, welche auf dem Holzknopf des spanischen Rohrs lag und murmelte mit halberstickter Stimme: „Grüßen Sie Korfu!"

Am Ufersteg vor Padua, an welchen die Prachtbarke anlegte, hielten zwei Wagenzüge. Bei dem einen warteten Karl, Hektor und der Sekretär Werner; bei dem andern wartete Gazireh. Dann trat Sala, frisch, heiter und strahlend, an die Gondel heran, um dem Marschall zu melden, daß beide Wagenzüge zur Abfahrt bereit ständen, der eine nach Wien, der andere nach Korfu, und daß jeder von einem Zug von Dragonern begleitet würde.
Matthias dankte. Noch an Bord des Schiffes sah er Elena fest in die Augen und umarmte sie, während er Lukrezia ritterlich die Hand küßte. Indessen reichte Elena dem Obermeister Giacomo beide Hände und rief den Ruderern zu: „Lebt wohl, ihr, meine Väter vom Arsenal."
„Leb wohl. Sohn!" riefen die Ruderer, „und vergiß nie, daß du Sohn des Arsenals bist."
Mit Tränen in den Augen lief Elena auf ihren Reisewagen zu; rasch stieg sie ein und winkte Lukrezia an ihre Seite. Gazireh folgte den beiden, und die gebogene Tür flog ins Schloß.
Dann stieg Sala in den Sattel, senkte vor Matthias den Degen und trabte mit einem Zug Dragoner an. Der Reisewagen der jungen Frauen und ein Gepäckwagen folgten ihm. Elena und Lukrezia winkten zu dem Marschall hinüber, bis sich eine grünüberhauchte Hecke zwischen sie und den Zug der Korfureisenden schob.
Der Marschall stand allein am Ufer.
Dann befahl er: „Oberst Straticò, bitte in meinen Wagen, und dann vorwärts!"
Die Dragoner setzten sich in Bewegung, der Reisewagen des Marschalls und viele Gepäckwagen folgten. Man schlug die Richtung nach Süden ein — nach Florenz, nach Rom, nach Neapel, nach Korfu.

DRITTES KAPITEL

1

Salas blaue Dragoner trabten den Alpen zu. Er selbst hielt sich für eine Zeitlang neben dem Wagen und wechselte durch das geöffnete Wagenfenster mit den Frauen ein paar heitere Worte. Der Frühling begann seine Arme auszubreiten, die zarten, schönen Arme, welche gehüllt waren in beglückende Schleier von Duft, Wärme und farbigem Licht. Sala wußte, daß der geliebten Frau die Trennung von Matthias einen tiefen Schmerz bereiten mußte. Um die Abschiedsqualen zu mildern, hatte er beschlossen, am ersten Reisetag sein Besitztum bei Belluno zu erreichen. Dort hatte er alles für den Empfang vorbereiten lassen; eine kleine venezianische Opernkompanie, welche in Belluno gastierte, probte bereits auf der Bühne des Schloßtheaters, um den Gästen Alessandro Scarlattis Spieloper „Das Glück der Helena" vorzuführen.
„Heute abend wird die Faustina Bordoni für Sie singen." Sala neigte sich aus dem Sattel den Frauen zu. „Wie schön!" rief Lukrezia und beugte sich über Elenas Knie dem Reiter entgegen. ‚Seltsam, daß sie das gleiche, etwas schiefstehende Auge wie der Marschall hat', dachte Sala, während er die Zügel in die Linke nahm.
„Wo wird sie denn singen?" fragte Lukrezia, immer noch über Elenas schöne, schmale Knie gebeugt.
Salas Augen leuchteten auf. „Ich denke, wir wollen am ersten Reisetag keine allzu große Strecke zurücklegen. Deshalb habe ich in meinem Besitztum Grassiato alles für unseren Aufenthalt

vorbereiten lassen. Für eine Nacht wird der Komfort des Schlößchens genügen. Mein Vater ließ es von Longhena erbauen, damit unsere Familie ihren Sommeraufenthalt auf dem Lande nehmen konnte. Grassiato liegt zwar etwas weiter von Venedig entfernt als die Landsitze an der Brenta und im Paduanischen, aber ich liebe es, weil viel von meiner Kinderzeit damit verbunden ist."
Elena dachte an ihre eigene Kinderzeit im Park von Strà an der Brenta, wo sie mit ihrer Mutter und ihrer Zwillingsschwester Laura ein Gartenhaus bewohnte. Niemand im Schloß vermißte sie, wenn sie davonlief vor den Empfängen, den Balletten und den Stegreifkomödien, durch welche ihr Oheim, der große Alvise, seinen Fürstensitz zu beleben wußte. Sie ritt lieber zu ihren Freunden hinaus in die Dörfer, zu alten Bauerfrauen, deren Gesichter von der Sonne zerrissen waren; zu einsamen, vergrübelten Geistlichen oder zu jungen Bauernmädchen, die von nichts als Liebe sprachen.
So wandte sie ihre Blicke freundlich zu Sala. „Das ist ein schöner Gedanke, Oberst. Zeigen Sie uns Ihre Heimat."
Gazireh ließ ihre Augen rasch zu Sala und Elena gehen; dann aber senkte sie die Blicke und sah unbeweglich vor sich hin. Sie ruhte wieder in der Zeitlosigkeit des Ostens und wartete, bis die Zeit von neuem „ihre Lunge umspielen", wie sie sagte, und zu ihr sprechen würde.
Die Wagen rollten durch die norditalienische Ebene, über welcher bereits der Atem der fernen Schneeberge zitterte. Gegen Mittag langte der Zug in Grassiato an; er fuhr hinein in flatterndes Glockengeläut, hinein in den Duft der ersten blühenden Sträucher, welche sich im Park ans Licht wagten. Nur ein paar Mandeln standen bereits in voller Blüte und wiegten sich in ihrer jungen Schönheit. Ländliche Dienstboten geleiteten die Gäste in deren Zimmer mit dem gefälligen Prunk eines gesicherten Wohlstandes. Außerdem aber lebte in diesen Zimmern noch ein geheimer Zauber, als ob sie für einen Dichter bestimmt seien. Alle lockeren, kleinen Gedanken, welche das Hirn eines Träumers hier umflattern mußten, wie draußen die ersten gelben

Schmetterlinge die blühenden Mandelsträucher umflatterten, konnten sich auf feingeschnitzten Holzornamenten niederlassen. Zugehörig dieser Welt bewegten Holzes suchten hohe, quadratisch zerlegte Spiegel den Sonnenglanz des Parkes oder das Milchlicht des Mondes aufzufangen und die Stetigkeit ewigen Wechsels zu künden, des einzigen, was auf dieser Erde Bestand hat.
Diese Zimmer sollten für das zukünftige Leben Elenas, ohne daß sie sich dessen im Anfang bewußt wurde, etwas sehr Entscheidendes bedeuten; die Erinnerung an sie breitete sich hinter ihrem Dasein wie ein Wandteppich aus, der ihr eine unerwartete geheimnisvolle Ruhe gab. Bis dahin war sie durch das freie Licht geschritten. Sogar die Flamme ihrer Haare hatte die flakkernde Beweglichkeit ihres Wesens betont, derenthalben sie die Feuer-Pisani genannt wurde. In Salas Schlößchen hatte ihr Leben plötzlich einen Hintergrund gewonnen, an welchen sie sich anlehnen konnte, wenn sie einmal müde werden sollte.
Eine gemessene Heiterkeit schien ihr voranzuschreiten, als sie durch den bildergeschmückten Korridor in den runden Speisesaal hinüberging. Von dort aus umfaßte der Blick weite Wiesen und harmonische Baumgruppen, über denen das ferne Diamanten- und Saphir-Diadem der Alpen schwebte. Während der Mahlzeit, welche Sala, Elena und Lukrezia an einem runden Tisch vereinte, durchzitterte die lebhafte Unterhaltung ein feiner, besinnlicher Ton. Sala führte ihn auf Elenas Abschiedsschmerz zurück.
Während zum Nachtisch große Trauben aus Salas Treibhäusern gereicht wurden, überlegte sie sich, was in dem geheimnisvollen Gastzimmer so seltsam auf sie ausgestrahlt haben mochte. Nach längerem Prüfen fand sie die Antwort. Es war das nicht etwa ein künstlerisches, gefühlvolles Träumen, welches sich um Matthias zu ranken suchte, sondern es war einfach die Form gewordene Kraft jener Welt, welcher sie selbst entstammte. Aus diesen geschnitzten Holzornamenten, den schwer atmenden Möbeln, den vielfach zerschnittenen Spiegeln sprach etwas Untergründiges,

nicht zu Fassendes, das Gleiche, was aus den engen Straßen Venedigs zu ihr sprach, aus dem Lachen der Arsenalotti, aus den Liedern der Straßensänger und aus dem bunten Treiben von Wolken und Wogen. Alles das war in sie hineingeboren und durch die lange Geschlechterreihe der mächtigsten Bankherren von Venedig Wesenheit geworden. In der Stadt selbst mochte dieses Geheimnis ihres Gewordenseins noch im allgemeinen, in der Luft der Meere verschwimmen; hier, auf dem festen Lande, trat es deutlich und selbstverständlich aus einer geformten Umgebung hervor.

Nach der Mahlzeit bat Lukrezia, man möge sie entschuldigen. „Ich möchte noch ein wenig ruhen, um für die Oper heute abend frisch zu sein." Lächelnd wies sie mit dem blonden Kopf auf ein Seitengebäude jenseits der Parkwiese, von wo aus die Töne probender Instrumente und die Triller einer Gesangstimme über den Rasen rollten wie Perlen von einer zerrissenen Schnur. Nachdem Lukrezia gegangen war, wandte sich Sala verlegen und unsicher zu Elena: „Möchten Sie, daß ich Ihnen meinen Park zeige?" Er sah bewundernd zu ihr hinüber, die im vollen Mittagslicht auf der Terrasse stand und den gemalten Fächer, den ihr der große Alvise für die Reise geschenkt hatte, leicht hin und her bewegte. Sie nickte und, ihr Kleid schürzend, schritt sie, immer zuerst mit der Fußspitze die nächste Stufe berührend, zum Park hinunter.

„Lieben Sie den Frühling, Oberst?" fragte sie, während beide eine Steinfigur umschritten, welche die Ecke eines Tulpenbeetes betonte.

Er nickte vor sich hin. „Ich liebe ihn, Donna Elena. Wissen Sie, ich liebe alles, was einfach ist. Ich liebe die Blumen im Frühling, die Entenjagd im Herbst, die Weinernte und für eine gute Sache kämpfen wie damals in Korfu... und jetzt vielleicht, wenn ich wieder nach Korfu hinausfahre... und so liebe ich auch den Frühling."

Das Mädchen blieb stehen und schob spielend mit der Spitze des Schuhes einen Kieselstein hin und her. „Sie sagten ‚einfach',

Oberst. Sie lieben alles, was einfach ist. Das ist ein großes Wort. Was ist denn noch einfach?"
Er sah sie mit hellen Augen an. „Wieso ist das ein großes Wort?"
„Nun, weil das Leben, das wir alle führen, wir alten und neuen Familien Venedigs, oder was sich dort sonst an einflußreichen Menschen bewegt, alles andere ist als einfach."
Nach einer Weile zog sie den Fuß vom Kieselstein zurück und bemerkte im Weiterschreiten: „Es ist sogar übersteigert. Auch das war, neben vielen anderen, einer der Gründe, die mir meine Abfahrt nach Korfu erleichterten."
„Das weiß ich wohl", entgegnete Sala ruhig, „und diesen gesunden Instinkt habe ich bewundert." Er neigte sich zu den Tulpen, bog eine dunkelrote Blüte mit gelben Rändern seiner Begleiterin zu und sagte: „Sehen Sie, wie schön." Aber er pflückte die Blüte nicht, sondern ließ den weinroten Kelch vorsichtig wieder in seine steile Haltung zurückgleiten.
„Es ist ganz einfach ein Fraueninstinkt", entgegnete Elena, den Fächer hin und her bewegend.
Sala sah vor sich hin. „Er sollte es sein", murmelte er im Weiterschreiten, „aber heute leben unsere Frauen doch alle gegen ihren Instinkt."
Durch blühende Hecken links vor dem Schlößchen schimmerte das Theatergebäude; rechts barg ein gleichartiger Bau die Sammlungen von Antiken, welche die Salas im Lauf der Jahrhunderte aus Griechenland und Kleinasien mitgebracht hatten. Von diesen Gebäuden aus führten zwei gleichlaufende, gewaltige Buchenalleen, die große Wiese gegen Osten und Westen abgrenzend, zu kleinen Wäldchen, hinter welchen ein bewegter Fluß vorüberglitt. Sala strebte mit Elena der rechten Allee zu, welcher der erste Glanz werdenden Grüns einen wässerigen Zauber verlieh.
Nach einiger Zeit fuhr er, die Hände auf dem Rücken gekreuzt, das Haupt geneigt, fort: „Weshalb, werden Sie fragen? Darauf läßt sich leicht eine Antwort finden. Aus Dummheit. Sehen Sie sich die Frauen des venezianischen Bürgertums an. Die führen ihr Leben nicht so, wie die Frauen des Patriziates es führen. Aus

Klugheit nicht. Deshalb wird die jetzige Oberschicht verfallen, und das Bürgertum wird nachrücken."

Tief erschrocken blieb Elena stehen. Ihr rotschimmerndes Haar stand leuchtend vor dem grünen Hauch der treibenden Buchen. „Sind daran unsere Frauen schuld?"

„Kennen Sie aus der Geschichte einen Staat, der verfiel, ohne daß nicht seine Frauen vorher entartet gewesen wären?"

Mißmutig zog Elena die Augenbrauen zusammen. „Beantworten Sie nicht eine Frage durch eine Gegenfrage. Glauben Sie, daß vor allem die Frauen an solchem Verfall schuld sind?"

Sala überlegte; dann erwiderte er: „Ja. Verfall erfolgt, wenn die Frauen es unter ihrer Würde halten, Frauen zu sein und auch für sich die Rechte des Mannes verlangen. Sie sind töricht, wenn sie das tun, denn selbst, wenn die Männer sie ihnen zuerkennen, so erkennt sie ihnen doch die Natur nicht zu. Kinder bekommen eben doch nur die Frauen. Durch ihre Ansprüche auf das Mannesrecht begeben sie sich aber ihres stärksten Rechtes, welches die Natur ihnen zuerkannt hat: nämlich das, von den Männern beschützt zu werden. Im Verlauf dieser Entartung verkehren sich auch die Seelen der Frauen ins Haltlose, eine Haltlosigkeit, welche sich auf die neue Generation überträgt, weil die Kinder an ihren Müttern, die Zwittergeschöpfe geworden sind, keinen Halt mehr finden. Der Nachwuchs eines Volkes kann nicht von Buhlerinnen erzogen werden."

Der Mann sprach hart, ein wenig lehrhaft, aber aus seinen Worten klang eine tiefe, ehrliche Sorge. Seine Blicke blieben auf den Weg geheftet; Elena jedoch spürte, daß aus diesen erregten Worten nicht nur die Sorge eines venezianischen Patriziers um seine Heimat, sondern auch die persönliche Sorge eines Mannes sprach, eines Liebenden, der die geliebte Frau vor den Gefahren der Zeit zu schützen wünschte.

Sie aber lebte in ihrer Liebe zum Marschall, zu dem großen, einsamen Menschen. Von dieser Liebe würde sie keine Betrachtung oder allgemeine Erwägung abbringen; darüber wollte sie auch den vornehmen Mann an ihrer Seite nicht im unklaren lassen. Und so sagte sie: „Soll die große Liebe, die einmalige große Liebe — soll auch sie ersticken unter solchen Erwägungen?" Sala verstand, was diese Frage zu bedeuten hatte; die Großartigkeit seiner Natur jedoch siegte über alle persönlichen Wünsche. So blieb er stehen, atmete tief, sah Elena in die Augen und antwortete leise: „Nein, Donna Elena, das soll sie nicht. Denn eine wahrhaft große Liebe hat ihr Königsrecht — Leutnant Pisani."

Sie blieben in ihren Gedanken befangen, auch als am Spätnachmittag die Ouvertüre zu Scarlettis graziösem Werk an ihnen vorüberschwebte und der Vorhang sich hob. Was sich dort auf der kleinen Bühne zeigte, bedeutete eine seltsame Umkehrung ihres eigenen Erlebens — das Schicksal der Helena, welche einem alten Mann entflieht, um an der Seite eines jungen ihr Glück zu suchen. Die Faustina sang die Helena. Weder Lukrezia, noch Sala, noch Elena konnten sich dem Eindruck verschließen, daß die Künstlerin nie so reif und schön gesungen hätte wie an diesem Abend. Als Faustina geendet hatte, zwang sie zunächst das Publikum zu einer ehrfürchtigen Stille. Dann aber brachen die Gäste in jubelnden Beifall aus. In ihren Ohren, ihren Gliedern, ihren Herzen klang die große Arie:

„Oh, Held, du bist ein Gott!
Den Göttern neigt sich dankerfüllt das Weib,
Es steht den Göttern näher als der Mann."

Faustina wiederholte, gegen ihre Gewohnheit, diese Arie sogar vor den nur fünfzig Zuhörern, und zwar mit der gleichen Süßigkeit ihrer Stimme und der gleichen Reife ihres Spiels. Sie legte es sichtlich darauf an, zu gefallen. Vielleicht dem berühmten Kapellmeister Hasse, il Sassone genannt, der unbeweglich auf die glänzenden braunen Augen der Sängerin blickte. Vielleicht dem jungen Obersten Sala — vielleicht aber auch nur sich selbst, weil sie Schauspielerin war. Ganz im Hintergrund des Saales saß Gazireh und beobachtete unbeweglich das Gebaren der Sängerin.

Als später die Protagonisten vom Hausherrn zur ländlichen Abendtafel hinzugezogen wurden, sprach Faustina lebhaft auf Elena ein. „Sie gehen dieses Mal nicht mit nach Korfu, Donna Elena?" fragte sie und neigte ihren vollen Oberkörper lässig vor, daß die feste Brust plötzlich aus dem kornblumenblauen Kleid hervorleuchtete.
Diese Wirkung, von der niemand wußte, ob sie gewollt oder ungewollt war, beunruhigte Elena. Sie empfand in den Zügen der Sängerin etwas Lauerndes, insbesondere, als diese noch hinzusetzte: „Nie vergesse ich das wundervolle Bild, welches sich uns im neuen Lazarett bot: Sie zu Füßen des Marschalls, Venedig zu Füßen seines Retters."
Maske, Maske, durchschoß es Elena. Eine festgewachsene Maske, mehr noch, eine Maske, die Antlitz geworden war — das Allerentsetzlichste von Maske, und das Gefährlichste dazu, weil es imstande ist, die Edelsten zu täuschen und sie, wenn sie erkannt haben, in einen Zustand von Menschenverachtung zu drängen, aus dem sie kaum wieder hinauszufinden vermögen.
Als die Mahlzeit vorrückte, und der Wein die Zunge löste, wandte sich Faustina, welche sich lebhaft mit Hasse unterhielt, plötzlich wieder zu Elena. Sie lachte. Dann blitzte sie das Mädchen wie eine Mitverschworene an und flüsterte: „Es ist klug von Ihnen, daß Sie die Knabentracht bevorzugen! Sie steht Ihnen übrigens vortrefflich." — „Weshalb ist das klug?" erwiderte Elena fast erschrocken.
Faustina zeigte ihre starken, weißen Zähne: „Nun, weil derartiges alternde Männer reizt. Der Ring ihrer Erinnerung beginnt sich zu schließen, und ihr Gefühl mündet wieder in die Bahnen glühender, längst verwehter Jugendfreundschaften. Solche Anzüge werde ich mir auch anfertigen lassen."
Elena starrte wie abwesend auf die Sprecherin. Das, was sich hier vor ihr auftat, in glänzenden Kleidern, herausforderndem Schmuck, einem schönen, etwas fremdartigen Antlitz, der Abgott einer ganzen Welt, war in Wahrheit nichts anderes als eine gemeine Seele.

Gazireh, die einen bunten Aufbau von Gefrorenem vor sich hertrug, eine winzige Architektur, wie das Modell einer Kuppelkirche von Longhena, verlangsamte hinter Faustinas Stuhl ihre Schritte und bot die Platte zuerst der Sängerin an, welche lachend ein großes Stück von dem Gefrorenen auf ihren Teller legte.
Elena dankte. Erst auf einen bittenden Blick Salas nahm sie eine Kleinigkeit und aß langsam und vorsichtig. Aber die Welt erschien ihr verkehrt, denn alle Werte waren umgestürzt. Papier war mehr wert als Gold, Eis mußte auf der Zunge wie Feuer brennen, und das Feuer der Seele mußte man hinter Eiswänden des Zynismus kühlen. ‚So beginnt der große Untergang' dachte sie und kaute vorsichtig an einem Architekturbogen von Krokant. Langsam hob sie wieder das Haupt, und ihre Blicke trafen auf die Salas, die ihr wohl taten. ‚Das Einfache', dachte sie, ‚auch ich möchte es einmal erreichen, dieses saubere Glück des Einfachen.'

2

Am nächsten Morgen nahm Elena von ihrem Zimmer Abschied wie von einem Freund. Sie warf noch einen letzten Blick in einen der großen Spiegel.
Dann klopfte Sala an die Tür und meldete, es sei alles zur Abfahrt bereit. Rasch verließ sie den Raum, schritt mit Sala zusammen die Treppe hinunter und stieg eilig in den Wagen, als ob sie sich mit Gewalt von etwas sehr Schönem trennen müßte. Während sich Sala in den Sattel schwang, nahmen auch Lukrezia und Gazireh ihre Plätze ein. Nachdem die Wagentür ins Schloß gefallen war, trabten die Dragoner an; die Wagen folgten ihnen. Und wieder ging die Fahrt hinein in den Frühling, der um so herber wurde, je mehr sie sich den Bergen näherten. In großen Kehren, über gefrorenen Schluchten, in welchen glasige Eiszapfen den Anschein erweckten, als ob sie schwarze Felsen stützten, schraubte sich der Zug empor in klare, kalte Luft, bis zu den

höchsten Grenzen des venezianischen Gebiets. Verfrorene Zöllner sprangen aus dem überheizten Wachthaus, und ein aufgeregter Unteroffizier meldete, diesseits der Grenze sei alles in Ordnung, aber jenseits stände seit einem Tag ein Zug vom Dragonerregiment des Prinzen Eugen; der Zug würde kommandiert von einem kaiserlichen General.
Sala lachte den beiden Mädchen zu, und sagte, auf diese Weise würden sie wohl sicher nach Wien kommen. Er ging mit Lukrezia und Elena ein paar Schritte auf und ab; dann aber beobachteten die drei, wie sich drüben der kaiserliche Schlagbaum hob und ein großer, breiter Offizier, in der Uniform eines Generaladjutanten, langsam und gemessen auf den venezianischen Schlagbaum zuschritt.

... „Süß umspielt des Morgens Lächeln
Die Dreiheit der herrschenden Gestirne!"
rief er und winkte mit dem linken Stulphandschuh, welchen er mit der Rechten umfaßte. Die Finger des grauen Handschuhs klappten hin und her, während die breite Lederstulpe ungefügig pendelte.
„Bonneval!" stieß Elena hervor, und Sala pfiff durch die Zähne. „Seien Sie vorsichtig, ich flehe Sie an! Daß Bonneval Sie abholt, ist seine Antwort auf das Gastmahl des Marschalls, von dem er, bedeckt mit Hohn und Spott, davongebracht wurde. Das hat er nicht vergessen. Sicher hat er bereits in seinem Hirn einen Racheplan geschmiedet."
„Ich werde achtgeben."
Inzwischen trat Bonneval an den venezianischen Schlagbaum heran. „Seine Königliche Hoheit, der Prinz Eugen, der durch Zufall von Ihrer Reise nach Wien erfuhr, hat mich beauftragt, Sie mit einem Zug seiner Dragoner an der Grenze zu empfangen", sagte er, auf den Schlagbaum gelehnt und fuhr fort: „Es freut mich sehr, bei dieser Gelegenheit auch Sie zu sehen, Exzellenz Sala. Das letzte Mal trafen wir uns auf dem bezaubernden Fest beim Marschall. Schade, schade, daß die venezianischen Verordnungen es mir verbieten, für einen Tag

venezianisches Gebiet zu betreten! Wie gerne hätte ich mit Ihnen ein paar Flaschen von dem herrlichen Marsala des Marschalls getrunken!"
„Ich bedauere das ebenfalls", entgegnete Sala ruhig, „aber vielleicht findet sich dazu doch später einmal die Gelegenheit."
„Trotzdem sind Sie liebenswürdig wie immer, Graf Bonneval", setzte Elena hinzu. „Wir kommen sofort zu Ihnen."
Sie blickte Sala fest in die Augen. „Ich danke Ihnen. Es war schön. Und wenn Sie den Marschall in Korfu sehen, so sagen Sie ihm, er könne sich auf mich verlassen, wo es auch sei; in Wien ebenso wie in Korfu."
Rasch stiegen die Frauen wieder in den Wagen, die Schlagbäume gingen in die Höhe. Sala sah noch, wie Bonneval sich tief gegen den Wagen der Damen verneigte, ihn über die Grenze geleitete und sich dort auf ein Pferd schwang. Dann tauchte aus der Bodensenkung ein blauer Streifen auf, der Zug Dragoner, welcher rasch davonschwebte, während die Wagen hinter ihm herrollten, und Bonneval noch gegen Sala den Hut hob.
Nachdenklich ritt Sala an der Spitze seiner Dragoner zurück, hinab durch vereiste Schluchten wieder der hellen Ebene des Südens zu. Der Himmel war wolkenlos, und niemand hätte sich gewundert, wenn an den Rändern dieses Himmels kleine Engel aufgetaucht wären, die Rosenketten um das Land legten. Sala jedoch spürte wenig von dieser Festfreude des Himmels. Das Herz war ihm schwer.

Die beiden Damen konnten sich keinen aufmerksameren Reisebegleiter wünschen als den Grafen Bonneval, der die Fahrt durch Österreich mit umsichtiger Sorgfalt vorbereitet und beinahe zu einem Fest gestaltet hatte. Die Quartiere, mit großer Überlegung ausgesucht, boten gleichzeitig kleine Überraschungen, etwa der Besuch eines Damenklosters, dessen Insassinnen dem Adel des Landes angehörten und es mit den Ordensregeln nicht allzu genau nahmen, oder ein Volksfest in einer Mittelstadt mit Preisschießen und Tänzen. Elenas italienischer Diener, welcher zum erstenmal ins Ausland reiste, schüttelte immer wieder den Kopf und erklärte, diese Menschen hier seien keine Barbaren, sondern genau so brav und gut wie die Landsleute in der Lombardei.

Bonneval wußte zwischen sich und den beiden Venezianerinnen manche feine Bindung zu knüpfen. Freilich war Lukrezia empfänglicher dafür als Elena. Das war allerdings nicht zum wenigsten Gazireh zuzuschreiben, welcher der General seltsame Angebote gemacht hatte und die ihn dafür, wenn sie Elena abends beim Auskleiden half, kurzweg als „große Kanaille" bezeichnete. Als die Türme Wiens wie eine blaue fata morgana vor dem goldenen Abendhorizont aufstiegen, sagte Bonneval, der neben dem geöffneten Wagenfenster ritt: „In einigen Stunden werden wir in Wien sein. Für mich bedeutet das einen tiefen Kummer, denn wenn ich Sie beide in der venezianischen Gesandtschaft abgegeben habe, sind Sie meinem engeren Gesichtskreis entschwunden." Nachdenklich sah er auf den Weg. „Der Prinz, der bald wieder ins Feld rücken wird, möchte sich die Erinnerung an leuchtende Schönheit mitnehmen, und deshalb läßt er Sie bitten, doch übermorgen in seinem Stadtpalais an einem Maskenfest ‚am Hof des Kaisers von China', teilzunehmen. Die Kostüme werden Ihnen morgen früh vorgelegt werden. Ich kann Ihnen nicht sagen, wie auch ich mich freuen würde, Sie beide dort wiederzusehen, wenigstens aus der Ferne."

Der Gesandte Pietro Grimani schob sich mit gehaltenen, ein wenig schleichenden Bewegungen in die Bibliothek, nachdem ihm die Ankunft der jungen Damen gemeldet war. Seine riesige Nase schien sich noch mehr dem Kinn genähert zu haben, so daß es Lukrezia, welche bisweilen einen Hang zum Humor zeigte, plötzlich durch den Kopf schoß: „Bald wird er sein Essen von der Seite in den Mund schieben müssen." Aber das ermüdete Antlitz Grimanis blühte auf in einem Glanz von Güte; der Dichter in ihm freute sich der Gegenwart zweier reizvoller junger Mädchen, der Venezianer war stolz auf die Venezianerinnen. Während er sich noch mit den beiden unterhielt, rollte der Sondergesandte

Carlo Ruzzini, ein kleiner, dicker Ball, in die Bibliothek und strebte mit offenen Armen auf die Mädchen zu.

„Was für ein Glück, wieder einmal zwei wirkliche Venezianerinnen zu sehen — doch, doch, Donna Lukrezia, auch Sie sind Venezianerin! Was macht es schon aus, ob Ihr Herr Vater sich am Hofe von Turin langweilt? Was ist schon Vater? Die Mutter entscheidet allein! Wenden Sie sich nie an Christus, ich warne Sie, sondern wenden Sie sich an seine Mutter, die Heilige Jungfrau von Kaloz, die zur Zeit im Stefansdom als Logierbesuch weilt. Das kann ich Ihnen nur dringend empfehlen; sie erhält von ihrem Sohn alles bewilligt, was sie von ihm erbittet."

Die heiteren, hellen Augen Ruzzinis gingen zu Grimani hinüber. „Haben Sie bereits ein Kostüm für morgen, lieber Freund? Als Astrolog? Vortrefflich!" Ruzzini hielt die Rechte an die Ohrmuschel und fuhr fort: „Ich selbst werde als eine einzige Maske erscheinen. Vom Kopf bis zu den Füßen eine Maske."

Erstaunt sah Elena den Sondergesandten an: „Weshalb das?"

Ruzzini schob ihr das rechte Ohr entgegen und öffnete den Mund ein wenig; die Mausezähne blitzten.

„,Weshalb?' fragen Sie, wenn ich recht verstanden habe. Nun, um den Preis der großen Gesundheit zu verkünden."

„Durch eine Maske?" Lukrezia wandte sich Ruzzini zu.

„Jawohl, Donna Lukrezia. Fragen Sie sich eines." Carlo Ruzzini berührte mit dem langen ausgestreckten Zeigefinger seiner Rechten seine wundervoll gebaute Stirn. „Fragen Sie sich: ‚Weshalb trägt der Mensch eine Maske?'"

„Um unerkannt zu sein, scheint mir", entgegnete Lukrezia.

„Richtig", nickte der Sondergesandte. „Aber weshalb will er unerkannt sein? Weshalb will ganz Venedig zum mindesten ein halbes Jahr lang unerkannt sein?" Ruzzini lief im Zimmer auf und ab, mit ganz kurzen Schritten. „Ich will es Ihnen verraten. Unter einer Maske braucht der Mensch sein Antlitz nicht zu verstellen; er braucht seine Rede nicht im Zaum zu halten und braucht sich nicht zu fürchten. — Weder vor den Feinden noch vor den Freunden; weder vor der Familie noch vor der eigenen

Gattin. Er kann tun und lassen, was die Majestät seiner eigenen Persönlichkeit verlangt. Das aber hält die Seele gesund. Maske ist Gesundheit; Maske macht frei. Die unnachahmliche Freiheit des venezianischen Volkes, seine veredelte und erhöhte Gesundheit steht und fällt mit der Maske."
Mit ansteigendem Interesse lauschte Grimani diesen Worten. Am Ende sagte er, dicht an Ruzzini herantretend: „Das sind sehr kluge Gedanken, die Sie da entwickeln, lieber Freund."
„Haben Sie schon je etwas Dummes von mir gehört?" entgegnete Ruzzini mit ironischem Lächeln.
„Ich war immer höflich genug, es nicht zu hören."
Ruzzini legte die Rechte an das Ohr. „Wie sagten Sie? Ich könnte nicht hören? Was sollen unsere entzückenden Freundinnen denken, wenn wir beiden Gesandten derart miteinander reden!"
„Aber das hab ich ja gar nicht gesagt, Ruzzini!" schrie Grimani in das Lachen der beiden Mädchen hinein. Der rote Ball war jedoch bereits im Abrollen begriffen, winkte mit der Hand nach rückwärts und glitt eilends zum Zimmer hinaus.
„Wer taub ist und über Geist verfügt, der hat es nicht schwer im Vorteil zu sein", lachte nun auch Pietro Grimani, „aber diesen Vorteil wollen wir ihm neidlos gönnen."

3

Der rauschende Jubel Wiens über Eugens Türkensiege, der auch im Winter nicht zur Ruhe kommen wollte, äußerte sich in einer Unzahl von glanzvollen Festen, Festen von so ungeahnter Pracht und Großartigkeit, daß selbst die „fêtes du roi" in Versailles dagegen verblaßten. In der englischen Botschaft in Wien saß jeden Morgen die Gattin des Botschafters in Konstantinopel, Lady Montagu, an ihrem Schreibtisch und berichtete in alle Welt, was sich in Wien Neues und Ungeheures an gesellschaftlichen Wundern abspielte. Lady Montagu war von Konstantinopel nach Wien gekommen aus bloßer Neugier, denn ihr Herz schlug, wie das aller führenden Engländer, nicht für Kaiser Karl VI. und die von ihm angestrebte Seegeltung. England liebte auf dem Meere keine Konkurrenz. Aber, wenn die Lady morgens, in einen crêmefarbenen Schlafrock gehüllt, den Kopf mit einem rosa Turban umwunden, das lange Pferdegesicht über weiße Bogen neigte, und ihrer schön geschnittenen Gänsefeder die angeborene Flügelkraft ließ, dann glitt sehr bald das Geständnis auf den Briefbogen, daß auch sie vom Zauber Wiens völlig gefangen sei. Die Paläste des Adels, die fünf- und sechsstöckigen Häuser, die luxuriösen Wohnungen, die Feste, welche der Kaiser im Schloß Favorite gab, die Opernaufführungen, deren eine allein für die Ausstattung dreißigtausend Pfund Sterlinge verschlang, — das alles durchzittert vom Frohsinn und der Lebensfreude der Wiener, vermochte sogar das Eis um dieses sehr englische Herz zu zerschmelzen. Die Freude und die Schönheit Wiens veränderten die Lady Montagu zusehends. Lady Montagu, so zischelten die spanischen Kreise, verschönt sich jeden Tag; ein jüngerer Mensch könnte sich sogar in sie verlieben, wie in dem Märchen von den drei Hexen. Die Engländerin ließ den Märchentaumel gern über sich ergehen; dabei entging es ihr aber durchaus nicht, daß während dieser Feste in den Zeughäusern und auf den Werften Tag und Nacht gearbeitet wurde, daß eine Donauflotte entstand, deren Admiralsschiff, die „Santa Maria", sogar vierundsechzig Geschütze führte. Der Botschafter Lord Montagu antwortete ihr auf solche Ausführungen aus Konstantinopel mit großen langweiligen Buchstaben, sie möchte ihm schreiben, wozu denn der Kaiser weiter rüste; er täte klüger daran, sein Geld für neue Opernausstattungen zu verwenden, denn die Türken seien ja zum Frieden bereit. Aber Lady Montagu hing den Pferdekopf wieder über die schönen weißen Bogen und berichtete zurück, vielleicht seien die Türken zum Frieden bereit; nicht aber sei es Prinz Eugen. Der wolle auf alle Fälle Belgrad erobern und damit ganz Ungarn für das Reich zurückgewinnen. Nachdem die Lady sich mit dem Federkiel nachdenklich den Kopf unter dem rosa Turban gekratzt hatte, setzte sie noch an den Schluß ihres Briefes: „Der Prinz wird in seiner Kriegsführung jetzt vor allem mit der neuen Donauflotte rechnen. Schnellsegler, Erkundigungsfahrzeuge, Truppentransporter und Munitionsschiffe machen ihre Probefahrten oder werden ausgerüstet. Eugen dürfte die Absicht haben, an irgendeiner Stelle Brücken schlagen zu lassen, denn er hat Befehle gegeben, daraufhin die Flußufer sorgfältig zu erkunden. Morgen findet das große chinesische Abschiedsfest im Stadtpalais des Prinzen statt. Sogar die ganze spanische Hofpartei ist eingeladen worden; Eugens intimste Feinde werden sich also als seine Gäste in Chinesenkleidern zeigen. Wenn sonst auch für die Dauer des Krieges hier alle Maskenfeste verboten sind, so wünscht Eugen doch, daß seine Gäste maskiert erscheinen. Da er wahrscheinlich selbst als Kaiser von China auftreten dürfte, werde ich es nicht versäumen, mich als eine seiner Nebenfrauen in seine Nähe zu begeben."

Die Flucht der Prunkgemächer im Stadtpalais, die Bildergalerie und der Thronsaal verwandelten sich unter Hildebrands feinen Fingern zu einem Märchen-China, einem Traumland von Lack und Seide. Im Thronsaal erglänzte ein künstlicher See, welcher von unten beleuchtet wurde, und in dem große, mit Edelsteinen geschmückte Goldfische herumschwammen. Brücken aus Bambus führten zu einer Liebesinsel in der Mitte des Sees, welche von Zeit zu Zeit in die Tiefe versank, um die überraschten Besucher im unteren Stockwerk, der verbotenen kaiserlichen Stadt, in einem Teehaus zu entlassen. Hinter dem See, an der gleichen Stelle, an welcher sich sonst der Thron des Prinzen erhob, stand jetzt der Thron des chinesischen Kaisers, welcher dort, in Meere von Seide und Gold gehüllt, durch jadefarbenes Dämmerlicht die bewegte Welt wie durch eine Maske betrachtete. Er neigte das Haupt mit dem Nefritschmuck und den gewaltigen Perlengehängen — Lady Montagu glaubte, sie noch vor einem Jahr in Konstantinopel am Hofgewand des Großvesirs gesehen zu haben — vor jedem der seidenrauschenden Gäste, welche dem Thron ihre

Ehrfurcht erwiesen; vor Tartarenfürsten mit ihrem bewaffneten Gefolge; vor reichen, mandschurischen Kaufleuten, die Lasten von Seide, Tee und Früchten als Geschenke hinter sich herschleppen ließen, vor hochmütigen Statthaltern mit ihren riesigen bunten Fahnentrupps, ihren Serails und ihren Musikkapellen; vor ernsthaften Gelehrten mit übergroßen schwarzen Brillen wie vor Taschenspielern in grellen Kleidern. Der Kaiser neigte sich auch vor einem Astrologen, welcher entzückende Planeten an einer Blumenschnur hinter sich her zog und vor einer erschreckenden Maske, die nur noch lachende Maske war und in kleinen Schritten hinter dem Planeten herhinkte. Von dieser Planetengruppe lösten sich aber sehr bald Venus und Erde ab; die Venus, in einem Gewand von durchsichtigem Flor, zuckte zusammen, als sie plötzlich leise von rückwärts an der Hand gerührt wurde und eine Stimme ihr zuflüsterte: „Herrin, achtgeben — auf dem Thron ist nicht der Prinz."

Rasch wandte Elena sich um. Ein kleiner beweglicher Chinesenknabe stand vor ihr, in weiten Hosen, mit einem Strohhut und einer glasigen, emaillierten Maske. „Gazireh, wie kommst denn du hierher?"

„Auf dem Thron sitzt Bonneval. Prinz trägt gleiches Kostüm wie Gazireh."

Lukrezia, in einem früchte- und blumengestickten Gewand, griff nach einem Stuhl. „Um Gottes willen, Gazireh, woher wußtest du denn, was der Prinz für ein Kostüm tragen würde?"

Leise lachte die Türkin. „Gazireh ist in Werkstatt von Meister Hildebrand gegangen und hat dem Schneider und dem Maskenmacher gesagt, Gazireh wollte gleiches Kostüm haben wie der Prinz, zur Überraschung."

„Und das haben die Leute getan? Sie haben doch den Prinzen betrogen!"

Das Haupt der Türkin ging hin und her. „Sind doch Männer — dumme Männer. Gazireh hat jedem eine Nacht versprochen. Morgen — übermorgen — wenn es Rosen schneit. Aber Herrin muß achtgeben: Gazireh trägt hier roten Knopf; Prinz blauen.

Aufpassen. Dort drüben, beim kleinen Tempel, zusammen mit großem Mandarin im blauen Kleid, mit drei Pfauenfedern am Hut, steht jetzt Prinz. Mandarin ist der Graf Althan, verheiratet mit Spanierin; wollen alle dem Prinzen böse. Prinz hat kein Hüftweh heute, kann tanzen."

Rasch lief der Chinesenknabe mit dem roten Knopf weiter, während Elena ihre Freundin Lukrezia in eine Fensternische hinter einen großen Seidenvorhang zog. „Ich bitte dich, Lukrezia, bemühe dich um den Grafen Althan. Er ist der Günstling des Kaisers, und durch Althan gehen alle geheimen Verbindungen zu Alberoni nach Spanien. Er spricht dort mit Eugen. Komm, setz die Maske auf. Wir gehen an die beiden heran und lassen uns von ihnen zum Menuett führen."

Ihrer großen Aufgabe für den geliebten Mann, der jetzt das Adriareich erkämpfte, voll bewußt, trat Elena kühn an Eugen und den Grafen heran. „Nun ihr beiden", lachte sie. „ihr sprecht ja so ernst. Du, kleiner Chinese, sei froh! Du brauchst nicht die Sorgen der Welt auf deinen Schultern zu tragen wie drüben dein Kaiser auf dem dämmrigen Thron. Komm, laß uns tanzen; in der Galerie beginnt das Menuett. Komm."

Der Chinesenknabe nickte und sagte flüsternd zu dem Mandarin im blauen Drachenkleid: „Komm mit; nimm das andere schöne Geschöpf dort. — Wer bist du denn?"

„Ich bin vom Tellurium des Hofastrologen entflohen. Ich bin die Erde", gab Lukrezia verlegen lächelnd zurück und wiegte sich in den Hüften.

„Und du?" wandte sich der Chinesenknabe mit dem blauen Knopf an Elena.

„Ich bin die Venus — weißt du. Alles Fruchtbare, alles Feste ist sie." Elena wies mit dem hochfrisierten Köpfchen auf Lukrezia und fuhr fort: „Ich bin das Vorübergehende, das, was nicht bleibt!"

Nachdenklich leuchteten die Augen des Prinzen durch die emaillierte Maske. „Die V e n u s bist du? Das kleine Glück? So?

Weißt du, Venus, daß du venezianisch sprichst?" flüsterte er ihr, sich dicht an sie herandrängend, auf Italienisch ins Ohr.

„Bist du J u p i t e r , das große Glück? Weißt du, daß du savoyisch sprichst?" gab Elena knapp zurück.

Savoyisch — nun ja. Wenn die Großmutter in Paris mit ihm sprach, dann sprach sie immer savoyisch. Die Mutter, Maria Mancini, sprach römisch. Aber das mochte er nicht. „Sono nado sulla gubula di Sam Biedro", äffte er sie nach, wenn sie ihn mißhandeln wollte. Trotzdem hing er an ihr. Sie wußte die Welt zu bewegen. Alles drängte zu ihr, als erster der König Ludwig XIV. Selbst in ihrem Exil bildete ihr Haus eine Insel; im Elend war Maria Mancini noch die Königin des Elends. In ihrem Palast in Brüssel wurde Bonneval verhaftet, der wegen nicht ganz durchsichtiger Ehrenhändel damals von dem französischen Heer desertiert war. Eugen erinnerte sich, wieviel Mühe es gekostet hatte, ihn wieder freizubekommen. Jetzt saß er da oben im jadegrünen Dämmern und spielte ihn, den Sohn der Maria Mancini... „Sieh mal, wie die Menschen sich um den Thron und den Prinzen drängen", zischelte er Elena zu und wies auf das seidenbedeckte Wesen im goldgrünen Licht.

„Komm tanzen", erwiderte Elena, „wir wollen den Prinzen nicht um seine Bewunderer beneiden." Sie ließ sich von Eugen zum Menuett führen, aber sie spürte seine Unruhe während des Tanzes.

Das Menuett hob sie auf die gebändigten Wogen reiner Schönheit. Es waren lange Wogen, beglückende Wogen, wie die breiten saphirblauen Wellen des Mittelmeeres. Auf ihnen schwebten die beiden wie wippende Blüten, und beim letzten großen Kompliment küßte der kleine Chinese der Venus die Hand.

Da faßte Elena sich ein Herz. Sie trat dicht an den Chinesenknaben heran und, während die Paare um sie sich wieder verteilten, flüsterte sie ihm zu: „Weißt du, was wir eben getanzt haben?"

„Nein." Die großen, zwingenden Augen blickten fragend durch die kalt glänzende Maske.
Langsam, jedes Wort betonend, erwiderte sie: „Den Tanz der Wogen um Korfu!"
Der Körper des kleinen Chinesen reckte sich. „So?" entgegnete er. „Kennst du Korfu?"
„Ja. Ich war mit dort. Jetzt. Als Schulenburg Ihnen den rechten Flügel freihielt."
Eine kurze Stille trat ein. Dann klang die Stimme des Chinesen weich unter der Maske hervor, während die Rechte im gelben Lederhandschuh sich auf den Arm Elenas legte: „Nun, ich freue mich, einmal einen Korfukämpfer zu sprechen. Übermorgen früh um zehn Uhr bitte ich Sie, mich im Hofflügel dieses Palais aufzusuchen."
Elena nickte; endlich flüsterte Eugen noch: „Nur eines bitte ich: sagen Sie heute abend niemandem, wer ich bin. Ich muß wieder einmal unerkannt bleiben — muß wieder einmal ich selbst sein können."
Rasch verlor sich der Chinesenknabe in der Menge. Elena glaubte ihn später noch zu sehen, vor dem Schattentheater, bei den Gauklern und am Spieltisch; aber vielleicht war es auch Gazireh, die mit knabenhaften Bewegungen von Gruppe zu Gruppe huschte und endlich mit einem Bogenschützen auf einer Tempelstufe Burgunder trank.
Im Vorbeigehen hörte Elena noch, wie Gazireh höhnisch sagte: „Trinken! Dann wird Marie billiger! Ich dir geben hundert Taler für Marie!"
Der Bogenschütze goß das Glas Burgunder hinunter und lachte. „Hundertzwanzig! Hundert habe ich selbst bezahlt!"
„Du nix haben bezahlt, Du haben gestohlen Marie. Hundert ist genug!"
Von diesem Handel vermochte sich Elena kein Bild zu machen. Für Marie hundert Taler? War das die Muttergottes? Vielleicht hatte der Bogenschütze die Muttergottes von Kaloz gestohlen, welche Ruzzini so liebte?

Die Gongs von den Tempeln meldeten den Beginn der Mahlzeit. Ein bunter Zug von Palastbeamten nahte sich dem Thron, um in einer roten Lacksänfte den Kaiser einzuholen. Ganz langsam erhob sich das mystische Gebilde aus der Grotte, in welcher sich die besonnten Tiefen der Meere widerspiegelten. Die vielen Seidenstoffe glitten zur Seite, und ein riesiger, in Goldgewänder gekleideter Mann schritt langsam und feierlich die Stufen des Thrones hinab. Ehrfurchtsvoll öffnete der oberste Palasthüter die Tür einer Lacksänfte; der Kaiser stieg ein, und die Palastbeamten nahmen die rote Sänfte in ihre Mitte. Unter dem Vortritt einer Musikkapelle, umwogt von bunten Fahnen, bewegte sich der kaiserliche Zug langsam dem Speisesaale zu.

Die Gäste verharrten in wortlosem Erstaunen. Das war nicht Eugen. Aber — wer war Eugen? Von den Balkons perlte die Musik Scarlattis, und die Diener, in weiten Chinesengewändern, reichten Champagner. Der große Kaiser, im Gewand von Gold und Purpur, hob das Glas, verneigte sich nach allen Seiten und trank. Leise setzte die Unterhaltung wieder ein. Das Fest ging weiter.

Am kommenden Morgen, als Lukrezia und Elena in ihrem kleinen Salon in der Gesandtschaft das Frühstück nahmen, glitt Gazireh in den Raum. Sie verneigte sich und fragte: „Herrin war glücklich gestern?"

„Es war sehr schön." Elena zerbrach einen Kipfel und steckte die eine Hälfte in die Schokoladentasse. Während sie das durchweichte Gebäck aß, hielt sie die Blicke auf Gazireh gerichtet. Zunächst schwieg die Türkin; nachdem Elena den Kipfel verzehrt hatte, fuhr Gazireh fort: „Herrin will wissen, was Gazireh gestern gehört hat."

Elena nickte und schob Lukrezia eine Fruchtschale mit Goldorangen zu. Die Türkin wiegte den Kopf. „Gazireh hat viel gehört. Viele hielten sie für den Prinzen Eugen."

„Hast du mit Bonneval gesprochen?" fragte Lukrezia.

„War doch der Kaiser von China."

„Ich weiß, aber ich hätte gern etwas mehr von ihm gehabt. Ich hatte gehofft, er werde sich um uns bemühen; nun saß er starr in Gold und Seide eingewickelt, und alles glitt an ihm vorüber."
Elena lächelte. „Aber heute ist er wieder beweglich. Er wird schon kommen. Eine so hinreißende Erscheinung wie dich gestern abend vergißt kein Mann. Sag mir, von wem hast du diese wundervolle Figur, diese schlanken Hüften, die schmalen Schultern und die langen Beine geerbt?"
Lukrezia errötete ein wenig über Elenas leidenschaftliche Komplimente und spielte mit ihrer Perlenkette. Dann murmelte sie: „Es wäre schön, wenn er käme. Er ist — ein Mensch..."
Plötzlich war Gazireh an den Tisch herangesprungen; sie kreuzte die Arme, neigte sich vor Lukrezia und funkelte sie an. „Ist eine große Kanaille. Ist wie Krieger aus Japan; alles Gold, alles Lack, alles Maske. Aber durch Maske gucken Augen. Wenn sie alles gesehen haben, machen sie Fenster zu und tun, als ob sie müde wären."
Elena nickte. „Gazireh hat nicht unrecht, Lukrezia. Der ist nicht weich. Der träumt sogar hart."
„Wovon?"
„Ich glaube, er möchte sich ein eigenes Reich gründen; er möchte ein großer Abenteurer sein, vielleicht eine Insel beherrschen, vielleicht Venedig, vielleicht sogar die Türkei..."
Gazireh blieb sehr ernst, aber Lukrezia lachte und zerzupfte eine Orange. „Ihr nehmt ihn zu wichtig. Er ist ein Franzose und spielt uns den Marquis vor."
Indessen öffnete die Tür sich leise, und Giulia betrat mit reizenden Bewegungen den Raum. Fast triumphierend sah sie sich um; ihre Augen leuchteten. „Der Herr Graf von Bonneval", meldete sie, knickste und öffnete die Tür, durch welche Bonneval in der großen Uniform eines kaiserlichen Generalleutnants in den Raum trat.
Im linken Arm hielt er zwei gewaltige Blumensträuße, wie immer blühende rote Rosen und dunkelrote Nelken. „Ich bin beglückt", lächelte er, während er den Damen die Blüten über-

reichte, „daß Sie beide gestern einen so großen Erfolg beim Fest des Prinzen Eugen errungen haben. Insbesondere ist die Mammi, die Gräfin Fuchs, von Ihnen entzückt und wird Sie von jetzt ab unter ihren persönlichen Schutz nehmen, um so mehr, als sie heute einen Brief von Schulenburg erhielt, welcher sie darum bittet. In der Hauptsache aber komme ich", flüsterte er, nachdem Gazireh sich entfernt hatte, um Kaffee zu bereiten, „weil ich Ihnen sagen möchte, daß sich Graf Althan ganz besonders glücklich fühlen würde, wenn er und seine Gattin Ihnen beiden ihre Aufwartung machen dürften." Während er sich in den ihm von Elena zugewiesenen Sessel niederließ, lächelte er versonnen: „Althan ist rührend. Von Rechts wegen könnte er Sie beide doch bitten, seiner Gattin Ihre Aufwartung zu machen. Er legt aber Wert darauf, Sie beide besonders auszuzeichnen. Ja, so sind diese Spanier. Übrigens hat er einen Neffen, der vielleicht acht Jahre älter sein dürfte als Gräfin Lukrezia."
„Der Baschkire mit dem goldenen Bogen. Ich weiß", nickte Lukrezia, „er hat mir von Mailand erzählt, wo sein Vater Präfekt des Kaisers gewesen ist — oder noch ist ..."
Sie reichte Bonneval feines Gebäck. Er nahm mit abgespreiztem kleinen Finger davon, während er Lukrezia aus glänzenden Augen ansah. „Mailand und Turin", nickte er, „das könnte eine schöne Verbindung werden." Betont hob er die Rechte und bewegte sie langsam hin und her. „Ich will nicht in die Welt Ihrer Eltern eingreifen, Komtesse, aber ich glaube, Sie sollten sich einmal in der Welt der Althane bewegen. Wenn die Gräfin Althan Ihnen die Wege ebnet, dann liegt Wien Ihnen zu Füßen."
Während Gazireh den Kaffee anbot, lauerte sie auf einen Augenblick, in welchem Bonneval sich verbindlich zu Lukrezia neigte und ihr etwas zuflüsterte. Diesen Augenblick benutzte Gazireh, um ihrer Herrin zuzuraunen: „Bonneval hat es sehr eilig. Will etwas arrangieren, Herrin müssen aufpassen."
Dann wandte sich der General zu Gazireh und fragte sie: „Nun, Gazireh, ‚trägt deine Seele noch die Farbe deiner Herrin, wie sie sie jahrelang getragen hat'?" Diese Troubadour-Verse zitierte

er mit gütiger Stimme, die nur einen ganz kleinen, scharfen Unterton erhielt, als er hinzusetzte: „Bist du noch immer im Dienst der Gräfin Aimée Mocenigo della Torre?"
Lukrezia griff ein. „Meine Mutter hat sich zu geistlichen Übungen auf eine kleine Insel bei Korfu zurückgezogen und mir für diese Zeit Gazireh als Dienerin überlassen."
Sehr langsam hob Bonneval das Haupt. Die hart eingekerbten Züge glätteten sich rasch; aus seiner Stimme klang wieder eine süße Zartheit. Plötzlich fing Elena einen Blick des Grafen auf, der ihr verriet, daß Bonneval um den Tod Aimées wußte, daß er aber diesen Pfeil im Köcher behielt, um ihn gegen Lukrezia abzuschießen, wenn er sie plötzlich von seinem Schachbrett entfernen wollte.
Sie ließ sich aber nichts anmerken und dankte dem Grafen für die Grüße, welche Graf und Gräfin Althan ihnen hatten zukommen lassen; sie seien besonders beglückt, daß auch die Gräfin Althan sie beide beschützen wolle, denn, so fuhr sie fort, „unsere Junggesellen der Gesandtschaft, Grimani und Ruzzini, haben anderes zu tun, als junge Mädchen auszuführen. Und die Gräfin Fuchs ist überbeschäftigt."
„Mit Freuden werde ich Ihre Wünsche ausrichten", entgegnete Bonneval und zitierte: „Denn nichts ist eines edlen Mannes würdiger, als Bote sein in einer edlen Sache." Rasch erhob er sich. „Ich denke, daß die Herrschaften Althan Ihnen bereits morgen ihre Aufwartung machen werden", sagte er und verabschiedete sich mit betonter Herzlichkeit. Gazireh öffnete ihm die Tür; Giulia, welche wie immer gelauscht hatte, geleitete Bonneval bewundernd hinunter und lehnte ärgerlich am Treppenpfeiler, als der Hausmeister den Grafen unten an der Treppe in Empfang nahm und zum Glascoupé führte, welches den General rasch davontrug.
Oben, im kleinen Salon, sprach indessen Gazireh zu den beiden Mädchen, welche ihre Stühle zusammengerückt hatten.
„Ist nicht gut", begann Gazireh, „wenn Gräfin Althan sich um Herrin und Komtesse kümmern darf. Weshalb sollen Spanier

bestimmen, wohin Herrin und Komtesse gehen, weshalb nicht Gräfin Fuchs?"
„Die hat zu viel zu tun", entgegnete Elena nachdenklich.
„Gräfin erzieht Kaiserkinder. Ist nicht schwer, Kinder zu erziehen, wenn zwanzig Diener und Dienerinnen helfen. Gräfin Fuchs gibt nie Flasche, wäscht nie Kinderwäsche, wacht nie. Gräfin geht durch Zimmer und macht sanfte Wiener Worte. Das ist alles."
Elena lachte. „Woher weißt du denn das?"
„Von Marie."
Nun schlug Elena mit der halben Hand auf den Tisch. „Du wirst mir jetzt erzählen, wer diese Marie ist."
„Gazireh will sie kaufen. Gazireh muß aber erst wissen, ob sie Herrin gefällt."
„Kaufen? Was heißt das?"
Gazireh antwortete nicht, sondern wandte sich an Lukrezia. „Donna Lukrezia darf nicht böse sein, wenn Gazireh Herrin mitnimmt, ihr Marie zeigt, und fragt, ob Marie ihr gefällt."
Das schöne blonde Mädchen lachte. „Wenn ihr Marie kaufen wollt, dann müßt ihr sie natürlich erst einmal ansehen. Ich gehe hinunter zu Exzellenz Grimani; er wird mir seine neuen Gedichte vorlesen, alte Weisheiten in klassischem Versmaß." Und lachend verließ sie das Zimmer.

4

Elena fuhr im leichten Wagen der Gesandtschaft zusammen mit Gazireh hinein in das frühlingsjunge Wien. Der kleine Kutscher, dem die Wiener heitere Worte nachriefen, hatte die winzigen arabischen Schimmel vorgespannt. So flog der offene Wagen mit den geschnitzten Speichen und dem weichgebogenen Wagenkasten unter den ersten Blütenflocken hinweg. Zusehends verdüsterte sich das Stadtbild; mißmutige, kranke Häuser rückten näher, und böse Menschengesichter warfen kalt-berechnende Blicke auf das Pelzwerk der beiden Frauen. Vor einer Kirche ließ Gazireh den Wagen warten. Dort stand er am sichersten, denn selbst jener Abschaum der Menschheit, der in den Torbogen lauerte, hätte es nicht gewagt, einen Wagen auszurauben, welcher vor einer Kirche hielt. Das kostete den Räubern nicht nur den Hals, sondern vorher noch eine Reihe von sehr peinlichen Fragen auf offenem Platz.

Rasch führte Gazireh die Herrin durch ein paar düstere Höfe in einen Saal, in dem sich fünf oder sechs Soldaten auf Holzbänken räkelten. Auf der Ofenbank lag ein frischer junger Ulan, welcher eine türkische Wasserpfeife rauchte, die neben ihm auf dem Boden stand. In einer Ecke des Raumes hockten etwa zwanzig Türkinnen, teils sehr junge Mädchen, mit großen tierischen Augen und langsamen Bewegungen. Als Gazireh und Elena den Raum betraten, richtete sich der Raucher auf der Ofenbank ein wenig empor und lachte Gazireh zu. „Also, du kommst doch noch?" sagte er, „es ist klug, daß du früh gekommen bist; es gibt noch genug andere, die sich auch für Marie interessieren!" Während Elena nicht ohne Erstaunen die zusammengetriebenen Mädchen musterte, schob der Ulan sich auf der Holzbank vor und rief um die Ecke des Ofens: „Marie!"

Aus der Gruppe erhob sich ein Geschöpf, welches nicht zu diesen schönen gutartigen Haremstieren des Orients gehörte. So mochten sich die Flamen einen Putto vorstellen; mit mächtigen Oberschenkeln, urgewaltigen Hüften und üppigen Brüsten.

„Die haben wir miterobert. Sie kommt aus dem Harem des Seraskiers", lachte der Ulan. „Komm mal her, Marie. Erzähle den Frauen, woher du stammst. Aber sprich französisch."

Trotz ihres massigen Körpers hatte Marie schmale Arme und ein feines, spitzes Antlitz, das auf gute Herkunft deutete. „Aus Flamland stamme ich. Ich heiße Marie Gontard. Meine Mutter sagt, er sei bestimmt mein Vater — der Gontard. Dann hat meine Mutter mich verkauft in den Orient. An einen alten Juden; der hat mich durch die Harems geschleppt, bis ich in dem des Seraskiers endete."

Der Ulan lachte. „Alte Geschichte. Was die Soldaten stehenlassen, bekommen die Offiziere. Was die Offiziere stehenlassen, bekommen die Kommandierenden. Ja, so geht das. Manche von diesen Weibern heiraten nachher einen Prinzen oder gar einen Zaren. Marie spricht auch italienisch und englisch; sie ist gesund und scheut vor nichts zurück. Gazireh, sag 110 und du hast sie."
Mit einer leichten Bewegung der Hand drängte Gazireh die Herrin beiseite. Dann flüsterte sie: „Wenn Marie türkische Kleider trägt, gleicht sie dann Gazireh?"
Elena wiegte den Kopf. „Das könnte sein."
Scharf brach Gazireh den Satz Elenas durch. „Dann ist alles gut. Marie klug, erfahren, kennt alles, läßt sich nicht betrügen; Gazireh braucht Marie als Hilfe." Aus ihrem Gürtel zog sie das Geld zahlte dem Ulanen hundertzehn Taler und befahl Marie etwas auf türkisch. Daraufhin lief die Flamin in die Ecke des Saales zurück, umarmte schluchzend und erregt eine andere Sklavin, um dann ein paar Bündel mit Stoffen über die Schulter zu werfen und mit wiegenden Schritten zu Gazireh zurückzukehren.
„Das ist Herrin Elena", befahl Gazireh kurz, „bring deine Sachen in den Wagen." Erstaunt sah der Ulan den Frauen nach und schüttelte den Kopf. Dann stopfte er wieder seinen Tschibuk, kroch zurück auf die Ofenbank und wartete auf andere Käufer. Der Sklavenhandel in Wien und Venedig, der seit dem sechzehnten Jahrhundert nur noch heimlich betrieben war, blühte nach den Türkenkriegen wieder auf. Nur nannte man ihn jetzt „Rettung bedrohter Orientalen und Orientalinnen".
Auch im Hofstaat des Prinzen Eugen gab es solche bedrohten Orientalen und Orientalinnen. Der Prinz selbst, der von der gewaltigen Türkenbeute für sich nur das Zelt des Seraskiers behalten hatte, wußte kaum etwas von der Existenz dieser menschlichen Beutestücke in seinem Haushalt. Wie sollte er auch feststellen, ob der türkische zweite Küchenjunge von dem ersten Küchenjungen gekauft war wie ein Mastkapaun? Wie sollte er auf den Gedanken kommen, daß das Kammermädchen des

Kammermädchens aus dem fliegenden Serail des Ali-Vezirs stammte — wo er ja nicht einmal von der Existenz des ersten Kammermädchens eine Vorstellung hatte? Der Haushalt des Prinzen in der Himmelpfortgasse hatte allmählich fürstliche Ausmaße angenommen, so daß der Chef der spanischen Hofclique — der Herzog von Valliadolid — den mißtrauischen Kaiser immer wieder darauf hinweisen konnte, daß der Glanz des prinzlichen Haushaltes den des kaiserlichen bedeutsam überstrahlte. „Gott und seine Heiligen mögen wissen, woher die Gelder für eine solche Lebensführung stammen", setzte er regelmäßig hinzu. „Ja, ja", pflegte dann Karl VI. zu erwidern, indem er mit dem Zipfel seines Seidenrockes seine große Brille putzte und dem Herzog Zeit ließ, festzustellen, daß dieser erneute Angriff gegen den Prinzen das Mißtrauen des Kaisers erheblich gesteigert hatte.

Am nächsten Morgen warteten Gazireh und Marie am Viktualienmarkt zwischen bunten Obst- und Gemüseständen, die in allen Farben von Lust und Leben erglänzten. Freundliche Frauen boten die Erstlinge ihrer Gärten an und riefen den beiden Türkinnen heitere Worte zu. Aber Gazireh antwortete kaum; sie ließ ihre Blicke umhergehen, bis sie endlich, zwischen zwei Gemüseständen einen jungen Menschen entdeckte, welchem ein Türkenknabe mit einem gefüllten Gemüsenetz folgte. „An die beiden dort machst du dich heran, Marie", flüsterte sie ihrer Begleiterin zu, „du hilfst ihnen, putzt Gemüse in der Küche, befreundest dich mit den Kammerfrauen und den Dienern, und jeden Abend berichtest du mir, was sich im Palast des Prinzen tut. Wenn sie dich fragen, wie du heißt, sagst du: ‚Gazireh'."
Auf diese Weise gelangte Marie Gontard, von der niemand recht wußte, woher sie stammte, in das Palais des Prinzen Eugen.
Sie knüpfte von der Küche aus mit wichtigen Persönlichkeiten des prinzlichen Haushaltes gute Verbindungen an. Die Männer in den Arbeitsstuben freuten sich, wenn die Türkin mit dem feinen französischen Gesichtchen ihnen unaufgefordert Kaffee

für ihre leeren Tassen und Tabak für ihre leeren Pfeifen brachte und ihnen die Lebensgeschichte Gazirehs als die ihre erzählte.
„Dann möchtest du wohl auch wissen, was sich jetzt mit deinem Marschall tut?" fragte Ignaz Loeffler, der die Nachrichten aus Korfu bearbeitete. Ignaz, ein langer, blonder Wiener, hegte vor jedem Beamten eine tiefe Hochachtung — am Ende sogar vor sich selbst. Seine Kollegen vom Chiffrierbüro behaupteten, er verneigte sich jeden Morgen dreimal vor seinem eigenen Spiegelbild.
Die Flamin hockte neben dem müde brennenden Kamin. Sie umfaßte ihre Knöchel mit den kleinen Händen; über den mächtigen Schenkeln lagen prall und breit die grünen Seidenhosen. „Erzähl, Ignaz", bat sie und holte aus ihrer Schärpe dünnes Papier, in welches sie ein wenig Tabak rollte. Dann entzündete sie die Zigarette am Kaminfeuer und blies dem erstaunten Ignaz den Rauch entgegen. „Erzähl, Ignaz", wiederholte sie.
„Nun", entgegnete Loeffler, „euer Marschall ist vom Heiligen Vater in Rom mit großem Gepränge wie ein regierender Fürst empfangen worden. Er durfte sogar Degen und Handschuhe anbehalten."
Marie rauchte ihre Zigarette weiter; sie gab sich Mühe, beim Rauchen den Kopf graziös nach rückwärts zu werfen.
„Ja", fuhr er fort, „euer Marschall ist dann über Neapel nach Otranto gereist, von wo ihn die venezianische Flotte nach Korfu gebracht hat. In Korfu ist er am 4. Mai eingetroffen, und bereits am 5. Mai hat er einen Brief an den Kardinal-Staatssekretär Paulucci geschrieben, den wir in der Abschrift aus Rom erhielten, und über den der Prinz sehr gelacht hat. ‚Besonders sanft geht Schulenburg nicht mit den Herren im Vatikan um', hat der Prinz gesagt."
In diesem Augenblick wurde der Hauptmann von Pilgram gemeldet, jener alte, auf Halbsold gesetzte Mitkämpfer von Malplaquet, welcher zusammen mit dem Herrn von Mörlin die Interessen des Marschalls in Wien vertrat, und von dem die bedeutsamen Berichte über den neuen Schreibtisch des Prinzen

stammten. Pilgram und Mörlin überschütteten den Marschall mit einigen wahren und vielen phantastischen Notizen, welche Matthias aber wohl zu trennen und richtig zu werten wußte. Pilgram eilte auf Loeffler zu, schüttelte ihm die Hände und griff ohne weiteres nach der Abschrift jenes Briefes vom Marschall an den Kardinal-Staatssekretär, welche er mit vielen Zwischenrufen halblaut vor sich hin las.

„... unsere Flotte wird in venezianischer Dreierformation auf besonderen Befehl in vier Tagen nach dem Archipel aufbrechen und dort ein Treffen mit dem Feinde suchen, um diesem in seinen Plänen zuvorzukommen. Sie hätte schon längst unterwegs sein müssen, aber Ausrüstung und besondere Vorsichtsmaßregeln haben die Abreise verzögert. Ich weiß nicht, wann die päpstlichen Hilfstruppen hier sein können. Hoffentlich kommen sie nicht zu spät. Immer mehr gelange ich zu der Überzeugung, daß Seine Heiligkeit besser getan hätten, die Organisation der Hilfstruppen mir zu überlassen; der Erfolg dürfte dann wahrscheinlicher und sicherer sein ..."

„Hi, hi!"

„Sie haben gut lachen", fuhr Pilgram auf, dem in solchen Augenblicken die Mimik eines wilden Kriegsmannes zur Verfügung stand, „aber mit diesen elenden Schlüsselsoldaten soll unser Marschall gegen die Türken kämpfen! Hier steht es!" — Pilgram schlug mit der flachen Hand auf den Brief — „die Soldaten fliehen in die Kirchen, wo niemand sie herausholen darf. Dort verkaufen sie ihre Ausrüstungsgegenstände und Waffen, um vom Gewinn den Vorstehern der Kirchen zunächst einmal den Betrag für das Asylrecht zu entrichten. Der Bischof von Korfu unterstützt solche Indiszplin; er behauptet, es handle sich dabei um seine Privilegien ..."

„Hi, hi!"

Erschrocken wandte Pilgram das Haupt nach rückwärts. Dort saß eine Türkin am Kamin, rauchte weißes Papier und lachte.

„Wer ist das?" fragte er erschrocken.

Marie erwiderte: „Ich heiße Gazireh und bin mit der edlen Donna Elena Pisani aus Venedig gekommen. Und wie heißen Sie?"
Pilgram sah die Türkin erschrocken an. Elena Pisani — der Name war ihm von Korfu bekannt. Nun sprang Marie rasch auf. Sie eilte auf Pilgram zu, steckte ihren Arm unter den seinen und redete lange auf ihn ein.
Gazireh, der sie am Abend berichtete, war zufrieden. Sie hatte für Marie in ihrem eigenen Zimmer ein Lager hergerichtet, so daß auch die Mitglieder der Gesandtschaft von der Gegenwart Maries nichts wahrnahmen, sondern glaubten, jede Türkin, welche ein- und ausschlüpfte, sei Gazireh. Die Möglichkeit sich zu verdoppeln, wurde für Gazireh eine neue Art der Maske, eine Zerlegung des eigenen Ichs, welches sie beglückte.
Elena beobachtete sie. Sie suchte die Gründe für Gazirehs Verhalten, wie ein Kaufherr Venedigs Gründe für das Emporschwellen des Seidenpreises suchte, ohne tiefere Erregung, aber nachdenklich, weil er seine Tätigkeit auf eine neue Basis stellen muß. Wohl schätzte sie Gazirehs Willenskraft; aber der plötzlich aufsteigende Wunsch, sich zu teilen, flößte Elena Bedenken ein. Es behagte ihr nicht, daß ein fremdes Geschöpf plötzlich in ihre nächste Umgebung kam. Viel hätte sie darum gegeben, wenn sie mit einem sicheren Menschen über diese halben Gefahren, die ihrer Aufgabe drohten, hätte sprechen können. Eigentlich sollte Lukrezia dieser Mensch sein. Die aber schien alles um sich her vergessen zu haben und lebte nur noch für den Neffen des Grafen Althan, den Marqués de Tordelaguna.
„Sehr schön ist der Marchese von Tordelaguna", lachte Giulia, während sie das brokatene Kinderkäppchen, das Elena und sie angefertigt hatten, sorgfältig in buntes Seidenpapier verpackte, „ich wünsche nur, daß Donna Lukrezia ..." Dann schwieg sie, tat ein wenig verlegen, nahm aber Elenas: „Ich wünsche es auch", aufmerksam zur Notiz. Endlich überlegte sie sich, ob Donna Lukrezia sie wohl bei sich behalten würde, wenn sie den Marchese von Tordelaguna heiratete, oder aber ob eine spanische

Zofe an ihre Stelle treten müßte. Auf ihre eigentliche Herrin, die Gräfin Aimée, rechnete sie nicht mehr.
Gegen die elfte Stunde fuhren Elena und Lukrezia zur Gräfin Fuchs. Die Gräfin hatte die beiden jungen Mädchen in ihr Elternhaus, das Palais Mollard, in der Herrengasse, bestellt, in welchem die Mammi immer noch über ein paar Zimmer verfügte. Dorthin pflegte sie ihre echten Freunde zu bitten; hinter den hohen sechsgeteilten Fenstern des Hauptgeschosses ließ sich ungestörter plauschen als im Flügel der kaiserlichen Kinder in der Burg. Und zumal jetzt, wo ihre „devinité", die Kaiserin, wieder Zuwachs für den Kinderflügel in Bereitschaft hielt, wollte die Mammi noch vorher ein wenig Ruhe genießen. Wenn das neue erst da wäre, würde es für sie mit der Ruhe sehr bald zu Ende sein. Möchte es nur ein Sohn werden ... Das Kaiserpaar litt unter dem Gedanken, Gott könnte seinem Glück einen Sohn vorenthalten.
„Ja", lachte sie den beiden jungen Venezianerinnen zu, „so ist das. Da drüben in der Burg, die hohen Herrschaften, die flehen den ganzen Tag den lieben Gott, er möchte ihnen einen Sohn schenken — aber bis jetzt ist der Sohn noch nicht erschienen. Der Schulenburg, der hat gar nicht gefleht — und schon war der Sohn da. Und was für einer! Angst kann man vor dem bekommen. Er brüllt und tobt den ganzen Tag. Die gleiche Nase hat er wie sein Vater. So!"
Die Mammi stand auf und lächelte gütig. „Sie werden den Auftrag haben, ihn anzusehen. Deshalb habe ich ihn heute hierherbringen lassen. Kommen Sie."
Die kleine dicke Dame schritt rasch und beweglich voran. Die beiden Mädchen folgten ihr. Auf dem Flur hörten sie schon von fern Kindergeschrei. Die Gräfin blieb stehen und wandte sich zu den Venezianerinnen. „So schreit er immer. Es ist furchtbar. Jetzt ist er über ein Jahr alt. Die armen Salesianerinnen, die ihn pflegen, tun mir leid."
Eine ältere Schwester hielt das schreiende Kind auf dem Arm. Das hieb mit den kleinen Fäusten um sich und stemmte die

Füßchen gegen den Arm der Nonne. Innerlich bewegt trat Elena an den Kleinen heran und setzte ihm ein Käppchen auf, welches sie für ihn angefertigt hatte. Aber Carlheinz zerrte wütend an dem Käppchen und schrie nur noch mehr, so daß Lukrezia ihre Blicke fast angstvoll auf das übererregte Kind heftete. „Sein eines Auge steht etwas schief", murmelte sie nach einiger Zeit, nur, um etwas zu sagen. Die Mammi warf einen raschen prüfenden Blick auf Lukrezia und sagte: „Ja, sein eines Auge steht etwas schief."

Später berichteten die Mädchen, während die Gräfin selbst die Schokolade reichte, von Korfu und Venedig. Gegen ein Uhr wurde der Wagen des Grafen Althan gemeldet, der Lukrezia abholen wollte. Die Mammi drohte ihr lächelnd mit dem Finger und geleitete die Tieferrötende bis an die Zimmertür.

Dann wandte sie sich wieder zu Elena und zog das junge Mädchen zu sich auf das Sofa. „Mein liebes Kind", begann sie, daß sich ihr rosiges Doppelkinn bewegte, „jetzt müssen wir beide einmal die ganze Lage durchdenken. Denn Sie und ich, wir sind Schulenburgs echte Freunde, und wir müssen sehen, wie wir ihm helfen können." Nach einiger Zeit fügte sie trocken hinzu: „Auf die anderen ist nicht viel Verlaß."

Elena sah nachdenklich vor sich hin. „Ach, Gräfin, auf wen ist denn überhaupt noch Verlaß?"

Die Mammi trank ihre Schokolade. Dann schob sie die Tasse vorsichtig über ihren rundlichen Leib auf den Tisch und wiegte den Kopf. „Auf Sie ist Verlaß, mein Kind, und auf mich. Und auf Schulenburg. Wenn es sich nicht grade um eine Weibergeschichte handelt", setzte sie nach einer Weile hinzu. Dann aber verbesserte sie sich: „Aber auch da ist eigentlich Verlaß auf ihn. Man weiß immer schon im voraus, wie es kommen wird."

Elena senkte von neuem das Haupt. Die Gräfin beobachtete die innere Bewegung des jungen Geschöpfes, griff nach dessen Hand, welche sie zwischen ihre beiden weichen Hände nahm und sagte: „Nun, kleine Pisani, sehen Sie mich einmal an. Hat dieser große

Pirat der Liebe auch dieses junge stolze Herz gekapert?" Und dabei tippte sie ihrer Nachbarin mit dem Zeigefinger auf die Brust.
Dann lächelte sie vor sich hin, griff wieder nach ihrer Tasse und sah ihre junge Nachbarin aus guten Augen an. „Er sollte sich was schämen!" Nach einiger Zeit jedoch setzte sie nachdenklich hinzu: „Aber verstehen kann man ihn schon."
„Was kann man verstehen?" fragte Elena unruhig.
Das rosige Haupt der Mammi ging hin und her. Zuweilen glitt ein Blick aus ihren hellen Augen mütterlich zu dem jungen Mädchen hinüber. „Nun, ihn ..."
„Und mich nicht?" Elenas Frage klang fast empört.
Die Mammi lächelte nur: „Lockt Sie denn keiner von unseren schönen Spaniern? Es laufen noch viele umher, lauter junge Herzöge und Fürsten, deren Eltern mit unserem Kaiser und der Kaiserin aus Spanien hierhergekommen sind. Die erhalten vom Kaiser große Posten in Mailand, weil sie schöne Augen und schöne Namen haben."
Elena erhob sich. „Ich glaube, Gräfin, es wird Zeit für mich; man erwartet mich auf der Botschaft zum Essen." Sie senkte sich in einen tiefen Knicks und neigte den Kopf, um die Tränen zu verbergen. Aber mit einer unerwarteten Geschwindigkeit war die Mammi aufgesprungen; sie ergriff Elena beim Arm und führte sie auf das große Sofa zurück. „Auf der Botschaft wird man heute ohne Sie frühstücken; ich habe bereits Bescheid sagen lassen, daß Sie zu Tisch bei mir bleiben." Und nun ergriff die Mütterlichkeit dieser großen menschlichen Frau das zerquälte Herz der einsamen Elena Pisani, daß sie das Haupt über die Hände der Mammi neigte und schluchzend murmelte: „Ich weiß, Sie verstehen mich nicht ..."
Die Gräfin schüttelte den Kopf. „Ich verstehe alles, mein Kind, und lasse alles gehen, wie es Gott gefällt. Wenn Sie aber meine Tochter wären, so wünschte ich, Gott gefiele manches anders."
Nach einiger Zeit fuhr sie fort: „Vor allem wollen wir ihm helfen, daß er seine Arbeit so gut leisten kann, wie das überhaupt möglich

ist. Er hat Sie, wie ich annehme, hierher geschickt, um durch Sie zu erfahren, welche Angriffe seinem werdenden Adriareich drohen, sei es durch die Türken, durch die Spanier oder aber durch unseren Kaiser Karl VI."
Elena hob die Blicke von den gefalteten Händen und nickte. Die Mammi fuhr fort: „Diese Angriffe sind deutlich. Aber unter dem großen weltgeschichtlichen Spannungsfeld liegt noch ein kleineres, das zum mindesten ebenso wirksam ist wie das große. Es sind das die Spannungen zwischen der spanischen Hofclique hier in Wien und dem Prinzen Eugen, weiter aber die Spannungen zwischen Eugen und Schulenburg. Geben Sie mir bitte dort drüben den grünen Strickbeutel. Danke, liebes Kind."
Während die langen weißen Nadeln klapperten, fuhr die Mammi fort: „Durch Ihre Gazireh und deren Marie erfahren Sie alles, was hier Schulenburgs Pläne bedroht. Die beiden Frauen scheinen ja mit dem Chiffrierbüro des Prinzen in recht guten Beziehungen zu stehen. Durch Lukrezia erfahren Sie, was sich bei den hiesigen Spaniern tut, insbesondere, was der Kardinal Alberoni gegen Schulenburg im Schilde führt. Ich weiß, was Sie sagen wollen, Kindchen", winkte die Mammi mit dem Strickzeug ab, „die Gazireh schlägt neue Wege ein, und die Lukrezia ist unzuverlässig. Und was Sie von mir erfahren können, ist auch nur aus zweiter oder dritter Hand übernommen. Aber, wenn wir alles zusammenwerfen, es klug werten und vergleichen, kann ihm eine Zusammenstellung davon vielleicht doch von Nutzen sein. Vor allem hören Sie sich an, was der Prinz Eugen Ihnen morgen zu sagen hat. Aber vergessen Sie eines nicht: es ist ein offenes Geheimnis, daß der Prinz müde wird. Auch er wird unzuverlässig, sowohl als Freund wie als Gegner."

Auf diese Bemerkung hin beobachtete Elena den Prinzen am nächsten Morgen bei der Audienz sehr sorgfältig. Eugen hatte sie in seinem stillen eigentlichen Arbeitszimmer im Hofbau seines Palais empfangen; in jener Welt, in welche er selten einen Fremden hereinließ. Wie die Könige zum großen „Lever" aus ihren bequemen Betten in ein besonderes Staatsbett krochen, von welchem aus sie das „Erwachen der königlichen Sonne" vor ihrem Hofstaat zu spielen pflegten, so empfing der Prinz im Vorderbau seines Palais zureisende Fremde sitzend an einem prunkvollen Schreibtisch. Hier, in seinem eigentlichen Arbeitszimmer, herrschte ein anderer Geist. Hinter seinem hohen Sessel dehnte sich ein breites Fenster; ein ebenso breiter Schildpatt-Tisch stand vor diesem Sessel. An die Fensterseiten schlossen sich schmale Gobelins an; ein Hephaistos und eine Gäa. Alle anderen Wände waren bestellt mit den kostbarsten Werken seiner berühmten Bibliothek. Lächelnd, mit einem strahlenden Blick aus den großen, dunklen Augen begrüßte Eugen das junge Mädchen, das sich tief verneigte. Dann aber zuckte der Prinz zusammen. O ja, jetzt begriff er Schulenburg und dessen Liebe zu der Pisanitochter, von der ihm so viel berichtet worden war.

Mit einer leichten Kopfbewegung wies er Elena einen Stuhl an und setzte sich selbst auf das untergezogene linke Bein in einen anderen Sessel. Das Haupt mit der grauen Staatsperücke wandte er freundlich dem jungen Mädchen zu.

Er sprach von Korfu. Gewiß, man habe ihm bereits von Elena Pisani berichtet, der Tochter des großen Andrea Pisani und Mitkämpferin seines Freundes Schulenburg. „Aber nie hätte ich gedacht, daß diese Elena Pisani gleichzeitig schön wäre", fügte er liebenswürdig hinzu.

Elena zuckte die Achseln. „Ich bin nicht schön, Königliche Hoheit. Ich habe die Figur, das Antlitz und die Hände aller Pisanis, wie das in tausend Jahren so geworden ist. Wirklich schön ist meine Freundin Lukrezia."

„Man sagt, sie sähe Schulenburg ähnlich."

Ein plötzliches Zittern durchglitt das junge Mädchen. Wahrhaftig, der Prinz hatte recht. Sie sah Schulenburg ähnlich ...

Es war Eugens Absicht gewesen, Elena durch diese Bemerkung zu verwirren; er glaubte, dann leichter von ihr ein paar Auskünfte zu erhalten, welche er über die Pläne Schulenburgs zu haben wünschte. Zu seinem Erstaunen nickte jedoch die Pisani-

tochter nur freundlich und erwiderte: „Sie mögen recht haben, mein Prinz. Aber es gibt wohl auch gewisse Zeitähnlichkeiten, die man bei solchen Vergleichen mit in Rechnung stellen sollte. Von Ihnen beispielsweise sagt man, Sie sähen Ludwig XIV. ähnlich."
Eugen preßte die Lippen zusammen. Er fühlte die Schärfe des Hiebes, welchen die Pisanitochter zurückgab. Alle Welt wußte, daß seine Mutter, Maria Mancini, Ludwigs Geliebte gewesen war; und viel wurde über die Abstammung des Prinzen gemunkelt. Seit seiner Jugendzeit litt er unter diesen Gerüchten.
So schwieg er für einen Augenblick, und diesen Augenblick benutzte Elena, um von sich aus eine Frage an den Prinzen zu stellen. Sie zog die Lippen zusammen. „Schulenburg hat Venedig vor den Türken gerettet. Er will jetzt das Adriareich gründen. Werden Sie ihn darin unterstützen?"
Langsam lehnte sich Eugen in seinen Sessel zurück. Mit der rechten Hand umspannte er die Fessel des linken Fußes. Dann blitzten seine Augen böse auf. „Wenn Venedig nicht von den Türken überrannt ist, so verdankt es das nicht Schulenburgs Verteidigung von Korfu, sondern meinem Sieg von Peterwardain."
„Selbst wenn ich Ihnen das zugebe, was soll nach Ihrer Ansicht weiter aus jenem Venedig werden, welches Sie gerettet haben? Wollen Sie ihm die Möglichkeit verschaffen, als Adriareich weiter zu existieren oder wollen Sie es noch nachträglich verhungern lassen?"
„Das Schicksal Venedigs liegt nicht bei mir", erwiderte Eugen ausweichend.
„Sondern bei wem?"
„Beim Kaiser. Allerdings fürchte ich, daß der Kaiser das Luftgebilde, welches Schulenburg aufzubauen beginnt, sehr bald wegblasen wird."
Ruhig entgegnete Elena: „Dann wäre Venedig verloren."
Eugen wollte die Unterredung mit ein paar freundlichen Worten abschließen. Aber plötzlich sprang Elena auf und trat dicht an

den Prinzen heran. „Sehen Sie denn nicht, wo ihre Feinde stehen, Königliche Hoheit? Sehen Sie nicht, daß die ganze spanische Hofclique, all diese Hidalgos mit den endlos langen Namen und Nasen den Kaiser gegen Sie aufbringen wollen? Daß diese Hidalgos in Gemeinschaft mit der jetzigen Königin von Spanien und ihrem Kardinal Alberoni einen Angriff gegen Italien planen, und daß sich dieser Angriff richten wird gegen Sie und gegen Schulenburg? Ihr Ruhm geht zu den Sternen, Prinz; erhöhen Sie ihn bis zur Sonne, indem Sie gemeinsam mit Schulenburg alle spanischen Angriffe zurückschlagen."

Sehr klar hatte Elena gesprochen; ihre Begeisterung ließ sie die üblichen höfischen Formen vergessen. Das aber verargte ihr der Prinz nicht; er verspürte etwas vom glühenden Rasen der Jeanne d'Arc, jener seltsamen Frau, welche einst Frankreich vor dem Untergang gerettet hatte. Nur wußte er, daß keine noch so leidenschaftliche und fanatische Venezianerin dieses Venedig vor dem Untergang retten konnte. Im Jahre 1706 hatte er der Republik die letzte große Gelegenheit gegeben; er hatte ihr angeboten, sie möge mit dem Kaiser ein Bündnis schließen, und diese Gelegenheit hatte sie verpaßt. So mochte sie dahinsiechen vor den Toren des neuen Deutschlands, welches er schaffen wollte. Vor den Toren dieses Deutschlands konnte er kein unabhängiges Adriareich brauchen, sondern nur noch einen von Wien abhängigen großen Vergnügungsplatz, einen Weltprater, wo die Herren der Erde sich trafen als zahlende Gäste der Pisanis.

So erhob er sich langsam aus dem großen Sessel. „Es hat mich sehr interessiert zu hören, wie Sie sich die Zukunft Venedigs denken, Donna Elena. Ich kann dazu nicht viel sagen, denn der Entscheid liegt beim Kaiser. Wollen Sie den Herrn Gesandten Pietro Grimani von mir grüßen. Er möchte nicht vergessen, in seinem nächsten Bericht nach Venedig daran zu erinnern, daß Venedig nicht von Schulenburg gerettet ist, sondern von mir."

Förmlich reichte er dem jungen Mädchen die Hand, das sich tief verneigte und von Eugens hübschem Adjutanten an den Wagen geleitet wurde. Als die Pferde anzogen, ließ Elena ihren Tränen freien Lauf. Sie wurde von einer inneren Verzweiflung geschüttelt, und von Zeit zu Zeit formten ihre Lippen immer die gleichen Worte: „Armes Venedig."
In der Gesandtschaft warf sie ihr Staatsgewand ab und nahm von Gazireh ein malvenfarbenes Hauskleid entgegen. Die tiefe Erregung, in welcher sie sich noch befand, ließ Gazireh fragen, ob die Herrin traurig sei.
„Ich bin traurig, Gazireh, weil du mich verläßt."
„Ich ... die Herrin verlassen?"
Mit einer raschen Bewegung warf Gazireh sich vor Elena auf den Boden; sie umklammerte die Knie ihrer Herrin. „Gazireh verläßt Herrin nie — Gazireh liebt Herrin."
Dabei preßte sie Elenas Knie fest an sich und bedeckte sie mit Küssen. „Gazireh fürchtet für Herrin. Es kommt das Schicksal."
Elena neigte sich zu Gazireh und hob sie auf. „Sei nicht närrisch, Gazireh!"
Aber die Türkin schüttelte den Kopf. „Gazireh fürchtet für Herrin. Es kommt das Schicksal."
„Ich werde den Kampf mit ihm aufnehmen."
„Niemand wird Herrin helfen. Auch nicht Donna Lukrezia. Müßte es tun, aber Gedanken fliegen hinaus — immer in die Ferne. Wie bei ihrem Vater."
Erstaunt neigte sich Elena der Sprecherin zu. „Ihr Vater? Der ist Minister in Turin. Kennst du den?"
Gazireh warf das Haupt zurück. „Den in Turin kennt Gazireh nicht."
„Ja ... woher weißt du denn ..."
Gazireh führte den Mittelfinger ihrer linken Hand an ihr linkes Auge und zog es schief. In dieser Stellung verharrte sie für einen Augenblick.
Elena schwieg.

Nach einer langen Beratung mit Gazireh beschloß Elena eines Tages, von jetzt ab Marie, deren Gegenwart in der Botschaft sich nicht länger verheimlichen ließ, als ihre zweite Kammerfrau und Gazirehs Schwester auszugeben.
Das enge Zusammenleben von Gazireh und Marie trug gute Früchte. Daß Marie sehr bald die Briefe, welche die Herren von Mörlin und von Pilgram aus Venedig oder aus Korfu erhielten, früher kannte als die Empfänger selbst, mochte noch dahingehen. Wenn man nicht mit Belohnungen kargte, war es nicht schwer, sich mit den Postverwaltern gut zu stellen. Nach kurzer Zeit machte ihr jedoch Ignaz Loeffler vom Chiffrierbüro des Prinzen auch alle Geheimberichte zugänglich, nicht nur über die militärischen Operationen Schulenburgs, sondern auch über dessen Lebensführung. Während Marie auf solche Weise arbeitete, befreundete sich Gazireh mit den Dienstboten des Grafen Althan und dem Kammerdiener des Herzogs von Valliadolid, denen sie von Zeit zu Zeit einen nächtlichen Spaziergang im Prater versprechen mußte. Dann aber sandte sie Marie dorthin, welche, tief verschleiert, Gazirehs Rolle durchführte. „Macht Marie gut", erklärte Gazireh, „ist nur für Gazireh schwer."
„Was ist denn da schwer?" fragte Elena verständnislos.
Die Türkin lachte. „Schwer ist für Gazireh der nächste Morgen. Männer werfen dann heiße Blicke und reden dunkle Worte. Gazireh vergißt immer, wieder Blicke zu werfen und auch dunkle Worte zu reden."
„Ja ..."
„Ach, Herrin, Männer sind dumm. Nicht einmal das merken sie, daß es eine andere gewesen ist."

VIERTES KAPITEL

1

Nach diesen Unterredungen mit Gazireh war auf den Weg Elenas der Schatten des Unheimlichen gefallen. Bei all den Festen, welche sich als Planetenringe um den Glanz der kaiserlichen Sonne in der Burg bewegten, bei den kleinen Ausflügen mit Freunden, den Ritten mit dem Herzog von Valliadolid und seiner spanischen Gesellschaft: immer stand das Unheimliche dahinter. Ertragen konnte sie die Angst vor dem Unheimlichen am Ende nur, weil ihr zur Seite Gazireh stand. Sie erkannte, daß sie Gazireh unrecht getan hatte; ihre Gefühle für die Türkin gingen über in Gefühle der Freundschaft, welche das Leben der gehetzten Gazireh wie ein geheimes Feuer durchwärmten. Gazireh wußte, was dieses Unheimliche eigentlich war, das gegen Elena einen Kampf begonnen hatte. Es war Bonneval.
Bonneval spielte auch den Frauen gegenüber seine Partie wie ein erfahrener Schachspieler. Lukrezia war vom Brett geschoben worden. Und zwar durch den Marchese Tordelaguna, der diese Aufgabe ohne weitere Instruktionen Bonnevals bis zum Ende durchgeführt hatte. Sollte Lukrezia ihm aber trotzdem, etwa durch Elena aufgepeitscht, lästig fallen, so konnte er ihr noch immer zum Tode ihrer Mutter öffentlich sein Beileid ausdrücken und sie dadurch zwingen, entweder nach Hause zurückzukehren oder sich für einige Zeit in ein Kloster zu begeben. Aber es war nicht wahrscheinlich, daß Lukrezia sich überhaupt noch in das politische Spiel mischen würde. Daher konnte Bonneval an den Hauptangriff gegen die Wiener Stellung des Marschalls denken;

er konnte versuchen, Elena samt Gazireh aus Wien wegzuschaffen. Eines Morgens berichtete Gazireh beim Frühstück, daß Graf Bonneval den Damen später seine Aufwartung machen wolle. „Es ist schade, daß ich mich zum Reiten verabredet habe", sagte Lukrezia und pickte mit der Fingerspitze ein paar Brotkrumen auf, „ich finde Bonneval nach wie vor charmant. Grüße ihn herzlich von mir."

Sehr bald ging sie davon, bewegt, mit strahlenden Augen, während Gazireh ihr mißmutig nachsah. „Was gibt es, Gazireh?" fragte Elena, während sie ein goldenes Armband anlegte, „setz dich dorthin auf den Stuhl und erzähle."

Aber Gazireh ließ sich lieber auf der Erde nieder. Eine Zeitlang sah sie nachdenklich vor sich hin, bis sie begann: „Im Chiffrierbüro Depeschen aus Korfu angekommen. Gestern. Marie hat noch nicht gelesen."

„Aus Korfu?" Rasch hob Elena den Blick, während sie das Schloß des Armbandes zusammenpreßte. „Von wem sind die Depeschen?"

„Vom Marschall an den Prinzen."

„Noch andere Depeschen?"

Gazireh kniff das rechte Auge zu. „Eine Depesche von Generalkapitän Pisani an General Bonneval."

„Von meinem Vater an Bonneval? Das ist sehr sonderbar. Was hat denn der Generalkapitän mit einem Adjutanten des Prinzen zu verhandeln?" Elena setzte die Ellenbogen auf den Tisch und preßte die Fingerspitzen zusammen. „Wann bekommt Marie die Abschrift?"

„Heute abend." Dann senkte Gazireh die Blicke. „Es ist noch ein Brief gekommen an Bonneval. Von Faustina Bordoni."

„Faustina an Bonneval? Nun..." Elena versuchte, ihrem Munde einen Zug von Verachtung zu geben. Aber in diese gewollte Verachtung mischte sich eine Angst, die sie selbst nicht zu deuten vermochte; sie fühlte nur, daß das Schicksal an die Tür pochte.

Etwas später meldete Giulia knicksend den General Bonneval. Er erschien in der Tür, in der Rechten einen bunten Strauß

von Wicken. "‚Vor meinen Augen taute sacht der Schnee und neigte sterbend sich vor erstem Lenz'", zitierte er, während er die Blüten Elena überreichte. Er bedauerte die Abwesenheit Lukrezias und zeigte lächelnd die gelben Zähne: "Wir wissen ja: ‚Des Herzens Sonne stieg im Westen auf'." Dann nahm er Platz, trank vorsichtig von dem Xereswein, welchen Gazireh ihm reichte und begann, nachdem die Türkin in das Nebenzimmer gegangen war, über allgemeine Betrachtungen hinweg von dem Bericht zu sprechen, welchen Schulenburg dem Prinzen gesandt hatte. Mit graziösen Bewegungen seiner häßlichen Hände entnahm er seiner Brusttasche ein Schreiben und sagte: "Ich möchte Ihnen den Bericht des Marschalls an den Prinzen nicht vorenthalten. Es wird Sie interessieren, wie Schulenburg das Adriareich aufzubauen gedenkt. Etwas südlich von Korfu an der Küste Griechenlands zieht sich der Golf von Arta tief in die Uferlandschaft hinein. Am Vorgebirge dieses Golfes wurde bereits einmal das Schicksal der Welt entschieden. Bei den Alten hieß dieses Vorgebirge Aktium, und dort fand die große Seeschlacht zwischen Antonius und Augustus statt."
"Ich erinnere mich", nickte Elena, "Kleopatra begleitete ihren Freund Antonius in die Schlacht. Als aber die Schlacht verloren und der geliebte Mann umgekommen war, floh sie zurück nach Ägypten und gab sich selbst den Tod, indem sie sich von einer giftigen Schlange beißen ließ." Bonneval sah Elena mit zusammengekniffenen Augen an. "Kleopatra...", wiederholte er. Dann aber fuhr er verbindlich fort: "Genau so war es. Nun, diesen Golf von Arta mit seinen zwei Festungen Prevesa und Vonizza, welche den Venezianern vor einigen Jahren von den Türken abgenommen wurden, will Schulenburg zurückerobern. Die Eroberung würde für ihn von entscheidender Bedeutung sein, denn damit hätte er einen Flottenstützpunkt vor Korfu, von welchem aus er die gesamten Inseln schützen und alle seine militärischen Unternehmungen vor türkischen Flottenangriffen sichern könnte. Als zweiten Teil seines Feldzuges gedenkt er die im Norden des adriatischen Meeres liegenden venezianischen Besitzungen Istrien

und Dalmatien zu reorganisieren und den Küstenstreifen zwischen diesem Dalmatien und Albanien den Türken abzunehmen. Endlich will er das ganze albanische Gebiet bis hinunter zum Golf von Arta von den Türken zurückerobern." Der Sprecher schwieg für einen Augenblick und fuhr fort: „Dafür sollen dann die Türken Kreta und Morea behalten, die sie vor einigen Jahren den Venezianern abgenommen haben. Schulenburgs Plan ist großartig. Die ganze Ostküste des adriatischen Meeres wäre dann venezianisch. Schulenburg rechnet dabei mit den Kräften, die Venedig noch aufbringen kann, und wenn ihm die Ausführung des Unternehmens gelingen würde, dann wäre er allerdings der Gründer eines neuen Venedigs."
Das junge Mädchen neigte sich vor; die blauen Augen flammten. „Es muß gelingen!" stieß sie hervor, „es wird gelingen!" Langsam wiegte Bonneval den massigen Kopf, während er hämisch lächelte. „Ich sagte, Donna Elena, Schulenburg rechnet mit den Kräften, welche Venedig noch aufbringen k a n n. Er rechnet aber nicht damit, daß Venedig zu entartet ist, um diese Kräfte wirklich noch aufzubringen. Nur wo er ist, wird etwas geleistet. Wo er nicht ist, rührt sich keine Hand."
Mit zusammengezogenen Lippen sah Elena vor sich hin, während der General erbarmungslos auf sie einredete. „Gelingen könnte dieser Plan nur unter einer furchtbaren Voraussetzung, an deren Verwirklichung allerdings kaum zu denken ist; nämlich, daß Seine Majestät, der Kaiser Karl, plötzlich stürbe. Dann würde sich das politische Bild von Grund aus ändern.
Er sah Elena stechend an und sagte halblaut: „Etwa, wenn der Kaiser ermordet würde." Dann schüttelte er den Kopf. „Damit kann aber Schulenburg wirklich nicht rechnen. Rechnen kann er nur mit dem venezianischen Schlendrian."
„Aber es sind doch außer Schulenburg auch hervorragende Venezianer draußen im Kampfe: Loredan, Da Riva, die Admiräle Diedo und Flangini; in Dalmatien ist Contarini jetzt Provveditore; an seiner Seite steht der General von Nostitz, den Schulenburg selbst in venezianische Dienste hat übernehmen lassen..."

Eine Zwischenbemerkung Bonnevals traf sie wie ein Gertenhieb: „Und über alle dem steht als Generalkapitän Andrea Pisani." Aber ihr Antlitz veränderte sich nicht. Sie schwieg.
Bonneval nahm einen Schluck von dem Xeres und fuhr fort: „Ich achte Ihren Vater hoch. Er hat sich oft tapfer gezeigt, weiß aber auch die Kräfteverhältnisse richtig zu werten. Es ist gut, daß er nicht in Trauer versinkt. Er hat nach Korfu eine Theaterkompanie kommen lassen, welche die Gemüter beleben soll; eine Operngesellschaft, der auch die entzückende Faustina Bordoni angehört."
Der Sprecher legte eine nachdrückliche Pause ein und fuhr dann lächelnd fort: „Faustina kenne ich aus Venedig; sie hat mir jetzt geschrieben, das Leben in Korfu spiele sich sehr heiter ab, sie habe die Karpfentaschen ihrer Kleider voll von Liebesbriefen. Sie ist in der Tat eine bezaubernde Person. Nun..." Bonneval zog einen zweiten Brief aus der Brusttasche und legte ihn vor Elena auf den Tisch — „sie hat sich das Beste und Schönste ausgesucht. Man kann es ihr nicht verdenken."
Elena hatte sich erhoben. Sie stand aufrecht hinter ihrem Stuhl, so daß sich Bonneval notgedrungen auch erheben mußte. Nun sah sie den General fest an. „Die Liebesbriefe einer Sängerin interessieren mich nicht, Graf Bonneval. Es ist nicht schwer für eine kecke Frau, Männer einzufangen, die vom Kampf aufgepeitscht sind. Bitte, nehmen Sie den Brief wieder an sich."
Nach einer Weile fuhr sie ruhiger fort: „Ich danke Ihnen sehr für Ihre Mitteilungen über Schulenburgs Pläne. Ich hoffe, es wird ihm trotz allem gelingen, mit dem Prinzen Eugen zusammenzuwirken und das Adriareich zu gestalten. Ist der Prinz noch in Wien?"
Bonneval verbeugte sich. „Der Prinz fährt heute stillschweigend ins Feld ab. Er hat sich sämtliche Ovationen verbeten."
In diesem Augenblick ertönten von der Burg Kanonenschüsse. Elena und Bonneval verstummten gleichzeitig; dann begannen sie zu zählen... dreiunddreißig...

„Ach", lächelte Bonneval, „die arme Kaiserin! Und erst der Kaiser! Es ist also wieder eine Prinzessin."
„Wie soll sie denn heißen?"
Bonneval zuckte mit den Achseln. „Es ist ja eigentlich ziemlich gleichgültig, wie solche kleinen Nachkömmlinge heißen. Warten Sie einen Augenblick." Dann aber nickte er und sagte leichthin: „Ach, ja, jetzt weiß ich es!" Bonneval machte seine tiefe Verbeugung: „Maria Theresia."

2

Die nächsten Monate wurden der Feuer-Pisani zu Tagen. Wohl vermochte sie sich so zu verstellen, daß kein Mensch von ihrer Seelenqual ahnte, aber ihre Phantasie peitschte ihr Herz. Vielleicht war doch Faustina bei ihm, vielleicht in einem grünen Jagdanzug, vielleicht auch als Offizier... Wenn Elena diese Gedanken weiterdachte, sprang sie plötzlich auf. Das Blut schoß ihr in den Kopf; sie faßte nach dem Herzen und atmete tief. Nein, das mit der Uniform, das tat ihr Monseigneur nicht an...
Die einzige außer Gazireh, die um Elena Bescheid wußte, war die Mammi. „Der Schulenburg, der Schlawiner, hat wieder mal was angerichtet", sagte sie zu Elena, als diese sie bei einem Sommerfest im Park des Grafen Althan begrüßte.
Die Sonne funkelte in den Strahlen mächtiger Springbrunnen, sie ließ den Schmuck der Damen, die lachend und heiter auf den Kieswegen promenierten, hell aufblitzen und entzündete ein Feuerwerk auf der diamantenen Hutspange des Grafen Bonneval, welcher mit Lukrezia della Torre durch die Taxushecken promenierte und ihr Verse von Tasso vortrug.
„Warum ist denn Monseigneur ein Schlawiner?" suchte Elena zu lächeln.
Rasch ging der Fächer der Gräfin hin und her. „Er ist ein großer Kerl", sagte sie verbindlich, „aber er hat immer die Weiber im

Kopf. Allmählich soll er die Finger davon lassen. Langsam wird er zu alt dafür."

„Aber es ist doch schön, daß er so jung geblieben ist", wagte Elena zu erwidern, und ihr feines Gesichtchen zitterte vor innerer Erregung. „Es gehört zu ihm. Ja, ich möchte fast sagen: es ist für sein Werk notwendig."

Die Mammi wiegte den Kopf. „Kleine Feuer-Pisani, sein Werk ist sehr bedroht."

„Weshalb?" Mit starren Augen blickte sie auf den Mund der Sprecherin.

Die aber legte den Fächer zusammen und preßte ihn gegen ihre Lippen, während ihre Blicke ängstlich hin und her gingen. Als sie sich endlich unbeobachtet fühlte, flüsterte sie: „Gestern hat der Kaiser gesagt, jetzt habe er es mit Venedig satt. Er werde im kommenden Monat Triest und Fiume als Freihäfen erklären und seinen eigenen Adriahandel beginnen."

Elena schrie auf. „Das ist doch nicht möglich!"

Nachdenklich sah die Gräfin Fuchs auf das Spiel einer Fontäne. Silbern stieg der Strahl in die Höhe, um wieder zu sinken und wieder zu steigen. „Es ist aber doch so", murmelte sie, „der Kaiser hat es gestern zur Kaiserin gesagt, als er den Kinderflügel besuchte, um sich Maria Theresia anzusehen."

„Wenn der Kaiser das tut, so gibt er Venedig bewußt den Todesstoß. Das wäre schlimmer als..." Elena stockte, um gleich fortzufahren: „... als wenn die Türken uns in einer Seeschlacht besiegt hätten."

Gazireh reichte eisgekühlte Getränke und flüsterte Elena zu: „Gazireh weiß von allem Bescheid. Was der Kaiser tut, ist ein Mord. Was will Herrin tun?"

„Ich will mich vor dem Kaiser, wenn er hier vorübergeht, auf die Knie werfen. Ich werde ihn anflehen: ‚Sire, halten Sie Ihre Hände schützend über Venedig!"

Mit einem leisen Druck des Ellenbogens leitete Gazireh die Erregte hinter eine Taxushecke. Dort richtete sie die Blicke fest auf Elena: „Hat keinen Sinn mehr, Herrin. Herrin muß greifen

hier in große Tasche auf Gazirehs Kleid. Steckt Brief, den Marie vorhin vom Schreibtisch des Grafen Althan genommen hat. Herrin gleich lesen. Marie muß ihn wieder hinlegen."
Zitternd griff Elena nach dem Brief. Er war gerichtet an den Kardinal Alberoni. Althan pries in großen Worten die seelische Stärke des spanischen Volkes, das sich nach Zeiten des Verfalls unter der Führung des Kardinals wieder aufgerafft habe. „Wir Spanier in Wien sind bereit, alle Gegensätze zu vergessen. Wir sind stolz, daß die spanische Hilfsflotte gegen die Türken in Wahrheit die Insel Sardinien für Spanien erobern wird. Der Kaiser ist einverstanden, daß mit dieser Insel die Söhne des Königs von Spanien aus zweiter Ehe abgefunden werden. Dafür wird er Spanien dauernd von der venezianischen Konkurrenz befreien, indem er Triest und Fiume als Freihäfen erklärt."
Elenas blaue Augen verharrten in einem stumpfen Glanz. Sie steckte Gazireh den Brief wieder zu und faßte in ihre Tasche. Dort spielten ihre Finger mit einem kantigen Dolch, jener „misericordia", die Giacomo ihr einst geschenkt hatte und die sie seitdem stets bei sich trug. Dann ergriff sie die Türkin beim Arm und führte sie durch Nebengänge dem Hause zu. „Wann werden der Kaiser und die Kaiserin kommen?" fragte sie halblaut.
„Um vier Uhr soll Theater beginnen. Werden zehn Minuten vor Vier hier sein."
Elena spürte den Dolch in der Tasche ihres Kleides; er bewegte sich, wenn beim Gehen ihre Oberschenkel dagegen stießen. Unauffällig faßte sie nach dem Griff der „misericordia"; ihrer Hand tat es wohl, die Waffe zu spüren. Jetzt war sie wieder Soldat, der Leutnant Pisani, der seine Pflicht zu tun hatte.
„Und dann gehen sie beide vom Schloß durch die Hauptallee zum Theater?"
Gazireh nickte. „Wenn Herrin den Kaiser und die Kaiserin ganz von nah sehen will, muß sie zu den Leuten in der Allee treten."
Hinter der Reihe der Wartenden, welche alle auf ein Lächeln der schönen Liesl oder auf gnädiges Nicken Karls VI. hofften,

schritt Elena leise auf und ab. Sie musterte die buntgekleideten, geschmückten und übergeschwätzigen Menschen; sie beobachtete, wo ihre Reihen dünn wurden. Endlich kam eine Bewegung in die Hofbeamten am Palais, Diener drängten die Gäste vorsichtig zurück. Vom Balkon ertönten Fanfaren aus Silbertrompeten. Auf der Treppe des Palastes setzte sich der Vortritt der Hofchargen in Bewegung; dann traten der Kaiser und die Kaiserin aus dem Gartensaal und folgten den vorausgehenden Kammerherren.

Sehr scharf richteten sich die blauen Pisani-Augen auf den Zug, der ihnen langsam entgegenschwebte. Das waren die Blicke längst verstorbener Seehelden, welche den Fall der Enterbrücke erwarteten, um als erste hinüberzustürmen auf das Deck des türkischen Admiralschiffes und dort auf die Ungläubigen einzuhauen. Oh, diese Pisani-Blicke, von denen die Straßensänger an der Riva noch erzählten —

> „Deine Augen, die zu Pfeilen weiß sich spitzen,
> O Pisani, tödlicher als Schwerter morden sie.
> Deine Augen, die wie Feuer auf den Bergen blitzen,
> Zwingen jeden deiner Gegner auf das Knie..."

Elena stand auf der linken Seite der Allee, weil der Kaiser links gehen würde, denn er führte ja die Kaiserin. Dort kamen sie. Die schöne Liesl grüßte nach rechts, und der ganze Zauber ihrer Persönlichkeit entlockte den Zuschauern jubelnde Beifallsrufe. Der Kaiser, in einem roten Galarock mit dem Orden vom Goldenen Vließ, hielt das Haupt mit der großen grauen Perücke gesenkt. Er mochte tragen, was er wollte; er erinnerte immer an einen mißvergnügten Hauslehrer. Nach einer überlebten spanischen Mode trug er auch heute die große schwarzgefaßte Brille, durch welche er seine Blicke auf seine schwarzen Schuhe mit den roten Lederzungen und Hacken richtete. Fast tastend schoben sich die mageren Beine vor; die rechte Hand in einem grauen Corduanhandschuh setzte stechend ein großes spanisches Rohr immer wieder voraus auf den Kiesboden.

Das war der Mann, der es wagte, sich an der Freiheit Venedigs, an der Freiheit seiner Meere zu vergreifen. Oh, was gilt da noch ein Leben! Was gilt da die Liebe! Venedig — nur Venedig!
So riß Elena, nachdem sie die Entfernungen genau berechnet hatte, den Dolch aus der Tasche, zog die Lederscheide rasch ab, stieß mit der rechten Schulter eine sich tief verneigende Dame beiseite und schrie: „Das Leben für Venedig!"
Erschrocken blieb der Kaiser einen Augenblick lang stehen; dann aber wurde Elena plötzlich zurückgerissen, durch einen eisernen Griff, welcher ihr Handgelenk umspannte. Dieser Griff riß sie hinter eine Taxushecke, entwandte ihr kurz den Dolch, und während draußen der kaiserliche Zug durch die Woge sich tief verneigender Menschen dem Theater zusteuerte, sank Elena auf dem Rasen zusammen. Sie saß auf dem rechten Bein; das linke streckte sie von sich. Ihre Hände suchten nach einer Stütze, aber ihr Antlitz blieb starr. Vor ihr stand Bonneval, Claudius Alexander von Bonneval, hochaufgerichtet, die Hände auf dem Rücken gekreuzt, in seiner ganzen, massigen Größe.
„Nein, meine junge Freundin, das geht nicht!" lächelte er höhnisch. „Derartiges mag in Venedig üblich sein, nicht aber in Wien." Er musterte den Dolch, dessen Spitze er sorgfältig mit dem Nagel prüfte. Dann ließ er die vier Kanten durch die Finger gleiten und sagte: „Eine schöne misericordia! Ein einziger Stich würde genügen, um seine Kaiserliche Majestät zu ihren Vätern in der Kapuzinergruft zu versammeln."
Elena atmete schwer; sie blickte stumpf in die Ferne.
„Sie werden selbst einsehen, daß Ihr Aufenthalt in Wien sein Ende gefunden hat", fuhr Bonneval befehlend fort.
„Ich sehe es ein."
„Sie werden morgen mitsamt Ihrer Dienerschaft Wien verlassen. Ein Zug Dragoner wird Sie bis zur Grenze begleiten. Die kaiserlichen Erblande dürften Ihnen für alle Zukunft verschlossen bleiben."
Dann verneigte er sich. „Sagen Sie meinem alten Freund Schulenburg, daß ich gern die Gelegenheit benutzt habe, um das

Leben eines Menschen zu retten, der ihm nahesteht, wie er in Venedig mein Leben gerettet hat, das damals ebenso verwirkt war, wie es jetzt das Ihre ist. Darf ich Sie zu Ihrem Wagen begleiten?" Er reichte Elena den Arm und führte die Widerstandslose zum Wagenpark neben dem Palast, während vom Parktheater die ersten Töne der Ouvertüre über die sonnenheißen und duftenden Beete des Gartens schwebten.

3

Es bedeutete eine schwere Aufgabe für Elena, den wahren Grund ihres raschen Abschieds den beiden Vertretern Venedigs zu offenbaren. „Stellen Sie sich vor, Donna Elena", krähte Ruzzini und rang die gefalteten Hände, „stellen Sie sich vor, Sie hätten den Kaiser auch nur verletzt. Dann wäre entweder Schulenburg oder aber der Senat der Republik Venedig in Verdacht gekommen, Sie als Mörderin gedungen zu haben. Eine bezaubernde Situation, in die Sie uns alle und sich selbst gebracht hätten! Dieses Vergnügen hätte nicht nur Ihnen das Leben, sondern auch der Republik Venedig von einen Tag auf den andern die Existenz gekostet."
„Bonneval hat mir gesagt, das Adriareich könne nur entstehen, wenn der Kaiser nicht mehr am Leben sei."
Erschrocken sah Grimani das junge Mädchen an. „Er mag etwas Ähnliches gesagt haben, aber er dürfte Sie kaum aufgefordert haben, den Kaiser zu ermorden."
Elena zuckte die Achseln. „Vielleicht müssen wir Bonneval für sein Eingreifen auch noch dankbar sein", entgegnete sie mit leichtem Hohn, während sie ihre Finger über kostbare Einbände der Bibliothek gleiten ließ.
„Ohne Zweifel müssen wir das", rief Grimani, „es ist ja überhaupt nicht auszudenken, was hätte geschehen können... die Besetzung Venedigs durch österreichische Truppen... Sie wären öffentlich gefoltert und hingerichtet worden. Selbstverständlich

kostet schon der Versuch des Königsmordes den Verbrecher das Leben. Bonneval hat Sie in der Hand. Sie können ihm nur auf den Knien danken, daß er Ihnen Zeit läßt, zu entfliehen. Reisen Sie so bald als möglich von hier ab."

„Ich reise morgen früh."

Zum Abschied sandte Bonneval ihr einen großen Strauß von roten Rosen und Nelken in die Botschaft.

Elena dankte dem jungen Offizier, welcher den Strauß überbrachte und umarmte Lukrezia, bevor sie den Wagen bestieg. Lukrezia zitterte vor innerer Glückseligkeit. „Ich bin wie im Himmel", flüsterte sie, „der Kaiser selbst hat meinem Vater geschrieben; wir hoffen, daß wir in zwei Monaten in Turin heiraten können. Bis dahin wird wohl meine Mutter auch von ihrer Insel zurück sein."

„Wer so schön ist wie du, Lukrezia, verdient ein solches Glück."

„Verdient denn die Schönheit mehr Glück als die Häßlichkeit?" entgegnete Lukrezia beinahe erschrocken.

„Man könnte es fast glauben", erwiderte Elena, lupfte ihr Kleid und stieg in den Wagen.

Die Dragoner trabten an; die Wagen ratterten über die Kopfsteine des Pflasters; sie fuhren hinaus in das sommerwarme Land. Gazireh und Marie saßen im gleichen Wagen wie Elena. Wieder ging die Fahrt durch Gebirgstäler, aber jetzt mit blumenbestickten Felshängen, vorbei am Spitzengeriesel der Wasserfälle, empor zu einsamen Dörfern, in welchen die Reisenden übernachteten. Später mußten die Pferde enge Straßen hinaufkeuchen, bis man den Paß erreichte, auf welchem zwei Schlagbäume die beiden Reiche trennten. Dort verabschiedete sich der junge Offizier, welcher die Blumen überbracht und später den Zug geführt hatte, artig von Elena. Er errötete, als er aus der Brusttasche ein gesiegeltes Schreiben zog, welches er Elena übergab.

Erst jenseits der Grenze, während die Wagen mit knirschenden Bremsen in die Tiefebene hinunterglitten, las sie den Brief. Sie erblaßte.
„Steht Böses in dem Brief, Herrin?" fragte Gazireh besorgt.
„Nichts Neues. Es klingt nur anders, wenn es geschrieben ist. Man verbietet mir bei Todesstrafe, jemals wieder die Staaten des Kaisers zu betreten. Nur aus besonderer Freundschaft des Prinzen Eugen für den Feldmarschall Schulenburg habe man ein Verfahren gegen mich wegen Mordversuches an der geheiligten Person der Kaiserlichen Majestät niedergeschlagen."
Gazireh sah zum Wagenfenster hinaus und ließ die Augen über das Land gleiten, das von unsichtbaren Riesenhänden langsam glattgezogen wurde wie ein ausgeworfenes Tischtuch. Kleine Dörfer schwammen auf der grünen Fläche, aus denen sich die Masten ihrer Kirchtürme hoch emporhoben. In einem Dorf kaufte Gazireh die ersten Pfirsiche. Als sie sie Elena überreichte, sagte sie: „Darf Gazireh sprechen?"
„Ja. Du darfst. Aber sprich langsam, denn dann machst du kaum noch Fehler."
„Nicht gut, wenn Herrin gleich nach Venedig zurückkehrt. Herrin soll im Land der Pfirsiche ausruhen. Herrin fährt bis Grassiato, zum Schloß von Oberst Sala. Gazireh hört sich allein in Venedig um. Marie kann Herrin bedienen."
Erstaunt sah Elena die Türkin an, um deren dunkle Augen sich ein seltsamer Glanz gelegt hatte. „Wir können doch nicht in Salas Besitztum einfallen, wo er selbst nicht da ist."
„In Grassiato ist gutes Gasthaus. Gazireh hat im letzten Dorf gefragt. Im Schloß wohnt jetzt Schwester des Obersten. Dann ist Herrin in Grassiato nicht ganz allein."
Marie, die sich bis dahin artig zurückgehalten hatte, wandte Gazireh das hübsche Köpfchen zu: „Mit mir hat sich noch kein Mensch gelangweilt."
Wenn Elena in diesem Augenblick nicht aus dem Wagenfenster gesehen hätte, dann würde sie erkannt haben, daß Gazireh mit

dem Aufenthalt ihrer Herrin in Salas Besitztum Grassiato besondere Absichten verfolgte. Jetzt aber murmelte Gazireh ein paar Worte auf Türkisch, welche bedeuteten, Marie möge sich nicht in Dinge mischen, die sie nichts angingen und von denen sie durchaus nichts verstände.

4

So ließ denn Elena zunächst vor dem Schlößchen in Grassiato halten, weil sie sich erkundigen wollte, ob das Gasthaus im Dorfe gut sei, oder ob sie lieber in Belluno Aufenthalt nähme. Der Salasche Diener, welcher an den Wagenschlag getreten war, erklärte: „Donna Clema Sala Barberigo ist im Hause; sie wird sich sicher freuen, Donna Elena selbst die Auskunft geben zu können."
„Fragen Sie, ob sie mich kurz empfangen würde."
Rasch ging der Diener in das Schloß zurück. Bald darauf trat eine junge Frau in einem gurkengrünen Kleid und einem maisfarbigen Strohhütchen aus dem Schloß, lief die Treppen hinunter und breitete heiter und lachend die Arme gegen den Wagen aus. „Kommen Sie, kommen Sie, Liebe! Mein Bruder hat mir schon so viel von Ihnen erzählt. Sie müssen bei mir bleiben!"
Beglückt über den warmen Empfang sprang Elena aus dem Wagen. „Eigentlich wollte ich mich nur erkundigen, Donna Clema, ob das Gasthaus im Dorfe so gut ist, daß ich dort für einige Wochen Quartier nehmen kann."
Inzwischen hatte Clema bereits ihren Arm unter den Elenas geschoben. „Abscheulich ist es", lachte sie, „nur Wanzen und Flöhe, nichts zu essen, sauren Wein... nein, das einzige Gasthaus am Ort, das für Sie in Betracht kommt, ist das Gasthaus Sala." Sie winkte dem Diener und befahl: „Gepäck in das Haus; Pferde in den Stall, Kutscher und Diener hinüber; die beiden Zofen mit in das Wohnhaus."

Clema befahl lachend und selbstverständlich; wenn sich jemand gegen ihre Befehle sträuben wollte, sah sie ihn so erstaunt und entgeistert an, daß er am Ende nicht wagte, solchen naiven Glauben an die Wirkung der eigenen Autorität zu enttäuschen. So ordnete sich jeder diesem kindlichen Blick der hellblauen Augen unter, welche unter dem geteilten weißblonden Haarvorhang fast erstaunt in die Welt sahen. Clema geleitete Elena in jenes Zimmer, zu welchem Elenas Gedanken so oft von Wien hinübergeflogen waren, jenes Zimmer, von dem sie geträumt hatte, es werde ihrem Leben Hintergrund und Ruhe schenken. In den Abendstunden wandelten die beiden durch den Park, Giorgiones Bergen entgegen. Clema berichtete von ihrem Mann, welcher unter Admiral Flangini eine Schiffseinheit in den Levantekämpfen kommandierte; er sei noch jung, „zwei Jahre jünger als ich", lachte sie, während sie mit einer zierlichen Gartenschere eine prachtvolle dunkelrote Rose abschnitt und sie Elena überreichte, „aber sagen Sie es niemandem."
„Hier standen im Frühjahr die Tulpen", entgegnete Elena, während sie die Rose sorgfältig ansteckte und sich daran erinnerte, daß Sala ihr damals nur eine Tulpe entgegengebogen hatte.
„Im nächsten Frühjahr werden hier wieder Tulpen stehen, viele Tulpen, ach, liebste Elena, dann müssen Sie auch hier sein — zur Tulpenblüte!" Und fast kindlich gläubig fügte sie hinzu: „Aber die Tulpen sollen erst blühen, wenn Marcello zurück ist."
„Sie lieben ihn sehr?"
„Über alles", nickte Clema, während ihr Antlitz unter der weißen Haut errötete. „Es ist eine fast beschämend primitive Angelegenheit, animalisch einfach, ohne jede Komplikation. Aber, bitte, sagen Sie das niemandem; es klingt so albern, so schrecklich altmodisch."

Nach drei Tagen war der Venezianerin die Welt von Grassiato so vertraut geworden, als ob sie seit ihrer Kinderzeit dort gelebt hätte. Sie kannte den antiken Tempel mit seinen Schätzen, das

Theater mit seinen Kulissen und Kostümen, die Haustiere in ihren Ställen und die Ernte in den Scheunen. Sie wußte um die Felder und ihre Bestellung wie um die Ahnenbilder an den Wänden des Hauses und die Familienerinnerungen in den Schränken.

Am folgenden Tage durchblätterte sie die Chronik eines Vorfahren, des Bailo Sala, während Gazireh auf dem Fußboden kauerte und die Leibwäsche Elenas in Ordnung brachte. Ein leichter Wind, welcher durch das geöffnete Fenster aus dem Garten in das Zimmer drang, bewegte die Enden ihres seidenen Kopftuches. Vom Vorgarten her fielen gelbweiße Streiflichter in den Raum; das verschnörkelte Holzwerk, auf welchem die Gedanken der Poeten entlanggleiten konnten, zitterte im Abglanz des Lichtes, das über den Rasenflächen des Vorgartens tanzte.

Plötzlich ertönten von der Straße her lautes Geschrei und heller Jubel. Inmitten jauchzender Dorfkinder ritten drei Staatskuriere des kaiserlichen Hofes, in ihren schwarzgelben Gewändern, mit großen Straußenfedern auf den Hüten. Einer dieser Kuriere blies von Zeit zu Zeit ein Trompetensignal. Dann stellte sich der Oberkurier in die Bügel und rief: „Seine Königliche Hoheit der Prinz Eugen von Savoyen hat die Türken vernichtend bei Belgrad geschlagen. Es lebe der Kaiser!"

Elena sprang auf. Das Buch fiel auf den Boden; sie selbst aber sank bald wieder in den Stuhl zurück. „Sie reiten nach Venedig — äh!"

Ein Zug des Ekels ging um ihre Züge. „Dann wird ja bald Friede sein. Aber ein Friede ohne das Adriareich. Bis dahin sind Schulenburgs Pläne noch nicht so weit gediehen."

Nun schob Gazireh sich dicht heran. „Herrin ist in dieser Welt gut geborgen", begann sie leise, „Donna Clema ist gut; Marie ist tüchtig."

Elena hob den Kopf. „Was bedeutet das?"

„Gazireh wird nach Venedig fahren und dort mit dem Arsenalotten Giacomo sprechen. Arsenalotti werden alles tun, damit Gazireh hinausfahren kann, dorthin, wo Marschall grade kämpft.

Gazireh wird mit Marschall sprechen und ihm berichten von dem, was Herrin getan hat — aber auch von Wien, vom Kaiser, von Triest und Fiume, von dem Angriff der Spanier auf Sardinien." Plötzlich erhob sich die Türkin und zischte: „Gazireh wird auch sehen, ob Faustina dort ist oder nicht. Und wenn sie dort ist, wird sie nicht mehr lange dort sein. Gazireh wird gleich Nachricht geben oder wird selbst zurückkommen und erzählen, was Wahrheit ist."

Am Tage darauf brachte ein kleiner Dorfwagen die Türkin mit ihrem Reisesack bis nach Padua. Von dort fuhr sie auf dem Marktboot in den Sommermittag hinein, die belebte Brenta hinab, am Pisani-Schloß Strà und all den heiteren Villen der venezianischen Patrizier vorbei, um dann hinüberzugleiten zu dem abendschönen Venedig. Wie immer legte das Marktboot am Dogenpalast an; wie immer standen viele Venezianer am Ufer und machten ihre Scherze über die ankommenden Fremden, während der Himmel sich in sein brokatenes Abendgewand von Rosa und grün zu hüllen begann. Im Anbau der Markuskirche hatte eine Sitzung der neun Prokuratoren von San Marco stattgefunden; jetzt schritten die Purpurträger, umgeben von Sekretären, Kammerherren und Pagen, langsam ihren Gondeln zu. Gazireh beobachtete, wie der große Alvise, in jeder seiner Bewegungen ein König, seine goldene Staatsgondel betrat, sich in den großen Rücksitz lehnte, während er dem Purpurmantel mit ein paar kurzen Griffen einen schönen Faltenwurf gab. Dann rauschte das große Bild der Macht davon, über den Canalgrande, dem Palazzo Pisani zu.

Gazireh beschloß, Giacomo, den Arsenalotten, erst am kommenden Morgen aufzusuchen, zunächst jedoch einen Brief Elenas an ihre Schwester Laura abzugeben. So huschte sie in der aufblühenden Dämmerung Venedigs über ein paar weiße Brücken, die ihre Bogen kühn der anrückenden Düsternis entgegenwarfen. Auf dem campo Morosini wandte sie sich dem Palazzo Pisani zu.

Der Diener erkannte sie und erkundigte sich neugierig, was es in Wien Neues gäbe, und ob die Menschen auch dort närrisch geworden seien; es sei gradezu zum Verzweifeln und verstoße gegen jede gute Sitte, daß Exzellenz Alvise Pisani vom Schloß Strà im August für acht Tage in die Stadt gegangen sei — als ob die Herren Prokuratoren von San Marco ihre Sitzung nicht auch im November abhalten könnten! Indessen klopfte er an eine hohe Tür und betrat den Raum, um gleich darauf Gazireh hineinzulassen und dann die Tür von außen zu schließen.
Gazireh verneigte sich tief. Vor ihr, an einem niedrigen Tisch, ganz eingehüllt in den Glanz ihrer blonden Haare, saß Laura Pisani, die Traum-Pisani, beim Licht von ein paar Kerzen, über einen Stickrahmen gebeugt. Draußen brannte der Abendhimmel über den zackengeschmückten Dächern in den Farben von Blut und Veilchen. Als Gazireh sich aus der Verneigung erhob und den Brief Elenas überreichte, lächelte Laura und sagte langsam: „Setz dich, Gazireh, du mußt mir viel von Wien erzählen. Von meiner Schwester und von Lukrezia." Gazireh verneigte sich wieder. ‚Sie ist süß und schön', dachte die Türkin, während sie sich auf den Boden niederließ, ‚aber sie kehrt dem Leben den Rücken, wie sie jetzt dem leuchtenden Abendlicht am großen Himmel Venedigs den Rücken kehrt.'
Gazireh berichtete, was sie zu berichten hatte. Dabei beobachtete sie dieses seltsame Menschenkind, welches ebenso langsam, wie sie sprach, seine Fäden durch den Stickrahmen zog. Unter Lauras Schutz verbrachte Gazireh die Nacht in einem Zimmer des Palazzos Pisani. Als sich am folgenden Morgen das grüne Frühlicht über Venedig senkte, huschte die Türkin hinein in den werdenden Tag, durch erwachende Gassen bis zum Arsenal. Dort schwatzte sie sich an Posten vorbei, drückte sich an Schiffen vorüber, die in den Trockendocks ausgebessert wurden und wand sich zwischen Arbeitern hindurch, die schweres Material in die umgestülpten Schiffskörper hineintrugen. Im großen Gebäude der Tana tippte sie Giacomo auf den Arm, dessen Antlitz strahlte, als er sie erblickte.

Er führte die Türkin in die Werkstube an den Tisch und ließ sich genau berichten, was alles sich in Wien ereignet hatte. Als Gazireh von Elenas Mordversuch gegen den Kaiser sprach, leuchteten die Blicke Giacomos auf. „Klug war das nicht, aber großartig. Sie hat recht — dieser Kaiser Karl VI. ist ein genau so schrecklicher Feind Venedigs, wie der Großtürke es ist — vielleicht ist er heute sogar noch gefährlicher. — Du willst also", fuhr er fort, „hinaus, um den Marschall zu suchen? Schade, vor acht Tagen hättest du mit dem Herrn Antonio Nani auf der ‚Speranza' hinausfahren können. Aber in einigen Tagen bietet sich wieder eine Gelegenheit. Das Denkmal für den Marschall, welches hier im Atelier von Cabianca in San Barnabà fertiggestellt ist, soll nach Korfu hinübergeschafft werden. Am Dienstag läuft die ‚Colomba' aus. Da kannst du mitfahren."

5

Nach einer Woche zog die „Colomba" breite Silberlinien durch das blaue Griechenmeer. Am Bug der Fregatte lag ein mächtiger sargartiger Kasten; dieser Kasten barg die Marmorstatue des Marschalls. Am Mast des Schiffes straffte sich die Wappenstandarte Schulenburgs im Winde. Das Schiff ging auf und ab, aber es „fraß die Wogen", wie die Matrosen sagten. Neben diesem gewaltigen Sarg suchte sich Gazireh einen Platz, von dem aus sie hinaussehen konnte auf das bewegte Meer, auf die fernen Küsten Dalmatiens und Albaniens mit ihrer glasigen Durchsichtigkeit, ihren zackigen, zerfurchten Bergen und ihrem milden, wesenlosen Uferglanz.

Aber immer wieder glitt ihr Blick hinaus in die Weite, aus der Korfu sich erheben würde, Korfu, auf welchem dieses Denkmal für immer den Namen Schulenburg lebendig halten sollte. An einem Vormittag bemerkte sie, wie sich aus dem wolkenlosen Himmel das federzarte Takelwerk einer anderen Fregatte entfaltete. Gazireh, die Hand über den Augen, fragte einen vorübergehenden Matrosen, was das für ein Schiff sei, das ihnen dort entgegenkäme. „Speranza", antwortete der Matrose, „Kurs von Korfu nach Venedig."

Die „Colomba" nahm ihre Richtung auf die „Speranza" zu. Bei solchen Begegnungen hatten sich die Kapitäne durch das Sprachrohr Befehle zu übermitteln, oder aber sie pflegten Neuigkeiten auszutauschen. Als die Schiffe einander näherkamen, erkannte der Kapitän der „Colomba" durch sein Glas den Patrizier Antonio Nani, den zukünftigen Marineminister, der an der Brüstung lehnte und herübersah.

Hinter ihm, am Bug der „Speranza" stand ein schmaler Sarg, mit frischen Blumen überdeckt. Auf Halbmast hing eine Wappenstandarte, welche eine silberne Rose auf blauem und eine goldene Rose auf rotem Grund zeigte — das Wappen der Mocenigo. Als der Kapitän der „Colomba" die Patrizierflagge erkannt hatte, ließ er mit der Markusflagge grüßen. Die „Speranza" grüßte zurück.

So glitten die beiden Schiffe still aneinander vorüber.

Das war die letzte, schattenhafte Begegnung der äußeren Hüllen zweier Menschen, welche sich einst über alles geliebt hatten.

FÜNFTES KAPITEL

1

Nachdem Gazireh sich von Bord der „Colomba" an das Ufer von Korfu geschlichen hatte, wandte sie sich durch die Trümmer der Straßen. Einige Stadtviertel waren bereits neu erstanden. Vor allem war das Ghetto wieder errichtet worden, so daß Gazireh den Hauptmann David Semo in seinem elterlichen Hause aufsuchen konnte.
Gazireh verneigte sich förmlich vor David. Sie verneigte sich noch einmal, als der alte Rabbi Benjamin den Raum betrat, und zwei milde Kerzen die Köpfe von Vater und Sohn aus dem Dämmern herausschälten.
„Hauptmann", wandte sich Gazireh an David, „ich habe Ihnen Grüße zu bringen von Elena Pisani."
Davids Augen leuchteten auf. „Von Leutnant Pisani empfange ich gern Grüße. Wir haben um ihr Schicksal gebangt. Die edle Frau hat in Wien zwar großartig gehandelt, aber nicht klug."
Erstaunt hob Gazireh den Blick. „Was wißt Ihr hier schon von Wien?" Die lange Hand des Rabbiners strich durch die Luft. „Wir wissen, wir wissen, daß Elena Pisani den Großkaiser hat ermorden wollen, um das Adriareich des Feldmarschalls zu retten. Aber" — der Rabbi zog die Schultern hoch, daß der schwarzseidene Kaftan im Licht der Kerzen aufblitzte — „durch eine misericordia läßt sich das Adriareich nicht retten, nicht einmal durch Feuer, Eisen oder Gewalt. Venedig verfällt durch sich selbst, viel mehr als durch die Angriffe des Großkaisers oder des Großtürken." Der Rabbi griff in den Bart und sah Gazireh

nachdenklich an. „Mit Venedig ist es zu Ende, wie es zu Ende ist mit der schönen, edlen Dame, die mir oft die Ehre ihres Besuches gab und ihre berühmten Perlen als Pfand bot..."
„Gräfin Aimée della Torre Mocenigo", setzte David nachdenklich hinzu und spielte mit einer Gänsefeder.
Stillschweigend nahm der Rabbi dem Sohn die Feder aus der Hand, schnitt sie zurecht und legte sie auf das Schreibzeug zurück. Dann fuhr der Alte fort: „Auch mit ihr ist es zu Ende. Sie war das letzte große Venedig. Vor ein paar Tagen hat der edle Herr Antonio Nani die Leiche der Gräfin von der Insel der Nonne abgeholt. Die Leiche haben sie an Bord der ‚Speranza' gebracht; Mosers rote Soldaten haben sie getragen und Vater Papagei hat die Trauerparade kommandiert."
„Und der Marschall?"
David zuckte die Achseln. „Ich glaube nicht, daß er etwas vom Tode der Gräfin weiß." Dann aber fuhr er belebt fort: „In den nächsten Tagen kommt Monseigneur vom Festland hierher; dort haben sie eine Kampfpause eingelegt. Im kommenden Jahr will er den Golf von Arta erobern mit Vonizza und Prevosa. Dann besitzt Venedig einen Hafen in der Levante, von welchem aus es sein Adriareich verteidigen könnte."
Der alte Semo wiegte den Kopf: „Bis zum Friedensschluß wird Monseigneur nichts erobert haben als ein paar kleine Bergnester und ein paar Inseln. Die wird Venedig dann behalten dürfen."
Der Alte sah vor sich hin und murmelte: „Denken Sie an den alten Benjamin Semo. Gott wollte, daß der Marschall Europa vor dem Untergang rettete; er will aber nicht, daß der Marschall Venedig vor dem Untergang rettet. Venedig ist reif zum Sterben; so will es Gott."

Am gleichen Abend suchte Gazireh noch ihren eigentlichen Herrn, den Oberst von Moser auf. Sein Hauptquartier hatte er im Beratungssaal der Porta Reale aufgeschlagen, wo Gazireh ihn beim Licht zahlloser Kerzen über Plänen gebeugt vorfand. Wie ein düsterer Fächer lagen die vielfachen Schattenbilder des

Obersten auf den cremefarbenen Wänden des Saales, auf welchen Doxaras großes Bild des „Triumphierenden Venedigs" vergessen herabblickte. Als Moser die Bewegungen Gazirehs hörte, schob er ihr den Truthahnkopf entgegen und kollerte: „He! Wir kennen uns doch? Die Gazireh! Komm her und setz dich dort hin." Er wies mit den Augen auf den Fußboden, auf welchem sich die Frau mit gekreuzten Beinen niederließ. Der Kopf des Obersten zitterte auf dem drahtigen Hals, als er sie anfunkelte. „Du kommst zu spät. Die sterblichen Reste deiner Herrin überführt Nani nach Venedig. Dort wird er die Gute und Schöne in der Kirche der Gartenmadonna beisetzen; in der Gruft der Mocenigo. Unter den Bildern von Tintoretto. Das ist das Ende."
„Gazirehs Schiff ist an dem Schiff vorbeigefahren, das die Leiche der Herrin Aimée nach Venedig bringt."
Der Oberst und die Türkin schwiegen. Moser spielte mit einem Steckzirkel, dessen Schenkel er auseinanderbog und wieder zusammenpreßte. Dann senkte er den Kopf der auf dem Boden sitzenden Frau zu und fragte: „Und was willst du hier?"
„Donna Elena hat Gazireh hierhergeschickt. Gazireh soll dem Marschall berichten, was in Wien vor sich geht."
Moser pfiff durch die Zähne. „Na, was geht denn da vor sich?"
Mit großen Augen sah Gazireh zu Moser empor. „Gazireh darf nichts sagen. Weiß doch der Herr Oberst, daß Boten schweigen müssen."
Moser lachte. „Der Graf Prass war neulich beim Marschall. Im Auftrag von Bonneval. Er hat so viel und so energisch geredet, daß seine Lügen beinahe schon wieder zur Wahrheit wurden, und daß wir uns alle denken konnten, was die da in Wien mit Venedig vorhaben."
„Dann weiß der Herr ja Bescheid. Wann kommt Marschall zurück?"
„Vielleicht schon heute nacht. Ihm hängen die Schlauheiten und Winkelzüge des Generalkapitäns Pisani zum Halse heraus. Laß dir von Karl erzählen, der den Palast des Marschalls bewacht."

„Wo wohnt der Marschall?" fragte die Türkin, während sie eine Korallenkette durch die Zähne zog.
Moser sah sie listig an. Sie gefiel ihm immer noch. „Im Palazzo Doxaras. Er bewohnt die Räume, welche früher die Gräfin Aimée innegehabt hat. Sprich mit Karl und komm dann zurück."
Eifrig nickte Gazireh. „Sicher. Die ganze Nacht." Sie sprang auf, verneigte sich mit gekreuzten Armen zum Abschied und lief durch die erblühte Nacht dem Palazzo Doxaras zu.

Noch immer träumte der Palazzo seine Träume der Einsamkeit. Als die meisten Häuser der Innenstadt vernichtet wurden, blieben die an den Stadtmauern hängenden Gebäude verschont. Der Kranz von spätgotischen venezianischen Palästen, welcher wie eine Perlenkette die Altstadt von Korfu umgab, funkelte noch immer in seiner zarten, geheimnisvollen Schönheit. Während die Bewohner Korfus unter der klugen Leitung des Hauptmanns David Semo die Stadt wieder aufbauten, hielten die Paläste an den Mauern einen Hauch jener Vergangenheit fest, welche nach dem Glauben der Lebenden schön gewesen war, wie jede Vergangenheit nach dem Glauben der Lebenden schön ist.
Am Palazzo Doxara erhoben sich sogar noch die alten Zypressen, auf deren eine Gazireh wieder hinaufkletterte. Sie wiegte sich über dem silberblitzenden Meer und unter dem gestirnten Himmel auf einem Aste hin und her, bis sie mit einem Sprung die Loggia erreichen konnte und bald darauf in das benachbarte Zimmer gelangte, in welchem Karl sich lang in einem Lehnstuhl ausgestreckt hatte. Er schlief fest; neben ihm stand eine strohumflochtene Flasche mit einem Glas, und eine ausgebrannte Tonpfeife lehnte gegen die Schwelle des kalten Kamins. Leise nahm Gazireh die Flasche und goß dem Schlafenden die letzten Tropfen in den Kragen. Dann setzte sie sich rasch vor Karl auf die Erde und starrte ihn an, während er, erst halb erwacht, mit allen Anzeichen des Mißbehagens in den Kragen griff.

Langsam öffnete er die Augen, und seine Blicke fielen auf das vor ihm hockende Götzenbild, einen kleinen Buddha, wie ihn die Karawanentreiber gelegentlich aus Indien mitbrachten. Angesichts dieses seltsamen Gebildes blieb dem Niedersachsen zunächst der Atem weg. Er hatte geglaubt, ungestört ruhen zu können, weil die Einfahrt des Schiffes, welches den Marschall bringen sollte, ja durch Kanonenschüsse von der alten Festung gemeldet würde. Karl streckte vorsichtig den Fuß vor und tippte leise an die Figur, um zu prüfen, ob sie Wirklichkeit sei oder ein Traumgebilde. Die Figur aber griff rasch nach dem einen Pantoffel Karls, der vom Fuß geglitten war, und hieb damit kräftig zu, so daß Karl brüllend aufsprang.

„Du bist wohl verrückt", schrie er und wollte sich auf die Figur stürzen. Die aber lachte, streckte die Zunge aus und sagte: „Karl ist schon wieder mal besoffen!"

Endlich begriff er, wer dort vor ihm hockte. „Gazireh", rief er, „wie bist du denn hereingekommen?"

Bevor aber Gazireh noch etwas erwidern konnte, rollte von der alten Festung der Salut für den Marschall über das nachtblaue Griechenmeer. Karl sprang auf. „Mach, daß du davonkommst!" Er lief an das Fenster und rief: „Die Fregatte biegt mit vollen Lichtern um die alte Festung! In einer halben Stunde kann sie im Hafen sein."

Gazireh erhob sich seltsam federnd, wie ein Scherenteufel, indem sie die gekreuzten Beine nach unten preßte. Mit einem leichten Druck der Hand warf sie ihr Gepäck auf den Rücken. „Gazireh wird hier oben in der kleinen Kammer schlafen. Karl sorgt dafür, daß sie zu essen bekommt."

Auf diese Weise war Gazireh in die Welt des Marschalls gelangt. Sie stand sogar im Licht der Fackeln zusammen mit seiner Dienerschaft am Eingang des Palastes, als die Oberführer zurückkehrten: der Marschall, Sala, Straticò, Da Riva und Loredan. Der vornehme Doxaras empfing die Gäste am Portal seines Palastes; er geleitete die Herren in den großen Speisesaal, in welchem auf breiten Oliventischen die Gerichte des Landes

warteten, während von den Wänden nachgedunkelte Bilder auf die kerzenbestandene Tafel niedersahen.
Als die Früchte gereicht wurden, nahm Gazireh einem Diener die Silberschale aus den Händen und trat damit zu Matthias. Anmutig kniete sie nieder und hielt ihm die Früchte hin. Langsam neigte sich das mächtige Haupt Monseigneurs zu den frischen Früchten. Während die gebräunte Hand eine Traube emporhob, bemerkte Gazireh einen Zug von Trauer, welcher die Augen des Mannes umschattete.
Leise legte Gazireh einen Brief Elenas zu den Früchten; als Matthias erstaunt den Blick zu ihr erhob und sie erkannte, flüsterte sie nur: „Karl weiß, wo Gazireh ist." Der Marschall nickte, schob den Brief in den Aufschlag seines Waffenrockes und flüsterte: „Bald nach Tisch will ich dich sprechen..."
... ‚An meinem Puls liegt Elenas Brief', dachte Matthias, ‚vielleicht droht ein Erwachen, ein entsetzliches Erwachen... Elena, du solltest der Siegespreis sein... wie aber, wenn ich nicht siege...'
Versonnen zupfte sich Matthias eine der köstlichen Beeren aus der großen Korfu-Traube. Das erstemal hatte ihn der Gedanke, vielleicht könne er nicht siegen, berührt. „Haben wir neue Nachrichten von der Flotte?" wandte er sich an Loredan, welcher sich halblaut mit Sala unterhielt.
Der Provveditore wandte sich dem Marschall zu. „Die Nachricht bestätigt sich, daß Admiral Flangini im Kampf gegen den Kapudan-Pascha Dianum-Kogia, vor den Dardanellen gefallen ist. Er ließ sich sterbend auf eine Lafette tragen und sah von dort der Niederlage des Paschas zu. Nach ihm hat Barberigo das Kommando übernommen und sich glänzend bewährt. Es sind auch noch andere Erfolge zu verzeichnen..."
„Lieber Freund", entgegnete Matthias, die rechte Hand erhebend, „wir wissen, daß solche Einzelerfolge sehr schön sind und dem Generalkapitän Andrea Pisani zur Ausschmückung seiner Berichte nach Venedig dienen werden. Aber ich frage Sie als Vertreter des hohen Senates: ‚Sind diese Erfolge unserer

Flotte nach Ihrer Ansicht strategisch von entscheidender Bedeutung?'"
Loredan wiegte das Haupt. „Sala und ich sprachen soeben darüber. So sehr Sala von den Erfolgen seines Schwagers beglückt ist, so kann auch er sich doch der Ansicht nicht verschließen, daß derartiges nur Menschen und Material kostet, strategisch aber keinen Sinn hat."
„Demnach wäre Andrea Pisani jetzt wieder des Hochverrates schuldig, wie er schuldig wurde, als er uns während der Belagerung von Korfu mit der Flotte nicht unterstützte?"
„Genau so."
Die Herren schwiegen. Bald hob Matthias die Tafel auf, nahm mit den Gästen zusammen noch den Kaffee, zog sich dann aber in sein Arbeitszimmer zurück, um den Brief Elenas in Ruhe lesen zu können.
Er setzte sich an ein Spitzbogenfenster, rückte eine große Wachskerze neben sich und zog den Brief Elenas aus dem Aufschlag seines Waffenrockes. Seine festen Hände zitterten, als er das Siegel mit dem Zeigefinger hob und den Bogen entfaltete. Rasch liefen seine Blicke über die Zeilen; sehr bald ließ er das Blatt wieder sinken. Dieses holdselige Geschöpf, wie warm waren diese Briefe! „Ich habe Sehnsucht nach Ihnen, Monseigneur, denn ich weiß nicht mehr ein noch aus. Ich weiß nicht, ob es unrecht war, daß ich den Kaiser ermorden wollte, und ich weiß nicht, ob es von Bonneval recht war, daß er mich daran hinderte."
Die magere Hand griff nach der Tischglocke. Seit einiger Zeit machten sich auf dem Handrücken braune Punkte bemerkbar, viele feine Leberflecken, wie sie sich mit fortschreitenden Jahren zu zeigen pflegen. Straticò erschien. „Ich lasse Exzellenz Sala bitten."
Der schöne, große Sala hatte seit langem die besondere Neigung des Marschalls erworben. ‚Wenn so einer aus meiner Familie wäre', dachte er oft, ‚ich würde ihn zu meinem Nachfolger erziehen.' Seine Blicke gingen zu Sala hinüber. „Bitte, nehmen

Sie Platz, lieber Freund. Ich möchte mit Ihnen zusammen einen Boten anhören, der gradeswegs von Ihrem Besitztum Grassiato eingetroffen ist." —
„Von Grassiato?" rief Sala erstaunt.
„Jawohl, von Grassiato, wir werden ihn sofort hören." Er läutete zweimal und gab Karl den Befehl, Gazireh zu holen.
Sehr bald stand die Türkin vor den beiden Herren. Sie sah, daß Sala sich knabenhafte Züge bewahrt hatte, und die gefielen ihr. Inzwischen hatte der Marschall Tonpfeifen und Tabak bringen lassen; Gazireh saß auf dem Boden, drehte sich Zigaretten und nickte Sala mit leuchtenden Augen zu, wenn er ihr einen brennenden Fidibus reichte. Dann begann sie mit ihrem Bericht.
Bonneval war es gelungen, die Frauen, welche Matthias nach Wien gesandt hatte, aus dem politischen Spiel auszuschalten.
„Nun, auf diese Weise hat er Lukrezia verheiratet", lächelte Matthias, „ich muß der Gräfin Aimée nun doch ein paar Glückwunschzeilen in ihre Inseleinsamkeit schicken."
Erschrocken suchte Gazireh die Blicke Salas. Dann aber sank sie wieder in sich zusammen, musterte den Brand der Zigarette und berichtete über die Absichten des Kaisers.
Empört sprang Matthias empor. „Triest und Fiume Freihäfen? Die Spanier in Italien? Ist der Kaiser denn wahnsinnig geworden? Und Eugen? Was sagt Eugen dazu?"
„Prinz Eugen ist über den Kaiser entrüstet."
„Was hilft uns seine Entrüstung! Was wir wollen, ist seine Rüstung!"
Gazireh drehte sich eine neue Zigarette.
Indessen schritt Matthias, die Hände auf dem Rücken, im Zimmer auf und ab. „Vielleicht wäre es wirklich gut gewesen, wenn Elena den Kaiser umgebracht hätte", murmelte er.
Dann wandte er sich zu Sala. „Wir könnten im Herbst und im Winter ohne weiteres Albanien erobern. Statt dessen müssen wir hier in Korfu abwarten, was der Senat im Frühjahr über uns zu befehlen gedenkt. Jetzt ist es Sommer; es steht uns also frei,

neun Monate lang mit Nichtstun zuzubringen. Vielleicht läßt Pisani wieder eine Opernkompanie kommen; vielleicht soll uns wieder die Faustina bezaubern." Breitbeinig stand der Marschall da, die Daumen in die Feldbinde eingehängt. „Jetzt ist nicht Zeit für Gaukelspiele", schrie er plötzlich, „mögen die Theater bleiben, wo sie sind. Albanien, Albanien!"
Dann gab er Sala die Hand. „Verzeihen Sie meine Erregung, lieber Freund, aber das, was die da in Venedig tun, ist reiner Wahnsinn." Wieder schritt er eine Zeitlang auf und ab, bis er laut die Hacken zusammenschlug, daß die Sporen klirrten. „Gott schickte mir Andrea Pisani, um zu verhindern, daß ich mir auch nur ein Quäntchen Nachruhm erwerbe."
Sala erhob sich und entgegnete: „Euer Exzellenz haben sich trotz allem bereits unsterblichen Nachruhm gesichert. Das wird auch Ihr Denkmal verkünden. Es soll sehr bald am Eingang der alten Festung errichtet werden."
„Komme ich nicht darum herum?"
„Nein, Exzellenz. Es ist mit der ‚Colomba' eingetroffen. Die Aufbauarbeiten soll Oberst von Moser leiten. In drei Wochen kann es enthüllt werden. Euer Exzellenz wollen befehlen, in welcher Weise die Feierlichkeit vor sich gehen soll."
Ganz dicht trat Matthias an Sala heran. Er senkte die Blicke tief in die hellen Augen des jugendlichen Generals und atmete hart durch die Nase: „Pietro Sala, würden Sie an der Enthüllung Ihres eigenen Denkmals teilnehmen? Könnten Sie das, ohne vor Scham in die Erde zu sinken?"
Sala sah den Feldmarschall starr an und schüttelte den Kopf. „Ich könnte es nicht, Exzellenz. Ich würde ausreißen."
Matthias lachte grimmig. „Recht so! Es gibt Dinge auf der Welt, vor denen ein anständiger Mensch nur noch ausreißen kann."
Inzwischen hatte Gazireh sich aufgerichtet und trat vorsichtig zurück. Der Marschall wandte sich ihr zu und sagte: „Ich will noch einmal hinübergehen zum Oberst von Moser, um zu hören, was während meiner Abwesenheit gearbeitet wurde. Bleib du

hier, Gazireh, und erzähle dem Herrn General von Wien und von allem, was ihr dort erlebt habt. Sala, ich erwarte Sie heute abend in der Porta Reale."

Nachdem der Marschall gegangen war, berichtete sie Sala ausführlich nicht nur über Wien, sondern auch vor allem über Grassiato. In ihrem Bericht gingen die Seele des Salaschen Besitztums und die Seele Elenas ineinander über; so lebte Salas Seele wie selbstverständlich mit in dieser Welt am Fuß der Alpen, die von kühlen Winden gestreichelt wurde, und in der sich, aller Kühle zum Trotz, ein Menschenkind heiß sehnte nach Korfu, wo ihr Herz geblieben war.

In der Nacht, als Gazireh den Kopf aus dem kleinen gotischen Fenster steckte und hinaufsah zu den Sternen, die als leuchtende Tropfen im hellen Sammet des Nachthimmels hingen, suchten ihre Blicke den Nordstern. Als sie ihn gefunden hatte, nickte sie vor sich hin. „Faustina — nein! Monseigneur weiß vorüberzugehen. Mag sie noch so hübsche Knabenkleider tragen. Trotzdem aber wird es Zeit, daß Donna Elena selbst nach Korfu kommt. Das Schicksal will sprechen."

Wie es in Gazirehs Natur lag, folgten ihren klaren Erwägungen sofort die notwendigen Handlungen. Am nächsten Tage kroch sie unbeobachtet in den Depeschenraum des Regierungsschnellseglers, der zur Mittagsstunde nach Venedig ausfuhr. Sie zeigte sich erst an Deck, als das Schiff sich in der Höhe von Cattaro befand und antwortete dem Kapitän, welcher sie anschrie, mit ruhiger Überlegenheit: „Ich habe von dem Herrn Feldmarschall den Auftrag bekommen, die Patrizierin Elena Pisani, welche bei der Verteidigung Korfus mitgekämpft hat, zur Einweihung des Denkmals abzuholen, das der Senat dem Feldmarschall errichten läßt. Donna Elena soll die Reise zusammen mit ihrem Oheim, dem Prokurator, unternehmen."

2

Vierzehn Tage später rauschte die „Gloria", eine für die Mitglieder des Senates erbaute Luxusfregatte, durch das Enzianmeer nach Korfu. Durch die goldbeladenen Gänge huschte lächelnd, die rote Robe leicht raffend, als Vertreter des Dogen der große Alvise Pisani, mit welchem wieder einmal die Majestät des venezianischen Senats reiste. Ein Gefolge von jungen Patriziern, Sekretären und Dienern belebte die Säle und Kabinen der Fregatte. Auch Damen befanden sich an Bord, heitere Venezianerinnen mit seltsamen Augen, in welchen bereits der Schmerz lauerte. Denn die Frauen Venedigs waren dem Meere und den Wolken, in denen das Schicksal der Republik immer neu geformt wurde, seit Jahrtausenden verbunden, und sie ahnten, daß das Ende nicht mehr allzu fern sein konnte. Der große Alvise wurde begleitet von seiner Nichte, der Nobildonna Elena Pisani, genannt die Feuer-Pisani, mit den leuchtenden roten Haaren und den im Dämmern schwimmenden blauen Augen, die bei aller Unberührtheit wissend geworden waren, durch die Kriege auf dem Lande und die Kämpfe in ihrer Seele. Ihre Zofe, Gazireh, eine Türkin, mochte Donna Elena sich damals von Korfu mitgebracht haben. Die Sekretäre lächelten zurückhaltend. Man erzählte sich viel von der Wut des Generalkapitäns Andrea Pisani gegen den Feldmarschall, aber die jungen Herren konnten es Monseigneur nachfühlen, daß er sein Herz an Elena Pisani verloren hatte, und die Frauen fühlten es Elena Pisani nach, daß sie ihr Herz verloren hatte an Monseigneur.
Unruhig ging Elena des Morgens an Deck auf und ab. Sie wechselte ein paar Worte mit Herren aus dem Gefolge ihres Oheims; sie scherzte mit der blassen Clara Venier, der üppigen Clelia Cornaro oder der frühreifen Agostina Sagradò. — Das Mittagsmahl nahm sie zusammen mit ihrem Oheim auf dem Admiralsdeck unter dem großen Sonnensegel, in welches von kunsterfahrenen Frauen ein riesiger Markuslöwe gewebt war. Artig antwortete sie auf die Fragen des Oheims, der sich

erkundigte, ob Schulenburg sie am Ufer erwarten würde. „Wenn ihn nichts Dringliches abhält, wird er es bestimmt tun — er ist viel zu gut erzogen, als daß er das unterlassen würde", erwiderte sie, während sie den Fisch zerlegte. Daß sie von Gazireh längst erfahren hatte, Monseigneur würde zur Einweihung des Denkmals nicht anwesend sein, behielt sie für sich.
So erstaunte sie nicht, daß der Marschall nicht am Ufer wartete, als eines Morgens die „Gloria" mit einer wundervollen Schleife am Manducchio, dem Hafen der Stadt Korfu, anlegte. Noch rollte über die Meere des Odysseus das Echo der Salutschüsse von der alten und der neuen Festung. Sie grüßten die Flagge des Dogen, welche über der seines Stellvertreters, des großen Alvise, in der durchsichtigen Luft flatterte. Die Brücke wurde an den Kai geschoben; Sala, begleitet von Straticò, kam an Bord und begrüßte den Prokurator. „Der Feldmarschall läßt sein tiefes Bedauern aussprechen; er kann Euer Exzellenz aber nicht persönlich empfangen, wie er auch morgen nicht an den Einweihungsfeierlichkeiten seines Denkmals teilnehmen kann, weil dringliche militärische Dinge seine Anwesenheit an der albanischen Küste fordern."
Natürlich ließ der große Alvise sich durch diesen wohlgeformten Satz nicht täuschen. ‚Wenn Freund Schulenburg aus militärischen Gründen der Feier fernbliebe, würde er seinen Generaladjutanten mitgenommen haben', dachte er und ließ seine Blicke kritisch über das glatte und ausdruckslose Antlitz Straticòs schweifen. ‚Unser großer bescheidener Freund wird der Feier nicht aus militärischen, sondern aus Gründen des guten Geschmacks fernbleiben wollen.' Das verstand der Prokurator trotz seiner persönlichen Eitelkeit; er setzte seinen Erwägungen in Gedanken sogar noch hinzu: ‚Diese Art der Ehrung birgt eben doch noch einige barbarische Überreste in sich.'
Aus dem Schatten eines Kabinenaufbaues beobachtete Gazireh die Begrüßung zwischen Elena und Sala. Sala errötete tief, weil Elenas Ankunft ihm überraschend kam, und sein Gesicht strahlte wie das eines beglückten Knaben. Elena dagegen erblaßte. Zwar

erblaßte sie kaum merklich, aber über ihr Antlitz huschten feine, zarte Bewegungen, ähnlich denen, welche der sonnenwarme Morgenwind auf dem glatten Meere aufzucken läßt. Denn Elena dachte an das, was Salas Schwester Clema ihr von ihrem Bruder Pietro berichtet hatte, von der Anhänglichkeit Salas und von seiner zarten Neigung zu ihr, der Feuer-Pisani. Clema erzählte damals, heiter lachend und schwatzend, ganz nebenbei von dieser Liebe ihres Bruders, gleichsam, als ob sie Elena zum Spießgesellen machen wollte, einem weiblichen Spießgesellen, mit welchem sie über die Liebe des Mannes im allgemeinen spötteln konnte. Aber tief in ihrem gütigen Herzen lebte der Wille, der Freundin den Bruder nahezubringen und deren Phantasie auf ihn zu lenken. Clema verfügte über ein gut Teil Frauenklugheit; als sie Elena die Bilder der Vorfahren in Pietros Zimmer zeigte, wies sie wie nebenbei auf ein Bündel von Papieren, welches auf Salas Schreibtisch lag. Dieses Bündel trug die Aufschrift: „Korfu". Dann entschuldigte sich Clema mit hausfraulichen Sorgen und verließ das Zimmer. Sie hatte richtig gerechnet. denn Elena griff, getrieben von dem Zauberwort ‚Korfu', allen Bedenken zum Trotz nach Salas Aufzeichnungen. Das erste Blatt, welches sie dem Bündel entnahm, enthielt ein Gedicht. Das bedeutete an sich nichts Besonderes, denn damals dichtete jeder Venezianer, und Venedig war voll von Sonetten und Ritornellen. Dennoch las Elena das Gedicht „An Diana" mit einem heftig bewegten Herzen, weil sie wußte, daß es nur ihr gelten konnte. Sie las das Gedicht zweimal; am Ende murmelte sie die klingenden Worte vor sich her, bis sie in ihr lebendig blieben. Auch jetzt, während Sala ihre Hand etwas länger hielt, als es üblich war, klangen in ihr diese Verse, weich und gleichmäßig wie der Schlag der Wogen an der Küste von Korfu.

    Es warf des Schöpfers Hand die Sterne
    Als Saat der Liebe in die Nacht.
    Ich hätte dir, Geliebte, gerne
    Den schönsten Sternenstrauß gebracht.

Ich legte lächelnd sein Gefunkel
Leicht in dein feuerlichtes Haar,
Als Gruß der Liebe aus dem Dunkel,
Das gestern noch die Sonne war.

Nun geht der Geist entfernte Wege,
Die sinnend wir geschritten sind —
Und alle Träume, die ich hege,
Umflattern dich als Blütenwind.
Ich spüre neben mir dein Schreiten,
Du wiegst dich hold in jedem Schritt,
Und alle deine Wesenheiten,
Sie gehen gütig mit uns mit.

Warum nicht du, du selbst, mein Leben,
Streckst deine schöne, weiche Hand
In meine als ein Reisesegen,
Als deiner Liebe Unterpfand?
Ich kann so viel und nichts begreifen —
Mein Blut, mein Sehnen drängt zu dir.
Ich fühle unsere Sterne reifen,
Und bete: Liebste, bleibe mir!

Mit dem Klang dieser Verse im Ohr fragte sie jedoch sofort nach Monseigneur und war erst beruhigt, als Sala ihr die Versicherung gab, der Marschall sei gesund, hätte aber seine besonderen Gründe, an der morgigen Feier nicht teilzunehmen.

Der Einzug der Patrizier in die Stadt Korfu vollzog sich prunkvoll. Dem Zuge voran schritten Pfeifer und Kammerherren; dem großen Alvise als dem Vertreter des Dogen vorangetragen wurde ein goldener Faltstuhl, während über dem Prokurator ein mächtiger goldener Schirm entfaltet wurde. Die Zurufe und der Jubel der Bevölkerung galten jedoch, wie Alvise für sich feststellte, durchaus nicht nur ihm, sondern weitaus mehr dem „Leutnant Pisani", dessen Gegenwart sich bereits herumgesprochen hatte, und dessen zierliche Persönlichkeit in einem Mythus aufzugehen begann, welcher unter den vielen Mythen Korfus seinen Platz finden und nicht mehr erlöschen sollte.

Milde und großartig betrat der Prokurator, die Ehrenposten des Regiments Schulenburg freundlich grüßend, den kleinen Palast, welchen man für ihn in der Nähe des Palazzo Doxaras bereitgestellt hatte. „As so'n Kordinal!" murmelte einer der Emdener dem anderen zu und grinste in sich hinein, während Alvise Elena in den Palast geleitete. In ihrem Zimmer lehnte sie das Haupt gegen die Mittelsäule des Fensters und sah hinaus auf die Stadt, von deren Mitte aus Hauptmann David Semo den großen Neuaufbau der Stadt leitete. David war der rechte Mann dazu, denn in seinem Hirn formten sich die Häuser bereits, bevor sie nur begonnen waren, und im übrigen verstand er zu rechnen.

3

Der Sommermorgen, an welchem die Einweihung des Denkmals stattfinden sollte, ließ seine lange Feuerschleppe über die Insel gleiten. Mit einem seidenen Tuch tupfte sich der große Alvise die Stirn, als er in der pfauengrauen Toga der Prokuratoren von San Marco unter dem goldenen Schirm, welchen ein Kammerherr über seinem Haupte hielt, durch die Volksmenge zur Denkmalsenthüllung schritt. Elena ging in einem leichten Sommerkleide an seiner linken Seite. Innerlich freute sie sich, daß einer von den Herren des Senates einmal persönlich erlebte, unter welchem Himmelsfeuer die Belagerung von Korfu stattgefunden hatte. Nach einer Weile setzte sie noch hinzu: „Dazu flammte noch die Erde im Feuer der Geschütze und dem der brennenden Häuser." Der Zug gelangte über die Grabenbrücke auf den Platz unter der alten Festung, wo im Schatten der Mauer für den Prokurator ein Halbthron errichtet war. Der Kommandant der Festung, Graf Adelmann, meldete dem Vertreter des Dogen, bevor dieser sich noch gesetzt hatte, mit halblauter Stimme die Abordnungen der Regimenter, welche längs

der hohen Felsmauer unter dem Pulvermagazin aufgestellt waren. Dann verneigten sich vor dem Prokurator der Abt des Klosters vom Heiligen Spiridon, mit dem riesigen Bruder Beatus an seiner Seite, der die Uniform der venezianischen Hauptleute trug, sowie der Rabbiner Benjamin Semo, dessen Sohn David ebenfalls die venezianische Hauptmannsuniform angelegt hatte. Unter der Felsmauer der alten Festung erhob sich das Denkmal des Marschalls, das in den letzten Wochen von Moser und seiner Armee hier aufgestellt war. Noch hingen schlaff die großen Wappentücher mit dem Markuslöwen vor Cabiancas schönem Barockwerk; sie sollten erst auf einen Wink des großen Alvise fallen. Vorerst aber erschienen noch die Patrizier Venedigs, welche Korfu zusammen mit Schulenburg verteidigt hatten, in feierlichem Aufzuge: der Provveditore Antonio Loredan, der überzeugt gewesen war, daß das Felsmassiv, welches ihm jetzt Schatten spendete, sein Grab werden würde; der heitere, skeptische Da Riva, der Befehlshaber der so schwer umkämpften Zitadelle, der seinen Sarkasmus selbst dem Tode gegenüber nicht verloren hatte; der wüste und düstere spanische Platzkommandant Galleazzi, welcher sich den Patriziern anschloß, weil das seinem Range in Spanien entspräche. Galleazzi versuchte sogar, Elena beiseite zu drängen, um der eigentlichen Quelle der Macht, dem großen Alvise, möglichst nahe zu sein. Elena sah ihn jedoch funkelnd an und befahl halblaut: „Sie wissen wohl nicht, wer ich bin? Treten Sie zurück!" Erschrocken trat Galleazzi auch zurück; halb verärgert und halb verlegen wandte er sich leise an Da Riva: „Wer ist denn dieses kecke junge Mädchen?"
Da Riva zog den Lukulluskopf in die Schultern ein und tat erschrocken. „Das wissen Sie nicht? Ich bitte Sie, kennen Sie denn den Leutnant Pisani nicht?" Galleazzi zuckte zusammen. „Ach so..."
‚Spanischer Esel', dachte Da Riva verächtlich.
Die Feier begann. Zunächst spielte die Musik einen Marsch. Dann hielt Alvise eine kurze Ansprache. Seine wundervolle,

einschmeichelnde Stimme war bis in alle Winkel des Felsenplatzes vernehmbar. Alvise sparte nicht mit Lobsprüchen für Loredan, Da Riva, Galleazzi, für Sala, Moser und Jaeger, für die Truppen, die venezianischen und die fremden — vor allem aber für die beiden abwesenden Oberführer, den Generalkapitän Andrea Pisani und den Feldmarschall.

„Die Pflicht hat unseren Helden Schulenburg an seinem eigentlichen Ehrentag hinüber nach Albanien geführt, weil er es für nötig hielt, dort nach dem Rechten zu sehen. Allein eine solche vorbildliche Auffassung der Pflicht würde es rechtfertigen, daß wir sein Abbild späteren Geschlechtern erhalten. Was er aber Großes getan hat, darüber weiß jeder von uns Bescheid. Er hat Italien und Deutschland vor einem Angriff der Türken, die Stadt Venedig aber vor dem Untergang gerettet. Das danken wir dir, Johann Matthias von der Schulenburg, und deshalb soll dein Denkmal noch späteren Zeiten von deiner Tapferkeit, deinem Ruhm und deinen Verdiensten künden."

Lässig gab der Prokurator einen Wink; die Hand im Brokathandschuh, welche das seidene Tuch hielt, zitterte wie ein fremdländischer Vogel durch die Luft. Die Musik setzte mit einem neuen Marsch ein, und die hoch in den Felsen eingebauten Batterien begannen mit dem Ehrensalut. Vier an den Eckpfosten der Denkmalsverkleidung stehende Soldaten ließen die Wappenhülle sinken, und legten die Holzpfeiler nieder.

Auf steilem Unterbau von weißem Marmor stieg im schönen barocken Schwung der gekehlte Sockel auf, dessen drei Seiten mit Trophäen, dessen vierte Seite aber, dem großen Alvise zu, mit einem lorbeerumkränzten Medaillon geschmückt war. Dieses Medaillon trug die Huldigungsinschrift mit dem Zusatz „Adhuc viventi — dem noch Lebenden." Auf dem Sockel erhob sich über wuchtig profiliertem Zwischenbau die überlebensgroße Marmorstatue. Der Marschall war dargestellt in römischer Feldherrntracht mit hohen Soldatensandalen; Oberschenkel und Körper waren gepanzert; die Rechte spreizte den Marschallstab leicht vom Körper ab, während die Linke nach dem umgehängten Mantel griff, welcher über der Brust durch eine Spange zusammengehalten wurde. Das Haupt war mit einer mächtigen Allongeperücke bedeckt; der Blick des Marschalls ging ernst und forschend hinunter zum Hafen. Zu Füßen dieses Römers lag ein Kanonenrohr.

„Er wartet, daß Andrea Pisani ihm mit der großen Flotte zu Hilfe kommt", flüsterte der Prokurator dem General Sala zu, während er immer wieder das Denkmal betrachtete und wohlwollend nickte. Sala murmelte leise zurück: „Möge das Denkmal so lange stehen, bis Pisani die Güte hat, zu kommen."

Dann marschierte die Armee Mosers an. Voran zog eine türkische Janitscharenmusik; ihr folgten die rotgekleideten Soldaten, welche eroberte türkische Feldzeichen, Fahnen und Roßschweife zu Füßen des Denkmals niederlegten. Zum Schluß lehnte der große Alvise einen mächtigen Lorbeerkranz zwischen die Feldzeichen an den Sockel des Denkmals.

Hoch oben am Felsrand der Poterne, dort, wo Gestrüpp und Gebüsch die Klarheit der Befestigungslinie maskierten, hockte während der Feier eine Türkin. Zuweilen sah sie auf das Saphirmeer hinaus und beobachtete ein Segelboot, welches der Insel der Nonne entgegenstrebte; zuweilen aber sah sie erstaunt hinab in den halben Felskessel zu ihren Füßen, aus welchem Musik empordonnerte und zerrissene Worte wie die Rufe Ertrinkender in die Luft stiegen. Sie beobachtete, wie später die Pfeifer abmarschierten, der goldene Stuhl und der Brokatschirm ihnen folgten und Elena Pisani im hellblauen Kleid neben dem Schirm einherschritt. Sie sah von oben viele Perücken, viel Wirrnis bunter Uniformen und Kleider, sah, daß Mosers rote Armee mit Fahnen und Roßschweifen wieder davonzog und die Menge sich langsam verlor. Nur die Glocken von San Spiridon zwitscherten noch über den Platz wie junge Schwalben.

Das Denkmal stand allein in der Mittagshitze; die weiterwandernde Sonne warf ihre erbarmungslosen Strahlen das erste Mal auf das Bildnis des Verteidigers von Korfu und ließ die

ernsten Züge des Helden durch die Verschiebung von Licht und Schatten sich fast bitter zusammenziehen.
Die Türkin sah diesem Spiel des Lichtes fast neugierig zu. Wirklich, die Gewalten des Lichtes und des Schattens spielten mit dem Sieger von Korfu. Nun zog die Schattengewalt um den Mund des steinernen Römers dort unten sogar ein häßliches Grinsen, ähnlich dem der Leichen im Vorjahr, die draußen vor der Festung aufgeschwollen waren in der satanischen Hitze und dann in Erdlöcher oder ins Meer versenkt wurden.
Gazireh drehte einen Grashalm um ihren linken Zeigefinger und lachte leise vor sich hin.

4

Um den Einweihungsfeierlichkeiten seines Denkmals zu entgehen, hatte Matthias die letzten Tage in der Nähe von Butrinto verbracht. Zwar war Butrinto im venezianischen Besitz, jedoch erschien dieser Ausflug der Begleitung des Marschalls als nicht ganz ungefährlich, weil türkische Reiter die Küste abstreiften. Aber Matthias ließ sich von seinem Plan nicht abbringen. Ein flaches Segelboot führte ihn in eine schilfbestandene Bucht bei Butrinto, in welcher er und Hektor das Fahrzeug verließen und als Jäger an der Küste entlang wanderten. Sie schossen ein paar Enten, übernachteten in einem ländlichen Gasthaus und ließen sich am folgenden Tage wieder von dem Segelboot aufnehmen. Dann nahm das Boot auf Anordnung des Marschalls seinen Kurs auf die Insel der Nonne, der Madonna in Blachernis.
Während das Segelboot rasch durch flüssiges Lapislazuli glitt und weiße Wunden hineinriß, die unter dem Glanz der Griechensonne bald wieder heilten, dachte Matthias daran, daß sie jetzt drüben in Korfu sein Denkmal für seinen Nachruhm enthüllten, zu Füßen der „Koryphäen", als eine Puppe des großen himmlischen Puppenspielers.

Von der alten Festung dröhnte der Donner der Geschütze; Albaniens Berge rollten den Gruß gegen den Pantokrator, den höchsten Gipfel von Korfu, welcher ihn wieder zurückstieß, so daß er hin und her geworfen wurde und nur langsam über den Meeren des Odysseus verging. Jetzt fiel der Vorhang vor seinem Denkmal. Gottes Puppe zeigte sich vor der ganzen Welt ... Wird Gott es ihm überhaupt verzeihen, daß er in die Errichtung dieses Denkmals gewilligt hat? Gott läßt sich nicht spotten; er wird das Denkmal zerschlagen.

Matthias legte die Hand an die Stirn. Was hatte die Türkin, die Gazireh, berichtet? Der Kaiser führte den Dolchstoß gegen das werdende Adriareich — Eugen ließ es geschehen — ja, beide ließen es geschehen, daß die spanische Flotte, die den Kampf gegen die Türken führen sollte, statt dessen die italienische Insel Sardinien wegnahm ...

Und das Adriareich?

Ein Traum.

Und Elena Pisani?

Gott gab deutlich seine Antwort durch den Kaiser und den Kardinalminister Alberoni. Der Halbmond, von welchem er, Matthias, sich den Siegeskranz holen wollte, versank mit diesem Kranze allzu rasch in den Meeren der Odyssee ...

Sollte er Elena Pisani für immer lassen? Wollte Gott ihn zurückleiten zu der einst über alles geliebten Frau, zu Aimée Mocenigo? Noch sah er nicht klar, aber ein tiefes Gefühl trieb ihn zu Aimée; er wollte sie sehen, wollte mit ihr sprechen, ihre Gegenwart empfinden als das Sichere und Feste.

„Wir sind in wenigen Minuten bei der Insel angelangt", meldete Hektor halblaut, als er sah, daß der Marschall die Hand immer noch vor den Augen hielt. Langsam hob Matthias den Blick; Hektor erschrak vor seinem unheimlichen Glanz. Er kannte Stunden am Meer, in denen die Flut in einem ähnlichen Glanz erzitterte, bevor der Orkan den Ozean in seinen tiefsten Tiefen aufwühlte.

„War es denn das letzte Mal, als wir hier waren, auch schon so?" fragte Matthias und wies auf eine breite Marmortreppe, welche vom Wasser hinauf zur Kirche führte.
Hektor schüttelte den Kopf. „Das letzte Mal haben wir da drüben unter dem hängenden Buschwerk angelegt. Die Treppe ist neu. Und auch die Fassade der Kirche ist erneuert worden. Die Nonne scheint geerbt zu haben", lachte er.
In schönem Bogen fuhr das Segelboot vor der Treppe vor. Hektor sprang auf die untere Stufe und reichte dem Marschall die Hand. Ganz langsam stieg Matthias die weißen, sonnensatten Stufen hinauf. Er zog die Füße Stufe für Stufe empor, so langsam, daß Hektor ihm erstaunt nachsah.
Vor der Kirche blieb er stehen, wandte sich dann aber dem Häuschen zu. Die Nonne war im Garten beschäftigt; zum Schutze gegen die Sonnenstrahlen trug sie einen großen Strohhut; sie erntete schwere Pfirsiche von breiten, niedrigen Bäumen. Als ihre Gartentür in den Angeln quietschte und ein Jäger ihr Grundstück betrat, ging sie ihm freundlich entgegen.
Matthias verneigte sich. „Verzeihen Sie, Schwester Anastasia, wenn ich hier bei Ihnen eindringe. Ich bin der Feldmarschall Schulenburg..."
„Oh!" Rasch setzte die Schwester ihre Schale mit Früchten, welche sie gegen die Hüfte gestemmt hatte, auf die niedrige Steinmauer; ihre Augen leuchteten. „Ich bin glücklich, Sie persönlich kennenzulernen, Exzellenz. Seit dem Tode des Peloponnesiacus hat Venedig keinen Feldherrn mehr gehabt. Sie sind der erste nach ihm."
Matthias schob den grünen Dreispitz, welchen er während der Worte hochgehoben hatte, unter den linken Arm. „Ich danke Ihnen, Schwester", entgegnete er, „ich weiß, was eine solche Anerkennung aus Ihrem Munde bedeutet. Aber ich komme zu Ihnen, um meine alte Freundin zu besuchen; ich hoffe, daß ich nicht störe..."

Für einen Augenblick sah die Nonne dem Soldaten starr in die Augen; dann aber neigte sie das Haupt, blickte auf ihre verarbeiteten Hände und murmelte: „Welche Freundin?"
„Nun", erwiderte Matthias ein wenig beunruhigt, „die Gräfin della Torre Mocenigo, die ja hier bei Ihnen Aufenthalt genommen hat."
Ganz langsam trat die Nonne ein paar Schritte vor. „Sie — hatte hier Aufenthalt genommen, Graf."
„Wo ist sie jetzt?" Der Ausdruck einer großen Enttäuschung ging über seine Züge.
Schwester Anastasia neigte das Haupt. „Kommen Sie", entgegnete sie stimmlos und führte den Gast durch niedrige Taxusgänge an das Ende des Gärtchens. „Dort... war sie", fuhr sie fort und wies auf die Gräber, deren eines in sich zusammengesunken, deren anderes aber geöffnet und leer war. Die Sonne gab den trockenen Erdhügeln einen unheimlichen, fast feurigen Glanz.
Der Mann griff tastend hinter sich an die Steinmauer. „Sie ist tot?"
„Ja", entgegnete Schwester Anastasia und sah den Marschall fest an.
„Wann ist sie gestorben?"
„Am Abend, an dem sie hierherkam."
„Woran?"
„An... sie hat selbst sterben wollen. Vor kurzem hat Exzellenz Nani die Leiche geholt, um sie in Venedig beizusetzen."
Ganz leise trat die Frau an Matthias heran. „Enthüllt man nicht heute Ihr Denkmal in Korfu?"
Matthias schwieg. Leise fragte die Nonne weiter: „Und Sie sind dem entgangen?" Wieder schwieg der Mann. Daraufhin nahm die Schwester den Erstarrten sacht beim Arm. „Kommen Sie hinein in meine Zelle. Sie werden auf dem Platz sitzen, auf welchem Aimée saß; Sie werden aus ihrem Glase von dem gleichen Wein trinken, von dem sie getrunken hat. Ich weiß,

wie schwer es ist, wenn es nicht einmal ein Grab gibt, an dem man weinen kann. Kommen Sie."
Als er an dem Holztisch Platz genommen hatte, schob die Schwester dem Marschall ein Glas Wein zu. Sie zerlegte für ihn ein Brot, das Matthias achtlos aß, während er mit seinem inneren Auge die Medusen in seinem Hirn auf und ab tanzen sah. Sie breiteten sich aus; sie glichen dem bunten Goldschirm des Dogen, aber sie fielen wieder zusammen, und alles wurde Meer...
Das Adriareich... die Liebe zu Elena... Aimée...
Sehr sanft berührte die Hand der Schwester Foscari die seine. „Große Männer, welche planen, bevölkern ihre erträumten Welten mit vielen Individuen, deren Schicksale sie erleiden, eines wie das andere, selbst dann, wenn auch ihre Traumreiche nie Wirklichkeiten werden. Sie leiden wie Kinder unter dem Schicksal ihrer Märchenhelden; Sie, Graf, haben genau wie der große Doge Morosini die Schicksale aller Helden des von Ihnen geträumten Weltmärchens zu erleiden."
Matthias sah der Nonne in die Augen; dann hob er das Glas mit dem schweren Wein von Gasturi. „Ich hätte so gern noch mit ihr zwei Worte getauscht", murmelte er.
Anastasia entgegnete nachdenklich: „Ich könnte Ihnen einiges von dem berichten, Graf, was Donna Aimée mir hier noch gesagt hat. Es würde sich dabei aber doch um nichts weiter handeln als um die einzige große Erklärung ihrer Liebe zu Ihnen. Nun, was diese große Seele zu fühlen vermochte, wissen Sie besser als ich." Während Matthias vor sich hinstarrte, fuhr die Nonne halblaut fort: „Sie haben gesehen, daß wir die Insel verschönern konnten. Das danken wir einer Reihe ihrer berühmten Perlen, welche sie mir zu diesem Zweck überreichte. Bei dieser Gelegenheit erzählte sie mir von einem Besuch beim Rabbi Benjamin Semo in Korfu, welchem sie diese Perlen als Pfand angeboten hatte..."
„Als Pfand, wofür?"

„Für Zahlungen an die Juden von Korfu, die Material und Lebensmittel für die Truppen in die belagerte Festung geschafft hatten."
Matthias stützte den Kopf in die Hände. Dann stöhnte er auf. „Dafür hat Aimée gesorgt?"
„Ich nehme es an. Aber lassen Sie doch den Rabbi zu sich kommen. Rabbi Semo ist ein kluger, ja, bedeutender Mann. Er wird einen Einblick in die Kämpfe dieser großen Seele gewonnen haben. Sicher aber wird er Ihnen berichten können, welche Gedanken die Gräfin kurz vor ihrem Tode noch beschäftigten."
Matthias zog den linken Fuß, welchen er weit weggestellt hatte, unsicher an sich heran und erhob sich langsam. Nicht, daß seine Körperkraft versagt hätte — aber nachdem das leere Grab dort draußen zu ihm gesprochen hatte und ihm nur Wein und Brot als Sinnbilder der Verehrung geblieben waren, glich seine Seele dem Meer. So war auch in seine Bewegungen etwas Schleppendes gekommen, als ob er unter Wasser dahinwanderte. Und so schritt er, begleitet von der Nonne, durch den halbbesonnten Garten. An der Pforte pflückte sie einen Strauß scharf duftender Kräuter, welchen sie Matthias überreichte. „Das ist der letzte Duft, den Donna Aimée in sich aufgesogen hat", sagte sie leise.
Matthias nahm den Strauß fest in die Linke. Dann reichte er der Schwester die Hand und stieg tastend hinab zum Segelboot. Er ließ den Kurs auf die alte Festung nehmen. Wie abwesend sah er vor sich hin, unberührt von Glanz und Farbe, womit die Berge von Albanien ihn lockten. ‚Greif doch nach uns', schienen sie zu rufen, ‚halte uns fest! Wir sind die natürlichen Grenzen des Adriareiches'... Die Berge wußten nichts von den Plänen des ausgetrockneten Kaisers mit der großen Hornbrille, der ängstlich horchte, ob alles, was Savoyen hieß, nicht zu mächtig wurde; sie wußten nichts von den Plänen des Kardinalkochs in Madrid, welcher Ludwig XV. auf dessen Bitte durch den

französischen Botschafter ein Rezept "Canard à l'Alberoni" hatte überreichen lassen; entknöchelte Ente mit einer Farce von Oliven, Entenleber, Speck und Trauben, an mildem Feuer gebraten. „Aber am Braten liegt es", hatte der Kardinal dem Botschafter mit verzweifelt zuckenden Gesichtsmuskeln erklärt, „diese elenden Brater in den Küchen unserer Großen! Wenn ich nicht eines Tages selbst dem allerchristlichsten König diese Ente zubereite, kann er nie einen entscheidenden Eindruck von meiner Wesensart erhalten."

Kurz vor der alten Festung ließ der Kapitän des Bootes die Segel streichen und das Fahrzeug, welches am Fockmast die Standarte des Marschalls trug, in den Festungsgraben hineingleiten. Ein paar Ruderschläge brachten es bis an die Brücke, welche die Stadt mit der Poterne der alten Festung verband. Neben der Brücke führten einige Stufen zu dem felsüberragten Platz hinauf.

Matthias stieg, als ob er immer noch auf dem Grund des Meeres dahinwandelte, die Stufen empor und sah plötzlich sein eigenes Denkmal vor sich. Dort oben stand er als Römer, den Blick ernst und besorgt zum Hafen gewandt, losgelöst von der Zeit, gekleidet und gerüstet wie jene, welche damals beim Aktium gekämpft hatten. Das war lange her.

Der schlanke, große Jäger nickte vor sich hin. Er winkte Hektor und der Besatzung des Seglers, um mit ihnen zusammen rasch über die mittagsleere Uferpromenade zu schreiten, dem Palazzo Doxaras zu. Die Posten präsentierten; Karl empfing den Marschall am Portal. „Exzellenz Alvise Pisani erwartet Monseigneur auf alle Fälle heute abend um Neun zum Essen."

Matthias seufzte. „Gut, wenn es sein muß. — Vorher will ich den Rabbi sprechen. Ich lasse ihn um fünf Uhr zu mir bitten. Während dieses Besuches will ich auf keinen Fall gestört werden."

5

Als Rabbi Benjamin den Palazzo Doxaras betrat, wartete Karl bereits in der Halle, um ihn in den ersten Stock zu geleiten. Dort kam ihm Matthias bis zur Treppe entgegen; der Rabbi verneigte sich mit gekreuzten Armen, betrat mit dem Marschall dessen Arbeitszimmer, schüttelte aber das Haupt, als Matthias ihm einen Platz anbot. „Lassen Sie mich, Monseigneur", entgegnete er, „den sitzenden Menschen überfallen die Gedanken, der stehende bezwingt sie."

Matthias lächelte. „Aber seien Sie mir nicht böse, wenn ich mich setze; denn ich bin redlich müde." Rabbi Benjamin nickte, und Matthias fuhr fort: „Heute hörte ich durch Zufall, daß die verstorbene Gräfin Mocenigo della Torre Ihnen eine Perlenreihe als Pfand anbot für Lieferungen, welche die Juden von Korfu während der Belagerung in die Stadt geschafft haben. Das Verdienst der Judenschaft ist unbestritten, ich habe es auch in meinen Berichten an den Senat von Venedig betont. Ohne die Juden von Korfu wäre die Verteidigung der Festung nicht möglich gewesen; ohne sie wäre Italien von den Türken überschwemmt, Venedig vernichtet und Eugen in der Flanke angegriffen worden." Der Marschall sah zum Fenster hinaus und folgte dem farbigen Wechselspiel der Wolken, die sich auf dem Gipfel des Pantokrators zusammengezogen hatten. „Daher möchte ich wissen, ob die Judenschaft alle Zahlungen erhalten hat, welche ihr von Rechts wegen zustehen."

Der Rabbi, der sich mit dem Rücken gegen die Wand gestellt hatte, faßte, wie er zu tun liebte, in seinen langen, weißen Bart. „Die Frau Gräfin hatte die Perlen als Pfand angeboten; ich habe das Pfand zurückgewiesen, weil mir ein Schein der Frau Gräfin genügte. Durch die späteren Bemühungen der Donna Elena Pisani hat die Judenschaft von Korfu ihr Geld sogar bevorzugt zurückerhalten. Den Schein der Frau Gräfin habe ich Donna Elena zurückgegeben. Wir danken Euer Exzellenz für die

schönen Worte, welche Sie für die Juden von Korfu gefunden haben."
„Können Sie mir berichten, was die Gräfin sonst noch mit Ihnen besprochen hat?" Er setzte dieser Frage sofort hinzu: „Meine Bitte ist rein persönlicher Natur. Ich wüßte es gern, weil die Gräfin mir nahestand und ihr Tod, von welchem ich erst heute Kenntnis erhielt, mich tief erschüttert."
Während der Rabbi die Ärmel seines Gewandes ineinander zog, so daß der samtbesetzte Kaftan die Hände bedeckte, entgegnete er: „Exzellenz, damals habe ich der Frau Gräfin das Gleiche gesagt, was ich Ihnen jetzt sagen werde: ‚Wir Rabbiner hören viel von Menschenleid, und das Leid der Christen ist nicht anders als das der Juden.'" Nach einer Zeit fuhr er fort: „Zunächst sprach die Frau Gräfin von Venedig, vom Adriareich — sie sprach davon, daß sie dafür alle ihre Kräfte einsetzen müsse. Sehr bald aber fühlte ich, daß es bei ihr noch um etwas anderes ging als nur um das Adriareich. Des Menschen Seele ist tiefer als die Adria. Auf dem Grunde ihrer Seele lauerte ein Ungeheuer, welches sie quälte, eine Sünde, die sie vor vielen Jahren begangen hatte. Aber diese Sünde stieg wie so ein Ungeheuer des Meeres plötzlich empor in die Welt des Lichtes und richtete dort furchtbare Schäden an."
Rasch flog ein Blick des Marschalls zu dem Rabbi hinüber. Dann ging Matthias auf ihn zu: „Aimée — auch?"
„Auch", wiederholte Rabbi Semo. „Monseigneur, man weiß, daß Ihre Liebe sich von der Gräfin della Torre abgewandt und einem jüngeren Menschen zugewandt hat. Ich weiß, daß die Gräfin das als eine Strafe des Schicksals für jene uns unbekannte Schuld genommen hat. Sie erkannte diese Strafe als gerechtfertigt an, aber ihr Stolz ließ sie eine Strafe nicht ertragen. Deshalb ging sie davon."
Matthias lehnte sich gegen die Wand. Er schien plötzlich um zwanzig Jahre gealtert. „Rabbi", sagte er, „auch ich beging vor vielen Jahren eine große Schuld; ich kämpfte gegen ein kleines tapferes Bergvolk meines eignen Glaubens, ein Volk, das seit

Jahrhunderten gequält, gehetzt und gefoltert wird, dessen Blut in Bächen das Aostatal hinabgeflossen ist, weil es nicht von seinem Glauben lassen wollte. Ich kämpfte, weil ich meinem Dienstherrn, dem Herzog von Savoyen, einen Eid geleistet hatte. Nach einiger Zeit jedoch erkannte ich meine Sünde und weigerte mich, weiter gegen diese Helden zu kämpfen. Der Herzog beschimpfte mich, weil mein Endsieg dicht vor der Türe stand. Ich aber antwortete ihm, meine Sünde sei bereits groß genug, und ich wolle nicht noch weitere Sünden auf mich laden. So verließ ich den Dienst des Hauses Savoyen und trat in den Dienst des Oraniers." Er führte die Hand an die Stirn. „Aber mit diesem Sieg über die Waldenser hatte ich eines verscherzt, wonach sich mein Herz verzweifelt sehnt: den Nachruhm. Kein Plutarch wird meine Taten künden; die Denkmäler, welche sie mir errichten, werden meinen Namen nicht in spätere Zeiten hinüberretten; die Lieder, die man heute auf mich singt, werden vergessen sein. Ich weiß es und bin bereit, Gottes Willen ohne Murren zu ertragen. Aber ich wandte mich an Gottes Güte und bat ihn um etwas Schönheit. Da sandte mir Gott die Elena Pisani, die Feuer-Pisani, welche mir als das Schönste erschien, das mir in meinem ganzen großen Leben begegnete. Nur wollte ich mich nicht noch einmal gegen Gott vergehen: nicht i c h. G o t t sollte entscheiden, ob ich dieser Schönheit würdig sei. Rabbi, ich habe Elena nicht berührt; erst nach vollendetem Werk, wenn das Adriareich fest stünde, erst dann wollte ich diese Schönheit nach dem Willen Gottes entgegennehmen. Heute weiß ich, daß das Adriareich nie erstehen wird, daß der Kaiser, der Kardinal und Eugen es töten werden, bevor es das Licht dieser Welt erblickt hat. — Und damit, Rabbi, bleibt auch mein Werk Stückwerk, und die Schönheit, welche ich von Gott erbat, ist nach seinem Willen nicht für mich bestimmt. So, Rabbi, erleide ich das gleiche Schicksal, wie es die Gräfin Aimée Mocenigo erlitten hat..."

Der Rabbi hatte das Haupt gesenkt und die Augen halb geschlossen. Ihn bewegte das Geständnis dieses seltsamen Mannes, welcher sich ihm gegenüber offenbarte, wie er sich kaum je einem anderen Menschen offenbart haben mochte. Aber er wußte noch mehr; er wußte von Verflechtungen, welche dem Marschall unbekannt geblieben waren. Er wußte, daß der Generalkapitän Andrea Pisani, wenngleich er früher selbst die adeligen Nonnen allzu stark in sein Nachtgebet eingeschlossen hatte, in wildem Haß auf Schulenburg das Zustandekommen des Adriareiches hinderte, weil er glaubte, der Marschall habe Elena Pisani zu seiner Geliebten gemacht. Endlich aber wußte der Rabbi noch, daß der Nachtherr Dolfin immer wieder neues Gift in die Seele des leicht empfänglichen Andrea Pisani streute. Er sollte weiter das Zustandekommen des Adriareiches hindern, damit die Dolfins in Ruhe ihre Geschäfte mit dem Westen machen konnten.

Weil Rabbi Benjamin mehr wußte, deshalb mußte er auch den Willen Gottes anders auslegen als Pisani und Schulenburg. Rabbi Benjamin sah, daß Gott Feindschaft wollte zwischen den beiden Männern, welche in gemeinsamer Arbeit das Adriareich noch hätten errichten können. Denn es sollte nicht errichtet werden, weil Venedig ein solches Reich nicht mehr verdiente, weil es den Anspruch auf Größe verspielt und verludert hatte.

Diese Erkenntnisse durfte der Rabbi dem erschütterten Mann, welcher sich unbeweglich gegen die Brokatwand lehnte, freilich nicht vermitteln, denn vielleicht bezog Gott grade dieses Nichtwissen des Marschalls in seine weiteren göttlichen Pläne ein. Nur auf eines durfte der Rabbi hinweisen: nämlich auf des Marschalls überhebliche Vorstellung, wonach dieser berechtigt sei, sich selbst den Siegespreis zu bestimmen. So begann er leise zu sprechen, während Matthias sich auf einen Stuhl setzte und vor sich hinstarrte. „Monseigneur", murmelte der Rabbi, „Sie sagten, Sie selbst hätten sich den Siegespreis Elena Pisani ausgesetzt, weil Elena schön sei. Glauben Sie wirklich, daß auch Gott Ihnen diesen Siegespreis ausgesetzt hat? Ich glaube es nicht, denn Gott gibt keinem Menschen einen anderen Menschen als Siegespreis. Gott gibt den Menschen die Sehnsucht in die

Herzen, aber dazu gibt er ihnen auch die Weisheit ihrer Jahre. Damals, als Sie die Gräfin Aimée Mocenigo an sich rissen, damals war Ihr gottgegebenes Anrecht auf einen jungen Menschen sehr viel größer als heute. Und zwar aus einem sehr einfachen Grunde: weil Sie selbst jung waren." Erschrocken sah Matthias auf. Seine Blicke irrten über die Bilder Bellinis, die im Abendglanz aufzuleuchten begannen. „So ist es, Exzellenz", fuhr Rabbi Benjamin ruhig fort, „dadurch, daß Gott die Jahre der Geburten bestimmt, legt er auch die Voraussetzungen fest, unter welchen sich die Menschen gehören sollen, und er gibt ihnen die Vernunft, um diese Voraussetzungen zu erkennen." Wieder schwieg der Rabbi, um nach einer Weile mitleidlos fortzufahren: „In der Tiefe haben Sie den Willen Gottes ganz richtig erfühlt, denn Sie selbst haben ja die Erfüllung hinausgeschoben, etwas, was Sie nie getan hätten, als Sie noch jung waren."

„Erst wollte ich das Adriareich gegründet haben", murmelte Matthias.

„Gut", nickte der Rabbi, „aber damals, als Sie die Gräfin Aimée an sich rissen, wollten Sie nicht erst die Waldenser besiegt haben. Es ist wohl begreiflich, daß Sie sich in Elena Pisani ein letztes Glück ersehnen, wie es begreiflich ist, daß das junge Mädchen in Ihnen den herrlichen und liebenswerten Helden sieht. Zudem hat der Krieg selbst Sie fest verbunden; Sie sind nicht nur Liebende, Sie sind auch Waffengefährten. Gott gab Ihnen dieses kostbare Menschenkind an die Seite, damit Sie, befeuert durch dessen Schönheit, Ihr großes Verteidigungswerk von Korfu leisten konnten. Das war ja die Aufgabe der Donna Elena, und sie hat sie erfüllt. Jetzt aber läßt Gott Sie deutlich erkennen, daß er sie beide nicht füreinander bestimmt hat, daß die Uhren Ihrer beider Leben allzu verschieden gehen; und wenn Ihre Stunden der Liebe auch die gleichen Zahlen tragen, so zählen bei Elena die Stunden des Morgens, bei Ihnen dagegen die Stunden des Abends. Diese Tatsache zwingt Ihnen beiden die Weisheit auf: Elena hat zu verzichten, Matthias aber hat zu entsagen."

Der Marschall atmete schwer. ‚Heiß ist der Sommer auf Korfu‘, dachte er, ‚wie herrlich glitzerte damals der Wiener Wald, die Eiskathedrale mit ihren durchglühten Fenstern, den in sich gefrorenen Buchenästen.‘ Er erinnerte sich des heiteren Freundeskreises im Forsthaus. Die Worte der Zigeunerin gingen ihm durch den Kopf, vom Lorbeer, welcher vor dem Blitz schützen sollte, und von der seltsamen Bemerkung über Elena: ‚Das wird Ihr Sohn‘ ...
Er erhob sich und verneigte sich vor dem Rabbi. „Den heutigen Tag werde ich Ihnen nie vergessen. Aber Sie werden es verstehen, daß ich jetzt allein zu sein wünsche."
Der Rabbi kreuzte die Arme, verneigte sich tief und ging leise davon.
Matthias sah aus dem Fenster und beobachtete, wie die Sonne sich langsam in ihr blutiges Sterben senkte. ‚Schön wäre so ein Sonnentod‘, dachte er, ‚in diesem Augenblick würde mir mein großer Vetter, Monseigneur der Tod, sogar ein willkommener Besuch sein.‘ Er nickte und sah hinüber nach Albanien, das im Abendrot aufflammte. ‚Dort werde ich die Scherben meines Werkes zusammensuchen. Vielleicht begegnet mir bei dieser Gelegenheit der hohe Herr sogar persönlich und nimmt mich freundlich bei der Hand.‘

SECHSTES KAPITEL

1

In den nächsten Tagen wurde der Marschall von seinen bitteren Gedanken abgelenkt durch die Gegenwart des großen Alvise. Man hatte alles vorbereitet, um den Aufenthalt des Prokurators in Korfu festlich zu begehen. Maultierrennen und Regatten, Entenjagden und Theatervorstellungen wechselten in bunter Folge ab. Die Opernkompanie, die grade die Einwohner von Cattaro bezauberte, wurde von Loredan nach Korfu geholt. Man gab die Opern „Odysseus" und „Kleopatra", rasch zusammengefügte Werkchen, welche dem Geist der Landschaft ihre Huldigung darbrachten und der Faustina Gelegenheit boten, stählerne Koloraturen in die heiße Sommerluft zu schicken. Bei all diesen Festlichkeiten war der Platz des Feldmarschalls links neben dem großen Alvise. Schräg hinter dem Marschall saß, die Knie übereinandergeschlagen, das schöne, runde Kinn in die Rechte gestützt, Elena Pisani. Nachdenklich musterte sie die Züge Monseigneurs. Sie beobachtete, ob eine Bewegung um seine Augen ging, als Faustina die Bühne betrat. Die Sängerin sparte nicht mit ihren Reizen. Als Kirke trug sie eine wundervolle, geschliffene Arie vor; diese Arie war von ihr bis zum letzten durchgefeilt und durchgearbeitet; bei ihrem Kostüm dagegen hatte sie sich mit Andeutungen begnügt. Elenas Blicke gingen hin und her, zwischen der genialen Frechheit dort auf der Bühne und der überlegenen Ruhe in dem großen Antlitz schräg vor ihr. Es beglückte sie, zu wissen, daß dieses besondere Geschöpf, das dort oben seine Koloraturen in die Welt schmetterte, die Seele ihres großen Freundes nicht berührte.

War es ein Zufall, daß Gazireh eines Morgens Elenas Uniform auf den Stühlen ausgebreitet hatte, daß Elena sich wieder in die Uniform kleidete und sich mittags bei dem Marschall zurückmeldete, weil ihr Wiener Dienst beendet sei? Der Marschall erwiderte: „Wir haben den Befehl, Zeit zu verlieren, liebes Kind. Wir werden versuchen, diese Zeit würdig zu verlieren und abzuwarten, was sich ereignet. Der Dianum-Kogia hat die unseren mit seiner Flotte verfolgt; dein Vater hat ihm bei Cap Matapan eine Schlacht geliefert, die zwar siegreich, aber leider doch nicht entscheidend war."
Elena errötete und sah vor sich auf den Fußboden, als ob sie mit schuld sei an den hinterhältigen Entschlüssen und halben Siegen ihres Vaters. Dann murmelte sie: „Giacomo hat schon immer gesagt, die Venezianer würden nicht mehr siegen, wenn sie nicht auch den neuen Schiffstyp, die Linienschiffe, statt der Galeeren übernehmen würden. Aber nicht einmal dazu kann sich der Senat noch entschließen."
Matthias spielte mit der Quaste seiner Feldbinde. „Mir bleibt nichts übrig, als mit dem Gegebenen zu rechnen, Elena. Der Oberstkommandierende in diesem Feldzug ist immer noch dein Vater. Ihm unterstehen Flotte und Landheer. Ich bin Kommandant der Landtruppen und stehe unter ihm. Dein Vater hält es für richtig, sich weiter mit der türkischen Flotte herumzuschlagen. Darüber vergißt er das Lebensnotwendige für Venedig: die Besetzung von Albanien und des Golfes von Arta." Nach seiner Gewohnheit wandte der Marschall sich wieder dem Fenster zu und sah hinaus auf das silbergraue Schicksalsmeer.
Noch am selben Abend trieb Elena den General Sala an, er möge auf der Goldgaleere des großen Alvise mit nach Venedig fahren und vom Senat den Befehl für die Eroberung Albaniens erwirken. „Sala", zitterte sie, während sie die Hände vor das

Antlitz des Freundes hob, „nur das, was wir haben, wird uns beim Friedensschluß bleiben."
„Das ist richtig", nickte Sala, während seine Blicke sich senkten, „und was habe ich beim Friedensschluß, das mir bleibt?"
Elena errötete und wandte sich um. Es lag nahe genug, zu erwidern: „Das, was Sie sich erobert haben", aber sie übersah sogleich, daß Sala diese Antwort aus ihr herauslocken wollte, und deshalb wandte sie sich achselzuckend ab.
Vorerst erwirkte Sala durch Zusammenarbeit mit dem neuen Marineminister, Antonio Nani, und dem Kriegsminister Gritti, den Befehl zur Eroberung des Golfes von Arta. Daher segelte Matthias im Oktober mit 5000 Mann von Korfu zum Golf von Arta ab, wo er nach schweren Kämpfen die Festungen Preveza und Vonizza an der Einfahrt des Golfes eroberte. „Ungeheuer ist die Begeisterung in Venedig über Ihren Erfolg", schrieb Nani dem Marschall, „endlich haben unsere Herren Ihren Plan von der Erschaffung des Adriareiches begriffen. Die Widerstände, welche auftauchten, vor allem von seiten der Dolfins, welche ja auch seit drei Generationen das Patriarchat von Venedig innehaben und schon deshalb eine bedeutende Rolle spielen, sind durch Ihre Erfolge gebrochen. Sie, lieber Freund, werden von nun ab vom Senat im weitesten Maße unterstützt werden. Ich hoffe, daß der Befehl zur Eroberung von Albanien sehr bald an Sie herausgehen wird. Ich rate Ihnen dringlich, die Zeit bis dahin zu benutzen, um im nördlichen Anschlußland von Albanien, im venezianischen Dalmatien, persönlich nach dem Rechten zu sehen. In der Kette der Küstenländer wird Dalmatien immer das schwächste Glied sein; eine Kette ist aber bekanntlich nur so stark, wie ihr schwächstes Glied es ist."
Von diesem Brief Nanis an Matthias brachte Marie eine Abschrift mit nach Korfu, wohin sie sich mit Hektor auf einem elenden Frachter durchgeschlagen hatte. Elena nahm die Abschrift entgegen und ließ ihre Augen nachdenklich auf Marie ruhen. ‚Was bist du', dachte sie, ‚ein freches und verkommenes Geschöpf, ohne Hoffnung und Glauben, weil beide mit der

Hurerei davongegangen sind, — oder bist du ein armes bemitleidenswertes Kind, das man in den Arm nehmen und streicheln sollte? Oder aber bist du beides, ein ewig Schwankendes, das die Menschen um sich in sein Schwanken hineinreißt?" Marie sah die nachdenkliche Herrin mit Blicken an, die jeder nur erdenklichen Stimmungslage zu folgen bereit sind, von der religiösen Verzückung an bis zur Orgie.

Dann las Elena die Briefabschrift; ihre Stirn entwölkte sich. Ihre Augen leuchteten sogar auf, als von der alten Festung der Salut für den Generalkapitän erdröhnte und sehr bald die leichte Flotte, von Süden kommend mit der Standarte Pisanos, gefolgt von sechsunddreißig eroberten türkischen Schiffen, deren größtes die Standarte des Marschalls trug, um die alte Festung bog und dem Hafen von Korfu zusteuerte. Silbernes Novemberlicht streute über die mächtige Flotte seinen Märchenglanz.

Es war Mitternacht, als die Ausschiffung der Truppen beendet war und Matthias an Land ging. Zwei Soldaten trugen große Fackeln vor ihm her; Sala und Straticò folgten ihm, als er im Halblicht seinem Palast zustrebte. Er hüllte sich fest in seinen Wettermantel; ihn fröstelte. Wie jetzt des öfteren, begann nach geistigen und körperlichen Anstrengungen seine Gesundheit zu schwanken. Wenn diese Zustände ihn in Venedig überfielen, wußte der seltsame Doktor Anonimo sie zu überwinden: „herbis, verbis et lapidibus", wie er selbst mit den Worten der alten Psychologen und Wunderdoktoren zu sagen pflegte, wobei sowohl Matthias wie er selbst sich darüber klar waren, daß die eigentliche Heilkraft nicht in Kräutern und Steinen, sondern allein in den Worten ruhte. Die Worte Anonimos aber fehlten dem Marschall auf Korfu.

So tat es ihm gut, daß Elena ihn in seinem Arbeitszimmer aufsuchte und ihm vom Fortschritt der Befestigungsanlagen berichtete. „Ich nehme nicht an, daß der Kogia heute mit einem noch so starken Heer Korfu erobern könnte", schloß Elena ihren Bericht.

Matthias trat an sie heran und legte ihr die Rechte auf die Schulter. „Das nehme auch ich nicht an. Die Gefahr droht aber in unserem eigenen Lager. Nani hat mir geschrieben, ich solle zuerst einmal in Dalmatien nach dem Rechten sehen. Eugen ist empört, weil der Provveditore Mocenigo zusammen mit dem General von Nostitz den Angriff des Prinzen auf Ungarn nicht durch scharfe Flankenangriffe gegen die Türken unterstützt. Wenn Eugens Vorwürfe den Tatsachen entsprechen, so wäre das von Mocenigo unverantwortlich." Nach einiger Zeit setzte er bitter hinzu: „Morgen wirst du mit Sala nach Dalmatien voraus reisen; nimm Hektor und Gazireh mit. In Spalato macht euch ein Bild von der Lage und seht, was Mocenigo und Nostitz eigentlich treiben. Ich komme in vierzehn Tagen nach."
Erregt beugte sich Elena über die Hand des Marschalls und küßte sie. Ihr Antlitz leuchtete, als sie das Köpfchen hob.
„Ich danke Ihnen, Monseigneur, daß Sie mir eine Aufgabe zuerteilen."

Sie stand an der Reeling des Schnellseglers, der zusammen mit ihr den frischen, klaren Sala, die Freundin Gazireh, den treuen Hektor und ein paar Soldaten vom Regiment des Marschalls gen Norden wiegte, hinein in die blaue Traumwelt der Inseln Lagosta, Curzola, Lissa, Lesina und Brazza. Jede dieser Inseln baute sich auf über einer Wirrnis von Steinpyramiden und Felsbuchten, in denen saphirfarbene Wogen im lichten Schatten der Olivenwälder verkochten. „Dort am Ende der Bucht — die weißen, ineinander geschachtelten Häuser — das ist Spalato", erklärte Sala, „dort rechts die Ruinen — das war einmal der Palast des Kaisers Diokletian."
Elena sah Sala von der Seite an; in seinen Aufzeichnungen, die in Grassiato lagen, hatte sie flüchtig gelesen, er wünsche sich ein gleiches ruhiges und ernstes Leben wie jenes des Diokletians in Spalato.
Als der Schnellsegler am Kai von Spalato anlegte, lief dort eine lachende und schreiende Gesellschaft von Männern und Frauen

umher, neben welcher mächtige Kisten und Kasten aufgestapelt standen. Abgesondert von der Gesellschaft schritt eine junge Frau auf und ab. Sie war gekleidet in einen grünen Knabenanzug und wiegte sich herausfordernd in den Hüften.
Die Hand Elenas griff nach Gazirehs Arm. „Gazireh", flüsterte Elena, „das ist doch die Faustina?"
„Ja, Faustina-Kompanie ist von Korfu hierher zurückgekehrt und hat hier gespielt."
„Wohin ... frag den Kapitän, wohin sie fahren ..."
Fest lag Gazirehs Hand auf dem Arm Elenas: „Schnellsegler fährt heute nach Korfu zurück."
„Und die Komödianten..."
„Fahren wieder mit. Wollen wieder spielen. Vor Andrea Pisani."
Elena riß den Kopf zurück.
Dann ging sie an Land, ohne die Faustina, die sich artig verneigte, eines Blickes zu würdigen. Sie ließ sich von Sala in ein schönes, großes Gasthaus geleiten, mit einem Säulenhof und immerfließendem Brunnen. Die gotischen Fenster ihres Zimmers waren umrankt von Glyzinien und späten Rosen; ein großes Bett stand in der Mitte wie ein Sanktuarium. Aber es stand frei, damit die Moskitoschleier es von allen Seiten zu schützen vermochten. Als Elena allein war, warf sie sich auf das Bett, preßte den Kopf in die Kissen und schluchzte laut, bis Gazireh in das Zimmer huschte.
Aber auch Gazireh konnte die Weinende nicht beruhigen. Von Zeit zu Zeit stieß Elena halbe Worte hervor: „Deshalb schickte er mich davon... ah, das ertrage ich nicht... diese Komödiantin... oh, Bonneval hatte doch recht..."
Nach einer Weile sprang sie auf. „Wann fährt der Schnellsegler nach Korfu zurück?"
„In einer Stunde."
Elena trat ans Fenster und sah hinab auf den Brunnen und den ewigen Viertelbogen des Wassers. „Du gehst an Bord und sorgst dafür, daß jemand einen Brief an Marie mitnimmt. Wenn Monseigneur in vierzehn Tagen hierherkommt, soll Marie mitkom-

men, aber ich will Marie vorher sprechen, bevor ich Monseigneur sehe."
Dann wandte sie das Haupt Gazireh zu. „Ach, sogar mein Arm ist feig geworden, seitdem Bonneval ihn gelähmt hat. Ich könnte nicht einmal mehr die Komödiantin umbringen, aus Furcht, es würde mir jemand auch da noch in den Arm fallen."
Gazireh schüttelte den Kopf. „Sie ist nicht seine Geliebte."
Achselzuckend suchte Elena in einem ihrer großen Koffer.
‚Sie will die Uniform ablegen', dachte Gazireh, ‚und wieder Kleider tragen. Sie will Monseigneur schuldig machen. Das, was die Menschen hierzulande schuldig nennen. Weshalb will sie das auf einmal? Ob sie schon ahnt, daß die Fahrt auf dem Schnellsegler ihr neue Ziele gezeigt hat?'
Gazireh wandte den Kleidern Elenas besondere Sorgfalt zu; täglich legte sie Elenas flammende Haare in Locken, und zweimal in der Woche mußte ein Haarkünstler kommen, welcher behauptete, in Paris gearbeitet zu haben. Das grüne Knabengewand Elenas gab sie nur heraus, wenn Elena mit Sala zusammen ausritt.
Unterwegs hörten die Reiter seltsame Dinge. Bis in die Gasthäuser war das Gerücht von den riesigen Plänen gedrungen, welche Mocenigo und Nostitz auszuführen gedachten: „Stellen Sie sich vor, Herr General", rief der Dalmatiner Wirt, als Elena und Sala in einer Loggia den moussierenden Küstenwein tranken und hinuntersahen in die kochende Meeresbucht, „die beiden werden die Türken so zusammenschlagen, daß dem Prinzen Eugen überhaupt nichts zu tun übrigbleibt. Unsere gesamte Jugend wird zur Plünderung mit nach Konstantinopel ziehen. Oh, auch ich ziehe mit!"
Die Freunde konnten nicht dahinterkommen, ob Mocenigo das, was von seinen Plänen verbreitet wurde, selbst glaubte, oder aber, ob er die Verbreitung aus besonderen Gründen förderte. Sie ritten täglich viele Stunden lang über hohe Felsstraßen, durch Weinberge und durch Nußbaumwälder. Immer ruhte ihr Blick auf dem blauen Meer, mit dem Perlenrand tief unter ihnen,

oder auf den beschneiten Berggipfeln mit ihrer unwirklichen Durchsichtigkeit. Oft blies der kalte Wind von Promina aus dem Norden, und wenn dann Sala an Elena heranritt, ihren Mantel aus der Manteltasche nahm und ihn aus dem Sattel um ihre Schultern legte, dann fühlte sie sich geborgen, anders geborgen als bei Monseigneur. Vor ihm behielt sie immer eine tiefe Ehrfurcht, während sie mit Sala zusammen hätte Hand in Hand gehen und losstürmen mögen, hinein in das wundervolle Unbekannte, das jeden Morgen über die Gipfel der Berge stieg, blitzend, erschütternd, sonnenreif — dieses geheimnisvolle Schicksal, dem sich ihre Seele entgegendrängte.

2

Als nach vierzehn Tagen der Schnellsegler aus dem graugrünen Meere auftauchte, mit der Standarte des Marschalls am Mast, war es ihr entfallen, daß sie vor zwei Wochen verlangt hatte, erst Marie zu sprechen, bevor sie Monseigneur begrüßte. Gazireh hütete sich wohl, an diesen Befehl zu erinnern, als Elena, neben Sala stehend, mit Unruhe das Näherkommen des Seglers beobachtete. Sala sah dagegen dem „Weißen Schwan", der mit ausgebreiteten Flügeln dem Ufer zustrebte, mit freudiger Ruhe entgegen; der Würde des Genies, das dort auf den Schwingen des „Weißen Schwans" nahte, hatte er entgegenzusetzen das Königrecht seiner Jugend.
Nachdem vom Ufer die Brücke an das Schiff gelegt war, betrat Matthias, belebt und heiter, das feste Land. Er erblickte Sala und Elena und streckte ihnen die Hände entgegen; wie ein Vater, der seine Tochter und ihren Gatten begrüßt, dachte Gazireh, aber ihr entging nicht der bittere Zug, welcher sich um die Mundwinkel des Marschalls eingefressen hatte. Dort, wo sonst bei Matthias Humor und Spott genistet hatten, wohnte heute der Schmerz. Aber um das zu erkennen, mußte man so vom Leben geschult sein, wie Gazireh es war; man mußte nicht

in Träumen leben wie Sala und Elena, denen aus den Ruinen des Diokletian-Palastes freundliche Geister zuwinkten und aus den Weinbergen über der Stadt heitere antike Halbgötter entgegenlachten, während die Meerweiber aus der Tiefe Lieder sangen, deren Sinn nur sie beide verstanden.
Monseigneur ließ sich in den Gasthof begleiten, aber er hatte sich jeglichen Empfang durch die Behörden verbeten; er wollte die Stadt kennenlernen und sich dann an einem der nächsten Tage vor der Stadt mit Mocenigo treffen, um vorsichtig den allzu berechtigten Klagen des Prinzen Eugen abzuhelfen. Während er dem Gasthaus zuschritt, nahm er die Begeisterung und den echten Jubel der Bevölkerung freundlich entgegen. Ruhig wurde er aber erst, als er mit Sala, Straticò und Elena zusammen in seinem Empfangszimer saß und Karl die Tonpfeifen, die Steinvase mit holländischem Tabak und eine brennende Wachskerze auf den Tisch gestellt hatte.
„Durch die Phantasien der Herren Mocenigo und Nostitz ist wirklich schwer durchzusehen", nickte er, nachdem er Salas Bericht angehört hatte. „Dabei habe ich selbst Nostitz den Venezianern empfohlen. Aber wir müssen erst hören, was die beiden zu sagen haben."
Nach drei Tagen ritten Matthias, Sala, Straticò und Elena, gefolgt von zweihundert dalmatinischen Reitern die Straße nach Knin hinauf. Matthias hatte durch Boten den Provveditore in ein Dorf vor Knin zu einer Besprechung bitten lassen. Das Dorf, breit und wohlhäbig auf einer Steinterrasse über einem Gebirgsbach gelegen, blitzte wie eine Sammlung schön geschliffener Steine in der klaren Novembersonne. Truppenverbände waren zum Empfang des Marschalls aufgestellt, aber weder Mocenigo noch Nostitz kamen Matthias entgegen.
Auf dem Marktplatz erhob sich ein rotes Zelt, üppig, in türkischer Seide, vor welchem den Reitern die Pferde abgenommen wurden. Dann rissen zwei Türken die vordere Zeltbahn auseinander, und nun schritt der Provveditore Mocenigo, gefolgt von

Nostitz, welcher venezianische Generalsuniform trug, auf den Marschall zu.
Zu dessen großem Erstaunen trug aber Mocenigo weder die Amtstracht des Provveditore noch Generalsuniform, sondern das Kostüm eines römischen Feldherrn. Seine nackten Füße staken in hohen Soldatensandalen; Oberkörper und Schenkel funkelten unter goldenen Panzerplatten; die Rechte spreizte einen Kommandostab vom Leibe ab, die Linke griff nach dem umgehängten Mantel, der über der Brust von einer Spange flüchtig zusammengehalten wurde. Das Haupt Mocenigos war mit einer mächtigen Allongeperücke bedeckt; der lauernde, unruhige Blick des Provveditore ging an Matthias vorbei in die Ferne.
Seltsam gekleidete Menschen hatten den Lebensweg des Marschalls gekreuzt, etwa Ludwig XIV., der fast unsichtbar in einer Wolke von Wohlgerüchen daherschwebte, Mylord Duc von Marlborough, immer in blasse Seide gehüllt, aus der sein gesundes, von steak und Porter geformtes Antlitz verloren herausguckte; Karl XII. in seinem alten verschwitzten Lederkoller und den Stiefeln, welche er fünf Jahre lang nicht vom Leibe bekommen hatte, oder auch Freund Doxaras, der sich bei Gewitter Lorbeerzweige um das Haupt legte, weil nach der Ansicht der Griechen der Lorbeer vor dem Blitz schütze — aber ein lebendiger Römer war ihm bisher nur im Fasching oder auf dem Theater, nicht aber im Kriege begegnet. ‚Was bewegt‘, so fragte er sich, ‚diesen Mann, der mit dir gleichaltrig ist, vor dir, vor seinen Truppen in einem solchen Kostüm zu erscheinen? Es kann auch keine Laune sein, denn eine römische Rüstung wächst nicht an den Bäumen, sondern ist von Meistern verschiedenster Zünfte monatelang vorbereitet und gerichtet worden.‘
Die Blicke des Marschalls gingen zu Nostitz, der sich leicht benommen im Hintergrunde hielt, als ob er ausdrücken wollte: „Für diese Überraschung bin ich nicht verantwortlich."
Dann aber wandte sich der Römer an Matthias. „Ich freue mich, Exzellenz, Sie hier zu sehen. Sicher wollen Sie sich von den Fortschritten überzeugen, welche ich hier erzielt habe. Ich bin

bereit, sie Ihnen zu unterbreiten. Ich habe die Festung Imoschi erobert und die Eroberung von Antivari in die Wege geleitet."
„Imoschi?" wandte sich Matthias an Straticò, „was ist denn das?" Nun schob Nostitz sich vor. Sein mageres Gesicht zitterte vor verhaltener Erregung. „Imoschi ist eine der stärksten Festungen ...", zischte er.
„Ich kenne sie nicht", entgegnete der Marschall achselzuckend. Er hatte den linken Fuß vorgesetzt und die Rechte auf den Goldknopf des spanischen Rohrs gelegt. Die Augen kniff er zusammen und wiegte den Kopf.
„Es ist ein Dorf mit einer Lehmmauer darum", bemerkte Sala leise zu Elena, „und wird von Hammeln umspielt."
Elena beobachtete den Provveditore. Der war das geworden, was Ruzzini so unheimlich auf dem China-Fest des Prinzen Eugen dargestellt hatte: ein Mensch, der nur noch Maske war.
Mocenigo lief im Zelt auf und ab. Der prachtvolle Panzer klapperte, und das Rot der Zeltseide ließ die goldene Rüstung aufglühen. Das Antlitz unter der mächtigen Perücke zitterte vor Unruhe. Zuweilen, wenn Mocenigo von seinen vermeintlichen oder erhofften kriegerischen Leistungen sprach, erglänzten seine tiefliegenden Augen wie die Lagunen im Morgenlicht, und wenn er sich ein Lächeln abquälte, entblößte er das Zahnfleisch.
„Die Eroberung von Imoschi bedeutet ein Ruhmesblatt in der venezianischen Geschichte", schrie Nostitz plötzlich auf, während ihm das Blut in den Kopf schoß. „Was ist dagegen die jämmerliche und feige Verteidigung von Korfu!" Uralter Neid, aufgestaut seit Jahren, sprühte in Kaskaden aus dem harten Mund. „Korfu... lächerlich! Nur durch den Sieg Eugens bei Peterwardein ist Venedig gerettet worden... das weiß doch die ganze Welt..."
Sehr ruhig, mit großen, erstaunten Augen, sah der Marschall auf den tobenden und haltlosen General. ‚Und dich habe ich in die Dienste Venedigs gebracht', dachte er, ‚das ist wieder eine Folge meiner dummen Gutmütigkeit, die immer nur Freude machen und beglücken will und dabei sich immer wieder gegen mich

selbst kehrt!' Inzwischen war Mocenigo an die Karte herangetreten, welche auf dem Zelttisch ausgebreitet lag. Er wies auf eine mit Farbstiften eingezeichnete Linie. „Mein Angriff auf Antivari war von hier aus angesetzt, als..." Sein Blick blieb an Nostitz hängen, ein Blick voll von Wut und Verachtung, aber nicht ohne Größe. Das Haupt mit der mächtigen Lockenperücke wandte sich vor gegen den General, und nun glichen seine Züge erstaunlich denen seiner Nichte Aimée.
Matthias schwieg lange; dann wandte er sich kurz an Nostitz. „Ich bin nicht befugt, die Gegnerschaft zwischen Ihnen, meine Herren, zu schlichten, um so weniger, als ich mit Ihnen, Herr von Nostitz, noch eine persönliche Sache zu begleichen habe. Mir würde also die Unparteilichkeit fehlen. Sie, Herr von Nostitz, werden mir nach Friedensschluß wegen Ihrer Bemerkung über meine Verteidigung von Korfu Genugtuung geben." Ohne weiter auf den starr blickenden Römer noch auf den zitternden dunkelroten General zu achten, verneigte Matthias sich kurz und verließ mit seinem Gefolge das Zelt. An der Spitze der zweihundert Reiter kehrten die vier nach Spalato zurück.

Während des Heimrittes bat er Elena an seine Seite. „Nun", lächelte er, während sein verdüstertes Antlitz sich wieder erhellte, „was sagst du zum Oheim Aimées?"
Unmerklich zuckte Elena zusammen. So vieles an ihrem großen Freund blieb ihr undurchsichtig. Wußte Matthias um den Tod Aimées, oder wußte er nicht darum? Sie war zu jung, um zu begreifen, daß der Freund sich still in den Willen seines Gottes ergeben hatte, eine Ergebung, die ihn beruhigte, weil er fest an die Existenz dieses Gottes glaubte.
Elena nahm ihr Pferd zusammen und drängte es näher an den Braunen des Marschalls heran. „Ich hätte dazu wenig und viel zu sagen. Wissen Sie, wen Aloise Mocenigo in dieser Maske spielt?"
Matthias sah fragend zu dem jungen Mädchen hinüber. „Nein."

„Nun, Sie, Monseigneur."
„Mich?"
„Ja, Sie. Es hat ihn tief empört, daß man Ihnen zu Lebzeiten ein Denkmal errichtet hat. Er ist neidisch auf Ihren Ruhm. Daher trägt er jetzt das Kostüm, in welchem Cabianca Sie darstellte." Erstaunt sah der Marschall zu dem jungen Mädchen hinüber, dessen Blicke über die besonnt-zerklüftete und meerdurchwühlte Landschaft zu ihren Füßen gingen. Auf die Ruinen des Diokletianpalastes in der verdämmernden Tiefe fiel ein Sonnenstrahl.
„Natürlich weiß er es selbst nicht", fuhr Elena fort, während sie mit der Reitgerte ein paar Bremsen vom Hals ihres Pferdes wegscheuchte, „denn sonst würde er sich hüten, Ihnen diesen Triumph zu gönnen. Er glaubt wahrscheinlich, er spiele den Diokletian." Sie lachte leise, das wundervolle Pisani-Lachen, das viele Jahrhunderte lang immer wieder aus besonnten Felsbuchten Griechenlands in die Lagunen heimgebracht wurde. „Hüten Sie sich vor den Befehlshabern Dalmatiens, Monseigneur. Sowohl vor Mocenigo wie vor Nostitz. Hier brütet der gelbe Neid seine Anschläge gegen Sie aus."
Ein Zug von Reihern überflog das Land. Matthias sandte den Dahinschwebenden seine Blicke nach. Dann aber wandte er diese Blicke zu Elena. Der Aufenthalt in Wien hatte sie reifen lassen. Der erste große Ekel vor den Menschen war in ihr wach geworden; ein feiner Zug von Trauer lag um ihre Augen. Der Marschall wandte sich dem Mädchen zu und fragte: „Ist es dir in Wien klargeworden, daß du nicht allein durch das Leben ziehen kannst, daß ein Mensch wie du jemanden an seiner Seite braucht?"
„Ja, Monseigneur. Aber das wußte ich schon vorher."
Des Marschalls Rechte im grauen Stulpenhandschuh griff nach einem überhängenden Oleanderzweig, den er im Reiten abbrach und Elena überreichte. Sie errötete ein wenig, als sie sich den Zweig ansteckte. Matthias fuhr fort: „Ich spreche wie ein Priester von der Ehe, Elena. Aber ich habe genug gesehen, um mir ein

Bild davon machen zu können. Weißt du, was eine Ehe vor allem erst gut macht?"
„Nein, Monseigneur."
„Nun, gemeinsame Erinnerungen. Wenn man die hat, so ist bei beiderseitigem guten Willen die Ehe nicht mehr gefährdet. Man muß immer sagen können: ‚Weißt du noch?' Aber auch solche gemeinsamen Erinnerungen müssen erkämpft werden."
Sie erwiderte klar und fest: „Es gibt nur einen Menschen, mit dem ich große, ja, die größten Erinnerungen gemeinsam habe. Wir brauchten sie uns gar nicht erst in der Ehe zu erkämpfen. Wir brächten sie schon als gegenseitige Morgengabe mit."
Matthias war ergriffen von der erhabenen Ruhe, mit welcher Elena über ihr eigenes Schicksal sprach. Er sah ihr fest in die Augen. „Du sprichst von uns, Elena. Ich weiß es. Auch für mich wäre es ein Glück gewesen, mit dir gemeinsam durch das Leben gehen zu können. Aber ich bin zu der Überzeugung gekommen, daß es nicht sein darf. Die Gründe kennst du."
„Nein, Monseigneur."
Der Fuchs scheute vor einem großen Weinbottich, welchen die Knechte in den Keller rollten. Der Bottich hatte in diesem Jahr seine Pflicht getan; der Wein war gekeltert. Matthias nahm das Pferd kurz und führte es an den Bottich heran: „Siehst du", sagte er, „der alte Bottich hat seine Pflicht getan; jetzt wird er weggesteckt."
Sie schwiegen beide; aber nach einer Weile fuhr Matthias fort: „Du teilst mit einem anderen Mann ebenfalls gemeinsame Erinnerungen, einem Mann, der etwas vor mir voraus hat: er ist jung. Dieser Mann wirbt um dich; er ist venezianischer Patrizier, klug, vornehm und wohlhabend. Er ist Korfukämpfer wie du und ich."
„Ja, Monseigneur."
„Du hast ihn näher kennengelernt?"
„Ich kenne ihn, ja, ich habe ihn gern gewonnen."
Sie zuckte zusammen, als der todtraurige Blick des Mannes an ihrer Seite sie traf.

„Monseigneur!" murmelte sie, „seien Sie doch nicht traurig! Ich bleibe Ihnen doch, auch wenn ich Sala heirate!"
Sehr weich und verhalten neigte sich der Marschall zu ihr. „Ich weiß es, Elena — Sala und du, ihr bleibt mir." Dann wandte er sich nach rückwärts und rief: „Sala!"
„Exzellenz?"
„Bitte reiten Sie mit Donna Elena voraus. Ich habe noch mit Straticò zu sprechen."
Während Sala und Elena davontrabten, zog der Generaladjutant sein Notizbuch aus der Tasche und schrieb die Zahlen auf, welche der Marschall ihm für einen Bericht an den Senat diktierte. „Für die Eroberung Albaniens brauche ich zehntausend Mann, dreihundert Geschütze ... haben Sie?"
Straticò schrieb, die Zügel über dem linken Unterarm, Zahl auf Zahl in sein Notizbuch.
Die gleichen Zahlen brachte am selben Abend ein Levantiner auf einem Segelboot nach Venedig und übergab sie sofort dem Theotokopulos Straticò an der Fischbrücke, der zufrieden nickte. Schon am nächsten Tage setzten sich die Aufkäufer der Brüder Straticò in Bewegung; die Ausrüstungen für zehntausend Mann und für dreihundert Geschütze wollten beschafft sein ...; Dolfin und Emo verdienten immer noch genug, wenn sie von dem Auftrag erst ein paar Tage später erfuhren ...

Als die Häuser und die Ruinen Spalatos sich deutlich unter den Reitern abzuzeichnen begannen, entdeckten Sala und Elena ein Depeschenboot des Senats von Venedig, welches den Kurs auf Spalato nahm und das Signal „dringliche Nachrichten" aufgesetzt hatte.
Als der Marschall an den Hafen gelangte, hatte das Depeschenboot bereits angelegt. Der Senatskurier, ein junger Vendramin, in leuchtendem, kirschrotem Wollmantel, trat höflich an Matthias heran und überreichte ihm ein Schreiben des Dogen. Aber bevor der Marschall es öffnete, ließ er erst die Zweihundert an sich

vorüberreiten, um dann vom Pferd zu steigen, das Siegel zu lösen und den Bericht Sala, Elena und Straticò vorzulesen.

„Doge und Senat dieser hohen Republik", so hieß es, „sehen mit großer Freude durch den Besitz der wichtigsten Festungen Prevesa und Vonizza den Zugang nach Albanien geöffnet, und der Senat hat beschlossen, im nächsten Feldzug diese Eroberungen nachdrücklich auszuwerten. Während jetzt alle Kräfte Venedigs sich gespannt auf den Osten richten, hat sich leider der politische Himmel im Westen bedenklich getrübt. Der Kardinal Alberoni, der die Insel Sardinien hat besetzen lassen, beabsichtigt, von dieser Basis aus ganz Italien mit spanischer Heeresmacht zu überfallen. Sogar der Kaiser erkennt langsam die Größe der Gefahr, welche ihm droht; um nicht nach zwei Fronten kämpfen zu müssen, sucht er den Türkenkrieg jetzt, wo er sich im Vorteil befindet, rasch zu beenden. Das geschieht freilich ohne Rücksicht auf das ihm verbündete Venedig, dessen militärische Lage bei weitem noch nicht so vorteilhaft ist, wie die des Kaisers. Deshalb hat der hohe Senat beschlossen, sich an den Verhandlungen, die im Frühjahr 1718 in Passarowitz öffentlich geführt werden sollen, zwar zu beteiligen, aber in der Hoffnung, die Verhandlungen durch inzwischen noch zu erzielende außerordentliche Erfolge der venezianischen Waffen in Albanien in ein für Venedig günstigeres Stadium überleiten zu können. Euer Exzellenz wollen sich auf Grund dieser Instruktionen mit dem Generalkapitän Andrea Pisani über die strategischen Notwendigkeiten in Verbindung setzen."

„Stilistisch ein Meisterwerk", nickte Matthias, „inhaltlich eine Katastrophe." Er warf den Kopf zurück, atmete schwer durch die Nase und sagte zitternd und erregt: „Hätte ich den alleinigen Oberbefehl, so würde ich mich verpflichten, bis zum Frühjahr ein Gebiet zu erobern, das genügen dürfte, um das Adriareich, wenn auch nicht großartig, so doch immerhin ansehnlich hinzustellen." Dann fuhr er ruhig fort: „Wir werden uns in Korfu mit dem Generalkapitän Pisani, den Vertretern der Republik und dem

Provveditore Mocenigo zur Besprechung der Lage zusammenfinden, um sofort den Feldzug in Albanien zu eröffnen." Dann wandte sich der Marschall verbindlich an Sala. „Ich nehme an, General Sala, daß Sie die Gelegenheit gern benutzen werden, um dem Generalkapitän einen privaten Wunsch vorzutragen, der Ihnen am Herzen liegen dürfte. Morgen fahren wir nach Korfu zurück."

3

Kalt überlegen wartete der Generalkapitän Andrea Pisani im großen Saal an der Porta Raimondi, unter dem Bilde des Doxaras, welches den Triumph Venedigs darstellte. Die bewegliche Schlankheit des Großadmirals war wieder einmal zu einer bösartig überlegenen Würde geronnen; die verhängten Augen warteten auf den Eintritt des Feldmarschalls, dem die Narren vom Senat wahrhaftig zu Lebzeiten ein Denkmal gesetzt hatten. Pisani stellte sich vor, wie so ein wandelndes Denkmal wohl aussehen könnte. Boshaft wandte er sich an den am gleichen Morgen aus Spalato eingetroffenen Provveditore Mocenigo, der heute die Uniform der venezianischen Generäle trug. „Man hat mir erzählt, Herr Vetter, Sie probten bereits das Kostüm für Ihr Denkmal in Spalato?" Und ohne die Antwort Mocenigos abzuwarten, fuhr er fort: „Wir werden zwar wieder nicht einig sein, wie wir den Angriff eröffnen, aber ..."
Die Wache vor dem Hauptquartier trat ins Gewehr. Von draußen ertönten Kommandorufe und Trommelwirbel. Der Feldmarschall war vorgefahren.
Dann wurde die Flügeltür des Sitzungssaales weit geöffnet. Matthias, in großer Uniform, die stark vom eigenen Geschmack betont war, wie damals die Uniformen aller Oberstkommandierenden, stand in der Tür. Loredan, Da Riva und Sala begleiteten ihn. Er hob den Hut mit den Straußenfedern; der sächsische Ordensstern blitzte auf dem roten Waffenrock. Die großen Züge

des Marschalls verharrten in höflicher Zurückhaltung. Pisani verneigte sich kalt.

Nach wechselseitigen Begrüßungen, in sich fein abgestimmt, bat Pisani die Herren mit einer Handbewegung an den Tisch und sagte, auf die Karte von Albanien weisend: „Seine Exzellenz der Feldmarschall hat das Wort."

Matthias sprach. Er sprach, die gespreizten Finger auf die Karte gepreßt, mit verhaltener Leidenschaft. Aber die Gedanken der Tiefe, die kühl neben seinen Worten standen, lachten: „Du hältst die Leichenrede auf das Adriareich."

Das empfanden sie alle, die um den Tisch herumsaßen. Sie wußten auch, wer die eigentlichen Totengräber dieses Reiches waren: nicht nur der Senat, dessen Mitglieder mit mächtigen Pappnasen im Gesicht während der Sitzung schliefen, sondern auch dieser zähe, nervöse Mann dort, der von denen mit den Pappnasen zum Generalkapitän ernannt war, und dem es um nichts weiter ging, als um seine persönliche Rache gegen jenen Barbaren dort, der seine Hände nach einer Pisanitochter ausgestreckt hatte.

Nach zwei Stunden, während derer Matthias sprach, oft den Kopf nach rückwärts geworfen, als ob er seine Gedanken von der Decke des Saales ablesen müßte, bat Andrea Pisani, der Marschall möge seinen Vortrag unterbrechen und morgen fortfahren. „Sie wollen das verstehen, Exzellenz", sagte er träge, „wir Seeleute sind nicht an so lange Vorträge gewöhnt."

Der Marschall verneigte sich kühl und verließ zusammen mit seinen Freunden den Saal. Nur Sala blieb zurück und wandte sich an Andrea Pisani: „Ich würde Sie gern in einer sehr privaten Angelegenheit sprechen, hoher Herr. Wann würde es Ihnen recht sein?"

Andrea Pisani, welcher sich auf die Ecke des Tisches gesetzt hatte, rutschte wieder auf den Boden und sah den General erstaunt an. „Eine private Angelegenheit?" stieß er hervor, während seine Augen sich fragend auf Sala richteten. Dann bat er die anwesenden Admiräle wie auch den Provveditore Mocenigo,

ihn in seinen Zimmern, den gleichen, welche früher Matthias bewohnt hatte, zu erwarten. „Es wird hoffentlich nicht zu lange dauern?"
Sala zuckte die Achseln. „Das liegt ganz bei Ihnen. Wenn Sie ‚Ja' sagen, ist alles erledigt."
Die scharfen Blicke Pisanis stiegen aus einer lauernden Tiefe hervor. „Wenn ich ‚Ja' sage ..."
„Ja. Die Frage ist sehr einfach: Ich bitte um Ihre Zustimmung zu einer Ehe zwischen Ihrer Tochter Elena und mir."
Zunächst antwortete Pisani nicht; er starrte den Sprecher nur groß an. Dann lehnte er sich gegen die Lehne eines Stuhles und lachte.
„Meine Zustimmung? Seit wann läßt denn meine Tochter Elena meine Zustimmung erbitten, wenn sie sich mit einem Mann ins Bett legen will?" Seine Hände ballten sich zu Fäusten. Drohend schob er sich gegen Sala vor. „Seit wann", fragte er zischend, „seit wann wünscht ein venezianischer Patrizier die Reste zu heiraten, die ein nordischer Barbar übriggelassen hat?"
Sala rührte sich nicht. Erst, als der Generalkapitän ihn mit gekrümmtem Zeigefinger gegen die Brust tippte, sah er dem Übererregten scharf in die Augen. „Seltsam klingen solche Worte aus dem Munde eines Vaters."
„Ich verteidige meine Ehre als Pisani!" Andrea griff hastig in seine Brusttasche, welcher er ein Paket von Briefen entnahm, aus denen er wieder ein Blatt hervorsuchte. „Hier, hier, mein Lieber", schrie er, „hier ist der Bericht des Nachtherrn Dolfin über die Liebschaft des Marschalls mit meiner Tochter. Nehmen Sie, nehmen Sie!"
Ruhig las Sala den Brief, faltete ihn zusammen und reichte ihn dem Generalkapitän zurück. „Der Bericht ist falsch."
„Falsch? Sie sind verliebt! Narr, Sie!"
„Ich bin nicht verliebt, hoher Herr, sondern ich liebe. Ich will Ihnen etwas verraten. Sie sind das Opfer einer dummen Intrige des Nachtherrn Dolfin geworden. Die Dolfins haben ihren

Handel auf den Westen umgestellt und können keine Konkurrenz im Osten brauchen. Ihnen liegt nichts daran, daß der Marschall allzu sehr siegt. Das hat der Nachtherr zu verhindern gewußt, indem er Ihnen vorlog, zwischen dem Marschall und Ihrer Tochter bestänu innige Beziehungen. Er rechnete richtig auf Ihre verletzte Eitelkeit ..."
Andrea Pisani hatte sich über den Tisch geworfen. Er lag dort wie ein Fisch auf dem Lande und machte nur ein paar zappelnde Bewegungen. Endlich schrie er auf: „Das ist nicht wahr!"
Salas frisches Antlitz verzog sich zu einem bitteren Lächeln.
„Dolfin sagte im Ridotto einmal lachend von Ihnen, Männer, die früher selbst die adeligen Nonnen nicht geschont hätten, seien in vorgeschrittenen Jahren empfindlich, besonders, wenn es um die eigene Familie gehe. Diese Empfindlichkeit hat Dolfin benutzt. Wenn Sie behaupten, Ihre Tochter habe mit dem Marschall Beziehungen gehabt, so müssen Sie das besser beweisen, als durch solche elenden Berichte."
„Beweisen ... beweisen!" schrie Pisani, „hier der Brief ... die Nächte hindurch im Palazzo Loredan-Schulenburg ..."
In diesem Augenblick trat draußen die Wache wieder ins Gewehr; der Wachthabende erstattete seine Meldung.
„Der Marschall kommt zu einer Besprechung mit Oberst von Moser", bemerkte Sala ruhig. Die beiden Männer schwiegen für einen Augenblick; plötzlich richtete Sala sich auf und sagte befehlend: „Warten Sie!" Rasch verließ er den Raum, um bald darauf neben Matthias zurückzukehren. Die starren Blicke Pisanis hefteten sich auf den großen Mann, welcher sich fragend gegen Sala wandte. „Womit kann ich Ihnen dienen, mein Lieber?"
„Exzellenz", entgegnete Pietro Sala ruhig, „der Nachtherr Dolfin hat dem Generalkapitän Berichte zugesandt, aus welchen hervorgehen soll, Donna Elena Pisani sei Ihre Geliebte gewesen. Der Generalkapitän hat mich mit Spott und Hohn überschüttet, als ich ihn um die Hand seiner Tochter bat. Das sei, so erklärte er, nicht mehr nötig, weil Elena sich an Sie verschleudert

hätte. Sind Sie geneigt, Exzellenz, dem Herrn Generalkapitän zwei Worte darüber zu sagen?"
Matthias setzte den Hut auf und kreuzte die Hände über dem spanischen Rohr. Dann nickte er. „Gern." Und nun wandte er sich an Pisani. „Sie dürfen dieser perfiden Verleumdung des Nachtherrn Dolfin nicht glauben, hoher Herr Pisani. Ich gebe Ihnen als Feldmarschall und Edelmann mein Wort, daß Sala nach Sitte und Ehrbegriffen berechtigt ist, Sie um die Hand des Mädchens Elena Pisani zu bitten."
Inzwischen hatte sich Pisani in einen Sessel geworfen und starrte vor sich hin. Dann murmelte er: „Also Sie haben Elena nicht geliebt?"
Ganz leise lächelte der Marschall. „Das ist eine andere Frage, auf welche ich Ihnen die Antwort schuldig bleiben werde, Generalkapitän. Ich habe Ihnen aber mein Wort gegeben, daß sie nicht meine Geliebte war. Und das wird wohl genügen."
Ergriffen beobachtete Sala den Mann, der vor der Tür stand, unbeweglich, in Wahrheit sein eigenes Denkmal. Pisani dagegen sprang auf und stürzte auf Matthias zu. „Verzeihen Sie", murmelte er und griff nach den Händen des Marschalls, um gleich darauf die Tür zu öffnen und zu rufen: „Didier, sofort hierher!"
Admiral Didier, der im gegenüberliegenden Zimmer wartete, trat in dienstlicher Haltung vor den Generalkapitän, dessen Augen fiebrig glänzten: „Didier", keuchte er, „wenn der Feldmarschall es für angezeigt hält, mit seinen zehntausend Mann und der Artillerie in Albanien zu landen, übernehme ich selbst das Kommando der schweren Flotte, um die Landung zu decken."
Dann wandte sich Pisani an Sala. „Wann wollen Sie heiraten?"
„Sobald als möglich."
Der Generalkapitän nahm seinen Kommandostab, welchen er auf einen Seitentisch gelegt hatte, wieder in die Hände. „Natürlich, sobald als möglich. Aber die Eheverträge, die Mitgift

— will Elena sich das Recht auf einen Cicisbeo ausmachen — es gäbe da einiges zu besprechen."
Der General trat von einem Fuß auf den anderen. „Für Elena und mich gibt es wenig zu besprechen. Sie wird meine Frau; das ist der einzige Vertrag, der uns interessiert. Alle anderen Verträge können wir später abschließen."
Jedoch Pisani wollte, daß die Eheverträge vorher aufgesetzt und unterzeichnet würden. So beschlossen die Männer, die Herren Loredan und Da Riva, die beide rechtskundig waren, um die Aufsetzung der Pakte zu bitten. Im übrigen sollte die Hochzeit hier in Korfu in allernächster Zeit stattfinden, noch bevor Sala in den albanischen Krieg hinauszog.

Der Tag der Hochzeit lag wie ein Geschmeide von heißen Juwelen über der Stadt. Als Elena und Sala vor der Kathedrale vorfuhren und die Stufen langsam hinaufschritten, jubelte die Bevölkerung ihnen zu. Mosers rote Armee stand Spalier und präsentierte vor dem jungen Paar; dem Vater Papagei liefen ein paar Tränen der Rührung über die mageren Wangen, als er den Degen zum Gruße senkte. Hinter der roten Armee winkten die alten Korfukämpfer und riefen: „Es lebe General Sala, es lebe Leutnant Pisani!"
Gazireh und Marie hatten das Brautkleid Elenas mit feinen Myrtenzweigen besteckt und ihr die Perlenkette Aimées umgelegt, welche Schwester Anastasia dem Rabbi Semo verkauft hatte; von diesem erwarb sie dann Sala für seine junge Frau. Als die beiden die lichterbestandene Kathedrale betraten, glitt ein Lächeln über Elenas Züge. Denn vom Chor der Orgel, auf welcher Hauptmann Pater Beatus Fugen von Marcello variierte, tröpfelten von Zeit zu Zeit ein paar Töne des „Flohliedes" auf die andächtige Gemeinde hinab.
Andrea Pisani führte seine Tochter vor den Altar und übergab sie dort dem Pietro Sala, an dessen Seite der Feldmarschall stand. Dann segnete der alte, weißbärtige Bischof von Korfu mit wundervollen Worten das junge Paar ein. Er sah ergreifend

aus in seinen brokatenen Gewändern; seine Bewegungen glichen dem sanften Schlag der Wogen an der Küste. ‚Das ist der gleiche Halunke', dachte Schulenburg, ‚der den Deserteuren Unterschlupf in der Kirche erteilt und von ihnen verlangt hat, sie sollten ihre Waffen und Ausrüstungsgegenstände verkaufen, damit sie ihm die Gebühr für den Genuß des Asylrechtes zahlen könnten.'

Drei Wochen später glitt der Nachtherr Dolfin, als er in Venedig am großen Kanal die Gondel verließ, um in den Ridotto zu gehen, plötzlich aus. Er fiel um und war tot. Doktor Riario, welcher die Leiche besichtigte, fand im Herzen des Nachtherrn einen genau gezielten Dolchstich. Aber Doktor Riario, in allen Praktiken Venedigs erfahren, schrieb, wie das üblich war, ein Zeugnis auf Herzschlag aus. Der Nachtherr wurde unter allgemeinem Jubel der Bevölkerung in der Kirche der Frari beigesetzt. Andrea Pisani, dem man bald darauf von dem plötzlichen Tode Dolfins Mitteilung machte, lachte kurz auf und murmelte: „Schade, daß Sala nicht früher mit mir gesprochen hat."
Aber auch den General von Nostitz traf das Schicksal. Als Nostitz in Spalato eines Morgens aus seinem Quartier trat, wurde er auf Mocenigos Befehl verhaftet, gefesselt und nach Venedig gebracht. Man machte ihm Hochverrat zum Vorwurf. Auf Schulenburgs Verwendung nahm der Senat jedoch von einem Prozeß Abstand und ließ den General unauffällig über die Grenze bringen.

4

Alles nützte aber nichts mehr. Venedigs Schicksal war bereits besiegelt. Die durch Pisanis Widerspenstigkeit verlorene Zeit war nicht mehr einzubringen. Der Kaiser, der täglich stundenlang erregt in seinem Zimmer auf und ab wanderte, trieb zum Frieden. Im Frühjahr 1718 erstand vor Passarowitz eine Zelt-

stadt, wie sie die Welt nie wieder gesehen hat. Lady Montagu schrieb, ein Riesendorf aus Seide und Brokaten wüchse aus ungarischer Erde. Zwischen den Brokatstreifen der Zelte guckten Sklavinnen hervor, halbverschleiert mit offenen Brüsten, oder Kamele mit müden Asketenaugen. Die Vertreter der Staaten liefen eifrig in den Zeltstraßen hin und her, immer wieder Eingang in das große Türkenzelt suchend, welches der Prinz Eugen sich als einziges Stück aus der Siegesbeute genommen hatte. Der magere venezianische Botschafter und Dichter Grimani in seiner feierlichen Gesandtenrobe und der taube Ruzzini, die riesige Erdbeere, waren ständig unterwegs, um zu versprechen und zu verhandeln. Sie scheuten sich nicht, sogar Bonnevals Vermittlung zu erbitten, die der kaiserliche General auch lächelnd gewährte, um die üblichen Geschenke dafür einzustecken. Aber den venezianischen Vorschlägen gegenüber blieben die Türken taub. Sie wußten längst, daß Venedig bei dem Prinzen Eugen nicht auf Unterstützung zu rechnen hatte. Im venezianischen Zelt wartete man täglich auf die Kuriere, welche über das Fortschreiten des Krieges in Albanien Bericht brachten. Ruzzini studierte die Depeschen mit rasch hin und her irrenden Augen; aber seine Lippen murmelten immer wieder: ‚Zu spät! Zu spät!'
Das wiederholte er zwar nicht bei den Verhandlungen; im Gegenteil, er berichtete von der Landung Schulenburgs in Sebenigo, von der Belagerung von Dulcigno, der Vernichtung der türkischen Festungswerke und der Niederlage, welche die türkischen Truppen erlitten hatten, als der Seraskier die Stadt entsetzen wollte.
Eugen zuckte die Achseln. „Ich verstehe nicht", bemerkte er, auf seinem linken Bein sitzend, aus seinem großen Sessel heraus, „weshalb die Republik Venedig, die sich vorher, anstatt ihre Bundesverpflichtungen zu erfüllen und mit uns gemeinsam zu kämpfen, in den Karneval zurückgezogen hat, sich jetzt plötzlich so kriegerisch gebärdet." Das ausdrucksvolle Antlitz, schön und häßlich zugleich, verharrte in hintergründiger Gleichgültigkeit.

Ruzzini trat neben den Prinzen und wies mit langen, spitzen Fingern auf die Grenze von Dalmatien, auf einen Punkt nördlich von Knin, wo die kaiserlichen Lande, Venedig und die Türkei, zusammenstießen. „Dieser Punkt wird der Drehpunkt der zukünftigen christlich-westlichen Politik werden, Königliche Hoheit", sagte Ruzzini, „deshalb muß das anstoßende dalmatinische Gebiet gesichert sein ..."
„Zur Sicherung hat der Senat von Venedig den Narren Mocenigo hingesandt, der in römischer Rüstung durch die Lande zieht und den Zauberkünstler Nostitz, der Bauerndörfer zu Festungen ernennt, um nachher den Ruhm einzustecken, sie erobert zu haben", höhnte Eugen, „zehntausend Mann standen unbeweglich unter dem Kommando der beiden Herren, die nicht daran dachten, durch Flankenangriffe auf die Türken meine Angriffe zu unterstützen."
„Der Senat hat den General von Nostitz wegen Hochverrat abberufen. Die militärische Leitung über die Operationen in Dalmatien ist Schulenburg unterstellt worden." Ruzzini sprach klar und vorsichtig.
Die Lippen des Prinzen zogen sich breit. „Schulenburg, Schulenburg — immer Schulenburg!" höhnte er. „Alles soll Schulenburg machen! Korfu verteidigen, die Inseln dazu — er soll den Golf von Arta erobern, Albanien und jetzt noch Dalmatien, während der Generalkapitän seine Flotte versteckt und in Spalato alles drunter- und drübergeht."
„Bei niemandem ist das Interesse Venedigs besser gewahrt als bei Schulenburg", entgegnete Ruzzini erneut, „er ist mein Freund."
Eugen lachte höhnisch. „Dann macht ihn doch zum Dogen."
„Wir täten es bestimmt, wenn unsere Verfassung es zuließe."
Scharf schob der Prinz den Kopf in der grauen Perücke vor. „Eure Verfassung läßt überhaupt nichts zu. Durch eure Verfassung habt ihr euch selbst gefesselt und euch so dem Untergang anheimgegeben. Ihr seid nicht mehr imstande, euch selbst zu regieren, geschweige denn ein großes Adriareich. Ich bedaure,

Exzellenz Ruzzini, daß ich für ein venezianisches Adriareich nicht die nötigen Sympathien aufbringen kann. Bitte, alle Gegenbeweise haben keinen Sinn mehr und bedeuten nur Zeitverlust für Sie wie für mich. Diese meine Meinung schließt nicht aus, daß ich für einzelne Mitglieder des venezianischen Patriziats, speziell für Sie, Exzellenz, eine starke Sympathie und für Ihre schwere Lage ein tiefes Verständnis empfinde. Verurteilen Sie meine Meinung über Venedig nicht als zu hart ... Sie verehren die Madonna von Kaloz; ich bin überzeugt, daß die hohe Frau Ihnen Trost in allen Ihren Sorgen gewähren wird."

Was konnten dieser Meinung des Prinzen gegenüber die täglichen Kuriere den beiden Gesandten noch Entscheidendes bringen? Grimani und Ruzzini saßen über den Karten, die im Kanzleizelt des venezianischen Botschafters auf großen Tischen ausgebreitet lagen. Aus den Berichten ging hervor, daß sogar jetzt der Marschall nicht so selbständig schalten konnte, wie es notwendig gewesen wäre. „Den Pisani soll der Teufel holen", schrie Grimani dem Sondergesandten ins Ohr, „jetzt auf einmal will er seine Fehler wieder gutmachen und macht alles noch schlimmer." — „Schulenburg hätte in drei Monaten Albanien erobert ... jetzt aber ist es zu spät", nickte Ruzzini, während sein Gesicht plötzlich zerfiel und ein grauer Hauch über seine Wangen glitt. Dann griff der Botschafter nach einem Blatt, auf welchem von der Hand des Prinzen Eugen mit mächtigen Buchstaben die Ortschaften aufgezeichnet waren, welche Venedig durch den Friedensschluß abtreten und welche es dafür erhalten sollte. „Morea, Kreta und Albanien, unsere alten Besitzungen, bleiben für uns verloren. Was wir dafür erhalten sollen? Einige Erweiterungen des Gebietes in Inner-Dalmatien und Albanien dazu", sagte Ruzzini, während er kopfschüttelnd die Namen halblaut vorlas, „ein paar Dörfer, Imoschi, Triscowatz, Sternizza, Unista, der Turm Proloch, Exano und ein paar befestigte Werke ... Sagen Sie, lieber Freund, wollen wir gemeinsam einen Ausflug nach Triscowatz machen?"

„Nein, danke. Mein Herz sehnt sich nicht nach Triscowatz", schrie Grimani den Sondergesandten an.
„Ach, wessen Herz schlägt überhaupt heute noch für etwas? Es gibt keine Herzen mehr, die für etwas schlagen." Ruzzini faltete die Hände. Dann fuhr er fort, während seine runden Augenbrauen in die Höhe gingen: „Doch, es gibt noch solche Herzen. Stellen Sie sich vor, daß unsere kleine Attentäterin, Elena Pisani, die wir damals mit Mühe und Not über die Grenze schafften, Pietro Sala geheiratet hat."
„So, und was sagt Monseigneur dazu?" Grimani kniff die Augen zusammen.
Die linke Hand Ruzzinis strich müde durch die Luft. „Wie das in seinem Alter so ist. Man ist dreißig Tage traurig und noch dreißig Jahre froh über eine solche Lösung."
„Trotz Ihrer Verehrung der heiligen Jungfrau von Kaloz ist Ihr hoher Geist recht zynisch angehaucht, lieber Freund", entgegnete der Botschafter und schob Ruzzini die große goldene Dose zu.
Die langen, spitzen Finger des Sondergesandten griffen nach etwas Tabak. „Oh, nein. Ich gehöre nur zu den wenigen Menschen, die aus ihren Erfahrungen etwas lernen. Im übrigen sehe ich mit Schmerzen, was von dem erträumten Adriareich sonst noch übrigbleibt: Vonizza, Prevoza und Butrinto — das ist alles."
„Das, was Schulenburg bis jetzt erobert hat."
Die beiden Männer schweigen. Endlich murmelte Grimani: „Wir müssen sofort beim Prinzen vorstellig werden. Es ist ausgeschlossen, daß Venedig sich mit diesen drei Raubnestern begnügt."
Ruzzini prüfte den Tabak. „Freund Grimani", entgegnete er, während er den Tabak nachdenklich auf den Handrücken legte, „über unsere Patrizier hat sich eine höhnische große Müdigkeit gelegt. Die denken: ‚Uns hält es noch aus, mögen sich unsere Kinder und Enkel mit dem Rest herumschlagen.' Diese Herren sind bereit, sich mit allem zu begnügen, wenn sie nur ihre Ruhe haben."

Eugen, der wieder in dem großen Sessel hinter seinem Arbeitstisch saß, verabschiedete sich grade vom holländischen Gesandten, als die Venezianer eintraten. Der Prinz erhob sich nie aus seinem Sessel, aber er verneigte sich vor den Venezianern im Sitzen und wies ihnen Stühle an. „Was führt Sie noch zu mir, meine Herren?" fragte er artig.
„Wir erhielten diese Notizen von der Hand Eurer Königlichen Hoheit." Grimani strich mit der Hand über das Blatt und keuchte tief erregt: „Das ist unmöglich, mein Prinz."
Sehr überlegen sah Eugen dem Botschafter in die Augen. „Das ist die Belohnung, welche Venedig verlangen kann. Was hat Venedig in diesem Kriege geleistet? Nichts. Auch Korfu ist nur deshalb nicht gefallen, weil ich den Sieg von Peterwardein errungen habe und daraufhin die Türken von Korfu abgerückt sind. Schulenburg hat, wie das sein Schicksal ist, wieder einmal mit elenden Truppen großes in der Verteidigung und im Rückzug geleistet. Deshalb, nur deshalb soll Venedig die drei Festungen erhalten, welche Schulenburg erobert hat."
Plötzlich ging ein Leuchten über das Antlitz des Prinzen. Er richtete sich auf und sprach mit feinem Hohn in der Stimme: „Gut, ich will Schulenburg zuliebe noch etwas tun. Auch ich will ihm ein Denkmal setzen; seiner Besonderheit will ich ein Denkmal setzen in diesem Friedensvertrag." Eugen wies mit der Nagelkralle des kleinen Fingers auf eine einsame Insel zwischen Morea und Kreta. „Hier — die Venusinsel Cythera — die soll Venedig noch haben — in Anerkennung seiner Leistungen in den Ländern der Venus und in Verehrung für die Eroberungen seines Feldmarschalls in diesen Gebieten."
„Wir verehren die Güte Eurer Königlichen Hoheit. Da wir aber alle unsere Besitzungen außerhalb des Adriatischen Meeres verlieren sollen, so wäre es vielleicht doch sinnvoller, man gäbe uns nicht jene einsame Insel, die ganz außerhalb des neuen venezianischen Machtbereiches liegt, sondern ein Küstengebiet am Adriatischen Meer." Ruzzini verneigte sich tief und steckte die Hände in die langen Ärmel der roten Robe, wie er es immer

tat, wenn er auf eine diplomatisch verschlagene Antwort wartete, auf welche er mit neuen Winkelzügen des Geistes entgegnen wollte.

Aber Eugen ließ sich auf keine Winkelzüge ein. „Wenn Sie, Herr Gesandter, die Insel Cerigo nicht haben wollen, so werde ich sie den Türken zusprechen. Ich bitte um Ihre knappe und klare Antwort."

Die beiden Patrizier verneigten sich. „Venedig legt Wert auf die Insel Cerigo."

„Gut", nickte der Prinz. „Weitere Unklarheiten bestehen also nicht mehr." Grimani schritt, vorsichtig immer rückwärts gehend, dem Ausgang des Zeltes zu; Ruzzini dagegen wandte dem Prinzen den Rücken und rollte davon, so daß Eugen diesem seltsamen Bilde mit einer Mischung von Heiterkeit und Hochachtung nachsah.

Was konnte es noch ausmachen, daß die Senatskuriere sich jagten, stets mit dem gleichen Befehl an Grimani und Ruzzini: „Haltet die Friedensverhandlungen hin! Unsere Truppen sind in Albanien im Vormarsch." Es war für den Marschall ein entsetzlicher Tag, als am Abend des 1. August 1718 ein Depeschenboot des Senates den Befehl überbrachte, alle feindlichen Handlungen gegen die Türken einzustellen, da der Friede in den nächsten Tagen abgeschlossen werde. Dulcigno lag zerschossen vor ihm. „Heute nacht, Sala", murmelte er, „hätten wir es im Sturm genommen. Und nun?"

„Nun ziehen wir die weiße Fahne auf", knirschte Sala. Dann wandte er sich dem Meere zu: „Bitte, sehen Sie, Exzellenz, dort kommen von Süden, von Korfu, vier große Galeeren, bis oben gefüllt mit Waffen und Munition. Sie liegen scharf vor dem Wind. Elena und ihre Freunde, die Arsenalotti, schicken sie uns ... Ach, Exzellenz!"

Matthias nahm den General beim Arm. „Es ist nicht zu ändern. Über Venedig steht grollend Ananke, das Schicksal, das mächtiger ist als die Götter. Lassen Sie die weiße Fahne hissen."
Die Fahne stieg empor und stand klar im Winde, der von Süden antrieb. Aber die Türken zielten auf die Fahne. Das türkische Feuer wurde sogar stärker. Und wie vor einem Jahr die Elemente mit den Verteidigern von Korfu gewesen waren, so waren sie jetzt, wo die Verteidiger von Korfu zum Angriff übergegangen waren, gegen sie. Ungeheure Wolkenwände, wie von einer geheimen Maschinerie aus dem Grunde des Meeres emporgehoben, entfesselten die furchtbaren Stürme der Adria. Die Stürme tobten gegen die an der Felsküste liegende venezianische Flotte, welche sich auf das offene Meer rettete; sie trieben auch die Transportschiffe ab, die frische Munition, Lebensmittel und vor allem Trinkwasser bringen sollten. Tagelang wütete der Sturm. Eines Morgens um die fünfte Stunde, als der Orkan sich auf seiner Höhe befand, kroch Matthias von seiner Steinhütte hinüber in das Zelt Pisanis, das geborgen hinter einem Felsen lag. Er trat dicht an das Lager des Generalkapitäns heran. „Hoher Herr", sagte er kurz, „ich erbitte Ihr Einverständnis für einen Angriff unserer Truppen gegen die Türken. In zwei Stunden können wir Dulcigno erobert haben."
Pisani sprang auf. „Angriff? Der Senat hat befohlen, alle Feindseligkeiten einzustellen!"
„Im Dogenpalast in Venedig sieht die Welt anders aus als hier. Die Türken wollen den Krieg. Dann sollen sie ihn auch haben."
Pisani legte sich einen schweren türkischen Seidenmantel um die Schultern. „Exzellenz, ich kann Ihnen meine Zustimmung nicht geben..."
Mit einem Satz sprang der Marschall vor den Generalkapitän. „Sie müssen. Denn sonst sind wir verloren. Wie sollen wir von hier durch die Schluchten bis an das Meer zurückkommen? Der Seraskier, den wir zurückgeschlagen haben, rückt mit seinen

Truppen wieder an und wird mit der Besatzung von Dulcigno zusammen alle Höhen über der Schlucht besetzen. Wir werden einen Todesweg zurückgehen."
„Es ist unmöglich, Exzellenz Schulenburg, daß wir jetzt noch angreifen. Man würde der Republik den Vorwurf machen, sie hielte sich nicht an den Friedensvertrag."
Mit großen Schritten durchquerte Matthias das Zelt, die Hände, welche das spanische Rohr breit gefaßt hatten, auf dem Rücken. Endlich blieb er vor Pisani stehen. „Gut, ich werde die Festung nicht angreifen. Aber sobald der Seraskier die Höhen besetzt, welche unsere Rückzugslinien flankieren, werde ich ihn angreifen, ob Sie einverstanden sind oder nicht. Ich habe nicht Lust, mit meinen Zehntausend in eine Falle zu laufen, aus der wir nie mehr herauskommen, nur weil es den Diplomaten so paßt."
Pisani zuckte die Achseln.

5

Der Rückzug Schulenburgs mit seinen Zehntausend von Dulcigno zum Meer gehört zu den großen Taten der Kriegsgeschichte. Der Marschall, dem nur fünfzig Pferde zur Verfügung standen, schlug persönlich mit dreißig Reitern Hunderte von Türken in die Flucht, welche seine Nachhut vernichten wollten. Überall wirkte er selbst durch Wort und Beispiel; immer wieder warf er durch künstliche Bewegungen und Neugruppierungen die wilden Angreifer über den Haufen; an der Spitze seines Regimentes erkämpfte er das für seine Truppen unentbehrliche Wasser. So führte er seine Zehntausend mit allem Geschütz und Gepäck durch die Schluchten und die Feinde hindurch bis zum Meer, wo er seine gesamte Mannschaft mit allem Kriegsmaterial einschiffen und bis nach Cattaro bringen konnte. Der Meister des Rückzugs übertraf in seiner letzten kriegerischen Handlung, dem Rückzug von Dulcigno, sich selbst. Die Welt hielt vor dieser Tat den Atem an, und Klio, die Muse der Geschichte, vermerkte auf den Höhen des Pindus diesen Rückzug auf ihren Tafeln.

... Etwa fünfzig Jahre später studierte ein blasser, magerer französischer Offizier, der von Korsika stammte, dessen Haare nach der damaligen Mode eng an dem schmalen Schädel klebten und Hundeohren genannt wurden, die Geschichte dieses Rückzuges; sie machte auf ihn einen solchen Eindruck, daß sie immer in seinem Geist lebendig blieb, auch, nachdem er Kaiser geworden war. Als er selbst den größten Rückzug seines Lebens im Schlitten von Moskau aus antrat, murmelte er, wie sein Begleiter berichtete, des öfteren ein italienisches Wort, dessen Sinn der Begleiter nicht begriff. Es klang wie „Dulcigno", ein Wort, über das sich der Kaiser aber nicht weiter äußerte ...

6

Wenige Tage darauf brachte ein Depeschenboot den Marschall und den General Sala von Cattaro nach Korfu. Als die Batterie der alten Festung der Standarte des Marschalls den Salut bot, lächelte Matthias seinem Begleiter zu. „Jetzt springt Elena auf und läuft an den Hafen." Er legte Sala die Hand auf den Arm. „Machen Sie sie glücklich, Sala. Sie verdient es."
Die beiden Männer sahen bereits von fern das Winken eines Tuches, und als die Brücke an das Ufer fiel, stürzte Elena an Bord, um ihren Gatten zu umarmen. Dann erblickte sie den Marschall, der sich im Hintergrunde hielt. „Monseigneur!" rief sie, und lief auf ihn zu, um ihm die Hand zu küssen. Matthias aber umarmte Elena sacht und sagte nur: „Nimm ihn mit; ich fahre sofort weiter nach Vonizza."
„Ohne Begleitung?"
„Hektor genügt mir."
Das Meer kochte in der letzten Sommerhitze. Nach zwei Tagen Fahrt erreichte das Depeschenboot den Golf von Arta und setzte beim rosig schimmernden Kap von Aktium den Marschall an

Land. Am Ufer empfing ihn eine Feuerlinie von Männern; auf ein krähendes Kommando präsentierten die rotgekleideten Soldaten. Moser, den Vogelkopf zur Seite geneigt, hob den Federhut und meldete: „Armee des Obersten Person von Moser zum Ausbau der Festung Vonizza zur Stelle."
Matthias dankte. „Woher wußten Sie von meiner Ankunft, lieber Oberst?"
Ein Grinsen ging über die mageren Züge Mosers. „Natürlich durch Gazireh, die Türkin der jungen Frau Sala. Die arbeitet schneller als wir; heute früh brachte Marie Gontard, die flamische Dienerin, mit einem Segelbot die Nachricht, daß Euer Exzellenz mit Hektor heute nachmittag bei Aktium landen würden."
„Ist die Marie noch hier?"
„Sehr wohl, Exzellenz. Sie wartet auf Euer Exzellenz in Vonizza im Dorfgasthaus."
Matthias nickte. „Morgen werde ich hinein in das Land reiten. Begleiten wird mich Hektor. Wenn die Marie kochen kann, soll auch sie mitkommen. Wir werden als venezianische Weinhändler reisen. Bitte, lassen Sie alles vorbereiten. Maultiere und Mundvorrat für etwa acht Tage. Ich muß die Kette des Pindus selbst besichtigen. Ziel der Reise ist der Gipfel des Weluchi. Wenn wir in zehn Tagen nicht zurück sind, schicken Sie Leute hinter uns her."
„Exzellenz könnten unter die Räuber fallen."
„Das bin ich gewohnt, lieber Moser."
Durch rosiggraue Schluchten ritten die drei in eine Welt von rosigem Gestein und rosigem Gewölk. Auf hintergründigem Grau tanzten hauchzarte Farben, und sehr bald empfand Matthias, der die Flamin, um ihr etwas Gutes zu erweisen, mit auf die Reise genommen hatte, die Seele des jungen Menschenkindes wie das Gebirge, welches sie erklommen: grau, düster, aber von hauchzarten Farben überglänzt. Marie erzählte, neben Matthias reitend, viel von ihrem Leben, von dem sie aber ebensoviel verschwieg. Nur tat sie das wieder so ungeschickt, daß sie

den Marschall rührte, und er ihr sogar unauffällig zur Hilfe kam, wenn sie sich festgelogen hatte und nicht weiter wußte. Sie ritten empor durch Schluchten und über Bergwiesen; die Luft ging kalt durch die Nase in die Lungen und ließ die Zähne schmerzen. Am Abend schlug Hektor ein Zelt auf; dann kochte Marie vor dem Zelt auf einem offenen Feuer. Der Marschall rauchte seine holländische Pfeife, während seine Blicke die Dunkelheit beobachteten, die leise in die dunstgefüllten Täler kroch und die gestickte Pracht des Sternenhimmels nach sich zog. Immer einsamer wurden die Wege, welche die drei emporritten. „Viel zu einsam für Räuber", tröstete Hektor die ängstliche Marie. „Du kannst ganz unbesorgt sein; hierher kommt kein Mensch."

Der Reiter vor ihnen aber dachte nicht an Räuber. Er dachte auch nicht an die Kämpfe von Dulcigno. Er wollte, fern den Menschen, versuchen, Gottes Willen zu erkennen, auf dem Gipfel des Pindusgebirges, wo nach dem Wissen der Alten die Musen ihren Sitz haben sollten.

Elena Pisani hatte er geopfert, die Schönheit in Gottes Hände zurückgegeben. Nun wollte sein Herz sich noch einmal bittend an Gott wenden, aus jener Kindlichkeit heraus, die Aimée so sehr geliebt hatte. „Ich habe doch etwas geleistet", so sagte er sich, „mehr geleistet, als ich zu leisten brauchte. Sollte Gott das nicht anerkennen?"

Eine heilige Stille, Flächen mit Alpenrosen bestanden, ein glasiger Quell, über allem ein Himmel von fleckenloser Bläue, von Adlern durchzogen, das war die Welt, in welche der Feldherr seine Seele sinken ließ. Ein schmaler Ziegenweg führte die Reiter auf den Kamm des Pindus. Von dort, gegen Westen, erblickten sie, über gewellte Vorberge hinweg, das Adriatische Meer. Die fliederfarbene Zackenlinie über rötlichem Dunst war Korfu. Nach Osten fiel das Gebirge stark ab; unter ihnen dehnte sich die tessalische Ebene; dort der Hügelzug am Golf von Lamia barg den Engpaß von Thermopylae, wo die Dreihundert fielen und dafür unsterblich wurden. E r hatte seine Zehntausend lebend durch den Engpaß von Dulcigno gebracht ... war das weniger?

Rasch wandte er sich zu Hektor. „Du errichtest das Zelt bei der Quelle, Hektor; wir bleiben die Nacht hier oben. Marie, du sorgst dafür, daß wir etwas zu essen bekommen. Ich reite noch auf den Gipfel des Weluchi und bin in zwei Stunden zurück."

Er ritt den Kamm des Pindus entlang. Sein Herz ging hart. Er hoffte auf die Offenbarung einer geheimen Weisheit. Denn dieser Ort, teuer dem geistigen Ringen von Jahrtausenden, mußte erfüllt sein von überzeitlichem Glanz. Andere stiegen in die Grüfte, um dort die Geister der Ahnen zu beschwören; er stieg hinauf zum Gipfel, um Gottes Willen zu erfahren durch die Göttin des Nachruhms, die richtende Muse Klio.

Durch Gestrüpp ging der Ritt empor. Eine kleine Hochebene schwebte über Abgründen, hauchfarbenen Wolken nahe und bestanden mit wildem Gras. Vor einer Felswand erhoben sich mächtige Steinblöcke, schwere Stühle in einem heiligen Halbrund.

Matthias sprang vom Maultier und ließ es weiden. Langsam, mit Ehrfurcht, näherte er sich diesem Kultplatz. Er, der vor dem Allerheiligsten in der Markuskirche nur aus Höflichkeit das Knie beugte, ihn zog es auf den Boden, um seine Ehrfurcht diesem Hochsitz aller Bildung des Westens zu erzeigen.

Fast ängstlich schlich er sich zu den Steinsitzen, um welche Gras und Farrenkraut wucherte. Er zählte sie; es waren neun. Sie mochten uralt sein; plump zurechtgehauen schienen sie bestimmt für Menschen eines harten Geschlechtes. Er setzte sich auf den mittelsten der Sitze, an welchen sich die anderen im Halbrund anschlossen. Mit gesenktem Haupt starrte er auf die Kräuter zu seinen Füßen. Eine zarte Kamille berührte die Spitze seines Reiseschuhes. In der Anordnung der gelben Fruchtknoten kehrte der in sich kreisende Schwung der Wogen wieder, und die weißen Blütenblätter hingen als Schaum, Zierde, Überfluß darüber.

In innerer Hochsteigerung ließ er die Blicke über das Halbrund schweifen, das von einer Felswand abgegrenzt war. Suchend hob er den Blick gegen die Felswand; dann aber durchfuhr ihn ein Blitz. Gegen die Wand lehnte in wucherndem Ginster, der in Flammenbränden zu ihm emporschlug, ein elendes, halbzerfallenes Holzkreuz mit einem plumpen, geschnitzten Gekreuzigten, dem geopferten Sohn Gottes.

Der Marschall erhob sich rasch und wandte sich um, das im Lichtgrau versinkende Land war Tessalien. Plötzlich streckte er die Hände zum Himmel empor. ‚Nichts mehr will ich, Gott. Erhalte mir nur meinen Sohn, damit ich ihm einst weitergeben kann, was ich mir entsagend errungen habe.'
Er fing das Maultier ein, klopfte ihm auf den Hals, stieg auf und ritt langsam zurück. Der große Gott des alten Testamentes hielt seine Strafe aufrecht; Matthias hatte das Recht auf den Nachruhm verwirkt. Auch seine Tat von Dulcigno, die Rettung von zehntausend Menschen, wurde von Gott nicht als Entsühnung entgegengenommen. Und seine Bitte um Schönheit? Elena Pisani war nicht nur Schönheit. Sie war ein großer, starker, gütiger Mensch; sie war kein Preis, den er sich selbst aussetzen durfte. Der alte Rabbi hatte ihm den rechten Weg gewiesen. Ihm blieb sein Sohn — die Erziehung seines Sohnes. Das Maultier tapste mit klugen Füßen Schritt vor Schritt den Weg abwärts. Langsam schob sich der Weg dem Kamm des Gebirges zu, wo er sich von Felsgruppe zu Felsgruppe wand, immer sich ungewiß schwingend zwischen dem Licht des Ostens und dem Dämmern des Westens. Der Mann auf dem Rücken des Maultieres sah in eine Ferne, die nur ihm sichtbar wurde. Daher erschrak er leicht, als plötzlich neben ihm eine Stimme rief: „Monseigneur, ich habe ein paar Erdbeeren gefunden, hier in dieser Höhe — ich habe sie für Sie gepflückt."
Matthias hielt an. Am Wege saß Marie Gontard, die Füße angezogen und die kleinen Hände, die knochenlos zu sein schienen, um die Knie geschlungen. In ihrem Schoß stand ein geflochtenes

Körbchen mit Erdbeeren. Ihr schönes Gesichtchen leuchtete in einer Mischung von Verlegenheit und Zudringlichkeit.
Die Hand des Marschalls nahm das Körbchen entgegen; wieder, wie vor einem Jahr, wurden ihm Erdbeeren geboten, und wieder nahm er sie mit einem bewegten Herzen. Marie schritt, sich in den Hüften wiegend, neben dem Maultier her. Sie war schön und bei allem, was sie erlebt haben mochte, seltsam natürlich. Matthias freute sich an ihr, wie er sich an den Erdbeeren freute, an dem Zelt, das Hektor am Quell über den schattengierigen Schluchten des Pindus errichtet hatte. Wieder ließ er einen davongleitenden Tag den Sternenteppich hinter sich herziehen und ließ sich von Hektor und Marie erzählen von der Welt des Ostens.
Er hörte ihren Erzählungen gern zu, wie die Krieger am Lagerfeuer dem Sänger zuhörten, in jener Zeit, als unten auf dem blauen Meer noch die buntgemalten hellenischen Schiffe gen Troja zogen. Er hörte ihnen Abend für Abend zu. Als das Depeschenboot die drei nach Korfu zurückbrachte, erzählte Marie die Geschichte ihres Lebens. Er blieb still. Er blieb weiter still, als Elena und Sala in Korfu an Bord kamen und ihnen ein großes Glück aus den Augen strahlte. Während der Fahrt nach Venedig saß er des Abends mit allen zusammen am Bug und sah hinein in das Meer mit den aufblühenden Silberbahnen des Mondes. Er freute sich, wenn Elena gelegentlich ein liebes Wort zu ihm sprach.
Als sie nach Venedig gelangt waren, mußten sie zunächst wieder die Quarantäne durchmachen, während derer sie von Doktor Anonimo behandelt und vom Senat verwöhnt wurden. Wieder kamen Gäste in das Quarantänehotel: alle Künstler, die Damen der Kaiserlichen Botschaft, die bewegliche, gescheite Gräfin Vera Rességuier und die langsam dahingleitende, feingliedrige Donna Diana Azzariti. Wieder spielte Carlo Goldoni dem Marschall mit seinen Puppen hinter dem Gitter etwas vor; wieder sang die Faustina und begeisterte die Zuhörer.
Der Marschall blieb still.

Leise drückte Elena Salas Hand. „Der arme Monseigneur! Wir dürfen ihn nicht ganz allein lassen."
„Wäre nur sein Sohn erst so weit, daß er um den Vater sein könnte!" entgegnete Sala.
Nach der kleinen Abendvorstellung wurde dem Marschall der Provveditore Antonio Loredan gemeldet. Loredan war auf seiner Felucke von Korfu in Venedig eingetroffen und ohne Quarantäne vom Senat empfangen worden. Jetzt bäte er, den Marschall sofort sprechen zu dürfen. Matthias, welcher im Arbeitszimmer die Lichter hatte anzünden lassen, trat dem Gast mit offenen Armen entgegen, erschrak aber, als er sah, wie bleich und zerrüttet Loredan aussah.
„Was ist, lieber Freund?"
„Es hat sich ein schweres Unglück auf Korfu ereignet", Loredan schwieg und starrte vor sich hin.
„Bitte, berichten Sie."
„Vor ein paar Tagen tobte einer der gewaltigen Stürme über der Insel, genau wie im Vorjahr, bevor die Türken abzogen. Jetzt schlug der Blitz ein in das Schloß della Campana in der alten Festung, entzündete das Pulvermagazin und sprengte fast die gesamte alte Festung in die Luft."
Matthias stieß einen Ruf des Entsetzens aus; Loredan sah vor sich hin. „Da Riva und ich weilten grade zur Besprechung in der Porta Raimondo, als diese furchtbare Explosion die Luft über der Stadt zerriß und die Häuser tanzen ließ. Wir liefen sofort zur alten Festung; was wir sahen, war Grauen. Die meisten Batterien waren zerfetzt; Geschütze von fünfzig Pfund Kaliber waren ins Meer geschleudert. Zwei Posten hob die Explosion in die Luft; der eine fiel auf das Deck einer Galeere im Hafen, der andere auf das Dach eines Hauses in der Altstadt. Die beiden kamen mit dem Leben davon."
Er stockte, fuhr aber dann weiter fort: „Die Admirale Pesaro und Diedo grub man noch lebend unter dem zusammengestürzten Seitenflügel des Schlosses am Meer aus."
„Und — Pisani?"

Die Rechte Loredans ging an die Stirn. „Fünfzehnhundert Menschen kamen um. Sie sind verschüttet und liegen unter den Trümmern der alten Festung. Bei ihnen befindet sich auch der Generalkapitän Andrea Pisani."

Die Männer sahen sich in die Augen. „Gott hat dem weltlichen Gericht vorgegriffen", sagte Loredan ruhig, „es ist auch besser so. Pisani hat das werdende Adriareich vernichtet. Die Staatsinquisition verfügt über keine Strafe, welche hart genug wäre, um ein solches Verbrechen zu sühnen."

Nach einiger Zeit begann er von neuem. „Durch einen sehr seltenen Zufall ist das Denkmal, welches Ihnen am Eingang der alten Festung errichtet wurde, unversehrt geblieben. Nur eine Locke der Perücke wurde abgeschlagen."

Mit großen Schritten ging der Marschall im Zimmer auf und ab. „Gott will, daß es meinem Sohne einst von den Taten seines Vaters erzählt", murmelte er.

Er geleitete Loredan an die Gondel, welche den Provveditore nach Venedig zurückführte und begab sich dann in das Zimmer des Ehepaares Sala, um der jungen Frau den Tod ihres Vaters mitzuteilen. Elena sah den Marschall verloren an; ihre Hände glitten langsam die Hüften entlang. Dann sagte sie leise: „Er hat das Adriareich zerschlagen. Aber auch er war nur Gottes Marionette und mußte seinen Willen ausführen, wie wir alle nur Marionetten Gottes sind und seinen Willen auszuführen haben, es dann aber noch büßen müssen, daß er uns zu seinen Marionetten gemacht hat."

Erschrocken sah Matthias die junge Frau an. Sie nickte ihm zu. „So ist es, Monseigneur. Das kann man mit Demut ertragen oder mit Trotz, aber es ändert sich nichts dadurch, wie man es erträgt." Nach einiger Zeit fügte sie hinzu: „Ich fahre morgen in den Palazzo Loredan-Schulenburg, um, wie immer, nach dem Rechten zu sehen."

Noch am gleichen Abend beschloß der Senat, welcher in einer Sondersitzung zusammengekommen war und mit tiefer Erschütterung von dem Unglück auf Korfu Kenntnis genommen hatte, die Festung durch Schulenburg neu aufbauen zu lassen.
Der Inschrift des durch ein Wunder erhaltenen Denkmals fügte man auf Vorschlag des Marineministers Antonio Nani noch die graziösen Worte hinzu:
„Intacta fulmine laurus — Vom Blitz unberührt blieb der Lorbeer."

SIEBENTES KAPITEL

1

Damit hat Matthias den Bau seines Lebens abgeschlossen. Es ist ein gewaltiges barockes Gebilde, in welchem sich nordische Konstruktion und südliche Arabesken zu bestrickender Schönheit vereinen. Jetzt geht der fast Sechzigjährige daran, diesen Bau zu dekorieren und ihn mit kunstvollen Fresken auszuschmücken.
In Venedig verehrt man den Marschall mehr noch als den Dogen. Für das Volk ist Monseigneur das Stetige, das, was die Zeiten überdauert, der „gute Marcolin", der, wie man in seiner Heimat sagt, „getreue Ekkehart". Die Dogen kommen und gehen: Giovanni Corner, der fromme Herr, mehr Kardinal als Doge; der vom Krieg und vom Leben verbrauchte Alvise Mocenigo, der den Marschall einst in römischer Tracht empfing; Carlo Ruzzini, der hinkende, taube, geistvolle Staatsmann, ein persönlicher Freund des Marschalls; weiter sein anderer Freund, der große Alvise Pisani, mehr König als Doge, und endlich Pietro Grimani, der Dichter und Diplomat — Matthias bleibt. Immer wieder steht er vor einer offenen Gruft und sieht, wie ein mit der Dogenkappe geschmückter Barocksarg in die Tiefe gesenkt wird. Er geht heim, und bald erblickt man ihn wieder neben der Hoheit des neuen Dogen, bei den großen Festen in der Markuskirche oder auf dem Bucentaur, dem Prachtschiff, das am Himmelfahrtstage von den Arsenalotten nach San Niccolò del Lido hinausgerudert wird. Dort wirft der Doge den goldenen Ring ins Meer, um Venedig aufs neue mit diesem Meer zu vermählen. Hart donnern die Geschütze. Aus Tausenden von

Gondeln jubelt das Volk dem erwählten Herrn zu; Monseigneur steht aufrecht und stolz neben dem Fürsten unter dem goldenen Schirm am Bug des Prachtschiffes und läßt sich beglücken von der überirdischen Schönheit, welche ihn umgibt. Er vergißt nie, bevor er das Staatsschiff verläßt, durch die Ruderräume der Bucentaur zu schreiten und seine Freunde, die Arsenalotti zu begrüßen, durch deren Hilfe die Verteidigung von Korfu möglich gewesen war. Er läßt seine Gondel auch noch neben der Gondel des Dogen der Nicoloti, des Obersten der Fischerinnung halten, reicht ihm die Hand, um dann ein seltenes Buch oder eine Miniatur der Nachbarin Rosalba Carriera hineingleiten zu lassen, als Dank für die Fische, welche ihm im vergangenen Jahr vom Dogen der Nicoloti ins Haus gesandt wurden. Wenn fremde Fürstlichkeiten in Venedig eintreffen, so ist der Feldmarschall die große Respektsperson, der diese Fürstlichkeiten gleich nach dem Dogen ihren Besuch machen. Besonders freundlich ist er gegen kleine, meist etwas verlegene deutsche Prinzessinnen, in Wahrheit gutartige Landpomeranzen, die aber groß tun und die Würde von Greiz-Schleiz-Lobenstein repräsentieren müssen. Dann macht sich Monseigneur ein besonderes Vergnügen daraus, die Fürstinnen-Mütter, Hofmeisterinnen oder Anstandsdamen durch seine Unterhaltung zu fesseln und dadurch den Prinzessinnen Gelegenheit zu geben, zusammen mit einem seiner jugendlichen Adjutanten den weitläufigen Palast einer längeren Besichtigung zu unterziehen. Man erzählt sich in Venedig sogar, daß bei einer solchen Besichtigung ein Neffe des Marschalls eine deutsche Thronfolge sehr zur Freude der jugendlichen Fürstin endlich gesichert habe. Jetzt braucht die Landesmutter nicht mehr zu fürchten, nach dem Tode ihres sehr viel älteren Gatten als kinderlose Witwe von einer Seitenlinie mit einer dürftigen Pension davongejagt zu werden. Freilich schwört die Seitenlinie dem Marschall mit seiner ganzen maison militaire Rache; aber es ist am Ende die Rache der Barochetto, der Zeit zwischen Barock und Rokoko, die sich in ihren Gefühlen selten über das Opernhafte hinaushebt.

In Venedig freut man sich über den Aufwand, den der Marschall treibt. Der Staat, der ja nicht mehr über Einnahmen aus der Levante verfügt, lebt fast ausschließlich von der Fremdenindustrie. Sechs Monate Karneval in Venedig mit vierzigtausend reichen Fremden — das ist die Haupteinnahmequelle des Staates und ebensoviel wert wie eine große Industrie. Für diesen Karneval und die Fremden arbeitet die ganze Bevölkerung; nicht nur in der Stadt, sondern auch die festländische. Kostüme, Masken, Blumen, Nahrungsmittel aller Art wollen für alle beschafft sein, und niemand hat Zeit, an etwas anderes zu denken. Monseigneur wird etwas belächelt, wenn er immer wieder rät, auf der Hut zu sein und nicht zu vergessen, daß die Türken eines Tages wiederkommen und Venedig von neuem angreifen könnten. Im Senat gibt man ihm in jeder Hinsicht recht; man erneuert am 15. Oktober 1719 sofort die dreijährige Kapitulation mit ihm und beauftragt ihn gleichzeitig, die Festung Korfu, welche vom Blitz zerstört ist, neu zu errichten, eine Aufgabe, von der jeder weiß, daß sie bis zu ihrer Vollendung mindestens zwölf Jahre verlangen wird.

Matthias dagegen wäre lieber in den Kaiserlichen Dienst übergetreten; es drängt ihn zu seinem Sohn nach Wien. Aber Eugen will ihn nicht. So macht sich Schulenburg allmählich mit dem Gedanken vertraut, noch zwölf Jahre im venezianischen Dienst zu bleiben. Dann wird er sich in der neuen Feste Korfu selbst ein Denkmal erbaut haben, größer als das, welches Cabianca ihm schuf — oh, er will nichts gegen das Denkmal Cabiancas sagen! Es ist geschmackvoll und würdig zugleich, so daß er es in Kupfer stechen läßt und seinen bevorzugten Gästen Abzüge davon zum Andenken schenkt —, um endlich nach Emden zurückzukehren und dort sein Leben zu beschließen. Bis dahin denkt er aber, es auch in Venedig nicht zu vertrauern. Um ihn herum tauchen viele bedeutende Frauen auf; sie kommen und gehn, rascher als ihre Väter und Oheime, die Dogen. Aber immer wieder fällt ein helles Licht aus dem Palazzo Loredan-Schulenburg auf eine Cornaro, Valmarana, Renier, Vendramin oder

Morosini; und Venedig lächelt, weil Monseigneur immer noch die Liebe liebt. Wenn der Doge schon fromm sein will, so soll wenigstens der Condottiere den Frauen der Märchenstadt seine Huldigungen zu Füßen legen.
Freilich, Einfluß auf den Marschall gewinnen diese Frauen nicht. Sie sind nicht einmal imstande, für ihre Söhne ein Regiment zu erbitten oder für ihre Neffen einen elenden Posten in der Levante. Der Verteidiger von Korfu läßt sich gern in ein Kasino am Markusplatz locken oder in ein Sommerschloß an der Brenta; er läßt sich empfangen von Wohlgerüchen und weiß die hellen Glieder der venezianischen Frauen, die sich aus türkischen Seiden herausschälen, zu schätzen. Aber er bleibt gegen jede Bitte um Bevorzugung eines Verwandten kalt; besonders wenn die Bitten in erhöhten Augenblicken ausgesprochen werden. „Diese Kanaille von Marschall", schreibt 1721 Catarina Corner ihrer Freundin Elisa Lippomani, „hat eine raffinierte Art, einen zu beleidigen. Ich hatte alles aufgeboten, um ihn in meinem Kasino faszinierend zu empfangen. Er machte seinem Ruf als Meister des Rückzuges auch alle Ehre, aber er blieb taub, als ich ihm später nahelegte, meinem Neffen eine Stelle als Kapitän im Regiment Altötting zu geben. Ich entließ den hohen Herrn etwas kühl, um nach zwei Stunden eine kostbare Diamantagraffe in den Händen zu halten, welche er mir durch seinen großen Soldaten zusandte. Noch bin ich im Zweifel, ob ich meinem Gefühl folgen und die Agraffe ihm vor die Füße werfen, oder aber, ob ich meinem Verstand folgen und sie behalten soll. Da mir mein Gefühl in letzter Zeit schon mehrfach böse Unzuträglichkeiten bereitet hat, werde ich mich diesesmal wohl besser der Führung meines Verstandes anvertrauen."
Vermutlich hat der fromme Doge durch die Nachtherren von diesem Abenteuer des Marschalls mit der Nichte des Dogen erfahren. Er bittet Matthias zu sich und fragt den aufrechten Soldaten, ob er nicht geneigt sei, diese Nichte Catarina aus dem Zweige Maurizio della cà grande zu ehelichen. Der schon vom Tode gezeichnete Fürst, auf dessen fahlen Wangen nur noch

das Licht erglänzt, das vom Wasser reflektiert wird, hebt die Hände und sagt: „Geben Sie Venedig ein Beispiel, Exzellenz! Wenn Sie es geben, wird unser Volk mehr aufhorchen, als wenn einer von uns es gibt."
Matthias schüttelt das Haupt. „Das Volk ist bieder und auf seine Weise zufrieden. Die herrschenden Schichten, auf welche es ankommt, sind korrumpiert. Ihnen kann kein Fremder ein Beispiel geben. Wenn ich mich jetzt noch vermählte, dann würde der Adel Venedigs über mich lachen. Das aber verträgt meine Stellung nicht."
Wieder steigen die Hände des sterbenden Dogen empor. „Ich bitte Sie, fügen Sie Ihrem Lorbeerkranz noch den Kranz der Myrte hinzu." Und fast flehend sagte der alte Mann: „Um Ihres Seelenheils willen, Graf Schulenburg. Es müssen ein paar gerettet werden aus dem kommenden Untergang."
„Ich kann meine Freiheit nicht opfern, Euer Herrlichkeit." Die mächtigen Augenbrauen des Marschalls ziehen sich zusammen: „Die Freiheit gilt mir mehr."
Ein Grauen geht über das fahle Antlitz des Dogen. „Mehr als die Seligkeit?"
„Libertas inaestimabilis res est."
Der Doge sinkt zurück; das Haupt neigt sich zur Seite.
Matthias verbeugt sich und geht. Ja, die Freiheit ist eine unschätzbare Sache. Seine Gondel bringt ihn in den Palazzo Loredan zurück, zu Marie Gontard, jenem seltsamen Wesen, das ihm immer nähergekommen ist. Sie kauert sich zu Füßen seines Stuhls nieder, wenn er arbeitet, und nennt das ihren Hundeplatz. Sie verbrennt vor dem alternden Mann in einer Bewunderung, welche das Erstaunen und das boshafte Lächeln der Eingeweihten hervorruft. Aber Marie Gontard kümmert sich nicht darum. Vielleicht bemerkt sie es nicht einmal, und wenn sie es merkt, dann wertet sie es nicht. Takt ist nicht ihre Stärke. Es fehlt ihr sogar ein Gefühl für die Tatsache, daß sie durch ihre glühenden Zärtlichkeiten und ihre auffällige Bewunderung den Marschall in eine peinliche Lage vor den Menschen bringt.

Matthias steht dieser Nymphennatur oft ein wenig befangen gegenüber, gleichzeitig aber rührt sie ihn. Die Dankbarkeit Maries für die kleinste Aufmerksamkeit, welche er ihr erweist, greift ihm ans Herz.

Einzelne Damen zischeln. „Wenn Monseigneur sich schon etwas derartiges hält, sollte er es vorher ein Jahr zu den Damen der heiligen Catarina geben, damit es die Anfangsgründe des guten Geschmacks erlernt", höhnt Catarina Corner.

Aber im allgemeinen bleibt Venedig milde. Man lächelt über Monseigneurs „Hausliebste" und ehrt seine Tätigkeit sowie seinen Geist. Von 1719 bis 1732 weilt er sechsmal in Korfu, oft Jahre lang, um die Inseln und Dalmatien zu befestigen, vor allem, um aus Korfu die größte Festung der Welt zu machen. In Korfu selbst bewohnt er das wiederhergestellte Schloß am Meer, das immer für ihn bereitsteht. Der Blick von der Terrasse, über duftenden Orangegärten, geht hinaus zur Nonneninsel, welche abends im Schatten der Steilküste verdämmert. Er sieht das kleine Eiland, auf welchem Aimée den Tod suchte und gedenkt dann wohl seines Sohnes Carl Heinrich von Greifenklau, von dem die Mammi ein Bild geschickt hat, eine Miniatur des jetzt Fünfjährigen. Marie sitzt auf ihrem Hundeplatz zu Füßen Monseigneurs und sieht das Bild, das Matthias ihr stolz gereicht hat, lange an.

„Schön ist Carlheinz", sagt sie, und ihre Augen leuchten. „So einen möchte ich auch von Ihnen haben."

Der Sekretär Werner beklagt es, daß Monseigneur sich mit so etwas abgibt. Karl, der die Windlichter bringt, versucht Marie zu übersehen. Ganz im Gegensatz zu ihm erweist Straticò, der bald darauf die Terrasse betritt, um eine Meldung von Oberst Moser zu überbringen, ihr die herzlichste Hochachtung. Monseigneur weiß nicht, daß Marie auf einem ihrer vielen Streifzüge die Brüder Straticò kennengelernt hat, diese etwas düsteren Geschäftsleute, mit denen Maries Mutter seit langem in Beziehungen steht. Gelegentlich besucht sie, wenn sie in Venedig weilt, die Brüder sogar in dem Kasino an der Fischbrücke, wo sie ihnen kleine Mitteilungen über das Material macht, welches Matthias in nächster Zeit für den Ausbau der Levantebefestigungen anfordern wird. Zuweilen stiehlt sie dem Marschall auch einen Brief. Dafür wird sie von ihren Freunden bezahlt; von diesem Gelde kauft sie Seidengewänder, Schuhe und Wäsche wie Matthias sie liebt. Sie kauft gelegentlich auch kleine Geschenke für ihn, weil sie ihm gerne etwas Liebes antun will. Denn Marie Gontard, ohne selbst tief zu sein, liebt Monseigneur mit einer leidenschaftlichen Glut; es ist das erstemal in ihrem Leben, daß sie wirklich liebt.

Sie wendet von ihrem Hundeplatz die Blicke zu Straticò, der ihr zunickt und von Matthias ein paar Befehle für Moser entgegennimmt. Aber sein Blick hängt an dem jungen Geschöpf, das, auf dem Boden sitzend, eine Glasperlenkette zwischen den Fingern spannt. Sie weist mit lachenden Augen auf den lesenden Matthias und murmelt ihm zu, den Duft der Orangen einatmend:

„Mit ewigen Blüten, die ewig in Düften wandern,
Und während die einen sich dehnen, reifen die andern."

Matthias hebt den Kopf von einem Brief. „Was sagst du da?" fragt er, während er sich zu Marie neigt. „Die edle Frau Elena Pisani-Sala hat es jüngst gesagt, als sie hier zum Besuch war", erwidert Marie. „Es ist eine Beschreibung von Armidens Gärten aus dem ‚Rasenden Roland' von Ariost", bemerkt Straticò zurückhaltend und lächelt. Sein schwarzes Bärtchen steht immer noch über gleichmäßigen schneeweißen Zähnen. „Schön", nickt Matthias und liest weiter. Dann aber raucht Marie die holländische Pfeife an und reicht sie ihm mit einer kleinen Verbeugung. Bald mischt sich der süße Geruch des Tabaks mit dem süßen Geruch der Orangen. —

An diesem Abend bemerkt Elena in der Loggia im Palazzo Doxaras, in welchem das Paar Wohnung genommen hat, zu ihrem Gatten, Marie spalte ihre Umgebung in zwei Lager; das eine dieser Lager hege eine Neigung zu ihr, das andere aber stände zu ihr in einem unüberwindlichen Gegensatz.

„Ich finde sie reizend", erwidert Sala, der die Hand seiner Frau in der seinen hält, „und ich kann mir vorstellen, daß sie unserem Freunde viel bedeutet."
Elena führt ihren Gatten auf die Bank unter der Ballustrade, auf welche sich Gazireh früher von der Zypresse aus zu schwingen pflegte. „Grade das beklage ich, Pietro", entgegnet sie, „ich hätte ihm Besseres gewünscht."
Sala wendet sich zu Elena und sieht sie strahlend an. „Im Grunde bist du ja nur empört, daß er nach seiner Liebe zu dir überhaupt noch zu lieben wagt ..."
„Pietro!"
„... dann aber sollte es wenigstens eine Königin sein, wie im Märchen." Er hat Elenas Haupt ergriffen und küßt ihr den Nacken unter den leuchtenden Haaren. „Meinst du", flüstert er ihr zu, „daß er die Patenschaft annimmt?"
Sehr vorsichtig greift sie nach der Hand des Mannes. „Ihn darum zu bitten, heißt ihm weh tun; ihn nicht darum zu bitten, heißt ihn beleidigen." Nach einer Weile fährt sie fort: „Ich werde ganz ruhig und ganz einfach mit ihm sprechen. Laß mich das tun. Ich glaube, daß es ihm dann nicht einmal weh tut."
Nur Elena ahnt, wie einsam der alternde Mann geworden ist. Was macht es schon aus, daß die Welt ihn ehrt, daß er das Leben eines Fürsten führt! Sein Hofstaat besteht aus Männern, die alle an ihr eigenes Fortkommen denken; seine Familie in Deutschland, von der er — bis auf seinen Neffen — selbst nicht viel hält, versucht Geld von ihm zu erlangen und bekommt es auch; seine Schwester Melusine, Herzogin von Kendal, die offizielle Geliebte König Georgs I., bringt ihn durch ihre Verlogenheit manchmal zur Verzweiflung, und jüngst haben die „Tuchhändler-Briefe", eine furchtbare Satire von Swift, ihren Namen in Verbindung mit bestimmten Münzverbrechen allzu peinlich in das Licht der Weltöffentlichkeit gerückt. Dennoch hält er zur „duchesse", wie er die Schwester zu nennen pflegt. Er wechselt ständig Briefe mit ihr und hat Doxaras nach London geschickt, damit er der Herzogin das Porträt überreiche, welches der

Künstler von ihm angefertigt hat. Seit einigen Tagen erwartet er, die orangenumstandene Terrasse immer wieder auf und ab schreitend, das Eintreffen des Depeschenbootes aus Venedig, mit welchem Doxaras zurückkehren soll. Er sehnt sich nach Nachrichten von Melusine, von ihren Nichten — andere sagen „Töchtern" —, deren eine jüngst den verwitweten Lord Chesterfield geheiratet hat, der weltbekannt werden sollte durch die Briefe an seinen unehelichen Sohn. Matthias sehnt sich nach Blutsverwandten; sein empfindsames Herz droht in der Einsamkeit zu zerbrechen oder zu versteinern. Nur etwas hält ihn aufrecht: der Gedanke, daß eines Tages Carlheinz eintreffen werde, jung und strahlend, wie er selbst es damals war, als er mit dem Lizenziaten Linck in Namur auf der Universität weilte, als das Edikt von Nantes aufgehoben wurde und sie nach zweijährigem Aufenthalt die erregte Hugenotten-Universität mit dem ruhigen Helmstedt vertauschten. Carlheinz soll in Padua studieren; da gibt es jetzt einige hervorragende junge Gelehrte, bei denen er etwas lernen kann. Der bedeutende Marchese Scipio Maffei, ein Veroneser, doziert dort die Staatswissenschaft. Später will Matthias seinen Sohn selbst unterrichten.

2

Die äußere Stellung des Marschalls ist kaum noch angefochten. Mehr und mehr wird er zum eigentlichen Träger der venezianischen Politik. Hohe Beamte erhalten vom Senat die Weisung, sich erst mit dem Marschall zu beraten, bevor sie eine wichtige Handlung unternehmen.
Man ist der Treue Schulenburgs sicher, und zudem weiß man, daß er zu den Großen der Erde in ausgezeichneten Beziehungen steht. „Er ist der beste Mensch der Welt", schreibt der Abbate Antonio Conti aus Venedig an Madame de Caylus nach Paris, „und er erhält Nachrichten von allen Höfen Europas." Der kleine

bewegliche Abbate ist nach Korfu gekommen, nur um die Gegenwart Monseigneurs zu genießen; er begleitet ihn, wenn dieser die neuen Festungsanlagen prüft, die glatten, ineinandergefügten riesigen Quadersteine, an denen das Licht der Sonne wie wehrlos abprallt. Oben auf der scharfgeschliffenen Steinmauer steht der Oberst Person von Moser, grotesk wie eine Karnevalsmaske, aber ein ordnender Verstand, unter dessen Leitung der „Altar des Mars" emporwächst, wie Matthias ihn erträumt hat.
Der Abbé beobachtet den Marschall, der oben auf den Festungs-Mauern hineinblinzelt in die Sonne. Durch Zufall hat Matthias erfahren, daß sein großer Gegner Karl XII., von dessen Tod er schon vor längerer Zeit, beinahe gleichzeitig mit dem von Andrea Pisani, erfahren hat, ermordet wurde. Des Königs Freund, der Graf Goertz, ist bald darauf hingerichtet worden ...
Monseigneur wendet sich an den Abbé, lächelnd, mit jener beglückenden Überlegenheit, welche allmählich zu seiner zweiten Natur geworden ist. Abbé Conti kann nicht ahnen, welche Erinnerungen den Marschall soeben beschäftigt haben, um so weniger, als dieser interessiert fragt: „Und von meinem Freunde Piazzetta, was hören Sie da?"
Conti verneigt sich. „Das Bild, das Eure Exzellenz bestellt haben, ist fertig. Hephaistos. Piazzetta ist ein Meister. Der junge Schüler Piazzettas jedoch, der damals die herrlichen Gondeln ausgestattet hat ..."
„Damals, als wir hier, dem Tode verschworen, für das Leben Venedigs mit Einsatz unseres eigenen kämpften ..."
„... Gewiß, Exzellenz. Der junge Tiepolo ist ein Genie."
Matthias sieht immer noch in die lichte Weite, hinüber in den Glanz Albaniens, wo sich das Feuer der Schöpfung auf einen Punkt zu konzentrieren scheint. Wundersame Farbringe laufen um diesen Punkt herum, Ringe, die gefüllt sind mit Männern, Heiligen, liegenden Frauen von gewaltiger, bezwingender Nacktheit, mit Negerknaben, Kamelen, Papageienträgern und gerüsteten Kriegern. Blinzelnd glaubt er hineinzusehen in die

Kuppel seines Lebensbaues, gefüllt mit Menschen und Tieren aus Träumen und Erinnerungen, so, wie sie dieser junge Genius in der „aus Sonnenlicht gewobenen Luft" an die Decke geworfen hat, als er die Gloria der Heiligen Therese schuf. O ja, Piazzetta hatte Recht, wenn er sagte: „Monseigneur, Ihren Sohn Carlheinz kenne ich nicht. Aber Giambattisto Tiepolo könnte auch Ihr Sohn sein. Und Sie brauchten sich seiner nicht zu schämen."

Fast ehrfurchtsvoll bemüht er sich um die Künstler Venedigs, und es bedeutet für ihn ein Fest, als nach seiner Rückkehr von Korfu der junge Tiepolo die Schwester eines anderen Malers, Francesco Guardi, heiratet, eine Halbdeutsche, deren Mutter Pichler heißt. Matthias läßt es sich nicht nehmen, bei dieser Hochzeit selbst zugegen zu sein. Er führt die Pichlerin zu Tische, und die beiden unterhalten sich und lachen so herzlich, daß die ganze Gesellsaft jubelnd einfällt, obwohl sie von dem, was dort gesprochen wird, kein Wort versteht.

Marie sitzt ganz unten am Tisch, artig und wohlerzogen. Sie hat heute Monseigneur gesagt, sie könne ohne ihn nicht leben. Sie hat hinzugesetzt, sie wolle nur noch die Hochzeit mitmachen, dann aber in ein Kloster eintreten. Matthias hat ihr mit ernstem Gesicht dringend zugeraten, und das hat sie ihm verargt.

Aber sie ist glücklich, als er an sein Glas schlägt und eine Tischrede hält. Er sagt, ein alter Kriegsknecht verstehe nicht zu schenken; wenn so einer schenke, wolle er auch etwas haben. Nun, auch er wolle etwas haben, und deshalb bäte er die anwesenden Meister, sich in eine Liste einzutragen, aus der man ersehen könnte, ob sie bereit wären, jeder ein Bild an ihn zu verkaufen. Nun jubeln sie alle, die Rosalba, ihr Schwager Pellegrini, Amigioni und Marco Ricci. Der junge Tiepolo bedankt sich mit strahlenden Augen, und die kokette Guarditochter, in der Österreich und Venedig sich endlich einmal zu einer harmonischen Vereinigung gefunden haben, blitzt den Marschall dankbar an.

Auch die anderen Künstler läßt er zu ihrem Recht kommen. Piazzetta hat dem Freund einen jungen Kupferstecher empfohlen, Marco Pitteri, und während des Hochzeitsschmauses hat Matthias den helläugigen jungen Mann neben sich gebeten. „Sie sind verwandt mit dem Dogen der Nicoloti?" fragt Matthias. Pitteri nickt und antwortet strahlend: „Er ist der dritte Doge der Nicoloti aus meiner Familie."
Dabei verschweigt Marco bescheiden, daß nicht nur die Maler Piazzetta, Longhi, Nugari, Zucharelli und Visentini seine Freunde sind, sondern auch der junge Carlo Goldoni, der ihn öffentlich den „ehrenhaftesten und ernsthaftesten Menschen der Welt" genannt hat. Carlo Goldoni ist Monseigneur ja längst bekannt. Ihm hat Matthias ein Theater versprochen, sobald Carlo wirklich etwas vom Theater verstehe. Er sitzt unten am Tisch, nicht weit entfernt von Marie, lebendig, strahlend, ein großer, dicker, blonder Junge. Zu der Komödie, die er dort unten aufführt, macht sein Freund, der junge Galuppi, der ebenso alt ist wie Carlo, mit einem Löffel Musik auf Gläsern. Während Matthias mit einer ganz feinen Sehnsucht hinübersieht zu den drei lustigen jungen Menschen, skizziert Piazetta die Gruppe und überreicht dem Marschall verlegen die Zeichnung. Carlo improvisiert vor Marie Gontard mit zusammengefalteten Mundtüchern eine Komödie, daß sich Marie vor Lachen schüttelt und ihre Gedanken an den Eintritt in ein Kloster erst wieder einmal zurückschiebt. Pitteri berichtet dem Marschall indessen von seiner besonderen Technik, die niemals auf den Kupferstichen die Striche kreuze, sondern sie immer nur parallel laufen lasse.
„Nun", nickt Matthias, „das wird mich sehr interessieren. Wenn es Ihnen Freude macht, so bitte ich Sie, das Bild, das der Römer Rusca von mir gemalt hat, im Kupferstich festzuhalten." —
Spät abends bringt die Gondel den großen Einsamen in den Palazzo Loredan zurück. Er steigt beim Licht der Fackeln hinauf in sein Arbeitszimmer.

Dort arbeitet er bis spät in die Nacht hinein. Er arbeitet immer, in Venedig, in Korfu, in Verona, oder wo er sich grade zu Inspektionen befindet. Wenn er nicht durch das Land reitet, sondern in seiner in breiten Riemen schwingenden Goldkutsche fährt, schreibt er auch während der Fahrt. Sein Sekretär Werner wird immer blasser; selbst Straticò ist zuweilen erschöpft. Aber sehr bald überglänzt ihn wieder die heitere verbindliche Betriebsamkeit; und das Vermögen der Gebrüder Straticò wächst ins Ungeahnte.
Matthias beschwört den Senat, er möge die Gelder bewilligen für ständige Truppen, welche nur aus Landeskindern geworben sein sollten. Wenn Venedig nicht eine sichere Armee von dreißig- bis vierzigtausend Mann aufzustellen vermag, wird es in sehr schwierige politische Lagen kommen, aus der es keine demokratische Verfassung herausholen kann. Aus Menschlichkeit wird niemand die Grenzen des Landes schützen. Das aber kann er wieder den Senatoren nicht beibringen; „messetta, bassetta, donnetta", weiter reicht ihr Gehirn nicht mehr. Es gibt ein paar Ausnahmen: Gritti, Nani, dessen kluger Oheim Da Riva, Loredan, das Ehepaar Sala — kurz, die alten Freunde von Korfu. Sie alle bemühen sich, den müden Senat aufzurütteln, ihm zuzurufen: „Ermannt euch, es gibt noch größere Dinge zu tun als Karneval zu feiern!" Aber ihre ängstlichen Mahnungen werden erstickt vom Knarren der Holzfahnen, der Musik aus den Opern und den Gesängen der Kastraten ...
Marie schenkt die Schokolade ein und gibt sich innerlich einen Anstoß, frech zu reden. „Nicht traurig sein", lacht sie, „die Gräfin Gazzuoli hat schon gefragt, wann Exzellenz heute zum Tee kämen — im Zypressengarten fände der Tee statt. Faustina Bordoni wird singen."
Die Rechte des Marschalls, über welcher die Haut wieder einmal hängt wie ein zu großer Handschuh, greift nach der Tischglocke. „Karl, du bringst sofort einen großen Blumenstrauß zur Gräfin Gazzuoli; ich könne leider nicht kommen, ich müsse arbeiten."

Nachdem Karl das Zimmer verlassen hat — „er wird zu dick", murmelt Matthias hinter ihm her —, spricht Marie vom Erker aus: „Die Gräfin Gazzuoli — das ist doch die Dame, von der Doktor Anonimo wünscht, Sie möchten sie heiraten?" Sie guckt schräg von der Handarbeit hinüber zum Marschall, welcher mit gekrauster Stirn einen Bericht aus Wien mustert.
„Kann schon sein."
„Aber weshalb tun Sie es denn nicht?" fährt Marie fort, innerlich gespannt und überzeugt, daß Matthias sagen werde: „Du genügst mir, kleine Marie."
Der Marschall vergleicht indessen eine Liste mit einer Notiz aus dem Brief; es kann aber auch ein Chiffernschlüssel sein, denn die Namen sind in diesem Brief in Zahlen angegeben. So erwidert er, weil er nur halb hingehört hat: „Vielleicht werde ich es auch tun." Aber er sieht erstaunt auf, als Marie plötzlich aus dem Zimmer läuft, so erregt, daß sie nicht einmal ihre Handarbeit mitnimmt. Er versenkt sich wieder in seine Arbeit, ohne daran zu denken, daß Marie im Vorzimmer in Tränen zusammengebrochen sein könnte, daß Straticò sie tröstet, mit seltsamen Worten: „Du mußt es ertragen, wenn er dich zuweilen quält. Marie. Er ist eben ein komischer alter Mann. Aber eines Tages wirst du so reich sein, daß du davongehen und in Venedig ein schönes Leben führen kannst" — daß aber Marie mit dem winzigen Fuß aufstampft und schreit: „Ich will nicht weg, ich will nicht weg — ich will bei ihm bleiben, ich liebe ihn. Und der Gazzuoli, der kleinen fetten Elster, dreh ich den Hals um."
Die Hausbeamten des Marschalls hatten sich seit einiger Zeit in Parteien gespalten, die zwar nicht ganz klar gegeneinander abgegrenzt sind, im Gegenteil oft sogar ineinander überspielen, deren Vorhandensein aber genügt, um die Atmosphäre des Hauses zu trüben. Das hat sich bemerkbar gemacht, seitdem Matthias einen neuen italienischen Sekretär einstellen mußte, da er den bisherigen wegen seiner Umsicht und Verläßlichkeit als Rechnungsführer zu Moser nach Korfu geschickt hat.

Den neuen Sekretär hatte Straticò empfohlen, dem er wieder durch Aloisio Emo empfohlen war. Von da ab verlöschen die Spuren der Herkunft dieses Mannes; deutlich führen sie aber nach Wien. Als das Ehepaar Sala das letzte Mal den Marschall aufsuchte, machte Gazireh ihrer Herrin eine kurze Bemerkung: „Benedetto gefällt Gazireh nicht. Benedetto ist ein Betrüger." Elena, welche dem Marschall ihren ältesten Sohn gebracht hatte, wurde aufmerksam und machte Matthias gegenüber eine kurze Bemerkung. „Wenn Gazireh etwas Derartiges sagt, so hat das meistens seinen Grund", setzte sie hinzu, während sie den kleinen Matthias auf den Arm nahm. Der Marschall sah nachdenklich vor sich hin: „Ich werde aufpassen", nickte er, dann aber vergaß er es. Dieser Benedetto versucht, Straticò gegen den deutschen Sekretär Werner, Werner gegen Hektor, Hektor gegen Karl einzunehmen; von Werner und Karl sagt er, es seien Ketzer, die an nichts glaubten; von Hektor behauptet er, sein Volksstamm bestehe nur aus Verbrechern. Er läßt sich von Straticò vor allem die Verwaltung des Haushaltes zuweisen, welche bisher bei Werner gelegen hat, und zwar unter dem Vorwand, Werner verstehe die verschiedenen Dialekte, den von Venedig, Verona, Korfu, Dalmatien und aller anderen Orte, an denen der Marschall sonst noch weilt, zu wenig, als daß dadurch nicht dem Marschall ein erheblicher Schaden erwüchse.
Nach einiger Zeit läutet der Marschall wieder. Er gibt Karl den Befehl, der Maler Professor Gioba Piazzetta solle sofort hereingeführt werden, wenn er käme. „Solange der Professor bei mir ist, bin ich nicht zu sprechen." Dann setzt er noch hinzu: „Du wirst wieder zu dick, Karl. Von morgen früh ab bewegst du zwei Stunden lang in der Dragonerreitbahn die Pferde. Von sechs bis acht Uhr vormittags."
Straticò lächelt, als Karl ihm von dem Befehl des Marschalls Mitteilung macht. „Nun ja", entgegnet Straticò, „Sie haben ja sonst ein gutes Leben. Solchen kleinen Ärger muß man hinunterschlucken. Leben können heißt hinunterschlucken können. Wer das nicht lernt, dem wird es eingetrichtert." Aber Karl wirft

im Hinausgehen einen Blick voll Haß auf Marie, welche in der Nische eines Fensters hockt und mit ihren Fingern spielt. Auf ihrer hübschen, glatten Stirn hat sich eine heimliche Empörung eingenistet.
Dann kommt Benedetto rasch ins Vorzimmer. „Ist jemand drin bei Exzellenz?"
„Nein", entgegnet Straticò, der wieder an seinem Schreibtisch Platz genommen hat und den kleinen muskulösen Neapolitaner neugierig ansieht.
„Auch Marie nicht?"
Mit seinem schön gepuderten Kopf weist Straticò auf die Fensternische. „Gewitter?" fragt Benedetto und ruft im Vorübergehen Marie zu: „Köpfchen hoch. Der Blitz schlägt doch nicht ein. Schönen Frauen ist ein Mann nie lange böse. Schon deshalb nicht, damit sie nicht traurig sind. Männer können ihren Dienst erfüllen, auch wenn sie traurig sind; schöne Frauen nicht. Und wir sollen doch alle unseren Dienst erfüllen." Straticò lächelt verkniffen an seinem Schreibtisch, während Benedetto leise anklopft, in das Zimmer des Marschalls tritt und dort die Ankunft des Professors Piazzetta meldet. Rasch hebt Matthias den Kopf. „Wie schön!" sagt er, und seine Augen leuchten auf. „Ich lasse bitten."
Sein wundervoller, mächtiger Schädel mit den tiefen Linien, der gebräunten Haut und der knappen Perücke sticht scharf ab von der gelben Wandbespannung. Zunächst steht Piazzetta vor diesem seltsam lichtdurchzitterten Bild und ruft: „Lieber Freund, die Rosalba Carriera muß Sie malen!" Dann aber sieht er dem Freunde in die Augen und setzt leise hinzu: „Nein, sie wird die Geheimnisse, die in diesem Antlitz ruhen, zu leicht nehmen. Ach, diese jüngere Generation nimmt alles zu leicht."
Matthias reicht dem Freunde die Hand und führt ihn in die Ecke des Zimmers, wohin Karl die Schokolade und das Backwerk bringt. Auch Piazzetta liebt Schokolade; die beiden Männer haben den Genuß der Schokolade zu einer Wissenschaft erhoben. Es gibt solche mit Vanille, eine erste und eine zweite

Qualität, solche ohne Vanille, holländische, türkische und spanische. Freilich gibt Piazzetta sich dieser Wissenschaft nur im Hause des Freundes hin: er ist arm geboren, arm geblieben und wird arm sterben. Aber nicht nur sein Schüler Tiepolo, auch er ist ein Genie.

Das weiß Matthias, sagt es dem Freunde, setzt aber hinzu: „Es steckt sehr wenig Venezianisches in Ihnen, Sie könnten aus Holland stammen, oder aus Emden."

„Weshalb?" fragt Piazzetta und drängt das hügelige Antlitz mit den verdämmernden Seen der Augen dem Sprecher entgegen.

„Weil Sie die Farbe zurückstellen hinter der Form — weil Sie vorbeisehen am Flimmern, am Licht."

Der Maler neigt das Haupt zur Seite. Die Frage des Freundes hat ihn berührt. In ihm lebt ein tiefer Ernst, der sich wehrt gegen das weibische Getändel, wie er es Ricci vorwirft. „Eigentlich gibt es überhaupt nur zwei echte Farben", sagt er nach einiger Zeit, „schwarz und weiß."

Der Marschall nickt. „Wenn wir uns in die Zwischentöne retten, haben wir immer so etwas wie ein schlechtes Gewissen."

Er fragt den Freund, was es unter den jungen Künstlern Neues gäbe. „Ich bringe", erwidert Piazzetta, „den ersten Abzug des Kupferstiches, welchen Pitteri nach Ihrem Porträt von Rusca angefertigt hat."

Er entnimmt einer Mappe, die er beim Eintritt in das Zimmer auf einen Stuhl mit schön geschwungener Lehne und Klauenfüßen gestellt hat, mit spitzen Fingern ein Blatt, welches er vorsichtig dem Marschall reicht. Matthias schrickt freudig zusammen. „Das freilich ist ein Meisterwerk."

Das Antlitz des Malers strahlt. „Ich bin sehr glücklich, daß das Blatt Ihren Beifall findet. Pitteri ist ein sehr bescheidener Künstler, dem der Beifall eines großen Herrn nur gut tun kann."

„Ich bin kein großer Herr, Meister."

Der Satz berührt Gioba Piazzetta. Dann erwidert er nach längerer Pause sehr ernst: „Und ich bin kein großer Meister, Herr."

Nun stockt die Unterhaltung der beiden Männer, bis sie plötzlich beide lachen. „Verbrauchen wir uns gegenseitig so, wie wir sind", schlägt Matthias vor, und Piazzetta willigt weiter lachend ein.

Durch Piazzettas Umsicht und Spürsinn wächst die Galerie des Marschalls zusehends.

Er selbst bringt Stunden für Stunden in seiner Bildersammlung zu, deren wichtigste Stücke er in Venedig im Palazzo Loredan vereinigt hat. Dort hat er sich am Fenster, dem rückwärtigen Garten zu, eine Staffelei aufbauen lassen, der gegenüber ein großer Lehnstuhl steht. Auf diese Staffelei muß Hektor von Zeit zu Zeit ein anderes Bild stellen; Marie sitzt auf ihrem Hundeplatz und streut gelegentlich eine kluge Bemerkung über ein Bild ein. Ihre Kenntnis der Kunst ist nicht tief gegründet; aber sie verfügt über einen guten Geschmack und eine pfiffige Art der Formulierung, welche dem Marschall gelegentlich ein Lächeln abzwingt. Im übrigen nascht sie aus einem strohgeflochtenen Körbchen kandierte Früchte, welche ihr Donna Elena Pisani-Sala schickt. Denn Donna Elena hat sich vorgenommen, freundlich mit Marie zu sein, damit Monseigneur wieder an ihr seine Freude hat.

3

Die Sommermonate verbringt der Marschall, wenn er nicht auf Korfu weilt, gern in Grassiato bei Salas. Wenn sein Reisewagen vor dem Schlößchen vorfährt und Elena, den kleinen Matthias an der Hand, aus dem Hause springt, Sala gemessen hinterher folgt, dann zieht eine Wärme durch das Herz des Einsamen, die ihm sonst unbekannt ist. Er fühlt sich bei seinen Kindern zu Gast. Man hält ihm zwei Zimmer dem Park zu frei und sorgt dafür, daß Marie in seiner Nähe untergebracht wird. Hektor, „der lange Kerl", tritt mehr und mehr an die Stelle Karls, dem der Aufenthalt im Ausland nicht gut tut, weil ihm dort der Wein von allen Seiten zuströmt.

Mit Elena spricht Matthias auf väterlich-ritterliche Art. Daß sein Herz gelegentlich noch ein wenig zuckt, wenn die schöne Pisanitochter mit raschen, weichen Bewegungen auf ihn zuschreitet, wenn ihr feines, wissendes Lächeln den Glanz ihrer tiefblauen Augen zart betont, das wundert den alten Soldaten nicht weiter. Er weiß, daß er ein großes Glück auf dem Altar der Jahre opferte. Indessen kräht der kleine Matthias zu seinen Füßen und packt mit festen Fäusten in die weichen Schäfte der hohen Stiefel, welche Monseigneur angelegt hat, weil er mit Sala ein paar Stunden lang über die Äcker streifen und Trappen schießen will.

Am Nachmittag wandert Matthias mit Elena durch das Dorf. Die Bauern grüßen den Marschall und die Gutsherrin mit heiterer Ehrfurcht; Matthias dankt freundlich, erschrickt aber und senkt den Blick, als plötzlich zu seinen Füßen ein Soldat in Uniform jammert: „Geben Sie mir ein wenig Geld, Exzellenz, ich habe bei der Verteidigung von Korfu beide Beine verloren."

„Woher bist du?" fragt Matthias und reicht ihm ein Geldstück. „Aus Bassano." Der Krüppel sitzt auf einem Brett mit vier kleinen Scheibenrädern, das er mit den Händen hin und her leitet.

„Hilft denn dir deine Gemeinde nicht?" Der Marschall fragt mit zusammengezogenen Brauen.

Der Krüppel schüttelt den Kopf. „Uns hilft keiner. Unsere beste Hilfe sei das Mitleid der anderen, haben sie mir auf dem Rathaus in Bassano gesagt."

„Gibt es noch mehr von euch?"

„Tausende. Euer Exzellenz sehen sie nur nicht, weil Sie rasch vorüberreiten oder fahren. Aber betteln tun nicht nur die Kriegskrüppel; sie betteln alle, auch die, die heute noch im Dienst sind. Selbst die Offiziere betteln, weil das Gehalt, das sie bekommen, zu gering ist."

Das Antlitz des Marschalls erstarrt zur Maske. „Die Offiziere ... von den jetzt aktiven Regimentern ... betteln?"

Der Krüppel winkt dem Marschall mit dem Kopf. Dann steuert er sein kleines Fahrzeug durch die Menschen hindurch bis zur nächsten Straßenecke. Matthias und Elena folgen ihm. Dort zeigt er wieder mit dem Haupt auf ein größeres palastartiges Gebäude. „Da unten steht ein Leutnant vom Regiment Waldeck und bettelt. Er hat Bettelurlaub, Exzellenz, von seinem Kommandeur. Die Regimenter haben sich das Land eingeteilt; jedes Regiment hat sein Bettelgebiet — wie die Mönchsorden", setzt der Verstümmelte hinzu.
Dem Marschall brennt die Frage auf den Lippen: „Und mein Regiment — und das Regiment Schulenburg?"
Den Krüppel zu seinen Füßen reizt es, aus der Bosheit der Schlecht-Weggekommenen heraus, zu kichern: ‚Das Regiment Schulenburg — ja, die haben es gut, die haben sich die Gegend um San Daniele di Friuli gesichert, wo die großen Schweinezüchter leben.' Aber er wagt es nicht, weil er immer noch Angst hat vor dem Vorgesetzten mit dem spanischen Rohr.
So schweigen sie beide, der Marschall und der Krüppel, bis Elena den Freund leicht an den Arm nimmt und ihn zum Dorfe hinausführt, hinein in reifende Felder und die aufsteigende Glut des Mittags.
Plötzlich bleibt Matthias stehen und sieht in die Ferne. „Ach", sagt er, „wenn doch mein Junge, der Carlheinz, soweit wäre! Meine Vorstellungen über das Schicksal der Helden von Korfu stoßen beim Senat auf taube Ohren. Er könnte mit frischen Kräften Ordnung schaffen. Ich würde ihn zu meinem Gehilfen und zu meinem Nachfolger erziehen... aber das ist im besten Fall in einigen Jahren möglich."
Am Nachmittag wandelt Matthias mit Elena durch sommerliche Felder. Als die beiden über die Wiesen gehen, folgt ihnen Hektor mit wichtigen Depeschen aus Venedig, welche der Sekretär Werner gegen den Willen des italienischen Sekretärs nachgeschickt hat. Die Depeschen kommen von Wien; die Herren von Mörlin und von Pilgram haben dieses Mal nicht geschlafen, oder aber die Ereignisse in Wien vollziehen sich mit solcher

Deutlichkeit, daß sie selbst diesen beiden nicht unbekannt bleiben konnten.
Matthias sieht, die Depeschen in der Linken, eine Zeitlang nachdenklich in die Ferne. Endlich wendet er sich an Elena: „Hältst du Marie für geeignet, eine große diplomatische Aufgabe zu lösen? Ich erhalte soeben eine ganz bedeutsame Nachricht. Zwischen dem Prinzen Eugen und Bonneval sind ernste Differenzen ausgebrochen. Bonneval sollte festgenommen werden, konnte aber mit Hilfe eines venezianischen Abenteurers nach Konstantinopel entfliehen."
Elena pflückt ein paar Zweige und bindet sie mit Feldblumen zusammen. „Wollen Sie Marie nach Konstantinopel schicken?" — „Ich dachte daran. Wenn Bonneval nach Konstantinopel entflohen ist, dann kann eines Tages die Welt brennen. Der venezianische Bailo in Konstantinopel ist ein vornehmer Mann, aber Bonneval ist er nicht gewachsen."
„Und dahin wollten Sie Marie schicken?"
Matthias zuckt die Achseln. „Wen denn sonst?"
„Gazireh." Die Antwort klingt wie selbstverständlich. „Solchen gefährlichen Situationen ist nur Gazireh gewachsen."
Halb verlegen erwidert Matthias: „Ich wollte dir deine vertraute Dienerin nicht wegnehmen."
„Aber, Monseigneur!"
Ein paar Tage später reist Gazireh heimlich über Venedig nach Konstantinopel ab. Matthias reist gleichzeitig mit großem Gefolge nach London, Berlin, Dresden und Wien. Es ist Zeit, daß er dort selbst einmal nach dem Rechten sieht.

4

König Georg I. von England, ein dicker, jovialer Herr, der kein Wort Englisch spricht, geht erregt in seinem Zimmer auf und ab, bis der diensthabende Kammerherr den Feldmarschall Grafen Schulenburg meldet. Man hat die Reisewagen des Marschalls in das Schloß Kensington geleitet, den Marschall aber, der sich noch in seinen Reisekleidern befindet, gebeten, sofort mit zum König zu kommen. Nun empfängt Georg den Mann, dem er zum guten Teil seine Krone verdankt, mit einer Mischung von königlicher Würde und familiärer Vertrautheit. Er führt den Gast über die große Freitreppe hinunter in den Garten und tastet sich mit seiner Unterhaltung geschickt in die Seele des Marschalls hinein. Dutzende von Spionen versuchen, ihren Höfen wenigstens Fetzen der Unterhaltung zu übermitteln, denn die Welt glaubt, der König wolle durch Matthias die Republik Venedig für das Bündnis von Herrenhausen gewinnen, welches Großbritannien, Frankreich und Preußen gegen Österreich-Spanien geschlossen haben. Aber die Welt irrt sich. Georg I. will nur mit einem Mann sprechen, mit dem er ungestört über die Torheiten dieser Welt reden kann. Später bittet der König den Marschall zum Abendessen und führt ihn in ein Gartenzimmer des Schlosses.

Der kleine runde Tisch, für vier Personen gedeckt, glänzt im Licht vieler Wachskerzen. „Gedulden wir uns noch einen Augenblick", bittet der kurzatmige König, „ich erwarte noch einen Gast."

Sehr bald wird die Doppeltür geöffnet, und nun erscheint Ehrengard Melusine, Reichsgräfin von der Schulenburg, Reichsfürstin von Eberstein, Herzogin von Kendal und Mounster, Marquise und Gräfin von Dungamor, Gräfin von Faversham, Baronesse von Glastenburg und Dundalk. Sie steht in der Tür in der ganzen Üppigkeit ihrer Figur, ihres Reichtums und ihrer Titel. Sie breitet die Arme aus, und Matthias stürzt ihr entgegen. Gewiß, er hat sich manchmal über diese Schwester geärgert; auch ist er der Ansicht, daß sie der Familie in Deutschland nicht so viel Gutes erweist, wie sie es könnte. Insbesondere zieht sie sich von dem Bruder Daniel Bodo zurück, der sich durch alchemistische Versuche ruiniert hat; es interessiert sie wenig, daß Daniel Bodo zu seinen Versuchen durch Herrn von Leibniz angeregt worden war. Ihm jedoch hat sie damals nach Korfu Schiffe, Soldaten und Kriegsmaterial als Geburtstagsgeschenk gesandt, und das vergißt er ihr nie. Georg freut sich der gelungenen Überraschung und reibt sich die fetten Hände.

Während der Mahlzeit erzählt Matthias den beiden vom großen Mischkessel Venedig und von der Belagerung von Korfu.

Der König läßt den Gast auch während der nächsten Tage nicht von seiner Seite; immer wieder führt er den Marschall durch andere Teile der Gärten von Kensington. Am dritten Tage zeigt er ihm die Volieren mit den wundervollen Papageien, den Wildpark und die Orchideensammlungen.

„Wie Sie wissen, lieber Freund", sagt er schweratmend, während er eine Orchidee abbricht, die er dem Obergärtner reicht, mit dem Befehl, sie der Herzogin von Kendal zu bringen, „ist die ... meine geschiedene Frau ... die Prinzessin von Ahlden, vor einem Jahr verstorben."

Matthias verneigt sich. „Der Tod war für die unglückliche Prinzessin eine Erlösung."

Ein Augenblick harten Schweigens liegt zwischen den Männern. Dann fährt der König fort: „Diese Dinge sind vergangen. Seit vielen Jahren fesseln mich die zärtlichsten Bindungen an die Herzogin von Kendal, Bindungen, welche weit über das hinausgehen, was sonst an Beziehungen zwischen Fürsten und ihren Freundinnen üblich ist."

Matthias nickt gehalten und streicht langsam über die Straußenfedern seines Hutes. „Ich weiß, daß die Bindungen Eurer Majestät zu meiner Schwester eine Gewissensehe bedeuten."

Der König empfindet den versteckten Vorwurf in diesen Worten und fährt rasch im Weitergehen fort: „Zu meinem tiefen Schmerz ist es mir aber nicht möglich, Ihre Schwester vor aller Welt zu meiner Gattin zu machen. Wohl aber möchte ich, ihrem natürlichen Wunsche folgend, sie mir zur linken Hand antrauen lassen und bitte Sie, bei diesem Akt mein Trauzeuge sein zu wollen."

Georg atmet sichtlich auf, nachdem er dem Marschall die Erklärung abgegeben hat. Matthias ist zufrieden. Nun ist diese immerhin doch peinliche Angelegenheit auch geordnet. Er sagt

seinem königlichen Schwager ein paar freundliche Worte und bewundert zusammen mit ihm ein Palmenhaus. Aber er läßt dabei den König nicht aus den Fängen. Die Trauung sollte sehr bald ohne besondere Feierlichkeiten vor sich gehen; das Witwengehalt der Herzogin müsse ihr jedoch durch einen Parlamentsakt gesichert werden.
Über die verwaschenen Züge des Königs gleitet die große Müdigkeit. Er befindet sich in jenem Zustand, in welchem der Mensch zu allem „ja" sagt, nur, um nichts weiter sagen zu müssen. So geleitet Matthias ihn in den Palast zurück. Dann sucht er sofort seine Schwester auf, berichtet ihr von seinem Eintreten für diese Ehe und läßt sich von Melusine Truppen und Material zusichern, für den Fall, daß die Türken von neuem einen Krieg gegen Venedig beginnen sollten. „Ich tue alles für dich", erwidert Melusine ergriffen. Sie weiß ihren Augen den feuchten Glanz der Innigkeit zu geben. ‚Vielleicht ist ein Teil davon sogar echt', denkt Matthias, ‚wer aber kann wissen, welcher.'
Nach der geheimen Trauung läßt Georg vor dem Marschall eines der drei Garderegimenter exerzieren und dem neuen Schwager die Ehren eines regierenden Fürsten erweisen. Einer der vielen Spione begreift den Sinn dieser Zeremonie; er meldet dem Prinzen Eugen: „Diese Feierlichkeit deute darauf hin, daß jetzt die Vermählung des Königs mit der Herzogin perfekt geworden sei." Daraufhin zischelt Eugen vom Wohlstand der Familie Schulenburg durch Schwert und Scheide, eine Bosheit, die später bei allen möglichen und unmöglichen Gelegenheiten in der Geschichte des großen Jahrhunderts aufzutauchen pflegt.

Zu seinem Abschied von London empfängt Melusine den Bruder mit königlichem Zeremoniell. Er lacht sie aus, küßt sie und fährt auf einem englischen Kriegsschiff zum Festland hinüber.
Am preußischen Hof wird er mit betonten Ehren empfangen. Friedrich Wilhelm I. umarmt und küßt den Gast, er geht mit ihm auf die Hirschjagd und führt ihm seinen Sohn vor, den Kronprinzen Friedrich, der vierzehn Jahre alt ist. Aus den Augen

des Prinzen schlägt ein seltsames Feuer, das nicht immer gütig zu sein scheint. Abends im Tabakskolleg bittet der König den Marschall, ihn bäurisch mit dem Ellenbogen anstoßend, Matthias möchte doch unter der Hand für die Riesengarde ein paar lange Kerle besorgen; der Kronprinz, welcher dem Marschall gegenübersitzt und ihn kritisch mustert, bittet vorerst gar nichts. Nach acht Jahren wird der Vater die Bitte um lange Kerle wiederholen; der Kronprinz bittet dann gleichzeitig, ihm in Venedig einen Kastraten für sein Rheinsberger Hausorchester zu besorgen, der die Kunst der Koloraturen gelernt hätte. Matthias erklärt darauf, er habe zwar keinen Kastraten vorrätig, kenne jedoch eine reizende Sängerin, die sich selbst auf dem Klavier zu begleiten wisse, die talentierte Maria Malpi. Der Kronprinz beharrt jedoch bei seinem Kastraten wie sein Vater bei seinen langen Kerlen. Vorerst empfängt Matthias in einem feierlichen Ordenskapitel vom König den Schwarzen Adlerorden. Für diese höchste preußische Auszeichnung ist Monseigneur besonders empfänglich, weil er als Protestant nicht Ritter der Stola von San Marco werden kann, der Schwarze Adlerorden aber der Stola von San Marco im Range gleichsteht.
Mit großer Befriedigung legt er sich das Orangeband des Ordens über die Brust.

Nun rollt der mächtige Reisewagen des Marschalls wieder dem Süden zu. Die ganzen Kabinettsintrigen, Heiratspläne, die möglichen und wahrscheinlichen Bündnisse, welche die Politik jener Zeit so überbelebt machen, gehen durch seinen Kopf. Während draußen die märkischen Dörfer in ihrer soldatischen Sauberkeit vorüberstreichen, mit bunten Fensterläden und Störchen auf den Dächern, gestaltet sich das Zukunftsbild seines Lebens immer deutlicher. Ihm gegenüber sitzt Marie, zum großen Ärger Straticòs, der mit ein paar jüngeren Begleitoffizieren in einem der folgenden Wagen Platz nehmen mußte. Marie hat wieder einmal Obst gekauft, dieses Mal frische Kirschen, welche sie dem Marschall anbietet.

Während sie das Köpfchen vorschiebt und Matthias die Kirschen hinhält, fragt sie: „Wollte der König von England Sie nicht bei sich behalten, Monseigneur?"
Matthias spuckt die Kirschkerne in die Hand und wirft sie zum offenen Wagenfenster hinaus: „Gewiß wollte er das. Er wollte mich zum Herzog machen, ich sollte das englische Ingeburtrecht erhalten und die Stelle des Herzogs von Marlborough übernehmen. Ich lehnte ab."
„Und der König in Preußen?" Die Augen des jungen Geschöpfes hängen fast ängstlich an den Lippen des Marschalls.
„... wollte mich als Feldmarschall in seinen Dienst nehmen. Ich lehnte ab."
Nach einer kurzen Pause stößt Marie hervor: „Aber in Wien... in Wien wird man Sie festhalten, Monseigneur."
Wieder fliegen ein paar Kirschkerne aus dem Wagenfenster. Dann greift Matthias in die flache Ledertasche an der Seitenwand seines Wagens. Dieser Tasche entnimmt er seinen großen Reisepaß, für „unseren Feldmarschall" ausgestellt von Kaiser Karl VI. und von Prinz Eugen mit unterzeichnet. Mit dem kleinen Finger der Rechten zeigt er auf Eugens Unterschrift: „Siehst du, an dieser Stelle könnte ich sehr bald stehen, wenn es gilt, Pässe für fremde hohe Offiziere auszustellen. An Stelle des Prinzen Eugen könnte ich dort stehen. Aber jetzt danke ich auch dafür!"
Marie ist klug; sie weiß, daß zwischen Schulenburg und Eugen ein Kampf dem Ende zugeht, der viele Jahre gedauert hat. Sie versteht zwar nicht, weshalb Matthias nicht zugreift, nicht Sieger sein will über den Savoyer; denn sie sähe Monseigneur gern als Sieger.
Aber Matthias schüttelt den Kopf. „Das verstehst du nicht, Marie. Ich soll keinen Nachruhm ernten. Gott will es nicht. Deshalb wäre Wien nichts für mich. Gott gibt mir dafür die Schönheit der Kunst, der Welt. So will er mich im Lande der Schönheit lassen, in Venedig und Korfu."

Marie zieht ihre Beine auf das Wagenpolster, so daß ihre roten Saffianstiefel unter dem grauen Reisekleid wie zwei mächtige Kirschen hervorsehen. Sie preßt sich in die Ecke des Wagens und mustert von dort aus mit halbverhängten Augen diesen merkwürdigen Mann, der eine englische Herzogskrone ablehnt, um in Venedig den Feldmarschall einer Armee von Bettlern zu spielen.

Sie empfindet viel mehr als Matthias selbst, daß die Empfänge in Wien von einer nervösen Unruhe getragen werden. Zwar hat die Gräfin Fuchs den alten Freund im Palais Mollard einquartiert, aber auf ihre Bitte weilt er incognito in Wien, als Herr von Greifenklau, so daß der Kaiser wie auch Eugen ihn nicht zu empfangen brauchen. „Sie werden mich für eine dumme Tratschen halten, lieber Freund", plauscht die Gräfin über ihr rosiges Doppelkinn hinweg, während sie dem Freunde die Schokolade aus der riesigen Kanne einschenkt, „aber glauben's mir, es ist jetzt besser so. Nur Ihre ‚divinité', unsere geliebte Kaiserin, möchte Sie sehen — um mit Ihnen von Ihrem Großvater Ulrich von Wolfenbüttel zu sprechen, dem Sie ja so nah g'standen sind, daß er Ihren Namen noch in der Agonie gemurmelt hat."
Die schöne Lisl ist noch immer schön; sie ist sogar hinreißend und spricht im kleinen Gartenpavillon zwei Stunden lang mit Matthias über den gebildeten und hochgelehrten Anton Ulrich. Während sie fragt und erzählt, legt sie dem Gast frisches Gebäck auf den Teller. Dann betritt die zehnjährige Erzherzogin Maria Theresia den Pavillon, sieht den Gast mit den großen, warmen Augen ihrer braunschweigischen Mutter prüfend an und sagt nachdenklich: „Das mit Korfu, das haben's großartig gemacht, Exzellenz."
Maria Theresias Bemerkung läßt den Marschall lächeln. Er weiß, daß die zukünftige Kaiserin ihm soeben ihre Bewunderung ausgesprochen hat, und er versteht, das Gespräch auf die Zukunftspläne des Hauses Habsburg zu lenken. Weil er aber für die Zukunft Venedig aus weiteren Kriegen heraushalten will, spricht er

vorsichtig und bewegt in den Händen eine silberne Bonbonniere hin und her, ein Meisterstück Augsburger Goldschmiedekunst. Auf dem Deckel der kleinen Kassette liegen Früchte aus Gold und Silber, welche Matthias nachdenklich mustert, während er der Antwort der schönen Lisl aufmerksam lauscht. Als er sich empfiehlt und der Kaiserin zum Abschied die Hand küßt, steht plötzlich die kleine Maria Theresia neben ihm. In ihren Kinderhänden hält sie die silberne Bonbonniere. „Gelt, Mutter, du erlaubst", sagt sie und reicht dem erstaunten Marschall die Bonbonniere, „Exzellenz hat sie so schön gefunden und immer wieder angeschaut. Da soll er sie doch behalten, weil er das mit Korfu so großartig gemacht hat." Die Kaiserin lächelt: „Dann tu ihm noch ein paar von den Gutsi hinein, von den Braunschweigern, damit er an sein Zuhause erinnert wird."

Zum großen Schmerz des Marschalls befindet sich Carlheinz nicht in Wien. Auf Anordnung der Gräfin Fuchs ist sein Erzieher, ein junger, österreichischer Aristokrat, mit ihm nach Prag gereist, um dort den Doktor Bergeßer zu konsultieren. „Es ist keine Sache von Bedeutung, lieber Freund", sagt die Gräfin, während sie den Marschall durch die Spiegelgalerie zur Haupttreppe geleitet, „ein kleiner Sprachfehler, der sich aber rasch beheben läßt."
„Ich möchte Carlheinz sehr bald zu mir nach Venedig nehmen", erwidert der Marschall, während er für einen Augenblick vor einem großen Wandspiegel stehenbleibt, um das Orangeband des Schwarzen Adlerordens zurechtzuschieben. Die Gräfin hält währenddessen die silberne Dose, sichtlich bemüht, die Unterhaltung in leichter Form weiterzuführen.
„Eine an sich glänzende Idee", nickt sie und zieht ihm mit der freien Rechten das breite Moiréband des Ordens glatt. Während sie auf den Fußspitzen steht, fährt sie fort: „Nur würde ich mit der Ausführung dieses Planes noch ein paar Jahre warten. Der Knabe fängt jetzt an, in die Stürme der Entwicklungsjahre hineinzugelangen..."

„Desto mehr wird ihm eine feste väterliche Hand wohltun."
Der Marschall schiebt die Perücke zurück. „Ich danke Ihnen, liebe Freundin", sagt er, „ich möchte ihn zu meinem Nachfolger in Venedig erziehen, zu einem gebildeten Soldaten, wie ich den Marschall von Sachsen erzogen habe."
Die Mammi wiegt den rundlichen Kopf. „Warten wir trotzdem noch ein bisserl. Ich sag schon, wenn's Zeit ist."

Kaum hat Matthias sein Wohnzimmer im Palast Mollard betreten, als Marie sich leise in das Zimmer schiebt und flüstert: „Gazireh ist da." — „Gazireh?" entgegnet Matthias überrascht, „sie soll sofort kommen."
Gazireh weht rasch wie ein Windstoß in das Zimmer. Sie verneigt sich vor Matthias und setzt sich, nachdem der Marschall sich in einen großen Sessel niedergelassen hat, mit gekreuzten Beinen auf den Boden.
„Monseigneur", beginnt sie, nachdem der Marschall ihr zugenickt hat, „Gazireh kam auf vielen bunten Wegen bis zur großen Stadt Konstantinopel. Dort ließ sie sich zeigen, wo der Graf Bonneval wohnt. Den kannte aber niemand, bis sie erfuhr, daß der Graf Bonneval jetzt Achmet Pascha heißt. Ist Pascha von Karelien mit zwei Roßschweifen und Oberbefehlshaber der türkischen Artillerie. Nachdem er sich zum Glauben des Propheten bekannt hat, ist er der Berater des Sultans geworden."
„Eine seltsame Karriere hat dieser Herr aus dem Limousin gemacht", murmelt Matthias. „Weiter."
„Dann kam Gazireh in das Haus vom Grafen Bonneval. Liegt zwischen großen Zypressen, ist ganz weiß und innen wunderschön, mit vielen Teppichen, Bildern und Büchern."
Matthias zuckt die Achseln. „Die hat er während der vielen Kriege gestohlen. Das Kloster Bobbio hat er völlig ausgeraubt. Weiter."
„Der Graf wunderte sich gar nicht, daß Gazireh da war. Er lachte und ließ Kaffee, Zigaretten und Konfekt bringen. Dann zog er mit Finger Kreis rund um seinen Kopf und sagte, er hätte

seine Nachtmütze mit Turban vertauscht. Sprach lieb von Donna Elena, von Monseigneur. Gazireh sah, daß er etwas wollte."
Matthias lachte für sich hin. „Und was wollte er?"
„Setzte sich an Schreibtisch. Ließ schönes Papier holen und schrieb. Gazireh sah währenddessen in den Hof. Großer Palast, viel Soldaten laufen hin und her. Dann klingelte Bonneval, ließ für Gazireh dicke Seidenstoffe und zwei goldene Armringe bringen. Gazireh fragte den Türken, der Brief gesiegelt hat, später, was darin stände. Der sagte es. Gazireh mußte am Abend an Bord einer Felucke gehen und wurde nach Venedig gebracht."
„Und der Brief?"
Die Türkin erhebt sich, immer noch wie ein Scherenteufel, zieht aus ihrem Gürtel einen prächtigen Brief, der mit Goldtinte auf rotes Papier geschrieben ist. Matthias öffnet mit Vorsicht das Siegel, es ist so schön in Wachs ausgepreßt, daß er es nicht verletzen möchte. Der Brief, ein Purpurbogen mit dem Goldgestirn der Buchstaben, lautet: „Exzellenz, verehrter Freund. Eine Sache von außerordentlicher Wichtigkeit läßt mich vorschlagen, daß wir uns auf Korfu, vor der Kirche des heiligen Andreas über Gasturi Mittags am 15. Juni treffen, Sie und ich, jeder nur mit einem Begleiter. Wenn Sie mit meinem Vorschlag einverstanden sind, lassen Sie Ihre Standarte doppelt auf der alten Festung hissen. Es ist selbstverständlich, daß wir diese Besprechung nach allen Regeln christlicher Ritterlichkeit durchführen, die sich im übrigen wenig unterscheidet von der muselmanischen, welcher jetzt ergeben ist Ihr Ihnen dankbar verpflichteter Achmet Pascha, Graf von Bonneval."
Matthias liest halblaut vor sich hin. Dann befiehlt er, den roten Brief zusammenfaltend: „Wir reisen morgen früh ab."
Gazireh erhebt sich. „Wer wird Monseigneur zu der Besprechung begleiten?"
Einen Augenblick stutzt der Marschall. Dann sagt er: „Natürlich mein Generaladjutant Straticò."
Aber Gazireh schüttelt betont den Kopf. „Nicht Straticò. Wird Sache von großer Wichtigkeit sein. Muß Patrizier von Venedig

mit. Gazireh hat General Sala und Donna Elena Bescheid gesandt. Sollen mit Schnellsegler nach Triest kommen und Monseigneur dort erwarten."

Verblüfft ruht das graublaue Auge des Norddeutschen auf den starren, düsteren Augen der Türkin. ‚An diese Sklavin hat die Natur den Geist eines Dogen verschwendet', denkt er und nickt ihr zu. „Gut, wir reisen über Triest."

5

Wieder wankt des Marschalls großer Wagenzug durch besonnte Täler und nimmt seinen Weg hinunter in die mütterliche Urwelt des Mittelmeeres. Wieder öffnet der kaiserliche Paß, unterschrieben mit dem Gitterwerk „Carolus" und den gradlinigen Schrift-Palisaden „Eugenio von Savoy" Türe und Tore. Die Wache des Freihafens von Triest tritt bei weißer Mittagssonne ins Gewehr; zum Schnellsegler hinüber führt vom glühendheißen Marmorkai bis an das Deck die ausgetrocknete Schiffsbrücke. Als Matthias das Schiff betritt, geht seine Standarte am Mast empor. Sala und Elena, die bereits tags zuvor an Bord gegangen sind, verneigen sich tief vor ihm. Matthias drückt beiden die Hand. Das Gefolge des Marschalls verteilt sich auf dem Schiff; das Gepäck wird rasch verstaut, die Karossen bleiben zurück. Dann ziehen die Matrosen den Steg ein und stoßen das Schiff vom Ufer ab. Sehr bald liegt der Schnellsegler vor dem Wind. Er frißt die Bläue und strebt Korfu entgegen.

Nach vier Tagen rollt früh am Morgen der Begrüßungssalut von der alten Festung über das blaue Griechenmeer; die Standarte des Marschalls geht auf dem äußeren Felsen in die Höhe. Am gleichen Abend denken die Korfioten: „Weshalb weht die Standarte des Marschalls auf beiden Felsen der alten Festung?" Es muß etwas Besonderes vorgehen. Viele Neugierige umschleichen das alte Schloß am Meer, in welchem Matthias Aufenthalt genommen hat. Sie glauben, daß welterschütternde Gespräche stattfinden. In Wahrheit sitzt aber der Marschall an

seinem Schreibtisch und zeichnet die Listen der Weinvorräte, der Schokolade, des Tees mit seinem Namen ab. Seine Handschrift ist in letzter Zeit zitterig geworden, ‚wie die Spuren einer Krähe im Schnee', denkt Karl, während die Morgensonne durch die Scheiben des Zimmers den Boden vergoldet.
Unerwartet betritt Elena den Raum. Sie trägt wieder ihr Reitkleid. Ihr Gesichtchen ist lang geworden, von einer seltsamen, großartigen Durchsichtigkeit.
„Nun, Kind", fragte Matthias, „was gibt es?"
Elena steht im Glanz des Lichtes und neigt sich über den Schreibtisch. „Das ‚Weiße Pferd' ist am Horizont aufgetaucht."
Matthias erhebt sich. „Wir reiten gleich ab. Sala, du und ich."
„Ich möchte Gazireh mitnehmen." Elena sagt das sehr fest.
„Weshalb?"
Die junge Frau antwortet zurückhaltend. „Würden Sie gestatten, daß Gazireh für einen Augenblick hier eintritt und berichtet?"
Matthias sieht Elena erstaunt nach, die Gazireh von der Orangenterrasse in das Zimmer treten läßt. Dann schiebt sie die Türkin vor: „Berichte, was du heute gesehen hast."
Die Arme Gazirehs kreuzen sich über der Brust. „Gazireh hat gedacht, ob Bonneval nicht heimlich in die Festung gekommen ist. Gazireh hat aufgepaßt. Bonneval ist vom Schiff gekommen, mit Ruderboot und großem, verschleierten Mann. Haben die Festung genau besichtigt. Gazireh hat es Oberst von Moser gesagt, Oberst hat gelacht und gesagt: ‚Sollen sich nur die Steine ansehen, an denen sie sich ihre Zähne ausbeißen können.' "
Nachdenklich mustert Elena den Marschall. Der hat indessen das Bildnis seines Sohnes Carlheinz vom Schreibtisch genommen und betrachtet es lange, während Gazireh weiter berichtet. Dann stellt er das Bild an seinen Platz zurück, und nickt. „Gut. Ihr kommt beide mit. Aber nur bis Gasturi. Zur Andreaskirche reiten Sala und ich allein hinauf."
Die vier traben an der duftschweren Küste entlang, durch die Orangengärten von Castrades, durch die klare Welt von Grün

und Blüten, hinauf zu den Höhen, welche den alten Hafen der Phäaken abgrenzen. Vor Gasturi reiten die Frauen zum Dorf hinab, wo Elena eine Schenke am Meer kennt, deren Wirt ein alter Korfukämpfer ist. Matthias und Sala schlagen den oberen Weg ein und erreichen nach wenigen Minuten die Kirche des heiligen Andreas. Dort steigen sie von den Pferden, welche Sala hält.

Der Marschall macht ein paar Schritte, als plötzlich aus dem Gebüsch sich eine verschleierte Frau vor ihm auf die Knie stürzt und schreit: „Monseigneur, ich flehe Sie an. Bleiben Sie nicht allein hier. Man wird Sie greifen, auf das Schiff schleppen..."
Erstaunt sieht der Marschall auf die Frau hinab. „Sorge dich nicht um mich, Marie. Geh nach Gasturi hinunter zum Wirt am Meer. Da findest du Donna Elena und Gazireh. Hier darfst du nicht bleiben. Also geh!"

Schluchzend erhebt sich Marie. Langsam schleicht sie den Fußweg nach Gasturi hinab, aber immer wieder wendet sie sich um, bis sie noch die zwei Muselmänner erblickt, die auf schönen Pferden die große Straße hinaufgeritten sind, aus dem Sattel springen und sich mit gekreuzten Armen verbeugen.

„Wenigstens sind es nur zwei", denkt Marie und wischt sich die Tränen aus den Augen. Bonneval ist ihr bekannt; sie kennt diesen mächtigen Mann, mit dem breiten Mund und den scharfen Augen. Der andere ist ihr fremd. Er trägt ein grünes Gewand, einen grünen Turban mit einem Reiherstutz; in den Händen hält er ein gebogenes, edelsteinbesetztes Schwert. In der weißen, durchsichtigen Mittagsluft, im Flimmern der hohen Sonne steht ein einsames, klares Antlitz, zwingend, großartig, eine Welt für sich. Über einen fast frauenhaften Mund steigt eine schmale Nase auf, von deren Wurzel zwei hochgespannte Brauen über mandelförmigen Augen schwingen. Der Blick dieser Augen zittert fast schmerzlich zwischen Leid und Befehl.

Diese seltsame Erscheinung, wie aus Licht gefügt, zieht die Blicke Mariens noch einmal aus der Ferne an sich. Jetzt ist sie beruhigt. Nein, diese beiden werden den Marschall nicht

festnehmen. Und wenn sie ihn doch festnehmen, dann müssen sie ja mit ihm bei Gasturi vorüber, um ihn zum ‚Weißen Pferd' zu bringen, das vor der Reede von Gasturi ankert. Jetzt eilt sie hinunter ins Dorf, wo sie den Wirt und seine Leute auf die Gefahren aufmerksam machen wird, welche Monseigneur vielleicht drohen könnten. —
Matthias jedoch hat in dem Begleiter Bonnevals sogleich den Kapudan-Pascha, den Dianum Kogia, erkannt.
„Der Dianum Kogia und ich haben den lebhaften Wunsch, Sie, Graf, persönlich zu sprechen. Wir danken Ihnen, daß Sie gekommen sind."
Matthias nickt. Bonneval fährt fort: „Hätten Sie etwas dagegen, wenn ich ein Signal gäbe, auf welches hin ein paar Matrosen dort drüben unter den Oliven ein Zelt errichteten? Wir könnten uns in einem Zelt besser unterhalten als auf dieser Kirchtreppe."
Über die Züge Salas geht ein Schatten; aber der Feldmarschall nickt wieder und beobachtet, wie auf das Pfeifensignal Bonnevals hin zehn Matrosen mit großen Ballen den Berg hinauflaufen und in wenigen Minuten eines jener Prachtzelte errichten, in denen aller Luxus des Orients, bis zu blühenden Sträuchern, Sitzpolstern, Kaffee, Tabak und kandierten Früchten vereint ist. Dann laufen die Matrosen wieder den Berg hinab. Auf eine einladende Handbewegung Bonnevals hin begeben sich die vier in das rotseidene Zelt; Bonneval schenkt den Kaffee ein und reicht seinen Gästen Tabak und Pfeifen. Aber die Blicke des Marschalls ruhen in den Blicken Kogias, dessen durchsichtige Blässe vom Abglanz der Purpurseide fast unwirklich durchglüht wird.
Bonneval hat seine alte Kunst der Unterhaltung und den Zauber seiner Persönlichkeit nicht verloren. Voltaires Urteil über Bonneval fällt dem Marschall ein: „Man läßt ihm alles durchgehen, weil er ein liebenswerter Mensch ist." Zudem hat Matthias inzwischen erfahren, daß Bonneval in der Schlacht von Peterwardein, schwer verwundet, noch weiter gegen zwei Türken gekämpft hat, bis er, ohnmächtig vor Blutverlust, von ein

paar Leuten davongetragen wurde. Das hat ihn wieder für Bonneval eingenommen, und so hört er wohlwollend zu, was ihm dieser neuernannte Pascha zu sagen hat.
Der Anfang ist nicht neu. Es wird weiter Kriege geben, zwischen Österreich, Frankreich, Spanien, Rußland und der Türkei. „Immer wieder Kriege", nickt Bonneval und zitiert, „so daß des Friedens Süßigkeiten sich wie Mandelkerne eingestreut im Kuchen finden."
Matthias wiegt den Kopf und zieht an der Tonpfeife. „Das ist auch uns nicht neu, verehrter Freund. Wir sind darauf eingerichtet."
„Glauben Sie ernsthaft, daß Venedig einem erneuten Angriff der Türken widerstehen kann?"
„Davon haben Sie sich gestern wohl selbst überzeugt", erwidert Matthias kühl.
„Tüchtig ist die Gazireh; das muß man ihr lassen. Aber ich sprach nicht von Korfu. Korfu, verehrter Freund, ist ein Meisterwerk. Seien Sie überzeugt, daß kein Mensch es angreifen wird. Wir beide haben es gestern genossen, wie man ein einmaliges Kunstwerk genießt." Bonneval schweigt für einen Augenblick, um sofort wieder anzusetzen: „Ich sprach nicht von dieser Front, sondern von der anderen."
„Von welcher?" Das Haupt des Marschalls wendet sich dem Pascha zu.
„Von der Front Brescia-Verona. Was wollen Sie tun, wenn ein Angriff von Westen aus gegen Venedig erfolgen sollte?"
„Von Westen aus? Der Sultan verfügt im Westen Italiens über keine Stützpunkte. Ein Albanien, von dem aus er angreifen könnte, gibt es dort nicht." Matthias hat die Pfeife hingelegt. Lässig spielt Bonneval mit einer Goldquaste seiner Uniform. — „Sie irren, verehrter Freund. Außer Stützpunkten in Nordafrika und Spanien verfügt der Sultan über das Königreich Korsika."
Matthias senkt mit leisem Spott die Mundwinkel. „Also Theodor I. von Korsika ist Ihr Bundesgenosse? Sehr interessant."

Die breiten Fäuste Bonnevals fassen nach den Ecken des kleinen Tisches. „Sehr viel mehr als interessant. Wenn die Türken von Korsika aus über Genua und Florenz auf Venedig marschieren, ist Venedig verloren. Glauben Sie mir, wir kennen jeden Ihrer Berichte an den Senat; wir wissen, wie Sie diese Narren beschworen haben, das Heer in Ordnung zu halten; wir wissen aber auch, daß nichts darauf erfolgt ist. Die Türkei wird Venedig angreifen; dafür werde schon ich sorgen. In meinem Herzen brennt so etwas wie eine glühende Sehnsucht nach Rache. Der Angriff zielt auf Wien. Vorher aber muß Venedig daran glauben. Und Sie? Haben Sie keinen Grund, sich, genau wie ich, an Eugen zu rächen? Bei allem, was er auch Ihnen angetan hat? Seit wann hat Schulenburg eine Stockfischseele?" Bonneval atmet tief und fährt fort: „Weshalb wollen Sie für die Narren von Venedig weiter Ihren Namen und Ihre Ehre auf das Spiel setzen? Ihr Vertrag läuft im nächsten Jahr wieder ab; es besteht nicht der geringste Grund, daß Sie ihn erneuern. Lassen Sie Eugen und Venedig endlich ihr Schicksal erleiden, wie sie es verdienen."
Langsam setzt sich Matthias auf seinen Polstersitz zurück. Das Emaillekreuz des Schwarzen Adlerordens klappert laut und leitet die Blicke Bonnevals auf das breite Orangeband, das im roten Licht des Zeltes wie eine riesige Frucht schimmert. Aus diesem Tiepologlanz neigt der Marschall sich vor; die Hände über den gespreizten Beinen gefaltet, sagt er mit leicht erstaunter Stimme: „Es freut mich, Achmet Pascha, daß Sie sich die Mühe nehmen, mich über Dinge zu belehren, von denen ich annahm, ich sei selbst am besten darüber orientiert."
Sala ist sehr blaß geworden; mit Augen, erstarrt in Angst, sieht er auf Matthias. Diesesmal wird der Sultan dem Marschall riesige Angebote machen. Und was könnte Matthias hindern, in den Dienst der Hohen Pforte zu treten? Keine Gesetze der Ehre und keine Verträge ständen einem solchen Wechsel des Kriegsdienstes entgegen. Denn Schulenburg ist Condottiere, und er hat das Recht, Verträge zu schließen, mit wem es ihm beliebt. Ja, niemand wird es ihm verargen, wenn er den Dienst eines

Landes verläßt, das nicht mehr gewillt ist, seine eigenen Truppen zu unterhalten; dessen Soldaten und Kriegsverletzte an den Straßen betteln müssen. Der Dienst für ein solches Land untergräbt sogar den Namen eines großen Heerführers, und man wird es für selbstverständlich halten, daß er seinen Vertrag mit diesem Staatsgebilde nicht mehr erneuert. Wie oft hat der Marschall erzählt, daß der Herzog von Marlborough ihn vor zwei Diensten gewarnt habe: dem Dienst unter dem Zaren und dem Dienst in der Republik Venedig.

Während dieser schweren Gedanken ist es ihm entgangen, daß Bonneval den Marschall leise gebeten hat, ihm vor das Zelt zu folgen. Dort gehen die beiden Männer im harten Licht des Mittags auf und ab; vor ihnen weitet sich die großartige Schönheit der Welt Korfus mit ihren süß-duftenden Hängen, dem Enzianmeer und dem fernen Farbenduft der Berge von Albanien.

Plötzlich tritt Bonneval vor Matthias. Er sieht dem Marschall scharf in die Augen: „Wir waren einmal sehr gute Freunde, Matthias Schulenburg."

Matthias stützt die Hand in die Hüfte. „Das ist lange her, Exzellenz."

Der Turban Bonnevals bewegt sich und blitzt in seinem Edelsteinschmuck wie besonnter Schnee. „O ja, es ist lange her, aber trotzdem hoffe ich, daß Sie die Wärme nicht vergessen haben, mit welcher Sie einst meinen Worten lauschten."

„Ich erinnere mich nur zu gut daran", erwidert Matthias, während sein Antlitz in maskenhafter Kälte verharrt und sein Blick hinüber zur lichtweißen Festung schweift. Sie schwimmt in besonnter Bläue wie ein Boot von Narzissen.

Die Stimme Bonnevals verändert plötzlich ihre Färbung. Sie wird schmeichelnd und schwer wie alter Sammet. Die Rechte zieht langsame weite Kreise über die Landschaft und die Stimme fragt: „Ist das nicht schön?"

Ebenso langsam wendet sich das große Haupt des Marschalls dem einstigen Freunde zu. „Es ist überirdisch schön."

„Denken Sie daran, daß Sie Gott um Schönheit gebeten haben, nachdem Sie Ihren Nachruhm damals im Aostatal verscherzt hatten. Sie glaubten, die della Torre oder die Bokum oder Elena Pisani seien die Schönheit, welche Gott Ihnen gewähren wollte. Sie unterschätzten Gottes Güte. Er bietet Ihnen mehr. Er bietet die Welt, die hier vor Ihren Füßen liegt."
Erschrocken ist Matthias zurückgetreten. Dieser strahlende Luzifer von Mensch entrollt vor ihm seine ganze Seele, sein Leid, sein Glück, seine Hoffnungen: Er steht dort im Glanze des himmlischen Lichtes, während sein Antlitz mit dem breiten Mund und den gelben, auseinanderstehenden Zähnen von den Schauern der Vergänglichkeit gestreift wird. Halblaut murmelt Matthias: „Sie haben sich viel Mühe gegeben, meine Seele zu erforschen, Achmet Pascha."
Bonneval deutet mit einer Handbewegung auf die Landbewohner, Bauern in ihren bunten griechischen Gewändern, Albanesen mit dem roten Fez, Frauen in weißen, bestickten Kleidern und schlanke junge Mädchen mit nachtdunklen Augen, welche sich drüben vor der Kirche angesammelt haben und hinüberstarren zu dem goldbelegten Märchenzelt. „‚Welche Wirrsal ein Volk, wenn nicht betreuende Hände einer erhabenen Macht weben den Mantel des Staats?'" zitiert er und weist mit dem turbangeschmückten Haupt nochmals auf die unbewegliche Menge. Dann setzt er rasch hinzu: „Und Ihr Sohn, lieber Freund, Ihr Sohn! Dieses bezaubernde Geschöpf! Dieser Mensch, hochgewachsen wie die Zypressen des Landes, von einer reinen, klaren Seele, von leuchtender Spannkraft des Geistes ... dieser Mensch, an Ihrer Seite ..."
Der Marschall wendet das Haupt. ‚Etwas Rührendes liegt in seinen Augen', denkt Bonneval, ‚man sollte es nicht für möglich halten. Doch, bei ihm ist auch das möglich.' Dann stößt Matthias hervor: „Sie sprechen von Carlheinz ... Haben Sie ihn gesehen?"
„Ich sah ihn kurz vor meiner Abreise. Ich ging mit Absicht hin, weil ich mich überzeugen wollte, ob dieser junge Mensch sich einfügen ließe in die Pläne, welche die Umbildung der Welt

zum Ziel haben. Oh, er läßt sich einfügen! Er steht in der gleichen
Schönheit der Jugend wie sein Vater, als Rigaud dessen berühmtes Porträt malte. Auch Ihr Sohn ist von königlicher Schönheit."
Mehr und mehr haben sich die Züge des Marschalls zusammengezogen. „Ich weiß nicht, Graf Bonneval, worauf Ihre Worte
zielen. Aber Sie sind Soldat, wie ich es bin. Deshalb bitte ich
Sie: Sagen Sie knapp und deutlich ohne Umschweife und Zitate,
was Sie mir zu sagen haben."
Mit einem großen Satz ist Bonneval vor den Marschall gesprungen. „Mein lieber Freund", stößt er plötzlich hervor, „Eugen
haßt Sie und verrät Sie. Die Republik Venedig ist ein Haufen
Dreck, für den zu kämpfen es sich für keinen anständigen Soldaten mehr lohnt. Sie können Ihren Vertrag mit Venedig noch
in diesem Jahre lösen, ohne gegen die Gesetze der Ehre zu verstoßen. Der Großherr bietet Ihnen einen neuen Vertrag an, den
wir vorbereitend hier sofort aufsetzen werden. Sie werden Statthalter von Albanien und Griechenland. Dort stellen Sie ein Heer
auf. Später wird die Türkei dem Kaiser und der Republik
Venedig den Krieg erklären. König Theodor von Korsika wird
von Westen aus Venedig angreifen, Sie, an der Spitze Ihres
Heeres, brauchen nur zu winken und Korfu und Dalmatien
liegen zu Ihren Füßen! Dann werden Sie König von Korfu,
ziehen in Venedig ein, werfen den Faschings-Dogen mit seinem
närrischen Hofstaat hinaus und lassen sich auch noch zum König
des Adriareiches und zum erblichen Dogen von Venedig krönen
— mit dem König von Korsika reichen Sie über Wien dem
König in Preußen die Hände, und Preußen, Venedig, Korsika
und die Türken beherrschen gemeinsam die Welt."
... Der Sultan läßt ihm eine Krone anbieten, nicht einmal eine
so unsichere Krone wie die von Korsika. Was Bonneval soeben
darlegte, ist nicht ohne weiteres von der Hand zu weisen. Von
Albanien aus ließe sich das Adriareich aufrichten; Korfu und
Dalmatien, am Ende auch Venedig, würden ihm zufallen. Die
türkische Oberhoheit ließe sich ertragen; sie ist durch die letzten
Kriege stark angeschlagen worden. Immerhin könnte sie noch

zusammen mit Preußen und Venedig dem katholischen Zentrum in Wien ein gesundes Gegengewicht bieten. Er aber hätte für sich, für Carlheinz und dessen Erben eine Krone errungen, die Krone des Adriareiches. Und hinter ihm würde sein Schwager stehen, der König von England ...
Selbst vor einer nüchternen Kritik könnte ein solcher Plan bestehen. Vor allem würde er mehr Sicherheit bieten als die Zukunft der Biber-Republik, an welche er sein Leben und seinen Ruhm allzu eifrig gekettet hat ...
Aber dieser seltsame Mann sieht, während solche Gedanken durch sein Hirn ziehen, vor sich hin und lächelt. Er denkt: ‚Großartig weiß Claudius Alexander von Bonneval seine Ideen zu entwickeln. Man hört ihm gern zu.' Und ganz unauffällig wirft er einen Blick auf den Pascha, der den Blick abgekehrt hat und auf das „Ja" des Marschalls wartet. Was in dieser nordisch-protestantischen Seele vorgeht, von dem kann sich der glänzende Abenteurer aus dem Limousin keine Vorstellung machen. Er kann es sich nicht vorstellen, daß Matthias Schulenburg wirklich an einen Gott glaubt, daß ihm die Bibel der Lebensmaßstab ist, und daß ihm während dieser ganzen Unterhaltung das Vorbild Christi vor Augen schwebt, dem der Versucher vom Gipfel eines Berges aus alle Reiche der Welt zeigte und sagte: „Das alles will ich dir geben, so du niederfällst und mich anbetest."
Matthias antwortet dem Grafen Bonneval freilich noch nicht.
Er geht ein paar Schritte auf und ab, während seine Rechte das Orangeband des Schwarzen Adlerordens glättet. Dann wendet er sich Bonneval zu. „Sie werden verstehen, lieber Freund, daß man es sich überlegt, bevor man eine Krone annimmt. Morgen erhalten Sie meinen Entscheid; mein Generaladjutant wird ihn Ihnen an Bord des ‚Weißen Pferdes' bringen. Seien Sie aber jetzt schon bedankt für alle Mühe, die Sie sich meinetwegen gegeben haben."
Sie kehren in das Zelt zurück. Dort herrscht die gleiche kühle Dämmerung, wie sie vorher schon geherrscht hatte. Auf ein paar kurze Worte Bonnevals hin erhebt sich der Kogia und sagt zum

Marschall: „Wir erwarten also morgen Ihre Antwort." Nach einiger Zeit fügt er diesen Worten fast zögernd hinzu: „Man zeigte mir gestern in Korfu Ihre Sklavin, die Marie. Ich möchte ihr gern eine Freude machen, weil sie Ihnen Freude macht. Gestatten Sie mir, daß ich ihr dieses Zelt als Geschenk überreichen lasse. Die Matrosen werden es abbrechen und dann in Kisten zum Gastwirt im Dorf bringen, bei dem Ihre drei Frauen jetzt warten. Dort kann Marie es abholen lassen." Er verneigt sich noch einmal, dann hebt Bonneval die seidene Zeltbahn vor ihm, bis er im Licht vergeht.

Während des Heimwegs sinnt Matthias vor sich hin, bis die beiden Reiter zum Gasthaus in Gasturi gelangen. Dort beruhigt er die besorgten Frauen. Marie gerät außer sich vor Entzücken, als sie von dem Geschenk erfährt, welches der Dianum Kogia ihr zugedacht hat. Noch weiß sie nicht einmal, daß die Kaffeekanne, die Tassen und die Wasserpfeifen aus purem Golde sind. Sie weiß nicht, daß sie ein reiches Bürgermädchen geworden ist und die Fehler ihrer Vergangenheit zuzudecken vermag mit Seide und Gold. Noch, während sie alle heimreiten, lacht sie wie ein Kind, und redet davon, sich einen kleinen Gasthof zu kaufen. Aber von Zeit zu Zeit schickt sie die Blicke voraus zu Monseigneur, der nachdenklich dahintrabt.

Eine Krone bietet man ihm an. Ihm, einem Niederdeutschen von Emden bei Magdeburg, will man die Krone von Korfu auf die falschen Locken drücken. Wie Melusine sich bei dieser Feier brüsten würde! Carlheinz müßte an seiner Seite stehen und die neuen Untertanen rühren durch seine jugendliche Schönheit. Mit innigem Behagen malt er sich die große Krönungsfeier in der Kathedrale zu Korfu aus, wo der Sohn seines alten Lehrers, der junge Magister Justinus Gottlieb Linck, den er zum protestantischen Bischof des Adriareiches ernannt hätte, ihm die Krone auf das Haupt setzen würde. An Lincks rechter Seite stände der Erzbischof von Korfu. An des Magisters linker Seite stände Rabbi Benjamin Semo, weise, überlegen, als ob er sagen wollte: „Nun, Monseigneur, was ist jetzt? Mehr Unruhe, weiter nichts."

Die Gedanken des Marschalls springen aus der Kathedrale in Rabbi Semos Arbeitszimmer. — „Sie haben recht, Rabbi Semo, aber nicht nur der Unruhe wegen lasse ich die Finger davon, sondern vor allem, weil eine solche Handlung ein Verrat wäre. Ein gigantischer Verrat an der christlich-westlichen Idee, ein Verrat an dem, für das meine Vorfahren seit tausend Jahren gekämpft haben, an dem, was in sie wieder eingeströmt war durch tausend geistige Kanäle — ein Verrat an den Musen Griechenlands, an der hellen Klarheit des alten Roms, an der Sauberkeit Lutherschen Denkens, an der Süßigkeit der katholischen Lehre — ein Verrat an allem, was ich bin, geworden bin durch Blut und Geist. Die Herrschaft über das Adriareich ist nicht die Schönheit, die mir geboten wird von Gott, sondern vom Versucher in der Gestalt Bonnevals, Achmet Paschas, dem Sendboten des Antichristen. Nein, Rabbi Semo, da kann ich auf meine Weise auch nur antworten: ‚Apage, Satanas!'"

Im Reiten entwirft Matthias bereits den Brief, welchen er am nächsten Mittag durch Straticò an Bord des „Weißen Pferdes" schicken wird, jenen Brief, der sehr kurz lautet:

„Verehrter Freund, ich bedaure sehr, daß ich dem gnädigen Vorschlag Seiner Majestät des Sultans nicht Folge zu leisten vermag, weil meine unerschütterliche Bindung an das Christentum und meine Dankbarkeit gegen die Republik Venedig mir nicht gestatten, die Hand nach einer Krone auszustrecken, deren Länder zum guten Teil der Republik Venedig geraubt und weiterhin durch eine dem Christentum sowie der Republik feindliche Macht geschützt werden müßten. Mit dem Ausdruck meiner Hochachtung bin ich Ihr sehr ergebener Diener
                    der Graf von der Schulenburg
Korfu, 24. Juni 1729

ACHTES KAPITEL

1

Während der Abendstunden jenes 24. Juni, an welchem Matthias von der Schulenburg eine Krone zurückgewiesen hat, schreitet er im süßen Duft der Orangen nachdenklich auf der Terrasse des Schlosses am Meer auf und ab, während er beobachtet, wie auf dem „Weißen Pferd" die Flagge eingezogen wird und die Lichter sich entzünden. Er überlegt gleichzeitig, ob er von dem Angebot des Sultans dem Senat Mitteilung machen müsse, weil ein Schweigen eine grobe Pflichtverletzung bedeuten könnte.
Matthias kämpft lange mit sich. Endlich kommt er zu der Überzeugung, daß sein Diensteid ihm stärkere Verpflichtungen auferlege, als sein Versprechen Bonneval gegenüber. So läßt er noch spät den General Sala, der als venezianischer Patrizier gleichzeitig Mitglied der Regierung ist, zu sich bitten. „Es tut mir leid, Sala", sagt er, während er hochaufgerichtet an den General herantritt, „daß ich Sie zu später Stunde noch von Ihrer Gattin weghole, aber ich muß etwas mit Ihnen besprechen."
Sala verneigt sich. „Wir haben grade noch das Bild betrachtet, das Doxaras von Euer Exzellenz gemalt hat."
„Nun?" fragt Matthias interessiert.
„Die Bilder von Rusca, von Longhi, vor allem die von Piazzetta gefallen uns besser. Am besten freilich das von der Rosalba Carriera."
„Das ist wohl das beste. Sie hat es 1724 im Oktober gemalt. Vorher war sie bei mir und hat mich von allen Seiten angesehen

wie ein Stück Vieh. Aber eine lustige Person ist sie, und wenn ich heute ‚ja' gesagt hätte, würde ich sie morgen zur Hofmalerin ernannt haben." Matthias weidet sich an der Verblüffung Salas.
„Exzellenz verzeihen, aber... ich kann da nicht ganz folgen..."
„Setzen Sie sich, Sala. Ich verzeihe alles, aber bitte verzeihen Sie, daß mir mein Humor immer wieder durchgeht. Setzen Sie sich hier neben mich, an das Fenster. Hier hört man das Meer ganz deutlich rauschen, und die Orangen duften stark. Schön ist diese Welt, nicht wahr? Es ist die Welt der großen Abenteurer, von Odysseus angefangen bis zu mir. Sie halten mich nicht für einen Abenteurer? Nun, Sala, ich will Ihnen wenigstens beweisen, daß andere mich dafür halten. Heute morgen hat mir Bonneval im Auftrag des Sultans die Königskrone von Korfu angeboten." —
Sala ist halb aufgesprungen und starrt den Marschall an.
Vorsichtig drückt Matthias den Freund auf den Rohrstuhl zurück. Er berichtet Sala von seiner ursprünglichen Absicht, über diese Verhandlungen zu schweigen, sagt aber, daß er es nach genauer Prüfung doch für richtig halte, Sala von diesem Vorfall zu benachrichtigen.
Der General hat sich erhoben. „Das ist Ihre Rettung, Exzellenz. Denn nur so können wir Sie in Zukunft schützen."
„Mich schützen? Wovor?"
‚Ach, jetzt will er wieder nicht, daß man um sein Leben besorgt ist', denkt Sala, ‚und nun müssen wir ihn bewachen, ohne daß er es merkt, und ohne daß seine Feinde es merken.' Salas Stirn zieht sich zusammen, und er erwidert: „Exzellenz, Sie haben nicht nur Freunde in Venedig." ...
„Das weiß ich."
„... sondern auch recht bedeutende Feinde. Da Sie das Angebot des Sultans, im Grunde das Bonnevals, abgelehnt haben, wird jetzt in Venedig ein großer Intrigenfeldzug gegen Sie beginnen, ein Feldzug, bei dem es um Ihre Ehre und Ihre Existenz geht. Es ist deshalb notwendig, daß Ihre Freunde wach sind."

Der Marschall antwortet nicht. Er erhebt sich und bittet Sala, mit in das Arbeitszimmer zu kommen, das vom ersten Sternenlicht matt erhellt wird. Als sie von der Terrasse aus unvermutet in den Saal treten, huscht jemand rasch aus der Tür.
„Wer war das?" fragt der Marschall.
„Es schien mir, als ob es Benedetto, der italienische Sekretär, gewesen sei."
„Aber der ist ja gar nicht hier!" Matthias läutet, läßt Lichter bringen und fragt Karl, ob Benedetto aus Venedig eingetroffen sei. Ja, erwidert Karl, er sei eingetroffen, um die Kurierpost zu bringen.
Sala hat inzwischen eine Feder vom Schreibzeug genommen und prüft sie. „Hier ist frische Tinte an der Feder", sagt er ruhig, „hast du am Schreibtisch etwas notiert, Karl?"
„Ich? Nein, Herr General. Das wird wohl Benedetto gewesen sein. Der war grade hier im Zimmer."
Auf einen Wink verläßt Karl den Raum. Sala zeigt auf den Brief des Marschalls an Bonneval, der offen auf dem Schreibtisch liegt. „Von diesem Brief hat Benedetto eine Kopie genommen."
„Lesen Sie ihn. Es ist meine Antwort an Bonneval, die Straticò morgen an Bord des ‚Weißen Pferdes' bringen wird."
Rasch liest Sala den Brief und läßt ihn sinken. „Zunächst, Exzellenz, erlauben Sie mir, daß auch ich diesen Brief kopiere. Daß Ihr Sekretär heimlich Ihre Briefe kopiert, sollte Ihnen zu denken geben. Es tut sich etwas gegen Sie in Venedig. Sie müssen achtgeben."
Nachdem Sala den Brief kopiert und Matthias das Original versiegelt und in seiner Brieftasche geborgen hat, gehen die Männer hinüber in den Palast zu Donna Elena. Die empfängt die beiden in der Loggia, wohin sie von Gazireh Wein von Gasturi bringen läßt, den Matthias besonders liebt.
Sala lehnt sich in seinen Stuhl zurück; es wird ihm schwer zu schweigen. Elena schenkt den Wein in hohe Gläser und sagt freundlich: „Stellen Sie sich vor, Monseigneur, heute vormittag, als wir im Gasthaus von Gasturi auf Sie warteten, behauptete

Gazireh, die beiden Türken wollten Ihnen eine Königskrone bringen!"
Dann erschrickt Elena, als sie sieht, daß der Marschall und Sala bleich werden. Endlich stößt Sala hervor: „Das ist doch nicht möglich!"
„Was ist nicht möglich, Pietro?" entgegnet Elena verängstigt, und ihre blauen Augen flackern im halben Licht der Nacht.
„Daß Gazireh das gesagt hat."
„Doch, sie hat es gesagt." Elena sieht zu der Türkin hinüber, die unbeweglich an der Wand des Zimmers steht. Ein breites Schweigen liegt über dem Raum, in den hinein nur das Rauschen der Wogen dringt. Langsam neigt sich Matthias gegen Gazireh, welche sich vor Elena verbeugt, um dann das Zimmer zu verlassen. Aber der Marschall hebt die Hand. „Warte einen Augenblick, Gazireh. Du hast recht gehabt, die beiden haben mir die Krone von Korfu angeboten. Ich habe sie abgelehnt."
Gazireh verneigt sich wieder; nicht das geringste Zeichen des Triumphes geht über ihre Züge, während Elena sich an den Arm ihres Mannes klammert. „Um aller Heiligen willen, Monseigneur", stöhnt sie, „jetzt ist Ihr Leben wieder in Gefahr."
Matthias schüttelt ärgerlich den Kopf. „Gott wird wissen, wann er mich zu sich holen will." Dann berichtet er kurz von dem Anerbieten des Sultans, bittet jedoch, diese Mitteilung nicht weiterzugeben.
Aber Elena und Gazireh haben sich bereits durch Blicke verständigt. Eine halbe Stunde später befiehlt Moser der roten Armee, wieder einmal auf dem Posten zu sein; Hauptmann David Semo schickt die Judenschaft von Korfu aus, damit sie Augen und Ohren offenhält, während Hauptmann Bruder Beatus die Beichtväter mit der Geistesfreiheit des großen Jahrhunderts nach den Beichtgeheimnissen einiger bedenklicher Persönlichkeiten ausfragt. Elena schickt durch das Depeschenboot an Giacomo, den Obermeister der Tana, ein paar Zeilen nach Venedig: „Lieber Vater, der betrunkene Ritter wird in allernächster Zeit wieder in Venedig erwartet. Achten Sie sehr auf das Wohl des damaligen

Gastgebers. Es verehrt Sie Ihr getreuer Sohn Elena Pisani-Sala."
Die beiden Frauen haben klar gesehen. Vor allem sagt Gazireh, da der Plan Bonnevals, Monseigneur mit der Krone von Korfu von Venedig wegzuholen, fehlgeschlagen sei, so werde Bonneval mit allen Mitteln versuchen, den Marschall zu vernichten. Denn den Türken könne in dem bevorstehenden neuen Krieg nur mit einem Oberstkommandierenden der venezianischen Landarmee gedient sein, welcher für türkisches Geld nicht unempfänglich ist.
Am nächsten Morgen geht Matthias zusammen mit Elena durch den Orangengarten des Schlosses bis an den Strand hinunter und wirft mit Kieselsteinen nach einem Felsen in den Wogen. „Ich bin zwar erst achtundsechzig Jahre alt", setzt er seinen vorausgegangenen Betrachtungen hinzu, „aber vor kurzem hat mein Herz einen plötzlichen bösen Sprung gemacht, und in langen Herzkrämpfen kam ich dem Acheron bedenklich nahe."
Elena tritt rasch vor ihn. „Und davon haben Sie mir nichts gesagt?" Sie packt ihn an seinem feinen Halstuch.
Matthias schüttelt den Kopf. „Wozu? Es ist vorübergegangen; Marie hat mich rührend gepflegt. Durch einen seltsamen Zufall kam sogar Doktor Anonimo mit dem Schnellsegler nach Korfu, weil er das hiesige Pestlazarett inspizieren sollte. Er hat mir einige Tränke gegeben, die mich wieder auf die Beine brachten. Geblieben ist nur eine quälende Müdigkeit. Anonimo sagt, das sei vortrefflich; mein Herz sei intelligenter als ich, es wisse besser als ich, was für mich notwendig sei."
„Und Sie — Sie wissen es nicht?" Die Hand Elenas ist leise von der Brust des Marschalls hinabgesunken.
Ein tiefer Schmerz geht über das Antlitz des Mannes. Nach einiger Zeit murmelt er: „Nicht mehr."
Nach einiger Zeit bricht er einen kleinen blühenden Orangenzweig und reicht ihn der jungen Frau: „Eigentlich darf man keine Orangenblüten abbrechen. Aber ich wollte so gern einmal etwas mit Ihnen tun, was man nicht darf."
Sie gehen unter der Stadtmauer entlang, dort, wo die Südsonne von der Mauer zurückspringt. Zwar hat Anonimo dem Marschall

die Sonne verboten, weil sie das Herz reize. Aber das glaubt ihm Matthias nicht.
Elena trägt den Zweig mit den süßen, fleischigen Blüten zart in ihren Händen. Von Zeit zu Zeit atmet sie den Duft ein und beginnt vorsichtig: „Es kommt jetzt darauf an, daß Sie nicht zu allein sind."
Lange sieht er auf das Meer hinaus; sein Auge ruht für einige Zeit auf der Insel der Schwester Anastasia. „Bis vor kurzem lebte ich in den Welten meiner Arbeit gern allein", erwidert er nachdenklich. „Jetzt aber läßt die plötzliche Mahnung des Todes mich aufmerken. Wer tritt an meine Stelle, wenn ich nicht mehr bin?"
Elena schweigt. Die Frage ist zu ernst, als daß sie mit ein paar leichten Worten, wie man das sonst wohl zu tun pflegt, über diesen Todesgedanken hinwegzugleiten wagt. Denn es geht hier um das Allerletzte — um Venedig.
„Ich sehe", fährt Matthias, die Hände mit dem spanischen Rohr auf dem Rücken haltend, fort, „keinen Nachfolger für mich. Junge Venezianer können wohl Oberführer der Flotte, nie aber Oberführer der Landtruppen werden. Ich müßte also einen Fremden zu meinem Nachfolger erziehen."
Elena bleibt stehen und reckt das Köpfchen mit der feinen Gartenfrisur dem Freunde entgegen: „Ich denke, Monseigneur, Sie haben doch einen Sohn."
Jetzt erlebt Elena etwas, was sie noch nie erlebt hat, nicht in den leuchtenden Festsälen Wiens, nicht in den Prachtempfängen im Dogenpalast, nicht in den Kämpfen um Korfu. Der Marschall wird dunkelrot. Wieder spürt sie jenes tiefe Brennen ihrer Zuneigung zu ihm und fährt rasch fort: „Der junge Baron Greifenklau dürfte bald fünfzehn Jahre alt sein — mir scheint, daß dieses Alter wohl das richtige wäre, um ihn nach Venedig zu nehmen."
Matthias antwortet noch ein wenig befangen. „Er heißt jetzt nicht mehr Greifenklau. Der Bischof von Würzburg, der so heißt, hat dagegen protestiert. Ich habe ihm geantwortet, ich würde seinen Protest gern berücksichtigen; im übrigen aber

könnte er von mir aus seinen unehelichen Sohn getrost Schulenburg nennen." Der Marschall sieht vor sich hin. „Trotzdem habe ich den Namen meines Sohnes geändert. Er heißt jetzt Baron Glasebeck."
„Ich würde nie erlauben, daß man den Namen meiner Kinder änderte."
Die Schultern des Marschalls gehen in die Höhe. „Ich hätte es ihm auch gern erspart, aber es läßt sich leider nicht vermeiden. Ob ich ihm später meinen Namen gebe, müssen wir sehen."
Nun spricht Elena wieder hell auf den Freund ein: „Gut. Ob Greifenklau oder Glasebeck: lassen Sie ihn im Herbst kommen. Sala und ich nehmen ihn unter unseren Schutz und führen ihn in das Leben Venedigs ein. Für die Kriegskunst hat er sich von Natur aus den besten Lehrer ausgesucht, den er finden kann. Den Lehrer des Marschalls Moritz von Sachsen." Sie lächelt und reicht Matthias die schöne Pisanihand zum Kuß, diese Hand, in welcher zwei Jahrhunderte alle Mysterien, alle Heldentaten und alle Laster ihrer Zeiten vereinigt und widergespiegelt haben.

2

Nach einigen Wochen bittet Sala den Marschall um eine kurze Audienz. Nani schreibt aus Venedig, es seien Intrigen gegen Matthias im Gange, deren Ursprung sich schwer feststellen ließe. „Loredan und Da Riva geben sich die größte Mühe, dahinterzukommen; vorerst aber wittern sie nur den Ursprungsort, nämlich den Kreis um die Dolfins."
„Nun, wenn der Kampf Bonnevals gegen mich in Venedig beginnt", antwortet Matthias, „so will ich an Ort und Stelle sein. Wir reisen nach Venedig."
Der Marschall faßt diesen Entschluß, weil die Intrigen Bonnevals sich bereits bis nach Korfu auswirken. Reizbarkeiten machen sich im Gefolge des Marschalls wieder bemerkbar. Straticò und Benedetto reden an Bord häufiger miteinander, als es ihrer Stel-

lung nach notwendig oder ziemlich wäre. Elena bemerkt das und bespricht sich mit des Marschalls deutschem Sekretär Werner.
„Vor allem wäre es wichtig, die Ausgabebücher Benedettos einer Prüfung zu unterziehen", bemerkt er, während seine Augen hart in dem gelblichen Antlitz funkeln. „Die Bücher liegen in der Arbeitskabine Seiner Exzellenz zur Unterschrift."
„Ich werde diese Bücher in meinen Salon bringen; dort können Sie in Ruhe die Abrechnungen nachprüfen. Monseigneur ist auf dem Sonnendeck eingeschlafen; ich werde mich zu ihm setzen und ihn festhalten, wenn er vorher aufwachen sollte."
Am Abend legt Werner der jungen Frau die Bücher vor. Er hat eine große Liste von Fehlern und Verschleierungen aufgestellt, aus denen hervorgeht, daß der Marschall von Benedetto monatlich um etwa hundert Goldzechinen betrogen wird.
„Schweigen Sie vorerst", befiehlt Elena. „Ich werde dem Marschall sagen, er solle Benedetto bei unserer Ankunft in Venedig sofort verhaften lassen."
Werner verneigt sich. „Ich fürchte nur, Donna Elena, daß das nicht die einzigen Unklarheiten sind, welche im Namen Seiner Exzellenz vor sich gehen."
Rasch hebt Elena den Blick. „Sie wollen sagen, daß die Familie Straticò Ihnen nicht gefällt."
Diese ungeschminkten Worte lassen den Sekretär erschrecken. „Allerdings ... allerdings ... das will ich sagen."
„Nun, mir gefällt sie schon lange nicht, das wird Ihnen ja nichts Neues sein."
„Das allerdings auch nicht, Donna Elena."

Die plötzliche Verhaftung Benedettos, bald nachdem das Schiff an der Riva degli Schiavoni angelegt hat, bringt vor allem Straticò in einen Zustand von ungewohnter Erregung. Der Generaladjutant läuft in seiner Kabine auf und ab und spricht, Ort und Zeit vergessend, erregte Worte vor sich hin, so daß Karl ihn holen muß, weil der Marschall das Schiff verlassen will. Nur mit Mühe vermag Straticò, als er an Deck kommt, sein gewohntes

Lächeln aufzubringen. Er besteigt mit dem Marschall, Marie und dem Ehepaar Sala die Goldpeote, welche von Giacomo kommandiert und den Arsenalotten gerudert wird. Als Elena an Bord geht, begrüßt sie die Ruderer an den Seiten der Glaskabine: „Ich grüße euch, meine Väter vom Arsenal", und die Ruderer antworten: „Wir grüßen dich, unseren Sohn Elena Pisani." Giacomo gibt das Kommando zur Abfahrt und flüstert ihr zu: „Bonneval ist direkt von Korfu hierhergekommen; Gazireh hat ihn sofort gefunden. Er wohnt bei dem jungen Emo. Beide arbeiten mit allen Mitteln gegen Monseigneur. ‚Wenn Schulenburg im Guten nicht will, so soll er es im Bösen haben', hat er gestern gesagt."
„Wo hat er das gesagt?"
„Auf einem Bankett bei den Brüdern Straticò an der Fischbrücke."
„Schläft mein Oheim Almarò Pisani, der Erste der Inquisition?"
„Donna Elena, das Gift der Inquisition ist seit langem vertrocknet."
Die Peote hält sanft vor dem Palazzo Loredan-Schulenburg. Monseigneur dankt den Arsenalotten und steigt die Treppe zum piano nobile hinauf. ‚Er steigt langsam und zieht die Füße', denkt Elena, ‚nun, er wird freilich auch im nächsten Jahr siebenzig.'
Bei der Mahlzeit macht sie, wie so oft hier im Haus, die Hausfrau; nach Tisch überredet sie den Freund, er möge sich zur Ruhe legen. „Sie sehen blaß aus", bemerkt sie fürsorglich.
„Ach, es ist nicht von Bedeutung", entgegnet Matthias, „ich habe mich nur über den Benedetto erregt. Nie hätte ich geglaubt, daß sich Betrüger in meiner Umgebung finden könnten." Er schweigt eine Zeitlang, um dann fortzufahren: „Immer versuchte ich, die Menschen durch Großzügigkeit, durch Güte, durch Wahrhaftigkeit zu gewinnen, in der Hoffnung, dadurch ähnliche Tugenden in ihnen lebendig zu machen." Wieder nach einer Pause setzt er hinzu: „Ich habe mich geirrt. Die meisten glaubten, in solchen Bemühungen einen Ausdruck von Schwäche

zu finden, aus welchem sie sich das Recht ableiteten, mich rücksichtslos zu betrügen. Ist es ein Wunder, wenn ein Mensch, der das Gute will, durch solche Erfahrungen bitter, ja böse wird?" Endlich stößt er hart hervor: „Den Bösen, welche auch die Guten böse machen, soll man keine Schonung gewähren. Bei den Geldern, welche Benedetto veruntreute, befanden sich auch Staatsgelder. Deshalb werde ich Benedetto der Inquisition übergeben lassen. In deren Gefängnissen mag er sich meiner allzu großen Güte erinnern."

Am Nachmittag legt Werner dem Marschall die Abzüge des Kupferstiches vor, den Marco Pitteri im Auftrage Monseigneurs nach dessen Porträt von Rusca angefertigt hat. Sowohl Matthias wie auch seine Freunde und Hausgenossen sind von dem Stich beglückt. Marie nimmt sich ihr Blatt mit auf ihren Hundeplatz in der Ecke des Arbeitszimmers, wo sie, auf der Erde sitzend, Handarbeiten zu machen pflegt. Dort bringt sie das Bild in Augenhöhe an.
Dieser Stich erregt durch seine Technik und seine künstlerische Auffassung die Begeisterung aller Kunstverständigen Venedigs. Am Abend, gelegentlich eines großen Empfanges beim Senator Angelo Quirini, geht ein Abzug des Bildes von Hand zu Hand. Quirini, der Freund Voltaires, der später noch einmal versuchen sollte, die in sich zusammensinkende Herrschaft Venedigs durch Einbeziehen des Volkes in die Regierung zu erneuern, weist mit lauten, begeisterten Worten auf die Vorzüge des Bildes hin. Sein Antlitz mit den verdämmernden Augen und dem grotesk langen Kinn, dem Grimani-Erbe, sprüht auf: „Sehen Sie diese Kraft, diese Stärke! Mein verehrter Freund und Marschall: dieser junge Mensch, der sich bescheiden im Hintergrunde hält, ist der junge Marco Pitteri."
Pitteri tritt verlegen an den Marschall heran, der dem jungen Meister die Hand reicht, aber ein wichtiges Gespräch mit dem Staatsinquisitor nicht unterbrechen kann. „Wir kennen uns bereits", sagt Matthias verbindlich, „verzeihen Sie, Meister. Ich

habe noch eine Sache von Wichtigkeit mit Exzellenz Almarò Pisani zu erledigen. Dann fahre ich nach Hause. Ich bitte Sie, daß Sie mich in meiner Gondel begleiten."
Während der Fahrt durch die Nachtgeheimnisse der Kanäle fragt Matthias den jungen Künstler nach dessen Arbeiten. „Ich hörte, daß Sie antike Statuen, griechische und römische, gestochen haben?"
Pitteri nickt. „Für meinen Vetter Zanetti, den Kunstgelehrten."
„Ich würde mich freuen, wenn ich Exemplare dieser Stiche erwerben könnte."
Die Stimme des Malers steigert sich in der Dunkelheit zu schöner Erregung, in welche hinein leise das Plätschern der Ruder singt: „Ich bin Euer Exzellenz bereits so dankbar für den Auftrag des Porträts. Er gestattet meiner Verlobten und mir, daß wir im nächsten Monat heiraten."
Zunächst antwortet Matthias nicht. Plötzlich aber fragt er: „Mein Sekretär Benedetto hat Ihnen die Zahlung übergeben. Was haben Sie von ihm erhalten?"
„Ich erhielt von ihm ein Geschenk von zwölf Goldzechinen ausgezahlt und weiter den Auftrag, tausend Abdrucke zu je vier venezianischen Liren herzustellen. Für diese Güte möchte ich Euer Exzellenz besonders danken."
Wieder schweigt der Marschall. Nach einigen Minuten klingt seine Stimme durch die Dunkelheit: „Ich habe diesen Sekretär heute wegen seiner Veruntreuung der Inquisition überliefert."
Die Gondel hat den großen Kanal erreicht und strebt dem Palazzo Loredan zu. Matthias fährt fort: „Ich hatte für Sie nicht zwölf, sondern zweiundsiebzig Goldzechinen bestimmt, und für jeden Abzug nicht vier, sondern acht venezianische Lire. Nachdem ich jetzt weiß, daß Benedetto auch die Künstler betrogen hat, kenne ich überhaupt keine Gnade mehr." Die Gondel hält vor dem Palast; Matthias erhebt sich. „Bleiben Sie sitzen", sagt er zu Pitteri, „man wird Sie nach Hause bringen. Gute Nacht. Und nehmen Sie dies zur Regelung meiner Schuld." Er greift in die Tasche und reicht dem völlig verwirrten Künstler einen

seidenen Beutel mit Gold. Dann geht er, gefolgt von Straticò, dessen Abschiedslächeln sich im Licht der Nacht zum Grinsen eines Totenkopfes verzerrt, rasch durch die große beleuchtete Halle zur Treppe, welche in den lichtbeglänzten ersten Stock hinaufführt.

Während die beiden Ruderer den Künstler in seine Wohnung heimbringen, murmelt Pitteri, der die seidene Börse fest umklammert hält, vor sich hin: „Monseigneur!"

3

Almarò Pisani, der sich schon seit Jahren darüber geärgert hat, daß die Freunde des Marschalls immer sehr viel früher und besser orientiert sind als die Vertrauensleute der Inquisition, läßt diesen Ärger an Benedetto aus. Zudem hat sein Bruder, der große Alvise, ihn verhöhnt; ganz Barockjupiter, ist Alvise federnd vor dem etwas kleineren Almarò auf und ab geschritten, hat die lange, spitze Nase schnüffelnd vorgeschoben und den Jungfernmund verächtlich schiefgezogen. Während er die gepflegten Hände rieb, hat er nur gesagt: „Sieh da, Almarò! Ist es wirklich wahr, daß bei der Inquisition Nachrichten eingegangen sind, wonach ein gewisser Prinz Eugen von Savoyen in Venedig eingetroffen sein soll, um den großen Peloponnesiacus zu besuchen?" Alvise hat dem verärgerten Bruder noch leicht auf die Schultern geklopft und erklärt: „Nur nicht übereilen, Almarò. Diese Neuigkeit ist ja erst vierzig Jahre alt. Nur hübsch langsam! Die Republik geht auch ohne Beihilfe der Inquisition zugrunde." Aus nicht ganz ersichtlichen Gründen hat der Großinquisitor Almarò sich in den Kopf gesetzt, eine geeignete Behandlung durch Messiergrande könne aus Benedetto noch einige Dinge von Wichtigkeit herausholen. Da man unter Benedettos Gepäck die Kopie eines seltsamen Briefes gefunden hat, eines Briefes, welchen der Marschall an den der Inquisition nur allzu gut bekannten Grafen Bonneval geschrieben haben soll, eines Briefes, in welchem es

sich um die Krone von Korfu handelt, so gestattet das Dreiergericht der Inquisition nach kurzer Vernehmung Benedettos, in welcher dieser zunächst frech leugnet, die Anlegung von Daumenschrauben, „bis das Blut unter den Nägeln hervorquillt".
Nach drei Drehungen der Schrauben brüllt Benedetto, er werde alles gestehen. So wird er, die Schrauben noch immer an den Daumen, in den benachbarten Vernehmungskeller geführt. Dort werden an ihn Fragen aus dem Dunkel gerichtet, während ein maskierter Schreiber beim Licht zweier Kerzen die Aussage des Delinquenten protokolliert.
„Der Brief, den ich abgeschrieben habe, lag auf dem Schreibtisch des Marschalls", stöhnt er.
„In wessen Auftrag hast du den Brief abgeschrieben?" klingt es aus dem Dunkel.
Benedetto stöhnt weiter, antwortet aber nicht auf die Frage.
„Eine Drehung der Schrauben!" befiehlt die kalte Stimme, und Messier greift schon nach dem Brett mit den furchtbaren Folterwerkzeugen. „Nein, nein", schreit Benedetto, „ich will genau aussagen: der Patrizier Aloisio Emo hat mich beauftragt, alle wichtigen Briefe des Marschalls zu kopieren."
„Wer sind die Freunde des hohen Herrn Emo, welche außerdem an diesem Briefe Interesse haben?"
„Ich weiß es nicht."
„Eine Drehung der Schrauben!"
„Ja, ja — ich weiß es. Es sind die Herren Dolfin, welche für ihren Handel fürchten, wenn ein Levantereich neu ersteht. Herr, Herr, laßt meine Hände frei!" Plötzlich taumelt Benedetto und fällt ohnmächtig auf den Boden. Sofort läßt Messier sich von einem Diener scharfen Essig geben, welchen er dem Ohnmächtigen unter die Nase hält.
„Eine Drehung zurück!" befiehlt die Stimme aus dem Dunkel, dann fährt sie fort: „Wen wollen die Herren als ihnen genehmen Feldmarschall an die Stelle Schulenburgs setzen?"
Benedetto jammert. Aber widerstandslos, nur von der Furcht des Augenblicks getrieben, murmelt er: „Den Grafen Bonneval."

„Der ist doch in türkischen Diensten?"
„Er soll zum Schein dort wieder austreten, um hier sowohl im Interesse des Sultans wie der Dolfins das Oberkommando zu übernehmen."
„Was gedachten die Herren mit dem Marschall Schulenburg zu tun?"
Wieder zögert Benedetto, und wieder befiehlt die kalte Stimme: „Eine Drehung!"
„Nein, nein! Schulenburg soll vorher gestürzt werden."
„Durch wen?"
„Durch die Herren Emo und Dolfin."
„Auf welche Weise?"
„Der Marschall hat Bestellungen von Kriegsmaterial unterschrieben, weil er glaubte, es handele sich um Abschriften für den Senat. Straticò hat diese Abschriften seinen Brüdern gegeben. Jetzt wollen die Dolfins und Aloisio Emo mit diesen Abschriften vor der Öffentlichkeit behaupten, der Marschall hätte sich zusammen mit den Straticòs durch schmutzige Geschäfte bereichert ... Herr, laßt die Schrauben abnehmen ... ich kann nicht mehr."
„Die Schrauben abnehmen und die Daumen verbinden!" Die Stimme befiehlt kalt und unpersönlich. Was dort spricht, ist kein Mensch, sondern der Staat in seiner schrecklichsten Form, der Inquisition. Endlich steigt aus der Düsternis noch eine Frage auf.
„Wer ist Gontard?"
„Gontard ist ein Waffenhändler, von dem die Straticòs gekauft haben."
„Dieser Gontard hat eine Tochter Marie." Die Stimme klingt härter als zuvor.
„Ja. Sie gehört zum Haushalt des Marschalls."
Es entsteht eine kleine Pause. Dann kommt es aus der Dunkelheit: „Sie ist die Geliebte des Marschalls."
„Ja."
„Ist der Marschall durch diese Marie mit an den Geschäften der Straticòs beteiligt?"

„Ich habe keine Anhaltspunkte dafür in den Briefen und Aufzeichnungen Seiner Exzellenz gefunden." Das klingt überzeugend, aber die Stimme aus der Dunkelheit spricht weiter. „Bestehen Verbindungen zwischen dem Generaladjutanten und Marie?"
„Sie hassen sich."
„Gut. Messier, führen Sie den Angeklagten in das Gefängnis. Und laden Sie Marie Gontard vor das Gericht der Inquisition." — Die Vernehmung der jungen Flamin erfolgt nicht, wie die Benedettos, in einem Keller. Sie erfolgt in einem hellen, zart ausgemalten Zimmer des Dogenpalastes, und Almarò Pisani hat es sich nicht nehmen lassen, das junge Geschöpf selbst zu hören. Marie ist auch nicht von Messier persönlich abgeholt worden, sondern von einem schlanken jungen Menschen mit schönen blitzenden Augen, welcher erklärte, Donna Elena Sala lasse Marie Gontard zur Schneiderin bitten; Marie solle ihr beim Aussuchen eines Stoffes behilflich sein.
So gelangt Marie, geleitet und geschoben, vor den Großinquisitor Almarò Pisani, der sich lächelnd erhebt und dem halb verlegenen und halb dreisten kleinen Geschöpf liebenswürdig entgegengeht. „Ich freue mich, wenigstens auf diesem Wege Ihre Bekanntschaft zu machen", beginnt der Großinquisitor mit leichtem Kopfneigen, „es tut mir herzlich leid, wenn ich Sie stören mußte. Darf ich Sie bitten, dort in dem Sessel Platz zu nehmen?" Gleichzeitig schiebt er Marie eine große Bonbonniere zu, die gefüllt ist mit Schokoladenstücken und Herzen aus Marzipan. „Vielleicht macht Ihnen das Freude. Es ist das Konfekt, das für den Dogen und seinen Haushalt hergestellt wird."
Marie mustert den Großinquisitor aus halb geschlossenen Augen. ‚Wäre Monseigneur nicht, so würde ich versuchen, ihn zu verführen', denkt sie, ‚aber Monseigneur ist.' Sie neigt sich über die Bonbonniere und pickt sich Herzen mit Orangerändern heraus.
„Sie müssen nicht erstaunen, wenn ich Sie zu mir gebeten habe", beginnt Almarò und wirft den Kopf zurück, „ich habe es getan,

weil ich weiß, wie sehr Sie an Exzellenz Schulenburg hängen, und weil ich in anderer Art ebenso an ihm hänge wie Sie. Nun habe ich sichere Nachrichten, daß Leben und Ehre unseres Freundes bedroht sind. Damit etwas für den Schutz des Marschalls geschehen kann, brauche ich von Ihnen ein paar Auskünfte."
Inzwischen ist Marie bei den Schokoladestücken angelangt. Sie erschrickt, starrt den Großinquisitor an, schiebt aber dann eine der kleinen Tafeln in den Mund und nickt: „Mit Freuden."
„Nun", so fährt Pisani fort, „ich wüßte gern, in welcher Weise Ihre Geschäfte mit den Brüdern Straticò vor sich gegangen sind."
„Ich habe mit den Brüdern Straticò nie Geschäfte gemacht."
Ruhig zieht Pisani die Bonbonniere zurück. „Kleine Mädchen, die nicht die Wahrheit sagen, bekommen keine Schokolade", droht er. Marie errötet und neigt den Kopf. „Ich habe sie früher einmal kennengelernt, wissen Sie, wie man früher die Menschen kennenlernte ..."
Der Großinquisitor faltet die Hände. „Weiter?"
„Ich wollte so gern ein bißchen Geld in der Tasche haben. Monseigneur läßt mir alles geben, was ich brauche — nur kein Geld. Ich wollte aber grade das Geld, weil ich ihm doch etwas kaufen wollte, was ihm Freude macht. Und da habe ich den Straticò vielleicht einmal erzählt, was Monseigneur gesagt hat ... und da haben sie mir etwas gegeben ..."
Leise schiebt Almarò dem Mädchen die Bonbonniere wieder zu. Dann wiegt er den Kopf. „Kleine Dame, die Lage für den Marschall ist heute gefährlich. Bonneval — das ist einer seiner Feinde, aber das wissen Sie nicht — möchte ihn stürzen. Er ist in Konstantinopel ..."
Marie lacht. „Bonneval ist in Venedig."
„Was?" Almarò ist aufgesprungen und neigt sich über den Tisch.
„Ja. Er wohnt im Palazzo Emo, in den Zimmern des jungen Aloisio Emo."
Wieder muß Almarò Pisani einen großen Ärger herunterwürgen. Denn seine Leute haben ihm von der Anwesenheit Bonnevals in

Venedig keine Nachricht gegeben, einfach deshalb nicht, weil sie nichts davon wissen. Im Kreis des Marschalls betrachtet man dagegen ein solches Wissen als eine Selbstverständlichkeit. In seinem Ärger zieht der Großinquisitor die Bonbonniere wieder zurück. Dann murmelt er: „Nun ja, das ist ja nicht so wichtig."
Er legt die Arme in den roten langen Ärmeln breit auf den Tisch, faltet die Hände und preßt das Kinn darauf. Dann sieht er Marie von unten an und sagt: „Kleine Marie Gontard, wir kennen Sie. Sie haben bei den Brüdern Straticò sinnlos geschwatzt und haben viel zuviel vom Marschall erzählt ..."
„Ich habe nicht ..."
„Doch. Es besteht jetzt die große Gefahr, daß die Brüder Straticò, um sich zu wehren, alles das, was sie von Ihnen über den Marschall wissen, in die Welt hinausschreien. Der Marschall wird zwar am Ende aus allen Angriffen sauber herauskommen, aber die Regierung kann solche Skandale nicht brauchen. Aus diesem Grunde hat das Gericht der Inquisition gegen die beiden Brüder Franz und Theo Straticò die Todesstrafe ausgesprochen und ihr Eigentum eingezogen. Wenn die Brüder erwischt werden, wird man sie öffentlich aufhängen. Wer die beiden lebendig oder tot der Inquisition einliefert, erhält für jeden viertausend Taler."
Marie ist totenblaß geworden. Der Großinquisitor beobachtet sie weiter über seine gefalteten Hände hinweg, lächelnd und verbindlich. Dann fährt er fort: „Daß die Inquisition an dem Generaladjutanten Straticò wie auch an Ihnen, mein verehrtes Fräulein, weiter großes Interesse haben wird, dessen können Sie versichert sein. Die Inquisition wünscht vor allem, daß Sie etwas mehr aus dem engsten Kreis des Marschalls entfernt werden ..."
„Nein! Ich will bei ihm bleiben!"
Almarò hat sich aufgerichtet. „Man ist geneigt, Ihre Verfehlungen und die des Generaladjutanten zu übergehen, wenn Sie das Freundschaftsverhältnis zum Marschall beenden."
Marie sieht den Inquisitor starr an; ihre Mundwinkel senken sich; dann beginnt sie hemmungslos zu schluchzen. Pisani jedoch

spricht kühl in dieses Schluchzen hinein. „Die Inquisition würde es sehr begrüßen, wenn Sie den Generaladjutanten Straticò heiraten würden ..."

„Straticò? Nie!"

„Man soll nie ‚Nie!' sagen, mein kleines Fräulein. Wenn Sie ihn nicht heiraten, werden Sie sich mit Straticò unter den Bleidächern treffen. Wenn Sie ihn heiraten, so gewinnen Sie eine gesicherte äußere Lebensstellung. Zudem sind Sie ja selbst reich; das Seidenzelt, das Ihnen der Dianum-Kogia geschenkt hat, ist ein großes Landgut wert. Die Inquisition verlangt nur, daß Sie beide diese Behörde regelmäßig unterrichten über das, was sich um die Person Seiner Exzellenz tut. Es darf beispielsweise nicht vorkommen, daß Bonneval in Venedig ist, daß jeder im Hausstand des Marschalls davon weiß, niemand es aber für notwendig erachtet, die Geheime Staatsinquisition davon zu benachrichtigen." Verbindlich schiebt Almarò die Bonboniere wieder dem leise schluchzenden Mädchen zu. „Nehmen Sie noch ein Marzipanherz."

Dann schlägt Almarò gegen einen Gong und winkt dem eintretenden Diener. Dieser öffnet die Tür und etwas blaß, aber duftend und geschmeidig betritt der Generaladjutant Straticò das Zimmer. Almarò erhebt sich. „Lieber Oberst", sagt er, „ich habe für Sie den Freiwerber gemacht. Diese junge Dame ist bereit, Ihre Gattin zu werden." Straticò tritt mit wiegenden Schritten an Marie heran, lächelt und küßt ihr die Hand; Almarò ergreift die Bonbonniere und drückt sie Marie in den Arm.

Dann verlassen Straticò und Marie das Zimmer des Großinquisitors. Als sie die Gigantentreppe hinunterschreiten, bleibt Marie plötzlich stehen und schreit dem Manne ins Gesicht „Sie Affe!" Straticò zuckt die Achseln. Der Zeigefinger seiner Rechten hakt sich in die goldene Fangschnur ein. „Wir können ja auch zusammen ins Gefängnis abwandern", lächelt er. Marie schweigt, öffnet die Bonbonniere, entnimmt ihr ein Marzipanherz und geht still für sich kauend, neben Straticò die Treppe hinab.

4

Nachdem der Großinquisitor auch mit den Gebrüdern Dolfin eine kurze, deutliche Rücksprache gepflogen hat, fühlt Bonneval sich plötzlich von allen seinen Freunden verlassen. Die Zimmer, welche er neben denen des jungen Aloisio Emo bewohnt, werden zwar nach wie vor für ihn bereit gehalten; aber sowohl die Herren Dolfin wie der junge Emo zeigen sich nicht mehr. Bonneval begreift, daß sein Plan gescheitert ist; daß kein Mensch in Venedig mehr daran denkt, Schulenburg zu entlassen und ihn, Bonneval, an dessen Stelle zu setzen. Er begreift weiter, daß der Marschall jetzt viel zu stark bewacht wird, als daß man ihn mit einem Dolchstoß oder mit etwas Gift auf die Seite schaffen könnte. Wie ein wildes Tier tobt der Pascha zwischen den Brokatwänden. Aus diesem Chaos der Gefühle steigt festgeformt das weiße Licht einer unerschütterlichen Erkenntnis auf: daß er besiegt wurde von seiner großen, eigentlichen Gegenspielerin, von Gazireh, welche jetzt bei ihrer Herrin im kleinen Palazzo Sala lebt. Diese Gazireh hält alle Fäden in der Hand; wenn sie zieht, zappeln ihre Herrin, deren Gatte, der General, weiter Marie Gontard, die kleine, zerfahrene Flamin, am Ende sogar der Marschall selbst, der Marie seinem Generaladjutanten als Gattin überlassen und seinen unehelichen Sohn, den Freiherrn von Glasebeck, aus Wien nach Venedig gerufen hat, um ihn zu seinem Nachfolger zu erziehen. Der Sekretär Werner ist nach Wien abgereist, um den jungen Herrn dort abzuholen. Die ganze Welt zappelt an den Fäden der türkischen Sklavin.

Bonneval hat seine äußere Ruhe wiedergewonnen; er schlängelt sich maskiert durch das Gewühl des Karnevals zum Palazzo Sala. Auch dort steht, wie in allen Patrizierhäusern, das Erdgeschoß den Masken offen; die Hausfrau hält darauf, daß gute, alte Sitten gewahrt bleiben. Eine Schar von Masken will ein Hindernisrennen veranstalten; Stühle werden durch breite Seidenbänder miteinander verbunden; Tische in die Bahn gestellt. Eine Musikbande, bestehend aus grausigen Pierrots in Schnabelmasken, sitzt als

Orchester von gespenstischen Vögeln auf einem großen Büfett und spielt die neuesten Melodien von Galuppi. Junge Mädchen in engen Kostümen klettern auf die Rücken maskierter Männer, die als Pferde über diese Hindernisbahn gehen sollen. Seit längerer Zeit sucht Bonneval unter den Männern nach Bekannten. Die Dolfins und der junge Emo haben sich auf ihre Landsitze zurückgezogen; die Brüder Franz und Theo Straticò jagen in kleinen Bergkaleschen den südlichen Landesgrenzen zu. Sie werden in einem Kloster in der Nähe von Bologna nach dem inzwischen gestürzten Kardinal Alberoni fahnden, um mit ihm neue Intrigen anzuzetteln. Vielleicht wollen sie aber auch nur Geschäfte mit ihm machen. Auf alle Fälle wird er für sie kochen. Kalt sieht Bonneval sich die Hindernisbahn an, während er vor sich hinmurmelt: „Ein Pferd, ein Pferd — ein Königreich für ein Pferd!" Seine Hand geht in die Tasche, in welcher die „misericordia" ruht, die er einst in Wien der Donna Elena Pisani-Sala abgenommen hat. An dieser Misericordia hängt er; sie ist ihm Glücksbringerin und Waffe dazu. Zu dem nachdenklich Beobachtenden tritt eine kleine bewegliche Türkin, welche zwischen den Masken hin und her läuft und fragt: „Schöne Maske, willst du trinken süßen Wein von Korfu?"

Die Stimme läßt den Angesprochenen erzittern. Er wird von dem Leiter des Hindernisrennens, einem dicken Hermes, mitsamt der Türkin beiseite geschoben. Der Hermes hebt die Arme empor und schreit: „Die Herren Pferde mit den Damen Reiterinnen zum Start!"

Rasch wendet sich Bonneval an die Türkin: „Willst du mich reiten?" fragt er in Flüstertönen.

„Ich will." Rasch klettert die Türkin auf den Rücken Bonnevals und schiebt sich bis auf seinen Hals empor.

Das Maskenorchester bläst und fidelt das diesjährige Faschingslied, dessen Text von Carlo Goldoni stammt. Jubelnd stimmen alle Masken ein, während die Herren Pferde am Start unruhig hin und her trippeln.

Dann winkt der dicke Hermes das Startzeichen, und die zehn Maskenpferde rasen mit ihren Reiterinnen durch den Saal. Bereits beim dritten Hindernis stürzen zwei; sie rollen übereinander; Geschrei und Gelächter erfüllen den Raum und vermischen sich mit der Musik des Totenorchesters. Auf dieses Menschenknäuel steuert Bonneval mit seiner Last zu. Die graziöse Türkin versucht sich zu befreien. Aber es gelingt ihr nicht, sich aus den Klammerhänden Bonnevals zu lösen. Sehr langsam läßt der Mann die vom Grauen gewürgte Frau auf den lachenden Menschenhaufen gleiten, läßt sie auf seine Linke sinken, welche die „Misericordia" emporhält und scharf nach oben stößt, so daß der Dolch tief in das Herz der jungen Frau eindringt.

Niemand von den johlenden und tobenden Masken achtet auf den Todesschrei der Türkin, die zuckend auf den Menschenhaufen sinkt, während neue Pferde sich auf ihm überstürzen. Niemand achtet darauf, daß der Mann in der Bauta und der Schnabelmaske eilig den kleinen Palazzo Sala verläßt und dem Hafen zueilt, wo ein Diener bereits das Gepäck auf einem Segelschiff verstaut hat. Das Schiff wird noch am gleichen Abend abgeschleppt und nimmt den Kurs nach Ragusa. Von dort aus reitet der Mann auf geheimen Wegen zurück nach Konstantinopel, wo eine Palastrevolution sein Eingreifen verlangt.

Im Erdgeschoß des Palazzo Sala tollen die Masken weiter. In dem cremefarbenen Zimmer der Hausherrin, dem Raum mit den rosigen Möbeln liegt die tote Gazireh ausgestreckt auf dem Boden; neben ihr kniet hemmungslos weinend ihre Herrin und Freundin, Elena Pisani. Von Zeit zu Zeit nur küßt sie die Lippen der Toten und murmelt: „Gazireh! Gazireh!"

5

Niemand ahnt, was dem Marschall die Trennung von Marie Gontard bedeutet. Er steigt mit hocherhobenem Haupt in die Gondel; er geht starr durch die sich tief verneigenden Patrizier, wenn er dem Senat seine Aufwartung macht. Nur Elena, die selbst noch unter Gazirehs Tod leidet, weiß, daß unter dem Orangeband des Schwarzen Adlerordens sich ein Herz zerquält, weil diesem großen Leben vom Schicksal das Letzte genommen wurde, die letzte menschliche Wärme, das Glück vom Hundeplatz.

Der Senat hat erfahren, daß der Marschall alle Angebote, welche der König von England, der Kaiser, der König in Preußen und der Sultan ihm gemacht haben, abgelehnt hat. Man findet sein Verhalten unvergleichlich; der Senat erläßt ein „ragionato Ducale", wonach in Zukunft keine Kapitulation mehr mit dem Marschall abgeschlossen werden solle; sein Vertrag solle — wenn er damit einverstanden sei — auf Lebenszeit laufen. Es ist die größte Ehre, welche die Republik einem fremden Feldherrn erweisen kann; weitaus größer noch als die Errichtung seines Denkmals in Korfu oder die Aufstellung eines von Korfu stammenden antiken Marmorlöwen mit nordischen Runenzeichen zu seiner Ehre vor dem Arsenal in Venedig. Dieser Vertrag auf Lebzeiten ist der einzige Vertrag solcher Art in der ganzen Geschichte Venedigs.

Matthias nimmt, stolz und höflich zugleich, alle Ehrungen entgegen, mit denen ihn die Venezianer überschütten. Innerlich berühren sie ihn kaum noch. Er horcht nur auf, wenn jemand sich nach dem jungen Baron Glasebeck erkundigt, der nächstens von Wien eintreffen soll; er drückt dem Freunde Carlo Ruzzini heimlich die Hand, als dieser ihm ins Ohr schreit: „Ihren Sohn — den erziehen wir zu Ihrem Nachfolger. Dieser Sohn — er soll Ihren Ruhm weitertragen."

Allmählich spricht man in Venedig von dem Sohn des Marschalls als von etwas Selbstverständlichem. Man betrachtet ihn bereits als „Sohn des Senates", wie man Elena als „Sohn des Arsenals" betrachtet. Matthias hat durch Simonini drei Zimmer im Palazzo Loredan-Schulenburg mit Bildern von Korfu, Preveza, Vonizza und Dulcigno ausmalen lassen, damit Carlheinz sogleich in die Welt seines Vaters eingeführt werde.

An einem holden Septembertag erwartet der Vater den Sohn. Durch kurze Kuriernotizen des Sekretärs Werner ist Matthias auf die Ankunft der Gondel für die Abendstunde vorbereitet worden. Karl hat ihm zu dem blauen Rock das Orangeband des Schwarzen Adlerordens anlegen müssen. Dann geht er nachdenklich im großen Saal des ersten Stockes auf und ab. Sein Blick geht hinüber zu Lelias Bild, welches er von Emden hat nach Venedig kommen lassen. „Ich danke dir", murmelt er. Dann hört er Schritte. Rasch wendet er das Haupt. Karl ist in den Saal getreten. „Die Gondel fährt vor, Exzellenz." — „Ich komme."

Auf den Treppenabsätzen stehen sie alle und warten; die Wachen, die Diener, die Gondolieri. Im Schatten der unteren Halle wartet versteckt Donna Elena Pisani-Sala, die Feuer-Pisani, die seit der Taufe des kleinen Matthias zwar fünfzehn Jahre älter geworden ist, aber trotz ihrer drei Kinder ihren mädchenhaften Zauber nicht verloren hat. Sie sitzt auf einer alten gotischen Truhe, die schönen, langen Beine übereinandergeschlagen und beobachtet, wie sich über das Geländer des Treppenhauses das Gesichtchen der Oberstin Marie Gontard-Straticò neigt, und wie die kleinen, knochenlosen Hände auf dem Geländer hin und her rutschen. Auch Marie wartet. Zunächst aber verfolgen ihre traurigen Blicke den großen Mann, der soeben aus der Tür des piano nobile herausgetreten ist.

Langsam, ganz Würde, zwingend durch seine Haltung, schreitet Monseigneur die Treppe hinab. Eine mächtige Perücke wippt langsam in die Tiefe, zuweilen leuchtet das Orangeband kurz auf. Vom Gondelportal klingen unruhige Stimmen. Matthias bleibt stehen; ein Schatten geht über sein Antlitz. Dann erkennt er die Stimme seines Sekretärs Werner, der halblaut befiehlt: „Nehmen Sie sich zusammen, junger Herr. Gestern haben Sie die Worte sehr deutlich gesprochen."

Ihm antwortet ein tierisches Fauchen, fast kreischend, und dann wieder gurgelnd wie die Wasser des Kanals an den Gondelpfählen, so daß Matthias auf der untersten Treppenstufe erschrocken stehenbleibt. Hier empfängt er sonst die Großen dieser Welt, sogar den Dogen, wenn dieser ihm heimlich in Dreispitz und Maske seinen Besuch macht. Von hier aus wollte er seinem Sohn entgegeneilen und ihn umarmen; aber er spürt, daß er auf der Stufe verharren und abwarten muß, weil mit diesem Sohn etwas Schicksalhaftes in sein Haus getreten ist.
Vom Gondelportal her drängt sich im Reflex des Wassers ein unruhig beleuchteter Zug in die Halle. Vorweg schwankt, fast wie ein Trunkener, ein junger Mensch mit langen, strohblonden Haaren, in einem blauen Seidengewand. In der Rechten schwingt er einen blauen Federhut. ‚Das Kostüm sieht sehr englisch aus; vielleicht hat die gute Melusine es ihm geschickt', durchschießt es den Marschall. Dicht hinter dem jungen Menschen folgt der Sekretär Werner, dessen blasses Antlitz vor Erregung dunkelrot erglüht. Er schiebt den Schwankenden dem Marschall entgegen und befiehlt scharf: „Begrüßen Sie Ihren Herrn Vater, Baron Glasebeck!"
Der Blick des Marschalls fällt auf ein langes, leeres Antlitz, in welchem er verwaschen und entstellt die Züge Lelias wiederfindet. „Sprechen Sie!" befiehlt Werner dieser Maske ohne Antlitz.
Und nun geht ein Grinsen um den fein geschnittenen Mund; ein blödes Lächeln wächst auf. Dann wankt der junge Mensch vor, verneigt sich eckig und lallt: „Ich ... freue mich, Sie zu sehen, Herr Vater ..."
„Weiter!" befiehlt Werner halblaut.
„Ich ..." Der junge Mensch bricht mitten in der Rede ab, glotzt vor sich hin, geht dann auf den Marschall zu, tippt mit dem Zeigefinger auf den Schwarzen Adlerorden und sagt: „Schön! ... Haben!"
„Ist er betrunken?" fragt der Marschall den Sekretär hart.

Werner schüttelt den Kopf. „Nein, Exzellenz, so ist er immer. Er ist etwas eigen im Geist."
Matthias fühlt, wie hundert Augen auf ihn gerichtet sind; er fühlt das Mitleid seiner Untergebenen. Gleichzeitig fühlt er aber auch jenes harte Urteil, welches der Italiener über die Eltern mißgeratener Kinder fällt, wenn er von den Kindern sagt: „Malfatto — schlecht gemacht!"
Wahrhaftig, als der Feldmarschall, der Tausende von jungen, gesunden Söhnen anderer Menschen, lauter „Benfatti", in den Tod geschickt hat, der Welt seinen eigenen Sohn vorführt, da kann diese Welt nur bedauernd die Achsel zucken und sagen: „Malfatto."
Mit einem einzigen furchtbaren Blick mustert Matthias dieses grinsende und torkelnde Stück Mensch in blauer Seide. Dann wirft er das Haupt zurück; plötzlich stößt er einen Befehl aus: „Werner!"
Der Sekretär schiebt den jungen Glasebeck, der aufschreiend mit dem Knie nach Werner stößt, zur Seite und tritt in seinem großen Reisemantel rasch an den Marschall heran. „Sie kommen mit in mein Zimmer und berichten mir. — Das da", setzte er nach einer Weile hinzu und läßt den Blick kalt über Carlheinz gleiten, „wird versorgt." Er wendet sich ab von seinem Sohne, der sich gegen die Mauer gelehnt hat, und steigt, gefolgt von Werner, langsam und mit Haltung die Treppe hinauf. Donna Elena Pisani-Sala hat sich inzwischen von der großen gotischen Truhe auf den Steinboden der Halle geschoben und folgt rasch dem Marschall. Als sie an dem jungen Baron Glasebeck vorüberhuscht, schreit er ihr ein paar grunzende Halbworte nach und wedelt mit dem blauen Samthut hinter ihr her.

Nachdem der Marschall kreidebleich und nur mit Mühe atmend in seinen großen Stuhl gesunken ist, von wo aus er Werners Vortrag, ohne ein Wort zu sagen, anhört, erachtet es Donna Elena für nötig, den Doktor Anonimo holen zu lassen. Der Arzt tritt, wie immer, lächelnd in das Schlafzimmer des Marschalls.

Er reibt sich die Hände, nimmt neben Monseigneur Platz und bittet Elena, nicht davonzugehen. „Wir müssen versuchen, Monseigneur aus der tiefen diabolischen Welt, in welche ihn das unerwartete Erleben gestürzt hat, in die dämonische überzuleiten."

Matthias fragt keuchend: „Haben Sie meinen... meinen... Sohn gesehen?"

„O ja. Er steht unten in der Halle und zankt sich mit den Dienern. Das gehört mit in das Krankheitsbild."

„Was für ein Krankheitsbild?"

Der Arzt wiegt den Kopf. „Eine Unvollkommenheit in der Sprache. Auch die Verstandeskräfte des jungen Menschen sind nur schwach entwickelt. Proles heroum noxae."

Das Haupt des Marschalls schiebt sich gegen Werner vor. „Weshalb hat mir davon niemand Mitteilung gemacht? Weshalb haben Sie mir das nicht von Wien aus geschrieben?"

Der Sekretär neigt den Kopf und antwortet verlegen: „Man hielt es im allgemeinen wohl nicht für so schlimm..."

Langsam läßt sich der alte Soldat in seinen Sessel zurücksinken. Die Abspannung hält jedoch nur für einen Augenblick an. Der Marschall horcht. Auf der Treppe ertönt lautes Geschrei. „Was ist denn das?" fragt er den Sekretär.

Der zuckt wehrlos mit den Achseln. „Der Doktor sagte es bereits ... der junge Herr zankt sich mit den Dienern ... das tut er des öfteren..."

„Und alles das habt ihr für nicht so schlimm gehalten? — Und das bringt ihr mir hierher nach Venedig? Keiner von euch allen, die ihr von mir lebt, versuchte die Anwesenheit dieses Unglücklichen hier in meinem Hause zu verhindern? Keiner von euch denkt daran, meine Qual zu lindern — keiner denkt daran, mich vor der Lächerlichkeit zu schützen, in welche mich die Anwesenheit dieses Tieres hier bringen muß?"

Als Werner etwas erwidern will, hebt er die Hand zur Abwehr. „Ich weiß, was Sie sagen wollen: der Amtmann Hübner... die

Salesianerinnen ... ich weiß, ich weiß, jeder schiebt es auf den anderen, aber keiner hat den Mut zum Ich!"
Endlich richtet er sich auf. „Gut, wenn ihr alle das nicht für so schlimm haltet, dann sollt ihr ihn haben, so wie er ist. Ich werde den Baron Glasebeck zum Offizier ernennen. Sie, Sekretär Werner, werden mit ihm nach Korfu abreisen, Karl begleitet euch. In Korfu werden Sie dem jungen Menschen Sprechen, Lesen und Schreiben beibringen; Karl wird ihn reiten und schießen lehren, und Oberst von Moser kann ihn in der Befestigungslehre unterrichten. Wenn ich wieder nach Korfu komme, werde ich mich von den Fortschritten des Barons überzeugen." Er entläßt Werner und Karl mit einer kurzen Handbewegung.
Während dieser Vorgänge hat der Arzt den Marschall stillschweigend beobachtet. „Sie sind Siebzig geworden, Monseigneur?"
„Ja."
„Nun wohl. Sie kommen langsam in die Jahre, in denen man Leben und Sterben, Eigenwirksamkeit und Gesamtgeschehen als untrennbar betrachten sollte."
Der Marschall hat sich erhoben und geht im Zimmer auf und ab. „Tue ich das nicht?"
Doktor Anonimo schüttelt den Kopf. „Wenn Sie es täten, wären Sie gesünder. Wirklich gesund ist nur, wer sein Leben mit Gottes Willen in Einklang zu bringen vermag."
„Ich gebe mir Mühe, das zu tun", entgegnete der Marschall stirnrunzelnd.
„O ja. Sie fasten zweimal in der Woche und geben den Zehnten von allem, was Sie haben."
„Sie halten mich für einen Pharisäer, Doktor?"
Doktor Anonimo schüttelt den Kopf. „Nein, dieses Bibelzitat kam mir nur so. Ich fing es ein, als es in der Ferne vorüberflatterte. Lassen Sie uns überlegen, Monseigneur. Will Gott, daß Venedig noch einmal in den Krieg zieht?"
Die festen Hände des Marschalls spreizen sich auf dem Schreibtisch. „Ich glaube nicht. Ich könnte mir sogar denken, daß Venedigs kriegerische Kräfte erschöpft sind."

Elena mustert den Arzt und überlegt sich, wohin er die Unterhaltung wohl führen wolle. Doktor Anonimo nickt. „Dem haben Sie ja eben in drastischer Form Ausdruck verliehen."
„Ich?"
„Ja, Sie, Monseigneur."
„Wodurch?" Die Augen des Marschalls senden mächtige Strahlen aus der Tiefe.
Aber der Arzt läßt sich nicht beunruhigen. „Dadurch, daß Sie einen Geisteskranken zum Offizier ernennen, ironisieren Sie Ihre eigene Welt...! Ich glaube, es würde Ihrer Gesundheit besser tun, wenn Sie nicht nur Ihre eigene Welt verneinten, sondern zugleich auch eine andere bejahten."
Anonimo faltet die Hände und biegt die Finger durch.
Matthias sieht den Arzt an: „Welche Welt?"
„Die Welt der Schönheit. Nicht aber nur im Genießen, sondern auch im Fördern. Der letzte große Condottiere Venedigs sollte auch ihr letzter großer Mäzen sein."
Ein erster Abendschatten fällt durch die hohen Spitzbogenfenster in das Zimmer. Dann erhebt sich der Marschall und starrt auf die Bilder an der Wand, die sich langsam ins Grau zurückziehen. Nach einer Weile beginnt er vor sich hinzusprechen.
„Schon Luther hat gesagt, die Lombardei wäre die angenehmste Gegend von ganz Europa, wäre eine geschmückte Braut, darum man sich wohl raufen dürfe, und wenn das Land nur vier Jahre Frieden habe, so sei schon wieder alles in vollem Flor. O ja, Luther wußte auch darüber Bescheid... Ich werde Venedig den Frieden erhalten. Ich werde es durch alle Fährnisse durchsteuern ... Ich werde den Oberbefehl behalten... bis zum Tode... Kommt ihr alle, Piazzetta, Guardi, Tiepolo, Rosalba, kommt! Es ist Frieden! Schafft, arbeitet, erleuchtet die Welt mit dem süßen Licht Venedigs, das ihr entdeckt habt ... Singt, ihr Venezianer, Faustina, singe, spielt eure Opern... Musik, Musik... Venedig ist Musik... aus gefrorenen Orgeltönen baut ihr eure Paläste, und das Meer wiegt seine Ewigkeit durch eure Kirchen, in Tönen von Marcello und Galuppi... Bis in alle Ewigkeit hinein

sollen klingen und leuchten die Farben aller Künstler, die reifen werden unter meiner Herrschaft." Er schweigt und starrt auf den Steinfußboden. Plötzlich hebt er das Haupt. „Ja, Doktor, ich gehe während der Kriege, die jetzt beginnen werden, nach Verona; nur um den Krieg von Venedig fernzuhalten. — In der Arena von Verona werde ich dem kleinen Carlo Goldoni ein Theater bauen. Dort, wo einst Blut floß, sollen seine heiteren Worte sich im Lachen zerlösen... und Venedig soll untergehen, unter meinem Schutz, in Glanz und Schönheit."

6

Es ist, als ob mit diesem Entschluß der Marschall in eine andere Welt, eine Traumwelt, gewandert sei. Im Palazzo Orti, neben der Kirche der Barfüßer in Verona, steht im gelben Kabinett, dem Gemüsegarten zu, sein großer Ohrensessel. In diesen Sessel sinkt er immer wieder zurück und schläft. Wenn er erwacht, oft erst nach Tagen, denkt er an den Gemüsegarten von Emden. Dann läßt er wohl den jungen Magister Linck kommen, der ihm etwas aus der Bibel vorlesen muß. Linck weiß nie, ob der Marschall die Worte der Schrift erfaßt, oder ob er bereits wieder in ein Dämmern versunken ist.
Die Zeit beginnt an Matthias vorüberzurauschen; aber seltsamerweise bleibt sein innerer Geist wach und lebt mit den geistigen Dingen, die sich um ihn vollziehen. Das Ungeistige berührt ihn nur wenig. Er nimmt die Nachricht aus Korfu nur stillschweigend zur Kenntnis, daß der Sekretär Werner dem jungen Baron Glasebeck mit Mühe das Sprechen beibringe; daß Carlheinz zwar gut zu reiten und zu jagen wisse, aber dahinlebe wie ein Zentaur, halb Mensch und halb Tier.
Die vielen Verwandten aus Deutschland, welche den Marschall besuchen, werden von ihm fürstlich empfangen. Aber die Honneurs des Hauses machen für gewöhnlich der jetzige Brigadier Straticò und seine Frau, Marie Gontard-Straticò. Sie maßen sich

zum großen Verdruß Werners, der sich auf Korfu im Exil fühlt, mehr und mehr die Herrschaft im Hause des Marschalls an, so daß Werner sich bitter bei der Gräfin Ernestine in Deutschland beklagt, der Grieche, welcher das Faktotum bei dem Feldmarschall sei und eine der ehemaligen Hausliebchen geheiratet habe, werde zum großen Verdruß des Briefschreibers „der kleine Feldmarschall" genannt, als ließe sich Seine Exzellenz durch ihn nur kehren und wenden, wie er es wolle...

Matthias jedoch lebte nicht in einer Welt des geistigen Verfalls, wie es seine Hausangestellten glauben mögen; er lebt in einer erhöhten geistigen Welt, nur sehr außerhalb derjenigen, welche als die seine gilt. Sein Schlaf läßt ihn ein eigenes Leben leben; und Doktor Anonimo spricht zuweilen mit Donna Elena Pisani-Sala über die Krankheit. „Glauben Sie mir eines, Donna Elena, dieses große Leben vollendet sich in einer wundervollen Weise. Die seltsamen lethargischen Anfälle, von denen Seine Exzellenz mehr und mehr heimgesucht werden, zeigen an, daß der Kranke sich in eine höhere Welt emporhebt. Diese Anfälle sind eine Transsubstantiation, die heilige Krankheit des Fernen Ostens."

Eines Tages, als Matthias aus Venedig zurückgekehrt ist, wo er dem großen Alvise seine Aufwartung gemacht und mit ihm über die Zukunft Venedigs gesprochen hat, packt ihn wieder einer jener seltsamen Veränderungen. Doktor Anonimo, der von Matthias in dessen Hofstaat aufgenommen wurde, steht sofort dem Kranken bei; er kann Donna Elena Pisani-Sala, welche sich nach dem Ergehen des Marschalls erkundigen will, beruhigen. Sie bittet den Arzt, mit ihr in ihrem kleinen Jagdwagen zum Giardino Giusti hinaufzufahren, jenem wundervollen Garten, unter dessen riesigen Zypressen bereits Dante gewandelt ist. Lange gehen sie in der Allee auf und ab. Elena pflückt ein paar frühe Rosen und ordnet sie zu einem Strauß für Monseigneur.

„Sie glauben im Ernst, Doktor, daß der Marschall an einer geheimnisvollen Krankheit des Fernen Ostens leidet?" sagt sie, während sie die Blüten hin und her bewegt.

Der Arzt nickt. „Als ich zu ihm geholt wurde, saß er in einem tiefen Schlaf in seinem großen Stuhl. Er röchelte und sprach halbe Worte. Ich ließ ihn ins Bett bringen, gab ihm vom Goldpulver, das die Kaiserin ihm gesandt hat und rieb ihm das Gesicht mit Eau de la Reine ab. Nach einer halben Stunde kamen ihm die Sätze wieder, freilich zunächst auch nur höchst unvollkommen."

„Was für Sätze?"

„Meist waren es Namen, Namen von Menschen, mit denen er einst zusammengekommen sein mochte... ich erinnere mich noch, daß er viel von einer Aimée sprach, der er zurief: ‚Du hast Lelia ermordet!' "

Entsetzt bleibt Elena stehen und lehnt sich an einen antiken Altar, auf dem ein paar trockene Früchte liegen. Der Gärtner hat sie hier niedergelegt im Erfüllen eines uralten Brauches, welcher die letzten Früchte des vergangenen Herbstes im Frühling dem Altare weiht. „Glauben Sie", murmelt Elena, „daß dem Marschall solche Dinge bewußt sind, oder daß seine Lippen derartiges nur formen wie ein Automat?"

Der Arzt geht vor dem Marmoraltar auf und ab. „Seien wir ehrlich: Wir wissen es nicht. Wir wissen nicht, in welcher Weise sich im Hirn des Kranken diese Bilder aneinanderreihen. Man könnte sich denken, daß er die tiefsten Zusammenhänge alles dessen, was er erlebt hat, jetzt erkennt; daß sich alle Verschlingungen in lichtem Glanz lösen, und daß sich aus diesem Glanz einzelne Erscheinungen zu ihm herabsenken, mit denen er dann spricht. Dabei fallen Namen, von denen ich nicht immer weiß, in welchen Zusammenhängen sie mit dem Leben Monseigneurs stehen: Stella Schönberg, Tintoretto, Schwester Anastasia, Lord Chesterfield, Raffael, Bonneval, Lukrezia... das sind Namen, die mir zufällig noch im Gedächtnis geblieben sind."

Nach einiger Zeit bittet Doktor Anonimo, Donna Elena möge dem Marschall gleich noch die Rosen bringen. Es läge ihm, dem

Arzt, daran, den Kranken heute noch einmal unauffällig zu beobachten.

„Halten Sie die Krankheit für gefährlich?", fragt Elena. Daß auch Monseigneur sterblich sein könnte, ist ihr bis jetzt noch nie in den Sinn gekommen. Während die beiden durch den Palazzo Giusti zum Wagen Elenas zurückgehen, entgegnet Doktor Anonimo: „Gefährlich? Vorerst nicht. Monseigneur wird immer noch klug und überlegen handeln; jenes zweite vegetative Leben aber, das er in seinen Träumen lebt, wird sein diesseitiges feuriges Leben nicht berühren. Gefährlich in unserem Sinne wird die Krankheit dann, wenn das jenseitige und das diesseitige Leben sich ineinander verschlingen."

Vorsichtig rafft Elena das Kleid, während sie in den Wagen steigt: „Ach, Doktor, es ist ja alles gut, wenn er nur noch lebt."

7

Inzwischen haben sich die seelischen Kräfte des Marschalls wieder in das Diesseits verlagert. In einem scharlachroten, schwarz gefütterten Rock hat er sich an seinen Schreibtisch gesetzt. Vom Gemüsegarten fällt das Licht blaß in das gelbe Kabinett; es zieht ein paar Kreise auf ein großes Manuskript, welches vor dem Kranken liegt. Zuweilen gleitet sein Blick hinüber zur Wand. Seine Augen hängen an dem Bilde der Gräfin Bokum, deren graublaue Augen gütig auf ihn herabsehen. Als aber seine Blicke sich auf das Manuskript senken, spielt Bitternis um seinen Mund.

Wie ist es möglich, daß ihrer beider Sohn so furchtbar mißraten, so wirklich „malfatto" ist? Die Berichte, welche Moser und Werner über das Betragen des jungen Menschen in Korfu gesandt haben, sind traurig. Matthias jedoch kann sich aller Erkenntnis zum Trotz nicht entschließen, seinen Sohn als das zu behandeln, was er wirklich ist: als einen Kranken. Er will es, daß dieser Sohn ein Kavalier, ein Soldat ist. Gewiß, in Venedig kann er ihn nicht behalten, nicht einmal auf Korfu, wo Carlheinz sich herumtreibt, wildert und mit entlaufenen Mönchen am Denkmal seines Vaters johlende Feste feiert. Werner und Moser vermögen ihn nicht mehr zu bändigen, um so weniger, als der junge Mensch über gewaltige Körperkräfte verfügt. Es bleibt also nichts übrig, als ihn nach Deutschland zurückzuschicken. Mag der Amtmann Hübner ihn in Emden versorgen.

Dann starrt er vor sich hin und murmelt: „Nicht einmal mein Sohn wird meinen Ruhm weitertragen!" Er hebt die Hände empor: „O Gott — Du bist furchtbar in Deiner Gerechtigkeit!" Straticò kratzt an der Tür und erscheint. Matthias hat es erreicht, daß Straticò Brigadier geworden ist. Der Senat hat sich zu dieser Ernennung nicht Straticòs wegen entschlossen, sondern des Marschalls wegen, dem man vor der Öffentlichkeit eine Genugtuung geben wollte, nachdem der Klatsch auch ihn mit den Brüdern Straticò in Verbindung gebracht hat. Der Marschall hebt das Haupt.

„Donna Elena Pisani-Sala und Doktor Anonimo."

„Ich lasse bitten. Und..." Matthias zögert einen Augenblick, „... und wie geht es der Generalin?"

Der neue General lächelt. „Ganz ausgezeichnet, Exzellenz. Sie ist von der Güte, mit welcher Eure Exzellenz unseren jungen Haushalt beschützen, tief ergriffen."

Matthias läßt dem Ehepaar täglich Nahrungsmittel, Weine und kostbare Stoffe bringen. Aber er überhört den Dank Straticòs und wiederholt: „Ich lasse die Herrschaften bitten."

Während der Marschall Elena die Hand küßt und die Rosen mit leuchtenden Knabenaugen entgegennimmt, beobachtet Doktor Anonimo seinen Patienten. Wenn man das heilige Auge in sich lebendig macht, überlegt sich Anonimo, kann man sehen, wie die Ausstrahlung dieses Mannes ihre Farbe geändert hat. Sie ist vom Purpur übergeglitten in ein mildes Blau.

„Verachten Sie die Menschen, Monseigneur?" fragt der Arzt und reibt sich die Hände.

„Ja. Und deshalb bemitleide ich sie."

Doktor Anonimo nickt. „Aus solchem Mitleid erblüht in großen Seelen die Toleranz. Die aber ist die Rettung der Menschheit."

Matthias hat sich an seinen Schreibtisch gesetzt, die Rosen neben sich gelegt und sieht vor sich auf das Manuskript. „Es ist nicht immer leicht, tolerant zu sein", bemerkt er, „zumal dann nicht, wenn man auf bösen Willen stößt." Er denkt an Rabbi Semo.

Elena erwidert aus einem großen Sessel heraus: „Sicherlich nicht. Aber dann steht es einem noch immer frei, den bösen Willen abzuwehren unter Bewahrung der Humanität." Sie erhebt sich und stellt die Blumen in eine große Fayencevase.

Matthias sinnt vor sich hin. „Genau das ist jetzt meine Aufgabe. Ich muß meinen Sohn nach Deutschland zurücksenden. Toleranz ihm gegenüber zu zeigen, wäre Schwäche. Ich habe versucht, human zu bleiben." Nach einer Weile setzt er hinzu. „Ich würde Ihrem Urteil gern die Instruktionen unterbreiten, mit welchen ich ihn auf mein Emden zurückschicke. So viel Deutsch werden Sie verstehen." Er greift nach einer großen, hellumrandeten Brille, derer er sich seit einiger Zeit bedient. „Ich habe diese Instruktionen schon vor einiger Zeit in Venedig aufgesetzt. Sie sind zugeschnitten auf gewisse Sonderlichkeiten des jungen Menschen, die sich, wie ich bestimmt hoffe, im Laufe der Zeit geben werden."

Die Blicke des Marschalls gehen zu Doktor Anonimo. Der aber sieht schweigend vor sich hin. Matthias nimmt dieses Schweigen schmerzlich zur Kenntnis und beginnt zu lesen.

Nachdem aus gewissen Ursachen und wegen unterschiedener, der verstorbenen Frau Gräfin von Bokum zugestoßener unglücklicher Zufälle ich mich ihres Sohnes Carl Heinrich Baron von Glasebeck mildiglich angenommen; also habe nichts, was zu seinem Unterhalt und guten Erziehung nötig gewesen, bishero ermangeln lassen. Zu welchem Ende denn ihn bereits vor fünf Jahren sogar zu mir nach Venedig kommen, ihn mit aller Notdurft versorgen und in allem, was sich für ihn schicken möge, unterrichten lassen. Weil aber diesmal für gut befunden, ihn bis zu fernerer Verordnung nach Deutschland, und zwar auf mein Rittergut Emden zurückzuschicken, also lebt man der gewissen Hoffnung, er werde sich ferner als ein gottesfürchtiger, ehrlicher und wohlerzogener Kavalier und Offizier zu betragen wissen.

Wie nun dem Herrn Amtmann Hübner unter anderem aufgetragen worden, sich dessen bestens anzunehmen, auch ihn mit aller Notdurft, nach Inhalt des darüber ausgestellten Reverses, zu versorgen; so hat er, Carl Heinrich von Glasebeck, demselben in allem, was er ihm meinetwegen und zu seinem eigenen Besten andeuten und erinnern wird, völlige Folge zu leisten, mithin auch nicht das Geringste, es sei was es wolle, ohne dessen Vorwissen und Rat vorzunehmen. Denn, wenn die Jugend eigenem Dünkel und Klugheit zu viel traut, ohne erfahrene Leute zu Rate zu ziehen, so verdirbt sie. Dahero ihn hiermit ermahne, wohlgemeinte Warnungen und Erinnerungen mit Dank und Sanftmut als Merkmale guter Freundschaft anzunehmen, wenn solche ihm gleich ersten Ansehen nach nicht anständig schienen. Hingegen soll er sich nicht unterstehen, daß er sich gegen genannten Herrn Amtmann auf einigerlei Weise halsstarrig oder boshaft erzeige; weniger sich von anderen verführen lasse, oder zu liederlichen Leuten sich halte. Vielmehr in alle Wege einer tugendhaften und einem wohlerzogenen Cavalier anständiger Aufführung durchgehends sich befleißige. Mit Essen, Trinken, Wohnung, Kleidung, Wäsche und allem Zubehör wird ihn der

Herr Amtmann Hübner schon zu versorgen wissen, ihn so viel als möglich um sich haben, auch dann und wann auf Reisen mit sich nehmen. Auf diese Weise hat er gute Gelegenheit, die Ökonomie und was dazu gehörig, zu beobachten und zu erlernen.
Nebst dem soll er seine Zeit auf gute Art einteilen und zubringen in Gottesfurcht, Lesung guter Bücher, Wiederholung seiner bisherigen Studien, Applikation auf die welsche, und mehr noch auf die französische, am meisten aber auf die deutsche Sprache. Er rede alles mit Bedacht, ohne Übereilung und übe die Zunge, damit seine Sprache immer geläufiger und deutlicher werde.
Dabei kann er zu seiner Zeit reiten, jagen, schießen, fischen und sonst sich mit Nutzen und Vorsicht belustigen. Denn Leibesübung ist sehr dienlich, zuviel aber darin tun ist oft so schädlich, als wenn man dessen zu wenig tut und fauler, ungesunder Art dabei wird.
Also soll er vornehmlich sich vor Müßiggang hüten, allezeit im guten geschäftig sein und damit alltäglich sich etwas Böses abzugewöhnen suchen. Denn Faulheit ist des Teufels Kopfkissen. Sieht er gleich das Gegenteil an vielen anderen von Adel, so lasse er sich deren Fehler zur Besserung dienen und sich desto mehr angelegen sein, ein nützlicher Mensch zu werden, als er von Natur vielen Gebrechen unterworfen ist. Man lerne bei allem, auch der genügsten Gelegenheit, von jedem, auch von den mindesten Menschen. Nicht viel wissen und können ist so große Schande nicht als nichts lernen wollen, und der bleibt unnütz, welcher die Sache vor allzu schwer ansieht oder sich auch für geschickt genug schon hält.
Vor allen anderen geistlichen Büchern rate ihn die Lesung und Betrachtung der Heiligen Schrift, absonderlich der Sprüche Salomonis und Sirachs an, nebst Wiederholung dessen, was er in Theologicis gelernt. Sodann studiere er fleißig in Schriften, die dem Menschen eine Erkenntnis von sich selbst, die Mittel zur Besserung und Regeln zu einer klugen Aufführung anzeigen. Den Tag und seine Geschäfte fange er mit andächtigem Gebet

an und beschließe solche damit. Doch so, daß kein opus operatum oder Heuchelei daraus werde, und vergesse in seinen Andachten derer nicht, so ihm Gutes tun.

Er gewöhne sich zu wenig und guten Büchern. Diese lese er mit rechtem Bedacht öfters und laut; hernach suche er das Gelesene zu Nutz zu bringen, entweder im Diskurs, Schreiben oder in anderer Praxis. Geht er künftig mehr mit Leuten um, die er kennt oder nicht kennt, so sei er ernsthaft bedächtig, bescheiden und höflich gegen jedermann, auch gegen Geringe und Bediente, und lerne männiglich in Worten und Werken nach der Klugheit begegnen. Er gewöhne sich dabei vornehmlich das allzu viele Lächeln, mit Entblößung der Zähne ab; denn ob man schon damit freundlich zu tun vermeint, so ist es doch unangenehm und zeigt mehr ein falsches, trügerisches Gemüt an. Er tue keinem zu Gefallen etwas Übles, oder unterlasse eines anderen wegen etwas Gutes. Man hält's mit jedermann freundlich, soviel Ehre und Gewissen leidet, traut aber nicht jedem ohne Unterschied, doch auch so, daß man sich zu unnötigem Argwohn nicht gewöhnt.

Mit den Leuten ungestümerweise schnarchen oder sie anfahren macht verhaßt und ist eigenem Respekt nachteilig, wenn es schon mit Dienstboten geschieht. Man muß nicht alles gleich reden, was in (den) Mund kommt, denn vieles gereut einen, wenn man nach geschehener Überlegung sieht, daß man unbedächtlich gesprochen. Weiß man etwas von der Sache, so höre man doch andere zuvor davon reden, ohne ihm unbescheiden in die Rede zu fallen. Widerspricht uns der andere, so bestreite man das seine nicht allzu heftig. Weil er dem Fehler unterworfen, daß er sich von heftigem Zorn, von Übereilung im Reden, Gebärden und Werken leicht einnehmen läßt, so habe er darauf sowohl als seine anderen Fehler und Gebrechen genau acht und lasse sich die Besserung, das ist die Herrschung über seine Passionen, immer richtig ernst sein. Man schreibe, rede oder tue im Zorn nichts; denn solcher tut nichts, was recht ist vor Gott, vor die Gesundheit, vor Gewissen und vor Ehre. Man verrät auch damit das, was man im Schilde führt und wird darin öfters andern ein lächerliches Spiel und Verachtung.

Er hüte sich also desto mehr vor Zänkerei, Rechthaberei, Gemeinmacherei, sonderlich mit Bedienten, vor grobem Wort und Landscherz, vor unzeitigem Lachen und übeln Gesichtsgebärden, welche mehrerenteils dabei sind. Er lerne, soviel Ehre und Gewissen leidet, klüglich übersehn, überhören und überschweigen. Man liebe die Wahrheit und hüte sich vor Wascherei und Lügen, glaube nicht alles, was man hört; weniger schwatze man es nach oder offenbare, was im Vertrauen gesprochen worden, oder auch, was man von sich selbst heimlich halten sollte. Unanständige Worte, Verleumdung und Tadelsucht hasse man; man gewöhnt sich sonst daran und vergißt seiner eigenen Fehler. Absonderlich werfe man anderen nicht alles vor, was man Böses von ihm weiß, vornehmlich im Zorn, denn also machen es die bösen Weiber, wenn sie sich zanken. Ein Wort im Zorn gesprochen macht einen nicht bersten, wenn man es schon für sich behält. Ordnung und Achtsamkeit in allen Dingen ist jedermann nötig; darum soll er sein Tagebuch halten und darin kürzlich zur Erinnerung schreiben, was er Böses und Gutes an sich wahrnimmt und tut, was er Gutes hört, liest, sieht oder denkt; welches er dann öfters zu übersehen und zu seinem Nutzen anzuwenden hat. Über das Seine muß er ein richtig Verzeichnis führen, auch alle Einnahmen und Ausgaben, wenn es schon Kleinigkeiten sind, aufschreiben.

In Kleidung soll er sich reinlich, ordentlich und sauber halten und der Sache weder zu viel noch zu wenig tun. Alle Eitelkeit, anderen nachmachen wollen, was gefällt, ist Torheit und ein unnützes Geldvertändeln. Man sehe in Geldausgaben zuerst auf das Nötige, dann aufs Nützliche und endlich auf das, was zur Ehre, Vergnügen und Kommodität gereichen kann. Man denke aufs Künftige und wie weit sein Vermögen reicht, halte klüglich, doch ohne Filzigkeit zu Rate und hüte sich vor Schuldenmachen.

In Essen und Trinken brauche man gewisse Maße und Ordnung. Alles, was vorkömmt, Durcheinander-Begierig-Essen, steht einem Menschen nicht zu, schadet am Ende der Gesundheit und Alter. Man gewöhne sich fein in der Jugend, den Begierden abzubrechen und auf mancherlei Weise zu leiden. Es hat viel Nutzen, und oft zu einer Zeit, darauf man wohl nicht gedacht hätte.

Sollte nun er, Carl Heinrich von Glasebeck, wider Erhoffen, allen obigen und anderen guten Erinnerungen, auch besseren Wissen entgegen, sich liederlich aufführen, oder auch wohl gar einfallen lassen, sich an böses Pack oder Weibspersonen zu hängen, ingleichen ohne Not, ohne mein und meiner Familie Consens sich zu verheiraten, kann er sich voraus versprechen, daß man ihn gänzlich verlassen, ja gar verstoßen und in die weite Welt, als einen, welcher des ihm zugedachten Guten unwert, schicken werde, um also sein elendes, unanständiges Leben zu enden.

Falls er aber der von ihm hegenden guten Meinung nachkommt, mithin sich als ein tugendhafter, ehrlicher Mann aufführen wird, werde ihn keineswegs verlassen, und vielmehr dahin denken, ihm ferner Gutes zu tun, auch endlich in meinen testamentarischen Dispositionen mit hinlänglichen Mitteln zu versorgen, damit er auf Lebenslang davon sein ehrliches Auskommen haben möge.

Er tue also, soviel er kann, nichts, was wider Gottes Gebot, Glauben, Gewissen, Ehre, Klugheit und Nutzen läuft, und bediene sich zu dem Ende vorgesetzter Instruktionen und allem, was man ihn allhier sonst Gutes gelehrt und gesagt, auch ihn die Erfahrung gewiesen hat, zur Regel und Nachricht. Wie ich denn verlange, daß er gegenwärtige Vorschrift monatlich wenigstens einmal überlesen und sich wohl ins Gedächtnis drücken soll. Wozu ihm göttlichen Beistand, Gesundheit und Wohlergehen herzlich wünsche.

Graf von der Schulenburg.

Geben Venedig, den 10. Februar 1733."

9

Ein Schweigen hängt über dem Raum, nachdem der Marschall geendet hat. Auf dem Manuskript liegt die große Brille, in deren Gläsern die Frühjahrssonne kleine Lichtfeuer bewegt. Schwer hängen die Rosenblüten über der Handschrift.

Endlich unterbricht Anonimo die Stille. „Wann werden Sie die Anordnungen für den Aufbau des Theaters geben, Monseigneur?"

Der Marschall erhebt sich. „Sofort, lieber Doktor. Es soll mitten in der Arena stehen, so, daß viele Menschen der Komödie des jungen Goldoni folgen können. Ich selbst werde in der ersten Reihe sitzen, und wenn Zeit und Gelegenheit es gestatten, wollen wir vor dem Theater einen Altar aufstellen, auf welchem wir Früchte und Blumen des Landes allen Geistern antiker Schönheit opfern werden."

NEUNTES KAPITEL

1

Von diesem Tage an werden dem Marschall Reichtum, Ehre, Glanz und Zeitruhm zur Hülle, unter welcher sich sein eigentliches Wollen verbirgt, seiner Wahlheimat Venedig das Erblühen letzter Schönheit zu sichern. Als Prinz Eugen kindisch geworden ist, — er maskiert sich wie auch seine Freunde und treibt mit ihnen kindliche Spiele auf seinen Schlössern — bietet der Kaiser Karl dem Marschall den Posten Eugens an. Der Botschafter Fürst Pio kommt mehrfach in seltsamen Verkleidungen nach Verona, um Matthias für den Dienst des Kaisers zu gewinnen. Früher hätte dem Marschall das Herz stillgestanden aus Freude über ein solches Angebot. Heute lehnt er höflich ab unter der Begründung, er dürfe gegen Venedig nicht undankbar sein. Ruzzini, welcher jetzt die Dogenkappe trägt, erfährt davon, eilt gegen Recht und Sitte persönlich zu ihm, fällt ihm um den Hals und dankt ihm für seine Treue. Monseigneur lächelt, während seine Gedanken bereits bei der Aufführung der Komödie Goldonis weilen, die am gleichen Abend stattfinden wird. Der Feldherr fährt mit großem Gefolge vor der Arena vor; der Doge und er, in Maske, Dreispitz und Bauta, begeben sich zu den kissenbelegten Steinplätzen in der unteren Reihe der Arena. Dann werden die Fackeln hereingetragen, während des Marschalls Hausorchester, das vor dem Theater Platz genommen hat, die Ouvertüre spielt. Der Vorhang geht auseinander, und nun rollen zum ersten Male Worte und Gedanken

des jungen Theaterdirektors und Komödiendichters über den antiken Altar hinweg, hin zu den Menschen, die sich erwärmen lassen wollen vom Geist der Freude, den Carlo Goldoni dieser Welt zu bringen bestimmt ist. Später reicht der Marschall dem jungen Theaterdirektor heimlich einen Beutel mit Gold und sagt ihm leise: „Sie haben uns heute auf den Parnaß geführt. Aber jeder, der sich mit Geographie beschäftigt, weiß, daß der Parnaß zehntausend Meilen vom Goldland Peru entfernt ist. Erlauben Sie mir, daß ich diese Entfernung etwas abkürze."
Ein Taumel von Licht überstrahlt das sinkende Leben Venedigs und das ihres letzten Helden. Matthias spart nicht mehr; er gibt seine großen Einnahmen aus — für seine Verwandten, für die Armen und für die Freude. Die Maler Venedigs wissen, daß sie sich nur an Gioba Piazzetta zu wenden brauchen; Gioba teilt ihre Sorgen Monseigneur mit, und Monseigneur weiß die Sorgen zartfühlend zu beheben.
Monseigneur weiß alles. Er gelangt in den Ruf, Geheimnisse zu kennen, die anderen verschlossen sind. Donna Emma Malipiero bittet den Marschall flehentlich um ein Mittel gegen das Altern. Matthias bedauert in seinem Antwortbrief, daß grade dieses Mittel in seiner Hausapotheke ausgegangen sei; vielleicht aber könne einer ihrer jüngeren Freunde ihr mit geeigneten Mitteln helfen.
Der Doge Carlo Ruzzini hat den Provveditoren des Festlandes den gemessenen Befehl erteilt, überhaupt keine politische Handlung in ihren Gebieten vorzunehmen, ohne daß sie vorher mit dem Marschall Rücksprache genommen hätten. Und das Volk, das ihn bis dahin den getreuen Marcolin nannte, nennt ihn jetzt den „König von Venedig".
Die Generalin Straticò, Marie Gontard, erzählt dem Marschall davon; er aber gerät außer sich. Beim Fest, welches Venedig zu Ehren der Reliquien des heiligen Dogen Pietro Orseolo gibt, die aus der Fremde in den Schatz von San Marco überführt werden, tritt Matthias so auffällig ergeben hinter den Freund

und Dogen Ruzzini, daß das Volk wieder in den alten Begeisterungsruf ausbricht: „Es lebe unser getreuer Marcolin!" Der kleine, rundliche Ruzzini verneigt sich gegen Matthias und nimmt ihn an seine Seite, zum Zeichen, daß Venedig von der Weisheit des Dogen gelenkt und von der Tapferkeit des Marschalls beschützt wird. „Auspiciis Venetum virtus Germana tuetur."

Wo ein neuer Palast aus den Lagunen wächst, wo eine Kirche ersteht, wo Fresken aufflammen, wo Musik erklingt und die Freude herrscht — überall spürt Venedig den Geist dieses seltsamen Genies der Nüchternheit, dessen Flammenseele sich ganz im geheimen verzehrt, im Gottesanschauen der Schönheit.

Fremde, welche den Marschall in Venedig oder in Verona aufsuchen, sind immer noch ergriffen von seiner geistigen Kraft und Unverbrauchtheit. Der große Alvise hat — ritterlich wie er ist — dem Freunde Carlo Ruzzini den Vortritt im Dogat, aber auch im Sterben überlassen. Nach Carlos Tode wird Alvise auf der Gigantentreppe zum Dogen gekrönt. Als er dem fünfundsiebzigjährigen Marschall gelegentlich des Festbankettes eine kleine, spitze Bemerkung über dessen leichte Bindung mit einer Dreißigjährigen macht, entgegnet dieser lächelnd: „Wenn ich einer so reizenden Person etwas verweigern würde, täte ich mehr als die Natur, die ihr nichts verweigert hat." Dieses Wort läuft durch Venedig; augenzwinkernd erzählen es sich die Fremden, und der Präsident de Brosses schreibt nach einer Einladung bei Monseigneur ein wenig sardonisch an seine Freunde nach Frankreich, daß „dieser alte Weltmann sich gut auf das Kriegführen, aber schlecht auf die Moral verstehe". Ein junger Jurist aus Deutschland bewundert dagegen mit großen Augen die Würde dieses geheimen Fürsten Venedigs, dessen Bild ihm sein Leben lang leuchtend vor Augen stehen soll. Der junge Jurist stammt aus Frankfurt am Main und heißt Johann Caspar Goethe.

Das aber ist nur die eine Seite seines Wesens. Doktor Anonimo weiß um die andere, auf welche die letzten Geheimnisse seines

Patienten geprägt sind. Er weiß, daß die Lebenskraft des Marschalls auf und ab steigt, wie der Strahl einer Fontäne, daß Monseigneur, der heute eine junge Freundin zu beglücken vermag, ebenso monatelang in einem lethargischen Schlaf liegen kann, so tief, daß man ihn nicht einmal aufzuwecken vermag, als seine alte Freundin, die Gräfin Fuchs, die Mammi, mit ihrer jungen Herrschaft, dem Herzog Franz von Lothringen und seiner Gattin Maria Theresia, über Verona zur Huldigung nach Florenz reist.
Wundervoll und jugendlich jedoch leuchtet der Geist des Marschalls wieder auf, als er einen Brief aus dem Haag erhält, vom 17. Januar 1740, der gerichtet ist an den „allein würdigen Gegner Karls XII." und ganz einfach unterschrieben „Voltaire". Dieser Voltaire hat ein Buch über Karl XII. geschrieben; er hält es aber nach einigen Angriffen durch die Kritik für nötig, die erste Fassung des Buches einer Revision zu unterziehen und bittet deshalb Matthias um genaue Berichte über seine Feldzüge gegen Karl XII. Der verfaßt lange Aufzeichnungen, Kriegsberichte, Erinnerungen an den Hof Augusts des Starken, welche er an Voltaire absendet — weltbewegende Wirklichkeiten von ehemals, die Traum geworden sind.
Dem Brief an Voltaire fügt Matthias eine Nachschrift bei: „Es handelt sich, sehr geehrter Herr, in meinen Aufzeichnungen um nichts anderes als um eine bescheidene Hilfe zur Feststellung der geschichtlichen Wahrheit durch Ihren erhabenen Geist. Ich selbst lebe fern jeder Gier nach Ruhm; der Glanz meiner Taten, von dem Sie gütigst schreiben, ist untergegangen im Glanz Venedigs, der für mich die eigentliche Wahrheit geworden ist."
Denn langsam wird alle Wirklichkeit für Monseigneur Traum. Monseigneur lächelt über die Wirklichkeit und vertraut sich lieber der Führung der Träume an, wie man sich in Venedig trotz der neuen Fackelbeleuchtung lieber dem „codega", dem Führer durch die Nacht anvertraut. Trotzdem arbeitet dieser seltsame Geist ein genaues Exerzierreglement für die Infanterie aus, und feiert begeistert die sehr wirklichkeitsnahen Hochzeiten

der jungen Maler mit, zu denen er regelmäßig eingeladen wird. Gleichzeitig erfüllt er mit Herzenshöflichkeit alle Bräuche der katholischen Kirche, wenn er etwa teilnimmt an der Einführung der Donna Laura Pisani, der Traum-Pisani, welche den Äbtissinnensitz der Nonnen von Santa Caterina durch ihren Oheim, den Dogen Alvise Pisani, zugewiesen bekommen hat. Im Kloster der heiligen Katharina leben zum Teil noch die gleichen Nonnen, die einst ihr Vater, der auf Korfu umgekommene Generalkapitän, allzu stark in sein Nachtgebet eingeschlossen hatte. Seine Tochter, die Äbtissin Laura Pisani schwebt, den Äbtissinnenstab in der Rechten, durch das Licht der Kerzen, als ob sie gradeswegs in den Himmel strebe, und der Kastrat Farinelli singt vom Chor der Orgel den Engelsgruß Marcellos: „Ich grüße dich, junge Hirtin."

Am 21. April 1736 stirbt in Wien der Prinz Eugen.

Die Standarten auf Schulenburgs Palästen in Venedig, Verona und Korfu sinken auf halbmast.

Nach den Trauerfeierlichkeiten für den Prinzen in der Markuskirche geht Matthias für ein paar Tage auf die Laguneninseln, welche den Nonnen von Santa Caterina gehören, um Enten zu jagen. Er schießt aber nicht, sondern wandert nachdenklich durch die Sümpfe, während sich in Wien im Stephansdom das schmiedeeiserne Gitter zur Grabkapelle des Prinzen Eugen schließt. „Der Tod des Prinzen hat einen seltsamen Eindruck auf Seine Exzellenz gemacht", bemerkt Doktor Anonimo zum Neffen und jetzigen Generaladjutanten des Marschalls, dem Grafen Moritz Oeynhausen. Oeynhausen nickt nachdenklich.

In der Tat scheint der Marschall das Sterben der Menschen mit besonderer Aufmerksamkeit zu verfolgen. „Benedetto Marcello ist tot?" fragt er und greift sich ans Herz, „dieser Tiepolo der Musik! Nun, Gott wird mit seinem himmlischen Orchester nicht zufrieden gewesen sein und sich deshalb Marcello geholt haben. Oh, dieser überirdische Engelsgruß, wie Farinelli ihn sang!"

Karl VI. von Habsburg und Friedrich Wilhelm I. in Preußen sterben in dem gleichen Jahre 1740. Matthias malt sich aus, wie

sie beide, der ausgedörrte Kaiser und der dicke König, zusammen vor Gottes Thron treten.
Kurz darauf stehen sich die Heere Friedrichs II. in Preußen und Maria Theresias gewappnet gegenüber; Voltaire ringt verzweifelt die Hände über seinen entarteten Zögling, den jungen König Friedrich in Preußen. Das große Morden um Schlesien beginnt: „Blutig ist Schlesien gewonnen worden", schreibt Voltaire später dem Marschall, „unter hundertfachem Blut und hundertfachen Tränen wird es einst wieder verlorengehen."
„Ich kann es nicht hindern", antwortet Matthias, „ich habe nur dafür zu sorgen, daß Venedig nicht mit in das Unheil hineingerissen wird."
Der Tod seines geliebten Neffen, der als preußischer General bei Mollwitz fällt, trifft ihn schwer. So freut er sich kaum noch über die Huldigungen der Venezianer, welche diese ihm nach dem Sieg erweisen, den sein Landesherr, der König Friedrich, über die Kaiserin errungen hat.
Im Jahr darauf erscheint der älteste, dreißigjährige Sohn Nanis beim Marschall in Verona und meldet diesem den Tod Antonio Nanis. „Auch er", murmelt der Marschall. Er sieht aus dem Fenster des gelben Kabinetts hinaus auf den Küchengarten, auf welchen gelbe Herbstblätter sinken.
„Ihr Vater war groß", sagt Matthias, das Auge fest auf den jungen Literaten gerichtet.
„Ja, Monseigneur." Der schlanke Patrizier mit dem schmalen, durchgeistigten Antlitz verneigt sich.
„Sehr viel größer als ich." Das Auge bleibt auf Bernardo gerichtet.
„Das nicht, Monseigneur." Wie viele gelehrte Leute verneigt sich Bernardo beim Sprechen immer wieder.
„Doch, doch!" Matthias spricht fast heftig. „Er war größer. Er hatte eine große Seele."
Bald darauf stirbt Vivaldi, der große Antonio Vivaldi, dessen virtuose Instrumentalmusik Matthias vor allem liebt. Am Abend

der Beisetzung läßt er sich Stücke Vivaldis von seinem Hausorchester vorspielen. Er sitzt allein in einer Ecke des abgedunkelten Musiksaales; neben ihm, in einem Fauteuil, lauscht mit gesenktem Haupt Elena Pisani-Sala auf Vivaldis Offenbarungen.
„Der Tod geht wieder einmal auf Jagd", sagt er am Schluß des Konzertes zu Elena.
Wenige Wochen später läßt er seine Gemäldegalerie und seine Kostbarkeiten nach Deutschland bringen, zum Teil nach Berlin in das Palais Schulenburg, zum Teil nach Schloß Emden. „Die Musik stirbt", sagt er, als die Transportgondeln abfahren, zu Elena. „Die Musik geht immer voran. Da wird es Zeit, sein Haus zu bestellen. Ich möchte meiner Familie noch etwas von der Schönheit hinterlassen, die Gott mir geschenkt hat."
Eines Abends wird ein Kurier aus Deutschland gemeldet. Matthias läßt ihn eintreten. Es ist ein großer, blonder Mensch, der grade aus dem Sattel gesprungen ist. Matthias erwartet eine wichtige politische Nachricht, etwa über einen neuen Krieg, der die Grenze Venedigs berühren könnte. Der Kurier verneigt sich. „Was gibt es?"
„Ich habe die schmerzliche Pflicht, Euer Exzellenz den vor zehn Tagen erfolgten Tod Ihrer Hoheit der Herzogin Ehrengard Melusine von Kendal, Gräfin von der Schulenburg, zu melden."
Kerzengrade steht der Marschall vor dem Kurier. „Melusine ...!" ruft er, und dann sinkt er in den Stuhl zurück. Nach einer Weile stöhnt er: „Piazzetta soll kommen ... Piazzetta!"
Wieder sinkt er in einen lethargischen Schlaf. Die Diener bringen ihn in sein großes Bett, Donna Elena beordert heiße Kissen und reibt das Antlitz des Freundes, das aussieht, als ob Brustolon es in gelbem Holz geschnitzt hätte, mit Eau de la Reine ab. Als Doktor Anonimo erscheint, kann er die Anordnungen Elenas nur gutheißen. „Es wäre richtig, wenn Piazzetta den Marschall, sobald dieser sich etwas erholt hat, mit nach Venedig begleitete. Von dort aus könnten die beiden auf die Entenjagd gehen. Wir müssen Monseigneur auf andere Gedanken bringen. Hier in Verona war in letzter Zeit zuviel Tod um ihn."

2

Elena bereitet den Jagdausflug der beiden alten Herren sorgfältig vor. Auf der Laguneninsel von Torcello ist ein guter Entenstrich, und für ein Unterkommen wird sie Sorge tragen. Diener fahren in den Hausgondeln des Marschalls hin und her; und endlich ist Monseigneur wieder so weit genesen, daß er nach Venedig reisen und von dort aus mit Piazzetta zusammen nach Torcello hinausfahren kann.

Der Frühling zittert über der morgendlichen Silber-Lagune. Das flache Jagdboot gleitet rasch durch das schilfbestandene Wasser und schiebt sich vor Torcello an das Ufer. Am Bug des Bootes stehen die Freunde mit vorgehaltenen Flinten; Matthias trägt eine große Brille, wie einst Kaiser Karl VI. sie trug. Entenketten steigen auf; ein paar Schüsse fallen; zwei Enten drehen sich mit halbgespreizten Flügeln der Erde zu und werden von den Hunden apportiert. Matthias sieht die schönen Vögel lange an, nimmt die Brille ab, steckt sie in ein großes Lederetui und reicht die Flinte dem niedersächsischen Diener. „Ich mag nicht mehr. Kommen Sie, Piazzetta — wir wollen die Kirche von Torcello aufsuchen. Dort möchte ich Besseres tun als harmlose Enten schießen; ich möchte von einer Frau Abschied nehmen, die mein ganzes Leben überglänzt hat."

Die beiden Männer gehen an Land und wandern langsam über die flache Insel, durch halbe Sümpfe und Weingärten der hohen einsamen Kirche zu. Der Glockenturm steigt in den blauen Äther, seine Spitze zittert im weißen Glanz und selbst in den halbbyzantinischen Bogen der Kathedrale regt sich das Licht. „Kommen Sie", nickt Matthias, der zum erstenmal etwas geneigt dahinschreitet. Er öffnet die Seitentür der Kathedrale. „Ich führe Sie jetzt zum letzten großen Wunder Venedigs."

Die Männer betreten den Bau mit seiner stolzen, nackten Architektur, seiner aus rohen Steinen erwachsenden Plastik und den teppichverwandten Fresken. Aber Matthias wendet sich der Apsis zu. „Dort, Piazzetta", sagt er und zeigt auf die goldene Halbkuppel der Apsis, „das ist das Wunder, von dem ich Abschied nehmen will."

Über dem Halbkreis stehender Apostel schwebt auf dämmerndem Goldgrund das gewaltige Mosaikbild der Madonna. Ungeheuer, eine große, schwarze Säule, steht sie im Himmel von Gold. — Feuer, Traum und Tod sind in ihr vereint zu voller Reife mütterlicher Güte.

Die Gnade dieses Bildes hat den Marschall, seitdem er es vor dreißig Jahren kennenlernte, in der tiefsten Tiefe seiner Seele begleitet, wie den Dogen Ruzzini die Muttergottes von Kaloz begleitete. Freilich bedeutet für ihn dieses Bild nicht mehr wie damals eine Sehnsucht; heute ist es die Vollendung, die Gottheit seines Traumlebens, das er über seinem wirklichen Leben lebt. Die Madonna von Torcello hat ihn zurückgeleitet in die Urwelten der großen Mutter, die hocherhoben thront über der Wirrsal der Wirklichkeit.

Nicht mit einem seiner Offiziere, seiner Krieger, nicht mit seinem Neffen, dem Generaladjutanten, ist Matthias zur großen Mutter von Torcello gewandert; er geht zu ihr mit seinem Freund, dem Maler, dem Schöpferischen, welcher der großen Mutter nähersteht als die geschulten Vernichter. Und ganz leise wendet er sich zu Piazzetta, berührt dessen Arm und sagt: „Gott wird mir den Nachruhm nicht gewähren; aber er gab mir das Recht, seiner Schönheit zu dienen." Und fast für sich murmelt er: „Alle Schönheit geht aus von der großen Gottesmutter — und in jeder Liebe eines Mannes zu einer Frau steckt immer noch ein Rest von Verehrung der Urmutter, vor der wir die Knie beugen." Nach einiger Zeit setzt er hinzu: „Deshalb, Piazzetta, kann ein echter Mann in der Liebe nie schlecht sein."

Vor der Kirchentür erwartet ein freundlicher junger Weinbauer die beiden Freunde; er werde sie zum Speisen führen. Erstaunt fragt Matthias, woher er käme; der Bauer schüttelt den Kopf und geht voran. Vorüber an halbfeuchten Wassern mit bläulicher

Haut, an einsamen Bäumen, unter denen römische Altäre versinken, geht der Weg; dann durchqueren die drei buntschillernde Staugewässer, auf denen Libellen wippen. Endlich erreichen sie festen Boden, und nun führt ein schmaler Weg einem einsamen Hause zu, welches hinter dichtem Gebüsch verborgen liegt. Das rosa Häuschen mit seinen grünen Läden glänzt in frischen Farben; die Fenster sind weit geöffnet, und von ihnen aus geht der Blick auf das blaue Adriatische Meer.
Vor der Haustür tritt der junge Bauer artig zur Seite. Dann öffnet sich die Tür und Laura Pisani, die Äbtissin des Klosters der heiligen Katharina, kommt den Gästen entgegen. Sie trägt ein prachtvolles violettes Seidengewand; ihre Haare sind weiß gepudert. Dem Marschall streckt sie beide Hände entgegen; dann reicht sie Piazzetta die Linke zum Kuß. „Ich wollte es mir nicht nehmen lassen, so hohe Jagdgäste unseres Klosters in unserem Jagdhäuschen persönlich zu empfangen", lächelt sie; „kommen Sie, meine Herren, das Frühstück wartet."
Im Kamin tanzt ein kleines Feuer; der runde Tisch ist mit schönem Porzellan und Silber gedeckt. Nachdem die Gäste Platz genommen haben, öffnet sich eine Nebentür, und zwei dienende Schwestern bringen große Schüsseln mit den köstlichen Kleinigkeiten des Landes, Oliven, Früchte des Meeres, Schinken von San Daniele und mächtige Langusten. Eine der Schwestern füllt die Gläser mit gelbem Lagunenwein. Ihre Bewegungen sind weich wie die der kleinen Wellen am Strand. Dann öffnet sich die Tür noch einmal; auf kindlichen Händen trägt Marie Gontard-Straticò eine Schüssel mit Risotto auf Venediger Art.
Ein seltsamer Schreck durchzuckt den Marschall. „Ich habe Sie lange nicht gesehen Generalin. Man muß in die Lagunen gehn, um Sie zu treffen."
Marie errötet. Ihr plötzliches Erröten hat sie sich wieder gewonnen, als sie sich still mit Straticò verheiraten ließ, nur um sich das heimliche Glück zu bewahren, in der Nähe des Marschalls leben zu dürfen.

„Sind Sie selbst auf den schönen Gedanken gekommen, uns hier mit zu empfangen, Generalin?" fragt Matthias, während er dankend das Haupt gegen die Äbtissin neigt, die ihm eine Languste zubereitet hat.

Das Köpfchen Mariens geht hin und her. „Nein", sagt sie nach einiger Zeit, „das hätte ich nicht gewagt..."

„Nicht gewagt? Ich bitte Sie!"

„Ich hätte es nicht gewagt, Monseigneur." Ihre Stimme schwingt in dem braunen Klang, den der Marschall so liebt, und der ihn zurückträgt in einen märchenschönen französischen Herbst, den er auf dem Schloß der Prinzessin von Angoulême verbrachte. Und er lauscht weiter, als Marie leise fortfährt: „Daß ich hier herkam, geschah auf den Wunsch von Donna Elena."

Die Hand des Marschalls zittert ein wenig, als er das Glas hebt. Aber er weiß das Gesicht zu wahren; der Ferne Osten hat sich in seiner Seele mit dem Geist des Westens vereint. Nicht nur in seiner lichtdurchglänzten Traumwelt formen sich alle Gegensätze zu einem gewaltigen einheitlichen Bild; auch im Wachzustand heben sich für ihn alle Gegensätze auf vor dem Urbild der großen Mutter.

Als die Früchte und der Kaffee gereicht werden, wendet der Marschall sich zu Piazzetta, Marie und Laura: „Ich danke euch, ihr Freunde, es war wundervoll. Das war mein Abschied."

Er wehrt gütig ab, als die Freunde auf seine Rüstigkeit hinweisen; die schöne magere Hand wischt durch die Luft. Es beglückt ihn, daß Marie Gontard-Straticò mit in das Jagdboot steigt, sich dort zu seinen Füßen niederläßt und zu dem Marschall aufblickend sagt: „Ich will noch einmal auf meinen Hundeplatz." Dort bleibt sie sitzen, bis das Boot am Palazzo Loredan-Schulenburg vorfährt; dann springt sie rasch auf die Steinschwelle und eilt, bevor Matthias und Piazzetta noch ausgestiegen sind, die Treppe zu ihrer Wohnung im zweiten Stock hinauf.

3

Aber dieser Ausflug hat den Marschall sehr angegriffen. Im Palazzo Loredan stehen die Diener kopfschüttelnd zusammen und tuscheln. Monseigneur liegt seit zwei Tagen wieder in einer traumschweren Lethargie. In der Stadt läuft das Gerücht, der Marschall sei gestorben. Doktor Anonimo schüttelt den großen Kopf und reibt sich die Hände. „Noch nicht", sagt er, „noch nicht. Noch wird er das vegetative Leben neben dem feurigen weiterführen — er wird die zwei Leben führen, bis das diesseitige feurige sich untrennbar mit den vegetativen jenseitigen vereint und damit für unser Urteil erlischt. Wie beide weiterleben, werden wir nie erfahren. Wohl aber nehme ich an, daß bis zu einer solchen Vereinigung noch einige Zeit verstreichen wird, denn eine große Idee hält ihn noch bei uns fest."
Aber auch Anonimo weiß nicht, um welche Idee es sich handelt. Er weiß nicht, daß der Sterbende noch einen letzten Kampf gegen jene Dämonen des Nachruhms vollziehen muß, welche ihn sein ganzes Leben lang verfolgt und gereizt haben, jene Teufel, die ihn immer wieder von der grade errungenen Höhe eines königlichen Verzichtes zurückdrängen wollten.
Durch seine eigne Familie wird dieser geistige Kampf Wirklichkeit. Ein Neffe aus Deutschland, Graf Daniel Schulenburg, weilt seit einiger Zeit zusammen mit seinem Bruder bei dem berühmten Oheim. „Wir, Ihre nächsten Verwandten, werden Sie pflegen, Herr Oheim", sagt Daniel mit gesenkten Augen, und rührt damit den Einsamen. Nicht aber sagt der Deutschritter, daß er den Rest der Erbschaft sichern möchte, vor allem die Papiere des Marschalls, aus deren Veröffentlichung sich immerhin ein hübscher Gewinn erzielen läßt. Er weiß auch, daß gleich nach dem Tode des Oberstkommandierenden die Inquisition dessen gesamten schriftlichen Nachlaß unter Siegel legen und damit für lange der Kenntnis der Welt entziehen wird. Der Sekretär Werner, der gealterte Schatten Monseigneurs, stimmt dem Grafen Daniel zu. „Mit Recht haben diese Herren Angst, daß die

Welt sehen könnte, wer in Wahrheit Venedig am Leben erhalten hat." Graf Daniel lächelt wie ein höfischer Offizier und Deutschordensritter zu lächeln pflegt, etwas wohlwollend und etwas perfid zugleich. „Schaffen wir doch die ganzen Dokumente nach Deutschland. Dort kann die Wahrheit von der Inquisition nicht erstickt werden, und wir können der Welt zeigen, was Matthias Schulenburg für Venedig und Europa bedeutet hat."
„Sicherlich würde Herr von Voltaire die Lebensgeschichte Monseigneurs schreiben", erwidert Werner. Dieser Gedanke beschäftigt ihn seit langem, weil er weiß, daß Voltaire gegen den Staat und die verfaulte Regierung der Republik keinerlei Milde walten lassen würde. Da Werner selbst Venedig haßt, so hofft er in Voltaire einen geeigneten Vollstrecker seines eigenen Hasses zu finden. So flüstert er dem Ordensherrn lauernd zu: „Sichern wir den Nachlaß Monseigneurs!"
Die Hausgenossen glauben, der Marschall sei wieder einmal in den ihnen wohlbekannten lethargischen Schlaf versunken. So lassen Werner und der Ordensherr in den folgenden Nächten alle Bestände aus den beiden großen Archivsälen in Kisten verpacken. Der Palast ist erfüllt mit Geschrei und Bewegung. Was ahnen der Sekretär und der Deutschherr von den ungeheuren Vorgängen in der Seele des Erhaben-Kranken, von dem Drängen seiner diesseitigen feurigen Welt zu seiner jenseitig-vegetativen? Sie ahnen nicht, daß dieser Kampf ein Zusammenstürzen zweier Welten und damit das Auslöschen des Kranken zur Folge haben kann. Ohne Rücksicht werden Kisten und Kasten mit viel Geschrei die Treppen hinuntergeschleppt; Karl, mißmutig und betrunken, tobt zwischen den Arbeitern, welche das Archiv beim Lichte großer Fackeln in die Transportgondeln verstauen.
Am Ufersteg einer dieser Gondeln zählt Karl die Kisten, wobei er schweren Lagunenwein trinkt. Plötzlich aber wird er aus seiner stumpfsinnigen Gleichgültigkeit herausgerissen, als er die Stimme des Marschalls aus der Loggia hört. Er wendet den Kopf nach oben und erblickt seinen Herrn, ohne Perücke, im seidnen Schlafrock, die mageren Finger zitternd erhoben. „Halt", schreit er,

„halt, was bringt ihr dort weg? Meinen Nachruhm? Wollt ihr Gott bestehlen, ihr Diebe? Verbrennt, verbrennt meinen Nachruhm! Versteht ihr, ihr sollt alles verbrennen! Nichts soll übrigbleiben von mir — übrigbleiben von mir soll nur das, was einging in Venedig."

Karl vermag noch zu unterscheiden, daß der Marschall sich an eine fein gedrehte gotische Säule klammert, nach einiger Zeit aber zurückwankt in sein Zimmer. Der Diener zuckt die Achseln. ‚Mögen sie den Alten ins Spinnhaus sperren, wohin er gehört', denkt Karl, ‚mag der Deutschherr sich um ihn bemühen.' Wie alle gewöhnlichen Seelen, so genießt auch Karl seine Überlegenheit über einen einstigen Herrn, der wehrlos geworden ist. Er achtet nicht auf die letzten Worte des Schwerkranken; er läßt die Transportgondeln durch den großen Kanal über die Lagunen bis nach Padua gleiten, läßt dort die Last der Gondeln in riesige Planwagen verstauen und unter seiner mißmutigen Führung schwankend die Reise nach Deutschland antreten.

Von all diesen geheimnisvollen Vorgängen wissen die Herren der Nacht Bescheid. Vor allem aber weiß davon der Patrizier Aloisio Emo, welcher dem Marschall dessen Hohn von Korfu nie vergessen hat. In Bauta und Maske gehüllt hat Emo vom andern Ufer des Kanals die Schreie des schwerkranken Marschalls gehört; ebenso hat er die Gondeln im Fackellicht davongleiten sehen und hat erfragt, was dort weggeschleppt wurde.

Als am nächsten Morgen Graf Daniel dem Oheim seine Aufwartung macht, erhebt sich Monseigneur langsam aus seinem Sessel. Er will etwas Besonderes befehlen, aber die Stimme versagt ihm. So klammert er sich an die Seitenlehnen des Stuhles und sinkt wieder zurück. Offensichtlich kämpft er gegen den Schlaf; er greift nach einer Zeitung, um sich wach zu halten, aber die Zeitung entsinkt seinen mageren Händen. Wieder schläft er ein und atmet hart durch die Nase. Nachdem der Neffe das Zimmer verlassen hat, stürzt der Schlafende nach vorn und schlägt mit dem Kopf auf den Boden. Erst nach einigen Stunden findet Hektor den Leblosen und hebt ihn in den Sessel zurück.

Am Abend bewegt sich der Kranke wieder, kann aber nicht sprechen. Daniel, der den Arzt und Donna Elena fernzuhalten sucht, gibt ihm das Goldpulver und reibt ihm das Gesicht mit Eau de la Reine ab. Langsam formen sich auf den Lippen des Marschalls wieder Worte, abgerissen und kaum verständlich. Daniel versteht nur, daß Monseigneur mehrere Male murmelt: „Eine Gemeinheit ... sechstausend Pferde ..."
Durch den Sturz aber scheinen sich das feurige und das vegetative Leben stärker getrennt zu haben; der Kranke ist sichtlich frischer. Um ihm das Gefühl einer Unterlegenheit zu nehmen, schlägt der Arzt dem Marschall vor, er möge doch ein wenig spazierengehen. Weder der Arzt noch Daniel denken daran, daß Matthias wirklich auf einen solchen Vorschlag eingehen würde. Zu beider Erstaunen nickt der Marschall jedoch lebhaft; er hat seine Stimme wiedergewonnen und sagt zu Anonimo: „Jetzt habe ich den letzten großen Gang zu tun. Ich habe das Schöpferische im Weiblichen noch einmal zu grüßen, als die edelste Offenbarung des Menschengeistes überhaupt."
„Wie meinen Sie das, Exzellenz", fragt Doktor Anonimo, während er den Marschall von der Seite mustert.
Der lächelt jedoch nur, wischt mit der rechten Hand durch die Luft und schreitet, auf Daniels Arm gestützt, die Treppe zur Halle hinunter. Dort geht er grüßend an den präsentierenden Posten vorüber, die kleine Straße Crosera entlang, in welcher er ein Haus für seine Neffen und ihr Gefolge gemietet hat. „Wollen Sie nicht umkehren?" fragt Daniel den Oheim nach einiger Zeit. Aber Matthias schüttelt das Haupt. Er geht weiter durch das Gewühl der Masken, die dem in großer Uniform Dahinschreitenden zujubeln, in die Calle di cà Cent' anni, die Straße der hundertjährigen Häuser.
„Nicht wahr, so könnte eine Straße in China heißen?" wendet er sich an Daniel. Der erschrickt über das gelbweiße Antlitz des Oheims und die farblosen Augen, welche den Marschall einem uralten chinesischen Würdenträger gleichen lassen. Graf Daniel wagt aber nicht, nochmals die Rückkehr anzuempfehlen. Der

Marschall tritt mit einer kurzen Bewegung, die sich bald in ein Tasten auflöst, in ein kleines Haus, dessen Tür ihm auf sein Pochen geöffnet wird.
Ein Aufschrei begrüßt ihn. Den stößt eine kluge, alte Frau aus, welche an einem Stück Johannisbrot geknabbert hat. „Exzellenz!" ruft sie, „Sie kommen selbst! Und da sagen die Leute in Venedig, Sie seien schon längst gestorben und der Senat verheimliche Ihren Tod, um das Volk nicht zu beunruhigen! Ach, wie wird Rosalba sich freuen!"
Die Tür zu dem großen Familienzimmer öffnet sich, und heraus tritt in einem geblümten Hauskleid die Rosalba Carriera. Ihre kleine Rundlichkeit reckt sich eine Handbreit in die Höhe. „Exzellenz!" ruft sie, und während ihre Zunge über die Lippen geht, atmet sie tief. „Daß Sie selbst kommen, Exzellenz!" Der Marschall lächelt. Soll er sagen, was ihn in der Tiefe seiner Seele zu diesem Besuch bewogen hat, daß er den Genius aufsuchen will, in welchem sich Frauentum und schöpferische Schönheit vereinen? Er zieht es vor, den Sinn dieses Besuches in allgemeinen Worten darzulegen. „Es ist an der Zeit, daß ich von den Freunden Abschied nehme", sagt er. „Lange ist es her, ich glaube, weit über zwanzig Jahre, daß Sie mein Porträt schufen, Rosalba. Das Bild ist jung geblieben. Fünfundsechzig zählte ich damals. Ja, da war ich noch jung. Jetzt habe ich fünfundachtzig. Ich bin schwer alt geworden; für einen Soldaten ist das Altern die furchtbarste Krankheit. Aber ich mußte diese Krankheit auskosten, nur, um weise zu werden."
Die kleine Rosalba hat den Marschall am Arm gepackt und führt ihn in das Wohnzimmer der Familie. Hier trifft Matthias Bekannte, vor allem den Maler Antonio Pelligrini, der von seiner Frau Angela, Rosalbas Schwester, zwar „mio burattino", mein Kasperle, genannt wird, den Matthias aber schätzt, weil er ein ernster Künstler ist, der sein Handwerk versteht. Vor einer Staffelei arbeitet Naneta, Rosalbas Schwester. Sie setzt die ersten Töne auf die Vorzeichnung, welche Rosalba heute vormittag in einer Sitzung anfertigte. „Das wird der englische Konsul Smith",

erklärt Rosalba, „sehen Sie, das Porträt lege ich auf drei Farben an, die braune Haut, die blauen Augen und die weiße Perücke."
„Ist denn Weiß eine Farbe?" fragt der Graf Daniel.
Rosalba lacht. „Der Freund Ihres Oheims, Gioba Piazzetta, sagt, es gäbe nur zwei Farben, schwarz und weiß."
„Und was sagen Sie dazu?" fragt Matthias freundlich.
Die Rosalba lacht wieder. „Nichts." Und mit einer kleinen Bosheit fährt sie fort: „Wenn ich Piazzetta wäre, tät ich mir auch solche Sprüche ausdenken."
Nachdenklich läßt sich Monseigneur in dem großen Ohrenstuhl nieder, von dem aus der Blick durch das Fenster mit den vielen Blumen und dem Vogelbauer auf den Canalegrande geht. An der Wand steht ein Regal mit schöngebundenen Büchern; zwei schwersilberne Wandleuchter, ein Geschenk des Herzogs von Mecklenburg, der oft hier zusammen mit Rosalba musizierte, hängen über dem Clavicembalo. Die Wände sind bedeckt mit vielen Zeichnungen der Rosalba; auch eine brennend lebendige Skizze zum Porträt des Marschalls findet sich darunter. In dieser kleinen Welt venezianischen Bürgertums, die durchkreuzt wird von den Sternen der Erde, herrschen heitere Geschäftigkeit, innige Verbundenheit und natürliche Güte. Gern nimmt Matthias eine Tasse Kaffee, welche Naneta ihm reicht. „Verzeihen Sie, Exzellenz, wenn ich eben noch die Untermalung fertig mache", sagt sie dazu, „aber gleich wird der Konsul Smith erscheinen, und da muß alles bereit sein." Nach einer Weile bemerkt sie von der Staffelei her: „Den Kaffee muß ich auch machen; weder Rosalba noch Angela können es." Rosalba, die ihre Pastellstifte ordnet, lacht. „Meine Bilder untermalen und Kaffee machen kann nur Naneta."
Dann wird draußen an die Tür gepocht. „Das ist Smith", ruft die Mutter, die dem Grafen Daniel inzwischen kleine lustige Geschichten erzählt hat, „er klopft so englisch!" Sie nimmt ihr Stück Johannisbrot und läuft auf den Flur, um den Konsul einzulassen. Der steht auch bald darauf in der Tür, sehr groß, sehr mager, sehr englisch. Weil die Rosalba bereits vorher erzählt

hat, wie sie das Bildnis des Konsuls auffassen werde, können alle Anwesenden den Ankömmling nur noch sehen als braune Haut, blaue Augen und weiße Perücke.
Smith geht, nachdem er höflich im Kreis herumgeblickt und genickt hat, auf Matthias zu. „Ich bitte Sie, bleiben Sie sitzen, Exzellenz! Welches Glück, daß ich Sie hier treffe. Morgen hätte ich Ihnen meine Aufwartung gemacht und bei dieser Gelegenheit gebeten, Ihre berühmte Galerie besichtigen zu dürfen ..."
Die Hand des Marschalls steigt in die Höhe. ‚Die Hand sieht aus wie eine Alge, wie ein Stück Meer', denkt die Rosalba. Dann aber spricht Matthias dumpf, fern, wie aus einer anderen Welt. „Von meiner Galerie befinden sich nur noch ein paar Stücke in Venedig. Aber ich weiß, Herr Konsul, was Sie zu mir führt ... Vor ein paar Tagen hat mich mein Freund, der jetzige Doge Pietro Grimani aufgesucht. Wir kennen uns seit langem; er ist ein Dichter ... durch ihn habe ich vor über dreißig Jahren meinen Dienstvertrag mit der Republik abgeschlossen ... jetzt ist auch er schon siebenzig ... Er kam heimlich zu mir, gegen Sitte und Gesetz, in Bauta und Maske, wie alle Dogen zu mir gekommen sind ... Ich weiß, was Sie wollen, Herr Konsul ... Ihre Regierung wünscht, daß im nächsten Krieg, den Friedrich in Preußen gegen Maria Theresia führen wird, die venezianischen Truppen gegen Wien marschieren ... Es ist mir eine Ehre, Ihnen, dem großen Kunstkenner und Mäzen die Reste meiner Galerie zu zeigen ... aber ..." — und nun erhebt sich Matthias plötzlich aus seinem Sessel — „bestellen Sie Seiner Majestät dem König von England ... er solle nicht mit den venezianischen Truppen rechnen ... denn Venedig bleibt, solange es nicht angegriffen wird, neutral ..."
Langsam sinkt Monseigneur wieder in den Sessel zurück. Seinem Munde entringen sich ein paar Worte. Dann murmelt er: „Dieses reizende kleine Ding ... die Bonbonniere ist Augsburger Arbeit, Silber mit goldenen Früchten darauf ... Sie sagte, weil ich das mit Korfu gut gemacht hätte ... er — er wollte einen Kastraten für sein Hausorchester ... die entzückende Maria

Malpi wollte er nicht... Neutral, neutral!" Dann fällt das große Haupt langsam auf die Brust. Wieder ist der Marschall in eine tiefe Ohnmacht gesunken. Er wird in eine Gondel gebracht, die den in anderen geistigen Welten Weilenden heimbringt durch die bunten Faschingsboote, in den Palazzo Loredan-Schulenburg. Der mit Papierschlangen und Konfetti Überschüttete wird vorsichtig hinaufgetragen in das piano nobile, wo Doktor Anonimo sich um ihn bemüht.

4

Nach einer Woche befindet sich der Marschall wieder im Palazzo Orto, neben den Barfüßern in Verona. Seine ungeheure Natur hat auch diesen Anfall überwunden, und wieder leitet er die militärischen Sicherungen der Republik, zusammen mit seinem alten Korfufreunde, dem Prokurator Antonio Loredan, während er mit dem Generalprovveditore des Festlandes, dem Patrizier Simon Contarini, die politischen Angelegenheiten bearbeitet. „Es graust mich oft", sagt Contarini zu Loredan, als die beiden nach einer längeren Besprechung den Palazzo Orto verlassen haben, „die überirdische Klarheit zu erleben, mit welcher dieser Geist die Weltzusammenhänge sieht. Das erinnert mich immer an ein Märchen, welches meine Amme mir einst erzählte von einem Mann, der allmächtig war, weil er nur in ein Kristallkästchen zu sehen brauchte, um darin die Geheimnisse der Welt widergespiegelt zu finden."

Loredan nickte. „Das ganze Leben dieses Mannes ist ein Märchen — ein Weltmärchen."

„Ich fürchte", bemerkt Contarini nach einer Weile, „die Weissagung wird trotzdem recht behalten..."

„Welche Weissagung?" fragt Loredan erstaunt. Seine feste und männliche Natur pflegt sich nicht mit halbsauberen Wahrheiten abzugeben.

„Im allgemeinen glaube auch ich nicht an solche Halbweisheiten. Aber Sie erinnern sich wohl der auffälligen Tatsache, daß im

Jahr 1744 kurz hintereinander in Venedig zwei Türme einstürzten?"

„Ja, der von San Giorgio Maggiore und der Turm von der Carità. Es muß kurz vor der Grundsteinlegung der großen Ufermauern gewesen sein."

Contarini nickt. „Ganz richtig. Der Untergrund der ganzen Stadt hatte sich durch ein Seebeben verschoben. Die Türme stürzten ein am 4. und am 17. März. Einer unserer Literaten, Graf Gasparo Gozzi, wies damals mit leichter Ironie darauf hin, daß im Jahre 1548 der Dominikanermönch Massimo di Treviso Weissagungen über die Republik Venedig hinterlassen habe, welche man auf dieses Ereignis beziehen könnte. Die erste der Weissagungen lautet:

‚Wenn eure Türme gestürzt, die zwei, in die Wasser des Meeres,
Sinkt nach drei Jahren ins Grab müde der Wächter der Stadt.' "

„Hat Gozzi das schon im Jahre 1744 auf den Marschall bezogen?" fragt Loredan.

Wieder nickt Contarini, während Loredan entgegnet: „Das wäre zwischen dem 4. und 17. März des nächsten Jahres. Eine etwas kühne Prophezeiung."

„Die nachfolgenden sind noch kühner. Die zweite heißt:

‚Halbes Jahrhundert vergeht. Ach, Wächter, wo sind deine
 Augen?
Aus dem ligurischen Meer zieht nach Venedig der Tod.' "

„Danach würde ...", Loredan spielt mit seiner seidenen Halskrause, „warten Sie ... 1747 ... ja, also sterben würde Venedig danach im Jahre 1797. Der Tod kommt aus dem ligurischen Meer? Durch unseren uralten Gegner Genua? Was mag das bedeuten?"

Halb lächelnd betrachtet der Generalprovveditore den stolzen Loredan, der bis dahin von allen Weissagungen verächtlich gesprochen hat, jetzt aber doch zu rechnen beginnt. Mit der feinen Bosheit des großen Jahrhunderts wirft Contarini in diese Rechnung noch eine dritte Weissagung hinein.

„Viermal rollen die Zeiten. Dann hängt am geglätteten Galgen Abbild des Wächters. Vom Strick wankt es begnadet zum Blei."
Die beiden Herren sind auf und ab geschritten. Vor der Kirche der Barfüßer, zu denen der Marschall in heiter-freundschaftlichen Beziehungen steht, kehren sie langsam wieder um. Längst hat sich in Loredan das Kaufmannsblut geregt; er wird gefesselt vom Geheimnis der Zahl. Mit zusammengerissenen Zügen sieht er vor sich und rechnet.
„Viermal ein halbes Jahrhundert — zweihundert Jahre, das wäre 1947. Dann soll das Abbild des Marschalls in Venedig zum Tode verurteilt werden? ‚Vom Strick wankt es begnadet zum Blei?' Heißt das, daß dieses Abbild nicht gehängt, sondern erschossen wird? Oder daß es unter den Bleidächern verschwindet?" fragt er achselzuckend. „Was geht mich das noch an? Ein totes Venedig interessiert mich nicht mehr. Mögen die späteren mit ihren Leichen fertig werden, wie wir heute mit den unseren fertig werden müssen."
Die beiden Herren besteigen ihre Wagen und fahren in verschiedenen Richtungen davon.

5

Im Jahre 1747 wird Matthias, während er sich mit Elena unterhält, plötzlich von einem sehr schweren lethargischen Zustand ergriffen. Wieder lallt er Worte: „Malplaquet ... Karl ... Kogia..." und wieder fällt er in einen wochenlangen Schlaf. Doktor Anonimo hat große Schwierigkeiten, dem Kranken auch nur die allernötigste Ernährung zuzuführen. Aber noch einmal schlägt die gewaltige Natur des Marschalls alle Angriffe des Todes ab. Eines Morgens im Februar, als Anonimo, begleitet von Elena in das gelbe Zimmer tritt, lächelt Monseigneur den beiden entgegen. „Ich habe wohl etwas fest geschlafen?" sagt er freundlich, „dabei habe ich lebendig geträumt. Ich stieg hinunter in eine Gruft, unter den Bildern Tintorettos, in der Kirche der Gartenmadonna. Auf der Steintreppe der Gruft kam Aimée mir entgegen und sagte: ‚Ach, Lieber, auch nach deinem Tode hast du noch den Staat zu vertreten. Hier ist kein Platz für dich.' Sie umarmte mich und führte mich wieder aus der Gruft in die Kirche hinauf. Ich ging davon und irrte durch Venedig, um mir ein würdiges Grab zu suchen." Er schweigt und sagt dann halblaut, aber befehlend: „Schickt meinen Leib und mein Herz nach Deutschland. Diesen hier laßt meine Eingeweide und setzt in der Kirche der Gartenmadonna ein Denkmal davor. Damit bleibt ihnen genug von mir; so viel von mir, wie ihnen von ihrem einstigen Weltreich geblieben ist."

Den Februar bringt Matthias in schöner Heiterkeit zu. Der Maskentrubel Veronas lockt ihm gelegentlich ein Lächeln ab; er empfängt auch noch den jungen Carlo Goldoni, welcher ihm eine Handschrift seiner Komödie „Diener zweier Herren" überreicht. Piazzetta, der den tief errötenden jungen Dichter begleitet, sagt: „Während ich einen Finger einer Heiligen male, schreibt er eine Komödie."
„Aber die Anbetung der Hirten für die Kathedrale von Schwarzach wird noch fertig, lieber Freund? Ich bin so stolz, daß Ihre Werke jetzt auch in Deutschland gekauft werden", flüstert Monseigneur.
Carlo Goldoni lacht. „Ach, Monseigneur, wenn er doch nur halb so schnell malen könnte wie Tiepolo! Aber bei seiner Art wird er eines Tages mit dem Pinsel in der Hand verhungern. Tiepolo und ich: wir sind die fà-presto-Künstler Venedigs! Piazzetta dagegen ist ..."
Der Marschall hebt den Blick. Aus den farblosen Augen strahlt ein mächtiger Funke. „Piazzetta ist mein Freund; ich bin ebenso stolz auf seine Freundschaft wie auf die Verteidigung von Korfu. Die große Frau von Torcello hat ihn sichtbar gesegnet."
Carlo Goldoni verneigt sich artig. „Das alles ist richtig. Nur waren Sie in Korfu schneller bei der Hand, Exzellenz, als Gioba Piazzetta es mit seiner Malerei ist."

„Dafür ist seine Malerei auch besser", entgegnet Monseigneur und reicht den beiden Großen Venedigs die fahle Rechte zum ewigen Abschied.

6

Fünfmal hat Monseigneur den Scarpon der Feste Korfu zurückerobert. Erst mit dem sechstenmal hielt er ihn fest in der Hand. Fünfmal hat in diesem Jahr der Tod den Marschall zu fällen gesucht. Beim sechstenmal gelingt es ihm, seine Klauen zum großen Würgen anzusetzen. Am Abend des 13. März läßt sich Matthias, wie schon seit langer Zeit, von seinem Hausgeistlichen, dem jungen Lizenziaten Justinus Gottlieb Linck, eine Todesbetrachtung vorlesen. Die Kerzen, zwischen denen das Haupt des Magisters über die Schmalkaldischen Andachten geneigt ist, brennen klar und werfen einen rötlichen Glanz auf die gelben Seidentapeten. Milde und beruhigend duftet das Wachs der Lichter. Als die deutsche Hausgemeinde sich zum Abendgebet einfindet, hebt sich ihr Schatten scharf von dem rotgoldenen Seidengrund ab. Ein Zug von Verstorbenen scheint dem Hausherrn voranzuschreiten, schemenhaft, einem Feuer zu, von dem niemand weiß, ob es die Flammen des Himmels oder die der Hölle widerspiegelt.
Nach dem stillen Gebet geleiten die beiden Emdener Diener, die vor dreißig Jahren als junge Kerle in der Levante mitgekämpft haben, den Marschall ins Bett. Hektor, in der Uniform des Regimentes Schulenburg, dessen dunkle Haare ein erster Schimmer übersilbert, meldet im benachbarten gelben Zimmer dem Grafen Daniel, daß Seine Exzellenz bereits eingeschlafen sei. Daniel legt sich im gelben Salon in den großen Ohrensessel seines Oheims und liest, während er leichten Weißwein trinkt, eine französische Satire auf die Frauen. Die recht freien Kupferstiche, welche dem Buche beigegeben sind, amüsieren ihn.

Gegen Mitternacht hört er den Oheim laut stöhnen. Er ergreift eine Kerze, geht in das Nebenzimmer und erkennt sofort, daß der Marschall erneut in einen Zustand von schwerer Lethargie gesunken ist. Doktor Anonimo, der herbeigerufen wird, stellt ein plötzliches hohes Fieber fest; der Kranke schläft und röchelt laut. „Graf", sagt der Arzt leise zu dem jungen Offizier, „jetzt wird es ernst. Wecken Sie sofort die Dienerschaft; schicken Sie auch nach Donna Elena Pisani-Sala."
Man wendet die bekannten Mittel an; Schneeumschläge, Goldtinktur und Massagen des Herzens. Aber der Kranke ist nicht aus der Agonie zu erwecken. Anonimo kämpft gegen die letzte Vereinigung der feurigen und der vegetativen Natur mit allem Wissen seiner Kunst.
Auch jetzt hebt der große Soldat des Lebens die Hände nicht vor dem Tod. Gegen Morgen schickt Anonimo die Hausgenossen wieder schlafen. Er selbst kämpft den ganzen Tag über, und der zarte Frühling, welcher durch die weitgeöffneten Fenster seinen Atem in den Raum schickt, scheint ihm helfen zu wollen. „Wenn wir ihn nur aufwecken könnten", keucht der Arzt, „dann könnten wir ihn noch am Leben erhalten."
Elena führt die Anordnungen Anonimos aus, ruhig, gemessen, wie sie damals auf Korfu den Befehlen des Marschalls Folge geleistet hat, mit dem reifen Stolz derjenigen, die sich einer geistigen Überlegenheit unterzuordnen wissen.
Gegen Abend, als die Schatten der Bäume in dem Gemüsegarten länger über die grünen Beete zu fallen beginnen, greift der Arzt noch einmal nach dem Puls Monseigneurs. Dann hebt er langsam das ermüdete Haupt und sieht Elena an. „Marschall Tod besteigt den Scarpon des Herzens", murmelt er, „er ist nicht mehr zurückzuschlagen."
Leise versammeln sich die evangelischen Hausgenossen des Marschalls wieder im Sterbezimmer. Elena ist bei ihnen. Doktor Anonimo tritt an den Magister Linck heran und läßt die Hände sinken. „Jetzt können nur Sie noch helfen", sagt er achselzuckend.

Die Hausgenossen beten leise und heimlich. Von Zeit zu Zeit atmet der Sterbende tief. Er murmelt noch etwas von sechstausend Pferden und den Musen auf dem Pindus. „... Über Leichen tanzt der Glaube ..." Plötzlich glätten sich die gewaltigen starken Gesichtszüge; das Antlitz wird milder, fast jugendlich. Deutlich flüstert er noch: „Torcello." Dann läßt ein letzter scharfer Atemzug die Lippen auseinanderfallen.

Rasch greift Anonimo nach dem Puls; sorgsam beugt er sich über den Körper des Marschalls und horcht auf das Herz. Endlich entnimmt er einem kleinen Etui eine weiße Feder und legt sie auf die halbgeöffneten, mächtigen Lippen. Die Feder rührt sich nicht.

Der Arzt verneigt sich gegen Elena. „Exzellenz Elena Pisani, ich habe Ihnen die schmerzliche Mitteilung zu machen, daß der Feldmarschall soeben verschieden ist."

7

Am nächsten Morgen trägt der Pfarrer von Allerheiligen von Verona in das Sterberegister von 1747 ein:

Mittwoch, den fünfzehnten März.

Seine Exzellenz Matthias Johann Reichsgraf von der Schulenburg, Marschall und Oberstkommandierender der erlauchten Republik Venedig, Ritter des Schwarzen Adlerordens Seiner Majestät des Königs in Preußen, geboren in der Stadt Magdeburg im Herzogtum gleichen Names, starb gestern abend um ein Uhr nachts im Alter von 87 Jahren nach langer Krankheit.

„Der heilige Vater sollte ihn heilig sprechen, auch wenn er ein Ketzer war", murmelt der Pfarrer, „wer wird wie er für die Armen von Verona sorgen?"

8

Für einen Augenblick hält die Welt den Atem an: „Schulenburg ist tot!"
Über Venedig hängt eine tiefe echte Trauer. Die Venezianer liebten ihn mit jener naturhaften Liebe, die sich jeder Begründung entzieht. Carlo Gozzi bemerkt sardonisch, den Venezianern und vor allem den Venezianerinnen hätten immer die langen, riesigen Schritte gefallen, mit denen der Marschall seine Gondel zu verlassen pflegte. In der Tat liebten sie seine festen Schritte, weil sie ihnen die Vorstellung von Kraft und Sicherheit gaben.
Das eine ist gewiß; die Beisetzung des Marschalls wird ein Fest werden, an welches sich Venedig noch lange erinnern soll. Für die Leichenfeiern in Verona wird die Kathedrale hergerichtet; in ihrer Mitte erbauen die Künstler Veronas den Katafalk, riesig, mit goldenen gedrehten Säulen, einem mächtigen Baldachin mit Straußenfedern und zahllosen kriegerischen Emblemen. Der höchste Staatsbeamte, der Provveditore Simon Contarini, leitet die Vorbereitungen persönlich. Inzwischen wird der Leichnam des Marschalls einbalsamiert; der Amtsarzt Gaspari und Doktor Anonimo haben diese Aufgabe übernommen. Zwar versteht Gaspari von dieser Kunst wenig; Anonimo dagegen zeigt sich in ihr erstaunlich bewandert. „Ich habe mir früher auf Morea viel Geld damit verdient", erwidert er auf Gasparis Frage, „wo ich die Leichname der gefallenen Patrizier für die letzte Reise in die Heimat präparierte, damit sie bei ihrer Ankunft noch einmal vorzuzeigen waren."

Am 18. März wird im schwarz ausgeschlagenen Dom der Leichnam offen aufgebahrt. Der Marschall liegt im Prunksarg, im roten Rock mit weißen Hosen und hohen schwarzen Stiefeln. Über die wurzeldürren Hände sind Handschuhe von sämisch Leder gezogen. Orangeband und Kleinod des Schwarzen Adlerordens leuchten hell in der Dämmerung. Das Antlitz ist braun geschminkt; durch die Kunst Doktor Anonimos wirkt es voller,

so daß der Tote jünger geworden zu sein scheint. Eine mächtige Lockenperücke umrahmt das großartige Gesicht. Gewaltige Wachskerzen in hohen Kandelabern werfen ein zartes Licht darauf. Während Tausende von Andächtigen und Neugierigen an der Ehrenwache vorüber die Stufen zum Sarg hinaufsteigen und einen letzten Blick auf den „getreuen Marcolin" werfen, spielen abwechselnd das Hausorchester des Marschalls und die Orgel getragene Weisen von Benedetto Marcello.
Im Anfang gab es kleine Schwierigkeiten, weil die protestantischen Geistlichen, Hofrat Sach und Magister Linck, den Toten für ihre Kirche beanspruchten. Diesen Streit schlichtete Loredan durch ein kurzes Handschreiben an Sach:

„Seine Exzellenz waren ein Teil der venezianischen Regierung, deren Religion die katholische ist. Doge und Senat haben nie daran Anstoß genommen, daß Seine Exzellenz für ihren Privatgebrauch den protestantischen Glauben benutzt haben. Bei offiziellen kirchlichen Staatsfunktionen sind Seine Exzellenz aber stets persönlich zugegen gewesen und haben mit bewundernswertem Takt alle religiösen Komplikationen zu vermeiden gewußt. Es würde die venezianische Regierung daher befremden, wenn Seine Exzellenz von dieser alten und bewährten Gewohnheit bei Dero Begräbnis Abstand zu nehmen beabsichtigten."

So vollzieht sich die Totenfeier im Dom denn auch in wunderbarer Harmonie. Was an hohen Beamten, Offizieren, an Künstlern und großer Welt in Verona anwesend ist, trifft sich zu dieser Feier. Sach und Linck stehen rechts und links neben dem Toten, der sowohl vom Bischof von Verona wie vom Hofrat Sach eingesegnet wird. Alle Freunde und Feinde des Verstorbenen schreiten noch einmal an ihm vorüber. Nachdem auch der Hauptmann David Semo sich tief vor dem Toten verneigt hat, tritt eine blonde schlanke Frau an den Sarkophag und sieht den Toten ein wenig gerührt, gleichzeitig aber auch ein wenig neugierig an. Das ist die Marchesa Lukrezia Tordelaguna, welche aus

Mailand zur Feier der Beisetzung eingetroffen ist. Sie benutzt die Gelegenheit, um ihre Freundin Elena Pisani-Sala zu besuchen. Donna Lukrezia ist immer noch schön und wirkt sehr jung. Ihr eines Auge steht etwas schief.

„Wie merkwürdig", denkt sie, während sie den Toten betrachtet, „auch sein eines Auge steht etwas schief. Das ist mir noch nie aufgefallen."

Dann wird der Sarg geschlossen und von den Barfüßern, den Freunden und Nachbarn des Verstorbenen, auf die Bahre gehoben, welche vor der Kathedrale wartet. Das Volk steht seit Mitternacht auf dem Domplatz und in der Hauptstraße, um den Leichenzug zu bewundern, welcher die Überreste des Marschalls nach Venedig führen soll.

Der riesige Trauerzug, dessen Spitze sich bei der Piazza d'Erbe befindet, setzt sich in Bewegung, als die Glocken des Domes das Ende der kirchlichen Zeremonie anzeigen und alle Batterien der Festung den Trauersalut abgeben.

Vier Geschütze, welche einst die Zitadelle von Korfu mit verteidigt haben, eröffnen den Zug. Ihnen folgen eine Schwadron kroatischer Reiterei und ein Bataillon slawonischer Infanterie, denen sich Leibwache und Carabinieri des Generalprovveditors anschließen.

Dann erscheinen die vierundzwanzig Hausbeamten des Verstorbenen, der Sekretär Werner, die hannoversche und die höhere italienische Dienerschaft, weiter die Hauskapelle in rot-weißen, mit Silber besetzten und umflorten Staatslivreen, sowie vierzig Musiker, welche Trauermärsche blasen.

Hauptmann Bragadin trägt eine weißseidene Fahne mit dem gestickten Wappen des Feldmarschalls, deren Quasten von zwei Fähnrichen gehalten werden.

Hinter dieser Fahne reitet der Generaladjutant Graf Oeynhausen in Harnisch und vergoldeter Rüstung, umgeben von den Trabanten des Generalprovveditors. In Verbindung mit der weißen Wappenfahne stellt er den lebenden Marschall dar, der voranreitet den zwei Regimentern italienischer Infanterie mit

geschultertem Gewehr und klingendem Spiel, ihre Grenadierkompanien an der Spitze.
Plötzlich geht durch die Menge eine leichte Erregung. Ein unterdrücktes Gelächter pflanzt sich fort: „Vater Papagei!"
Drei Stabsoffiziere schreiten der Bahre voraus, sie tragen auf schwarzen Kissen die Insignien des Verstorbenen. Alle drei sind alte Korfukämpfer. Adelmann, der bescheidene Kommandant der alten Festung, trägt Degen, Stock, Hut und Handschuhe des Marschalls; Sala, der nahe Freund des Verstorbenen, der stille Sala mit dem gütigen Herzen, hält vor sich den mit schwarzem Samt überzogenen Marschallstab, sowie Stern und Orangeband des Schwarzen Adlerordens; Moser, der bereits im Februar von Korfu gekommen ist, tanzt daher wie eine Groteske von Tiepolo; sein Hals, fadendünn, schiebt sich aus dem roten Rock waagerecht nach vorn und läßt das zur Faustgröße zusammengeschrumpfte Köpfchen mit dem riesigen Federhut auf und ab zittern. Um den Hals hängt an einer breiten Litze das viereckige Vergrößerungsglas. Die Spinnenhände, deren eine gelegentlich dem grünen Mantel einen leichten Halt gibt, tragen ein schwarzes Kissen mit den goldenen Sporen, welche vor vielen Jahren Stella Schönberg dem Marschall in Dresden geschenkt hat.
Dann folgt die Bahre.
Sie wird bedeckt von einem schwarzsamtenen Leichentuch, auf welches ein großes weißes Kreuz gestickt ist. Stabsoffiziere tragen sie, und Obersten halten die Zipfel der Decke.
Der Bahre folgen die Pferde des Marschalls in schwarzen Trauerdecken; eine kleine Fahne von schwarzem Sammet, wieder bestickt mit dem Schulenburgschen Stammwappen, wird von einem Obersten getragen; zwei Oberstleutnants halten die Quasten. Diese Fahne deutet an, daß der tote Marschall noch einmal in diesem Zuge erscheinen wird. Nach den Adjutanten des Marschalls, seinen Lakaien und der niederen Dienerschaft kündet eine schwarze Fahne mit einem weißen Kreuz, getragen von einem Hauptmann und zwei Fähnrichen als Quastenträgern, daß jetzt der tote Marschall sogleich nahen werde.

Straticò in tiefer Trauer reitet ihm voran. Er läßt sein Pferd Kapriolen machen und sitzt starr im Sattel. Als er an seiner Gattin, welche vor dem Palazzo Orti steht, vorüberreitet, zieht er den Hut mit den schwarzen Straußenfedern tief zum Gruß. Marie Gontard neigt artig das Haupt und murmelt: „Du Affe!" Dann reitet ein geharnischter Ritter mit blau angelaufener Rüstung vorüber; das Pferd ist behangen mit einer schwarzen Trauerdecke. Dieser Ritter stellt den toten Marschall dar, welcher noch einmal an dem Volk vorbeizieht, das ihn so sehr geliebt hat. Ihm folgen alle Generale und Stabsoffiziere, weitere Regimenter italienischer Infanterie mit ihren Grenadierkompanien und Musikbanden. Slawonische Infanterie, Dragoner und Korfugeschütze beschließen den Zug.

Der Trauerzug geht durch die frühlingsjunge Lombardei, über welcher sich die Glockentöne aus allen Dörfern wie junge Lerchen wiegen. Dieser Frühling ist voll von Sehnsüchten, und der General Sala, der zusammen mit seiner Gattin und den beiden Söhnen die Leiche des Freundes nach Venedig begleitet, sagt leise zu seiner Frau: „Selbst der Frühling zeigt sich zu Ehren Monseigneurs noch einmal in seiner reifsten Schönheit."
Elena sieht ihren Gatten nachdenklich an und blickt dann schweigend zum Fenster des Reisewagens hinaus.
In Padua wird der Sarg auf eine goldene Staatspeote gebracht; Giacomo, der alte Meister des Arsenals, hat es sich nicht nehmen lassen, das Kommando der Peote zu übernehmen. Wie immer tritt Elena an die Ruderer heran und sagt ihren Gruß: „Ich grüße euch, meine Väter vom Arsenal", und die Ruderer erwidern: „Wir grüßen dich, unseren Sohn, Elena Pisani-Sala."
Dann rauscht die goldene Peote, begleitet von zwanzig Staatsschiffen und ungezählten anderen Fahrzeugen die Brenta hinab, hinaus auf die freie Lagune.
Die Lagune schimmert im Licht flüssiger Opale, und der Himmel hat sein Zelt in den Farben Tiepolos über die Erde und das Meer gespannt. „Was dieser Himmel kann, können die

venezianischen Künstler doch nicht", murmelt Piazzetta, während er zusammen mit der Rosalba auf der Rialtobrücke steht, um den Totenprunk zu betrachten, mit welchem die Künstler Venedigs den großen Kanal ausgestattet haben.

Neben den beiden steht ein Deutscher in den besten Jahren, in einem schönen Trauerzug und beobachtet aufmerksam den Aufzug. Er sieht, wie die goldene Staatsgondel mit dem schwarzen Sarg über grüne Wogen dahingleitet, wie Hunderte von schwarzen Fahrzeugen die Goldgondel umgeben, und wie dieses bewegte Bild zusammengehalten wird durch süße Musik, welche aus allen Palästen über die Wogen zittert.

Schon vor sieben Jahren hatte dieser Deutsche den Marschall in Venedig aufgesucht. Seinem Sohn hat er später oft von den Totenfeiern für den Marschall erzählt. Der Mann hieß Johann Caspar Goethe.

Als die Totengondel am Palazzo Loredan-Schulenburg vorübergleitet, fallen die Glocken von San Marco ein; die Uferbatterien geben den letzten Salut, und vor der Markuskirche sinkt die Hausstandarte des Marschalls langsam auf Halbmast. Die Totenflottille zieht am Dogenpalast vorüber. Auf dem Balkon über dem Früchteportal steht mit dem Senat zusammen Pietro Grimani, die goldene Dogenkappe auf dem Geierkopf, und grüßt zum letzten Male den Retter Venedigs.

Hinter dem Dogen zieht der Senator Aloisio Emo die Lippen kraus. Er wirft einen hämischen Blick auf die Goldpeote, welche den Toten in ein Fort bringen wird, wo der Sarg so lange stehen soll, bis der Senat sich über eine würdige Grabstätte geeinigt hat. Denn der Marschall ist ein Ketzer, und bei aller Sympathie für seine Persönlichkeit kann man ihn nicht in einer katholischen Kirche beisetzen.

9

Am ersten April meldet sich in der Senatssitzung der Senator Aloisio Emo zum Wort. Er schleicht, ein wenig vorgeneigt, auf die Rednertribüne, scheint zunächst in sich zusammengesunken zu sein, um dann aber wie eine Kobra das Haupt zu erheben und eine furchtbare Anklagerede gegen die erschrockenen Senatoren zu züngeln. Der magere Mann zittert vor innerer Erregung, ja, vor Haß gegen den toten Feldmarschall. Keinem der Zuhörer entgeht es, daß hier nicht Gerechtigkeit, sondern Rache am Werke ist, Rache für einen berechtigten, bitteren Hohn, welchen Monseigneur vor Jahren auf Korfu über Aloisio Emo ausgegossen hat. Und grade, weil dieser Hohn so tief berechtigt war, will Aloisio Emo sich wenigstens an dem Toten rächen, nachdem der Lebende für ihn unerreichbar geblieben war.

Der schmale Kopf Emos schiebt sich vor. Die Stimme krächzt; dann aber stechen die Worte hinein in die Versammlung der Purpurträger. „Ich klage den Marschall Schulenburg an des Verrats und der Felonie! Wissentlich und aus Haß gegen Venedig hat er zwei Monate vor seinem Tode seine gesamten Papiere nach Hannover gesandt! Das ist ein Staatsverbrechen, denn absichtlich hat der Verstorbene die größten Geheimnisse, zu deren Bewahrung er durch Ehre und Vertrag verpflichtet war, einer anderen Macht in die Hände gespielt."

Wilde Kaskaden von Anklagen wälzen sich gegen den Toten. Emo übersteigert sich. Er verlangt mit zitternder Stimme, von der Errichtung des Grabmals für den Marschall, mit dessen Ausführung im Arsenal man den großen Bildhauer Morleiter bereits betraut hat, Abstand zu nehmen, ja, das Denkmal im Hof des Stadthauses von Verona, vor allem aber das Denkmal in Korfu, wie auch alle früher zu Schulenburgs Ehre errichteten Gedenktafeln niederzureißen und so den Namen dieses Hochverräters aus der Geschichte von Venedig auszulöschen.

Über dem Sitzungssaal des Senates liegt Totenstille. Weshalb steigen aus den Bildern, welche die venezianischen Genies an die Wände und Decken gemalt haben, nicht wenigstens die Musen nieder, um die Verteidigung des Toten zu übernehmen, des Mannes, der den Ruhm Venedigs gewahrt und die Künste geschützt und verehrt hat?
Rührt sich denn nicht einer der Purpurträger, einer von ihnen, die Hunderte von Malen mit Monseigneur gesprochen haben, die ihn kannten, die um sein Werk wissen?
Der Doge Pietro Grimani erhebt sich aus seinem Sessel und streckt die Rechte gegen Aloisio Emo aus. Der Fürst möchte ihm weitere Worte verbieten, aber Emo kreischt noch ein paar Schlußsätze gegen die Senatoren, um sich dann wieder auf seinen Platz zu begeben und sich eng in seine Toga zu hüllen. Endlich geht eine Bewegung durch den Saal. Auf die zweite Rednertribüne, inmitten der Senatoren, tritt langsam und bleich ein fünfunddreißigjähriger Minister. Seine edlen, scharfen Züge zittern in kaum verhaltener Erregung; die Hände krampfen sich; dann aber hebt der Minister die Hand, zum Zeichen, daß er sprechen wolle. Das ist Bernardo Nani, der älteste Sohn des verstorbenen Antonio Nani.
Die Art, in welcher er seine Rede ansetzt, steht im strikten Gegensatz zur Art, in welcher Aloisio Emo gesprochen hat. Nani trägt mit Recht den Ruhm eines vollendeten Humanisten, und die Rede, welche er jetzt hält, ist ein klassisches Meisterwerk, dessen sich ein Cicero nicht hätte zu schämen brauchen. Er beginnt mit dem Ausdruck eines erschütterten Erstaunens, daß es überhaupt notwendig sei, das Gedächtnis und die Ehre eines der besten und treuesten Diener, welche jemals der Republik verpflichtet gewesen waren, zu rechtfertigen. Er fragt empört, wie es möglich sei, einen der berühmtesten Feldherren von ganz Europa, welcher Venedig und die Christenheit vor dem Untergang bewahrt hätte, vor das Gericht der Öffentlichkeit zu ziehen. Ein Murmeln des Beifalls geht durch die Versammlung, und Emo zuckt sichtlich zusammen. Er will ein paar Worte erwidern,

neigt dann aber von neuem das Haupt und horcht, während Nani fortfährt.
Jetzt geht der Redner zum direkten Angriff über. Was Emo gesagt habe, so erklärt Nani, seien nur persönliche Ansichten, für welche von ihm keinerlei Beweise geliefert seien. Zudem bedeute es eine unbegreifliche Torheit, eine solche Rede zu halten. Selbst wenn diese Vorwürfe wahr wären, so müßte jeder verantwortungsbewußte Staatsmann sie verschweigen. „Aber, sie sind nicht wahr!" Wie könnten solche Vorgänge der Inquisition verborgen geblieben sein, jener Behörde, die alles wisse, alles sehe und der nichts verborgen sei, noch verborgen sein dürfe!
Die Erregung des Sprechers wächst. Die meisten der Anwesenden, so fährt er fort, hätten mit dem Marschall in irgendeiner Weise zu tun gehabt; alle hätten von ihm gesagt, er sei Venezianer so gut wie sie, ja, oft besser als sie. Seien denn die Mitglieder des Hohen Senats alle verblendet gewesen? Eine solche Behauptung sei töricht. Nein, das Urteil von damals über den Marschall bleibe auch das von heute; die Treue und die Ehre Schulenburgs seien eng verbunden mit dem Rufe seiner Taten; diese aber würden auf die Nachwelt kommen und ewig dauern.
Schritt für Schritt geht Nani in seinen Untersuchungen voran. Im Saal bewegt sich keine Seidentoga. Der Redner spricht siegesgewiß, weil er die ungeheure Woge von Sympathie spürt, welche ihm aus der roten Flut unter ihm entgegenschlägt. Mit kalter Logik zerfetzt er alle Behauptungen Emos, klar weist er nach, daß die Eitelkeit des Grafen Daniel sowie die des Privatsekretärs Werner den Abtransport der Schriftstücke veranlaßt hätten. „Wie kann man aber", so ruft er aus, „behaupten, daß dies mit Wissen des Marschalls geschehen sei, wo Schulenburg doch seit zwei Jahren nur noch halb lebte, die letzten acht Monate im Bette zubrachte, kämpfend gegen den Tod und als Zeichen des Lebens nur noch atmete? Mit Wissen des Marschalls? Dieser Mann war ein fast Neunzigjähriger, nur noch der Schatten des ehemals so stolzen Schulenburgs, seit zwei Jahren mehr tot als lebend, der allein zu leben schien, weil er sich auch

den Angriffen des Todes gegenüber noch einmal als Meister des Rückzuges bewies. Von ihm will man behaupten, er habe solche Handlung, die allen seinen Lebensgrundsätzen widerspräche, absichtlich unternommen? Exzellenzen, der Marschall hatte anderes zu tun; er kämpfte mit dem Grauen des Todes, um in den Kampfespausen wieder in Lethargie des Körpers und Geistes zu versinken."

Ungeheuer steigern sich die sachlichen Angriffe Nanis gegen Emo. Der Feldmarschall hätte nicht die Verpflichtung gehabt, die Schriften vor seinem Tode dem Staate zurückzugeben. So lange er wirklich lebte, hätte er sie bewahrt; daß sie ihm in seiner jahrelangen Agonie entwendet wurden, sei nicht ihm zur Last zu legen.

Seine Gemälde und seine Kostbarkeiten hätte er schon vor Jahren nach Deutschland geschickt. Es sei widersinnig, anzunehmen, daß er damals, als er noch frei zu disponieren vermochte, nicht auch seine Schriftstücke nach Deutschland geschafft hätte, wenn er sie wirklich der Republik Venedig hätte entziehen wollen. Nun wendet sich Nani mit blitzenden Augen an Emo direkt und ruft aus: „Der Vorwurf gegen den Feldmarschall Schulenburg wird selbst von dem nicht geglaubt, der ihn hier aussprach! — Ein Mann", so fährt er flammend fort, „der noch in seinem Testament dem Staat für so viele empfangene Wohltaten dankt, der in den ehrfurchtsvollsten Ausdrücken den hohen Senat um nichts weiter bittet, als um ein Stückchen Erde für sein Grab, ein Mann, der so denkt, so bittet und hofft, kann unmöglich ein von hochverräterischer Schuld beflecktes Gewissen haben. Das widerspräche dem Ur-Wesen der menschlichen Seele."

Warnend weist der Redner auf das hin, was die Welt denken müßte, wenn man die Bildsäule des Retters von Venedig auf Korfu eines völlig unbewiesenen Verdachtes wegen niederreißen würde, wenn der Senat einen Mann brandmarkte, dessen Name in ganz Europa berühmt sei, der sich hochverdient um die Republik, um Italien und die Christenheit gemacht hätte, einen Mann, der die türkischen Heere zurückgeschlagen und in Kriegs-

und Friedenszeiten der Regierung des Staates in unwandelbarer Treue gedient hätte.

„Er war", ruft Nani aus, während seine feinen Hände zitternd in die Höhe steigen, „einer der größten und treuesten Heerführer und Staatsmänner von allen, welche der Repubik Venedig jemals gedient haben."

Und mit leuchtenden Augen spricht endlich er die prophetischen Worte aus, die sich fünfzig Jahre später als berechtigte Sorge erweisen sollten: „Gebe es Gott in seiner Barmherzigkeit, daß die, welche nach uns kommen, einen Mann an ihrer Seite haben, der Schulenburg zu ersetzen vermag!"

Ein Orkan des Beifalls braust dem Redner entgegen, der ruhig und gemessen wieder auf seinen Platz zurückkehrt. Die Lederbeutel zur Abstimmung werden herumgereicht, sie füllen sich mit roten Kugeln. Mit allen Stimmen gegen eine wird der Antrag Emos verworfen.

Der Doge erhebt sich vom Thron. Der cavaliere Manin, dessen Warze mit dem einen gebogenen Haar auf dem Kinn noch immer in sein Antlitz einen seltsamen Ausdruck von Unruhe bringt, gibt dem Gefolge das Zeichen; die Kammerherren schreiten voran, Manin folgt, und Pietro Grimani, den Geierkopf tief in die Schultern gezogen, kehrt, umrauscht vom Rhythmus schleppender Gewänder, über die offene Galerie in seine Gemächer zurück.

10

Eine Stunde später hält die Gondel des Generals Sala vor dem Dogenpalast. Mit raschen, immer noch knabenhaften Bewegungen verläßt Elena das Fahrzeug und geht ohne Begleitung über den Hof des Palastes die Gigantentreppe hinauf zu den Gemächern ihres Oheims Grimani. Ihr goldrotes Haar, das kaum gepudert ist, leuchtet immer noch feurig im Glanz der Frühlingssonne. Grimani kommt ihr bis in die Kammer der Scharlachträger entgegen, streckt die Hände aus und ruft: „Welches

Glück!" Elena reckt sich. „Ich bin empört und ergriffen zugleich von den Ereignissen, welche sich heute im Senat abgespielt haben, Euer Herrlichkeit."
„Auch ich bin empört und zugleich ergriffen", nickt Grimani. Die scharfen Linien seines Antlitzes zucken hin und her. „Kommen Sie herein. Sie finden den Grafen Carlo Gozzi bei mir, der mir von der letzten Sitzung der Arcadia berichtet und mich dadurch auf andere Gedanken bringt." Er führt Elena in das kleine Empfangszimmer, in welchem Gozzi sie am Kamin begrüßt.
Elena läßt sich in dem großen Stuhl nieder, den der Doge ihr anweist. Ihr Fächer hängt an einer feinen goldenen Kette; sie öffnet ihn, sieht über die graziöse Malerei, mit welcher Tiepolo ihn verziert hat, hinweg, und ihre blauen Augen leuchten auf.
„Glücklicher konnte der Augenblick meines Besuches nicht sein", sagt sie, „grade eines Auftrages wegen nicht, welchen mir der Marschall vor vielen Jahren gegeben hat."
Die Augenbrauen Gozzis steigen fragend empor; aber auch Grimani sieht seine Nichte erstaunt an: „Ein Auftrag? Vom Marschall? Was für ein Auftrag?"
Elena läßt den Fächer sinken und faltet die Hände über dem Knie. Sie neigt den Kopf: „Als wir damals von Korfu nach Venedig zurückkehrten, erhielt der Marschall ein Gedicht, das von Benedetto Marcello stammte und von ihm ergreifend komponiert war. Das Gedicht selbst war schlecht. Damals befahl mir der Marschall, nach seinem Tode für ein besseres Gedicht zu sorgen. Da ich nun das Glück habe, die zwei bedeutendsten Dichter unserer Dichterakademie der Arkadier hier anzutreffen, möchte ich ihnen gleich diese Bitte unterbreiten. Es erschiene mir würdig, wenn von der Akademie aus eine solche Huldigung für den Feldmarschall erfolgte."
Die beiden Männer schweigen eine Zeitlang. Dann sagt der Doge nachdenklich: „Was mich betrifft, liebe Elena, so habe ich diesen Wunsch des Verstorbenen bereits erfüllt." Er geht an seinen Schreibtisch und reicht seiner Nichte ein Sonett über den Tod des Marschalls.

Erschrocken sieht Elena den Oheim an. Dann geht über ihr Antlitz, während sie das Sonett Grimanis liest, ein Leuchten.

> „Matthias tot! Im Strahlenkreis der Meere
> Erklang der Ruf. Es sanken die Standarten.
> Die Stadt der Ozeane trägt den harten
> Verlust um diesen Retter ihrer Ehre.
>
> Am deutschen Himmel zog sein Ruhmesstern
> Im Flug dahin. Erst an des Südmeers Grenze
> Erwarb der Held sich ewige Lorbeerkränze.
> Die tiefgeliebte Heimat war ihm fern.
>
> Der Stern erhob sich bei Korkyras Hafen
> Und zog auf den befreiten Mauern nach
> Der Parze stolze Spuren, hart und kühn.
>
> Byzanz und Thrazien ließ sein Licht erblühn.
> Dann neigte er zur Erde sich und sprach:
> ‚Das Vorbild eines Helden ist entschlafen.'"

„Wunderschön sind diese Verse", flüstert Elena und sieht den Dogen dankbar an.
Vom Kamin her schiebt Gozzi sich vor. Über das langgezogene Gesicht mit den zerquälten Falten geht ein kleines Aufleuchten. Er greift in seine Tasche, nimmt ein Blatt Papier heraus und sagt: „Ich bin glücklich, Donna Elena, daß auch ich den Wunsch des Marschalls erfüllt habe. Erlauben Sie, daß ich dem Sonett Seiner Herrlichkeit des Dogen ein bescheidenes Sonett von mir hinzufüge, als Zeichen, nicht nur der Verehrung für den Marschall, sondern auch für Sie."
Mit einer feinen weichen Bewegung überreicht er das Blatt.

> „Am Tag, da sich des deutschen Helden Geist
> Gelöst von seiner erdgebundenen Schwere,
> Flog leuchtend er zur Janus-Stadt am Meere,
> Die ewig ihn als ihren Retter preist.

,Kämpf weiter!' — sprach er — ,Stadt, ich steh verborgen
Für alle Zeiten unter Deinen Kriegern.
Doch Dein Befehl steht über uns, den Siegern,
Und hell erstrahle Deines Ruhmes Morgen.

Ihr sollt des Kriegerblutes würdig sein,
Ihr Kämpfer, mehr, als Eurer Herkunft Glanz,
Der keine Leistung ist, nur Zufallsgnade.

Denkt stets daran! Ich steh in Euren Reihn,
Und meines Lebens ewigen Ruhmeskranz
Erwarb ich auf des Mutes schmalem Pfade.' "

Die tiefe Ergriffenheit, welche Elena bewegt, läßt sie wieder jung erscheinen, wie damals, als sie den Marschall beim Prinzen Eugen zum ersten Male sah und als sie auf Korfu an seiner Seite kämpfte. Sie sagt stockend: „Ich werde dafür sorgen, daß diese Sonette als letzter Gruß der Dichter Venedigs den Venezianern bekannt werden." Dann verläßt sie den Raum; der cavaliere Manin führt sie bis zur Gigantentreppe und verabschiedet sich von ihr, der venezianischen Patrizierin, auf der obersten Stufe, auf welcher die Dogen von Venedig gekrönt werden. Sie schreitet langsam die Treppe hinunter, die gerollten Manuskripte in der Rechten, während ihr Herz weint im Gedanken daran, daß auch diese Größe zu Staub zerfallen mußte.

Doch während sie über den Hof ihrer Gondel zustrebt, lächelt dieses Herz bereits wieder, denn ihm wurde die seltene Gnade zuteil, schlagen zu dürfen für einen wahrhaft großen Menschen, den Retter Venedigs, — für Monseigneur.

ZEITTAFEL

1661   8. August. Johann Matthias Freiherr von der Schulenburg geboren auf Emden bei Magdeburg. Studiert in Frankreich und Deutschland.

1685—1699 Krieg Venedigs gegen die Türken um Morea. (Venezianische Oberführer: der Doge Francesco Morosini und Graf Königsmarck, Oheim der Aurora.)

1687—1688 Schulenburg als Freiwilliger in den ungarischen Feldzügen.

1689—1702 nimmt Schulenburg an allen Kriegen der Zeit teil, um 1700 im Dienst des Hauses Savoyen.

1702—1711 General in kursächsischen Diensten unter August dem Starken.

1697—1718 Karl XII. von Schweden, aus dem Hause Wittelsbach (Pfalz-Zweibrücken), geb. 1682, gest. 1718.

1704—1706 Schulenburgs Kämpfe als General Augusts des Starken gegen Karl XII. (Punitz 1704, Fraustadt 1706).

1701—1714 Spanischer Erbfolgekrieg.

1709   Oberbefehl Schulenburgs über das sächsische Subsidien-Korps in den Niederlanden. Juni 1709 Malplaquet; Schulenburg kommandiert die Infanterie des Prinzen Eugen. Belagerung vieler Festungen.

1711—1715 April. Schulenburg tritt aus dem sächsischen Dienst. Reisen; politisch-diplomatische Missionen. Juni bis Dezember 1713 auf seinem Gut Emden bei Magdeburg. Besuch von Leibniz in Emden. Schulenburg wird vom Prinzen Eugen nach Wien geholt und den Venezianern als Marschall empfohlen. Von Karl VI. mit seinen Geschwistern in den Grafenstand erhoben.

1715   Oktober. Schulenburg tritt als Feldmarschall in den Dienst der Republik Venedig.

1711—1740 Kaiser Karl VI. (Gattin „die schöne Liesl", Prinzessin von Braunschweig)

1715—1718 Krieg des Kaisers und der Venezianer gegen die Türken. Die Venezianer verlieren Morea für immer. Der türkische Angriff richtet sich gegen Korfu mit dem Ziel, von dort über Venedig den Aufmarsch des Prinzen Eugen gegen Ungarn in der Flanke anzugreifen.

1716   Schulenburg verteidigt Korfu (25. 7. bis 22. 8.), so daß der Aufmarsch des Prinzen Eugen sich ungestört vollziehen kann. Eugen siegt bei Peterwardein und Belgrad. Nach Peterwardein heben die Türken die Belagerung von Korfu

	auf. Schulenburg versucht im Anschluß daran vergeblich, für Venedig das Adriareich zu gründen, damit Venedig sich selbst erhalten kann.
1718	Friede von Passarowitz. Venedig behält in der Levante das, was Schulenburg gehalten und erobert hat. Österreich schließt auf Venedigs Kosten den glänzenden Frieden mit der Türkei.
1718	Mai, wird das Denkmal Schulenburgs auf Korfu errichtet, das heute noch steht.
1718	28. Oktober, zerstört der Blitz die Feste Korfu. Großadmiral Andrea Pisani wird getötet; das Denkmal bleibt unverletzt (wie es auch bei den italienischen Flugangriffen auf Korfu 1943/44 unverletzt blieb).
1718—1730	Schulenburg baut die Feste Korfu neu. Er bleibt bis zu seinem Tode Oberstkommandierender der venezianischen Landtruppen. Kunstmäzen, innig befreundet mit dem Maler Giovanni Battista Piazzetta (1682—1754).
1733—1735	Polnischer Erbfolgekrieg; Hauptkriegsschauplatz Italien. Schulenburg hält Venedig aus dem Kriege heraus.
1740	† Friedrich Wilhelm I. in Preußen; sein Nachfolger Friedrich II., der Große.
	† Kaiser Karl VI.; Nachfolgerin seine Tochter Maria Theresia. Kriege zwischen Österreich und Preußen.
1740—1748 Österr. Erbfolgekrieg 1740—1742 Erster Schlesischer Krieg 1744—1745 Zweiter Schlesischer Krieg	Schulenburg hält Venedig auch aus diesen Kriegen heraus, weil er nicht das Interesse seines Landesherrn, Friedrich II., sondern das der Republik Venedig vertritt.
1747	14. März. Schulenburg stirbt in Verona im Palazzo Orti; beigesetzt im Arsenal in Venedig; Grabmal von Morleiter.
1797	13. Mai. Ende der Republik Venedig durch Napoleon. Fünfzig Jahre nach Schulenburgs Tod wird im Frieden von Campoformio der Staat Venedig Österreich zugesprochen.

Begonnen:
Venedig, Frühjahr 1944, Hôtel Danieli

Fortgeführt:
Im Chaos der Flucht und der Rückkehr nach Deutschland

Beendet:
Lindau/Schachen, Frühjahr 1950, Schachen/Schlößle

Samarkand – allein der Name dieser Stadt am Rande der Seidenstraße verzaubert, und Amin Maalouf gelingt es, alle Erwartungen, die beim Klang dieses Namens erwachen, zu erfüllen. Eine Atmosphäre wie aus Tausendundeiner Nacht, eine raffinierte, fesselnde Handlung, zugleich aber auch eine Bildungsreise in Sachen Geschichte und Religion des Vorderen Orients.

Maalouf entführt den Leser wieder in die pittoreske Welt des Orients: Historischer Hintergrund ist das 3. Jahrhundert n. Chr., vor dem er die faszinierende Lebensgeschichte Manis, Religionsstifter und bedingungsloser Humanist, entrollt. Ein Aufruf zur Toleranz, der nie an Aktualität verliert. »Der Mann aus Mesopotamien« wurde mit dem »Grand Prix« des französischen UNICEF-Komitees ausgezeichnet.

HISTORISCHE ROMANE

nymphenburger

Eine in den historischen Ereignissen authentische und gleichermaßen bunt schillernde Schilderung der letzten Jahrzehnte eines außergewöhnlichen Kaisers, des »Stupor mundi«, in der bunten, abenteuerlichen Welt des Mittelalters.

In jedem von uns steckt noch ein bißchen Mittelalter, jeder Mann ist auch ein wenig Ritter, jede Frau auch ein wenig Burgfrau. Laufenberg versteht es, das Mittelalter lebendig werden zu lassen. Historischer Roman und Agentenstory in einem, zieht uns die Geschichte des tapferen Ritters Diether von Handschuhsheim in seinen Bann.

HISTORISCHE ROMANE

Langen Müller

 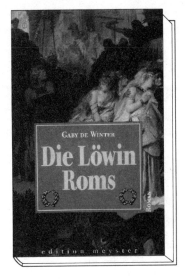

Das Leben und Wirken des Evangelisten Johannes im ersten nachchristlichen Jahrhundert, einer Epoche, in der die Eroberung des Orients durch die Römer und die Eroberung Roms durch »orientalische« Götter ein Beben bewirkten, dessen Vibrationen bis heute spürbar sind. Ein Stoff, üppig wie die Bibel selbst.

Die Welt der Arena ist auch die Welt der Waise Leonida. Aufgewachsen in einer Gladiatorenkaserne wird sie zur einzigen Gladiatorin Roms. Ihr Mut und ihr Heldentum unter den Augen des Kaisers bringen ihr schließlich die Freiheit. Doch die bestialischen Grausamkeiten Neros, besonders an den Christen, öffnen ihr die Augen für menschlichere Werte.

HISTORISCHE ROMANE

edition meyster

 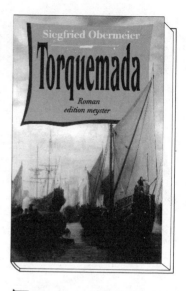

Das Land auf dem Nil steht auf der Höhe seiner Macht. Gottgleich regiert der Pharao das Reich, die Schranken zwischen Volk und Hof sind unüberbrückbar. Gegen diese eherne Ordnung verstößt die Liebe zwischen der Königstochter und dem Baumeister Piay.

Zwischen glänzender Machtentfaltung des spanischen Königreichs und der grausigen Schreckensherrschaft des Großinquisitors Torquemada wird die Geschichte der jüdischen Familie Marco erzählt, deren wechselvolles Schicksal uns Augenzeugen bei der Eroberung der neuen Welt werden läßt.

HISTORISCHE ROMANE

edition meyster